U0620621

陳寅恪
文集之七
柳如是別傳
上

圖書在版編目(CIP)數據

柳如是别傳 / 陳寅恪著. 一上海：上海古籍出版社，2020.7（2024. 4 重印）

（陳寅恪文集）

ISBN 978-7-5325-9659-1

Ⅰ.①柳… Ⅱ.①陳… Ⅲ.①柳如是（1618-1664）一傳記 Ⅳ.①K828.5

中國版本圖書館 CIP 數據核字(2020)第 109028 號

陳寅恪文集

柳如是别傳

（全三册）

陳寅恪　著

上海古籍出版社出版發行

（上海市閔行區號景路 159 弄 1-5 號 A 座 5F　郵政編碼 201101）

（1）網址：www.guji.com.cn

（2）E-mail：guji1@guji.com.cn

（3）易文網網址：www.ewen.co

常熟人民印刷廠印刷

開本 890×1240　1/32　印張 41.375　插頁 18　字數 795,000

1980 年 8 月第 1 版　2020 年 7 月第 2 版　2024 年 4 月第 2 次印刷

印數：3,101 — 4,200

ISBN 978-7-5325-9659-1

K・2855　定價：288.00 元

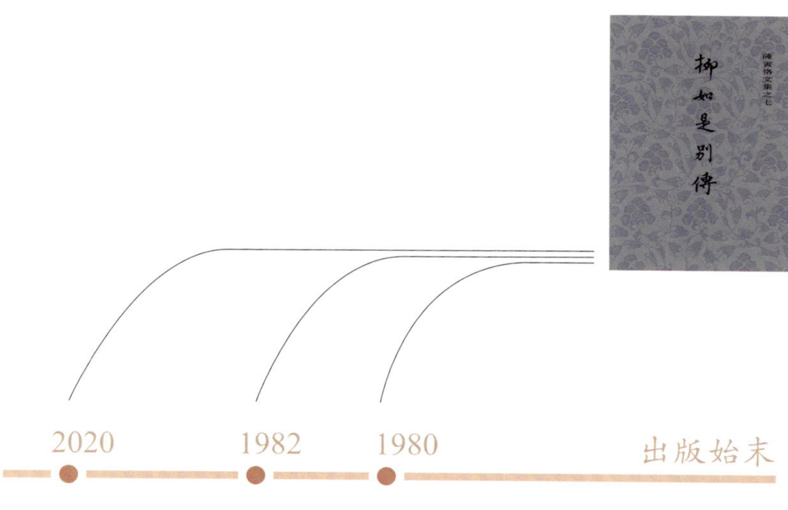

出版始末

1980

《柳如是別傳》依據陳寅恪先生生前稿本，於一九八〇年八月首度出版，爲《陳寅恪文集》之第七種。

1982

一九八二年一版二印據各方意見更正少量訛誤。

2020

二〇二〇年，爲紀念《陳寅恪文集》出版四十周年，我社推出重版影印套裝《陳寅恪文集》（紀念版）及單行排印本。

作者在廣州中山大學寫作本書時照

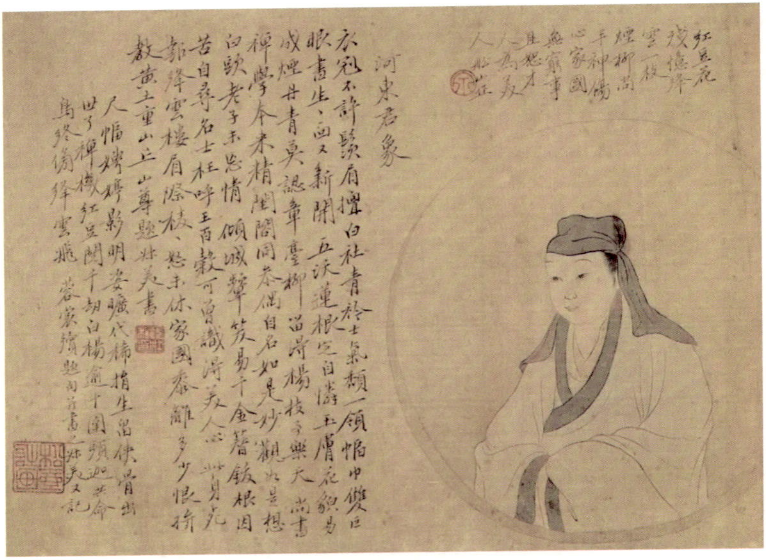

清錢杜繪河東君像

柳如是畫迹

柳如是畫迹

出版説明

陳寅恪先生作爲二十世紀極具影響力的歷史學家，以其深厚的學養及獨到的學術眼光聞名於世。他的著述，也成爲一代又一代研治中國文史者的必讀之書。早在二十世紀五十年代，上海古籍出版社的前身古典文學出版社，即出版了經陳先生修訂的《元白詩箋證稿》；又約請陳先生將有關古典文學的論著編集出版（陳先生應允後，擬名爲《金明館叢稿初編》），並聯繫出版其正在撰寫的著作《錢柳因緣詩釋證》（後更名爲《柳如是别傳》），但兩書未能及時出版。一九七八年一月，上海古籍出版社正式更名成立，便立即重印了《元白詩箋證稿》，並接受了陳先生弟子、復旦大學教授蔣天樞先生的建議，啓動《陳寅恪文集》（以下或簡稱《文集》）的出版工作。一九八〇年至一九八二年間，我社陸續出版了《寒柳堂集》、《金明館叢稿初編》、《金明館叢稿二編》、《隋唐制度淵源略論稿》、《唐代政治史述論稿》、《元白詩箋證稿》、《柳如是别傳》，共七種著作。其中，《隋唐制度淵源略論稿》據中華書局一九六三年版紙型重印，《唐代政治史述論稿》據三聯書店一九五七年一版二印紙型重印，《元白詩箋證稿》據上海古籍出版社一九七八年版重印；《寒柳堂集》、《金明館叢稿初編》、《金明館叢稿二編》、《柳如是別傳》四種，都是首次出版。作爲第一次對陳寅恪先生著作的規模性出版，《文集》在當時引起了巨大的反響，也讓更多人認識到陳寅恪先生的學術成就及思想的價值。

陳寅恪先生的著作能夠成爲當代學人眼中的經典，與出版社諸位前輩們的努力密切相關。而蔣天樞先生，爲校訂自己老師的書稿不計得失、殫精竭慮的事迹，業已成爲一段學林佳話。他不僅首先向出版社提出編集建議，而且主動承擔了陳先生文稿的搜集整理和校勘工作。他對《陳寅恪文集》的順利出版作出的貢獻值得後人永遠銘記。

二〇二〇年是《陳寅恪文集》出版的四十周年，爲紀念陳寅恪先生、蔣天樞先生以及爲《文集》的出版付出過辛勤勞動的上海古籍出版社的前輩們，我社先以影印的形式推出了《陳寅恪文集（紀念版）》。本次出版，又對《文集》進行了重排重校，優化版式，以面向更廣大的讀者。

四十年前出版的《陳寅恪文集》，經過蔣天樞先生手訂，本着絶對尊重陳寅恪先生的理念，對陳寅恪先生文稿中的語言、用字、引文甚至是標點符號都不輕易改動。因此，初版《文集》有其特別的著述、標点體例，而這些無不透露着陳寅恪先生的學術個性、蔣天樞先生謹守師法的良苦用心以及上海古籍出版社的前輩們尊重先賢的獨特匠心。故本次重排，也是本着尊重前賢的理念，除了對原版《文集》的版式稍作優化外，對《文集》的特殊體例，如無書名號、卷號以大寫數字表示等，一仍其舊，僅對個別體例和標點酌情進行了處理。在文字的校改方面，僅修改了可以確認爲傳抄之誤與排版之誤的地方。陳寅恪先生徵引文獻常不注明版本，或所據之版本與今常用之本不同，或節引述略，或喜合數條材料爲一，故不便遽以通行版本校改。唯《元白詩箋證稿》一書，自一九五八年出版後，陳寅恪先生又於一九五九年、一九六五年兩次致書出版社，希望對書稿進行修訂，共有十三條修訂意見。受當時技術條件的限制，這十三條意見並没有補入正文，而是作爲「校補記」附於書末。本次重排，則將此十三條校補記移入正文之中，但亦不泯滅歷次修訂之痕迹：僅將校補記附於相應段落之後，並依舊版校補記之序編號，冠以【校補記一】【校補記二】……以明其爲後補移入之内容。

本次再版，《隋唐制度淵源略論稿》、《唐代政治史述論稿》、《元白詩箋證稿》三種，即據《文集》初版重排。《寒柳堂集》、《金明館叢稿初編》、《金明館叢稿二編》、《柳如是别傳》四種，初版二印時據各方意見作了不同程度的修訂，其中《金明館叢稿二編》增補文章五篇，故此四種據一九八二年一版二次重排。

上海古籍出版社

二〇二〇年六月

一九八〇年出版説明

陳寅恪先生（一八九〇——一九六九），江西修水人，我國著名歷史學家。早年留學日本、西歐，第一次世界大戰結束，又到美國和德國鑽研梵文，歸國後任清華大學、西南聯合大學、嶺南大學等校教授，解放後任中山大學教授、中國科學院哲學社會科學學部委員、中央文史館副館長等職。他學識淵博，精通我國歷史學、古典文學和宗教學等，通曉多種文字，尤精於梵文、突厥文、西夏文等古文字的研究；他關於魏晉南北朝史、隋唐史、蒙古史、唐代和清初文學、佛教典籍的著述尤爲精湛，具有較高的學術價值，早爲國内外學術界所推重。

陳寅恪先生繼承和發揚了清代乾嘉學派和歐洲近代研究梵文、佛典的傳統，以其深厚的文、史、哲以及語言文字知識，融會貫通，縱横馳騁，不斷開拓學術研究的新領域，取得學術著述的新成果。在長達半個多世紀的研究、教學、著述事業中，儘管尚未擺脱傳統士大夫思想的影響，但是，他治學嚴肅認真、實事求是的態度，却也使其學術成就達到了很高的境界。

本文集中除《隋唐制度淵源略論稿》、《唐代政治史述論稿》和《元白詩箋證稿》在陳寅恪先生生前已有單行本外，其餘《寒柳堂集》、《金明館叢稿》初編、二編所收舊文以及長篇專著《柳如是別傳》等多經陳先生晚年修訂。文集的整理校勘由復旦大學蔣天樞教授承擔；編輯部只做了一些文字標點校訂工作，至於學術觀點方面則保存其歷史面貌，未加改動。我們希望本文集的出版有裨於我國文史研究的深入開展，有助於學術空氣的活躍。

上海古籍出版社

一九八〇年四月

陳寅恪先生文集總目録

目次

附記

史家紀事自以用公元西曆爲便。但本稿所引資料，本皆陰曆。若事實發生在年末，則不能任意改换陽曆。且因近人所編明末陰陽曆對照表，多與當時人詩文集不合，不能完全依據也。又記述明末遺民之行事，而用清代紀元，於理於心，俱有未安。然若用永曆隆武等南明年號，則非習見，難於换算。如改用甲子，復不易推記。職是之故，本稿記事行文，往往多用清代紀元，實不獲已也。尚希讀者諒之。

錢柳逝世後三百年，歲次甲辰夏月，陳寅恪書於廣州金明館，時年七十五。

第一章 緣起

詠紅豆并序

昔歲旅居昆明，偶購得常熟白茆港錢氏故園中紅豆一粒，因有箋釋錢柳因緣詩之意，迄今二十年，始克屬草。適發舊篋，此豆尚存，遂賦一詩詠之，並以略見箋釋之旨趣及所論之範圍云爾。

東山蔥嶺意悠悠。誰訪甘陵第一流。送客筵前花中酒，迎春湖上柳同舟。縱回楊愛千金笑，終賸歸莊萬古愁。灰劫昆明紅豆在，相思廿載待今酬。

題牧齋初學集并序

余少時見牧齋初學集，深賞其「埋没英雄芳草地，耗磨歲序夕陽天。洞房清夜秋燈裏，共簡莊周説劍篇」之句。（牧齋初學集叁陸「謝象三五十壽序」云：「君初爲舉子，余在長安，東事方殷，海内士大夫自負才略，好譚兵事者，往往集余邸中，相與清夜置酒，明燈促坐，扼腕奮臂，談犂庭掃穴之舉」等語，可以參證。同書玖拾天啓元年浙江鄉試程録中序文及策文第伍問，皆論東事及兵法。按之年月節候，又與詩意合。牧齋所謂「莊周説劍篇」者，當是指此録而言也。）今重讀此詩，感賦一律。

早歲偷窺禁錮編。白頭重讀倍淒然。夕陽芳草要離冢，東海南山下潠田。（牧齋有學集壹叁東澗詩集下「病榻消寒雜詠」四十六首之四十四「銀牓南山煩遠祝，長筵朋酒爲君增。」句下自注云：「歸玄恭送春聯云，居東海之濱，如南山之壽。」寅恪案，阮吾山葵生茶餘客話壹貳「錢謙益壽聯」條記茲事，謂玄恭此聯，「無恥喪心，必蒙叟自爲」。則殊未詳考錢歸之交誼，疑其所不當疑者矣。又鄙意恒軒此聯，固用詩經孟子成語，但實從庾子山哀江南賦「畏南山之雨，忽踐秦庭。讓東海之濱，遂餐周粟」脱胎而來。其所注意在「秦庭」「周粟」，暗寓惋惜之深旨，與牧齋降清，以著書修史自解之情事最爲切合。吾山拘執孟子詩經之典故，殊不悟其與史記列女傳及哀江南賦有關也。）誰使英雄休入彀，（明南都傾覆，牧齋隨例北遷，河東君獨留金陵。未幾牧齋南歸。然則河東君之志可以推知也。）轉悲遺逸得加年。（牧齋投筆集下後秋興之十二云：「苦恨孤臣一死遲。」）枯蘭衰柳終無負，莫詠柴桑擬古篇。

右録二詩，所以見此書撰著之緣起也。

寅恪少時家居江寧頭條巷。是時海内尚稱乂安，而識者知其將變。寅恪雖年在童幼，然亦有所感觸，因欲縱觀所未見之書，以釋幽憂之思。伯舅山陰俞觚齋先生明震同寓頭條巷。兩家衡宇相望，往來便近。俞先生藏書不富，而頗有精本。如四十年前有正書局石印戚蓼生鈔八十回石頭記，其原本即先生官翰林日，以三十金得之於京師海王村書肆者也。一日寅恪偶在外家檢讀藏書，獲睹錢遵王曾所注牧齋詩集，大好之，遂匆匆讀誦一過，然實未能詳繹也。是後錢氏遺著盡出，雖幾悉讀之，然游學四方，其研治範圍與中國文學無甚關係，故雖曾讀之，亦未深有所賞會也。丁丑歲蘆溝橋變起，隨校南遷昆明，大病幾死。稍瘉之後，披覽報紙廣告，見有鬻舊書者，驅車往觀。鬻書主人出所藏書，實皆劣陋之本，無一可購者。當時主人接待殷勤，殊難酬其意，乃詢之曰，此諸書外，尚有他物欲售否？主人躊躇良久，應曰，曩歲旅居常熟白茆港錢氏舊園，拾得園中紅豆樹所結子一粒，常以自隨。今尚在囊中，願以此豆奉贈。寅恪聞之大喜，遂付重值，藉塞其望。自得此豆後，至今歲忽忽二十年，雖藏置篋笥，亦若存若亡，不復省視。然自此遂重讀錢集，不僅藉以温舊夢，寄遐思，亦欲自驗所學之深淺也。蓋牧齋博通文史，旁涉梵夾道藏，寅恪平生才識學問固遠不逮昔賢，而研治領域，則有約略近似之處。豈意匪獨牧翁之高文雅什，多不得其解，即河東君之清詞麗句，亦有瞠目結舌，不知所云者。始知稟魯鈍之資，挾鄙陋之學，而欲尚論女俠名姝文宗國士於三百年之前，（可參雲間杜九高登春尺五樓詩集貳下「武静先生席上贈錢牧齋宗伯」詩云：「帳内如花真俠客。」及顧云美苓「河東君傳」云：「宗伯大喜，謂天下風流佳麗，獨王修微楊宛叔與君鼎足而三。何可使許霞城茅止生專國士名姝之目。」）誠太不自量矣。雖然，披尋錢柳之篇什於殘闕毁禁之餘，往往窺見其孤懷遺恨，有可以令人感泣不能自已者焉。夫三户亡秦之志，九章哀郢之辭，即發自當日之士大夫，猶應珍惜引申，以表彰我民族獨立之精神，自由之思想。何况出於婉孌倚門之少女，綢繆鼓瑟之小婦，而又爲當時迂腐者所深詆，後世輕薄者所厚誣之人哉！牧齋事蹟具載明清兩朝國史及私家著述，固有闕誤，然尚多可考。至於河東君本末，則不僅散在明清間人著述，以列入乾隆朝違礙書目中之故，多已亡佚不可得見，即諸家詩文筆記之有關河東君，而不在禁毁書籍之内者，亦大抵簡略錯誤，勦襲雷同。縱使出於同時作者，亦多有意諱飾詆誣，更加以後代人無知之虚妄揣測。故世所傳河東君之事蹟，多非真實，殊有待發之覆。今撰此書，專考證河東君之本末，而取牧齋事蹟之有關者附之，以免喧賓奪主之嫌。起自初訪半野堂前之一段因緣，迄於殉家難後之附帶事件。并詳述河東君與陳臥子〔子龍〕程孟陽〔嘉燧〕謝象三〔三賓〕宋轅文〔徵輿〕李存我〔待問〕等之關係。寅恪以衰廢餘年，鈎索沈隱，延歷歲時，久未能就，觀下列諸詩，可以見暮齒著書之難有如此者，斯乃效再生緣之例，非仿花月痕之體也。

乙未陽曆元旦作

紅碧裝盤歲又新。可憐炊竈盡勞薪。太沖嬌女詩書廢，孺仲賢妻藥裹親。食蛤那知天下事，然脂猶想柳前春。（河東君次牧翁「冬日泛舟」詩云：「春前柳欲窺青眼。」）炎方七見梅花笑，惆悵仙源最後身。

高樓冥想獨徘徊。歌哭無端紙一堆。天壤久銷奇女氣，江關誰省暮年哀。殘編點滴殘山淚，絶命從容絶代才。留得秋潭仙侣曲，（陳臥子集中有秋潭曲，宋讓木集中有秋塘曲。宋詩更是考證河東君前期事蹟之重要資料。陳宋兩詩全文見後詳引。）人間遺恨總難裁。

乙未舊曆元旦讀初學集「〔崇禎〕甲申元日」詩有「衰殘敢負蒼生望，重理東山舊管絃」之句，戲成一律

絳雲樓上夜吹簫。哀樂東山養望高。黄閣有書空買菜，玄都無地可栽桃。如花眷屬慙雙鬢，似水興亡送六朝。尚託惠香成狡獪，至今疑滯未能消。

箋釋錢柳因緣詩，完稿無期，黄毓祺案復有疑滯，感賦一詩

然脂暝寫費搜尋。楚些吳歈感恨深。紅豆有情春欲晚，黄扉無命陸終沈。機雲逝後英靈改，蘭蕚來時麗藻存。拈出南冠一公案，可容遲暮細參論。

丙申五月六十七歲生日，曉瑩於市樓置酒，賦此奉謝

紅雲碧海映重樓。初度盲翁六七秋。織素心情還置酒，然脂功狀可封侯。（時方撰錢柳因緣詩釋證。）平生所學惟餘骨，晚歲爲詩笑亂頭。幸得梅花同一笑，嶺南已是八年留。

丁酉陽曆七月三日六十八初度，適在病中，時撰錢柳因緣詩釋證尚未成書，更不知何日可以刊布也，感賦一律

生辰病裏轉悠悠。證史箋詩又四秋。老牧淵通難作匹，阿雲格調更無儔。渡江好影花争豔，填海雄心酒祓愁。珍重承天井中水，人間唯此是安流。

用前題意再賦一首。年來除從事著述外，稍以小説詞曲遣日，故詩語及之

歲月猶餘幾許存。欲將心事寄閒言。推尋衰柳枯蘭意，刻畫殘山賸水痕。故紙金樓銷白日，新鶯玉茗送黄昏。夷門醇酒知難貰，聊把清歌伴濁樽。

十年以來繼續草錢柳因緣詩釋證，至癸卯冬，粗告完畢。偶憶項蓮生（鴻祚）云：「不爲無益之事，何以遣有涯之生。」傷哉此語，實爲寅恪言之也。感賦二律

横海樓船破浪秋。南風一夕抵瓜洲。石城故壘英雄盡，鐵鎖長江日夜流。惜別漁舟迷去

住，封侯閨夢負綢繆。八篇和杜哀吟在，此恨綿綿死未休。
世局終銷病榻魂。謻臺文在未須言。高家門館恩誰報，陸氏莊園業不存。遺屬只餘傳慘
恨，著書今與洗煩冤。明清痛史新兼舊，好事何人共討論。

此稿既以釋證錢柳因緣之詩爲題目，故略述釋證之範圍及義例。自來詁釋詩章，可別爲二。一爲考證本事，一爲解釋辭句。質言之，前者乃考今典，即當時之事實。後者乃釋古典，即舊籍之出處。牧齋之詩，有錢遵王曾所注初學集有學集。遵王與牧齋關係密切，雖抵觸時禁，宜有所諱。又深惡河東君，自不著其與牧齋有關事蹟。然綜觀兩集之注，其有關本事者，亦頗不少。兹略舉其最要者言之，如遵王初學集詩注壹陸丙舍詩集下「雪中楊伯祥館丈廷麟過訪山堂即事贈別」詩，「賈莊」注，詳述崇禎十年十一年與建州講欵及盧象昇殉難於賈莊之史實。同書壹柒移居詩集「茅止生挽詞十首」，其第貳首「武備新編」，第肆首「西玄」，分別注出止生以談兵遊長安，挾武備志進御事及止生妾陶楚生事。（可參列朝詩集丁下「茅待詔元儀」及閏集「陶楚生」兩小傳。）同卷「姚叔祥過明發堂，共論近代詞人，戲作絶句十六首。」其中「高楊」「文沈」「何李」「鍾譚」等人，皆注出其事蹟。又「鍾譚」注中云「〔王〕微〔楊〕宛爲詞客，詎肯與〔鍾譚〕作後塵。公直以巾幗愧竟陵矣」等語，可見牧齋論詩之旨

也。同卷永遇樂詞「十六夜見月」，注中詳引薛國觀事。注末數語，其意或在爲吴昌時解脱。同書貳拾東山詩集叁「駕鵝行。聞潛山戰勝而作」詩，「潛山戰」注，述崇禎十五年壬午起馬士英爲鳳督。九月己卯（明史貳肆莊烈帝本紀「己卯」作「辛卯」。是。）總兵劉良佐黄得功敗張獻忠將一堵牆於潛山。十月丙午劉良佐再破張獻忠於安慶等事。蓋遵王生當明季，外則建州，内則張李，兩事最所關心。涉及清室者，因有諱忌，不敢多所詮述。至張李本末，則不妨稍詳言之也。又同卷「送涂德公秀才戍辰州，兼簡石齋館丈」一題，「戍辰州」注，言涂仲吉因論救黄道周，下詔獄，戍辰州事。注末云：「道周辨對，而斥之爲佞口，仲吉上言，而目之爲黨私。稽首王明，嘆息何所道哉？此公之深意，又當遇之于文辭之外者也。」遵王所謂文辭外之深意，自當直接得諸牧齋之口。有學集詩注貳秋槐支集「閩中徐存永陳開仲亂後過訪，各有詩見贈，次韻奉答」四首之四，「沁雪」注，及「夏日讌新樂小侯」詩題下「新樂」注，遵王皆引本事及時人之文以釋之。同書肆絳雲餘燼集「哭稼軒留守相公詩」，「留守」注，述瞿式耜本末甚詳。同卷「孟陽冢孫念修自松圓過訪，口占送别二首」第壹首「題詩」注，述牧齋訪松圓故居，題詩屋壁事。第貳首「聞詠」下注云：「山莊舊有聞詠亭，取老杜詩罷聞吴詠之句。」檢有學集壹捌「耦耕堂詩序」云：「天啓初，孟陽歸自澤潞，偕余棲拂水磵，泉活活循屋下，春水怒生，懸流噴激。孟陽樂之，爲亭以踞磵右，顔之曰聞詠。」遵王注可與此序相參證也。同書伍敬他老人集上「簡侯研德兼示記原」詩，附箋語，詳述侯峒曾本末及嘉定屠城事。豈因李成棟後又叛清降明，故不必爲之諱耶？同卷「路易（長？）公安卿置酒包山官舍，即席有作。」二首之一「懷羽翼」注，述路振飛事蹟。同書陸秋槐别集「左寧南畫像歌。爲柳敬亭作」注中載左良玉本末甚詳，並及柳敬亭事。同卷「丙申春就醫秦淮，寓丁家水閣」三十絶句，其第壹玖首「四乳」注，述倪讓倪岳父子本末。第貳壹首「紫淀」下載張文峙改名事。第貳捌首「史癡」「徐霖」注，言及兩人之逸聞。同卷「讀新修滕王閣詩文集，重題十首」第柒首「石函」注云：「彭幼朔九日登高，寄懷虞山太史詩，石函君已鐫名久，有約龍沙共放歌。幼朔注曰，近有人發許旌陽石函記。虞山太史官地具載。其當在樵陽八百之列無疑。故落句及之。」檢同書壹壹紅豆二集「遵王賦胎仙閣看紅豆花詩。吟嘆之餘，走筆屬和。」詩後附錢曾原詩，有「八百樵陽有名記」句，當即用此事。同書捌長干塔光集「大觀太清樓二王法帖歌」中，「魯公孝經」注云：「公云，亂後于燕京見魯公所書孝經真蹟，字畫儼如麻姑仙壇記。御府之珍，流落人間，可勝惋惜。」或可補絳雲樓題跋之遺。同書壹肆東澗詩集下「病榻消寒雜詠四十六首」其第壹叁首「壬午日鵝籠公有龍舟御席之寵」詩，注云：「鵝籠公謂陽羡也。」其第叁肆首「追憶庚辰冬半野堂文讌舊事」詩，「看場神鬼」注云：「公云，文讌時，有老嫗見紅袍烏帽三神坐絳雲樓下。」（寅恪案，范鍇華笑廎雜筆壹

「黄梨洲先生批錢詩殘本」條，載太沖批語云：「愚謂此殆火神邪？」可發一笑！又崇禎十三年庚辰冬河東君初訪半野堂時，絳雲樓尚未建造。遵王所傳牧齋之語，初視之，疑指後來改建絳雲樓之處而言。細繹之，則知遵王有意或無意牽混牧齋殤子壽耈之言，增入「絳雲」二字，非牧齋原語所應有也。以增入此二字之故，梨洲遂有「火神」之説，可謂一誤再誤矣。詳見第伍章論東山詶和集河東君「春日我聞室作呈牧翁」詩節。）諸如此類，皆是其例。但在全部注本之中，究不以注釋當日本事爲通則也。至遵王初學集詩注壹捌東山詩集壹「有美一百韻，晦日鴛湖舟中作」詩「疎影詞」注，引河東君金明池「詠寒柳」詞及何士龍疎影「詠梅上牧翁」詞，并載陸勅先之語。則疑是陸氏所主張，實非出自遵王本意。其他有關年月地理人物，即使不涉及時禁，或河東君者，仍多不加注釋。質此之故，寅恪釋證錢柳之詩，於時地人三者考之較詳，蓋所以補遵王原注之缺也。但今上距錢柳作詩時已三百年，典籍多已禁毁亡佚，雖欲詳究，恐終多譌脱。若又不及今日爲之，則後來之難，或有更甚於今日者，此寅恪所以明知此類著作之不能完善，而不得不仍勉力爲之也。至於解釋古典故實，自以不能考知辭句之出處爲難，何況其作者又博雅如錢柳者乎？今觀遵王所注兩集，牧齋所用僻奥故實，遵王或未著明，或雖加注釋，復不免舛誤，或不切當。據王應奎海虞詩苑肆所載錢文學曾小傳略云：

> 曾字遵王，牧翁宗伯之族曾孫也。宗伯器之，授以詩法。君爲宗伯詩注，廋詞隱語悉發其覆，梵書道笈必溯其源，非親炙而得其傳者不能。

及同書伍所載陸文學貽典小傳云：

> 貽典字敕先，號覿庵。自少篤志墳典，師（錢）東澗（謙益），而友（馮）鈍吟（班），學問最有原本。錢曾箋注東澗詩，僻事奥句，君搜訪佽助爲多。

夫遵王敕先皆牧齋門人，而注中未能考知牧齋之僻事奥句，即有所解釋，仍不免於錯誤或不切者，殆非「智過其師，乃堪傳授」之人，此點可姑不置論。但兩人與牧齋晚年往來密切，東澗詩中時地人之本事，自應略加注明，而遵王之注多未涉及者，則由於遵王之無識，敕先不任其咎也。又觀有學集叁玖「復遵王書（論己所作詩）」云：

> 居恒妄想，願得一明眼人，爲我代下注脚。發皇心曲，以俟百世。今不意近得之於足下。

然則牧齋所屬望於遵王者甚厚。今觀遵王之注，則殊有負牧齋矣。抑更有可論者，解釋古典故實，自當引用最初出處，然最初出處，實不足以盡之，更須引其他非最初而有關者，以補足之，始能通解作者遺辭用意之妙。如李壁王荆公詩注貳柒「張侍郎示東府新居詩，因而和酬」二首之一「功謝蕭規慙漢第，恩從隗始詫燕臺」之句下引蔡絛西清詩話（參郭紹虞校輯宋詩話輯佚上。）云：

熙寧初，張掞以二府初成，作詩賀荊公。公和之，以示陸農師（佃）。曰「蕭規曹隨」，「高帝論功」，皆摭故實，而「請從隗始」，初無「恩」字。荊公笑曰，子善問也。韓退之鬬雞聯句，「感恩從隗始」。若無據，豈當對「功」字也。

寅恪案，王介甫此言可以見注釋詩中古典，得其正確出處之難。然史記漢書及昌黎集，皆屬古籍，雖出處有先後，猶不難尋檢得之。若錢柳因緣詩，則不僅有遠近出處之古典故實，更有兩人前後詩章之出處。若不能探河窮源，剥蕉至心，層次不紊，脈絡貫注，則兩人酬和諸作，其辭鋒針對，思旨印證之微妙，絶難通解也。試舉一例以明之，如東山詶和集壹河東君次韻答牧翁冬日泛舟詩中「莫爲盧家怨銀漢，年年河水向東流」之句，與最初出處之玉臺新詠「歌詞」二首之二「河中之水向東流，洛陽女兒名莫愁」，「盧家蘭室桂爲梁」，「頭上金釵十二行」，「平頭孥子擎履箱」，「恨不嫁與東家王」等句及第貳出處之李義山詩集上「代（盧家堂内）應」云：

本來銀漢是紅牆。隔得盧家白玉堂。誰與王昌報消息，盡知三十六鴛鴦。

有關，固不待言。其實亦與東山詶和集壹牧翁「次韻答柳如是過訪山堂贈詩」：「但似王昌消息好，履箱擎了便相從。」有關。尤更與牧翁未見河東君之前，即初學集壹陸丙舍詩集「（崇禎十三年春間〕觀美人手跡，戲題絶句七首」其三云：

蘭室桂爲梁。蠶書學採桑。幾番雲母紙，都惹鬱金香。（原注云：金壺記「蠶書，秋胡妻玩蠶而作。」河中之水歌「十四採桑南陌頭。」）

及同書壹柒移居詩集永遇樂詞「〔崇禎十三年〕八月十六夜有感」云：

銀漢紅牆，浮雲隔斷，玉簫吹裂。白玉堂前，鴛鴦六六，誰與王昌説。今宵二八，清輝香霧，還憶破瓜時節。（寅恪案，牧齋「觀美人手跡」七首之五云：「牋紙劈桃花。銀鈎整復斜。却憐波磔好，破體不成瓜。」原注云：「李羣玉詩，瓜字初分碧玉年。」）劇堪憐，明鏡青天，獨炤長門鬢髮。　　莫愁未老，嫦娥孤另，相向共嗟圓闕。長嘆憑闌，低吟擁髻，暗與陰蛩切。單棲海燕，東流河水，十二金釵敲折。何日裏，竝肩攜手，雙雙拜月。

有密切關係。今之讀者，若不循次披尋，得其脈絡，則錢柳因緣之詩，必不能真盡通解矣。（寅恪檢初學集壹柒移居詩集有「雜憶詩十首次韻」當賦成於崇禎十三年庚辰五月間。不知爲何人而作。豈爲楊宛叔而作耶？抑或與河東君有關耶？姑識此疑，以俟詳考。）職是之由，此書釋證錢柳之詩，止限於詳考本事。至於通常故實，則不加注解，即或遵王之注有所未備，如無大關係，則亦不補充，以免繁贅。但間有爲解説便利之故，不得不於通常出處，稍事徵引，亦必力求簡略。總而言之，詳其所應詳，略其所當略，斯爲寅恪釋證錢柳因緣詩之範圍及義例也。

復次，沈偶僧雄江丹崖尚質編輯之古今詞話，「詞話」類下云：

沈雄曰，花信樓頭風暗吹。紅欄橋外雨如絲。一枝憔悴無人見，肯與人間綰別離。離別經春又隔年。搖青漾碧有誰憐。春來羞共東風語，背却桃花獨自眠。此錢宗伯牧齋竹枝詞也。（寅恪案，此二詩乃初學集壹壹桑林詩集「柳枝十首」之第壹第貳兩首。作「竹枝詞」，誤。牧齋此詩乃崇禎十年丁丑初夏被逮北行途中所作。）宗伯以大手筆，不趨佻儉，（寅恪案，「儉」疑當作「險」。）而饒蘊藉，以崇詩古文之格。其永遇樂三四闋，偶一遊戲爲之。

又袁樸村景輅所編松陵詩徵肆沈雄小傳略云：

周勒山云，偶僧覃思著述，所輯詩餘箋體，足爲詞學指南。其自著綺語，亦超邁不羣。樸村云，偶僧從虞山錢牧齋遊，詩詞俱有宗法。

寅恪案，沈氏爲牧齋弟子，故古今詞話中屢引牧齋之說。袁氏謂偶僧所著詩詞受牧齋影響。詩固牧齋所擅場，詞則非所措意。偶僧於其書中已明言之。（并可參古今詞話「詞品」上「錢謙益曰，張南湖少從王西樓刻意填詞」條。）若如樸村之說，沈氏之詞亦與師門有關，則當非受之師父，而是從師母處傳得衣鉢耳。蓋河東君所作詩餘之傳於今者，明勝於牧齋之永遇樂諸闋，即可爲例證。不僅詩餘，河東君之書法，復非牧齋所能及。儻取錢柳以方趙管，則牧齋殊有愧子昂矣。偶僧詩詞僅見選本，未敢詳論。但觀王蘭泉昶國朝詞綜壹肆所録偶僧詞二首，則周袁二氏之語，頗爲可信。寅恪別有所注意者，即蘭泉所選偶僧詞，浣溪沙「梨花」云：

壓帽花開香雪痕。一林輕素隔重門。拋殘歌舞種愁根。　遥夜微茫凝月影，渾身清淺剩梅魂。溶溶院落共黄昏。

又云：

静掩梨花深院門。養成閒恨費重昏。今宵又整昨宵魂。　理夢天涯凭角枕，卸頭時候覆深樽。正添香處憶温存。

沈氏之詞有何所指，自不能確言。然細繹語意，殊與河東君身世人品約略符合，令人不能無疑。東山訓和集壹牧翁所作「寒夕文讌，再疊前韻。是日我聞室落成，延河東君居之」詩（自注：「涂月二日。」）結語云：

今夕梅魂共誰語，任他疏影蘸寒流。（自注：「河東君寒柳詞云，約箇梅魂，與伊深憐低語。」）

若取偶僧之詞與牧翁之詩綜合觀之，其間關鎖貫通之處，大可玩味，恐非偶然也。至關於河東君詩餘之問題，俟後論之。兹附言及此，不敢辭傅會穿鑿之譏者，欲爲錢柳因緣添一公案，兼以博通人之一笑也。

第二章　河東君最初姓氏名字之推測及其附帶問題

大凡爲人作傳記，在中國典籍中，自司馬遷班固以下，皆首述傳主之姓氏名字。若燕北閒人之兒女英雄傳，其書中主人何玉鳳，至第壹玖回「恩怨了了慷慨捐生，變幻重重從容救死」之末，始明白著其姓名。然此爲小説文人故作狡獪之筆，非史家之通則也。由是言之，此章自應先著河東君最初之姓氏及名字。但此問題殊不易解決，故不得不先作一假設，而證明此假設之材料，又大半與其他下列諸章有關，勢難悉數徵引於此章之中。兹爲折衷權宜之計，唯於此章中簡略節取此類材料之最有關字句，至其他部分，將於下列諸章詳録之。讀者儻能取下列諸章所列諸材料，與本章參互觀之，則幸甚矣。

明末人作詩詞，往往喜用本人或對方，或有關之他人姓氏，明著或暗藏於字句之中。斯殆當時之風氣如此，後來不甚多見者也。今姑不多所徵引，即就錢柳本人及同時有關諸人詩中，擇取數例，亦足以證明此點。如東山詶和集壹河東君「次韻答牧翁冬日泛舟詩」：「越歌聊感鄂君舟」，「春前柳欲窺青眼」，「年年河水向東流」等句，分藏「柳河東君」四字。（其實此詩

「望斷浮雲西北樓」句中「雲」字即是河東君最初之名。茲暫不先及，詳見後文考證。）及同書同卷「春日我聞室作，呈牧翁」詩：「此去柳花如夢裏，向來煙月是愁端。畫堂消息何人曉」，（「何」與「河」音同形近。）並「珍重君家蘭桂室，東風取次一憑闌」等句，分藏「柳如是河東君」六字。又汪然明汝謙者，錢柳因緣之介紹人也。其事蹟著作及與錢柳之關係，俟第肆章詳述之，茲暫不涉及。但汪氏所著春星堂集叁遊草中，「余久出遊，柳如是校書過訪，舟泊關津而返，賦此致懷」七律之後，載「無題」七律一首，當即爲柳而作者。此詩中「美女疑君是洛神」及「幾灣柳色隔香塵」等句，亦分藏「柳是」二字。（河東君又有「美人」之別號，汪氏因「人」字爲平聲，故改作仄聲之「女」字以協詩律。餘詳下論。）至若吴偉業梅村家藏藁伍捌詩話云：

> 黄媛介字皆令，嘉興人，儒家女也。能詩善畫。其夫楊興公（寅恪案，即世功。）聘後貧不能娶，流落吴門。媛介詩名日高，有以千金聘爲名人妾者，其兄堅持不肯。余詩曰，不知世有杜樊川。（寅恪案，家藏藁陸「題鴛湖閨詠」四首之二即此詩。此句上有「夫壻長楊須執戟」之句。）指其事也。媛介後客於牧齋柳夫人絳雲樓中。樓燬於火，牧齋亦牢落。嘗爲媛介詩序，有今昔之感。

則又稍變其例。蓋作者於「夫壻長楊須執戟」之句，雖已明著楊世功之姓，而於「不知世有杜樊川」之句，以有所隱諱之故，不便直標其人之名姓也。考「杜樊川」即「杜牧」，李義山詩集下「贈司勳杜十三員外」云：「杜牧司勳字牧之。清秋一首杜秋詩。前身應是梁江總，名總還曾字總持。」玉谿用樊川姓名及字爲戲，頗覺新潁，是以後人多喜詠之。梅村句中「杜樊川」三字，即暗指「牧」字。與吴氏同時江浙最顯著之名人，其以「牧」稱者，舍錢謙益外，更無他人。關於黄媛介之事蹟及其與錢柳往來詩詞文字，材料頗多，兹不詳述。據鄧漢儀天下名家詩觀初集壹貳「黄媛介」條云：

時時往來虞山，與柳夫人爲文字交，其兄開平不善也。

可以推知孝威言外之意。但世傳媛介與張天如溥一段故事，輾轉勦襲，不一而足。究其原始，當是出於王貽上士禎池北偶談壹貳「黄媛介詩」條。其文云：

少時，太倉張西銘溥聞其名，往求之。皆令時已許字楊氏，久客不歸，父兄屢勸之改字，不可。聞張言，即約某日會某所，設屏障觀之。既罷，語父兄曰，吾以張公名士，欲一見之。今觀其人，有才無命，可惜也。時張方入翰林，有重名。不逾年竟卒。皆令卒歸楊氏。

寅恪案，漁洋之説頗多疏誤，兹不暇辨。但據梅村家藏藁貳肆「清河家法述」云：

婁東庶常張西銘先生既殁之二十載，爲順治紀元之十有七年庚子十二月五日。（寅恪案，西銘卒於明崇禎十四年辛巳五月初八日。）先生夫人王氏命其嗣子永錫式似，壻吴孫祥綿祖，以僕陳三之罪來告。

及有學集捌肆「題張天如立嗣議」云：

天如之母夫人暨其夫人咸以爲允。

則是天如之卒，上距嫒介窺見之時，不及一年。若依漁洋之説，黄見張之時，當在崇禎十三年庚辰六月以後。今據吴錢之文，復未發現西銘於此短時間，有喪妻繼娶之事，則西銘嫡配王氏必尚健在。天如之不能聘嫒介爲妻，其理由明甚。（餘可參蔣逸雪編張溥年譜崇禎十二年己卯條所考。）漁洋之説殊不可通。或疑天如實欲聘嫒介爲妾，則天如之姓名字號又皆與「杜樊川」不相應，且亦與上句明標楊世功之姓者，尤不相稱。駿公作詩，當不如此。觀梅村「題鴛湖閨詠」四首之二「絳雲樓閣敞空虚。女伴相依共索居」之句，「索居」二字寓意頗深。（靳榮藩吴詩集覽壹貳上此詩後附評語云：「索居上有相依字，共字亦奇。」可見靳氏亦知梅村此句有所寓意也。）更可取鄧孝威「其兄開平不善也」之語，參互並觀，其間有所不便顯言者，可以想見矣。

吾國人之名與字，其意義多相關聯，（號間亦與名相關，如謙益之號牧齋，即是一例，但此非原則也。）古人固如此，今人亦莫不然。此世所習知，不待例證。今檢關涉河東君之早期材料，往往見有「美人」之語。初頗不注意，以爲不過泛用「美人」二字，以形容河東君，別無其他專特之意義。此爲吾國之文人詞客，自詩經楚辭以降，所常爲者，殊不足異也。繼詳考其語義之有限制性，而不屬泛指之辭者，始恍然知河東君最初之名稱，必與「美人」二字有關，或即用「美人」爲其別號，亦未可知也。今試略舉數例以證明之。玆先舉「美人」二字之確指河東君，而不爲普通之形容語者。然後復取有關河東君之詩詞，詳繹其中所用「美人」二字之特殊性，依吾國名與字或別號意義關聯之例，推比測定河東君最初之名。更就此名所引出之其他問題，加以解釋，或亦足發前此未發之覆耶？

牧齋初學集壹陸丙舍詩集「觀美人手跡，戲題絶句七首。」云：

油素朝橅帖，丹鉛夜較書。來禽晉內史，盧橘漢相如。

其二云：

花飛朱户網，燕蹴綺窻塵。挾瑟歌盧女，臨池寫雒神。

其三云：

（詩見前。）

其四云：

芳樹風情在，簪花體格新。可知王逸少，不及衛夫人。

其五云：

（詩見前。）

其六云：

書樓新寶架，經卷舊金箱。定有千年蠹，能分紙上香。（原注：「用上官昭容書樓及南唐宮人寫心經事。」）

其七云：

好鳥難同命，芳蓮寡竝頭。生憎緑沈管，玉指鎮雙鈎。

寅恪案，此七首詩皆爲五言絶句。初讀之，以爲牧齋不過偶爲此體，未必別有深意。繼思之，始恍然知牧齋之用此體，蓋全效玉谿生「柳枝」五首之作。（見李義山詩集下。）所以爲此者，不僅因義山此詩所詠，與河東君之身分適合，且以此時河東君已改易姓氏爲柳也。或者牧齋更於此時已得見所賦金明池「詠寒柳」詞，並有感於此詞中「尚有燕臺佳句」之語，而與義山柳枝詩序中所言者，不無冥會耶？

又今杭州高氏藏明本河東君尺牘，其字體乃世俗所謂宋體字，而湖上草則爲依據手寫原本摹刻者。此草爲崇禎十二年己卯歲之作品。自其卷末逆數第貳題爲「出關外別汪然明」七律，首二句云：「游子天涯感塞鴻。故人相別又江楓。」乃秋季所作。可證此書刻成當在崇禎十二年己卯冬季。牧齋於十三年庚辰春初自得見之。然則牧齋所謂「美人手跡」可能即指湖上草而言也。此七首詩爲錢柳因緣中河東君過訪半野堂前重要材料之一，俟後詳論。今所注意者，即就七詩所詠觀之，可決定此「美人」之界説爲一年少工書，且已脱離其夫之姬妾，必非泛指之形容詞，自不待言。當崇禎十三年春初牧齋作詩時，此「美人」舍河東君外，恐無他人合此條件。更取明確爲河東君而作之詩以證之，尤可決定「美人」二字與河東君最初之名有關。如黄宗羲南雷詩歷貳「八哀」詩之五「錢牧齋宗伯」七律，中有「紅豆俄飄迷月露，美人欲絶指箏絃。」之句，自注云：「皆身後事。」（寅恪案，太沖自注所言，可參第伍章「論河東君殉家難」節。）及王昶所輯陳忠裕（子龍）全集拾「秋潭曲」。（原注：「偕〔彭〕燕又〔賓〕，〔宋〕讓木〔徵璧〕，楊姬〔影憐〕集西潭舟中作。」）其中有「明雲織夜紅紋多」（「雲」字可注意。）「銀燈照水龍欲愁」（「龍」字可注意。）「美人嬌對參差風。斜抱秋心江影中。」（「美人」及「影」字可注意。）「摘取霞文裁鳳紙。春蠶小字投秋水。」等句。此詩題下並附原案語云：

抱真堂集：宋子與大樽（陳子龍字。）泛于秋塘，坐有校書。（寅恪案，此文乃宋徵璧含真堂詩稿伍秋塘曲序文。王蘭泉引作「抱真堂集」，與今所見本不同。）後稱柳夫人，有盛名。

原案語又云：

蓴鄉贅筆：柳如是初名楊影憐。流落北里，姿韻絶人。錢宗伯一見惑之，買爲妾，號曰河東君。（寅恪案，今檢名人筆記匯海中蓴鄉贅筆四卷本，未載此文。但申報館印董含三崗識略十卷本。第陸卷「拂水山莊」條之文，與王蘭泉所引蓴鄉贅筆相同。豈王氏所見者，異於名人筆記匯海本耶？）

今觀此明確爲河東君而作之詩，其中既以「美人」指河東君，則「美人」二字當是河東君之字或號，而其初必有一名，與此字或號相關者，此可依名與字或號相關之例推知也。考徐電發釚「本事詩」選録程孟陽嘉燧「緪雲詩」三首，其題下注云：

朱長孺〔鶴齡〕曰，孟陽此詩爲河東君作。

寅恪案，電發與長孺俱爲吴江人。同里交好，所記必有依據。又考長孺與牧齋關係至密。如牧齋有學集壹伍「吴江朱氏杜詩輯注序」云：

吴江朱子長孺館於荒村。

同書壹玖「歸玄恭恒軒集序」云：

丙申閏五月余與朱子長孺屏居田舍。余繙般若經，長孺箋杜詩。（寅恪案，可參朱鶴齡「李義山詩集箋注自序」云：「申酉之歲予箋杜詩于牧齋先生之紅豆山莊。」）

牧齋尺牘貳與毛子晉書第貳拾通云：

頃在吴門，見朱長孺杜詩箋注，與僕所草大略相似。僕既歸心空門，不復留心此事，而殘藁又復可惜。意欲并付長孺，都爲一書。第其意欲得近地假館，以便商訂。輒爲謀之於左右。似有三便。長孺與足下臭味訢合。長孺得館，足下得朋。一便也。高齋藏書，足供繙閱。主人腹笥，又資讐勘。二便也。長孺師道之端莊，經學之淵博，一時文士罕有其偶。臯比得人，師資相説。三便也。僕生平不輕薦館，此則不惜緩頰，知其不以夐言相目也。

及牧齋尺牘壹與朱長孺書云：

小壻自錫山入贅，（寅恪案，河東君以其女贅無錫趙玉森之子管爲壻。）授伏生書，欲得魯壁專門大師以爲師匠。恃知己厚愛，敢借重左右，以光函丈。幸慨然許之，即老朽亦可藉手沐浴芳塵也。

又如朱鶴齡愚庵小稿肆「聞牧齋先生訃」五律二首，同書伍「牧齋先生過訪」七律一首等及同書拾與吴梅村祭酒書云：

夫虞山公生平梗槩，千秋自有定評，愚何敢置喙。若其高才博學，囊括古今，則敻乎卓絶一時矣。

等，即可爲證。又潘檉章松陵文獻所附其弟耒後序云，「朱先生與亡兄交最厚。」及此書陸人物志陸周道登傳末略云：

潘子曰，公於先大父爲外兄弟，故得備聞其遺事。

蓋潘檉章爲周道登之姻戚，復與朱鶴齡交誼最厚。河東君本出自吴江周道登家。（詳見後章。）朱氏殆由潘氏之故，輾轉得知周氏家庭之瑣屑，不僅與周氏同隸吴江，因而從鄉里傳聞，獲悉河東君早年舊事。然則長孺所言程孟陽之緪雲詩乃爲河東君作者，實是可信，而河東君最初之名乃「緪雲」之「雲」字，可以推知矣。

復次，程嘉燧耦耕堂存稿詩中有「朝雲詩」八首。又有「今夕行」，其序略云：

甲戌七月唐四兄爲楊朝賦七夕行。十二夜復過余成老亭。和韻作此。

據此更可證河東君曾一度稱「楊朝」。依上論江總字總持，杜牧字牧之之例。「楊朝」自可字「朝雲」。徐虹亭本事詩陸選程松圓緪雲詩，引朱長孺之言，知其爲河東君而作。但不選朝雲詩及今夕行，殆未知河東君曾一度以「楊朝」爲姓名，以「朝雲」爲字耶？然則河東君之此名此字，知者甚鮮，觀電發之選詩，可以證知也。至耦耕堂存稿詩中諸題如「正月十一十二夜雲生留予家」，「二月上浣同雲娃踏青」及「六月鴛湖與雲娃惜别」等，又皆河東君稱「雲」之例證。兹暫不多述。詳後論崇禎七年甲戌河東君嘉定之遊節。河東君最初之名既是「雲」字，其與「美人」二字之關係如何耶？考全唐詩第叁函李白貳「長相思」云：

美人如花隔雲端。（寅恪案，玉臺新詠壹枚乘雜詩九首之六云：「美人在雲端，天路隔無期。」）

此「雲」與「美人」相關之證也。但竊疑河東君最初之名不止一「雲」字，尚有其他一字亦與「美人」有關。如陳忠裕全集壹伍陳李唱和集「秋夕偕燕又讓木集楊姬館中」七律二首，宋徵璧含真堂詩稿伍「秋塘曲」，及耦耕堂存稿詩中「二月上浣同雲娃踏青歸雨讌達曙用佳字」七律，皆臥子讓木松圓等爲河東君而作之詩，可決定無疑者也。臥子句云：「滿城風雨妒嬋娟。」讓木句云：「較書嬋娟年十六。」松圓句云：「烟花逕裊嬋娟入。」初視之，「嬋娟」二字不過尋常形容之辭耳，未必與河東君最初之名有何關連也。繼而詳繹大樽所作詩詞之與河東君有關者，往往發見「嬋娟」二字，則殊不能不令人疑其與河東君之初名實有關連。茲僅擇詩中有「美人」及「嬋娟」兩辭竝載者，以爲例證。（陳忠裕全集拾陳李唱和集「彷彿行」：「羅屏美人善惆悵，妙學此曲雙嬋娟。」雖「美人」與「嬋娟」并載。然據此詩後附李雯「彷彿行」并序，知爲吳郡女郎青來而作。青來本末未及詳考，或與舒章彷彿樓詩稿之名有關，故不舉爲例證，姑記所疑於此。）至於其他可能爲河東君而作之詩詞中，雖有「嬋娟」

二字，而不與「美人」一辭相連者，暫於此不録，俟後論陳楊關係時再詳焉。如陳忠裕全集叁幾社稿古樂府「長相思」二首之二云：

又聞美人已去青山巔。碧霞素月娱嬋娟。

同書拾屬玉堂集「霜月行」其一云：

我思江南在雲端。（寅恪案，此句即用太白詩「美人如花隔雲端」句。「雲」字可注意。）

其二云：

玉衣不敢當嬋娟。

其三云：

美人贈我雙螭鏡，云是明月留清心。寒光一段去時影，（「影」字可注意。）可憐化作霜華深。（「憐」字可注意。）持鏡索影不可見，（「影」字可注意。）當霜望月多哀音。紅綃滿川龍女瘖，買之不惜雙南金。温香沈沈若烟霧，裁霜翦月成寒衾。衾寒猶自可，夢寒情不禁。離鸞别鳳萬餘里，風車雲馬來相尋。（「雲」字可注意。）愁魂荒迷更零亂，使我沈吟常至今。

同書壹壹平露堂集「立秋後一日題採蓮圖」云：

圖中美人劇可憐。年年玉貌蓮花鮮。花殘女伴各散去，有時獨立秋風前。何得鉛粉一朝盡，空光白露寒嬋娟。

同書同卷湘真閣稿「長相思」云：

美人昔在春風前。嬌花欲語含輕烟。歡倚細腰欹繡枕，愁憑素手送哀絃。美人今在秋風裏，碧雲迢迢隔江水。寫盡紅霞不肯傳，紫鱗亦妒嬋娟子。

據此「嬋娟」與「美人」兩辭實有關連，而其關連之出處本於何等古籍乎？考杜工部集伍「寄韓諫議詩」有「美人娟娟隔秋水」之句。此「美人」二字與「娟」字相關之出處。職此之故，寅恪竊疑河東君最初之名實爲「雲娟」二字。此二字乃江浙民間所常用之名，而不能登於大雅之堂者。當時文士乃取李杜詩句與「雲娟」二字相關之「美人」二字以代之，易俗爲雅，於是河東君遂以「美人」著稱，不獨他人以此相呼，即河東君己身亦以此自號也。以上之假説若果爲真實，則由此引出之問題亦可解決。如東山訓和集壹「有美一百韻」，乃牧翁極意經營之作。其以「有美」二字題篇者，初視之，不過用詩經鄭風「野有蔓草」所云：

野有蔓草，零露漙兮。有美一人，清揚婉兮。邂逅相遇，適我願兮。

野有蔓草，零露瀼瀼。有美一人，婉如清揚。邂逅相遇，與子皆臧。

之出處。雖頗覺其妙，然仍嫌稍泛。若如其用「有美」二字以暗寓「美人」即河東君之意，則更覺其適切也。又初學集貳拾下東山詩集「絳雲樓上梁，以詩代文」八首之三「曾樓新樹絳雲題」句下自注云：

紫微夫人詩云：「乘飈儔衾寢，齊牢攜絳雲。」故以絳雲名樓。（寅恪案，此詩見真誥壹運象篇壹。）

又八首之五「匏爵因緣看墨會」句下自注云：

紫清真妃示楊君有「匏爵分味，墨會定名」之語。（寅恪案，此文出真誥壹運象篇壹。）

及「茗華名字記靈簫」句下自注云：

真妃名鬱嬪，字靈簫。並見真誥。（寅恪案，此文見真誥壹運象篇壹。）

初視之，似牧齋已明白告人以此樓所以題名「絳雲」之故，更無其他出處矣。但若知河東君之初名中有一「雲」字，則用「絳雲」之古典，兼指河東君之舊名，用事遣辭殊爲工切允當。如以爲僅用陶隱居之書，則不免爲牧齋所竊笑也。復次，初學集詩注壹柒移居詩集「姚叔祥過明發堂，共論近代詞人，戲作絶句十六首」（寅恪案，牧齋列朝詩集丁壹陸「姚叟士粦」小傳云：「晚歲數過余，年將九十矣。劇談至分夜不寐。兵興後，窮餓以死。」姚氏卒年雖未詳，然崇禎十三年庚辰秋牧齋作此詩時，叔祥之年當已過八十矣。特附記姚傳之語，以供參證。）第壹貳首「近日西陵誇柳隱，桃花得氣美人中。」句下自注云：

西湖詩云，垂楊小苑繡簾東。鶯閣殘枝蝶趂風。最是西陵寒食路，桃花得氣美人中。

寅恪案，牧齋此詩作於崇禎十三年庚辰秋間河東君尚未過訪半野堂之前，實爲錢柳因緣重要材料之一，俟後詳論之。河東君此詩乃其湖上草中崇禎十二年己卯春「西湖八絶句」之一。當日最爲人所稱道，盛傳於一時者也。詩中「寒食」「桃花」等辭，實暗用孟棨本事詩崔護故事。又其用意遣辭實與陳臥子崇禎八年乙亥所作「寒食」三絶句有關，詳見第叁章所論。「美人」乃河東君自比之辭，即以此自居不復謙讓。此詩寓意巧妙，所以特見稱賞於當時之文士，而「美人」之名，更由此廣播遍於吴越間矣。（「甲申朝事小紀」載河東君所作五詩中，有「横山雜作」七律一首云：「美人遥夜佇何方。應是當年蹭蹬鄉。自愛文園能犢鼻，那愁世路有羊腸。徐看雀墜枝先墜，誰惜桃僵李亦僵。只此時名皆足廢，寧須萬事折腰忙。」寅恪尚未檢出此詩所從來，果否真爲柳作，且詩意亦不能盡解，故詩中「美人」二字究何所指，須俟詳考，始可決定也。）

至於河東君之本姓問題，觀陳臥子秋潭曲題下自注中「楊姬」之稱，則「楊」乃河東君本初之姓，是無疑義。據李舒章雯所撰蓼齋集貳陸「坐中戲言分贈諸妓」四首之四云：

悉茗丁香各自春，（寅恪案，「悉茗」者，花之名，即「耶悉茗」之略稱。詳見吴其濬植物名實圖考叁拾羣芳類「素馨」條。）楊家小女壓芳塵。銀屏疊得霓裳細，金錯能書蠶紙勻。夢落吴江秋佩冷，歡聞鴛水楚憐新。不知條脱今誰贈，萼緑曾爲同姓人。

寅恪案，舒章此詩作於何時，雖未能確定，似在距崇禎六年癸酉秋間或前或後不甚遠之時，即與臥子作「秋潭曲」相去較近之時也。（寅恪考蓼齋集，此詩之前載「初春得臥子書有懷」云：「新年遥接會稽書。」舒章此詩雲間三子合稿未録。依「會稽」二字推之，則必作於臥子任紹興推官時。據臥子自撰年譜崇禎十三年庚辰條，臥子以此年秋赴紹興推官任。故舒章此詩之作成，至早亦在崇禎十四年辛巳春間。但此年春間河東君已訪半野堂，復歸松江矣。崇禎十四年河東君年二十四歲，與詩中「楊家小女」之語不合。且其時河東君已改易姓名，又與詩中「楚憐新」句未符。何況此時河東君之身分，亦不應與其他三妓並列耶？寅恪初頗以此爲疑，後更詳繹李集，始恍然知此「分贈諸妓」詩之排列於「初春得臥子書有懷」之後者，實又依其性質，取以爲贈答詩之殿，而非以其時間爲贈答詩之最後也。蓋舒章門人石維崑輯刊蓼齋集，卷首載維崑順治丁酉即十四年序云：「雖在少作，編録不遺。」故所刻舒章著述，當頗完備。集中詩分類，亦編年。「分贈諸妓」詩在卷貳陸。其卷題「七言律詩肆。贈答詩貳」。檢其内容，又有贈答及哀挽兩種性質。「分贈諸妓」詩之前爲「送友人」，「分贈諸妓」詩之後迄於卷終，共三首，皆是哀挽之作。據此可以推定「分贈諸妓」詩乃以其性質爲贈妓，遂附列於贈答詩之後，非因其作成之時間在最後也。恐讀者於推定舒章作詩年代，有所異議，特爲辨之如此。）四詩分贈四妓。此一首乃當時贈與河東君者。詩中「楊家小女」，固是河東君之本姓。「夢落吴江秋佩冷」，乃指河東君與周道登之關係，此點俟後論之。「歡聞鴛水楚憐新」，謂此時河東君之新名爲「影憐」。「鴛水」者，言河東君本嘉興人。蓋河東君此時自周道登家流落松江，改易「雲娟」之舊名，而爲「影憐」之新名也。「不知條脱今誰贈，萼緑曾爲同姓人」者，用真誥運象篇第壹，神女萼緑華贈羊權金玉條脱各一枚事。其文略云：

萼緑華者，云本姓楊。贈羊〔權〕詩一篇，并致火澣布手巾一枚，金玉條脱各一枚。條脱似指環而大，異常精好。

原注云：

此乃爲楊君所書者。當以其同姓，亦可楊權相問，因答其事，而疏説之耳。

寅恪案，羊氏即羊舌氏，與楊氏本出一源，可視爲同姓。（參新唐書柒壹下宰相世系表「楊氏」條，及其他關於姓氏源流諸書。）真誥之意究爲如何，姑置不論。但據舒章此詩之意，已足證明河東君之本姓實爲楊氏。又東山詶和集貳牧翁「西溪永興寺看緑萼梅有懷」詩，「道人未醒羅浮夢，正憶新妝萼緑華」之句，不僅用龍城録趙師雄故事，亦暗指萼緑華之本姓。然則河東君之姓原爲楊氏，更可無疑，而牧翁作詩，其用事工切，於此亦可見矣。

又牧翁「有美一百韻」，甚誇河東君，廣引柳姓世族故實。讀者似以爲牧翁既稱柳如是爲河東君，因而賦詩，遂博徵柳姓典故，以資藻飾。殊不知牧翁取柳姓郡望，號之爲河東君者，不過由表面言之耳。其實牧翁於此名稱，兼暗寓玉臺新詠「河東之水向東流」一詩之意，此名巧切河東君之身分，文人故作狡獪，其伎倆可喜復可畏也。至河東君之改其本姓爲柳者，世皆知其用唐人許堯佐「柳氏傳」章臺柳故實（參孟棨本事詩情感類。）蓋「楊」與「柳」相類，在文辭上固可通用也。又檢宋人某氏所著「侍兒小名録拾遺」引「蘇子美愛愛集」述錢塘娼女楊愛愛事。明代人有號「皇都風月主人」者，其所著緑窗新語下亦載「楊愛愛不嫁後夫」條。條末原注云：「蘇子美爲作傳。」（見上海藝文雜記第壹卷第陸期。）所言之楊愛愛亦錢塘娼女。考蘇子美即北宋之蘇舜欽。今檢蘇氏集中，未見此傳，不知是否僞託。但此故事明末必頗流行。河東君之本姓既是楊氏，其後改易「雲娟」之舊名，而爲「愛」者，疑與此事有關，蓋欲以符合昔人舊名之故。「楊愛」之名諸書多有記載。但此名最初見於何書，尚難確定。就所知者言之，似以沈虬「河東君傳」爲最早。此傳（據葛昌楣君「蘼蕪紀聞」上所引。）略云：

河東君所從來，余獨悉之。我邑盛澤鎮，有名妓徐佛者。（徐佛事蹟可參仲廷機輯盛湖志拾列女名妓門。）丙子年間張西銘先生慕其名，至垂虹亭易小舟訪之，而佛已於前一日嫁蘭溪周侍御之弟金甫矣。院中惟留其婢楊愛，因攜至垂虹。余于舟中見之，聽其音，禾中人也。

是沈次雲於崇禎九年丙子有親見河東君之事。其所言實在仲沈洙撰，仲周霈補之盛湖志上形勝門盛湖八景之八，「凌巷尋芳」錢宛朱詩注及其他材料之前矣。至其又稱「影憐」者，當用李義山詩集上「碧城」三首之二「對影聞聲已可憐」之出處，此句「憐」字之意義，復與「愛」字有關也。（寅恪偶檢鄭澍若「虞初續志」壹貳云：「厲影憐校書得蕭仁叔邗上來書，語多未解。問字於陳敬吾，敬吾即其語意，題後一律。」夫此兩「影憐」之名，雖同取義於玉谿生詩，然其學問之高下懸殊有如是者，則對厲影憐之影，亦未必可憐矣。）

又沈氏所云蘭溪周侍御之弟金甫，當是周燦弟之字。檢乾隆修吴江縣志貳玖略云：

> 周燦字光甫，用之孫。崇禎元年進士，知宣化會稽二縣。十六年擢浙江道御史，所著有澤畔吟。

沈氏雖不著周金甫之名，但據今所見澤畔吟附録光甫孫師灝所撰後序「向自爛溪（「爛」字沈氏作「蘭」。）析居謝天港。」及「光甫」「金甫」之稱下一字相同等理由推之，可知雲翾所嫁之人即吴江周燦之弟。澤畔吟中諸詩當是明亡以後所作，唯其中「楊花」一題有「年年三月落花天。顧影含顰長自憐」之語，實與河東君姓名符會，以光甫與盛澤鎮（光甫集中載「盛澤鎮」五律一首。）及雲翾嫁其弟等關係論之，自不能令人無疑。終以作詩時間過晚，不敢決言。姑記於此，以俟更考。

河東君更有一「隱雯」之名，（寅恪案，此名之記載似以見於顧苓「河東君傳」者爲最早。俟考。）此名不甚著稱，而取義亦不易解。寅恪疑是取列女傳貳陶答子妻所謂「南山有玄豹，霧雨七日而不下食者，何也？欲以澤其毛，而成文章也。故藏而遠害」。即文選貳柒謝玄暉「之宣城出新林浦向板橋」詩：「雖無玄豹姿，終隱南山霧」之義。或者河東君取此二字爲名，乃在受松江郡守驅令出境之威脅時。（見後章。）殆因是事有所感觸，遂自比南山之玄豹，隱於霧雨，澤毛成文，藏而遠害耶？明季不遵常軌，而有文采之女子，往往喜用「隱」字以爲名，如黄媛介之「離隱」，張宛仙之「香隱」，（見後章。）皆是其例。（震澤吴雷發撰「香天談藪」載明崇禎中揚州名妓沈隱，遊西湖，卜居樓外樓，嫁新安夏子龍。夏死，隱自縊以殉事。寅恪案，沈之名與河東君同，夏之名與臥子同，沈曾居西湖，復自縊殉夏。本末頗與河東君相似，殊爲巧合。但不知是否實有其人其事？姑附識於此，更俟詳考。）此殆一時之風氣。河東君以「隱雯」爲名，殊不足異。後來河東君又省去「雯」字，止以一「隱」字爲名，而「隱雯」之原名，轉不甚爲人所知矣。

復次牧齋遺事「初吴江盛澤鎮有名妓曰徐佛」條云：

> 〔楊愛〕聞虞山有錢學士謙益者，實爲當今李杜。欲一望見其丰采，乃駕扁舟來虞。爲士人裝，坐肩輿，造錢投謁。易楊以柳，易愛以是。刺入，錢辭以他往。蓋目之爲俗士也。柳於次日作詩遣伻投之，詩内已微露色相。牧翁得其詩，大驚。語閽者曰，昨投刺者士

人乎？女子乎？闇者曰，士人也。牧翁愈疑，急登輿訪柳於舟中，則嫣然一美姝也。因出其七言近體就正，錢心賞焉。視其書法，得虞褚兩家遺意，又心賞焉。相與絮語者終日。臨别，錢語柳曰，此後即以柳姓是名相往復。吾且字子以如是，爲今日證盟。柳諾。此錢柳合作之始也。

寅恪案，此條所紀多乖事實，兹暫不考辨，惟論河東君改易姓字之一事，今所見崇禎十一年戊寅陳臥子所刻之戊寅草，十二年己卯汪然明所刻之湖上草，皆署「柳隱如是」。又汪氏所刻柳如是尺牘一卷，亦署「雲間柳隱如是」。卷中尺牘共計三十一通。其最後一通有「已過夷門」，「武夷之遊，聞在旦夕」，「應答小言，已分嗤棄，何悟見賞通人，使之成帙。非先生意深，應不及此。特有遠投，更須數本」等語。據此可知此通乃崇禎十四年辛巳春間所作。蓋汪氏初刻本共只有三十通，刊成後投寄河東。河東君復從之更索數本。然則第叁壹通乃汪氏後來所補刻者，（詳後論證。）今雖難確考汪氏初刻本刊成之時日，以意揣測，當在崇禎十三年庚辰末，最可能在十四年辛巳初。由是言之，河東君何待至崇禎十三年冬季訪半野堂時，始「易楊以柳，易愛以是。」牧齋何待至此時始「字以如是」耶？（今神州國光社影印吴中蔣氏舊藏柳如是山水册八幀，每幀皆鈐「柳隱書畫」之章。其末幀署「我聞居士柳如是」。此畫雖難確定爲何年所作，但必在崇禎十三年冬季訪半野堂以前。所以如此推定者，蓋此後河東君既心許於牧齋，自不應再以隱於章臺柳之「柳隱」爲稱，而鈐此章也。又「我聞居士」之稱，即從佛典「如是我聞」而來。據此亦可證知河東君未遇見牧齋之前，已以「我聞居士」與「柳如是」連稱矣。詳見後論。）且據初學集詩注丙舍詩集下「觀美人手跡」詩，是牧齋於十三年春初，當已見及湖上草（見前所論。）則覩河東君投謁之名刺，亦必無疑訝之理。故遺事所言諸端，不知誰氏子所僞造？無知妄作，固極可笑，而世人又多樂道此物語，尤不可不辨也。至河東君之名「是」，不知始於何時？頗疑其不以「隱」爲名之後，乃取其字「如是」下一字爲名。若此假定不誤，則其時間至早亦當在崇禎十四年，或在適牧齋以後。蓋河東君既已結褵，自不宜仍以「柳隱」即隱於章臺柳之意爲名也。其餘詳下章所論。復檢鄧孝威漢儀天下名家詩觀貳集閨秀别卷中云：

柳因一名隱，字蘼蕪，更字如是。生出未詳。虞山錢牧齋宗伯之妾。河東君放誕風流，不可繩以常格。乙酉之變，勸宗伯以死，及奮身自沈池水中，此爲巾幗知大義處。宗伯薨，自經以殉，其結局更善。靈岩坏土，應歲歲以巵酒澆之。

寅恪案，鄧氏此條殆出顧云美「河東君傳」。唯謂河東君名「因」，疑與「隱」字音近之故。至錢士美文選誦芬堂文稿六編「柳夫人事略」，雖亦載河東君名因之事。但其文鈔襲前人，往往譌舛，不暇詳辨，姑附記於此。

復次，李舒章雯蓼齋集叁伍「與臥子書」云：

又盛傳我兄意盼阿雲，不根之論，每使人婦家勃谿。兄正是木強人，何意得爾馨頽蕩。乃知才士易爲口實，天下訛言若此，正復不惡。故弟爲兄道之，千里之外與讓木（宋徵璧）燕又（彭賓）一笑。若彝仲，（夏允彝）不可聞此語也。

考舒章此書當爲臥子於崇禎六年癸酉秋冬間赴北京會試，至次年留居京邸時所作。然則河東君於崇禎六年癸酉以前，即以「雲」爲名，可以證明也。其餘亦詳下章所論。又後來與河東君有關之謝象三三賓，其所著詩集題爲「一笑堂集」，乃用李太白詩「美人一笑千黄金」之典。（見全唐詩第叁函李白叁「白紵辭」。）謝氏此集中多爲河東君而作之篇什，而河東君以「美人」著稱，更可推知矣。

第三章　河東君與「吴江故相」及「雲間孝廉」之關係

附河東君嘉定之游

三百年來記載河東君事蹟者甚衆，寅恪亦獲讀其大半矣。總括言之，可别爲兩類。第壹類爲於河東君具同情者，如顧云美苓之「河東君傳」等屬之。第貳類爲於河東君懷惡意者，如王勝時澐之「虞山柳枝詞」等屬之。其他輾轉鈔襲，譌謬脱漏者，更不足道。然第壹類雖具同情，頗有隱諱。第貳類因懷惡意，遂多誣枉。今欲考河東君平生事蹟，其隱諱者表出之，其誣枉者駮正之。不漏不謬，始終完善，則典籍禁毁闕佚之後，精力老病殘廢之餘，勢所不能，此生無望者也。故惟有姑就搜尋所得，而可信可喜者，綜貫解釋，滙合輯録，略具首尾，聊復成文。雖極知無所闡發，等於鈔胥，必見笑於當世及後來之博識通人，亦所不顧及矣。

就所見文籍中記載河東君事蹟者言之，要推顧云美所撰河東君傳爲最佳。就其所以能致此者，不獨以其人之能文，實因其人於河東君具有同情心之故。可惜者，顧氏爲牧翁晚年門生，雖及見河東君，而關於河東君早歲事蹟，或欲有所諱飾，或以生年較晚，關於河東君早歲身世，其隱秘微妙者，有所未詳也。兹先略述云美之事蹟，然後迻寫顧氏所撰河東君傳中有關早歲之一節，參以他種史料，解釋論證之。

牧齋外集壹陸「明經顧云美妻陸氏墓誌銘」略云：

留守相國瞿稼軒既殉國。其幼子玄鏡奉其骨歸自桂林。甲午正月至常熟。顧苓云美來弔。玄鏡從其兄擁杖出拜。云美問其兄。曰，吾幼弟也。生長西南，今九年矣。云美出謂其表弟嚴武伯曰，子爲我語瞿氏，以我女字玄鏡。瞿氏諾之。云美告余曰，苓以女字留守相公之幼子矣。夫子其謂我何？余曰，有是哉？後六年己亥四月十日，云美之妻陸氏卒。越七日，云美之父處士君卒。云美居喪守禮，不寘姬侍，躬保護其女。服除，而玄鏡孤貧無倚。云美收爲贅婿。壬寅吉安施偉長見玄鏡於云美之側，喜而告余。及秋，余過虎邱塔影園，云美出玄鏡拜床下，摳衣奉手，目光射人。歸而詒書云美曰，忠貞之後，僅存一綫。今得端人正士以尊親爲師保。稼軒忠魂亦稍慰於九京矣。

同治修蘇州府志捌捌顧苓傳略云：

顧苓字云美。少篤學，晚居虎丘山塘。蕭然敝廬，中懸思陵御書，時肅衣冠再拜，欷歔太息。女一，妻桂林留守瞿式耜子，易其姓名，俾脱於禍，人尤高之。（寅恪案，初學集柒肆「先太淑人述」云：「孫愛之議婚於瞿給事之女孫也。太淑人實命之，曰，人以汝去官，結昏姻以敦世好，不亦善乎？」然則云美亦與牧齋爲間接之姻戚。但云美以其女妻稼軒之子，時間甚晚，遠在錢瞿兩氏議婚之後矣。）

寅恪案，顧氏爲明末遺老，不忘故國舊君者，其人品高逸，可以想見，不僅以文學藝術見稱也。清代初年東南諸眷戀故國之遺民，亦大有黨派及意見之分別，未可籠統視之。牧齋早爲東林黨魁，晚乃附和馬阮，降順清朝。坐此爲時人，尤爲東南舊朝黨社中人所詬毁。斯問題於此姑置不論，儻取顧氏塔影園集壹東澗遺老傳讀之，則知云美對於牧翁平生前後異趣之見解，與當日吴越勝流之持論，有所不同，而與瞿稼軒所懷者，正復相類也。觀全謝山祖望鮚埼亭外集叁壹「浩氣吟跋」略云：

稼軒先生少年連染於牧齋之習氣。自丙戌以後，牧齋生平掃地矣。而先生浩氣吟中，猶惓惓焉，至形之夢寐。其交情一至此乎？牧齋顔甲千重，猶敢爲浩氣吟作序乎？一笑也。

可知錢瞿二人關係之密切如此。全氏之論固正，但於河東君陰助牧齋復興明室之活動，似尚有未盡窺見者，關於此點，俟於第伍章論之。所可注意者，即與稼軒特厚之人，不獨寬諒牧齋之晚節，而尤推重河東君。就其所以然之故，當與錢柳同心復明一端有關。如牧齋投筆集上「後秋興之三」第叁首「鬚眉男子皆臣子，秦越何人視瘠肥」句，自注云：「夷陵文相國來書云云。」考牧齋所謂「夷陵文相國」者，即明史貳柒玖有傳之文安之。其人之爲大學士，由瞿式耜所推薦，可知文瞿兩人交誼實爲密切。云美以女妻稼軒之子，則其於稼軒與文氏有同一之觀感及關係，又可推之。文氏既遺書牧齋，稱道河東君若是，宜乎云美爲河東君作傳，其尊重之意溢於言表也。後來有「超達道人葦江氏」者，題云美此傳後，謂其於河東君「别有知己之感」，「阿私所好」，則殊未明錢瞿之交誼，錢柳之關係，與夫君國興亡，恩紀綢繆，死生不渝之大義，所以藉是發幽光而勵薄俗之微旨。乃肆意妄言，無復忌憚，誠可鄙可惡，更不足置辨矣。

復次，關於思陵御書一事，詳見杜于皇濬變雅堂文集柒「松風寶墨記」，兹不迻録。寅恪昔年曾於完白山人後裔家，見崇禎帝所書「松風水月」四字，始知于皇此文中「端勁軒翥」之評，非尋常頌聖例語。鄧氏家之思陵御書，自與云美所藏者不同物，初未解此三百年前國家民族大悲劇之主人翁，何以喜作「松風」二字之故，後檢楊留垞鍾羲雪橋詩話續集壹云：

顧云美廬閶門外，半潭繞屋，引水自隔。莊烈帝御書「松風」二大字，云美得之某司香，遂揭於齋中。顧黄公（景星）爲賦詩四首。卒章有云：「奇峯名淑景，御坐正當中。五粒皆銀鬣，雙珠倚玉童。」謂萬歲山淑景峯有石刻御坐，二白松覆焉。

然則世上留傳崇禎帝「松風」手跡不止一本者，殆與景山石刻御坐有關耶？俟考。

顧氏河東君傳寅恪所得見者，節略之本不計外，共有四本，即羅刖存振玉殷禮在斯堂叢書塔影園集本（第壹卷），范聲山鍇華笑廎雜筆本（第壹卷），繆筱珊荃孫秦淮廣記本（第貳之肆），及葛雍吾昌楣蘼蕪紀聞本（卷上）。四本中以范本爲最善，兹悉依此本迻録，其他諸本與范本異者，皆不一一標出也。

復次，羅振玉貞松老人外集叁「顧云美書河東君傳册跋」略云：

> 顧云美撰柳蘼蕪傳並畫象真迹，乙巳冬得之吴中。傳載蘼蕪事實甚詳。吴人某所著野語祕彙，述虞山被逮時，河東君先攜重賄入都，賂當道，乃得生還。其權略尤不可及，可謂奇女子矣。傳中記蘼蕪初歸雲間孝廉爲妾，殆先適陳臥子，他記載所未及。其歸虞山在明亡前三年，時年二十四。至癸卯下髮，年四十有六。逾年而值家難。光緒丁未三月將取付影印，以貽海内好事者，俾益永其傳，並綴辭于後。上虞羅振玉刖存父。

寅恪案，刖存先生以「雲間孝廉」爲陳臥子。五十年前能作此語，可謂特識。但其於河東君適牧齋後，尚稱之爲「蘼蕪」，又言其攜重賄入都，俾牧齋得脱黄毓祺之案及癸卯歲年四十六下髮等事，皆不免差誤。詳見有關各節所論，兹不辨及。

顧傳云：

> 河東君者，柳氏也。初名隱雯，繼名是，字如是。爲人短小，結束俏利，性機警，饒膽

略，適雲間孝廉爲妾。孝廉能文章，工書法，教之作詩寫字，婉媚絶倫。（塔影園集壹河東君傳「婉媚絶倫」作「風氣奕奕」。）顧倜儻好奇，尤放誕。孝廉謝之去。

寅恪案，云美此傳於河東君之本來姓氏籍貫及在「適雲間孝廉爲妾」以前之事蹟，不道及一字，當有所隱諱，未必絶不能獲知其一二也。職是之故，不得不取其他史料，以補此間隙。但此段時間，材料極少，又多爲不可信者。故今僅擇其材料直接出於與河東君有關之人者，以之爲主，而參取後來間接傳聞者，以補充之。其間若有誣枉或不可信者，則稍加駁正。固不敢謂盡得其真相，然亦不至甚遠於事實也。兹引王澐虞山柳枝詞之前，先略述勝時之事蹟，蓋王氏乃最反對河東君之人，其所言者，固不可盡信。然誣枉之辭外，亦有一二真實語。實因其人與陳子龍及其家屬關係密切，所知河東君早歲事蹟，必較多於顧云美，特恨其具偏隘之見，不欲質直言之耳。乾隆修婁縣志貳伍王澐傳略云：

王澐字勝時。幼爲陳子龍弟子。處師生患難時，卓然有東漢節義風。以諸生貢入成均，不得志。箸有輞川稿。

李叔虎桓耆獻類徵初編肆肆肆顧汝則傳，下附王澐事蹟，引章有謨筆記略云：

陳黄門子龍殉難後，夫人張氏與其子婦丁氏居於鄉，兩世守節，貧不能給。王勝時明經澐常周恤之。

及陳忠裕全集年譜下附王澐撰「三世苦節傳」略云：

> 歲在癸酉〔康熙三十二年〕仲春之吉，孺人命從姪倬來，知予子移有女孫同歲生，請問名。予額手曰，此小子宿心也。敬聞命矣。乃告於先祠，以女孫字世貴焉。（寅恪案，世貴乃陳子龍之曾孫。）

寅恪案，王勝時文章行誼卓然可稱，然其人憎惡河東君，輕薄刻毒醜詆之辭，見諸賦詠者，不一而足。以常情論，似不可解。明季士人門户之見最深，不獨國政爲然，即朋友往來，家庭瑣屑亦莫不劃一鴻溝，互相排擠，若水火之不相容。故今日吾人讀其著述，尤應博考而慎取者也。勝時孫女之字臥子曾孫，結爲姻親，時間固甚晚，然其與陳氏家庭往來，在臥子生存時已然。臥子死後，勝時周恤其家備至，即就臥子夫人張氏欲與勝時之家結爲姻親一事觀之，可以推知矣。據陳忠裕全集所載陳子龍自撰年譜上崇禎二年己巳條云：

> 〔祖母高〕太安人以予既婚，遂謝家政。予母唐宜人素善病，好静，不任事，乃以筦鑰屬予婦，予始有晨昏之累矣。

及年譜下附王澐撰「三世苦節傳」略云：

> 〔張〕孺人通詩禮史傳，皆能舉其大義，以及書算女紅之屬，無不精嫺，三黨奉爲女師。有弟五人，莊事女兄如伯兄然。孺人屢舉子女，不育。爲置側室，亦不宜子。孺人心憂

之，乃自越遣人至吴，納良家子沈氏以歸。

則知大樽之妻張氏爲一精明强幹，而能治家之人。故入陳氏之門不久，其祖姑高氏即授以家政也。假使王氏稱其能通書史大義之語，非出阿私，然絶不能如河東君才藻博洽，可與臥子相互詶和者，自不待論。儻若張氏轉移其待諸弟之威嚴以臨其夫，則恐臥子閨門之内，亦不得不有所畏憚顧忌也。又觀其爲大樽選納良家女沈氏爲妾一端，知大樽之娶妾，張氏欲操選擇之權，更以良家子爲其意中之對象。如取以與牧齋夫人陳氏相較，則牧齋用匹嫡之禮待河東君，而陳夫人亦無可如何，安之若命者，誠大不侔矣。復觀牧齋之子孺飴（孫愛）所輯「河東君殉家難事實」中「柳夫人遺囑」云：

我來汝家二十五年，（寅恪案，「汝」字指其女，即趙管妻。）從不曾受人之氣。

嗚呼！假使河東君即僅在陳家二十五月，甚至二十五日，亦不能不受人之氣，尤不能不受張氏之氣，而張氏更不能如牧齋夫人之受河東君之氣，可以斷言無疑也。河東君之與大樽，其關係雖不善終，但兩方之情感則皆未改變，而大樽尤繾綣不忘舊歡，屢屢形之吟詠。然則其割愛忍痛，任河東君之離去，而不能留之者，恐非僅由河東君之個性放誕使然，亦實因大樽妻張氏之不能相容，即不能受河東君之氣，如牧齋夫人者，有以致之也。河東君所以不能見容於大樽家庭之事實及理由，王勝時必從張氏方面得知其詳。三百年前陳氏家庭夫婦妻妾之間，其恩怨是非固匪吾人今日所能確知，既非負古代家屬委員會之責者，自不必於其間爲左右袒，或作和事老。是以此點亦不須詳考。但應注意者，則勝時爲大樽嫡妻張氏之黨。故其所言者，皆張氏一面之辭，王氏既不能不爲其尊者，即大樽諱，又不能不爲其親者，即張氏諱。於是遂隱没其師及張氏與河東君之關係，而轉其筆鋒集矢於河東君矣。苟知此意，則王氏所述河東君之事蹟，不可盡信，止能供作參考或談助，而不必悉爲實録，亦甚明也。

王氏之後，復有錢鈍夫肇鼇著「質直談耳」一書，亦述河東君早歲軼事，其言頗有與王氏類似者。然據此書錢大昕序云：

吾弟鈍夫以暇日撰次生平所見聞，可喜可愕，足資懲勸者，彙爲一編，名之曰質直談耳。

又光緒修嘉定縣志貳捌藝文别集門載：

巢雲詩草。錢肇鼇著。

詩規摹盛唐。

則是鈍夫生年甚晚，其書所述河東君事，自得之輾轉間接之傳聞。巢雲詩草不知尚存否？兹取王錢兩氏所言河東君最初軼事，參以陳子龍及宋徵璧（即與河東君直接有關之人。）所作詩篇，考辨論證之如下。

王澐輞川詩鈔肆「虞山柳枝詞」第壹首云：

章臺十五喚卿卿。素影争憐飛絮輕。（「影」及「憐」二字可注意。）白舫青蓮隨意住，淡雲微月最含情。（「雲」字可注意。）

自注云：

姬少爲吴中大家婢，流落北里。楊氏，小字影憐，後自更姓柳，名是。一時有盛名，從吴越間諸名士遊。

錢肇鼇質直談耳柒「柳如之軼事」條（寅恪案，原文「之」字乃「是」字之誤，下文同。參仲虎騰盛湖志補肆雜識門及葛昌楣君蘼蕪紀聞上。）云：

如之幼養于吴江周氏爲寵姬。年最稚，明慧無比。主人常抱置膝上，教以文藝，以是爲羣妾忌。獨周母喜其善趨承，愛憐之。然性縱蕩不羈，尋與周僕通，爲羣妾所覺，譖於主人，欲殺之。以周母故，得鬻爲倡。其家姓楊，乃以柳爲姓，自呼如之。居常呼鴇母曰鴇，父曰龜。

綜合王錢兩氏所述，河東君最初果爲何家何人之婢或妾，并在何年至此家，出而流落人間耶？兹據與河東君直接有關者之所傳述以考定之。

宋徵璧含真堂詩稿伍秋塘曲并序云：

宋子與大樽泛於秋塘，風雨避易，則子美渼陂之遊也。坐有校書，新從吴江故相家流落人間，凡所敍述，感慨激昂，絶不類閨房語。且出其所壽陳徵君詩，有「李衛學書稱弟子，東方大隱號先生。」之句焉。（寅恪案，陳眉公巖棲幽事載其所作清平樂下半闋云：「閒來也教兒孫。讀書不爲功名。□□澆花釀酒，世家閉户先生。」可與河東君「大隱號先生」之句相印證。）

陳子酒酣，命予於席上走筆作歌。

江皐蕭索起秋風。秋風吹落江楓紅。樓船簫鼓互容與。登山涉水秋如許。江東才人恨未消，鬱金瑪瑙盛香醪。未將寶劒酬肝膽，爲覓明珠照寂寥。不辭風雨常避易。鯉魚躍浪秋江碧。長鯨洩酒殊未醉，今夕不知爲何夕。較書嬋娟年十六，雨雨風風能痛哭。自然閨閣號錚錚，豈料風塵同琭琭。綉紋學刺兩鴛鴦。吹簫欲招雙鳳凰。可憐家住横塘路。門前大道臨官渡。曲徑低安宛轉橋，飛花暗舞相思樹。初將玉指醉流霞。早信平康是狹邪。青鳥乍傳三島意，紫煙便入五侯家。十二雲屏坐玉人。常將烟月號平津。騂騮詎解將軍意，鸎鵡偏知丞相嗔。湘簾此夕親聞唤。香奩此日重教看。乘槎擬入碧霞宫，因夢向愁紅錦段。陳王宋玉相經過。流商激楚揚清歌。婦人意氣欲何等，與君淪落同江河。我儕聞之感太息，春花秋葉天公力。多卿感歎當盛年，風雨秋塘浩難極。

寅恪案，讓木此詩乃今日吾人所知河東君早期事蹟最重要材料之一。據臥子自撰年譜上崇禎六年癸酉條云：

> 文史之暇，流連聲酒，多與舒章倡和。今陳李唱和集是也。

臥子原作「秋潭曲」載陳李唱和集中，即在崇禎六年秋間所作，第貳章已略引之矣。同爲此游四人之内，河東君不論外，尚有彭燕又賓一人。其人亦當有詩紀此游，惜今未能得見，亦可不論。秋潭或秋塘者，據陳忠裕全集拾「秋潭曲」題下附考證，引松江府志略云：

> 白龍潭在府城谷陽門外。花晨月夕，簫鼓畫船，歲時不絶。（寅恪案，陳忠裕全集爲嘉慶八年所刻。今取嘉慶二十四年修松江府志玖山川志校之，其文悉與此條相同。然則嘉慶二十四年修松江府志，當是承用康熙二年所修之府志，而此詩考證乃録自康熙志也。）

故知宋讓木於崇禎六年秋間，在松江府谷陽門外白龍潭舟中，親從河東君得聞其所述自身之事蹟，實爲最直接之史料。今依據宋氏之所傳述，取與王錢兩氏所言者參證之，則第壹問題，即「吴江故相」果爲何人乎？依讓木所謂「新從吴江故相家，流落人間」之語，則此「故相」之時間條件爲上距崇禎六年不久之宰輔。其地理條件爲吴江縣籍貫之人。依此兩條件以求之，先檢崇禎朝宰相之籍貫，惟有周道登一人適合也。陳盟崇禎内閣行略周道登傳略云：

> 周道登號念西，吴江人。〔天啓七年〕丁卯十二月金甌之卜，以禮部尚書召入内閣。崇禎〔元年〕戊辰六月加太子太保，晋文淵閣。〔崇禎二年〕己巳正月引疾去。歸而著書自樂，不問户外。〔崇禎五年〕壬申以疾卒。

及知服齋本曹潔躬溶崇禎五十宰相傳（初稿）周道登傳略云：

周道登字文邦（？）吴江人。〔天啓七年〕丁卯十二月由太子賓客禮部右侍郎起陞尚書，兼東閣大學士。〔崇禎二年〕己巳正月閒住。癸酉年（崇禎六年）卒。（寅恪案，「癸酉」二字知服齋本如此。與胡氏問影樓本及宣統三年辛亥鉛印本曹書此傳，俱作「壬申」即崇禎五年者不同。但知服齋本曹氏此書宰相年表亦列周道登卒於「五年壬申」，豈曹書此傳初稿作「癸酉」，後來乃改爲「壬申」耶？抑或後人據明史稿及明史周道登傳改易耶？俟考。）

又明史稿貳叁伍李標傳附周道登傳略云：

道登者，吴江人。崇禎初與標等同入閣。御史田時震〔等〕先後交劾之，遂放歸。居五年卒。

明史貳伍壹李標傳附周道登傳略云：

周道登吴江人。崇禎初與李標等同入閣。御史田時震〔等〕交劾之，乃罷歸。閱五年而卒。

及乾隆修吴江縣志貳捌人物門周道登傳略云：

周道登字文岸。〔天啓〕七年冬莊烈帝立，首重閣臣之選，上自祝天，取會推諸臣姓名置金瓶中卜之，得錢龍錫□六人，道登與焉。召爲東閣大學士。崇禎二年春御史任贊化等交章論列，上遂勒令致仕。歸就道，復疏言薊門重地，兵額不宜過汰。家居一年卒。值温體仁當國，賜祭葬咸殺禮。

談孺木遷棗林雜俎和集叢贅「周道登」條云：

吴江周相國性木强，不好矜飾。一日侍朝默笑。先帝見之，詰其故。不對，亦不謝。既出，華亭錢相國（龍錫）尤之。曰，已笑矣，奈何！上自此寖疎。訃聞，僅祭一壇，予半葬。典禮雖薄，猶同官斡護之。

寅恪案，周道登之卒年雖有問題，然據陳盟曹溶兩書，其卒當在崇禎五年。明史稾「放歸，居五年卒」之語，其所謂「五年」者，即從崇禎二年己巳正月算起，亦不過謂道登卒於崇禎六年而已。若明史謂「罷歸，閱五年而卒」，則殊有語病矣。至乾隆修吴江縣志言「上遂勒令致仕。家居一年卒」之「一」字，疑是誤字也。考潘力田檉章松陵文獻陸有周道登傳。檉章弟耒作此書後序云：

（康熙二十四年）乙丑春，歸自都門，有言新志全用亡兄之書者，索而觀之，信然。

稼堂所謂「新志」，即康熙間葉星期燮所修之吴江志，而乾隆間沈冠雲彤所修之吴江縣志乃承用葉志之舊文。今觀潘氏松陵文獻中周道登傳，不著道登卒年，故康熙志亦闕而不載。乾隆沈志所書道登卒年，殆取他書移補舊志之闕耳。然則潘氏與周氏爲姻戚，（見第貳章所引松陵文獻。）乃闕書道登之卒歲，可知檉章作傳時已不能詳矣。但力田所作道登傳末云：

道登事兄如父。無子，以兄子振孫爲後。

數語，與兹所考證者有關。其他如道登人品學術之記載，於此姑置不論。總而言之，道登之卒，早則在崇禎五年壬申，遲則在崇禎六年癸酉，或者其卒實在五年，而京師卹典之發表乃在六年，致有卒於「癸酉」之紀載耶？寅恪以爲道登之卒，在崇禎五年，或崇禎六年，固未敢確定。但河東君之出自周家，流落人間，則當爲崇禎四年辛未，可於臥子幾社稿中崇禎五年綺懷諸作及「癸酉長安除夕」詩考之。（見下引陳忠裕全集拾屬玉堂集所論。）復參以陳臥子崇禎五年所賦柳枝詞「妖鬟十五倚身輕」（見陳忠裕全集壹玖幾社稿「柳枝詞」四首之四。）及王勝時虞山柳枝詞「章臺十五喚卿卿」詩句。尤足證河東君於崇禎四年辛未十四歲時，出自周家，流落人間。其始遇臥子，實在五年，其年齡正爲十五歲。或疑讓木秋塘曲序中「坐有校書，新從吴江故相家流落人間」之「新」字，其界説如何？鄙意欲決定此字意義，不必旁徵，即可於臥子詩中求得例證。如陳忠裕全集陸陳李唱和集「酬萬年少」五古二首。其一云：

與君「新」結交，意氣來相憑。帝京共遊戲，江表觀徽繩。

其二云：

秋英粲林麓，揚舲大江湄。

考萬壽祺爲崇禎三年庚午舉人，與臥子爲鄉試同年。臥子之得交年少，應在崇禎三年秋南京鄉試時。榜後，陳萬兩人並與諸名士會飲於秦淮舟中。（見陳忠裕全集年譜上崇禎六年癸酉條附考證，并隰西草堂集附刻李輔中編萬年少先生年譜崇禎三年庚午條。）自陳萬兩人結交之日起，下距臥子崇禎六年秋作此二詩時止，其間已有三年之久。臥子於距離三年之時間，既可云「新」，則讓木於崇禎六年秋作秋塘曲時，上溯至四年，更得謂之「新」。然則陳宋輩之作詩文，其用「新」字之界説，亦不必泥執爲數旬數月之義，固可包括至三年之時日。由此言之，河東君在崇禎四年辛未出自周家，流落人間，讓木仍可謂之「新」也。

又讓木秋塘曲中「平津」「丞相」之辭，自指道登本人而言，其家庭諸男子，如其兄或振孫等，皆不足以當此「平津」「丞相」之名。故河東君其初必爲周道登之妾，可以推知。若王澐虞山柳枝詞謂河東君爲「吴中大家婢」，則婢妾之界線本難分判，自可不必考辨。然則錢肇鼇質直談耳謂河東君乃「吴中周氏寵姬」，要是可信。至言周氏主人在崇禎四年時尚有母在，固爲可能之事，但無證據，未敢確定。或者此端乃是傳聞之誤，亦未可知也。

讓木詩中所言河東君事蹟，辭語不甚明顯，但以其關係重要，未可忽視。故姑就鄙見，推測解釋之於下。

詩云：

較書嬋娟年十六。雨雨風風能痛哭。自然閨閣號錚錚，豈料風塵同琭琭。

寅恪案，「較書嬋娟年十六」句，「嬋娟」不僅爲通常形容女性之美辭，疑亦兼寓河東君原名「雲娟」中之「娟」字。此點已詳第貳章所論，兹不復贅。「年十六」則正是河東君紀年實録。蓋崇禎六年河東君之年歲如此。以若是之妙齡女子，而能造詣超絶，與幾社勝流相比並，固不必同於世俗之女性，往往自隱諱其真實年齡也。「雨雨風風能痛哭」句，初讀之，頗不能解。後得見河東君戊寅草，并取臥子集中有關之篇什參互證之，始恍然知讓木此句實指崇禎六年春季河東君所賦風雨諸篇什而言。如「游龍潭精舍登樓作，時大風。和韻」云：

琢情青閣影迷空。畫舫珠簾半避風。縹緲香消動魚鑰，玲瓏枝短結甃紅。同時蝶夢銀河裏，竝浦鸞湖玉鏡中。歷亂愁思天外去，可憐容易等春蓬。

「傷歌」（寅恪案，樂府詩集陸貳傷歌行古辭云：「春鳥向南飛，翩翩獨翱翔。悲聲命儔匹，哀鳴傷我腸。」河東君蓋自比春鳥，賦此傷春之辭也。）云：

翔禽首飄翳，白雲寄貞私。歲月蕩繁圃，風物遑棄時。攬衣眷高翮，義大難爲持。沙棠亦已實，烏椑亦已移。淥水在盛霄，碧月迴晴思。厲飈忽若截，洞志詎有私。人居天地間，失慮在娥眉。得之詎有幾，木葉還辭枝。誠恐不悟此，一日淪無期。儔匹不可任，良晤常游移。我行非不遠，我念非不宜。憂來或不及，霑裳不能止。春風易成偶，春雨積成絲。誰能見幽隱，之子來何遲。一言達至道，諒爲達士嗤。

又「寒食夜雨十絶句」其五云：

房櫳雲黑暮來遲。小語花香冥冥時。想到窈娘能舞處，紅顔就手更誰知。（寅恪案，全唐詩第貳函喬知之「緑珠篇」有：「此時可喜得人情」，「常將歌舞借人看」及「一旦紅顔爲君盡」等語。河東君詩句，蓋即用喬氏詩語也。）

今取陳忠裕全集所載臥子之詩，其作成時間確知爲崇禎六年癸酉春季者，如「花朝大風」，「寒食雨郊行」七古二首（見陳忠裕全集拾陳李唱和集。）及「清明」四首之三（見陳忠裕全集壹玖陳李唱和集。）云：

梨花冷落野中分。白蝶茫茫剪翠裙。今日傷心何處最，雨中獨上窈娘墳。

河東君之「畫舫珠簾半避風」，「可憐容易等春蓬」，「憂來或不及，霑裳不能止」，「春風易成偶，春雨積成絲」，即讓木所謂「雨雨風風能痛哭」者，而「想到窈娘能舞處」與臥子「傷心獨上窈娘墳」同用一典，其相互關係，自不待言。又李舒章所謂「春令之作，始於轅文者」，（詳見下論。）當亦指此時而言。蓋崇禎六年春季特多風雨，而轅文與河東君此際關係甚密，宜有春閨風雨之作也。

抑更有可論者，據錢肇鼇質直談耳柒「柳如之軼事」（寅恪案，「之」當作「是」。下同。）條載宋轅文因受責於其母，遂與河東君踪跡稍疏事。（詳見下引。）推計其時間，約略相當於河東君賦「傷歌」之際。此歌云：「人居天地間，失慮在娥眉。得之詎有幾，木葉還辭枝。」「儔匹不可任，良晤常游移。」「誰能見幽隱，之子來何遲。」豈河東君以徵輿踪跡稍疏，出此怨語耶？後來終與轅文決絶，而轉向臥子，其端倪蓋已微見於此詩矣。

詩云：

綉紋學刺兩鴛鴦。吹簫欲招雙鳳凰。可憐家住横塘路。門前大道臨官渡。曲徑低安宛轉橋，飛花暗舞相思樹。

似謂河東君最初所居之地也。其地雖難確定，若依前引沈虬河東君傳所云「聽其音，禾中人也」之語，應是指河東君原籍之嘉興而言。但鄙意此點不必過泥，頗疑宋詩之「横塘」，即謂吴江縣盛澤鎮之歸家院。陳臥子爲河東君而作之「上巳行」云：「重柳無人臨古渡，娟娟獨立寒塘路。」（見陳忠裕全集壹壹平露堂集。）陳詩之「古渡」，即宋詩之「官渡」。陳詩之「寒塘路」，即宋詩之「横塘路」。臥子賦此詩時，在崇禎十二年己卯。河東君於崇禎八年乙亥秋深離松江往居盛澤歸家院。雖其間去來吴越「行雲無定所」，（此句見太平廣記肆捌捌鶯鶯傳續會真詩。）然其經常住處，當仍爲歸家院。故可以取歸家院地域形勢以統屬河東君。據此陳宋兩詩可以互相證明也。餘參後論陳臥子「上巳行」節。更考「横塘」地名之出處，時代較早，且爲詞章家所習用者，恐當推文選伍左太沖「吴都賦」：「横塘查下，邑屋隆夸。長干延屬，飛甍舛互。」其地實在江寧。後來在吴越間以「横塘」爲名者更多，故文人作品中，往往古典今典參合賦詠。即就讓木同時人之詩言之，如吴梅村圓圓曲「前身合是採蓮人，門前一片横塘水」之「横塘」，依靳介人注，則在蘇州。（見靳榮藩吴詩集覽柒上，并參第伍章論圓圓曲節。）錢牧齋「茸城惜别」詩：「繡水香車度，横塘錦纜牽」之「横塘」，依錢遵王注，則在嘉興。（見錢曾有學集詩注柒。）此皆其例證。由是言之，讓木詩中之「横塘」，雖與嘉興之環境符合，然吴越水鄉本甚相似，故亦能適合吴江盛澤鎮歸家院之地，不必限於禾中一隅也。仲廷機盛湖志拾列女名妓門略云：

徐佛原名翽，字雲翾，小字阿佛。嘉興人。隨其母遷居盛澤歸家院。

同書肆街里門略云：

市北自西蕩口北岸至東，以衖名者，曰歸家院。東市口曰梭子歸家。百嘉橋之北，曰石敢當。

同書同卷橋梁門「百嘉橋」條下注云：

俗稱栢家，舊名終慕。

同書伍古蹟門云：

歸家院在終慕橋北堍。地名十間樓。明才媛柳是故居。

下注引王鯤十間樓詩云：

柳陰深處十間樓。玉管金樽春復秋。只有可人楊愛愛，（寅恪案，前所論蘇子美「楊愛愛傳」，王氏未必得見。此不過用昔人李師師之例，以「愛愛」爲稱耳。）家家團扇寫風流。

及卷末雜識門云：

十間樓者，栢家橋北一帶是也。即觚賸所云歸家院。

寅恪案，盛湖志所紀徐佛所居之歸家院，亦可與讓木詩語相合。豈河東君最初亦居盛澤歸家院近旁耶？讓木詩「綉紋學刺兩鴛鴦。吹簫欲招雙鳳凰」者，謂河東君少小待字閨中也。「橫塘」「官渡」「宛轉橋」「相思樹」等四句，乃指禾中盛澤之地。謂河東君即居其處也。詩云：

初將玉指醉流霞。早信平康是狹邪。青鳥乍傳三島意，紫煙便入五侯家。

似謂河東君初入徐佛家爲婢，後復由徐氏轉入周道登家。河東君與徐佛本同鄉里，雲翾收取爲婢，自極尋常。至周家之收購，則必經一度之訪覓也。後來河東君被逐於周氏，流落人間，輾轉數年，短期與臥子同居，又離去臥子，復返盛澤，居雲翾寓所，與諸女伴如張輕雲宋如姬梁道釗等同在一地耳。（參乾隆刊盛湖志上形勝門仲時鎔凌巷尋芳詩序及仲廷機輯盛湖志拾列女名妓門徐佛傳末所附梁道釗張輕雲宋如姬事蹟。又梁道昭事蹟詳見鄒樞十美詞紀梁昭條及徐樹丕識小録梁姬傳。）又據第貳章所引沈虬河東君傳所載崇禎九年丙子張溥往盛澤鎮訪徐佛。佛已適人，因得見其婢楊愛事。（參陳琰輯藝苑叢話玖「柳如是曾在蘇屬盛澤鎮徐家作婢」條。）可知河東君在崇禎九年雲翾未適周金甫以前，尚與之同寓一處。或者徐既適人後，始獨立門户耶？至錢肇鼇云：「得鬻爲娼。」其實乃是河東君之再度流落。前引沈虬之文謂河東君爲雲翾之婢，如指未入周家以前，則近事實。若言河東君於崇禎九年丙子尚在徐家爲婢，則時限太晚，殊爲不合也。然據牧齋遺事中「初吴江盛澤鎮有名妓曰徐佛」條記張溥訪徐佛事，作「養女楊愛」。鈕玉樵琇觚賸叁吴觚「河東君」條亦紀此事，作「其弟子曰楊愛」，則頗近事實，惟此等材料之作成，皆在沈氏之後，豈亦知沈氏所言不合情理，遂改易之耶？寅恪初讀讓木「初將玉指醉流霞。早信平康是狹邪」之句，以爲「平康」「狹邪」出自唐人李娃傳，非不易解之故實。至「玉指」「流霞」之句，則難通其義。「流霞」之語，雖與李義山詩集中「花下醉」七絶，「尋芳不覺醉流霞」句有關。然疑尚不能盡宋氏之旨意，當必更有其他出典。因檢李時珍本草綱目壹柒下草部「鳳仙」條云：

時珍曰，其花頭翅足具備，翹然如鳳狀，故以名之。女人采其花及葉包染指甲。其寔狀如小桃，老則迸裂，故有指甲，急性，小桃諸名。宋光宗李后諱鳳，宫中呼爲好女兒花。張宛丘呼爲菊婢。（寅恪案，「菊婢」之名，可參張耒柯山集捌「自淮陰被命守宣城，復過楚。雨中過孚，因同誦楚詞，爲書此以足楚詞」五言古詩云「秋庭新過雨，佳菊獨秀先。含芳良未展，風氣已清妍。金鳳汝妾婢，紅紫徒相鮮」等句。）韋后呼爲羽客。（餘詳趙恕軒學敏鳳仙譜。）

始悟讓木實有取於張文潛目此花爲「菊婢」之意，暗寓河東君初在徐佛家爲婢事。其辭微而顯，婉而成章，可謂深得春秋之旨矣。又河東君性情激烈，以「急性子」方之，亦頗適切。又臥子詞有云：「小桃纖甲印流霞。」（見陳忠裕全集貳拾詩餘天仙子。）可取與讓木此句參證也。「紫煙便入五侯家」句，合用吴王夫差女小玉，即紫玉，化烟事，並韓君平「寒食」詩，「輕烟散入五侯家」之語，易「輕烟」爲「紫煙」，與「青鳥」爲對文耳。此固易曉，不待多論。至「青鳥乍傳三島意」句，則青鳥爲西王母之使者，亦常用典故，無取贅釋。「青鳥」與「三島」連用，自出李義山詩集上「無題」詩，「蓬山此去無多路，青鳥殷勤爲探看」之語，又不待言也。所可注意者，據錢氏所述周文岸之母以河東君善於趨承，愛憐之。後又因周母之故，免於被殺，得鬻爲娼。似河東君與周母之間，原有特别關係。或者河東君之入周家，本由周母命人覓購婢女以侍奉己身。故河東君初時實爲周母房中之侍婢。宋氏用青鳥之典，以西王母比周母，即指此而言。文岸之以河東君爲妾，殆從周母處乞得之者。此類事例，乃舊日社會家庭中所恒見。若作如此假設，關於河東君所以因周母而得免於死之故，更可明瞭矣。

詩云：

十二雲屏坐玉人。常將煙月號平津。驊騮詎解將軍意，鸚鵡偏知丞相嗔。

似謂河東君自周家放逐，流落人間之由，即錢肇鼇所云，河東君爲周氏羣妾所忌，譖於主人，謂其與僕通，因被放逐之事。據詩意，即河東君所自述，乃周僕不解事，與己身無干也。讓木詩此節第壹第貳兩句，言周文岸素以風流著稱，姬妾甚多也。「十二雲屏坐玉人」者，用楊國忠故事，（見蘇鶚杜陽雜編上「元載末年，造芸輝堂於私第。其屏風本楊國忠之寶也」條及太真外傳上「憶有一屏風」節下注文。）與下文「鸚鵡偏知丞相嗔」句之出杜工部集壹「麗人行」詩「愼莫近前丞相嗔」之指楊國忠者，相照應也。「十二」二字出白居易文集伍「酬〔牛〕思黯〔僧孺〕戲贈，同用狂字」五律前四句「鍾乳三千兩，金釵十二行，妒他心似火，欺我鬢如霜。」自注云：

思黯自誇前後服鍾乳三千兩，甚得力，而歌舞之妓頗多。來詩謔予羸老，故戲答之。

蓋樂天借用玉臺新詠玖「歌詞」二首之二「頭上金釵十二行」之古典，以指牛氏姬妾之衆多，與「歌詞」之原旨并不適合。但其後文人襲用，「十二金釵」遂成習見之俗語矣。（可參全唐詩第柒函白居易叁叁「酬思黯戲贈」并汪西亭立名注白香山詩後集壹伍此題及汪氏案語引朱翌猗覺寮雜記云：「樂天詩，鍾乳三千兩，金釵十二行。以言聲妓之多，蓋用古樂詞云，頭上金釵十二行，足下絲履五文章。是一人頭插十二釵耳，非聲妓之多，十二重行也。」）讓木詩「常將煙月號平津」句，「煙月」者，煙花風月之義。（可參陶穀清異録壹人事類「籧篨巷陌」條。）「平津」者，用公孫弘故事。（見漢書伍捌本傳。）當時黨社中人如讓木輩門户之見頗深，其詆斥周氏如此，固不足異。（可參潘檉章松陵文獻陸周道登傳論及乾隆修吴江縣志貳捌周道登傳後附朱鶴齡語。并朱氏愚菴小集壹肆「書閣學周公（文岸道登）事」云：「李可灼進紅丸，大宗伯孫公（慎行）議當加首輔以弒君之誅。公獨不附其説，且曰，果律以春秋之義，某與諸公同在朝，亦當引罪。及居政府，依傍東林者，遂極口排詆，不久去位。然公言實爲平論，後世必有能辨之者。錢虞山有言，近代進藥之獄有二，以唐事斷之可也。援春秋則迂矣。□世宗之升遐也，與唐憲宗相似，柳泌僧大通付京兆府杖決處死，王金等之議辟宜也。李可灼之事，與柳泌少異，以和御藥不如法之例當之可也。當國之臣，則有穆宗貶皇甫鎛之法在，不此之求，而遠求春秋書許止之義，效西漢之斷獄，此不精於經義之過也。

吁！虞山公東林黨魁也，而其言若是，然則公之不附孫宗伯，可不謂宰相之識哉？」朱氏之論，頗袒文岸。但李清三垣筆記附識上，述牧齋閣訟始末，即「錢少宗伯謙益聲氣宿望虚譽隆赫」條云：「〔温〕體仁〔周〕延儒交遂合，始有召對錢千秋之事。謙益等又欲攻去周輔道登，故道登亦從中主持。」夫牧齋在當時儼然爲東林黨社之宗主，文岸乃與烏程陽羨合流，而爲錢瞿所欲攻去之人。宜乎讓木有此不滿於念西之辭也。長孺之論，豈爲親者諱耶？）是非如何，兹可不論。但可注意者，即讓木賦此詩後七年，即崇禎十三年庚辰河東君所作「向來烟月是愁端」之語，（見東山訓和集壹「春日我聞室作，呈牧翁」。）與宋詩此句不無關涉也。此點俟後詳論之。「將軍」一辭，出辛延年「羽林郎詩」，（見玉臺新詠壹。）以馮子都比周僕。「鸜鵒」乃河東君取以自比之辭，即臥子崇禎六年癸酉「秋夕偕燕又讓木集楊姬館中」七律二首之二所謂「已驚妖夢疑鸜鵒」者，（見陳忠裕全集壹伍陳李倡和集。）皆用唐天寶宫中白鸚鵡夢爲鷙鳥所搏，後果斃於鷹之故典。（見楊太真外傳下并事文類聚後集肆拾及六帖玖肆所引明皇雜録。）蓋指在周家爲羣妾所譖，幾被殺之事而言，但不免過於刻薄耳。

詩云：

湘簾此夕親聞唤。香奩此夕重教看。乘槎擬入碧霞宫，因夢向愁紅錦段。

讓木此詩序言，河東君在白龍潭舟中，出示壽陳眉公繼儒詩。又臥子秋潭曲中「摘取霞文裁鳳紙。春蠶小字投秋水」，可知河東君此時必將其詩稿出示同舟之陳宋彭諸人。讓木此四句詩似述臥子河東君兩人今夕之因緣也。臥子有先於蘇州與河東君相遇并在陳眉公處得見河東君之可能，見下文所考，兹暫置不論。「湘簾此夕親聞唤。香奩此夕重教看。」即謂此次集會之事。「乘槎擬入碧霞宫」者，自是指泛舟白龍潭而言。但李義山詩集上「碧城」三首之一，其首句云：「碧城十二曲闌干。」注家相傳以爲「碧城」即碧霞之城。（見朱鶴齡注引道源語。）義山此題之二，其首句云：「對影聞聲已可憐。」宋氏用以指河東君當時「影憐」之名。又陳忠裕全集壹伍陳李唱和集「自慨」四首之四，其第叁第肆兩句「難諧紫府仙人夢，近好華陽處士風」自注云：

予七八歲時，夢天闕榜名，題云：「乘槎入北海，紫府録清虚。」余近好讀真誥，故有「華陽」之句。

則讓木亦取臥子所夢之意入詩。此夢必爲臥子平日或當日舟中與宋氏并其他友朋談及者。古典今事融會爲一，甚爲精妙。然今日讀此詩，而能通解者，恐不易見也。河東君平生學問受臥子影響頗大，其著述中吾人今日所得見者，亦有明著真誥之名，如與汪然明尺牘第貳柒通云「許長史真誥亦止在先生數語間耳」之類，即是例證。臥子作「自慨」詩與作秋潭曲及「秋夕集楊姬館中」詩，皆在崇禎六年癸酉秋季。此時間臥子與河東君情意甚密。又爲臥子好讀真誥之時。故疑河東君之與真誥發生關係，實在此際。蓋河東君於崇禎六年癸酉，年僅十六歲，在此以前未必果能深賞華陽處士之書也。後來牧齋即取真誥之語，以絳雲爲樓名，暗寓河東君之原名，已詳第貳章。然則河東君與陶隱居殊有文字因緣，而陳楊關係未能善終，豈「難諧紫府仙人夢」之句，乃其詩讖歟？「因夢向愁紅錦段」者，用温飛卿詩「欲將紅錦段，因夢寄江淹」之語。（温庭筠詩集柒「偶題」。）此句言今則兩人同舟共載，不必如向時之賦詩寄懷矣。（可參下論臥子「吴閶口號」第拾首「芝田館裏應惆悵，枉恨明珠入夢遲」等句。）

詩云：

陳王宋玉相經過。流商激楚揚清歌。婦人意氣欲何等，與君淪落同江河。

似即讓木此詩序中所謂「凡所敍述，感慨激昂，絶不類閨房語」。據此可想見河東君當時及平日氣概之一斑矣。

復次，據陳眉公集卷首載其子夢蓮所作年譜，崇禎六年眉公年七十六歲，其生日爲十一月初七日，則宋詩序中所引河東君壽眉公詩，自不能作於崇禎六年。此壽詩之作成，疑在崇禎四年冬或五年冬眉公七十四或七十五歲生日相近之時耶？又河東君「李衛學書稱弟子」之句，李衛者，李矩妻衛鑠之謂，蓋以衛夫人自比。此雖是用舊辭，然其自負不凡，亦可想見矣。

更觀此句，似河東君亦嘗如同時名姝王修微輩之「問字」於眉公之門者。（參汪然明汝謙春星堂詩集貳綺詠載陳繼儒序云：「又有二三女校書，如（王）修微（林）天素，才類轉丸，筆能扛鼎，清言無對，詩畫絶倫。」同卷有「山中問眉公先生疾，時修微期同往，不果」詩，又有「王修微以冬日訊眉公先生詩見寄。有云，何時重問字，相對最高峯。余初冬曾過先生山居，賦此答之」五律。並趙郡西園老人即李延昰南吴舊話録貳肆閨彦門「王修微」條所記：「王修微將至匡山，問法憨山（德清）師，詣東佘別陳徵君。適有貌者王生在山中，遂寫草衣道人話別圖」事。）以常情測之，當不過虛名而已。今資益館本眉公晚香堂小品伍有「贈楊姬」詩云：

少婦顏如花，妬心無乃競。忽對鏡中人，撲碎粧臺鏡。

暗寓對「影」不自憐，而自妬之意。蓋以河東君之名爲戲也。此詩後接以「登攝山」五絶，（此集分體編輯。故全卷皆是五絶。）攝山在南京近旁，或疑此楊姬亦與南京有關。但檢眉公集十種本中之眉公詩鈔陸（此卷亦全是五絶。）有「贈金陵妓」及「馬姬畫蘭」兩首，似亦與南京有關。唯未載「贈楊姬」及「登攝山」兩詩，不解何故。考陳夢蓮編陳眉公集附夢蓮撰眉公年譜，六十歲以後并不載其往遊金陵事。眉公集十種本之眉公詩鈔及資益館本晚香堂小品，其詩編纂往往不依年月先後，甚難確定此「贈楊姬」詩之年月，亦不知其與「登攝山」詩究有無地理上之關係也。茲因「贈楊姬」詩，依其内容有「對影自憐」之意，暗藏「影憐」名字。姑假定此乃爲河東君而作者，與「登攝山」詩并無關係也。至資益館本晚香堂小品肆「端午日白龍潭同楊校書侍兒青綃廿一首」（眉公集十種本中之眉公詩鈔伍亦載此題，但少第壹柒「往往來來客似潮」一首，共止廿首。）其第壹貳首云：「別後雙魚書一紙，秦淮江上正通潮。」及第壹叁首云：「白門紅板漸平潮。儂比垂楊儂更妖。」「醉後思家留不住，倩誰同挽紫羅綃。」則此楊校書及其侍兒青綃居處在金陵，必非河東君可知。眉公集十種本中之眉公詩鈔伍此廿首之後，即接以「贈妓」一題。（資益館本晚香堂小品中無此詩。）其詩首句云：「翰墨姻緣豈有私。舊知畢竟勝新知。」故知此妓當是青綃之主人楊校書。眉公因過譽其侍兒之故，遂別作一詩稍慰其意耳。此詩又云：「團扇揮毫字字奇。」明是一能書之人。考眉公集十種本中之白石樵真稿壹柒載有「題楊媛書」一文，中有「止生復購永興褉帖，歸作導師。此後散花卷上，不待言矣。」是此「楊媛」即茅元儀妾楊宛。列朝詩集閏肆及明詩綜玖捌楊宛小傳，俱載其爲金陵妓，善草書。然則上引眉公集十種本中之眉公詩鈔伍所謂「楊校書」及「贈妓」之「妓」，乃指楊宛叔而言，與河東君無涉也。

又臥子秋潭曲言及書法一端，則當日河東君在同輩諸名姝中，特以書法著稱。茲暫不廣徵，即據第貳章所引牧齋「觀美人手跡」七詩，已足證知。云美之傳及其他記載，皆稱河東君之能書，自非虚譽。寅恪所見河東君流傳至今之手跡，既甚不多，復不知其真僞，固未敢妄論。然據翁叔平同龢瓶廬詩稿柒「客以河東君畫見示，僞跡也。題尤不倫。戲臨四葉，漫題」云：

鐵腕拓銀鈎。曾將妙跡收。（自注：「在京師曾見河東君狂草楹帖，奇氣滿紙。」）可憐花外路，不是絳雲樓。

翁氏乃近世之賞鑑家，尤以能書名，其言如此，則河東君之書爲同時人所心折，要非無因，而「狂草」「奇氣」，更足想見其爲人矣。

抑更有可論者，臥子「秋潭曲」及「秋夕集楊姬館中」兩詩，皆明著楊姬之名，其爲河東君而作，自不待言。但有一疑問，尚須略加解釋。即臥子平生狹邪之遊，文酒之會，多與李舒章宋轅文相偕，何以崇禎六年癸酉秋季白龍潭舟中及集楊姬館中，與臥子同遊會者，僅彭賓宋徵璧二人，而不見李雯宋徵輿之踪跡耶？考光緒修華亭縣志壹貳選舉上舉人表云：

宋徵璧。天啓七年丁卯科舉人。

宋存楠改名徵璧，見進士。案，宋府志作青浦學。今因進士題名録補。

及嘉慶修松江府志肆伍選舉貳明舉人表云：

彭賓。崇禎三年庚午科舉人。

然則臥子崇禎六年秋季作此兩詩時，與燕又讓木皆是舉人。舒章轅文二人，尚未中式鄉試。

崇禎六年秋季適届鄉試之期，舒章之應試，自無問題。又假定轅文雖年十六亦得有應試資格。此兩人諒必離去松江。陳彭宋三人則已是舉人，因留本籍，以待往北京應次年春間之會試耳。此兩次遊會所以無李宋二人之參預者，殆職是之故歟？

河東君自爲吴江周氏所放逐，遂流落人間，至松江與雲間勝流往來交好。前引李舒章蓼齋集貳陸「坐中戲言，分贈諸妓」四首之四所謂「夢落吴江秋佩冷，歡聞鴛水楚憐新」，正謂此時河東君出自念西之家，而以楊影憐爲稱也。

又錢肇鼇質直談耳柒「柳如之軼事」云：

扁舟一葉放浪湖山間。與高才名輩相遊處。其在雲間，則宋轅文李存我陳臥子三先生交最密。時有徐某者，知如之在佘山，以三十金與鴇母求一見。徐蠢人也，一見即致語云：「久慕芳姿，幸得一見。」如之不覺失笑。又云：「一笑傾城。」如之乃大笑。又云：「再笑傾國。」如之怒而入。呼鴇母，問：「得金多少？乃令此奇俗人見我。」知金已用盡，乃剪髮一縷，付之云：「以此償金可也。」又徐三公子爲文貞之後，揮金奉如之，求與往來。如之得金，即以供三君子游賞之費。如是者累月，三君意不安，勸如之稍假顏色，償夙願。如之笑曰：「當自有期耳。」遲之又久，始與約曰：「臘月三十日當來。」及期果至。如之設宴款之，飲盡歡，曰：「吾約君除夕，意謂君不至。君果來，誠有情人也。但節夜人家骨肉相聚，而君反宿娼家，無乃不近情乎?」遽令持燈送公子歸。徐無奈別去。至上元，始定情焉。因朂徐曰：「君不讀書，少文氣。吾與諸名士游，君廁其間，殊不雅。曷不事戎武?別作一家人物，差可款接耳。」徐頷之。閑習弓馬，遂以武弁出身。亂中死於礮。其情癡卒爲如之葬送，亦可憫也。初，轅文之未與柳遇也，如之約泊舟白龍潭相會。轅文蚤赴約，如之未起，令人傳語：「宋郎且勿登舟，郎果有情者，當躍入水俟之。」宋即赴水。時天寒，如之急令篙師持之，挾入牀上，擁懷中煦嫗之。由是情好遂密。轅文惑於如之，爲太夫人所怒，跪而責之。轅文曰：「渠不費兒財。」太夫人曰：「財亦何妨。渠不要汝財，正要汝命耳。」轅文由是稍疏。未幾，爲郡守所驅，如之請轅文商決。案置古琴一張，倭刀一口。問轅文曰：「爲今之計，奈何?」轅文徐應之曰：「姑避其鋒。」如之大怒曰：「他人爲此言，無足怪。君不應爾。我與君自此絶矣。」持刀斫琴，七絃俱斷。轅文駭愕出。

寅恪案，河東君與宋李陳三人之關係，其史料或甚簡略殘闕，或甚隱晦改易，今日皆難考證翔實。姑先論李宋，後及陳氏。至錢氏所言「徐三公子」乃文貞之後。文貞者，明宰相華亭徐階之謚。階事蹟見明史貳壹叁本傳，茲不徵引。以時代考之，此徐三公子當是階之曾孫輩。觀幾社勝流釣璜堂集主徐闇公孚遠，乃階弟陟之曾孫，可以推知也。據嘉慶修松江府志伍肆徐階孫繼溥傳附弟肇美事略云：

肇美字章夫。以錦衣衛武生仕本衛百户。亦以不屑謁崔魏告歸，終身放於詩酒。

然則此徐三公子，或即肇美之子，所以能「閑習弓馬，遂以武弁出身」，蓋由久受家庭武事之熏習所致，後因承襲父蔭，以武弁出身。否則河東君恐無緣以「事戎武，别作一家人物」勗之也。河東君除夕之約，乃一種愛情考驗。其考驗徐三公子之方法與其考驗宋轅文者，雖各互異，而兩人結果皆能及格，則實相同，可稱河東君門下文武兩狀元矣。河東君所以遣人持燈送徐三公子歸家者，蓋恐其不歸徐宅，别宿他娼所耳。名爲遣人護送，其實乃監督偵察之。於此愈足見河東君用心之周密也。徐三公子固多金，然陳李宋三人何至間接從河東君之手受之，以供游賞？錢氏所言，殆傳聞過甚之辭，未必可盡信也。若「蠢人」徐某者，其人既蠢，又不載名字，自不易知。此「蠢人」固非徐階徐陟之親支，但松江徐氏支派繁衍，此「蠢人」所居當距佘山不遠，或亦階陟之宗族耶？又據陳忠裕全集壹貳焚餘草「飲徐文在山亭」七古一首，後附案語略云：

徐景曾字文在，華亭人。文貞公階曾孫。居文貞公别業西佘山莊。

則佘山近旁有徐氏産業，可以證知。河東君既居佘山，其與近旁大族往來，自爲當然之事。故此「蠢人」極有爲徐階同族之可能。至徐景曾雖是階之曾孫，但頗能詩，宋轅文曾序其集，則必非錢氏所謂「徐三公子」可知。或者徐三公子乃文在之兄弟輩歟？更有可笑者，今觀此「蠢人」與河東君之語，乃雜糅李延年「北方有佳人歌」及白居易「長恨歌」二者組織而成者，是一曾間接受班孟堅白樂天之影響。倘生今日，似不得稱爲甚蠢。然因此觸河東君之怒，捐去三十金，換得一縷髮，可謂非「一髮千鈞」，乃「一髮千金」。但李太白「白紵詞」云：「美人一笑千黄金。」（見全唐詩叁李白叁。）後來謝象三以「一笑堂」名其詩集，錢牧齋垂死時「追憶庚辰冬半野堂文讌」詩，有「買回世上千金笑」之句，（見有學集壹叁東澗詩集下「病榻消寒雜咏」四十六首之三十四。）則此蠢人所費僅三十金，而換得河東君之兩笑，誠可謂「價廉物美」矣。豈得目之爲蠢哉？

茲更有可論者，臥子「癸酉長安除夕」詩云：「去年此夕舊鄉縣。紅妝綺袖燈前見。」（見下引全文及所論。）可知臥子等實於崇禎五年壬申除夕，參預河東君在内之花叢歡宴。（第貳章所引李舒章「分贈諸妓」詩，或即作於是夕，亦未可知。）肇鼇所言徐三公子欲於臘月三十日，即歲除日，宿河東君家，當即指崇禎五年除夕而言。檢近人所推算之明代年曆，崇禎五年六年七年，十二月皆小盡。唯四年八年，十二月大盡。肇鼇是否未曾詳稽當時所用之官曆，遂以五年除夕爲臘月三十日。抑或肇鼇所言無誤，而近人所推算之明曆，不合實際，如第肆章所引牧齋「（崇禎十四年）二月十二日横山晚歸作」詩，「最是花朝並春半」句，可證牧齋當日所依據之官曆，崇禎十四年二月十二日爲春分節。但近人所推算之明代年曆，則崇禎十四年春分節在二月十日，相差兩日。吾人今日因未得見明代官曆，不能決定其是非。故此問題，可置不論。今謂徐三公子欲於除夕宿河東君館中，似應在崇禎五年除夕。蓋四年爲時太早，河東君尚在蘇州，此年除夕未必即移居松江。六年除夕臥子固在北京，而肇鼇謂陳李宋三人勸河東君「稍假顏色」，是徐楊會晤之日臥子等當必與徐三公子同在松江。故可決定必非六年除夕。且據臥子崇禎六年秋所賦秋塘曲及集楊姬館中詩，知陳楊兩人關係已甚密切，徐三公子自不敢作與河東君共度除夕之事。七年除夕陳楊兩人將同居於徐武靜別墅，徐三公子更無希望同宿之理。至於八年除夕，河東君已離去松江，遷往盛澤鎮，徐楊兩人應無遇見之可能。然則肇鼇所言之除夕，非五年之除夕不可。既爲五年之除夕，則河東君以道學先生之嚴肅口脗，拒絶徐三公子者，恐由此夕與臥子已有成約在先，遂藉口節日家人應團聚之語，押送徐三公子歸家。斯爲勾欄中人玩弄花招，不令兩情人覿面之技倆，其情可原，其事常見，殊不足論。所可怪者，此年除夕，臥子普照寺西宅中，尚有祖母高安人，繼母唐孺人，嫡妻張孺人，妾蔡氏及女頎，並適諸氏妹等骨肉在焉。（見陳忠裕全集所載臥子自撰年譜及王澐撰「三世苦節傳」。）竟漠然置之，弗與團聚，豈不内愧徐三公子耶？於此可見河東君之魔力及臥子之情癡矣。

王勝時虞山柳枝詞第陸首云：

尚書曳履上容臺。燕喜南都綺席開。閃爍珠簾光不定，雙鬟捧出「問郎」來。

自注云：

姬嘗與隴西君有舊約，以「問郎」玉簫贈别。甲申南都，錢爲大宗伯，一日宴客，隴西君在坐，姬遣婢出問起居，以玉簫歸之。

寅恪案，「問郎」者，華亭李存我待問也。勝時諱其名字，僅稱「隴西君」，以其與河東君有舊約爲可恥，遂爲賢者諱耶？殊可笑也。嘉慶修松江府志伍伍李待問傳略云：

李待問字存我，華亭人。崇禎十六年進士。（寅恪案，據同書肆伍選舉表貳，明舉人表，李待問彭賓陳子龍均崇禎三年庚午科舉人。）受中書舍人，工文章，精書法。沈猶龍事起，待問守城東門，城破，引繩自縊，氣未絶，而追者至，遂遇害。

查伊璜繼佐國壽録貳進士李待問傳云：

李待問字存我，江南松江人，工書法，董玄宰嘗泛濫于古帖，然氣骨殊減，自蠅頭及大額而外，便不令人嘉賞。待問傲然爲獨步，與玄宰争雲間，然位不及，交游寡，其爲攻苦不若。要之得意處有過董家者。

徐闇公孚遠釣璜堂存稿壹陸「吾郡周勒卣夏彝仲李存我陳臥子何慤人皆席研友。勒卣獨前没，四子俱蒙難。流落餘生，每念昔者，便同隔世。各作十韻以誌不忘。如得歸郡兼示五家子姓」其第叁首「李存我」云：

李子多高韻，豁然塵世姿。蘭風殊藴藉，鶴步有威儀。不飲看人醉，能書任我癡。笑談真絶倒，爽氣入心脾。觀國寧嫌早，釋巾稍覺遲。螭頭官暇豫，薇省使逶迤。將母方如意，滔天事豈知。憑城鼓角死，捐脰血毛摧。愧我數年長，依人萬事悲。幾時旋梓里，應得爲刊碑。

王東溆應奎柳南續筆叁「李存我書」條云：

雲間李待問，字存我。工書法，自許出董宗伯（其昌）上。凡里中寺院有宗伯題額者，李輒另書，以列其旁，欲以示己之勝董也。宗伯聞而往觀之，曰：「書果佳，但有殺氣，恐不得其死耳。」後李果以起義陣亡，宗伯洵具眼矣。又宗伯以存我之書若留於後世，必致掩己之名。乃陰使人以重價收買，得即焚之，故李書至今日殊不多見矣。（寅恪案，董玄宰所題衙宇寺院匾額，亦曾被人焚燬殆盡。見曹千里家駒説夢貳「黑白傳」條。）

又錢礎日肅潤南忠記「中書李公」條云：

李待問號存我，崇禎癸未進士。守城力戰被殺。待問善法書，有石刻九歌，彷彿晉唐人筆意。妾張氏，亦善書。人欲娶之，不從。（可參上海文物保管委員會藏顧云美自書詩稿

「李存我中翰示余九歌圖并小楷，余亦以隸書九歌索題」七律。）

寅恪案，河東君所與往來之名士中，李存我尤以工書著稱。河東君之書法，當受存我之影響無疑。至王東溆所言，董玄宰購焚李書之事，未必可信。據王勝時澐雲間第宅志云：

坦水橋南李中翰待問宅有玉裕堂，董文敏其昌書。

是存我亦請香光題己宅之堂額。其欽服董書，可爲一證。又勝時志中所記如李耆卿之海間堂，董景傳宅之築野堂，勝時先人宅之與書堂，李延亮宅之棲雲館，宋存標之四志堂等之堂額，及董尊聞宅内張氏之石坊「威豸德麟」四字，皆存我所書。可見李書之存於崇禎末年松江諸家者尚不少，且香光之聲望及藝術遠在存我之上，亦何至氣量褊狹，畏忌鄉里後輩如是耶？東溆欲推崇存我之書法，遂採摭流俗不根之説，重誣兩賢，過矣！但東溆之言，即就流俗之説，亦可推知當日存我書法亨有盛名，迥非雲間諸社友所能及也。寅恪嘗謂河東君及其同時名姝，多善吟詠，工書畫，與吴越黨社勝流交游，以男女之情兼師友之誼，記載流傳，今古樂道。推原其故，雖由於諸人天資明慧，虛心向學所使然。但亦因其非閨房之閉處，無禮法之拘牽，遂得從容與一時名士往來，受其影響，有以致之也。清初淄川蒲留仙松齡聊齋志異所紀諸狐女，大都妍質清言，風流放誕，蓋留仙以齊魯之文士，不滿其社會環境之限制，遂發遐思，聊托靈怪以寫其理想中之女性耳。實則自明季吴越勝流觀之，此輩狐女，乃真實之人，且爲籬壁間物，不待寓意遊戲之文，於夢寐中以求之也。若河東君者，工吟善謔，往來飄忽，尤與留仙所述之物語髣髴近似，雖可發笑，然亦足藉此窺見三百年前南北社會風氣歧異之點矣。

河東君與宋轅文之關係，其初情感最爲密好。終乃破裂不可挽回。宋氏懷其悔恨之心，轉而集矢於牧齋。論其致此之由，不過褊狹妬嫉之意耳。其人品度量，殊爲可笑可鄙，較之臥子存我殊不侔矣。兹先節録關於宋氏事蹟之材料，略加考釋。後引宋氏詆諆牧齋之文并附朱長孺之駁正宋氏之語，以存公允之論焉。

嘉慶修松江府志伍陸宋徵輿傳略云：

宋徵輿字轅文，華亭人。順治四年進士。〔仕至〕左副都御史。卒年五十。

吴駿公偉業梅村家藏藁肆柒「宋幼清墓誌銘」略云：

崇禎十有三年吾友雲間宋轅生轅文兄弟葬其先君幼清公偕配楊孺人施孺人於黄歇浦之鶴涇。公諱懋澄，字幼清。同年白公正蒙精數學，能前知。嘗爲公言，我兩人將先後亡，不出兩歲，具刻時日。公初娶楊孺人，繼娶施孺人。楊孺人之殁也，公在京師，不及見，爲其留侍張太孺人也。張太孺人殁，公免喪後，復遠遊，所至必與施孺人偕。

同書貳玖「宋轅生詩序」云：

吾友宋子轅生，世爲雲間人。膏粱世族，風流籍甚，而能折節讀書。

同書貳捌「宋直方〔徵輿〕林屋詩草序」云：

往余在京師，與陳大樽游，休沐之暇，相與論詩，大樽必取直方爲稱首，且索余言爲之序。當是時大樽已成進士，負盛名，凡海内騷壇主盟，大樽睥睨其間無所讓，而獨推重直方，不惜以身下之。余迺以知直方之才，而大樽友道爲不可及也已。於是言詩者輒首雲間，而直方與大樽舒章齊名。或曰陳李，或曰陳宋，蓋不敢有所軒輊也。

王貽上士禎池北偶談貳貳「宋孝廉數學」條云：

雲間宋孝廉幼清，直方父也。精數學，直方生時，預書一紙，緘付夫人曰：「是子中進士後，乃啓視之。」至順治丁亥捷南宫，開前緘，有字云：「此兒三十年後當事新朝，官至三品，壽止五十。」後果於康熙丙午遷副憲，至三品。明年卒官，年正五十也。

寅恪案，梅村集中關於宋氏父子兄弟之材料頗多，今不悉引，即就上所録者觀之，亦可略見宋氏爲當日雲間名門，而轅文之特以年少美材著稱，尤爲同輩所不能企及也。漁洋所記宋懋澄預知其子徵輿之官品及卒年事，甚爲荒誕，自不必辨，當是由梅村幼青墓誌中，白正蒙預知幼青卒年一事，輾轉傅會成此物語耳。但轅文卒於何年，志乘未載。據此物語乃可補其闕遺，亦可謂廢物利用矣。依漁洋所言，轅文卒於康熙六年丁未，年五十歲。然則轅文當崇禎

四、五、六、七年之時，其年僅十四、五、六、七歲。實與河東君同庚，而大樽則十年以長，其他當日幾社名士，年歲更較轅文長大。即此一端，可知河東君之於轅文，最所屬意。其初情好或較甚於存我大樽，自非無因也。惟吾人今日廣稽史料，尚未發見直接根據，足以證實錢肇鼇之說。然於間接材料中，得有線索，可以知轅文在此時期，實有爲河東君而作之文字。此作品今已亡佚，但亦足明錢氏所言之非誣。據沈雄江尚質編輯古今詞話「詞話類」下云：

黄九煙曰，蘭陵鄒祗謨董以寧輩分賦十六艷等詞。雲間宋徵輿李雯共拈春閨風雨諸什。遯浦沈雄亦合殳丹生汪枚張赤共仿玉臺雜體。余數往來吴淞，間過之，欲作一法曲弁言而未竟，殊爲欠事。

寅恪案，今檢鄒祗謨麗農詞上小令惜分飛第二體，「本意。庚寅夏作」十六首，皆爲艷體。（中華書局四部備要孫默編十五家詞麗農詞本，將此詞所附諸家評語及鄒氏原序删去。可參孫默編十五家詞貳柒王士禎衍波詞上惜分飛第二體「程邨感事作惜分飛詞五十闋，爲殿一章」。）後附王士禎評語云：

阮亭云：名士悦傾城，由來佳話。才人嫁廝養，自昔同憐。程邨惜分飛詞凡四十餘闋，無不纏綿斷絶，動魄驚心，事既必傳，人斯不朽，正使續新詠于玉臺，不必貯阿嬌于金屋也。今録其最合作者十六首如右，俾方來覽觀者，雖復太上忘情，亦未免我見猶憐之嘆爾。

又序略云：

僕本恨人，偶逢嬌女。斯人也，四姓良家，三吴稚質。霍王小女，母號浄持。（阮亭評惜分飛第貳首「却怪浄持原老嫗。生得霍王小女」云：「霍王小女，引喻極切。」）邯鄲才人，終歸廝養。左徒弟子，空賦嬌姿。

同集同卷中調簇水「問侍兒月上花梢幾許」附評語云：

阮亭云：鄒董諸子分賦十六艷諸詞，率皆鏤腸鉥胃之作。花間草堂後，正不可少此一種。

寅恪案，鄒氏序中「四姓」「三吴」及「霍王小女」之語，知其情人爲朱姓吴人，殆故明之宗室耶？今無暇詳考。但必與河東君無關，可以決言。又觀孫氏編十五家詞貳玖董以寧蓉渡詞，其中豔體觸目皆是，尚未見有與鄒氏惜分飛十六首相應者。然據阮亭「鄒董諸子分賦十六艷諸詞」之言，則董氏必有十六艷之作無疑也。殳丹生詞，則王昶明詞綜捌所選録者，僅一首，殊難有所論證。沈雄詞兹見於王氏國朝詞綜壹肆者，亦止浣溪沙「梨花」兩首。第壹章末已逐録論及之。至汪枚張赤兩人之詞，則以未見，不敢置言。所可注意者，陳忠裕全集詩餘中有關涉春閨題目之詞，雖前後分列，而其數亦不少，不能不疑其即是爲河東君而作之「春令」。斯問題俟後詳論，茲暫不涉及。今所欲論者，即關涉河東君與轅文之公案也。李雯蓼齋集叁伍與臥子書第貳通略云：

春令之作，始於轅文。此是少年之事，而弟忽與之連類。猶之壯夫作優俳耳。我兄身在雲端，昂首奮臆。太夫人病體殊減，兄之榮旋亦近，計日握手，不煩遠懷。

寅恪案，舒章書云：「我兄身在雲端。」又云：「太夫人病體殊減，兄之榮旋亦近。」臥子自撰年譜上崇禎十年乙丑條略云：

榜發，予與彝仲俱得雋，而廷對則予與彝仲俱在丙科，當就外吏。予觀政刑部。季夏就選人，得惠州司李。抵瀛州，聞先妣唐宜人之訃。

然則舒章此書作於崇禎十年臥子選得惠州推官之後，唐宜人未卒以前也。舒章所謂「春令」，當即臥子詩餘中有關春閨艷詞。舒章既言「春令之作，始於轅文。此是少年之事，而弟忽與之連類」。則臥子此等艷詞，疑是與舒章同和轅文之作。今轅文集不可得見。蓼齋集中又少痕跡可尋，恐經删改。轅文既爲「春令」之原作者，則此原始之「春令」當作於轅文與河東君情好關係最密之時，即自轅文白龍潭愛情考驗以後，至河東君持刀斫琴以前之時。後來與轅文連類之友人，直接與河東君有關係之臥子及間接與河東君有關之舒章，皆仿轅文原始之作品，繼續賦詠，而轅文亦復相與酬和也。（今檢顧貞觀成德同選今詞初集宋轅文李舒章兩人之詞，取河東君戊寅草及衆香集所載並陳忠裕全集中同調或同題或同意者相參校，則宋李詞中似有爲河東君而作者。但未有明證，不敢確言。姑列舉可注意之詞於下，以俟更考。此等詞如轅文之菩薩蠻，憶秦娥「柳絮」，畫堂春「秋柳」，柳梢青，醉花陰，虞美人，青玉案，千秋歲，陳有。南鄉子，江神子，陳柳俱有。舒章之阮郎歸即醉桃源第壹闋，南歌子即南柯子，虞美人，臨江仙「春潮」，蝶戀花第壹闋「落葉」及第貳闋，蘇幕遮「枕」兩闋，陳有。少年遊第壹闋或第貳闋，江神子即江城子，陳柳俱有等，皆是其例。）至黄氏所言鄒董沈殳諸人中，今唯考得董氏生於崇禎二年己巳，卒於康熙八年己酉，年四十一。（見張維驤毘陵名人疑年録壹。）其餘諸人之生年及籍貫，與陳宋李三人，雖皆不遠。（如鄒氏麗農詞上蘇幕遮第貳體「丙戌過南曲作」。「丙戌」即順治三年，可見程邨在此年所作已斐然可觀矣。）然年齡資格究有距離，自不能參預臥子舒章轅文等文酒狹邪之遊會。況據鄒氏惜分飛詞序，所指之人，明是別一女性，與河東君無關涉耶？故鄒董等所賦艷詞，與陳李宋之「春令」，乃是兩事。黄氏之意，本有分別。讀者不可以其同爲玉臺之體，遂致牽混，目爲一事。因特附辨之於此。

復次，轅文經白龍潭寒水浴之一度愛情考驗以後，本可中選。意當日轅文尚未娶妻，其母施孺人不欲其子與河東君交好，乃事理所必然，而轅文年尚幼少，又未列名鄉貢，在經濟上亦必不能自立門户，故受母責怒，即與河東君稍疎也。錢肇鼇所言驅逐河東君之郡守，據嘉慶修松江府志叁陸職官表載：

方岳貢。穀城人。進士。崇禎元年至十四年，松江府知府。

同書肆貳方岳貢傳略云：

方岳貢字四長。穀城人。

同治修穀城縣志伍耆舊門方岳貢傳云：

方岳貢字禹修，號四長，穀城人。

又陳忠裕全集卷首自撰年譜崇禎二年己巳條云：

時相國穀城禹修方公守郡，有重名，稱好士。試諸生，拔予爲第一。

考之，知是方岳貢。方氏在崇禎六年七年間，雖已極賞大樽，然未必深知轅文。河東君於此時已才艷噪於郡會，自必頗涉招摇，故禹修欲驅之出境，此驅逐流妓之事，亦爲當日地方名宦所常行者，不足怪也。河東君之請轅文商決，其意當是欲與轅文結婚。若果成事實，則既爲郡邑縉紳家屬，自無被驅出境之理。否則亦欲轅文疏通郡守，爲之緩頰，取消驅逐出境之令。殊不知轅文當時不能違反母意，迎置河東君於家中，又不敢冒昧進言於不甚相知之郡守，於是遂不得不以「姑避其鋒」之空言相搪塞，而第二度愛情之考驗，轅文竟無法通過矣。以河東君之機敏，豈不知轅文此時處境之難？然愛之深者，望之切。望斷而恨生，更鄙轅文之怯懦不肯犧牲，出此激烈決絶之舉，亦事理所必至。轅文當時蓋未能料及，因駭愕不知所措也。此事之發生，其可能之時間殊難確定。雖至早亦可在崇禎五年壬申，然此年之可能性不多，故可不計。就常情論，疑在崇禎六年癸酉，或七年甲戌。依上文所推測，河東君出自周家，流落松江，至早或在崇禎四年辛未，而最可能則在五年壬申。白龍潭寒水浴之考驗，亦最可能在五年冬季舉行。但轅文因第一次之考驗及格，遂與河東交好。自此時起至其母施孺人怒責，因而稍疎之時止，其間當有將及一年，或一年以上之時日，在此兩時限之間，方四長必尚無驅逐河東君出境之令，故四長出令至早當在崇禎六年之秋，至遲則在崇禎七年也。若在崇禎六年秋間，恐與陳忠裕全集壹伍陳李倡和集中「秋夕沈雨，偕燕又讓木集楊姬館中。是夜姬自言愁病殊甚，而余三人者，皆有微病，不能飲也」七律二首之二云「已驚妖夢疑鸚鵡，莫遺離魂近杜鵑」有關。此兩句詩意蓋謂河東君在周家已如楊玉環之鸚鵡，幾被殺而放逐。今則又不可如杜鵑之啼「不如歸去」，而驅逐出松江之境，歸去原籍吴江盛澤鎮也。若禹修出令在崇禎七年，則或更與大樽集中崇禎八年春間及首夏爲河東所作諸詩詞有關。此端俟下文考河東君與陳氏之關係時，再詳論之。至於方氏此令是否執行，今雖無以確知。然除上引沈虬河東君傳所言，崇禎九年丙子河東君實居吴江盛澤鎮外，其他時間，就所確知者，如崇禎七年甲戌及九年丙子曾遊嘉定，十二年己卯春間至十三年庚辰春間，曾在杭州，是年又曾養痾嘉興，復於冬間至十四年辛巳春間居常熟，則俱爲短期旅行或暫時訪問之性質，而河東君於崇禎十四年春間至仲夏六月七日與牧齋結褵以前，固住在松江。其時任松江知府者，仍是方岳貢。職此之故，頗疑驅逐之令未成事實，當由倩人爲之緩頰所致，而其間必有待發之覆，自無疑義也。

轅文自失愛於河東君後，終明之世，未能以科名仕進，致身通顯。明季南都傾覆，即中式鄉會試，改事新朝，頗稱得志，而河東君則已久歸牧翁，東山酬和集之刊布，絳雲樓之風流韻事，更流播區宇，遐邇俱聞矣。時移世改，事變至多，轅文居燕京，位列新朝之卿貳，牧齋隱琴水，乃故國之遺民，志趣殊途，絕無干涉。然轅文不自慚悔其少時失愛於河東君之由，反痛詆牧齋，以洩舊恨，可鄙可笑，無過於此。兹節録痛史第貳拾種國變難臣鈔紀牧齋遺事附宋徵輿上錢牧齋書略云：

側聞先生泛輕舠，駕華軒，惠然賁於敝邑。惟敝邑之二三子及不佞徵輿在遠聞之，以爲先生有歲時之事，信宿而已。日復一日，驪駒不歌。且聞諸從者曰，雖返，將數至焉。嗚呼！以先生之密邇，曾不聞敝邑之病乎？敝邑狹小，有明之末，困於煩賦。順治二年大兵攻焉，宿而守之。爲之將者，若李若吴，皆叛帥也。其爲郡守者，若張若盧，皆殘吏也。（寅恪案，嘉慶修松江府志叁陸職官表武職載：「李成棟，順治二年，松江提督。

吴勝兆，順治三年，松江提督。馬進寶，順治十四年至十五年止，松江提督。」及同書叁柒職官表府秩載：「張銚，偃師人，舉人，順治二年，松江知府。盧士俊，錦州人，監生，順治五年至六年，知府。李正華，獻縣人，拔貢，有傳，順治十年至十三年，知府。郭起鳳，錦州衛人，拔貢，順治十四年，知府。祖承勳，漢軍正黄旗人，貢生，順治十四年至十六年，知府。」又同書肆叁名宦傳李正華傳略云：「李正華字茂先，獻縣人，精明强幹，姦弊一清。提督馬進寶威悍莫與抗，獨心憚正華。去之日，兒童婦女競以束蔬尺布投其舟幾滿。」）視民如仇，而懾之以軍。十年以來，無歲不災，無家不役。今郭以内，皆列伍也。郭以外，百金之家可籍而計也。江南諸郡，松難深矣。邀天之幸，獲一廉守，鳩我殘黎，而又以法去。（寅恪案，董含蓴鄉贅筆貳略云：「吏茲土者，往往不能廉潔。有李正華者，小有才，矯廉飾詐。下車之日，行李蕭然。及其歸也，方舟不能載。」董氏所言與牘文書及松江府志違異。俟考。）今亦惟是新帥之紀律，新守之惠義，若時雨焉。（寅恪案，「新帥」指馬進寶，「新守」指郭起鳳或祖承勳。）小人閔閔皇皇耕其五穀，織其卉麻，以庶幾供旦晚之命，如是而已，而何足以淹從者？且先生少怙雋才，壯而通顯，所事者，萬曆泰昌天啓崇禎及弘光帝，以至今朝廷，歷六君矣。自庚戌通籍，至於丁酉，四十八年矣，所變亦已廣矣，所取亦已侈矣。醜於記而給於辨，遊人文吏亦內服矣。宜乎動爲人師，言爲人則，而乃不能割帷薄之愛，負難受之聲，忘其蘧蒢，而傚其謔浪。是以謗言流傳，達於行路，使我三吴之荐紳，言及變色無以應四方之長者。先生雖不自愛，其若虞山之水何？嗚呼！鬼神不弔，延先生以年，其將益其疾，而降之大罰耶？抑使先生自播其行，以戒我吴人耶？未可知也。然如先生者，可以歸矣！可以休矣！南使之便，敬佈腹心，惟先生加意焉！

寅恪案，有學集柒高會堂詩集「高會堂酒闌雜詠序」云：「不到雲間，十有六載矣。」序末云：「丙申陽月十有一日書於青浦舟中。」可知牧齋實於順治十三年丙申冬季在松江。轅文作此書在順治十四年丁酉任職北京時，故云「不佞徵輿，在遠聞之」，「〔先生〕自庚戌通籍，至於丁酉，四十八年矣」，及「南使之便，敬佈腹心」也。（松江府志載馬進寶順治十四年始任松江提督，有誤。金鶴沖錢牧齋先生年譜據江南通志載馬進寶於順治十三年升蘇松提督，移鎮松江，因定牧齋順治十三年丙申遊松江，甚確。）其實牧齋自順治三年丙戌辭官自燕京南歸後，即暗中繼續不斷進行復明之活動。是以頻歲作吴越之遊，往往藉遊覽湖山，或訪問朋舊爲名，故意流播其賞玩景物，移情聲樂之篇什。蓋所以放布此煙幕彈耳。轅文方仕新朝，沾沾自喜。其痛詆牧齋，出於私意，與吴越舊時黨社勝流之不忘故國舊君者，不可同日而語。觀其書中「不能割帷薄之愛」一語，如見其肺肝。噫！自順治十四年丁酉，轅文作此書之時，上溯至崇禎七年壬申，或六年癸酉，轅文與河東君決裂之時，其間已歷二十五六年之久，何尚未忘情耶？夫轅文因己身與河東君之故，痛詆牧齋，固已可鄙，似猶有説，而王勝時以其師與河東君之故，復附和轅文，集矢錢柳，（或疑「紀錢牧齋遺事」爲王澐輩所作。俟考。）則殊可笑，實更無謂也。轅文書中又云：「且聞諸從者曰，雖返，將數至焉。」蓋牧齋之至松江，實陰説提督馬進寶，即轅文書中所謂「新帥」，以響應國姓進攻崇明南都。此爲牧齋復明活動之一端，俟後第伍章詳論之。或謂轅文於此中秘密似有所知，而尚未得確證，故未告諸清廷，捕殺牧齋，以報其私怨也。鄙意此時清廷尚欲利用馬進寶，揆之清初駕馭漢奸之常例，即使轅文言之于清廷，恐清廷不但不接受其告密，轉而因此得罪。斯又怯懦之轅文所以雖知牧齋有所活動，而終不敢爲告密之舉歟？

又蔡練江澄雞窗叢話「古來文人失節修史」條，附録宋轅文雜記云：

婁東王冏伯，弇州長子也。家有一書，編輯先朝名公卿碑誌表傳，如焦氏獻徵録之類，而益以野史，搜討精備，卷帙甚富。冏伯歿，牧齋購得之，攘爲己有。乃更益以新碑及聞見所記，附會其中。喜述名賢隱過，每得一事，必爲旁引曲證，如酷吏鍛鍊，使成獄而後已。以是捃摭十餘年，漫題卷上曰穢史。書成之夕，其所居絳雲樓災，即編纂之地也。所謂穢史者，遂不可復見。乃取程孟陽所撰列朝詩選，於人名爵里下各立小傳，就其燼餘所有，及其記憶而得，差次成之。小傳中將復及人隱過，或以鬼神事戒之，乃懼不敢。然筆端稍濫，則不能自禁。

吾邑張雪窗云，牧齋詩人小傳，人多稱之，而意見偏謬，則有如轅文所言者。近日顧芝巖序吾邑史氏致身録云，王褚下流，變亂黑白，不能自即於正，每力排正氣，以爲容身之地。嗚呼！其不能逃於公論如此。人品如斯，何怪乎詩學之謬也。

寅恪案，轅文所記甚謬，朱長孺鶴齡嘗辭而闢之矣。兹附録其愚庵小稿拾「與吴梅村祭酒書」於後。至吴氏有無復書，今不可知。以意揣之，駿公與錢宋兩人交情俱極深厚，必難措詞，當是置之不答也。朱書云：

憶先生昔年枉顧荒廬，每談虞山公箸作之盛，推重諈諉，不啻義山之歎韓碑。乃客有從雲間來者，傳示宋君新刻，於虞山公極口詬詈，且云，其所選明詩，出於書傭程孟陽之手。（寅恪案，燕京重印本朱鶴齡愚菴小集「書」作「筆」。非。）所成穢史，乃掩取太倉王氏之書。愚閲之不覺噴飯。夫虞山公生平梗槩，千秋自有定評，愚何敢置喙。若其高才博學，囊括古今，則戛乎卓絶一時矣。身居館職，志在編摹，金匱之藏，名山之業，無不窮搜遂覽。亂後憫默，乃取而部分之，自附唐韋述元危素之義。未及告成，燬於劫火，穢史之名何自而興？夫古之撰文者，自司馬遷班固而下，如新唐書之修，因於劉煦，五代史之修，因於薛居正。凡載筆之家，莫不綴緝舊聞，增華加麗。（燕京本「麗」作「厲」。非。）弇州藏史未定有無，即使果出前賢，采爲藍本，排纘成書，亦復何害？宋君乃用此爲譊譊耶？鵲巢鳩居，厚誣宗匠，不足當識者之一粲。而愚敢斥言之於先生者，以其文援先生爲口實也。先生夙重虞山公文章箸作，豈有以郭象莊解，齊丘化書，輕致訾謷者？愚以知先生之必無是言也。先生誠無是言，當出一語自明，以間執讒慝之口。如其默默而已，恐此語熒惑見聞，好事之徒將遂以先生爲口實。

又同書壹叁「書王右丞集後」云：

王右丞爲子美前輩，子美贈王中允詩，何等推重，且深爲湔雪其陷賊之故，而右丞集中從無一詩及之，何也？豈有之而集中偶佚耶？何爲西莊王給事，柴門空閉鎖松筠。說者以王給事即王右丞，未免有不足之意。然此語亦惜之，非譏之也。右丞與鄭虔同污祿山僞命，乃子美詩皆無刺語，可見古人用心忠厚，非獨以全交情也。今人於才名軋己者，必欲發其瘢垢，掊擊不啻讐仇。解之者則曰，文士相傾，自古而然。嗚呼！使誠爲文士也，豈有相傾者耶？

可知朱氏自比少陵，不以王鄭受污祿山僞命，而與之絕交也。

上論述河東君與李存我宋轅文之關係既竟，兹請言河東君與陳大樽之關係。楊陳兩人關係之史料，今日通常流布者，乃違反真相，絶不可信。究其所以致此之故，恐因有人故意撰造虚僞之材料，以亂真實，而臥子又以殉明死節之故，稽考勝國之遺聞，頗爲新朝所忌惡也。今先略引通行以譌傳譌之僞史料，然後詳徵楊陳關係之真史料，以糾正舊日虚僞之傳説，並附論楊陳二人情好始終不渝之事實。但迻録原文稍繁，亦有所不得已也。

虞陽説苑本牧齋遺事「柳嘗之松江，以刺投陳臥子」條云：

柳嘗之松江，以刺投陳臥子。陳性嚴厲，且視其名帖，自稱女弟，意滋不悦，竟不之答。柳恚，登門詈陳曰，風塵中不辨物色，何足爲天下名士？

寅恪案，鈕玉樵琇觚賸叁吴觚「河東君」條，當是取材牧齋遺事此條。但删節河東君登臥子門相詈之語，而稍加潤色。玉樵之文較佳，世人喜觀之，故臥子嚴拒河東君之物語，遂流傳於今日，莫有悟其與事實相違反者也。讀者若檢後列臥子所作詩詞，自可知其虚僞。兹暫不辨證。又古學彙刊本牧齋遺事及香豔叢書中絳雲樓儁語（即牧齋遺事一書之改名。）其校者將此條「女弟」二字易作「女弟子」三字，殆由淺人習聞袁枚陳文述廣收女弟子之事，因認陳大樽爲隨園碧城仙館主一流人物。此端頗爲可笑，而又不能不爲之辨明。蓋師弟尊卑殊等，舊日禮教不能有婚姻之關係，是以簡齋雲伯搜羅當日閨閣才媛，列諸門牆，不以爲嫌。觀河東君於崇禎十三年冬自常熟致汪然明書，尚自稱爲「弟」。（柳如是尺牘逆數第貳札。）考其時河東君年二十三，汪然明年六十四，（據有學集叁貳「新安汪然明合葬墓誌銘」，然明生於萬曆丁丑即萬曆五年，至崇禎十三年庚辰，其年爲六十四歲。）兩人年齡相差逾四十歲，而河東君乃以兄弟平輩爲稱謂者，以歌筵酒坐，酬酢往還，若尊卑殊等，則於禮數不便，更無論男女情好，或至發生婚姻之關係也。兹先録臥子集中明顯爲河東君而作之詩，略加釋證。然後再就其他最爲可能爲河東君而作之詩詞，擇録少數，稍爲引申。若詩詞中可疑爲河東君作，而不能確定者，則擇其重要者，列具篇目，以供參考，不復詳論焉。

前已引「秋潭曲」及「集楊姬館中」詩句，今再録其全文於下，以其明著河東君之姓，無復致辨之餘地者也。

陳忠裕全集拾陳李倡和集「秋潭曲」（原注：「偕燕又讓木楊姬集西潭舟中作。」）云：

> 鱗鱗西潭吹素波。明雲織夜紅紋多。涼雨牽絲向空緑，湖光頽濇寒青蛾。暝香淫度樓船暮。擬入圓蟾泛烟霧。銀燈照水龍欲愁。傾杯不灑人間路。美人嬌對參差風，斜抱秋心江影中。一幅五銖弄平碧，赤鯉撥刺芙蓉東。摘取霞文裁鳳紙。春蠶小字投秋水。瑶瑟湘娥鏡裏聲，同心夜夜巢蓮子。

同書壹伍「秋夕沈雨，偕燕又讓木集楊姬館中。是夜姬自言愁病殊甚，而余三人皆有微病，不能飲也」七律二首云：

一夜淒風到綺疏。孤燈灩灩帳還虛。冷蛩啼雨停聲後，寒蕊浮香見影初。有藥未能仙弄玉，無情何得病相如。人間愁緒知多少，偏入秋來遣示余。

兩處傷心一種憐。滿城風雨妒嬋娟。已驚妖夢疑鸜鵒，莫遣離魂近杜鵑。琥珀佩寒秋楚楚，芙蓉枕淚玉田田。無愁情盡陳王賦，曾到西陵泣翠鈿。

寅恪案，此兩題皆臥子在崇禎六年秋爲河東君而作者，前已略論之矣。但檢陳忠裕全集壹伍幾社稿，崇禎庚午辛未壬申三年之間所作七律中，有「中秋風雨懷人」一題，其辭旨與「集楊姬館中」二律頗相類似。詩中復包含「憐」「影」「雲」「嬋娟」等河東君之名字，尤爲可疑。初見此詩後第肆題爲臥子六月一日廿五歲「生日偶成」詩，以爲此中秋乃崇禎四年之中秋，細繹之，此「中秋風雨懷人」詩之前第陸題爲「傷春」，中有「海濱烽迫魯王宮」之句。據所附考證爲「指山東孔有德事」。依明史貳叁莊烈帝本紀所云：「崇禎四年十一月丁卯孔有德率師援遼，次吳橋反。五年春正月辛丑孔有德陷登州。」則傷春一題明是崇禎五年春季之作。故「中秋風雨懷人」一詩，亦不必定爲崇禎五年所賦。蓋諸詩排列先後，未可拘泥也。或者此「中秋」乃五年中秋，甚至六年中秋，殊未可知。臥子全集中尚多類是者，詳後所論。兹姑録此詩於後，以俟更考。「中秋風雨懷人」七律云：

誰將幽怨度華年。河漢濛濛月可憐。落葉黃飛妖夢後，輕綃紅冷恨情邊。青鸞涇路簫聲歇，白蝶迷魂帶影妍。惆悵盧家人定後，九秋雲雨泣嬋娟。

復次據李雯蓼齋集叁伍「與臥子書」云：

孟冬分手，弟羈武林，兄便北上，已作驪歌，無由追送。弟薄歲除始返舍，即詢知老年伯母尊體日佳。開春以來，見子服兄弟，益審動定。我兄可縱心場屋，了此區區，以慰弟輩之涼落矣。轅文言，兄出門時，意氣諧暢，頗滑稽爲樂。張三作俠，中間乃大有合離。某某在雲霧之中，悵悵不休。何物籬落間人，乃爾顛倒人意。弟輩正坐無聊，借此一鼓掌耳。今里巷之間，又盛傳我兄意盼阿雲。（寅恪案，李雯蓼齋集貳貳「除夕詠懷兼寄臥子」詩云：「聞君念窈娘。」舒章此詩作於崇禎六年癸酉除夕，正臥子在北京留待會試時。考窈娘事見孟棨本事詩情感類。窈娘爲喬知之家婢，藝色爲當時第壹，固適切河東君身分。又據河東君戊寅草「（崇禎六年）寒食雨夜十絶句」其五云「想到窈娘能舞處」，及陳忠裕全集壹玖陳李唱和集「清明」七絶四首之三云「雨中獨上窈娘墳」等語，故知舒章所言之「窈娘」，即是阿雲無疑矣。）不根之論，每使人婦家勃谿。兄正木强人，何意得爾馨穨蕩。乃知才士易爲口實，天下訛言若此，正復不惡。故弟爲兄道之，千里之外，與讓木燕又一笑。若彝仲，不可聞此語也。

舒章書中所謂「孟冬分手」者。當是崇禎六年孟冬。臥子自撰年譜崇禎六年癸酉條略云：

文史之暇，流連聲酒，多與舒章倡和，今陳李唱和集是也。季秋偕尚木諸子遊京師。是歲納妾蔡氏於家。

陳忠裕全集壹伍陳李唱和集「留別舒章并酬見贈之作二首」其第壹首結句云：「秋深碣石有飛鴻。」附録李雯「送臥子計偕北上」詩原作，其第壹首云：「北極雲平秋氣屯。」其第貳首云：「翻然仗劍歷秋城。」等可證臥子此次別舒章爲深秋初冬之時。若臥子崇禎九年由松江赴北京會試，據臥子自撰年譜崇禎九年丙子條略云：

復當計偕，以先妣唐宜人久疾，予意不欲往，先妣以義勉之。冬盡始克行。

則臥子崇禎九年北行在年杪，必非所言之「孟冬」明矣。然則臥子與河東君相遇，豈即在崇禎六年耶？鄙意在此年之前，亦有可能。何以言之？據陳忠裕全集拾屬玉堂集「癸酉長安除夕」詩云：

歲云徂矣心内傷。我將擊鼓君鼓簧。日月不知落何處，令人引領道路長。去年此夕舊鄉縣。（可參同書壹叁幾社稿「除夕」五律。此「除夕」即崇禎五年壬申除夕也。）紅妝綺袖燈前見。梅花徹夜香雲開，柳條欲繫青絲纏。曾隨俠少鳳城阿，半擁寒星蔽春院。今年此夕長安中。拔劍起舞難爲雄。漢家宫闕煖如霧，獨有客子知淒風。椒盤獸炭皆異物，夢魂不來萬里空。吾家江東倍惆悵。天下干戈日南向。鶴馭曾無緱嶺遊，虎頭不見雲臺上。且酌旨酒銀箏前。汝曹富貴無愚賢。明朝曈曈報日出，我與公等俱壯年。

此詩題既是「癸酉長安除夕」，而詩中又有「去年此夕舊鄉縣」及「今年此夕長安中」等句，則此「紅妝綺袖燈前見」之人，必於崇禎五年壬申除夕與臥子相遇。此人雖未明著其爲誰，但檢臥子集中，與此詩前後時間距離不甚久所作綺懷諸篇觀之，則此人非河東君莫屬。故臥子於崇禎五年壬申冬季即遇見河東君，殊爲可能。更據陳眉公集首載其子夢蓮所撰年譜天啓七年七十歲條云：

> 是冬，（寅恪案，眉公生辰爲十一月初七日。）遠近介觴者，紈綺映帶，竹肉韻生，此亦鳳皇山未有之事也。

及陳忠裕全集臥子自撰年譜上崇禎四年辛未條略云：

> 試春官罷歸。四月抵里門，即從事古文詞，間以詩酒自娛。是時意氣甚盛，作書數萬言，極論時政，擬上之。陳徵君怪其切直，深以居下之義相戒而止。

於此兩年譜可得兩結論。一爲陳眉公生日之時，祝壽客中亦必不少當日名姝如王修微輩。觀前引宋讓木秋塘曲序所述河東君壽眉公生日詩句，可爲例證也。二爲臥子會試不中式，牢騷憤慨，棄置八股時文，從事古文詞。又作書數萬言，極論時政。但同時復以詩酒自娛。此「詩酒」即放情聲色之義。前代相傳俗語云：「秀才家文章是自己的好，老婆是人家的好。」

正臥子此時之謂也。檢陳忠裕全集壹叁幾社稿即崇禎五年壬申所作五律，其「除夕」詩之前，載「偕萬年少李舒章宿陳眉公先生山房二首」。其第貳首有「冰霜月起時」之句，是臥子於崇禎五年眉公生日相近之時，曾謁眉公並宿於其山房。并同集壹玖幾社稿有「吳閶口號」七絕十首，亦爲崇禎五年冬季所作。依下文寅恪所考證，其中三首乃爲河東君而賦者。由此言之，臥子至遲於崇禎五年眉公生日不久以前，在蘇州已得見河東君。或又返松江追蹤河東君至佘山，於眉公生日時，復相遇於祝壽賓客之中也。更取幾社稿中其他綺懷諸作，如崇禎五年春季所作「柳枝詞」之類參之，則河東君臥子兩人初次相遇，在崇禎五年春季，或竟早在四年冬季，亦未可知也。至於「曾隨俠少鳳城阿，半擁寒星蔽春院」之句，「鳳城」依通常解釋，自指京師而言。據臥子自撰年譜崇禎三年庚午條略云：「予幸登賢書。冬月偕計吏如京師。」及崇禎四年辛未條云：「試春官，罷歸。」似亦可指崇禎三年庚午冬臥子第壹次會試在京時事。然依詩中文氣語意，此兩句明是述崇禎五年除夕在松江情況。據嘉慶修松江府志柒山川志有「鳳凰山」。前引陳夢蓮撰其父繼儒年譜，亦有「鳳皇山」之語。似松江府城，亦可稱「鳳城」。若不然者，則臥子乃用典故，如文選貳捌所載陸士衡「長安有狹邪行」之類（可參陳忠裕全集肆陳李唱和集「長安有狹邪行。」）惟易「長安」爲「鳳城」耳。（可參陳忠裕全集壹叁幾社稿「行樂詞」十首。此詞即崇禎五年所作也。）舒章書中所言之「子服兄弟」，當即指臥子妻張孺人之五弟中張子服寬及子退密。（參陳忠裕全集王澐續臥子年譜下及後附勝時撰「三世苦節傳」與「越遊記」。并同書捌平露堂集「送子服之維陽，兼訊子退，期以八月會淮南。」詩題下案語，又光緒修金山縣志壹玖張履端傳及弟軌端附子寬傳等。）若張孺人之幼弟子函，則在順治四年子龍被逮時，清吏見其年穉，誘以利害，使之盡言子龍親知，遂以此被釋，（見臥子年譜下後王澐附録。）以此點推之，則其在崇禎七年舒章作書時，即使已生，當亦不過數歲。（張孺人之父軌端卒於崇禎十一年戊寅二月。見陳忠裕全集貳玖張邵陽誄。）舒章所指，必非此人無疑。又張孺人别有弟處中，其名爲宫，明代貢生。（可參陳忠裕全集玖焚餘草「同惠郎處中勝時分賦高士傳」詩所附案語并年譜下順治三年丙戌條及松江府志肆陸選舉表。）張氏兄弟既爲子龍至親，故舒章得從其處探悉子龍家中動定。又書中所述宋轅文之言，可與陳忠裕全集拾陳李唱和集「予偕讓木北行矣。離情壯懷，百端雜出，詩以志慨」詩參證。俟後論之。至所言「張三作俠」之「張三」，未敢確定其爲何人。然必非張孺人之諸弟張寬張密等。因子服兄弟向畏憚其姊之尊嚴，自不敢參預張門快婿陳孝廉納寵之事也。或疑此「張三」即張昂之，斯説殊有理由。據陳忠裕全集壹伍屬玉堂集「送張冷石太守之任閩中」七律題下附案語云：「張昂之號冷石。」又據光緒修金山縣志壹玖張昂之傳略云：

張昂之字匪激。天啓二年進士。令盧陵時，魏璫禁僞學，檄毀天下書院。附閹者欲就建璫祠。昂之力持不可，卒坐奪職。崇禎初，起知保寧府。以功進川東道。尋告歸，寄居郡北之息庵。又嘗築圃佘山，自稱六頭頭陀云。

及王澐續臥子年譜下順治三年丙戌條略云：

是歲所與往來者，故人惟張冷石先生〔等〕而已。

又順治四年丁亥條略云：

五月十六日往載〔先生〕屍。十七日至張冷石先生齋，於其鄰貰得一棺。張冷石先生，則先生之執友且姻也。

故從社會氣類親友情誼言之，舒章書中作俠之「張三」，已有爲張昂之之可能。又冷石此時，以閒居好事之身，築圃佘山。此山適爲河東君卜居之地。其可能性更復增大也。但昂之是否行三，尚未發現有何證據。姑識所疑於此，以俟詳考。

至河東君所以卜居佘山之故，要與陳眉公繼儒，施子野紹莘諸名士直接或間接不無關係。其直接關於眉公者，前已論及之矣。至於子野，則亦有間接之關係。兹請略言之。或疑前所引李雯蓼齋集叁伍「與臥子書」中「張三作俠」之「張三」即施子野。所謂「張三」者，非排行次第之義，而是「張三影」（宋張子野先。）之簡稱，實指施紹莘而言也。檢施紹莘花影集肆樂府南商調二郎神及春雲卷「舟次贈雲兒」。同書同卷樂府小令南商調玉胞（抱）肚「贈楊姬和彥容作二首」同書伍詩餘菩薩蠻「和彥容留別雲姬」及「代雲答」。然則此「雲兒」「楊姬」「雲姬」豈即河東君耶？又考青浦詩傳壹貳施紹莘小傳略云：

> 施紹莘字子野。少爲華亭縣學生。負儁才，跌宕不羈。初築丙舍於西佘之北，復構別業於南泖之西，自號峯泖浪仙。好聲伎，與華亭沈友夔龍善，世稱施沈。時陳繼儒居東佘，詩場酒座常與招邀來往。工樂府，著花影集行世。早殁，無子。時共惜之。

及王昶明詞綜伍施紹莘小傳引青浦詩傳略云：

> 子野作別業于泖上，又營精舍于西佘。時陳眉公居東佘，管絃書畫，兼以名童妙妓，來往嬉遊。故自號浪仙。亦慕宋張三影所作樂府，著花影集行世。（可參花影集首顔彥容乃大序云：「冉冉月來雲破，不負張郎中之後身。」及顧石萍胤光序云：「雲破月來之句，不負自許張三影後身。」又同書壹「泖上新居」，後附彥容跋云：「齋曰三影。」同書叁「西佘山居記」云：「有齋兩楹曰三影。予字子野，好爲小詞，故眉公先生以此名之。」）

則以施子野之爲人及其所居之地言之，更似與河東君直接有關涉者。但東海黄公所輯瑤臺片玉甲種下載子野「舟次贈雲兒」「決絶詞」「有懷」等套曲。其「決絶詞」自跋云：「庚申月夕秋水庵重題。」「庚申」爲萬曆四十八年。又花影集伍菩薩蠻「代雲答」詞後第伍首同調「雨中憶張冲如」詞，序中有「天啓改元正月五日得冲如靖州家報」之語。可知子野詞中之

「雲」，時代太早，與河東君居佘山之年月不合，而舒章書中所言崇禎六年癸酉之「張三」其非施子野亦甚明矣。然據陳眉公集所載年譜萬曆三十五年丁未條略云：

府君五十歲。得新壤于東佘。二月開土築壽域，隨告成。四月章工部公覲先生，割童山四畝相贈，遂構高齋，廣植松杉。屋右移古梅百株，皆名種。後若徐若董，園圃相續。向有施公祠，亦一時效靈，而郡邑之禮香祭賽，并士女之遊冶者，不之諸峯，而之東佘矣。

并子野花影集壹樂府「山園自述」自跋云：

余別業在西佘之陰，邇來倩女如雲，綉弓窄窄。冶遊兒烏帽黃衫，擔花負酒，每至達旦酣歌，并日而醉。

及同書叁「西佘山居記」云：

每值春時，爲名姬閨秀鬭草拾翠之地。

是佘山一隅乃文士名姝遊賞之盛地。後來河東君又卜居其處，要非無因也。總之，舒章書中之「張三」，甚難確指爲施子野。但以子野與佘山有關，即間接與河東君卜居其地亦有關。故略論及之，以備一重公案云爾。

又舒章此書所言諸點，今難詳知。然至少與臥子納妾蔡氏一事，必有關係。因臥子於自撰年譜此年言：「文史之暇，流連聲酒。」觀其此年綺懷諸作，可以證其不虛。李舒章蓼齋集貳伍有：「臥子納寵於家，身自北上，復閱女廣陵，而不遇也。寓書于余道其事，因作此嘲之。」七律一首。此詩後又載「懷臥子」詩一首，有句云：「可憐一別青霜後。」則知蔡氏非臥子滿意之人，故「納寵於家，身自北上，復閱女廣陵」也。臥子既不滿意蔡氏，則納以爲妾，必出其妻張孺人之意。蓋所以欲藉此杜絶其夫在外「流連聲酒」之行動。用心雖苦，終不生效，雖甚可笑，亦頗可憐。舒章所謂「使人婦家勃谿」乃事理所必至，自無足怪。「阿雲」乃指河東君，詳見第貳章所考證。由此言之，凡陳李唱和集之大半及屬玉堂集之一部分，所有綺懷諸詩，皆可認爲與河東君有關，雖不中，亦不遠也。

秋潭曲結句「同心夜夜巢蓮子」之語，蓋出古今樂録「楊叛兒」第伍首云：

歡欲見蓮時，移湖安屋裏。芙蓉繞床生，眠臥抱蓮子。

臥子取河東君之姓氏與此歌名相結合，蓋「楊叛兒」本亦作「楊伴兒」，歌之詞意亦更相關聯，頗爲適切。「同心」二字尤情見乎辭矣。（參樂府詩集肆玖「楊叛兒」題。）王勝時有「和董含拂水山莊弔河東君二絶句」，（見董含三岡識略陸「拂水山莊」條。）其二云：

河畔青青尚幾枝。迎風弄影碧參差。叛兒一去啼烏散，贏得詩人絶妙辭。

亦用此歌第貳首「蹔出白門前，楊柳可藏烏」之句，而勝時詩意復與此歌第陸首云：

楊叛西隨曲，柳花經東陰。風流隨遠近，飄揚悶儂心。

相關，殊爲輕薄刻毒，大異於其師也。

復次，分類補注李太白詩肆樂府楊叛兒云：

君歌楊叛兒，妾勸新豐酒。何許最關人，烏啼白門柳。烏啼隱楊花。君醉留妾家。博山爐中沉香火，雙煙一氣凌紫霞。

寅恪案，河東君後來易「楊」姓爲「柳」，「影憐」名爲「隱」。或即受太白詩之影響耶？據沈虬河東君傳所云：「余于舟中見之。（指楊愛。）聽其音，禾中人也。」然則河東君之鄉音，固是「疑」「泥」兩母難辨者。其以音近之故，易「影憐」之「影」爲隱遁之「隱」，亦無足怪矣。至若隱遁之義，則當日名媛，頗喜取以爲別號。如黃皆令之「離隱」，張宛仙之「香隱」，皆是例證。蓋其時社會風氣所致。故治史者，即於名字別號一端，亦可窺見社會風習與時代地域人事之關係，不可以其瑣屑而忽視之也。

詳繹臥子「集楊姬館中」詩題之意，似陳彭宋三人之集於河東君寓所，本欲置酒痛飲，以遣其愁恨。三人皆以微病不能飲酒，而河東君亦然。據此河東君平日之善飲可以推見也。程嘉燧耦耕堂存稿詩中「朝雲詩」七律八首，此詩亦爲河東君而作者。其第貳首云：

揀得露芽纖手瀹，懸知愛酒不嫌茶。

則河東君之善飲足以爲證。又有學集玖紅豆詩初集「採花釀酒歌示河東君」詩并序略云：

> 戊戌中秋日天酒告成，戲作採花釀酒歌一首，以詩代譜。其文煩，其辭錯，將以貽世之有仙才，具天福者。非其人也，則莫與知而好，好而解焉。

長干盛生貽片紙，上請仙客枕膝傳。（遵王注本「請」作「清」。）老夫捧持逾拱璧，快如渴羌得酒泉。歸來夜發枕中秘，山妻按譜重注箋。却從古方出新意，溲和齊量頻節宣。東風汎溢十指下，得其甘露非人間。（「得其甘露」遵王注本作「得甘露滅」。）

有學集捌長干塔光集「金陵雜題絶句二十五首，繼乙未（丙申？）春留題之作」其第貳拾首云：

> 面似桃花盛茂開。隱囊畫笥日徘徊。郎君會造逡巡酒，數筆雲山酒一杯。（自注云：「盛叟字茂開，子丹亦善畫。常釀百花仙酒以養叟。」）

同書貳拾「小山堂詩引」云：

> 比游鍾山，遇異人，授百花仙酒方。採百花之精英以釀酒，不用麴糵，自然盎溢。

陳伯雨作霖金陵通傳壹肆盛鸞傳附宗人盛胤昌傳云：

> 宗人胤昌字茂開，工畫。持身高潔，年幾九十，行步如少壯時。胤昌子丹，字伯含。山水法黃筌，嘗作秋山蕭寺圖，與弟琳空山冒雨圖稱二妙。琳字玉林，每當春日，釀百花

酒以養親。胤昌顧而樂之。

有學集壹玖「歸玄恭恒軒集序」略云：

丙申閏五月余與朱子長孺屏居田舍。余繙般若經，長孺箋杜詩，各有能事。歸子玄恭儼然造焉。余好佛，玄恭不好佛。余不好酒，而玄恭好酒。兩人若不相爲謀者。玄恭作普頭陀傳，高自稱許。把其本向長孺曰，杜二衰晚腐儒，流落劍外，每過武侯祠屋，歎臥龍無首，用耿鄧自比。歸玄恭身長七尺，面白如月，作普頭陀傳，胸中偪塞未吐一二，遂驚倒世上人耶？（寅恪案，同書伍絳雲餘燼集下冬夜假我堂文宴詩「和歸玄恭」七律一首，後四句云：「何處青蛾俱乞食，幾多紅袖解憐才。後堂絲竹知無分，絳帳還應爲爾開。」附自注云：「是日女郎欲至，戲以玄恭道學辭之。來詩以腐儒自解，故有斯答。」牧齋此詩作於順治十一年甲午陽月二十八日，恒軒集序作於順治十三年丙申閏五月，故序有「杜二腐儒」之語，乃指甲午冬假我堂文宴時事也。）

牧齋外集貳伍「題鄧肯堂勸酒歌」（寅恪案，鄧林梓字肯堂，常熟人。事蹟見王應奎柳南隨筆壹及陸有關鄧肯堂等條。）云：

東坡自言飲酒終日，不過五合，而謂天下之好飲，無在予上者。（可參初學集肆歸田詩集下「謝于潤甫送酒」詩：「我飲不五合，頗知酒中味。」之句。）後人掇拾東坡全集，以王無功醉鄉記羼入其中，豈非以東坡慨慕東皐，庶幾友其人于千載，其妙于酒德有相似者歟？予酒户略似東坡，頃又以病耳戒酒，讀肯堂詩，浩浩然，落落然，如與劉伶畢卓輩執杯持耳，拍浮酒池中也。他時有編余詩者，將此首編入集中，余方醉眼模糊，仰天一笑，安知其非余作也。

牧齋尺牘上「與侯月鷺〔性〕」四通之二（寅恪案，侯性事蹟見小腆紀傳叁陸本傳及牧齋尺牘上「與侯月鷺」諸札。）云：

秋間欲得洞庭葡萄釀酒，苦不能得其熟候。彼時得多餉，以酬潤筆。知不厭其貪也。內子辱深念，並此馳謝。

然則河東君不僅善飲，更復善釀。河東君之「有仙才」，自不待言。至於「具天福」，則殊難言。據上引題鄧肯堂勸酒歌，恒軒集序及復侯月鷺札，是牧齋不善飲，而河東君善飲。河東君之「具天福」，或可言具此善飲之「天福」耶？若牧齋者，雖不具此善飲之「天福」，但能與具此善飲之「天福」者，相對終老，殆亦可謂具豔福之人矣。

復次，全謝山祖望鮚埼亭外集叁叁「錢尚書牧齋手跡跋」略云：

尚書手跡共十幅，在馮研祥家，皆與馮氏羣彥往還者。第十幅云：「春宵一刻，先令細君滿引一杯，以助千金之興。」細君指柳氏也。予聞之周鄮山謂牧齋年六十四，（寅恪案，當作「六十」。此誤。）柳氏年二十四歸之。客有訪之者，柳氏出侑酒，依然舊日風流。觀此箋并前索酒札，知柳氏固酒徒。黄忠烈公見諸弟子有與女校書詩者，輒戒之。牧齋跌蕩乃至於此，宜其有「浪子燕青」之誚。

寅恪案，馮研祥者，馮開之夢禎孫文昌之字。馮氏一家與牧齋交誼深厚，研祥又爲牧齋弟子，故其關係尤爲密切。（見初學集伍壹「南京國子監馮公墓誌銘」，并可參牧齋尺牘壹與馮秋水札云：「西浙俊髦，無如馮〔文昌〕范〔驤〕。研祥落落竹箭，文白亭亭明玕。」又葛萬里牧齋先生年譜順治七年庚寅條云：「同行有馮范研祥。」誤以「馮范」爲一人。殊不知「馮」固爲文昌之姓，「范」則指浙江海甯范驤字文白號默菴之人而言也。文白事蹟見光緒修杭州府志壹肆伍范驤傳，杜登春社事本末，吴修昭代名人尺牘小傳柒及震鈞國朝書人輯略壹等。）有學集肆陸「跋酒經」云：

酒經一册，乃絳雲樓未焚之書。五車四部書爲六丁下取，獨留此經，天殆縱余終老醉鄉，故以此轉授遵王，令勿遠求羅浮鐵橋下耶？余已得修羅採花法，釀仙家燭夜酒，將以法傳之遵王。此經又似餘杭老媪家油囊俗譜矣。

有學集拾紅豆二集「酒逢知己歌贈馮生研祥」云：

老夫老大嗟龍鍾。（遵王注本「大」作「夫」。）緑章促數箋天公。天公憐我扶我老，酒經一弓搜取修羅宮。山妻按譜自溲和，鉼盎汎溢回東風。世人餔糟歠醨百不解，南鄰酒伴誰與同。昔年嘗酒别勁止，南薰獨數松圓翁。（「薰」誤。注本作「董」是。）此翁騎鯨捉月去我久，懵瞢四顧折簡呼小馮。（下略。）

此跋作於順治七年庚寅十月初二夜以後，此詩作於順治十六年己亥，可與上引前一年，即順治十五年戊戌所賦之「採花釀酒歌示河東君」詩相參證。據此，頗疑馮研祥家牧齋手跡索酒札即此第拾幅，乃順治十六年己亥所作也。周鄮山即周容，事蹟見結埼亭外集陸「周徵君墓幢銘」。其人與牧齋往來頗密，可參有學集肆肆「歎譽贈俞次寅」（寅恪案，牧齋此文作「周茂山」。）及鄮山所著春酒堂詩話關涉牧齋諸條。夫河東君之善飲，不獨其天性使然，其環境實有以致之。蓋歌筵綺席，酬酢周旋，若不善飲，豈能成歡？此乃事非得已，情尤可傷，而謝山轉執閨門禮法之條，以相繩責，殆未免失之過泥矣。黄忠烈公即黄道周。「忠烈」者，明唐王所予謚也。（見黄漳浦集卷首洪思撰黄子傳及文明夫人行狀。清乾隆四十一年追謚道周爲「忠端」，陳子龍則追謚「忠裕」，皆是專謚。若李待問則謚爲通謚之「忠節」。謝山卒於乾隆二十年，自不及知「忠端」之謚。然揆以明代殉國諸人之心理，豈能甘受清廷之謚號？謝山稱之爲忠烈，甚合漳浦平生志業。至王蘭泉編臥子全集，其取今名者，蓋所以避忌諱，免嫌疑，亦有不得已也。）臥子會試中式，實出石齋之門。（見臥子自撰年譜上崇禎十年丁丑條。）

臥子平生之詩爲女校書如河東君而作者，亦甚不少，安能不爲其師所戒乎？由此言之，臥子應與牧齋同科，謝山舉此以譏牧齋，又未免失之過偏矣。

今日吾人幸得窺見河東君戊寅草，因取他種材料參證，遂得約略推定其中篇什作成之年月，並相與有關之人。復更取陳忠裕全集中幾社稿陳李唱和集屬玉堂集平露堂集白雲草湘真閣稿及詩餘等，綜合推計之，則論陳楊兩人之關係，其同在蘇州及松江者，最早約自崇禎五年壬申起，最遲至崇禎八年乙亥秋深止，約可分爲三時期。第壹期自崇禎五年至崇禎七年冬。此期臥子與河東君情感雖甚摯，似尚未達到成熟程度。第貳期爲崇禎八年春季並首夏一部分之時，此期兩人實已同居。第叁期自崇禎八年首夏河東君不與臥子同居後，仍寓松江之時，至是年秋深離去松江，移居盛澤止。蓋陳楊兩人在此時期内，雖不同居，關係依舊密切。凡臥子在崇禎八年首夏後，秋深前，所作諸篇，皆是與河東君同在松江往還詶和之作。若在此年秋深以後所作，可别視爲一時期。雖皆眷戀舊情，絲連藕斷，但今不復計入此三期之内也。茲選録陳楊兩人此三時期中最有關之作品原文，互相證發。其他最有關諸作，則僅録其題，以供參考。至秋潭曲，集楊姬館中二首，霜月行第叁首及癸酉長安除夕等篇，前已載其全文，不復迻録焉。

復次，王氏編輯陳忠裕全集凡例第貳則略云：

詩文次序先後關乎生平梗概。如采山堂幾社稿之作於庚午辛未壬申，陳李唱和集之作於癸酉甲戌，平露堂集之作於乙亥丙子，白雲草湘真閣稿之作於丑寅卯辰，焚餘草即丙戌遺草之作於乙酉丁亥。按之年譜，瞭如指掌。至各集原本古今體詩，或分或不分。今彙爲全集，概行分體，而仍標各集之名，以存其舊。雖其中次序，間有淆亂，然亦不甚懸隔也。

及第肆則云：

公詞有湘真閣江蘺檻兩種。國朝王阮亭（士禎）鄒程邨（祗謨）諸先生極爲推許。又曾選入棣萼香詞幽蘭草四家詞。俱未之見。今録公高弟王勝時澐所輯焚餘草，益以散見別本者數闋，彙成一卷，并略采前人評語附之。俾讀者知公樂府亦爲填詞家正宗，如宋廣平賦梅花，不礙鐵石心腸也。

寅恪案，王氏雖明知「詩文次序先後，關乎平生梗概」，但其「彙爲全集，概行分體」則不免「其中次序，間有淆亂」。故今據每篇題目及篇中詞旨，以推計時日，則王氏所云某集作於某年者，雖「不甚懸隔」，然今日欲考河東君與大樽之關係，於此區區時日之間隔，實爲重要。茲録下列諸詩，大體固依王氏原編次序。若發現題目或詞旨有未安者，亦以鄙意改定，不盡同於王氏原編次序也。詳繹王氏所編全集中詩文，其次序先後，實如其所言「不甚懸隔」。獨詩餘一類，則蘭泉因未見原本，僅從王澐所輯焚餘草，略附散見別本之數闋，編成一卷。焚餘草中之詞，雖是乙酉至丁亥（即順治二年乙酉至四年丁亥。）三年中所作，其間當無與河東君有關者。但散見他本之詞，則必應有涉及河東君之作。蓋大樽詩餘，摹擬花間集淮海詞，緣情託意，綺麗纏綿。觀蘭泉輯本，其中故國故君之思見於語句者不計外，尚有不少豔情綺懷之作。然則此類詩餘似不止蘭泉所言「散見別本者數闋」而已。豈勝時所輯之焚餘草，其中亦羼入其師乙酉以前之舊作，而稍稍竄改，使人不覺其爲河東君而作者耶？今日大樽詞原本不得窺見。若僅就蘭泉裒集殘餘之本，以考臥子與河東君之關係，實爲不易也。又繹蘭泉所編臥子詩餘，其先後次序之排列，悉依字數多少而定，與作成時代絶無關係。如二郎神唐多令爲臥子絶筆，（據王澐續臥子年譜順治四年丁亥條云：「三月會葬夏考功，賦詩二章。又作寒食清明二詞，先生絶筆也。」）今王氏輯本二郎神其次序爲倒數第貳首，至唐多令則爲倒數第貳肆首。即是例證。職此之故，玆所選録臥子詩餘，其編列先後，乃依據河東君戊寅草所載諸篇什作成時間，參以鄙意考定。不若所録臥子之詩，其排列時代之先後，尚是約略依據王氏輯本也。

周銘林下詞選柳隱小傳云：

柳隱字如是。歸虞山錢宗伯牧齋。所著有戊寅草，雲間陳大樽爲之序。

徐樹敏錢岳衆香詞書集雲隊柳是小傳略云：

初爲雲間陳大樽賞識，序其詞問世。虞山（錢牧齋）百計納爲小星，稱河東夫人。遺有我聞堂（室）鴛鴦樓詞。

寅恪案，周氏謂陳大樽爲河東君戊寅草作序。徐錢兩氏謂大樽序河東君詞，當即指鴛鴦樓詞。今日得見河東君戊寅草鈔本，其中有詩詞賦三類，首載陳子龍序。序中所言者爲詩，而不及詞。不知是否別有鴛鴦樓詞刊本，而大樽爲之序，未敢斷定，尚待詳考。然取林下詞選與衆香詞對勘，則徐錢兩氏所選六首，較周選多「垂楊碧」一闋，其排列次序亦有不同，而文字更有差異。今取河東君戊寅草參校，則周選排列次第及文字皆與戊寅草符合，而戊寅草亦無垂陽碧一闋。可證周氏實選自戊寅草。徐錢兩氏之選本不同於戊寅草及周選者，其所依據，或即鴛鴦樓之單刊本耶？至「垂陽碧」一闋，其出處尚待考索，未能確言。其詞云：

空回首。筠管榴箋依舊。裂却紫簫愁最陡。顛倒鸞釵久。　羨殺枝頭荳蔻。悶殺風前楊柳。一夜金溝催葉走。細腰空自守。

今繹其詞意，與金明池「詠寒柳」詞略同，恐是河東君離去臥子以後所賦，似非鴛鴦樓詞中原有之作，殆爲徐錢兩氏從他本補入者。總而言之，無論鴛鴦樓詞是否別有刊本，茲可推定者，戊寅草中所收之詞，必包括鴛鴦樓詞全部，或絕大部分在內。因戊寅草中諸詞，皆是與臥子關係密切時所作。臥子於崇禎八年所賦諸詩，目爲屬玉堂集，河東君之以鴛鴦樓名其詞，正是兩人此時情景之反映也。

復次，考臥子平生文學，本屬李王一派，故深鄙宋詩。但於詞則宗尚五代北宋。兹不欲辨其是非，僅擇録其有關論詞之文，略見梗概。

陳臥子先生安雅堂稿貳「三子詩餘序」云：

詩餘始於唐末，而婉暢穠逸，極於北宋。然斯時也，并律詩亦亡。是則詩餘者，非獨莊士之所當疾，抑亦風人之所宜戒也。然亦有不可廢者。夫風騷之旨，皆本言情。言情之作，必託於閨襜之際，代有新聲，而想窮擬議，於是以温厚之篇，含蓄之旨，未足以寫哀而宣志也。思極於追琢，而纖刻之辭來。情深於柔靡，而婉變之趣合。志溺於燕婧，而妍綺之境出。態趨於蕩逸，而流暢之調生。是以鏤裁至巧，而若出自然。警露已深，而意含未盡。雖曰小道，工之實難。不然，何以世之才人，每濡首而不辭也。

同書同卷「王介人詩餘序」（寅恪案，王翃字介人。見明詩綜貳貳及明詞綜玖小傳。此序可參沈雄江尚質編輯古今詞話詞品上原起門所引陳大樽語。）云：

宋人不知詩，而强作詩。其爲詩也，言理而不言情。故終宋之世無詩焉。然宋人亦不免于有情也。故凡其歡愉愁怨之致，動于中而不能抑者，類發於詩餘。故其所造獨工，非後世可及。蓋以沈至之思，而出之必淺近。使讀之者，驟遇如在耳目之表，久誦而得沈永之趣，則用意難也。以嬛利之詞而製之實工鍊，使篇無累句，句無累字，圓潤明密，言如貫珠，則鑄調難也。其爲體也纖弱，所謂明珠翠羽，尚嫌其重，何況龍鸞。必有鮮妍之姿，而不藉粉澤，則設色難也。其爲境也婉媚，雖以警露取妍，實貴含蓄，有餘不盡，時在低回唱歎之際，則命篇難也。惟宋人專力事之，篇什既多，觸景皆會，天機所啓，若出自然。雖高談大雅，而亦覺其不可廢。何則，物有獨至，小道可觀也。

同書叄「幽蘭草詞序」云：

自金陵二主，以至靖康，代有作者。或穠纖婉麗，極哀艷之情。或流暢澹逸，窮盼倩之趣。然皆境繇情生，辭隨意啓。天機偶發，元音自成。繁促之中，尚存高渾，斯爲最盛也。南渡以還，此聲遂渺，寄慨者亢率，而近於傖武。諧俗者鄙淺，而入於優伶。以視周李諸君，即有彼都人士之嘆。元濫填辭，兹無論已。

寅恪案，所可注意者，一爲臥子言「北宋律詩亦亡」及「終宋之世無詩焉」，可見其鄙薄北宋之詩，至於此極。二爲幽蘭草乃集録李舒章宋轅文及臥子三人唱和之詞。頗疑幾社諸名士爲河東君而作之小令，即載是集中，惜今日未得見也。

又今檢陳忠裕全集及陳臥子安雅堂稿，不見有「戊寅草序」，或「鴛鴦樓詞序」。此殆爲收輯臥子著作之人，如王澐輩早已删棄不録，遂使此兩書皆未載。若今日吾人不得見戊寅草者，則臥子此序天壤間竟致失傳矣。故全録之。

臥子「戊寅草序」云：

余覽詩上自漢魏，放乎六季，下獵三唐。其間銘煙蘿土之奇，湖雁芙蓉之藻，固已人人殊，而其翼虛以造景，緣情以趨質，則未嘗不歎神明之均也。故讀石城京峴採菱秋散之篇，與寧墅麻源富春之詠，是致莫長於鮑謝矣。觀白馬浮萍瑟調怨歌之作，是情莫深於陳思矣。至巉巖駿發，波動雲委，有君父之思，具黯怨之志，是文莫盛於杜矣。後之作者，或短於言情之綺靡，或淺於詠物之窅昧，惟其惑於形似也。故外易而內傷，惟其務於侈靡也。故貌麗而神竭，此無論唐山班蔡之所不逮，即河朔漢南之才，雕思而多蒙密之失，深謀而益擬議之病，亦罕有兼者焉。故有媛遠之略，而失在於整栗，此其流逸之患矣。有割曳之姿，而失在於壯溟，此其輕脫之患矣。夫言必詭以肆，氣必傲以騁，文必奔騰而涌瀏，義必澄泓而取寂，此皆非其至也。然可語於學士大夫之作，不可論於閨襟之什焉。乃今柳子之詩，（寅恪案，影宋本白氏文集叁伍及全唐詩第柒函白居易叁伍「春盡日宴罷感事獨吟」云：「春隨樊子一時歸。」臥子稱河東君爲「柳子」，蓋本於此。馮應榴蘇文忠公詩合注叁捌「朝雲詩引」，亦作「樊子」。其他白集或他書所引，有作「樊素」者，誤也。）抑何其凌清而瞷遠，宏達而微恣與？夫柳子非有雄玅窅麗之觀，修靈浩蕩之事，可以發其超曠冥搜之好者也。其所見不過草木之華，眺望亦不出百里之內，若魚鳥之冲照，駮霞之明瑟，嚴花肅月之繡染，與夫凌波盤渦，輕嵐晝日，蒹葭菰米，凍浦巖庵煙火之裊裊，此則柳子居山之所得者耳。然余讀其諸詩，遠而惻榮枯之變，悼蕭壯之勢，則有旻（曼）衍灕槭之思，細而飾情於瀦者蜿者，林木之蕪蕩，山雪之脩阻，則有寒澹高涼之趣，大都備沈雄之致，進乎華騁之作者焉。蓋余自髫年，即好作詩，其所見於天下之變亦多矣。要皆屑屑，未必有遠旨也。至若北地創其室，濟南諸君子入其奥，温雅之義盛，而入神之製始作，然未有放情暄妍，即房帷亦能之矣。迨至我地，人不踰數家，而作者或取要眇，柳子遂一起青瑣之中，（寅恪案，世説新語「惑溺」篇，「韓壽美姿容」條云：「賈女於青璅中看見壽。」卧子以「青瑣」代「青樓」，藉以掩飾河東君之社會地位。遣辭巧妙，用心良苦。特標出之，以告讀者。餘詳第肆章論有美詩節引戊寅草序文中鄙注。）不謀而與我輩之詩，竟深有合者，是豈非難哉？是豈非難哉？因是而欲以水竹之渺濛，庭階之薈蘙，遂可以伏匿其聲援，而震怵其意氣，此寔非矣。庶幾石林淙舍之寂，桂棟葯房之豔，天姥玉女，海上諸神山之侈以巨，使柳子游而不出焉者可也。夫靈矯絶世之人，非有以束之，固不可。苟天下有以束之，亦非處子最高之致也。則意者挾滄溟之奇，而堅孤棲之氣乎？夫道之不兼，斯遇之不兩得者也。

故舍飈馳而就淡漠，亦取其善者而已。使繇是焉，寰中之趣，其亦可眇然而不覯也夫。

陳子龍題。

寅恪案，臥子推重河東君之詩，舉北地濟南諸家爲説，引之以爲同調。可知河東君之詩，其初本屬明代前後七子之宗派，應亦同於臥子深鄙宋代之詩者。但後來賦「寒柳」詞，實用東坡七律之語。至其與汪然明尺牘，亦引用蘇詩，皆屬北宋詩之範圍，更無論矣。據此推之，足徵河東君雖先深受臥子之影響，後來亦漸能脱離其宗派教條主義也。

第壹期

前録臥子「癸酉長安除夕」詩，依據「去年此夕舊鄉縣。紅妝綺袖燈前見」等句推論臥子至遲在崇禎五年除夕，已遇見河東君。但在崇禎五年除夕以前，似更有其他詩詞爲河東君而作者，今詳檢陳忠裕全集，頗有可能爲河東君而作之篇什。然終嫌證據未甚充分，不敢確定。兹姑擇其最有關之作，略論之如下。

臥子崇禎五年壬申春間所作如「春晝獨坐感懷」（陳忠裕全集陸幾社稿。）及「柳枝詞」七絶四首。（同書壹玖幾社稿。）夏間所作如「生日偶成」七律二首（同書壹伍幾社稿。）皆有爲河東君而作之可能。「春晝獨坐感懷」詩中「白雲過我居」及「謝客翻倒屣」等句，頗有可疑。「柳枝詞」第貳首「吴閶蕩雨濕三眠」，第叁首「淡引西陵風雨條」，第肆首「妖鬟十五倚身輕」等句，亦與河東君當時情事適合，甚可注意。「生日偶成」二首之二云：「閉門投轄吾家事，與客且醉吴姬樓。」此「吴姬」，豈即指河東君而言耶？但以皆無明顯證據，姑附記題目，及可疑之語句，以待將來之發覆耳。惟崇禎五年冬季臥子所賦「吴閶口號」十首之中，其最後三首，實不能不疑其爲河東君而作。兹擇録六首分別論之。

此十首詩可注意者有兩點。一爲所詠之女性，非止一人。除河東君外，其所詠之人，必與萬壽祺有關。今所見萬年少集，皆無此時期之作品，故甚難考定。二爲此十首詩作於崇禎五年冬季，大約是十月間。其時臥子與年少俱在蘇州爲狹邪之遊，而臥子意中之人，則不久將離蘇他適也。

其一云：

衰柳寒雅天四垂。嚴霜織月滯歸期。已無茂苑千金笑，不許傷春有所思。

其五云：

遠視紅酣灩灩扶。近看無復掌中娛。楚王宫裏原難入，檢點腰肢必減廚。

其七云：

萬子風流自不羣。盧家織錦已紛紜。可憐宋玉方愁絶，徒爲襄王賦楚雲。（原注：「萬子謂年少也。」）

其八云：

何妨放誕太多情。已幸曾無國可傾。卻信五湖西子去，春風空滿闔閭城。

其九云：

傳聞夜醮蔡經家。能降乘鸞萼緑華。莫似紅顔同易散，館娃宫外盡烟霞。

其十云：

各有傷心兩未知。嘗疑玉女不相思。芝田館裏應惆悵，枉恨明珠入夢遲。

寅恪案，第壹首「已無茂苑千金笑，不許傷春有所思」，與第捌首「卻信五湖西子去，春風空滿闔閭城」，及第玖首「莫似紅顔同易散，館娃宫外盡烟霞」等句，實同一意。蓋謂美人將去蘇州，即世説新語政事類「王丞相拜揚州」條，「君出，臨海便無復人」之旨。此美人必非第伍首所詠楊玉環式之人。此肥女當是年少所眷念者，而與顧云美河東君傳「結束俏利」者，迥異也。第捌玖拾三首皆爲河東君而作。「放誕多情」乃河東君本色，自不待言。第拾首即最後一首，爲臥子作「吴閶口號」主旨所在。此首第貳句與下兩句，從文選壹伍張平子思玄賦「載太華之玉女兮，召洛浦之宓妃」之語蟬蜕而來。「玉女」依李善注，即列仙傳下，字玉姜之毛女，與宓妃同指一人。而詩語上下二段，脈絡貫通，不獨足以見臥子之才華，并可推知其於昭明選理，固所熟精也。「芝田館裏應惆悵，枉恨明珠入夢遲」兩句，乃用尤袤本文選壹玖曹子建洛神賦「秣駟乎芝田」「或采明珠」及李善注引記曰「〔曹〕植還度轘轅，少許時，將息洛水上，〔甄后〕遣人獻珠於王。王答以玉佩」，并同書貳玖張平子四愁詩之三「美人贈我貂襜褕。何以報之明月珠」之句。（「美人」二字暗指河東君之名。）又參以同書壹玖宋玉神女賦「寐而夢之」「復見所夢」等爲第壹出典。李義山詩集上「可歎」七律「宓妃愁坐芝田館，用盡陳王八斗才」等句，爲第貳出典。温庭筠詩集柒「偶題」云「欲將紅錦段，因夢寄江淹」等句，爲第叁出典。頗疑此時河東君以詩篇投贈臥子，而臥子深賞之也。「入夢」之「明珠」，即「因夢寄江淹」之「紅錦段」也。（可參前論宋徵璧秋塘曲「因夢向愁紅錦段」句。）此「洛神」自是臥子所屬意者，與第伍首所詠難入楚宮之女，非同一人，辭旨甚明。故可依此決定臥子此十首所詠，不止一人也。又有可注意者，即第玖首中言及此美人所以將離蘇他去之理由。此詩上兩句「傳聞夜醮蔡經家，能降乘鸞萼緑華」之典故，乃用葛洪神仙傳柒麻姑傳及陶宏景真誥壹運象篇萼緑華事，并文選壹玖宋玉高唐賦「醮諸神」語。本極尋常，似無深意。但下接「莫似紅顔同易散，館娃宫外盡烟霞」兩句，則是此仙女因往「蔡經」家之故，遂離去蘇州也。據此可見「蔡經」之家，必不在蘇州，而在蘇州之近旁。然則此「蔡經」果爲何人耶？前論宋讓木秋塘曲序中河東君壽陳眉公詩，曾及眉公生日時，祝壽客中，多有當時名姝。又論臥子癸酉長安除夕詩，引陳夢蓮撰其父眉公年譜，謂天啓七年眉公七十生日時，「遠近介觴者，紈綺映帶，竹肉韻生。」據此可以推見眉公平時生日祝壽客中之成分。臥子作吴閶口號十首，約在崇禎五年十月，眉公生日在十一月初七日，意者臥子賦詩之時，距眉公生日不遠，河東君將離蘇州，前往松江之佘山，即眉公所居，祝其七十五歲生日。遂卜居佘山，不返蘇州。故臥子有王茂弘「臨海無復人」之感也。陳忠裕全集貳拾詩餘「乳燕飛」云：

瓊樹紅雲漉。彩虹低護花梢瀉，膩涼香浴。珊枕柔鄉凝荳蔻，款款半推情蹙。更小語不明深曲。解語夜舒蓮是葯，生憎人夢醒皆相屬。鳳簫歇，停紅玉。嬌鶯啼破東風獨。移來三起閶門柳，館娃遺緑。栽近粧臺郎記取，年年雙燕來逐。雲鬟沉滑藏雅足。漫折櫻桃背人立，倚肩低問麝衾馥。渾不應，强他續。

則此詞中人乃「移來三起閶門柳，館娃遺緑」。故原是從蘇州遷來松江者。故頗疑河東君崇禎五年冬自蘇州往松江祝陳眉公之壽，因留居其地。前引錢肇鼇之書，謂河東君見逐周氏，鬻於娼家，但未言娼家在何處。今以吴江蘇州地域隣接，及崇禎四年五年時間連續之關係推之，則河東君被鬻之娼家，恐當在蘇州也。臥子詩餘中又有玉蝴蝶「詠美人」一闋，其中有「纔過十三春淺」之語。疑亦是河東君自蘇遷松不久時所賦，當是崇禎六年春間也。因附録於下：

纔過十三春淺，珠簾開也，一段雲輕。愁絶膩香温玉，弱不勝情。緑波瀉，月華清曉，紅露滴，花睡初醒。理銀箏。纖芽半掩，風送流鶯。　娉婷。小屏深處，海棠微雨，楊柳新晴。自笑無端，近來憔悴爲誰生。假嬌憨，戲揉芳草，暗傷感，淚點春冰。且消停。蕭郎歸去，莫怨飄零。

崇禎六年臥子爲河東君所作諸詩，其重要者，如秋潭曲，集楊姬館中及癸酉長安除夕等篇，前已迻録全文，并附考證外，玆再録此年所作關係河東君重要之詩數首於下。

陳忠裕全集拾陳李唱和集「予偕讓木北行矣，離情壯懷，百端雜出，詩以志慨」七古云：

高秋九月露爲霜。翻然黄鵠雙翱翔。雲途窈窕星蒼茫。下有江水清淮長。嗟予遠行涉冀方。嵯峨宫闕高神鄉。良朋徘徊望河梁。美人贈我酒滿觴。欲行不行結中腸。何年解佩酬明璫。高文陸離吐鳳凰。江南羣秀誰芬芳。河干薄暮吹紅裳。紉以芍藥羞青棠。何爲棄此永不忘。日月逝矣心飛揚。旌旗交横莽大荒。聖人勞勞在未央。欲持中誠依末光。不然奮身擊胡羌。勒功金石何輝光。我其行也無彷徨。感君意氣成文章。

寅恪案，顧氏文房小説本古今注下「問答釋義第八」略云：

牛亨問曰，將離别相贈以芍藥者何？答曰，芍藥一名可離。故將别以贈之。欲蠲人之忿，則贈之青堂。（寅恪案，本草綱目叁伍下木之貳「合歡」條，引古今注作「青裳」。自是誤字。「青堂」亦難通。今佩文韻府作「青棠」，疑是韻府羣玉原本如此，「棠」字較合理，臥子遂依之耳。）青堂一名合懽，合懽則忘忿。

又臥子此首七言古詩，可與上引舒章致臥子書參證。詩中之「美人」自是河東君，不待多論。臥子之「離情壯懷，百端雜出」之離情，即爲河東君而發。「壯懷」則臥子指其胸中經世之志略。此當日東南黨社諸名士所同具之抱負，匪獨臥子一人如是也。假使臥子此次北行，往應崇禎七年甲戌之會試而中式者，則後來與河東君之關係，或能善終。因臥子崇禎七年會試失意而歸，雖於次年春間得與河東君短時同居，然卒以家庭複雜及經濟困難之關係，不得不割愛離去。故今日吾人讀此詩，始知相傳世俗小説中，才子佳人狀元宰相之鄙惡結構，固極可厭可笑，但亦頗能反映當日社會之一部分真象也。

又河東君戊寅草「送別」其一云：

念子久無際，兼時離思侵。不自識愁量，何期得澹心。要語臨歧發，行波託體沈。從今互爲意，結想自然深。

其二云：

大道固綿麗，鬱爲共一身。言時宜不盡，別緒豈成真。衆草欣有在，高木何須因。紛紛多遠思，游俠幾時論。

寅恪案，此兩詩依據戊寅草排列先後推計，當是崇禎六年之作。此題又列在「初夏感懷四首」之後，「聽鐘鳴」及「落葉」兩題之前。故疑河東君此「送別」詩乃崇禎六年癸酉秋間送臥子北行會試之作。楊之「要語臨歧發」，即陳之「何年解佩酬明璫」。楊之「游俠幾時論」，即陳之「不然奮身擊胡羌」。其他兩人詩句中辭意互相證發者，不一而足，無待詳舉。然則臥子獲讀此送別之作，焉得不「離情壯懷，百端雜出」耶？

抑更有可論者，陳忠裕全集柒屬玉堂集載「録別」五古四首。雖據臥子自撰年譜崇禎八年乙亥條末云：「是歲有屬玉堂集。」但此詩題下自注云：「計偕別友吴中作四首。」其第貳首有「九月霜雁急」之句。又據臥子自撰年譜六年癸酉條云：「季秋偕尚木諸子遊京師。」及崇禎九年丙子條略云：「復當計偕。冬盡始克行。」故知此「録別」詩乃是六年，而非九年所作也。臥子之「録別」詩，殆即答河東君「送別」詩者。兹録其全文於下。讀者詳繹詩中辭旨，益知臥子此次北行，其離情壯懷之所在矣。其一云：

悠悠江海間，結交在良時。意氣一相假，羽翼無乖離。胡爲有遠別，徘徊臨路歧。庭前連理樹，生平念華滋。一朝去萬里，芬芳終不移。所思日遥遠，形影互相悲。出門皆兄弟，令德還故知。我欲揚清音，世俗當告誰。同心多異路，永爲皓首期。

其二云：

攬袪臨大道，浩浩趨江湖。九月霜雁急，雲物變須臾。非不執君手，情短無歡娱。送我以朔風，中腸日夜孤。萬里一長歎，流光催賤軀。往路日以積，來者猶未殊。晨風轉秋落，懷哉在根株。猛虎依松柏，錦衾戀名姝。苟執心所尚，在物猶區區。睠焉山川路，巧笑誰能俱。

其三云：

黄鵠怨晨風，吹君天一方。别時僅咫尺，誰知歸路長。行役慘徒御，霜落沾衣裳。迢迢斗與牛，望望成他鄉。錦衾與角枕，不復揚輝光。豈無盛年子，雲路相翱翔。明月知我心，蘭蕙知我芳。難忘心所歡，他物徒悲傷。

其四云：

今日逝將别，慷慨爲一言。豫章生高岡，枝葉相嬋媛。一朝各辭去，彫飾爲君門。良材背空谷，慰彼盤石根。我行一何悲，所務難具論。非慕要路津，亮懷在飛翻。含意苟不渝，萬里無寒温。勗君長相思，努力愛蘭蓀。常使馨香發，馳光來夢魂。

復次，崇禎六年癸酉春間臥子作品中，頗多有爲河東君而作之痕迹。蓋河東君已於崇禎五年壬申冬，由蘇州遷至松江矣。兹不欲多所迻寫，惟録此年春間最有關之兩題，并取其他諸首中語句，略論之如下。

陳忠裕全集壹伍陳李唱和集「補成夢中新柳詩」七律云：

春光一曲夕陽殘。金縷牆東小苑寒。十樣纖眉新鬭恨，三眠軼女正工歡。無端輕薄鶯窺幕，大抵風流人倚欄。（自注：「二語夢作。」）太覺多情身不定，莫將心事贈征鞍。

寅恪案，臥子此詩乃爲河東君而作。自無疑義。今唯喚起讀者注意一事，即後來河東君於崇禎十三年庚辰十二月二十六日迎春日與牧齋泛舟東郊後，所作之「春日我聞室作，呈牧翁」七律（見東山訓和集壹。）「此去柳花如夢裏」及「東風取次一憑欄」等句，與臥子此詩有關。俟後詳論。臥子此時眷戀河東君如此，豈所謂「求之不得，寤寐思服」者耶？

陳忠裕全集壹玖屬玉堂集「青樓怨」七絕二首云：

燈下鳴箏簾影斜。酒寒香薄有驚鴉。含情不語春宵事，月露微微尚落花。

紫玉紅綃煖翠帷。夜深猶綰綠雲絲。獨憐唱盡金縷曲，寄與春風總不知。

寅恪案，此題雖列在屬玉堂集中，然其後第柒題爲「渡江」，有「落葉紛紛到玉京」及「北雁背人南去盡」之句。第捌題爲「江都絕句，同讓木賦」，故知「青樓怨」乃在崇禎六年癸酉九月臥子偕宋徵璧赴京會試以前，大約是六年春季所賦。此題二首雖是摹擬王龍標之體。然第壹首有「影」字，第貳首有「憐」字，則其爲河東君而作，可無疑也。陳忠裕全集壹伍陳李唱和集又有「春遊」七律八首，其中多有「雲」字，又有「楊」「影」等字，此八首既是綺懷之作品，復載河東君之姓名，則臥子此時之情緒可以想見也。同書壹玖陳李唱和集「清明」七絶四首之三云：「今日傷心何處最，雨中獨上窈娘墳。」可與河東君戊寅草「寒食夜雨」十絶句之五云：「想到窈娘能舞處，紅顔就手更誰知。」互相證發，則其爲河東君而作，抑又可知。前論宋讓木秋塘曲時，已及之矣。又陳忠裕全集壹伍屬玉堂集「夢中吹簫」云「鄂君添得蘭橈恨，近過揚州明月橋」，及「至後」三首之三云「夢回午夜人如玉，春到江東花滿城」，並同書拾屬玉堂集「寒夜行兼憶舒章」七古云「頗思歸擁春風眠。十三雁柱秦箏前」等句，皆臥子崇禎六年往北京會試途中及抵京所作。其在揚州閲女而不當意，（李雯蓼齋集貳伍有「臥子納寵於家，身自北上，復閲女廣陵而不遇也。寓書於予，道其事，因作此嘲之」七律云：「茂陵不與臨邛並，更語相如莫浪求。」寅恪案，舒章詩用西京雜記叁「〔司馬〕相如將聘茂陵人女爲妾，卓文君作白頭吟以自絶，相如乃止」之故實，可以參證。此臨邛即卓文君，殆目河東君而言。若指張孺人，則恐過於唐突矣。）故尤眷想河東君不去於懷，即前引舒章詩所謂「知君念窈娘」者也。

復次，六年冬更有可注意之詩一篇，遂録於後。

陳忠裕全集柒屬玉堂集「寒日臥邸中，讓木忽緘臘梅花一朵相示。此江南籬落間植耳，都下珍爲異産矣。感而賦之」五古云：

天寒歲方晏，朔土風無時。有客馳緘素，中更尺一辭。室邇人則遠，何以寄乖離。啓緘燦孤英，炯然見寒姿。問誰植此卉，戚里揚葳蕤。温室張錦幕，玉手云所私。常因清風發，懷佩慰朝飢。紫萼摘玄鬢，金屋分香褵。我家大江南，萬樹冰霜枝。緬想山中人，日暮對樊籬。丰容貌邱壑，冉冉羞華滋。一朝媚帝里，婉孌先春期。微物欣所託，令人長相思。

寅恪案，此篇前一題爲「雜感」。其第貳首有「仲冬日易晦」之句。知此篇乃崇禎六年冬臥子偕宋徵璧旅居京師，待應次年春會試之時所作。篇中所言，大約因宋氏緘示帝里之臘梅，爲玉手所私，金屋所分者，遂憶及江南故鄉，感物懷人，不覺形諸吟詠耳。殊可注意者，此篇之後，即接以「旅病」一題。綜觀臥子集中，凡關涉河東君離情別緒之作，其後往往有愁病之什，俟後論之。茲即此一端而論，亦足見臥子乃「瑯邪王伯輿，終當爲情死」者。（見世説新語任誕類「王長史登茅山」條。）然陳楊因緣卒不善終，誰實爲之，孰令致之，悲夫！
今檢河東君戊寅草，崇禎六年所作之詩詞頗不少，其與臥子有關者，古詩樂府及詞，則俟後論之，詩則有明顯證據如「寒食雨夜十絶句」與臥子陳李唱和集中「清明四絶句」之關係等，前已論及，茲不復贅。其他諸詩，讀者可取兩人所作，其時間及題目約略相近及類似者，詳繹之，中間相互之影響，亦能窺見也。

崇禎七年甲戌春臥子會試下第歸鄉後，既不得志，自更致力於文字。據臥子自撰年譜上崇禎七年甲戌條云：

春復下第罷歸。予既再不得志於春官，不能無少悒悒。歸則杜門謝客，寡讌飲，專志於學矣。是歲作古詩樂府百餘章。

但檢臥子此年所作其綺懷之篇什，明顯爲河東君而作者頗多。又取河東君戊寅草中古詩樂府與臥子此年所作，其題目相同者，亦復不少。然則臥子之古詩樂府，仍是與河東君有關也。茲略論述之於下。

臥子屬玉堂集「擬古詩十九首」。（陳忠裕全集柒。）河東君戊寅草首載「擬古詩十九首」。今檢戊寅草諸詩排列次序，大抵依作成之時間先後。河東君崇禎六年後所作詩，反列於「擬古詩十九首」之後者，蓋自昔相傳古詩十九首爲枚乘所作。昭明文選亦因襲舊説，列之於李陵之上。其意實推之爲五言之祖。（參文選貳玖古詩十九首李善注。）河東君集首載「擬古詩十九首」者，殆即斯旨，非以作成之時間，在崇禎六年以前。然則陳楊兩人集中，同有此題，明是同時所作，即崇禎七年所作也。此外可決定兩人樂府古詩皆在七年所作者，有「長歌行」「劍術行」。茲擇録臥子「長歌行」與河東君「劍術行」於後，聊見兩人詶詠相互之關係云爾。

臥子「長歌行」（陳忠裕全集肆屬玉堂集。）云：

綺綺庭中樹，春至發華滋。遲我羲和駕，念子好容姿。秋風不能待，仍隨衆草衰。託身時運中，一往各成悲。亮懷千秋志，盛名我所師。

仙人餐沆瀣，肌體何馨香。手持五嶽行，下襲素霓裳。攜手同一遊，塵世三千霜。弱齡好辭翰，宛轉不能忘。時誦寶鴻（鴻寶）書，詣戲羣真鄉。忘言達至道，罰我守車廂。

白雲橫仲秋。昭昭明月心。清光襲素衣，徘徊露已深。明燈鑒遥夜，宿鳥驚前林。所思日萬里，臨風爲哀吟。河梁一閒之，在遠不能尋。摘我瓊瑶佩，繞以雙南金。常恐馨香歇，無時寄清音。疇昔一長歎，使我悲至今。

河東君「長歌行」（戊寅草）云：

變瀷谷中翮，霄房有餘依。念子秋巖際，炫炫西山微（薇）。綏鳥悲不迴，毖草狎輕葳。盛時弄芳色，陷勢無音徽。我思抱犢人，翻與幽蟲微。

仙人太皎練，華髻何翩然。混遯東濛文，光策招神淵。登此玄隴朔，讀此秘寶篇。玄臺拔嗜欲，握固丹陵堅。何心乘白麟，吹玅璚鳳烟。靈飛在北燭，八琅彈我前。

夙昔媚華盛，明月琅玕蒼。鱗枝發翠羽，雙鏡芙蓉光。自謂堅綢繆，翔協如笙簧。至今揚玉質，更逐秋雲長。薿薿雜花鳳，皎皎照綺鶱。朱絃勿復理，林鳥悲金塘。悵矣霜露逼，靈藥無馨香。望望西南星，獨我感樂方。

楊陳兩人崇禎七年所作近體詩之有相互關係者，擇録數題於下。

河東君「五日雨中」（戊寅草）云：

蒼茫倚嘯有危樓。獨我相思樓上頭。下杜昔爲走馬地，阿童今作鬥雞游。（自注云：「時我郡龍舟久不作矣。」）蘭皋不夜應猶艷，明月爲丸何所投。家近芙蓉昌歜處，憐予無事不多愁。

臥子「五日」（陳忠裕全集壹伍屬玉堂集）云：

液池漫漫曉風吹。昌歜芙蓉緑滿枝。三殿近臣齊賜扇，六宫侍女盡聯絲。採蟲玉樹黄娥媚，鬬草金鋪紅藥宜。莫憶長安歌舞地，獨攜樽酒弔江蘺。

吴天五月水悠悠。極目烟雲静不收。拾翠有人盧女豔，弄潮幾部阿童游。珠簾枕簟芙蓉浦，畫槳琴箏舴艋舟。擬向龍樓窺殿脚，可憐江北海西頭。

臥子平露堂集又有「五日」七律二首（陳忠裕全集壹陸。）云：

繁香雜綵未曾收。五月清暉碧玉樓。麗樹濃陰宜鬬草，疎簾宿雨戲藏鈎。王孫條達縈金縷，小妾輕羅染石榴。自有新妝添不得，可無雙燕在釵頭。

畫檻芙蓉一夜生。吴城雨過百花明。蘭香珠幌通人遠，麝粉金盤入手成。清暑殿頒紈扇麗，避風臺試絳綃輕。遥傳烟火回中急，更賜靈符號辟兵。

若取河東君之作與臥子屬玉堂集中「五日」第貳首相較，則兩人之詩所用之韻同，所用之辭語如「阿童遊」及「芙蓉昌歜」等亦同，似爲兩人同時所作。至臥子平露堂集中「五日」二首，第壹首「踈簾宿雨戲藏鈎」及第貳首「吴城雨過百花明」等句，雖與河東君「五日雨中」之題有所符合，但仍疑是臥子崇禎八年之作品。蓋「五日」天氣往往有雨，或者七年八年五日皆有雨，而七年特甚耳。

牧齋有學集壹叁東澗詩集下「病榻消寒雜咏」四十六首之十三云：

紗縠禪衣召見新。至尊自賀得賢臣。都將柱地擎天事，付與搔頭拭舌人。内苑御舟恩匼匝，上尊法酒賜逡巡。按圖休問盧龍塞，萬里山河博易頻。（自注：「壬午五日鵝籠公有龍舟御席之寵。」）

寅恪案，牧齋卒於康熙三年甲辰五月二十四日。此詩當爲此年五日病中感憶舊事而作，距卒前僅二十日耳。夫牧齋平生最快意之事，莫過於遇河東君。故有「病榻消寒雜詠」四十六首之三十四「追憶庚辰冬半野堂文讌舊事」之作。其最不快之事，則爲與温周争宰相而不得，故亦有此作。臥子「五日」之詩言及當日京朝之事，牧齋此詩亦復如此，雖所詠有異，時代前後尤不相同。然三百年前士大夫心目中之人事恩仇，國家治亂之觀念，亦可藉以推見一斑矣。因并附録於此。

崇禎七年甲戌陳楊兩人作品之互有關係者，除前所論述諸篇外，臥子此年所賦詩中，其爲河東君而作者，亦頗不少。如陳忠裕全集拾「甲戌除夕」七古略云「去年猶作長安客，是時頗憶江南春。惟應與客乘輕舟，單衫紅袖春江水」等，即是其例。茲更録數篇，藉此可見臥子鍾情河東君，一至於此也。

陳忠裕全集壹伍屬玉堂集「水仙花」七律云：

小院微香壓錦茵。數枝獨秀轉傷神。仙家瑤草銀河近，侍女冰綃月殿新。擣玉自侵寒栗栗，弄珠不動水粼粼。虛憐流盼芝田館，莫憶陳王賦裏人。

寅恪案，此首後有「孟冬之晦，憶去年方於張灣從陸入都」二首。故知此「水仙花」七律乃七年冬所作。末二句可與前引五年冬「吴閶口號」七絶第拾首後二句「芝田館裏應惆悵，枉恨明珠入夢遲」相參證也。

陳忠裕全集壹伍屬玉堂集「臘日暖甚，過舒章園亭，觀諸豔作，并談遊冶」二首云：

清暉脈脈水粼粼。臘日芳園意氣新。豈有冰盤堆絳雪，偏浮玉蘂動香塵。鴛鴦自病溪雲暖，翡翠先巢海樹春。今日剪刀應不冷，吴綾初換畫樓人。

五陵舊侶重傾城。淑景年年倚恨生。紫萼不愁寒月影，紅箋先賦早春行。蒯緱虛擬黃金事，班管俱憐白鳳情。已近豔陽留一曲，東風枝上和流鶯。

寅恪案，此題自是爲河東君而作，不待多論。所可注意者，即臥子過舒章橫雲山別墅時，疑河東君亦與之偕游。其所觀諸豔作中，河東君之作品當在其内也。第壹首第柒句用才調集伍元稹「詠手」詩「因把剪刀嫌道冷，泥人呵了弄人鬚。」之語。餘可參後論臥子蝶戀花「春曉」詞：「故脱餘綿，忍耐寒時節。」及牧齋「有美詩」，「輕寒未折綿」等句，兹暫不詳論。通常寒冷節候，河東君尚不之畏，何況此年冬暖之時耶？斯乃臥子描寫河東君特性之筆，未可以泛語視之。第貳首第壹聯上句出杜子美「詠梅」詩「紫蕚扶千蘂」句。（見仇兆鰲杜詩詳注壹壹「花底」及「柳邊」兩詩注。）自與臥子此題後「早梅」一詩有關。下句之「早春行」，當即指臥子「早春行」而言。（見陳忠裕全集捌平露堂集。）第貳聯上句出戰國策肆齊策及史記柒伍孟嘗君傳馮驩事。「黄金事」當謂藏嬌之黄金屋耳。下句「白鳳」用西京雜記貳「司馬相如初與卓文君還成都，居貧愁懣，以所服鷫鸘裘就市人陽昌貰酒，與文君爲懽」事。前引錢肇鼇質直談耳柒「柳如之軼事」條，謂河東君在雲間，得徐三公子金錢以供宋轅文李存我陳臥子三人游賞之費。是説雖未必確實，但臥子家貧，而與河東君游冶，當時賦詩，固應有此種感慨。七八兩句則謂與河東君相唱酬事，其和曲，即指所觀諸豔作之類也。

陳忠裕全集壹伍屬玉堂集「早梅」云：

垂垂不動早春間。盡日青冥發滿山。昨歲相思題朔漠，（自注：「去年在幽州也。」）此時留恨在江關。干戈繞地多愁眼，草木當風且破顔。念爾凌寒難獨立，莫辭冰雪更追攀。

寅恪案，臥子此詩之佳，讀者自知。其爲河東君而作，更不待言。第叁句之「昨歲」，指崇禎六年冬留北京候會試之時。「相思」之語，亦可與前引「寒日臥邸中，讓木忽緘臘梅一朵相示」，五古「微物欣所託，令人長相思」之結語相參證也。玆有一事可注意者，鄭鶴聲近世中西史日對照表所載，崇禎六年癸酉無立春。七年甲戌正月六日立春。十二月十七日又立春。鄭表七年正月之立春，應列於六年十二月。其誤不待言。（可參後論河東君嘉定之游節。）陳忠裕全集將臥子此詩編爲屬玉堂集七律最後一題。陳集次卷平露堂集七律第壹題爲「乙亥元日」。由此言之，臥子「早梅」詩，當作於崇禎七年甲戌十二月立春相近之時，而在除夕以前。故臥子此詩所謂「早春」之「春」，乃指鄭氏表中此年十二月之立春節候，並非指表中此年正月立春之節候而言，明矣。

陳忠裕全集壹玖屬玉堂集「朝來曲」二首之一云：

曉日垂楊裏，雲鬟鎖絳紗。自憐顔色好，不帶碧桃花。

又「古意」二首其一云：

日暮吹羅衣，玉閨未遑入。非矜體自香，本愛當風立。

其二云：

移蘭玉窗裏，朝暮傍紅裳。同有當春念，開時他自香。

又「長樂少年行」二首之二云：

問妾門前花，殷勤爲郎起。欲攀第幾枝，宛轉春風裏。

又「麗人曲」云：

自覺紅顔異，深閨閉曉春。只愁簾影動，恐有斷腸人。

寅恪案，以上所録絶句五首，雖不能確定爲何年之詩。然仍疑是崇禎七年所作。蓋臥子自撰年譜上崇禎八年乙亥條，雖云，「是歲有屬玉堂集」，若依前論屬玉堂集中「録别」及「青樓怨」實作於崇禎六年，「水仙花」實作於崇禎七年等例觀之，則臥子所謂崇禎八年有屬玉堂集之語，亦不過崇禎八年編定屬玉堂集之意耳。未可拘此以概屬玉堂之詩，悉是崇禎八年所作也。兹姑附此絶句五首於七年，俟後詳考。臥子此類玉臺體詩，可與權載之競美，洵可謂才子矣。詩中所描寫之女性，其姿態動作如：「自憐顔色好，不帶碧桃花」，「非矜體自香，本愛當風立」及「殷勤爲郎起，宛轉春風裏」諸句，皆能爲河東君寫真傳神者也。

陳忠裕全集柒屬玉堂集「秋閨曲」五古三首之三云：

非關秋易恨，惟近月爲家。滅燭凝妝坐，臨風抱影斜。自憐能傾國，常是旁霜華。

寅恪案，此詩前一首爲「七夕」，「七夕」前逆數第叁題爲「録別」。前論「録別」一題，實作於崇禎六年，若依詩題排列之次序而言，似此「秋閨曲」亦作於六年秋者，但「録別」一題，本臥子後來所補録而插入七年所作詩中者，未可泥是遂謂「秋閨曲」亦作於六年也。故今仍認此曲爲七年之作。其詩「臨風抱影斜」及「自憐能傾國」等句中，藏有「影憐」之名，自是爲河東君而作無疑也。

陳忠裕全集壹玖屬玉堂集「何處」七絶云：

何處蕭娘雲錦章。殷勤猶自贈青棠。誰知近日多憔悴，欲傍春風恐斷腸。

寅恪案，此首之前爲「中秋逢閏」二首。此首後二首爲「仲冬之望，泛月西湖，得三絶句」。考崇禎七年閏八月。故知「何處」一首乃七年所作。此可與上引「偕讓木北行志慨」七古參證。當崇禎六年秋臥子由松江北行會試，河東君必有贈行之篇什，疑即是戊寅草中「送別」五律二首。前已論及，兹不復贅。若所推測者不誤，則河東君「送別」之詩，其辭意與世俗小説中佳人送才子赴京求名時之語言，有天淵之別。河東君之深情卓識，迥異流俗，於此可見一斑。由是言之，此才子雖是科不得列於狀頭之選，然亦不至因此而以辜負佳人之期望爲恨也。臥子此詩下二句殆用元微之鶯鶯傳中，楊巨源「崔娘詩」所云「風流才子多春思，腸斷蕭娘一紙書」之語，而微易其意。或者臥子此時重睹河東君「送別」之詩，因感去秋之情意，遂賦此篇耶？俟考。

復次，今日綜合河東君作品之遺存者觀之，其中最可注意，而有趣味者，莫如「男洛神賦」一篇。此文雖多傳寫譌誤之處，尚未能一一校正。然以其關係重要，故姑迻録之於下，并略加考論，以俟通識君子教訂。

吴縣潘景鄭君藏河東君戊寅草鈔本，載詩八首，「別賦」及「男洛神賦」二篇。其「男洛神賦」之文云：

友人感神滄溟，役思妍麗，稱以辨服羣智，約術芳鑒，非止過于所爲，蓋慮求其至者也。偶來寒溆，蒼茫微墮，出水窈然，殆將感其流逸，會其妙散。因思古人徵端於虚無空洞者，未必有若斯之真者也。引屬其事，渝失者或非矣。况重其請，遂爲之賦。

格日景之軼繹，蕩迴風之潑遠。綷漴然而變匿，意紛訛而鱗衡。望便娟以熠耀，粲黝綺於疎陳。横上下而仄隱，寔澹流之感純。識清顯之所處，俾上客其逶輸。（寅恪案，文選壹貳木玄虚「海賦」云：「於廓靈海，長爲委輸。」疑「逶輸」乃「委輸」之譌寫。）水漼漼而高衍，舟冥冥以伏深。雖藻紈之可思，竟隆傑而飛文。騁孝綽之早辯，服陽夏之妍聲。於是徵合神契，曲澤婉引。攬愉樂之韜映，擷凝幌而難捐。四寂寥以不返，惟玄旨之繫搴。聽墜危之落葉，（寅恪案，文選壹陸江文通「恨賦」云：「或有孤臣危涕，孽子墜心。」同書壹柒陸士衡「文賦」云：「悲落葉於勁秋。」）既蓱浮而無涯。（寅恪案，「海賦」云：「浮天無岸。」又云：「或乃萍流而浮轉。」）臨氾歲之萌蘫，多漎濇于肆掩。況乎浩觴之猗靡，初無傷于吾道。羊吾之吟詠，更奚病其曼連。善憀慄之近心，吹搴帷之過降。乃瞻星漢，溯河梁。雲馭嵾而不敷，波窣雜以竝烺。淒思內曠，摵理妙觀。消矆崒於戾疾，承煇嫮之微芳。伊蒼傣之莫記，惟雋郎之忽忘。驚淑美之輕墮，悵肅川之混茫。因四顧之速援，始嫚嫚之近旁。何熿燿之絶殊，更妙鄢之去俗。（寅恪案，「鄢」疑當作「嫣」。）匪褕袘之嬛柔，具靈矯之爛眇。水氣酷而上芳，嚴威沆以窈窕。尚結風之棲冶，刻丹楹之纖笑。縱鴻削而難加，紛琬琰其無覩。鳧雁感而上騰，潾灦迴而争就。方的礫而齊弛，遽襳曖以私縱。爾乃色愉神授，和體飾芬。啓奮迅之逸姿，信婉嘉之特立。羣嫵媚而悉舉，無幽麗而勿臻。懭乎緲兮，斯固不得而夷者也。至於渾攄自然之塗，戀懷俯仰之內，景容與以不息，質奇煥以相依。庶紛鬱之可登，建艷蓄之非易。愧翠羽之炫宣，乏琅玕而迭委。即濯妙之相進，亦速流之詭詞。欲乘時以極泓，聿鼓琴而意垂。播江皐之靈潤，何瑰異之可欺。協玄響於湘娥，疋匏瓜於織女。（寅恪案，文選壹貳郭景純「江賦」云：「乃協靈爽於湘娥。」同書壹玖曹子建「洛神賦」云：「歎匏瓜之無匹兮，詠牽牛之獨處。」又李善注引阮瑀「止慾賦」云：「傷匏瓜之無偶，悲織女之獨勤。」

漢魏六朝百三名家集陳思王集壹「九詠」云：「感漢廣兮羨游女。揚激楚兮詠湘娥。臨迴風兮浮漢渚。目牽牛兮眺織女。」）斯盤桓以喪憂，□彫疏而取志。微揚娥之爲訾，案長眉之嫵色。非彷彿者之所盡，豈漢通者之可測。自鮮繚繞之才，足以窮此瀾漾之態矣。

寅恪案，關於此賦有二問題。（一）此賦實爲誰而作？（二）此賦作成在何年？

（一）葛昌楣蘼蕪紀聞上載王士禄宮閨氏籍藝文考略，引神釋堂詩話云：

〔柳〕如是當（嘗）作男洛神賦，不知所指爲誰？其殆自矜八斗，欲作女中陳思耶？文雖總（？）雜，題目頗新，亦足傳諸好事者。

據此可見昔人雖深賞此賦之奇妙，而實不能確定其所指爲何人也。細繹此賦命題所以如此者，當由於與河東君交好之男性名士，先有稱譽河東君爲「洛神」及其他水仙之語言篇什，然後河東君始有戲作此賦以相酬報之可能。（寅恪偶檢石頭記肆叁「不了情暫撮土爲香」回，以水仙菴所供者爲洛神。其叁捌回爲「林瀟湘魁奪菊花詩」。蓋由作者受東坡集壹伍「書林逋詩後」七古「不然配食水仙王，一盞寒泉薦秋菊」句之影響。至臥子則深鄙蘇詩，所賦「水仙花」詩，與此無涉，固不待辨。但文選壹玖曹子建「洛神賦」題下李善注云：「漢書音義。如淳曰，宓妃，宓羲氏之女，溺洛水爲神。」臥子或有取於此，而以「水仙花」目河東君，亦未可知也。俟考。）考當時文人目河東君爲洛神者多矣。如前引臥子「吳閶口號」十首之十云

「芝田館裏應惆悵，枉恨明珠入夢遲」，及「水仙花」七律云「虚憐流盼芝田館，莫憶陳王賦裏人」，又汪然明汝謙春星堂詩集叁遊草中爲河東君而作之「無題」云「美女如君是洛神」等，可爲例證。若河東君戲作此賦，乃是因譽己爲「洛神」之男性名士而發者，則依下所考證，然明賦「無題」詩，在崇禎十一年戊寅。此年然明已六十二歲。暮齒衰顏，必無「神光離合，乍陰乍陽。」之姿態。故其詩亦云：「老奴愧我非温嶠。」殊有自知之明。河東君所指之「男洛神」，其非然明，固不待辨。至臥子賦「吴閶口號」，在崇禎五年壬申，年二十五歲。賦「水仙花」詩，在崇禎七年甲戌，年二十七歲。此數年間，臥子與河東君情好篤摯，來往頻煩。臥子正當少壯之年，才高氣盛，子建賦「神光」之句，自是適當之形容。況復其爲河東君心中最理想之人耶？宜其有「男洛神」之目也。自河東君當日出此戲言之後，歷三百年，迄於今日，戲劇電影中乃有「雪北香南」之「男洛神」，亦可謂預言竟驗者矣。呵呵！

（二）據汪然明「無題」詩「美女如君是洛神」之句，知然明賦詩時，必已先見「男洛神賦」，然後始能作此語。汪詩既作於崇禎十一年秋季，則此賦作成之時間，自當在此以前無疑。此賦序中有「偶來寒溆」之語，則當作於秋冬之時。河東君於崇禎八年春間，與臥子同居。是年首夏離臥子别居。秋深去松江，往盛澤歸家院。故八年秋冬以後數年，河東君之心境皆在憂苦中。其間雖有遇見臥子之機會，當亦無閒情逸致，作此雅謔之文以戲臥子。由此言之，此賦應作於八年以前，即七年秋冬之時也。又賦序有「友人感神滄溟」賦中有「協玄響於湘娥，疋匏瓜於織女。」等語，頗疑河東君此賦乃酬答臥子「湘娥賦」之作。檢陳忠裕全集貳「湘娥賦」之前二首爲「爲友人悼亡賦」。其序略云：

同郡宋子建娶婦徐妙，不幸數月忽焉隕謝。宋子悲不自勝，命予爲賦以弔之。

及同書壹捌平露堂集載「送宋子建應試金陵，隨至海州成婚」五言排律一首。考宋存標此次應試，乃應崇禎九年丙子科江南鄉試。其在海州成昏，疑當在是年秋。其妻徐妙婚後數月即逝，時間至遲亦不能超過十年春間。可知臥子爲子建作賦，當在崇禎十年也。若依此推論，則「湘娥賦」似爲十年以後所作。但「爲友人悼亡賦」之前爲「琴心賦」（同書同卷。）「琴心賦」之前爲「秋興賦」（同書壹。）其序略云：

潘安仁春秋三十有二，作秋興賦。余年與之齊，援筆續賦。

又臥子自撰年譜上崇禎十二年己卯條略云：

是年予春秋三十二矣。感安仁二毛之悲，遂作秋興賦。

則是崇禎十二年之作品，列於崇禎十年作品之前。今陳忠裕全集所載諸賦，其作成之年月，實不能依卷册及篇章排列之先後而推定。故「湘娥賦」雖列於「爲友人悼亡賦」之後，亦不可拘此認其爲崇禎十年以後之作品。殊有作於崇禎八年以前，即七年秋冬間之可能也。今以此賦作成時間無確定年月可考，姑依河東君與臥子關係之一般情勢推測，附録於崇禎七年甲戌之後。尚待他日詳考，殊未敢自信也。此賦傳寫既有譌脱，復慚儉腹，無以探作者選學之淵深，除就字句之可疑者及出處之可知者，略著鄙意，附注於原文之下外，兹舉此賦辭語之可注意者，稍述論之於下。

賦云：

騁孝綽之早辯，服陽夏之妍聲。

寅恪案，河東君以「孝綽」及「陽夏」比「感神滄溟」之「友人」。檢梁書叁叁劉孝綽傳（參南史叁玖劉孝綽傳。）略云：

孝綽幼聰敏，七歲能屬文。舅齊中書郎王融深賞異之。常與同載適親友，號曰神童。〔父〕繪齊世掌詔誥，孝綽年未志學，繪常使代草之。

宋書陸柒謝靈運傳（參南史壹玖謝靈運傳。）略云：

謝靈運陳郡陽夏人也。幼便穎悟。少好學，博覽羣書。文章之美，江左莫逮。

同書伍叁謝方明傳附惠連傳（參南史壹玖謝方明傳附子惠連傳。）云：

子惠連，幼而聰敏。年十歲能屬文。

南齊書肆柒謝朓傳（參南史壹玖謝裕傳附朓傳。）云：

謝朓字玄暉，陳郡陽夏人也。少好學，有美名。文章清麗。

然則河東君心目中之劉謝爲何人耶？見臥子自撰年譜上萬曆四十六年戊午（寅恪案，是年臥子年十歲。）條云：

先君（寅恪案，臥子父名所聞。）教以春秋三傳莊列管韓戰國短長之書，意氣差廣矣。時予初見舉子業，私撰伯夷叔齊餓於首陽之下及堯以天下與舜二篇。先君甚喜之。

同書天啓元年辛酉條略云：

先君得刑部郎，改工部郎。每有都下信，予輒上所爲文於邸中。先君手爲評騭以歸。擇其善者，以示所親，或同舍郎。是時頗籍籍，以先君爲有子矣。

明史貳柒柒陳子龍傳云：

生有異才。工舉子業，兼治詩賦古文，取法魏晉，駢體尤精。

故河東君取劉謝以方臥子，殊爲適當。後來河東君於崇禎十三年與汪然明書（柳如是尺牘第貳伍通。見下所論。）稱譽臥子云：

□間恬遏地，有觀機曹子，切劘以文。其人鄴下逸才，江左罕儷。

又可與此賦所比配者參證也。夫臥子以才子而兼神童。河東君以才女而兼神女。才同神同，其因緣遇合，殊非偶然者矣。論者或疑宋轅文亦雲間世胄，年少美才，與河東君復有一段寒水浴之佳話。此「出水芙蓉」（可參文選壹玖曹子建洛神賦「灼若芙蕖出淥波」句。）足當男洛神之目而無愧。但此賦序云「友人感神滄溟」，賦中又有「協玄響於湘娥，疋匏瓜於織女」之語。今臥子集内實有「湘娥賦」一篇，與河東君所言者相符應。而轅文作品中，尚未發現與男洛神賦有關之文。職是之故，仍以男洛神屬之臥子，而不以之目轅文也。噫！臥子抗建州而死節，轅文諛曼殊以榮身。孔子曰：「不有祝鮀之佞，而有宋朝之美，難乎免於今之世矣。」（論語雍也篇。）豈不誠然哉？豈不誠然哉？

又此賦云：

聽墜危之落葉，既蓱浮而無涯。

寅恪案，此兩句出處，已於上録此賦原文句下標出，不待更論。蓋河東君取材於江陸賦語，自比於孤臣孽子，萍流浮轉。男洛神一賦，其措辭用典，出諸昭明之書，似此者尚多，不遑詳舉。由此言之，河東君受臥子輩幾社名士選學影響之深，於此亦可窺見一斑矣。復檢戊寅草中有「聽鐘鳴」及「悲落葉」二詩，繹其排列次序，似爲崇禎六年癸酉所作。若推測不誤，則此賦之語亦與「悲落葉」詩有關，此兩詩實爲河東君自抒其身世之感者。其辭旨尤爲悽惻動人。故迻録之於下，當世好事者，可並取參讀之也。

「聽鐘鳴」并序云：

鐘鳴葉落，古人所嘆。余也行危坐戚，恨此形骨久矣。况乎惻惻者難忘，幽幽者易會。因倣世謙之意，爲作二詞焉。

聽鐘鳴。鳴何深。妖欄妍夢輕。不續流蘇翠羽鬱清曲，烏啼正照青楓根。一楓兩楓啼不足，鵾絃煩激猶未明。凄凄朏朏傷人心。驚妾思，動妾情。妾思縱陳海唱彎弧君不得相思樹下多明星。（寅恪案，「動妾情」下疑有脱誤，未能補正。）用力獨彈楊柳恨，盡情啼破芙蓉行。月已西，星已沉。霜未息，露未傾。妾心知已亂，君思未全生。情有異，愁仍多。昔何密，今何疎。對此徒下淚，聽我鳴鐘歌。

「悲落葉」云：

悲落葉。重疊復相失。相失有時盡，連翩去不息。鞞歌桂樹徒盛時。亂條一去誰能知。誰能知。復誰惜。昔時榮盛凌春風，今日颯黄委秋日。凌春風，委秋日。朝花夕蘂不相識。悲落葉，落葉難飛揚。短枝亦已折，高枝不復將。願得針與絲，一針一絲引意長。針與絲，亦可量。不畏根本謝，所畏秋風寒。秋風催（摧？）人顔。落葉催（摧？）人肝。眷言彼姝子，落葉誠難看。

寅恪案，世謙者，南北朝人蘭陵蕭綜之字。其所作「聽鐘鳴」及「悲落葉」兩詞，見梁書伍伍豫章王綜傳。關於綜之事蹟，可參南史伍叁梁武帝諸子傳豫章王綜傳，魏書伍玖蕭寶夤傳附寶夤兄子贊傳，北史貳玖蕭寶夤傳附贊傳及洛陽伽藍記貳城東龍華寺條。至河東君之以世謙自比，是否僅限於身世飄零，羈旅孤危之感，抑或其出生本末更有類似德文者，則未能詳考，亦不敢多所揣測也。

復次，上論河東君之「男洛神賦」爲酬答臥子之「湘娥賦」而作。若此假定不誤，可知男洛神賦中「協玄響於湘娥，疋匏瓜於織女」之句，乃此賦要旨所在。即陸士衡所謂「立片言而居要，乃一篇之警策」者也。（見文選壹柒陸士衡文賦。）然則男洛神一賦，實河東君自述其身世歸宿之微意，應視爲誓願之文，傷心之語。當時後世，竟以恍儻遊戲之作品目之，誠膚淺至極矣。特標出之，以告今之讀此賦者。

河東君嘉定之游

此期河東君與臥子之關係，已如上述。茲附論河東君此期嘉定之游。就所見材料言之，河東君嘉定之游，前後共有二次。一爲崇禎七年甲戌暮春至初秋。二爲崇禎九年丙子正月初至二月末。今依次論述之。雖論述之時間，其次序排列先後有所顛倒，然以材料運用之便利，姑作如此結構，亦足見寅恪使事屬文之拙也。

河東君第壹次所以作嘉定之游者，疑與謝三賓所刊之嘉定四君集有關。其中程嘉燧松圓浪淘集首謝三賓序後附記云：

> 庚午春日莆陽宋轂書于埶巾樓中。

及馬元調爲謝氏重刻容齋隨筆卷首紀事壹略云：

> 去年春，明府勾章謝公刻子柔先生等集，工匠稿不應手，屢欲散去。元調寔董較勘，始謀翻刻，以寓羈縻。崇禎三年三月朔，嘉定馬元調書於僦居之紙窗竹屋。

據此嘉定四君集刻成在崇禎三年春季，崇禎七年河東君在松江，其所居之地，距嘉定不遠，經過四五年之時日，此集必已流布於幾社諸名士之間，河東君自能見及之。如列朝詩集丁壹叁所選婁貢士堅詩。其中有「秋日赴友人席，修微有作同賦」一題，足證嘉定四先生頗喜與當日名姝酬酢往還，河東君得睹此類篇什，必然心動，亦思倣效草衣道人之所爲。揆以河東君平生之性格及當日之情勢，則除其常所往來之幾社少年外，更欲納交於行輩較先之勝流，以爲標榜，增其身價，并可從之傳受文藝。斯復自然之理，無待詳論者也。至若嘉定李宜之與王微之關係，可參趙郡西園老人（寅恪案，此乃上海李延昰之別號。）南吴舊話録貳肆閨彥門王修微條及附注，茲不詳引。又檢有學集貳拾李緇仲詩序所言「青樓紅粉，未免作有情癡」，及申論伶玄「淫乎色，非慧男子不至」之說，疑即暗指李王一段因緣。牧齋於王修微本末多所隱飾。如列朝詩集閏肆艸衣道人王微小傳，不言其曾適茅元儀及後適許譽卿復不終之事實。（見明詩綜玖捌妓女門王微小傳。）蓋爲摯友名姝諱。其作緇仲詩序亦同斯旨也。

河東君第壹次作嘉定之游，雖應有介紹之人，然今既不易考知，亦不必詳究。但其作第貳次之遊，則疑與第壹次有別，即除共嘉定耆宿商討文藝之外，更具有「觀濤」之旨趣。（見後論河東君與汪然明尺牘第貳伍通。）故就河東君擇婿程序之地域與年月之關係約略言之，崇禎八年秋晚以前，爲松江時期。八年秋晚以後至九年再遊嘉定復返盛澤歸家院爲嘉定盛澤間時期。十一年至十三年十一月，爲杭州嘉興時期。此後則至虞山，訪牧齋於半野堂，遂爲一生之歸宿。風塵憔悴，奔走於吳越之間，幾達十年之久。中間離合悲歡，極人生之痛苦。然終於天壤間得值牧齋，可謂不幸中之幸矣。古人有言：「士爲知己者死，女爲悦己者容。」（見戰國策陸趙策，史記捌陸刺客傳豫讓傳，漢書陸貳司馬遷傳及文選肆壹司馬子長報任少卿書等。）河東君以儒士（見牧齋遺事「國朝録用前朝耆舊」條所述牧齋戲稱河東君爲柳儒士事。）而兼俠女，其殺身以殉牧齋，復何足異哉？

河東君首次嘉定之游，今僅從程松圓詩中得知其梗概。唐叔達時升雖亦有關涉此事之詩，但嘉定四君集刻成於崇禎三年春季，故唐氏所賦之詩，未能收入，殊爲可惜。更俟他日詳檢舊籍，儻獲見唐氏諸詩，亦可彌補缺陷也。

上海合衆圖書館藏耦耕堂存稿詩鈔本上中下三卷。其中卷載有朝雲詩八首（孟陽之婿孫石甫介藏鈔本，題作「豔詩」。刻本鈔補題作「朝雲詩」。此原鈔本，本題「朝雲詩」，旁用朱筆塗改「伎席」二字。孫石甫事蹟可參光緒修嘉定縣志壹捌金望傳。及同書壹玖金獻士傳并有學集壹捌耦耕堂集序等。）列朝詩集丁壹叁松圓詩老程嘉燧詩，雖選朝雲詩，但止耦耕堂存稿詩此題之前五首，而無後三首。茲全録耦耕堂存稿詩中此題八首，略就其作成時間及河東君寓居地點，并與河東君共相往來酬和諸人，分別考述之於下。

今綜合松圓在崇禎七年甲戌一年内所作諸詩排列次序考之，「朝雲詩」八首，殊有問題。此題之前諸題，自「甲戌元日聞鷄警悟」，即朝雲詩前第拾伍題，爲崇禎七年所賦第壹詩。其他諸題如朝雲詩前第拾貳題爲「花朝譚文學載酒看梅，復邀汎舟，夜歸即事」。前第玖題爲「三月晦日過張子石留宿，同茂初兄作」。前第陸題爲「四月二日過魯生家作」。此皆注明月日，與詩題排列次序先後符合，甚爲正確，絶無疑義。但朝雲詩前第貳首「送侯豫章之南吏部」，（寅恪案，「章」應作「瞻」。）據侯忠節公（峒曾）集首附其子所編年譜，崇禎七年甲戌條云：「是冬十一月之官南中。」朝雲詩前第壹題爲「和韻送國碁汪幼清同侯銓曹入京，先柬所知」中有「歸裝歲暮停」之句。又朝雲詩後第叁題「鄒二水知郡，枉訪有贈」。題下自注云：「南皐公孫，由汝上，流寓京口。」據耦耕堂存稿詩自序云：「甲戌冬，余展閔氏妹墓于京口五州山下。」初視之，似朝雲詩八首乃崇禎七年冬季所作。細繹之，詩中所言景物，不與冬季相合。耦耕堂存稿詩鈔本朝雲詩第柒首上有朱筆眉批云：「八詩自晚春敍及初秋，時序歷歷可想。」此批雖不知出自何人之手，但即就此題第壹首第壹句「買斷鉛紅爲送春」及第柒首第壹句「針樓巧席夜紛紛」之語觀之，可證其言正確，不必詳察其餘詩句也。然則此題諸詩必非一時所賦，乃前後陸續作成者。豈此題諸詩作成之後復加修改，遲至冬季始告完畢，遂編列於崇禎七年冬季耶？更有可注意者，此題八首詩中，前五首與後三首，雖時節氣候相連續。然此後三首中所述款待河東君之主人，皆在其城内寓所。主人固非一人，但直接及間接與唐叔達有關。頗疑此題前五首爲前一組，此題後三首爲後一組。此後一組與此題八首後一題之「今夕行」，復有密切相互之關係。牧齋編選列朝詩集，擇録朝雲詩前五首，而遺去朝雲詩後三首及「今夕行」。何以不爲孟陽諱，轉爲叔達諱，其故今未敢臆測。然「朝雲詩」後三首及「今夕行」，與「朝雲詩」前五首所賦詠者有別，亦可據此以推知矣。

今欲考此次河東君嘉定之游，所居住游宴之地，必先就程孟陽嘉燧，唐叔達時升，張魯生崇儒，張子石鴻磐，李茂初元芳，孫火東元化諸人居宅或别墅所在，約略推定，然後松圓爲河東君此次游練川所作綺懷諸詩，始能通解也。

程松圓嘉燧耦耕堂集自序云：

天啓〔五年〕乙丑五月由新安至嘉定，居香浮閣。宋比玉〔萬曆四十八年〕庚申度歲於此，梅花時所題也。〔崇禎三年〕庚午四月攜琴書至拂水，比玉適偕。錢受之屬宋作八分書耦耕堂，自爲之記。〔崇禎五年〕壬申春，二子移居西城。余偶歸，而唐兄叔達適至，因取杜詩「相逢成二老，來往亦風流」之句，顔西齋曰成老亭。先是〔崇禎四年〕辛未冬妻兄物故，已不及見移居。〔崇禎七年〕甲戌冬，余展閔氏妹墓于京口五州山下，過江還，則已逼除，因感老成之無幾相見，遂留此。日夕與唐兄尋花問柳，東鄰西圃，如是者二年，而唐兄亦仙去。

光緒修嘉定縣志叁拾第宅園亭門云：

塾巿樓。輔文山後，積穀倉前。員外郎汪明際闢，爲程嘉燧宋珏輩觴詠之所。

同書壹玖汪明際傳略云：

汪明際字無際，一字雪庵。弱冠名籍甚，精易學，工詩畫。萬曆戊午舉於鄉，選壽昌教諭。（寅恪案，乾隆修嚴州府志拾官師表，載明崇禎間壽昌縣教諭，有「汪無際，嘉定人」。）讀書魏萬山房，倡導古學。遷國子學録，歷都察院司務，營繕司主事，晉員外郎。督修京倉。以疾告歸。給諫鄒士楷遺書勸駕，擬特疏薦舉，辭。後以同官接管誤工，拜杖死。子彥隨，字子肩。工畫。崇禎〔六年〕癸酉副榜。痛父寃歿，終身廬墓。

汪明際字無際，餘姚人，占籍華亭。登鄉薦。畫山水，蒼涼歷落，筆致秀逸，以士氣居勝。

徐沁明畫録伍云：

寅恪案，孟陽以新安人僑寓嘉定，雖早欲買田宅於練川，而未能成。（見松圓浪淘集總目「蓬户卷四」目下注云：「〔萬曆二十三年〕乙未正月葬畢還吴，同孫三履和至梁宋間。〔二十四年〕丙申，〔二十五年〕丁酉，皆閒居，日從丘〔子成集〕張〔茂仁應武〕二丈，唐〔叔達時升〕婁〔子柔堅〕二兄晤言，有蓬户詩。買田城南未成。」及「空齋卷五」載：「買田宅未成，戲爲俚體」詩，首二句云：「城南水竹稱幽情，幾念還鄉買未成。」）故在崇禎五年春，移居西城以前，往往寄居友人別業。其在嘉定寓居之墊巾樓，亦略同於常熟拂水山莊之耦耕堂。耦耕堂之得名，已詳載於初學集肆伍耦耕堂記。墊巾樓之名，亦與此相同，實出孟陽友人所題，而非松圓所自名也。後漢書列傳伍捌黨錮傳郭太傳云：

嘗於陳梁間行，遇雨，巾一角墊。時人乃故折巾一角，以爲林宗巾。其見慕如此。

蓋孟陽以山人處士之身分，故可借林宗之故事以相比。若孟陽本人，似不應以此名自誇。至於汪無際後來由鄉薦，（寅恪案，光緒修嘉定縣志壹肆選舉志科貢門舉人欄，萬曆四十六年戊午載有汪明際之名。）仕至員外郎，其在孟陽僦居之前，尚希用世，更不宜即以處士終身之林宗自況，亦甚明矣。然則此樓之名，豈汪氏特爲松圓而命耶？俟考。復次，取松圓浪淘集總目「春帆卷十三」下注略云：「〔萬曆四十年〕壬子秋僦居城南墊巾樓，與唐子孟先同舍並居。〔四十一年〕癸丑冬宋比玉〔珏〕至。」並春帆集中「移居城南送李緇仲〔宜之〕鄉試，并寄〔龔〕仲和〔方中〕」，「墊巾樓中宋比玉對雪鼓琴」兩題，及「松寥卷十四」，「元日同唐孟先墊巾樓晏坐」。又前引浪淘集首謝三賓序後附「庚午春莆陽宋轂書于墊巾樓中」及孟陽耦耕堂集自序「〔崇禎五年〕壬申春二子移居西城」等語，綜合觀之，則知孟陽自萬曆四十年秋，至崇禎五年春，二十年間，其在嘉定，乃寄居汪無際城南之墊巾樓，而與崇禎五年春間以後所移居之西城寓所，非同一地，自與河東君嘉定之遊，不相關涉者也。蓋昔人「城南」一詞，習指城牆以外之南方而言，如辛氏三秦記「城南韋杜，去天尺五」及孟棨本事詩情感類「博陵崔護」條，「清明日，獨遊都城南，得居人莊」等，可爲例證。孟陽習於舊籍成語，自故用此界說。至其所謂西城，則指城内之西部。由是言之，「城南」與「西城」，其間實有城牆之隔離也。此點似無足關輕重，但以與河東君在嘉定居住遊宴之問題有關，且孟陽詩中，屢見墊巾樓之名，易致淆混，遂不避煩瑣，先辨之如此。餘可參下論唐時升園圃條等。

列朝詩集丁壹叁上唐處士時升小傳略云：

時升字叔達，嘉定人。少有異才，未三十，謝去舉子業，讀書汲古，通達世務。居恒笑張空拳，開橫口者如木騮泥龍，不適於用。酒酣耳熱，往往捋鬚大言曰：「當世有用我者，決勝千里之外，吾其爲李文饒乎？」太原公（寅恪案，指王錫爵。）執政，叔達偕其子辰玉讀書邸中。（寅恪案，辰玉者，指王錫爵之子衡。見明史貳壹捌王錫爵傳。）天下漸多事，上言利病者紛如。叔達私議某得某失，兵農錢穀，具言其始終沿革，若數一二。東西搆兵萬里外，羽書旁午，獨逆斷其情形虛實，將帥成敗，已而果然。先帝即位，余以詹事召還。叔達爲文贈余，備陳有生以來，所見聞兵革之事，謂今日聚四方之武勇，轉九州之稅斂，與一縣之衆角，已十年而不得其要領。國初所以收羣策羣力，定亂略，致太平，公之所詳也，其可爲明主盡言乎？或謂廣廈細旃，非論兵之地，則漢之賈誼，唐之李泌陸贄李絳獨何人哉？余未幾罪廢，不克副其望，而叔達之窮老憂國，爲何如也。家貧好施予。鋤舍後兩畦地，剪韭種菘。晚年時閉門止酒，味莊列之微言，以養生盡年。語及國事，盱衡抵掌，所謂精悍之色，猶著見於眉間也。

黃世祚等修嘉定續志附前志壹玖人物志文學門唐時升傳考證云：

時升工山水。有西隱寺納涼册六幅，隨意揮灑，頗得雲林天趣。自題云：「余不善畫，亦不工書。〔萬曆十九年〕辛卯長夏，避暑西隱之竺林院。山窗無事，用遣岑寂，非敢與前人計争巧拙也。留與元老禪兄一笑。」程庭鷺施錫衛皆有跋。又宋道南曾見先生畫幅，石摹子久，樹仿雲林，頗神似。

光緒修嘉定縣志叁拾第宅園亭門「處士唐時升宅」條云：「北城。」其後附張鵬翀（寅恪案，鵬翀嘉定人。事蹟見嘉定縣志壹陸宦蹟門及清史稿伍佰玖藝術傳等。又嘉定縣志貳柒藝文志別集類載：「南華山人詩鈔十六卷，張鵬翀著。」）「過叔達先生故居」云：

吾鄉四先生，程李婁與唐。閲世未百年，遺迹多蒼茫。惟有唐翁居，猶在北郭旁。今朝好風日，鄰曲春酒香。招呼共娛樂，醉步校獵場。（寅恪案，「校獵場」謂演武場也。）回橋俯清溪，新柳三兩行。宛然幽人姿，疎梅出頹牆。叩門竚立久，春風爲低昂。入門撫奇樹，云已百歲强。念此手澤存，剪拜毋敢傷。更有古桂花，四時自芬芳。先生手摩挲，黄雪名其堂。庭之棗纍纍，河之水洋洋。灌園足自給，不藉耕與桑。（下略。）

同書同卷「唐氏園」條云：

演武場西。中有梅庵，娱暉亭。有土阜名紫萱岡。架石爲讀書臺，亦名琴臺。唐時升闢。

同書貳官署門「演武場」條云：

舊在西門外，高僧橋西。今在西城七圖。基地三十三畝七分三釐九毫。明正統二年巡撫周忱建廣儲庫，貯官布。嘉靖十五年知縣李資坤改演武場。二十三年知縣張重增築外垣，建講武堂。垣與堂久廢。國朝因之。（寅恪案，嘉定縣志叁拾古蹟門「城頭」條附張陳典「尋睜城故址」詩云：「有元於此地，曾設演武場。」可知嘉定縣之演武場，乃元代所建，本在城外。明嘉靖十五年改西城内之廣儲庫爲演武場。故今嘉定縣志卷首縣城圖所繪演武場，即在城内。唐氏園東之演武場，自應在城内。恐讀者誤解，特附識於此。又嘉定縣志叁貳軼事門載崇禎中諸生王紱「同朱介繁觀演武場團練」詩，并可參閲，以資談助。）

同書叁壹寺觀門縣城西隱寺條略云：

西城七圖。元泰定元年僧悦可建。明萬曆十八年僧存仁修。徐學謨張其廉增刱竺林院藏經閣。

列朝詩集丁壹叁唐處士時升「園中」十首，其二云：

自爲灌園子，職在耒耜間。秋來耕耨罷，獨往仍獨還。河水清且漣，紫蓼被其灣。躊躇落日下，聊用娱心顔。瓠葉黄以萎，其下生茅菅。遂恐穿堤岸，嘉蔬受扳援。丁寧戒童僕，耰鋤當宿閑。宴安不可爲，古稱稼穡艱。

其六云：

昔我游京華。達者日晤言。著書三公第，開讌七貴園。中心既無營，澹若蓬蓽門。歸來治環堵，無計以自温。批蔥疏平圃，種薤滿高原。不辭筋力盡，所苦人事繁。雖有方丈食，不如一壺飧。非力不自食，大哉此道尊。

同書同卷「題娱暉亭」四首（嘉定四君集中三易集，此題原爲八首。）云：

負郭家家水竹，殘春處處烟花。開尊欲栖鳥雀，舉網頻得魚鰕。

春霽耰鋤札札。晝長棋局登登。行就南隣酒伴，立談北寺歸僧。（寅恪案，「北寺」當指西隱寺。）

風扨藤絲脱樹，雨餘柳絮爲萍。閒居莫來莫往，小酌半醉半醒。

鵲喜攜尊新客，魚迎散食小僮。岡腰暮靄凝碧，（寅恪案，此指紫萱岡。）水面殘陽漾紅。

耦耕堂存稿詩卷中「贈西鄰唐隱君」詩云：

西家清池貫長薄。中壘岑隅望青郭。仲長豈羨帝王門，樊須自習丘園樂，春前土菘美如玉，雨後露茄甘勝酪。鄰翁拾果換金錢，溪鳥銜魚佐盃勺。君家老兄山澤儒，詩文咳唾成璣珠。長篇短句雜謡詠，名（如？）君樂事世所無。山中舊業今烏有。十年衣食常奔走。歸來雖曰耦耕人，兒女東西不餬口。茅齋稻畦村巷東，花時招我鄰舍翁。今年春秋富佳日，藥闌芰沼連桂叢。安得逐君種魚蒔韭仍披葱。不願吹竽列鼎兼鳴鐘。

寅恪案，牧齋言叔達「鋤舍後兩畦地，剪韭種菘」，可知其園圃，與居舍相連接，實爲一地。其地乃位於嘉定縣城内之西北區。嘉定縣志所載「唐時升宅」條，謂在北城。張抑齋詩謂在

「北郭旁」。但同書「演武場」條及「西隱寺」條謂演武場及西隱寺俱在西城。蓋唐氏宅圃之位置，實在城内之西北區，故可言在北城，亦可言在西城也。孟陽崇禎五年春以後移居西城，作叔達兄弟之東鄰。（此據松圓崇禎七年甲戌所賦「贈西鄰唐隱君」詩，假定唐隱君爲叔達之兄弟行，因而推得之結論。如唐隱君非叔達之兄弟行，則須更考也。又前引孟陽耦耕堂集自序云：「日夕與唐兄尋花問柳，東鄰西圃，如是者二年。」「東鄰」孟陽自指，「西圃」指叔達。斯亦孟陽所居實在叔達園圃東之一旁證也。又孟陽序中所謂「尋花問柳」疑别有含義耶？一笑！）又據孟陽今夕行「南鄰玉盤過（送）八珍」，（見下引此詩全文并附論。）則孟陽所居復在叔達宅圃之北，若詳確言之，則叔達實爲孟陽之西南鄰，不過孟陽省去「西」字耳。昔人賦詠中涉及方位地望者，以文字聲律字句之關係，往往省略一字，如三國志伍肆吴書玖周瑜傳裴注引江表傳述黄蓋詐降曹操事云：「時東南風急。」全唐詩第捌函杜牧肆「赤壁」七絶云：「東風不與周郎便，銅雀春深鏁二喬。」蓋牧之賦七言詩，以字數之限制，不得不省「東南風」爲「東風」。實則當時曹軍在江北，孫軍在江南，「東」字可省，而「南」字不可略。今里俗「借東風」之語，已成口頭禪，殊不知若止借東風，則何能燒走曹軍。儻更是東北風者，則公瑾公覆轉如東坡念奴嬌「赤壁懷古」詞所謂「灰飛烟滅」，而阿瞞大可鎖閉二喬於銅雀臺矣。一笑！兹因考定孟陽與叔達居宅所在，附辨流俗之誤於此。博識通人或不以支蔓見譏耶？

光緒修嘉定縣志叁拾第宅園亭門「薖園」條（參張承先南翔鎮志壹壹園亭門薖園條。）云：

鶴槎山西。張崇儒闢。爲程嘉燧宋珏輩觴詠之所。亭名招隱。植桂數十株。（南翔鎮志作「老桂四十株」。）寶珠山茶，百餘年物。

程嘉燧詩：「秋月當門秋水深。岸花寂歷野蟲吟。西窗舊事人誰在，谿雨梧風夜罷琴。」（寅恪案，此詩見松圓浪淘集春帆壹叁，題作「八月夜過魯生題扇」。）

張承先南翔鎮志陸文學門張廷棫傳略云：

張廷棫字子薪，兵部郎楙族子。工詩文，與李孝廉流芳，程山人嘉燧爲友。族孫崇儒字魯生，築招隱亭，名流多過從觴詠，風致可想見云。

同書壹壹園亭門「薖園」條附楊世清「薖園耆英會詩序」略云：

谿北三里張氏薖園在焉。中有招隱亭，植桂數十本，間以梅杏，環以翠篠，真幽人之居也。昔長琴山人雅與松園（圓）詩老長蘅先生輩善，時時過從，觴詠弗絶。所謂數十株者，固已干霄合抱，偃蹇連蜷。花時一林黄雪，香聞數里。予時一寓目，竊歎前輩讌游，未覯此盛。予屢欲偕耆年過之，每屆花時，輒以他阻。〔康熙三十年〕己未秋閏乃得邀〔柯〕集庵〔時〕蓱庵諸老儐宿願焉。

光緒修嘉定縣志叁拾第宅園亭門「孫中丞元化宅」條云：

西城拱六圖，天香橋。

孫致彌「友人見訪，不識敝居」詩：「平橋叢桂近諸天。小巷垂楊記隱仙。雨過清池常貯月，雲深喬木不知年。抱琴人立香花外，洗硯僮歸草色邊。遲爾清尊同嘯詠，莫因興盡又回船。」原注：「橋因邁園叢桂得名，西有法華庵。」據此，則隱仙巷别有邁園，未詳誰築。

同書壹陸宦蹟門孫致彌傳略云：

孫致彌初名翽，字愷似，一字松坪。明登萊巡撫元化孫。父和斗，字九野，一字鍾陵。篤於孝友，埋名著述，不與世故。元化舊部曲多貴顯，諷之仕，不應。嘗經理侯峒曾家事，計脱陳子龍遺孤，有古人風。致彌才思藻逸，書法逼似董文敏，詩詞跌宕流逸。總纂佩文韻府，書垂成而卒，年六十八。（寅恪案，佩文韻府首載清聖祖序云：「（康熙）五十年十月全書告成。」）又孫和斗計脱陳子龍遺孤事，可參楊陸榮編三藩紀事本末肆褉亂門「順治四年丁亥四月松江提督吴兆勝據城以叛」條。其文云：「二十四日大兵至松江，執子龍於廣富林。子龍乘間赴水死。出其屍戮之。子特陳方五歲，亦論殺。」據陳忠裕全集王澐續臥子年譜及澐撰「張孺人三世苦節傳」，臥子之子名嶷，字孝岐，生於崇禎十七年甲申冬。今楊氏書以特陳爲子龍子之名，又謂順治四年其年「方五歲」，皆與王氏所言不同，自是譌誤。三世苦節傳又云：「〔張孺人〕抱孤兒，變姓氏，毁容羸服，遠避山野，如是者累歲，嶷始成立。孺人乃還故鄉。」則疑張孺人實避居嘉定，而九野乃保存陳氏孤兒之人。特勝時作傳時，有所忌諱，不欲顯言之耳。志傳言九野父之舊部曲多貴顯，諷之仕，終不應。蓋火東舊部如孔有德耿仲明等，皆爲遼東人於明末降清者，且初陽官登萊巡撫，以用遼人之故，遂有孔耿之叛，竟坐此棄市。及建州入關，此輩遼人降將在新朝爲顯貴。九野雖不仕清。當亦可間接藉其勢力以庇護陳氏遺孤也。復據清史稿貳肆拾耿仲明傳，仲明以部卒匿逃人，畏罪自經死。然則清初法制嚴酷如此，王氏隱諱保存陳氏遺孤者之姓名，更有不得已之苦衷也。檢初學集伍壹有「都察院右副都御史巡撫山東徐公墓誌銘」，其文略云：「公姓徐氏，嘉興海鹽人也。諱從治，字仲華。崇禎四年辛未起山東武德道兵備，及淮，而孔有德叛，攻陷濟南六邑。倍道宵征赴監軍之命於萊。無何拜都察院右副都御史，巡撫山東。二月朔與萊撫謝公璉同日受事，即日賊已抵城下。四月十六日〔賊徒〕架〔孫〕元化所遺西洋大礮，攢擊城西南隅，勢甚厲。公方簡閲丁壯，指麾出戰，礮中顙額，身仆血瞥中。萊撫馳而撫之，絶矣。」考牧齋此文，乃據方拱乾所撰仲華行狀而作，與管葛山人，即海鹽彭孫貽之山中聞見録「徐從治傳」，俱出一源，惟駿孫作傳，兼採錢氏之文，故微有不同耳。仲華主勦，初陽主撫，旨趣大異，於此姑不置論。所可注意者，則徐氏之死，實因孫氏所遺之大礮所致一事也。又初陽用遼丁三千駐防登州之本末，可參嘉定縣志叁貳軼事門關於孫中丞元化諸條。其中引趙俞之言曰：「火攻之法，用有奇效。我之所長，轉爲厲階。」此數語實爲明清興亡之一大關鍵，以其越出本文範圍，兹不具論。至滿洲語所以稱「漢軍」爲「烏珍超哈」，而不稱爲「尼堪超哈」者，推原其故，蓋清初奪取明室守禦遼東邊城之仿製西洋火礮，并用降將管領使用，所以有此名號。此點可參清文獻通考柒柒職官考及壹柒玖兵考。清史列傳肆佟養性傳及柒捌祝世昌傳。清史稿貳叁柒佟養性傳及貳肆伍祝世昌傳。并茶餘客話陸「紅衣袍」條等。儻讀者復取兒女英雄傳第肆拾回中，安老爺以「烏珍」之名命長姐兒之敍述互證之，則更於民族興亡之大事及家庭瑣屑之末節，皆能通解矣。又偶檢梅村家藏藁貳捌「宋直方〔徵輿〕林屋詩草序」。其中以嵇康比陳臥子，山濤比宋轅文，自比向秀阮籍。據此推知，轅文當有暗中協助臥子遺孤之事。王勝時與轅文關係頗密，宋氏協助之事，或由王氏間接爲之耶？）

同書叁壹寺觀門縣城「西隱寺」條云：

西城七圖。

同書貳街巷門「隱仙巷」條云：

西隱寺西南。

同書同卷津梁門「天香橋」條云：

演武場西南。跨清鏡塘。

又「聽鶯橋」條云：

西隱寺前跨東庫涇，名寶蓮。元僧悦可建。明僧秉厚重建。程嘉燧更今名。

同書叄拾古蹟門「鶴槎山」條云：

南翔北三里。韓世忠所築烽墩。建炎四年世忠由平江移軍海上縣境中，營勢聯絡，故多遺跡。土人掘地得鉼名韓鉼，云是軍中酒器。黄渡朱家邨旁新河底尤多。

同書同卷同門「城頭」條云：

龔志云，在縣南二十里，周圍二頃。中有殿址，舊傳風雨之夕，嘗聞音樂，或見仙女環走。未詳何人所築。今俗呼城頭。

列朝詩集丁壹叄唐處士時升「田家即事」四首之一云：

江村女兒喜行舟。江上人家吉貝秋。緣岸荻花三四里，石橋南去見城頭。

嘉定縣志壹市鎮門「南境南翔鎮」條略云：

縣治南二十四里。宋元間剏。以寺名。東西五里，南北三里。布商輳集，富甲諸鎮。其地有上槎中槎下槎三浦，故又名槎溪。或言張騫乘槎至此，附會之説也。

松圓浪淘集雪江壹伍「八月過蕅齋留宿」云：

江淺潮仍漲，城南放舸輕。園林長偃臥，水竹自逢迎。桂滿華輪缺，畦香白露盈。酒闌聞曲後，愁絶獨沾纓。

耦耕堂存稿詩中「〔崇禎七年甲戌〕四月二日過魯生家作」云：

多年不復到南村。水木依然竹亞門。賸客舊題留几閣，故人兼味具盤飧。鶯啼喬木知春晚，蜂遶藤花得日喧。同上小航重笑語，前溪纖月正黄昏。

同書下「〔崇禎十二年己卯〕四月同潘方儒鄭彥逸再過魯生蕅齋」（寅恪案，此題前第伍題爲「元旦和牧齋韻」，前第肆題爲「同泰和季公惜別用前韻」，前第貳題爲「瞿稼軒五十」，前第壹題爲「送別蕭伯玉」。檢初學集丙舍詩集上牧齋皆有與孟陽此四題相關之作。故知崇禎十二年己卯春間孟陽亦在常熟，是年首夏，則已返嘉定矣。）云：

經過已是數年餘。又值清和四月初。小艇漁灣渾昔夢，空梁歌館半成墟。孤懷自怯看遺畫，老眼猶堪强細書。他日村酤不須設，秪嘗林菓摘園蔬。

嘉定縣志叁拾第宅園亭門「嘉隱園」條云：

鶴槎山北。刑部郎張景韶闢。

同書壹陸宦蹟門張任傳附景韶傳略云：

景韶字公紹，以廕授南太僕典簿。〔仕至〕刑部雲南司郎中。崇禎〔六年〕癸酉以公事牽連下獄。久之，放歸。邑漕永折與有力焉。

同書壹玖文學門張凝元傳略云：

張凝元字撫五，一字桐山。居南翔。明刑部郎景韶子。諸生。幼嗜學，爲侯黄兩忠節所器重。覃精古籍，日事校讐。詩出入唐宋，尤神似范陸。癸亥卒，年六十五。

同書叁拾第宅園亭門「張氏園」條云：

南門外西南。太學生張士懃闢。士懃字實甫，參政恒子。（寅恪案，恒事蹟見嘉定縣志壹陸宦蹟門張恒傳。）

耦耕堂存稿詩中「三月晦日過張子石留宿，同茂初兄作」云：

曉雨看消巷陌塵。茶香次第酒清醇。深房散帙仍留宿，秉燭爲懽又送春。憑仗風流皤腹客，料量詩酒白頭人。明朝更逐東園會，蔬筍盤筵不厭頻。

嘉定縣志叁拾第宅園亭門「杞園」條云：

南翔鎮。諸生張鴻磐闢。中有隻鶴亭，芳訊閣。枸杞樹大可數圍，故名。

同書壹玖文學門張鴻磐傳云：

張鴻磐字子石，侍郎任從孫。諸生。書法蒼勁，詩古文詞有鄉先正典型。游浙閩，與范景文黄道周酬唱。道周和詩有「聖朝何日下干旌」句。（寅恪案，依南翔鎮志陸張鴻磐傳所附道周和詩「干旌」當作「旌竿」。蓋鴻磐原詩本是「竿」字韻脚也。）性好義，天啓末，前邑令胡士容以不拜璫祠被逮，擬重辟。鴻磐鳩千金，赴京營救，得免。崇禎末，部議復邑漕。鴻磐與侯汸申荃芳伏闕上書，得永折。刑部尚書徐石麒以人才薦，固辭。乙酉後，冒萬死周旋侯氏家難，尤人所難。康熙間舉鄉飲大賓。戊午卒，年八十六。（南翔鎮志陸文學門張鴻磐傳略云：「康熙間，舉鄉飲大賓。年八十七。」與此微異。又可參松圓浪淘集雪江壹伍「壽張子石母夫人」詩，有學集壹玖「張子石西樓詩序」，同書肆陸「書張子石臨蘭亭卷」，同書貳叁及牧齋外集拾「嘉定張子石六十序」并外集貳伍「題張子石湘遊篇小引」等。）

初學集伍叁「嘉定張君墓誌銘」略云：

崇禎六年十二月嘉定張鴻磐合葬其父母於南翔龔家浜之新阡，泣而乞銘於余曰，鴻磐之先世自祥符徙松江，國初居南翔。嘉靖中有名任者，起家，官開府，而其從弟以軍功授陘陽驛丞，以卑官自著稱者，吾祖也。

南翔鎮志壹貳軼事門云：

張徵君〔鴻磐〕書法妙天下。在本邑方駕婁〔堅〕李〔流芳〕。真跡流布，人多藏弆，而其精神團結，最爲遒勁者，則雲翔寺楹間兩聯。嘗有客過之，瞻仰良久曰，此顏魯公得意之筆也。翌日又視之，曰，筆力更過魯公矣。摳衣再拜，低徊不能去。此客不知何如人，意必具法眼藏者。

光緒修嘉定縣志叁拾第宅園亭門「張中丞任宅」條云：

一在南翔鎮南街。堂曰承慶，嘉慶，具慶。任曾祖清建。一在城隍祠東，任官知府時築。

同書同卷同門「檀園」條云：

南翔金黄橋南。舉人李流芳闢。有泡庵，蘿壑，劒蜕齋，慎娱室，次醉閣，翏翏亭，春雨廊，山雨樓，寶尊堂，芙蓉沜。

同書同卷同門「猗園」條略云：

南翔鎮。通判閔士籍闢。位寘樹石，出朱三松手。後歸李宜之。中有豐樂亭，合祠檀園（李流芳）緇仲（李宜之）子石（張鴻磐）三先生。

同書同卷同門「三老園」條云：

南翔鎮。贈公李文邦闢。以楓柏桂爲三老。曾孫宜之作三園記。三園者，三老園及檀園猗園也。

同書壹玖文學門李流芳傳略云：

李流芳字茂宰，一字長蘅。伯兄元芳字茂初，諸生。工七言長句。卒年七十餘。（並可參列朝詩集丁壹叁李先輩流芳小傳所附元芳事蹟。）仲兄名芳字茂材。幼負異材，頃刻千言，宏麗無比。萬曆壬辰進士，改庶吉士，卒年二十九。流芳萬曆丙午舉人。畫得董巨神髓，縱横酣適，自饒真趣。書法奇偉，一掃尋丈，結構自極謹嚴。詩文雍容典雅，至性溢楮墨間。崇禎己巳卒，年五十五。論者謂四先生詩文書畫，照映海内，要皆經明行修，學有根柢，而唐〔時升〕以文掩，婁〔堅〕以書掩，程〔嘉燧〕以詩掩，李〔長蘅〕以畫掩云。

同書同卷同門李宜之傳略云：

李宜之字緇仲。諸生。居南翔。庶常名芳子。三歲孤。長負異才，博綜今古。遭變，家破子殲。（寅恪案，同書叁貳軼事門略云：「甲申六月逆奴變起。南翔李氏罹其禍。」傳文所謂「遭變」即指此。）時宜之客金陵。歸寓侯氏東園。世祖曾於海淀覽其參定秣陵春曲。問寓園主人何姓名。祭酒吴偉業以嘉定生員李宜之對，而宜之已前卒。（寅恪案，今武進董氏所刊梅村家藏藁後附梅邨先生樂府三種。其中秣陵春題灌園主人編次，寓園居士參定。）

有學集貳拾「李緇仲詩序」略云：

緇仲故多風人之致。青樓紅粉，未免作有情癡。孟陽每呵余，緇仲以父兄事兄，而兄不以子弟畜緇仲。狹邪冶游，不少沮止。顧洋洋有喜色者，何也？余曰，不然。伶玄不云乎，淫於色，非慧男子不至也。今孟陽仙遊十年所。余年逾七十，緇仲亦冉冉老矣。余衰晚病廢，刳心禪誦。見緇仲近刻，爲之戚戚心動，追思與孟陽緒言，因牽連書其後。

嘉定縣志壹捌孝義門李杭之傳略云：

李杭之字僧筏。舉人流芳子。詩文書畫有父風。性放曠，甫强仕即棄諸生，放浪山水間。乙酉死難。

寅恪案，前論「朝雲詩」八首，以詩中女主人寓居處所，先後有所不同，故可分爲兩組。茲請略考第壹組，即前五首，河東君於崇禎七年暮春至初秋寓居嘉定之處所。依通常慣例言之，以河東君在當日社會之身分，寄居一地，與當地諸名士游宴，自宜暫寓别墅名園，如杭州汪氏之横山别墅，嘉興吴氏之勺園，皆足爲例證。至若崇禎十三年庚辰仲冬至常熟，訪牧齋於半野堂，先留居舟中，而不寓拂水山莊，後逕移入牧齋常熟城中之住宅，與前此不同者，則因此次實爲其最後歸宿之舉動，未可拘平日常例，以相比擬也。由是言之，河東君崇禎七年暮春至初秋之時間，其游嘉定，當寄居某一别墅名園無疑。據朝雲詩第伍首第壹句云：「城晚舟迴一水香。」及第柒捌兩句云：「誰能載妓隨波去，長醉佳人錦瑟傍。」則河東君當時必寓嘉定城外某别墅名園。又據朝雲詩第貳首前四句云：「城頭片雨浥朝霞。一徑茅堂四面花。十日西園無忌約，千金南曲莫愁家。」則河東君當時所居之别墅名園與城頭之地極近。今就嘉定縣志所載當日士大夫之别墅名園，其與城頭相近者，僅有張公紹之嘉隱園及張魯生之薖園。若張實甫之張氏園，雖屢見於松園浪淘集中，如涉江壹「同張二丈唐兄飲張氏園」及蓬户肆「秋晚同張二丈唐四兄步屧城南張氏園」等，然縣志止言在「南門外西南」，是否距城頭甚近，未敢臆斷，兹姑不論。若南翔鎮亦多名園别墅，如李長蘅之檀園等，但南翔去城頭三里，似距離稍遠。孟陽賦詩不宜泛指，且此次與河東君游宴酬酢諸名士中，有長蘅之長兄茂初，即元芳。當時檀園李氏少年，如僧筏即杭之，及緇仲即宜之等，俱是風流文采，好事之徒。然皆茂初之侄，儻河東君此時若寄寓檀園者，恐與白頭之老伯父及唐程諸老世丈，互有所不便，觀牧齋序緇仲詩集引孟陽呵責之語，足證緇仲兄弟必未參預河東君嘉定游宴酬唱之會。至牧齋之不阻止緇仲爲狹邪之游，且洋洋有喜色者，當指緇仲其他與河東君無涉之狹邪游宴，否則牧齋必不致洋洋有喜色，而轉爲鬱鬱有憂色矣。一笑！由是言之，河東君此次所居當非南翔之檀園，可以推知。其與城頭甚近，即在鶴槎山傍之園亭僅有張公紹之嘉隱園及張魯生之蓪園兩處，嘉隱園何時所闢，嘉定縣志及南翔鎮志未詳載，假定崇禎七年以前公紹已有此園。據嘉定縣志張景韶傳僅載公紹「崇禎〔六年〕癸酉以公事牽連下獄。久之，放還」，未詳言其何時由北京返嘉定。檢松圓此時著作與河東君游宴唱詶諸人中，並無公紹在内，恐其時公紹尚留京未返。其子撫五固少爲名流所重，考崇禎七年，其年僅十六歲，即使未隨父至京，可暫代其父爲園主人，然方值家難，若留當日之名姝於其寓園居住，而非偶一遊覽者，則爲事理所不可，輿論所不容也。職是之故，依遞減方法，則舍張魯生之蓪園外，别無適合此時河東君寄寓之别墅名園。據嘉定縣志所載，蓪園在鶴槎山西。鶴槎山在南翔北三里。南翔在縣治南二十四里。城頭在縣南二十里。綜合計之，則鶴槎山即在蓪園近旁，距縣治南二十一里，城頭距縣南二十里。兩處實相連接。松圓「城頭」之句所指爲蓪園，此無可致疑者也。朝雲詩第貳首第壹聯即用才調集叁韋莊「憶昔」詩：「西園公子名無忌，南國佳人號莫愁。」其易「南國」爲「南曲」者，乃參用李娃傳及北里志之文，（見俞正燮癸巳存稿壹肆「李娃傳」條。）蓋河東君此時所居之蓪園，位於嘉定之城南故也。韋端己「西園公子名無忌」之句，本綜合史記柒玖范雎傳及文選貳拾曹子建公讌詩，而以戰國四公子中之信陵君魏無忌，代平原君趙勝與「莫愁」爲對文，詞人用典固可不拘，至松圓詩中之「無忌」，果指何人，雖未能確言，然當是張魯生張子石輩。兩張似不與公子之稱適合，但張公子之稱，自漢書外戚傳趙孝成皇后傳以來，詩人往往用以目張姓。且據松圓過張子石留宿詩以「風流皤腹客」，即以「形模彌勒一布袋」之張耒目子石。（見山谷内集壹肆「病起荆江亭即事」十首之八。任注云：「〔張〕文潛素肥，晚益甚。傳燈録：明州布袋和尚，形裁腲脮，蹙額皤腹，蓋彌勒化身也。」又莊季裕雞肋編中「昔四明有異僧」條云：張耒文潛學士，人謂其狀貌與僧相肖。陳無己詩止云：「張侯便便腹如鼓。」至魯直遂云：「形模彌勒一布袋，文字江河萬古流。」可互參。）蓋約松圓「出飲空牀動涉旬」之人，（見朝雲詩第壹首第捌句。）即此張姓。然則，魯生子石輩，是否合稱「公子」，又可不必過泥也。讀者儻取松圓所作崇禎七年首夏過魯生家詩與崇禎十二年四月再過魯生薖齋詩相參較，則前詩之「同上小航重笑語」句，與後詩之「小艇漁灣渾昔夢」句有關，自不待言。朝雲詩第肆首第陸句「助情絃管鬬玲瓏」，又可印證後詩之「空梁歌館半成墟」句。朝雲詩第貳首第柒第捌兩句「揀得露芽纖手瀹，懸知愛酒不嫌茶」，及第肆首第伍句「送喜觥舩飛鑿落」等語，復與後詩「他日村酤不須設，秖嘗林菓摘園蔬」兩句互相鈎牽。松圓後一詩作於匆匆五年之後，舊侣重來，同一節候，同一園林，而世事頓殊，人去館空，其惆悵之情，溢於詞表，益可據此推知河東君於崇禎七年暮春至首夏，實寄寓張魯生之薖園無疑也。又薖園即在鶴槎山近旁，此山即韓蘄王所築烽墩遺跡。河東君之游嘉定，寄寓其地，殊不偶然。蓋其平生雅好談兵，以梁紅玉自比。弔古思今，感傷身世，當日之情懷，吾人尤可想像得知也。此次游瞟，所與酬酢之勝流中，似唯有唐叔達一叟，尚可共論兵事。孟陽少年時曾一度學「一人敵」之劍未成，（見列朝詩集丁壹叁松圓詩老程嘉燧小傳。）自不能與精通「萬人敵」之兵法如「真安國夫人」之河東君及「假贊皇太尉」之唐處士相頡頏。至其餘「走覓南鄰愛酒伴，經旬出飲獨空牀」及「詩酒尚堪驅使在，未須料理白頭人」之諸老，（見杜工部集拾「江畔獨步尋花七絶句」第壹第貳兩首。）雖多精於詩文音樂字畫，但當唐四翁「酒酣耳熱，捋鬚大言，決勝千里之外」之時，此輩未必敢置一喙。其能相與上下議論者，亦恐舍河東君外，別無他客矣。後來河東君與牧齋共訪梁韓遺跡事，俟於第肆章詳述之，兹暫不論。

又嘉定縣志編撰者見孫致彌「友人見訪，不識敝居」詩及其自注，遂懷隱仙巷別有薖園之疑問。寅恪於此點，頗具不同之解釋。請略言之，以求通人之教正。鄙意西隱寺前之橋，初以「寶蓮」爲名，與佛教有關，本極自然。松圓忽改舊稱，易以「聽鶯」，當別有深意。其命此新名在何時，今雖難考知。似在崇禎十年以後，與天香橋及隱仙巷同爲孟陽於同一時間，或稍先後所命之名，皆所以紀念河東君者也。河東君於崇禎九年十年間，由吴江盛澤鎮來游嘉定，故緪雲詩第貳首有「聽鶯橋下波仍緑」之句，以紀念其所從來之地。可參下論緪雲詩節。又河東君之以「隱」爲名，至遲在崇禎十一年，詳見第貳章所論。至若「仙」字之義，則寅恪於拙著元白詩箋證稿第肆章所附「讀鶯鶯傳」一文中，已考釋之，讀者可取參閱也。松坪詩之「平橋」指「天香橋」。「諸天」指「法華庵」。其自注謂「橋因薖園叢桂得名」，此「叢桂」即縣志薖園條及康熙三十年楊世清所作「耆英會詩序」所言「植桂數十株」，并南翔鎮志薖園條所云「老桂四十株」者。夫孫元化張崇儒爲同時同邑之人，兩氏之園相距又不過二十餘里。縱令同以「薖」爲稱，亦不應同有如許著稱之老桂。況「薖園」之名，實出詩經衛風考槃篇「考槃之阿，碩人之薖」之典，乃隱處之意。（見孔穎達毛詩正義及朱熹詩經集傳。）孫元化仕至登萊巡撫，豈可取義於考槃之詩以名其園？故松坪詩自注中之「薖園」，實指張魯生之薖園，「天香橋」亦因魯生園中之桂而得名，此無可致疑者。「隱仙巷」亦可因張氏薖園有招隱亭而得名。但玩味松坪「小巷垂楊記隱仙」之句，則疑「楊」乃河東君之本姓，「隱」亦河東君之改名，「記」則今語所謂「紀念」。蓋如寶蓮橋改爲聽鶯橋之例，皆所以紀念河東君所從來之地。當崇禎七年暮春至初秋之時間，河東君雖寄寓城外魯生之薖園，但亦應游賞城内之園亭，若孫氏園之類。朝雲詩第伍首「城晚舟迴一水香」之句，可以爲證。由是言之，松圓詩老或其他好事勝流，自河東君離去嘉定後，惓戀不忘，非僅形諸吟詠，更取其寓𠅤最久園中亭樹之名，以爲其香車經游園巷之稱，殆有似世俗德政碑去思碑之類，亦即詩經召南甘棠篇思人愛樹之別解耶？一笑！松坪生於崇禎之末，鄉里舊聞，耆老軼載，自必諳悉。橋巷命名之由，當心知其意，特不欲顯言之耳。又佩文韻府貳叁上八庚生韻。增。「萍生」下及同書玖叁下四質茁韻。韻藻增。「雷茁」下，皆引程嘉燧絙雲詩。同書肆下四支韻。增。「畫史癡」下，引程嘉燧「送老生涯畫史癡」句。檢此句在耦耕堂存稿詩中。其題爲「正月同李茂初沈彦深郊遊，次茂初韻」。覈其内容，亦是與河東君有關之作。夫松坪爲主纂佩文韻府之人。松圓絙雲詩及郊游詩之增入，尤足證孫氏於河東君之來遊嘉定，其珍聞逸事，夙所留意，而隱仙巷之名，實與河東君有關也。嘉定縣志修撰者，竟拘執松坪此詩自注，以爲同時同地有兩蕙園，何疏舛至是歟？假定寅恪所揣測者不誤，則河東君嘉定之游，影響之大，復可據此推知矣。又寅恪昔嘗讀錢肇鼇所著質直談耳一書（參光緒修嘉定縣志貳陸藝文志雜家類。）頗不解鈍夫於河東君遊嘉定後百五十年，（錢書載其從兄大昕序。序末題「旃蒙大荒落如月」。即乾隆五十年乙巳二月。）何以尚能傳述其軼事如與徐三公子宋轅文等之關係，猥瑣詳悉，一至若此。迨檢方志，始知巷陌舊名，風流佳話，劫灰之後，猶有未盡磨滅者。故鈍夫以邑子之資格，得托諸夢寐，（見竹汀序中所記鈍夫自述之語。）留布天壤間也。

崇禎七年暮春至首夏之時間，河東君遊嘉定之地，及往來酬酢之人，既已約略考定，兹再迻録朝雲詩前五首全文，并分別論證之。蓋此五首所賦詠者，即河東君在此時間之本事也。

程孟陽耦耕堂存稿詩中「朝雲詩」八首。其一云：

　　買斷鉛紅爲送春。殷勤料理白頭人。薔薇開遍東山下，芍藥攜將南浦津。香澤暗霏羅袂解，（列朝詩集「霏」作「菲」。）歌梁聲揭翠眉顰。顛狂真被尋花惱，出飲空牀動涉旬。

寅恪案，松圓賦朝雲詩，與杜少陵「江畔獨步尋花七絶句」（見杜工部集壹貳。）關係至爲密切。讀者取杜集參之自見，不須徵引原詩於此也。松圓所用杜句甚多，頗有生吞活剥之嫌，其所最注意之辭語，爲朝雲詩八首之主旨者，即杜詩原題中「尋花」二字。松圓耦耕堂集自序云：

　　〔崇禎七年〕甲戌冬余展閔氏妹墓于京口五州山下，過江還，則已逼除，因感老成之無幾相見，遂留此。日夕與唐兄尋花問柳，東鄰西圃，如是者二年，而唐兄亦仙去。（前已引，今重録。）

孟陽雖云崇禎七年冬展閔氏妹墓後，感老成之無幾相見，因留居嘉定，與叔達諸叟日夕遊宴，固有部分理由。竊疑河東君於崇禎七年暮春至初秋之時間來游嘉定，程唐諸老顛狂傾倒，一至於此，臨別時，必與河東君預定重遊練川之約。後來河東君於崇禎九年丙子正月初，至二月末，再作嘉定之游，即踐其前此之宿諸者也。前論朝雲詩八首，實完成於七年冬間。故松圓此時，懷人感事之愁思，必更加甚，遂決意留瞘，希望得與新相知重相見，豈僅爲老成如叔達輩之無幾相見而已哉？耦耕堂存稿詩中「〔崇禎七年〕四月二日過魯生家作」前一題爲

「春暉園燈下看牡丹即事」。檢才調集壹白居易秦中吟「牡丹」一題，白氏文集貳作「買花」，此詩首句「買斷鉛紅」之語，必與春暉堂看牡丹事有思想之連繫。時既春盡，人間花事已了，而天上仙葩忽來，春光猶在，故言「爲送春」也。少陵「江畔獨步尋花」七絕句之二云，「未須料理白頭人」，松圓易「未須」爲「殷勤」，固是反其意，但亦道其實。蓋杜公之尋花，不過偶然漫興，優遊閒適，而程唐李諸老，則奔走酬酢，力盡精疲。此輩白頭人之需殷勤料理，自與杜公迥異也。此詩第壹聯上句，其古典爲李太白「憶東山」二首之一「不向東山久，薔薇幾度花」。（見分類補注李白詩叁叁。）其今典則「薔薇」乃四五月開放之花。（見本草綱目壹捌上草部「營實牆薇」條。）「東山」謂鶴槎山，蓋薖園在鶴槎山西，據薖園之方位言之，此山可稱「東山」。且暗用謝安石東山妓之故事及李翰林詩語。下句之「芍藥」，自用詩經鄭風溱洧篇「贈之以芍藥」之語，「南浦」乃指槎溪，即「上槎中槎下槎三浦」，以其在嘉定城南之故，且兼用王子安滕王閣詩「畫棟朝飛南浦雲」及楚辭九歌河伯「送美人兮南浦」之出典，暗寓「朝雲」及「美人」之辭，以此兩者，皆河東君之字與號也。第貳聯上句用史記壹貳陸滑稽傳淳于髡傳。其文云：

日暮酒闌，合尊促坐，男女同席。履舃交錯，杯盤狼藉。堂上燭滅，主人留髡而送客。羅襦襟解，微聞薌澤。當此之時，髡心最歡，能飲一石。

松圓易「羅襦襟解，微聞薌澤」之「襟」爲「袂」。蓋廣韻侵韻「襟」字下云：「袍襦前袂。」「襟」爲平聲，「袂」爲去聲，松圓易平爲去，所以協音調也。又松圓用太史公書此傳之典，其「男女同席，履舄交錯」等語，固是當時實況之描寫。然「堂上燭滅，主人留髡而送客」，則松圓於此大有野心，獨不畏唐李諸老之見妬耶？夫河東君以妙齡之交際名花，來游嘉定。其特垂青眼於此窮老之山人，必非有所惓戀，自不待言。但使之「顛狂真被尋花惱，出飲空牀動涉旬」者，當亦別有其故。列朝詩集丁壹叁松圓詩老程嘉燧小傳云：

諳曉音律，分刌合度。老師歌叟，一曲動人，燈殘月落，必傳其點拍而後已。善畫山水，兼工寫生。酒闌歌罷，興酣落筆，尺蹏便面，筆墨飛動。

及嘉定縣志貳拾僑寓門程嘉燧傳略云：

善畫山水，筆墨飛動。書法清勁拔俗，時復散朗生姿。

然則河東君於歌曲點拍，必就孟陽，有所承受。至其書法，顧云美河東君傳雖云爲陳臥子所教。然臥子筆跡，寅恪未見，無從證實。河東君「楷法瘦勁」，（見耦耕堂存稿詩下「次牧老韻，再贈河東君。用柳原韻」詩，孟陽自注。）是否更受松圓作書「清勁拔俗，時復散朗生姿」之影響，以無確據，亦未敢臆斷也。

其二云：

城頭片雨浥朝霞。一逕茅堂四面花。十日西園無忌約，千金南曲莫愁家。林藏紅藥香留蝶，門對垂楊暮洗鴉。揀得露芽纖手瀹，懸知愛酒不嫌茶。

寅恪案，此詩前四句，上已論證，玆不復贅。後四句「垂楊」之「楊」及「愛酒」之「愛」，是否暗指河東君姓名而言，姑不必考辨，唯七八兩句則應是當時當地之本事也。本草綱目叁陸「山茶」條云：「〔李〕時珍曰，其葉類茗，又可作飲，故得茶名。」又引格古論云：「花有數種，寶珠者，花簇如珠，最勝。」及周憲王救荒本草云：「山茶嫩葉煠熟水淘可食，亦可蒸曬作飲。」可與前引嘉定縣志薖園條云：「寶珠山茶，百餘年物。」互相參證。斯尤足爲河東君此次遊嘉定寄寓薖園之確據，并得藉是窺見當日河東君之閒情逸致矣。至河東君愛酒一端，詳見前論臥子集楊姬館中詩，於此可不具論。

其三云：

林風却立小樓邊。紅燭邀迎暮雨前。潦倒玉山人似月，低迷金縷黛如烟。歡心酒面元相合，笑靨歌顰各自憐。數日共尋花底約，曉霞初旭看新蓮。

寅恪案，此首乃述河東君檀園遊宴之實况也。「小樓」當指檀園中之「山雨樓」。此樓之命名，當取義於許用晦「山雨欲來風滿樓」之句。（見才調集柒許渾「咸陽城東樓」七律。）松圓「林風」，「暮雨」等語，足爲旁證。第壹聯上句與第貳聯上句相關，言河東君之醉酒。第壹聯下句與第貳聯下句相關，言河東君之唱曲。且暗以杜秋娘目河東君。蓋「花開堪折直須折，莫待無花空折枝」乃「金縷衣」曲辭中之語，與「低迷」，「黛煙」及「歌顰」諸辭相證發也。七八兩句乃指松圓等早起與河東君共看檀園芙蓉沜中新荷之本事。南翔鎮志壹壹園亭門檀園條附李元芳「清晨獨過檀園觀荷」七律云：

新荷當晝便含光。要看全開及早涼。帶露愛紅兼愛綠，迎風憐影亦憐香。林深鳥宿聲還寂，水漲魚游隊各忙。

寅恪案，茂初此詩題中之「清晨」并詩中之「新荷」，「迎風」，及「愛紅」，「愛綠」，「憐影」，「憐香」等辭，皆可與松圓詩語及河東君之名相印證。茂初此律似即爲松圓此詩同時之作。但茂初詩題中「獨過」二字，不知是否指諸老及河東君「數日共尋花底約」外之別一次，抑或實與諸老及河東君共同遊賞，而於僧筏緇仲諸姪輩有所不便，特標出一「獨」字，以免老伯父風流本事之嫌耶？觀孟陽此詩所述，乃諸老與河東君在檀園山雨樓中晚宴，酣飲達旦，如史記陸陸滑稽傳淳于髡傳所謂「長夜之飲」者。次日清晨詩老名姝徹夜不寐，餘興未闌，同賞樓前沜中之新荷，亦極自然之理，不過此爲一次之事。既得新荷宜於侵晨觀賞之經驗，故遂有數日共尋之約歟？夫老人少寐，侵晨即起，乃生理情況所致，本不足異。但妙齡少女如當日年僅十七歲之河東君，轉不似玉谿生所謂「無端嫁得金龜婿，辜負香衾事早朝」者，（見李義山詩集上「爲有」七絶。）則由其生性若是，非勉强早起，追逐諸老作此遊賞也。關於河東君特喜早起一端，可參散見前後論述臥子詩詞中涉及河東君早起諸條，兹不更贅。

其四云：

邀得佳人秉燭同。清冰寒暎玉壺空。春心省識千金夜，皓齒看生四座風。送喜觥船飛鑿落，（列朝詩集「鑿」作「錯」。）助情絃管鬬玲瓏。（列朝詩集「情」作「清」。）天魔似欲窺禪悦，亂散諸華丈室中。

寅恪案，此首第壹句及柒捌兩句，足以證明是詩乃松圓自述邀約河東君夜飲於其所居之處，極歌唱酣醉之樂也。蓋河東君當日之遊嘉定，程唐李輩必輪次遞作主人，以宴此神仙之賓客，斯乃白頭地主認爲吴郡陸機對於錢塘蘇小所應盡之責任，如天經地義之不可逃避者。考孟陽此時其家實在嘉定西城。昔日慣例，城門夜必扃閉，時間過晚，非有特許，頗難通行。此首既無如第伍首「城晚舟迴一水香」之句，復無第陸首「嚴城銀鑰莫相催」之語，則此次孟陽邀宴河東君夜飲，必不在其城内之寓所，可以推知。若在城外，恐舍張子石之杞園莫屬。亦即孟陽過張子石留宿詩及朝雲詩第壹首「出飲空牀動涉旬」句等，所指言之事之地也。然此詩中無顯著之痕跡，姑記所疑，以俟更考。此首第壹聯上句可參緪雲詩第肆首「方信春宵一刻争」句。其出處皆爲東坡「春宵一刻值千金」之語。（見東坡續集貳「春夜」七絶。）玩味松圓語意，應指河東君而言。但當時珍惜春宵之心者，恐只是孟陽，而非河東君。松圓竟作此語，何太不自量耶？下句則頗爲實録，前引宋讓木秋塘曲序云：「坐有校書新從吴江故相家，流落人間，凡所敍述，感慨激昂，絶不類閨房語。」據此可知河東君往往於歌筵綺席，議論風生，四座驚歎。故吾人今日猶可想見是夕杞園之宴，程唐李張諸人，對如花之美女，聽説劍之雄詞，心已醉而身欲死矣。

又列朝詩集丁壹叁松圓詩老程嘉燧小傳云：

> 孟陽讀書不務博涉，精研簡練，採掇菁英。晚尤深老莊荀列楞嚴諸書，鈎纂穿穴，以爲能得其用。其詩以唐人爲宗，熟精李杜二家，深悟剽賊比儗之繆。七言今體，約而之隨州。七言古詩，放而之眉山。此其大略也。

寅恪案，牧齋於孟陽推崇太過，招致當時及後世之不滿。兹以不欲廣涉，故不具論。但謂松圓晚年尤深於楞嚴及熟精李杜二家，深悟剽賊比儗之繆，則於此不得不置一言。觀朝雲詩及今夕行，其剽賊比儗杜少陵之「江畔獨步尋花七絶句」及「麗人行」，可謂至矣。牧齋何能逃阿私所好之譏乎？獨此詩第柒捌兩句，乃混合楞嚴及維摩詰兩經之辭義，以楞嚴之「天魔」，爲維摩之「天女」，造語構思，殊覺巧切。牧齋謂其晚深楞嚴，鈎纂穿穴，以爲能得其用者，似或可信歟？全祖望鮚埼亭外集叁叁「錢尚書牧齋手跡跋」云：

第二幅云：「劫灰之後，歸心佛乘，急欲請書本藏經，以供檢閲。聞霍魯齋作守道，（寅恪案，清史列傳柒捌貳臣傳霍達傳略云：「霍達陝西武功人。順治八年授浙江嘉湖道。十年遷太僕寺少卿。」及商務重印李衛嵇曾筠等修浙江通志壹貳壹分巡嘉湖道欄載：「霍達字魯齋，陝西人。順治八年九年任。」故牧齋作此書之時間，得以約略推知。又王昶明詞綜拾録魯齋意難忘「雨夜」詞一首，可供參證。）此好機緣，春夏間欲往訪之。兄過嘉禾，幸爲商地主，不至栖栖旅人也。内典可更爲一蒐訪。」嗚呼！望塵干索，禪力何在？不覺爲之一笑。

寅恪案，牧齋之禪力，固不能當河東君之魔力，孟陽之禪力，恐亦較其老友所差無幾。吾人今日讀松圓此詩並謝山此跋，雖所據論者有别，然亦不覺爲之一笑也。至楞嚴經，寅恪十餘歲時，已讀牧齋所作之蒙鈔，後數年，又於紹氏見一舊本蒙鈔，上鈐牧齋印記，亦莫辨其真僞。近數十年來，中外學人考論此經者多矣。大抵認爲僞作。寅恪曩時與鋼和泰君共取古今中外有關此經之著述及乾隆時滿蒙藏文譯本參校推繹。尤注意其咒文，是否復元後，合於梵文之文法及意義。因此得一結論，即此經梵文音譯之咒心，實非華人所能僞造。然其前後諸品，則此土文士摭取開元以前關於阿難摩鄧伽女故事譯文，融會而成。故咒心前後之文，實爲僞造，非有梵文原本。譬如一名畫手卷，畫雖是真，而前後題跋皆爲僞造。由是言之，謂此經全真者，固非。謂其全僞者，亦未諦也。當寅恪與鋼君共讀此經之時，并偶觀尚小雲君演摩登伽女戲劇。今涉筆及此，回思前事，又不覺爲之一嘆也。

復有可注意者，此詩第陸句，若果如列朝詩集作「助清」，則亦可通。才調集叁韋莊「憶昔」詩云：

昔年曾向五陵遊。子夜歌清月滿樓。銀燭樹前長似晝，露桃花裏不知秋。西園公子名無忌，南國佳人號莫愁。今日亂離俱是夢，夕陽唯見水東流。

然則端己「子夜歌清月滿樓」句，即孟陽「助清絃管鬬玲瓏」句之出典注脚也。今姑不論松圓之詩本何字，但讀者苟取孟陽并端己所作兩詩連貫誦之，則别有驚心動魄之感焉。蓋河東君此次嘉定之遊，在崇禎七年甲戌暮春至初秋之時間，昇平歌舞，猶是開元全盛之日，越十年而爲弘光元年乙酉，其所宴遊往來之地，酬酢接對之人，多已荒蕪焚毀，亡死流離，往事回思，真如隔世矣。兹不廣徵舊籍，止略引痛史第壹壹種朱九初嘉定縣乙酉紀事之文於下，以見一斑。

朱子素「嘉定縣乙酉紀事」略云：

〔弘光元年乙酉閏六月二十一日〕南翔鎮獲〔須〕明徵妻子，斬割屠裂，一如明徵，而南翔復有李氏之禍。李氏自世廟以來，蟬聯不絕。其裔孫貢士李陟年少有雋才，知名當世。

就鎮中糾合義旅，號匡定軍，未就，里兒忌之，聲言李氏潛通清兵，因羣擁至門。陟與其族杭之等自恃無他腸，對衆嫚駡自若。市人素畏李氏，恐事定後，陟等必正其罪，佯言搜得奸細。李氏無少長皆殺之，投屍義塚，縱犬食其肉，慘酷備至。

〔七月初四日〕城之初破，〔李〕成棟尚在城外小武當廟中。辰刻乃開門入，下令屠城。約聞一礮，即封刀。時日晷正長，日入後，始發礮，兵丁遂得肆其殺掠。家至户到，雖小街僻巷，無不窮搜。刀聲砉砉然，達於遠邇。乞命之聲嘈雜如市，所殺不可數計。其懸梁者，投井者，斷肢者，血面者，被斫未死，手足猶動者，狼藉路旁，彌望皆是。投河死者，亦不下數千百人。三日後，自西關至葛隆鎮，浮胔滿河，舟行無下篙處。白膏浮於水面，坌起數分。婦女寢陋者，一見輒殺。大家閨秀及民間婦有美色者，擄入民居，白晝當衆奸淫，恬不知愧。嘐俗雅重婦節，其慘死者無數。然亂軍中，姓氏不傳矣。

初六日成棟還兵太倉。成棟拘集民船，裝載金帛子女及牛馬豕等物三百餘艘而去。

二十七日太倉賊浦嶂以土兵入縣，再屠其城，城内外死者無算。嶂日夜與兵丁共分財物，并括取民間美色及机榻屏障等物，滿載歸婁東，於是嘐中貧富悉盡。

是役也，城内外死者約凡二萬餘人。其時孝子慈孫，貞夫烈婦，才子佳人，横罹鋒鏑，尚不可勝紀。謂非設縣以來，絶無僅有之異變哉！

嗚呼！後金入關渡江，其殺戮最慘之地，揚州而外，似應推嘉定。鮑明遠蕪城賦（見文選壹壹。）在文選中，列於遊覽一類。河東君之於嘉定，亦可謂之遊覽也。其平生與幾社勝流交好，精通選學。弘光乙酉嘉定屠城之役，翠羽明璫與飛絮落花而同盡。河東君起青瑣之中，（見戊寅草所載臥子序。）蹐翟茀之列，（見牧齋投筆集上後秋興之三「小舟夜渡惜别而作」第伍首第柒捌兩句。）聞此慘禍，眷念宗邦，俯仰身世，重温參軍之賦，焉得不心折骨驚乎？但或可稍慰者，即當日寓嘐相與遊宴之諸老，則唐叔達卒於崇禎九年丙子（見嘉定縣志壹玖文學門唐時升傳。）程孟陽卒於崇禎十六年癸未十二月。（見列朝詩集丁壹叁松圓詩老程嘉燧小傳。）李茂初卒於崇禎十年丁丑三月。（見耦耕堂存稿文上「祭李茂初文。」）皆已前死。故得免於身受目睹或聞知此東南之大劫。亦可謂不幸中之大幸矣。

其五云：

城晚舟迴一水香。被花惱徹只顛狂。蘭膏初上脩蛾睩。（列朝詩集「睩」作「緑」非。）粉汗微消半額黄。主客琅玕情爛熳，神仙冰雪戲迷藏。誰能載妓隨波去，長醉佳人錦瑟傍。

寅恪案，此首當是述諸老邀約河東君遊宴嘉定城内之名園，以城門須扃閉於不甚晚之時間，不能盡興作長夜之飲，不得已乘舟共返南門外之寓所，因有柒捌兩句之感嘆也。此次作主人者爲誰，頗難考知，但所游宴城内之名園，疑即前論隱仙巷之孫元化園。關於嘉定無兩藹園一端，已詳考辨，茲不更論。此詩第叁句「蘭膏初上脩蛾睩」者，楚辭招魂：「蘭膏明燭，華容備些。」王逸注云：

言日暮游晏，然香蘭之膏，張施明燭，以觀其鐙錠，雕鏤百獸，華奇好備也

及「蛾眉曼睩，目騰光些。」王逸注云：

言美女之貌。蛾眉玉貌，好目曼澤，時睩睩然視，精光騰馳，惑人心也。

蓋孫氏園在城内，上燈之際，城門不久將閉，故主客不能盡興，廢然而返城外也。松圓用宋玉之辭，王逸之解，甚適切當日之情景。噫！緬想嘉定諸老此時皆已「魂魄放佚，厥命將落」。惜無弟子爲作「招魂」，「復其精神，延其年壽」。殊可謂天壤間一大恨事矣。此詩第伍句「主客琅玕情爛熳」之語，乃合用杜工部集玖「與鄠縣源大少府宴渼陂得寒字」詩末二句「主人情爛熳，持答翠琅玕」而成。或謂孟陽此句用李太白「寄遠」十一首之十一「朝共琅玕之綺食」句，（見全唐詩第叁函李白貳肆。）謂當日主客宴集之盛况也。又或謂孟陽用張衡詩「美人贈我金琅玕，何以報之雙玉盤」之典。（見文選貳玖張平子四愁詩之二。）蓋「美人」爲河東君之號，當時之「今美人」必有酬酢諸老之篇什，而孟陽乃以解珮之意目之，堪稱大膽。平子詩中有「玉盤」之語，松圓或借用以述邀宴之意，亦即其所作今夕行「南隣玉盤過（送）

八珍」之「玉盤」。（見下論「今夕行」。）且杜工部集壹貳「嚴公仲夏枉駕草堂兼攜酒饌」詩，有「竹裏行厨洗玉盤」之句，尤與此時情事符合也。若此解釋非是者，則或用杜少陵詩「留客夏簟清琅玕」之典。（見杜工部集玖「鄭駙馬宴洞中」詩。）「琅玕」二字，乃指竹簟而言。蓋時當夏季，孫氏園内，樓館之中，當備此物。果爾，則納涼之意，既可與此詩第肆句「粉汗」之辭相關應，而第陸句「神仙冰雪戲迷藏」，亦謂當日河東君於孫氏園竹林中作此遊戲也。由是推之，則此詩第貳聯上下兩句，俱指天然之竹及竹之製成品，意義更較通貫。此等解釋雖迂遠，但亦可備參考，故并録之。至此園主人孫元化，於明清之際，與火器礮彈有關，前引嘉定縣志軼事門趙俞之説，已痛哭言之矣。嘉定以區區海隅下邑，舉兵抗清，卒受屠戮之禍。其攻守兩方之得失，又繫於礮銃彈藥之多寡强弱。然此端豈河東君與諸老當日遊宴此園酬酢嬉娱之際，所能夢想預料者耶？兹略引載記之文於下，聊見趙氏所言，易世之後，猶有未竟之餘慟在也。

檢侯峒曾年譜下弘光元年乙酉條略云：

七月一日〔李〕成棟遂棄吴淞，悉衆西向。黎明，鼓譟薄城，以巨砲擊城之東北，聲振樓櫓，城中驚恐。頃之，率步騎度北門之倉橋，將列營，府君已伏大將軍砲於城門下，（寅恪案，此類之礮即清人所謂「紅衣大將軍」者。蓋明末火礮倣自西洋，「紅毛夷」

乃當時指西洋之稱。清人諱「夷」爲「衣」，又略去「毛」字，致成「紅衣」之名。可參清朝文獻通考壹玖肆兵考「火器」門。）視其半渡，猝發之，橋崩，步騎墜溺，死者無算。成棟一弟最勇黠，亦殲於其中，遂驚且哭，涉水引遁。頃之，復集城北，將進攻，城上發砲擊之，不得進。初三日平明，成棟遂合太倉之騎，挾火器攻具以至。天方陰雨，悉力進兵，環攻東北，砲數十發，地爲之震。府君督鄉兵，捍禦不少顧，城堞無恙。敵營中火器告竭，乃鼓譟挾雲梯薄城。自三日平明至四日五鼓，盡一晝夜，攻無頃刻之休，〔城遂陷〕。

「嘉定縣乙酉紀事」略云：

〔弘光元年乙酉〕六月廿七日偕〔吴〕志葵來者，爲前都督蔣若來。視庫存銅銃數十，使人舁之行。

閏六月十四日時我軍與北兵，矢礮相當，互有殺傷。

十八日廩生唐培猶率兵巷戰。李〔成棟〕兵銃箭並發，鄉兵大奔，培被獲。

二十三日鄉兵合圍，殺獲五騎，餘騎將過倉橋，城上急發大礮，連橋擊斷，殺三人一馬。

其一黄纛紅纖佩刀，被槍死路傍，蓋成棟弟也。

二十五日〔侯〕峒曾以書幣迎蔡〔喬〕軍。其兵皆瘻弱，惟喬頗勇健，差似可用。其所攜火藥糧儲在舟中，求姑置城中，身自率兵於城外。議者皆曰宜許之。彼戰而勝，軍資在城，其心益固。不勝，留以爲質，勢不敢棄我去。當事者猶豫不聽，遣人餽問，令泊舟南關外。

二十六日喬血戰良久，力盡幾陷。頃之，北兵十餘騎薄城，城上連發大礮，傷二人，遂引去。

七月初三日成棟會同太倉兵擁大衆至，盡鋭攻城，礮聲轟轟不絶，守城百姓股慄色變。先是，錢令〔默〕去時，開庫盡給羣胥，軍器火藥惟人所取。四門城樓扃鐍甚堅，尚有存者。鄉兵至，乃悉發用。至是徒手應敵而已。嘉定本土城，嘉隆間，倭奴屢攻，不能克。自邑令楊旦築磚城，最稱完固。北兵發大礮衝之，頽落不過數升。然下瞰城下，兵益衆，攻益力，舉礮益繁，終夜震撼，地裂天崩。礮硝鉛屑，落城中屋上，簌簌如雨。

初四日城陷。成棟進兵，屠其城。

上論朝雲詩可分兩組，前五首爲一組，後三首及「今夕行」爲一組。後一組之特點，實爲款待河東君之主人，在其城内寓所，且與唐叔達直接或間接有關。今考釋前一組已竟，請續論後一組於下。

其六云：

青林隱隱數蓮開。風渚飜飜一燕回。選伎欲陪芳宴醉，攜錢還過野橋來。花間人迫朝霞見，天際雲行暮雨迴。纖月池涼可憐夜，嚴城銀鑰莫相催。

寅恪案，朝雲詩第壹首第捌句云：「出飲空床動涉旬。」可知孟陽至少一度必在城外友人家寄寓旬日。然當無自暮春至初秋，長期留滯城外，達數月之理。至唐叔達是否亦曾暫寓城外，今難考知。即使一度出居城外，但依此首所述，則固在其城内寓園，想此時程唐二老，俱已端居敝廬，恭候佳客矣。所以知者，此首第陸句「天際雲行暮雨迴」及第捌句「嚴城銀鑰莫相催」，明是河東君寓居城外，在城内游宴，不能停留過晚之證。至其在何人家游宴，則依此首第壹聯上下兩句所言，必非孟陽本人寓所，自不待言。若非孟陽之家，則舍叔達之寓園莫屬。第壹聯下句固出杜少陵「攜錢過野橋」之典，（見杜工部集壹壹「王十五司馬弟出郭相訪兼遺營茅屋貲」。）但由孟陽家至款待河東君之主人所寓之地，必有一橋可過。此首第柒句「纖月池涼可憐夜」，則此主人之寓園，又有納涼之池畔。據孟陽自謂在此數年間與叔達「東隣西圃，尋花問柳」之語推之，則此首所述款宴河東君之處，叔達寓園頗合條件。觀耦耕堂存稿詩中「贈西鄰唐隱君」詩云「西家清池貫長薄，中壘岑隅望青郭」，及「溪鳥銜魚佐盃勺」，并嘉定縣志叁拾「處士唐時升宅」條，附張鵬翀「過叔達先生故居」詩云「惟有唐君居，猶在北郭旁」，及「回橋俯清溪」等語，則叔達爲孟陽之「西鄰」，即「西家」。「清池」

即「纖月池涼」之「池」。「長薄」即「青林」。「青郭」用李太白「送友人」詩「青山横北郭」句，（見全唐詩第叁函李白壹柒。）亦即張氏詩所謂「北郭」。孟陽以「青」代「北」者，蓋因聲調不協之故。古體詩亦應協聲調，孟陽精於音律，於此可見。「中壘岑隅」當指唐氏園中之紫萱崗而言。程詩既言「溪鳥」，張詩又言「清溪」，有溪必有橋。或謂此橋即孟陽「今夕行」序中「舍南石橋上」之橋，亦有可能。松圓此首「過野橋」之句，用古典兼用今典也。此首第柒句所言，乃七月初間夜景。朝雲詩第柒首乃述七夕宴游事，故疑此首乃述叔達於崇禎七年七月七夕以前，夜宴河東君於其寓園，而孟陽赴約往陪。所以有第叁句「選伎欲陪芳宴醉」之語。果爾，則此首列於第柒首前，自有時間先後之理由在也。

其七云：

> 針樓巧席夜紛紛。天上人間總不分。絶代傾城難獨立，中年行樂易離羣。會逢銀漢雙星度，真見陽臺一段雲。堪是林泉攜手妓，莫輕看作醉紅裙。

寅恪案，此首所述者，即今夕行序所謂「甲戌七月唐四兄爲楊朝賦七夕行」之事。蓋是年七夕河東君實在叔達家渡此佳節。此首第貳句「天上人間總不分」，「人間」當指唐氏寓園，唯不知諸老中，誰有牛郎之資格。若以年齡論，松圓比唐李爲最少，其所以偏懷野心者，殆由此耶？一笑！餘可參下論「今夕行」節。第叁句出李太白「白紵辭」三首之三「傾城獨立世所稀」。（見全唐詩第叁函李白叁。）此句與陳臥子爲河東君所賦「早梅」詩，「念爾凌寒難獨立，莫辭冰雪更追攀」之句，辭意相同，孟陽詩作於崇禎七年秋，臥子詩亦作於是年冬。當時河東君年僅十七，程陳兩人具此感想，本無足怪。然臥子於崇禎十二年春爲河東君而賦之「上巳行」云：「垂柳無人臨古渡，娟娟獨立寒塘路。」則已改變其五年前之觀念。夫女子之能獨立如河東君，實當日所罕見。臥子與河東君交誼摯篤，而得知此特性，何太晚乎？此首第肆句「中年行樂易離羣」出李太白「憶東山」二首之二：「我今攜謝妓，長嘯絶人羣。」（見全唐詩第叁函李白貳貳。）更用晉書捌拾王羲之傳所云：

謝安嘗謂羲之曰，中年以來，傷於哀樂。與親友别，輒作數日惡。羲之曰，年在桑榆，自然至此。須正賴絲竹陶寫，恒恐兒輩覺，損其懽樂之趣。

及李義山詩集上「杜工部蜀中離席」七律云：

人生何處不離羣。世路干戈惜暫分。雪嶺未歸天外使，松州猶駐殿前軍。座中醉客延醒客，江上晴雲雜雨雲。美酒成都堪送老，當壚仍是卓文君。

之出典。松圓句「中年」乃「中年以來」之省略，即王右軍所謂「年在桑榆」之義。否則，唐李程諸老中，是時叔達年八十四，茂初年七十一，孟陽年七十，皆不得以杜少陵「飲中八仙歌」中「宗之瀟灑美少年」相況，明矣。（見杜工部集壹。）儻嚴格解釋安石「傷於哀樂」

之語，則「哀樂」二字乃複辭偏用，僅是「哀」之意，非與「樂」爲對文。「傷於哀樂」者，困於哀感之謂，絶不與喜樂之「樂」相關涉也。此複辭偏用之義，松圓同時之通儒顧炎武自能知之，未可以是苛責藝術家之程嘉燧也。

又松圓此詩與玉谿生擬杜七律關係密切，他不必論，即就兩詩同用一韻，可以推知。玉谿生詩題意旨本爲送别，想當日河東君亦擬於七夕不久以後，歸返松江。在此句日之宴飲，皆可以「離席」目之。由是推論，義山詩中「晴雲」「雨雲」俱藏河東君之名，「卓文君」之放誕風流亦與河東君類似，暗借此詩辭意，以影射河東君，頗爲適合。至「醉客」則當是練川諸老，而「醒客」恐非河東君莫屬。蓋諸老此夕俱已心醉酒醉，獨河東君一人，則是「神仙賓客」之人間織女，大有三閭大夫「衆人皆醉我獨醒」之感也。此首第陸句用李太白「寄遠」十一首之十一「美人美人兮，歸去來。莫作朝雲暮雨飛陽臺」，及「出妓金陵子呈盧六」四首之一「何似陽臺雲雨人」句。第柒句復用太白「示金陵子」詩「謝公正要東山妓，攜手林泉處處行」之語。（俱見全唐詩第叁函李白貳肆。并可參上論第肆句所引李太白「憶東山」詩。）孟陽以金陵子比河東君，固頗適切。但終不免生吞活剥之誚。至東山之謝安石，孟陽自無此資格。若指周念西，則亦頗適當。在松圓賦此詩之際，原不料及别有一東山謝安石之錢探花與河東君結緣。然則，孟陽此句非河東君前日之舊史，乃後來之預讖耳。一笑！第捌句則出韓退之「醉贈張秘書」五古（見全唐詩第伍函韓愈貳。）其詩中一節云：

長安衆富兒，盤饌羅羶葷。不解文字飲，惟能醉紅裙。雖得一餉樂，有如聚飛蚊。

夫當日練川諸老之「解文字飲」，吾人自無異議。但唐程乃嘉定貧子，其款待河東君之宴席，當如松圓自述之「蔬筍盤筵」，（見上引「過張子石留宿」詩。）而非長安富兒之「盤饌羶葷」。吾人於此亦無異議。雖松圓借取韓句，聊以自慰自豪，然寒酸之氣，流露紙背，用此自卑情緒，賦「伎席」，「豔詩」，今日讀之，不覺失笑也。

其八云：

幾株門柳一蟬吟。款夕幽花趁夕陰。令我齋中山岫響，知卿塵外蕙蘭心。瑶林迥處宜邀月，秋水湛時最賞音。絜榼便追逃暑會，天河拌落醉横參。

寅恪案，孟陽「今夕行」序云：

甲戌七月唐四兄爲楊朝賦七夕行。十二夜復過余成老亭。酒酣乘月納涼舍南石橋上，絲竹激越，賞心忘疲，因和韻作此。

據此頗疑朝雲詩最後一首，即述崇禎七年七月十二夜河東君如萼緑華之降羊權家，而降松圓西城寓所之事。此首與「今夕行」雖同述一事，但「今夕行」乃和叔達「七夕行」韻之作，此首則孟陽自誇其稀有之遭遇，特賦七律紀之，并以完成此朝雲一段因緣也。此首第貳聯上句用傅休奕「又答程曉」詩「洪崖歌山岫」之語。（見漢魏百三名家集傅鶉觚集。）應是河東君當時在成老亭歌唱，故松圓賦此。下句疑借用玉谿生「荆門西下」詩，「蕙蘭蹊徑失佳期」之意。（見李義山詩集上。）但松圓於此，竟用「卿」字。考世説新語惑溺類云：

王安豐婦常卿安豐。安豐曰，婦人卿婿，於禮爲不敬。後勿復爾。婦曰，親卿愛卿，是以卿卿。我不卿卿，誰當卿卿？遂恒聽之。

夫明末清初之時，能「卿」河東君者，周文岸姑置不論。錢受之則自崇禎十四年六月七日以後，始正式取得此資格。觀有學集貳秋槐詩支集附録河東君和牧齋「人日示内」詩二首之二，其末句云：「不唱卿家緩緩吟。」據此可以證知河東君實以安豐縣侯夫人自命。孟陽乃一窮酸之山人，豈有封侯夫婿之骨相耶？至若其他諸人，如宋轅文陳臥子李存我等，雖皆與河東君爲密友，然猶未備此條件。孟陽於此，可謂膽大於姜伯約矣。宜乎牧齋選詩，痛加删削也。第貳聯上句之「瑶林」，似謂朝雲詩第陸首「青林隱隱數蓮開」之「青林」。或即指孟陽「贈西鄰唐隱君」詩，第壹句「西家清池貫長薄」之「長薄」，亦未可知。下句疑指橋下及船邊照影之秋波也。此首第柒句之「絮榼」恐與今夕行「南鄰玉盤過（送）八珍」句有關。此夕想程唐諸老各自分備殽酒，以宴萼緑華。至第捌句結語用龍城録趙師雄羅浮夢事。「月落參横」之時，嘉定城門必不能開啓通行。豈河東君在此數夕之間，不居寓城外，而留宿於叔達寓園耶？孟陽今夕行序謂「十二夜復過余成老亭」，恐此夕河東君之過成老亭，未必一人獨來，叔達當亦伴行。若此揣測不謬，則成老亭之命名，本用杜詩「與子成二老，來往亦風流」之典，（見杜工部集叁「寄贊上人」五古。）程唐「二老」是夕真可謂風流之至，不負此亭之名矣。

論朝雲詩八首既竟，頗覺松圓生吞活剥杜詩原句太多。今寅恪百尺竿頭更進一步，戲集唐人成句爲七絶一首，以博讀者一笑。詩云：

霸才無主始憐君。（温飛卿「過陳琳墓」。寅恪案，「君」指河東君。從顧云美河東君傳之先例也。）世路干戈惜暫分。（李義山「杜工部蜀中離席」。寅恪案，陳臥子於崇禎七年，即程松圓賦朝雲詩之年，其爲河東君作「早梅」詩云：「干戈繞地多愁眼。」）兩目眵昏頭雪白，（韓退之「短燈檠歌」。）枉抛心力畫朝雲。（元微之「白衣裳」二首之二。）

耦耕堂存稿詩「今夕行」并序云：

甲戌七月唐四兄爲楊朝賦七夕行。十二夜復過余成老亭。酒酣，乘月納涼舍南石橋上，絲竹激越，賞心忘疲，因和韻作此。（此序上文已引。兹爲解釋便利，故重迻録。）

七夕之夕明河新。飛來烏鵲填河津。今夕何夕織女降，南隣玉盤過（送）八珍。綵雲翩躚入庭户，明月自與幽人親。李謩賀老并同舍，彈絲吹竹無昏辰（晨）。一聲裂石衆譁寂，四筵不勞録事嗔。白頭當場自理曲，向月吹簫教玉人。玉人羽衣光翯翯，似有霓裳來碧落。香霧寒生半臂綃，暗塵襟解羅襦縛。玉指參差送夜光，雲鬟娿婧閗宵柝。只云三萬六千是（日），莫惜顛狂且行樂。

寅恪案，孟陽此詩與朝雲詩第捌首同述一事，前已論及。此詩乃和叔達七夕行韻之作，不過唐氏所賦爲崇禎七年河東君在其寓園遊宴之經過。孟陽此詩，則雖和唐韻，而所言乃七夕後五日，即十二日之夜，河東君過其家之事。唐程兩詩，雖同體同韻，其内容應有互異之點。今既不得見唐氏七夕行，取以相發明，姑止就程氏今夕行略加論釋，自必不能滿意，須更詳考。至叔達七夕行乃用少陵「麗人行」之韻。（見杜工部集壹。）所以如是者，疑别有寓意，因河東君夙稱「美人」。「麗人」即「美人」。子美此詩題所謂「麗人」，指楊氏諸姨而言。「楊」復河東君之姓也。孟陽今夕行之命名，本出少陵原題。其第叁句「今夕何夕」，亦與杜詩第壹句相同。（見杜工部集壹「今夕行」。）但此皆表面之解釋，非真知孟陽用意所在者。頗疑松圓實用詩經唐風綢繆篇「今夕何夕，見此粲者」之典。據朱子集傳「粲，美也。此爲夫語婦之辭也。」若所推測者不誤，則孟陽命題之原意，亦與朝雲詩第捌首第捌句之「卿」河東君者，用心正復相似。上引牧齋論松圓之詩，以爲「七言古詩，放而之眉山」。（寅恪案，上海前合衆圖書館藏耦耕堂存稿詩中，此詩題下有評語云：「敍題大似東坡，詩亦相近。」並可參證。）今觀松圓今夕行，頗有摹擬東坡松風亭梅花詩之跡象。（見東坡後集肆。）錢氏之言，殊爲可信。蘇詩第壹首「海南仙雲嬌墮砌，月下縞衣來扣門」之語，亦與崇禎七年七月十二夜孟陽寓所之情景暗合。借「仙雲」之辭，以目河東君，頗爲適切。蓋是夕河東君以萼緑華及「神仙賓客」之身分，降松圓家，而「雲」復爲河東君之名也。又蘇詩第貳首「耿耿獨與參横昏」之句，復與同述此夕經過之朝雲詩第捌首結句「天河抨落醉横參」句有關。朝雲詩此句，雖出少陵詩「天横醉後參」及「自待白河沉」之典，（見杜工部集壹貳「送嚴侍郎到綿州」。仇兆鰲杜詩詳注壹壹，釋此詩之「白河」爲「天河」，是。寅恪以爲程詩之「落」，即出杜詩之「沉」也。）然松圓遺辭，固出於杜，而用意則實取於蘇也。孟陽此詩「南隣玉盤過八珍」之「過」，雖可借用杜工部集壹「夏日李公見訪」詩「牆頭過濁醪」之「過」。但仍疑爲「送」字之誤。所以作此推測者，因叔達七夕行本用少陵「麗人行」之韻，今唐氏原詩未見，不知其與麗人行内容關係如何。但麗人行有「御廚絡繹送八珍」之語，松圓改爲此句。其「送」字之意，與朝雲詩第捌首第柒句「挈榼」二字相涉，且「玉盤」之辭，亦出杜工部集壹貳「嚴公仲夏枉駕草堂，兼攜酒饌」詩「竹裏行廚洗玉盤」之典，甚合叔達此夕「挈榼」之事。然則諸老各具酒饌，湊成夜宴，寒乞情況，可以想見。此夕處士山人之筵席，固遠不如後來富商汪然明，貪宦謝象三之豪侈招待，即候補閣老錢受之之半野堂寒夕文讌，其酒饌之豐盛，亦當超過唐程諸老之逃暑會無疑也。詩中「李薹賀老並同舍，彈絲吹竹無昏晨」及「白頭當場自理曲，向月吹簫教玉人」等句，足徵牧齋謂孟陽精於音律，其言實非虛譽，而河東君從之有所承受，抑又可知。顧云美河東君傳云：「定情之夕，在辛巳六月七日。君年二十四矣。宗伯賦前七夕詩，要諸詞人和之。」噫！此爲唐叔達賦七夕行後七年之事也。牧齋當崇禎甲戌之秋，尚未「見此邂逅」（見詩經唐風綢繆篇第貳章并朱注。）然終能急追躍進，先期一月完成心願，誠足誇叔達於地下，傲孟陽於生前矣。

耦耕堂存稿詩中，今夕行之後第叁第肆及第捌第玖第拾共五題，皆與河東君有關。茲分別論述之於下。

「秋雨端居有懷」云：

百日全家藥裏間。不論風雨不開關。籬邊秋水愁中路，郭外春湖夢裏山。時倚餅花滋起色，漫懸粱月見衰顏。南村賸客如相憶，好就茅齋一宿還。

「病餘戲咏草花」云：

鶯粟雞冠畫不成。神農漢使未知名。千年血漬丹砂在，一寸心灰縞雪生。望裏蜉蝣弦晦數，睡餘蝴蝶夢魂清。天花散處宜蠲疾，不比文園露一莖。

寅恪案，河東君於崇禎七年初秋離嘉定返松江後，練川諸老當有孟子滕文公篇所謂「孔子三月無君，則皇皇如也」之情狀。（此「君」借作「河東君」之「君」。）故孟陽詩中應可發現痕跡。此二題初視之，似無關係。細繹之，實爲懷念河東君之作。前一題言全家秋雨時患病，諒是河魚腹疾之類，姑不置論。獨七八兩句乃追念河東君於七年暮春至初秋間寄寓城南之盛會。「南村臘客」疑指李茂初而言，蓋松圓欲茂初至其家，與之商量招約河東君重來嘉定一事。故河東君於崇禎九年乙亥歲暮再遊練川。觀孟陽和茂初「停雲」詩「相望經時滯迺翁」之句可證。詩題中之「有懷」乃懷茂初，兼懷河東君也。後一題懷念河東君之意，較前一題更爲明顯。第肆句乃合用李義山詩「一寸相思一寸灰」（見李義山詩集上「無題」四首之二。）及蘇東坡詩「月下縞衣來叩門」（見前引。）之意。七八兩句謂河東君既如天女之來散花於示疾之維摩詰丈室矣。今不應似司馬相如之爲卓文君而病消渴也。

「停雲次茂初韻」云：

停雲靄靄雨濛濛。相望經時滯迺翁。莫往豈能忘夙好，聊淹俄復得深衷。不愁急管哀絲迸，且喜殘年皓首同。况值新知多道氣，只言此地古人風。

寅恪案，李茂初原作今未得見，其以「停雲」爲題，固出陶淵明「停雲」詩序「停雲思親友也」之意。但李氏心中「雲」乃「阿雲」之「雲」。「停」則停留之意。夫河東君之於嘉定諸老，只可謂之「友」，而未能爲其「親」。且陶詩義正辭嚴，不宜借作綺懷之題。豈松圓後來亦覺此題未妥，遂以「緪雲」代之，而作七律八首耶？至若有學集玖紅豆初集「戊戌新秋日吳巽之持孟陽畫扇索題，爲賦十絶句」其第拾首（錢曾王注本爲第貳首。）云：「依約情人懷袖裏，每移秋扇感停雲。」則「停雲」一辭，兼指孟陽及河東君而言，殊與「思親友」之義切合。此亦松圓茂初輩賦「停雲」詩時，所不及料者也。餘詳後論緪雲詩扇條。李程二老賦停雲詩，疑在崇禎九年初春。蓋此題後一題爲「和爾宗春讌即事」詩。據列朝詩集孟陽詩選本，緪雲詩前，即春讌詩。但題上多「丙子立春」四字。依鄭鶴聲近世中西史日對照表，崇禎九年丙子無立春。但七年甲戌正月六日立春，十二月十七日又立春。八年乙亥十二月廿八日立春。寅恪以爲當日曆官定曆，必無一年之内，缺去或重複立春節氣之理。故知鄭表中七年歲末之立春，應移於八年歲初，而八年歲末之立春，應移於九年歲初。如此移置，方與當時事理及孟陽詩題符合。又據耦耕堂存稿文中「祭李茂初」文略云：

> 崇禎歲丁丑春正月李茂初先生寢疾里中，會余留滯郡城。（寅恪案，「郡城」指蘇州言。明代嘉定爲蘇州府屬縣。孟陽此次至蘇州，疑是送牧齋被逮北行。俟考。）二月晦日拏舟候兄於室。先生顧余微笑。明晨復小語而别。又四日爲三月癸卯，先生終於正寢。春秋七十有四。越二七日丁巳表弟程某哭奠于几筵而告之曰，去歲之春，同遊湖壖。尋花放

狂，把燭迴舩。歡笑累夕，和詩幾篇。

寅恪案，孟陽祭茂初文作於崇禎十年丁丑。文中「去歲之春」指崇禎九年丙子之春。「尋花放狂」之「花」，指河東君言，即孟陽「正月同李茂初沈彥深郊遊，次茂初韻」詩中，（此題「正月」二字，從孫氏鈔本增補。全詩見下引。）所謂「尋花舍此復何之」之意也。考河東君以崇禎八年秋深別臥子於松江，重返盛澤鎮徐雲翾家。值此惆悵無聊之際，當思再作嘉定之遊。何況練川諸老知其已脱幾社名士之羈絆，逸興野心，遂大發動，更復殷勤促其重來，以踐崇禎七年初秋相別時之宿諾耶？孟陽詩中「況值新知多道氣」句之「新知」自指河東君言。「新知」一辭，本出楚辭九歌少司命「樂莫樂兮新相知」之句，然松圓之意，注重在「樂」，而不在「新」。觀其後來所作「六月鴛湖飲朱子暇夜歸，與雲娃惜别」詩「一尊且就新知樂」之語，（全詩見下引。）足證其「新」字之界説。餘可參前論宋尚木秋塘曲序條，兹不復贅。又杜工部集壹壹「過南隣朱山人水亭」詩云：「看君多道氣，從此數追隨。」松圓用少陵「多道氣」之語，豈欲「從此數追隨」河東君耶？竊恐阿雲接對唐李程諸老之際，固多道氣，但其周旋宋轅文陳臥子李存我之時，則此「道氣」一變而爲妖氣，松圓於此可謂「枉拋心力」矣。又茂初卒於崇禎十年丁丑三月。其卒前一年，尚與此「多道氣」之「新知」相往來。論語里仁篇「子曰，朝聞道，夕死可矣。」朱注云：「道者，事物當然之理。苟得聞之，則生順死安，無復遺恨矣。」然則，若茂初者，殆可謂生順死安者歟？

「丙子立春和爾宗春讌即事」（「丙子立春」四字，據列朝詩集所録增補。）云：

歸舠夜發促春盤。少長肩隨各盡懽。花鳥裝春迎宿雨，天雲釀雪作朝寒。何嫌趨走同兒戲，便許風流比畫看。暈碧裁紅古來事，醉痕狼藉任闌干。

寅恪案，爾宗者，金德開之字。事蹟見嘉定縣志壹柒忠節門本傳。其父兆登本末見耦耕堂存稿文下「都事金子魚先生行狀」及初學集伍肆「金府君墓誌銘」等。又嘉定縣志叁拾第宅園亭門「金氏園」條云：

東清鏡塘北。中有柳雲居，（寅恪案，「柳雲」二字可注意，不知是否與河東君有關。俟考。）止舫，霽霞閣，冬榮館。金兆登闢。別有福持堂，在塔院西。兆登別業。

據此，崇禎九年丙子立春日爾宗之春宴，河東君當亦預坐。此詩第壹句之「歸舠」，乃指河東君此次來嘉定，寓居城外，或即南翔鎮之檀園。爾宗既設春宴於其城内之寓園，則城門夜深必須扃閉，故河東君不能甚晚返其城外居處，所謂「促」者，指時間之迫促。第貳句「少長盡懽」之「少」，指爾宗輩，「長」指孟陽輩。第肆句暗藏「朝雲」二字，否則既是夜宴，何必用「朝」字也。此詩第貳聯之「兒戲」「風流」，甚合當時情事。第柒句疑用梁簡文帝「春盤賦」語。（寅恪檢佩文韻府壹一東紅韻下云：「梁簡文帝春盤賦，裁紅暈碧，巧助春情。又裁紅點翠愁人心。」今檢丁福保輯全漢三國晉南北朝詩全梁詩壹簡文帝「東飛伯勞歌」二首之一有「裁紅點翠愁人心」之句。元好問遺山詩集捌「春日」詩：「里社春盤巧欲争，裁紅暈碧助春情。」自注云：「歐陽詹春盤賦，裁紅暈碧，巧助春情，爲韻。」全唐文伍玖伍歐陽詹春盤賦及佩文韻府壹佰上十一陌碧韻下并同。但漢魏百三名家集及嚴可均輯全梁文簡文帝文等，皆無春盤賦。更俟詳考。）又後來河東君於崇禎十三年所賦「春日我聞室作，呈牧翁」詩「裁紅暈碧淚漫漫」句，亦是追感此類春讌，所以有「淚漫漫」之語耳。「古來事」者，孟陽非僅謂自古相傳有此節物風俗，兼具和李茂初「停雲」詩，「只言此地古人風」之意。頗疑「此地古人風」之語，實出於河東君之口。作此等語，即所謂「道氣」者是也。觀此夕之春讌，河東君來去迫促如此，真玉谿生「重過聖女祠」詩所謂「萼緑華來無定所，杜蘭香去未移時」者也。（見李義山詩集上。）

「正月十一十二夜雲生留余家，與客連夕酣歌，醉餘夜深，徘徊寺橋，俯仰昔遊，題三絶句。」云：

傷心無奈月明橋。秋水横波凝玉簫。十八回圓天上月，草芳何盡緑迢迢。

經過無處不關情。寺冷臺荒月自明。相見解人腸斷事，夜深閒上石橋行。

美人一去水連村。風月佳時獨掩門。今夕酒闌歌散後，珊珊邀得月中魂。

寅恪案，此題三絶句與緪雲詩八首殊有密切關係。不過孟陽此三絶句，止詠崇禎九年丙子正月十一十二兩夕，河東君留宿其家之奇遇。至緪雲詩八首，則爲總述河東君此次嘉定之重遊，包括崇禎九年正月燈節前數日，在其家小住後，至二月下旬離嘉定返盛澤，并去後不久時，相思甚苦之事實也。蓋萼緑華之降羊權家，乃曠世難逢之大典，豈可以三絶句短章草率了事？但七律八首，又費經營，絶非一時所能寫就。職此之故，兩題内容固有相同之處，而作成時間，則有先後。頗疑緪雲詩之完成，當在河東君崇禎九年二月末，離去嘉定不久之後，即是年三月暮春也。

此詩題中之「昔遊」，指崇禎七年七月十二夜，即今夕行所述之事。「雲生」指河東君，固不待言。考徐釚續本事詩伍袁宏道「傷周生」詩題下注云：

按吴人呼妓爲生。

據此，孟陽自可呼河東君爲「雲生」。又檢王聖塗闢之澠水燕談録拾「談謔」類（可參趙德麟令時侯鯖録捌「錢塘一官妓」條。）云：

子瞻通判錢塘，嘗權領州事。新太守將至，營妓陳狀詞以年乞出籍從良。判曰，五日京兆，判狀不難。九尾野狐，（寅恪案，趙氏書謂此妓「性善媚惑，人號曰，九尾野狐」。）從良任便。有周生者，色藝爲一州之最，聞之，亦陳狀乞嫁。惜其去，判云，慕周南之化，此意雖可嘉。空冀北之羣，所請宜不允。其敏捷善謔如此。

然則呼妓爲「生」，宋人已然。但孟陽所以取男性之稱目之者，疑有其他理由。一方面河東君往往以男性自命，如與汪然明尺牘之稱「弟」及幅巾作男子服訪牧齋於半野堂等，即是其例。別一方面，則河東君相與往還之勝流，亦戲以男性之稱目之。如牧齋稱之爲「柳儒士」之例。（見牧齋遺事「國初録用前朝耆舊」條。）寅恪更疑此詩題中之「雲生」，其初稿當作「雲娃」，蓋用唐汧國夫人稱「李娃」之典。（見太平廣記肆捌肆白行簡所撰李娃傳「汧國夫人李娃，長安之倡女也。」等語。）如其「二月上浣同雲娃踏青」及「六月鴛湖與雲娃惜別」等題，同一稱謂。（兩詩俱見下引。）後來發覺以「雲娃」爲稱，而留宿其家，甚涉嫌疑，兩方均感不便，遂改「娃」爲「生」，以圖蒙混歟？又吳梅村「琴河感舊詩」序亦稱卞玉京爲「卞生」。蓋以賦詩之際，雲裝亦將委身於人之故。此點可與孟陽詩題序相參證也。（見梅村家藏稾陸，并後論卞玉京事節。）總而言之，牧齋於松圓與河東君之關係，雖不甚隱諱，然值此重要關頭，即「雲生留予家」之問題，則風流才子之錢謙益，亦不得不倣效陳腐迂儒之王魯齋柏，撰著「詩疑」，於鄭衛諸篇，大肆刪削矣。呵呵！至題中之「寺橋」，第壹首第壹句之「橋」，第貳首第貳句之「寺」及第肆句之「石橋」，俱指西隱寺之橋，亦即孟陽改其名爲「聽鶯橋」者，見前論隱仙巷非別有邁園條及後論緪雲詩第貳首，「聽鶯橋下波仍緑」句，茲不多贅。

第壹首與杜牧之「寄揚州韓綽判官」詩「青山隱隱水迢迢。秋盡江南草木凋。二十四橋明月夜，玉人何處教吹簫」，及孟浩然「留別王侍御維」詩「欲尋芳草去，惜與故人違」有關。（見全唐詩第捌函杜牧肆及同書第叁函孟浩然貳。）否則孟陽賦詩正值嚴寒草枯之際，焉得有第肆句「草芳何處緑迢迢」之語耶？更申言之，孟陽此首之意，大有玉谿生「小姑居處本無郎」（見李義山詩集中「無題」二首之二。）及辛稼軒詞「見説道，天涯芳草無歸路。」（見稼軒詞貳摸魚兒「王正之置酒小山亭賦」。）之微旨也。第壹句所謂「傷心」者，鄙意河東君之爲人，感慨爽直，談論敍述，不類閨房兒女。觀前引宋尚木秋塘曲，知其當日在白龍潭舟中，對陳宋彭諸人，道其在周文岸家，不容於念西羣妾事，絶未隱諱，可爲例證。由是推之，此次重游練川，亦必與孟陽言及其所以離松江遷盛澤之經過，而於其不能爲臥子家庭所容之原委，復當詳盡痛切言之也。「十八回圓天上月」者，蓋河東君於崇禎七年七月七夕後，離去嘉定，復於九年正月元日前重遊練川。孟陽若忘却七年閏九月，不計在内，則其間天上明月正合十八回圓之數也。又白氏文集壹捌「三年別」七絶云：

悠悠一別已三年。相望相思明月天。腸斷青天望明月，別來三十六迴圓。

孟陽殆有取於香山此題。因三年別之語，若自河東君於崇禎七年孟秋離去嘉定，至松圓賦「正月十一十二夜」詩時，實際上雖非經過三十六月，但名義上亦可謂已閱三年矣。

第貳首第叁句所謂「腸斷事」者，不知孟陽指何方面而言。但河東君與孟陽兩人，皆有斷腸之事，即臥子送別河東君滿庭芳詞所謂「怨花傷柳，一樣怕黄昏」者也。（全詞見下引。）第叁首孟陽述其自崇禎七年秋間，河東君别後相思之苦及此夕即九年正月十一十二夜相見之樂。詩語雖不甚佳，但爲賦此題之本旨。其姗姗來遲，令人期待欲死之意，溢於言表矣。

上海前合衆圖書館藏吴興劉氏舊抄本耦耕堂存稿詩中「緪雲詩」第捌首末句「風前化作綵雲行」下有朱筆評語云：

「綵雲」首尾呼應，是八首章法。音調悽惋，情致生動，是從長慶得來，與西昆（崑）豔詩有别。

寅恪案，此評語出自何人之手，今難考知。甚疑是孟陽同時之人。即使出自後人手筆，亦必其人生年與孟陽相近，尚能聞知當日故實，如孫松坪之流。否則不得親切若是也。至其言孟陽此詩「是從長慶得來，與西崑艷詩有别」。若就緪雲詩之意境言之，則頗與西崑近，而不似長慶。但就辭語論之，則實與香山之詩有關。檢白氏文集壹貳「簡簡吟」一題結語云：「彩雲易散琉璃脆。」此題後即「花非花」一題，其辭云：

花非花，霧非霧。夜半來，天明去。來如春夢幾多時，去似朝雲無覓處。

由此推之，孟陽賦朝雲詩實從香山「花非花」來。蓋河東君之「來無定所，去未移時」甚與樂天所言者符合。孟陽既取「花非花」辭意，以作朝雲詩，則用「簡簡吟」末句「彩雲」之語爲題，更賦綵雲詩八首，本極自然。但簡簡吟後半述蘇家小女之早夭，孟陽後來亦當發現其用此不祥之辭爲題，甚是不妥。因前賦正月十一十二夜三絶句時，撏撦樊川詩集得「孤直緪雲定」之句，（見全唐詩第捌函杜牧貳「贈沈學士張歌人」詩。）遂改「綵雲」爲「緪雲」。且與河東君之擅長歌唱者，頗相適合也。

「緪雲詩」八首，非一時所作。其完成時間，大約在崇禎九年暮春，前已略論及之。此題八首之作，其最前時限當是崇禎九年正月。其最後時限，亦不能越出是年三月也。此題八首既非一時所完成，其内容所述者，亦不止關涉一事。約略言之，可分爲四端。第壹第貳兩首爲言其寫作緪雲詩扇。（此扇有河東君畫像并孟陽自題詩。）第叁第肆兩首爲細寫河東君留宿其家。第伍第陸兩首爲敍述河東君之離去嘉定。第柒第捌兩首爲陳訴己身自河東君别後相思之痛苦。（寅恪案，徐電發續本事詩陸選松圓緪雲詩第壹第叁第柒共三首，亦可謂得其要領矣。）凡此八首皆步一韻，與前此所賦朝雲詩有别。耦耕堂存稿詩此題下并第陸第柒兩首上有評語云：

八詩同用一韻，比朝雲詩更工鍊矣。其用韻略無一意同者，而極自然，無斧鑿之迹，故佳。

各詩承接俱能打成一片，正在起結處得力耳。不止以對句求工，押字取致而已。

押争字各見筆力，尤在與前後一氣貫注，移動不得，乃見作法。

寅恪案，此等評語推崇至極，究屬何人所加，殊爲可疑。其非出自牧齋，固不待言。但當時稱賞松圓之詩，若此之甚者，舍牧齋外，又難覓其他相當之人。然則豈松圓本人所自爲耶？文士故作狡獪，古今多有之，不足異也。鄙意此題八首之用韻，實有問題。頗疑是次韻之作。蓋第伍首云：「豔曲傳來還共和。」據此可知當時松圓必有和河東君之作。但今檢耦耕堂集，此數年中所賦之詩，尚未發現有和河東君之篇什。或者緪雲詩八首，即步河東君原詩之韻者。河東君此原詩，乃孟陽所謂「豔曲」者歟？俟考。兹依次迻録緪雲詩八首，分別論釋之於下。

其一云：

緪雲一散寂無聲。此際何人太瘦生。香縱反魂應斷續，花曾解語欠分明。白團畫識春風在，紅燭歌殘夕淚争。從此朝朝仍暮暮，可能空逐夢中行。

其二云：

抹月塗風畫有聲。等閒人見也愁生。聽鶯橋下波仍緑，走馬臺邊月又明。芳草路多人去遠，梅花春近鳥啣争。殘更亡寐難同夢，爲雨爲雲只自行。

寅恪案，有學集玖紅豆初集「戊戌新秋日吴巽之持孟陽畫扇索題，爲賦十絶句」其二（錢曾注本列爲第叁。）云：

斷楮殘縑價倍增。人間珍賞若爲憑。松圓遺墨君應記，不是緪雲即送僧。（自注：「孟陽別妓有緪雲詩扇。」）

有學集中此十絶句詳見後論。兹可注意者，爲牧齋此首自注「緪雲詩扇」一語。蓋詩扇有孟陽自書其贈妓詩，固不待言。但扇面空間不甚廣闊，緪雲詩八首，若全部盡書，則必是蠅頭小字，方可容納。松圓於崇禎九年已七十二歲，當時雖有眼鏡，松圓未必具此工具。（參初學集玖崇禎詩集伍「眼鏡篇送張七異度北上公車」詩。）故此詩扇之詩，應不能超過兩首。若依此限度，則當是此題之第叁首并第肆首，因此兩首乃述河東君留宿其家之事，且第叁首結語「綵雲緪定不教行」，實緪雲詩全部之核心，絶無遺漏之理。又牧齋十絶句乃應吴巽之之請，題松圓畫扇者。據此可知雖稱之爲緪雲詩扇，其上除詩外，當尚有畫在。如松圓浪淘集壹叁春帆「墊巾樓中宋比玉對雪鼓琴，余戲作圖便面漫題」之例，可以爲證。蓋通常團扇，兩面皆可作畫書字。其一面無終貫之扇骨者，便於作畫。其別一面之貫有扇骨者，不礙作書。由此推之，牧齋所謂緪雲詩扇，仍爲松圓之畫扇，不過其別一面，則有孟陽自書之緪雲詩耳。緪雲一事乃松圓平生最得意者，故往往作畫題字以示密友。巽之此扇當亦其中之一。未必即是孟陽親贈於河東君者也。

緗雲詩第壹首第壹句「緗雲一散寂無聲」，固出李太白「宫中行樂詞」八首之一「只愁歌舞散，化作綵雲飛。」（見全唐詩第叁函李白肆。）但「無聲」二字，松圓之意除指歌聲外，恐兼指扇上之畫言。蓋目畫爲無聲之詩，河東君雖去，而畫圖仍在也。第伍句「白團畫識春風在」，用梁武帝「手中白團扇，浄如秋團月」及簡文帝「白團與秋風，本自不相安」并杜工部「畫圖省識春風面，環珮空歸月夜魂」等詩句之典。（見丁福保輯全梁詩壹梁武帝「團扇歌」及簡文帝「怨詩」。并杜工部集壹伍「詠懷古跡」五首之三。）亦足證此句與第壹句皆謂扇上之畫也。第陸句「紅燭歌殘夕淚争」，用杜牧之「蠟燭有心還惜别，替人垂淚到天明」及晏叔原詞「紅燭自憐無好計，夜寒空替人垂淚」之典。（見全唐詩第捌函杜牧伍「贈别」二首之二及晏幾道小山詞蝶戀花詞。）俱爲世人所習知，不過松圓以之作别妓詩，更覺適切也。第柒第捌兩句自是出於宋玉高唐賦「旦爲朝雲，暮爲行雨」之語。（見文選壹玖。）河東君此時以「朝」爲名，以「朝雲」爲字，如江總字總持，杜牧字牧之之例。特點出之，亦當日賦詩者之風氣。前第貳章已詳論之。

第貳首第壹句「抹月塗風畫有聲」，指扇上之詩言。蓋目詩爲有聲之畫也。第叁句「聽鶯橋下波仍緑」，關於聽鶯橋一端，見上論西隱寺前石橋，本名「寶蓮」，松圓改爲「聽鶯」事，兹可不贅。第肆句「走馬臺邊月又明」，其古典則用漢書柒陸張敞傳「敞無威儀，時罷朝會，過走馬章臺街，使御史驅，自以便面拊馬」之語及文選貳柒班婕妤怨歌行「新製齊紈素，皎潔如霜雪。裁爲合歡扇，團團似明月」之句。（參玉臺新詠壹班婕妤「怨詩」。）蓋「便面」即扇。且「章臺街」一辭，復合於太平廣記肆捌伍許堯佐柳氏傳中「章臺柳」事。「團團似明月」，即「月又明」。并與第壹首第伍句有關。又松圓正月十一十二夜所賦三絶句之第叁首末句「姍姍招得月中魂」，亦與之有干涉也。其今典則借用南翔鎮「走馬塘」之名。（見陳枂校印南翔鎮志壹水道門「走馬塘」條。）而以漢書張敞傳中「過走馬章臺街」之「臺」代「塘」。并取許堯佐柳氏傳中「章臺柳」故事，混合融貫，足見此老之匠心。故此次河東君之遊嘉定，寄居之處，與檀園及李茂初有關，亦可藉是推知矣。餘可參前論松圓「秋雨端居有懷」及「停雲次茂初韻」兩詩條。「芳草路多人去遠，梅花春盡鳥喈争」一聯，上句謂河東君已離嘉定返盛澤。據此可知絙雲詩第壹首第貳首，雖排列最前，但其作成之時間，實在第叁第肆兩首之後矣。下句有「梅花春盡」之語。考明末曆官所定氣節，梅花開時，常與春分相近。東山訓和集貳「〔崇禎十四年〕二月十二日春分日横山晚歸作」有句云：「殘梅糝雪飄香粉。」依鄭氏近世中西史日表，崇禎十四年春分在二月十日，即陽曆三月廿日。崇禎九年春分在二月十四日，即陽曆三月廿日。鄭氏所推算，雖與當時所用之曆微有差錯，但春分在陰曆二月，則絶無可疑。松圓崇禎九年有「二月上浣同雲娃踏青」詩，（全詩見下引。）可知河東君此次之去嘉定，適在梅花開放，而包含春分節氣之二月。此爲第壹第貳兩首作於第叁首第肆首以後之又一旁證也。

其三云：

朝簷天外鵲來聲。夜燭花前太喜生。媻尾宴收燈放節，埽眉人到月添明。香塵澒洞歌梅合，釵影差池宿燕争。等待揭天絲管沸，綵雲絙定不教行。

其四云：

梅飄粧粉聽無聲。柳著鶯黄看漸生。雷茁玉尖梳底出，雲堆煤黛畫中明。（列朝詩集「雲」作「雪」。）不嫌晝漏三眠促，方信春宵一刻争。背立東風意無限，（列朝詩集「無」作「何」。）衱腰珠壓麗人行。

寅恪案，此兩首皆與上引「正月十一十二夜雲生留余家」三絶句同詠一事。第叁首「媻尾宴收燈放節，埽眉人到月添明」聯，即三絶句題序中之「正月十一十二夜雲生留余家」也。「香塵澒洞歌梅合，釵影差池宿燕争」聯，即三絶句題序中之「與客連夕酣歌」也。

第叁首第貳句出杜工部集拾「獨酌成詩」所云：

燈花何太喜，酒緑正相親。醉裏從爲客，詩成覺有神。兵戈猶在眼，儒術豈謀身。共被微官縛，低頭媿野人。

又少陵此詩如「醉裏從爲客」及「兵戈猶在眼」諸句，亦甚切合松圓當日情事。惟松圓以「山人」終老，則與杜詩結語不合耳。第柒第捌兩句，乃合用列子湯問篇秦青「撫節悲歌，聲振林木，響遏行雲。」及杜牧之「贈沈學士張歌人」詩「孤直緪雲定」之典，不僅爲全首之警策，亦全部八首主旨之所在也。

夫河東君既於崇禎九年正月十一十二夜留宿松圓之家，松圓自不能不作畫以寫其景，賦詩以言其事。此第肆首即寫景言事之篇什，亦即緪雲詩扇有畫之一面所繪者也。才調集伍元微之「離思」六首之三「閑讀道書慵未起，水晶簾下看梳頭」。孟陽竊取其意以作畫，并采用東坡集玖「續麗人行」之辭旨以賦此首。故緪雲詩扇今雖不存，但觀緪雲詩第肆首亦可想見扇上所繪之大概也。孟陽賦詩以「慵未起」及「看梳頭」爲主旨，則其所畫者，當從美人曉妝之後面描寫，而東坡所賦「續麗人行」題序云「李仲謀家有周昉畫背面欠伸内人，極精，戲作此詩」等語，正是孟陽心中所欲繪者，故東坡此詩亦可謂孟陽畫圖之藍本矣。兹迻録蘇詩於下，讀者可自得之，不必詳論也。蘇詩云：

深宫無人春日長。沈香亭北百花香。美人睡起薄梳洗，燕舞鶯啼空斷腸。畫工欲畫無窮意。背立東風初破睡。若教回首卻嫣然，陽城下蔡俱風靡。杜陵饑客眼長寒。蹇驢破帽隨金鞍。隔花臨水時一見，只許腰肢背後看。心醉歸來茅屋底。方信人間有西子。君不見孟光舉案與眉齊。何曾背面傷春嗁。

第肆首之辭語，除與蘇詩有關者可以不論外，唯其中「雷茁玉尖梳底出，雲堆煤黛畫中明」一聯，尚需略加考釋。此聯上句述河東君晨起自梳頭事。「玉尖」疑用韓致堯「詠手」詩「腕白膚紅玉筍芽。調琴抽線露尖斜」。（見全唐詩第拾函韓偓肆。）至「雷茁」兩字連文，寅恪淺陋，尚未見昔人有此辭語，前引孫松坪主纂之佩文韻府，亦僅著松圓此詩。據是推之，似是孟陽創作。李義山詩集上「柳」詩云：「巴雷隱隱千山外，更作章臺走馬聲。」意者河東君此次之遊嘉定，已改易原來姓名之「楊朝」爲「柳隱」。松圓遂聯想張敞走馬章臺街及韓翃章臺柳故事，借用玉谿生詩，創此新辭耶？俟考。下句述河東君自畫其眉事。蓋松圓無張京兆之資格及幸運也。（戊寅草有「爲郎畫眉。代人作。」一詩，列於「朱子莊雨中相過」七古之後，辭意俱不易解。未知與朱氏有無關係，姑附識於此，以供參考。）「雲堆」若依耦耕堂存稿詩鈔本，則「雲」指髮言，固可通。若依列朝詩集及佩文韻府作「雪堆」，（孫氏所據何本，今不可考。）則「雪」謂手，指肌膚皎若冰雪，畫眉用煤黛，故黑白愈分明也。兩説未知孰是，更俟詳檢。第柒句「背立東風意無限」，列朝詩集「無」作「何」，雖皆可通，但蘇詩爲「畫工欲畫無窮意，背立東風初破睡」。故仍以作「無限意」爲是。「窮」改「限」以協平仄。且「無限」一辭，有李太白清平調第叁首「解識春風無限恨」之成語可依據也。若謂此首第壹句有「無」字，第柒句因改「何」字以避重複，此則拘於清代科舉制度習慣所致，昔人作詩，原不如是，即觀本文所引明末諸人篇什，可以證知，不必廣徵也。

其五云：

十夕閒窻歌笑聲。緑苔行跡見塵生。亂飛花片渾亡賴，（列朝詩集「亡」作「無」。）微露清光猶爲明。豔曲傳來還共和，新圖看去不多争。遥知一水盈盈際，獨怨春風隔送行。

其六云：

昨夜風前柔櫓聲。無情南浦緑波生。飛花自帶歸潮急，落月猶懸宿舸明。（列朝詩集「落」作「殘」。）泖色曉分萋苑盡，人煙暗雜語溪争。春雲倏忽隨春夢，難卜燈花問遠行。

寅恪案，此兩首雖俱述河東君離去嘉定事，但第伍首言河東君以詩留别，不及送行。第陸首則泛論河東君歸程也。前首有「亂飛花片渾亡賴」，後首有「飛花自帶歸潮急」，故知河東君去時必是飛花時候。韓君平「寒食」詩云：「春城無處不飛花，寒食東風御柳斜。」（見全唐詩第肆函韓翃叁。）據鄭氏近世中西史日表，崇禎九年清明爲二月廿九日。然則河東君之去嘉定，乃在是年二月下旬。緪雲詩第柒首「三月天涯芳草歇，一番風信落花争」亦可參證也。第伍首「十夕閒窗歌笑聲」句，非謂河東君連續十夕留宿其家。不過如正月十一十二夜兩夕及二月上浣同雲娃雨讌達曙一夕之例，即緪雲詩第壹首「香縱反魂應斷續」之意也。第伍句「豔曲傳來還共和」之「豔曲」，疑即是遺人送詩告别之作，而緪雲詩乃次此詩之韻。既有「共和」一語，則嘉定諸老中，除孟陽外，當尚有他人和詩，惜河東君原作及他人和篇，皆不可見矣。（寅恪偶檢徐康前塵夢影録下，「先叔父鴻寶至平橋書肆小憇」條云：「書賈出河東君詩四本，卷帙甚薄，丹黄殆徧，係河東君手録底本。中有與松圓老人倡和，及主人紅豆詩甚多。」徐氏所言，或爲河東君選録底本，未必是游嘉定時之作品也。俟考。）第陸句「新圖看去不多争」之「新圖」，當即孟陽此時新繪緪雲詩扇上河東君之像。「不多争」者，謂相差無幾。今世所傳河東君畫像，自顧云美後，亦頗不少。但皆非如松圓所畫者，對人對景直接摹寫之真能傳神，又不待言也。第柒第捌兩句依孟陽之意，謂河東君怨其不來送行，竊恐適得其反。蓋河東君獨往獨來，雖其特性，然亦視情誼而有區分。如陳臥子於崇禎八年秋深，由松江送其赴盛澤鎮，至武塘始别去，可以證知。此次之離嘉定，則不欲諸老相送，恐非遵孔子「老者安之」之義。不過畏松圓諸人，臨别之際，依戀不舍，情態難堪。故出此策，以避煩擾耳。龔自珍「袁浦别妓」詩（見定盦文集補「己亥雜詩」中之「寱詞」。）云：

金缸花盡月如烟。空損秋閨一夜眠。報道粧成來送我，避卿先上木蘭船。

此爲男避女送行之辭，與柳程此次之事相反，但依第陸首「落月猶懸宿舸明」句，可知河東君亦避孟陽，先上木蘭船也。

第陸首「泖色曉分婁苑盡，人煙暗雜語溪争」一聯之「泖」「婁」及「語溪」，乃指河東君由嘉定返江浙交界之盛澤鎮，舟行所經松江嘉興之地名。（見嘉慶一統志捌貳江蘇松江府壹「泖湖」條及同書貳捌陸浙江嘉興府壹「語兒溪」條并浙江通志壹壹山川門叁「語兒溪」條。）第柒句用范致能詞「燈花結。片時春夢，江南天闊」之語。（見范成大石湖詞秦樓月詞。）第捌句用郭彦章鈺送遠曲「歸期未定須寄書，誤人莫誤燈花卜」之句。（見顧嗣立元詩選初集辛静思集。）與第叁首「夜燭燈前太喜生」句，一喜其來，一念其去，兩相對映也。

其七云：

夜半空堦細雨聲。曉寒池面緑萍生。（佩文韻府引此詩「曉」作「晚」。）悠悠春思長如夢，耿耿閒愁欲到明。三月天涯芳草歇，一番風信落花争。茫茫麥秀西郊道，不見香車陌上行。

其八云：

閒坊歸處有鶯聲。白髮傷春淚暗生。無計和膠黏日駐，枉拌不睡泥天明。千場緑酒雙丸瀉。一朵紅粧百謚争。（寅恪案，此一聯用全唐詩第叁函李白貳肆「贈段七娘」七絶「千杯緑酒何辭醉，一面紅妝惱殺人。」二句。又上句可參第叁首所引杜工部「獨酌成詩」五律。）不見等閒歌舞散，風前化作綵雲行。

寅恪案，此兩首皆松圓自述河東君於崇禎九年二月末落花時節，離去嘉定後，其單相思之苦痛，並追憶前此河東君留宿其家之事也。

第柒首「夜半空堦細雨聲。曉寒池面綠萍生。」禮記陸「月令」云：「仲春之月，萍始生。」孟陽此年有「二月上浣同雲娃踏青歸，雨讌達曙」詩云：「醉愛雨聲籠笑語，不知何事怨空堦。」即指此次郊游踏青，留宿其家之事。同一聽雨，昔樂今愁，所以續以「悠悠春思長如夢，耿耿閒愁欲到明」一聯也。此次踏青之地，不知在何處，但必在近郊無疑。當時孟陽移居西城，或即第柒句所謂「西郊」者耶？第伍句「三月天涯芳草歇」之「芳草」，或即指踏青詩「天粘碧草度弓鞵」之「碧草」歟？

第捌首「閒坊歸處有鶯聲」，當是追憶崇禎九年正月十一十二夜留宿其家，歡歌醉餘徘徊寺橋之事。（見前。）此寺橋即西隱寺之寶蓮橋，後來孟陽改其名爲聽鶯橋者。此次河東君留宿其家，實爲柳程兩人交誼之頂點。故以此事作緪雲詩之總結。然今日吾人讀至「一朵紅粧百謚争」之句，不禁爲之傷感，想見其下筆時之痛苦也。平心而論，河東君之爲人，亦不僅具有黄金百鎰者，所能争取。觀謝象三不能如願之事，可以證知。若孟陽心中獨以家無百鎰，不能與人競争爲恨，則未免淺視河東君矣。

松圓完成絙雲詩八首，大約在崇禎九年三月暮春。前已考論。河東君離去嘉定在是年二月末，此次來嘉定除上論諸詩外，孟陽尚有二詩與之有關，兹迻録於後。

「〔正月〕同李茂初沈彦深郊遊，次茂初韻」云：

貯得瑶華桃李時。尋花舍此欲何之。陶情供具衰年樂，送老生涯畫史癡。地僻扶攜窺粉黛，林深枕藉共糟醨。衹傳吹角城頭早，秉燭留懽每恨遲。

「二月上浣同雲娃踏青歸，雨讌達曙。用佳字」云：

客來蘭氣滿幽齋。少住春遊興亦佳。霞引穠桃褰步障，天粘碧草度弓鞵。烟花逕裊嬋娟入，山水亭孤竹肉諧。醉愛雨聲籠笑語，不知何事怨空堦。

寅恪案，前詩題中之李茂初，上已屢論，今不更贅。惟沈彦深本末尚未述及，兹略考之。嘉定縣志壹捌孝義傳沈宏祖傳（參侯忠節公全集肆「次張西銘翰林韻，賀沈彦深得雄」二首。）云：

沈宏祖字彦深，高才博學。崇禎壬午奉文改兑漕米。申荃芳等赴闕上書，疏出宏祖手。嘗佐有司賑荒，民得實惠。

孟陽詩「貯得瑶華桃李時，尋花舍此欲何之」者，意謂此時正貯得艷如桃李，絶代名花之河東君，更何必往他處尋花乎？非謂正月嚴寒之時，桃李花開也。「尋花」一辭，可參上論孟陽祭李茂初文。第肆句「畫史癡」之語，孟陽以能畫而癡絶之顧虎頭自比，固亦確切。但未具顧氏棘針釘鄰女畫像之術，以釘河東君之心，殊爲遺憾也。（見晉書玖貳顧愷之傳。）此詩下半四句謂與李沈諸人擁護河東君傍晚時郊外野餐，深恨城門將閉，不得盡歡。考當時茂初年七十三，孟陽年七十二，彦深此年雖非如李程之老耄，然依張西銘侯廣成作詩賀其得雄言之，當是中年或中年以上。蓋侯忠節公全集肆賀彦深得雄詩之前一題，爲「秦淮五日」後一題爲「南州送子演婚」。侯氏以崇禎十一年春由南京司勳郎中升江西督學，赴南昌任所。綜合推之，彦深與河東君郊游之時，其年齡亦非甚少可知。河東君崇禎九年丙子，年十九，素不畏冷，（見下論有美詩等。）衝寒郊遊至於日暮，本不足異。獨怪李程二老忍寒冒險，不惜殘年，真足令人欽服。更可笑者，河東君夙有「美人」之稱。「美人」與「嬋娟」二字有關，前第貳章已詳論之。松圓此詩中第伍句「烟花徑裊嬋娟入」，實指美人，即河東君，殊非泛語。寅恪忽憶幼時所誦孟東野「偶作」詩（見全唐詩第陸函孟郊貳。）云：

> 利劍不可近，美人不可親。利劍近傷手，美人近傷身。道險不在廣，十步能摧輪。情愛不在多，一夕能傷神。

檢絙雲詩第伍首有句云：「十夕閑窗歌笑聲」，然則松圓詩老獨不慮此「美人」「十夕」之「能傷神」耶？

後詩前已多所論及，茲不復贅。但詩題有「用佳字」之語，當是分韻賦詩。今日河東君原作已不可見，惜哉！此夕在崇禎九年丙子二月上浣，一年以前，正是河東君與臥子同居松江徐氏南樓之際。回憶當時春閨夜雨，睹景懷人，必甚痛苦。其情感絶不同於孟陽此詩結語之歡樂無疑。顧孟陽未必能察其内心耳。觀後來河東君賦金明池詠寒柳詞有「春日釀成秋日雨。念疇昔風流，暗傷如許。」等句，（全詞見下引。）則其聽春雨而傷懷抱，非出偶然，亦可證知矣。

茲有一問題即河東君何時改易姓名爲柳隱？此點俟論臥子所刻戊寅草及其「上巳行」詩時詳之，暫不多贅。但緪雲詩第貳首「走馬臺邊月又明」，第肆首「柳着鵝黄看漸生」及「不嫌晝漏三眠促」等句，似亦暗示河東君此時，即崇禎九年春間，已改易姓名爲「柳隱」矣。夫河東君原姓楊，又有章臺柳之故事，其改楊爲柳，本極自然，不待多論。唯關於「蘼蕪」爲字一點，則不得不略加考辨。（寅恪案，葛昌楣君蘼蕪紀聞上載王士禄宮閨氏籍藝文考略，一名然脂集，引古今談概云：「字蘼蕪。」但今檢文學古籍刊行社重印馮夢龍此書，未見王氏所引之文。鄧漢儀天下名家詩觀貳集附閨秀別卷柳因小傳云：「字蘼蕪。」似爲較早之紀録。）牧齋遺事（參用虞陽説苑本及古學叢刊本。）云：

一門生具腆儀，走幹僕，自遠省奉緘於牧翁。内列古書中僻事數十條，懇師剖晰。牧翁

> 逐條裁答，復出己見，詳加論定。中有惜惜鹽三字，其出處尚待凝思。柳姬如是從旁笑曰，太史公腹中書乃告窘耶？是出古樂府。惜惜鹽乃歌行體之一耳。鹽宜讀行，想俗音沿訛也。牧翁亦笑曰，余老健忘。若子之年，何待起予？

寅恪案，世人多喜傳誦此事，以爲談助。不知河東君之調牧翁，牧翁遜詞解嘲，兩人之間皆有隱情，不便明言。後之讀牧齋遺事此條者，未必能通解也。容齋續筆柒「昔昔鹽」條，考辨精詳，牧齋自必約略記憶。河東君亦博涉書史，其能舉此條以對錢氏門生之問，固不足異。夫薛道衡昔昔鹽云：「垂柳覆金堤。蘼蕪葉復齊。」（見漢魏六朝百三名家集薛司隸集樂府。）玉臺新詠壹古詩第壹首云：「上山採蘼蕪。下山逢故夫。」河東君既離去陳臥子，改姓爲柳，其以蘼蕪爲字，本亦順理成章之事。容齋之書考昔昔鹽甚詳，河東君溜覽及之，又所當然也。夫牧齋家富藏書，且多善本。其所見之本，必不止崇禎初年謝三賓馬元調所刻者，自不待言。至若河東君則情勢迴異。所見者，必是謝馬之本。其最初或即從幾社名士處。若不然，稍後亦可從嘉定唐叔達程孟陽諸老處，至遲更可從謝象三處得見謝馬所刻容齋此書也。今檢謝三賓刻容齋隨筆卷首馬元調紀事略云：

> 間以示玉繩周子，讀之盡卷。惘然曰：「古人學問如是，吾儕窮措大，縱欲留意，顧安所得書？又安所得暇日乎？」已而周子入翰林爲修撰，寄語：「子今不患無書可讀矣。」

周子謝不敏。報書：「吾則未暇，留以待子。」蓋戲之也。去年春，明府勾章謝公，刻子柔先生等集，工匠稿不應手，屢欲散去。元調實董較勘，始謀翻刻，以寓羈縻。明府公遂爲之序。復紀其重刻之故，以告我後人。嗟乎！二十年之間，曩時相與讀是書者，遭逢聖明，當古平章軍國之任。元調獨窮老不遇，啜粥飲水，優游江海之濱，聊以整頓舊書爲樂事。曾不得信其舌而奮其筆，何托落之甚也。上有稷卨，下有巢由，道并行而不相悖，均之爲太平之象，亦各言其志也已矣。崇禎三年三月朔，嘉定馬元調書於僦居之紙窗竹屋。

寅恪案，此刻本當即河東君所見者，其所關涉之二人，一爲謝三賓，乃牧齋之情敵。俟後詳論。一爲周延儒，即馬氏所謂「玉繩周子」，乃牧齋之政敵。周氏事蹟及牧齋閣訟始末，詳見史籍，茲不必述。據陳盟崇禎閣臣年表，延儒初次爲相，其時間自崇禎二年十二月至六年六月。則謝馬兩氏校刻馮氏書時，正周氏當國之日。馬氏盛稱周氏之美，當爲牧齋所不喜。牧齋平生豁達大度，似頗有宰相之量。獨於閣訟一事，則憤激不堪，頗異其平日常態。如鄭方坤本朝名家詩鈔小傳上東澗詩鈔小傳云：

其平生所最抱恨者，尤在閣訟一節。每一縱談及之，輒盛氣坌涌，語雜沓不可了。

可以爲證。然牧齋之對待政敵，殊有前後之分別。於温體仁則始終痛恨，於周延儒，則周氏第壹期爲相，與温氏鈎連，即閣訟有關之時期，遂亦怨之。及周温俱罷相，温又先死，牧齋乃欲利用玉繩，冀其助己，稍變前此態度。後因周氏阻其進用，遂更痛恨。綜觀前後，雖有異同，但錢周兩人終是政敵，而於閣訟一端，尤爲此事之關鍵也。至於男女間之問題，牧齋固不甚注重。然亦非全不介意。觀其曾隱諱河東君與陳臥子程孟陽關係中最親昵之事件，即可推知。故謝柳之問題，應亦有類似之處。此政敵情敵兩點，爲河東君所夙知，故兩人於此微妙之處，皆心知其意，不肯道破。後人因此記載，遂以爲牧齋真如師丹之老而健忘及河東君之博聞强記者，此真黄山谷所謂癡人前不得説夢者也。

又牧齋尺牘貳與毛子晉第壹叁通云：

昔昔鹽記得升菴詩話中有解。老學昏忘，苦不能記。問何士龍〔雲〕當知之。

或疑牧齋遺事所載一段故事，即由此札衍變而成者，亦殊有可能。今檢升菴合集壹肆肆詩話中，確有此條。可見牧齋之記憶力老而不衰，非師丹之比，於此得一例證。其記憶既如此之强，豈不記有宋代洪邁之容齋隨筆，而僅舉本朝楊慎之升菴詩話。且屬其轉問何雲耶？鄙意牧齋深惡周延儒。容齋之書，乃由謝馬二氏希迎玉繩之旨，重刻傳播，盛行一時，此點上已論及。牧齋之故意避而不言洪書，轉作遜詞以謝毛氏者，與前引笑答河東君之語，其用意正復相同也。附識於此，以供參究。

復次仲虎騰盛湖志補叁「柳如是青田石書鎮」條云：

石長二寸五分，廣二之一。刻山水亭榭。款云：「做白石翁筆。」小篆頗工緻。面鎸：「崇禎辛巳暢月，柳蘼蕪製。」舊藏梅堰王硯農徵士之家。

寅恪案，此書鎮後人頗多題詠，如仲氏所引張鑑于源諸家詩，即是其例。但此書鎮鎸有「崇禎辛巳暢月，柳蘼蕪製」等語，則暢月爲十一月，蓋禮記「月令」略云：「仲冬之月。命之曰暢月。」夫崇禎十四年辛巳六月七日河東君與牧齋結褵於茸城舟中。故此後不能再以蘼蕪爲稱，否則「下山逢故夫」之句，將置牧齋於何地？由是言之，此書鎮乃是贋品。更嚴格言之，則蘼蕪之稱，則止能適用於崇禎八年首夏以後至十四年六月七日以前。今人通以蘼蕪稱河東君，如葛氏蘼蕪紀聞之類，亦微嫌未諦也。或疑河東君之稱，亦自崇禎十三年冬錢柳遇見後始有之。若顧云美河東君傳之題，亦未能概括一生始末。寅恪竊謂不然。夫河東君閱人多矣，如王勝時所謂「蘼蕪山下故人多」者，（見王澐虞山柳枝詞第壹肆首。）斯乃當時社會制度壓迫使然，於此可暫不論。但終能歸死於錢氏，殺身以報牧齋國士之知，故稱河東君，以概括一生始末，所以明其志，悲其遇，非偶然涉筆之便利也。職是之故，寅恪此文亦仿顧氏先例，稱河東君，并略申鄙意，以求通人之教正。

復次，書鎮之爲僞造，既如上述，但徐乃昌小檀欒室閨秀詞鈔載趙儀姞茱濾月軒詩餘（參胡文楷君婦女著作考壹柒清代壹壹「濾月軒集」條。）金明池一闋，乃詠河東君書鎮并次河東君「詠寒柳」詞韻者，以其爲女性所撰，且與河東君最佳之作品有關，故附録之。至書鎮之真僞及蘼蕪稱號之不適切，則置之不論可也。儀姞金明池并序云：

震澤王研農藏河東君書鎮，青田石，高寸餘，刻山水亭榭。款云：「倣白石筆。」小篆字。面鐫「崇禎辛巳暢月柳蘼蕪製」十字。研農方搜輯河東君詩札爲蘼蕪集，將以付梓。適得此於骨董肆，云新出土者。自謂冥冥中所以酬晨鈔暝寫之勞也。余見其拓本，因題此闋，即用蘼蕪集中「詠寒柳」韵。

片玉飛來，脂香粉豔，解佩疑臨蘭浦。誰拾得，絳雲殘燼，歎細帙，早成風絮。賸芳名，巧琢茗華，揮小艸，依約芝田鶴舞。伴十樣濤箋，摩挲纖手，記否我聞聯句。　玉樹南朝霏泪雨。共紅豆春蕤，飄零何許。霑幾縷，緑珠恨血，只畫裏，山川如故。二百年，洗出苔痕，感訶客多情，燃膏辛苦。想蘇小鄉親，三生許認，試聽深篁幽語。（原注：「河東君原楊氏，小字影憐，盛澤人。」）

更有一趣味之事，即牧齋與絙雲詩之關係。請略論之。牧齋於列朝詩集中選録松圓絙雲詩八首全部不遺一篇，其注意此詩，自不待言。今檢有學集玖「戊戌新秋日吴巽之持孟陽畫扇索題爲賦十絶句」（寅恪案，吴巽之名士權。見汪然明春星堂詩集叁西湖韻事「雪後吴巽之集同社邀鄒臣先生探梅聞笛」詩，附吴士權次韻。又閔麟嗣纂黄山志伍藝文門載吴士權「別湯泉小劄」云：「今來故鄉。」然則巽之乃徽州人，與程孟陽爲同鄉也。）云：

長日繙經懺昔因。西堂香寂對蕭晨。前塵影事難忘却，只有秋風與故人。

斷楮殘縑價倍增。人間珍賞若爲憑。松圓遺墨君應記，不是緪雲即送僧。（自注：「孟陽別妓有緪雲詩扇。」）

參錯交蘆黯淡燈。扁舟風物似西興。每於水澗雲多處，愛畫袈裟乞食僧。

畫裏僧衣接水文。菰烟蘆雨白紛紛。看他皴染無多子，只帶西灣幾片雲。

細雨西樓墊角巾。髩絲香篆浄無塵。如今畫裏重看畫，又説陶家畫扇人。

落葉蕭疎破墨新。摩挲手跡話霑巾。廿年夜月秋燈下，無復停歌染翰人。

輕鷗柔艣羃江烟。櫓背三僧企脚眠。只欠渡頭麾扇叟，岸巾指點汎江船。

春水桐江訣別遲。孤舟摇曳斷前期。可憐船尾支頤者，還似江干招手時。

一握齊紈颶劫灰。封題鄭重莫頻開。衹應把向西臺上，東海秋風哭幾回。（錢曾有學集詩注本「東」作「遼」。）

秋風廿載哭離羣。泉路交期一葉分。依約情人懷袖裏，每移秋扇感停雲。（此首錢曾注本爲第貳首。其餘各首排列，依次順推。）

寅恪案，此十絕句甚佳。然欲知詩中所言之事實，則須取牧齋及孟陽兩人其他諸作參之，始能通解。初學集肆陸「游黃山記」序云：

辛巳春余與程孟陽訂黃山之游。約以梅花時相尋于武林之西溪。踰月而不至。余遂有事于白嶽，黃山之興少闌矣。徐維翰書來勸駕，讀之兩腋欲舉，遂挾吴去塵以行。（可參後論東山訓和集有關吴拭條。）

列朝詩集丁壹叁程嘉燧小傳云：

辛巳春孟陽將歸新安。余先游黃山，訪松圓故居，題詩屋壁。歸舟抵桐江，推篷夜語，泫然而别。

耦耕堂存稿詩首載耦耕堂自序云：

庚辰春主人（寅恪案，「主人」指牧齋。）移居入城，余將歸新安。仲冬過半野堂，方有文酒之燕。留連惜别，欣慨交集。且約偕游黃山，而余適後期。辛巳春，受之過松圓山居，題詩壁上。歸舟相值於桐江，篝燈永夕，泫然而别。

同書下「和錢牧齋過長翰山居題壁詩」序云：

辛巳三月廿四日未至桐廬廿里，老錢在官舫，揚帆順流東下。余唤小漁艇絶流從之。同宿新店，示黃山新詩，且聞曾至余家，有題壁詩。次韻一首。

耦耕堂存稿文下「古松煤墨記」略云：

長翰山故多喬木，古宅後巨松千尺。千餘年物也。邇年生意頓盡。余博訪古燒松擣煤之法，得之周藩宗侯。歲辛巳自吴褁粮歸，董治之。墨成，命曰古松煤。是年春海虞錢學士遊黄山，過山居看松題詩而去。

同書同卷「題歸舟漫興册」略云：

崇禎辛巳三月歸自湖上，將入舟，則錢老有歸耗矣。（可參後論東山訓和集與此有關諸條。）

庚辰臘月望，海虞半野堂訂遊黄山。正月〔十〕六日牧翁已泊舟半塘矣。（寅恪案，「六」字上當闕「十」字。兹據東山訓和集壹柳錢沈蘇諸人上元夜詩補「十」字。）又停舟西溪，相遲半月，乃先發。余三月一日始入舟，望日至湖上，將陸行從，而忽傳歸耗，遂泝江逆之，猶冀一遇也。未至桐廬二十里，而官舫挾兩舸揚帆蔽江而下。余駕漁艇，截流泝之，相見一笑。隨出所收汪長馭家王蒙九峯圖及榆村程因可王維江雪卷同觀，并示余黄山紀遊諸詩。讀未半，而風雨驟至，欹帆側柁，雲物晦冥，溪山改色。因發錢塘梁娃所貽關中桑落，共斟酌之，（寅恪案，此「梁娃」疑是梁喻微。可參後論林天素柳如是尺牘小引「時唱和有女史纖郎」句下所考。）不覺迫暮。同宿新店下，去富陽不遠矣。知老錢曾獨訪長翰山居，留詩松圓閣壁，看松于舊宅之旁，由南山隝取逕而去。

綜觀上列錢程諸作，知牧齋詩所言者，爲與孟陽生離死別之情況也。第叁首云：「愛畫袈裟乞食僧。」則孟陽畫扇上舟中之人，牧齋皆以僧目之。第柒首云：「櫓背三僧企脚眠。」（可參康熙乙丑金匱山房本有學集肆陸「題李長蘅畫扇册」第玖則。）第捌首云：「可憐船尾支頤者。」皆畫中之僧。「三僧」即牧齋吴去塵及孟陽。第柒首中「渡頭麾扇」，「岸巾指點」及第捌首中「江干招手」之人，即孟陽與牧齋最後訣别時之狀。第貳首中「送僧」之「僧」，乃牧齋自謂之辭。蓋牧齋於明亡以後，即以空門自許。必作如是解，然後知第貳首中，（錢遵王注本爲第叁首。）「不是緬雲即送僧」之意，乃謂松圓遺墨之最有價值者，實爲有關河東君及本人之作品。觀第貳首原注，則又知孟陽當日爲河東君畫像并自書緬雲詩於扇上，以贈河東君。河東君尚藏此扇，而牧齋猶見及之也。第伍首云：「細雨西樓墊角巾。」者，孟陽流寓嘉定時，居汪無際墊巾樓，前已論及。吴巽之索題之扇，不知何時所畫。至於緬雲詩扇，雖亦非孟陽居此樓時所作，但「西樓」二字，當從晏小山蝶戀花「别恨」詞「醉别西樓醒不記。春夢秋雲，聚散真容易」而來。晏氏之詞本綺懷之作，亦正與緬雲詩情事相類，可以借用也。第玖首中「東海揚塵」「西臺慟哭」（見謝翱晞髮集拾登西臺慟哭記。）亡國遺民之語，不忍卒讀。子陵釣臺復是當日錢程二人經過之地也。第拾首云：「秋風廿載哭離羣」者，錢程二人自崇禎十四年辛巳暮春别後，（可參「春水桐江訣别遲」句。）至順治十五年戊戌新秋吴巽之持扇索題時，將近廿年矣。牧齋此十首詩中，三用「秋風」之語，自與吴巽之索題時之新秋季節及班婕妤「怨歌行」有關，（見文選貳柒樂府上及玉臺新詠壹。）不待贅言。但第壹首云：「前塵影事難忘却，只有秋風與故人。」第玖首云：「祇應把向西臺上，東海秋風哭幾回。」則借用世人所習知之張季鷹「因見秋風起，乃思吴中菰菜蓴羹鱸魚膾」故事，（見晉書玖貳張翰傳。）以故鄉爲故國，抒寫其心中之隱痛耳。更可注意者，牧齋題此詩之次年，鄭成功即以舟師入長江，攻金陵。題此詩之前年秋冬，牧齋往遊南京，逼歲除乃還家。蓋牧齋自弘光後復明之活動，始終不替。魏耕説國姓之策，當亦預聞。詳見第伍章所論。「東海」「秋風」之句，實暗寓臧子源答陳孔璋書中「秋風揚塵，伯奎馬首南向」之意。（見後漢書捌捌臧洪傳。）牧齋賦詩之時，殊屬望於延平，非僅用神仙傳麻姑之語已也。俟後詳論。又此首末句「每移秋扇感停雲」，即此全十首之結語。「停雲」固用陶詩舊題，又是松圓爲河東君所賦之詩題。（詳見前論耦耕堂存稿詩中「停雲次茂初韻」七律。）今此「雲」則停留於家中，相與偕老而不去矣。辭意雙關，足見牧齋之才思。當崇禎十三年庚辰之冬至十四年辛巳之春，牧齋於松圓，則爲楚辭九歌少司命之「悲莫悲兮生别離」。於河東君，則爲「樂莫樂兮新相知」。此舊新悲樂異同之樞紐，實在「絙雲」一詩。故述牧齋一生生活之轉捩點，不可不注意此詩也。抑更有可笑可悲者，牧齋外集貳伍「題張子石湘游篇小引」（可參同書拾「嘉定張子石六十壽序」。）云：

孟陽晚年歸心禪說，作絙雲詩數十章，蟬媛不休。至今巡留余藏識中。夢迴燈炧，影現心口間。人生斯世，情之一字，熏神染骨，不唯自累，又足以累人乃爾。頃者見子石湘游諸詩，風神氣韻，居然孟陽。却恨孟陽已逝，不獲搖頭附髀，共爲吟賞。予讀此詩，感嘆宿艸，不復向明月清風，閑思往事，亦少有助于道心也。嘉平廿日蒙叟錢謙益題。

寅恪案，牧齋此文不知作於何年。然其時孟陽之卒必已久矣。列朝詩集所選孟陽絙雲詩共八首。今牧齋云：「孟陽晚年歸心禪說，作絙雲詩數十章。」豈孟陽所作原有數十章之多，而耦耕堂詩之留存於今日者僅其中之八首耶？抑或牧齋以松圓之詩與河東君有關者，概目爲絙雲詩，如其所編東山詶和集之例耶？俟考。若牧齋之言可信，則「歸心禪說」之老人，窮力盡氣，不憚煩勞，一至於此。河東君可謂具有破禪敗道之魔力者矣。牧齋此文自謂「不復向明月清風，閑思往事，亦少有助於道心。」但其於垂死之時，所作「病榻消寒雜詠」第叁首「追憶庚辰冬半野堂文讌」詩云：「蒲團歷歷前塵事，好夢何曾逐水流。」（見有學集壹叁東澗詩集下。）是猶不能忘情者。言之雖易，行之實難。斯誠所謂「情之一字，熏神染骨」者歟？至牧齋所以題張子石湘游篇，言及孟陽緪雲詩者，非僅由張氏此篇，其性質與孟陽緪雲詩同類，實亦因子石孟陽當年與河東君有詩酒清游一段因緣也。

崇禎九年丙子孟陽尚有一詩關涉河東君及朱子暇。此點與牧齋間接有關，茲論述之於下。耦耕堂存稿詩中及列朝詩集丁壹叁所選「二月上浣同雲娃踏青」詩後，即接以此詩。「六月鴛湖飲朱子暇，夜歸，與雲娃惜別」詩云：

尋得伊人在水湄。移舟同載復同移。水隨湖草間偏亂，愁似横波遠不知。病起尚憐妝黛淺，情來頗覺笑言遲。一樽且就新知樂，莫道明朝有別離。（寅恪案，楚辭九歌少司命云：「悲莫悲兮生別離，樂莫樂兮新相知。」乃孟陽此兩句所從出，自不待言。至新知一辭及其界説，見前論孟陽停雲詩并宋讓木秋塘曲序等條，茲不復贅。）

寅恪案，朱子暇即朱治憪。其事蹟見劫灰録壹永曆帝紀，小腆紀年壹叁，小腆紀傳伍柒，明詩綜陸陸，檇李詩繫壹玖，光緒重修嘉興府志伍壹文苑傳，道光修同治重刊廣東通志貳肆職官表，道光修光緒重刊肇慶府志壹貳職官貳等，茲不詳述，但據廣東通志云：

〔崇禎〕十年　同知　朱治憪　吴大伊

十一年

十二年

十三年　同知　倪文華

肇慶府志云：

〔崇禎〕十年　同知　李含璞　朱治憪

十一年

十二年　同知　（以後缺。）

可知崇禎十年朱子暇外，任肇慶府同知者，尚有其他之人。兩志所列之人名雖不同，然朱氏之到任所，（明詩綜，嘉興府志「同知」皆作「通判」。據小腆紀傳云：「天啓辛酉舉於鄉，選肇慶通判，歷同知。」蓋先選通判，後遷同知也。）必在崇禎十年無疑。故孟陽此詩亦應是九年所作。崇禎十三年肇慶府同知既非朱氏，則朱氏此時或已離任返家。其後來在廣東之活動，當是重返粵省以後所爲也。檢程錢兩家之集，關涉朱氏者，除此詩外，皆爲崇禎三年春夏間事，時間太早，無關考證。（可參耦耕堂存稿詩上「答朱子暇次牧齋韻三首」。列朝詩集丁壹叁上選程孟陽此詩，題作「答朱子暇見訪同牧齋次韻三首」題下有「庚午春」三字。初學集玖崇禎詩集伍「夏日偕朱子暇憩耦耕堂次子暇訪孟陽韻三首」。）自崇禎九年夏，至十三年冬河東君訪半野堂之前，未發現錢朱兩人有往還踪跡。牧齋集中涉及河東君之詩，最先爲第貳章所引之「觀美人手跡戲題七絕句」。此詩爲崇禎十三年春間所作。顧云美謂「嘉興朱治憪爲虞山宗伯稱其才，宗伯心豔之，而未見也」。檢商務重印本浙江通志壹肆拾選舉門舉人表載：「天啓元年辛酉科。朱治憪。嘉興人。肇慶同知。」是朱氏乃牧齋主浙江鄉試時所取士也。其以絶代名姝告於老座師，藉報受知之深恩，原無足怪。但此點恐爲朱氏尚未到肇慶同知任所前，或是崇禎十二年末離任所後之事，俱難決言。所可注意者，孟陽於崇禎十一年及十二年除夕，皆在牧齋家度歲，（參耦耕堂存稿詩下「〔戊寅〕除夕拂水山莊和牧齋韻二首」及「〔己卯〕除夕次牧齋韻」等詩。「戊寅」「己卯」皆據列朝詩集增入。）此時何不以河東君之才貌介紹於牧齋？可知此老心中直以「禁臠」視河東君，不欲他人與之接近，其情誠可鄙可笑矣。松圓於崇禎十三年冬復循例至牧齋家度歲，不意忽遇河東君，遂致狼狽而返。以垂死之年，無端招此煩惱，實亦有自取之道也。

抑更有可論者，上已推定河東君於崇禎九年二月末，離嘉定返盛澤，何以距離僅百日，松圓忽在嘉興與雲娃惜別？若謂由於難堪相思之苦，高年盛暑，往訪河東君，則河東君非輕易接待不速之客者，如後引河東君與汪然明尺牘第壹叁通及第壹肆通之例，可以類推。松圓於此點應有感會，似不作斯冒昧之舉。檢初學集伍叁「封監察御史謝府君墓誌銘」略云：

鄞縣謝府君諱一爵。君以次子太僕寺少卿三賓封陝西道監察御史。以崇禎八年二月廿四日卒，年六十有四。其配孺人周氏，以是年十月廿七日卒，年六十有二。三賓與其兄三階弟三台三卿以崇禎十三年某月甲子，合葬君夫婦于郡西翠山之陽。三賓余門人也，狀君之行來乞銘。

及耦耕堂存稿文上「弔問」略云：

四明謝侯去嘉定之明年，以名御史監軍山東。出奇破賊，有勘定功。朝命擢公太僕寺卿。未幾，以太公封侍御翁憂去，奔喪戒行，而横罹讒口。繼而有母太夫人之喪，前後遠邇之會弔者，彌年未已。丙子夏六月亢旱，驕陽流金鑠石，禾槁川涸，水無行舠。門下布衣新安程某貧老且廢，纍然扶杖擔簦而前。客或有止之者，又有難之者曰：「公有遺愛深德於子，子老而赴弔，宜矣。然古者弔不及哀，謂之非禮。今日月有時，喪制有嘗，怙恃之戚皆已卒哭。子之往，其何説之詞？」不肖對曰：「否否。禮之弔，非獨哀死也。凡列國水旱之不時，年穀之不登者，皆弔。古者三月無君，則弔。侯不幸廉貞而蒙讒毁。聞風慕義，猶將弔屈哀賈，悲歌涕泗于千百世之間，又烏可以尋常久近論哉？」客聞之，斂容拱手退曰：「唯唯。」敬書之，以告於閽人下執事。

寅恪案，孟陽此次之冒暑遠弔謝氏之喪，必多譏笑之者。其作文解嘲，甚至以三賓爲「廉貞」，可鄙可笑。其文引經據典，刺刺不休，茲不備録。究其實情，當爲希求象三之救濟耳。明代山人之品格，如平山冷燕所描寫之宋信，即是一例。松圓平日生活，除得侯廣成錢牧齋等資濟之外，尤受象三之援助，自無可疑。崇禎九年春間，河東君來遊嘉定，孟陽竭盡精力財力，相與周旋。「三月無〔河東〕君」之後，困窘至極，故不能不以七十二歲之殘年，觸六月之酷熱，遠赴浙東，以弔過時之喪。舍求貸於富而多金之謝太僕，恐無其他理由。鴛湖乃嘉定鄞縣往還所經之路線。據「弔問」中「丙子夏六月門下布衣新安程某貧老且廢，纍然扶杖擔簦而前」等語推之，則松圓「與雲娃惜别」詩，實往弔象三途中所作。又文中二客之語，自是孟陽假設，不必確定爲何人。但此次鴛湖所遇見之河東君及朱子暇，觀其後來所表現，人格俱出孟陽之上。然則此兩人於中途勸阻，亦有可能。不必如文中所述，二客之言乃發於嘉定啓行之時也。寅恪曩誦列朝詩集所選松圓此詩，未達其六月至鴛湖之意。今見「弔問」之文，始豁然通解，益信松圓謀身之拙，（寅恪案，全唐詩第拾函韓偓貳「安貧」七律云：「謀身拙爲安蛇足。」韓程兩人，雖絶不相似，然孟陽於河東君之關係，亦可謂蛇足之拙。故取以相比。讀者幸勿誤會。）河東君害人之深也。

又牧齋所作象三父母合葬墓誌銘之時間，止言其葬在「崇禎十三年某月甲子」，而未詳何月。依通常之例，江浙地域以氣候關係，葬墳往往在冬季。墓誌乃埋幽之石，乞人爲文，自在葬墳稍前之時。據鄭氏近世中西史日對照表，崇禎十三年庚辰十月十七日及十二月十八日均爲甲子。若象三葬其父母在十二月甲子者，則或與河東君於此年十一月訪半野堂事有關。蓋牧齋此際文酒詶酢，必需多金，象三錢刀在手，當不甚吝嗇。但象三或未得知河東君此時適在虞山。老座主諛墓之文，實爲建築我聞室金屋之用者。否則象三將如崇禎十六年秋牧齋構絳雲樓以貯阿雲，貸款迫急，不得已出賣其心愛之宋槧漢書，減損原價二百金之例，以逞其雖失美人，而得異書之快意矣。

復次，朱子暇介紹河東君於牧齋，出自顧云美之口，自應可信。至其在崇禎何年，尚難確定，但牧齋最初得見河東君，實在崇禎十三年庚辰冬間，記載明顯，絶無疑義。豈意竟有怪誕之説，如牧齋遺事中之「柳姬小傳」所言者，今不得不略引其文辨斥之。此傳亦不甚短，故兹先録其上半節於下，其後半節則俟於第伍章論之。傳文略云：

> 柳雲産也。匪師匪濤，而能擷篇綴句，蠹及虞山鮮民。鮮民者，宗伯勝國，内院新朝者也。鮮民始以文章氣誼，樹幟東林，而仕路牴牾，不無晚節之慨。叩其沈博豔麗，掞藻鉤玄，堪追衮國黄州之步。惟是青娥之癖與年俱深，雖身近楚山，而心懷女校書，商訂風雅，於姬慊焉。適民以被訐事北逮。姬踉蹌歸里，復爲豪者主之，先折之帳，激於言旋。桎梏其人，而姬始出，所要於民者萬端，金屋之貯，予倡汝和，詡司馬之清娱，媲冶成之尚書矣。時而佳辰令節，宗族中表，窮百變，致百物，嘘之春温，拂之霜折，姬若爲夷然也者。

傳末附跋語云：

右柳姬小傳，八十翁於曩時目見其事，而爲之者也。後戊辰秋簡菴閲而録之。

寅恪案，八十翁究爲何人之託名，不易考知。至簡菴則疑是林時對。據鮚埼亭集貳陸「明太常寺卿晉秩右副都御史繭菴林公逸事狀」（參雍正修寧波府志貳捌人物志及小腆紀傳伍柒遺臣二林時對傳等。）略云：

公諱時對，字殿颺。學者稱爲繭菴先生。浙之寧波府鄞縣人。公以崇禎（十二年）己卯，（十三年）庚辰連薦成進士，時年十八，授行人司行人。常熟□侍郎□□，聞公名，招致之，公不往。公論人物，不少假借。同里錢光繡嘗講學石齋黄公之門。其於翰林張溥，儀部周鑣，皆嘗師之，而學詩於□□。公曰，婁東朝華耳，金沙羊質而虎皮者也，皆不足師。□□晚節如此，又豈可師？子師石齋先生，而更名師乎？光繡謝之。先公嘗曰，吾年十五，隨汝祖往拜公牀下，自是嘗摳衣請益。間問漳海黄公遺事。公所舉自東厓所作行狀外，别傳哀誄輓詩祭文及雜録諸遺事，幾百餘家。其餘所聞，最少者亦不下數十家。恨不能强記。自公殁後，所謂繭菴逸史者，闕不完。其詩史共四卷。今歸於予。

殿颺於崇禎十三年庚辰中式會試，其年十八，下數至康熙戊辰應爲六十六歲。似與八十翁之稱不合。然文人故作狡獪，亦常有事，殊不能謂必非殿颺自託筆名也。至若「簡菴」，當是林氏以「繭」與「簡」音近詭稱耳。取林氏所著留補堂文集貳「朋黨大略記」并荷牐叢談「東林依草附木之徒」條及論錢牧齋及黄石齋事等觀之，頗與柳姬小傳類似。然則此傳縱非林氏自撰，亦是林氏所嘉許，以爲作傳者所目見，而實可信者也。

復次，錢柳同時人有松江籍曹千里家駒號繭菴者，著説夢一書，述明末清初松江事。其自序略云：

> 余行年八十，天假之年，偷生長視，使得縱觀夫升沉榮瘁之變態。若輩之夢境已盡，何不以筆代舌，使後人得寓目焉。余非目覩不敢述，匪曰傳信，或不至夢中説夢云爾。

則「柳姬小傳」跋語中之號「八十翁」者之年及「目見其事」等語，與曹氏似有關，亦似無關，未敢決言。又此書中不道及錢柳事。或以牧齋不屬松江之範圍，遂不列於此帙。但有可注意者，此書壹「紀侯懷玉〔承祖〕殉難事」條云：

> 鼎革之際，惟〔吴〕繩如〔嘉胤，夏〕瑗公〔允彝〕，從容就義，言之齒頰俱香。即卧子一死，直是迫於計窮，未得與吴夏比烈也。

則於卧子尚有微辭，豈由卧子與河東君有關之故歟？姑記於此，以俟更考。夫牧齋於崇禎九年丙子冬奉逮捕之命，十年丁丑春北行，是年夏，至京下獄。十一年戊寅夏被釋出獄，是年冬抵家。此皆年月先後之確可考者。焉有如柳姬小傳所謂「民以被訐事北逮，姬踉蹌歸里」

等不與年月事實相符之妄言耶？斯本稍知明季史事者所易辨，無取多贅。惟傳云：「佳辰令節，宗族中表，窮百變，致百物，噓之春温，拂之霜折，姬若爲夷然也者。」則最能得當日河東君適牧齋後與錢氏宗親關係之實況。後來錢曾假其族貴錢朝鼎，迫害河東君以洩夙憤，殊非偶然。由是言之，此傳之記述，亦有可取之點也。

崇禎九年丙子河東君之踪跡，尚有可以考見者，即第貳章中，節引之沈虬河東君傳，所載張溥往訪徐佛，因得見河東君一事。此傳間有可取之處。寅恪草此文，分段全録顧云美所撰河東傳。今更全録沈作，以供讀者之互證。但葛昌楣君蘼蕪紀聞上引此傳，共分前後兩段，文義不貫。兹以鄙意取後段之文，依其辭理插入前段中，以便觀覽焉。沈氏傳云：

河東君柳如是者，吴中名妓也。美丰姿，性猥慧，知書善詩律。分題步韻，頃刻立就。使事諧對，老宿不如。四方名士，無不接席唱酬。崇禎戊寅間，年二十餘矣。昌言於人曰，吾非才學如錢學士虞山者不嫁。虞山聞之，大喜過望。曰，今天下有憐才如此女子者乎？吾非能詩如柳是者不娶。庚辰冬如是始過虞山，即築我聞室居之，以迎其意。十日落成，留之度歲。辛巳六月虞山於茸城舟中與如是結褵。學士冠帶皤髮，合卺花燭，儀禮備具。賦催妝詩，前後八首。雲間搢紳，譁然攻討，以爲褻朝廷之名器，傷士大夫之體統。幾不免老拳。滿船載瓦礫而歸，虞山怡然自得也。稱爲繼室，號河東君。建絳雲樓，窮極壯麗，上列圖史，下設幃帳，以絳雲仙姥比之，褻甚矣。不數年，絳雲樓災，宜也。但河東君所從來，余獨悉之。我邑盛澤鎮有名妓徐佛者，能詩善畫蘭，雖居鄉鎮，而士大夫多有物色之者。丙子年間，婁東張西銘先生慕其名，至垂虹亭，易小舟訪之，而佛已于前一日嫁蘭溪周侍御之弟金甫矣。院中惟留其婢楊愛。楊色美于徐，詩字亦過于徐。因攜至垂虹，余于舟中見之，聽其音，禾中人也。及長，豪宕自負，有巾幗鬚眉之論。易姓名爲柳。歸錢之後，稍自斂束，在絳雲樓校讎文史。牧齋臨文，有所檢勘，河東君尋閱，雖牙籤萬軸，而某册某卷，立時翻點，百不失一。所用事或有舛誤，河東君頗爲辨正，故虞山甚重之。常衣儒服，飄巾大袖，間出與四方賓客談論，故虞山又呼爲柳儒士。

寅恪案，八十翁之「柳姬小傳」，乃王子師所謂司馬遷之謗書。其誣妄特甚之處，本文略加駁正，其餘不符事實之小節，亦未遑詳論也。顧云美爲河東君作傳，頗多藻飾之辭，固不足怪。但甚至不言其自徐佛處轉入周念西家，後復流落人間一節，似未免過泥公羊春秋爲尊者諱親者諱賢者諱之旨矣。次雲傳雖遠勝於八十翁，而不及顧云美。然其中實有可取之處，如言河東君「豪宕自負，有巾幗鬚眉之論」及「歸錢之後，稍自斂束」等，甚能寫出河東君之爲人，并可分辨其適牧齋前後之稍有不同也。兹所欲考者，即崇禎九年丙子，河東君與張西銘會見一事。據蔣逸雪編張溥年譜崇禎九年丙子條云：

九月出遊蘇錫江陰，十月始歸。

關於曾訪盛澤鎮及游垂虹亭等事，皆無痕跡可尋。但次雲之言，必非虛構。豈天如於此年秋間出游蘇錫，乘便一往盛澤耶？若此推測不誤，則河東君之遇見張天如，乃在是年六月於鴛湖遇見程朱兩人之後矣。更俟詳考。至錢士青文選誦芬堂文稿六編「柳夫人事略」所言天如臥子與牧齋争娶河東君事，殊爲荒謬，不足置辨。

第貳期

此期爲崇禎八年春季並首夏一部分之時間。臥子與河東君在此期内，其情感密摯，達於極點，當已同居矣。顧云美河東君傳所謂「適雲間孝廉爲妾」者，即指此時期而言。其實河東君於此期内，與臥子之關係，與其謂之爲「妾」，不如目之爲「外婦」，更較得其真相也。此期陳楊兩人之作品頗多，僅能擇其最要者論述之。至於詩餘一類，則編輯者以詞之調名同異爲次序，非全與時間之先後有關係。故就詩餘以考證年月行事，自極困難。猶不如集中詩文之排列，略有時代早晚之可推尋也。今不得已，唯擇取陳忠裕全集詩餘一類中春閨諸詞及其他有關河東君者，并戊寅草中詩餘之與臥子或春季有關者，綜合論述之，要以關涉春令者爲多。

不論是否陳楊兩人前此和轅文之作，並其他不屬於此期所賦者，亦繫於此期。所以如此者，因其大多數皆與春季有關，而此期之時間，大部分又屬於春季之故也。據前論「早梅」詩時，已引鄭氏表載崇禎七年甲戌正月六日立春，十二月十七日又立春，臥子詩「垂垂不動早春間」句之「春」，乃指崇禎七年十二月十七日立春而言。由此例推計，第貳期内所論述之臥子諸詩，其「春」字之界説，有指崇禎七年十二月十七日立春者，亦有指八年春季者，蓋跨越七年末及八年春季頗長之時間。今陳忠裕全集諸詩乃分體編輯之書，詳確劃分年月，殊爲不易。職是之故，茲論述臥子此期諸詩，未必悉作於崇禎八年，實亦雜有崇禎七年末所賦者。讀者分別觀之，不可拘泥也。

陳忠裕全集捌平露堂集「早春行」五古云：

> 楊柳烟未生，寒枝幾回摘。春心閉深院，隨風到南陌。不令晨妝竟，偏采名花擲。香衾捲猶煖，輕衣試還惜。朝朝芳景變，暮暮紅顏易。感此當及時，何復尚相思。韶光去已急，道路日應遲。願爲階下草，莫負豔陽期。

寅恪案，此題後爲「清明雨中晏坐，憶去歲在河間」一題。初視之，「早春行」似爲崇禎八年春季所作。其實臥子集既爲分體之書，此兩題作成時間，非連續銜接者，未可執此遂謂「早春行」乃崇禎八年春季所作，前論「過舒章園亭」詩已及之。其他類似者，可以此例推之也。

「早春行」篇中寫春閨早起之情景，甚妙。觀「感此當及時，何復尚相思」及「願爲階下草，莫負豔陽期」等句，則此時臥子與河東君之關係，可以想見矣。

陳忠裕全集壹壹平露堂集有「早春初晴」，「陽春歌」（原注：「和舒章。」），「櫻桃篇」及「春日風雨浹旬」等綺懷之什。除「早春行」疑爲崇禎七年冬季立春之前所作者外，其餘當是崇禎八年春間爲河東君而作者。兹不能悉載，但録「早春初晴」及「春日風雨浹旬」兩題。所以選擇此兩題之故，因「早春初晴」一題，可與前録五古「早春行」比較。「春日風雨浹旬」一題，可與後録臥子所作詩餘中「春閨風雨」諸闋參證也。

「早春初晴」云：

今朝春態劇可憐。輕雲窈窕來風前。繡閣梅花墮緑玉，牙牀枕角開紅綿。宿雨猶含蘭葉紫。已多陌上繁華子。可能齊出鳳樓人，同時走馬鬧聲裏。茂陵才人獨焚香。魚箋麗錦成文章。空有蛾眉閉深院，不若盈盈嬌路旁。

「春日風雨浹旬」云：

城南十日雨，堦下生青苔。梅花溼如霧，東風吹不開。落紅滿江曲。蒿藍春水緑。黄鶯醒尚啼，白鷺飛還浴。幽雨沈沈麗景殘。浮雲入坐羅衣寒。翠竹迷離日欲暮，孤亭黯靄憑欄干。芳草風流寒食路。無限青驄楊柳樹。遥望海棠紅滿枝，可憐難向前溪渡。

陳忠裕全集壹肆平露堂集「春日酬舒章言懷之作」五律二首之一云：

積雨迷時令，不知春已深。君懷當綺豔，吾意怯登臨。自短風雲氣，猶憐花草心。何堪看淑景，辛苦獨鳴琴。

同書同卷「今年梅花爲積雨所困。過慤人館中，見其娟然哀麗。戲言欲以石甃其下，如曲水之製，酌其香雨。斯亦事之可懷者，賦此以記之」五律云：

夜夜思春至，當時已棄捐。無從留豔質，有計酌寒泉。錦石支文砌，温池想翠鈿。華清愁絶地，行雨出神仙。

寅恪案，臥子賦此二題，言外自有人在。其爲河東君而作，固不待言。所可注意者，即崇禎八年春間多雨一事。陳忠裕全集年譜崇禎八年乙亥條附李雯「會業序」略云：「今年春闈公臥子讀書南園。春多霖雨。」又取臥子詩證之，如陳忠裕全集捌平露堂集「清明雨中晏坐」及「上巳城南雨中」五古。同書壹壹平露堂集「春日風雨浹旬」七古。同書壹肆平露堂集除上録兩題外，尚有「南園即事」二首之一云：「葭荻乘新漲」及「花朝溪土（上？）新雨」等五律。同書壹陸平露堂集「乙亥元日」七律云：「密雨千門花影涼。」同書壹玖平露堂集「桐花」七絶云：「輕陰微雨畫簾開。」等，可爲例證。考崇禎八年清明在二月十八日。（此月爲小盡。）清明前後約共一月，其間幾無日不有風雨。臥子與河東君之同居，適值此際，詩云：「風雨如晦，雞鳴不已。」又云：「女曰雞鳴，士曰未旦。」正陳楊二人此時之謂矣。今檢戊寅草中崇禎八年春季河東君之詩，其與此期節物有關者，迻録於下，以見一斑。其實河東君當時此類作品，應不止此少數也。

戊寅草「楊柳」云：

不見長條見短枝。止緣幽恨減芳時。年來幾度絲千尺，引得絲長易別離。

其二云：

玉階鸞鏡總春吹。繡影旎迷香影遲。憶得臨風大垂手，銷魂原是管相思。

「楊花」云：

輕風淡麗繡簾垂。婀娜簾開花亦隨。春草先籠紅芍藥，雕欄多分白棠梨。黃鸝夢化原無曉，杜宇聲消不上枝。楊柳楊花皆可恨，相思無奈雨絲絲。

「西河柳花」云：

豔陽枝下踏珠斜。別按新聲楊柳花。總有明妝誰得伴，憑多紅粉不須誇。江都細雨應難濕，南國香風好是賒。不道相逢有離恨，春光何用向人遮。

「春江花月夜」云：

小研紅箋茜金屑，玉管兔毫團紫血。閣上花神豔連纈，那似璧月句妖絶。結綺雙雙描鳳凰。望仙兩兩畫鴛鴦。無愁天子限長江。花底死活酒底工。臙脂臂捉麗華窘，更衣殿秘絳燈引。龍綃貼肉汗風忍。七華口令着人緊。玳筵頂飛香霧膩。銀燭媚客滅幾次。强飲犀桃江令醉。承恩夜夜臨春睡。麟帶切紅紅欲墮（墜）。鸞釵盤雪尾梢翠。夢中麝白桃花迴。半面天烟乳玉飛。碧心跳脱紅絲匿。驚破金猊香着月。殿頭鹵簿繡髮女。籤重慵多吹不起。

寅恪案，上録四題中，三題皆與柳有關。柳固爲詩人春季題詠之物，但亦是河東君自寄其身世之感所在。故後來竟以柳爲寓姓，殊非偶然也。崇禎八年春季多雨，可於「楊花」七律「楊柳楊花皆可恨，相思無奈雨絲絲」之語見之。九宫大成南北詞宫譜壹南詞仙吕宫引有「西河柳」之調名，并載李伯華開先〔林冲〕寶劍記〔第貳伍出〕中此曲。其結語云：「落紅滿地，肯學楊花無定。」河東君賦此詩，殆有感於斯語耶？據東山詶和集壹程偈菴「次牧翁再贈」詩云：「彈絲吹竹吟偏好。」牧齋初學集貳拾東山集肆「仲春十日自和合歡詩」四首之四云：「流水解翻筵上曲」及「歌罷穿花度好音」等句，可知河東君固能彈絲吹竹解曲善歌者。其賦「西河柳花」之詩，亦無足怪矣。今日所見河東君諸詞，除金明池「詠寒柳」數闋外，其他諸詞頗多有似曲者。此點恐與河東君之長於度曲有關。當時松江地域施子野輩以度曲著稱，河東君居此地域，自不免爲其風氣所薰習也。又「春江花月夜」一題，乃效温飛卿之豔體，（參樂府詩集肆柒「春江花月夜」題，所録諸家之作。）而作李長吉之拗詞。其中「無愁天子限長江。花底死活酒底王」之句，尤新麗可誦也。

又陳忠裕全集壹捌平露堂集「晚春遊天平」五言排律云：

自入桃源去，層阿翠不收。珮環空澗響，雲霧曉窗流。紅藥生金屋，青山倚畫樓。鶯啼開玉帳，柳動拂銀鈎。解帶温泉夜，凝妝石鏡秋。碧潭春濯錦，丹榭雨張油。斜月通蕭史，微風醉莫愁。人谿花上度，客似夢中遊。歌舞何時歇，山川盡日留。橋猶名宛轉，鄉已失温柔。豈必千年恨，登臨見古邱。

寅恪案，臥子賦此詩之年，雖難確定，似是崇禎九年丙子暮春所作。細玩詩意，疑爲前此曾與河東君共遊天平，追念昔遊，詠懷古跡，詩特工麗，可稱佳什。故迻録之，以備臥子排律之一體焉。

陳忠裕全集壹玖平露堂集「春思」七絶二首云：

深春無人花滿枝。小欄紅藥影離離。（「影」字可注意。）爲憐玉樹風前坐，（「憐」字可注意。）自翦輕羅日暮時。

桃李飛花谿水流。垂簾日日避春愁。不知幽恨因何事，無奈東風滿畫樓。

又「春日早起」七絶二首云：

獨起憑欄對曉風。滿溪春水小橋東。始知昨夜紅樓夢，身在桃花萬樹中。

柳葉初齊暗碧池。櫻桃花落曉風吹。好乘春露迷紅粉，及見嬌鶯未語時。

臥子在崇禎八年春間所賦七絶，頗似才調集中元微之之豔詩。蓋此時環境情思，殊與元才子「夢遊春」之遇合相似故也。所可惜者，今日吾人只能窺見此時河東君與臥子詶和詩章之極少數，如上所録戊寅草中諸篇是也。

陳忠裕全集壹玖平露堂集「寒食」七絶三首云：

今年春早試羅衣。二月未盡桃花飛。應有江南寒食路，美人芳草一行歸。

垂楊小院倚花開。鈴閣沈沈人未來。不及城東年少子，春風齊上鬬雞臺。

愁見鴛鴦滿碧池。又將幽恨度芳時。去年楊柳滹沱上，此日東風正別離。（自注：「去年寒食在瀛莫間。」）

寅恪案，前論崇禎六年春臥子所作「夢中補成新柳詩」，與崇禎十三年冬河東君所賦「春日我聞室作呈牧翁」詩有關。又前第貳章引牧齋與姚叔祥過明發堂共論近代詞人戲作詩原注中河東君「西湖」七絶一首（此詩本河東君湖上草己卯春西湖八絶句之第壹首。）云：

垂楊小苑繡簾東。鶯閣殘枝蝶趁風。最是西陵寒食路，桃花得氣美人中。

可知河東君此詩實由臥子崇禎八年「寒食」絶句轉變而來。河東君之詩作於崇禎十二年春，距臥子作詩時雖已五年，而猶眷念不忘臥子如此，斯甚可玩味者。牧齋深賞河東君此詩，恐當時亦尚未注意臥子之原作。（寅恪案，宋徵璧撰平露堂集序略云：「陳子成進士歸，讀禮之暇，刻其詩草名白雲者。已又哀乙亥丙子兩年所撰著，爲平露堂集。」然則平露堂集之刻，在臥子丁其繼母唐孺人憂時。牧齋與姚士粦論詩，在崇禎十三年秋間。以時間論，牧齋有得見臥子詩之可能，但錢陳兩人詩派不同，牧齋即使得見平露堂集，亦必不甚措意也。）後人復稱道河東君此詩，自更不能知其所從來。故特寫拈出之，視作情史文壇中一重公案可也。

兹綜合寅恪所見陳臥子河東君并宋轅文李舒章諸人之詞，相互有關者，略論述之。

河東君戊寅草中諸詞及衆香詞書集雲隊中所選河東君詞，其調名題目與陳忠裕全集貳拾詩餘全相符合者，僅有踏莎行「寄書」及浣溪沙「五更」等。兹先迻録於下。

陳臥子浣溪沙「五更」云：

半枕輕寒淚暗流。愁時如夢夢時愁。角聲初到小紅樓。　風動殘燈摇繡幕，花籠微月淡簾鈎。陡然舊恨上心頭。

河東君浣溪沙「五更」云：

金猊春守簾兒暗。一點舊魂飛不起。（寅恪案，「起」疑是「返」之譌寫。）幾分影夢難飄斷。

醒時惱見小紅樓，（寅恪案，「小紅樓」豈指徐氏别墅之南樓耶？）朦朧更怕青青岸。薇風漲滿花階院。

無限心苗，鸞箋半截。寫成親襯胸前折。臨行簡點淚痕多，重題小字三聲咽。　兩地魂銷，一分難説。也須暗裏思清切。歸來認取斷腸人，開緘應見紅文滅。

陳臥子踏莎行「寄書」云：

花痕月片，愁頭恨尾。臨書已是無多淚。寫成忽被巧風吹，巧風吹碎人兒意。　半簾燈焰，還如夢水。（寅恪案，衆香詞「水」作「裏」，較佳。恐是「裏」字僅餘下半，因譌寫成「水」也。）消魂照箇人來矣。開時須索十分思，緣他小夢難尋眎。（寅恪案，衆香詞「眎」作「你」。疑「眎」及「你」俱是「味」字之譌寫。）

河東君踏莎行「寄書」云：

寅恪案，上録陳楊兩人之詞，調同題同，詞語復約略相同。其爲同時訓和之作，不待詳論。所可注意者，後來河東君金明池詠寒柳詞「念從前，一點東風，幾隔着重簾，眉兒愁苦」之語，或與此時兩人所賦浣溪沙「五更」之詞有關，亦未可知也。

臥子别有浣溪沙兩闋，其題目雖與上引陳楊兩詞俱作「五更」者不同。但繹其詞意，當亦與河東君有關。故并迻録之，以資旁證。至宋轅文所賦浣溪沙兩詞，其所言節物，雖皆與春雨無涉。然詳玩詞旨，頗疑或與河東君有關。豈是轅文脱離河東君之後，有所感觸，遂託物寄意耶？殊乏確證，未敢多論。唯詞特佳妙，附録於此，以待推究。

陳忠裕全集貳拾詩餘浣溪沙「閨情」云：

龍腦金爐試寶奩。蝦鬚銀蒜掛珠簾。莫將心事上眉尖。　鬬草文無知獨勝，彈棊粉石好重拈。一鈎紅影月纖纖。（自注：「當歸一名文無。」）

前調「楊花」云：

百尺章臺撩亂吹。重重簾幕弄春暉。憐他飄泊奈他飛。　淡日滚殘花影下，軟風吹送玉樓西。天涯心事少人知。

顧貞觀成德仝選今詞初集下宋徵輿浣溪沙云：

徹夜清霜透玉臺。夕香銷盡博山灰。聲聲飛雁五更催。　滿地西風天欲曉，半簾殘月夢初迴。十年消息上心來。

又「雪」云：

半似三春楊柳花。趁風知道落誰家。黄昏點點濕窗紗。　何幸鳳鞵親得踏，可憐紅袖故相遮。人間冷處且留他。

陳忠裕全集貳拾詩餘中更別載踏莎行兩闋，一題作「春寒」，一題作「春寒閨恨」。「春寒閨恨」一闋復載於顧貞觀成德仝選今詞初集下及王昶國朝詞綜壹所選宋徵輿詞中，但無「春寒閨恨」之題目。鄙意此詞無論其爲何人所作，玩味詞中意旨，當與河東君有關無疑也。

又檢詞綜王氏自序作於嘉慶七年十月。陳忠裕全集凡例後附有莊師洛識語云：

> 嘉慶〔八年〕癸亥六月上澣編忠裕公集成，遵〔王〕述菴先生〔昶〕命，發凡起例如右。

則是兩書之成，先後相距不及一年，俱出於王氏一人之手，何以有此歧異？頗疑陳集實由莊氏等編輯，王氏未必一一詳檢，不過以年輩資歷，取得編主之名，故致此疏誤也。此詞兩書不同之字，自以詞綜爲勝。所成問題者，即此「春寒閨恨」一闋，究出誰手？豈此詞本是轅文原作，誤爲臥子之詞，而臥子「春寒」一闋乃和宋氏之作。編者不察，遂成斯誤耶？若果揣測不謬，則「春寒閨恨」一題，即前引李雯致臥子書中所謂轅文「春令」之一。至臥子和此「春令」，究在何時，雖不能確知，但不必定在河東君與轅文交好之時，亦可能在崇禎八年春季也。茲録兩詞於下，更俟詳考。

陳忠裕全集貳拾詩餘踏莎行「春寒」云：

> 墻柳黃深，庭蘭紅吐。東風著意催寒去。迴廊寂寂繡簾垂，殘梅落盡青苔路。 綺閣焚香，閒堦微步。羅衣料峭啼鶯暮。幾番冰雪待春來，春來又是愁人處。

今詞初集下宋徵輿踏莎行（陳集題作「春寒閨恨」。）云：

錦屋銷香，（寅恪案，「屋」國朝詞綜同。陳集作「幔」。）翠屏生霧。（寅恪案，「霧」國朝詞綜同。陳集作「雨」。）妝成漫倚紗窗住。一雙青雀到空庭，梅花自落無人處。回首天涯，歸期又誤。羅衣不耐東風舞。垂楊枝上月華生，可憐獨上銀牀去。

復次，楊陳宋李詞中有同是「南鄉子」，「江城子」或「江神子」之調名，而詞旨近似，或微異者，疑皆互有關係之作品。玆録其詞，并略論之。

河東君戊寅草南鄉子「落花」云：

拂斷垂垂雨。傷心蕩盡春風語。况是櫻桃薇院也，堪悲。又有箇人兒似你。莫道無歸處。點點香魂清夢裏。做殺多情留不得，飛去。願他少識相思路。

陳忠裕全集貳拾詩餘南鄉子「春閨」云：

羅袂曉寒侵。寂寂飛花雨外深。草色萋迷郎去路，沉沉。一帶浮雲斷碧岑。無限暗傷心。粉冷香銷憎錦衾。濕透海棠渾欲睡，陰陰。枝上啼紅恐不禁。

前調云：

花發小屏山。凍徹胭脂暮倚闌。添得金鑪人意嬾，雲鬟。爲整犀梳玉手寒。儘日對紅顔。畫閣深深半掩關。冰雪滿天何去也，眉彎。兩臉春風莫放殘。

前調「春寒」云：

小院雨初殘。一半春風繡幙間。强向玉樓花下走，珊珊。飛雪輕狂點翠鬟。　淡月滿闌干。添上羅衣扣幾番。今夜西樓寒欲透，紅顏。黛色平分凍兩山。

寅恪案，楊陳兩人之詞，雖調同題異，當是一時所作。至轅文之南鄉子無題目，詞中有「玉露」，「傷秋」等語。舒章之南鄉子題爲「冬詞」。雖俱是綺懷之體，然皆非春季所作也。故不録宋李兩人原詞，僅附記於此，以備參考。河東君戊寅草江城子「憶夢」云：

夢中本是傷心路。芙蓉淚。櫻桃語。滿簾花片，都受人心誤。遮莫今宵風雨話。要他來，來得麽。　安排無限銷魂事。砑紅箋，青綾被。留他無計。去便隨他去。筭來還有許多時，人近也，愁回處。

寅恪案，「憶夢」者，夢醒追憶之義。此詞自可能爲脱離卧子之後所作，但亦可能爲將脱離卧子之時所作。陳楊之因緣乃元微之「夢遊春」所謂「一夢何足云」，（見才調集伍并參拙著讀鶯鶯傳。）及玉谿生「無題」二首之二「神女生涯原是夢」者。（見李義山詩集中。）詞中「留他無計。去便隨他去。算來還有許多時，人近也，愁回處」之語，爲一篇之警策。其意謂此夢不久將醒，無可奈何。故疑是將離去卧子之時所作也。考河東君於崇禎八年春季，雖與卧子同居，然離去卧子之心，亦即萌於此際。蓋既與卧子同居之後，因得盡悉其家庭之複雜及經濟之情勢，必無長此共居之理，遂漸次表示其離去之意。此意決定於是年三月末，實現於是年首夏之初。故此詞即河東君表示其離意之旨。臥子詩餘中有少年游青玉案兩闋，與河東君此詞相關。青玉案詞尤悽惻動人。宋轅文亦有青玉案一闋，疑是和臥子之作。兹附録陳宋兩人青玉案詞於河東君此詞之後，以供參證。至臥子少年遊一闋，則俟後論臥子與河東君李舒章同調之詞時述之，今暫不涉及。

陳忠裕全集貳拾詩餘青玉案「春暮」云：

青樓惱亂楊花起。能幾日，東風裏。回首三春渾欲悔。落紅如夢，芳郊似海。只有情無底。　華年一擲隨流水。留不住，人千里。此際斷腸誰可比。離筵催散，小窗惜別，淚眼欄干倚。

今詞初集下宋徵輿青玉案云：

金塘雨漲輕烟滑。正柳陌，東風活。閒却吴綾雙繡襪。滿園芳草，一天花蝶。可奈人消渴。　暗彈珠淚蜂黄脱。兩點春山青一抹。好夢偏教鶯語奪。落紅庭院，夜香簾幙，半枕紗窗月。

陳忠裕全集貳拾詩餘江城子「病起春盡」云：

一簾病枕五更鐘。曉雲空。捲殘紅。無情春色，去矣幾時逢。添我千行清淚也，留不住，苦悤悤。　楚宫吴苑草茸茸。戀芳叢。繞遊蜂。料得來年相見畫屏中。人自傷心花自笑，憑燕子，駡東風。

寅恪案，在昔竺西浄名居士之病，乃爲衆生而病。華亭才子陳子龍之病，則爲河東君而病。臥子此類之病，今能考知者，共有四次。第壹次之病，爲崇禎六年癸酉冬在北京候會試時，因遠憶松江之河東君而病。陳忠裕全集柒屬玉堂集「旅病」五古二首之一云：

朔氣感中理，玄律思春温。安得登高臺，隨風歸故樊。美人步蘭薄，旨酒徒盈樽。

詩中「玄律」指冬季，「故樊」指松江，「美人」指河東君。故知此詩乃臥子癸酉冬季旅京病中，懷松江河東君之作也。前論臥子「寒日臥邸中，讓木忽緘臘梅花一朵相示」詩，已言及之，可不更詳。第貳次之病，爲崇禎八年乙亥夏初河東君已離去之時。詞中「曉雲空」之「雲」，即指阿雲也。臥子此詞可與其「訓舒章問疾之作」詩及李雯「夏日問陳子疾」詩（見陳忠裕全集捌平露堂集并蓼齋集壹貳舒章原作。）共參之。

臥子詩云：

房闈厭虚寥。愁心愧清曉。黄鳥鳴層陰，朱華長幽沼。錦衾誰能理，撫身一何小。思與帝子期，胡然化人渺。靈藥無消息，端然内煩擾。感君投惠音，款睇日未了。佳人蔭芳樹，憐余羈登眺。會當遣百慮，攜手出塵表。

舒章詩云：

孟夏延清和，林光屢昏曉。褰裳獨徘徊，風琴蕩蘿蔦。閒居成滯淫，契闊長枯槁。庭蕪久矣深，黄鳥鳴未了。思君文園臥，數日瑶華少。散髮把素書，支牀念青鳥。蹉跎蓄蘭時，果氣歇林表。江上芙蓉新，堂中紫燕小。將無同賞心，南風送懷抱。

第叁次之病爲崇禎十一年戊寅七夕。因感牛女故事，爲河東君而病。陳忠裕全集壹肆湘真閣稿「戊寅七夕病中」云：

又向佳期臥，金風動素波。碧雲凝月落，雕鵲犯星過。巧笑明樓迥，幽暉清篳多。不堪同病夜，苦憶共秋河。

寅恪案，此詩第柒句之「同病」，第捌句之「苦憶」，其於河東君眷戀之情，溢於言表者若是。斯或與臥子此年冬爲河東君序刊戊寅草一事，不無關係也。

抑更有可論者，范鍇華笑廎雜筆壹「黄梨洲先生批錢詩殘本」條云：

余嘗見黄梨洲手批虞山詩殘本曰，牧翁「丙戌七夕有懷」，（此詩見下引金氏錢牧齋年譜中。）意中不過懷柳氏，而首二句寄意深遠。

寅恪案，牧齋於明南都破後，隨例北遷。至順治三年六月雖得允放還原籍。但觀其詩中「銀漏」之語，（見王子安集壹壹乾元殿頌序。）似尚留滯北京。趨朝待漏之時，感今傷昔，遥憶河東君，遂作此七絶。首句用史記天官書，次句用漢書天文志。詳見錢遵王有學集詩注壹所引。兹不復贅。梨洲甚賞首二句寄意深遠，蓋不僅切合清兵入關之事，且「天河」「女牛」皆屬天文星象。詠一類之物，而具兩重之意。黃氏乃博雅之人，通知天文曆算等學，又與錢柳關係密切，故尤能明瞭牧齋詩旨所在也。其言「意中不過懷柳氏」，殊爲允當。至金鶴沖錢牧齋先生年譜丙戌隆武二年條云：

「七夕有懷」云：「閣道牆垣總罷休。天街無路限旄頭。生憎銀漢偏如舊，横放天河隔女牛。」（寅恪案，金氏所引與錢曾有學集注本全同。但涵芬樓影印康熙甲辰本「限旄頭」作「接清秋」。「銀漢」作「銀漏」。金匱山房康熙乙丑本「限旄頭」作「望樓頭」。牧齋詩當原作「限旄頭」。他本不同者，自是從來所被改。至若「銀漏」，牧齋詩本應如此。蓋指清乾清宮銅壺滴漏而言。用典雖切，而淺人不覺，因其爲七夕詩，遂譌作「銀漢」，未必是被改也。）按此詩在隆武帝即位後十日而作，女牛之隔，君臣之異地也。

則推論過遠，反失牧齋本意，不如黃氏所言之切合也。噫！當崇禎八年乙亥七夕臥子之懷念河東君，尚不過世間兒女之情感。歷十二年至順治三年丙戌七夕，牧齋之懷念河東君，則兼具家國興亡之悲恨。同一織女，而牽牛有異，閲時幾何，國事家情，俱不堪回首矣。

第肆次之病爲崇禎十四年辛巳秋冬間。因此時得知河東君於是年六月已歸牧齋而病。臥子自撰年譜上崇禎十四年辛巳條云：

秋以積勞致病。初則瘧耳，後日增劇，服葠附百餘劑。長至始克櫛沐。是歲納側室沈氏。

又年譜後附王澐「三世苦節傳」云：

陳氏五世一子，旁無朞功之屬。〔張〕孺人屢舉子女不育，爲置側室，亦不宜子。孺人心憂之，乃自越遣人至吴，納良家子沈氏以歸。甲申春，崇禎帝召先生入諫垣，攜家還里，至冬始舉子。先生時年三十有七，喜而名之曰嶷。

寅恪案，臥子謂其督漕於嘉興之崇德，以積勞致病，是自稱其病乃爲衆生而病。然龔自珍「己亥雜詩」云：「東山妓亦是蒼生。」由此言之，河東君亦是衆生之一，臥子自稱爲衆生而病，亦可兼括爲河東君而病也。更可笑者，王勝時盛誇張孺人自選良家女沈氏爲臥子之妾，因得生子，遂使其夫不致絶後一事。其言外殊有深鄙河東君爲倡家女，不能生子之意。豈知沈氏之子嶷，傳至四代，後亦竟絶耶？（見臥子年譜下附莊師洛等案語。）斯亦王氏作傳時所不及料者矣。

今詞初集下宋徵輿江神子云：

珍珠簾透玉梨風。暮烟濃。錦屏空。胭脂萬點，摇漾緑波中。病起看春春已盡，芳草路，碧苔封。　漫尋幽徑到吴宫。樹青葱。石玲瓏。朱顔無數，不與舊時同。料得夜來腸斷也，三尺雨，五更鐘。

寅恪案，轅文詞中「病起看春春已盡」，與臥子詞「病起春盡」之題符合。又轅文詞末句「五更鐘」之語，與臥子詞首句「一簾病枕五更鐘」之語亦相合。然則宋作乃和陳詞明矣。

今詞初集上李雯江神子云：

一篙秋水淡芙蓉。晚來風。玳雲重。檢點幽花斜綴小窗紅。羅襪生寒香細細，憐素影，近梧桐。　棲鴉零亂夕陽中。歎芳叢。訴鳴蛩。半捲鸞箋心事上眉峯。玉露金波隨意冷，愁滅燭，聽歸鴻。

寅恪案，舒章詞有「秋水」「鳴蛩」「玉露」及「歸鴻」等語，當是秋季所作。舒章别有「題內家楊氏樓」詩，疑亦此時所作。後詳論之。但舒章詞「玳雲重」及「憐素影」中藏河東君之名字。又「歎芳叢」與臥子原作「戀芳叢」之語相關。故舒章此詞實賦於崇禎八年秋深，即河東君離松江往盛澤鎮之時。雖非臥子「病起春盡」之際，然仍是追和臥子此詞也。又戊寅草中有訴衷情近「添病」一闋。河東君之病當亦與臥子之病有關，所謂同病相憐者也。故附録於此，以博好事者一笑。其詞云：

幾番春信。遮得香魂無影。銜來好夢難憑，碎處輕紅成陣。任教日暮還添，相思近了，莫被花吹醒。　雨絲零。又早明簾人静。輕輕分付，多箇未曾經。畫樓心。東風去也，無奈受他，一宵恩幸，愁甚病兒真。

戊寅草少年游「重游」云：

絲絲碧樹何曾捲。又是梨花晚。海燕翻翻，那時嬌面。做了斷腸緣。　寄我紅箋人不見。看他羅幕鞦韆。血衣着地，未息飄颺，也似人心軟。

臥子詩餘少年游「春情」云：

滿庭清露浸花明。攜手月中行。玉枕寒深。冰銷香淺，無計與多情。　奈他先滴離時淚，禁得夢難成，半晌歡娱，幾分憔悴，重疊到三更。

寅恪案，河東君之詞有「梨花」「海燕」等語，自是春季所賦。與臥子詞「春情」相合。臥子詞後半闋與上引河東君江城子憶夢一詞，語意更爲符應。其題作「春情」，非偶然也。

今詞初集上李雯少年遊云：

緑窗煙黛鎖梅梢。落日近横橋。玉笛纔聞，碧霞初斷，贏得水沉銷。　口脂試了櫻桃潤，餘暈入鮫綃。七曲屏風，幾重簾幙，人静晝樓高。

又「代女郎送客」云：

殘霞微抹帶青山。舟過小溪灣。兩岸蘆乾，一天雁小，分手覺新寒。　今宵霜月照燈闌。人是暮愁難。半枕行雲，送君歸去，好夢憶江干。

復次，舒章蓼齋集叁壹詩餘載玉樓春題爲「代客答女郎」。其詞云：

角聲初展愁雲暮。亂柳蕭蕭難去住。舴艋舟前流恨波，鴛鴦渚上相思路。　生分紅綬無人處。半晌金樽容易度。惜別身隨南浦潮，斷腸人似瀟湘雨。

恐此「客」當是臥子，「女郎」亦爲河東君。蓋與其少年游「代女郎送客」一詞同時所作。臥子河東君皆工於意内言外者，舒章何不憚煩而爲兩人捉刀？文人閒居好事，故作狡獪，殊可笑也。

寅恪案，周美成賦少年游「感舊」詞後，凡詩餘中此調多與李師師有關一類綺懷之作，自無足怪。舒章詞此調前一闋，疑是和臥子之作，即爲河東君而賦者。後一闋題爲「代女郎送客」，詞中有「蘆乾」「雁小」「新寒」「霜月」等句，明是秋深景物。河東君戊寅草載崇禎八年秋離松江赴盛澤鎮詩兩題。第壹題爲「曉發舟至武塘」五律二首。其一「還思論異者」句下自注云：「時別臥子。」其二云：「九秋悲射獵。」第貳題爲「秋深入山」七律一首，「深閒大抵仲弓知」句下自注云：「陳寔字仲弓。時惟臥子知余歸山。」據此可證舒章詞後一闋題中之「女郎」，即河東君，「客」即臥子。蓋河東君此行雖有詩送臥子，但未作詞。故舒章戲代爲之耳。所謂「半枕行雲」之「雲」即「阿雲」無疑也。

復次，戊寅草有夢江南「懷人」詞二十闋，臥子詩餘有雙調望江南「感舊」一闋。夢江南即望江南，「懷人」亦與「感舊」同意。兩人所賦之詞互相關涉，自無待論。但別有可注意者，即夢江南及雙調望江南兩詞中之「南」字，實指陳楊二人於崇禎八年春間同居之徐氏南樓及游宴之陸氏南園而言。若如此解釋，則河東君及臥子詞中所「夢」「望」之地，「懷」「感」之人，語語相關，字字有著矣。兹全録兩人之詞於下，讀者可取以互證也。

河東君夢江南「懷人」二十首，其一云：

人去也，人去鳳城西。細雨濕將紅袖意，新蕪深與翠眉低。蝴蝶最迷離。

寅恪案，「鳳城」非僅用典，疑并指松江城而言。詳見前論臥子「癸酉長安除夕」詩「曾隨俠少鳳城阿」之句。「細雨濕將紅袖意」，可與下引臥子滿庭芳「送別」詞「纔提起，淚盈紅袖，未説兩三分」之語參證也。

其二云：

人去也，人去鷺鷥洲。菡萏結爲翡翠恨，柳絲飛上鈿箏愁。羅幕早驚秋。

寅恪案，「人去鷺鷥洲」之「去」字，周銘林下詞選同。衆香詞作「在」，誤。「菡萏結爲翡翠恨」句，自用花間集補下李後主山花子詞「菡萏香銷翠葉殘。西風愁起緑波間」之語。「鈿箏」二字，林下詞選同。當出晏殊珠玉詞蝶戀花調「楊柳風輕，展盡黄金縷。誰把鈿箏移玉柱」等句。柳詞之「絲」，即晏詞之「縷」。衆香詞作「鈿簪」亦可通。河東君此詞，蓋糅合李晏兩作之語意而成也。

其三云：

人去也，人去畫樓中。不是尾涎人散漫，何須紅粉玉玲瓏。端有夜來風。

寅恪案，河東君此詞中之「畫樓」，當指其與臥子同居之鴛鴦樓或南樓。「尾涎」用漢書玖柒下外戚傳孝成趙皇后傳童謠「燕燕尾涎涎」之語。「玉玲瓏」疑用蔣防霍小玉傳及湯顯祖紫釵記玉燕釵事。河東君湖上草「清明行」結語云：「盤螭玉燕無可寄，空有鴛鴦棄路旁。」亦同此詞之意。即臥子雙調望江南「憶舊」詞所謂「玉燕風斜雲鬢上」者。「夜來風」或與玉谿生「無題」二首之一「昨夜星辰昨夜風，畫樓西畔桂堂東」之語有關。（見李義山詩集上。）又玉臺新詠伍柳惲「夜來曲」云：「颯颯秋桂響，悲（一作非。）君起夜來。」樂府詩集柒伍亦載惲此曲，并引樂府解題曰：「起夜來其辭意猶念疇昔，思君之來也。」河東君之意，當在於此。至若拾遺記柒所述薛靈芸即夜來事，雖有行者歌曰，「清風細雨雜香來」之語。但與「懷人」之題不合，恐非河東君詞旨所在也。（陳忠裕全集壹玖屬玉堂集「魏宮詞」二首之二有：「細雨香風接夜來」句，即用拾遺記事。）復檢李清照漱玉詞怨王孫「春暮」云：「門外誰掃殘紅，夜來風。」河東君此詞既用漢書孝成趙皇后傳童謠「燕燕尾涎涎」之語，而此童謠中，又有「木門倉琅根。燕飛來，啄皇孫。皇孫死。燕啄矢」之語。或者河東君因讀易安居士之詞「怨王孫」之「王孫」與漢書外戚傳童謠之「皇孫」同義，遂連類相及，而有「夜來風」

之句耶？

其四云：

人去也，人去小池臺。道是情多還不是，若爲恨少却教猜。一望損莓苔。

寅恪案，「一望損莓苔」者，離去南園之意。劉文房「尋南溪常道士隱居」詩「一路經行處，莓苔見履痕」。（見全唐詩第叁函劉長卿貳。）「南溪」即指「南園」也。「道是情多還不是，若爲恨少却教猜」者，言其離去南園，可謂非多情。但若以爲於臥子有所憎恨，則亦未合。河東君此意即臥子崇禎十一年秋間賦「長相思」七古中所述河東君之語云「別時餘香在君袖。香若有情尚依舊。但令君心識故人，綺窗何必常相守」者，是也。（見陳忠裕全集壹壹湘真閣集。）餘詳後論。

其五云：

人去也，人去綠牕紗。贏得病愁輸燕子，禁憐模樣隔天涯。好處暗相遮。

寅恪案，「贏得病愁輸燕子，禁憐模樣隔天涯」句，則是離去臥子後，燕子重來時所作，恐至早亦在崇禎九年春間矣。又臥子詩餘中有驀山溪「寒食」一闋，殊有崔護「去年今日」之感，或是崇禎九年春季所賦，姑附録於此，更俟詳考。詞云：

碧雲芳草，極目平川繡。翡翠點寒塘，雨霏微，淡黃楊柳。玉輪聲斷，羅襪印花陰，桃花透。梨花瘦。遍試纖纖手。　去年此日，小苑重回首。暈薄酒闌時，擲春心，暗垂紅袖。韶光一樣，好夢已天涯，斜陽候。黄昏又。人落東風後。

其六云：

人去也，人去玉笙寒。鳳子啄殘紅豆小，雉媒驕擁褎香看。杏子是春衫。

寅恪案，「人去玉笙寒」句，實暗用南唐嗣主李璟攤破浣溪沙（一名山花子。）「小樓吹徹玉笙寒」之語。（見全唐詩第壹貳函。又花間集補下作李後主山花子。）以其中有「小樓」二字，蓋指鴛鴦樓或南樓而言也。「鳳子啄殘紅豆小」句，當是互易少陵秋興八首之八「紅豆啄殘鸚鵡粒，碧梧棲老鳳凰枝」一聯中「鸚鵡」「鳳凰」兩辭，（見杜工部集壹伍。）所以改「鸚鵡」爲「鳳子」者，不僅故意避去「棲老」之義，亦以古今注伍魚蟲門「蛺蝶」條云：「其大如蝙蝠者，或黑色，或青斑，名爲鳳子。」蓋河東君不欲自比鸚鵡，而願與韓馮夫婦之蛺蝶同科。其賦此調第壹首結句「蝴蝶最迷離」，即是此意。又臥子所賦「初夏絶句」十首之六云：「澹黄鳳子逐花隈。」（見陳忠裕全集壹玖陳李唱和集。）亦可與此闋相參證也。「雉媒驕擁褎香看」句，用陸魯望「奉和襲美吴中書事，寄漢南裴尚書」七律「五茸春草雉媒驕」之語，（見甫里先生集玖及全唐詩第玖函陸龜蒙玖。）與茸城即松江地域切合。至「褎」疑是「爇」之譌寫。河東君作書，固喜爲瘦長之體也。「杏子是春衫」句，蓋出樂府詩集柒貳古辭西洲曲「單衫杏子紅」句。又元微之「離思」詩有「杏子花衫嫩麴塵」之語。（見才調集伍及全唐詩第陸函元稹貳柒。）河東君殆亦兼采其意。但微之此詩「杏子」原有「吉了」及「杏子」兩讀，河東君從「杏子」之讀耳。

其七云：

人去也，人去碧梧陰。未信賺人腸斷曲，却疑誤我字同心。幽怨不須尋。

寅恪案，「人去碧梧陰」之「碧梧」即前引杜工部秋興詩「碧梧棲老鳳凰枝」之「碧梧」。河東君互易杜詩「紅豆」「碧梧」一聯上下兩句，以分配第陸首及此首耳。「却疑誤我字同心」句，或與後論臥子蝶戀花詞「簡點鳳鞋交半折」句所引河東君兩同心詞有關，亦未可知也。

其八云：

人去也，人去小棠梨。強起落花還瑟瑟，別時紅淚有些些。門外柳相依。

寅恪案，「小棠梨」當用庾蘭成小園賦「有棠梨而無館」句。（見庾子山集壹。）庾賦之「小園」，當指徐氏別墅中之小園。「小棠梨」館或即指楊陳兩人於崇禎八年春間同居之南樓也。「落花瑟瑟」正是春盡病起之時，「紅淚些些」更爲薛夜來「升車就路」之狀矣。（見拾遺記柒「魏文帝所愛美人」條。）

其九云：

人去也，人去夢偏多。憶昔見時多不語，而今偷悔更生疏。夢裏自歡娛。

寅恪案，此首爲二十首中之最佳者，河東君之才華，於此可窺見一斑也。

其十云：

人去也，人去夜偏長。寶帶怎温青驄意，羅衣輕試玉光涼。薇帳一條香。

寅恪案，自第壹首至此首共十首，皆言「人去」。蓋去與臥子同居之南樓即鴛鴦樓及游宴之南園也。

其十一云：

人何在，人在蓼花汀。鑪鴨自沉香霧煖，春山争遶畫屏深。金雀斂啼痕。

寅恪案，自此首以下共十首，皆言「人在」。其所在之處，雖未能確指，然應是與臥子有關者。故知俱爲崇禎八年春間徐氏别墅中楊陳兩人所同居之南樓及同遊之陸氏南園，（詳見下引徐闇公孚遠釣璜堂詩及王勝時澐雲間第宅志。）并同經之事也。此首所言之蓼花汀或即在南園内。「鑪鴨」「畫屏」「金雀」乃藏嬌定情之境况。臥子假南樓爲金屋，則河東君此詞以斂啼痕爲結語，自不嫌突兀矣。

其十二云：

人何在，人在小中亭。想得起來匀面後，知他和笑是無情。遮莫向誰生。

寅恪案，此首可與第玖首「憶昔見時多不語，而今偷悔更生疏」之語參證。「人在小中亭」之「亭」，或即臥子所賦「秋暮遊城南陸氏園亭」詩，「孤亭喧鳥雀」之「亭」。（見陳忠裕全集柒屬玉堂集。）「知他和笑是無情」句，則出杜牧之詩「多情却似總無情。唯覺尊前笑不成」。（見全唐詩第捌函杜牧肆「贈別」二首之二。）及韓致堯詩「見客入來和笑走，手搓梅子映中門」。（見全唐詩第拾函韓偓肆「偶見」。）張泌江城子第貳闋「好是問他來得麽，和笑道，莫多情」。（見花間集伍。）河東君蓋兼采杜韓兩詩及張詞之辭意，而成此闋也。

其十三云：

　　人何在，人在月明中。半夜奪他金扼臂，殢人還復看芙蓉。心事好朦朧。

寅恪案，此首當是楊陳兩人同居南樓時之本事。「扼臂」出羅從事「比紅兒詩」一百首之九十四「金粟妝成扼臂環」之語，（見全唐詩第拾函羅虬。）「殢人還復看芙蓉」者，崇禎八年首夏李舒章所賦「夏日問李子疾」詩云：「江上芙蓉新，堂中紫燕小。」（見陳忠裕全集捌平露堂集「酬舒章問疾之作」附録所引。）崇禎八年首夏，河東君離去南樓及南園，將行之時，猶能見及南園廢沼中之芙蓉。（可參下引釣璜堂存稿叁「南園讀書樓」七古，「荷香落衣袂」句及同書壹玖「坐月懷臥子」五絕，「南園菡萏正紛披」句。）楊詞李詩所謂芙蓉，蓋指出水之新荷，而非盛放之蓮花，如徐闇公詩所言者。文人才女之賦詠，不必如考釋經典，審覈名物之拘泥。又陳忠裕全集壹玖陳李唱和集「初夏絶句」十首之七云：「芙蓉葉放小於錢。」臥子此詩雖未必是崇禎八年所賦，但同是初夏景物之描寫，故亦可取以互證也。

其十四云：

人何在，人在木蘭舟。總見客時常獨語，更無知處在梳頭。碧麗怨風流。

寅恪案，「總見客時常獨語，更無知處在梳頭」句，殆用張文和「薊北旅思」（一作「送遠人」。）詩，「失意常獨語，多愁祇自知」之語。（見全唐詩第陸函張籍叁。）文和詩題既一作「送遠人」，則河東君「人在木蘭舟」句，即「送遠人」之意。頗疑太平廣記壹玖伍載甘澤謡「紅綫」條中冷朝陽送紅綫詩（參全唐詩第伍函冷朝陽「送紅綫」七絶。）云：

採菱歌怨木蘭舟。送別魂銷百尺樓。（全唐詩「別」作「客」。）還似洛妃乘霧去，碧天無際水長流。（全唐詩「長」作「空」。）

殆亦與之有關涉。蓋河東君此詞題爲「懷人」與張冷兩詩約略相似，乃其自言失意多愁之情況。又陳忠裕全集壹有「採蓮賦」一篇，同書伍平露堂集有「採蓮童曲」樂府。同書壹壹平露堂集有「立秋後一日題採蓮圖」七古與戊寅草中「採蓮曲」，皆陳楊兩人於崇禎八年所作。冷氏詩云，「採蓮歌怨木蘭舟」，故河東君此詞「木蘭舟」之語，疑即指兩人所作之詩賦而言也。至「碧麗怨風流」句其義不甚解。戊寅草寫本及林下詞選皆同。惟衆香詞作「妖豔更風流」，語較可通。但上文已有「更」字，昔人作詩詞，雖不嫌重複，然細繹詞旨，此處似不宜再用「更」字。且「怨風流」亦較「更風流」爲佳。據是，衆香詞與戊寅草寫本及林下詞選不同之點，恐經後人改易，殊失河東君原作之用心也。

其十五云：

人何在，人在綺筵時。香臂欲擡何處墮，片言吹去若爲思。况是口微脂。

寅恪案，此首乃河東君自述其文酒會時，歌舞之情態。「香臂欲擡何處墮」句，指舞言。「片言吹去若爲思。况是口微脂」句，指歌言。有學集壹叁東澗詩集下「病榻消寒雜詠」四十六首之三十四「追憶庚辰冬半野堂文讌舊事」詩云：「蒲團歷歷前塵事，好夢何曾逐水流。」此爲牧齋垂死之作，猶不能忘情於崇禎十三年冬河東君初訪半野堂時，餞別程松圓之讌會。據是可以想見河東君每值華筵綺席，必有一番精采之表演，能令坐客目迷心醉。蓋河東君能歌舞，善諧謔，况復豪於飲，酒酣之後，更可增益其風流放誕之致。此詞所述非誇語，乃實録也。

其十六云：

人何在，人在石秋棠。好是捉人狂耍事，幾回貪却不須長。多少又斜陽。

寅恪案，「石秋棠」之義未解。若「棠」字乃「堂」字之譌寫，則「石秋堂」當是南園一建築物之名。此爲妄測，須更詳考。「好是捉人狂耍事，幾回貪却不須長」句，指捉迷藏之戲。(可參前論程松圓「朝雲詩」第伍首「神仙冰雪戲迷藏」句。)才調集伍元稹「雜憶詩」五首之三云：「憶得雙文朧月下，小樓前後捉迷藏。」河東君蓋自比於雙文，而令臥子效元才子所爲者，雖喜被捉，但不須久尋。蓋作此戲，本資笑樂，不必使捉者過勞。然則其愛惜臥子之意，溢於言表。「多少又斜陽」句，則事過境遷，不覺感慨係之矣。

其十七云：

人何在，人在雨煙湖。篙水月明春膩滑，舵樓風滿睡香多。楊柳落微波。

寅恪案，「雨煙湖」恐是南園中之湖沼。「睡香」即「瑞香」，乃早春季節開放之花。河東君於此際泛舟，風吹此花香氣，固合當時景物也。

其十八云：

人何在，人在玉階行。不是情癡還欲住，未曾憐處却多心。應是怕情深。

寅恪案，此首爲河東君自言其去住兩難之苦況。然終於離去，則其苦更甚，可以推知。「應是怕情深」之「怕」字殊妙。

其十九云：

人何在，人在畫眉簾。鸚鵡夢回青獺尾，篆烟輕壓緑螺尖。紅玉自纖纖。

寅恪案，李舒章會業序云：「猵獺白日捕魚塘中，盱睚而徐行，見人了無怖色。」（見後論臥子桃源憶故人「南樓雨暮」詞，所引舒章此文。）又文選捌楊子雲羽獵賦「蹈猵獺」。李善注引郭璞三蒼解詁曰：「猵似狐，青色，居水中，食魚。」然則「青獺」之語，乃古典今事，合而用之者。「鸚鵡夢」固出明皇雜録「天寶中嶺南獻白鸚鵡」條。（見事文類聚後集肆拾及六帖玖肆所引。并可參楊太真外傳下及何薳春渚紀聞伍「隴州鸚歌」條。）但其所指搏殺「雪衣娘」之鷙鳥，頗難考實。豈河東君之居南樓，所以不能久長者，乃由臥子之妻張孺人號稱奉其祖母高安人繼母唐孺人之命，率領家嬪將至徐氏別墅中之南樓，以驅逐此「内家楊氏」耶？俟考。

其二十云：

人何在，人在枕函邊。只有被頭無限淚，一時偷拭又須牽。好否要他憐。

寅恪案，此首爲二十首最後一首，亦即「人在」十首之末闋。故可視爲夢江南全部詞中「警策」之作。其所在處，乃在枕函咫尺之地，斯爲賦此二十首詞所在地也。「淚痕偷拭」，「好否要憐」，絶世之才，傷心之語，觀臥子雙調望江南「感舊」詞結句云：「無計問東流。」可以推知其得讀河東君此二十首詞後，所感恨者爲何如矣。

臥子雙調望江南「感舊」云：

思往事，花月正朦朧。玉燕風斜雲鬢上，金猊香燼繡屏中。半醉倚輕紅。　何限恨，消息更悠悠。弱柳三眠春夢杳，遠山一角曉眉愁。無計問東流。

寅恪案，臥子此詞有「消息更悠悠」之語，當是在河東君由松江遷往盛澤鎮以後不甚久之時間所作。然則河東君夢江南詞二十闋爲原唱，而臥子雙調望江南乃和作。明乎此，則知河東君詞題爲「懷人」，而臥子詞題作「感舊」，所以不同之故也。

前引黄九煙之語云：「雲間宋徵輿李雯共拈春閨風雨諸什。」並論崇禎八年春間多雨一事。今檢臥子詩餘中，其題爲「春閨風雨」「春雨」者，共有三首。故知此三首當即黄氏所言。疑俱是臥子於崇禎八年春間爲河東君而作者。兹更取河東君戊寅草中更漏子「聽雨」二闋，與臥子詞參證，以其亦爲春雨，當是同時所作也。

臥子醉落魄「春閨風雨」其一云：

春樓繡甸。韶光一半無人見。海棠夢斷前春怨。幾處垂楊，不耐東風捲。　飛花狼籍深深院。滿簾寒雨鑪煙篆。黄昏相對殘燈面。聽徹三更，玉枕欹將半。

其二云：

花嬌玉煖。鏡臺曉拂雙蛾展。一天風雨青樓斷。斜倚欄干，簾幕重重掩。　紅酥輕點櫻桃淺。碧紗半掛芙蓉捲。真珠細滴金杯軟。幾曲屏山，鎮日飄香篆。

又菩薩蠻「春雨」云：

簾纖暗鎖金塘曲。聲聲滴碎平蕪綠。無語欲摧紅。斷腸芳草中。　幾分消夢影。數點臙脂冷。何處望春歸。空林鶯暮啼。

河東君更漏子「聽雨」（寅恪案，河東君此調兩闋頗難句逗，姑以意標點之，可不必深究也。）云：

風繡幕，雨簾櫳。好箇淒涼時候，被兒裏，夢兒中。一樣濕殘紅。　香餤短，黃昏促。催得愁魂千簇。只怕是，那人兒，浸在傷心綠。

其二云：

花夢滑，杏絲飛，又在冷和風處。合歡被，水晶幃，總是相思塊。　影落盡，人歸去。簡點昨宵紅淚。都寄與，有些兒，却是今宵雨。

李舒章虞美人「春雨」（見蓼齋集叁壹詩餘。）云：

簾纖斷送荼蘼架。衣潤籠香罷。鷓鴣題（啼）處不開門。生怕落花時候近黃昏。　豔陽慣被東風砑（妬）。吹雨無朝暮。絲絲只欲傍妝臺。却作一春紅淚滿金杯。

又吴園次虞美人「春雨次李舒章韻」（見今詞初集下。）云：

紅絨冷落秋千架。人約西陵罷。梨花和淚閉重門，却似玉兒憔悴憶東昏。　孟婆苦把東君妬，做作催春暮。愁春人正在朱樓，聽盡絲絲點點倚香篝。

寅恪案，閔爾昌碑傳集補貳守令壹王方岐撰「吴園次後傳」略云：

先生諱綺，字園次，江都人。〔順治十一年〕甲午灤州石學士申視學江南，得先生卷，拔冠多士，以明經薦入都。冢宰胡公兆龍拔置第一，授中書舍人，掌制誥。〔順治十五年〕戊戌遷兵部職方司主事。〔康熙三十三年〕甲戌夏杪，先生年七十有六，微有腹疾，不數日而歸道山矣。

當崇禎八年時，園次年十七歲。其入都則在順治十一年，而李舒章於順治三年丙戌以父喪歸葬，事竣還京即卒。（見陳忠裕全集年譜下順治四年丁亥條考證引松江府志李逢申傳。）故園次此詞作成時間必不甚遲，作詞之地亦應在松江地域，其時間或即在崇禎八年春季，亦未可知。園次年少美才，其和春閨風雨之詞，殊不足異也。

復次，臥子詩餘中關涉春閨或閨閣之題目者頗多，如桃源憶故人「南樓雨暮」及探春令「上元雨」諸闋，皆當屬此類。除「南樓雨暮」一詞，將於論李舒章「題内家楊氏樓」詩時合併論之，其餘今不備録。至於柳梢青「春望」，天仙子「春恨」之類，則名士民族興亡之感，與兒女私情絶無關涉。故雖爲春季所作，亦不録之也。

臥子詩餘菩薩蠻「春曉」云：

玉人裊裊東風急。半晴半雨臙脂濕。芳草襯凌波。杏花紅粉多。　起來慵獨坐。又擁寒衾臥。金雀帶幽蘭。香雲覆遠山。

又蝶戀花「春曉」云：

纔與五更春夢別。半醒簾櫳，偷照人清切。簡點鳳鞋交半折。淚痕落鏡紅明滅。　枝上流鶯啼不絶。故脱餘綿，（寅恪案，「餘綿」謂當日女性臥時所著之綿緊身也。可參紅樓夢壹佰玖回「候芳魂五兒承錯愛」節。）忍耐寒時節。慵把玉釵輕綰結。恁移花影窗前没。

寅恪案，此兩詞皆言春曉。菩薩蠻調可與上引臥子「早春行」五古之「不令晨妝竟，偏采名花擲。香衾捲猶煖，輕衣試還惜」等句互證。戊寅草中復有兩同心「夜景代人作」一闋。所代之人，疑是臥子，而首句亦與鞋有關，故并附録於此，藉資好事者之談助耳。

河東君河傳「憶舊」云：

花前雨後，暗香小病，真箇思清切。夢時節。見他從不輕回。風動也，難尋覓。　簡點枕痕剛半折。淚滴紅綿，又早春文滅。手兒臂兒，都是那有情人，故把人心摇拽。

又兩同心「夜景代人作」云：

不脱鞋兒，剛剛扶起。渾笑語。燈兒厮守。心窩内，着實有些些憐愛，緣何昏黑，怕伊瞧地。　兩下糊塗情味。今宵醉裏。又填河，風景堪思。况銷魂，一雙飛去。俏人兒，直恁多情，怎生忘你。

復次，臥子蝶戀花詞可與下章牧齋有美詩之「弓鞋笑足纏」及「輕寒未折綿」等句參較。「簡點鳳鞋交半折」句，似與西廂記「酬簡」元和令「繡鞋兒剛半折」之語有關。或謂此「鳳鞋」，疑是指舊日纏足女子睡眠時所著之「軟鞋」而言。此種「軟鞋」，蓋以增加美感，兼有防止纖足漲大，並可免纏足帛條散亂之用，其底非木或骨所製者。至若程松圓詩「天粘碧草度弓鞋」之「弓鞋」，（見列朝詩集丁壹叁所選孟陽「二月上浣同雲娃踏青，雨讌達曙，用佳字」七律。詳見前引。）則指河東君所著踏地行走之鞋而言。其底版爲木或骨所製，與臥子蝶戀花「春曉」詞中所詠之軟鞋，區以別矣。

復據劉鑾五石瓠「濮仲謙江千里」條云：

> 蘇州濮仲謙水磨竹器，如扇骨酒杯筆筒臂擱之類，妙絶一時。亦磨紫檀烏木象牙，然不多。或見其爲柳夫人如是製弓鞋底版二雙。又或見其製牛乳湩酪筒一對，末矣。（可參宋琬安雅堂未刻稿貳「竹罌草堂歌」題下注：「嘐城朱松鄰白門濮仲謙皆以竹器擅名。」詩中述濮仲謙事頗備。）

寅恪案，河東君自矜其足之纖小，至於令當時良工爲之製作弓鞋底版。由今觀之，固覺可笑，但舊日風習，纖足乃美人不可缺少之主要條件，亦不必苛責深怪。河東君初訪半野堂，雖戴幅巾及著男子服，然仍露其纖足者，蓋欲藉是表現此特殊優美之點也。（可參第肆章論河東君初訪半野堂節。）

抑更有可笑者，有學集壹秋槐詩集「贈濮老仲謙」詩云：

滄海茫茫换劫塵。靈光無恙見遺民。少將楮葉供遊戲，晚向蓮花結淨因。杖底青山爲老友，牕前翠竹似閒身。堯年甲子欣相並，何處桃源許卜鄰。（自注：「君與余同壬午。」）

寅恪案，牧齋此詩當作於順治五年戊子。蓋牧齋以黄毓祺案，被逮至南京，出獄之後，尚留居金陵也。其時仲謙亦在白下。牧齋此詩以「遺民」稱仲謙，則濮氏亦非如劉鑾所記僅以製造工巧擅長。仲謙既與牧齋同庚，其爲河東君製弓鞋底版，雖不能確定在何年，要亦在河東君適牧齋以後，濮氏之年齡，至少已過六十。以老叟而爲此，可謂難能之事。然則牧齋詩「晚向蓮花結淨因」之句，不但如遵王注本，解作結遠公蓮社之淨因，亦兼可釋爲助美潘妃細步之妙跡矣。呵呵！

又蝶戀花詞「淚痕落盡紅明滅」句，疑用才調集伍元稹「古決絶詞」三首之二「感破鏡之分明，覩淚痕之餘血。」之意。蓋臥子賦此詞時，河東君離去之志已決。可參下引臥子少年遊「春情」及青玉案「春暮」兩詞附論。所應注意者，微之此首詩中「矧桃李之當春，競衆人而攀折」之語。臥子與河東君之關係，雖頗相合，然微之此首詩中「幸他人之既不我先，又安能使他人之終不我奪」之語，則周文岸宋轅文輩皆已先於臥子而攀折之矣。後來終爲他人，即錢牧齋之所奪，亦是必然之理。吾人今日取微之臥子之詩詞并讀，殊不勝感惜也。「故脱餘綿」之「綿」，疑指舊日女子寒冷季節臥時所著之絲綿短襖而言，即俗所謂「綿緊身」者，前已述及。臥子此兩詞所描寫者，如特喜早起，不畏寒冷等情狀，非一般女子之通性，而是河東君個人之特性。臥子造語能曲盡其妙，即此可見其爲高才，非庸手所及也。

又陳忠裕全集貳拾詩餘虞美人「咏鏡」云：

碧闌囊錦妝臺曉。冷冷相對早。剪來方尺小清波。容得許多憔悴暗消磨。　海棠一夜輕紅倦。何事從教看。數行珠淚倩他流。莫道無情却會替人愁。

寅恪案，臥子此詞後半闋尤妙。此鏡必爲河東君之物無疑，否則臥子詞中語意不如是也。清代文人集中賦詠河東君遺鏡之作品頗多。（見繆荃孫秦淮廣記貳之肆紀麗類及葛昌楣蘼蕪紀聞下所引。）然大抵轉襲舊文，别無新説。既是釀詞，無關考證。且後人所詠之鏡，究難定其真僞，故不備引。今唯擇録錢塘汪菊孫詩一首於下，汪詩固不甚佳，但以菊孫與河東君同屬女性，因附録之，聊資談助云爾。汪遠孫清尊集壹伍載菊孫「河東君妝鏡詩」并引云：

周南卿明經藏唐鏡一枚，背有銘云：「照日菱花出，臨池滿月生。官看巾帽整，妾映點妝成。」證以初白庵金陵雜詠，知爲河東君物也。今歸又村仲弟，以拓本裝册索題，即次初白韻應之。

紅粉偏能國士知。可憐末路事參差。流傳一片開元月，曾照香奩夜選詩。

復次，戊寅草中聲聲令「詠風箏」一闋，乃河東君自述之作。蓋其性格身世實與風箏相似。故此詞爲美人自己寫真傳神之作，如杜麗娘「自行描畫，留在人間」者也。（見還魂記「寫真」。）其詞云：

楊花還夢，春光誰主。晴空覓箇顛狂處。尤雲殢雨，有時候，貼天飛，只恐怕，捉他不住。　絲長風細。畫樓前，豔陽裏。天涯亦有影雙雙，總是纏緜，難得去。渾牽繫。時時愁對迷離樹。

檢列朝詩集閏肆楊宛「看美人放紙鳶」七絕五首云：

共看玉腕把輕絲。風力蹉跎莫厭遲。頃刻天涯遥望處，穿雲拂樹是佳期。

愁心欲放放無由。斷却牽絲不斷愁。若使紙鳶愁樣重，也應難上最高頭。

羨伊萬里度晴虚。自歎身輕獨不如。若到天涯逢蕩子，可能爲報數行書。

薄情如紙竹爲心。辜負絲絲用意深。一自飛揚留不住，天涯消息向誰尋。

時來便逐浮雲去，一意飄揚萬種空。自是多情輕薄態，佳人枉自怨東風。

似與河東君此詞有關，姑附記之，以俟更考。

河東君與臥子同居在崇禎八年春季，離去在是年首夏。其時間既可推知矣。其同居之地點，究在何處耶？此問題殊難解決，但可斷言者，必非臥子松江之家，（臥子自撰年譜上崇禎九年丙子條附録引華亭縣志云：「平露堂。陳忠裕子龍宅，在普照寺西。」）而別在松江某處。其地今固不易考實，但鄙意似尚可依據臥子自撰年譜及所作之詩詞并徐闇公李舒章之詩文等，推測得之也。茲略陳所見，以求當世通人之教正。

陳忠裕全集貳拾詩餘桃源憶故人「南樓雨暮」云：

> 小樓極望連平楚。簾捲一帆南浦。試問晚風吹去，狼籍春何處。　相思此路無從數。畢竟天涯幾許。莫聽嬌鶯私語。怨盡梨花雨。

寅恪案，臥子取此「桃源憶故人」調名，以抒念舊之感，自不待言。至其以南樓爲題目，當有深意。考南樓之典，最著者，應推庾元規之南樓。（見世説新語容止類「庾太尉在武昌」條及晉書柒叁庾亮傳。）此固與河東君無涉。或謂才調集伍元稹「所思」二首之一（萬首唐人絶句陸載入劉禹錫詩内，題作「有所嗟」。全唐詩第陸函劉禹錫壹貳及元稹貳柒並載此詩。）云：

> 庾亮樓中初見時。武昌春柳似腰肢。相逢相失還如夢，爲雨爲雲今不知。

臥子取此詩之庾亮樓即南樓爲題，以指河東君，似無不可。或又謂文選叁拾謝靈運「南樓中望所遲客」詩云「登樓爲誰思，臨江遲來客」及「孟夏非長夜，晦月如歲隔」，臥子蓋有取於孟夏之時，南樓之名，望所遲客之旨，而賦是闋。或更謂東坡永遇樂詞「夜宿燕子樓夢盼盼」一闋云「燕子樓空，佳人何在，空鎖樓中燕」及「異時對南樓夜景，爲余浩嘆」，臥子用「南樓」爲題，實暗寓人去樓空之感。并可與牧齋崇禎十三年「八月十六夜有感」永遇樂一詞相啓發。以上諸説，雖皆可通，然恐尚有未發之覆。鄙意臥子詞題之「南樓」，即徐孚遠弟致遠別墅中之小樓，亦即鴛鴦樓是也。徐闇公釣璜堂存稿叁「南園讀書樓」五古云：

陸氏構此園，冉冉數十歲。背郭面良疇，緩步可休憩。長廊何緜延，複閣亦迢遞。高樓多藏書，歲久樓空閉。丹漆風雨摧，山根長薜荔。我友陳軼符，聲名走四裔。避喧居其中，干旄罕能戾。招余共晨昏，偃蹇搜百藝。徵古大言舒，披圖奇字綴。沿隄秋桂叢，小橋春杏麗。月影浮觴斝，荷香落衣袂。心賞靡不經，周旋淡溶濟。豈意數年來，哲人忽已逝。余復淩滄波，曩懷不可繼。既深蒿里悲，還想華亭唳。他時登此樓，眷言申末契。

同書壹肆「夢與臥子奕」云：

思君頻有夢相隨。此夕從容方睹棋。恰似東山攜妓日，兼如淝水破秦時。即今猶憶元龍氣，向後誰傳野鶴姿。驚起寒窗魂已失，蕭蕭零雨漫題詩。

同書同卷「旅邸追懷臥子」云：

風雨淒然發重嗟。昔年聯席愧龍蛇。空悲同綴羽陵簡，不及相期句漏砂。牆内桐孫抽幾許，房中阿鶩屬誰家。蕭條後事無人問，惟有遺阡噪暮鴉。

同書壹捌「憶臥子讀書南園作」云：

與君披卷傲滄洲。背郭亭臺處處幽。昔日藏書今在否，依然花落仲宣樓。

同書壹玖「坐月懷臥子」云：

自從屈子沈湘後，江左風流異昔時。此夕把杯邀皓月，南園菡萏正紛披。

同書貳拾「南園杏」云：

南郭芳菲黃鳥鳴。杏花斜映野橋平。陳君昔日觀書處，無限春風湖海情。

同書同卷「武静弟別墅有樓，臥子名之曰南樓，時遊憩焉」云：

郭外南園城内樓。春光欲度好閒游。當年嵇阮林中飲，總作滄浪一段愁。

王勝時澐雲間第宅志略云：

南門内新橋河南〔徐〕陟曾孫文學致遠宅，有師儉堂。申文定時行書。西有生生菴別墅，陟子太守琳放生處。

陳乃乾陳洙撰徐闇公先生年譜略云：

祖琳，字雍卿，號裕湖。以蔭任太常典簿。〔歷官至〕雲南楚雄府知府。晚年皈依蓮池大師，法名廣潙，字警庵，又稱生生道人。

陳忠裕全集自撰年譜八年乙亥條云：

春偕闇公讀書陸氏之南園，創爲時藝，閎肆奇逸，一時靡然向風，閒亦有事吟詠。

崇禎九年丙子條云：

春讀書南園，時與宋轅文相倡和。

崇禎十一年戊寅條云：

是夏讀書南園，偕闇公尚木網羅本朝名卿鉅公之文有涉世務國政者爲皇明經世文編。

崇禎十二年己卯條云：

讀書南園，編農政全書。

嘉慶修松江府志柒柒婁縣附記園林門云：

南園在南門外阮家巷。都憲陸樹德世居修竹鄉金沙灘，後葺别業於此，侍郎彦禎繼居之。有梅南草廬讀書樓，濯錦窩諸盛。崇禎間幾社諸子每就此園讌集。

李雯蓼齋集叁肆課業序（參臥子年譜上崇禎八年乙亥條。）略云：

今年春闇公臥子讀書南園。余與勒卣文孫輩或間日一至，或連日羈留。樂其修竹長林，荒池廢樹。登高岡以望平曠，後見城堞，前見邱壟。春風發榮，芳草亂動。雖僻居陋壤，無憑臨弔古之思，而覽草木之變化，感良辰之飈馳，意慨然而不樂矣。兼以春多霖雨，此鄉有惡鳥，雉尾而赤背，聲若甕中出者，繞籬大鳴，鳴又輒雨。臥子思挽弓而射之，竟不可得。又有啄木鳥，巢古藤中，數十爲伍，月出夜飛，肅肅有聲。獱獺白日捕魚塘中，盱睚而徐行，見人了無怖色。文孫曰，即我南園之中，我數人之所習爲制科業者，集而廣之，是亦可以志一時相聚之盛矣。雖然今天下徒以我等爲飲酒賦詩，擴落而無所羈，方與古之放言之士，鄙章句，廢畦町，岸然爲躍冶者，以自異于世，而不知其局促淹困，相守一方，是區區者，蓋亦有所不免也。

寅恪案，綜合上引材料推論，知崇禎八年乙亥春間，臥子實與河東君同居於松江城南門內徐闇公弟武静致遠之生生菴別墅小樓，即臥子所命名之南樓。至南門外之陸氏南園之讀書樓，則爲臥子與幾社諸子，或河東君亦在其內，讀書論文吟詠遊宴之處。徐墅陸園兩處相距不遠，往來甚便，臥子之擇此勝地爲著書藏嬌之所，當非無因也。

又徐闇公「旅邸追懷臥子」詩中之「阿鶩」，實用三國志貳玖魏書朱建平傳之典。其文云：

初潁川荀攸鍾繇相與親善。攸先亡，子幼。繇經紀其門戶，欲嫁其妾。與人書曰，吾與公達曾共使朱建平相，建平曰，荀君雖少，然當以後事付鍾君。吾時啁之曰，惟當嫁卿阿驁耳。何意此子竟早殞没，戲言遂驗乎？今欲嫁阿驁，使得善處。追思建平之妙，雖唐舉許負，何以復加也。

據此，「阿驁」非目河東君，乃指臥子其他諸妾而言。蓋河東君已於崇禎十四年辛巳夏歸於牧齋，閣公豈有不知之理。若就陳楊之關係嚴格言之，河東君實是臥子之外婦，而非其姬妾。然顧云美河東君傳既有「適雲間孝廉爲妾」之文，臥子「乙亥除夕」詩亦有「桃根渺渺江波隔」，（見陳忠裕全集壹壹平露堂集。）牧齋「有美詩」復有「迎汝雙安槳」，（見東山詶和集壹。）河東君和牧齋「中秋日攜内出遊」詩，更有「夫君本自期安槳，賤妾寧辭學泛舟」等句，（見初學集貳拾東山詩集叁。）恐讀者仍爲當時習用名詞及河東君詩中謙巽之語所迷惑，别生誤解，遂附辨之於此。所以不憚煩贅者，因河東君自離去周文岸家後，即不甘作人姬妾。職是之由，其擇壻之難，用心之苦，自可想見。但幾歷波折，流轉十年，卒歸於牧齋，殊非偶然。此點爲今日吾人研考河東君之身世者，所應特加注意也。餘詳第肆章論崇禎十四年辛巳夏錢柳茸城結褵節。

又全唐詩第捌函杜牧叁「池州李使君没後十一日，處州新命始到。後見歸妓，感而成詩」七律第貳聯云：

巨卿哭處雲空斷，阿驁歸來月正明。

上句之「巨卿」，乃范式字。其以死友之資格哭張元伯劭事，詳見後漢書列傳柒壹獨行傳范式傳，人所共知，不須贅引。牧之以元伯目李使君，而自命爲巨卿，固不待言。但「雲空斷」之語，似襲用杜少陵「別房太尉墓」五律，「低空有斷雲」句。（見杜工部集壹叁。）闇公詩之「阿鶩」，除用三國志朱建平傳外，疑更用牧之此聯下句，並暗以牧之此聯上句「雲空斷」三字指阿雲已與臥子斷絶關係也。如此解釋，是否能得徐詩真意，尚待詳考。

復次，蓼齋集貳叁「題内家楊氏樓」（寅恪案，「楊」爲河東君之本姓，「内家」之稱，又與河東君身分適合。）云：

> 微雨微煙咽不流。南窗北窗鎖翠浮。濤聲夜帶魚龍勢，水氣朝昏鴻雁秋。歸浦月明銀海動，捲簾雲去緑帆愁。（寅恪案，「雲」即「阿雲」也。）如今不有吹簫女，猶是蕭郎暮倚樓。

寅恪案，舒章「題内家楊氏樓」詩，雖不能確定何時所作，但詳檢蓼齋集此卷諸詩排列次序，第壹叁首爲「傷春」，第壹肆首爲「觀射」，第壹伍首爲「悲秋」，第壹陸首即此詩。詩中有「鴻雁秋」之語，明是秋深作品，與前引舒章江神子詞，乃一人同時所賦。更檢陳忠裕全集壹壹平露堂集，卷中諸詩排列次序，第肆首爲「春日風雨浹旬」，第伍首爲「觀楊龍友射歌」，第陸首爲「偉南築居遠郊」，第捌首爲「立秋後一日題採蓮圖」，第壹壹首爲「乙亥除夕」。今綜合李陳二集諸詩排列次序推計之，臥子所作「偉南築居遠郊」詩中有「夏雲縱横白日間」之句，足證舒章「觀射」一詩，蓋與臥子「觀楊龍友射歌」爲同時所作。依春夏秋冬四季先後排列計之，更可證舒章「題内家楊氏樓」詩，乃崇禎八年乙亥秋深所作。河東君與臥子同居，在崇禎八年春季。離臥子别居，在是年首夏。離松江往盛澤鎮歸家院，在是年秋深。然則舒章此詩乃河東君離松江後所作也。故知此「内家楊氏樓」，即河東君與臥子同居之處，亦即臥子桃源憶故人詞題「南樓雨暮」之「南樓」。據上引衆香詞，知河東君「遺有我聞堂（室）鴛鴦樓詞」。夫「我聞室」乃牧齋營築之金屋，所以貯阿雲者，河東君取以名其詞集，似有可能。但此點尚未證實，仍俟詳考。至河東君之鴛鴦樓詞，與臥子之屬玉堂集，實互有關係，乃相對爲文者。若更加推測，則臥子之所謂屬玉堂，與鴛鴦樓，即南樓，同屬徐武静别墅中之建築物，又同爲臥子所虚構之名也。

舒章詩中「吹簫」之「〔秦〕女」，指河東君。「倚樓」之「蕭郎」，指臥子。人去樓空之感，爲舒章此詩之主旨。若非推定舒章作詩之時間及此樓所在之地點，則舒章詩意不能明矣。復檢陳忠裕全集玖湘真閣集，崇禎十一年仲冬所作「擬古三首，别李氏〔雯〕也」之後，有「蕭史曲」一篇。其意旨殊爲隱晦。但人去樓空之感，則甚明顯。故頗有爲河東君而作之可能。蓋舒章於崇禎八年秋深賦「題内家楊氏樓」一詩之際，在楊已去不久，陳尚往來陸氏南園，徐氏別墅之時。至崇禎十一年，則楊固早已離去南樓，陳雖屢借寓南園，而南樓則久空矣。斯「蕭史曲」所以有「一朝攜手去，此地空高臺」之句耶？又同書壹肆湘真閣集載「戊寅七夕病中」五律一首，亦似爲河東君而作者。今得見戊寅草，首載臥子一序。其中作品止於崇禎十一年秋間。據此可以推知臥子於此時尚綣戀不忘河東君如此。則崇禎十一年爲河東君作「蕭史曲」，涉及此樓，亦不足怪矣。

復次，今檢蓼齋集叁拾有「聞一姬爲友人所苦，作詩解圍。」七絶一首云：

> 高唐即在楚西偏。（寅恪案，「西偏」之語，可參上引雲間地宅志「西有生生菴別墅」句。）暮暮朝朝亦偶然。但使君王留意住，飛雲更落阿誰邊。

詩中之「飛雲」，豈即「阿雲」耶？但此「友人」，究不知誰指，頗有爲臥子之可能。姑附記於此，以俟更考。

崇禎八年乙亥春間，陳楊兩人之關係，已如上所考定。兹有一疑問，即顧云美「河東君傳」所謂「適雲間孝廉爲妾」之語。臥子爲崇禎三年庚午舉人，十年丁丑進士。歷官刑部主事，惠州紹興推官，兵科給事中，兵部右侍郎兼翰林學士。何以僅稱之爲「雲間孝廉」，而不以其他官名稱之耶？應之曰，云美之以「孝廉」目臥子者，蓋謂河東君「爲妾」，實即「外婦」之時，臥子之資格身分實爲舉人，而非進士及其他諸職也。此點云美既所以爲河東君及臥子諱，又標明其關係之時代性。斯固爲云美之史筆，亦足證此關係發生於臥子爲舉人時，即崇禎三年庚午至十年丁丑之時期，此八年之間，唯有崇禎八年乙亥春季最爲適合。故「雲間孝廉」之爲臥子，可以無疑也。

抑更有可論者，觀臥子所自述崇禎八年春讀書南園，雖號稱與徐闇公孚遠李舒章雯周勒卣立勳陸文孫慶曾（寅恪案，陳忠裕全集壹陸平露堂集「送陸文孫省試金陵」詩附考證引復社姓氏録云：「陸慶曾字文孫。」）幾社諸名士共爲制科業，間亦有事吟詠。其實乃如陸氏所言「飲酒賦詩，擴落而無所羈，方與古之放言之士，鄙章句，廢畦町，岸然爲躍冶者，以自異于世。」又婁縣志謂「崇禎間幾社諸子每就是園（寅恪案，指南園。）讌集」。由是推之，幾社諸名流之讌集於南園，其所爲所言，關涉制科業者，實居最少部分。其大部分則爲飲酒賦詩，放誕不羈之行動。當時黨社名士頗自比於東漢甘陵南北部諸賢。其所談論研討者，亦不止於紙上之空文，必更涉及當時政治實際之問題。故幾社之組織，自可視爲政治小集團。南園之讌集，復是時事之坐談會也。河東君之加入此集會，非如儒林外史之魯小姐以酷好八股文之故，與待應鄉會試諸人共習制科之業者。其所參預之課業，當爲飲酒賦詩。其所發表之議論，自是放言無羈。然則河東君此時之同居南樓及同遊南園，不僅爲臥子之女膩友，亦應認爲幾社之女社員也。前引宋讓木秋塘曲序云：「坐有校書，新從吴江故相家，流落人間。凡所敘述，感慨激昂，絶不類閨房語。」可知河東君早歲性情言語，即已不同於尋常閨房少女。其所以如是者，殆萌芽於吴江故相之家。蓋河東君夙慧通文，周文岸身旁有關當時政治之聞見，自能窺知涯涘。繼經幾社名士政論之薰習，其平日天下興亡匹「婦」有責之觀念，因成熟於此時也。牧齋初學集貳拾東山詩集叁「〔崇禎〕壬午除夕」詩云：「閒房病婦能憂國，却對辛盤歎羽書。」有學集拾紅豆貳集「後秋興」八首之四云：「閨閣心縣海宇棋。每於方罫繫懽悲。」牧齋所言，雖是河東君年二十五歲及四十二歲時事。夫河東君以少日出自北里章臺之身，後來轉具沈湘復楚之志。世人甚賞其奇，而不解其故。今考證幾社南園之一段佳話，則知東海麻姑之感，西山精衛之心，匪一朝一夕之故，其來有自矣。

嗚呼！臥子與河東君之關係，其時間，其地點，既如上所考定。明顯確實，無可致疑矣。雖不敢謂有同於漢廷老吏之斷獄，然亦可謂發三百年未發之覆。一旦撥雲霧而見青天，誠一大快事。自牧齋遺事誣造臥子不肯接見河東君及河東君登門詈陳之記載以後，筆記小説剿襲流布，以譌傳譌，一似應聲蟲，至今未已，殊可憐也。讀者若詳審前所論證，則知虚搆陳楊事實如王澐輩者，心勞計拙，竟亦何補？真理實事終不能磨滅，豈不幸哉？

崇禎八年首夏，河東君離去與臥子同居之徐氏南樓及同遊之陸氏南園，别居松江他地，此地或即横雲山，詳見下論。臥子有詞贈别，詞之佳妙，固不待論，即就陳楊兩人關係言之，此詞亦其轉捩點之重要記録也。兹論述之如下。

湯漱玉玉臺畫史叁云：

借閑漫士曰，予弟子惠從禾中得〔黄〕皆令金箋扇面，仿雲林樹石，署欵「甲申夏日寫於東山閣。皆令」。鈐「閨秀」朱文，「媛介」白文，「皆令」朱文三印章。左方上有詞云：「紫燕翻風，青梅帶雨，（寅恪案，「紫燕」句可與前引李舒章「夏日問陳子疾」詩「堂中紫燕小」句相參證。杜工部集壹捌附録「柳邊」詩，後四句云：「紫燕時翻翼，黄鸝不露身。漢南應老盡，霸上遠愁人。」乃臥子「紫燕」句所出，實寓春老送別之意。「青梅」句出杜工部集玖「梅雨」詩前四句：「南京犀浦道，四月熟黄梅。湛湛長江去，冥冥細雨來。」河東君離去南園，當在梅子尚青未黄之時，蓋亦暮春初夏之節候。周處風土記云：「夏至前雨名黄梅雨。」周氏爲江南人，取以證臥子之詞，雖不中亦不遠矣。「帶雨」二字豈復暗用白樂天長恨歌「梨花一枝春帶雨」之意，與下文「淚盈紅袖」之語相比應耶？）共尋芳草嗁痕。（寅恪案，全唐詩第叁函孟浩然貳「留別王侍御維」詩云：「欲尋芳草去，惜與故人違。」臥子改「欲尋」爲「共尋」者，蓋臥子雖與河東君短期同居南樓并屢次讀書南園，然不過借其地爲編著之處。故其在南樓及南園，乃暫寓性質，非家居所在。此句意謂其本人不久當離去，歸其城中本宅。河東君亦將離去，移居横雲山，因改「欲尋」爲「共尋」耳。復檢陳忠裕全集壹陸平露堂集崇禎八年詩，有「初秋出城南弔邇機之喪，隨遊陸氏園亭。春初予輩讀書處也。感賦二律」之題，尤足證臥子亦於是年夏間即離去南樓及南園，還居城内本宅也。邇機名靖，崇禎六年癸酉舉人。見嘉慶修松江府志肆伍選舉表。又河東君湖上草「西泠」十首之二云：「青驄點點餘新迹，紅淚年年屬舊人。」痛史第貳壹種甲申朝事小紀柒「柳如是小紀」引此詩，「新迹」作「芳草」。細玩語意，豈亦與臥子此詞有關耶？）明知此會，不得久殷勤。（寅恪案，臥子用「明知」二字者，可見其早已深悉河東君之性情既如此，己身家庭之狀況又若是，則南樓及南園之會合，絶無長久之理。雖已明知之，而復故犯之，致有如是結局。此意與希臘亞力斯多德論悲劇之旨相符。可哀也已！）約略別離時候，緑楊外，多少消魂。重提起，（顧貞觀成德仝選今詞初集上滿庭芳，歷代詩餘陸壹滿庭芳「和少遊送別」及陳忠裕全集貳拾詩餘滿庭芳「送別」詞，「重」俱作「纔」，較佳。）淚盈翠袖，（今詞初集，歷代詩餘及陳忠裕全集，「翠」俱作「紅」。是。）未説兩三分。紛紛。（寅恪案，淮海集滿庭芳詞云：「多少蓬萊舊事，空回首，煙靄紛紛。」臥子此詞既是和少游，則「紛紛」二字，本於秦詞，自不待言。但玉臺新詠壹「古詩爲焦仲卿妻作」云：「新婦謂府吏，勿復重紛紜。」「紛紛」即「紛紜」。臥子遣去河東君，當不出於「阿母」即唐宜人之意，實由臥子妻張孺人假祖母高太安人之命，執行其事。大樽著此「紛紛」二字，蓋兼具淮海詞及孔雀東南飛詩之兩重出處。其隱痛深矣！）重去後，（今詞初集歷代詩餘及陳忠裕全集「重」俱作「從」。是。）瘦憎玉鏡，寬損羅裙。念飄零何處，煙水相聞。欲夢故人憔悴，依稀只隔楚山雲。無非是，（今詞初集，歷代詩餘及陳忠裕全集「非」俱作「過」。）怨花傷柳，一樣怕黃昏。調寄滿庭芳，留別無瑕詞史。我聞居士。」鈐「如是」朱文小印。

寅恪案，徐乃昌小檀欒室閨秀詞鈔玖及梁乙真清代婦女文學史第叁章第貳節「柳如是」條，并引玉臺畫史，俱認此詞乃河東君所作。不知淮海「山抹微雲」原詞，雖題作「晚景」，明是「別妓」。蓋不僅從語意得知，即秦詞「高城望斷，燈火已黃昏」之結語，用唐歐陽詹別太原妓申氏姊妹之典，更可爲證也。（見全唐詩第陸函歐陽詹「初發太原途中，寄太原所思」詩「高城已不見，况復城中人」之句，并可參晁無咎補之琴趣外篇肆憶少年「別歷下」詞「南山尚相送，只高城人隔」，及姜堯章白石詞長亭怨慢「望高城不見，只見亂山無數」等句。）臥子即和原韻，其爲送別河東君之作，詞旨甚明，無待詳辨矣。今詞初集選於康熙十六年丁巳。（見此書魯超題詞及毛際可跋語。）歷代詩餘編於康熙四十六年丁亥。兩書時代皆較早。陳忠裕全集出於莊師洛等之手，考證頗精。此三書既皆以此詞爲臥子所作，殊可信也。

此詞本爲臥子崇禎八年首夏送别河東君之舊作，而河東君所以復重録之於黄媛介扇面者，殆由晝扇之時令，正與當年臥子送别己身之景物相同，因而棖觸昔情，感念題此歟？關於以他人之詩詞題扇，因而誤爲題扇人所作，如容齋四筆壹叁「二朱詩詞」條略云：

朱載上舒州桐城人。中書舍人新仲翌，其次子也。有家學，十八歲時，戲作小詞，朱希真見而書諸扇，今人遂以爲希真所作。又有摺疊扇詞，公親書藁固存，亦因張安國書扇，而載於于湖集中。

與此甚相似，可爲例證。

又詞中「芳草」「故人」之語，出孟襄陽詩，前已言之。但「故人」一語，臥子除用孟詩之成句外，兼襲用古詩「上山采蘼蕪」中「新人工織縑，故人工織素」之舊辭。（見玉臺新詠壹古詩八首之一。）此點可與河東君湖上草「西泠」七律十首之二，末四句所云：

青驄點點餘新迹，紅淚年年屬舊人。芳草還能邀鳳吹，相思何異洛橋津。

等語，互相參較也。「無瑕」者，疑是媛介之别號。「東山閣」即「惠香閣」，當在絳雲樓。可參第肆章論黄媛介與錢柳關係節及論牧齋絳雲樓節。此扇爲媛介之晝，既不署受者之款，尤可證此扇乃媛介所自用，而「無瑕詞史」與媛介應是一人也。更有可注意者，即崇禎十三年庚辰冬河東君所賦「春日我聞室作，呈牧翁」七律，「此去柳花如夢裏」之句，（見東山詶和集壹。）與此詞「怨花傷柳」之語，殊有關係。此點亦俟下章論之。寅恪頗喜讀臥子此詞，又見媛介畫款有「東山閣」之語，遂戲改昔人成句，共賦短詩三章。兹附録於下。

崇禎甲申夏日黄皆令於東山閣畫扇，上有柳如是題陳臥子滿庭芳詞。詞云：「無非是，怨花傷柳，一樣怕黄昏。」因戲改晉時舊語，兼采龔璱人詩句，而易其意旨，共賦三絶。

美人顧影憐憔悴，烈士銷魂感别離。一樣黄昏怨花柳，豈知一樣負當時。

清和景物對茫茫。畫裏江山更可傷。一念十年抛未得，（寅恪考定此詞爲崇禎八年四月大樽送别河東君之作，至崇禎十七年首夏題扇時，已十年矣。是年河東君將偕牧翁自虞山往南都翊戴弘光也。）柳花身世共迴腸。

興亡江左自關情。遠志休慚小草名。我爲謝公轉一語，東山妓即是蒼生。

近日得見重印本皇明經世文編一書，雖不能詳讀，但就其序及凡例并卷首所列鑒定名公姓氏有關諸人中可與臥子自撰年譜崇禎十年丁丑，十一年戊寅及十七年甲申等條互相印證者，約略論述之。至其所言諸人，本文前後已詳言者，或雖未言，而其姓名爲世所習知者，亦不多贅。其他諸人之可考見者，則少加箋釋。明知不能完備，姑附鄙見，以求教於當世深通明季史事之君子。唯原書卷首有「雲間平露堂梓行」七字及長方印章「本衙藏板，翻印千里必究」十字。論者取儒林外史第壹叁，壹肆，壹捌，貳捌等回，以「平露堂」爲書坊之名，以陳臥子等爲書坊聘請選文之人。殊不知平露堂乃臥子宅中之堂名，（詳見下引王澐雲間第宅志。）實非書坊之名。且臥子自撰年譜上崇禎九年丙子條明言「是歲有平露堂集」。（見陳忠裕全集卷首，并可參陳集中之平露堂集及集首之凡例。）故論者以儒林外史相比擬，未諦也。或謂臥子家貧，一人何能鐫此巨册？由書坊出資，請其編選，似亦可能。鄙意臥子之家固貧，此書所列作序及鑒定諸人，疑皆不僅以空文相藻飾，實或多或少曾有金錢之資助，不過當時風氣，不便明言耳。就諸人中之姓名及文字考之，知當日松江府知府方岳貢助力最多。此書乃當時江左文社之政見，諸文士一旦得志，則此書不但託之空言，即可付之實施矣。又方氏請其時江南最高長官張國維作序，並列有復社魁首張溥之序，可知當日江南名宦及士紳，亦皆贊同此政見。斯鑒定及作序者之姓名所以繁多若是之故歟？至印章中之「本衙」二字，殆指松江府，或指臥子崇禎十三年庚辰所任紹興司李之衙門，未敢斷定，仍俟詳考。

皇明經世文編卷首載有序九篇，兹擇録最有關者於下。

方岳貢序云：

貢待罪守郡十有一年。政拙心長，勞輕過重，猶幸此鄉多文雅之彦，若徐文學孚遠，陳進士子龍，宋孝廉徵璧，皆負韜世之才，懷救時之術，相與網羅往哲，搜抉巨文，取其關於軍國，濟於時用者，上自洪武，迄于今皇帝改元，輯爲經世一編。文從其人，人從其代，覽其規畫，足以益才智。聽其敷奏，足以壯忠懷。考其始終，足以識時變。非徒侈一代之鴻章，亦將以爲明時之獻納云爾。襄西方岳貢禹修父題。

張國維序略云：

雲間陳卧子仝徐闇公宋尚木所集經世編成，郡守以其書示余，余讀而歎曰，猗與旨哉！我國家治安三百年，列聖之所疇咨，諸臣之所竭思，大約可見于兹矣。今三君俱以通達淹茂之才，懷濟世安邦之略，採遺文于二百七十年之間，襄盛事于數月之内，而郡守又能于政事之暇，兼統條貫，以揚厲厥事，故功相得而速成。後之君子其欲覽觀于斯者，豈非有不勞之獲哉！余待罪江南，既嘉三君有當世之志，而又多太守能博盡英才之意，以布之天下，而即以卜諸賢異日之所樹也。於是乎言。東陽張國維題。

張溥序略云：

余聞語同志，讀書大事，當分經史古今爲四部。讀經者輯儒家，讀史者辨世代，讀古者通典實，讀今者專本朝，就性所近，分部而治，合數人之力治其一部，不出二十年，其學必成。同志聞者，咸是余説，而雲間徐闇公陳卧子宋尚木尤樂爲之。天才英絶，閉關討論，直欲以一人兼四部不難也。客年與余盱衡當代，思就國史。余謂賢者識大，宜先經濟，三君子唯唯，遂大搜羣集，采擇典要，名經世文編。卷凡五百。偉哉是書，明興以來未有也。今三子悠游林麓，天假以時，載筆之始，又先以國家爲端，他日繼涑水者，其在雲間乎。社弟張溥題。

許譽卿序云：

予被放以來，杜門寡交，臥子闇公尚木獨時相過從。臥子讀書養氣，其勁骨熱腸，亟當爲世用。尚木與闇公諸子，竝以曠世才，閉户著述，究心千秋之業。予嘗覽斯編，一代兵農禮樂刑政大端，賅是矣。而於忠佞是非之際，尤凛凛致辨焉。以故言以人傳者，重其人，亟録其文。言不以人廢者，存其文，必斥其人。諸子涇渭在胸，邪正在目，其用意深，而取裁當，故足多也。以予所知，閩中黄石齋先生負重名，頃抗疏歸來，直聲震天下，而不能不心賞斯編，闡已爲之玄晏矣。予更何庸贅一詞？予惟以諸子之志如此，他日出而以天下爲己任，必可以副聖天子求賢圖治之至意，洗士大夫經濟闊疎之舊恥，則斯編固其嚆矢焉爾。同郡許譽卿題於南村草堂之邂閣。

徐孚遠序略云：

余從陳宋二子之後，上承郡大夫先生之旨，收緝明興以來名賢文集與其奏疏，凡數百家，其爲書凡千餘種，取其文之關乎國事者，凡得如干卷。他日有魏弱翁其人者當國，省覽此書，以爲有稗鹽梅之用，庶幾因是推其繇來，以漸窺高皇帝之淵微，或有弘益哉！或有弘益哉！華亭徐孚遠闇公氏題於華隱堂。

陳子龍序云：

古者有記事之史，有記言之史。言之要者，大都見於記事之文矣。導發其端，使知所由。條晰其緒，使知所究，非言莫詳。甚矣，事之有藉於言也。而況宗臣碩彦敷奏之章，論難之語，所謂訏謨遠猷，上以備一代之典則，下以資後學之師法。不爲之裒綴，後之君子，何以考焉。此予與徐子宋子經世編所由輯也。明興二百七十年，海内治平，駕周漂漢，賢才輩生，（陳忠裕全集貳陸經世編序「輩」作「萃」。）勛在竹帛，而遺文緒論，未有統彙，散於江海。蓋有三患焉。一曰朝無良史。二曰國無世家。三曰士無實學。夫金匱之藏，非遠臣所知，然有大纂修，莫不載在方册。永樂中命閣臣〔楊〕士奇等輯名臣奏議，蓋前代綦備矣。昭代之文，至今闕焉。章奏貯諸省中，以待纂集，幸無蠹敗，率割裂其義不足觀。又古者大臣没，或求其遺書，副在太史，今無有也。漢之武宣及隋唐之盛，遣使四出，懸金購書，今無有也。雖欲不散軼，安可得哉？故曰朝無良史。六季以前無論矣。唐宋以科舉取士，而世家鼎族相望於朝，家集宗功藏之祖廟。今者貴仕多寒畯，公卿鮮賢胤，（陳集「胤」作「裔」。）至有給簡册於爨婢，易緗素於市兒者，即欲搜討，文獻微矣。故曰國無世家。俗儒是古而非今，文士擷華而舍實。夫保殘守缺，則訓詁之文充棟不厭，尋聲設色，則雕繪之作永日以思。至於時王所尚，世務所急，是非得失之際，未之用心，苟能訪求其書者蓋寡，宜天下才智日以絀。故曰，士無實學。積此三患，故成書也難。夫孔子觀於周，蕭相收於秦，大率皆天下要書，足以資世用者。嘉謨令典，通今者之龜鑒，謀國者之兵衛也。失今不採集，更數十年，亡散益甚，後死者之責，其曷諉焉。予自幼讀書，不好章句，喜論當世之故，時從父老談名公偉人之迹，至於忘寢。及長，而北之燕趙之間，遊京師，凡諸司之所掌，輶軒之所及，見其人，未嘗不問。遇其書，未嘗不藏。雖苦蹇陋多遺忘，然布諸載籍者槩可見。廬居之暇，因相簡輯。徐子宋子皆海内英俊，予所稟則以幸厥成者也。雖罣漏缺失，不敢當記言之義。使權家尚其謀，儒家守其典，史家廣其事，或有取焉爾。或曰，昔漢東平王求太史公書，而大臣以爲漢興之初，謀臣奇策，地形阸塞在焉，不宜賜諸侯王。今此書多議兵食，論形勢，國之大計，何以示人？予曰，不然。祖宗立國，規模宏遠，先朝大臣學術醇正，非有縱横奇詭之論也。夫王業之深淺，觀於人才之盛衰。我明既代有翊運輔世之臣，而主上旁求俊乂，用人如江湖，則是編也，豈惟益智，其以教忠哉！華亭陳子龍題。

宋徵璧凡例略云：

儒者幼而志學，長而博綜，及致治施政，至或本末眩瞀，措置乖方，此蓋浮文無裨實用，擬古未能通今也。唐宋以來，如通典通考暨奏疏衍義諸書，允爲切要，亦既繁多。乃本朝典故缺焉未陳。其藏之金匱石室者，聞見局促，曾未得覩記。所拜手而獻，抵掌而陳者，若左右史所記，小生宿儒，又病於抄撮，不足揄揚盛美，網羅前後。此有志之士，所撫膺而歎也。徐子孚遠，陳子子龍，因與徵璧取國朝名臣文集，擷其精英，勒成一書。如采木於山，探珠於淵，多者多取，少者少取。至本集所不載，而經國所必須者，又爲旁采以助高深。共爲文五百卷有奇，人數稱是。志在徵實，額曰經世云。予輩志識固陋，鮮所取衷，幸高賢大良，一時雲會，若李寶翁先生，李載翁先生，王依翁先生，吴雪翁先生，（寅恪案，李寶翁即李瑞和。嘉慶修松江府志肆貳名宧傳叁李瑞和傳略云：「李瑞和字寶弓，漳浦人。崇禎七年進士。授松江推官。在郡七年，徵拜監察御史。」王依翁疑爲王佐聖。松江府志叁陸職官表明教職欄載：「崇禎十年。王佐聖。教諭。長洲人。舉人。」同治修蘇州府志捌柒人物壹肆明長洲縣王佐聖傳略云：「王佐聖字克仲。舉萬曆壬子鄉試。授青浦教諭。崇禎十四年選遵義知縣。」并可參啓禎野乘壹集玖王遵義〔佐聖〕傳。又李寶翁即李寶弓，李載翁即李載陽，王依翁即王依日，吴雪翁即吴雪因。均見原書所列「鑒定名公姓氏」。事蹟多未能知，仍俟詳考。）皆具良史之才，宧游吾土，士紳咸奉規范。此編出入共稟鑑裁。遭逢之盛，良爲侈矣。

郡公禹翁方師素抱安濟之略，聿登著作之堂，居恒揚藝論文，窮日不倦。其訓迪士子，專以通達時務爲亟。經世一編，尤所注意，退食之餘，首勤評閱。雖一麾出守，十年不遷，而窮達一致，喜愠不形。亮節貞心，于斯可見。執友陳眉公（繼儒）先生，棲心隱逸，道風映世，丹砂岣嶁，渺然塵外。其孫希天仙覺，才氣英邁，甫係髫齡，熟于史學。予輩山齋信宿，時承提命，每至夜分。因得稔識前言往行。此編去取，多所商確。皤皤黄髮，非特後輩典型，允爲熙朝文獻矣。

同郡先輩若徐厚翁先生及唐繕部存少（寅恪案，徐厚翁疑即徐厚源禎稷。事蹟見明詩綜伍玖，嘉慶修松江府志伍肆及明詩紀事庚貳拾。唐存少疑即唐昌世。松江府志伍伍古今人傳略云：「唐昌世字興公，華亭人。天啓五年進士，補工部營繕司主事。」尚待詳檢。）聞予輩搜借艱苦，俱發鄴架之藏，悉供傳寫。至許霞翁（譽卿）先生移書遠近，廣收博覽，裨益尤多。若徐勿齋（汧），馬素修（士奇），張西銘（溥）三先生及張受先（采），黄仲霖（澍），吴志衍（繼善），夏彝仲（允彝），吴坦公（培昌）搜輯編于吴越閩浙。張訒叟（元始），吴來之（昌時），朱聞玄（永祐），郵遺集于齊魯燕趙。他若宛平金伯玉鉉，王敬哉崇簡，崔道母子忠，王大含谷。桐城方密之以智，孫克咸臨。萊陽宋澄嵐繼澄。侯官陳道掌元綸，陳克理兆相。金沙周介生鍾。丹陽荆實君廷實。檇李錢孚于嘉徵，錢彥林栴，錢雍誦泮，黃復仲子錫，陸芳洲上瀾，朱子莊茂暻。歸安唐子儀起鳳。虎林嚴子岸渡，張幼青埈。茂苑楊維斗廷樞，許孟宏元溥，姚瑞初宗典，姚文初宗昌。玉峯王與游志慶。吴江周安期逢年，吴日生易。疁水侯雍瞻岐曾，傅令融凝之。婁東王子彥瑞國，吴純祜國杰，張無近王治。維揚鄭超宗元勳。海虞顧麟士夢麟，彭城萬年少壽祺，皆係良友素知。瓊瑤之贈，遥睇臨風。二酉之藏，傾廂倒篋矣。

四方蘭譜，若楊子常彝，楊龍友文驄，則分教吾土，樂與晨夕。其他諸友，或夙係同好，或本未謀面。但曾任較讐，暨名集惠寄者，俱登姓氏，不没其實。

此集始于戊寅仲春，成于戊寅仲冬，寒暑未週，而披覽億萬，審别精詳，遠近嘆咤，以爲神速。良由徐子陳子博覽多通，縱横文雅，首用五官，都由一目。選輯之功，十居其七。予質鈍才弱，追隨逸步，自嗤蹇拙，以二子右縈左拂，奔命不遑，間有選輯，十居其二。若溯厥始事，則周勒卣立勳，李舒章雯，彭燕又賓，何慤人剛，徐聖期鳳彩，盛隣汝翼進及家伯氏子建存標，家季轅文徵輿，咸共商酌。適李子久滯京邸，周子壯遊梁苑，彭子棲遲邗上，何子寄跡鴛水，徐子盛子則各操月旦，伯氏家季則潛心論述，曾無接談之暇，未假專日之工。若友人吴繩如嘉胤，唐允季允諧，李存我待問，張子美安茂，朱早服積，蔡季直樅，單質生恂，郁子衡汝持，沈臨秋泓，陸子玄慶曾，朱宗遠灝，董士開雲申，郁選士繼垣，張子服寬，張子退密，錢子璧穀，李素心愫，徐惠朗桓鑒，邵霏玉梅芬，徐武静致遠，李原涣是楫，華芳乘玉芳，咸資討論。名臣爵里姓氏，具載獻徵諸書，然多有掛漏，遍搜羣籍，頗廢歲時。兹以卷帙浩汗，難於稽考。分條析緒，復於卷首另編總目，使覽者開卷瞭然，特爲詳便。此則友人謝提月廷楨一人所輯。其功不可泯也。

藏書之府，文集最少，多者百種，少者數家。四方良朋，惠而好我，發緘色動。及至開卷，恒苦重複。予等因遣使迭出，往復數四，或求其子姓所藏，或托于官跡所至，搜集千種，繕寫數萬。至條陳冗泛，尺牘寒暄及文移重疊，又悉加剪截，乃成斯集。雖未敢云聖朝之洪謨，亦足當經世之龜鑑矣。

兹編體裁，期于囊括典實，曉暢事情。故閣部居十之五，督撫居十之四，臺諫翰苑諸司居十之一。而鱗次位置，則首先代言，其次奏疏，又其次尺牘，又其次雜文云。華亭宋徵璧漫記。

寅恪案，河東君平生所與直接間接有關諸名士，幾無不列於此書作序鑒定姓氏及凡例中。主編之陳臥子固不待論，即鑒定者如牧齋，則爲河東君下半世之伴侶。若馬瑤草，河東君弘光時亦必親覿其面無疑。至牧齋在南都小朝廷禮部尚書任内，河東君與瑤草相遇時，阮圓海當亦預此盛會，但鐫刊皇明經世文編之際，圓海乃東林黨社之政敵，自不能列於鑒定人，殊可惜可笑也。

第叁期

此期爲自崇禎八年首夏，河東君離去南園及南樓，移居松江之横雲山起，至是年秋深河東君離去松江，還赴盛澤歸家院止。其間不逾半載，時日雖短，然楊陳兩人仍復往來頻煩，唱和重疊。其交誼之摯篤，實未嘗有所改易，今可於兩人作品中見之。兹不欲多舉例證，唯擇其關係重要者論述之。至於河東君離去南園及南樓，移居横雲山一事，先考證之如下。

今檢陳忠裕全集壹叁平露堂集崇禎八年秋所賦詩「七夕」五律二首後，即接「秋居雜詩」五律十首。河東君戊寅草「秋夜雜詩」五律四首後，亦接「七夕」七律一首。無論兩人詩中辭旨類似者甚多，已可證爲同時唱和之作。即就詩題之排列連接言之，更可決定其互有密切關係也。河東君「秋夜雜詩」中頗有譌字，暫未能詳校，兹姑依鈔本録之。

「秋夜雜詩四首」其一云：

密密水新視，漻漻蟲與恒。星河淡未直，雀鳥氣全矜。雜草形人甚，（自注：「雜草甚麗也。」）稠梧久已乘。猶餘泯漠意，清夕距幽藤。

其二云：

湫壁如人意，澄崖相近看。（自注：「横山在原後。」）數紋過清瀨，多折造微湍。雲實鍑深樹，清（青？）霜落夜蘭。此清（情？）更大渺，百藥竟其端。

其三云：

月流西竹澗，惑雜放虚雲。桂影空沉瓦，松姿不虐羣。魚飛稻冥冥，鳴去荻紛紛。惟當感時候，相與姿（恣？）靈文。

其四云：

望之規所務，椒榝雜時非。芳衆逾知互，星行多可違。皂鵰雖日曼，河駟不無依。（自注：「後即七夕。」）悽懷良自爾，誰不近微幾。

寅恪案，「秋夜雜詩」第貳首「湫壁如人意，澄崖相近看。」句下注云：「横山在原後。」第叁首云：「桂影空沉瓦，松姿不虐羣。」又河東君與汪然明尺牘第貳捌通略云：

横山幽奇，不減赤城。山中最爲麗矚，除藥鐺禪榻之外，即松風桂渚。若覿良規，便爲情景俱勝。

綜合河東君之詩文考之，則知其在崇禎八年首夏自離去南園及南樓後，即移居横雲山之麓。

是年秋深還往盛澤歸家院，至崇禎十三年夏季後又還回松江之横雲山也。其餘可參後論河東君尺牘節。

此時期内即崇禎八年初秋有採蓮圖一重公案。兹録楊陳兩人之詩賦，略論證之，以供好事者之談助。

戊寅草「採蓮曲」云：

> 蓮塘格格蜻尾緑。香威陰爈龍幡曲。蘭皐欹雀金鱗濃，水底鴛鴦三十六。捉花霧蓋鳳翼牽。蜂鬚懊惱猩唇連。葉多蘂破麝炷消，日光琢刺開青鸞。麒麟腰帶鴨頭絲，銀蟬佶雜蛾衣吹。郎心清徹比江水，丁香澹澹眉間黄。粉痕月避清濛濛。天露寒森迸珠網，藕花欲落絲暗從。錦鷄張翅芙蓉同。脉脉紅鉛㧗蓮子，鵁波石濺秋羅衣（綺？）。臙脂霏雨儼相加，雲中戛下雙飛雉。

寅恪案，河東君此詩前一題爲「送曹鑒躬奉使之楚藩」七律二首。其第貳首云：「吳川楓動玉蕭森。」此詩之後爲「月夜登樓作」七律一首。其第伍句云：「秋原鶴氣今方縱。」據此可知「採蓮曲」乃秋季即崇禎八年秋季與臥子同時所作。河東君此曲之辭旨與臥子「采蓮童曲」，「立秋後一日題採蓮圖」及「採蓮賦」相類者頗多，蓋因題目相同，又同一時間，同一地域，故兩人作品，其間不致大相違異。兹不煩舉例，讀者可自得之也。

陳忠裕全集伍平露堂集「采蓮童曲」云：

蕩槳歌淥水，紫菱牽玉臂。芙蓉不解羞，那得相迴避。

同書壹壹平露堂集「立秋後一日題採蓮圖」云：

淥水芙蓉塘，青絲木蘭楫。誰人解蕩舟，湘妃與江妾。夜來秋氣澄天河。越谿新添三尺波。倒瀉生綃傾不足，碧空宛轉雙青蛾。今朝輕風拂未動，昨宵已似聞清歌。雜港繁花日初吐，紅裳濛濛隔霧雨。橈邊屬玉不肯飛，翠翹時落横塘浦。圖中美人劇可憐，年年玉貌蓮花鮮。花殘女伴各散去，有時獨立秋風前。何得鉛粉一朝盡，空光白露寒嬋娟。我家五湖東百里，紅霞滿江吹不起。素舸雲中月墮時，枉渚香風出蘭芷。借問莫愁能共載，可便移家入畫裏。

寅恪案，唐杜彦之「春宫怨」云：「年年越溪女，相憶採芙蓉。」（見全唐詩第壹貳函補遺杜荀鶴）今臥子詩云：「越溪新添三尺波」，「花殘女伴各散去」及「何得鉛粉一朝盡」等句，與後來牧齋有美詩「輪面一金錢」，（見東山詶和集上。）及「春日春人比若耶。偏將春病卸鉛華」等句，（見初學集貳拾下東山詩集肆「（癸未）元日雜題長句」八首之八。）皆以河東君比西施，但臥子詩云：「圖中美人劇可憐」及「空光白露寒嬋娟」，則「美人」「嬋娟」俱爲河東君之名字，實將河東君之形貌寫入畫圖，而與牧齋止表見於文字者，更爲具體。臥子所題之圖，未知何人所繪，若是河東君自身所作，固可實現湯玉茗還魂記中之理想，若出他人之手，則亦是當時之寫照。其價值遠在後來顧云美余秋室諸人所爲者之上。今日此圖當必久已湮没，惜哉！惜哉！

臥子詩云「淥水芙蓉塘，青絲木蘭檝。誰人解蕩舟，湘妃與江妾」及「橈邊屬玉不肯飛」。「木蘭檝」之語，與河東君夢江南詞第壹肆首「人在木蘭舟」句有關。「湘妃」之語，與臥子「湘娥賦」（見陳忠裕全集貳。）及以「湘真閣」名其作品者有關。「屬玉」之語，又與屬玉堂集名符合。此均顯而易見，不待多論也。臥子此詩結語云：「我家五湖東百里。紅霞滿江吹不起。素舸雲中月墮時，枉渚香風出蘭芷。借問莫愁能共載，可便移家入畫裏。」「五湖」句固出樂府詩集伍拾採蓮曲「遊戲五湖採蓮歸」之典，亦兼以謝客盧家自比。但其所賦「八月大風雨中遊泖墖」七律四首之三云：「悵望五湖通一道，生平少伯最嶙峋。」（見陳忠裕全集壹陸平露堂集。）則明以河東君比西施，而自比於范蠡。豈意有志者，事竟不成耶？後來牧齋「冬日泛舟有贈」詩云：「萬里何當乘小艇，五湖已許辦扁舟。」程松圓次韻云：「從此煙波好乘興，萬山春雪五湖流。」（以上二題俱見東山詶和集上。）則以西施屬河東君，陶朱公屬牧齋。自是二老賦詩時，應有之比儗，殊不足異。至若河東君依韻和牧齋中秋日攜内出游，次冬日泛舟韻。二首之一云：「五湖烟水長如此，願逐鴟夷泛急流。」（見初學集東山詩集貳。）

則自承爲苧蘿村人，而以牧齋方少伯。斯爲臥子題採蓮圖時所不及料矣。

陳忠裕全集壹「採蓮賦」略云：

> 余植性單幽，懸懷清麗。芳心偶觸，憮然萬端。若夫秣陵曉湖，横塘夜岸。見清揚之玉舉，受芬烈之風貽。雖渥態閒情，暢歌綽舞。未足方其澹蕩，破此孤貞矣。江蕭短製，本遠風謡。子安放辭，難娱情性。觀其託旨，豈非近累。若云玄豔，我無多焉。遂作賦曰：

夫何朱夏之明廓兮，紛峨雲之鼂清。渺迴溪而逸志兮，懷淡風之潔輕。軼娟娟其淺瀨兮，瀲遊波而赴平。横江皋之宛延兮，睎披扶之遥英。植水芝於澧浦兮，固貞容而温理。發渺沔以浮光兮，矯徽文以擅軌。褰狄芬而越澤兮，杳不知其焉始。其爲狀也，匹溢華若，的皪灧姝。瑩瑩遹遹，炯炯蘇蘇。麗不蹈淫，傲不絶愉。文章則旅，脩姱若殊。時翻飛以暢美兮，疑色授而回避。接芳心于遥夕兮，願綢繆以解佩。愓幽芳之難干兮，懷涓涓而宛在。屬予情之善蠱兮，願弄姿而遠載。于是命静婉，飾麗娟。理文楫，開畫船。掛綺席，揚清川。衆香縝紛，羅袖給嬛。蕩舟約約，凴橈仙仙。竝進回逐，嫳屑蹁蹮。讙魚怒蜂，不可究宣。礙麦絲而膠盭兮，垂皓腕而濡漬。驚鴛鴦於蘭橈兮，歇屬玉之嬌睡。墮明璫於瀟湘兮，既雜薦之以江蘺。試搴莖以斜眄兮，撫脩閒而若私。既攀折之非余情兮，恐遲暮之見遺。彼辛苦之内含兮，閟厥愁而惠中。感連娟之碧心兮，情鬱塞以善通。

寄傷心于蓮子兮，從芙蓉之蕩風。驚飛袘之牽刺兮，溼羅衣而脱紅。斷素藕而切雲兮，沈淑質之玲瓏。颺遊絲而被遠兮，曾欵欵於予衷。投瓵辞以覆懷兮，矜盛年以聯締。翦鮫綃而韞的兮，包相思以淫滯。鼓夕棹于北津兮，隱輕歌而暗逝。顧彼美之倚留兮，極幽歡於静慧。情荒荒而罷採兮，削秋風以長閉。亂曰，横五湖兮，揚滄浪。涉紫波兮，情内傷。副田田兮路阻長。思美人兮不可量。去何採兮低光。歸何唱兮未央。樂何極兮無方。怨何深兮秋霜。

寅恪案，臥子此賦既以蓮比河東君，又更排比鋪張，以摹繪採蓮女，即河東君。亦花亦人，混合爲一。辭旨精妙，讀者自知，可不待論。序中「江蘺短製，本遠風謡。子安放辭，難娱情性」。檢王勃採蓮賦序（見王子安集貳。）云：

昔之賦芙蓉者多矣。雖復曹王潘陸之逸曲，孫鮑江蕭之妙韻，莫不權陳麗美，粗舉採掇。豈所謂究厥麗態，窮其風謡哉？頃乘暇景，歷睹衆製，伏翫累日，有不滿焉。

臥子作此賦，蓋本於子安之作，故辭語亦多相似。如「待飲南津，陪歡北渚」，即臥子賦語「鼓夕棹於北津」之所從出。又「結漢女，邀湘娥。北溪蘂尚密，南汀花更多」，亦下引臥子「同讓木泛舟北溪四絶句」詩題之由來。至「見秋潭之四平」則前引臥子「秋潭曲」所以稱白龍潭爲「秋潭」之理由也。（可并參樂府詩集伍拾。）賦云：「紛峨雲之鼉清」，「軼娟娟其淺瀨兮」，暗藏「雲娟」二字，即河東君原來舊名。此爲採蓮賦中主人之名，所以著列之於篇首也。此賦末段云：「鼓夕棹於北津兮」，此著列採蓮泛舟之地也。檢陳忠裕全集壹玖陳李唱和集「秋雨同讓木泛舟北溪各賦四絶」云：

爲有新愁漸欲真。强將畫艦泛芳津。豈知風雨渾無賴，自入秋來喜趁人。

浪引平橋銷暮烟。紅亭朱草自何年。秋風一夜殘蓮子，幾度黄昏未忍眠。

迷離窈竹碧霏霏。小艇紅妝冷玉衣。涼風踈雨何處似，黄陵秋夜照湘妃。

明滅秋星起畫圖。微雲暮雨障清矑。何曾自定來朝暮，猶怨君家楚大夫。

寅恪案，第壹首第貳句「强將畫艦泛芳津」，可知「北溪」亦可云「北津」。第貳首第壹句「浪引平橋銷暮烟」，可與賦中「鼓夕棹」之語印證。第貳首第叁句「秋風一夜殘蓮子」及第叁首第貳句「小艇紅妝冷玉衣」，亦與賦中所言之採蓮女相啓發。第肆首第貳句「微雲暮雨障清矑」，中含河東君之名。第叁第肆句云：「何曾自定來朝暮，猶怨君家楚大夫。」則以神女目河東君，宋玉目讓木也。據此頗疑採蓮賦與此四絶句有密切關係。又此四絶句題云：「秋雨同讓木泛舟北溪。」實與「立秋後一日題採蓮圖」詩，「夜來秋氣澄天河，越谿新添三尺波」之語冥會。蓋「秋氣」「添波」與「秋雨」相合，「越溪」與「北溪」同物，然則採蓮圖或即摹寫此次北溪之遊耶？至賦云：「鷩鴛鴦於蘭橈兮，歇屬玉之嬌睡。」其與河東君鴛鴦樓臥子屬玉堂之名有關，又無俟論矣。「嬌睡」一語，若出元氏長慶集貳肆連昌宮詞「春嬌滿眼睡紅綃」句，則可稱適當。若出傳世本才調集伍元稹夢遊春詩「嬌娃睡猶怒」句，則「嬌娃」乃「獢狂」之譌寫。（見拙著元白詩箋證稿第肆章。）似微有未妥。但才子詞人之文章，絶不應拘執考據版本家之言以繩之也。賦中最可注意之句，如：「麗不蹈淫，傲不絶愉。文章則旅，脩姱若殊。」則可謂善於形容河東君之爲人者。「既攀折之非余情兮，恐遲暮之見遺。彼辛苦之内含兮，閟厥愁而惠中。感連娟之碧心兮，情欝塞以善通。寄傷心于蓮子兮，從芙蓉之蕩風」，則可與才調集伍元微之「古決絶詞」三首之二「矧桃李之當春，競衆人而攀折。我自顧悠悠而若雲，又安能保君皚皚之如雪。感破鏡之分明，覩淚痕之餘血。幸他人之既不我先，又安能使他人之終不我奪」參讀。據此可知臥子宅心忠厚，與輕薄之元才子有天淵之别。豈意河東君與臥子之關係，亦與雙文同一不能善終。悲夫！

戊寅草中有「初秋」七律八首，平露堂集中亦有「初秋」七律八首。（見陳忠裕全集壹陸。）題同，體同，又同爲八首。其爲同時所作，互有關係，兹不待論。今戊寅草傳世甚少，故全録之。至臥子詩集，流播頗廣，除第捌首，以與河東君之作最有關涉，特録其全文外，餘則唯擇有關河東君詩之語句，略論之於後。

戊寅草「初秋」八首其一云：

雲聯遠秀正秋明。野落晴暉直視輕。水氣相從烟未集，楓林虛極色難盈。平郊秔稻朝新沐，大澤鳧鷺夜自鳴。莫謂茂陵愁足理，龍堂新月滌江城。

寅恪案，此首結語云「莫謂茂陵愁足理，龍堂新月滌江城」，與臥子第捌首結語云「茂陵留滯非人意，可著淩雲第幾篇」互相印證。并可推知臥子實初賦此題，河東君因繼和之。豈所謂「夫唱婦隨」者耶？至「新月」「江城」之語，則指崇禎八年七月初之時候及松江之地域也。

其二云：

銀河泛泛動雲涼。荒荻蒼茫道阻長。已有星芒横上郡，猶無清角儆漁陽。遥分靜色愁難制，向晚凋菰氣獨傷。自是清暉堪倚恨，故園鷫鷞舊能妨。

寅恪案，「已有星芒横上郡，猶無清角儆漁陽」之句，可與臥子詩第伍首「涇原畫角秋風散，上郡〔旄〕頭夜色高」相印證。（寅恪案，「旄頭」之典可參前論牧齋「丙戌七夕詩」。又河東君湖上草中「岳武穆詞」七律云：「重湖風雨隔髦頭。」「髦頭」即「旄頭」也。）「自是清暉堪倚恨，故園鷫鷞舊能妨」之句，當出詩經曹風「候人」篇：「維鵜在梁，不濡其翼。彼其之子，不稱其服。維鵜在梁，不濡其咮。彼其之子，不遂其媾。」毛詩小序云：「刺近小人也。」河東君此詩結語必有本事，究何所指，殊難確言。檢臥子自撰年譜上崇禎八年乙亥條（并可參所附考證。）略云：

同郡某貴人素嫉予，適有無名子作傳奇以刺之者，疑予與舒章使之，怒益甚。予同門生朱翰林早服與貴人求復故業文園。予立議黜之。恨愈刺骨，遂行金錢嗾南臺某上奏。其意專欲黜予與彝仲也。時使者江右王公行部，察予兩人行修飭，舉方正，報聞。某貴人聞之，咄咄咤歎失氣也。

或與河東君詩語有關，亦未可知。至前引錢肇鼇質直談耳記松江郡守欲驅逐河東君出境一節，則事在崇禎六年，距賦此詩之時已有二年之久，相隔較遠，似非詩意所在也。俟考。

其三云：

蒼然萬木白蘋烟。搖落魚龍有歲年。人似許玄登望怯，客如平子學愁偏。空懷神女虛無宅，近有秋風縹渺篇。（自注：「時作秋思賦。」）日暮飄零何處所，翩翩燕翅獨超前。

寅恪案，此首爲八首中最重要者，與臥子詩第捌首極有關係。蓋臥子詩第捌首乃主旨所在，河東君亦深知其意，故賦此首，同用一韻，殊非偶然也。兹迻録臥子詩全文，以便參互論證。臥子詩云：

託蹟蓬蒿有歲年。平臯小築晚涼天。不逢公瑾能分宅，且學思光漫引船。蓮子微風香月上，葡萄垂露冷秋前。茂陵留滯非人意，可著凌雲第幾篇。

臥子此詩主旨實自傷不能具金屋以貯阿雲。「不逢公瑾能分宅」，用三國志吴志玖周瑜傳：

「周瑜字公瑾。〔孫〕堅子策，與瑜同年，獨相友善。瑜推道南大宅以舍策。」「且學思光漫引船」者，用南史叁貳張邵傳附融傳（參南齊書肆壹張融傳。）所云：

> 融字思光。融假東出，〔齊〕武帝問融在何處？答曰，臣陸處無屋，舟居無水。後上問其從兄緒。緒曰，融近東出，未有居止，權牽小船於岸上住。上大笑。

然則臥子所謂「平臯小築晚涼天」之「小築」何所指耶？檢臥子此詩題前第貳題爲「初秋出城南弔遹機之喪，隨遊陸氏園亭。春初予輩讀書處也。感賦二律」。此二律中雖未見有留宿之蹟象，但據王澐纂雲間第宅志云：

> 南門外。登山主橋。薛孝廉靖宅。阮家巷陸宗丞樹德梅南草廬。有讀書樓。崇禎間，郡中諸名士嘗觴詠高會其中。人稱曰南園。

故薛氏宅與南園隣近，臥子因弔遹機之喪，遂留宿徐氏南樓，或陸氏南園，極爲可能。今觀臥子「初秋八首」之第壹首云「池臺獨倚北風輕。水國蒼茫浸碧城。菱芡自依秋露冷，梧楸不動夜雲明」，第貳首云「萬里清光迴不收。層霄極望此登橋」，及第叁首云「曠野楓林消白日，滄江草閣臥黃昏」，與第捌首之「蓮子微風香月上，葡萄垂露冷秋前」等句，其景物氣象，皆似南園，而非臥子松江城內之舊宅。此舊宅即雲間第宅志所云：

> 治西。普照寺西。陳工部所聞，給諫子龍宅。有平露堂。座師黃詹事道周書。

者。然則臥子詩所謂「小築」，豈是徐氏別墅中之小樓，即南樓。抑或陸氏南園建築物中之一小部分耶？至「不逢公瑾能分宅」之語，或是因徐闇公及武靜雖肯以其別墅借寓楊陳。陸文孫又肯以南園借臥子諸人讀書著述，不過兩處俱是暫時性質，更不可視爲固定之金屋，久貯阿雲也。河東君能知此意，故有「空懷神女虛無宅」之句，其所感恨者深矣。（寅恪案，杜工部集壹伍「熱」三首之一云：「雲雨竟虛無。」河東君詩語本此。杜詩原爲苦熱之作，下文接以「乞爲寒水玉，願作冷秋菰。何似兒童歲，風涼出舞雩」等句，即希望秋涼之意。河東君賦此詩在初秋，正氣候炎熱之際。下句「近有秋風縹渺篇」，亦是希望秋涼之意，與少陵之旨符合。故河東君此一聯，雖出舊詩，別具新感，其措辭之精妙，於此可見一斑也。）由此推之，大約臥子松江城內舊宅，本非廣廈，此時既有祖母高氏，繼母唐氏，復有妻張氏，妾蔡氏及女頎等。又據臥子年譜下附王澐撰「三世苦節傳」云：

高安人一女，篤愛之，贅諸氏婿，共宅而居。奉議公（寅恪案，「奉議公」指臥子父所聞。）以寡兄弟而勿忍也。先生承先志，始終不替。〔張〕孺人承高安人歡，敬愛有加，撫其子女如同生，冠婚如禮，安人爲之色喜。〔臥子繼母〕唐宜人生四女，次第及笄，孺人爲設巾帨，治奩具而歸之，嫁禮稱盛，宜人忘其疾，諸姑感而涕出，曰，嫂我母也。

然則臥子之家，人多屋狹，張孺人復有支配財務之權，勢必不能更有餘地及餘資以安置志在獨立門户之河東君。楊陳因緣之失敗，當與此點有關。後來崇禎十三年冬河東君訪牧齋於虞山之半野堂。其初則居於舟中，有同於思光引船。繼則牧齋急營我聞室迎之入居，亦是公瑾分宅。此點與錢柳因緣之能完成，殊有莫大關係也。河東君詩「人似許玄登望怯，客如平子學愁偏」一聯，下句見文選貳玖張平子四愁詩，人所習知，不待釋證。上句之「許玄」，當用晉書捌拾王羲之傳附許邁傳。邁字叔玄，後改名玄。許傳雖有遊山登樓之記載，但無怯憚之事。故「怯」字乃河東君自謂之辭。其本性不喜登望，可與河東君與汪然明尺牘第壹叁通所云：

> 齊雲勝遊，兼之逸侶，崎嶇之思，形之有日。奈近羸薪憂，褰涉爲憚。

相參證。「褰涉爲憚」即「登望怯」之意。顧云美河東君傳云：「性機警，饒胆略。」應不怯登望。其所以怯憚者，或由體羸足小之故，有所不便耶？河東君詩「近有秋風縹渺篇」句下自注云：「時作秋思賦。」今戊寅草中有「秋思賦」一篇。據此，可證知其作賦之年月。惜此賦辭語多未解，疑傳寫譌誤所致。以暫無他本可校，姑不録賦文，而附記於此，以俟他日求得善本，再論釋之。所可注意者，臥子作「採蓮賦」實本於王子安。檢王集壹有「春思賦」「七夕賦」在「採蓮賦」之前。或者河東君崇禎八年秋間流覽子安作品，因採蓮賦而覩春思賦。於王賦序末「幾乎以極春之所至，析心之去就云爾」之語，有所感會，遂作秋思賦歟？

其四云：

輕成游鶴下吟風。夜半青霜拂作容。偃蹇恣爲雲物態，嶙峋先降隱淪叢。五原落日交相掩，三輔新秋度不同。矯首只愁多戰伐，應知浩蕩亦時逢。

寅恪案，此首「五原落日交相掩，三輔新秋度不同」一聯，上句疑與臥子詩第陸首「欲問故人新奉使，朔雲邊月近如何」之注「時吴來之使山右初歸」有關。下句疑與臥子詩第伍首「三秦消息夢魂勞」及「涇原畫角秋風散」之句有關。所可注意者，即「輕成游鶴下吟風」之「鶴」，及「嶙峋先降隱淪叢」之「隱淪叢」究何所指？豈謂吴來之昌時，由山西歸松江後，便先訪問臥子，因至河東君處耶？俟考。

其五云：

朧朧暝色雜平河。（湖？）秋物深迷下草鬟。不辨暗雲驅木落，惟看鮫室浴梟孤。南通水府檣烏盛，北照高原樹影枯。同向秋風摇白羽，愁聞戰馬待單于。

寅恪案，「南通水府檣烏盛」，可與臥子詩第肆首「楚蜀檣帆向晚行」參讀。至河東君此首「同向秋風摇白羽，愁聞戰馬待單于」之結語，則疑與臥子詩第陸首「欲問故人新奉使，朔雲邊月近如何」。句下自注有關。蓋指與吴昌時共談當日邊事也。

其六云：

幽漫飛鳥視平原。露過浮沉漢漢屯。此日風烟給（？）泗左，無勞弓矢蕩烏孫。波翻魚雁尋新氣，水冷葡萄似故園。惆悵亂雲還極上，不堪晻曖肆金樽。

寅恪案，此首與臥子詩第伍首同詠鳳陽明祖陵事。（參陳忠裕全集壹陸平露堂集「送徐闇公遊南雍」七律所附考證。臥子此詩當賦於崇禎八年夏間闇公離南園赴南京之時。臥子「初秋」詩第捌首所謂「南皮舊侶鸞龍散」，即指此也。）河東君詩「此日風煙給（？）泗左，無勞弓矢蕩烏孫」一聯，與臥子詩第陸首「當煩大計推安攘」之語有關。至河東君之意，則謂不能安内，何能攘外。其語深中明末朝廷舉措之失矣。「水冷葡萄似故園」又可與臥子詩第捌首「葡萄垂露冷秋前」參證。此「故園」或即指南園。

其七云：

長風疎集未曾韜。矯雉翻然謀上皐。葭菼横秋投廢浦，風烟當夜接虗濤。雲妍翳景縈時急，紅遯煩滋雜與（輿？）高。迴首鸞龍今不守，崔巍真欲失戎刀。

寅恪案，「葭菼横秋投廢浦」可與臥子詩第肆首「江湖葭菼當秋盛」之句參證。河東君此詩結語「迴首鸞龍今不守，崔巍真欲失戎刀」。當謂鳳陽失守事。與臥子詩第壹首「南皮舊侶鸞龍散」之句，雖同有「鸞龍」字，而所指不同。蓋陳詩用「魏文帝與吴質書」語，臥子「初秋」八首前第柒題爲「送周勒卣遊南雍」，第陸首爲「送徐闇公遊南雍」，崇禎八年春間周徐二人與臥子舒章文孫及河東君等，同讀書遊讌於南園。至是年夏初河東君離去，臥子嬰疾，其他諸人亦皆星散。「南皮」之「南」，亦兼指南園及南樓而言，與河東君詞之夢江南，臥子詞之雙調望江南，俱有取於「南」字，即南園南樓之意。世人未明此點，讀楊陳作品，不能深達其微旨矣。至河東君詩「紅荻煩滋雜與高」之句，疑有譌誤，俟考。

其八云：

魚波唼唼水新迴。高柳風通霧亦勾。曉雨掠成涼鶴去，晚烟棲密荻花收。蒼蒼前箙鷹輕甚，濕濕河房星漸賙。我道未舒採藥可，清霜飛盡磧天犂。

寅恪案，「濕濕河房星漸賙」及「清霜飛盡磧天犂」可與臥子詩第陸首「天南蹟北共秋河」之句參證。「我道未舒採藥可」之句，檢晉書捌拾王羲之傳附許邁傳云：

初採藥於桐廬道之桓山。餌朮涉三年，時欲斷穀。以此山近人，不得專一，四面藩之。好道之徒欲相見者，登樓與語，以此爲樂。

可知河東君以許玄自比。此點前論第叁首「人似許玄登望怯」句，已言及之。但此首有「採藥」之語，據許傳之文，採藥下即接以登樓見好道之徒一事。然則第叁首「人似許玄登望怯」之意，恐是自謂怯於見客，與許氏同，非關體羸足小。其與汪然明尺牘第伍通云：「弟所汲汲者，止過於避跡一事。」（寅恪案，「止」當作「亡」，與「無」同。）亦是此意，可取互參。

復據前引錢肇鼇質直談耳所載河東君居佘山時，蠢人徐某以三十金求見事。佘山鄰接横雲，錢氏之言，或即與河東君此詩之意有關，亦未可知也。今釋「怯」字之義，與前説有所差異，似今解較勝。兹依鄭箋毛詩，間具别解之例，姑備兩説，以待讀者之抉擇。

抑更有可笑者，河東君於崇禎八年作此詩之際，以許叔玄自比，而以卧子比王逸少。蓋卧子此時雖是雲間勝流，名聞當世。然其地位止一窮孝廉耳。目之爲王右軍，已嫌過分矣。至崇禎十三年冬間河東君訪牧齋於虞山之半野堂，初贈錢詩有「江左風流物論雄」及「東山葱嶺莫辭從」之語，則以牧齋儗謝安石，而自比於東山伎。（詳見第肆章論半野堂初贈詩節。）蓋牧齋此時以枚卜失意家居，正是候補宰相之資格，與謝太傅居東山時之身分切合也。由此言之，河東君不僅能混合古典今事，融洽無間。且擬人必於其倫，胸中忖度，毫釐不爽，上官婉兒玉尺之譽，可以當之無愧。不過許叔玄東山伎之船，亦隨王逸少謝安石之水，高低漲落，前後不同，爲可笑也。

復次，宋徵璧含真堂集柒載有「早秋同大樽舒章賦」七絶二首云：

> 悵望平田半禾黍，曲蘭幽徑傍城阿。已憑青雀隨風過，更有紅裙細馬馱。
>
> 淒清落葉下梧桐。埜水蒼茫睇未窮。日暮但愁風雨後，行人多半早秋中。

寅恪案，宋氏此二絶句何時所作，未能確知。若依此題後一詩「野驛」下注「壬申會課」而言，則似此二絶句乃崇禎五年壬申或以前所作。但宋氏詩集以詩體分類，其排列次序亦難悉據以確定作成時間之先後。或謂王勝時續臥子年譜下順治四年丁亥條附莊師洛等考證引陸時隆「侯文節傳」云：「黄門乃易姓李，改字大樽。」又勝時云：「晚年自號大樽，蓋寓意於莊生五石之瓠也。」陸王兩説雖似微異。但臥子於順治四年五月十三日自沉，年四十歲。依常例推之，必三十以後始可言晚年。讓木此二絶句之題既稱大樽，豈作於崇禎十年丁丑以後耶？鄙意不然，前引含真堂集伍秋塘曲序云：「宋子與大樽泛于秋塘。」此曲乃與臥子秋潭曲同時所作，（見陳忠裕全集拾陳李倡和集。）實在崇禎六年秋間。此年臥子僅二十六歲，斷不可謂之晚年，何以宋氏亦稱之爲大樽？明是後來尚木編集時所追改。蓋臥子以抗清死節。清人著述在乾隆朝尚未表揚臥子以前，自宜有所避忌。往往多以不甚顯著之别號，即「大樽」，稱臥子。况宋氏前與臥子關係密切，後乃改仕新朝，更當有所隱諱也。至若蓼齋集中不改臥子之稱者，殆由舒章卒於臥子抗清被害以前，遺集爲石維崐於順治十四年所刻，故仍依舊稱，未遑更易耶？職是之故，宋氏此二絶句亦有作於崇禎八年秋間之可能，疑與臥子及河東君「初秋」詩有關。姑附録於此，以俟詳考。又「城阿」即臥子癸酉長安除夕詩所謂「曾隨俠少鳳城阿」之「城阿」，乃指松江城而言，前已詳論之矣。

河東君在崇禎八年秋深離松江赴盛澤以前，尚有與臥子訓和之作。兹全録楊陳兩人之詩，并擇録臥子此時所賦「秋居雜詩」十首中最關重要者，論之於下。

臥子「七夕」詩（見陳忠裕全集壹叁平露堂集。）云：

夜來涼雨散，秋至緒風多。渺渺雲澄樹，峨峨人近河。金鈿烟外落，玉佩暗中過。聞説天孫巧，虚無奈爾何。

其二云：

清影何時隱，神光迥澹浮。龍鸞虚佇月，烏鵲静臨秋。風落花間露，星明池上樓。漢宫誰更寵，此夕拜牽牛。

河東君「七夕」詩（見戊寅草。）云：

芙蓉夜湧鱖魚颸。此夕苕篁來夢知。爲有清虚鴛閣晚，無勞幽詭蝶花滋。仙人欲下防深漠，蒼影翩然入寶湄。已是明雯星露會，烏啼燈外見來遲。

臥子「八月十五夜」詩（見陳忠裕全集壹陸平露堂集。）云：

明雯涼動桂悠悠。迢遞星河萬里秋。素魄有人常不見，碧虚無路迥含愁。九天鸞鶴聲何近，五夜樓臺影自浮。猶説紫微宫女事，焚香時待月西流。

其二云：

微風摇曳拂金河。斗迥天高出素娥。萬井鴛鴦秋露冷，三江蚌蛤夜潮多。雲能入夢嬋娟子，月解傷人宛轉歌。應有桓伊吹玉笛，倚欄人静奈愁何。

寅恪案，臥子「八月十五夜」七律第貳首「雲能入夢嬋娟子」句，暗藏河東君之名，第貳章已論及之。蓋中秋佳節臥子必在松江城内舊宅中，與家人團聚。望月有懷横雲山麓之河東君，因賦此二詩。當其構思之際，儻使張孺人及蔡氏在其身側者，亦可謂旁若無人矣。

河東君「八月十五夜」詩（見戊寅草。）云：

滌風初去見迂芳。招有深冥隱桂芒。翠鳥趾離終不發，綺花人向越然凉。蓮魚窈窕浮虚澗，烟柳沉沉拂淡篁。已近清萍動霏渏，秋籐何傲亦能蒼。

寅恪案，河東君此詩之題與臥子詩題同是「八月十五夜」，其爲唱詶之作，自無疑義。但河東君此詩之前第壹題爲「秋深入山」，第貳題爲「月夜舟中聽友人絃索」，第叁題爲「曉發舟至武塘」，第肆題爲「七夕」。初視之，似是抵盛澤以後追和臥子之作，而非在松江時所賦。細繹之，八月十五夜至秋深，其間最少已逾一月，河東君必早在離松江以前得見臥子此詩。且自「七夕」至「八月十五夜」，其間已賦三題四首，可證其才思并未枯竭，何以更待歷時四五十日之後，始在盛澤鎮追和臥子前什耶？此與其平日寫作敏捷之情況不符。故鄙意仍以河東君「八月十五夜」一首，乃尚未離去松江前所作，當是編寫時排列偶誤所致耳。

臥子「秋居雜詩」十首作成之時間，當在崇禎八年季秋。因第叁首有「况當秋日殘」，「鴻雁影寥廓，梧桐聲勁寒」，及第捌首有「霜寒擊柝清」等句，皆是九月景物也。至第貳首「萬里下城阿」句之「城阿」，指松江城言。前論臥子癸酉長安除夕詩「曾隨俠少鳳城阿」句，已詳及之，可不復贅。此十首詩俱佳，兹唯擇録三首論釋之，其餘不遑悉數迻寫也。

第肆首云：

> 愁思隨時積，悲涼秋更深。何當臨玉鏡，無計挽金瓠。（自注：「時予有殤女之戚。」）
> 肅肅飛烏鵲，冥冥啼蟪蛄。不堪兒女氣，引滿莫躊躇。

寅恪案，此首可與下録臥子「乙亥除夕」七古（見陳忠裕全集壹叁平露堂集。）相參證。「何當臨玉鏡」句，用世説新語下假譎類「温公喪婦」條并參徐孝穆編輯玉臺新詠所以命名之故。斯皆世人習知者。至臥子於此句，則指河東君而言也。「無計挽金瓠」句，用漢魏百三名家集陳思王集壹「金瓠哀詞」，臥子取以比其長女頎也。陳臥子先生安雅堂稿壹貳「瘞二女銘」云：

> 陳子長女名頎，生崇禎庚午之二月，殤於乙亥之七月，凡六歲。次女名穎，生辛未之八月，至十月死。二女皆陳子室張出也。

臥子甚珍愛此長女，其著述中涉及女頎者頗多。如臥子自撰年譜上崇禎八年乙亥條云：「秋女頎殤焉。」并陳忠裕全集壹壹平露堂集「乙亥除夕」七古一首，同書壹叁平露堂集「舟行雨中有憶亡女」，「除夕有懷亡女」五律二首及同書壹玖平露堂集「悼女頎詩」七絶七首等，可爲例證。臥子賦詩之際，女頎既逝，無計可以回生。河東君雖已離去，則猶冀其復返。情緒若此，所謂「不堪兒女氣」者也。第柒首云：

常作雲山夢，離羣不可招。遨遊犬子倦，賓從客兒嬌。（自注：「舒章招予遊横雲，予病不往。」）楚橘明霜圃，江楓偃畫橋。刺船斜月下，何計慰飄颻。

寅恪案，陳忠裕全集貳玖「横雲山石壁銘」（可參同集拾屬玉堂集「雨中過李子園亭」七古及所附考證并蓼齋集首石維崐序。）略云：

横雲山者，松之屏蔽。環壁包池，則李氏之園在焉。既翦叢棘，遂有堂宇。濯窪以俟雨，植楓而綴秋。涉冬之陽，李氏攜客信宿。落葉零翠，寒山凍青。風消夕醉，月照宵遨。辨隔浦之歸魚，習空山之嘯鬼。横覽凄惻，悲涼莫罄。

臥子此文雖不能確定爲何年所作，然可據以推知舒章别墅秋冬之際，景物最佳。斯舒章所以招邀名士名姝於秋日往游之故歟？舒章是舉，殆於謝靈運擬魏太子鄴中集詩序所謂「天下良辰美景賞心樂事四者難并」之旨，有所體會。（見文選叁拾。）但臥子是時則轉抱林黛玉過梨香院牆下，聽唱牡丹亭「良辰美景奈何天，賞心樂事誰家院」及「則爲你如花美眷，似水流年」之感恨矣。（見石頭記第貳叁回。）詩中「遨遊犬子倦」句，「犬子」司馬相如小名，臥子以之自比。「賓從客兒嬌」句，「客兒」謝靈運小名，臥子以之比李舒章。此時河東君即寓居横雲山，豈謂河東君乃舒章之嬌鬟賓從耶？臥子自注云：「舒章招予遊横雲，予病不往。」不知是託病，抑或真病？若託病者，則其故雖不能確知，但必有河東君複雜之關係在内。若真病者，則崇禎八年首夏，臥子因河東君離去南園及南樓而發病，事後雖痊愈，然亦以有所感觸，時復臥疾。如「秋居雜詩」第壹首「藥餌日相謀」者，即是其證。實世所謂「心病」，而非「身病」也。

第玖首云：

明時慙遠志，安穩獨幽居。溟渤當秋壯，星河永夜虚。黄金誤子政，白璧恃相如。奇服吾寧愛，無勞擬上書。

寅恪案，「黄金誤子政，白璧恃相如」。上句用漢書叁陸楚元王傳附劉向傳，向作黄金不成事。下句用史記捌壹廉頗藺相如傳，相如完璧歸趙事。皆世所習知，無待贅釋。所可怪者，臥子舉此兩氏爲言，頗覺不倫，當必有其故。意者臥子自恨如劉更生之不能成黄金，遂難築金屋以貯阿雲。然終望河東君能似藺相如之完璧歸趙。苟明乎此旨，則臥子詩此聯之語，殊不足爲怪矣。「無勞擬上書」句，疑指臥子自撰年譜崇禎四年辛未條所云：

是時意氣甚盛，作書數萬言極論時政，擬上之。陳徵君（繼儒）怪其切直，深以居下之義相戒而止。

言也。

今所見河東君作品中有賦三篇，其男洛神賦及秋思賦，前已論述。男洛神賦旨趣詼詭，秋思賦文多脱誤，俱不及「別賦」之意深情摯，詞語高雅。取與同時名媛之能賦者，如黄媛介諸作品相參較，亦足見各具勝境，未易軒輊。故全録其文，略考釋之，以待研治明季文學史者之論定。

戊寅草「別賦」云：

草弱朱靡，水夕沈鱗。又碧月兮河梁，秋風兮在林。指金閨于素壁，閟翠幔於琴心。於此言別，懷愁不禁。雲泫泫兮似浮，泉杳杳而始下。撫襜幄之霏涼，拂銀箏其孰寫。重以依（泫？）花之早寒，玉臺之絳粉。既解佩而邅延，更留香之氤氳。攬紅蘂之夜明，悵青蘭而晨恨。會當遠去，瞻望孤雲。於是明河欲墜，玉勒半盼。化桃霞兮王孫馬，銜柳雪兮遊子衣。離遠皐之木葉，牽晴霧之游絲。度疎林而去我，隔江水之微波。本平夸而起巘，更通達而成河。妍迹已往，遺恩在途。掩鼋母而不御，褋水業（？）而常孤。思美人兮江溆，觸鸞髮兮愁余。並瑶瑟之潺湲，共鳳吹而無娱。念衆族之皎皎，獨與予兮紛馳。誰逕逝而不顧，懷縹緲而奚知。誠自悲憂，不可言喻。至若玄圃詞人，洛濱才子。收車輪於博望，蕩雲物於龍池。嘉核甫陳，驪歌遽奏。折銀藻於隴上，驕簫管於池頭。之官京洛，遷斥羅浮。觀大旗之莫射，登金谷而不游。歎木瓜之漬粉，聆悽響於清軿。或溯零陵之事，或念南皮之儔。咸辭成而琅琅，視工思而最愁。又若河朔少年，南陽乳虎。感烏馬兮庭階，擊蒼鷹兮殿上。風戔戔兮漸哀，筑摵摵而欲變。上客斂魂，白衣數起。左驂殪兮更不還，黃塵合兮心所爲。忽日晝之晻曖，覩寒景之侵衣。愁莫愁兮衆不知，悲何爲兮悲壯士。廼有十年陷敵，一劍懷仇。將置身於廣柳，或髡鉗而伏匿。共哀草兮班荆，咽石瀨兮設食。逝汎濫于重淵，曠雪煜於窗室。酒未及濡，餐未及下。歌河上而霑裳，仰駟沫（？）而太息。若吴門之篪，意本臨歧。大梁之客，魂方逝北。當起舞而徘徊，更痛深其危戚。至若掩紈扇於炎州，却真珠於玉漏。恩甚兮忽絕，守禮兮多尤。觀蒻羽之拂壁，慨龍帷之鬱留。念膠固而獨明，惟銷鑠之莫任。垂楚組而猶倚，絚鳳綬而遣神。昒雉尾於俄頃，迴金螭之別深。日暮廣陵，憑闌水調。似殿臺之清虛，識宜春之朗曼。迺登舟而嗚咽，愁別去其漫漫。又若紅粉羽林，辟邪獨賜。同武帳之新寵，後灞岸之放歸。紫簫兮事遠，金縷兮淚滋。更若長積雪兮閉青塚，嫁絶域兮永烏孫。儼雲蟬於萬里，即烟霓之夕昏。雁山曉兮斷遼水，紅蕉澀兮辭嬋媛。至若靈娥九日兮將梳，苕蓉七夕兮微渡。月暎晳（晰？）而栩虹縷，露流澌兮開房河。披天衣之宵敍，忽雲旗之悵圖。亦有托纖阿於緇（淄）右，期玉鏡于邯鄲。甫珊瑚之照耀，親犀絡之纏綿。悼亭上之春風，嘆上巳于玉面。本獨孤之意邈，遶竇女之情娟。至有蝦蟆陵下之歌，燕子樓前之雨。白楊蕭蕭兮鶯塚灰，莓苔瑟瑟兮西陵土。愴虬膏之永訣，淡華燭而終古。顧騄驔之莫攀，止玉合之薦處。豈若西園無忌，南國莫愁，始承歡而不替，卒曠然而莫違。君歌折柳于鄭風，妾詠蘼蕪於天外。異櫻桃之夜語，非洛水之朝來。自罘罳之雀暗，憐蘭麝之鴨衰。據青皐之如昨，看盤馬之可哀。招摇蹀躞，花落徘徊。結綬兮在平樂，言别兮登高臺。君有旨酒，妾有哀音，爲彈一再，徒傷人心。悲夫同在百年之内，共爲幽怨之人。事有參商，勢有難易。雖知己而必别，縱暫别其必深。冀白首而同歸，願心志之固貞。庶乎延平之劍，有時而合。平原之簪，永永其不失矣。

寅恪案，此賦之作成時間及地域并所别之人三事，兹綜合考證之。若所言不誤，則於賦中之辭義，賦主之文心，更能通解欣賞也。

此賦既以「别」爲題，自是摹擬文選壹伍哀傷類江文通「别賦」之作，無待贅論。昭明太子既列文通此賦於哀傷類中，而江賦開宗明義即云：「黯然銷魂者，唯别而已矣。」河東君以斯旨爲題，則其搆思下筆時之情感，三百年後猶可想見也。然則作此賦當爲何時耶？據賦中「秋風兮在林」，「撫襜幄之霏涼，拂銀箏其孰寫」，（寅恪案，王右丞集壹伍「秋夜曲」二首之二云：「桂魄初生秋露微」及「銀箏夜久殷勤弄」。故賦中「銀箏」之語，亦與秋有關。）「伭花之早寒」，（寅恪案，「伭」疑當作「泫」。文選貳貳謝靈運「從斤竹澗越嶺溪行」詩云：「花上露猶泫。」）「明河欲墜」等語，皆足徵此賦爲秋季所作。至於河東君此賦所別之人爲誰，則觀賦末自「悲夫」至「不失矣」之結語，其人之爲臥子，自不待言。蓋他人必無資格可以當河東君所言「雖知己而必別」之「知己」也。考河東君與臥子離別，雖不止一度，但最重要者實有二次。第壹次在崇禎八年首夏河東君離去南樓，別居橫雲之時。前論臥子滿庭芳「送別」詞等，已詳言之。姑不論此次首夏之節物，與賦中秋季所摹寫者不合，且「會當遠去，瞻望孤雲」之語，與南樓橫雲尚同在松江，其距離極近者，地望亦不相符。第貳次在崇禎八年秋季河東君離去松江，遷往盛澤歸家院之時，此次乃真爲楊陳二人生離死別最重要之關鍵，而此賦所言景物，皆與秋有關。故知此賦乃崇禎八年秋深河東君離去松江，遷往盛澤鎮，用以訓別臥子，抒寫離懷并訴衷情，希冀重好之文，可以斷定無疑者也。又賦云：「度疎林而去我，隔江水之微波。」更可與臥子此年歲除所賦「桃根渺渺江波隔」之句（見陳忠裕全集壹壹平露堂集「乙亥除夕」七古。）相證發也。

復次，臥子於崇禎十一年秋所賦「長相思」七古（全文及論釋見下引陳忠裕全集壹壹湘真閣集。）略云：

美人今在秋風裹。碧雲迢迢隔江水。别時餘香在君袖。香若有情尚依舊。但令君心識故人，綺窗何必常相守。

疑取賦中之辭旨而爲之者。賦之「既解佩所邅延，更留香之氤氲」即詩之「别時餘香在君袖。香若有情尚依舊」。賦之「雖知己而必别，縱暫别其必深」即詩中之「但令君心識故人，綺窗何必常相守」。此賦此詩關係密切，讀者取以并讀，自能得其意旨所在也。至龔芝麓鼎孳定山堂集壹肆「輓河東君夫人」詩，「朱顔原獨立，白首果同歸」一聯，（全詩見第伍章所引。）上句疑取臥子「上巳行」詩「垂柳無人臨古渡。娟娟獨立寒塘路」。（全詩及論釋見下引陳忠裕全集壹壹平露堂集。）下句疑取河東君「别賦」中「冀白首而同歸，願心志之固貞」。二句而爲之者，蓋臥子湘真閣集及河東君戊寅草，龔氏當日必曾見及之。斯亦今典古典合用，世之讀定山堂集者，不可不知也。

又陳忠裕全集貳有「擬别賦」一篇。其前爲「擬恨賦」後爲「和漢武帝傷悼李夫人賦」及「妬婦賦」。此「擬别賦」爲何年所作，今難考知。若作於距崇禎八年秋以前頗久之時間，則河東君必已早見臥子之作。其「别賦」情思辭語之相類似者，乃受臥子作品之影響，自無可疑。若陳楊二人之賦爲同時寫成者，則此兩篇乃唱和詶答之作品。其關涉類似之處頗多，更無足異。兹以陳集流播較廣，僅擇有關語句節録之於下，以見一斑。臥子賦略云：

漫漫長道，悠悠我心。揚舲極浦，總轡荒林。與子言別，愴然哀吟。仰視浮雲，倏忽難尋。我有旨酒，慷慨酌斟。況秋風兮渡河，又落日兮在野。葉蕭蕭而羣飛，泉淙淙而始瀉。指寥廓於翔鴻，怨悲鳴於去馬。覩徒御之紛馳，傾芳樽而不下。含別緒兮孔多，欲陳辭而難寫。於是攬袪徙倚，執手踟躕。會當去我，頃刻相逾。聽車音而絶響，望襜幃而載徂。悅懷人之極目，愧送子之賤軀。掩金鏡而罕御，理瑶琴而常孤。仰明月之迅邁，恨重關之崎嶇。寄錦書於雁外，啼玉筯於煙途。聊側身而四望，豈離魂之盡誣。言念古昔，誰與爲比。至若廬江少婦，文園小姬。恩方膠固，義當乖離。痛寶玦之既賜，出金屋而長辭。豈若上宫麗質，邯鄲名倡。皎皎牕牖，盈盈道傍。解雜佩兮贈君子，折芳馨兮心内傷。則有烟林花墮，平臯草長。青驄蹀躞，紅袖徬徨。遠與君別，各天一方。飄摇分袂，杳若參商。嗟夫別何地而不愁，愁何年而能散。陋羣遊於麋鹿，壯遐征於羽翰。苟兩心之不移，雖萬里而如貫。又何必共衾幬以展歡，當河梁而長嘆哉？

河東君於崇禎八年秋深離松江赴盛澤鎮，此行踪跡見於戊寅草中者，共有詩三題四首，辭語頗晦澀，非集中佳作。以其爲關涉河東君與臥子之重要資料，故悉數迻録，并擇取臥子詩有關河東君此行者，綜合論釋之於後。

「曉發舟至武塘」二首云：

木影固從混，水雲脱衆泠。魚波已相截，鳧景信能冥。漠甚風聊出，滋深霧漸形。還思論異者，（自注：「時别臥子。」）何處有湘靈。

閒態眷新鮪，靡靡事廢洲。九秋悲射獵，萬里悵離憂。大澤豈終爾，荒交真少謀。愧余徒邁發，丹鳥論翔浮。

寅恪案，光緒修嘉善縣志貳鄉鎮門「魏塘鎮」條略云：

明宣德四年巡撫胡槩奏分嘉興六鄉置縣於魏塘鎮。魏武帝窺江南，駐蹕。舊有五鳳樓，故一名武塘。

據河東君「還思論異者」句下自注，恐是臥子自松江親送河東君至嘉善，然後别去。假使所推測者不誤，則臥子由松江至嘉善一段水程，實與河東君同舟共載。及距盛澤鎮不遠之嘉善，不得不舍去河東君，一人獨遊。經歷蘇州無錫，然後還家也。蓋不僅己身不便與河東君同至盛澤鎮之歸家院，且此次之送别河東君，當向家人詭稱以亡女之故，出遊遣悶爲藉口。應與崇禎八年春間之遊憩南園南樓，雖暗與河東君同居，其向家人仍以讀書著述爲託辭者，正復相同。若取此次臥子送河東君由松江至嘉善，與後來崇禎十四年春間牧齋送河東君由虞山至鴛湖，兩者相比映，固可窺見當日名媛應付情人之一般伎倆。然楊陳之結局與柳錢迥異，而别賦或擬别賦及戊寅草，遂不能與有美詩及東山詶和集並傳天壤，流播人口矣。

陳忠裕全集壹叁平露堂集「秋居雜詩」十首之後「立春夜」之前共有三題，爲「夜泊滸墅」，「將抵無錫」及「舟行雨中有憶亡女」三首。又同書壹陸平露堂集七律「乙亥九日」「九日泊吴閶」及「薄暮舟發武邱，是日以淮警，中丞發師北行」三首，疑皆此次臥子送河東君由松江至嘉善，然後還家，舟行所經之題詠。其「舟行雨中，有憶亡女」（自注：「家以俗例，是日饗之。」）云：

猶是吴山路，回思便悄然。歸時開玉鎖，誰與索花鈿。緑蕙繁霜夜，丹楓夢雨天。未衰憐庾信，哀逝賦空傳。

寅恪案，陳臥子先生安雅堂稿壹貳「瘞二女銘」云：

陳子長女名頎。生崇禎庚午之二月。殤於乙亥之七月。凡六歲。

雖未言頎殤於七月何日，但如前所推測，臥子以秋深送河東君至嘉善，則此詩當作於崇禎八年十月。然則所謂俗例者，或是指逝後百日設祭而言也。

臥子「九日泊吴閶」云：

畫閣長堤暮水平。寒雲初卷闔閭城。楚天秋後花猶潤，吴苑人歸月正明。雁度西樓金管歇，霜飛南國玉衣輕。誰憐孤客多惆悵，耿耿千門永夜情。

又「薄暮舟發武邱，是日以淮警，中丞發師北行」七律云：

橫塘此路轉孤舟。十里松杉接武邱。愁客捲簾隨暮雨，美人採菊薦寒流。檣帆氣壯關河夜，鼓角聲銜江海秋。聞道元戎初出鎮，可能寄語問神州。

寅恪案，「薄暮舟發武邱」詩「美人採菊薦寒流」句之「美人」，殆指河東君而言。觀「九日泊吳閶」詩「誰憐孤客多惆悵」及此詩「橫塘此路轉孤舟」等語，則崇禎八年重九臥子獨棹孤舟至蘇州，遥想新別之河東君，殆亦王摩詰「九月九日憶山東兄弟」詩意也。（見王右丞集壹肆。）河東君對諸名士，往往自稱爲弟，前已詳論之。然則臥子以弟目河東君，實非無因矣。一笑。

戊寅草「月夜舟中聽友人絃索」云：

雲塗秋物互飄縈。整月華桐變欲并。石鏡辯烟悽愈顯，紅腮新彿鬱還成。通人戲羽嫣然落，嫋草澄波相背明。已近鵾絃第三撥，星河多是未峥嶸。（自注：「絃聲甚激。」）

又「秋深入山」云：

將黐蒼鳥迥然離。昃木丹峰見墜遲。清遠欲如光禄隱，深閒大抵仲弓知。（自注：「陳寔字仲弓。時惟臥子知余歸山。」）遥聞潺瀨當虛晛（幌），獨有庭筠翳暮姿。松閣華崗皆所務，紛紛柯石已前期。

寅恪案，以上二題疑皆河東君別臥子於嘉善後，至盛澤歸家院所作。舟中友人不知何指，恐是歸家院中之女伴來迎河東君者。「入山」之「山」，即指盛澤鎮之歸家院言。詳見後論河東君與汪然明尺牘第貳捌通。河東君此次之離松江横雲山，遷居盛澤歸家院。其故蓋由與臥子之關係，格於形勢，不能完滿成就，松江一地不宜更有留滯。據前引沈虬河東君傳所載丙子年間張溥至盛澤鎮訪徐佛。佛於前一日適人，因而得遇河東君之事。夫丙子年爲崇禎九年，即河東君遷居盛澤之後一歲。時間相距甚近。徐雲翾之適人，當於崇禎八年已預有所決定。河東君本出於雲翾家，後來徙居松江，與幾社名士往還，聲名藉甚。雲翾所以欲迎之至歸家院，不僅可與盛澤諸名媛互相張大其豔幟，且更擬使之代己主持其門户也。

觀仲廷機盛湖志拾列女名妓門明徐佛傳略云：

徐佛（原注：「原名翾。」）字雲翾，小字阿佛。嘉興人。性敏慧，能琴工詩善畫蘭。隨其母遷居盛澤歸家院，遂著聲於時。柳是嘗師之。每同當湖武原諸公遊，然心厭穠華，常與一士有所約，不果。後歸貴介周某。周卒，祝髮入空門。其時斜橋之北，舊名北書房，綺疏曲欄，歌姬並集。梁道釗張輕雲宋如姬皆翰墨名世。道釗淹通典籍，墨妙二王。輕雲詩詞筆札，並擅其長。如姬聰慧，姿色冠於一時。每當花晨月夕，諸姬鼓琴吹簫，吟詩作字以爲樂。又皆殉節禦侮，不負所主，奇女子也。

可以推知。然則當明之季年，吴江盛澤區區一隅之地，其聲伎風流之盛，幾可比擬於金陵板橋。夫金陵乃明之陪都，爲南方政治之中心，士大夫所集萃，秦淮曲院諸姬，文采藝術超絶一時，紀載流傳，如余懷板橋雜記之類，即是例證。寅恪昔年嘗論唐代科舉進士詞科與都會聲伎之關係，列舉孫棨北里志及韓偓香奩集序等，以證實之。（見拙著唐代政治史述論稿中篇。）明季黨社諸人中多文學名流。其與當時聲妓之關係，亦有類似於唐代者。金陵固可比於長安，但盛澤何以亦與西京相儗？其故蓋非因政治，而實由經濟之關係有以致之。

盛湖志叁物産門略云：

> 吴綾見稱往昔，在唐充貢。今郡屬惟吴江有之。邑西南境，多業此。名品不一，往往以其所産地爲稱。其創於後代者，奇巧日增，不可殫紀。凡邑中所産，皆聚於盛澤鎮。天下衣被多賴之。富商大賈輦萬金來買者，摩肩連袂，如一都會焉。

又云：

> 綢綾羅紗絹不一其名，各有定式，而價之低昂隨之。其餘巾帶手帕，亦皆著名，京省外國，悉來市易。

又云：

> 畫絹闊而且長，畫家所用。織之者祇四五家。

據文仙所述，可知吴江盛澤實爲東南最精絲織品製造市易之所，京省外國商賈往來集會之處。

且其地復是明季黨社文人出産地，即江浙兩省交界重要之市鎮。吴江盛澤諸名姬，所以可比美於金陵秦淮者，殆由地方絲織品之經濟性，亦更因當日黨社名流之政治性，兩者有以相互助成之歟？

以上論述楊陳兩人同在蘇州及松江地域之關係既竟，兹再續論崇禎八年秋深後兩人關係。此後蓋可視爲别一時期。前於總論陳楊兩人關係可分三期時，已言及之矣。

臥子於崇禎八年秋深别河東君後，是年除夕賦詩，離思猶縈懷抱。兹録之於下，以見臥子當時心情之一斑，并了結崇禎八年楊陳二人文字因緣之一段公案也。

陳忠裕全集壹壹平露堂集「乙亥除夕」七古云：

> 憶昔兒童問除夕。百子屏風坐相索。西鄰羯鼓正參差，小苑梅花强攀摘。華年一去不可留，依舊春風過東陌。每作尋常一布衣，坐看衰亂無長策。今年惆悵倍莫當。俯仰蕭條心内傷。親交賦愴陸内史，知己人無虞仲翔。桃根渺渺江波隔，金瓠茫茫原草長。人生忘情苦不早。羲皇以來迹如掃。惟有旂常照千載。不爾文章亦難老。峥嶸盛年能幾時，努力榮名以爲寶。不見古人吐握忙，今人日月何草草。

寅恪案，此年臥子最不如意之事有二。一爲河東君離去松江至盛澤。一爲長女頎之殤。故除夕賦詩，舉此二事爲言。「桃根」用王子敬妾事。見玉臺新詠拾王獻之「情人桃葉歌」，世所習知。「金瓠」用曹子建女事，見漢魏六朝百三名家集陳思王集壹「金瓠哀詞」，亦非僻典，故不詳引。綜觀臥子之作品，在此別一時期内，即河東君崇禎八年秋深離松江往盛澤後，其爲河東君而作者，尚有甚佳之詩兩篇，且於河東君之作品有甚鉅之影響，故録其全文，詳論述之於下。

陳忠裕全集壹壹湘真閣稾「長相思」七古云：

美人昔在春風前。嬌花欲語含輕烟，歡倚細腰攲繡枕，愁憑素手送哀絃。美人今在秋風裏。碧雲迢迢隔江水。寫盡紅霞不肯傳，紫鱗亦妒嬋娟子。勸君莫向夢中行。海天崎嶇最不平。縱使乘風到玉京。瓊樓羣仙口語輕。別時餘香在君袖。香若有情尚依舊。但令君心識故人，綺窗何必長相守。

寅恪案，臥子此篇爲河東君而作，自不待言。其以「長相思」爲題者，蓋取義於李太白「長相思」樂府之名。（見全唐詩第叁函李白貳。）太白此篇有「美人如花隔雲端」之句，内含河東君之名號，（可參第貳章所論。）用意雙關，讀者不可以通常擬古之作目之。兹特爲拈出，使知臥子精思高才殊非當時文士所能企及也。詩中「美人今在秋風裏」之句，足證其爲秋間所作。又此首後第叁首爲「上巳行」，第肆首爲「悲濟南」。據「悲濟南」詩後附考證云：「崇禎十二年大兵克濟南。」則「上巳行」爲崇禎十二年春間所作，而「長相思」爲十一年秋間所作也。此詩後段自「勸君莫向夢中行」至篇末，皆美人所寫紅霞之文。「紅霞」者，即温飛卿「偶題」詩中「欲將紅錦段，因夢寄江淹」之「紅錦段」。（可參第叁章論宋徵璧秋塘曲「因夢向愁紅錦段」句及臥子吴閶口號第拾首「枉恨明珠入夢遲」句。）而接受河東君所寄「紅錦段」之「江淹」，非他人，乃臥子也。「紫鱗」者，傳遞此紅霞之人。此人未知何故，不肯作寄書郵。豈有所顧忌，不欲預人家事耶？臥子「乘風到玉京」及「海天」「瓊樓」之語，實本之東坡水調歌頭「丙辰中秋作兼懷子由」詞，「明月幾時有，把酒問青天」一闋。故臥子詩中「但令」以下之意，即東坡詞中「但願」以下之旨。然則蘇陳詞詩之構思用語，亦無不相同也。前論幾社名士雖薄宋詩，却喜宋詞。觀臥子此詩全從蘇詞轉出，可爲一證。細玩「美人」一辭，即指河東君。「勸君」之「君」，即指臥子。書中之意，蓋勸臥子，不必汲汲仕進，假使得臻高位，亦不爲諸權要所容。「海天崎嶇」殊切合崇禎朝宦途險巇之情勢。觀明思宗一朝，宰相得罪者之多可知矣。最後四句意謂「人之相知，貴相知心」。臥子既是其知己，則自不必相守而不去也。至「故人」一語，實用玉臺新詠壹「上山采蘼蕪」詩中「故人工織素」之界説，乃指女性而言，即河東君書中取以自況者。此可與前引臥子滿庭芳詞「故人」之語相參較也。河東君此書，其用意遣辭，甚爲奇妙。若「何必長相守」之旨，則願其離，而不願其合，雖似反乎常情，而深愛至痛，尤有出人意表者。取較崔鶯鶯致張生書，止作

「始亂終棄」，兒女恩怨尋常之語者，更進入一新境界。非河東君之書，不能有此奇意。非臥子之詩，不能傳此奇情。由此言之，陳楊之關係，與錢柳之因緣，一離一合，甚不相同。而臥子「長相思」一篇，更有深於牧齋之「有美詩」者矣。今日吾人雖得見臥子此詩，但不得見河東君此書，斯誠天壤間一大憾事。惜哉！惜哉！

更有可論者，臥子「長相思」之詩，乃間接用東坡水調歌頭「丙辰中秋」之詞意。東坡此詞實寄懷其弟子由之作。後來牧齋被逮金陵，「次東坡御史臺寄妻詩」（見有學集壹秋槐詩集「和東坡西臺詩韻」六首序。）則又以河東君爲子由。河東君自稱女弟之問題，上文已詳，茲不復贅。今據陳錢兩詩，可知河東君對諸名士，固以「弟」自居，而諸名士亦視之與弟相同也。河東君之文采自不愧子由，臥子牧齋作詩，以情人或妻與弟牽混，雖文人故作狡獪，其實亦大有理由在也。一笑！

復次，王應奎柳南隨筆壹「論牧翁次東坡御史臺寄妻詩」條（參董潮東皋雜鈔叁。）云：

夫寄弟詩也，而謬曰寄妻。東坡集具在，不可證乎？（寅恪案，此點可參初學集壹叁試拈詩集上「苕上吴子德輿次東坡獄中寄子由韻，感而和之」七律六首。是牧齋絶不致誤記。其謬以寄弟詩爲寄妻詩，乃故作狡獪，可爲明證矣。）且伊原配陳夫人此時尚無恙也，而竟以河東君爲妻，「並后匹嫡」，古人所戒，即此一端，其不惜行檢可知矣。

寅恪案，王氏之論固正，然亦過泥。蓋於當日情事猶有未達一間者矣。關於牧齋獄中寄河東君詩其餘之問題，俟後第伍章詳論之，暫不涉及。玆唯舉出此重以妻爲弟之公案，以供參究。庶幾曹洞宗風之詩翁禪伯不致拈放皆成死句也。

陳忠裕全集壹壹「上巳行」七古云：

春堤十里曉雲生。春江一曲暮潮平。紅蘭緑芷遥相對，油壁青驄次第行。洛水橋邊閉春殿。碧山翠靄迴芳甸。陌上綺羅人若雲，城隅桃李花如霰。少年躍馬珊瑚鞭。道逢落花驕不前。已教步障圍烟霧，更取東風送管絃。垂柳無人臨古渡。娟娟獨立寒塘路。公子空貽芍藥花，佳人自愛櫻桃樹。又有青樓大道旁。樓中紅粉不成妝。萬里黃龍誰出戍，三年紫燕獨歸梁。晚下珠簾垂玉筯，盡日凝眸芳草處。無限雕鞍逐豔陽，誰識郎從此中去。

寅恪案，「垂柳無人臨古渡，娟娟獨立寒塘路」，即指河東君而言。蓋其最初之名爲雲娟也。（可參第貳章「河東君最初姓氏名字之推測」及本章首論宋讓木秋塘曲節。）頗疑臥子以此詩寄示河東君，其時河東君已改易姓名爲「柳隱」矣。（今所見河東君戊寅草及湖上草皆署「柳隱如是」。戊寅草諸作，迄於崇禎十一年晚秋。湖上草則爲崇禎十二年之作品，更在戊寅草之後。據此可證河東君至遲在崇禎十一年秋間已改易姓名爲柳隱。又汪然明汝謙春星堂集叁遊草有「柳如是過訪」七律。依汪氏此草自序，知柳訪汪之時爲崇禎十一年戊寅秋間。亦是此時河東君已改易姓字之一旁證也。）

光緒重刊浙江通志叁叁關梁壹「西陵橋」條云：

西湖百詠：「在孤山西，即古之西村唤渡處。」武林舊事：「又名西林，又名西泠，又名西村。」

則「古渡」一辭，即指西泠而言。（可參西湖志纂叁孤山勝蹟門「西泠橋」條。）又温飛卿「雪夜與友生同宿，曉寄近鄰」五律末二句（見全唐詩第玖函温庭筠捌。）云：

寂寞寒塘路，憐君獨阻尋。

臥子「寒塘路」之語本此。（并可參西湖志纂叁孤山勝蹟門「白沙堤」條。）「獨阻尋」者，即河東君湖上草「西泠」十首之二「一樹紅梨更惆悵，分明遮向畫樓中」，及同書「西湖」八絶句之五「移得傷心上楊柳，西泠杜宇不曾遮」等句之意。更證以河東君致汪然明尺牘第肆通「某翁願作交甫，正恐弟仍是濯纓人耳」，及第伍通「今弟所汲汲者，亡過於避跡一事，望先生速擇一静地爲進退，最切，最感！」等語。可見河東君遊寓西湖時，急欲逃避謝三賓之訪尋干擾。此種情况，臥子必已知之，故「上巳行」詩「垂柳無人臨古渡。娟娟獨立寒塘路」兩句，不僅用古典，實有當時之本事。若非詳悉稽求，則河東君與臥子之關係，藕斷絲連之微妙處，不能明瞭矣。

又河東君金明池「詠寒柳」之詞，即因臥子「上巳行」之語意而作者也。檢今存河東君諸詞之著録先後，不知金明池一闋，最先見於何本？就寅恪得見者言之，以錢曾初學集詩注壹捌「有美」詩「疎影新詞麗」句注，所引河東君原詞爲最早。但嘉慶七年王昶所選國朝詞綜，雖時間較後，而傳播最廣。至王氏之所依據，究爲何本，則未能考知也。前論牧齋我聞室詩「今夕梅魂共誰語」句下原注時，謂此詞必非贋作，其作成之時間，最後限斷在崇禎十三年冬季。最前限斷，未敢決定。若河東君作此詞，果受臥子「上巳行」之影響者，則最前限斷，當在崇禎十二年春季，或秋季矣。綜合今日所見之材料考之，金明池一闋，作成之時期，當在崇禎十二年，或十三年。此假設乃依牧齋「我聞室落成」及臥子「上巳行」兩詩而成立者。然此外尚有二理由。其一理由，就今得見陳臥子所刻之戊寅草及汪然明所刻之湖上草兩種河東君著作推之，湖上草乃崇禎十二年河東君之詩。其賦詩之時日至是年季秋止，未載有詞。戊寅草乃崇禎十一年冬季以前之作品，詩賦而外，共載詞凡十一調三十一闋，并無金明池「詠寒柳」一詞。然則金明池「詠寒柳」之詞，絶不能作於崇禎十一年，而當在十二年或十三年也。其二理由，即就詠寒柳詞中身世遲暮之感，可以推知。蓋當日社會女子婚嫁之期，大約逾二十歲，即謂之晚。顧云美「河東君傳」云：「定情之夕，在辛巳六月七日。君年二十四矣。」是顧氏之意河東君年二十四始歸于牧齋，已嫌過晚。故今日據顧氏之語意，即可證知當時社會一班之觀念也。若寒柳詞作於崇禎十二三年間者，則河東君之年爲二十二三歲。「美人遲暮」之感，正是此時之謂矣。然則河東君寒柳詞作於崇禎十二三年間之説，雖不中亦不遠也。

關於河東君金明池「詠寒柳」詞之原文，今依錢曾初學集「有美詩」注所引，並以王昶國朝詞綜肆柒所選及傳抄本柳如是集相參校，附録於下，以俟治史論文之君子考定焉。其詞云：

有悵寒潮，（「悵」王本及傳抄本均作「恨」。是。）無情殘照，正是蕭蕭南浦。（「是」字可注意。）更吹起，霜條孤影，（「影」字可注意。）還記得，舊時飛絮。况晚來，烟浪斜陽，（「斜陽」傳鈔本同。非。王本作「迷離」。是。）見行客，特地瘦腰如舞。（「如」字可注意。）總一種凄涼，十分憔悴，尚有燕臺佳句。　春日釀成秋日雨。念疇昔風流，暗傷如許。（「如」字可注意。）縱饒有，繞堤畫舸，（「舸」傳鈔本同。王本作「舫」。俱可通。但以作「舸」爲是，説見下。）冷落盡，水雲猶故。（「雲」字可注意。）憶從前，（「憶」傳鈔本同。是。王本作「念」。非。）一點東風，（「東」傳鈔本同。是。王本作「春」。非。）幾隔着重簾，眉兒愁苦。待約箇梅魂，黄昏月淡，與伊深憐低語。（「憐」字可注意。）

寅恪案，河東君此詞爲世所傳誦。前於論牧齋永遇樂詞與衆香詞中河東君詞時，已略及之矣。夫牧齋平生不喜作詞，亦不善作詞。然忽於崇禎十三年秋間，連作永遇樂詞四首者，豈當時已見及河東君此詞，遂受其影響，破例爲此，以與之競勝耶？兹更有欲言者，即此詞爲陳楊關係及錢柳因緣轉捩點，而世之傳誦者，或未措意及之也。寅恪頗疑「寒柳」之題，即受臥子「上巳行」之影響，前已論及。臥子平生作詩，宗法漢魏六朝及唐人，深鄙趙宋作者，河東君尚未完全脱離臥子以前，其作詩當亦屬於幾社一派。然臥子之詞，則摹擬唐五代之外，亦甚喜宋賢。其長調多學淮海。滿庭芳送別詞即和少游，尤可爲例證。河東君作詞，自必深受臥子影響。故金明池一闋，亦是和淮海金明池之作，所以與少游詞同一韻也。（見萬紅友樹詞律貳拾秦觀金明池詞。）寒柳詞之「有恨寒潮，無情殘照，正是蕭蕭南浦」及「縱饒有，繞堤畫舸」等句，蓋取自湯玉茗紫釵記第貳伍齣「折柳陽關」之「解三醒」中「也不管鴛鴦隔南浦」，並「落照關西妾有夫。河橋路，見了些無情畫舸，有恨香車」等句。河東君妙解音律，善歌此曲，遂用兹曲中成語，固無可疑。更檢紫釵記第捌齣「佳期議允」云：

〔薄倖〕〔旦上〕薄妝凝態。試煖弄寒天色，是誰向殘燈淡月，仔細端詳無奈。憑墜釵飛燕徘徊，恨重簾，礙約何時再。〔浣〕似中酒心情，羞花意緒，誰人會。懨懨睡起，兀自梅梢月在。

同書第伍叄齣「節鎮宣恩」云：

〔催拍〕〔生〕是當年天街上元。絳籠紗燈前一面，兩下留連。兩下留連。幸好淡月梅花，拾取釵鈿。將去納采牽紅，成就良緣。〔合〕今日紫誥皇宣。夫和婦永團圓。

寒柳詞之「憶從前，一點東風，幾隔着重簾，眉兒愁苦。待約箇梅魂，黄昏月淡，與伊深憐低語」與玉茗之曲，其詞語有關，尤爲明顯。「還記得，舊時飛絮」者，用劉夢得「楊柳枝詞」九首之九「春盡絮飛留不得，隨風好去落誰家」之意，（見全唐詩第陸函劉禹錫壹貳。）暗指崇禎八年首夏之離去臥子，實爲高安人張孺人所遺出。故臥子和少游滿庭芳詞亦云：「念飄零何處，烟水相聞」也。「尚有燕臺佳句」之語，用李義山詩集下「柳枝五首」并序及「燕臺四首」之古典。又陸游放翁詞釵頭鳳上半闋云：

紅酥手。黄縢酒。滿城春色宫牆柳。東風惡。歡情薄。一懷愁緒，幾年離索。錯。錯。錯。

或謂寒柳詞當與務觀此詞有關。「宫牆柳」之「柳」，借指己身之姓，亦即「寒柳」之「柳」。「東風惡，歡情薄」，即寒柳詞「一點東風」及「眉兒愁苦」之出處。「東風」借指臥子之姓，「幾隔着重簾」，意謂臥子家庭中高安人以至張孺人之重重壓迫，環境甚惡，致令兩人歡情淡薄，所以「眉兒愁苦」也。「幾年離索」借指崇禎八年己身離去臥子，至十二年賦寒柳詞，已歷數年之時間也。斯説自亦可通，附記於此，以備一解。「約箇梅魂，黄昏月淡」除用湯曲外，原出朱淑真斷腸詞生查子「月上柳梢頭，人約黄昏後」之典。（寅恪案，此詞見楊慎詞品貳「朱淑真元夕詞」條。至其作者是否爲幽棲居士，抑或歐陽永叔秦少游之問題，於此姑不置論。然就河東君身分言之，自宜認爲斷腸詞也。）此固易解，不必多論。但别有可注意者，「東風」「梅魂」之語，則從東坡集壹叁「〔元豐〕六年正月二十日復出東門，仍用前韻」七律，「長與東風約今日，暗香先返玉梅魂」兩句而來。（寅恪案，東坡此詩用意遣辭，實出韓致光「湖南梅花一冬再發，偶題於花援」七律。見馮應榴蘇文忠詩合注貳貳引何焯語。河東君詞固與冬郎詩無涉，但義門所論甚精，故附記於此，以供讀蘇詩者之一助。又關於用典之問題，可參第壹章論錢遵王注牧齋詩條。）與臥子平生鄙薄宋詩者，大異其趣矣。意者，河東君自兩遊嘉定，與程孟陽唐叔達李茂初輩往來以後，始知詩學别有意境，并間接得見牧齋論詩之文字，遂漸受錢程一派之薰染，而脱去幾社深惡宋詩之成見耶？今就東山訓和集所録河東君詩觀之，實足證明鄙説。由是言之，河東君學問嬗蜕，身世變遷之痕迹，即可於金明池一闋，約略窺見。斯殆爲昔人所未注意及之者，故附論之如此。至「約箇梅魂」之語，「梅魂」雖本出東坡詩，而約箇之「約」，則兼用世傳朱氏「元夕」詞原語。且元夕觀燈，與紫釵記之玉燕釵有關。可知河東君實以霍小玉自比也。寅恪更疑河東君詞中「約箇梅魂」句之微旨，復由玉茗堂還魂記中「柳夢梅」之名啓悟而來。然則河東君之作品，襲取昔人語句，皆能靈巧運用，絶無生吞活剥之病。其天才超越，學問淵博，於此益足證明矣。今讀寒柳詞者，但謂與玉谿生詩相干涉，而不知與紫釵記關係最密切，特標出之，以告論文治史之君子。又「梅魂」之語，既出於蘇集「復出東門」詩，東坡此題後第肆題爲「二月三日點燈會客」詩。其結語云：「冷煙溼雪梅花在，留得新春作上元。」或者河東君讀蘇集時，連續披覽，因感紫釵記中上元觀燈，小玉十郎相遇之事，遂糅合蘇詩湯曲，削去「上元」之語，以符寒柳之節候，惟梅花之魂，尚留痕跡耳。昔年箋證香山新樂府，詳言七德舞，二王後，海漫漫，捕蝗諸詩之取材，與貞觀政要中，篇章次第之關係。今論河東君此詞，猶前旨也。

復次，昔時讀河東君此詞下闋「春日釀成秋日雨，念疇昔風流，暗傷如許」諸句，深賞其語意之新，情感之摯。但尚未能確指其出處所在。近年見黄周星有「雲間宋徵輿李雯共拈春閨風雨諸什」之説，（見前引沈雄江尚質編輯古今詞話「詞話」類下。）及陳忠裕全集貳拾菩薩鬘「春雨」詞。（見前引。）始恍然悟河東君之意，乃謂當昔年與幾社勝流交好之時，陳宋李諸人爲己身所作春閨風雨之豔詞，遂成今日飄零秋柳之預兆。故「暗傷如許」也。必作如是解釋，然後語意方有著落，不致空泛。且「念疇昔風流」，與上闋末句「尚有燕臺佳句」之語，前後思想通貫。「釀成」者，事理所必致之意。實悲劇中主人翁結局之原則。古代希臘亞力斯多德論悲劇，近年海甯王國維論紅樓夢，皆略同此旨。然自河東君本身言之，一爲前不知之古人，一爲後不見之來者，竟相符會，可謂奇矣！至若瀛海之遠，鄉里之近，地域同異，又可不論矣。其餘可參前論宋讓木秋塘曲「雨雨風風能痛哭」句，兹不復贅。

綜合上述與河東君最有關係之周道登李待問宋徵輿及陳子龍四人言之，河東君之入周念西家，尚爲幼小不自由之身，可置不論。李存我則以忠義藝術標名於一代，自是豪傑之士。宋轅文雖後來進仕新朝，人品不足取。然當崇禎中葉，與河東君交好之時，就其年少清才而論，固翩翩濁世之佳公子也。至於陳臥子，則以文雄烈士，結束明季東南吴越黨社之局，尤爲曠世之奇才。後世論者，往往以此推河東君知人擇壻之卓識，而不知實由於河東君之風流文采，乃不世出之奇女子，有以致之也。語云，「物以類聚」，豈不誠然乎哉？

陳寅恪

文集之七

柳如是別傳

中

上海古籍出版社

第四章　河東君過訪半野堂及其前後之關係

此章所論述分爲三期。第壹期自崇禎八年乙亥秋深河東君離去松江以後起，至崇禎十三年庚辰冬河東君過訪牧齋於半野堂止。第貳期自崇禎十三年庚辰冬河東君過訪半野堂起，至崇禎十四年辛巳夏河東君與牧齋結褵於茸城舟中止。第叁期自崇禎十四年辛巳夏錢柳結褵於茸城舟中起，至崇禎十七年甲申冬絳雲樓落成時止。其所依據資料，主要仍爲顧苓河東君傳。此傳前章已引者不復重録，兹接録前引顧氏之文有關此三時期者於下。

范鍇華笑廎雜筆壹顧苓「河東君傳」云：

〔河東君〕遊吴越間，格調高絶，詞翰傾一時。嘉興朱治憪爲虞山錢宗伯稱其才。宗伯心豔之，未見也。崇禎庚辰冬扁舟訪宗伯。幅巾弓鞵，著男子服。口便給，神情灑落，有林下風。宗伯大喜，謂天下風流佳麗，獨王修微楊宛叔與君鼎足而三，何可使許霞城茅止生專國士名姝之目。留連半野堂，文燕浹月。越舞吴歌，族舉遞奏。香籢玉臺，更唱迭和。既度歲，與爲西湖之游。刻東山訓和集。集中偁河東君云。君至湖上，遂别去。（寅恪案，河東君雖與牧齋有游西湖之約，但止送牧齋至嘉興鴛鴦湖，獨自逕返松江。牧齋別去河東君後，遂往游西湖及黃山也。東山詶和集及初學集所載甚明，顧氏語有誤。金鶴沖錢牧齋先生年譜崇禎十四年辛巳條云：「正月與河東君游杭州西湖，遂別去。」亦沿顧氏之誤。詳見下文論證。）過期不至，宗伯使客搆之乃出。（塔影園集壹「搆」作「促」。）定情之夕在（崇禎十四年）辛巳六月初七日。君年二十四矣。宗伯賦前七夕詩，屬諸同人和之。（塔影園集壹「同」作「詞」。）爲築絳雲樓于半野堂之後。房櫳窈窕，綺疏青瑣。旁龕金石文字，（塔影園集壹「龕」下有「古」字。）宋刻書數萬卷。列三代秦漢尊彝環璧之屬，晉唐宋元以來法書。官哥定州宣成之甆，（秦淮廣記貳之肆「成」作「城」。）端谿靈璧大理之石，宣德之銅，果園廠之髹器，充牣其中。君于是乎儉梳靚妝，湘簾棐几，煮沈水，鬥旗槍，寫青山，臨墨妙，考異訂譌，間以調謔，略如李易安在趙德卿家故事。（塔影園集壹「卿」作「甫」。）然頗能制御宗伯，宗伯甚寵憚之。

第壹期

此期之問題爲自崇禎八年乙亥秋深至崇禎十三年庚辰冬，歷時約爲五年。其間河東君之踪跡及相來往諸人與牧齋之關係是也。前引臥子詩「乙亥除夕」云：「桃根渺渺江波隔。」及「長相思」云：「美人今在秋風裏。碧雲迢迢隔江水。」是河東君在崇禎八年乙亥冬間及崇禎十一年戊寅秋間，其所在地與臥子有江波之隔。復據前引河東君戊寅草「曉發舟至武塘」及「秋深入山」兩詩，更可證知河東君於崇禎八年秋深由松江至盛澤鎮歸家院，松江與盛澤，即所謂「江波隔」也。此外能確定河東君離去臥子後，最早常寓之地者，唯第貳章所引沈虬河東君傳中，崇禎九年丙子張溥至盛澤鎮徐佛家，遇見河東君一事。沈氏既於舟中親見河東君，則其言自爲可信。蓋河東君若離去松江他往，則舍舊時盛澤鎮之徐佛家，恐亦難覓更適當之地。徐雲翾更因將適人之故，自急於招致，使河東君與張輕雲宋如姬梁道釗諸名姝相互張大其隊伍也。但河東君此次之居徐佛家，乃與前此未入周道登家時之爲雲翾婢者，其身分迴異。沈次雲牽混前後不同時間之身分，以河東君於崇禎九年尚爲雲翾之婢，殊爲舛誤。前釋宋讓木秋塘曲「初將玉指醉流霞」句，已辨及之，讀者可參閱也。

崇禎九年間，河東君之踪跡，已於前論河東君第貳次嘉定之游節詳述之，兹不復贅。唯崇禎十年丁丑關於河東君之材料，尚未發見，故姑從闕如，以俟更考。儻承博識通人有所賜教，則幸甚矣。至於崇禎十一年戊寅河東君之踪跡，則頗有材料可以依據，兹論釋之於下。

葛昌楣君蘼蕪紀聞上載王士禄宮閨氏籍藝文考略引神釋堂詩話略云：

河東君早歲耽奇，多淪荒雜。戊寅一編，遣韻綴辭，率不可詰。最佳如劍術行，懊儂詞諸篇，不經翦截，初不易上口也。然每遇警策，輒有雷電砰燿，刀劍撞擊之勢，亦鬟笄之異致矣。尺牘含咀英華，有六朝江鮑遺風。又云，如是嘗作男洛神賦，不知所指爲誰？其殆自矜八斗，欲作女中陳思耶？文雖總雜，題目頗新，亦足傳諸好事者。

寅恪案，神釋堂詩話之評語，在未得見臥子所刻戊寅草以前，尚不甚明瞭其所指。今幸得此書鈔本，始恍然知其所評之允當也。戊寅草首載臥子一序，詩一百六首，詞三十一闋，賦三篇。至詩餘一類，疑即衆香詞選柳是小傳所謂「鴛鴦樓詞」者，前已論及。復據楊陳關係第貳期所録河東君戊寅草中諸詞之考證，其作成時代，皆不能後於崇禎八年。故戊寅草中之詞，當即是鴛鴦樓詞。臥子是否在刻戊寅草前，已別刻鴛鴦樓詞，今不敢決言。但就楊陳二人關係觀之，以崇禎八年爲最密切。臥子自撰年譜崇禎八年乙亥條云：「是歲有屬玉堂集。」夫「屬玉堂」與「鴛鴦樓」兩名，乃對稱之辭。故疑鴛鴦樓詞果先別有刻本者，亦當在崇禎八年，至遲亦不逾九年也。賦三篇依前所考證，其作成時間皆在崇禎九年以前。詩則若依前所論「八月十五夜」一首，乃崇禎八年中秋與臥子同賦，而排列偶錯，仍應計入崇禎八年所作詩之內者。故此首以上共一百一首，皆是崇禎八年秋深以前所作。其餘自「答汪然明」至「詠晚菊」止，共四題五首，皆是崇禎十一年秋間所作。與其前一百一首之作於崇禎八年秋季以前者，其時間相距有三年之久，何以河東君此三年内所作之詩，竟無一篇列於戊寅草？其中必有待發之覆。今日雖不能詳究其故，姑就崇禎十一年河東君及臥子之踪跡推測，或可備一解也。

河東君於崇禎十一年戊寅秋間，曾游西湖，詳見下論汪然明春星堂集叁遊草「柳如是校書過訪」詩等條所考。兹暫不論及。（又寅恪曾見神州國光社影印蔣杲賜書樓藏柳如是山水册末幀河東君題欵中，有報人爲其作西泠採菊長卷之語。若此畫果爲真蹟者，則更可與戊寅草中所載詩最後一首「詠晚菊」五律相參證。并疑亦是崇禎十一年戊寅秋間河東君曾遊西湖之一旁證也。俟考。）至若臥子之踪跡亦有崇禎十一年戊寅秋間曾過西湖之事實。據陳忠裕全集自撰年譜上崇禎十一年戊寅條云：

冬，石齋師以謫還，居禹航之大滌山。予往謁之，賦詩而歸。

及同書壹肆湘真閣集「石齋先生築講壇於大滌山，即玄蓋洞天也。予從先生留連累日。」五言律詩八首（參同書壹貳三子詩稿「寄獻石齋先生」七言古詩五首之一自注云：「指戊寅冬事也。時侍師於禹航。」）云：

（詩略。）

又黄漳浦集貳肆「大滌書院記」（參同書所載莊起儔撰漳浦黄先生年譜崇禎十一年戊寅條。）略云：

戊寅冬，余再以逐客南旋。緬念斯山，暌違七載。又以中途警聽邊氛，未忍恝然絶帆胥江，遂復誅茅其間，徘徊日夕。當時同遊者，爲嘉興倪梅生先春，汪爾陶梃，錢仲雍琳，蕭山曹木上振龍，松江陳臥子子龍。時臥子以桐杖不遂登高。（寅恪案，此時臥子尚服其繼母唐孺人之喪。故石齋引小戴記喪服小記母喪桐杖之義以爲説。其實陳忠裕全集壹陸湘真閣集有「戊寅九日同閣公舒章諸子登高之酌」七律二首。讀之不覺發笑也。）余病未之能從也。

及同書肆壹五言律「出大滌，將渡胥江，而羲兆木上諸兄又申湖上之約。會倪鴻寶祭酒來自山陰，遂偕朱士美〔等〕，仝入靈隱，登弢光，有作。屬鴻寶羲兆木上和之。四章」云：

（詩略。）

及同書同卷「〔陸自巖〕曾瞻〔陳子龍〕臥子同過靈隱二章」（寅恪案，此詩排列次序先後疑有誤。）云：

約爾巢松去，逢余墜葉時。

寅恪案，崇禎十一年冬臥子至餘杭大滌山謁石齋後，又從石齋至杭州遊西湖。此據陳黄兩集詩文可考而知者。疑臥子自松江至餘杭，往返皆經杭州。其從石齋遊西湖之後，當即還家。但其往餘杭謁石齋經杭州之時，可能在十月以前，即季秋之月。此時或與河東君相值於西湖。

或二人先後差錯，未得相遇，均未可知。今既難證實，可置不論。鄙意臥子或在杭州取其舊所藏河東君崇禎八年秋深以前之作品，託人刊刻，而受託刊刻之人遂併取所見河東君最近之詩，附録於後。此戊寅草詩中所以缺去崇禎八年秋深以後，崇禎十一年秋季以前作品之故歟？若所揣測不誤，則戊寅草之刊行，主持發起者，爲陳臥子，董理完成者，爲汪然明。後來汪氏又刻河東君尺牘，遠倩林天素爲之序。今戊寅草雖首載臥子之序，但亦不必拘泥認爲臥子實親自督工刊刻也。

復次，河東君崇禎十一年戊寅之踪跡，可於汪然明春星堂集叁遊草中得窺見一二。汪氏集中疑本有與河東君有關之作甚多，後來因牧齋關係，遂多删去不存，殊可惜也。

春星堂集叁遊草「余久出遊，柳如是校書過訪，舟泊關津而返。賦此致懷」云：

> 浪遊留滯邈湖山。有客過從我未還。不向西泠問松柏，遽懷南浦出郊關。兩峯已待行雲久，一水何辭拾翠慳。猶疑春風豔桃柳，拏舟延佇遲花間。

同書同卷「無題」云：

> 明粧憶昨豔湖濱。一片波光欲蕩人。羅綺叢中傳錦字，笙歌座上度芳辰。老奴愧我非温嶠，美女疑君是洛神。欲訪仙源違咫尺，幾灣柳色隔香塵。

寅恪案，汪氏遊草卷首載其秋遊雜咏自序云：

崇禎（十一年）戊寅季秋汪汝謙書於攝臺。（寅恪案，春星堂詩集首汪然明小傳云：「所居曰春星堂。其爲董尚書題榜者，曰夢草齋，聽雪軒。陳眉公題榜者，曰攝臺。」又春星堂詩集陸汪鶴孫延芬堂集上寄懷春星堂詩「樓臺堪對月，四面攝烟霞。」句，自注云：「大父翫月處，眉公徵君題曰攝臺。謂四面湖山俱能攝入也。」寅恪頗疑梅坡解釋「攝臺」所以命名之意，不過從其家人傳述而來。蓋有所諱飾，未必得此臺名之真意。據同書叁夢草附載陳眉公「紀夢歌」跋云：「聽雪堂侍兒非異人，即天素也。五丁攝之來試君耳。」并同書壹不繫園集「不繫園記」云：「陳眉公先生題曰不繫園。」及同書隨喜庵集題詞云：「董玄宰宗伯顔曰隨喜庵。」然則依當時慣例，命名題字，多出於一人。故「攝臺」既爲眉公題字，其命名當亦出自眉公。眉公既謂五丁攝天素來試然明於夢中，所以即取「攝」字以爲臺名耶？姑識所疑，以俟更考。）

又汪氏遊草最前一題爲「仲秋同無方姪出遊」，最後一題爲「出遊兩月，歸途復患危病」是然明以崇禎十一年八月出遊，約經兩月，始歸杭州。「柳如是校書過訪」詩在此草中逆數第叁。「無題」詩爲逆數第貳。據此推之，河東君於崇禎十一年季秋，曾遊杭州也。「無題」一詩，與「柳如是校書過訪」詩連接，此詩中又藏有「柳是」二字，則爲河東君而作，可確定無疑。或者原題亦非如此，今題殆復爲後來然明所諱改耶？

復次，然明「無題」詩不僅藏有河東君姓名，頗疑此詩中尚有河東君之本事。其第貳聯，自指戊寅草中男洛神賦而言，無待詳證。其第壹聯上句，恐指河東君湖上草「清明行」而言，蓋蘇蕙迴文錦字，乃贈竇滔之作品（見晉書玖陸竇滔妻蘇氏傳。可參文苑英華捌叁肆及全唐文玖柒武則天「蘇氏織錦迴文記」，馮應榴蘇文忠公詩合注貳壹「次韻回文三首」及所附江南本織錦圖上回文三首題下注。并阮閎休閱詩話總龜後集肆壹歌詠門引東觀餘論及侍兒小名録等。）「清明行」末二句云：「盤螭玉燕不可寄，空有鴛鴦棄路旁。」亦與若蘭回文錦字同意，并用玉茗堂紫釵記之旨，餘詳後論「清明行」節。「無題」詩第壹聯下句，殆用楊景山「榆柳芳辰火」句。（見全唐詩第伍函楊巨源「清明日后土祠送田徹」五律。）故「芳辰」二字實謂「清明日」與其他泛指者，如東山詶和集貳牧齋「二月十二春分日橫山晚歸作」末句「與君遙夜共芳辰」之「芳辰」不同。錢詩此題之「芳辰」，與「佳辰」「良辰」同意。（可參同書同卷河東君和詩「安歌吾欲撰良辰」句。）至若石頭記第陸叁回「壽怡紅羣芳開夜宴」中妙玉祝寶玉生日紙帖云：「檻外人妙玉恭肅遙叩芳辰。」其以「芳辰」爲生日之别稱，未知所出。豈櫳翠主人亦目怡紅公子爲羣芳之一芳耶？呵呵！

戊寅草中諸作品，詩餘及賦兩類，前皆已論證。詩則以其篇什較衆，語意亦多晦澀，已擇其重要者，考釋之矣。茲再就前所未及，而較有關者，略論述之於下。

戊寅草詩最後四題五首，觀其題目及詩語，皆與秋季有關，即崇禎十一年戊寅河東君在西湖所賦，而董理刊刻此稿之人，取以附録於詩一類之後者也。

「答汪然明」云：

微雰獨領更幽姿。袖裏琅玕今尚持。天下清暉言仲舉，平原高會有當時。因思木影蒼林直，爲覺西泠繡羽遲。便曉故園星劍在，蘭臯秋荻已荒靡。

寅恪案，前已論述春星堂集叁遊草中有七律二首，即「柳如是校書過訪」及「無題」兩詩，皆爲河東君而作者。河東君此詩疑是答汪氏第壹詩，而汪氏「無題」一詩，則又答河東君此詩者也。河東君此詩乃牧齋所謂「語特莊雅」者，（見東山訓和集壹牧齋第壹次答河東君詩題。）斯亦河東君初次與人訓和，自高身分之常例，殊不足爲異。但「因思木影蒼林直，爲覺西泠繡羽遲」一聯，上句謂素仰然明尚俠之高風，下句謂不以己身訪謁汪氏過遲爲嫌。語意亦頗平常，豈料然明再答以「無題」一詩，中有「老奴愧我非温嶠，美女疑君是洛神」一聯，含有調戲之意，已覺可笑。至後來然明刊集時，改易此詩之原題爲「無題」，以免牧齋之嫌妬，更覺可笑矣。

「九日作」云：

離離鶴渚常悲此，因逈（？）含霞夕樹平。不有霸陵横意氣，何人戲馬閲高清。崚風落葉翻翔婉，菊影東籬欲變縈。寂寞文園事（？）屢至，海雲秋日正相明。

寅恪案，前引黃石齋「大滌山記」，知臥子於崇禎十一年戊寅九月九日實在大滌山。今據此詩知河東君是日適在西湖也。兩地違隔，倍深思舊之情，故此詩末二句及之。「文園」自是以司馬相如指臥子。「事」字疑是「書」字之譌。然則此時河東君當屢得臥子手書，其中或亦論及刊刻戊寅草事耶？「秋盡晚眺」二首云：

西巒已降青濛色，耿木澄枝亦見違。遠觀衆虛林磬淡，近聯流冥赤楓肥。相聽立鶴如深意，側儆寒花薄暮磯。爲有秋容在晝角，荒臺多是草濤菲。

流澌紛影入魚梁。藥徑秋巖氣已傷。天下嶙峋歸草閣，郊原深永怯牙檣。烟苞衰柳餘晴媚，日藹江籬落照黃。夏自紅霜夜明滅，文漣丹溜總相妨。

「詠晚菊」云：

感爾多霜氣，辭秋遂晚名。梅冰懸葉易，籬雪洒枝輕。九畹供玄客，長年見石英。誰人問搖落，自起近丹經。

寅恪案，「九日作」詩有「菊影東籬欲變縈」句。「秋盡晚眺」及「詠晚菊」兩題，皆以菊爲言。斯蓋河東君以陶淵明李易安自比，亦即此時以「隱」爲名之意也。細思之，河東君之身分，與陶李終不相同，雖「秋盡晚眺」第壹首「側警寒花薄暮磯」，第貳首有「烟苞衰柳餘晴媚」等語，但「寒花」指菊，既非「儗人必於其倫」之義。「衰柳」則就河東君此時之身世論，似尚不可言衰。第叁章言河東君於崇禎十二年受臥子是年「上巳行」詩「寒柳無人臨古渡」句意之啓發，遂賦金明池詠寒柳詞一闋，鄙説固不敢自信爲必然，要可與河東君此數詩共參究也。據蔣杲賜書樓所藏柳如是山水册末幀，乃河東君詶報友人爲其畫採菊長卷者。今止見影印本，作長卷者之名字甚不清晰，未易辨實。河東君題欵中有「西泠採菊長卷」之語，恐與「秋盡晚眺」第壹首「爲有秋容在畫角」句有關。蓋指友人爲其作西泠採菊長卷而言也。又觀「秋盡晚眺」第貳首「流澌紛影入魚梁」及「天下嶙峋歸草閣」之語，則河東君此時所居之處，殆一尋常之臨水客舍，與後來即崇禎十二年再遊西湖，借居「桂棟葯房」之汪然明別墅者，情況迥異，取此詩與河東君尺牘第壹首參較，汪氏好客任俠之風，可窺見一斑矣。「詠晚菊」詩「九畹供玄客，長年見石英。」一聯，或謂用離騷「余既滋蘭之九畹兮」及「夕餐秋菊之落英」。「石英」之「石」，若非「食」即「餐」之意，以音同而誤寫，則當指石上或石間之菊英而言耳。其説亦自可通。

戊寅草中除臥子汪然明外，其他與河東君往來唱詶諸名士，如宋尚木徵璧之類，其事蹟作品，皆甚顯著，可不多述。尚有一二當時名士之可考者，則略論及之，可借此窺見河東君當日友朋交際之情況也。更有可注意者，即戊寅草作品中，絶不見有宋轅文徵輿及李舒章雯二人之姓氏名字一事。此草之絶大部分爲臥子之舊藏，其無轅文之名字，固由楊宋兩人曾有微妙之關係，臥子之删去不録，亦頗易解。至舒章則何以絶不一見其名字，其故今不易知，或者河東君崇禎八年首夏離去松江之南園南樓遷居當地之横雲山，實與舒章有關。蓋舒章家本有別墅在其處。玆不須詳考，若一檢陳忠裕全集拾屬玉堂集「雨中過李子園亭」詩題下附考證引李舒章集「張卿（南垣）行」詩「我家横山若峼嶁，開生幸入虎頭手」，又引梅邨集張南垣傳「其所爲園，李工部之横雲」，并參第叁章論臥子「秋居雜詩」十首之七「遨遊犬子倦，賓從客兒嬌」自注「舒章招予遊横雲，予病不往」，及曹溶静惕堂詩集壹壹「李氏横山草堂歌」等，即可證知。職是之故，頗疑河東君之遷居横雲，舒章實爲地主。臥子之删去舒章名字，殆由於此耶？韓君平詩云：「吴郡陸機爲地主，錢塘蘇小是鄉親。」上句之切合舒章，固不待言，下句則可參後論「有美詩」涉及河東君自稱爲松江籍事。故河東君亦可謂舒章之鄉親矣。一笑！

戊寅草中有「朱子莊雨中相過」七古一首，其詩頗佳，今録之於下。詩云：

朱郎才氣甚縱横，少年射策凌儀羽。（「凌儀羽」一本作「真霞舉」。）豈徒窈窕扶風姿，海内安危亦相許。朝來顧我西郊前，咫尺蛟龍暗風雨。沉沉烟霧吹鸞軿，四野虚無更相聚。君家意氣何飛揚。顧盼不語流神光。時時悵望更嘆息，歎吾出處徒凄傷。天下英雄數公等，我輩杳冥非尋常。嵩陽劍器亦難取，中條事業皆渺茫。即今見君豈可信，英思倜儻人莫當。斯時高眺難爲雄。水雲寥落愁空濛。鴛塘蓉幕皆寂寞，神扉開闔翔輕鴻。蒼蒼幽夢墜深碧，朱郎起拔珊瑚鈎。風流已覺人所少，清新照耀誰能儔。高山大水不可見，騷人傑士真我謀。嗟哉朱郎何爲乎。吾欲乘此雲中鵠，與爾笑傲觀五湖。

寅恪案，曹溶静惕堂詩集貳玖「送朱子莊北上赴選」七律二首，其第壹首略云：

辭家北指薊臺雲。射策恢奇海内聞。重憶先朝遺烈在，（自注：「謂其祖文恪公。」寅恪案，「文恪」乃明大學士秀水朱國祚之謚。）芝蘭今日又逢君。

同書同卷「送朱子莊令宜春」七律二首（題下自注：「時擕廣陵姬同行。」）其第壹首有句云：

重喜明時早致身。

同書叁「輓朱子莊」五古二首，其第貳首略云：

並轡越承明，直入邯鄲市。挾瑟燕姬牀，容貌若桃李。惜哉青春姿，獨處重帷裏。服藥媚紅顏，終爲悦己死。

今檢道光修宜春縣志秩官門明知縣欄載：

朱茂暻。秀水人。進士。崇禎十三年任。

吴道昌。貴州人。舉人。十七年任。

同書貳貳名宦門明朱茂暻傳略云：

朱茂暻字子莊，秀水人。崇禎十四年令宜春。（寅恪案，表作「十三年」，傳作「十四年」，相差一歲。疑傳有誤，當從表爲是。）精勤涖治，剔奸戢豪。性喜延攬，與諸生課文品題，竟日無倦色。

又陳臥子評選皇明經世文編中，宋徵璧所撰凡例亦列有檇李朱子莊茂暻之名。可知朱子莊乃一年少貌美，豪氣縱横之風流世冑。柳曹兩詩所言頗多符合。故河東君詩題之朱子莊，即是此人無疑。但須注意者，同時別有一朱子莊，名容重，明之宗室寧獻王九世孫。事蹟見張庚國朝畫徵録上「八大山人」條所附及陳田明詩紀事甲貳下。讀戊寅草者，不可誤認也。

戊寅草「送曹鑒躬奉□使之楚藩」七律二首云：

紛紛玄意領羣姿。寂寞遥聞向楚時。文學方須重鄴下，乘傳今更屬龍池。澄江歷亂吴雲没，洛浦皐烟帝子悲。不是君才多壯敏，三湘形勢有誰知。

揚舲歷歷大江陰。極目湘南才子臨。楚水月明人澹黯，吴川楓動玉蕭森。因看淮幕風雲壯，未覺襄鄖烽火深。顧吾相逢增意氣，（寅恪案，「吾」字爲虞韻平聲。此處應讀仄聲，方協聲律。檢嘉慶修松江府志肆伍選舉表舉人欄崇禎三年庚午「李待問」下注「字存吾」。可爲松江土語「吾」「我」同讀仄聲之一旁證也。）如今無事只遥吟。

王士禎思舊録貳曹溶小傳（可參浙江通志壹柒玖文苑貳及光緒修嘉興府志伍貳曹氏本傳。）云：

溶字鑒躬，號秋岳，别號金陀老圃。浙江秀水人。崇禎（十年）丁丑進士。

國榷卷首之一「各藩」欄「楚王」條末載：

武岡王顯槐。宣化王華壁。

曹溶静惕堂詩集貳玖「入楚」七律云：

中朝翼軫動文墟。楚國名山入詔書。樓上鶴聲迴四牡，湘南秋色老三閭。搴流蘅蕙王孫宅，遶地雲霞使者車。無侯祝融攀禹蹟，章臺夢澤總悲歔。

寅恪案，秋岳與河東君兩人之詩，其中相符合者頗多，曹氏此次入楚封藩，或封宣化王華壁，或封武岡王顯槐嗣子華增。依柳曹詩「湘南」之語，則封武岡王之可能較大。此問題頗複雜，今難詳確考證。（可參明史壹壹陸楚昭王楨傳并皇明經世文編肆伍肆郭文毅（正域）集「直陳楚藩行勘始末疏」及同書肆伍捌孫宗伯（慎行）集「題爲恭承恩詔謹條鈐束楚宗事」等。）但奉使封藩，必在鑒躬中式進士登朝以後，始有可能。然則河東君此題乃崇禎十年丁丑，或更後之時間，遥聞秋岳奉使，遂有是作。此二律在戊寅草列於「曉發舟至武塘」前第柒題。「曉發舟至武塘」一題，乃崇禎九年丙子秋深所賦，詳見後論。由是言之，戊寅草中諸詩排列，亦不盡依時間先後，斯可爲一例證也。

戊寅草中更有一可注意之詩，即「贈友人」七古一首。此詩以前後排列推之，當作於崇禎七年甲戌。茲迻録此詩並論證之於下。

「贈友人」云：

霏微雜霧吹在野。朗月清靈飛不下。流觴曲沼層波青，金塘白苧蒼涼夜。矜嚴之氣通英詞。神鋒高湧濤聲時。與君突兀論情愫，四座靚默皆凝思。君言磊落無尋常，顧盼縱横人不知。當年頗是英雄才，至今猛氣猶如斯。我聞起舞更嘆息，江湖之色皆奔馳。即今天下多紛紛，天子非常待顏駟。丈夫會遇詎易能，長戈大戟非難爲。一朝拔起若龍驤，身師（帥？）幽并扶風兒。大羽插腰箭在手，功高躍馬稱精奇。偶然蠖落在榛莽，亦當結客長楊湄。（揚眉？）甘泉五柞馬雖下，藍田柳市人多推。千秋以是垂令名，四海因之争心期。嗟哉鳳凰今滿野，有時不識如山鵩。君家北海饒異略，屠肆知爲非常姿。一旦匿之心膽絶，三年天下無猜疑。君今負義亦如此，得非石室山人無。攬（覽？）君蕭壯徒扼腕，城頭擊鼓烏夜呼。偉人豪士不易得，偉人豪士不易得，得之何患非吾徒。

寅恪案，此「友人」不顯著其姓名，果爲何人耶？詩云：「君家北海饒異略。」檢後漢書列傳伍肆趙岐傳略云：

岐遂逃難四方，自匿姓名，賣餅北海市中。時安丘孫嵩年二十餘，遊市見岐，察非常人。停車呼與共載。岐懼失色。嵩乃下帷，令騎屏行人，密問岐曰，視子非賣餅者。又相問而色動，不有重怨，即亡命乎？我北海孫賓石，闔門百口，執能相濟。岐素聞嵩名，即以實告之，遂以俱歸。藏岐複壁中數年。因赦乃出。

可知此友人之姓氏爲孫也。又檢陳忠裕全集壹貳三子詩稾「贈孫克咸」七古，題下附考證引王士禛「肄雅堂詩集序」（參陳田明詩紀事辛籤陸「孫臨」條。）云：

孫先生諱臨，字克咸，更字武公。少司馬晉季弟。少讀書任俠，與里中方密之周農父錢飲光齊名。所爲歌詩古文詞，流傳大江南北。崇禎末，流賊蹂楚豫，闌入蘄黃英蓼間，皆爲戰場。皖當其衝。先生渡江走金陵，益散家財，結納奇材劍客，與雲間陳大樽夏瑗公徐復菴三君厚善。大樽贈先生詩曰，孫郎磊落天下才云云。著其事也。

及陳臥子先生安雅堂稿壹肆書牘類「答方密之（以智）」云：

足下與李子（舒章）孫子（克咸）周子（勒卣）輩皆落落，惟弟幸通籍末。

復證以河東君及臥子詩并阮亭序所言任俠尚武之事，則此孫姓友人，恐非克咸莫屬。又戊寅草中有「劍術行」一篇，神釋堂詩話極稱賞之。今録其詩於下，并可參陳忠裕全集拾屬玉堂集「劍術行」。依陳詩題下案語，以爲或是贈方密之之作。鄙意楊陳兩詩題目既同，時間相近，不知是否俱爲贈孫氏之作。或由孫氏轉致密之，亦未可知。姑存此疑案，以待參究。

戊寅草「劍術行」云：

西山狐鳥何縱横。荒陂白日啼鼯鼪。偶逢意氣蒼茫客，鬢眉慘淡堅層冰。手無風雲但悍疾，挾我雙騎西南行。未聞馬上言龍驤，已見門前懸弓戟。拂衣欲走青珊瑚，澒洞不言言劍術。須臾樹杪雷電生。玄猿赤豹侵空冥。寒鋒倒景不可識，陰崖落木風悲吟。（「吟」一作「鳴」。）吁嗟變化須異人，時危劍器摧石骨。我徒壯氣滿天下，廣陵白髮心惻惻。視此草堂何爲者，雄才大略惟愁疾。况看舉袖星辰移。海童江妾來遲遲。傑如雄虺射嬰茀，矯如脅鵠離雲倪。萃如列精俯大壑，翕（翳？）如足練從文貍。奇鶬孤鶚眼前是，陰雲老鶴徒爾爲。丈夫虎步兼學道，一朝或與神靈隨。獨我忼慨懷此意，對之硉矹將安之。

復次，河東君「贈友人」詩之「友人」，果爲孫克咸者，則孫氏尚有與葛嫩一重公案。余懷板橋雜記述之頗詳，因附録之。且因澹心此條涉及楊龍友事。而龍友節義文藝，皆可流傳。今日因孔尚任桃花扇傳奇，於龍友爲人，頗多誣詆，遂致論人論世，皆乖史實。玆以其與臥子輩及松江有關，故余氏所記，涉及龍友者，亦不删略，庶其可杜淺識悠悠之口云爾。

余澹心懷板橋雜記中麗品門「葛嫩」條云：

葛嫩字蕊芳。余與桐城孫克咸交最善。克咸名臨，負文武才略。倚馬千言立就，能開五石弓，善左右射。短小精悍，自號飛將軍。欲投筆磨盾，封狼居胥。又別字武公。然好狹邪遊，縱酒高歌，其天性也。先昵朱市妓王月，月爲勢家奪去，抑鬱不自聊。與余閒坐李十娘家。十娘盛稱葛嫩才藝無雙，即往訪之。闌入臥室，值嫩梳頭，長髮委地，雙腕如藕，面色微黄，眉如遠山，瞳人點漆。教請坐。克咸曰，此温柔鄉也。吾老是鄉矣。是夕定情，一月不出。後竟納之閒房。甲申之變，移家雲間，間道入閩，授監中丞楊文聰事。兵敗被執，并縛嫩，主將欲犯之。嫩大罵，嚼舌碎，含血噀其面。將手刃之。克咸見嫩抗節死，乃大笑曰，孫三今日登仙矣。亦被殺。中丞父子三人同日殉難。

崇禎十二年十三年間，河東君之踪跡，更可於汪然明所刊河東君湖上草及尺牘兩書中，得其梗概。今北京中國科學院藏柳如是湖上草並尺牘鈔本後附載：

汪然明以柳如是尺牘并湖上草見貽，口占二絶。

汪郎元是有情癡。一卷投來湖上詩。脱盡紅閨脂粉氣，吟成先弔岳王祠。

謫來天上好居樓。詞翰堪當女狀頭。三十一篇新尺牘，篇篇藴藉更風流。

甲申冬日仙山漁人林雲鳳題於檇李歸舟。（寅恪案，佚叢甲集牧齋集外詩附柳如是詩載南裓跋語，稱孫龍尾鈔本。卷尾有「武陵漁人」一跋，并附此跋。但「武陵漁人」與此「仙山漁人」即林雲鳳者，當非一人。）

右二種原本藏城南徐子晉家。

寅恪案，此爲汪然明刊行河東君湖上草及尺牘之確證。瞿氏鐵琴銅劍樓所藏。雖湖上草與尺牘合爲一册，但無此附録，當是後來傳鈔所删遺也。此兩書中，尺牘一種實爲最有價值之史料。惜鈔本多脱誤，不易通解之處頗不少。杭州高氏藏有明刻本湖上草及與汪然明尺牘。寅恪未得親見。聞上有「曾在舊山樓」印，然則此本乃虞山趙次侯宗建家舊物也。（參葉昌熾藏書紀事詩柒。）據云，湖上草爲寫刻，尺牘則宋體字，但皆有譌誤脱漏之處。故間接轉託校讐外，仍依諸鈔本，並參王秀琴女士胡文楷君編選「歷代名媛書簡」本迻録，略附鄙見，爲之斠補。兹僅能澤其資考證饒趣味者，論釋之。至湖上草諸詩，原文具在，讀者可自得之，不必多論。其有關考證者，亦於詮釋尺牘及他處言及之，不復重贅。惟綴數語並擇録最佳之作數首，俾見河東君當日行踪交遊之一二而已。

關於林氏事蹟，同治修蘇州府志捌柒長洲林雲鳳傳，引徐晟存友札小引云：

啓禎間以詩名吴中。其詩穩順聲勢，格在中晚間，不爲一時鍾譚所移。年八十餘卒。

又初學集拾崇禎詩集陸「乙亥中秋吴門林若撫胡白叔二詩人引祥琴之禮，勸破詩戒，次若撫來韻四首」，東山詶和集貳牧翁「六月七日迎河東君於雲間，喜而有述」四首中，第壹第貳第叁首後，附有林雲鳳若撫和章。有學集貳秋槐詩支集「讌新樂小侯於燕譽堂」。林若撫徐存永陳開仲諸詞人並集」詩。同書錢遵王注本伍絳雲餘燼集下「林若撫挽詞」。列朝詩集丁壹叁唐時升詩中，「詠雁字」二十四首序云：

郡人林若撫所賦「雁字」十首，諷詠久之，清婉流麗，姿態橫生，飄飄有淩雲之思。

明詩綜柒壹選録林雲鳳詩三首，并附録詩話一則。徐釚本事詩柒選林氏「鞋盃行」，「虎邱宴集觀女郎蹴踘行」，「陰澄湖舟中觀衆女郎沐髮歌」及「陳保御席上賦得相逢行，贈白小姬」等四首。吴偉業梅村家藏藁柒「梅花菴話雨，同林若撫聯句」。毛晉和友人詩卷內有林氏「酒蕈」詩及子晉所作「丁亥六月望日若撫七十初度」詩。程嘉燧耦耕堂存稿詩中載「山莊逢林若撫話舊次韻」及「汎湖和林若撫韻」。黃宗羲思舊録「林雲鳳」條，均可供參考。

河東君與汪然明尺牘共爲三十一通。觀林雲鳳「三十一篇新尺牘」之句，可以爲證。王秀琴女士胡文楷君編選歷代名媛書簡肆柳是致汪然明書共三十通，即鈔自瞿氏所藏者，蓋誤合第捌第玖兩簡爲一通也。其後又載柳是寄錢牧齋書一篇，下注云：「清代名人情書。」柳是此書最初由來，尚未能考知。但觀其內容，事實乖謬可笑，且詞旨鄙俗，讀之令人作嘔，必是僞撰無疑。今竟與致汪然明尺牘共列選中，何厚誣河東君之甚？此不得不爲之辨明者也。

茲先論河東君致汪然明尺牘最後一簡，即第叁壹通。以其關涉汪氏刻行此書之年月故也。其文云：

> 尺素之至，甚感相存。知虞山別後，已過夷門，延津之合，豈漫然耶？此翁氣誼，誠如來教。重以盛心，引睇明愷。顧慚菲薄，何以自竭。惟有什襲斯言，與懷俱永耳。武夷之遊，聞在旦夕，雜佩之義，於心闕然。當俟越橐云歸，或相賀于虞山也。應答小言，已分嗤棄，何悟見賞通人，使之成帙。非先生意深，應不及此。特有遠投，更須數本，得飛槳見貽，爲感！非渺諸惠，謝謝。四箑草完，不盡。

寅恪案，汪氏春星堂詩集肆閩遊詩紀第壹題爲「暮春辭家閩遊」。又此集首載崇禎辛巳中秋閩漳王志道所撰序云：

> 其少也，嘗散千金以濟遊客，客遂俠之。

故知書中所謂「武夷之遊」即指然明赴閩訪林天素之行。此行開始於崇禎十四年辛巳暮春。河東君既言「聞在旦夕」，則河東君復此書時，恐即在是年三月間也。所可笑者，然明此行本專爲訪覓林天素，但天素終未能與之偕歸西湖。河東君「當俟越橐云歸，或相賀于虞山」之言，蓋有雙關之意。一爲然明自閩返時，己身或已歸虞山錢氏。二爲然明或與天素同至虞山，故可相賀。詞旨殊爲微妙。惜然明此行空勞往返，是其「天福」即豔福，（見第叁章論牧齋

「採花釀酒歌」。）遠不及牧齋也。後來李笠翁漁作「意中緣」劇曲，以楊雲友配董玄宰，林天素配陳眉公。遊戲之筆，殊有深意。（陳文述蘭因集下載汪端「翁大人重修西湖三女士墓詩」之三「輕薄姻緣説意中」句下自注云：「李笠翁撰意中緣，以雲友配董香光，謬論也。」寅恪案，自然好學齋主人混合文學想像與歷史事實爲一事，未免過泥矣。）然不及柳如是配錢牧齋，林天素配汪然明，更爲理想之因緣。此點笠翁亦未嘗不知，不過當時尚有避忌，不便公然形諸楮墨。其中間有關涉然明者，則以「江懷一」或「江秋明」之假名代之，實不得已也。（寅恪案，春星堂集伍夢香樓集中載有李漁次韻然明詩七絶四首，但今檢笠翁集中與然明有關之詩詞，惟卷伍「元宵無月，次汪然明封翁韻，時座有紅粧」五律一首及卷陸「清明日汪然明封翁招飲湖上，座皆名士，兼列紅粧」七律一首。其第貳句云：「園在西陵不繫舟。」自注云：「舟名不繫園。」又卷捌行香子詞一闋題爲「汪然明封翁索題王修微遺照」等。至汪氏夢香樓集附載之詩，則未見也。又牧齋外集貳伍有順治十八年辛丑夏日所作「李笠翁傳奇戲題」一篇，可供參證。若曲海提要貳壹「意中緣」條所考，則頗疎略，殊不足取也。）笠翁此書請黄媛介作序，蓋以皆令與戲中女主人類似之故。黄序自寫其身世之感，辭旨頗佳。此書卷上復載「禾中女史（卷下作「閨史」）批評」之語。媛介爲嘉興籍。「禾中女史」或「閨史」，自是皆令。其第捌齣「先訂」中，林天素答董思白謂：「真正才子也。不必定以姿貌見長。」批云：「此至論也。非千古第一佳人口中説不出。」及第貳壹齣「捲簾」中，述求畫人流言謂有男子於簾内代筆，欲捲簾面試。批云：「余少年時，亦受此謗。然堅持不動，彼亦無奈我何。只此一節，稍勝雲友。索書畫者，頗能諒之。」皆有關媛介身世之感者，至「捲簾」一批，則頗爲可笑。夫慧林之容貌姿致，雖不及顧媚陳沅，然必遠勝「阿承醜女」，（寅恪案，吴偉業梅村詩話「黄媛介」條云：「媛介和余〈題鴛湖閨詠四首〉詩。此詩出後，屬和者衆。妝點閨閣，過於綺靡。黄觀只〔濤〕獨爲詩非之。以爲媛介德勝於貌，有阿承醜女之名，何得言過其實？此言最爲雅正云。」）不妨任人飽看。皆令何可持閨門禮法以自矜尚，而傲視雲道人耶？評語中更有可注意者，即「捲簾」齣中，述楊雲友欲爲黄天監捐官事。批云：「因妻得官，乃雲友良人之實事。杭人無不知之。」則爲輯雲道人逸事者所不及知。故特標出之，以供後來爲「林下風」作傳者之參考。

更有可怪者，徐樹敏錢岳選衆香詞書集族里雲隊有成岫詞三闋。其小傳略云：

> 成岫字雲友。錢塘人。性愛雲間董宗伯書法畫意，臨摹多年。每一着筆，即可亂真。今膴腽而失蒼勁者，皆雲友作也。年二十二，尚未有偶。戊子春，董宗伯留湖上，見雲友所倣書畫甚夥，自不能辨。後得徵士汪然明言其詳，即爲蹇修，遂結褵於不繫園。雲友歸董之後，琴瑟静御，俱譜入意中緣傳奇。有慧香集。

寅恪案，徐錢所據不知何書。今止就所述兩事言之，即見其妄。一董其昌爲萬曆十六年戊子舉人，十七年己丑進士。（見嘉慶修松江府志伍肆董其昌傳及同書肆伍選舉表明舉人，萬曆十六年戊子科條。）在此以前，玄宰聲名尚未甚盛，書畫亦何能爲人摹倣如此之多。二爲汪然明造不繫園湖舫，在天啓三年癸亥，（見春星堂集壹不繫園集汪氏自記。）上距萬曆戊子爲三十五年。董成二人豈得預先於尚未造成之舟中結褵？謬誤殊甚。此殆後人讀芥子園意中緣劇曲，不解所述玄宰與雲友之關係，乃笠翁遊戲之筆，竟信爲實有其事。可謂天下之笨伯矣。聊附於此，以博一笑！

又河東君書中「虞山別後，已過夷門」者，「虞山」指牧齋言，「夷門」指然明言。此處「虞山」「夷門」皆借地以指人，乃當時文字所習用。其所以用大梁之「夷門」以指然明者，蓋以魏之信陵君比之。湖上草河東君「贈汪然明」詩有「論到信陵還太息」及與汪然明尺牘第叁通有「先生之俠」等句，可與春星堂詩集肆閩遊詩紀王志道序稱然明「散千金濟遊客，人遂俠之」，同書伍遺稿（原注：「又名松溪集」）「壬辰初冬游嘉禾，飢寒之客雲集，遂售田二十一畝分應之。臘月得次兒信，差足自慰。因述禾中感遇，補詩八章」其二云：

蕭條歲暮動行旌。猶集南宮感送迎。（自注：「南宮祠在嘉興南門內。」）時俗不堪談雅道，新詩偏喜見多情。但看此日趨炎熱，有愧當年負宿名。莫問胸中懷魂磊，鍊師提酒向予傾。（自注：「余別南宮〔祠〕楊世功袖黃皆令詩箋云，誰識君家唯仗俠，空囊猶解向人傾。時錬師曹朗元攜酒餞別，感賦，次皆令韻。」）

及同書叁西湖韻事「重修水仙廟記」云：

二三女校書焚香擘箋，以詩畫映帶左右，而余以黃衫人傲睨其間。（寅恪案，此處「黃衫」二字，雖與「布衣」同意，但上文有「二三女校書」之語，則然明實暗以「黃衫客」自居也。）

并林天素「柳如是尺牘小引」目然明爲「黃衫豪客」等詩文相印證。非謂牧齋於鴛湖別河東君後，遂至開封也。據此頗疑牧齋於崇禎十四年二月在杭州，或與然明會見，在杭盤桓遊賞之後，二月末即往遊黃山。三月廿四日過釣臺，復經杭州嘉興返常熟。（見初學集壹玖東山詩集貳「過釣臺有感」，列朝詩集丁壹叁上程孟陽「次牧齋題壁」詩及陳忠裕全集壹肆三子詩稿「孟夏一日禾城遇錢宗伯，夜談時事」五律等。）檢春星堂集肆「閩遊詩紀」有「夏前一日至閩浙分疆」七律。據鄭氏近世中西史日表崇禎十四年辛巳三月廿六日立夏。綜合錢汪兩氏遊踪之時日先後推計，則然明作書致河東君時，牧齋尚未由黃山返西湖，可斷言矣。若牧齋遊黃山前，得遇然明於杭州之假定，果爲事實，則牧齋必請然明力爲勸說河東君，而然明亦欲在未赴閩之前，了此一重公案也。顧云美「河東君傳」云：「君至湖上，遂別去，宗伯使客搆之乃出。」此客爲何人，雖不能確知，然必非然明。因是時然明已赴閩，不能負此使命。其人既非然明，而又能往松江説河東君者，則恐不外然明之摯友如馮雲將之流。（見下論尺牘第叁拾通。）錢柳因緣之完成，然明爲最有力之人，顧氏作傳時，距然明之卒，固已甚久，（然明卒於清順治十二年乙未七月。見有學集叁貳汪然明墓誌銘。）至若馮雲將，則其卒年未能考知。據有學集伍絳雲餘燼集下有「壽馮雲將八十」詩二首，爲順治十一年甲午所作。又牧齋尺牘上「與宋玉叔書」言雲將年八十七。（見下論尺牘第叁拾通。）爲順治十八年辛丑所作。下數至康熙三年甲辰，即河東君之卒年，雲將若尚存者，其年爲九十歲。云美作傳，當又在其後，雲將恐無此老壽，諒已先卒。顧氏猶不顯著其姓名，殊未知何故。徐樹敏錢岳所選之衆香詞書集樂隊柳是傳，其中所言，不盡翔實，但謂：「虞山見而異之，得汪然明言其詳。」則甚符合當時真相也。

河東君尺牘首載三山林雪天素書於翠雨閣之小引。詞旨佳妙，特全録之。其文云：

余昔寄跡西湖，（寅恪案，林天素之遊西湖，當在天啓元年辛酉。不久即歸閩。此據春星堂詩集叁夢草董其昌題詞，然明自撰「幽窗紀夢」詩并序，及詩後所附陳繼儒「紀夢歌跋」等所推定。但春星堂詩集貳「湖上逢方若淵，同訪林天素」詩，列在天啓三年「癸亥元日喜晴」詩之後，則恐是後來誤排耳。兹以限於討論範圍，可不詳辨。）每見然明拾翠芳堤，偎紅畫舫，徜徉山水間，儼然黃衫豪客。時唱和有女史纖郎，（寅恪案，「女史纖郎」當指王修微而言。詳見下論尺牘第貳伍通。觀春星堂詩集伍遺稿「次兒請假歸省，感懷述事」八首之四「猶喜譚詩遇女郎」句，自注云：「昔逢王（修微）楊（雲友）林（天素）梁（喻微）諸女史。今遇吴巖子，（下）玄文，黃皆令，王端淑諸閨閣」之語。梁女史疑是梁喻微。見春星堂詩集貳綺詠「秋日湖上逢燕姬梁喻微。初冬寄懷」七絶七首及「湖上送梁喻微之廣陵」七絶一首。至於同書肆閩遊詩紀「梁夷素女史畫西湖六橋景。余攜遊三山，孫鳳林學憲見而愛之。余因題三絶以贈」七絶三首之梁夷素乃梁孟昭。孟昭本末載記頗詳。但陳文述西泠閨詠玖「武林詠梁夷素」詩序略云：「夷素名孟昭，武林女子。茅鹿門孫修譔見滄子九成婦。著墨繡軒詩，善畫。陳眉公比之天女花雲孫錦，非人間所易得。」寅恪以爲胡文楷君歷代婦女著作考陸引王端淑名媛詩緯梁孟昭條，并吴振棫杭郡詩續輯肆壹，阮元兩浙輶軒録肆拾中有梁孟昭詩。梁孟昭字夷素，著有墨繡軒集。乃茅瓚孫九仍室。孟昭弟次辰復有文名。與雲伯所言大抵相同，惟雲伯以九成爲見滄即瓚之子，又「九仍」作「九成」，有所牽混耳。餘可參胡書陸梁孟昭條引王士禄宫閨氏籍藝文考略，姜紹書無聲詩史柒，湯漱玉玉臺畫史叁，李濬之清畫家詩史癸集上及施淑儀清代閨閣詩人徵略壹等。茲有一問題，即依據汪詩自注，「女史」與「閨閣」之界説，明白如此，「纖郎」之稱「女史」，固自應爾。若粱孟昭，何以亦稱「女史」？豈「女史」「閨閣」并舉，與單獨稱「女史」，其定義有所不同耶？俟考。又第叁章論陳臥子滿庭芳詞，引湯漱玉玉臺畫史，載黄媛介畫扇，鈐朱文「閨秀」印，亦足資旁證。至李笠翁意中緣劇本所載黄皆令評語，其卷上作「禾中女史」，卷下則改爲「禾中閨史」，當是笠翁先用「女史」之稱，後始悟其不妥，故又改爲「閨史」。李氏初以皆令爲「禾中女史」者，蓋與徐釚本事詩「王士禎」條所載王漁洋題黄皆令扇詩，目媛介爲「秋孃」，正復相類也。關於皆令之身分問題，俟後論之。今見神州國光社影印海虞邵氏家藏柳如是花鳥着色絹本，其署欵爲「如是女史柳是作於絳雲樓」。若河東君適牧齋後，居絳雲樓時，尚自稱「女史」，似有未便，殊爲可疑。此殆第叁章論河東君書法，引翁同龢瓶廬詩稿柒「漫題河東君畫」所謂「題尤不倫」者。假使此畫是贋品，則固不能依據之以討論此問題也。其他可參下文論「纖郎」節。）人多豔之。再十年，余歸三山，（寅恪案，春星堂詩集肆閩遊詩紀有「福州訪林天素，知已移居建甯，賦懷十首」之題。董其昌容臺集詩集貳「贈林天素」詩云：「鑄得干將劍，遥呈劍客看。」又同集肆「題林天素畫」云：「鑄得干將呈劍客。」皆用晉書叁陸張華傳，延平津合劍之典，當因天素爲福建人之故。但天素移居建甯，或與延平有關，今未能詳知。董集乃清代禁書，世不多見，兹附記於此，以備參證。）然明寄眎畫卷，知西泠結伴，有畫中人楊雲友，人多妬之。今復出懷中一瓣香，以柳如是尺牘寄余索敘。琅琅數千言，豔過六朝，情深班蔡，人多奇之。然明神情不倦，處禪室以致散花，行江皐而逢解珮。再十年，繼三詩畫史而出者，又不知爲何人？總添入西湖一段佳話。余且幸附名千載云。

然則然明之刊此尺牘，實在崇禎十四年暮春以前。故先由杭州寄示林天素索敘。其第叁拾通乃河東君於崇禎十三年庚辰在牧齋家時所寄者。（詳見下文。）今第叁壹通云：「應接小言，使之成帙。特有遠投，更須數本。」則是然明於未赴閩前，已將成帙之刻本，寄與河東君。否則河東君不能更向然明索取數本也。由此觀之，然明初刻之尺牘，實止於崇禎十三年末，其數共爲三十通。此第叁壹通，乃河東君於崇禎十四年暮春以後所寄者，汪氏遂取此簡附於前所刻三十通之後。以意揣測，此附刻之時間，當在然明於崇禎十五年壬午夏間，自閩返杭後所爲。其時距河東君與牧齋結褵不久。此簡有「此翁氣誼，誠如來教。重以盛心，引眎明愷。顧慚菲薄，何以自竭。惟有什襲斯言，與懷俱永耳」之語，可知然明原函，必多代牧翁勸説之辭。今好事既成，故取河東君允答之札，附於其後，不僅以之作跋可以結束一段因緣。且用以慶賀己身介紹此段美滿因緣之成功也。然明用意殊深妙矣。

復次，袁思亮君題高野侯藏河東君與汪然明尺牘及湖上草念奴嬌詞後附記云：

柳如是與汪然明尺牘及湖上草各一卷。如是歸錢牧齋後，然明刊之，以數十册寄牧齋，牧齋拉雜摧燒之，並求其板燬焉。

今觀第叁壹通及第叁拾通所云：

弟小草以來，如飄絲霧，黍谷之月，遂躡虞山，南宫主人，倒屣見知，羊公謝傅，觀兹非渺。

皆盛稱牧齋之美，則牧齋不應因妬發怒，作斯焚琴煮鶴之舉。未識袁兄何從得此異説，惜其久歸道山，不能面詢，殊爲憾事也。

綜觀此尺牘全部，不僅辭旨精妙，可供賞玩。其中所言，足以間接證知當日社會情狀者，亦復不少。今不能一一考釋，唯取關於河東君身世飄零之感及歸宿選擇之難者，略詮論之。其他諸端，間亦有所涉及，然非主旨所在也。他日儻有好事者，取其全文，精校而詳釋之，則非獨可以賞奇文，資談助，更或於一代史事之研治，不無稗益歟？

尺牘第壹通云：

湖上直是武陵谿，此直是桂棟葯房矣。非先生用意之深，不止於此。感甚！感甚！寄懷之同，乃夢寐有素耳。古人云：「千里猶比隣。」殆不虚也。廿八之訂，一如台命。

寅恪案，書中「此直是桂棟葯房」，即指崇禎十二年春間河東君遊杭州時，然明所借居之處。

據東山詶和集貳牧翁「橫山汪氏書樓」云：

人言此地是琴臺。小院題詩閟緑苔。妝閣正臨流水曲，鏡奩偏向遠山開。印餘屐齒生芳草，行處香塵度早梅。日暮碧雲殊有意，故應曾伴美人來。

則此書樓必曾爲河東君所借居。當即河東君所謂「桂棟葯房」者也。牧翁此詩後，復有「二月十二春分日橫山晚歸作」七律一首。結句云：

最是花朝并春半，與君遥夜共芳辰。

詩後并附河東君和作。此和章初學集不載。或者河東君之作，辭意雖妙，然於花朝適值春分一點，未能切合，稍嫌空泛，故遂删去耶？「橫山」見沈德潛等纂西湖志纂壹叁西溪勝蹟門及光緒修杭州府志貳壹山水門。（錢塘縣。）至痛史第貳壹種甲申朝事小紀中「柳如是小紀」，附有河東君所賦「橫山雜作」一首。此「橫山」疑是河東君所居松江橫雲山之簡稱，未必即指杭州西溪名勝之「橫山」。（可參與汪然明尺牘第貳捌通。）河東君此詩最初出處未詳。繹其語意如「只此時名皆足廢，寧須萬事折腰忙」等句，頗不合河東君身分，甚爲可疑。且其他諸句，亦多不可解者。此詩是否真爲河東君所作，殊不能決定也。

尺牘第貳通云：

早來佳麗若此，又讀先生大章，覺五夜風雨凄然者，正不關風物也。羃紅恨碧，使人益不勝情耳。少頃，當成詩一首呈教。明日欲借尊舫，一向西泠兩峰。餘俱心感。

寅恪案，河東君此札之主旨乃向然明借舫春遊。關於然明西湖遊舫一事，實爲當日社會史之重要材料。今汪氏集中詩文具在，不必詳引。僅略述梗概，并附記明末亂後汪氏遊舫之情況，聊見時代變遷，且誌盛衰興亡之感云爾。

春星堂詩集壹載汪然明小傳云：

製畫舫於西湖。曰不繫園。（寅恪案，春星堂詩集壹「不繫園記」略云：「（天啓三年）癸亥夏仲爲雲道人築浄室，偶得木蘭一本，斵而爲舟。四越月乃成。計長六丈二尺，廣五之一。陳眉公先生題曰不繫園。佳名勝事，傳異日西湖一段佳話。」）曰隨喜庵。（寅恪案，春星堂詩集壹隨喜庵集崇禎元年花朝題詞略云：「余昔搆不繫園，有九忌十二宜之約。時騷人韻士，高僧名姝，嘯詠駢集。董玄宰宗伯顔曰隨喜庵。」）其小者，曰團瓢，曰觀葉，曰雨絲風片。

及同書伍遺稿「自嘲并示兒輩」八章之五「畫舫無權逐浪浮」句下自注云：

余家不繫園，亂後重新，每爲差役，不能自主。

可知然明之西湖遊舫頗多，有大小兩類。河東君所欲借者，當是團瓢觀葉或雨絲風片等之小型遊舫也。觀春星堂詩集壹不繫園集載黄汝亨代然明所作「不繫園約欵」十二宜中，名流高僧知己美人等四類人品之條，以河東君之資格，其爲「美人」，自不待言。「知己」則河東君與汪然明之情分，即就此尺牘三十一通觀之，已可概見。其第伍通略云：

嵇叔夜有言，人之相知，貴濟其天性。今以觀先生之于弟，得無其信然乎？

及第捌通云：

嗟乎！知己之遇，古人所難。自愧渺末，何以當此？

尤足爲例證。夫「知己」之成立，往往發生於兩方相互之關係。由此言之，然明固是河東君之知己，而謂河東君非然明之知己，亦不可也。「名流」雖指男性之士大夫言，然河東君感慨激昂，無閨房習氣。（見上引宋徵璧「秋塘曲」序。）其與諸名士往來書札，皆自稱弟。（見與汪然明尺牘。）又喜著男子服裝，（見上引顧苓「河東君傳」。）及適牧齋後，如牧齋遺事「國初録用耆舊」條略云：

河東君侍左右，好讀書，以資放誕。客有挾著述，願登龍門者，雜沓而至。錢或倦見客，即出與酬應。客當答拜者，則肩筠輿，代主人過訪於逆旅，竟日盤桓，牧翁殊不芥蒂。嘗曰，此吾高弟，亦良記室也。戲稱爲柳儒士。

然則河東君實可與男性名流同科也。至若「高僧」一目，表面觀之，似與河東君絕無關係，但河東君在未適牧翁之前，即已研治内典。所作詩文，如與汪然明尺牘第貳柒第貳玖兩通及初訪半野堂贈牧翁詩，（見東山詶和集壹。）即是例證。牧齋有美詩云：「閉門如入道，沈醉欲逃禪。」（見東山詶和集壹。）實非虛譽之語。後來因病入道，（見有學集壹叁「病榻消寒雜詠」詩「一剪金刀繡佛前」及「鸚鵡踈窗晝語長」爲河東君入道而作二首。至河東君入道問題，俟後論之。兹不涉及。）則別爲一事。可不於此牽混論及。總而言之，河東君固不可謂之爲「高僧」，但就其平日所爲，超世俗，輕生死，兩端論之，亦未嘗不可以天竺維摩詰之月上，震旦龐居士之靈照目之。蓋與「高僧」亦相去無幾矣。故黄貞父約欵關於人品之四類，河東君一人之身，實全足以當之而無愧。汪氏平生朋好至衆，恐以一人而全具此四類之資格者，必不多有。當崇禎十二年春間，林天素已返三山，楊雲友亦埋骨西泠，至若纖郎即王修微，則又他適。然明諸遊舫，若舍河東君而不借，更將誰借耶？列朝詩集閏肆選王修微關於不繫園詩一首（春星堂詩集壹不繫園集作「寄題不繫園」。）兹附録之，以供談助。

「汪夫人以不繫園詩見示，賦此寄之」云：

湖上選名園，何如湖上船。新花摇灼灼，初月戴娟娟。牖啓光能直，簾鈎影乍圓。春隨千嶂曉，夢借一溪烟。虛閣延清入，低欄隱幔連。何時同嘯咏，暫繫净居前。

寅恪案，汪錢兩氏所録，同是一詩，而其題文略異者，蓋經然明删換。牧齋所選之詩，其題當仍因舊文，惟「夫人」二字，其原文疑作「然明」二字耳。此二字之改易，殆由修微適許霞城後，有所不便之故耶？其實汪然明之夫人，雖不如劉伯玉妻段氏之興起風波，危害不繫園之津渡。但恐亦不至好事不憚煩，而寄詩與修微也。故作狡獪，欲蓋彌彰，真可笑矣。

復次，丁氏武林掌故叢編本不繫園集補遺載蒙叟「寄題」七律二首。今檢有學集叁夏午集「留題湖舫」（自注：「舫名不繫園。」）文字悉同。其詩云：

園以舟爲世所稀。舟名不繫了無依。諸天宮殿隨身是，大地烟波瞥眼非。浄掃波心邀月駕，平鋪水面展雲衣。主人欲悟虚舟理，只在紅妝與翠微。

湖上堤邊艤櫂時。菱花鏡裏去遲遲。分將小艇迎桃葉，偏采新歌譜竹枝。楊柳風流烟草在，杜鵑春恨夕陽知。憑闌莫漫多回首，水色山光自古悲。

寅恪案，湘刻叢睦汪氏遺書本春星堂詩集壹不繫園集删去「蒙叟」二字。當是然明裔孫簠所爲。至同書伍夢香樓集中牧翁所賦「眉史春睡歌」（寅恪案，此詩有學集未載，但牧齋外集壹有「爲汪然明題沈宛仙女史午睡圖」。作「沈」不作「張」，殊可注意。又詩中亦有數字不同，殆由輾轉傳鈔，致有歧異。又夢香樓集中女主人張宛仙步然明韻四首之二云：「風韻何如半野堂。」殊可笑。并附記於此。）下題撰人之名爲「虞山」，是否後來改易，今未見他刻，不敢決言。坊間石印狄平子葆賢平等閣藏江左三大家詩畫合璧，内有（康熙二年）癸卯三月十又二日龔芝麓鼎孳所書此題第貳首，但未明著何人所作。兹附論及之，以免他日誤會。牧翁兩詩皆佳，蓋特具興亡之感，非泛泛酬應之作也。第貳首尤妙。「楊柳風流烟草在，杜鵑春恨夕陽知」一聯，即指河東君而言。下句兼用李義山詩集壹「錦瑟」詩「望帝春心託杜鵑」句及秦少游淮海詞踏莎行「郴州旅舍」詞「杜鵑聲裏斜陽暮」句之兩出處。牧齋此詩固賦於清順治七年庚寅，實涉及河東君明崇禎十一、十二、十三等年間遊寓西湖之往事。悲今念昔，情見乎詞，而河東君哀郢沈湘之旨，復楚報韓之心，亦可於此窺見矣。

又周亮工賴古堂尺牘新鈔肆載汪汝謙與周靖公書云：

人多以湖遊怯見月，誚虎林人。其實不然。三十年前虎林王謝子弟多好夜遊看花，選妓徵歌，集于六橋。一樹桃花一角燈，風來生動，如燭龍欲飛。較秦淮五日燈船，尤爲曠麗。滄桑後，且變爲飲馬之池。晝遊者尚多蜎縮，欲不早歸不得矣。

寅恪案，然明此書可與前引其「自嘲」詩「畫舫無權逐浪浮」句下自注相參證。蓋清兵入關，駐防杭州，西湖勝地亦變而爲滿軍戎馬之區。迄今三百年，猶存「旗下」之名。然明身值此際，舉明末啓禎與清初順治兩時代之湖舫嬉遊相比論，其盛衰興亡之感，自較他人爲獨深。吁！可哀也已。尺牘第叁通云：

泣蕙草之飄零，憐佳人之埋暮，自非綿麗之筆，恐不能與于此。然以雲友之才，先生之俠，使我輩即極無文，亦不可不作。容俟一荒山煙雨之中，直當以痛哭成之耳。

尺牘第陸通云：

弟欲覽草堂詩，乞一簡付。諸女史畫方起，便如綵雲出衣。至雲友一圖，便如濛濛淥水，傷心無際。容假一二日，悉其靈妙，然後奉歸也。

寅恪案，上録河東君兩札，當是然明欲倩河東君爲楊慧林作題跋哀悼一類之文辭，故雲道人畫册，遂在河東君西湖寓所，供其披覽。河東君因更向然明索其前後爲雲友所作諸詩，以爲資料。「草堂詩」者，春星堂詩集之簡稱，即指然明所作詩而言，蓋春星堂之命名，即取杜少陵「春星帶草堂」之句也。（見杜工部集玖「夜宴左氏莊」。）至關於雲友之材料，大都見於春星堂詩集中，而聽雪軒一集，尤專爲雲友而作者。汪氏詩文具在，兹不必煩引，僅節録董香光一人題語於後，亦足見「林下風」之藝事，爲一代畫宗所傾服，至於此極也。

春星堂詩集叁聽雪軒集首載題詞兩條（第壹條可參董玄宰其昌容臺集文集陸「〔題〕林下風畫」條。）略云：

山居荏苒幾三十年，而閨秀之能爲畫史者，（寅恪案，董集此句作：「乃聞閨秀之能畫史者。」）一再出，又皆著於武林之西湖。初爲林天素，繼爲楊雲友。（寅恪案，董集「楊雲友」作「王友雲」。）然天素秀絶，吾見其止。雲友澹宕，特饒骨韻。假令嗣其才力，殆未可量。〔崇禎二年〕己巳二月望董其昌書。（寅恪案，董集無「己巳」下九字。）

又略云：

今觀此册山水小景，已涉元季名家蹊徑。乃花鳥寫生，復類宋時畫苑能品諸人伎倆。雖管仲姬親事趙文敏，僅工竹石，未必才多乃爾，而生世不諧，弗獲竟其所詣。可憐玉樹，埋此塵土，隨西陵松柏之後，有汪然明者，生死金湯，非關惑溺。珍其遺迹，若解漢皋之珮。傳之同好，共聆湘浦之音。可謂一片有心，九原知己。慎勿以視煮鶴之輩也。

尺牘第肆通云：

接教并諸台貺，始知昨宵春去矣。天涯蕩子關心殊甚。紫燕香泥，落花猶重，未知尚有殷勤啓金屋者否？感甚！感甚！劉晉翁雲霄之誼，使人一往情深，應是江郎所謂神交者耶？某翁願作交甫，正恐弟仍是濯纓人耳。一笑！

寅恪案，此札所言，共有三端。一爲自述身世飄零之感。二爲關於劉晉卿，即劉同升者。三爲拒絶願作鄭交甫之「某翁」。請依次論之。河東君謂「昨宵春去，關心殊甚」，然「殷勤啓金屋者」，尚未知有無其人。則飄零之感，哀怨之詞，至今讀之，猶足動人。何況當日以黄衫俠客自命之汪然明乎？宜汪氏屢爲河東君介紹「啓金屋者」。雖所介紹之人，往往不得河東君之同意，但天壤間終能得一牧齋，以爲歸宿，是亦可謂克盡其使命，不負河東君之屬望矣。此三十一通尺牘中，關於此點者，亦頗不少。兹依次擇其有趣而可考者，略論述之。至於不同意或同意之差別，及其是非，則不置可否。因與所欲考論之主旨無關也。據明史貳壹陸劉應秋傳附同升傳略云：

> 同升字晉卿，〔江西吉水人。〕崇禎十年殿試第一。莊烈帝問年幾何？曰，五十有一。帝曰，若尚如少年，勉之。授翰林修撰。楊嗣昌奪情入閣。何楷林蘭友黃道周言之，俱獲罪。同升抗疏。帝大怒。謫福建按察司知事。移疾歸。

知晉卿在崇禎十二年己卯春間，即河東君作此書時，其年爲五十三。河東君以「翁」稱之者，未必指其年老，不過以「翁」之稱號推尊之耳。蓋晉卿於陳臥子同爲崇禎十年丁丑科進士，同出黃石齋之門，而晉卿爲是科狀頭。晉卿固從臥子及然明處得知河東君。河東君亦以晉卿爲臥子同科之冠首，亟欲一窺知其爲何如人，其才學果能出臥子之上與否也。然明必已深察柳劉兩方之意，樂於爲之介紹。湖上草載有「贈劉晉卿」七律一首，當即作於此時。尺牘第拾通云：

> 行省重臣忽枉瓊瑶之答，施之蓬户，亦以云泰。凡斯皆先生齒牙餘論，况郵筒相望，益見遠懷耶？

此札乃河東君離去西湖歸家後，接然明轉寄晉卿詶答前所贈詩，因遂作書以謝然明之厚意也。「行省重臣」，自是指晉卿言。但以貶謫如此末秩之人，而稱之爲「行省重臣」，殊爲不倫。然亦不過通常酬應虚譽之語，未可嚴格繩之也。晉卿著有錦鱗集，江西通志壹佰玖藝文略謂此集四卷，一作十八卷。其四卷本或是初作，十八卷本或是續編。明詩綜柒肆及江西詩徵陸叁，雖皆選録晉卿之詩，但均無與柳汪陳諸人往來之作。故河東君與劉晉卿之關係，亦無從詳考。至晉卿此時所在之地，當是其福建任所。據春星堂詩集肆閩遊詩紀，「崇安青雲橋」七絶題下注云：

橋爲柴連生大令重興，有劉晉卿太史碑記。

是然明於崇禎十四五年間遊閩時，同升已移疾歸。否則然明此行所作諸詩，其中必有與劉氏相見訓和之作也。考明實録懷宗崇禎實録壹壹略云：

崇禎十一年秋七月庚戌翰林院修撰劉同升，編修趙士春各疏救黄道周，劾楊嗣昌。尋謫道周江西知事，劉同升福建知事，趙士春簡較。

及黄石齋道周黄漳浦集肆壹五言律「何玄子（楷）劉晉卿（同升）趙景之（士春）同發舟，遲久不至。四章」云：

（詩略。）

同書卷首洪思撰黄子傳（參同書卷首傳譜補遺蔡世遠撰黄道周傳。）略云：

（先生）以疏論楊嗣昌陳新甲謫官。黜爲江西布政司都事。未任。

又陳忠裕全集玖湘真閣集「送同年趙太史（寅恪案，此詩題下考證謂即趙士春。）謫閩中二首」云：

（詩略。）

然則石齋本人及其詩題中所指貶謫諸人，除何氏未詳外，（參明史貳柒陸何楷傳。）石齋實未到任，而劉趙二氏則皆赴官也。「願作鄭交甫」之某翁，今不易考知其爲何人，恐是謝三賓。河東君謂「正恐弟仍是濯纓人耳」。此「濯纓人」之語，乃借用楚辭「漁父」中，「漁父莞爾而笑，鼓枻而去。歌曰，滄浪之水清兮，可以濯吾纓」等句之意。蓋謂己身將如漁父「鼓枻而去」，即乘舟離西湖他往也。河東君既自比漁父，是亦以「某翁」比屈原。考謝三賓以監軍登萊之役，乾没多金，甚招物議，幸於崇禎八年丁父憂歸，得免黜謫，遂遨遊山水，結廬西湖，放情聲色，聊自韜晦。（詳見下論。）當崇禎十二年己卯春河東君遊武林時，象三亦在杭州，故「某翁」之爲謝氏，實有可能。其以靈均比象三，固不切當。但觀下引第貳伍札，以王謝佳兒儗陳臥子，同一例證，不須過泥也。後來河東君於崇禎十三年庚辰冬次韻答牧翁冬日泛舟詩（見東山詶和集壹。）云：「漢珮敢同神女贈。」儻使此「某翁」得見之，其羞怒又當何如？一笑！

抑更有可論者，翁方綱蘇詩補注貳「常潤道中，有懷錢塘，寄述古」五首之二「去年柳絮飛時節，記得金籠放雪衣」條（參趙德麟侯鯖録柒「濠守侯德裕侍郎藏東坡一帖」條。並覃溪天際烏雲帖考壹及繆荃孫雲自在堪筆記「覃溪天際烏雲帖收藏世系表」等。）略云：

予得東坡墨蹟云，杭州營籍周韶知作詩。〔蘇〕子容過杭，（寅恪案，子容蘇頌字。見翁氏天際烏雲帖考。）述古飲之，韶泣求落籍。子容曰，可作一絶。韶援筆立成，遂落籍。同輩皆有詩送之。龍靚云：「桃花流水本無塵。一落人間幾度春。解佩暫酬交甫意，濯纓還作武陵人。」固知杭人多慧也。

寅恪案，河東君尺牘以「交甫」「濯纓」二事連用，當出於龍靚之詩，用事遺辭，可謂巧妙。至其所以能用此古典以儗今事者，當非直接得見東坡手蹟，恐是從此帖摹刻之本，或記載西湖名勝逸事諸書中，間接得知耳。

尺牘第伍通云：

嵇叔夜有言：「人之相知，貴濟其天性。」弟讀此語，未嘗不再三歎也。今以觀先生之于弟，得無其信然乎？浮談謗歘之跡，適所以爲累，非以鳴得志也。然所謂飄飄遠遊之士，未加六翮，是尤在乎鑒其機要者耳。今弟所汲汲者，亡過于避跡一事。望先生速擇一静地爲進退。最切！最感！餘晤悉。

寅恪案，河東君此札所言擇静地以避跡一事，在其寄寓西湖然明横山别墅以後。（見前論第壹札。）河東君此時聲名廣播，外間聞風而來者，必多爲河東君所不欲覿面之人。縱有願與覿面并相詶酢者，但其人究非理想，而又豪霸癡黠糾纏不止，難於抗拒，如謝象三之例。故更請然明別擇一避跡之静地。此静地必非指汪氏横山別墅。蓋汪氏之家原在杭州缸兒巷。（見春星堂詩集壹然明先生小傳及遺稿後，然明曾孫師韓跋語。）河東君自不便即寓缸兒巷然明之家，與其姬妾家人共處。否則河東君豈不幾與崇禎十三年冬暫居牧齋家之我聞室相類耶？汪氏爲己身避嫌疑及爲河東君作介紹計，處河東君於横山別墅，實最適宜。然既不與汪氏家人共居一處，遂亦難免於如象三輩之來擾。河東君急欲以擇一静地爲決進退，并有遠遊離去之意，其故即在於此，而當日之情勢迫切不可少緩者，更可想見矣。又牧齋有美詩（見東山詶和集壹。）云：「蘇隄渾倒踏，黟水欲平填。」寅恪少日讀此詩，頗不能解。蓋「蘇隄」自指西湖而言，河東君與西湖甚有關係，此上句可通。但下句以「黟水」爲對文，則突兀不倫，未曉其意所至。更檢錢曾初學集詩注，亦未有詮釋。懷蓄此疑頗久，苦無從求教於博雅通人。及垂死之年，得讀河東君尺牘，并參以一笑堂集春星堂集等，始恍然大悟，「黟水」即指然明。然明爲新安人，故以「黟水」目之。合此兩句言之，即謂河東君寓杭州汪氏横山別墅時，因然明以求見之人，必甚不少。據此札避跡以求静地之語，可知牧翁之詩，殊爲實録也。觀然明一生所爲，如爲楊雲友作「生死金湯」之類，（見上引汪然明聽雪軒集所載董其昌題詞。）

事例不少。今於河東君亦復相同。就其中尤足稱者，莫過於護惜張宛仙一端。兹并附述之，以供考證，且資談助云爾。

春星堂詩集伍夢香樓集汪然明自序略云：

夢香樓集爲眉史宛仙而成也。憶壬辰於鴛水遇之，終宴無一語，然依依不可得而親疏遠近。座客謂西湖漸復舊觀，得伊人點綴，可稱西子。予唯唯。拈四絶以訂之。别後杳然，私謂空賦巫山一夢矣。今夏宛仙有意外之虞，來武林，予爲解之。時尚有側目者，又有私慕者。宛仙匿影不出。予一日拉同人雅集不繫園，（寅恪案，前引李笠翁詩集陸「汪然明封翁招飲湖上，座列名士，兼列紅粧」七律，自注云：「舟名不繫園。」殆即此時所作。但李集編列此詩於庚子後，辛丑前，實則此時然明死已久矣。其誤無疑也。）致使聲名益噪，遊人多向予問津。不輕引入桃源者，時多戎馬，恐名花爲之摧殘，可惜也。孟冬有文武顯貴臨湖上，聞而慕之。會予蕭齋，有不惜明珠白璧，屬予蹇修者。宛仙笑而謝曰：「公輩真鍾情，如薄命人非宜富貴家，且何忍遽别西湖也。」聞者多病宛仙少周旋。然亦以此益高宛仙矣。乙未花朝松溪道人汪汝謙書於夢香樓。

又同書同集張宛仙和詩序略云：

予昔於鴛水遇然明先生。先生有詩訂遊西湖。於兹三年，始得踐約。六月十九過朱萼堂，琴尊書畫，雅集名流。予時倦暑，先生因設檀牀玉枕文席香山，清供具備。有詩紀事，和者盈帙。予因步韻，以志主人情重，亦一時佳話云。雲間張宛。（原注：「宛仙舊字小青。」）

寅恪案，宛仙與然明相遇於嘉興之時間，爲順治九年壬辰。春星堂詩集伍遺稿「壬辰初冬游嘉禾，飢寒之客雲集，遂售田二十一畝，分應之。臘月得次兒〔繼昌〕信，差足自慰。因述禾中感遇，補詩八章」其一云：

西湖拋却到鴛湖。笑我來游一事無。泉石幽香偏吐艷，琴書冷韻每操觚。（自注：「時訪香隱校書。」）莫懷羈旅情多感，猶喜同聲與不孤。漫道臨邛應重客，文君有待合當壚。（自注：「香隱隱居，不輕見人。」）

然則然明之識宛仙之時，正值其閉門謝客，不輕見人之際。蓋當日情勢，必有所畏憚，不敢取次酬應者矣。宛仙既不酬應，則生事自有問題。然明所謂「飢寒之客」，即指宛仙及黃皆令等而言。汪氏此八詩之中，關於宛仙者，列第壹。關於皆令者，列第貳。豈亦汪氏當日售田所得金額，分潤多寡之次第耶？復次，然明之豪俠，若其於張宛仙之例，固可稱道。然當建州入關之初，明之士大夫不隨故國舊君同盡，猶能偷活苟存，并得維護才媛名姝之非貌寢如黃皆令者，亦自有其故在。據春星堂詩集壹所載然明次子繼昌小傳略云：

徵五先生諱繼昌，號悔岸。然明先生次子。順治〔五年〕戊子經魁。〔六月〕己丑成進士。歷仕廣西左江道，湖廣江防兵備按察司副使。

又同書伍遺稿載「〔順治十一年〕甲午七月次兒蒙洪〔承疇〕督師調至長沙軍前」七律八首及「次兒請假歸省，督師贈予風雅典型匾額。感懷述事，復拈八章」兩題云：

（詩均略。）

觀前引然明於壬辰冬，即作此兩題詩之前二年，至嘉興售田，則其生計艱困可知。幸其次子悔岸追隨當日漢奸渠首，漸至監司，稍稍通顯。然明不獨藉此可以苟全，且得以其餘力維護名姝矣。堂堂督師書贈之匾額，自可高懸於春星堂上，以作擋箭牌。避難投止之張小青，遂亦得脱免於「文武顯貴」之網羅也。特附記亨九書贈然明匾額一事於此，聊與居今日歷世變之君子，共發一嘆云爾。

尺牘第柒通云：

鵑聲雨夢，遂若與先生爲隔世遊矣。至歸途黯瑟，惟有輕浪萍花與斷魂楊柳耳。回想先生種種深情，應如銅臺高揭，漢水西流，豈止桃花千尺也。但離別微茫，非若麻姑方平，則爲劉阮重來耳。秋間之約，尚懷渺渺，所望於先生維持之矣。便羽即當續及。昔人相思字每付之斷鴻聲裏。弟於先生，亦正如是。書次惘然。

其第捌通云：

枯桑海水，羈懷遇之，非先生指以翔步，則漢陽摇落之感，其何以免耶？商山之行，亦視先生爲淹速爾。徒步得無煩屐乎？并聞。

其第壹叁通云：

鱗羽相次，而晤言遥阻，臨風之懷，良不可任。齊雲勝遊，兼之逸侶，踦岪之思，形之有日。奈近羸薪憂，褰涉爲憚。稍自挺動，必不忍蹇偃以自外于霞客也。兹既負雅招，更悼索見。神爽遥馳，臨書惘惘。

其第壹陸通云：

弘覽前兹，立雋代起。若以渺末，則輪翮無當也。先生優之以峻上，期之於綿邈，得無逾質耶？鱗羽相望，足佩殷遠。得片晷商山，復聞揮麈，則羈懷幸甚耳。

寅恪案，此四通皆關於然明約河東君往遊商山齊雲者，第捌通商山之約，河東君實已成行。第壹陸通商山之招，以此後書札無痕跡可尋，恐未能赴約。第壹叁通齊雲之遊，則未成事實也。

初學集壹捌東山詩集壹響雪閣（自注：「新安商山。」）詩云：

綺牕阿閣赤山湄。想像憑闌點筆時。簾捲春波塵寂寂，歌傳石瀨響遲遲。清齋每憶桃花米，素扇争題楊柳詞。日夕汀洲聊騁望，澧蘭沅芷正相思。

其下即接以「登齊雲巖」四首云：

（詩略。）

以上兩題皆牧齋崇禎十四年辛巳春間遊黄山之詩。東山詶和集貳止載「響雪閣」一題，而無「登齊雲巖」四首。蓋「齊雲巖」與河東君無涉，故不列於東山詶和集。觀「響雪閣」詩有：「想像憑闌點筆時」及「素扇争題楊柳詞」之句，可知河東君實曾遊商山，而未嘗登齊雲巖。至「楊柳詞」是否即指河東君金明池「詠寒柳」詞，或泛指河東君其他作品，尚須詳考。或謂「素扇争題楊柳詞」乃兼指絙雲詩扇而言。「楊柳詞」即太平廣記壹玖捌引雲溪友議「唐白居易有妓樊素善歌，小蠻善舞」條中之「楊柳詞」。（見後論牧齋崇禎十五年壬午仲春自和合歡詩節。）鄙意此典故之「楊柳詞」，雖與牧齋響雪閣詩字面相同，然旨趣不合，故或説非是。

又東山詶和集壹載偈菴（即程孟陽嘉燧。）「次牧翁（冬日同如是）泛舟韻」云：

蚤聞南國翠娥愁。（寅恪案，全唐詩第陸函李白貳肆「怨詞」云：「美人捲珠簾，深坐顰娥眉。但見淚痕濕，不知心恨誰。」河東君夙有「美人」之號，詳見前第貳章。又同書同函李白伍「長相思」第貳首，或作「寄遠」云：「美人在時花滿堂。美人去後空餘牀。

牀中繡被卷不寢，至今三載猶聞香。香亦竟不滅，人亦竟不來。相思黄葉落，白露點青苔。」太白此詩中「美人」餘「香」不滅之語，可與前第叁章所引臥子崇禎十一年戊寅秋作品「長相思」詩中「美人」及「餘香」諸句相參證。然則孟陽用典遣辭，甚爲切當，而「美人心恨誰」之「誰」，則舍臥子莫屬也。復次，杜工部集玖「陪諸貴公子丈八溝攜妓納涼，晚際遇雨」二首之二云「雨來霑席上，風急打船頭。越女紅裙濕，燕姬翠黛愁。纜侵隄柳繫，幔卷浪花浮。歸路翻蕭瑟，陂塘五月秋」，及白氏文集伍「宅西有流水」詩「紅袖斜翻翠黛愁」句等，皆可與孟陽此句參證也。）曾見書飛故國樓。（自注：「如是往遊新安，故鄉人傳其詞翰。」寅恪案，孟陽與然明皆屬徽州府籍。但孟陽所稱之「故鄉人」即今俗語所謂「老鄉」者，非僅指然明而言，並目一班之徽州人也。「其詞翰」殆即指河東君之篇什而言。可參第壹章論牧齋永遇樂詞及第貳章論牧齋「觀美人手跡」詩。然則孟陽欲專有河東君，而不介紹於牧齋。牧齋之得見河東君之詞翰，實由於然明。其實河東君屢游西湖，并寄寓然明别墅，自不待同遊商山，始傳致其詞翰。孟陽不過欲藉此以解脱其掩蔽河東君於牧齋之咎責耳。汪程兩人器量廣狹，心智高下，於此可見矣。抑更有可注意者，即河東君與然明崇禎十一年戊寅秋季以後，始有往來。檢耦耕堂存稿詩及孟陽自序，自十一年秋至十三年冬，並未發見孟陽有返其故鄉新安之痕跡。據此程詩所謂「曾見」者，恐非指己身親見之義，不過謂他人見之，轉告得知之意也。）遠客寒天須秉燭，美人清夜恰同舟。（寅恪案，此句「美人」二字，可與第壹句相印證。）玉臺傳得詩千首，金管吹來坐兩頭。從此煙波好乘興，萬山春雪五湖流。

尤可證河東君曾應然明遊商山之約也。尺牘第柒通云：「秋間之約，尚懷渺渺。」第捌通云：「商山之行，亦視先生爲淹速爾。徒步得無煩屐乎？」則似此遊在崇禎十二年己卯秋間。至第柒通所云「但離別微茫，非若麻姑方平，則爲劉阮重來耳」之語，頗不易解。繹其辭意，似謂然明若偕己身同訪商山之友人，如麻姑與王方平同過蔡經家之例，則此約可踐。若然明與其友人同至己身所居之處，必不得相見，如劉晨阮肇重到天臺，而仙女已渺然矣。第拾叁通拒絕然明約遊齊雲巖云：「既負雅招，更悼索見。」所謂「雅招」，即指偕遊。所謂「索見」，即指來訪，此意可以互證也。所成問題者，則此居商山之友，究爲何人？今殊難考。據春星堂詩集貳綺詠續集有「秋日過商山訪朱子暇〔治憪〕，時子暇將歸西湖」五律一首。則然明秋季訪朱子暇於商山，已有其例。但然明此詩作於崇禎四年辛未以前，時間過早，自與河東君此行無涉。惟子暇於商山有寄居之處，而然明有訪友之舉，既有成例可循。故崇禎十二年己卯秋間，然明與河東君偕遊商山，當亦與曩時訪朱氏之遊相類。此河東君所以有麻姑王方平同過蔡經家之譬喻耶？

又檢閔麟嗣纂黄山志柒賦詩門，明代最後無名氏所作之前，載有楊宛「詠黄山」七絶一首云：

黄山山上萬峰齊。一片孤雲千樹低。笑殺巫山峰十二，也稱神女楚王遺。

冒辟疆襄影梅庵憶語云：

〔崇禎十三年〕庚辰夏留滯影園，欲過訪姬。（指董小宛。）客從吴門來，知姬去西子湖，兼往遊黄山白嶽。遂不果行。

〔崇禎十四年〕辛巳早春余省覲去衡嶽，繇浙路往。過半塘訊姬，則仍滯黄山。

寅恪案，董小宛冒辟疆之因緣，世人習知，無取多論。至此楊宛，即顧云美河東君傳中引牧齋語，所謂：

天下風流佳麗，獨王修微〔微〕，楊宛叔〔宛〕與君（指河東君。）鼎足而三。何可使許霞城〔譽卿〕，茅止生〔元儀〕專國士名姝之目？

一節中之楊宛叔，其有關資料詳見下論田弘遇南海進香節所引。鄙意牧齋編纂列朝詩集所以選録宛叔之詩，並爲小傳，蓋深致悼惜之意也。今據楊宛此詩及影梅菴憶語所言，可以推知當時社會一般風氣，自命名士之流，往往喜摹倣謝安石「每遊賞必以妓女從」之故事。（見晉書柒玖謝安傳。）然明之約河東君往遊商山齊雲，亦不過遵循此例耳。蓋昔日閨閣名媛之守禮法者，常不輕出游，即在清代中葉文學作品，如儒林外史敍述杜少卿夫婦遊山，（見儒林外史第叁叁回。）所以能自矜許，稱爲風流放誕之故也。

復次，第柒通云：「回想先生種種深情，應如銅臺高揭，漢水西流，豈止桃花千尺也。」王秀琴女士胡文楷君編選歷代名媛書簡肆載此文，「漢」字下注云：「疑漳之誤。」殆以「銅臺」「漢水」爲不同之兩義，不可連用。故改「漢」爲「漳」，則兩句皆表一義。蓋以魏武之銅爵臺與鄴之漳水爲連類也。鄙意河東君此文乃用太白詩「桃花潭水深千尺，不及汪倫送我情」之句，以比然明之深情。復用「銅臺」「漢水」之辭，以比然明之高義。銅雀臺固高，可以取譬。認銅臺爲銅雀臺，自是可通。但若又認漢水爲漳水，而與銅臺爲連類，則是河東君直以然明比魏武，而自居於銅雀臺妓。與崇禎十二年汪柳關係之情勢，極不適合。河東君爲避嫌疑計，必不出此。且河東君薰習於幾社名士，如臥子李宋之流者甚久。幾社一派詩文宗法漢魏六朝，河東君自當熟精選理，豈有不讀文選貳叁謝玄暉同謝諮議銅雀臺詩，即玉臺新詠肆謝朓銅雀臺妓及文選陸拾陸士衡弔魏武帝文者乎？魏文帝所作「燕歌行」云：「星漢西流夜未央。」（見文選貳柒。）及「雜詩」二首之一云：「天漢迴西流。」（見文選貳玖。）又杜子美「同諸公登慈恩寺塔」五古云：「河漢聲西流。」（見杜工部集壹。）皆詩人形容極高之語。天上之銀漢可言西流，人間之漳水不可言西流。故「漢」字非「漳」字之譌。細繹河東君文中

「銅臺」「漢水」兩句，皆形容極高之辭，即俗所謂「義薄雲天」之義。或者河東君因三輔黃圖謂：「神明臺在建章宮中，祀仙人處。上有銅仙舒掌捧銅，承雲表之露。」（據平津館叢書本。）及杜少陵詩「承露金莖霄漢間」之句，（見杜工部集壹伍「秋興」八首之五。）不覺牽混以銅臺爲言，並因杜詩「霄漢」之語，復聯想天上之銀漢。故遂分拆杜詩此一句，構成此文「銅臺」「漢水」之兩句，以形容然明之「雲天高義」耶？陳其年維崧詞（迦陵詞貳捌賀新涼「春日拂水山莊感舊」。）云：

人說尚書身後好，紅粉夜臺同嫁。省多少望陵閒話。

則實用魏武銅爵臺妓故事。此詞作於河東君此札後數十年。河東君久已適牧齋，牧齋既死，又身殉以保全其家。迦陵詞中用「望陵」之語，頗爲適切也。

又太平廣記壹玖伍「紅綫」條（原注：「出〔袁郊〕甘澤謠。」）云：

既出魏城西門，將行二百里，見銅臺高揭，而漳水東注，晨飇動野，斜月在林。憂往喜還，頓忘於行役。感知酬德，聊副於心期。

然則河東君實取袁氏文中「銅臺高揭」四字，而改易「漳水東注」爲「漢水西流」四字。其所以如此改易者，不僅表示高上之義，與銀漢西流相合，且「流」字爲平聲，於聲律更爲協調。吾人觀此，益可證知河東君文思之精妙矣。復次，有學集貳拾「許〔瑶〕夫人〔吴綃〕

嘯雪菴詩序」云：

漳水東流，銅臺高揭。洛妃乘霧，羨翠袖之英雄。妓女望陵，弔黄鬚於冥莫。

寅恪案，此序用甘澤謡之文，亦改「注」爲「流」，以合聲律，但序之作成，遠在河東君尺牘之後。白香山詩云：「近被老元偷格律。」（見白氏文集壹陸「編集拙詩成一十五卷，因題卷末」七律。）林天素「柳如是尺牘小引」云：

今（汪然明）復出懷中一瓣香，以柳如是尺牘寄余索敍，琅琅數千言，豔過六朝，情深班蔡，人多奇之。

然則牧齋殆可謂偷「香」竊「豔」者耶？又「黄鬚」事，見三國志壹玖魏志任城威王彰傳。「黄鬚」乃指曹操子曹彰而言。牧齋用典，不應以子爲父，或是「黄鬚」乃「弔」之主詞，但文意亦未甚妥，恐傳寫有誤。竊疑「鬚」乃「星」或他字之譌。若本作「星」字者，即用魏志壹武帝紀建安五年破袁紹條所云：

初桓帝時，有黄星見於楚宋之分，遼東殷馗善天文，言後五十歲，當有真人起於梁沛之間，其鋒不可當。至是凡五十年，而公破紹，天下莫敵矣。

抑或别有出處，敬乞通人賜教。

尺牘第壹柒通云：

流光甚駛，旅況轉淒。恐悠悠此行，終浪遊矣。先生相愛，何以命之？一逢歲始，即望清騶。除夕詩當屬和呈覽，餘惟台炤，不既。

寅恪案，河東君當是於崇禎十二年冬遊杭州，寄寓然明之西溪横山書屋，即在此度歲。元旦患病嘔血，稍愈之後，於崇禎十三年二月離杭州歸嘉興。其間大約有三月之久。第貳貳通云：「雪至雨歸。」謂雪季在杭州，雨季赴嘉興。

尺牘第貳叁通云：

前接教後，日望車塵。知有應酧，良晤中阻。徙倚之思，日切而已。

其第貳肆通云：

雲霄殷誼，褰涉忘勞。居有倒屣，行得順流。安驅而至，坦履而返。萍葉所依，皆在光霽。特山煙江樹，觸望黯銷。把袂之懷，渺焉天末。已審春暮遊屐遄還，故山猿鶴，夢寐遲之。如良晤難期，則當一羽修候爾。廿四日出關，倉卒附聞。嗣有縷縷，俟之續布，不既。

故知然明以應酧離杭他往，欲河東君留杭至暮春三月還杭後與之相晤。然河東君赴禾之意甚切，不及待然明之返，遂於崇禎十三年庚辰二月廿四日離杭往嘉興也。第貳肆通所謂「廿四日出關」者及第貳伍通所謂「率爾出關」，即前引春星堂詩集叁「柳如是校書過訪，舟泊關津而返」詩云：「遽懷南浦出郊關。」皆指由杭州北行所必經之「北關」。（見光緒修杭州府志陸。）故河東君所謂「出關」，亦即離杭北行之意也。河東君此次遊杭，時經三月之久，中間患病頗劇，自有所爲而來，必有所爲而去。第壹柒通云：「流光甚駛，旅況轉淒。恐悠悠此行，終浪遊矣。」其辭旨悽感，發病嘔血，亦由於此。蓋當崇禎十二年己卯歲末，河東君年已二十二，美人遲暮，歸宿無所。西湖之遊，本爲閱人擇婿。然明深識其意，願作黃衫。第貳伍通所謂「觀濤」，即然明又一次約河東君至杭，爲之介紹佳婿之意。錢塘可觀浙江潮，故以枚乘「七發」觀濤廣陵爲比，藉作隱語也。「浪遊」一語，乃不諧之意。然則河東君此行，究與何人有關，而終至其事不諧耶？鄙意此人即鄞縣謝象三三賓是也。鮚埼亭外集貳玖云：

三賓知嘉定時，以贄列錢受之門下，爲之開雕婁唐諸公集。其後與受之爭妓柳氏，遂成貿首之仇。南都時，受之復起，且大拜。三賓稱門下如故。其反覆如此。

寅恪案，三賓人品卑劣，誠如全氏所論。但謝山之言亦有失實者。考牧齋爲天啓元年浙江鄉試正考官。（詳見前第壹章拙作「題牧齋初學集」詩所論。）象三以是年鄉試中式。（見雍正修寧波府志壹柒選舉上明舉人條及初學集伍叁「封監察御史謝府君墓誌銘」中「三賓余門人也」之語。）故三賓所撰一笑堂集中涉及牧齋，稱之爲座師者，共有「丁亥冬被誣在獄，時錢座師亦自刑部回，以四詩寄示，率爾和之」「壽錢牧齋座師」「壽座師錢牧齋先生」等三首。（均見一笑堂詩集叁。）象三之詩，其作成年月雖多數不易詳悉考定。然觀象三於丁亥即順治四年，猶稱牧齋爲座師。牧齋且以「次東坡御史臺寄妻詩」寄示謝氏，謝氏復賦詩和之。又「壽錢牧齋座師」詩中有：

天留碩果豈無爲。古殿靈光更有誰。渭水未嘗悲歲晚，商山寧復要人知。

等語，皆足證象三於牧齋晚年，交誼未改也。或疑此兩詩爲弘光南都即位，牧齋復起以後所作，與謝山「三賓稱門下如故」之語，尚不衝突。但檢初學集叁陸有「謝象三五十壽序」一篇。據一笑堂詩集壹「（順治七年）庚寅初度自述」五古中「吾年五十八，六十不多時」之句，逆推象三年五十時，乃崇禎十五年壬午也。河東君以崇禎十四年辛巳夏歸於牧齋，崇禎十七年甲申夏福王立於南京。然則牧齋於此兩時限之間，猶撰文爲象三壽。故知全氏謂：「與受之爭妓柳氏，遂成貿首之仇。」其說殊不可信也。

又檢初學集捌伍「跋前後漢書」（參天祿琳瑯書目宋版史部漢書錢謙益跋，春酒堂文存叁「記宋刻漢書」，陳星厓詩集壹「鷗波道人漢書歎」并陳星厓銘海補注全祖望句餘土音補注陸此題注。）云：

趙文敏家藏前後漢書，爲宋槧本之冠。前有文敏公小像。太倉王司寇得之吴中陸太宰家。余以千金從徽人贖出。藏弆二十餘年。今年鬻之於四明謝象三。床頭黃金盡，生平第一殺風景事也。此書去我之日，殊難爲懷。李後主去國，聽教坊雜曲，「揮淚對宫娥」一段悽涼景色，約略相似。癸未中秋日書于半野堂。

牧齋尺牘外編「與□□」書所言多同於牧齋之跋，惟涉及李本石之語，則跋文所未載。兹僅節録此段，以供參考。其文云：

京山李維柱字本石。本寧先生之弟也。嘗語予，若得趙文敏家漢書，每日焚香禮拜，死則當以殉葬。

更可證牧齋於崇禎十六年癸未中秋，猶與象三有往來。牧齋此次之割愛售書，殆爲應付構造絳雲樓所需經費之用。考初學集貳拾下東山詩集肆「燈下看内人插瓶花，戲題四絶句」其一云：「水仙秋菊並幽姿」及「玉人病起薄寒時」。此題後第貳題即爲「絳雲樓上梁，以詩代文」八首。然則牧齋售書之日，與絳雲樓上梁之時，相距甚近。兩事必有相互關係無疑。象三雖與牧齋争娶河東君失敗，但牧齋爲築金屋以貯阿雲之故，終不得不忍痛割其所愛之珍本，鬻於象三。由是而言，象三亦可借此聊以快意自解，而天下尤物之不可得兼，於此益信。蒙叟一生學佛，當更有所感悟矣。觀下引牧齋重跋此書之語，亦可證也。一笑！

有學集肆陸「書舊藏宋雕兩漢書後」（參天禄琳瑯書目史部。）云：

趙吴興家藏宋槧兩漢書。王弇州先生鬻一莊得之陸水邨太宰家。後歸于新安富人。余以千二百金從黄尚寶購之。崇禎癸未損二百金售諸四明謝氏。庚寅之冬吾家藏書盡爲六丁下取。此書却仍在人間。然其流落不偶，殊可念也。今年遊武林，坦公司馬攜以見示，諮訪真贋。予從臾勸亟取之。司馬家揷架萬籤，居然爲壓庫物矣。嗚呼！甲申之亂，古今書史圖籍一大劫也。庚寅之火，江左書史圖籍一小劫也。今吴中一二藏書家，零星捃拾，不足當吾家一毛片羽。見者誇詡，比于酉陽羽陵。書生餓眼，見錢但不在紙裹中，（天禄琳瑯書目作「但見錢在紙裹中。」）可爲捧腹。司馬得此十篋，乃今時書庫中寶玉大弓，當令吴兒見之，頭目眩暈，舌吐而不能收。不獨此書得其所歸，亦差足爲絳雲老人開顔吐氣也。劫灰之後，歸心空門，爾時重見此書，始知佛言昔年奇物，經歷年歲忽然覆睹，記憶宛然，皆是藏識變現，良非虚語，而吕不韋顧以楚弓人得，爲孔老之云，豈爲知道者乎？司馬深知佛理，并以斯言諗之。（天禄琳琅書目此句下有「歲在戊戌孟夏二十一日重跋於武林之報恩院」十九字。）

寅恪案，蒙叟於崇禎十六年癸未秋割愛賣兩漢書，已甚難堪。象三此時家甚富有，但猶抑損牧齋購入原價二百金。靳此區區之數，不惜招老座師以更難堪之反感。豈因争取「美人」失敗，而又不甘間接代付「阿雲」金屋經費之故，遂出此報復之市儈行爲耶？牧齋云：「不獨此書得其所歸，亦差足爲絳雲老人開顔吐氣也。」蒙叟屬辭不多用「絳雲老人」之稱。今特著「絳雲」二字者，不僅因絳雲樓藏書被焚，深致感念。窺其微意所在，亦暗寓「阿雲金屋」一重公案也。牧齋如盧家之終有莫愁，固可自慰。然亦卒不能收回已亡之楚弓，姑借佛典阿賴耶識之説，强自解釋，情甚可憐。若象三以「塞翁」爲其别號，則不知其所失者爲書耶？抑或人耶？謝氏二十年之間，書人兩失，較牧齋之得人而失書者，猶爲不逮。此亦其人品卑劣有以致之，殊不足令人憫惜也。

至牧齋所謂「坦公司馬」應即張縉彦。其事蹟見清史列傳柒玖貳臣傳本傳及清史稿貳伍壹劉正宗傳附張縉彦傳。清史列傳載其於順治十一年甲午由山東右布政使，遷浙江左布政使。十五年戊戌擢工部右侍郎。與浙江通志壹貳壹職官表壹壹承宣布政使欄「張縉彦」下注「字坦公，新鄉人。前辛未進士。順治十一年任」，及「許文秀」下注「遼東人。順治十五年任」之記載相合。又明史壹壹貳七卿年表兵部尚書欄載：

崇禎十六年癸未十月張縉彦任。十七年（甲申）三月縉彦降賊。

及同書叁佰捌馬士英傳云：

張縉彦以本兵首從賊。賊敗，縉彦竄歸河南。自言集義勇收復列城。即授原官，總督河北山西河南軍務，便宜行事。（參計六奇明季北略貳貳張縉彦條。）

等，皆可與清國史館張縉彦傳參證也。

復次，有學集伍絳雲餘燼集下「贈張坦公」二首。其一云：

中書行省古杭都。曾有尚書曳屐無。暫借願廳居左轄，（牧齋外集壹「願」作「頭」。是。）且抛手版領西湖。

其二云：

中朝九伐勒殊勳。父老牽車拜使君。藉草定追蘇白詠，澆花應酹岳于墳。西陵古驛連殘燒，南渡行宮入亂雲。注罷金經臥簾閣，諸天春雨自繽紛。

牧齋外集陸「張坦公集序」略云：

中州張坦公先生射策甲科，起家縣令，受當宁簡在，入直翰苑，洊歷大司馬。當是時，國勢阽危，樞務旁午，天子神聖，非常寄任。朝野屏息跂望，以爲李伯紀〔綱〕，于廷益〔謙〕合爲一人。俄而天地晦冥，國有大故，觸冒萬死，走荆雒諸山中，經營寨栅，收合徒旅，逆闖之號令不行于荆南，公實以隻手遏之。燕雲底定，璽書慰存，乃始卷甲臥鼓，頓首歸命。迴翔朝右，資望深茂。乃由山左擢杭左轄。先後十餘年，閱歷變故，最險最奇。其所爲詩文，亦隨心遞變。世之知坦公者，當以其詩文，而坦公之生平建竪，欲有所寄託，以自見於竹素，舍此集亦何以矣。昔少陵遇天寶之亂，流離巴蜀，有昔遊遺懷之作。一則曰，昔者與高李，晚登單父臺。寒蕪際碣石，萬里風雲來。一則曰，昔我遊宋中，惟梁孝王都。憶與高李輩，論交入酒壚。蓋自七雄劉項并吞割據之餘，戰伐通塗，英雄陳迹，多在梁宋之間。而况如公者，以含章振生之姿，攬中州河雒之秀，天實命以鼓吹休明，陶鑄風雅。于是乎孟津超乘於前。（寅恪案，「孟津」指王鐸。事蹟見清史列傳柒玖貳臣傳本傳等。鐸河南孟津人。又爲大學士，故云。）行屋俠轂于後，（寅恪案，「行屋」指薛所蘊。事蹟見清史列傳柒玖貳臣傳本傳。并參牧齋外集伍薛行屋詩序。又桴庵爲河南孟縣人，故稱其「行屋」之號，以免與覺斯相混也。）旗鼓相當，鞭弭競奮，亦天相之也。威弧不弦，帝居左次，橋山之龍胡不逮，崆峒之仙仗杳然。於是乎棄戎旃，理翰墨，捨韎韋，事畢牘，詞壇騷壘，收合餘燼，地負海涵，大放厥詞，而依水園之全集始出。坦公書來曰，公知我者，幸爲我詩序。余雖老廢，歸向空門，不敢謂不知坦公也。孟津已矣，今所爲高李者，有行屋及安丘二公在。（寅恪案，「安丘」指劉正宗。事蹟見清史列傳柒玖貳臣傳及清史稿貳伍壹本傳等。正宗爲大學士，故以「安丘」稱之，與稱覺斯爲孟津同例也。）坦公將還朝，共理承明之事，試相與評吾言，以爲何如也。

寅恪案，牧齋贈坦公詩，大約作於順治十一年甲午或十二年乙未，「書舊藏宋雕兩漢書後」一文末署：「歲在戊戌孟夏廿一日，重跋於武林之報恩寺。」即在順治十五年張氏尚在杭任，未奉調入京之時。至「張坦公集序」則作於張氏將離杭赴京之際，更在「書舊藏宋雕兩漢書後」以後矣。復檢清史列傳柒玖貳臣傳張縉彥傳略云：

順治十七年六月左都御史魏裔介劾大學士劉正宗罪惡，言縉彥與爲莫逆友，序其詩，稱以將明之才，詞詭譎，而心叵測。均革職逮訊。御史蕭震疏劾縉彥曰，官浙江時，編刊無聲戲二集，自稱不死英雄。有弔死在朝房，爲隔壁人救活云云。冀以假死，塗飾其獻城之罪。又以不死，神奇其未死之身。臣未聞有身爲大臣，擁戴逆賊，盜竊宗社之英雄。且當日抗賊殉難者有人，闔門俱死者有人，豈以未有隔壁人救活，遜彼英雄？雖病狂喪心，亦不敢出此等語。縉彥乃筆之於書，欲使亂臣賊子相慕效乎？疏並下王大臣察議，以縉彥詭詞惑衆，及質訊時，又巧辯欺飾，擬斬決。上貰縉彥死，褫其職，追奪誥命，籍没家産，流徙寧古塔。尋死。

寅恪案，牧齋爲此僨軍之將，亡國之大夫，而兼「不死之英雄」作序，鋪張敷衍，長至千餘言，其欲得張氏之潤筆厚酬，自不待論。鄙意牧齋當日之奢望，似猶不僅此也。豈竟欲藉此諛辭，感動張氏，取其購得謝三賓之宋槧兩漢書，還諸舊主，庶幾古籍美人可以并貯一處，（此「處」即「絳雲餘燼處」之「處」。若作「樓」，則非絳雲樓，而是後來河東君縊死之榮木樓矣。）與之共命而同盡，更爲絳雲老人開顔吐氣耶？坦公未能如牧齋之願，而此書遂流落他所，展轉收入清内府。三百年來陵谷屢遷，此曠世奇寶，若存若亡，天壤間恐終不可復睹矣。惜哉！惜哉！

更有一事可與錢謝此重公案相參勘者，黄丕烈士禮居藏書題跋記伍「唐女郎魚玄機詩一卷，宋刻本」條云：

朱承爵字子儋。據列朝詩集小傳，知爲江陰人。世傳有以愛妾换宋刻漢書事。其人亦好事之尤者。唐女郎何幸，而爲其所珍重若斯。

寅恪案，列朝詩集丁捌撰朱氏「落花」詩二首。其小傳不載以愛妾换宋刻漢書事。蕘翁所言，未知何據？牧齋所撰列朝詩集諸人小傳，多喜記瑣聞逸事之可資談助者，子儋以愛妾换宋刻漢書一事，牧齋當亦有所知聞。然不收入小傳中者，豈其事略同於象三與己身之關係，遂特避嫌，諱而不載耶？若果如是，則其心良苦，其情可笑矣。

復次，牧齋尺牘貳與李孟芳書共十三通。其中三通關涉王弇州家漢書事。

第壹通云：

子晉并乞道謝。漢書且更議之，不能終作篋中物也。歸期想當在春夏之交，把臂亦非遠矣。

第拾通云：

歲事蕭然，欲告糴於子晉。藉兄之寵靈，致此質物。庶幾泛舟之役有以藉手，不致作監河侯也。以百石爲率，順早至爲妙，少緩則不及事矣。

第壹貳通云：

空囊歲莫，百費蝟集。欲將弇州家漢書，絶賣與子晉，以應不時之需。乞兄早爲評斷。此書亦有人欲之，意不欲落他人之手。且在子晉，找足亦易辦事也。幸即留神。

寅恪案，牧齋尺牘之編次頗有舛譌。如卷上致梁鎮臺三通，其第壹通乃致梁維樞者，而誤列於致梁鎮臺，即梁化鳳題下，乃是一例。見第伍章所論。至排列復不盡依時間先後。如第伍通論牧齋垂死時之貧困節引「致盧澹巖」札第肆通應列於第壹通前，即是其例。假定此寄李孟芳諸札之排列先後有誤，則第拾通「泛舟之役」自指與河東君有關之事。如初學集貳拾東山詩集叁河東君和牧齋「中秋日攜内出游，次冬日泛舟韻」二首之二所謂「夫君本自期安槳，賤妾寧辭學泛舟」之義。假定寄李孟芳札排列先後不誤，則「泛舟之役」別指一事，與河東君無關。兹僅稍詳論後一說，以俟讀者抉擇，蓋前一說易解，不待贅述也。

就後一說言之，第壹通「歸期在春夏之間」等語，乃崇禎十一年戊寅牧齋被逮在京時所作。若牧齋與孟芳之尺牘皆依時間先後排列，則第拾通疑是崇禎十五年冬間所作。因此通前之第捌通有：

日來婦病未起，老夫亦潦倒倦臥。呻吟之音，如相唱和。

等語。其時河東君正在重病中也。又第拾通云：「庶幾泛舟之役，有以藉手。」所謂「泛舟之役」，不知何指。若謂是崇禎十四年辛巳冬十一月與河東君泛舟同遊京口，（見初學集貳拾「〔辛巳〕小至日京口舟中」并河東君和作。及「冬至後京江舟中感懷八首」。）則是年中秋河東君尚未發病。（見初學集貳拾「〔辛巳〕中秋日攜内出遊」二首并河東君和作。）大約九十月間即漸有病。故牧齋「小至日京口舟中」詩云：「病色依然鏡裏霜。」河東君和作云：「香奩累月廢丹黄。」據鄭氏近世中西史日表，此年冬至爲十一月十九日。依「累月」之語推之，其起病當在九十月間，然尚能出遊并賦詩，諒未甚劇。但在途中病勢增重，祇得暫留蘇州，未能與牧齋同舟歸常熟度歲。觀牧齋「辛巳除夕」詩「悽斷鰥魚渾不寐，夢魂那得到君邊」之句，知柳錢兩人此際不在一處，而河東君之病甚劇，又可推見也。此點詳見後論，兹不多及。由是言之，牧齋致李氏尺牘第拾通中「泛舟之役」一語，非指此次京口之遊，自不待辨。至崇禎十五年冬，牧齋實有關涉「泛舟」之事，更就明清時人「泛舟之役」一習用之語考之，實有二解：一指漕運。即用左傳僖公十四年所載，其文略云：

冬晉荐饑，使乞糴於秦。〔秦〕輸粟於晉，自雍及絳相繼，命之曰汎舟之役。

如碑傳集壹叁陸田雯撰盧先生世漼傳云：

領汎舟之役，值久旱河竭，盜賊充斥，公疏數十上，犁中漕弊，皆報可。

及道光修濟南府志伍貳盧世潅傳云：

> 儹漕運，時久旱河竭，盜賊縱横，條議上聞，皆中肯綮。

可以爲證。二指率水師攻戰之意。如晉書壹壹拾載記拾慕容儁載記云：

> 遣督護徐冏率水軍三千，汎舟上下，爲東西聲勢。

可以爲證。檢牧齋此時并無參預漕運之事，則其所謂「泛舟之役」者，乃與水軍之攻戰有關無疑。若此假設不誤，玆略引資料，論之於下：

初學集貳拾「送程九屏領兵入衛二首。時有郎官欲上書請余開府東海，任搗勦之事，故次首及之」七律二首之二後四句云：

> 絶轡殘雲驅靺鞨，扶桑曉日候旌旗。東征倘用樓船策，先與東風酹一卮。

及同書貳拾下「〔癸未〕元日雜題長句」八首之四云：

> 東略舟師島嶼紆。中朝可許握兵符。樓船搗穴真奇事，擊楫中流亦壯夫。弓渡緑江驅濊貊，鞭投黑水駕天吴。劇憐韋相無才思，省壁愁看厓海圖。（自注：「沈中翰上疏請余開府登萊，以肄水師。疏甫入而奴至，事亦中格。」）

又有學集叁貳「卓去病先生墓誌銘」云：

崇禎末，中書沈君廷揚以海運超拜。特疏請余開府東海，設重鎮任援剿。去病家居，老且病矣，聞之大喜，畫圖系説，條列用海大計，惟恐余之不得當也。疏入未報，而事已不可爲。

然則「泛舟之役」，即「樓船」及「用海」之策。大約牧齋於崇禎十五年壬午歲暮，得知有巡撫登萊，率領舟師東征之議，以爲朝命旦夕可下，必先有所摒擋籌劃，因有告糴於毛氏之舉歟？

又孟芳與子晉關係至密。子晉稱之爲舅氏，見其所著野外詩卷「八月十五夜從東湖歸，獨坐快閣」詩題下自注云：「和孟芳舅氏。」可以爲證。子晉此種「舅氏」之稱謂，蓋與其稱繆仲醇希雍同例，亦見野外詩卷「暮春游興福寺」詩序。初學集陸壹牧齋作子晉父毛清墓誌銘云：「君娶戈氏，於仲醇爲彌甥壻。」及同書叁玖「毛母戈孺人六十壽序」云：「毛生子晉之母戈孺人六十矣。」則知子晉之稱孟芳爲「舅氏」不過長親之意耳。讀者幸勿誤會。毛李兩人情誼既如此親密，故牧齋託孟芳向子晉「告糴」，欲藉其「寵靈」也。此函中「質物」之語，即指質於毛晉家之漢書而言。第壹貳通疑亦是崇禎十五年歲杪所作。因十六年中秋，此漢書已鬻於謝氏，故知此函所謂「歲莫」，必非十六年歲杪也。「找足」者，欲將前抵押之漢書，「絶賣」與子晉。不知何故，此議未成。後來此書於崇禎十六年秋牧齋賣與謝三賓，當先將謝氏所付書價之一部分，從子晉贖回，然後轉賣耳。「此書亦有人欲之」之「人」，或即是象三，亦未可知。賣此書與謝氏，實非牧齋本意，乃出於萬不得已。所以感恨至於此極也。

牧齋此書今天壤間已不可得見。世之談藏書掌故者，似未注意此重公案，聊補記於此，以諗好事者。牧齋平生有二尤物。一爲宋槧兩漢書，一爲河東君。其間互有關聯，已如上述。趙文敏家漢書，雖能經二十年之久「每日焚香禮拜」，然以築阿雲金屋絳雲樓之故，不得不割愛鬻於情敵之謝三賓。未能以之殉葬，自是恨事。至若河東君，則奪之謝三賓之手，「每日焚香禮拜」達二十五年之久。身没之後，終能使人感激殺身相殉。然則李維柱之言，固爲漢書而發，但實亦不異爲河東君而發者。嗚呼！牧齋於此，可以無遺憾矣。

又謝三賓任太僕少卿，以丁父憂出京後，即買宅西湖，（寅恪案，一笑堂詩集叁「湖莊」二題，「武林舊寓爲武弁入居，殘毁殊甚，庚寅始復，感成七律」并同書肆「燕子莊」七律「花紅水緑不歸去，辜負西湖燕子莊」句及「過武林」七律「燕子莊前柳色黄，每乘春水向錢塘」句等，可證。）放情聲色。（寅恪案，一笑堂詩集叁「無題」七律「却來重入少年場」句，可證。）全謝山謂象三視師登州時，「乾没賊營金數百萬，其富耦國。」（詳見鮚埼亭外集貳玖「題視師紀略」。）其言即使過當，然象三初罷太僕少卿，居杭州時，必非經濟不充裕者，可以斷言。其子于宣字宣子，崇禎九年丙子即已中式鄉試。（見雍正修寧波府志壹柒選舉上明舉人條。）早與然明有往還。（見春星堂詩集貳「余爲修微結廬湖上。冬日謝于宣伯仲過臨，出歌兒佐酒」）則象三亦必爲然明知交之一，可以推知。但今檢春星堂集及一笑堂詩集，俱未發現兩人往還親密之記載，其故尚待詳考。兹姑設一假定之説，在象三方面，因河東君與之絶交，而然明不能代爲挽回，轉介紹其情人與牧齋。且刻河東君尺牘，不盡删詆笑己身之語，遂致懷恨。在然明方面，因河東君與象三之絶交，實由於柳之個性特强，而謝又拘牽禮俗，不及其師之雅量通懷，忽略小節。象三既不自責，反怨然明之不盡力，未免太不諒其苦衷。職是之故，兩家集中，遂無踪跡可尋耶？當崇禎十一，十二，十三年之際，象三之年爲四十六，四十七，四十八歲。故然明胸中，爲河東君覓婿計，象三之年齡資格家財及藝能（徐沁明畫録伍略云：「謝三賓號塞翁。工山水。每與董玄宰李長蘅程孟陽究論八法，故落筆迥異恒境。」）四者，均合條件。今檢一笑堂詩集關涉河東君諸題，大抵不出此數年間之作。兹擇録并略論之於下。

一笑堂詩集叁「湖上同胡仲修陸元兆柳女郎小集」云：

> 載酒春湖春未央，陰晴恰可適炎涼。佳人更帶烟霞色，詞客咸蟠錦繡腸。樂極便能傾一石，令苛非復約三章。不知清角嚴城動，烟月微茫下柳塘。

寅恪案，或謂此題之前第貳拾題爲「與程孟陽曾波臣陸文虎集湖上」七律，其末句云，「岸柳山花又暮春」，豈柳謝之發生關係，由孟陽介紹耶？鄙意不然，因松圓耦耕堂存稿詩下有「久留湖寺」及「湖上五日對雨遣懷」兩題，知孟陽崇禎十一年戊寅春夏之間，雖實在西湖，但十二年及十三年春間，則未發見其曾游杭州之迹象。就松圓不介紹河東君於牧齋之例推之，似未必肯作此割愛之事。且據戊寅草及春星堂詩集，河東君之遊西湖，蓋始於崇禎十一年戊寅秋季，在此以前，即十一年春，則無西泠天竺間之踪跡可尋，故三賓「湖上同柳女郎小集」之詩，作於十二年乙卯春間之可能性最大也。

同書肆「懷柳姬」云：

烟雨空濛歸路艱。石尤風急阻蕭山。倩將一枕幽香夢，吹落西溪松柏間。（自注：「時柳寓西溪。」）

寅恪案，象三謂河東君時寓西溪。然明横山書屋即在西溪。然則此詩乃作於崇禎十二年或十三年河東君寄寓汪氏西溪别墅時也。

上引一笑堂詩集二題，既標出「柳」姓，其爲河東君而作，絶無問題。又檢此集尚有似關涉河東君之詩不少。因其排列不盡依時間先後，故亦未敢確言。姑附録之，並略著鄙見，以俟更考。

一笑堂詩集壹「即事」云：

萬事瓦解不堪言，一場春夢難追覓。無情只有楊柳枝，日向窗前伴愁絶。

寅恪案，一笑堂集中，其有關涉河東君之嫌疑諸詩，幾全是今體。此首雖是古體，但細繹題目及辭旨，恐仍有爲河東君而作之可能。前兩句用白氏文集壹貳「花非花」詩：「來如春夢不多時，去似朝雲無覓處。」後二句用同書壹陸「别柳枝」詩：「兩枝楊柳小樓中。嫋娜多年伴醉翁。」蓋謂有情之美人「楊柳枝」已去矣，惟有無情之植物「楊柳枝」與塞翁相伴耳。此解釋是否有當，未敢自信，尚希通人垂教。

同書貳「柳」云：

曾賜隋堤姓，猶懷漢苑眠。白門藏宿鳥，玄灞拂離筵。一曲春湖畔，雙眉曉鏡前。不愁秋色老，所感别經年。

寅恪案，此首疑亦懷河東君之作，至作於何年，則未能確定也。

同書叁「無題」云：

清尊良夜漏初長。人面桃花喜未央。彩鳳已疑歸碧落，行雲依舊傍高唐。十年長樂披星月，百戰青齊飽雪霜。回首真成彈指事，却來重入少年場。

寅恪案，此詩前四句意謂初疑河東君已適人，今始知仍是待攀折之章臺柳。「人面桃花」句，固用孟棨本事詩情感類「博陵崔護」條。似象三在賦此詩前，曾一度得見河東君者，但詳考象三自天啓五年任嘉定縣知縣，崇禎元年入京任陝西道御史，後擢太僕寺少卿，八年丁憂歸里，十一年服闋，始可放情聲色。此十餘年間，恐無機會與河東君相值。然則其得知河東君，殆因讀嘉定諸老關於河東君兩次遊疁之作品，未必如崔護曾親見桃花人面也。又河東君湖上草崇禎十二年己卯春所賦西湖八絶句之一「最是西陵寒食路，桃花得氣美人中」兩句，極爲世人稱賞，傳播一時，或與象三此詩第貳句有關耶？「無題」詩第貳聯謂己身自崇禎元年戊辰任京職至八年乙亥丁憂歸。其在都實未滿十年，乃舉成數而言，不必過泥也。此聯下句指己身崇禎五年壬申監軍登萊之役，象三撰「視師紀略」，以自誇其軍功。今日尚可想見當時綺筵酣醉，談兵説劍，博取美人歡心之情況。吾人平心論事，謝氏視師紀略一書，雖爲全謝山鄙爲不足道，但象三之書，究是實地經驗之言，持與牧齋天啓元年辛酉浙江鄉試程録中之文，止限於紙上談兵者，以相比較，門生作品，猶勝座師一籌。唯美人心目中賞鑑如何，則生於三百年後者，不得而知矣。

同書同卷「雨餘」云：

寒食清明一雨餘。春芳未歇緑陰舒。閒依陸子經烹茗，漫學陶公法種魚。方竹杖分野老惠，細花箋寄美人書。一年好景清和日，莫放尊前夜月虚。

寅恪案，此題下一題即上引「湖上同胡仲修陸元兆柳女郎小集」七律。兩詩所言景物符合，頗疑此「美人」乃指河東君。蓋象三先以書約河東君宴集湖上也。

同書同卷「春歸」云：

春歸何處最銷魂。飛絮閒庭晝掩門。幽緒秖應歸燕覺，愁懷難共落花論。天涯人遠音書斷，斗室香銷笑語存。無限情懷消折盡，不堪風雨又黄昏。

寅恪案，此題下一題爲「嘉禾道中」有「三伏生憎客路長」之句。竊疑崇禎十三年庚辰春河東君與謝氏絶交之後，遂因而發病，避往嘉興。象三不勝「天涯人遠音書斷」之「幽緒」「愁懷」，故冒暑追至禾城，思欲挽回殭局。兩題前後銜接，殊非偶然。此點可與下引尺牘第貳伍通相參證。寅恪初讀一笑堂詩集，頗覺柳謝關係之作不多，後取尺牘參較，始知兩書實有互相發明之妙也。復檢一笑堂詩集叁有「庚辰九月再寓嘉禾祥符寺」一題，頗疑象三此行亦與河東君有關。本章下論牧齋於崇禎十三年庚辰十月至嘉興晤惠香，爲河東君訪半野堂之前導，然則謝去錢來，皆是「孩童捉柳花」之戲。（見下引白詩。）前引全謝山「題視師紀略」，謂象三「與受之争妓柳氏，遂成貿首之仇」。「貿首之仇」固不確，「争妓柳氏」則爲實録也。又第叁章論戊寅草陳臥子序中「柳子」之語，蓋本於白香山「春盡日宴罷感事獨吟」詩「春隨樊子一時歸」句及蘇東坡「朝雲詩引」。象三以「春歸」爲題，亦取意於白蘇。更觀香山此題，尚有「思逐楊花觸處飛」之句，則謝氏冒暑往嘉興，亦是「逐楊花」也。但香山「獨吟」詩後第貳題爲「前有別柳枝絶句，夢得繼和云，春盡絮飛留不得，隨風好去落誰家。（寅恪案，夢得此兩句見全唐詩第陸函劉禹錫壹貳「楊柳枝詞」九首之九。）又復戲答。」云：

柳老春深日又斜。任他飛向别人家。誰能更學孩童戲，尋逐春風捉柳花。

則象三冒暑往禾「尋逐春風捉柳花」之後，河東君落於籛後人之家，而象三惓戀不忘，童心猶在，可哀可笑也已。至象三自號「塞翁」，不知始於何時。若在與河東君絶交之後，則其失馬之意，恐不免仍取義於香山之詩，即白氏文集叁伍「病中詩十五首」之「賣駱馬」及「别柳枝」兩絶句并同書柒壹「不能忘情吟」之序及詩，美人名馬互相關聯之意。然則塞翁所失者非「駱馬」乃「柳枝」也。苟明乎此，乾隆修鄞縣志壹陸謝三賓傳云：「謝三賓字象山。」則知「象山」以象香山自命。一笑堂詩集中諸詩涉及香山柳枝之作者，實皆爲河東君而賦，無足怪也。

同書同卷「無題」云：

咫尺花源未可尋。避人還向水雲深。簫聲已隔烟霄路，珮影空留洛水潯。寂寞文園長被病，衰遲彭澤但行吟。空齋獨坐清如衲，留得枯禪一片心。

寅恪案，此詩疑亦爲河東君而作。其辭旨可與本章前引汪然明「無題」詩，相參證也。

同書同卷「湖莊」云：

數椽新構水邊莊。草舍題名燕子堂。棲處不嫌雲棟小，來時常及柳絲黄。願言江左家風舊，（寅恪案，鮚埼亭集外編陸「明故按察副使監軍贛菴陸公（宇爛）墓碑銘」謂周明貽謝三賓書曰：「昔德祐之季，謝昌元贊趙孟傳誘殺袁進士以賣國，執事之家風也。」取陸書與謝詩中「家風」二字對，不禁令人失笑。）不貯徐州脂粉香。月夕風晨聯一笑，此非吾土寄相羊。

同書同卷「湖莊」云：

湖山晚對更蒼蒼。燕子堂前徑欲荒。寒雁帶雲棲荻渚，虚舟載月倚蓮塘。嚴城街鼓催更早，遠寺僧鐘度水長。獨上段橋天似洗，數星漁火耿鄰莊。

寅恪案，此兩詩皆象三自詠其西湖别墅者，第壹題自是與河東君有關。第貳題儻作於崇禎十三年庚辰以後，十七年甲申以前，亦與河東君有關。其作第壹題時，與河東君往還正密。至作第貳題時，則河東君已與之絶交矣。第壹題第貳聯上句用劉夢得「金陵五題」之第貳題「烏衣巷」七絶「舊時王謝堂前燕」之典。（見全唐詩第陸函劉禹錫壹貳。）下句用白香山「燕子樓」三首并序之典。（見白氏文集壹伍。）綜合上下兩句之意，實爲掩飾之辭，非由衷之語也。頗疑「燕子堂」與「一笑堂」或即同一建築物。後來河東君與之絶交，故第貳題云：「燕子堂前徑欲荒。」謝家堂前之燕，既飛向别人之家，遂取第壹題「月夕風晨聊一笑」句中

「一笑」二字，以改易「燕子」二字之舊堂名。又或用全唐詩叁李白叁「白紵詞」中「美人一笑千黄金」之句。「美人」爲河東君之號，此堂之名亦與河東君有關。第貳章已論及之。若果如是，第壹題第柒句可爲後來發一苦笑之預兆也。象三自丁憂後，優遊林下，構湖莊，買古籍，所用不貲。其人既非以賣文爲活，則經費何從而來？全謝山謂其登萊之役，乾没多金，當可信也。

同書同卷「無題」二首云：

曲徑低枝罥額羅。水亭花榭笑經過。偶尋静侣穿修竹，愛近幽香坐碧蘿。秋水芙蓉羞媚頰，高堂絲竹避清歌。從來不識人間事，肯使閒愁上翠娥。

春園又憶雨如麻。細語明缸隔絳紗。幾度暗牽遊子意，何來遽集野人家。芙蓉霜落秋湖冷，楊柳烟銷夜月斜。回首故山無限思，一江烟水漲桃花。

同書同卷「坐雨」略云：

秋雨空堂長緑莎。柴關車馬斷經過。

同書同卷「排悶」云：

排悶裁詩代管絃。筆牀唤起潁生眠。死灰已棄從相溺，熱竈雖炎定不然。最喜長康癡點半，却憐茂世酒螯全。無人縛處求離縛，熟讀南華第一篇。

寅恪案，以上三題五首相連，疑是同時所作。蓋象三因秋雨追憶前次湖上春雨時，與河東君文讌之事，即上引「雨餘」及「湖上同柳女郎小集」兩題所言者。象三自號塞翁，然念念不忘已失之「馬」。其爲人黠固有之，癡亦不免。既被河東君棄絶，更招嘲罵，即「死灰已棄從相溺」。象三雖竭力以圖挽回，終不生效，即「熱竈雖炎定不然」。追思往事，裁詩排悶，即「無人縛處求離縛」。夫三賓害如是之單相思病，真可謂天下之大癡。尤足證第叁章所引牧齋「題張子石湘游篇小引」中「人生斯世，情之一字，熏神染骨，不唯自累，又足以累人乃爾」等語爲不虚。然則河東君之魔力，殊可畏哉！殊可畏哉！又「排悶」下第肆題爲「閒居」，其結語云：「暫敕病魔爲外護，當關爲謝客侵晨。」此乃反用李義山詩集上「富平少侯」詩：「當關莫報侵晨客，新得佳人字莫愁」之辭旨，甚爲巧妙。「排悶」下第伍題爲「坐雨」詩，有「信風信雨小樓中，萬軸千籤擁座東」及「惟餘侍女問難字，無復書郵報遠筒」等語，可取與初學集貳拾東山詩集「（壬午）獻歲書懷」二首之二「網户疏窗待汝歸」及「四壁圖書誰料理」等句相印證。蓋河東君之博通羣籍，實爲當時諸名士所驚服惓戀者也。

同書同卷「鄰莊美人歌吹」云：

塵心浄盡絮沾沙。永日閒門閉落花。唱曲聲從何處起，倚樓人是阿誰家。桃花路近迷仙棹，楊柳枝疏隔暮鴉。却怪晚風偏好事，頻吹笑語到窗紗。

寅恪案，此詩結句云：「却怪晚風偏好事，頻吹笑語到窗紗。」自是只聞歌吹，而未見歌吹者。但象三特用「美人」二字，疑意有所指。豈爲河東君落在籛後人家而作耶？若依此詩排列次序，前一首爲「閒步」，末句云：「疎林淡靄近重陽」。後一首爲「病中口占」，首句云：「秋色蕭條冷夕陽」。則前後兩題，皆秋間之作，似與「鄰莊」詩中「絮沾沙」及「閉落花」等語之爲春暮者不合。但細繹「楊柳枝疎隔暮鴉」，則亦是秋季景物。故不必過泥，認其必作於春季也。儻「鄰莊」一詩，果作於秋季者，則第貳聯下句乃用李太白「何許最關情，烏啼白門柳」之典。（見全唐詩第叁函李白叁「楊叛兒」。）據有學集壹「和東坡西臺詩韻」序，知牧齋以順治四年丁亥四月初被逮至南京下獄，歷四十餘日，出獄之後，值河東君三十生日，遂和東坡西臺詩爲壽，并以傳示友朋求和。今「鄰莊」詩後第叁題爲「丁亥冬被誣在獄，時錢座師亦自刑部回，以四詩寄示，率爾和之四首」。初視之，似象三得牧齋詩在丁亥冬。更思之，謝氏在獄中，似不能接受外來文字，如牧齋此題之涉及當日政治者，然則謝氏得其座師詩時，或在未入獄之前，和詩雖在入獄後所作，而「鄰莊」一題，實在接牧齋慶祝河東君壽辰詩時所賦，因不勝感慨，遂有桃花楊柳一聯，以抒其羨慕妬忌之意歟？俟考。

同書同卷「落花」云：

欲落何煩風雨催。芳魂餘韻在蒼苔。枝空明月成虛照，香盡游蜂定暗猜。有恨似聞傳塞笛，多情偶得傍妝臺。春風自是無情物，冷眼看他去復來。

寅恪案，此詩辭旨多取材於樂府詩集貳肆「梅花落」諸人之作。讀者可取參閲，不須贅引。惟有第伍句固用梅花落曲之典，但恐亦與象三之自號「塞翁」不無關涉也。第柒第捌兩句似謂河東君於鴛湖與牧齋别去後，又復由苴城同舟，來到虞山家中。此「去復來」一段波折，持較河東君於崇禎十三年庚辰春與己身絶交離杭州赴嘉興，遂一去不復來者，以冷眼觀之，殊不勝其感歎也。

同書肆「美人」云：

香袂風前舉，朱顔花下行。還將團扇掩，一笑自含情。

寅恪案，此「美人」殆非泛指，當專屬之河東君。象三以「一笑」名其集，而集中關涉河東君之詩甚不少，則此詩末句「一笑」二字，大可玩味。又牧齋垂死時賦「追憶庚辰冬半野堂文讌」詩有「買回世上千金笑」之句。夫「乾没多金，富可耦國」之富裕門生，獨於此點不及其賣文字以資生活，鬻書籍而構金屋之貧窮座師，誠如前論「湖莊」兩題，所謂可發一苦笑者也。一笑！

同書同卷「柳」七絶四首云：

灞橋烟雨一枝新。不效夭桃臉上春。想像風流誰得似，楚王宫裏細腰人。

朝烟暮雨管離情。唱盡隋堤與渭城。惟有五株陶令宅，無人攀折只啼鶯。

莫遣春寒鎖柳條。風華又是一年遥。即令春半湖塘路，多少遊人倚畫橈。

水岸微風百媚生。漢宫猶愧舞腰輕。東山愛爾多才思，更在春深絮滿城。

寅恪案，象三詩集中諸作，排列不依時間先後，前已及之。故此題是否爲河東君而作，殊未敢決言。若果爲河東君而作者，則第肆首末兩句，可爲下引尺牘第貳伍通「某公作用，亦大異賭墅風流」等語之旁證。又象三賦此首，用謝安及謝道韞之故實，足稱數典不忘祖。但後來牧齋傳刊東山訓和集，想象三讀之，必深恨老座師之於舊門生，不僅攘奪其心愛之美人，并將其先世佳妙典故席捲而去矣。

同書同卷「聽白氏女郎曲」云：

絃子輕彈曲緩謳。白家樊素舊風流。博陵自是傷情調，况出佳人玉指頭。

寅恪案，此題中之「白女郎」，恐非真姓白，實指河東君，其以「白」爲稱者，不過故作狡獪耳。象三既以香山自命，因目河東君爲樊素。第叁句兼用白氏文集陸玖「池上篇」序略云：

潁川陳孝山與釀法，酒味甚佳。博陵崔晦叔與琴，韻甚清。（參同書柒拾「唐故虢州刺史崔公墓誌銘」。）蜀客姜發授秋思，聲甚淡。弘農楊貞一與青石三，方長平滑，可以坐卧，每至池風春，池月秋，水香蓮開之旦，露清鶴唳之夕，拂楊石，舉陳酒，援崔琴，彈姜秋思，頽然自適，不知其他，酒酣琴罷，又命樂童登中島亭，合奏霓裳散序。曲未竟，而樂天陶然已醉，睡於石上矣。

及太平廣記肆捌捌「鶯鶯傳」略云：

崔已陰知將訣矣，恭貌怡聲，徐謂張曰，君常謂我善鼓琴，向時羞顏，所不能及。今且往矣，既君此誠。因命拂琴，鼓霓裳羽衣序，不數聲，哀音怨亂，不復知其是曲也。左右皆欷歔。崔亦遽止之。投琴，泣下流連，趨歸鄭所，遂不復至。

據此，則第叁章引質直談耳，述河東君與宋轅文絶交時，以倭刀斷琴之事，或與象三此詩亦有類似之處。觀象三「懷柳姬」一題，其稱柳如是爲「柳姬」與陳臥子稱楊影憐爲「楊姬」者，同是一例。復證以此題「白氏女郎」之語，益知其以河東君爲禁臠矣。由是推論，柳謝恐已先有婚姻成約，柳後復背棄，故謝之怨恨，殊非偶然。又錢柳因緣自鴛湖别後，曾有一段波折，當由嫡庶問題，詳見後論柳錢茸城舟中結褵節。然則謝之失敗，錢之成功，皆決於此點無疑也。

同書同卷「竹枝詞」五首云：

錢塘門外是西湖。湖上風光記得無。儂在畫船牽繡幙，郎乘油壁度平蕪。

初從三竺進香回。逐隊登船歸去來。誰解儂家心裏事，靈籤乞得暗中開。

攜手長堤明月中。紅樓多在段橋東。當年歌舞今安在，魂斷西泠一笛風。

細雨微風度柳洲。柳絲裊裊入西樓。春光莫更相撩撥，心在湖中那一舟。

處處開堂佛法新。香雲能洗六根塵。欲攜女伴參禪去，生怕山僧偷看人。

寅恪案，此題似屬一般性，但亦可兼括河東君在內。觀前引河東君湖上草「西泠十首」，其第壹首第貳聯云：「金鞭油壁朝來見，玉佩靈衣夜半逢。」乃與謝詩同是一般性者。唯柳詩末二句云：「一樹紅梨更惆悵，分明遮向畫樓中。」則爲高自標置，暗示避居西溪汪氏書樓之意，與謝詩「柳絲裊裊入西樓」之語，區以別矣。

同書同卷「贈人」云：

白璧戔戔蔭座人。高情早已屬秋旻。還驚麗藻波瀾闊，没得句章與緯真。

寅恪案，「句章」爲鄞縣之古稱，「緯真」乃屠隆之字，屠亦鄞縣人。象三以屠長卿自比也。至所贈之人，據「麗藻波瀾闊」之語，恐非河東君莫屬。姑記此疑，以俟更考。

同書同卷「贈別」云：

嚬紅低緑斂雙蛾。腸斷尊前一曲歌。爲問別時多少恨，滿城飛絮一江波。

清歌細舞不勝情。惜別休辭酒再傾。此去銷魂何處劇，夕陽山外短長亭。

春花欲落雨中枝。觸目傷情是別離。罷撫危絃收舞袖，背人小語問歸期。

行雲聚散本無根。紅袖尊前拭淚痕。欲借冰絃傳别恨，斷腸深處不堪論。

寅恪案，細玩四首辭旨，乃女别男者。此女非不能詩，特此男爲之代作，如初學集貳拾牧齋「代惠香别」之例。頗疑此四首乃象三作於「懷柳姬」之前。蓋謝氏由杭州返寧波，别河東君之際所賦。其時間或是崇禎十二年也。

同書同卷「櫻桃」云：

牆角櫻桃一樹花。春風吹綻色如霞。重來但見森森葉，惆悵西風暮雨斜。

寅恪案，此首疑是象三於明南都傾覆以後，至虞山祝賀牧齋生日，因有感於杜牧之「緑葉成陰子滿枝」之語，（見太平廣記貳柒叁「杜牧」條引唐闕史及全唐詩第捌函杜牧捌「悵詩」并序。又可參同書同函杜牧伍「歎花」。）遂爲河東君及趙管妻而作也。檢一笑堂詩集叁「海虞」云：

訪舊經過海上城。丹楓紫荻照波明。微雲漏日秋光澹，遠水摇風曉色清。千里懷人輕命駕，一時興盡欲兼程。山川滿目傷心處，獨臥孤篷聽雁聲。

又「壽錢牧齋座師」（此詩上四句前已引，兹以解釋便利之故，特重録之。）云：

天留碩果豈無爲。古殿靈光更有誰。渭水未嘗悲歲晚，商山寧復要人知。秋風名菊三杯酒，春雨華鐙一局棋。遥向尊前先起壽，敬爲天下祝耆頤。

此兩題連接，當爲同時所作。牧齋生日爲九月二十六日，象三親至常熟，自是爲牧齋祝壽。雖難決定爲何年所作，「海虞」詩有「山川滿目傷心處」之句，「壽牧齋」詩有「渭水」「商山」一聯，則至早亦必在順治七年庚寅以後。復觀「天留碩果豈無爲」之句，則疑是距鄭延平將率師入長江前不甚久之時間。象三或更藉此次祝壽之機緣，以解釋前此購漢書減值之宿憾歟？其以「櫻桃」爲題者，仍是用「櫻桃樊素口，楊柳小蠻腰」之典。（見太平廣記壹玖捌「白居易」條引雲溪友議及孟棨本事詩事感類「白尚書姬人樊素善歌，妓人小蠻善舞」條。）「櫻桃」詩第貳句「春風吹綻色如霞」，可與牧齋答河東君半野堂初贈詩「聞君放誕想流風。臉際眉間訝許同」之語相證發。第肆句「西風」一辭，不僅與牧齋生日在季秋之令典符會，且與柳氏傳「一葉隨風忽報秋，縱使君來豈堪折」之語適合。（見太平廣記肆捌伍。）儻讀者取虎邱石上無名氏題詩「最憐攀折章臺柳，憔悴西風問阿儂」之句相較，尤令人失笑。（詳見第伍章所論。）所可注意者，據「海虞」詩「千里懷人輕命駕，一時興盡欲兼程」，及「壽牧齋」詩「遥向尊前先起壽」等語，是象三本爲祝壽至虞山，又不待牧齋生日復先返棹，其故殊不可解。豈河東君不願此不速之客來預壽筵耶？俟考。又檢一笑堂詩集叁「壽座師錢牧齋先生」云：

一代龍門日月懸。晏居人望似神仙。道同禹稷殊行止，文與歐蘇作後先。夜雨溪堂收散帙，秋風山館聽調絃。不知誰爲蒼生計，須與先生惜盛年。

寅恪案，此詩第陸句殆與河東君有關。第柒捌兩句之辭旨，似在崇禎十四年河東君適牧齋以後，十七年明北都未破以前所賦。象三詩集止分體而不依時，故「天留碩果豈無爲」一律，雖排列於此首之前，其實作成時間，乃在此首之後也。

同書同卷「索歌」云：

簾幙春陰晝不開。排愁須仗麴生才。煩君爲撥三絃子，一曲蒲東進一杯。

寅恪案，「蒲東」一辭，疑用元微之鶯鶯傳「蒲之東十餘里，有僧舍曰普救寺，張生寓焉」之語，與「聽白氏女郎曲」詩「博陵自是傷情調」之「博陵」，同一出處。蓋以河東君比雙文也。又「索歌」之「索」，殆與樂府詩集柒玖丁六娘「十索」四首及無名氏同題二首有關。唯此則男向女索，而所索爲歌耳。由是推之，此女必能歌者。河東君善歌，見第叁章論戊寅草中「西河柳」節，兹不更贅。

同書同卷「白辛夷」（自注：「玉蘭。」）云：

玉羽霜翎海鶴來。滿庭璀燦雪争開。瓊花未必能勝此，定有瑶姬下月臺。

寅恪案，此首或有爲河東君而作之可能。玩末句「定有」二字，恐非偶然詠花之詩，實指河東君肌膚潔白而言。見後論牧齋「冬日同如是泛舟有贈」詩及「玉蘂軒記」等。兹暫不詳及。

元微之有句云：「尋常百種花齊發，偏摘梨花與白人。」（見才調集伍「離思」六首之六。）象三賦詩，殆有此感耶？至若白樂天長恨歌「梨花一枝春帶雨」句，（見白氏文集壹貳。）雖爲五十年後小臣外吏評泊楊妃之語，自不可與普救唐昌之才子詞人親覯仙姿者，同科並論。但玉環源出河中觀王雄之支派，河中爲中亞胡族居留地，（可參拙著元白詩箋證稿第貳章「琵琶引」論琵琶女。第肆章「豔詩及悼亡詩」論鶯鶯。并校記中所補論諸條。）故香山所言，未必全出於想象虛構也。

同書同卷「柳絮」云：

紅袖烏絲事渺茫。小園寥落歎韶光。無端簾幙風吹絮，又惹閒愁到艸堂。

寅恪案，此首疑爲河東君而作。第叁句恐是兼用劉夢得「春盡絮飛留不得，隨風好去落誰家」之句及世説新語言語類「謝太傅寒雪日内集」條「兄女（道韞）曰，未若柳絮因風起」之典。但第壹句有「紅袖烏絲」之語，則綜合第壹第叁兩句之意，當是象三見河東君詩詞之類，因而有感。此乃牧齋「戲題美人手跡」之反面作品。蓋謝詩乃杜蘭香已去，而錢詩則蕚緑華將來，故哀樂之情迥異也。

同書同卷「西泠橋」云：

堤花零落舊山青。楚雨巫雲付杳冥。二十年來成一夢，春風吹淚過西泠。

寅恪案，象三此詩雖不能確定爲何年所作，但有「二十年來」之語，則其作成時間必甚晚，可以無疑。至「楚雨巫雲」之典，自指河東君而言，又不待論。由此推之，謝氏遲暮之年，猶不能忘情如此，真可謂至死不悟者矣。若更取塞翁此詩，與没口居士「蒲團歷歷前塵事，好夢何曾逐水流」之句，（見有學集壹叁「病榻消寒雜咏」第叁肆首。）互相印證，則知師弟二人，雖夢之好惡不同，而皆於垂死之年，具有「尋夢」之作，吾人今日讀之，不禁爲之廢書三歎也。

今據上引一笑堂詩集諸題觀之，有爲河東君而作之嫌疑者，竟若是之多，殊覺可詫。細思之，亦無足異。象三於此，頗與程孟陽相似，殆由惓戀舊情，不忍割棄之故。夫程謝乃害單相思病者，其詩集之保留此類作品，可憐，可恨，可笑，固無待言。至若陳臥子之編刻本身諸集，多存關涉河東君之詩詞，則與朱竹垞不删「風懷詩」之事，皆屬雙相思病之範圍，自不可與程謝同日而語。噫！象三氣量褊狹，手段陰狠，復挾多金，欲娶河東君而不遂其願。儻後來河東君所適之人非牧齋者，則其人當不免爲象三所傷害。由今觀之，柳錢之因緣，其促成之人，在正面爲汪然明，在反面爲謝象三，豈不奇哉？苟明乎此，當日河東君擇婿之艱，處境之苦，更可想見矣。

河東君與汪然明尺牘第貳伍通云：

> 率爾出關，奄焉逾月。先生以無累之神，應觸熱之客，清淳之語，良非虛飾，而弟影杯彌固，風檄鮮功，乃至服餌清英，泳游宗極，只溢滯淫靡，間恬渴地，（寅恪案，「溢」疑當作「益」。「淫靡」二字連文，當斷句。「間」上疑脱一「雲」字，或「此」字。「雲間」或「此間」，指松江也。另一本「間」作「聞」，恐非。蓋河東君與臥子關係密切，若作「聞」字，則未免疏遠矣。似不如仍作「間」字上有脱文爲較妥。俟考。「恬渴地」三字連文，解釋見下。）有觀機曹子，切劘以文。其人鄴下逸才，江左罕儷，兼之叔寶神清之譽，彥輔理遣之談。觀濤之望，斯則一耳。承諭出處，備見剴切，特道廣性峻，所志各偏。久以此事推纖郎，行自愧也。即某與云云，亦弟簡雁門，而右逢掖。諧尚使然，先生何尤之深，言之數歟？至若某口語，斯又鄙流之恒，無足異者。董生何似？居然雙成耶？棲隱之暇，樂聞勝流。顧嵇公嬾甚，無意一識南金。奈何！柴車過禾，旦夕遲之。伏枕荒謬，殊無銓次。

寅恪案，河東君此札爲尺牘三十一通中最可研究，而富有趣味者。惜有譌誤之處，明刻本已然，無可依據校補，兼以用典之故，其辭旨更不易曉。然此通實爲河東君身世之轉捩點，故不可不稍詮釋引申之，藉以説明錢柳因緣殊非偶然，必有導致之條件，爲其先驅也。此札末云：「柴車過禾，旦夕遲之。伏枕荒謬，殊無銓次。」乃河東君於崇禎十三年庚辰春間以與謝三賓絶交，遂致發病，因離杭州。抵嘉興後，留居養痾。然明得知此情況，欲往慰問勸説，先以書告之。河東君即復此札，以答謝其意，且自述己身微旨所在也。至河東君此次在禾養痾之處，頗疑即吴來之昌時之勺園。第叁章論河東君戊寅草「初秋」七律八首中第肆第伍兩首及陳臥子平露堂集「初秋」七律八首中第陸首，皆涉及吴來之。蓋河東君至遲已於崇禎八年乙亥秋間在松江陳臥子處得識吴氏。又本章及第伍章有關惠香勺園臨頓里及下玉京諸條，皆直接或間接可證明河東君此次在嘉興養痾之處，吴氏之勺園，乃最可能之地。讀者若取兩章諸條參互觀之，則知所揣測者，即不中亦不遠也。此札所用典故之易解者，止舉其出處，不更引原文，以免繁贅。如「影杯彌固」見晉書肆叁樂廣傳。「風檄鮮功」見三國志魏志陸袁紹傳裴注引魏氏春秋，同書貳壹王粲傳附陳琳傳裴注引典略，後漢書列傳陸肆上袁紹傳及文選肆肆陳孔璋「爲袁紹檄豫州」等。「叔寶神清之譽」見晉書叁陸衛玠傳劉惔論玠語。「彦輔理遣之談」亦見同書同傳。但玠傳以此屬之叔寶，而非其妻父樂廣也。「觀濤」見文選叁肆枚叔「七發」。「簡雁門而右逢掖」見後漢書列傳叁玖王符傳。「董生何似，居然雙成耶？」見漢武内傳，即所謂「〔王母〕又命侍女董雙成吹雲和之笙」者。「嵇公嬾甚」見文選肆叁嵇叔夜「與山巨源絶交書」。「無意一識南金」見晉書陸捌薛兼傳。綜合推測，然明原書之内容約有三端，一「某與云云」者之「某」，當即象三，亦即「雁門」。蓋河東君自謂其天性忽略貴勢，而推崇儒素，如皇甫嵩之所爲者，然明不可以此責之也。二「至若某口語」之「某」，當亦指象三。尺牘第貳玖通云「某公作用，亦大異賭墅風流矣」之「某公」，乃用晉書柒玖謝安傳，自是指象三。河東君以此罵三賓爲謝氏不肖子孫也。蓋象三因河東君與之絶交，遂大肆誹謗，散播謡言，然明舉以告河東君。「風檄鮮功」之「檄」，即象三之蜚語。尺牘第貳柒通末所云：「餘扼腕之事，病極，不能多述。」所謂「扼腕之事」，或亦與象三有關也。三「董生何似，居然雙成耶？」此乃受人委託之董姓，轉請然明爲之介紹於河東君，但河東君不願與之相見。河東君既不以某公爲然，因亦鄙笑其所遣之董姓，而比之於王母之侍女，爲其主人吹嘘服役也。「觀濤之望，斯則一耳」之語有兩義，一指愈疾之意。一指至杭州之意。蓋杭州亦觀濤之地也。（可參尺牘第貳肆通所論。）河東君此札下文所言，乃表示不願至杭州與謝象三復交之旨，謂心中之理想，實是陳臥子。此則元微之所謂「曾經滄海難爲水，除却巫山不是雲。」者。因已有「觀機曹子」在，不必更見他人，諒然明亦必解悟其故矣。茲成爲問題者，即此「觀機曹子」，究誰指乎？繹「恬遏地」一辭，乃王謝地胄之義。王恬謝遏皆是王謝門中之佳子弟，且爲東晉當日之勝流也。見晉書陸伍王導傳附子恬傳。又世説新語賢媛類「王凝之謝夫人既往王氏」條及劉孝標注。晉書玖陸王凝之妻謝氏傳并世説新語賢媛類「王江州夫人語謝遏」及「謝遏絶重其姊」條等。「觀機曹子」之「子」，其義當同於世説「王凝之謝夫人既往王氏」條所謂「王郎逸少之子」及晉書王凝之妻謝氏傳所謂「王郎逸少子」之「子」，乃兒子之義。蓋河東君自比於有「林下風」之謝道韞。故取「觀機曹子」之辭，以目其意中人。河東君既不論社會階級之高下，而自比於謝道韞，則臥子家世，雖非王謝門第，然猶是科第簪纓之族。「擬人必於其倫」之義，固稍有未合。但爲行文用典之便利，亦可靈活運用，不必過於拘執也。「觀政某曹」乃分部郎官之稱。蓋明之六部，即古之諸曹。當時通目兵部爲樞部，依據此稱，偏檢與河東君最有關係之勝流，若宋轅文李存我并李舒章諸名士之父，皆未嘗任兵部之職。惟陳臥子之父所聞，雖非實任兵部之職，但曾有一度與兵部發生關係。河東君或因此誤記牽混，遂以爲繡林實任兵部主事。故以「觀機曹子」之辭，目臥子也。據陳忠裕全集貳玖「先考繡林府君行述」略云：

是秋（指萬曆四十三年乙卯秋。）舉於鄉，主司爲相國高陽孫公。府君在冬官時，於諸曹中清望最高。羣情推轂，旦夕當改銓部曹郎，而高陽公又以府君慷慨任事，欲移之樞部。未決，會艱歸，俱不果。

又檢黄石齋道周黄漳浦集貳陸「陳繡林墓誌」略云：

乙卯舉於鄉，甚爲高陽公（原注：「洪思曰，孫文介公慎行，高陽人。」寅恪案，洪思事蹟可參楊鍾羲雪橋詩話餘集壹「龍溪洪阿士名思。黄石齋先生高弟」條。）所知。其時欲改公銓部。（寅恪案，此時陳所聞官工部屯田司主事。）孫文介（原注：「謂孫尚書慎行也。」）方任嚴疆，欲得公在樞部。事未決，會公丁艱歸。

可知臥子之父繡林，曾一度有爲兵部主事之可能，而未成事實。「樞機」兩字義同，可以通用。故「樞部」即「機部」。兹有一端，不可不辨者，即石齋以孫承宗之謚爲「文介」，乃下筆時誤記。實則承宗爲高陽人，以兵部尚書兼東閣大學士，預機務，經略薊遼。（見初學集肆柒孫公行狀及明史貳伍拾孫承宗傳。）慎行爲武進人，卒謚文介。始終未嘗官兵部尚書，亦未任宰相。且絶不能以著籍武進之人，而任應天主考，考取華亭之陳所聞爲舉人之理。（見明史貳肆叁孫慎行傳。）石齋偶爾筆誤，未足爲異，然洪氏不特不爲改正，又從而證實之，竟以承宗爲慎行，可謂一誤再誤。甚矣！讀書之難也。因恐世人以洪氏與石齋關係密切，注釋石齋之文，必得其實，故爲附辨之如此。

觀河東君此札推重臥子如此，而臥子不能與河東君結合之事勢，已如前論，當亦爲然明所深知。然則臥子既難重合，象三又無足取，此時然明胸中，必將陳謝兩人之優劣同異，互相比較，擇一其他之人，取長略短，衡量斟酌，將此條件適合之候補者，推薦於河東君。苦心若是，今日思之，猶足令人歎服！由此言之，牧齋於萬曆三十八年庚戌二十九歲時，與韓敬争狀元失敗，僅得探花，深以爲憾。又於崇禎元年戊辰四十七歲時，與温體仁周延儒争宰相失敗，且因此獲譴，終身憤恨。然於崇禎十三年庚辰五十九歲時，與陳子龍謝三賓争河東君，竟得中選。三十年間之積恨深怒，亦可以暫時洩息矣。牧齋此時之快意，可以想見也。俟後論河東君過訪半野堂時詳論之。

復次，河東君此札中所謂「纖郎」果爲誰耶？前引林天素所作「柳如是尺牘小引」已言其所謂女史纖郎，當即王修微。兹請更詳證之。春星堂詩集伍遺稿「西湖紀遊」（寅恪案，據厲鶚湖船録稱此文爲「西湖曲自序」。）云：

復於西泠緒（？）纖道人浄室旁，營生壙。玄宰董宗伯題曰，此未來室也。陳眉公喜而記之。

檢陳繼儒眉公先生晚香堂小品柒「微道人生壙記」略云：

修微姓王，廣陵人。生壙成，眉道人爲之記。

故「纖道人」之爲王修微，絶無疑義。修微名微，復字修微。「纖」「微」二字同義，可以通用。「纖郎」當是修微曾以此爲稱也。（寅恪後見王國維題高野侯藏汪然明刻本柳如是尺牘七絶三首之一云：「纖郎名字吾能意，合是廣陵王草衣。」足徵觀堂先生之卓識也。）兹成爲問題者，河東君此札，林天素小引及然明西湖曲自序，何以皆不稱「修微」爲「微道人」，或「草衣道人」等别號，而稱之爲不經見之「纖郎」耶？牧齋列朝詩集閏肆選修微詩。朱竹垞彝尊明詩綜玖捌妓女類亦選修微詩。朱氏所作修微小傳云：

初歸歸安茅元儀，晚歸華亭許譽卿，皆不終。

竹垞所言，必有依據。但牧齋則諱言其初歸茅止生。又諱言其歸許霞城而不終。初學集壹柒移居詩集載「茅止生挽詩」七絶十首，當作於崇禎十三年庚辰夏間。修微之脱離止生，必更遠在其前也。西園老人（寅恪案，李延是字期叔，號辰山。亦號放鷴道者。「西園老人」乃其又一别號也。）南吴舊話録壹捌諧謔類云：

許太僕往虞山候錢牧齋。歸與王修微盛談柳蘼蕪近事。（原注：「蘼蕪故姓楊，字蘼蕪。雲間妓也。能詩。嫁虞山錢牧齋。」）忽拍案曰，楊柳小蠻腰，一旦落沙叱利手中。修微哂之曰，此易解。恐蠻府參軍追及耳。（寅恪案，此條後附嘉定李宜之「哭修微」絶句百首。有句云，「有情有韻無蠻福」。其下原注：「修微嘗謂余有一種死情。是日公實訴余，修微嘗呼之爲許蠻，故戲之。」）

寅恪案，修微之歸許霞城，雖不知在何年，然據顧云美河東君傳云：「宗伯大喜，謂天下風流佳麗，獨王修微楊宛叔與君鼎足而三。何可使許霞城茅止生專國士名姝之目。」牧齋作此語，在崇禎十三年冬間，可知此時修微已早離茅元儀，而歸於許譽卿矣。前引南吴舊話録中李宜之「哭修微」絶句百首，其序亦云：

與修微離合因緣，見之古律詞曲，皆有題署。獨七言絶句，多褻猥事，既嫁之後，遂雜入無題。不欲斥言其人，以避嫌也。

可知當時通例，名姝適人之後，詩文中詞旨過涉親昵者，往往加以删改，不欲顯著其名。蓋所以避免嫌疑。前引然明爲河東君而作之「無題」七律一首，即是其證。河東君此札，林天素所作柳如是尺牘小引及汪然明西湖曲自序，皆稱王修微爲不經見之「纖郎」，或「纖道人」，而不顯著其姓氏及字號者，蓋皆在修微適人以後之作，而辭旨所涉，殊有避免嫌疑之必要也。

尺牘第貳陸通至貳玖通皆是河東君崇禎十三年庚辰首夏至孟秋之間所作。河東君於此年春間在杭州與謝象三絶交發病，至嘉興養痾，因住禾城逾月。其後移居吴江盛澤鎮，欲待然明之晤談。當是以其地不便相晤，遂買棹至垂虹亭相候，而然明不果赴約。河東君以盛澤鎮不可久留，急待與然明面談，竟不俟其來訪，而先至杭州。豈知然明此時尚在徽州，於是不得已改往松江，入居横雲山。然其病仍未痊愈。及聞然明已歸杭州，乃函約其到横雲山相晤。河東君於七月得然明復書，謂以家事不能往晤。故約其在秋末會於西湖也。至第叁拾通乃河東君到虞山以後所作。作此函時，已在牧齋家中。河東君之身世，於此始告一結束矣。由此觀之，崇禎十三年首夏至孟秋間所作之尺牘，實爲河東君身世飄零，疾病纏綿，最困苦時間之作品。若能詳悉考證其内容，并分析其與然明之密切關係，則錢柳因緣之得如此成就，殊爲事勢情理之所必致者也。兹擇此四通中有關者，略詮釋之於下。

第貳陸通云：

弟昨冒雨出山，早復冒雨下舟。昔人所謂欲將雙屐，以了殘緣。正弟之喻耳。明早當泊舟一日，俟車騎一過，即迴煙棹矣。望之。

寅恪案，此通中「弟昨冒雨出山」之「山」，與第貳捌通中「弟子歸故山也」之「故山」，實同指一地，即是吴江盛澤鎮。至第貳捌通之「橫山幽奇」，「甫入山後」及「山中最爲麗矚」，并第貳玖通之「及歸山閣」之「山」，皆指松江之橫雲山。此三通中雖同用「山」字，實指兩地，不可牽混也。何以知前者之「山」及「故山」乃指盛澤鎮耶？第壹理由，因禾城中無山可言。至城外三十里之胥山，即朱竹垞所謂「嘉禾四望無山，近府治者胥山，一簣而已」者。（見光緒修嘉興府志壹貳山川壹「胥山」條及朱彝尊曝書亭集陸捌「胥山題壁」。）河東君於第貳玖通中既言：「抱疴禾城，已纏月紀。」「禾城」乃嘉興之泛指，未有養疴於胥山之事。故知前者之「山」及「故山」乃「故居」之意。第貳理由，因第貳捌通云：

弟之歸故山也，本謂吹笛露橋，聞簫月榭。乃至錦瑟瑶笙，已作晝簷蛛網。日望淒涼，徒茲綿麗。所以未及遵剡棹，而行踪已在六橋煙水間矣。

此所謂「吹笛露橋，聞簫月榭」乃用周美成片玉詞上蘭陵王「柳」云：

記月榭攜手，露橋聞笛。沈思前事，似夢裏，淚暗滴。

之語。用詠柳之詞，以指己身，自極切當。但「月榭」「露橋」之「故山」，若謂是指禾城外之胥山，必無「錦瑟瑶笙，已作畫簷蛛網」之理。故知後者之「山」乃是一昔華麗今荒凉之處所。取以目河東君盛澤鎮之故居，方與所言適合。此河東君所以亟欲與然明面商他徙，不待來訪，而先躬往也。又有可注意者，河東君於宋人詠柳之詞，皆所熟誦，不僅秦少游金明池一闋而已。此殆因其寓姓爲「柳」之故，非獨以其身世與柳有關耶？

復次，河東君約與然明晤談之地，疑是吴江之垂虹亭。觀前第貳章及第叁章引沈虬河東君傳所言，張溥至垂虹亭，易小舟訪徐佛於盛澤鎮，而佛已適人，遂攜河東君至垂虹亭之事推之，則知當時風習，文士名姝往往以垂虹亭爲集會之地。蓋不僅景物足供賞玩，且交通便利，可通大舟。非若往來盛澤鎮，必易小舟也。由此言之，河東君所謂：「弟昨冒雨出山，早復冒雨下舟」者，乃前一夕由盛澤鎮乘小舟，至垂虹亭。翌晨復易大舟，以待然明來訪。「下舟」者，即下大舟之謂。「明早當泊舟一日，俟車騎一過，即迴煙棹矣」者，乃留在垂虹亭旁大舟中，再待然明一日。若尚不至，則又易小舟返盛澤鎮也。據此札所言，河東君此時迫切不可緩待之情勢，及其焦急之心理，可以想見矣。

尺牘第貳柒通云：

得讀手札，便同阿閦國再見矣。但江令愁賦，與弟感懷之語，大都若天涯芳草，何繇與巴山之雨，一時傾倒也。許長史真誥，亦止在先生數語間耳。望之！餘扼腕之事，病極，不能多述也。

寅恪案，此通關鍵乃「許長史真誥，亦止在先生數語間耳」一節。陶隱居真誥，爲集合楊羲許謐即許長史諸人手迹，而成之書。其中多涉及仙女如萼緑華安妃等，降臨人間之事。河東君此通所指，雖難確定，頗疑與第貳章所引牧齋「戲題美人手跡」七詩有關。牧齋此題作於崇禎十三年庚辰春初，河東君此札作於同年夏間。所隔時日，至少亦有三四月之久。故然明將牧齋此詩傳致於河東君，大有可能。至牧齋所見之河東君手跡，亦是從然明處得來也。考晉書柒玖謝安傳云：

寓會稽，與王羲之及高陽許詢桑門支遁游處。

及同書捌拾王羲之傳略云：

羲之既去官，與東土人士盡山水之遊。又與道士許邁共修服食，偏遊東中諸郡，窮諸名山，泛滄海。歎曰，我卒當以樂死。謝安謂羲之曰，中年以來，傷於哀樂，與親友別，輒作數日惡。羲之曰，年在桑榆，自然至此。須正賴絲竹陶寫。恒恐兒輩覺，損其懽樂之趣。時劉惔爲丹陽令。（寅恪案，「令」字應依世説新語言語類「劉真長爲丹陽尹」條，改作「尹」字。）許詢嘗就惔宿。牀帷新麗，飲食豐甘。詢曰，若此保全，殊勝東山。惔曰，卿若知吉凶由人，吾安得保此。羲之在坐曰，令巢許遇稷契，當無此言。二人並有愧色。

世説新語言語類「劉真長爲丹陽尹」條，劉注引續晉陽秋云：

許詢字玄度。高陽人。魏中領軍允玄孫。總角秀惠，衆稱神童，而風情簡素。司徒掾辟，不就。蚤卒。

真誥貳拾真胄世譜略云：

〔許〕副字仲先。庶生。即長史〔謐〕之父也。與謝奕〔安等〕兄弟周旋。

又略云：

〔許〕邁字叔玄，小名映，改名遠遊。與王右軍父子周旋。

然則謝安石王逸少之在東山，其所與交遊者，爲許詢許邁，而非許謐，即許長史。但長史之父仲先及兄遠遊，固嘗與王謝勝流相往來。河東君或於此有所誤記，因而牽混耶？若爲誤記牽混，則東山之謝安石，恐非牧齋莫屬。蓋然明當時所能介紹於河東君之勝流，惟牧齋一人曾於崇禎元年戊辰會推閣臣，列名其中。雖因此革職回籍，然實取得候補宰相之資格。至其餘如謝象三之流，資望甚淺，不足與謝安石相比也。職此之故，第貳章論牧齋「戲題美人手跡」七首，謂其詩乃錢柳因緣重要資料之一，實則亦是錢柳因緣材料之最先見於記載者。河東君此札可取以相證發也。

尺牘第貳捌通云：

（上段前已引。）已至湖湄，知先生尚滯故里。又以横山幽崎，不減赤城，遂懷尚平之意。不意甫入山後，纏綿夙疾，委頓至今。近聞先生已歸，幸即垂視。山中最爲麗矚，除藥爐禪榻之外，即松風桂渚。若覲良規，便爲情景俱勝。讀孔璋之檄，未可知也。伏枕草草，不悉。

寅恪案，此札「藥爐」二字，杭州高氏藏本如此，今依以迻録。瞿氏鈔本「藥」下缺一字。王胡本補作「鐺」，自是可通，但杜牧之「題禪院」詩云，「今日鬢絲禪榻畔，茶煙輕颺落花風」，（見全唐詩第捌函杜牧叁及孟棨本事詩高逸類。）并東坡集柒「和子由」四首之二「送春」云「鬢絲禪榻兩忘機」，及東坡後集肆「朝雲詩」云「不似楊枝別樂天」，「天女維摩總解禪」，「經卷藥爐新活計，舞衫歌扇舊因緣」。河東君自與謝象三絶交發病後，意態消沈，借禪悦以遣愁悶，因而多讀佛經。如第貳伍通云「泳游宗極」，第貳柒通云「便同阿閦國再見矣」，第貳玖通云「見遮須之尊，忘波旬之怖」，及「今雖華鬘少除，而尼連未浴」等，皆用内典之文，可爲例證。至「藥爐禪榻」之語，固出杜蘇之詩，人所習知，不足爲異。所可論者，河東君以其身世之關係，於「朝雲詩」一類之作品，本甚留意。況曾一度以「楊朝」爲稱，唐叔達爲之賦「七夕行」，程孟陽爲之賦「朝雲詩八首」及「今夕行」。其於東坡是詩，尤所專注，此事理所必然也。（詳見前論「河東君嘉定之游」節。）河東君作此書時，正值其瀏覽佛經及賞玩蘇詩之際。其實東坡此詩之「藥爐」，本指燒鍊丹汞之「藥爐」，而非煎煮藥物之「藥爐」。觀此詩七八兩句「丹成逐我三山去，不作巫陽雲雨仙」可證。蓋「經卷藥爐」指佛道之教義，「舞衫歌扇」指姬妾之生活。以今昔情境互異爲對文。東坡此意，河東君未嘗不知，不過借用之，以寫煎藥療病之景况耳。若必謂非作「藥鐺」不可，則恐轉涉拘泥矣。職是之故，頗疑此札之「藥爐」即東坡「朝雲詩」之「藥鑪」，而非「藥鐺」也。河東君早與幾社名士交遊，自然薰染輕鄙宋詩之風習。第叁章論河東君金明池「詠寒柳」詞，實用東坡之詩。今觀此札中「藥爐禪榻」之語，又得一證。王胡本以「藥爐」爲「藥鐺」，就文義言，原甚可通。然於河東君學問蜕變之過程，似尚未達一間也。夫河東君之涉獵教乘，本爲遣愁解悶之計，但亦可作賦詩詞取材料之用。故所用佛經典故，自多出於法苑珠林等類書。若「遮須」一詞，乃用晉書壹佰貳劉聰載記，實亦源於佛經，頗稱僻典。然則其記誦之博，實有超出同時諸名姝者。明末幾社勝流之詩文，以所學偏狹之故，其意境及材料殊有限制。河東君自與程孟陽一流人交好以後，其作品遣詞取材之範圍，已漸脱除舊日陳宋諸人之習染，駸駸轉入錢程論學論詩之範圍。蓋幾與當時蕭伯玉士瑋艾千子南英江西諸名士同一派别，而非復雲間舊日之阿蒙矣。

河東君至杭州訪然明不遇，未能與商遷居之地，故遂自行決定，由吴江之盛澤，遷往松江之横雲山。似此不俟然明之回杭，而匆促作此移居之計者，其間必有不能久待之理由。據陳忠裕全集臥子自撰年譜崇禎十三年庚辰條略云：

春納側室薄氏。以三月北發。六月就選人，得紹興司李。七月南還。以八月奉太安人攜家渡錢塘。〔抵任所。〕

可知崇禎十三年春，臥子於其繼母唐孺人服闋後，即又納妾薄氏，復北上選官。以常例推計，其得官南還及赴新任，當不過數月間事。河東君自崇禎八年夏間脱離臥子，晚秋離去松江後，至崇禎十三年夏間作此札時，固已歷五歲之久，而兩方實未能忘情。第叁章論臥子「長相思」「上巳行」兩詩，已言及此點。意者，河東君作此書時，或已悉臥子之北行，或竟知臥子之得官南歸，所以亟欲遷居松江，而不待然明之歸者，其意旨儻在是耶？「横山」即横雲山。嘉慶修松江府志柒山川門云：

在府城西北二十三里，高七十尺，周回五里。本名横山。唐天寶六年易今名。

又河東君戊寅草「〔崇禎八年〕秋夜雜詩」四首之二「澄崖相近看」句下自注云：

横山在原後。

寅恪案，第叁章引錢肇鼇質直談耳柒「柳如之軼事」條載河東君舊日居松江之佘山。佘山在松江府城北二十五里。（見嘉慶修松江府志柒山川門。）佘山與横雲山地相隣接，而横雲山之規模尚狹小於佘山，河東君是否先居佘山，後遷横雲山。抑或前後皆居横雲山，錢氏牽混言之。今不易考知矣。「赤城」者，文選壹壹孫興公「遊天台山賦」云「赤城霞起而建標」，故以赤城比天台。其實高下大小，不可同語。若謂河東君於此亦不免文人浮誇之習，則恐所見尚失之膚淺。鄙意河東君之取横雲山以比天台山者，暗寓「劉阮重來」之意，實希望臥子之來訪也。此通云：「不意甫入山後，纏綿夙疾，委頓至今。」第貳玖通云：「及歸山閣，幾至彌留。」豈居横山以後，臥子又無來訪之事所致耶？更可注意者，東坡詞云：「人間自有赤城居士。」（見東坡詞水龍吟。）河東君殆亦於此時熟玩蘇詞，不僅熟精選理也。

尺牘第貳玖通云：

（上段前已引。）邈邈之懷，未卜清邁。何期明河，又讀鱗問耶？弟即日觀濤廣陵，聆音震澤。先生又以尚禽之事未畢，既不能晤之晚香，或當期之仙舫也。某公作用，亦大異賭墅風流矣。將來湖湄鱖魚如絲，林葉正頳。其爲延結，何可言喻。

寅恪案，歐陽永叔居士集壹伍「秋聲賦」云「明河在天」，「夷則爲七月之律」。今河東君此書云：「何期明河，又讀鱗問耶？」是此書作於崇禎十三年七月間。「觀濤廣陵，聆音震澤」，當是訪覓名流，擇婿人海之意，而非真欲有所遊覽也。否則與下文「不能晤之晚香，或當期之仙舫」之語，意義不貫。「仙舫」謂「不繫園」之類，即指杭州，乃然明所居之地。「晚香」謂「佘山」，（陳眉公建晚香堂於東佘山，有晚香堂蘇帖及晚香堂小品等。據陳夢蓮所作其父年譜，眉公卒於崇禎十二年己卯九月二十三日。河東君作此書時，眉公已前卒。故此「晚香」當是泛指佘山，非謂約然明會於眉公處也。）即指松江，乃河東君所居地。此札之意，謂然明既以家事，不能來松江相訪，則己身將往杭州相會。其時間當在深秋，即魚肉白，林葉紅之候也。然明書中，必又言及謝三賓對於河東君有何不利之言行。此類言行，今雖難考悉，但據全謝山所述象三「晚年求用於新朝，欲以賄殺六狂生，不克。竟殺五君子以爲進取之路」等事推之，其人之陰險可知。然則河東君此時既爲象三所恨，處境頗危。若非託身一甚有地位之人，如牧齋者，恐象三尚不肯便爾罷休。觀河東君此札，其急於求得歸宿之所，情見乎辭者，殆亦與此有關歟？「某公作用，亦大異賭墅風流矣」之語，自是用晉書柒玖謝安傳，世人共知，不待徵引。所可笑者，牧齋爲象三父一爵母周氏所作合葬墓誌銘有「其先晉太傅」及「謝自太傅，家於東中」等語。（見初學集伍叁「封監察御史謝府君墓誌銘」。）夫吾國舊日妄攀前代名賢，冒認宗祖，矜誇華胄之陋習，如杜少陵「丹青引」中「將軍魏武之子孫」之例者，（見杜工部集伍。）何可勝數，亦無須辨駁。象三於此本不足怪。但其人與河東君雖有特殊關係，幸後來野心終不得逞，否則東山詶和集之編刊，將不屬於牧齋，轉屬於象三，而象三可謂承家法祖之孝子順孫矣。至若河東君罵其「大異賭墅風流」，意謂象三爲安石之不肖裔孫，固甚確切痛快，殊不知儻象三果能效法其遠祖者，恐未必真河東君之所願也。

尺牘第叁拾通云：

嗣音遥阻，頓及蕭晨。時依朔風，禹臺黯結。弟小草以來，如飄絲霧，黍谷之月，遂躡虞山。南宫主人，倒屣見知，羊公謝傅，觀兹非邈。彼聞先生與馮雲將有意北行，相望良久。何謂二仲尚渺洄溯。弟方耽遊蠟屐，或至閣梅梁雪，彦會可懷。不爾，則春王伊邇，薄遊在斯。當偕某翁便過〔通〕德，一景道風也。耑此修候，不既。

寅恪案，此書乃崇禎十三年庚辰十二月河東君已移居牧齋我聞室時所作。「時依朔風，禹臺黯結」者，文選肆壹李少卿答蘇武書云：「時因北風，復惠德音。」河東君此書亦作於冬季，故有斯語。「禹臺」即「禹王臺」，亦即「梁王吹臺」，其地在開封。（見清嘉慶一統志壹捌柒開封府貳。）此與第叁壹通用「夷門」指然明者相同，前已論及，蓋取此兩詞，以比然明爲魏之信陵君也。「小草已來，如飄絲霧」者，「小草」用世説新語排調類「謝公始有東山之志」條，謂由松江横雲山出遊也。「如飄絲霧」即「薄遊」之意，下文亦有「薄遊在斯」之語，可以參證。更有可論者，文選貳陸謝靈運「初去郡一首」云：

畢娶類尚子，薄游似邴生。

李注云：

嵇康高士傳曰，尚長字子平，河内人。隱避不仕，爲子嫁娶畢，敕家事斷之，勿復相關，當如我死矣。嵇康書亦云尚子平。范曄後漢書曰，向長字子平，男娶女嫁既畢，敕斷家事。尚向不同，未詳孰是。班固漢書曰，邴曼容養志自脩，爲官不肯過六百石，輒自免去。

寅恪案，「尙」「向」之異，茲可不論。第貳玖通云，「先生又以尚禽之事未畢」。「禽」字應作「長」或「平」，即用康樂詩句及李注。春星堂詩集叁遊草最後一首「出遊兩月，歸途復患危病。釋妄成真，自此彌切」云，「向平有累應須畢」。然明此詩作於崇禎十一年戊寅季秋。其時尚未畢兒女婚嫁。至河東君作第貳玖通時，已逾兩年，正值然明兒女婚嫁之際也。若第貳拾通「又以横山幽奇，不減赤城，遂懷尚平之意」，則用范尉宗後漢書列傳柒叁逸民傳向長傳中，向子平禽子夏「俱遊五嶽名山」之典，非謂「男女娶嫁既畢」之義也。但於貳捌通用「尚平之意」，以指己身，而於第貳玖通轉用「尚禽之事」以指然明。指然明爲禽慶與尚平共遊五嶽名山，自無不可。若指己身爲尚平，則河東君己身婚嫁尚未能畢，正在苦悶彷徨之際，誤用此典，不覺令人失笑。「薄遊」之義，原爲「游宦」之「游」。故康樂詩用「邴曼容爲官不肯過六百石，輒自免去」之典。與浪游之意絶無關涉。河東君久誦蕭選，熟記謝詩，遂不覺借用康樂之句，牽連混及，頗不切當。斯亦詞人下筆時所難免者，不必苛責也。「黍谷之月，遂躡虞山」者，乃冬至氣節所在之仲冬十一月到常熟之意。（寅恪案，鄭氏近世中西史日表崇禎十三年庚辰十一月九日冬至。）文選叁左太沖「魏都賦」云：「且夫寒谷豐黍，吹律暖之也。」李注引劉向別録曰：

鄒衍在燕，有谷地美而寒，不生五穀。鄒子居之，吹律而温至黍生。今名黍谷。

又杜工部集壹陸「小至」詩云：「冬至陽生春又來。」蓋河東君以崇禎十三年庚辰十一月至常熟，仍留舟次。至十二月二日，始遷入牧齋家新建之我聞室。其作此書，據前引耦耕堂存稿文下「題歸舟漫興冊」中「庚辰臘月望，海虞半野堂訂遊黄山」之語推之，則當在十三年十二月十五日孟陽離常熟以後，河東君尚居牧齋家中之時也。所以確知如此者，東山詶和集壹第壹首云：

庚辰仲冬訪牧翁於半野堂，奉贈長句。

河東柳是字如是。（原注：「初名隱。」）

（詩見後。）

列朝詩集丁壹叁上松圓詩老程嘉燧詩云：

庚辰十二月二日虞山舟次值河東君，用韻輒贈。

（詩見後。）

及東山詶和集壹牧翁詩云：

寒夕文讌，再疊前韻。是日我聞室落成，延河東君居之。（原注：「涂月二日。」）

（詩見後。）

可知河東君於崇禎十三年庚辰十一月乘舟至虞山，「幅巾弓鞵，著男子服」，訪牧齋於半野堂。其始尚留舟次，故孟陽詩題云：「庚辰十二月二日虞山舟次值河東君。」而牧齋詩題云：「是日（指庚辰十二月二日。）我聞室落成，延河東君居之。」此詩第肆句又云：「緑窗還似木蘭舟。」然則河東君之訪牧齋，其先尚居虞山舟次，後始遷入牧齋家中，首尾經過時日，明白可以考見者若是。後來載記涉及此事，往往失實，兹略徵最初最要之材料如此。其他歧異之說，概不多及，以其辨不勝辨故也。

復次，河東君之訪半野堂，在此之前，實已預有接洽，并非冒昧之舉，俟後詳論。其「幅巾弓鞵，著男子服」者，不僅由於好奇標異，放誕風流之故。蓋亦由當時社會風俗之拘限，若竟以女子之裝束往謁，或爲候補宰相之當關所拒絶，有以致之也。其所以雖著男子之「幅巾」，而仍露女子之「弓鞵」者，殆因當時風尚，女子以大足爲奇醜。故意表示其非如蒲松齡聊齋誌異所謂「蓮船盈尺」之狀耶？自顧云美作圖徵詠之後，（此圖今藏瀋陽故宫博物館。餘可參范鍇華笑廎雜筆壹「河東君訪半野堂小影圖傳并題詩跋五則」。）繼續摹寫者，頗亦不少。惜寅恪未得全見。惟神州國光社影印余秋室白描柳如是小像最爲世所稱道。蓉裳善畫美人，有「余美人」之目，（見秦祖永續桐陰論畫等。）竟坐是不得爲狀頭。（見蔣寶齡墨林今話柒。）此小像不知是何年所作。以意揣之，當在秋室乾隆丙戌殿試以後。然則「余美人」之未能中狀元，此小像實不任其咎也。又「美人」本爲河東君之號，以「余美人」而畫「楊美人」，可稱雙美矣。因戲題三詩，附載於後，以博好事者一笑。詩云：

弓鞵逢掖訪江潭。奇服何妨戲作男。詠柳風流人第一，（河東君金明池詠寒柳詞有句云：「念疇昔風流，暗傷如許。」非用謝道韞詠絮事。）畫眉時候月初三。（河東君於崇禎十三年十二月二日入居牧齋新建之我聞室。李笠翁「意中緣」劇中，黃天監以「畫眉」爲「畫梅」。若從其言，則屬對更工切矣。一笑！）東山小草今休比，南國名花老再探。（牧齋於萬曆三十八年庚戌廷試以第三人及第，時年二十九歲。至崇禎十三年庚辰遇河東君時，年已五十九歲矣。）好影育長終脈脈，（見世説新語紕漏類。）興亡遺恨向誰談。

岱嶽鴻毛説死生。當年悲憤未能平。佳人誰惜人難得，故國還憐國早傾。柳絮有情餘自媚，桃花無氣欲何成。楊妃評泊然脂夜，流恨師涓枕畔聲。

佛土文殊亦化塵。如何猶寫散花身。白楊幾換墳前樹，紅豆長留世上春。天壤茫茫原負汝，海桑渺渺更愁人。衰殘敢議千秋事，賸詠崔徽畫裏真。

河東君札中「南宫主人」之語，指牧齋言。蓋北宋以來，習稱禮部爲「南宫」。（見王闢之澠水燕談録柒歌詠類「范文正公未免乳，喪其父」條。）時牧齋以禮部右侍郎革職家居故也。「馮雲將」者，南京國子監祭酒秀水馮夢禎之仲子。夢禎以文章氣節有聲於時。（見初學集伍壹「南京國子監祭酒馮公墓誌銘」。列朝詩集丁壹伍「馮祭酒夢禎」條小傳及光緒修嘉興府志伍貳馮夢禎傳。）以娶仁和沈氏之故，遂居杭州。（見光緒修杭州府志壹陸玖馮夢禎傳。）雲將雖爲名父之子，而科試殊不得志，身世頗困頓。與汪然明始終交好。觀牧齋有學集叁貳汪然明墓誌銘云：

及乎彌留待盡，神明湛然。要雲將諸人，摩挲名蹟，吹簫擫阮，移日視蔭，乃抗手而告别。

可爲例證。今春星堂集中關涉馮雲將者甚多。兹僅擇録夢香樓集所附和詩中雲將四絶句之一於下。其詩辭旨皆不佳，遠不及黄媛介李漁諸人之和作也。馮鵷鶵和詩云：

輕綃飄拂紫雲香。玉骨淩風枕簟凉。幽夢迴來情髣髴，不知誰箇是檀郎。

牧齋尺牘壹與宋玉叔琬書云：

不肖在杭有五十年老友曰馮鵷鶵，字雲將者，故大司成開之先生之仲子也。年八十有七矣。杜門屏居，能讀父書，種蘭洗竹，不媿古之逸民。開之故無遺貲，雲將家益落。據此雲將暮齒之情況，亦可想見矣。兹所以不避繁贅之嫌，略詳雲將名字及生平者，蓋爲小青故事，後人多所誤會之故。列朝詩集閏肆「女郎羽素蘭」條小傳附論小青事云：

又有所謂小青者，本無其人。邑子譚生造傳及詩，與朋儕爲戲曰，小青者，離「情」字。正書「心」旁似「小」字也。或言姓鍾，合之成「鍾情」字也。其傳及詩俱不佳，流傳日廣，演爲傳奇。（寅恪案，牧齋此條可參陳忠裕全集拾幾社稾「彷彿行」并所附李舒章原作。）至有以「孤山訪小青墓」爲詩題者。俗語不實，流爲丹青，良可爲噴飯也。以事出虞山，故附著於此。

陳文述蘭因集上（參陳文述西泠閨詠玖「梅花嶼馮小青詩序」。）辨正牧齋之説，略云：

或妬婦揚焚圖毁詩之餘烈，百計以滅其迹。馮既舊家，婦應豪族。蒙叟受託，作此不經之語，未可知也。

寅恪案，頤道居士駁牧齋所言之謬，甚確。但以牧齋受馮生嫡室之託，造作不經之語，殊不知牧齋與雲將交誼甚篤，因諱其娶同姓爲妾，與古禮「買妾不知其姓，則卜之」之教義相違反也。（見小戴記曲禮上。）至雲伯撰西泠閨詠，又以小青之夫爲馮千秋。是誤認馮雲將即馮千秋，則爲失實。據光緒修杭州府志壹肆捌馮延年傳云：

馮延年字千秋。明國子監祭酒秀水夢禎孫。夢禎娶武林沈氏，愛西湖之勝，築快雪堂於湖上。延年因入籍錢塘。中崇禎十二年副貢，入太學。歸隱秋月菴。

然則千秋乃開之之孫。牧齋作開之之墓誌云：「余與鵷鷚好。」是牧齋爲雲將之故，因諱小青之事，較合於情理也。

又河東君湖上草有「過孤山友人快雪堂」七律一首。據列朝詩集丁壹伍馮夢禎小傳云：

築室孤山之麓，家藏快雪時晴帖，名其堂曰快雪。

可知此友人即馮雲將。河東君遊西湖時，固嘗與雲將往還也。崇禎十三年冬間河東君居牧齋家，汪馮二人欲同至虞山者，當是勸説河東君不再放棄機會，即適牧齋也。此後然明遊閩，牧齋乃託雲將至松江搆促河東君。前論尺牘第叁壹通時，已言及之矣。「閣梅梁雪，彦會可懷。不爾，則春懷伊邇，薄遊在斯。當偕某翁便過通德」者，河東君初遷入我聞室時，當已與牧齋約定於崇禎十三年歲杪，同至杭州。否則，亦擬於崇禎十四年春間偕遊西湖，共訪然明。疑此預約皆出自牧齋之意，蓋欲請然明勸説河東君之故。觀前引第叁壹通首節，然明甚誇牧齋氣誼等語，可以推知也。鄙意河東君此書乃是由牧齋所促成，必經牧齋過目者。當日牧齋特遣人致函然明，告以河東君之將至杭過訪，并請其代爲勸説。牧齋致然明之書，惜已不可得見，而河東君此書之性質，不過牧齋專函之附片耳。

關於湖上草贈諸文人之詩，雖爲酬應之作，不必多論。然有一特點，即牧齋所稱河東君半野堂初贈詩「語特莊雅」者是也。（見東山詶和集壹第貳詩題。）夫以河東君當日社會之地位，與諸男性文人往來酬贈，若涉猥俗，豈不同於溱洧士女之相謔，而女方實爲主動者乎？（見毛詩鄭風溱洧孔氏正義。）此河東君酬贈諸詩，所以「語特莊雅」，自高身分之故。顧云美云：「（河東君）游吴越間，格調高絶，詞翰傾一時。」洵非虚譽也。

蘼蕪紀聞上載王士禄宮閨氏籍藝文考略一名然脂集云：

（河東君）所著有戊寅草。鄒斯漪刻其詩于詩媛十名家集中。（寅恪案，佚叢甲集牧齋集外詩附柳如是詩，卷尾載武陵漁人跋云：「蘇息翁新購詩媛八名家，令急爲借讀。内有河東君一□，特爲録出。」與此作「詩媛十名家」者不同。）又汪汝謙刻其尺牘一卷。林雪云，如是尺牘豔過六朝，情深班蔡。神釋堂詩話云，河東詩早歲耽奇，多淪荒雜。戊寅一編，遺韻綴辭，率不可詰。最佳如劍術行懊儂詞諸篇，不經翦截，初不易上口也。然每遇警策，輒有雷電砰燿，刀劍撞擊之勢，亦鬟笄之異致矣。後來多傳近體，七言乃至獨絶。若「婉孌魚龍問才豔，深凉烽火字珊瑚。下杜昔爲走馬地，阿童今作鬥雞游。小苑有香皆冉冉，新花無夢不濛濛。月幌歌闌尋麈尾，風牀書亂覓搔頭。洗罷新松看沁雪，行殘舊藥寫來禽」，此例數聯，惝怳朦朧，附以神麗，魚薛擅能，兹奇未覯。誠如陳思所云，神光離合，乍陰乍陽者也。擬古如臺館易嵯峨，珠玉會蕭瑟，讀之尤令人悲悚。尺牘含咀英華，有六朝江鮑遺風。

又鄒弢三借廬筆（贅）談壹貳「河東君」條略云：

往見書賈持河東君詩稿一册，乃惠山韻香尼手録本。僅記其夜起二句云，初月不明庭户暗，流雲重疊吐殘星。真得初唐神韻者。

寅恪案，神釋堂詩話中所舉七言近體數聯，「婉孌」一聯見戊寅草「初夏感懷」四首之二。「下杜」一聯見同書「五日雨中」。「小苑」一聯即下引西泠十首之一第叁第肆兩句，洵佳作也。「月幌」一聯見初學集貳拾東山詩集叁附河東君和牧翁「中秋日攜内出遊，次冬日泛舟韻」二首之一。「洸罷」一聯見有學集貳秋槐詩支集附河東君和牧翁「人日示内」二首之二。又所舉擬古詩「臺館」兩句，則見戊寅草「擬古詩十九首」中「去者日以疎」一首。至若鄒弢三借廬贅談壹貳所舉「夜起」兩句，（詳見後引。）今尚未能證實，更俟詳考。凡此諸例，雖皆河東君詩句之流播人口者，然其佳作猶不止此數例而已也。湖上草諸詩，「西湖八絶句」之「桃花得氣美人中」一首於第貳章論牧齋與姚叔祥共論近代詞人戲作七絶及第叁章論臥子崇禎八年春間所作寒食七絶三首時，已兩次全引其文，不須更重録外，兹再擇録最佳及有關考證者共數首，略加校釋於下，聊見全豹之一斑云爾。

「西泠」十首之一云：

西泠月照紫蘭叢。楊柳絲多待好風。小苑有香皆冉冉，新花無夢不濛濛。金吹油壁（壁）朝來見，玉作靈衣夜半逢。一樹紅梨更惆悵，分明遮向畫樓中。

寅恪案，河東君此詩爲詠當時西湖諸名媛而作，并自述其身世之感也。「西泠月照紫蘭叢」者，用李義山詩集中「汴上送李郢之蘇州」詩「蘇小小墳今在否，紫蘭香徑與招魂」之語。「叢」者，多數之義，指諸名媛言。與下文「一樹」之指己身言者，相對爲文。「楊柳絲多待好風」乃合李義山集中「無題」二首之一「斑騅只繫垂楊岸，何處西南待好風」兩句爲一句。（寅恪案，李集諸本「待」字多作「任」。馮浩玉谿生詩箋注肆「待」字下注云：「一作任，誤。」神州國光社影印牧齋手校李集中亦作「待」。）「金吹」二字，杭州高氏所藏明本亦同，殊不易解。或謂用喬知之「從軍行」一作「秋閨」詩「玉霜凍珠履，金吹薄羅衣」之語。（見全唐詩第貳函喬知之詩。）蓋河東君以其身世，初亦略同於窈娘，宜於喬補闕之「秋閨」「緑珠篇」等詩，有所感會。戊寅草載其「寒食雨夜十絕句」之五云：「想到窈娘能舞處，紅顏就手更誰知。」陳臥子於崇禎六年清明，即河東君賦「寒食雨夜」詩之次日，亦有「今日傷心何事最，雨中獨上窈娘墳」之句。（見陳忠裕全集壹玖陳李唱和集「清明」七絕。）故河東君之用「金吹」二字，恐非出於偶然也。鄙意此說未是。第壹理由，喬詩之「金吹」

當作「金風」解，「吹」字應讀去聲。但在柳詩，則應作平聲，始合音調。第貳理由，「金吹」與「油壁」不相關聯，兩詞連用，亦似牽强。職此之故，頗疑「金吹」應作「金鞭」。「鞭」字脱落，因誤成「吹」字耳。蘇小小歌云：「我乘油壁車，郎騎青驄馬。何處結同心，西陵松柏下。」（見郭茂倩樂府詩集捌伍。）故「金鞭」即指「青驄馬」言，與「油壁」一辭相聯貫。且「鞭」字平聲，於音律協調，較作「金吹」者，更爲易解矣。「玉作」亦疑爲「玉佩」之譌誤。楚辭九歌大司命云「靈衣兮被被，玉佩兮陸離」者，是也。「金鞭油壁」與「玉佩靈衣」相對爲文，自極工切。「紅梨」者，玉谿生詩「崇文館裏丹霜後，無限紅梨憶校書。」（見李義山詩集中「代秘書贈弘文館諸校書」。）本以「紅梨」比事，即取鄭虔柹葉臨書之意，乃指「男校書」之校書郎。後來因薛濤有「女校書」之稱，遂用「紅梨」以目女校書，如徐復祚之「紅梨記」戲劇乃其例也。河東君自比於「一樹紅梨」「遮向畫樓中」者，即遮隱於畫樓之中，不欲俗人窺見之意。尺牘第伍通云：「弟之所汲汲者，亡過於避迹一事。」河東君此詩自言其所以不同於西湖當時諸名媛者，乃在潛隱一端。其改名爲「隱」，取義實在於是。至所謂「畫樓」，殆指尺牘第壹通所謂「桂棟葯房」之然明横山别墅，即牧齋詩中所謂「汪氏書樓」者也。此詩第貳句「楊柳絲多待好風」，中藏河東君之新舊姓氏。第捌句則暗藏「隱」字，即河東君此時之改名。故湖上草之作者，亦題爲「柳隱如是」。當時作詩之風氣，詩中往往暗藏有關人之姓名，第貳章已詳論之矣。又牧齋於崇禎十三年秋間與姚叔祥共論近代詞人詩云：「近日西陵詩柳隱。」可知牧齋作詩時，實已得見然明所刻之湖上草，而「西陵」「柳隱」兩辭并用，殆即指此首而言耶？

「西泠」第拾首云：

荒涼夙昔鶴曾遊。松柏吟風在上頭。（原注：「時遊孤山。」）吏苑已無句漏鼎，（原注：「稚川爲句漏長。」）煙霞猶少岳衡舟。（原注：「褚元璩隱于錢塘時放舟衡岳。」）遥憐浦口芙蓉樹，彷佛山中孔雀樓。從此邈然冀一遇，遺宫廢井不勝愁。

寅恪案，此首在湖上草諸詩中非佳妙之作。但亦非尋常遊覽之作，必有爲而發。惜今不能考實。姑妄推測，約略解釋，殊不敢自信也。第貳句下自注云：「時遊孤山。」故知河東君遊孤山，而有所感會。然細繹全首詞旨，除「鶴曾遊」外，其他并無與孤山典故有關者。頗疑此詩殆有感於馮小青之事而作。「松柏同心」已成陳迹。馮雲將家已貧落，無復煉金之鼎。往來於富人之門，不能如褚元璩之高逸。舊日小青之居處，猶似己身昔日松江之鴛鴦樓，即南樓，既睹孤山陳迹之荒涼，尚冀他日與臥子重尋舊好也。褚元璩爲褚伯玉之字。其事蹟見南齊書伍肆及南史柒伍本傳。嘉慶一統志貳玖肆紹興府山川門「宛委山」條，引遁甲開山圖云：「禹治水，至會稽，宿衡嶺。」又同書同卷陵墓門云：「齊褚伯玉墓在嵊縣西西白山。」「衡嶺」

當即「衡岳」，固是元璩棲隱之地，不過倒「衡岳」爲「岳衡」，以協聲調，殊覺牽强耳。何遜「夜夢故人」詩云：「浦口望斜月，洲外聞長風。」及「相思不可寄，直在寸心中。」（見漢魏六朝百三名家集何記室集。）河東君「浦口」之句，初視之，不過仲言詩意。細繹之，則知實出王子安集貳「採蓮賦」中「浦口窄而萍稠」之語。崇禎八年秋河東君與臥子有採蓮一段佳話，前論臥子採蓮賦節中已詳及，兹可不贅。蓋河東君賦此詩之際，遥想八年前之「鴛鴦樓」即「南樓」，此時當亦同一荒涼境界，斯所以因遊孤山，憶昔懷人，乃有此作耶？「孔雀樓」者，疑是用列仙傳上蕭史傳「能致孔雀白鶴於庭。」太平廣記肆捌捌元稹鶯鶯傳載續會真詩云：「行雲無處所，蕭史在樓中。」宋某氏侍兒小名録拾遺引帝王世紀云：「秦穆公女名弄玉，善吹簫，作鳳凰音，感鳳凰，從天而降。後升天矣。」及九家集注杜詩壹柒「鄭駙馬宅宴洞中」七言近體「自是秦樓壓鄭谷」句下注「趙云，此言主家本是秦女之樓，而氣象幽邃，壓倒鄭子真之谷口矣」之典。蓋以己身與臥子同居松江之「鴛鴦樓」即南樓，有似小青與雲將同居之孤山「秦樓」，即「孔雀樓」耳。此詩首句「鶴曾遊」之「鶴」，亦當是同出此典，不僅用林君復事也。（參嘉慶一統志貳捌肆杭州府貳古蹟門及光緒修杭州府志叁拾古蹟貳錢塘縣「放鶴亭」條。）河東君自傷其身世與小青相類，深恨馮妻及張孺人之妬悍，雲將及臥子之懦怯，遂感恨而賦此詩歟？湖上草中「過孤山友人快雪堂」七律一首，是否與此首同時所作，雖不能知。然此「友人」當爲馮雲將，則無可疑。所以諱言之者，或因有遊孤山悼小青之什，故不顯著馮氏之名也。

「清明行」云：

春風曉帳櫻桃起。繡閣花驄綺香旨。（寅恪案，「綺香旨」三字，杭州高氏藏明本作「綺晴旨」，北京鈔本亦同。「晴旨」或是「情旨」之譌誤，但仍涉牽强。瞿氏鈔本作「綺香旨」，復不可通。然瞿本之易「晴」爲「香」，當經過改校而又譌寫者。豈校改者本改「晴」爲「音」，「音」更誤爲「香」耶？假定爲「音旨」，則世説新語賞譽類「太傅東海王鎮許昌」條云：「奉誦遺言，不若親承音旨。」晉書肆玖阮瞻傳亦同。又漢魏六朝百三名家集梁簡文帝集壹「與廣信侯重述内典書」云：「闊絶音旨，每用延結。」故改爲「音旨」，殊有理據。至於「綺」字，則寅恪疑爲「絶」字之形譌。「繡閣花驄絶音旨」或「情旨」者，佳人繡閣中騎花驄公子之「音旨」或「情旨」斷絶也。若如此校改，辭意雖甚可通，然輾轉揣測，終嫌武斷。姑備一説於此，以俟通人之教正耳。）桃枝柳枝偏照人，碧水延娟玉爲柱。（「柱」瞿本誤作「桂」。）朱蘭入手不禁紅，芳草紛勻自然紫。西泠窈窕雙迴鸞，蕙帶如聞明月氣。可憐玉鬢茱萸心。盈盈豔作芙蓉生。明霞自落鳳巢裏，白蝶初含團扇情。丹珠夜泣柳條曲。夢入鶯閨空漾淥。斯時紅粉飄高枝，荳蔻香深花不續。青樓日暮心茫茫。柔絲折入黄金牀。盤螭玉燕無可寄，（寅恪案，此句可參倪璠注庾子山集伍「燕歌行」中「盤龍明鏡寄秦嘉，辟惡生香寄韓壽」句，及「楊柳歌」中「白玉手版落盤螭」句。）空有鴛鴦棄路旁。

寅恪案，此題雖爲「清明」，然辭旨與清明殊少關涉。反覆誦讀，并取陳臥子之詩參證之，始恍然明瞭其間之關係也。臥子詩與河東君此詩之有關者共三首。一爲崇禎八年乙亥春之「櫻桃篇」。二爲崇禎九年丙子春之「寒食行」。三爲崇禎十二年己卯春之「上巳行」。櫻桃篇及寒食行載於平露堂集。宋徵璧序此集云：

陳子成進士歸，讀禮之暇，刻其詩草名白雲者。已又裒乙亥丙子兩年所撰著，爲平露堂集。刻成，命予序之。

然則平露堂集之刻成，至早當在崇禎十年下半年，遲則在崇禎十一年。至湘真閣集之刻成，已在崇禎十四年之後矣。臥子賦「櫻桃篇」時，正值其與河東君同居之際。此篇固爲河東君所親見而深賞者。「寒食行」作成之時，河東君雖已離去臥子，但平露堂集之鐫刻，至遲亦在崇禎十一年。河東君作「清明行」之前，亦必得見臥子之「寒食行」也。職此之故，河東君「清明行」中之辭句，往往與臥子「櫻桃篇」「寒食行」相類似，自非偶然。蓋河東君此時之詩，多取材於臥子之作品。如前所論湖上草中西湖八絶句「桃花得氣美人中」一首，實與臥子崇禎八年春間所作「寒食」七絶有關者，即是其例證。茲録臥子「櫻桃篇」及「寒食行」於下。讀者取與河東君「清明行」並觀，則其間關係自明，不待贅論。至二人作品之所以從同相似之故，實由兩方情感篤摯，遂亦漸染及於文字使然。未可舉偷江東集之故事相誚，（見舊五代史壹肆羅紹威傳。）而以柳隱偷羅隱爲言也。

陳忠裕全集壹壹平露堂集「櫻桃篇」云：

美人曉帳開紅霞。山樓閣道春風斜。緑水初摇楊柳葉，石屏時拂櫻桃花。淡灩籠烟寒白日，柔條叢蕚相交加。有時飛入玉窗裏，春夢方長人不起。芳草閒庭蝶正黄，瓊甃小院蘭猶紫。茫茫珠露翦輕紅，裝成自擲湘文水。棠梨宫中日暖時。龍旗鳳輦紛流離。低枝隱映入纖手，時親蟬鬢無人知。赬玉盤承紅靺鞨，翔麟飛鞚行參差。即今寂寞香雲度。墮粉摇英春草路。麗魄應悲夜雨天，幽人愁倚東風樹。珊瑚磊落幾時多，恐有流鸎含已暮。

同書同卷「寒食行」云：

江城桃李月，春風花亂飛。空濛度寒食，紅翠展芳菲。郊原漠漠涵平緑，柳雲如夢金塘曲。遠林宿雨壓棠梨，水底明霞浮屬玉。開簾悄望愁不眠。流鶯已落朱欄前。天際青蔥障白日，迷離偃蹇摇蒼烟。此時美人横繡閣，幽怨鳴箏看花藥。碧玉新妝倦復鬆，丹珠小帳香逾薄。鞦韆弱影鬭垂楊。輕颸飄蕩吹紅裳。牆外紫騮驕不去，回頭拾得金鳳凰。

前於第叁章考河東君金明池詠寒柳詞作成之年月，已言及臥子「上巳行」與河東君此詞有關。茲更論臥子「上巳行」與河東君「清明行」之關係。蓋「上巳行」中警策之語爲：「垂柳無人臨古渡，娟娟獨立寒塘路。」即用玉谿生「柳」詩「清明帶雨臨官道」句，（見李義山詩集下。）實混合清明上巳爲一時間，而柳陳兩人所各賦詠之題，其所指之節候，在當時乃同是一日也。考清明行及上巳行俱作於崇禎十二年。是年三月三日適值清明。（依陳氏二十史朔閏表崇禎十二年三月朔爲陽曆四月三日推算。鄭鶴聲近世中西史日對照表亦同。）史邦卿梅溪詞蝶戀花云：

二月東風吹客袂。蘇小門前，楊柳如腰細。蝴蝶識人遊冶地。舊曾來處花開未。　幾夜湖山生夢寐。評泊尋芳，只怕春寒裏。今歲清明逢上巳，相思先到濺裙水。

然則河東君臥子之詩，其題同辭同，時日亦同，固不待言。至梅溪詞中之人之地及其旨意，又更相同，尤爲可注意也。噫！當崇禎之季世，明室困於女真後裔建州之侵逼，岌岌乎不可終日，與天水南渡開禧之時，復何以異？邦卿爲韓侂胄之堂吏，曾隨覘國之使北行，則亦關涉恢復中原之謀劃（見梅溪詞滿江紅題云：「九月二十一日出京懷古。」及龍吟曲題云：「陪節欲行，留別社友。」）但一角湖山，蘇小門前，猶自尋芳遊冶，良可嘆息。或以此嗤鄙梅溪乃一胥史，非足與言國家之安危者，殊不知臥子爲幾社勝流，於崇禎六年秋間計偕北行，賦詩留別，亦繾綣於河東君。有「美人贈我酒滿觴。欲行不行結中腸。何年解佩酬明璫」及「河干薄暮吹紅裳。紉以芍藥羞青棠。何爲棄此永不忘」等句。其後又有「不然奮身擊胡羌。勒功金石何輝光」之語，是以恢復遼左自任。（可參第叁章論臥子此詩節。）斯固臥子所以抒寫「離情壯懷」，應有之作。實與邦卿龍吟曲所云「歌裏眠香，酒酣喝月，壯懷無撓。楚江南，每爲神州未復，闌干静，慵登眺」及「同社詩囊，小窗針綫，斷腸秋早」諸語無異。若一考其賦詩之時及所言之人，則前後四五百年之間，情事實相符會。豈獨節令之適合而已哉？雖然，兒女情懷與英雄志略，亦未嘗不可相反而相成。故不必拘執此點，以爲邦卿及臥子病也。

河東君「清明行」結語云：「盤螭玉燕無可寄，空有鴛鴦棄路旁。」「盤螭」出陳思王集貳樂府「桂之樹行」中「上有棲鸞，下有盤螭。」句。「玉燕」用別國「洞冥記」貳云：

神女留玉釵以贈（漢武）帝。帝以賜趙婕妤。至昭帝元鳳中，宫人猶見此釵。黄諃欲之，明日示之，既發匣，有白燕飛昇天。後宫人學作此釵，因名玉燕釵，言吉祥也。

此河東君自言己身雖如神女，然無玉釵之物可以報答臥子。蓋針對臥子寒食行「回頭拾得金鳳凰」之結語。「金鳳凰」謂婦人之釵也。（可參司馬彪續漢書輿服志下「后夫人服」條。又臥子「拾得」二字之出處，或與吴均續齊諧記及韋絢劉賓客嘉話録「漢宣帝以皁蓋車一乘賜大將軍霍光」條中黄君仲北山羅鳥得鳳凰，入手即化成紫金事有關。俟考。）又檢李太白「代美人愁鏡」詩二首之二（見全唐詩第叁函李白貳肆。）云：

美人贈此盤龍之寶鏡，燭我金縷之羅衣。時將紅袖拂明月，爲惜普照之餘暉。影中金鵲飛不滅。臺下青鸞思獨絶。藁砧一別若箭弦。去有日，來無年。狂風吹却妾心斷，玉筯并墮菱花前。

寅恪案，「美人」乃河東君之號，「盤龍」即「盤螭」。「藁砧一別若箭弦。去有日，來無年。」正針對臥子之怨詞也。

更檢全唐詩第叁函李白叁「白頭吟」第貳體云：

錦水東流碧，波蕩雙鴛鴦。雄巢漢宫樹，雌弄秦草芳。相如去蜀謁武帝，赤車駟馬生輝光。一朝再覽大人作，萬乘忽欲凌雲翔。聞道阿嬌失恩寵，千金買賦要君王，相如不憶貧賤日。位高金多聘私室。茂陵姝子皆見求，文君歡愛從此畢。淚如雙泉水，行墮紫羅襟。五更雞三唱，清晨白頭吟。長吁不整緑雲鬢，仰訴青天哀怨深。城崩杞梁妻，誰道土無心。東流不作西歸水，落花辭枝羞故林。頭上玉燕釵，是妾嫁時物。贈君表相思，羅袖幸時拂。莫捲龍鬚席，從他生網絲。且留琥珀枕，還有夢來時。鷫鸘裘在錦屏上，自君一掛無由披。妾有秦樓鏡。照心勝照井。願持照新人，雙對可憐影。覆水却收不滿杯。相如還謝文君迴。古來得意不相負，祇今惟有青陵臺。

河東君賦清明行前二年，即崇禎十年丁丑，臥子已通籍貴顯矣。此際以文君長卿相比，雖不甚切當。然太白「玉燕釵」之句，似可借用。蓋以求「相如還謝文君迴」之實現。「雙對可憐影」暗藏「影憐」之名。此名即陳楊關係最密切時所用者，可因此喚起大樽往日之回憶。「波蕩雙鴛鴦」與「空有鴛鴦棄路旁」相對照，辭旨哀豔，想臥子得讀河東君此詩之時，正如楊景山所謂「風流才子多春思，腸斷蕭娘一紙書」者也。茲以上巳行與清明行兩詩，關係錯雜繁複，故不嫌全録太白此首，以資參證。

抑尚有可言者，前論河東君寒柳詞，謂與湯玉茗紫釵記有關，頗疑清明行「玉燕」之句，實亦暗用蔣子徵所作「霍小玉傳」中紫玉釵及玉茗堂紫釵記中紫玉燕釵之故事。河東君淹通文史，兼善度曲，蔣防之傳，湯顯祖之記，當無不讀之理。就本人之身分與臥子之關係，取霍小玉與李益相比，最爲適當。故清明行結語之意，蓋希望臥子不作蔣傳中負心忘舊好之李益，而是湯記中多情不自由之君虞也。或者河東君賦此詩時，憶及崇禎八年首夏與臥子離別之際，臥子和淮海滿庭芳詞「紫燕翻風」之句，遂聯想紫釵記紫玉燕釵之事，而有此結語歟？俟考。

又臥子「上巳行」云：「公子空遺芍藥花，美人自愛櫻桃樹。」「芍藥花」乃臥子自指其懷念河東君諸詩，「櫻桃樹」之「樹」，固出於李義山詩集中「深樹見一顆櫻桃尚在」五律及同卷「嘲櫻桃」五絶云：

朱實鳥含盡，青樓人未歸。南園無限樹，獨自葉如幃。

之典。但「櫻桃」二字，實更指崇禎八年乙亥春臥子自作之「櫻桃篇」及河東君崇禎十二年己卯春所作「清明行」，「春風小帳櫻桃起」之句。竊疑臥子上巳行乃獲見河東君清明行後，遂作一詩以酬慰其意者。此年清明適逢上巳，詩題雖爲兩名，詞意實是一事。此臥子故作狡獪，以爲諱飾耳。讀者儻更取第叁章所録臥子此詩詳繹之，當益信鄙説之不誣也。

論釋河東君崇禎十二年己卯之作品「湖上草」及十三年庚辰作品「與汪然明尺牘」既竟，關於錢柳因緣導致之情勢及其必然性，讀者當可明瞭矣。然在崇禎十三年十一月河東君過訪半野堂之前，尚有牧齋於是年十月往遊嘉興之一重公案。此公案關涉一稱「惠香」之女性。寅恪於其人之本末，殊有疑滯，未能解釋。姑試作一假設，以待他日之證明也。初學集壹柒移居詩集「冬日嘉興舟中戲示惠香二首」云：

畫閣蘭橈取次同。蕩舟容與過垂虹。波如人面輕浮碧，日似殘粧旋褪紅。理曲近憐鶯脰水，弄花遥惜馬塍風。可憐平望亭前鳥，雙宿雙飛每一叢。

依然吴越舊陂塘。粉剩脂殘水尚香。已分西施隨范蠡，拌將蘇小賽真娘。鉛華散落霑書帙，絃管交加近筆床。昨日虎丘西畔過，女墳湖水似鴛鴦。

煙水迢迢與夢長。一般燈火兩般霜。鴛鴦湖上人相竝，燕子樓中夜未央。（寅恪案，牧齋此詩結語用關盼盼事，當與東坡詞永遇樂「夜宿燕子樓，夢盼盼。」一闋有關。由此推之，則知其所賦「八月十六夜有感」一詞，特取永遇樂調者，必非偶然也。）

同書同卷「宿鴛湖偶題」云：

寅恪案，「戲示惠香」詩之前第壹題爲「九月望日得石齋館丈午日見懷詩，次韻却寄」，第叁題爲「九日宴集含暉閣醉歌」，第肆題爲永遇樂詞四首，第伍題爲「姚叔祥過明發堂，共論近代詞人。戲作絕句十六首」。又「宿鴛湖偶題」之後，第壹題爲「王店弔李玄白，還泊南湖有感」。（寅恪案，李衷純字玄白，嘉興人。明詩綜陸拾選其詩七首。李氏與牧齋關係密切，見初學集伍肆「大中大夫兩淮都轉運鹽使司運使李君墓誌銘」。）第貳題爲「題南湖勺園」，（寅恪案，光緒修嘉興府志壹伍古蹟門貳秀水縣「勺園」條云：「一名竹亭。在滮湖濱。吴吏部昌時別業。」牧齋此詩結語云：「樓上何人看煙雨，爲君枝策上溪橋。」當更有所指，不僅謂煙雨樓也。）此卷即竟。下卷爲東山詩集，乃河東君訪半野堂以後之作也。今綜合諸題之排列先後，取時間地域及詩詞中所言之人事，參合推證之，則知崇禎十三年庚辰七月以後至十月，其間爲河東君過訪半野堂預備成熟之時期。明發堂在拂水山莊。此題乃牧齋家居常熟時。姚士粦來訪，與之論詩所作。據永遇樂詞「十七夜」云「隔船窗，暗笑低顰，一縷歌喉如髮」及「生公石上，周遭雲樹，遮掩一分殘闕」，則是中秋後二夕，在蘇州舟中所作。含暉閣在半野堂，乃牧齋於重陽節時，居常熟城内家中所作。「戲贈惠香」及「宿鴛湖偶題」諸詩，均在嘉興所作，自不待言。據光緒修嘉興府志壹貳山川門「鴛鴦湖」條略云：

> 以其居於南方，又謂之南湖云。湖在府城南半里許。

然則初學集壹柒移居詩集最後四題，皆與嘉興有關，乃牧齋於崇禎十三年仲冬河東君訪半野堂不久以前，往遊其地所作也。

「戲贈惠香」二律之典故，錢遵王初學集詩注壹柒徵引頗詳，不待贅釋。但繹此題第壹首所言，皆與嘉興鴛鴦湖及近旁吴江之鶯脰湖故實有關。至第貳首則全屬蘇州會城舊典。惠香之與嘉興鴛鴦湖及蘇州會城兩地有關，可以推知。永遇樂詞「十六夜有感」一闋，既是爲河東君而作，（見第壹章所論。）其第肆闋「十七夜」忽有「生公石上」之語，明是在蘇州所作。就蘇嘉兩地域與惠香之關係，更推及惠香與河東君之關係，並繹「宿鴛湖偶題」詩，「燕子樓中夜未央」之句，則其間必有待發之覆，抑可知也。餘詳後論河東君適牧齋後，患病問題節。茲暫不多述。

初學集貳拾東山詩集叁「留惠香」云：

竝蔕俱棲宿有期。舞衣歌扇且相隨。君看陌上穠桃李，處處春深伴柳枝。

「代惠香答」云：

皇鳥高飛與鳳期。差池一燕敢追隨。桃花自趂東流水，管領春風任柳枝。

「代惠香别」云：

春水桃花没定期。柳腰婀娜鎮相隨。憑將松柏青青意，珍重秋來高柳枝。

「别惠香」云：

花信風來判去期。紅塵紫陌肯相隨。池邊苑外相思處，多種夭桃媵柳枝。

徐乃昌影寫錢塘丁氏善本書室藏元刻陽春白雪附黄丕烈跋（參士禮居藏書題跋記陸。）云：

元刻陽春白雪，爲錢唐何夢華（元錫）藏書。矜貴之至。因其是惠香閣物也。惠香閣初不知爲誰所居。夢華云，是柳如是之居。兹卷中有「牧翁」印，有「錢受之」印，有「女史」印。其爲柳如是所藏無疑。「惜玉憐香」一印，殆亦東澗所鈐者。卷中又有墨筆校勘，筆勢秀媚。識者指爲柳書。余未敢定也。要之，書經名人所藏，圖章手迹倍覺古香。宜夢華之視爲珍寶矣。先是，曾影鈔一本，與余易書。但重其爲元刻，而其餘爲古書生色者，莫得而知。今展讀一過，實饜我欲。雖多金，又奚惜耶？書僅五十一番，相易之價，亦合五十一番。惜書之癖，毋乃太過。命工重裝，并誌緣起。嘉慶十有四年己巳正月二十有八日雨窗識。復翁。

又云：

越歲辛未中春廿有二日，錢唐陳曼生偕其弟雲伯，同過余齋。出此相示。因雲伯去年曾攝常熟邑篆，有修柳如是墓一事。于河東君手迹，亦有見者。兹以校字證之。雲伯以爲然。當不謬也。復翁記。

牧齋跋元鈔本樂府新編陽春白雪（見楊紹和楹書隅録續編肆。）云：

惠香閣藏元人舊鈔本陽春白雪十卷。依元刊本校録一過，分注于下。丙子二月花朝，牧翁。

寅恪案，崇禎十五年春間，牧齋所作詩中有涉及惠香之事，甚可注意。但河東君適牧齋後之患病問題，俟下文詳述，今暫不論。兹所欲言者，即惠香究爲何人及與河東君之關係也。何黄二氏均以惠香閣爲河東君所居及認惠香與河東君爲一人，殊爲謬妄。觀牧齋自題其所校録陽春白雪之年月，可知至遲在崇禎九年丙子二月花朝日，牧齋已與惠香閣之名發生關係。然則此女性之惠香，其名初見於崇禎十三年庚辰冬間，復見於十五年壬午春季，皆在丙子花朝四年或六年之後。將如何解釋此疑問耶？鄙意一爲先有人之名，後有建築物之名。建築物因人得名，如牧齋以河東君名是字如是，别號我聞居士之故，因名其所居曰我聞室，即是其例。（參前論蔣氏舊藏河東君山水畫册。）一爲先有建築物之名，後有人之名，人因建築物得名。惠香之名，疑是其例。蓋牧齋心中早已懸擬一金屋之名，而此金屋乃留待將來理想之阿嬌居之者。若所推測不誤，則此女性恐是一能歌之人，與陽春白雪有關。故牧齋取惠香之假名以目之。斯固文士故作狡獪之常態，不足異也。據牧齋所作關於惠香之四絶句桃柳並用，初視之，亦頗平常。檢庾子山詩有「流水桃花色，春洲杜若香」及「春水望桃花，春洲藉芳杜」等句，（見倪璠注庾子山集肆「詠畫屏風詩」二十四首之九及同書伍「對酒歌」。）則「桃」字實與惠香之「香」字有關。或者此女性真名中，有一「桃」字。然就今所見之材料，無一能證實此點者，仍俟詳考。兹可決定者有三事，一即依牧齋「冬日嘉興舟中戲示惠香」兩律及牧齋陽春白雪跋語，已可知此女性之居處，必與嘉興及蘇州有關，并爲能歌之人。兹復檢初學集壹柒移居詩集崇禎十三年庚辰八月十七夜牧齋於蘇州所作永遇樂詞云：

白髮盈頭，清光熠眼，老顛思裂。折簡徵歌，醵錢置酒，漫浪從他説。銀箏畫鼓，翠眉檀板，恰稱合歡佳節。隔船窻，暗笑低顰，一縷歌喉如髮。　生公石上，周遭雲樹，遮掩一分殘闕。天上霓裳，人間桂樹，曲調都清切。干戈滿地，烏鷩鵲繞，一寸此時心折。憑誰把青天淨洗，長留皓月。

及同書貳拾上東山詩集叁崇禎十五年壬午中秋河東君病中，牧齋所作「效歐陽詹翫月詩」其後段云：

病婦夢回笑空床。笑我白癡中風狂。誰家翫月無歌版，若箇中秋不舉觴。虎山橋浸水精域，生公石砌琉璃場。酒旗正臨天駟動，歌扇恰倚月魄涼。何爲煩憂添哽咽，懵騰噤齘夜不央。秋髮紛紛伴墜葉，細雨唧唧和啼螿。自從姮娥到月殿，長依金穴飛夜光。但聞高歌詠水鏡，阿誰彈事騰封章。章上倘蒙天一笑，素娥甚汝空奔忙。老夫聽罷心惻惻。低頭自問笑狂易。婦言可云慎勿聽，撐腸拄肚終難釋。天上素娥亦有黨，人間白叟將安適。合眼猶見星煌煌，入夢仍聞笑啞啞。打門未許驚周公，倒枕一任東方白。

更可證此女性在崇禎十五年壬午春間，伴送河東君於病中自蘇州返常熟，故河東君亦於是年中秋病中有「誰家翫月無歌版，若箇中秋不舉觴。虎山橋浸水精域，生公石砌琉璃場」等語，婉勸牧齋往聽其清歌，藉以遣此佳節之岑寂。據是推之，則此居住蘇州而擅長歌唱之女性，即惠香無疑也。二即依牧齋所作關於惠香四絶句中皆有「桃」字，則此女性名中當有「桃」字，前已言及。又細繹牧齋四詩中，皆以桃柳並舉，當亦非尋常泛用之辭語。據王讜唐語林陸補遺云：

韓退之有二妾，一曰絳桃，一曰柳枝，皆能歌舞。初使王庭湊，至壽陽驛，絶句云，風光欲動別長安。春半邊城特地寒。不見園花兼巷柳，馬頭惟有月團團。蓋有所屬也。柳枝後踰垣遁去，家人追獲。及鎮州初歸，詩曰，別來楊柳街頭樹，擺弄春風只欲飛。還有小園桃李在，留花不放待郎歸。自是，專寵絳桃矣。

及邵博聞見後録壹柒「韓退之使鎮州」條云：

孫子陽爲予言，近時壽陽驛發地，得二詩石。唐人跋云，退之有倩桃風柳二妓，歸途聞風柳已去，故云。後張籍祭退之詩云，「乃出二侍女，合彈琵琶箏」者，非此二人邪？

是牧齋暗以韓退之自比，而以河東君比柳枝或風柳，惠香比絳桃或倩桃。然則此惠香之真名中當有「桃」字或「絳」字。「桃」字恐是小名，甚難考出。至「絳」字或與後來所傳河東君妹楊絳子之名有關也。三即觀留惠香「竝蒂俱棲宿有期」，代惠香「皇鳥高飛與鳳期，差池一燕敢追隨」及別惠香「多種夭桃媵柳枝」等句，則此女性原是河東君之密友，後來又獨立門户，如河東君與徐雲翾之關係。由第壹點引申，河東君於崇禎十三年庚辰春離杭州至禾城養疴及牧齋述河東君病中之語，當與惠香之居處有關。由第貳點及第叁點引申，疑後來譌傳河東君妹絳子之軼事，乃好事者就此演變而成。第壹點不待多論。第貳及第叁點，則須略徵傳譌之説，辨析真僞，而究其演變僞造之所由焉。徐乃昌閨秀詞鈔補遺「楊絳子傳」附柴紫芳蘆峰旅記略云：

柳河東君如是歸虞山蒙叟後，其妹楊絳子猶居吴江垂虹亭。鄙姊之行，遂不與人往來。構一小園於亭畔，歸心禪悦。嘗謁靈巖支硎等山，飄遥閒適。視乃姊之迷落於白髮翁者，不啻天上人間。嘉興薛素素女士慕其行，特雇棹擔書訪絳子於吴門。相見傾倒，遂相約不嫁男子。乃同至慧泉，溯大江而上，探匡廬，入峨嵋，題詩銅塔，終隱焉。其後素素背盟，復至檇李。絳子一人居川中，足跡不至城市。河東君數以詩招之，終不應。未幾卒。著有靈鵑閣小集行世。其春柳寄愛姊，調高陽臺一闋，蓋諷之也。

寅恪案，柴氏所記有可信者，亦有不可信者，當分别觀之。「絳子」之「絳」不僅與桃花顔色有關。且可與牧齋詩用韓退之之妾絳桃之名相合。絳子「居吴江垂虹亭」，謁蘇州之「靈巖支硎等山」及薛素素「訪絳子於吴門」等事，又可與牧齋永遇樂詞，舟中贈惠香及翫月詩等相印證。然則絳子與河東君之關係，乃勾欄中姊妹行輩之名分，非真同產。此其可信者也。至絳子與薛素素相約不嫁男子一端，則大謬特謬。請徵舊記，以明其妄。

繆荃孫雲自在堪筆記書畫門「薛素素小影」條載胡孝轅（震亨）讀書日録云：

薛素素南都院妓。姿性澹雅，工書，善畫蘭。時復挾彈走馬，翩翩男兒俊態。後從金壇于褒甫玉嘉有約矣，而未果。吾郡沈虎臣德符竟納爲妾。合歡之夕，郡中沈少司馬純甫，李孝廉伯遠偕諸名士送之。姚叔祥（士粦）有詩云，管領煙花只此身。尊前驚送得交新。

生憎一老少當意，勿謝千金便許人。含淚且成名媛別，離腸不管沈郎嗔。相看自笑同秋葉，妬殺儂家並蒂春。褒甫恨薛之爽約及沈之攘愛也，寄贈薛三律云，錦水飛來第一身。蕙心更擅藝如神。相憐南國應無輩，不悟東家別有鄰。紈扇寫留騎鳳女，寶符賫向馭龍人。碧山烟外含愁思，猶似蛾眉隔座顰。涼壁哀蛩弔蕙帷。計狂祝夢又多違。錦書織恨盈千軸，鈿帶縈愁減一圍。弱水藥來娥月皎，明河槎去客星微。越人不肯歸西子，花泣吴宫掩夕扉。銅標誌里候靈芸。中道香車改轍聞。魂逐飛蓬辭夜幕，淚隨落葉點秋裙。尾生作鬼難仇水，巫女爲神易變雲。自古情多歡便少，雙棲何必笑離羣。

列朝詩集閏肆「薛素素小傳」略云：

素素少遊燕中，爲李征蠻所嬖。其畫像傳入蠻峒，酉陽彭宣慰深慕好之。北里名姬至於傾動蠻夷，古所希有也。中年長齋禮佛，數嫁皆不終。晚歸吴下富家翁，爲房老以死。

明詩綜玖貳「薛素素小傳」云：

素素小字潤孃，嘉興妓。有異才。數嫁皆不終。有南遊草。

又同書同卷〔静志居〕詩話略云：

予見其手寫水墨大士甚工。董尚書未第日，授書禾中，見而愛之，爲作小楷心經，兼題以跋。嘗侍沈孝廉景倩巾櫛。

寅恪案，孝轅所記素素事及姚于詩，皆可供談助。故詳録之。至竹垞所述，大抵本之牧齋。惟言董香光未第日見素素所繪觀音像而愛之，爲寫心經，兼題以跋之事，乃新增材料中最可注意者，既出自竹垞目睹，自是可信。據牧齋所言素素「數嫁皆不終，晚歸吴下富家翁，爲房老以死」，則柴氏所言「素素背盟」一端，亦頗得實，又酉陽在四川境，則柴氏稱絳子與素素同遊川中之説，或由此誤傳，亦有可能。然此諸端，皆不足深論。獨絳子與素素相約不嫁男子一點，則須略考素素絳子兩人之年齡。據嘉慶修松江府志伍肆「董其昌傳」略云：

董其昌字玄宰，華亭人。成萬曆十七年進士，選庶吉士。

及同書選舉表云：

明舉人。萬曆十六年戊子科。董其昌，玄宰。

然則玄宰至早在萬曆十六年以前，即其尚未中式鄉試以前，遇見素素於嘉興。此時素素之年齡至少亦不能小於十五歲。從此年下數至崇禎十四年辛巳，即河東君適牧齋之歲，共爲五十三年，則素素年已六十八歲矣。絳子既稱河東君之妹，河東君適牧齋之時，年二十四歲，絳子之年當更較少。世間若有年近古稀之老嫗，轉與二十上下妙齡之少女，共爲盟誓，不嫁男子者，禹域之外，當今之時，何所不有，或亦可能。至於三百年前崇禎之季，自無此奇事，可以決言。故紫芳所述，其謬妄不待辨也。

柴氏所記絳子與素素同約不嫁男子之事，雖是大謬。然其他所言絳子諸端，要不無有相當之真實性。復由此真實性，演變成爲此鄙薄其姊「迷落於白髮翁」之故事，並流傳其高陽臺「寄愛姊」一詞，即徐氏閨秀詞鈔補遺所録者是也。鄙意惠香是否與絳子實爲一人，尚待考實，今難斷定。前論河東君與汪然明尺牘第伍通時，附述張宛仙之事。汪然明於順治九年壬辰，始識宛仙於嘉興，稱其名爲「香隱校書」。又宛仙和然明四絶句之二有句云，「風韻何如半野堂」，則名字地域人事三者之關係，宛仙頗有與惠香實爲一人之嫌疑。假定崇禎十三年庚辰牧齋於嘉興舟中作詩示惠香之時，而惠香年齡爲十五至十八歲者，則順治九年壬辰應爲二十七至三十歲。據此等年歲推論，固可稱爲河東君之妹。又就然明稱其在順治九年至十二年之間，匿影不出，不輕見人，及遊人問津，顯貴愛慕，諸端推之，皆與其年齡情事約略適合。然則宛仙豈即惠香歟？是耶？非耶？姑備一説於此，殊未敢自信也。

又據蕘圃之言，牧齋原藏元刻本陽春白雪所鈐印章中，除「惠香閣」一章外，尚有「女史」及「惜玉憐香」兩章之問題。「女史」二字，前於論河東君尺牘時，曾引汪然明所下「閨秀」與「女史」之界説，兹不必再贅。若依汪氏之説，惠香當日至牧齋家時，其身分本是「女史」。故知此「女史」之章，非後之好事者所僞造也。至於「惜玉憐香」一章，則關於黄皆令媛介之問題。前第貳章引吴梅村詩話，鄧孝威天下名家詩觀及王漁洋池北偶談，並第叁章引湯漱玉玉臺畫史諸節中，已略涉及皆令。玆請止就皆令與牧齋及河東君之關係一點，更少詳言之。其他諸端雖饒興趣，然以本文範圍之故，終須有所限制，未可喧賓奪主也。

周勒山銘林下詞選壹壹「黄媛介」條云：

媛介久以詩文擅名。其書畫亦爲世所稱賞。作離隱歌序云，予産自清門，歸於素士。兄姊（原注：「名媛貞。」）雅好文墨，自少慕之。乃自乙酉逢亂被劫，轉徙吴閶，遷遅白下，後入金沙，閉跡牆東。（原注：「琴張居士名園。」）雖衣食取資于翰墨，而聲影未出于衡門。古有朝隱，市隱，漁隱。予殆以離索之懷，成其肥遯之志焉。將還省母，爰作長歌，題曰離隱。歸示家兄，或者無曹妹續史之才，庶幾免蔡琰居身之玷云爾。

寅恪案，媛介之「離隱歌」，今未能得見。即歌序之文，諸書雖有轉載，但多所删改，蓋涉忌諱使然。就所見諸本，惟周氏之書，似最能存其舊觀，故依録之。序文中「後入金沙，閉蹟牆東」，及原注「琴張居士名園」之「琴張居士」爲何人？初未能知。後檢楊鍾羲雪橋詩話續集壹云：

乾隆修金壇縣志捌人物志文學門張明弼傳略云：

金壇張明弼字公亮，號琴張子。爲顧黄公丈人行。

張明弼字公亮。天啓丁卯遊北雍。翰林齊心孝館致之。編修黄道周尤心契。崇禎癸酉登賢書。丁丑五十四始成進士，授揭陽知縣。謫浙江按察司照磨。陞台州推官。踰年陞户部陝西司主事。憤馬士英阮大鋮當國，不赴。年六十九卒。著螢芝集二十卷，兔角詮十卷，蕉書三十乘。

又同書壹貳雜志古蹟門云：

牆東園。在縣西十二里方邊村。張明弼别業。

始知「琴張居士」即張明弼，「名園」即牆東園。歌序中最可注意者，爲「乙酉逢亂被劫，轉徙吴閶，遷遲白下，後入金沙，閉跡牆東」及「將還省母，爰作長歌，題曰離隱。歸示家兄，或者無曹妹續史之才，庶幾免蔡琰居身之玷云爾」等語。黄皆令於清兵攻取江浙之際，逢亂被劫，後始得脱。有關材料多所諱删，故今不能詳悉其本末。但取當時類似之記載推測之，亦可得其大略。由此引申，更於皆令當日社會身分之問題，可得一較明晰之通解也。此問題請分乙酉逢亂以前及以後兩時期言之。

明詩綜捌陸閨門「黄媛貞小傳」云：

媛貞字皆德，秀水人。先世父貴陽守副室。有卧雲齋詩集。俞右吉云，亡友黄鼎平立二妹。一字皆德，一字皆令，均有才名。皆德爲貴陽朱太守房老，深自韜晦。世徒盛傳皆令之詩畫。然皆令青綾步障，時時載筆朱門，微嫌近風塵之色，不若皆德之冰雪浄聰明也。

盛楓撰嘉禾徵獻録伍拾「黄媛貞」條云：

年十五六，同邑貴陽知府朱茂時過其門，聞讀史記。詢之旁人，則貞也。力求媒妁娶爲妾。能詩詞，工書法。凡啓札皆出其手。無子，以老壽終。

同書同卷「黄媛介」條云：

媛介字皆令。亦善詩文，工書法。少許楊氏，楊貧，以鬻畚爲業，父母欲寒盟。介不可，卒歸楊。

寅恪案，嘉興黄氏雖是盛門，然皆令所出之支派，殊爲式微。觀其姊皆德，竟可聘作宰相朱國祚從孫茂時之妾一事，即可證明其家之社會地位甚低。皆令之許聘楊世功時，年齡必甚幼小。世功乃貧至「鬻畚爲業」，則皆令之家，其貧苦當亦相去不遠。故黄鼎一門，在當日宜爲士大夫所輕視。皆令固亦可作妾，與其姊相類。前於第貳章論張溥欲娶皆令事，疑其是娶爲妾，而非爲妻。皆令於離隱歌序開宗明義謂「予産自清門，歸於素士。」蓋所以辨白其社會地位，非泛泛自述之辭也。乙酉逢亂被劫之事，今殊難詳考。然即據清高宗批歷代通鑑輯覽壹柒附明唐王本末，順治二年六月條云：

嘉興已歸附，而土紳屠象美等，復聚衆據城拒守。大兵還攻之，半月而破。

及有學集貳拾「贈黃皆令序」云：

南宗伯署中，閑園數畝，老梅盤拏，柰子花如雪屋。烽烟旁午，訣別倉皇。皆令擬河梁之作，河東抒雲雨之章。（寅恪案，毛詩殷其靁傳云，山出雲雨。及箋云，大夫信厚之君子。爲君使，功未成。歸哉歸哉，勸以爲臣之義未得歸也。牧齋蓋用此義，謂皆令可歸家，而已則不能也。）分手前期，蹔游小別。

可知當清兵南來，南京危急時，皆令即從牧齋禮部尚書署中歸返嘉興。其後屠象美等舉兵抗清，及嘉興城爲清兵攻陷，皆令殆於此際爲清兵所刼。被刼經過，今依據過墟志感所述劉寡婦事，可以推知。此書記載雖不盡可信，然當時婦女被刼經過，尚與真相不甚相遠。其書謂劉寡婦初由常熟被刼至松江，復由松江歸旗安置江寧。其兄及壻見有得許親人領回之令條諸端，諒是當日一般情事。（詳見過墟志感下。）皆令之至蘇州，當與劉寡婦之至松江相同。其又至江寧，則亦與劉寡婦不異。若其至金壇，則當是依「許親人領回」之條例也。皆令此次經過，其「離隱歌」中必有敍述，今既不可得見。頃存「丙戌清明」一首，當是被刼之時，或距此時不遠所作。茲録於下：

倚柱空懷漆室憂。人家依舊有紅樓。思將細雨應同發，淚與飛花總不收。折柳已成新伏臘，禁煙原是古春秋。白雲親舍常凝望，一寸心當萬斛愁。（見梁乙真清代婦女文學史第壹章第貳節「秀水黄皆令」條。）

皆令既被刼復得脱，當時必有見疑於人之情事。而其兄尤引以爲恥辱。故「離隱歌序」云，「歸示家兄，庶幾免蔡琰居身之玷。」即指此而發也。皆令自經此役，其社會身分頗爲可疑。今録吴梅村王漁洋李武曾商媚生諸人之詩於下，以爲例證。

吴偉業梅村家藏藁陸詩前集陸「題鴛湖閨詠」四首之一云：

石州螺黛點新妝。小拂烏絲字幾行。粉本留香泥蛺蝶，錦囊添線繡鴛鴦。秋風擣素描長卷，春日鳴箏製短章。江夏只今標藝苑，無雙才子埽眉娘。

徐釚本事詩拾所録王士禛「觀黄皆令吴巖子卞篆生書扇各題一詩」之黄皆令扇詩云：

歸來堂裏罷愁妝。離隱歌成淚數行。才調祗應同衛鑠，風流底許嫁文鴦。蕭蘭宫掖裁新賦，香茗飄零失舊章。今日貞元揺落客，不將巧語憶秋孃。（參池北偶談壹貳「黄媛介詩」及同書壹捌「婦人畫」等條。）

同詩壹貳所録李武曾良年「黄皆令歸吴，楊世功索詩送行」二首云：

曾因廡下棲吴市，忽憶藏書過若耶。愁殺鴛鴦湖口月，年年相對是天涯。

盛名多恐負清閒。此去蘭陵好閉關。柳絮滿園香茗坼，侍兒添墨寫青山。

杜氏輯祁忠惠公〔彪佳〕遺集附商夫人〔景蘭〕香奩集「贈閨塾師黄媛介」七律（寅恪案，杜氏輯本附載眉生諸女諸子婦等與皆令唱詶詩頗多，茲不備引。鄧漢儀天下名家詩觀初集壹貳所選商祁諸閨秀詩，亦載此七律，自是出自梅市詩鈔。依毛奇齡西河合集陸壹册書後類「梅市唱和詩抄稿書後」，可以推知。又檢鄧氏所選眉生詩有「送別黄皆令」五古一首，今仍存於景蘭集中。但鄧氏選本無贈皆令七律。）云：

門鎖蓬蒿十載居。何期千里覯雲裾。才華直接班姬後，風雅平欺左氏餘。八體臨池争幼婦，千言作賦擬相如。今朝把臂憐同調，始信當年女校書。

寅恪案，梅村「無雙才子埽眉孃」及眉生「始信當年女校書」之句，雖皆用計有功唐詩紀事「薛濤」條所載胡曾詩（參全唐詩第拾函胡曾「贈薛濤」七絶。）云：

萬里橋邊女校書。琵琶花下閉門居。掃眉才子知多少，管領春風總不如。

未免擬人非其倫。然此病亦詞人所常有，可不深論。惟漁洋「今日貞元摇落客，不將巧語憶秋孃」之語，則用韋穀才調集壹白居易所作「江南喜逢蕭九徹，因話長安舊遊，戲贈五十韻」中，「巧語許秋娘」之句。關於此「秋娘」，寅恪已於拙著元白詩箋證稿「琵琶引」章有所論證，茲不贅言。但「秋娘」爲貞元時長安名妓。漁洋自比香山，而以秋娘比皆令。今日觀之，頗爲可怪。夫漁洋平日作詩，其用事精確，固不及同時之顧亭林。然儉腹趁韻，何乃一至於此耶？故就此推論，則知皆令乙酉逢亂被劫之後，其社會身分必有見疑於人者，離隱歌序中「雖衣食取資於翰墨，而聲影未出於衡門」之句及序文末述所以作此歌主旨之「庶幾無蔡琰居身之玷」一語，乃得通解矣。更由是推之，漁洋詩「風流底許嫁文鴦」句中之「底許」者，「何可」之意。亦當指皆令乙酉逢亂被劫之事而言。三國志魏志貳捌諸葛誕傳附載文欽子鴦事蹟略云：

欽子鴦將兵在小城中，聞欽死，勒兵馳之，衆不爲用。鴦單走踰城出，自歸大將軍。

頗疑皆令乙酉逢亂，爲清軍將領所劫，其人原本降將，如李成棟之比者。漁洋因得取譬文鴦。然終難考知也。有學集貳拾「贈黃皆令序」云：

紅袖告行，紫臺一去，過清風而留題，（寅恪案，厲鶚宋詩紀事捌柒閨媛類載，南宋末臨海王氏爲元兵所劫，過清風嶺題崖石七律一首。本末詳樊榭所引孫道易東園客談。）望江南而祖別。少陵墮曲江之淚，（寅恪案，牧齋此句或暗指皆令被清兵所劫後，轉送至金陵之事，即離隱歌序所謂「遷遲白下」，非泛用少陵「哀江頭」詩之古典也。）遺山續小娘之歌。（寅恪案，詳見元遺山詩集陸樂府「續小娘歌」十首，施國祁箋注。）世非無才女子，珠沉玉碎，踐戎馬而換牛羊，視皆令何如？

亦足反證皆令初爲清軍所劫，而後得脱者。既被劫掠，鄉里當必謠諑紛紜，不便即返，免致家人難堪。此所以離家爲隱遁之故也。漁洋「蕭蘭宮掖裁新賦，香茗飄零失舊章」與武曾「此去蘭陵好閉關」及「柳絮滿園香茗坼」之句，俱詠媛介本事，故辭語相同。今以材料缺乏，未能考知。但檢康熙修常州府志貳拾古蹟門云：

茶舍在罨畫溪，去湖汊一里。李棲筠守常州時，有僧獻陽羨佳茗，陸羽以爲芬香冠絶他境，可供尚方。遂置舍。

常州即古蘭陵之地。陸羽又以爲陽羨茶芬香冠絶他境，則王李詩語或與之有關耶？漁洋「蕭蘭宮掖裁新賦」句，「蕭蘭」疑用陸士衡懷土賦「甘堇荼於飴芘，締蕭艾其如蘭」語。（見漢魏百三名家集陸平原集壹。）「懷土賦」與「離隱歌」皆思歸之作，且取以譬黄楊之婚姻也。「宮掖裁新賦」當用晉書叁叁左貴嬪傳「受詔作愁思之文，因爲離思賦」之典。殆指離隱歌，或皆令他作也。其以此故事相比者，非僅因皆令才華有似左芬，亦以晉書此傳有「姿陋無寵，以才德見禮」之語。與梅村「鴛湖閨詠」四首之四「才比左芬年更少」句，辭意正同。蓋皆令之不與其他被劫婦女，如劉寡婦及宋蕙湘，廣陵張氏輩同其命運者，（見鄧漢儀天下名家詩觀初集壹貳宋蕙湘「題衛源旅舍」七絶四首及廣陵張氏「西溝道中淚筆」七絶五首。）當由貌陋之故，吴王作詩，乃實録非譏誚。牧齋以皆令不似明妃之「一去紫臺連朔漠」爲皆令幸，誠可信可哀矣。武曾詩「曾因廡下棲吴市，忽憶藏書過若耶」，下句指皆令於順治十五年自杭州往遊紹興，與祁彪佳夫人商景蘭並其諸女及子婦唱和事。（見西河合集陸壹册書後類「梅市倡和詩抄稿書後。」）「若耶」在紹興境，而祁氏淡生堂藏書又著稱於東南者也。上句用後漢書列傳柒叁逸民傳梁鴻傳「遂至吴，依大家臯伯通，居廡下」之文，固不待言。但此句取譬之臯伯通廡下，乃指牧齋之絳雲樓而言。皆令之往來虞山，居牧齋家，第貳章論梅村詩話及第叁章論玉臺畫史時，已略及之。兹更稍詳述其事於下。

衆香詞樂集族里女宗類選録黄媛介詞眼兒媚「謝别柳河東夫人」云：

> 黄金不惜爲幽人。種種語殷勤。竹開三徑，圖存四壁，便足千春。　匆匆欲去尚因循。幾處暗傷神。曾陪對鏡，也同待月，常伴彈箏。

又前調云：

> 剪燈絮語夢難成。分手更多情。欄前花瘦，衣中香暖，就裏言深。　月兒殘了又重明。後會豈如今。半帆微雨，滿船歸況，萬種離心。

寅恪案，此兩詞皆謝别河東君之作。第壹詞上半闋「黄金不惜爲幽人」句，河東君資助皆令者必不少，此語當是實録。下半闋「曾陪對鏡，也同待月，常伴彈箏」及第貳詞上半闋「衣中香暖，就裏言深」諸句，更足徵黄柳二人實爲閨中密膩摯友也。「曾陪對鏡」辭語新雋。第叁章謂陳眉公「贈楊姬」五言絶句，疑是爲河東君而作。儻此假設果能成立，則此黄柳同照之鏡，必不致撲碎矣。更可注意者，爲第貳首下闋「月兒殘了又重明，後會豈如今」之語。月殘復明，可能是嫒介以月缺之時，來訪河東君，月明之後乃始別去。然頗疑皆令此語別有深意。此詞作於何年，今不易考。若作於乙酉以後，則當謂後會之時，明室復興，不似今日作詞之際，朱明之禹貢堯封僅餘海隅邊徼之殘山賸水。前引有學集叁夏五詩集「留題湖舫」第貳首「楊柳風流烟草在，杜鵑春恨夕陽知」之句，因推論河東君復楚報韓之志。今觀皆令此詞，殆有同心者，此即所謂「就裏言深」者歟？又前引皆令「丙戌清明」詩「倚柱空懷漆室憂。人家依舊有紅樓」及「折柳已成新伏臘，禁烟原是古春秋」等句，可與此詞相證發。後之讀皆令詩詞者，當益悲其所抱國家民族之思，不獨個人身世之感矣。

吴詩集覽壹貳上「鴛湖閨詠」四首之三云：

> 絳雲樓閣敞空虛。女伴相依共索居。學士每傳青鳥使，蕭娘同步紫鸞車。新詞折柳還應就，舊事焚魚總不如。記向馬融譚漢史，江南淪落老尚書。

寅恪案，梅村此首乃專言黄與柳錢之關係者。靳氏注中於古典頗備，而今典如言「納柳氏在鴛湖舟中，則皆令與柳舊爲女伴矣」，則甚誤。茲姑不詳辨。惟言「索居上有相依字共字亦奇」，能解梅村微妙之意，殊爲可取。所可笑者，吴詩此首以馬融比牧齋，固與受之平生以國史自任者相合，但取皆令離隱歌序「雖無曹妹續史之材」，實以曹大家自命之意，及河東君訪半野堂初贈牧翁詩之「聲名真似漢扶風」，（見東山詶和集壹河東君詩第壹首。）亦以馬季長比錢氏者相同。綜合觀之，牧齋何幸得此兩曹大家爲女師，「伏於閣下受讀」耶？（見後漢書列傳柒肆列女傳曹世叔妻傳。）

初學集叁叁「士女黄皆令集序」略云：

皆令本儒家女。從其兄象三受書。歸於楊郎世功。歌詩畫扇流傳人間。晨夕稍給，則相與簾閣梯几，拈仄韻，徵僻事，用相娛樂而已。有集若干卷，姚叟叔祥敍而傳之。皆令又屬楊郎過虞山，傳内言，以請序於余。余嘗與河東評近日閨秀之詩。余曰：「草衣之詩近於俠。」河東曰：「皆令之詩近於僧。」夫俠與僧，非女子本色也。此兩言者，世所未喻也。皆令之詩曰：「或時賣歌詩，或時賣山水。猶自高其風，如昔鬻草履。」又曰：「燈明惟我影，林寒鳥稀鳴。窗中人息機，風雪初有聲。」再三諷詠，淒然詘然，如霜林之落葉，如午夜之清梵。豈非白蓮南嶽之遺響乎？河東之言僧者，信矣。繇是而觀，草衣之詩，可知已矣。叔祥之序薈稡古今淑媛，以媲皆令，累累數千言。譬之貌美人者，不論其神情風氣，而必曰如王嬙，如西施，如飛燕合德。此以修美人之圖譜，則可矣。欲以傳神寫炤，能無見笑於周昉乎？癸未九月虞山牧齋老人爲其序。

有學集貳拾「贈黄皆令序」略云：

絳雲樓新成，吾家河東邀皆令至止。硯匣筆牀，清琴柔翰，挹西山之翠微，坐東山之畫障。丹鉛粉繪，篇什流傳。中吴閨闥，侈爲盛事。今年冬，余遊湖上，皆令僑寓秦樓，其窮日甚。湖上之人莫或過而問焉。滄海横流，劫灰蕩埽。絳雲圖書萬軸，一夕煨燼。河東湖上詩：「最是西泠寒食路，桃花得氣美人中。」皆令苦相吟賞。今日西湖追憶此語，豈非窮塵往劫。河東患難洗心，懺除月露，香燈禪版，净侶蕭然。皆令盍歸隱乎？

當屬賦詩以招之。

寅恪案，皆令與河東君雖皆著籍嘉興。然其相識始於何年，今不易考。觀初學集壹柒移居詩集牧齋與姚叔祥共論近代詞人七絶十六首中，其第壹壹首云：

不服丈夫勝婦人。昭容一語是天真。（原注：「吕和叔上官昭容書樓歌云，自言才藝是天真，不服丈夫勝婦人。」）王微楊宛爲詞客，肯與鍾譚作後塵。

其第壹貳首云：

草衣家住斷橋東。（原注：「王微自稱草衣道人。」）好句清如湖上風。近日西陵誇柳隱，桃花得氣美人中。（原注前已引，兹從略。）

則牧齋於崇禎十三年庚辰秋間作十六絶句，止言王楊柳三人，而不及媛介。可知牧齋尚未見媛介之詩，亦不識其人。據初學集貳拾下東山詩集「燈下看内人插瓶花，戲題四絶句」其一云：

水仙秋菊並幽姿。插向磁缾三兩枝。低亞小牕燈影畔，玉人病起薄寒時。

此四絶句後第貳題即「絳雲樓上梁，以詩代文八首」。牧齋「黄皆令集序」作於崇禎十六年癸未九月，正河東君病起之時。其「贈黄皆令序」云：「絳雲樓新成，吾家河東邀皆令至止。」則皆令之遊虞山，居絳雲樓，當在崇禎十六年冬或稍後，亦恐是第壹次至牧齋家也。牧齋序皆令集，表面上不以姚士粦之文爲然，實際上暗寓皆令才高貌寢之意。東坡集玖「續麗人行」序云：

李仲謀家有周昉畫背面欠伸内人，極精。戲作此詩。

其詩結語云：

君不見孟光舉案與眉齊。何曾背面傷春啼。

此牧齋所以有「能無見笑於周昉」之語，實寓蒯通説韓信「相君之背」之意也。又牧齋屢遊西湖，其贈皆令序中「今年冬，余遊湖上」之「今年」，未能確定其爲何年。但必在河東君「贈黄若芷大家」詩前不甚久之時間也。（見第伍章所論。）牧齋既有「當屬〔河東〕賦詩招之」之語，則牧齋贈皆令序時，皆令當已久未至虞山矣。此後皆令又曾否至虞山，亦未能考悉也。牧齋贈序謂皆令「僑寓秦樓」，不知有所實指，抑或用典？若用典者，疑非用列仙傳蕭史弄玉故事，而用古樂府陌上桑「日出東南隅，照我秦氏樓」，即「使君自有婦，羅敷自有夫」等句之意也。

梅村家藏藁叁壹「黄媛介詩序」略云：

> 黄媛介者，體自高門，夙親柔翰。逮夫親故凋亡，家門況瘁。感襄城之荀灌，痛越水之曹娥。恨碎首以無從，顧投身其奚益。蔡琰則惟稱亡父，馬倫則自道家君。隕涕何言，傷心而已。惟長楊曾經獻賦，而深柳可以讀書。（原注：「所居深柳讀書堂。」）點硯底之青螺，足添眉黛。記詩中之紅豆，便入吹簫。共傳得婦傾城，翻爲名士。却令家人竊視，笑似諸生。所攜唯書卷自隨，相見乃鉛華不御。發其舊篋，爰出新篇。即其春日之詩，別倣元和之體。可爲妙製，允矣妍辭。僕也昔見濟尼，蚤聞謝蘊。今知徐淑得配秦嘉，是用覽彼篇章，加之詮次。庶幾東海重聞桃李之歌，不數西崑止載蘼蕪之賦爾。

寅恪案，梅村此序述皆令本末頗備。惟今日以材料殘缺之故，不易確知。其取譬荀灌曹娥，則疑是乙酉皆令逢亂時事。荀灌見晉書玖陸列女傳荀崧小女灌傳。借用以指皆令於乙酉歲清兵攻圍嘉興時，逢亂被劫事。曹娥見後漢書列傳柒肆列女傳孝女曹娥傳。豈皆令之父於乙酉亂時溺死耶？今難考已。「東海」用鮑明遠及其妹事。鮑氏本東海人。（見宋書伍壹宗室及南史壹叁宋宗室及諸王上，臨川烈武王道規傳附鮑照傳。）「桃李之歌」用李太白「會桃李之芳園，序天倫之樂事」語。（寅恪案，此依全唐文叁肆玖李白叁之本。此本題爲「春夜宴從弟桃花園序」，而文中作「會桃李之芳園」。今李集諸本或題與文俱作「桃花」，或俱作「桃李」，恐非。蓋「桃花」者，乃園之本名。「桃李」者，乃太白所改字，以免「花」與「芳」之重複，且聲律更協調耳。）希望皆令與象三兄妹復歸於好。「西崑」借用西崑詩體主要人楊億之姓，以指楊世功。「蘼蕪之賦」則用玉臺新詠壹古詩「上山採蘼蕪」之典，竟指世功爲「故夫」，頗疑黃楊夫婦實有仳離之事。梅村於「鴛湖閨詠」第肆首結語云：「往事只看予薄命，致書知己到長干。」乃用李太白「長干行」二首之一「同居長干里，兩小無嫌猜」及「早晚下三巴，預將書報家」之語。（見全唐詩第叁函李白叁。）亦希望皆令與世功夫婦復歸於好之意。駿公詩文，辭旨敦厚，可謂善處人骨肉間矣。

綜合惠香及皆令與錢柳之關係觀之，乃知牧齋「惜玉憐香」之章，蓋有所實指，非泛用成語也。「香」乃惠香之名，固不待言。「玉」則離隱歌序中，皆令自言「庶幾無蔡琰居身之玷」。河東君題其畫扇，又稱之爲「無瑕詞史」，皆令自比於無玷之玉，於此可證。故「玉」亦皆令之名也。此「玉」此「香」皆牧齋所欲兼收並蓄，而不致與河東君有尹邢避面之事者。「惠香閣」固爲惠香所居。玉臺畫史言皆令畫扇有「東山閣」題字。然則此「東山閣」亦「惠香閣」之比也。（可參第伍章論絳雲樓上梁詩。）牧齋有志不成，其理由之關於皆令者，乃社會制度問題，不俟贅論。至於惠香，則未知其故。蓋由惠香本末無從詳考所致。第壹章拙詩云：

「尚託惠香成狡獪，至今疑滯未能消。」意在於此。當世通人儻能補此遺憾，則幸甚矣。

復次，陳其年婦人集「姑蘇女子圓圓」條下冒褒注云：

吴縣葉襄贈姜垓百韻詩有云，酒壚尋卞賽，花底出陳圓。（寅恪案，葉襄字聖野，長洲人。事蹟見同治修蘇州府志捌捌并明詩綜柒柒「葉襄」條附静志居詩話及陳田明詩紀事貳貳葉襄條。聖野與牧齋之關係，可參有學集伍絳雲餘燼詩下「冬夜假我堂文宴」詩「和聖野」七律及同書壹玖「葉聖野詩序」等。又板橋雜記下軼事門「萊陽姜如須遊於李十娘家」條，雖所記爲如須游南京時事，與蘇州無涉，但如斯爲人之風流好事，亦藉此可窺見一斑矣。）

足見當崇禎季年陳卞俱爲姑蘇負盛名之佳麗。然雲裝不與畹芬同被中貴外戚劫去，亦可謂幸事。至玉京是否避居他地，遂得脱免，則未能知。

又梅村家藏藁叁「圓圓曲」略云：

專征簫鼓向秦川，金牛道上車千乘。斜谷雲深起畫樓，散關月落開妝鏡。傳來消息滿江鄉。烏桕紅經十度霜。教曲妓師憐尚在，浣紗女伴憶同行。舊巢共是啣泥燕，飛上枝頭變鳳凰。長向尊前悲老大，有人夫壻擅侯王。當時祗受聲名累，貴戚名豪競延致。一斛明珠萬斛愁，關山漂泊腰支細。錯怨狂風颺落花，無邊春色來天地。換羽移宮萬里愁，珠歌翠舞古梁州。爲君別唱吴宫曲，漢水東南日夜流。

寅恪案，梅村「聽女道士卞玉京彈琴歌」（見梅村家藏藁叁。）中有「歸來女伴洗紅粧。枉將絶技矜平康。如此纔足當侯王」。可與此曲「浣紗女伴憶同行」及「有人夫婿擅侯王」等句參證。又梅村「過錦樹林玉京道人墓詩」（見梅村家藏藁拾。）中有「烏柏霜來映夕曛」及「翻笑行人怨落花，從前總被春風誤」。亦可與此曲「烏柏紅經十度霜」及「錯怨狂風颺落花，無邊春色來天地」等句參證也。童時誦此曲，以爲「浣紗女伴」乃是泛指。由今思之，恐梅村之意，偏重雲裝而言。故「十度霜」之語，與「琴河感舊」詩（見梅村家藏藁陸。）及「聽卞玉京彈琴歌」二題，尤有密切關係。所以有此假設者，蓋畹芬於崇禎十五年壬午春間，由吴被劫至燕，（詳見第伍章引影梅菴憶語述辟疆於崇禎十五年壬午仲春聞得其父宗起量移之耗，由毘陵至吴門，則畹芬於十日前已被劫北去事。）歷十年爲順治八年辛卯。此時月所已由錦州移鎮漢中，又奉率師入蜀之旨。（見清史稿肆世祖本紀順治五年四月丁亥吴三桂自錦州移鎮漢中條及同書伍順治八年九月壬午命吴三桂征四川條。并清史列傳捌拾逆臣傳吴三桂傳等。）此曲「專征簫鼓向秦川，金牛道上車千乘」謂月所由秦入川之事。梅村得聞月所入蜀新命，約在順治八年初冬，即「傳來消息滿江鄉。烏柏紅經十度霜」矣。至「斜谷雲深起畫樓，散關月落開妝鏡。」并「珠歌翠舞古梁州」及「漢水東南日夜流」等句，則敍寫漢中地域之辭語也。

抑更有可申論者，三國志蜀志伍諸葛亮傳云：「將軍身率益州之衆，出於秦川。」文選叁拾謝靈運擬魏太子鄴中集詩「王粲」詩序云：「家本秦川貴公子孫。」（寅恪案，仲宣乃山陽高平人太尉王龔之曾孫，司空王暢之孫，世爲豪族，所謂「貴公子孫」也。見後漢書列傳肆陸王龔傳。）武鄉康樂所言之地域範圍，俱不包括四川，此乃漢魏六朝「秦川」二字之界說。梅村借用「秦川」之成語，兼賅陜西四川而言，實非舊日之本義也。

又説郛肆「三夢記」之二（參孟棨本事詩徵異門及唐詩紀事叁柒「元稹」條。）云：

元和四年河南元微之爲監察御史，奉使劍外。去踰旬，予與仲兄樂天隴西李杓直同遊曲江，詣慈恩佛舍，偏歷僧院，淹留移時，日已晚，同詣杓直修行里第，命酒對酬甚歡暢。兄停杯久之，曰，微之當達梁矣。（寅恪案，本事詩及唐詩紀事述此事，非知退原文，「梁」作「褒城」或「褒」。檢新唐書肆拾地理志山南西道云：「興元府漢中郡，赤，本梁州漢川郡。開元十三年以梁涼聲近，更名褒州。二十年復曰梁州。天寶元年更郡名。興元元年爲府。」故「梁」「褒」可互稱。微之賦詩在元和四年，遂有「古梁州」之句也。）命題一篇於屋壁。其詞曰，春來無計破春愁。醉折花枝當酒籌。忽憶故人天際去，計程今日到梁州。實二十一日也。十許日會梁州使適至，獲微之書一函，後寄紀夢詩一篇，其詞云，夢君兄弟曲江頭。也入慈恩院裏遊。屬吏喚人排馬去，覺來身在古梁州。（寅恪案，元氏長慶集壹柒「梁州夢」詩「兄弟」作「同遶」，「也入」作「也向」，「院裏」作「院院」，「屬吏喚人排馬去」作「亭吏呼人排去馬」，「覺來」作「忽驚」，大抵較佳。蓋微之夢中同遊者，尚有李杓直建，非止白氏兄弟。知退此記中有「徧歷僧院」，微之詩題原注有「慈恩諸院」，與「院院」語合。「亭吏」指漢川驛亭之吏而言，若作「屬吏」則太泛。「去馬」謂由漢川驛向次驛馳去之馬。「忽驚」更能寫出夢中驚醒之情況，若作「覺來」殊爲平淡，恐非元才子所宜出也。）日月與遊寺題詩日月率同。蓋所謂此有所爲，而彼夢之者矣。

復檢元氏長慶集壹柒「使東川」詩二十二首，其第伍首「梁州夢」（自注：「是夜宿漢川驛，夢與杓直樂天同遊曲江，兼入慈恩寺諸院，倏然而寤，而遞乘及階，郵吏已傳呼報曉矣。」）云：

（詩見上引。）

其第拾首「漢江上笛」（自注：「二月十五日夜，於西縣白馬驛南樓聞笛悵然，憶得小年曾與從兄長楚寫漢江聞笛賦，因而有愴耳。」）云：

小年爲寫游梁賦，最説漢江聞笛愁。今夜聽時在何處，月明西縣驛南樓。

據上引白記及元詩，可知樂天詩之「梁州」，微之詩之「古梁州」皆指明清兩代漢中之地而言，實梅村「圓圓曲」中「珠歌翠舞古梁州」句之出處也。「圓圓曲」世人所習誦，但此詩作成之年月，尚存疑問，而辭句典故，亦間有前賢所未及詳者，故不避瑣贅之譏，特附論之於此。

由是言之，「圓圓曲」之作成，應在順治八年辛卯初冬，即與「聽卞玉京彈琴歌」爲同一年之作品，亦與順治七年庚寅秋間作「琴河感舊」詩之時間，相距不甚遠。至顧師軾梅村先生年譜繫「圓圓曲」於順治元年甲申，恐不過以陳吳二人，其家國興亡，悲歡離合，前後變易之關鍵在順治元年，未必實有梅村作此詩於順治元年之確據。又同書繫「琴河感舊」詩及「聽卞玉京彈琴歌」於順治七年庚寅。「琴河感舊」詩，固作於庚寅，但梅村詩話謂雲裝於順治八年辛卯春過訪，共載橫塘。「聽卞玉京彈琴歌」云：「此地由來盛歌舞。子弟三班十番鼓。月明絃索更無聲，山塘寂寞遭兵苦。」實指其事。所謂「此地」即蘇州，可爲此歌作於順治八年辛卯春間之旁證。蓋吳卞兩人舊地重遊，不勝今昔之感。回溯十年之前，即崇禎十五年壬午，畹芬正於此時被劫北行。梅村因玉京之淪落，念畹芬之遭遇，遂賦詩及之耳。若如是解釋，則「圓圓曲」中「十度霜」及「女伴」等句，皆有著落。然則駿公於一年中甚近之時間，賦此兩詩，以陳卞兩人前後同異情事爲言，而家國身世之悲恨，更深更切。儻讀吳集者，取此兩詩參互並觀，其瞭解當必較一般泛覽，所得尤多。惜知此者鮮矣。

又程穆衡原箋，楊學沆補注吳梅村先生編年詩集，列「圓圓曲」於順治十六年己亥。附按語云：

其時三桂有女嫁王永寧，方居蘇州拙政園。故云別唱吳宮曲也。

鄙意「圓圓曲」若作於順治十六年己亥，則與「傳來消息滿江鄉，烏桕紅經十度霜」之句，時間不合。據清史列傳捌拾逆臣傳吳三桂傳，順治十六年三桂在雲南，與曲中「秦川」「金牛道」「斜谷」「散關」「古梁州」及「漢水」等語指漢中者，地域不合。程楊之言，乃由後世附會禹貢「華陽黑水惟梁州」，漢書地理志「益州郡滇池有黑水祠」（見通典壹柒伍州郡曲伍「古梁州」條。）及雲南爲元代梁王封地，（見明史壹貳肆梁王把匝瓦爾密傳及靳榮藩吳詩集覽壹伍上「滇池鐃吹」四律之解釋。）並誤解駿公圓圓曲辭意所致。寅恪昔年旅居昆明，偶過某戲院，見懸有「珠歌翠舞古梁州」七字橫額，亦襲用吳詩之成句，而失其本旨者之一例。可見此類誤解，極爲廣偏，真有糾不勝糾之感矣。

復次，靳介人吳詩集覽肆下釋此歌「十年同伴兩三人，沙董朱顏盡黃土」句之「沙」爲沙才，固不誤，但未盡。據板橋雜記中麗品門「沙才」條略云：

沙才美而豔，善吹簫度曲。後攜其妹曰嫩者，遊吳郡，卜居半塘，一時名噪。才以瘡發，剜其半面。嫩歸吒利，鬱鬱死。

及衆香詞數集花叢「沙宛在」條，選宛在詞江城子「哭姊」一闋，并附録曹溶滿庭芳「高澹游招同人集紀勝堂贈嫩兒」詞，（寅恪案，高澹游名簡，號一雲山人，吴縣人。事蹟可參同治修蘇州府志壹佰拾本傳及秦祖永桐陰論畫上「高簡」條。）其下半闋云：

羞隨輕浪滚，蓮花步暖，輭盡無痕。怪當年叱利，假借堪嗔。今日誰能拘管，算恒河，自有仙真。情何限，千堆白雪，占穩鳳樓春。

然則梅村賦詩時，沙才已死，但未詳何時，而嫩兒亦有被劫之事。其何時被劫，則未能考知。或謂秋岳詞中「假借」之語，頗堪玩味，豈嫩兒乃後論牧齋「壬午獻歲書懷」二首之二所引冒辟疆影梅庵憶語壹崇禎十四年秋被劫之贗鼎畹芬歟？（寅恪偶檢小説月報第陸卷第壹壹號況周頤「陳圓圓事蹟」引劉健「庭聞録」云：「吴妓陳沅顧壽，並名噪一時。田宏遇以重價市壽，而沅名更高，不易得。會其壻以細故得罪，欲求好，無以通媚，百計購沅以獻。宏遇善之如初。」然則辟疆所謂「贗鼎」，或亦有指顧壽之可能耶？俟考。）據秦逸芬「桐陰論畫」所推澹游之生年及清史列傳柒捌貳臣傳曹溶傳論之，則秋岳此詞之作，若在順治三年至十年之間，或説方可成立。又板橋雜記「嫩歸吒利，鬱鬱死」之語，頗與秋岳詞衝突。鄙意澹心得諸傳聞，似不如秋岳親見之可信也。今姑記於此，俟後更考。至「沙董」之「董」，靳氏據板橋雜記中麗品門，釋爲董年。寅恪檢余書此條，引張紫淀文峙「悼小宛」五律略云：

美人在南國，余見兩雙成。寂寂皆黄土，香風付管城。

故疑白死時，年已先死，蘄説可通。唯冒辟疆聲言小宛死於順治八年辛卯正月二日（見第伍章論牧齋「病榻消寒雜咏」四十六首之三十七「和老杜生長明妃一首」中，「吴殿金釵葬幾迴」句。）則梅村偕玉京於是年春間游蘇州之際，似已得知小宛被劫稱死之事。小宛姊妹亦曾居吴門，與陳卞二沙爲同時佳麗。吴詩作此聯繫，殊有可能。其所謂「兩三人」者，沙嫩未死，沙才已死。董白死時，董年先死。董白雖稱死，然實未死。陳沅則不著姓字，而意在言外。梅村下筆不苟，於此可見。今讀此歌，别有一可注意之事，即順治七年末，八年初，清人似有點取强奪秦淮當時及舊日樂籍名姝之舉。此舉或與世祖之喜愛戲劇有關。（可參顧師軾梅村先生年譜順治九年壬辰附徐釚詞苑叢談玖紀事肆「吴祭酒作秣陵春」條及前第叁章論河東君嘉定之游節引嘉定縣志李宜之傳。）樂籍名姝中，其尚未嫁如卞賽及此歌之「碧玉班中怕點留」者。（寅恪案，樂府詩集肆伍李暇「碧玉歌」云：「碧玉上宫妓。」故吴詩此句目未脱秦淮樂籍者。）已適人如董白及此歌所謂「樂營門外盧家泣」者。（寅恪檢玉臺新詠玖「歌詞」二首之二云：「十五嫁爲盧家婦。」故吴氏此句目已脱秦淮樂籍適人者。）前述汪然明於順治九年壬辰始識張宛仙於嘉興，而宛仙已匿影不出，不輕見人。恐亦與玉京入道避禍之事，同一原因。更細繹「聽女道士卞玉京彈琴歌」結語云：

坐客聞言起歎嗟。江山蕭瑟隱悲笳。莫將蔡女邊頭曲，落盡吴王苑裏花。

則用蔡文姬胡笳十八拍之典，以匈奴比建州。梅村遺辭必非泛指，特拈出此重公案，願與世之讀吴詩者，共參究之也。

或謂惠香有爲卞玉京之可能。檢梅村家藏藁拾「過錦樹林玉京道人墓」詩傳云：

玉京道人莫詳所自出。或曰秦淮人，姓卞氏。知書工小楷，能畫蘭，能琴。年十八，僑虎丘之山塘。所居湘簾棐几，嚴净無纖塵。雙眸泓然，日與佳墨良紙相映徹。見客，初亦不甚酬對。少焉，諧謔間作，一坐傾靡。與之久者，時見有怨恨色。問之，輒亂以它語。其警慧，雖文士莫及也。與鹿樵生一見，遂欲以身許。酒酣，拊几而顧曰，亦有意乎？生固爲若弗解者。長嘆凝睇，後亦竟弗復言。尋遇亂别去，歸秦淮者五六年矣。久之，有聞其復東下者，主於海虞一故人。生偶過焉，尚書某公者，張具請爲生必致之。衆客皆停杯不御。已報曰，至矣。有頃，迴車入内宅，屢呼之，終不肯出。生悒怏自失，殆不能爲情。歸賦四詩以告絶。已而嘆曰，吾自負之，可奈何！踰數月，玉京忽至。有婢曰柔柔者，隨之。嘗著黄衣，作道人裝。呼柔柔取所攜琴來，爲生鼓一再行，泫然曰，吾在秦淮，見中山故第，有女絶世，名在南内選擇中。未入宫，而亂作，軍府以一鞭驅之去。吾儕淪落分也，又復誰怨乎？坐客皆爲出涕。柔柔莊且慧。道人畫蘭，好作風枝婀娜，一落筆盡十餘紙。柔柔侍承硯席間，如弟子然，終日未嘗少休。客或導之以言，弗應。與之酒，弗肯飲。踰兩年，渡浙江，歸於東中一諸侯。不得意。進柔柔奉之，乞身下髮。依良醫保御氏於吴中。（參梅村家藏藁伍拾「保御鄭〔欽諭〕三山墓表」及牧齋外集拾「内殿保御三山鄭君七十壽序」。）保御者，年七十餘，侯之宗人。築别宫，資給之良厚。侯死，柔柔生一子，而嫁。所嫁家遇禍，莫知所終。道人持課誦戒律甚嚴。生於保御中表也，得以方外禮見。道人用三年力，刺舌血爲保御書法華經。既成，自爲文序之。緇素咸捧手讚歎。凡十餘年，而卒。墓在惠山祇陀菴錦樹林之原，後有過者，爲詩弔之。

同書伍捌詩話云：

女道士卞玉京字雲裝，白門人也。善畫蘭，能書，好作小詩，曾題扇送余兄志衍入蜀一絶云：「剪燭巴山别思遥。送君蘭楫渡江皋。願將一幅瀟湘種，寄與春風問薛濤。」後往南中七年，不得消息。忽過尚湖，寓一友家不出。余在牧齋宗伯座，談及故人。牧齋云，力能致之。即呼輿往迎。續報至矣。已而登樓，託以妝點始見。久之，云痁疾驟發，請以異日訪余山莊。余詩云：「緣知薄倖逢應恨，恰便多情唤却羞。」（見梅村家藏藁陸

「琴河感舊四首」并序。）此當日情景實語也。又過三月，爲辛卯初春，乃得扁舟見訪，共載横塘，始將前四詩書以贈之，而牧齋讀余詩有感，亦成四律。（見有學集肆絳雲餘燼詩上「讀梅村宫詹豔詩有感書後四首。」）其序曰：「余觀楊孟載論李義山無題詩，以謂音調清婉，雖極其濃麗，皆託於臣不忘君之意，因以深悟風人之指。若韓致光遭唐末造，流離閩越，縱浪香奩。蓋亦起興比物，申寫託寄，非猶夫小夫浪子，沈湎流連之云也。頃讀梅村豔體詩，聲律研秀，風懷惻愴，於歌禾賦麥之時，爲題柳看桃之作。彷徨吟賞，竊有義山致光之遺感焉。雨牕無俚，援筆屬和。秋蛩寒蟬，吟噪啁哳，豈堪與間關上下之音，希風説響乎？河上之歌，聽者將同病相憐，抑或以同牀各夢，而輾爾一笑也。」詩絶佳，以其談故朝事，與玉京不甚切，故不録。末箇又云：「小序引楊眉庵論義山臣不忘君語，使騷人詞客見之，不免有兔園學究之誚，然他日黄閣易名，都堂集議，有彈駁文正二字，出余此言爲證明，可以杜後生三尺之喙，亦省得梅老自下注脚。」其言如此。玉京明慧絶倫，書法逼真黄庭，琴亦妙得指法。余有「聽女道士彈琴歌」（見梅村家藏藁叁并參曹溶静惕堂詩集肆貳「題女冠卞玉京募册」題下注云「卞與婁東學士有舊」之語。）及西江月醉春風填詞。（見梅村家藏藁貳壹西江月四首之四「春思」及醉春風二首「春思」。）皆爲玉京作，未盡如牧齋所引楊孟載語也。此老殆借余解嘲。

據此當崇禎之季，雲裝年十八居虎丘時，與惠香往來錢柳間之情事頗合。後梅村於順治七年庚寅秋間，至常熟，牧齋欲負風流教主之職責，爲卞吴兩人重續舊好，如其前此爲董冒盡力者。玉京既至牧齋家，獨先見河東君，而終不與梅村覿面，足見其必入内宅熟商，並取決於河東君，然後出此。即此一端，則卞柳之爲密友，又可推知。其是惠香，更可爲旁證也。寅恪以爲或説似頗有理，但尚少確據，未敢斷定。玆以其有關當日名姝國士情誼之一種公式，并與後論河東君入道事相涉，因附録之，以供參考。

又檢吾炙集「楚江杜紹凱蒼略」條，選些山詩「奉和牧齋先生贈舊校書」二首。今杜濬變雅堂文集附蒼略詩，未載此題，故録之於下。詩云：

朱樓十里起雙扉。物换星移似鶴歸。怪底新人都婉孌，老來能著水田衣。

北里閒提舊話長。句闌處處説焚香。於今瓦礫風榛地，祇斷横刀蕩子腸。

蒼略所和者，爲有學集詩注長干塔光集「秦淮水亭逢舊校書賦贈十二首」之第叁第肆兩首。（涵芬樓本題下有「女道士浄華」等字。）玆發見一問題，即此舊校書女道士浄華，果爲何人是也。請全録牧齋原詩，然後略論之。

牧齋詩云：

不裏宮粧不女冠。相逢只作道人看。水亭十月秦淮上，作意西風打面寒。

粧閣書樓失絳雲。香燈繡佛對斜曛。臨風一語憑相寄，紅豆花前每憶君。

旗亭宮柳鎖朱扉。官燭膏殘別我歸。今日逢君重記取，橫波光在舊羅衣。

目笑參差眉語長。無風蘭澤自然香。分明十四年來夢，是夢如何不斷腸。

棋罷歌闌抱影眠。冰牀雪被黯相憐。（涵芬樓本「黯相憐」作「舊因緣」。）如今老去翻惆悵，重對殘釭憶昔年。（涵芬樓本「憶昔年」作「説往年」。）

瘦沈風狂不奈何。（涵芬樓本「不」作「可」。）情癡只較一身多。荒墳那有相思樹，半死枯松絆女蘿。

鎖袴弓鞋總罷休。燭灰蠶死恨悠悠。思量擁髻悲啼夜，若箇情人不轉頭。

金字經殘香母微。啄鈴紅觜語依稀。新裁道服蓮花樣，也似雕籠舊雪衣。

貝葉光明佛火青。貫花心口不曾停。儂家生小能持誦，鸚鵡親過般若經。（涵芬樓本「過」作「歌」。）

高上青天低下泉。鄰家女伴似秋千。金剛卷半千聲佛，（涵芬樓本「卷半」作「半卷」。）消得西堂一穗煙。

水沈煙寂妙香清。玉骨冰心水觀成。彈指五千經藏轉，青蓮花向舌根生。

投老心期結浄瓶。自消箋注講金經。諸天圍繞君應看，共向針鋒列座聽。

然則此舊校書女道士浄華，殊有爲下玉京之可能。上引吴梅村「過錦樹林玉京道人墓」詩傳。若取與牧齋此題相參校，則第貳首言浄華曾至絳雲樓，并與河東君交好。第陸首與梅村所謂「渡浙江歸於東中一諸侯，不得意，進〔其婢〕柔柔奉之，乞身下髮，依良醫〔鄭〕保御氏於吴中。保御者，年七十餘，侯之宗人。築别宫，資給之良厚。侯死，柔柔生一子，而嫁。所嫁家遇禍，莫知所終」有關。此首前二句謂世人爲浄華風狂，如梅村及己身者甚多。「荒墳」指東中諸侯。「半死枯松」指保御。「女蘿」指浄華也。假定所推測者不誤，則此浄華乃牧齋心中之惠香也。惠香公案殊難參決，今復附記於此，以資談助云爾。

至牧齋借吴詩解嘲，梅村已自言之，讀者亦可從錢吴兩人詩之異同得知，無煩贅論。他若受之論韓致光香奩詩之語，與事實不合，寅恪已於拙著唐代政治史述論稿中篇言及之矣。

又鄒翰飛弢三借廬筆談壹貳「河東君」條（此條前已略引。）云：

往見書賈持河東君詩稿一册，乃惠山韻香尼手録本。字既秀美，（寅恪案，韻香書畫可參有正書局影印中國名畫第壹伍集名閨寶繪内，徐湘瀬燦畫渡海觀音，韻香所題心經及同集韻香畫蘭竹石等。）詩亦淡雅。上名士題詠甚多。若〔錢〕竹汀〔大昕，王〕蘭泉〔昶〕，見亭〔麟慶〕等，均爲製句。倉猝中不及購，爲有力者取去。僅記其「夜起」二句云：「初月不明庭户暗，流雲重疊吐殘星。」

見亭麟慶凝香室鴻雪因緣圖記第壹集「午門釋褐」篇略云：

嘉慶己巳麟慶年十九歲，四月初八日會試揭曉，中式第二十七名貢士。翌辰詣午門謝恩。同榜二百四十一人，惟余最少。越日覆試二等，殿試三甲九十三名，賜同進士出身。五月初八日引見，奉旨以内閣中書用，釋褐登朝，自此始矣。

同集「瓜洲泊月」篇略云：

余受職後，即赴内閣，分典籍廳行走。尋奉嚴慈手諭，已聘定瓜爾佳夫人。時外舅餘甫公（自注：「名慶康。滿洲侍衛，時官遊擊，後晉副將。」）宦遊寧波，不克送女，命即乞假往娶，當於八月初十日具呈，董蔗林太傅（自注：「諱誥。浙江傳臚，卒謚文恭。」）笑而判以十五。曰，薇垣歸娶，風雅事也。標以佳節，正賀子人月雙圓耳。余揖謝，遂於十六日出都，隨潔士舅氏（寅恪案，「潔士」即惲秉怡。）於九月十一日行次瓜步，渡揚子江，適遇風暴，船顛簸巨浪中，幾覆者屢矣。不得已駛至郭璞墓泊焉。〔復〕駛至鮎魚套口，日落風定，秋月揚輝，兩岸帆檣，燈火歷歷如繪，而倒影涵虛，重規映朗，恍置身玉壺世界。隨趁月行至常州，送舅氏歸第。小住三日，偕子尚外兄（寅恪案，「子尚」即惲受章。）費東帆同年（自注：「名湘。武進舉人。」）錢園看菊。登舟後，適遇王竹嶼先生（自注：「名鳳生。江蘇諸生，時官通判，後晉鹽運使。」）聯舫南下，艤慧山，招同訪女道士韻香（自注：「姓王，名嶽蓮。」）於雙修庵。韻香姿僅中人，而腹有詩書，别具出塵之致，惟名心未退，詢知余十九登進士，意甚欣然。面寫墨蘭以贈，尋留饌。自言近在卞玉京（自注：「明末女冠。」）墓側種梅百本。涅槃後，將葬其旁。月上回舟，秋氣清澄，雖不如瓜洲之空曠，而月明林下，别饒風趣。

寅恪案，韻香本末亦見周氏書玖「空山聽雨圖」條。此條所言，中有甚大之舛誤，姑不置辨，藉省支蔓。韻香爲嘉慶時人，距明末清初，時代已遠，但以其與河東君詩句及惠山入道名姝卞玉京即惠香有關，因附録翰飛見亭所記於論述玉京事之後，以供補輯河東君集者之采擇。

第貳期

牧齋未見河東君之前，經過朱子暇汪然明姚叔祥及惠香諸人先後之介紹，機緣成熟，於是崇禎十三年庚辰十有一月杜蘭香萼緑華之河東君，遂翩然來降於張碩羊權之牧齋家矣。今讀東山訓和集，其驚才絶豔，匪獨前此類似之作品，如干令升曹輔佐陶通明及施肩吾諸人所結集者，不能企及，即茫茫禹跡，後有千秋，亦未必能重覩者也。兹取東山訓和集與牧齋初學集及錢遵王此集詩箋注，並列朝詩集所選程孟陽沈景倩詩等參校。以遵王不注河東君之作，故本文主旨在專釋證河東君之詩。至牧齋之作，則非與解釋河東君之作品及其情事有特別關係者，多從删略。其餘牧齋之詩通常典故，以遵王之注徵引頗備，故亦不贅述焉。

東山詶和集首載沈璜序及孫永祚東山詶和賦。沈璜本末見列朝詩集丁壹叁下小傳。同治修蘇州府志捌柒沈璜傳，即取材於列朝詩集，無所增補。孫永祚本末見同治修蘇州府志壹佰及光緒修常昭合志稿叁拾本傳。沈序末題「崇禎十五年二月望日」。孫賦末題「歲在壬午孟陬之月」。似此集諸詩，有刻成於崇禎十五年二月之可能。但檢牧齋初學集貳拾東山詩集叁（原注：「起辛巳六月盡十五年壬午。」）載「仲春十日自和合歡詩四首」。此四首詩東山詶和集并未收入。據沈氏序云：「壬午元夕，通訊虞山，詶和之詩，已成集矣。」可知此集諸詩在崇禎十五年元夕以前，實已編定。牧齋自和之合歡詩，既在崇禎十五年元夕以後，自無從收入此集。孫賦題作壬午孟陬之月，則其作成之時間，當與詶和諸詩編定之月日，相距不甚久。因孫氏爲常熟人，與牧齋同居一地，往來近便故也。

牧齋尺牘貳與孫子長第貳通云：

> 茸城詩和章盈帙，不必更煩仁兄。求作一小賦，冠於集端。以賦爲序，少變緣情之法，亦詞林一美談也。改詩乞即付下，但略更字面可耳。

寅恪案，牧齋此札不載年月，當是崇禎十五年正月所作。於此可見孫氏作賦時，詶和諸詩皆已編定矣。至「改詩」云云，不知所指之詩是否與詶和詩有關，詞語簡略，未敢斷定也。又列朝詩集丁壹陸所選沈德符詩中有「錢受之學士新納河東君作志喜詩四律索和本韻」即和牧齋合歡詩者，亦未收入。當是沈詩寄與牧齋，時日過晚，已不及收入矣。所可注意者，「催妝詞」及「合歡詩」，不載河東君及程孟陽之和作。此俱不可以時日較晚，居處較遠之故，未能編入爲解説。豈河東君以關涉己身，殊難著筆。既不能與牧齋及諸詞人競勝，遂避而不作耶？若孟陽者，其平生關於牧齋重要之詩，幾無不有和章，獨於此二題闕而不賦，其故當由維生素丙之作用。關於此點，前於論河東君嘉定之游節中已言及之矣。

今觀沈序孫賦，古典今事，參錯並用，頗爲切當。讀者取此集中錢柳諸詩，以證其本事，則知兩文之經牧齋賞定，殊非偶然也。沈孫之文，今雖不暇詳釋。但沈序中「隃麋史筆，長傍娥眉。桴鼓軍容，尚資纖手」及孫賦中「掌記紓憂於行役，援桴賈壯於從軍」諸句，則請略言之。「隃麋史筆，長伴娥眉」可以不論。「掌記紓憂於行役」，則用唐詩紀事伍捌「韋蟾條」，亦可不多述。「桴鼓軍容，尚資纖手」及「援桴賈壯於從軍」，則俱用梁紅玉事。推原沈孫二人所以同此取譬者，蓋兩氏下筆之時，皆在崇禎十五年正月以後，當已見及牧齋崇禎十四年「秋夕燕譽堂話舊事有感」七律，其結句云：「洞房清夜秋燈裏，共簡莊周説劍篇。」及同年十一月牧齋與河東君偕遊鎮江，所作之「冬至後，京江舟中感懷」詩（俱見初學集貳拾東山集。）此題共八首，其第柒首云：

柁樓尊酒指吳關。畫角聲飄江北還。月下旌旗看鐵甕，風前桴鼓憶金山。餘香墜粉英雄氣，剩水殘雲俛仰間。他日靈巖訪碑版，麒麟高冢共躋扳。

寅恪案，宋韓世忠墓在蘇州靈巖山，（見錢遵王初學集詩箋注此詩條，同治修蘇州府志肆玖冢墓壹吳縣條及金石萃編壹伍拾韓蘄王碑文並跋語。）詩之結語指此。牧齋既以梁紅玉比河東君，則璧甫子長用通知兵事，親執桴鼓之楊國夫人典故，（見初學集肆肆韓蘄王墓碑記。下文當更詳論。）亦非無所依據也。沈序孫賦俱是佳文，而孫賦尤妙。寅恪深賞其「芳心自許，密訊方成。猶有留連徙倚，偃蹇猶夷。乍離乍合，若信若疑」等句，最能得當日河東君之情況。子長殆從洛神賦摹寫美人形態「神光離合，乍陰乍陽」之語，而改爲摹寫美人心理「乍離乍合，若信若疑」之辭。白香山「花非花」曲（見白氏文集壹貳。）云：

花非花，霧非霧。夜半來，天明去。來如春夢幾多時，去似朝雲無覓處。

程孟陽賦「朝雲」詩八首，以摹寫河東君，除因當時河東君以「朝」爲名外，實亦取義於香山此詩。非僅用巫山神女及東坡侍妾之名。松圓與河東君甚有關涉，固不待言。雪屋執贄牧齋之門，又家居常熟，自必有所耳聞目見，故能描繪入微，曲盡其妙。真能傳神寫照，不致見笑於周昉，如前引牧齋「黃媛介詩序」中之所言者也。

綜合東山詶和集所收之詩，共計七十七題，九十七首，皆是經牧齋所欣賞而裁定者。牧齋平日最喜評詩論文，列朝詩集及吾炙集即其例證。然此兩集俱選於憂患窮愁之中，非若東山詶和集爲半野翁快心得意之際，所編定者可比。蓋自天啓元年牧齋任浙江主考，衡文取士，鏤刻「浙江鄉試程録」以來，（見初學集玖拾。）逾二十餘年，無此賞心悦目之事久矣。且此集有杜少陵「幾個黃鸝鳴翠柳」之樂，而無錢千秋「一朝平步上青天」之懼。（見閣訟記略。）文采風流，傳播朝野。牧齋於此，豈不足以自豪哉！

玆於箋證東山詶和集中錢柳諸詩及略評其他和作之前，先取世傳河東君詩文有倩人代作之事及黃陶菴不肯和柳錢之詩兩問題，稍論述之於下。

關於第壹事，據王澐輞川詩鈔肆「虞山柳枝詞」第叁首云：

> 鄂君繡被狎同舟。並蒂芙蓉露未收。莫怪新詩刻燭敏，捉刀人已在牀頭。（原注：「吾郡有輕薄子錢岱勳，從姬爲狎客，若僕隸，名之曰偕。姬與客賦詩，思或不繼，輒從舟尾倩作，客不知也。歸虞山後，偕亦從焉。吾友宋轅文有破錢詞。」）

范鍇華笑廎雜筆壹顧苓河東君傳後附古梅華源木乂庵白牛道者題云：

> 柳氏幼隸樂籍，僑居我郡。與錢生青雨稱狎邪莫逆交。柳故有小才，其詩若書，皆錢所

教也。已而歸虞山，錢生爲之介。

寅恪案，王氏所言之錢岱勳，當與白牛道者所言之錢青雨，同是一人。不過勝時稱其名，而道者舉其號耳。宋轅文之破錢詞，今未得見。故此人本末，無從考知。寅恪前論河東君與李存我及陳臥子之交好，已言及河東君之書法詩詞皆受其影響。蓋河東君當日之與諸文士往還，不僅狹暱之私，亦得觀摩之效。杜少陵「戲爲六絶句」之六所謂「轉益多師」者，（見玉勾草堂本杜工部集壹貳。）殆即此義歟？錢氏子或曾爲河東君服役，亦未可知。但竟謂河東君之詩文，乃其所代作，似臥子牧齋亦皆不察其事，則殊不近情理。推求此類誣謗之所由，蓋當日社會，女子才學遠遜男子，忽睹河東君之拔萃出羣，遂疑其作品皆倩人代替也。何况河東君又有仇人怨家，如宋王之流，造作蜚語，以隱密難辨之事，爲中傷之計者乎？至若其詞旨之輕薄，伎倆之陰毒，深可鄙惡，更不必多論矣。

關於第貳事，據鈕琇觚賸壹吴觚上「陶庵剛正」條（參牧齋遺事「牧齋欲延師教令嗣孫愛」條及顧純恩寓疁雜咏詩注。）云：

黄陶菴先生少有盛名。館於同里侯氏，（寅恪案，「侯氏」指峒曾岐曾兄弟。）以道義相切劘。虞山錢宗伯有一子，名孫愛，甫成童。欲延師教之，而難其人。商之程孟陽，孟陽曰，我有故人子，嘉定黄蘊生，奇士也。與同里侯氏交三世矣。未可輕致。公雅與侯善，以情告侯，公可得也。宗伯乃具厚幣，遣門下客李生至嘉定延之。李先見侯，道宗伯旨。侯力爲勸駕。黄意不悦，强而後可。遂與李至宗伯家。宗伯待以殊禮。居浹月，孟陽出海棠小箋示黄。黄詢唱者爲誰？孟陽曰，宗伯如君柳夫人作也。子於帖括之暇，試點筆焉。陶菴變色曰，忝居師席，可與小君酬和乎？孟陽曰，此何傷？我亦偕諸君子和之矣。陶菴曰，先生耆年碩德，與主人爲老友，固可無嫌。諸君亦非下帷於此者。若淳耀，則斷乎不可。孟陽慚退。先是，曾館某撫軍幕府，（寅恪案，「某撫軍」當指張國維。）有邑令聞先生在署，橐數百金賂先生父，令致書，俾爲之左右。先生復父書曰，父生男之身，尤望生男之心。若行一不義，取一非有，男心先死矣。尚何以養父乎？其自命剛正如此。忠孝大節，豈臨時激於意氣者，所能爲乎？

嚴元照蕙櫋雜記云：

黄陶菴先生館於常熟錢氏。主人納柳如是爲適妻。時作催粧詩者甚衆，或勸先生作。先生曰，吾不能阻其事，於朋友之義虧矣。尚可從而附和乎？一日程孟陽攜柳夫人詩箋乞先生和，先生不可。孟陽强之再三，且曰，老夫已偕諸君和之矣，庸何傷？先生正色曰，先生耆年碩德，與主人爲老友，非淳耀之比。若淳耀，則斷斷不可。孟陽慚沮而罷。

朱鶴齡愚菴小集壹肆「題黄陶菴詩卷」云：

陶菴先生行誼節槩，卓絶千秋，四子經義，既爲有明三百年一人，其所作樂府，復旨遠辭高，義精嚮厲，真儒者之詩也。當甲申北變，聞金陵嗣統，謁選者麕集都下，先生獨不往。吾友包子問之，先生曰，某公素善余，今方與當國者比。余入都，必當與往來，往來必爲彼牢籠矣。君子始進必以正，豈可爲區區一官捐名義以殉之耶？卒不往。

光緒修嘉定縣志叁貳軼事門「黄忠節〔淳耀〕未第時，館常熟錢謙益家。程孟陽出海棠小箋示之」條云：

〔忠節〕偶作鄙夫章題文，時推絶唱，謙益獨不懌。及甲申夏，福王立，謙益晉秩尚書，忠節遺以妻堅手書歸去來辭，謙益默然。

寅恪案，陶菴雖館於牧齋家，以所擅長之八股文，課其子孫愛。然福王朝，不往南京與牧齋共馬阮合流，則人品剛正高潔，可以想見。其不阿附孟陽和錢柳詩之舉，乃自然之理，恐亦非牧齋前此所能料及。關於陶菴不肯和錢柳詩之問題，鈕嚴兩書所述，皆非無因。但俱有譌誤。茲先考陶菴館於錢氏之時間及孟陽於錢柳遇見以後，留居牧齋家之年月。然後玉樵修能二人所言之得失，可以決定也。

今陶菴集附有陳樹悳宋道南所撰陶菴先生年譜，載陶菴自崇禎十二年至十四年館於牧齋家。其所記可信。據陶菴集壹陸「和陶詩」序云：「辛巳杪冬客海虞榮木樓。」及同書貳壹「弘光改元感事書懷寄錢宗伯五十韻」云：

> 昔歲登龍忝，郎君麗澤專。南垞鐙火屋，北浒宴遊船。奉手評豪素，開廚出簡編。文瀾增拂水，詩壘壓松圓。酒發公明氣，談鈎向秀玄。賞音存寂寞，延譽許騰騫。精舍留三載，陰符練幾篇。厭貧將嫁衛，躡蹻遂摩燕。

則自崇禎十四年辛巳杪冬，逆數至十二年己卯歲首，共歷三年，即所謂「精舍留三載」者是也。「南垞鐙火屋」者，陶菴授孫愛書時，居於常熟城内牧齋家之榮木樓，即相傳後來河東君自縊之處。陶菴集貳拾載「夏日錢牧齋先生攜同泛舟尚湖」詩。牧齋初學集壹柒移居詩集亦載「〔庚辰〕五月望夜汎西湖，歸山莊作。」詩。不知是否與「北浒宴遊船」之句有關，更俟詳考。「厭貧將嫁衛，躡蹻遂摩燕」者，陶庵於崇禎十四年辛巳歲杪，辭牧齋家館歸後，遂中十五年壬午應天鄉試，次年癸未即成進士也。初學集叁貳「黄蘊生經義序」云：

> 兒子孫愛自家塾省余山中。奉其文三十篇以請曰，幸一評定之。余曰，吾何以定而師之文乎哉？而師之學，韓子之學也。其文韓子之文也。

牧齋作此序文時，居於拂水山莊。「山中」即謂拂水山莊。「文瀾增拂水」之句，殆兼指此序而言。牧齋文中稱譽陶菴，比於退之。故此序辭旨，全取用昌黎文集也。陶菴人品學問，當時推服。牧齋聘之爲其子授書，自是得人。但牧齋友朋門生之中，人材甚盛。其所以特有取於陶庵者，蓋以藴生最善長於八股之文，延爲塾師，使教孫愛，於掇科干禄，自有關係。世人謂八股經義之文，實溯源於王介甫，而荆公之文，乃學昌黎者，近代文選學派，鄙斥唐宋八大家及桐城派之古文，譏誚昌黎爲八股之始祖，所言雖過當，亦頗有理。牧齋此序殊有八股氣味，或作序之時，披閲陶菴經義，不覺爲所漸染使然耶？

四庫全書總目壹玖拾「欽定四書文」條略云：

乾隆元年内閣學士方苞奉敕編明文，凡四集，每篇皆抉其精要，評騭於後。卷首恭載諭旨，次爲苞奏摺。又次爲凡例八則，亦苞所述，以發明持擇之旨。蓋經義始於宋，宋文鑑中所載張才叔自靖人自獻於先王一篇，即當時程試之作也。元延祐中兼以經義經疑試士。明洪武初定科舉法，亦兼用經疑，後乃專用經義，其大旨以闡發理道爲宗。厥後其法日密，其體日變，其弊亦遂日生。我國家景運聿新，乃反而歸於正軌。列聖相承，又皆諄諄以士習文風，勤頒誥誡。我皇上復申明清真雅正之訓，是編所録，一一仰稟聖裁，大抵皆詞達理醇，可以傳世行遠。承學之士，於前明諸集，可以考風格之得失。於國朝之文，可以定趨嚮之指歸。聖人之教思無窮，於是乎在，非徒示以弋取科名之具也。故時文選本汗牛充棟，今悉斥不録，惟恭録是編，以爲士林之標準。

欽定四書文卷首載乾隆元年六月十六日諭略云：

有明制義諸體皆備，如王〔鏊〕唐〔順之〕歸〔有光〕胡〔友信〕金〔聲〕陳〔際泰〕章〔世純〕黄〔淳耀〕諸大家，卓然可傳。今朕欲裒集有明及本朝諸大家制義，精選數百篇，彙爲一集，頒布天下。學士方苞於四書文義法，夙嘗究心，著司選文之事，務將入選之文，發揮題義清切之處，逐一批抉，俾學者了然心目間，用爲模楷。

同書凡例云：

唐臣韓愈有言，文無難易，惟其是耳。李翺又云，創意造言，各不相師，而其歸則一，即愈所謂是也。文之清真者，惟其理之是而已，即翺所謂造言也。

紅樓夢第捌貳回云：

黛玉微微的一笑，因叫紫鵑：「把我的龍井茶給二爺沏一碗。二爺如今念書了，比不得頭裏。」紫鵑笑着答應，去拿茶葉，叫小丫頭子沏茶。寶玉接着説道：「還提什麽念書？我最厭這些道學話。最可笑的是八股文章。拿他誆功名，混飯吃也罷了，還要説代聖賢立言。好些的，不過拿些經書湊搭湊搭也罷了。更有一種可笑的，肚子裏原没有什麽，東拉西扯，弄的牛鬼蛇神，還自以爲博奥。這那裏是闡發聖賢的道理。目下老爺口口聲聲叫我學這個，我又不敢違拗，你這會子還提念書呢！」黛玉道：「我們女孩兒家雖然不要這個，但小時跟着你們雨村先生念書，也曾看過。内中也有近情近理的，也有清微淡遠的。那時候雖不大懂，也覺得好，不可一概抹倒。況且你要取功名，這個也清貴些。」寶玉聽到這裏，覺得不甚入耳，因想黛玉從來不是這樣人，怎麽也這樣勢慾薰心起來？又不敢在他跟前駁回，只在鼻子眼裏笑了一聲。

寅恪案，清高宗列陶菴之四書文爲明代八大家之一，望溪又舉退之習之爲言，尤與牧齋之語相符合。今檢方氏所選陶菴之文多至二十篇，足證上引朱長孺「陶菴先生四子經義，爲有明三百年一人。」之語，實非過情之譽。至林黛玉謂「内中也有近情近理的，也有清微淡遠的」。即四庫總目所謂「清真雅正」及「詞達理醇」者，如陶菴等之經義，皆此類也。噫！道學先生竟能得林妹妹爲知己，可視樂善堂主人（清高宗御製樂善堂文集，初刻原有制義一卷，後來定本删去。見四庫全書總目壹柒叁別集類「御製樂善堂定本」條。）及錢朱方三老之推挹爲不足道矣。一笑！又顧純恩寓瞜雜詠：「父命千金猶不顧，未須惆悵柳蘼蕪。」詩注所言「〔河東君〕爲落花詩，諸名士悉和。程孟陽諷〔陶菴〕先生爲之」之事，則今存河東君詩中，固無「落花」詩。初學集耦耕堂存稿詩等，自崇禎十二年春至十四年冬，即陶菴館於牧齋家之時期，其所作諸詩，亦不見類似和落花詩之題目。懷祖之言，未識何據。檢顧云美河東君傳云：「宗伯賦前七夕詩，要諸詞人和之。」懷祖所記，或因是致誤。若謂孟陽諷陶菴所和者，即指前七夕詩言。則孟陽己身尚不肯和牧齋此題，豈有轉諷他人和之之理？故修能所記，似較近於事實也。

由此言之，鈕嚴兩氏所記陶菴不肯和詩之事，揆之情理，當必可信。但玉樵謂藴生偕牧齋門下客李生（寅恪案，此「李生」疑是李僧筏杭生或李緇仲宜之兄弟。據有學集貳叁「張子石六十壽序」云：「余取友于嘉定，先後輩流，約略有三。初爲舉子，與徐女廉鄭閑孟掉鞅于詞科，而長蘅同舉鄉榜，鏃厲文行，以古人相期許，此一輩也。因長蘅得交婁丈子柔，唐丈叔達，程兄孟陽。師資學問，儼然典型，而孟陽遂與余耦畊結隱，衰晚因依，此又一輩也。侯氏二瞻，黃子藴生，張子子石曁長蘅家僧筏緇仲，皆以通家末契，事余於師友之間。」蓋李氏兄弟與侯黃二氏皆嘉定人，又皆通家世好。牧齋使李氏兄弟之一，聘藴生教其子，極爲可能也。或又謂此「門下客李生」乃毛子晉之舅氏李孟芳。檢初學集壹伍丙舍詩集上載崇禎十二年己卯元旦後立春前所作「次韻答東鄰李孟芳」詩云：「度阡越陌最情親。乞米分甘念我貧。」又牧齋尺牘載與李孟芳書共十三通。可見錢李二人關係之密切。其第壹通即託以料理先塋之事者，則知牧齋固嘗以家事託李也。耦耕堂存稿詩下載「和李孟芳山中話舊」一題，列在「〔戊寅〕除夕拂水山莊和錢牧齋韻二首」及「〔己卯〕元旦和牧齋韻」之前。此詩有「十載相憐病與貧」及「殘臘簷梅初放蕚」之句。故據時地及人三者之關係言之，玉樵所謂「李生」，恐舍孟芳莫屬矣。但鄙意後一説較迂遠，仍以從前説爲是。）至錢氏家，居浹月，孟陽出受之如君柳夫人海棠小箋屬陶菴和之，則殊不知陶菴實以崇禎十二年春間至常熟就牧齋家塾之聘，而河東君於崇禎十三年冬始過半野堂。「居浹月」之誤，自不待言。又崇禎十四年六月牧齋與河東君結褵於松江舟中，在此時以前，松圓便以「如君」稱河東君，亦未免過早矣。至於修能所記陶菴不肯和牧齋催粧詩一事，自是實録。蓋牧齋作催粧詩，在崇禎十四年辛巳夏間。此年杪冬陶菴始辭去牧齋家館。儻陶菴肯和催粧詩者，牧齋必收入於東山詶和集中矣。惟嚴氏述藴生不肯和河東君詩事，若在崇禎十三年庚辰冬季松圓在牧齋家之短時間内，則殊可能。不過修能記此事於陶菴不肯和牧齋催粧詩之後，敍述次序，稍涉牽混，未免時限不明耳。至顧懷祖謂孟陽諷陶菴和河東君落花詩一事，則更失實，前已辨之矣。除東山詶和集中無陶菴和詩，可以證明鈕嚴之説外。兹尚有一强有力之證據，即初學集壹捌東山詩集壹載「冬至日感述示孫愛」五古一首是也。此詩既與河東君無關，自不收入東山詶和集。但一檢其排列次序，則知有待發之覆。牧齋編列其詩什，本依作成時間之先後。此可據集中所載之詩，不分體，而依時之例推知者。今此五古在初學集中列於「寒夕文讌再疊前韻，是日我聞室落成」七律之後，（寅恪案，東山詶和集此題下多「延河東君居之」並附注「涂月二日」等字。）「迎春日偕河東君泛舟東郊作」七律之前。（寅恪案，鄭氏近世中西史日表崇禎十三年庚辰正月十三日立春，十二月廿四日又立春。十四年辛巳無立春。當日曆官定曆，絶無一年重複兩立春及一年無立春之理。鄭氏此類之誤，可參前論河東君嘉定之游節。牧齋詩中所指之迎春日，乃指崇禎十三年十二月之節氣也。）揆之牧齋編次其詩之慣例，殊爲不合。蓋冬至爲十一月之節氣，反列於涂月二日之後故也。究其所以致此顛倒失常之由，豈因此五古一首，實非十一月冬至所作，而爲較遲之時間，或在十二月所補成，追加入集，遂未詳察其編列次序先後之不合耶？此五古中牧齋引述禮經史事，以自解其不親祭祀，而遺孫愛代之之理由。並列舉其平生師友如楊漣孫承宗王洽馮元飂元飆兄弟之流，以忠義孝友功名氣節著稱一時者，勗勉其子。義正辭嚴，即謂之爲錢氏家訓，亦無不可。然若考牧齋崇禎庚辰冬間，河東君來訪半野堂以後之心理情況，則知此五古不過牧齋之煙幕彈，欲藉之使孫愛轉示其塾師，庶幾可稍慰其拒絶松圓之意，并聊用爲自解之工具耳。檢初學集捌壹「書西溪濟舟長老册子」略云：

> 庚辰之冬，余方咏唐風蟋蟀之章，修文讌之樂。絲肉交奮，履舄錯雜。嘉禾門人以某禪師開堂語録緘寄，且爲乞敍。余不復省視，趣命童子於蠟炬燒却，颺其灰於溷廁，勿令污吾詩酒場也。辛巳仲春聚沙居士書於蔣邨之舟次。

及錢曾有學集詩注壹肆東澗集下「病榻消寒雜咏四十六首」中「追憶庚辰冬半野堂文讌舊事」云：

老大聊爲秉燭遊。青春渾似在紅樓。買回世上千金笑，送盡生年百歲憂。（寅恪案，涵芬樓本有學集壹叁「生年」作「平生」。所附校勘記亦無校改。餘詳遵王注。）留客笙歌圍酒尾，看場神鬼坐人頭。蒲團歷歷前塵事，好夢何曾逐水流。

則知牧齋此時如醉如癡，一至於此。陶菴之不以爲然，自無足怪，而牧齋編入「冬至日感述示孫愛」五古於其詩集，次序失檢，又所必致也。何物不解事之嘉禾迂儒及鈍根禪衲，同作此敗人清興之舉動。其遭燒灰投廁之厄，亦有自取之道矣。今陶菴集貳貳有「無題」六言絕句六首，辭旨頗不易解。然必與當日陶菴所見之文士名媛有關。疑即爲牧齋河東君松圓及錢岱勳或錢青雨而作，又有謂乃指河東君嘉定之游者，皆難決定。茲姑附録於下，存此一重可疑公案，以待後來好事者之參究。寅恪未敢效箋釋玉谿生「無題」詩者之所爲也。陶菴詩云：

放誕風流卓女，細酸習氣唐寅。人間再見沽酒，市上争傳賣身。

片雲曾迷楚國，一笑又傾吴宫。花底監奴得計，鸞篦畢竟輸儂。

人言北阮放達，客誚東方滑稽。情不情間我輩，笑其笑處天機。

子美詩中伎女，岑參句裏歌兒。彼似青蠅附驥，我如斗酒聽鸝。

千春不易醉飽，百歲貴行胸懷。羨馬爲憐神駿，燒桐亦辨奇材。

鯨鏗已肆篇什，鼇咳從教詆訶。百斛舟中穩坐，千尋浪裏無何。

兹依東山酬和集，並參考有關諸本，擇録柳錢及諸人詩於後，略加考釋。多詳於河東君之作，牧齋次之。其他諸人則僅選其少數最有關者，聊備一例，蓋不欲喧賓奪主也。至於牧齋之詩，別有錢曾之箋注在，故今考釋錢詩，亦止就遵王所不及者詳之耳。

東山酬和集壹河東柳是字如是（原注：「初名隱。」）「庚辰仲冬訪牧翁於半野堂，奉贈長句」云：

> 聲名真似漢扶風。妙理玄規更不同。一室茶香開澹黯，千行墨妙破冥濛。竺西瓶拂因緣在，江左風流物論雄。今日沾沾誠御李，東山蔥嶺莫辭從。（寅恪案，初學集壹捌此句下有注云：「集名東山，取此詩句也。」蓋後來刻初學集時加入者，所以著其名集之旨。初學集原迄於崇禎十六年癸未。但末附「甲申元日」一詩者，因詩中有「衰殘敢負蒼生望，自理東山舊管絃」之句。牧齋用以結束「集名東山」之意，首尾正復相同也。）

牧翁「柳如是過訪山堂，枉詩見贈。語特莊雅，輒次來韻奉答」云：

> 文君放誕想流風。臉際眉間訝許同。枉自夢刀思燕婉，還將摶土問鴻濛。（自注：「太白樂府詩云，女媧戲黄土，團作下愚人。散作六合間，濛濛若沙塵。」）霑花丈室何曾染，折柳章臺也自雄。但似王昌消息好，履箱擎了便相從。（自注：「河中之水歌云，平頭奴子擎履箱。」）

偈菴程嘉燧「半野堂喜值柳如是，用牧翁韻奉贈」（寅恪案，耦耕堂存稿詩下此詩題作「十二月二日虞山舟次值河東君，用韻輒贈」。列朝詩集丁壹叁上此題上有「庚辰」二字。）云：

翩然水上見驚鴻。（程集「水」作「江」。）把燭聽詩訝許同。何意病夫焚筆後，卻憐才子掃眉中。菖蒲花發公卿夢，芍藥春懷士女風。此夕尊前相料理，故應惱徹白頭翁。

偈菴「次牧齋韻再贈」（寅恪案，程集此詩題作「次牧老韻，再贈河東君，用柳原韻」。列朝詩集「次」作「同」。）云：

居然林下有家風。誰謂千金一笑同。杯近仙源花瀲瀲，（自注：「半野堂近桃源磵，故云。」寅恪案，程集及列朝詩集自注皆作「舟泊近桃源嶺，用劉阮事」。）雲來神峽雨濛濛。（寅恪案，程集及列朝詩集「雲來神峽」俱作「神來巫峽」。）彈絲吹竹吟偏好，抶石錐沙畫更雄。（寅恪案，列朝詩集「畫」作「書」。句下有注云：「柳楷法瘦勁。」程集仍作「畫」字。但句下自注與列朝詩集同。）詩酒已無驅使分，熏爐茗盌得相從。

寅恪案，東山詶和集此四詩之題，與諸本微有不同。蓋由編次有先後及自身所寫，他人所選之故，殊不足異。惟孟陽此次爲河東君而作之第壹詩，即「翩然水上見驚鴻」一首，初學集未載。此題列朝詩集作「庚辰十二月二日虞山舟次值河東君，用韻輒贈」。東山詶和集作「半野堂喜值柳如是，用牧翁韻奉贈」。又孟陽爲河東君所作之「居然林下有家風」一首，東山詶和集列於「翩然水上見驚鴻」一首之後，而列朝詩集則在「感別半野堂」即「何處朱簾擁莫愁」一首之後。距爲河東君而作之第壹詩「翩然水上見驚鴻」一首，其間尚隔兩題。此首明是松圓後來所補作者。松圓自寫其詩，必依其作成時間之先後。東山詶和集則牧齋以同題同韻之故，改列編次，所以致有歧異也。據此推論，可知河東君於崇禎十三年庚辰十一月，即與汪然明尺牘第叁拾通所謂「黍谷之月」，乘舟至常熟。雖抵虞山後，即往訪半野堂。然仍留居舟次。依前引沈虬「河東君傳」所載，庚辰冬河東君始至虞山，牧齋即築我聞室，十日落成，留之度歲等語。沈氏乃親見河東君之人，其所述亦較確實。故我聞室「十日落成」之語，按諸當時情事，頗爲適合。蓋時日過速，建築恐難完成。時日過遲，牧齋又不能久待也。復檢孟陽自序其耦耕堂集云：

丁丑受之以誣奏逮繫，予待之湖上。戊寅秋放歸，廬居丙舍，館予于東偏之花信樓，復相從者二年。庚辰春主人移居入城，予將歸新安。仲冬過半野堂，方有文酒之燕，留連惜別，欣慨交集。且約偕遊黃山，而予適後期。辛巳春受之過松圓山居，題詩壁上，歸舟相值於桐江，篝燈永夕，泫然而別。

然則松圓崇禎庚辰冬季，循昔年在牧齋家度歲之慣例，至常熟縣城。及晤牧齋，始知河東君已先過訪，並見柳錢初次贈答之詩。當錢程會晤之時，恐即我聞室將告成之際，牧齋强拉松圓於十二月二日同至虞山舟次，往迎河東君遷入新成之金屋。孟陽詩「翩然水上見驚鴻」之句，與程集及列朝詩集題作「虞山舟次值河東君」者，適相印合。至若東山詶和集此詩題作「半野堂喜值柳如是」者，乃牧齋所改。半野堂在縣城内陸地上，不可言「水上」，或「江上」。復就當日程錢二人之心理推之，則牧齋於「值」字上增一「喜」字。雖在牧齋爲喜，恐在松圓轉爲悲矣。一笑！

關於河東君初訪半野堂之記載，今世間流傳之文籍，多不可信。兹聊録一則，略加辨正，其他則不暇及也。牧齋遺事（虞陽説苑本。）第肆則云：

> 聞虞山有錢學士謙益者，實爲當今李杜。欲一望見其丰采，乃駕扁舟來虞。爲士人裝，坐肩輿，造錢投謁。易楊以柳，易愛以是。刺入，錢辭以他往，蓋目之爲俗士也。柳於次日作詩遣伻投之，詩内微露色相。牧翁得其詩大驚，詰閽者曰，昨投刺者，士人乎？女子乎？閽者曰，士人也。牧翁愈疑，急登輿訪柳于舟中，則嫣然美姝也。因出其七言近體就正，錢心賞焉。視其書法，得虞褚兩家遺意，又心賞焉。相與絮語者終日，臨別，錢謂柳曰，此後以柳姓是名相往復，吾且字子以如是，爲今日證盟。柳諾。此爲錢柳作合之始。

寅恪案，河東君於未訪半野堂之前，已預有所接洽。前文已詳論之，兹不復贅。牧齋於崇禎十三年春間，作觀美人手跡詩。又於是年秋間作論近代詞人詩，有「近日錢塘誇柳隱」之句，其自注並引河東君湖上草之詩。今見汪然明所刻湖上草，乃河東君崇禎十二年己卯所作之詩。其作者之姓名，題爲「柳隱如是」。凡此諸端，皆時間證據明白確實，故牧齋遺事所述，改易姓名字號等事，其妄謬不待詳辨也。河東君初贈牧齋詩中既有「今日沾沾誠御李」之句，依文義推測，當是河東君持此詩，面投牧齋，或覿面後作此詩贈牧齋。實與牧齋遺事所言錢柳兩人初未會見，其後柳以詩遺伻投錢者不合。今世好談錢柳軼聞者，往往喜舉牧齋遺事此條，或與此條類似之説，資爲談助。儻見拙文，其亦可默爾而息乎？

河東君初次造訪，或納交於名流文士，往往賦詩投贈。如湖上草「贈汪然明」，「贈劉晉卿」及「贈陸處士」等詩，皆是例證。若就此三詩言之，雖亦頗工。然遣詞莊雅，用典適切，則遠不及半野堂初贈牧齋此詩。且其意境已駸駸進入北宋諸賢之範圍，固非同時復社幾社勝流所能望見，即牧齋松圓與之相角逐，而競短長，似仍有蘇子瞻所謂「汗流籍湜走且僵」之苦。（見東坡後集壹伍「潮州韓文公廟碑」。）何物不知名鄉曲傖子，所謂錢岱勳或錢青雨輩，竟能代作如是之篇什耶？王宋及白牛道者之誣妄，更不待多辨也。至於昔人七律詩中，用字不嫌重複。又河東君此章用韻，乃依明朝官韻洪武正韻者。凡此諸端，皆極淺易，本不須述及。因恐今世之人，或有囿於清代功令，習用平水韻之故，轉執此爲疑者，遂並附論之。似此三家村訓蒙之語言，誠知博雅通人，爲之齒冷。然亦不敢辭也。

河東君詩云：「聲名真似漢扶風。妙理玄規更不同」者，後漢書列傳伍拾上馬融傳云：

融才高博洽，爲世通儒。教養諸生，常有千數。涿郡盧植，北海鄭玄，皆其徒也。善鼓琴，好吹笛。達生任性，不拘儒者之節，居宇器服，多存侈飾，常坐高坐，施絳紗帳，前授生徒，後列女樂。弟子以次相傳，鮮有入其室者。

牧齋平生固與季長約略相似。但有一特異之點，即自矜洞達禪理，博探佛藏，高出時流。雖其晚歲往往以「老皈空門」，藉以掩飾。然明亡以前，已與紫柏憨山諸名僧往還參究。故河東君標舉牧齋特異時流之點，殊暗合其深自誇詡之心理。文選肆壹李少卿答蘇武書云：「人之相知，貴相知心。」及同書肆叁嵇叔夜與山巨源絶交書云：「夫人之相知，貴識其天性，因而濟之。」河東君之於牧齋，誠可謂「相知心」者。又牧齋平日所爲，既似季長之「達生任性」，則河東君之造訪半野堂，亦可謂「識其天性，因而濟之」者耶？至若「妙理玄規」之解釋，自是取之老子道德經上第壹章云：「玄之又玄，衆妙之門。」「妙理」則文選貳玖曹顔遠「思友人」詩云：「精義測神奥，清機發妙理。」漢魏百三名家集江醴陵〔淹〕集貳「清思」詩云：「草木還根蒂，精靈歸妙理。」「玄規」者，慧皎高僧傳肆義解門壹晉剡沃洲山支遁傳載遁所著座右銘云：「謹守明禁，雅玩玄規。」「一室茶烟開淡黯，千行墨妙破冥濛」一聯，上句用杜牧「題禪院」詩：「今日鬢絲禪榻畔，茶煙輕颺落花風。」（見全唐詩第捌函杜牧叁。并參孟棨本事詩高逸叁「杜〔舍人牧〕登科後」條。）下句用江文通「別賦」：「淵雲之墨妙，嚴樂之筆精。」（見文選壹陸。）至若蘇子瞻詩之所謂「墨妙」，（見東坡集叁「孫莘老求墨妙亭詩」。）非謂文章，乃指書法而言。蓋孫氏「罔羅遺逸，得前賦詠數百篇，爲輿新集。其刻畫尚存，而僵仆斷缺於荒陂野草之間者，又皆集於此亭」。（見東坡集叁壹「墨妙亭記」。）牧齋以文章，而非以書法著稱。故河東君舉其所擅長者爲説，所以有「千行墨妙」之語。若指書法，則不可言「破冥濛」。世之譽人者，不道其長，轉翹其短，此天下笨伯之所爲，河東君必不如是也。又初學集壹佰陸至壹佰捌爲「讀杜小箋」，其首有題語略云：

> 歸田多暇，時誦杜詩以銷永日。間有一得，輒舉示程孟陽。孟陽曰，杜千家注繆僞可恨。子何不是正之，以遺學者？予曰，注詩之難，陸放翁言之詳矣。放翁尚不敢注蘇，予敢注杜哉？相與嘆息而止。今年夏德州盧户部德水刻杜詩胥鈔，屬陳司業無盟寄予，俾爲其敍。予既不敢注杜矣。其又敢敍杜哉？予嘗妄謂自宋以來，學杜詩者，莫不善於黄魯直。評杜詩者，莫不善於劉辰翁。弘正之學杜者，生呑活剥，以尋撦爲家當，此魯直之隔日瘧也。其黠者又反脣於西江矣。近日之評杜者，鉤深抉異，以鬼窟爲活計，此辰翁之牙後慧也。其横者并集矢於杜陵矣。苫次幽憂，寒窗抱影，紬繹腹笥，漫録若干則，

題曰讀杜詩寄盧小箋，明其因德水而興起也。曰小箋，不賢者識其小也。寄之以就正于盧，且道所以不敢當序之意。癸酉臘日虞鄉老民錢謙益上。

同書壹佰玖至壹佰拾讀杜二箋，其首有題語云：

讀杜小箋既成，續有所得，取次書之，復得二卷。侯豫瞻自都門歸，攜杜詩胥鈔，已成帙矣。（寅恪案，侯忠節全集壹年譜上崇禎七年甲戌條略云：「五月入都門。補南京吏部文選司主事。八月南歸。閏八月至淮上。是年冬十一月之官南中。」可知牧齋得覩盧氏杜詩胥鈔刻本後，即刊其小箋及二箋。迫促如此，其與盧氏論杜旨趣之同異及其争名好勝之心理，亦可想見矣。）無盟過吳門，則曰寄盧小箋尚未付郵筒也。德水於杜別具手眼。余言之戔戔者，未必有當於德水，宜無盟爲我藏拙也。子美和春陵行序曰，簡知我者，不必寄元。余竊取斯義，題之曰二箋，而刻之。甲戌九月謙益記。

寅恪案，牧齋讀杜詩寄盧小箋，成於崇禎六年之末。讀杜二箋則與寄盧小箋同刻於七年甲戌九月。河東君於七年及九年曾兩次遊嘉定，與程孟陽李茂初諸名士詶酢往還。談詩之際，在第壹次，孟陽當以牧齋讀杜小箋之未刻抄本相示。在第貳次更宜從孟陽處得見牧齋此箋五卷刻本。即使未見牧齋原書，此箋下卷論「寄韓諫議」詩及「秋興」八首之三等，皆引孟陽之説。程氏必以牧齋用其解杜之語，自鳴得意，故亦應以書中旨趣告之。然則河東君「千行墨妙」之語，即指牧齋此書而言耶？（寅恪偶檢柴萼梵天廬叢録壹陸「柳如是」二則之二載河東君手抄讀杜小箋事，可供談助，附記於此。）「竺西瓶拂因緣在，江左風流物論雄。」一聯，上句之意，疑謂牧齋博通内典，具有宿世勝因，己身當如佛教中捧瓶持拂供奉菩薩之侍女也。或謂漢魏百三名家集梁簡文帝集壹「與廣信侯重述内典書」云：

永謝瀉瓶，終慙染氎。是則慈雲既擁，智海亦深。影末波餘，希時灑拂。

乃此句之出處。但斯説頗嫌迂遠，未必有當，姑備一解，更俟詳考。下句則用南齊書貳叁王儉傳（參南史貳貳王曇首傳附儉傳。）云：

儉常謂人曰，江左風流宰相，唯有謝安。蓋自比也。

「今日沾沾誠御李，東山蔥嶺莫辭從」者，後漢書列傳伍柒黨錮傳李膺傳略云：

荀爽嘗就謁膺，因爲其御。既還，喜曰，今日乃得御李君矣。其見慕如此。是時朝廷日亂，綱紀頹阤。膺獨持風裁，以聲名自高。士有被其容接者，名爲登龍門。及陳蕃免太尉，朝野屬意於膺。

「東山」與「江左」相關，「蔥嶺」與「竺西」句相關。文思貫通，比譬適切。最可注意者，即謝安石王仲寶固是風流宰相。李元禮更爲黨錮名士，而兼負宰相之望者。牧齋於天啓四年以魏忠賢黨指爲東林黨魁之故，因而削籍。又於崇禎二年以會推閣臣，獲罪罷歸。故與元禮尤復相類。凡河東君所舉諸賢，皆是牧齋胸中自比之人，真可謂道出心坎内事者。牧齋安得不爲傾倒，如醉如癡乎？牧齋所以譽此詩「語特莊雅」之故，不僅由詩語無猥褻之詞，亦因牧齋廷試第三人及第，即世間豔稱之探花郎。若使他人贈詩以譽牧齋，自必關涉此點。河東君此詩絶不道及其事，似毫無所知者。其不墮入流俗窠臼，實可謂「莊」，更可謂「雅」矣。夫河東君此詩既以謝安石比牧齋，復以「彈絲吹竹」（松圓和詩語。）之東山妓女自比。（見晉書柒玖謝安傳及同書捌拾王羲之傳。）然則牧齋此時在半野堂編詩，以東山名集。黄皆令後來居絳雲樓畫扇，其題語有「東山閣」之稱。俱實指今事，非虚用古典也。

牧齋次韻答河東君詩，亦極費經營之作，與原贈詩針鋒相對。第壹章已論之矣。至於詩中所用典故，除牧齋所自注外，遵王注本别無解釋。兹僅就其最精切者略言之，其他則不遑及也。

「文君放誕想流風，臉際眉間訝許同」者，初視之，以爲即出西京雜記貳所云：

> 文君姣好，眉色如望遠山，臉際常若芙蓉，肌膚柔滑如脂。十七而寡，爲人放誕風流。故悦長卿之才，而越禮焉。

之古典。然范鍇華笑廎雜筆壹顧苓「河東君傳」後附古梅華源木乂庵白牛道者跋云：

> 吾友減堂爲余言，是身材不逾中人，而色甚豔。冬月御單袷衣，雙頰作朝霞色，即之體温然。疑其善玄素也。虞山之惑溺且畏之，有以哉。

則牧齋此詩首二句，不獨用古，亦更寫今。其用事精切，實不可及。至此點與河東君之疾病有關，俟後論之。「枉自夢刀思燕婉，還將摶土問鴻濛。」者，上句用范攄雲谿友議下「豔陽詞」條。見下論有美詩「三刀夢寐羶」句，茲不詳釋。牧齋以薛濤比河東君，固甚適切。且范書所引微之寄薛濤詩有「錦江滑膩蛾眉秀，化作文君及薛濤」之語，尤與首二句相關也。且下句自注中所引太白詩，見全唐詩第叁函李白貳「上雲樂」。其所以備列太白詩原文，因與太平御覽柒捌皇王部「女媧氏」條所云：

> 風俗通曰，俗說天地開闢未有人民，女媧摶黃土作人，劇務力不暇供，乃引繩於泥中，舉以爲人，故富貴者黃土人也，貧賤凡庸者，絙人也。

及楊齊賢蕭士贇分類補注李太白詩等舊解不同之故。否則牧齋不必作此贅語，蓋豈有博雅如河東君者，而不知此句之出處耶？牧齋此聯之意，蓋謂世間欲得河東君者雖衆，無奈皆是下愚之人。如謝三賓，即河東君與汪然明尺牘第肆通中所言「願作交甫」之「某翁」等，皆不能當河東君之意，而暗以上智之人自許，實可中選也。「霑花丈室何曾染，折柳章臺也自雄」者，乃指河東君與周文岸陳臥子之關係及在盛澤鎮佘山之生活。所用典故，出維摩詰經及許堯佐「柳氏傳」，皆世人習知者，不煩解釋。「但似王昌消息好，履箱擎了便相從」者，乃答河東君贈詩結語之意。第壹章已詳言之，茲不贅論。但牧齋答詩自注中已引河中之水歌，（見玉臺新詠玖「歌詞二首」之二。）其爲「河東君」之號所從出，固不待言。又「河東」爲柳姓郡望，故牧齋作有美詩，復就此點排比鋪張，剌剌不休。（見東山訓和集壹「有美詩」，「河東論氏族」及「字脚元和樣」等句。）其實牧齋又暗用東坡「寄吴德仁兼簡陳季常」詩，「忽聞河東獅子吼」之句，（見東坡集壹伍。）以爲遊戲。至若少陵「可歎」詩之「河東女兒身姓柳」之句，「抉眼去夫」，情事不倫，則非所用無疑也。（見杜工部集柒。）顧云美河東君傳云：「〔河東君〕頗能制御宗伯，宗伯甚寵憚之。」所言雖是後來之事，然牧齋初見河東君時，當已明瞭其爲人性格。取此別號稱河東君，實不僅以「東家王」並以「龍丘居士」自居。其知人之明，自知之審，亦不可及矣。一笑！又牧齋不於此詩其他諸句，著明所用西京雜記雲谿友議維摩詰經柳氏傳之典故，轉獨於第肆及第柒捌等句，不憚煩勞，特安蛇足。豈以河東君或松圓未讀李翰林集及玉臺新詠耶？由是言之，牧齋之自注，必有深旨，非淺人粗讀所能盡解也。

孟陽二詩初學集只録其次韻一首。牧齋所以删去其和韻一首者，當以兩詩意旨本自相同，而所用辭句典故，如和韻詩之「此夕尊前相料理，故應惱徹白頭翁」之句，與次韻詩「詩酒已無驅使分」之句，俱用杜工部集壹貳「江畔獨步尋花七絶句」第壹首「江上被花惱不徹」及第壹首「詩酒尚堪驅使在，未須料理白頭人」又更相似也。（可參前論河東君嘉定之游節。）

然今日考證河東君訪半野堂之經過，和韻詩殊有價值，因依東山詶和集並録之。列朝詩集所選孟陽此次韻詩第陸句「抉石錐沙書更雄」。東山詶和集及初學集改「書」字爲「畫」字，並删去注語「柳楷法瘦勁」五字。細繹「抉石錐沙」之語，乃用徐季海王右軍書法之典故，非指繪畫而言。然則孟陽之詩，本作「書」字。牧齋所以改「書」爲「畫」者，不獨因聲調更協，且可增加河東君能畫之一端，與第伍句「彈絲吹竹吟偏好」於通音樂外，復添善吟詠之一事，相對爲文，遂不得不删去注語耳。前論河東君與汪然明尺牘第捌通約遊商山事，引孟陽詩「曾見書飛故國樓」之句，可知孟陽早已傾服河東君之書法。至於繪畫一端，則未見孟陽有推挹之語。或者藉改此一字之機緣，以完成松圓善頌善禱之美德歟？

至若鈔本耦耕堂存稿詩下，此詩有自注，但「書」字作「畫」字，與注語矛盾，明是抄者筆誤，自不待辨也。又吾人今日所見河東君之作品，或爲當時刻本，或爲傳寫之本，皆多譌舛。其故恐不盡由刻寫者之疏忽，疑亦因河東君作書，喜爲瘦長之體，易滋誤認。如今所見男洛神賦鈔本「水濼濼而高衍」句之「濼」即「潗」。河東君作書所以如此者，殆由避免字體肥寬所致。程松圓稱河東君書法瘦勁，顧云美稱河東君結束俏利，可謂書如其人矣。孟陽此次韻詩「杯近仙源花瀲瀲」句下，東山詶和集及初學集自注，俱作：「半野堂近桃源磵，故云。」程集及列朝詩集均作：「舟泊近桃源嶺，用劉阮事。」兩書之注，當爲松圓原文。據此可以考見河東君初到虞山時泊舟之處。牧齋改「桃源嶺」爲「桃源磵」，並删去「用劉阮事」，以與半野堂相近爲説。其實光緒修常昭合志貳山形志略云：

虞山居邑境中央。西南即拂水巖，上有拂水禪院，門外有石橋跨山澗。又前即臨石壁，兩厓中豁，别有長壽橋架其上，從山下遠望，危闌横卧者是也。每遇雨後，澗水流注橋下，懸爲瀑布，風自南來，則倒捲而上。虞山勝地記略謂如萬斛藎珠，凌風飄灑者，非虚語也。即天已放晴，仍濛濛作細雨，鬱爲奇景，名曰拂水，蓋以此矣。又南抵桃源澗，澗上有桃源洞。澗於北山，夙稱勝地，雨後山泉匯注，飛湍下瀉，響逾琴筑，相傳昔年漫山皆種桃花，流水夾花片而下，尤爲奇觀，故名桃源澗焉。

又劉本沛虞書「桃源澗」條云：

桃源澗在陳莊靖公墓左。（寅恪案，「莊靖」爲陳瓚之謚。事蹟見明史貳貳貳本傳等。）

及同書「拂水巖」條云：

拂水巖在虞山南。崖石陡峻，水出其間，下奔如注，遇風拂勒，則水倒飛，噴沫四灑，不敢逼視，無風則懸崖瀑布若長虹然，一山之奇觀也。

然則桃源磵距半野堂亦不甚近。推牧齋所以改易此句者，殆與改易孟陽此詩題，同一用意，殊爲可笑。「雲來神峽雨濛濛」句，疑非松圓原作如此，乃牧齋後來所改。松圓原作應依程集及列朝詩集作「神來巫峽雨濛濛」。夫孟陽此句自是從宋玉高唐賦「旦爲朝雲，暮爲行雨」之語而來。其「雨濛濛」三字，與拂水巖之「即天已放晴，仍濛濛作細雨」及「遇風拂勒，則水倒飛，噴沫四灑」之實况符合，可謂巧妙。但何以舍去宋賦中之「雲」字不用，似非偶然。蓋「雲」字乃河東君之舊名，孟陽在此以前，爲河東君所作諸詩，如朝雲詩緪雲詩及與雲生雲娃有關等篇皆用「雲」字。此時賦詩則只標「柳如是」之新號，而不敢涉及「雲」字之昔稱。豈欲藉以洗滌舊痕，寬慰老友耶？牧齋改「神」作「雲」，則兼用宋賦之古典及河東君昔稱之今典，實較松圓原著更佳。「巫峽」之改「神峽」則疑牧齋既以「雲」字易「神」字，遂移改「巫峽」爲「神峽」，與上句「仙源」屬對，亦覺工穩。才思精妙，恐非牧齋不能辦此。「神峽」二字連文，寅恪弇陋，尚未知其出處，俟考。又觀孟陽此兩詩之結語，頗覺可憐。蓋已明知己身非牧齋之敵手，自甘退讓，情見乎辭。其匆匆歸新安之意旨，當即決定於賦此和韻詩之時。至若孟陽後來所作耦耕堂自序謂「庚辰春主人移居入城，予將歸新安」，則恐是諱改當日情况之虚語，並非實録也。

東山詶和集壹牧翁「冬日同如是泛舟有贈」（寅恪案，鄭鶴聲中西史日表崇禎十三年庚辰十一月九日冬至，廿四日小寒。牧齋詩題所謂冬日，即在是年十一月初九至廿四日之間也。）云：

冰心玉色正含愁。寒日多情照柂樓。萬里何當乘小艇，五湖已許辦扁舟。每臨青鏡憎紅粉，莫爲朱顔歎白頭。苦愛赤闌橋畔柳，探春仍放舊風流。

牧翁「次日叠前韻再贈」云：

新詩吟罷半凝愁。斜日當風似倚樓。争得三年才一笑，可憐今日與同舟。輕車漫憶西陵路，斗酒休論溝水頭。還勝客兒乘素舸，迢迢明月詠緣流。

河東「次韻奉答」云：

誰家樂府唱無愁。望斷浮雲西北樓。漢珮敢同神女贈，越歌聊感鄂君舟。春前柳欲窺青眼，雪裏山應想白頭。莫爲盧家怨銀漢，年年河水向東流。

偈菴「次牧翁泛舟韻」云：

（此詩於前論河東君與汪然明尺牘第捌通節中已引。兹從略。）

寅恪案，松圓次韻詩前已論述。雖有資考證，而辭旨平庸，固遠不及河東君之作，亦難與牧齋詩相比。此老之詩，本遜於牧齋，何况此際情緒甚惡，豈能有佳作耶？牧齋兩詩，其第壹首最先作。其第貳首乃因河東君次其第壹首詩韻，而後作者。故「新詩吟罷半凝愁」之「新詩」，即指河東君次其第壹首韻之詩而言。第壹首後四句皆有本事，非止用典。「每臨青鏡憎紅粉」之句，與答河東君初贈詩「臉際眉間訝許同」之句同義，俱指河東君面貌之顔色而言。即前引白牛道者所謂「雙頰作朝霞色」者是也。「臨青鏡」而「憎紅粉」，亦即張承吉詩所謂

「却嫌脂粉污顔色」之意。（見全唐詩第捌函張祜貳「集靈臺」二首之二。）牧齋運用古典今事，可稱巧妙適切矣。又河東君戊寅草中載「西河柳花」七律一首。其第肆句云，「憑多紅粉不須誇」，此本河東君自比之辭，牧齋或早已得見此詩，遂因有「憎紅粉」之語耶？俟考。第陸句「莫爲朱顔歎白頭」，乃老翁少婦對比之意。此典後來衍變成爲故事，記載流傳，至今多引之以資談助。兹特爲考其原始語句，亦略見史文蜕嬗之一例。至於牧齋遺事及觚賸等，皆以此故事與河東君詩「春前柳欲窺青眼，雪裏山應想白頭」之句有關，而不知實直接出於牧齋此句，則由未嘗詳讀柳錢諸詩所致也。

吴中文獻小叢書顧公燮消夏閑記選存「柳如是」條云：

> 宗伯嘗戲謂柳君曰，我愛你烏個頭髮，白個肉。君曰，我愛你白個頭髮，烏個肉。當時傳以爲笑。

牧齋遺事「當丁亥（丑）之獄」條（寅恪案，「亥」當作「丑」。指崇禎十年牧齋爲張漢儒所訐，被逮至北京下獄事。此條注以爲順治四年丁亥事，則恐是此書作者或抄者之疏誤也。詳見下章論黄毓祺案節。）云：

> 當丁亥（丑）之獄，牧翁侘傺失志，遂絶意時事。既得章臺，欣然有終老温柔鄉之願。然年已六十矣。黝顔鮐背，髮已皤然。柳則盛鬋堆鴉，凝脂竟體，燕爾之夕，錢戲柳曰，

我甚愛卿髮黑而膚白也。柳亦戲錢曰，我甚愛君髮如妾之膚，膚如妾之髮也。因作詩有「春前柳欲窺青眼，雪裏山應想白頭」之句。

鈕琇觚賸叁吳觚下「河東君」條云：

方宗伯初遇柳時，黝顔鮐背，髮已鬖鬖斑白，而柳則盛鬋堆鴉，凝脂竟體。燕婉之宵，錢曰，我甚愛卿如雲之黑，如玉之白也。柳曰，我亦甚愛君髮如妾之膚，膚如妾之髮也。因相與大笑。故當年酬贈，有「春前柳欲窺青眼，雪裏山應想白頭」之句，競傳人口。

王應奎柳南隨筆貳云：

某宗伯既娶柳夫人。一日坐室中，目注如是。如是問曰，公胡我愛？曰，愛汝之黑者髮，而白者面耳。然則汝胡我愛？柳曰，即愛公之白者髮，而黑者面也。侍婢皆爲匿笑。

練真吉日記云：

嘗聞有先朝鉅公惑一姬，致夙望頓減。姬問之曰，公胡我悦？曰，以其貌如玉，而髮可以鑑也。然則姬亦有所悦乎？曰，有之。即悦公之髮如玉，而貌可以鑑耳。

寅恪案，今世流傳之載記，述此段錢柳戲語者，尚不止牧齋遺事，觚賸，柳南隨筆及練真吉日記諸書，茲不多引。然大抵類似，皆經文人改寫者也。寅恪所見，爲顧公燮書所載，乃保存當日錢柳兩人對話之原辭，極可珍貴。所以知者，因其爲吴語，且較簡單，甚合彼時情景之故。至若練真吉日記，藻飾最多，尤遠於真實矣。此點可取世説新語與晉書對校，其演變之痕跡，明白可尋。斯固治史者所習知，不待贅論。錢柳此趣文，亦其例證歟？

抑更有可論者，江熙掃軌閒談云：

> 錢牧齋寵姬在柳如是前，有王氏者，桂村人，孌倖略與柳等。會崇禎初，有旨以禮部左侍郎起用，牧齋殊自喜，因盛服以示王曰，我何似？王睨翁戲曰，似鍾馗耳。蓋以翁黑而髯故也。翁不悦。後適以枚卜罷，遂遣王歸母家，居一樓以終。今其樓尚存。

寅恪案，崇禎元年戊辰牧齋以禮部侍郎起用，時年四十七。江氏謂其膚黑，自必正確。但未言其肥瘦如何。後牧齋於順治十六年己亥年七十八，賦「後秋興」詩，其第肆首「衹應老似張丞相，捫摸殘骸笑瓠肥」句下自注云：

> 余身素瘦削，今年腰圍忽肥，客有張丞相之謔。

故知牧齋在七十八歲以前，身素瘦削也。檢史記玖陸張丞相傳（參漢書肆貳張蒼傳。）略云：

> 張丞相蒼者，陽武人也。坐法當斬，解衣伏質，身長大肥白如瓠。時王陵見而怪其美士，乃言沛公，赦勿斬。

然則牧齋晚年腰圍忽肥，即使與西漢張丞相蒼無異，但其面膚之黑，當仍與北宋王丞相安石之「天生黑於予，澡豆其如予何」無異也。（見沈括夢溪筆談玖人事壹及舊題彭乘撰墨客揮犀拾「王荆公病喘」條，并參魏泰東軒筆録壹貳「吕惠卿嘗語荆公曰，公面有䵟，用園荽洗之當去」條。）夫膚黑之介甫，亦能位至丞相。桂村王氏女學不稽古，不知援引舒王故事，以逢迎牧齋之意，可知其人不及河東君遠矣。牧齋前棄王，而後寵柳，豈無故哉？豈無故哉？

又白氏文集叁柒「喜老自嘲」略云：

> 面黑頭雪白，自嫌還自憐。行開第八秩，可謂盡天年。（自注：「時俗謂七十已上爲開第八秩。」）

考樂天年六十八病風，始放家妓。（見同書叁伍「病中詩十五首序」及其第壹貳首「別柳枝」，並同書柒壹「不能忘情吟」。又可參容齋五筆玖「不能忘情吟」條。）樂天元和十五年年四十九已白髮斕斑，（見白氏文集壹壹「郡中春讌，因贈諸客」詩，並可參容齋五筆捌「白蘇詩紀年歲」條。）其「面黑頭白」與牧齋崇禎十三年庚辰年五十九，共河東君互作戲謔之語時，形貌已約略類似。但樂天「喜老自嘲」詩，出自「同時六學士，五相一漁翁」之才子，而非出自「櫻桃樊素口，楊柳小蠻腰」之佳人，則大有差別矣。

牧齋詩結語云：「苦愛赤闌橋畔柳，探春仍放舊風流」之句，固用温飛卿「宜春苑外最長條。閑裊春風伴舞腰。正是玉人腸斷處，一渠春水赤闌橋」詩之典。（見全唐詩第玖函温庭筠玖「楊柳枝」八首之一。）但實亦指河東君金明池「詠寒柳」詞「春日釀成秋日雨。念疇昔風流，暗傷如許」之語。若無此本事，僅用温詩，則辭意太泛。牧齋作詩，當不如此也。河東君次韻答牧齋詩，其中含有「河東君」三字，第貳章已述及。又此首結語乃針對牧齋答其初贈詩「但似王昌消息好，履箱擎了便相從」之句。第壹章亦已言之。其實乃表示心許之意。疑牧齋讀之，益有「樂莫樂兮新相知」之感也。「誰家樂府唱無愁」者，用北史捌齊本紀下幼主紀（參北齊書捌幼主紀。）所云：

〔後主〕益驕縱，盛爲無愁之曲。帝（指後主言。）自彈胡琵琶而唱之。侍和之者以百數。人間謂之無愁天子。

及李義山詩集中「無愁果有愁曲北齊歌」。（參馮浩玉谿生詩詳注壹此題下引隋書樂志。）「望斷浮雲西北樓」者，用文選貳玖古詩十九首「西北有高樓，上與浮雲齊」句李善注：

此篇明高才之人，仕宦未達，知之者稀也。西北乾位，君之位也。

又六臣注：

翰曰，此詩喻君暗，而賢臣之言不用也。西北乾地，君位也。高樓言居高位也。浮雲齊言高也。

此兩句竟指當時之崇禎皇帝爲亡國之暗主，而牧齋爲高才之賢臣。顧云美謂河東君「饒膽略」，觀此益信。若此詩作於清高宗之世，其罪固不容於死。即在北宋神宗之時，亦難逭貶謫之譏。牧齋見此兩句，自必驚賞，而引爲知己。松圓見之亦應自悔其前此所作「人間歲月私蟠木，天上雷霆宥爨桐」之句，（見列朝詩集丁壹叁上程嘉燧詩「久留湖上，得牧齋歲暮見懷詩，次韻」七律。并參前論絙雲詩節。）辭旨過於選耎，殊有愧於河東君之切直也。「漢珮敢同神女贈，越歌聊感鄂君舟」者，用韓詩漢廣薛君章注及説苑壹壹善説篇之典。此兩事俱世所習知，但河東君取之聯用，以神女指己身，以鄂君指牧齋，一男一女，意旨通貫。又於水濱泛舟情事尤爲適合，其巧妙誠不可及也。「春前柳欲窺青眼，雪裏山應想白頭」者，下句自是用劉夢得「雪裏高山頭白早」之語，（見全唐詩第陸函劉禹錫柒「蘇州白舍人寄新詩，有嘆早白無兒之句，因以贈之」七律。）固不待贅論。至上句則辭語之有關者雖多，然竊疑乃用史邦卿梅溪詞東風第一枝「詠春雪」詞「青未了，柳回白眼」之句。因「青」及「柳眼」兩者俱備，又「詠春雪」可與上句之「雪」字通貫。若此條件皆具之出處，除史詞外，尚未發現更妥適之典故。又王沂孫花外集南浦春水「柳外碧連天」詞，有「蛾眉乍窺清鏡」之語，或者河東君因牧齋贈詩「每臨青鏡憎紅粉」之句，遂亦取碧山樂府柳窺青鏡之意，以針對聚沙居士之詩語耶？寅恪嘗論河東君之作品，應推此詩及金明池「詠寒柳」詞爲明末最佳之詩詞。當日勝流均不敢與抗手，何物錢岱勳或錢青雨竟能爲之乎？造此誣謗者，其妄謬可不必辨。然今日尚有疑河東君之詩詞，非其本人所作者，淺識陋學，亦可憫矣。

牧齋次日疊前韻再贈河東君之詩，其第壹句「新詩吟罷半凝愁」之「新詩」，即指河東君「誰家樂府唱無愁」一首而言，前已論之矣。「斜日當風似倚樓」者，「倚樓」之出處，不勝枚舉。依前句「半凝愁」之語推之，恐與王少伯「閨怨」七絶一首有關。（見全唐詩第叁函王昌齡肆。）蓋龍標詩中有「不曾愁」，「凝妝上翠樓」及「楊柳色」等辭故也。但此皆古典，頗疑牧齋尚有今典。第叁章論陳臥子崇禎六年「補成夢中新柳詩」，乃爲河東君而作者。後來河東君之易姓爲「柳」，及所作金明池「詠寒柳」詞「念疇昔風流，暗傷如許」之語，當亦與臥子此詩有關。臥子詩中「夕陽殘」及「風流人倚欄」之語，正合牧齋詩此句之旨。所謂「半凝愁」者，殆謂是耶？考臥子此詩載入其所作之陳李唱和集。此集夏允彝序云：

> 癸酉倡和詩者，予同郡人李子陳子之所爲作也。係以年者，重時會也。

自崇禎六年癸酉至崇禎十三年庚辰冬，已歷七八年之久。臥子之詩，刊布流行，牧齋當已見及。或雖見及，而未曾留意。鄙見河東君爲人放誕風流，絶無諱飾。牧齋亦豁達大度，不計較小節。河東君與臥子之關係，必早有所知聞。臥子此詩，即由河東君持示牧齋，亦非不可能者也。「争得三年才一笑，可憐今日與同舟」者，上句用左傳昭公二十八年所云：

> 昔賈大夫惡，娶妻而美，三年不言不笑。御以如臯，射雉獲之，始笑而言。賈大夫曰，才之不可以已。我不能射，女遂不言不笑夫！

之典。牧齋自比賈大夫之醜惡而有才，以河東君爲貌美，且擬之爲妻。此詩作成，殆與「烏個頭髮，白個肉」及「白個頭髮，烏個肉」之戲言，時間相距甚近。若牧齋遺事及觚賸二書，均以屬之燕婉之夕，則恐過後矣。又「如皋」之「皋」，與鄭交甫遇神女於漢皋之「皋」同字也。下句即用説苑善説篇鄂君所聞越人歌「今日何日兮，得與王子同舟」之典。由是言之，牧齋詩此二句與河東君詩「漢珮敢同神女贈，越歌聊感鄂君舟」兩句，用典正同。針鋒相對，文情才思，自爲精巧。錢遵王不注一字，固以爲習用之典，無煩徵引。實不知此等妙處，更須標出，庶幾不負作者之苦心也。「輕車漫憶西陵路，斗酒休論溝水頭」者，上句自指河東君在此數年遊西湖事，或更指其所作戊寅草湖上草及金明池詠寒柳詞等，亦即後來牧齋於順治七年庚寅所作「留題湖舫」詩「楊柳風流煙草在」者也。（見有學集叁夏五集並參前論河東君與汪然明尺牘第貳通節。）下句用卓文君白頭吟「今日斗酒會，明旦溝水頭。躞蹀御溝上，溝水東西流」之典。（見樂府詩集肆壹。）指河東君與陳臥子之關係。牧齋意謂今既與臥子脱離，可不必再提往事也。「還勝客兒乘素舸，迢迢明月詠緣流」者，用玉臺新詠拾謝靈運「東陽谿中贈答二首」：「可憐誰家婦，緣流洗素足。明月在雲間，迢迢不可得。」及「可憐誰家郎，緣流乘素舸。但問情若爲，月就雲中墮」之典。與前「可憐今日與同舟」之句相應。蓋謝詩所詠，婦在谿邊洗足，郎在谿中乘舟。非如「今日與同舟」者可比。所以較勝於客兒。且康樂之作，本是一贈一答，尤符合錢柳賦詩詶和之情事也。

東山詶和集壹牧翁「寒夕文讌，再疊前韻。是日我聞室落成，延河東君居之」（自注：「涂月二日。」寅恪案，初學集此題無「延河東君居之」六字及自注。又據鄭氏近世中西史日表，崇禎十三年庚辰十一月廿四日小寒，十二月九日大寒。故是年十二月二日謂之寒夕也。）云：

清樽細雨不知愁。鶴引遥空鳳下樓。紅燭恍如花月夜，緑窗還似木蘭舟。曲中楊柳齊舒眼，詩裏芙蓉亦並頭。（自注：「河東新賦並頭蓮詩。」）今夕梅魂共誰語，任他疏影蘸寒流。（自注：「河東寒柳詞云，約箇梅魂，與伊深憐低語。」）

偈菴「半野堂夜集惜别，仍次前韻」（寅恪案，列朝詩集此題作「感别半野堂，疊前韻」。）云：

何處珠簾擁莫愁。笛牀歌席近書樓。金爐銀燭平原酒，遠浦寒星剡曲舟。望裏青山仍北郭，行時溝水向東頭。老懷不爲生離苦，雙淚無端只自流。

徐錫胤爾從「半野堂讌集，次牧翁韻，奉贈我聞居士」云：

舞燕驚鴻見欲愁。書籤筆格晚妝樓。開顔四座迴銀燭，咳吐千鍾倒玉舟。七字詩成才舉手，一聲曲誤又回頭。佳人那得兼才子，藝苑蓬山第一流。

寅恪案，牧齋於康熙二年癸卯歲暮作「病榻消寒雜詠」第叁肆首「追憶庚辰冬半野堂文讌舊事」一詩，即記此夕之事者，前已迻録。此崇禎十三年庚辰十二月初二日之夕，半野堂文讌，乃牧齋一生最得意，又最難忘之事。故雖在垂死病榻呻吟之中，猶能記憶，歷歷不爽，可傷也已。此夕之會，頗似戲劇之一幕。其扮演人今日可考知者，一爲河東君，二爲牧齋，三爲松圓，四爲徐爾從，五爲此夕望見坐於後來所建絳雲樓下紅袍烏帽三神之老嫗。（見錢遵王有學集詩注「病榻消寒雜詠」第叁肆首詩注。）此五人之心理，牧齋松圓爾從三人各見於其此夕所賦詩中。河東君此夕是否亦賦詩，今東山詶和集及初學集既未收載，不易考知。其理由或因此夕病酒所致。或別有感觸，與後來不和合歡詩及催妝詞之情事相類似，均俟後論之。此夕之會，雖未見河東君作品，然其心理可於此夕後所賦「春日我聞室作，呈牧翁」一詩中推得。至於此夕曾見三神之老嫗，其心理當非如第壹章所引華笑廎雜筆中黄梨洲「火神」之解釋，應別有人事之原因也。請依次論之。

關於河東君者，當於下録其所賦「春日我聞室作，呈牧翁」一詩中論釋，兹暫不涉及。牧齋之詩第壹句指此夕文讌時之情景。第貳句用蕭史弄玉事。皆不煩詳論。「紅燭恍如花月夜，緑窗還似木蘭舟」者，下句言河東君於崇禎十三年十二月二日由舟次遷入我聞室。以意揣之，我聞室之結構，必不甚寬敞，殆所謂屋小如舟者耶？上句指此夕情事。牧齋雖與韓敬争狀元失敗，不得「金榜第一名」。但此夕實同於「洞房花燭夜」。作此觀念者，非獨牧齋如此，即河東君本身亦莫不然。後來河東君於康熙三年甲辰六月二十八日垂絶時，作遺囑與其女云：「我來汝家二十五年，從不曾受人之氣。」（見河東君殉家難事實柳夫人遺囑。）自康熙三年逆數至崇禎十三年庚辰，適爲二十五年。若自崇禎十四年辛巳六月七日茸城舟中結褵時起，下數至康熙三年甲辰六月二十八日，則僅二十四年。可知河東君之意，實認此夕爲同牢合巹之期。然則牧齋此句殊有旨矣。「曲中楊柳齊舒眼，詩裏芙蓉亦並頭」者，上句自用折楊柳歌曲之典。（見樂府詩集貳貳。）但亦指河東君金明池詠寒柳詞及「春前柳欲窺青眼」之句。意謂此夕可不必如前此之「窺眼」也。下句牧齋自注所指河東君新賦之並頭蓮詩，今未得見。考陳忠裕全集壹玖湘真閣稿「予讀書池上，屢有並蒂芙蓉，戲題一絶」云：

宛轉橋頭並蒂花。秋波不到莫愁家。浣紗人去紅妝盡，惟有鴛鴦在若耶。

此詩前第貳題爲「寒食雨」，第叁題爲「上元」四首，第肆題爲「歲暮懷舒章」八首，其第捌首臥子自注云：「去歲冬盡，予在郯城。」此「去歲冬盡」，乃指崇禎九年北行會試之役。故此題之「歲暮」，即崇禎十年歲暮。由是言之，此戲題並蒂芙蓉一首之作成，實在崇禎十一年初秋，可以推定無疑也。檢臥子自撰年譜上崇禎十一年戊寅條云：「是夏讀書南園。」及李舒章會業序略云：「今春（寅恪案，此指崇禎八年春。）闇公臥子讀書南園。樂其修竹長林，荒池廢榭。」（見陳忠裕全集臥子自撰年譜崇禎八年條附録所引。）又檢臥子年譜崇禎八年乙亥及九年丙子，俱有「春讀書南園」之記載。皆未明著其離去南園之季節。細繹臥子詩題，其「屢有」之「屢」，自是兼指在崇禎十一年夏秋以前數次而言。第叁章已詳論臥子與河東君於崇禎八年春間，同居徐氏南樓并遊宴陸氏南園之事。河東君雖於是年首夏離去南樓南園之際，只可見荷葉，而不能見蓮花。但三年之後，臥子復於南園見此荒池中並蒂蓮，感物懷人，追憶前事，遂有是作，殊不足怪矣。然則河東君所賦並蒂芙蓉詩，當是和臥子之作者。今檢河東君遺存之作品，如戊寅草，其中未見此詩。考此草所載河東君之詩，至崇禎十一年秋間爲止。故疑此詩乃河東君崇禎十一年秋間以後，十三年冬間以前所作。即使此詩作於最早限度之崇禎十一年冬間，牧齋固亦得謂之爲「新」。前第叁章論宋讓木秋塘曲序中「坐有校書，新從故相家，流落人間」，所謂「新」字之界説，讀者可取參閲。蓋當時文人作品，相隔三年之久，本可用「新」字以概括之也。所可笑者，陳楊二人賦詩，各以並頭蓮自比。不意歷時未久，河東君之頭，猶是「烏個頭髮」，而牧齋之頭，則已「雪裏高山」。實與臥子「還家江總」之頭，區以別矣。牧齋頭顱如許，竟爾冒充，亦可憐哉！「今夕梅魂共誰語，任他疏影蘸寒流」者，牧齋自注既引河東君金明池詠寒柳詞，是以「梅魂」自任，故疏影亦指己身，辭旨明顯，固不待論。惟「醮」字之出處頗多，未知牧齋何所抉擇。鄙意恐是暗用西廂記「酬簡」之語。果爾，殊不免近褻。至若「寒流」一辭，「流」乃與「寒柳」題中之「柳」音近而巧合，即此一端，亦可窺見牧齋文心之妙矣。昔張敞云：「閨閣之内，夫婦之私，有過於畫眉者。」（見漢書柒陸張敞傳。）由是言之，自不必拘執迂腐之見，訶詆牧齋。但子高坐此「終不得大位」，（並見漢書張敞傳。）牧齋亦以夙有「浪子燕青」之目，常守閨閣之内，而卒不得一入内閣之中。吾人今日讀明清舊史，不禁爲之失笑也。

錢曾注牧齋有美詩，忽破例引河東君金明池詠寒柳詞，已覺可怪。又載何雲疏影詞一闋，如此支蔓，更爲可疑。推原其故，遵王所以違反其注詩之通則者，殆皆出於陸敕先之意，遵王不得已而從之，實非其本旨也。茲以士龍之詞與牧齋此詩有關，因附録之，並略考何氏事蹟，稍爲論證，以資談助。

錢曾初學集詩注壹捌有美詩「疏影新詞麗」句注云：

陸敕先曰，何士龍有調寄疏影「詠梅。上牧翁」云：「香魂誰比。總有他清澈，没他風味。無限玲瓏，天然葱倩，誰知仍是憔悴。便霜華幾日，連宵雨，又別有一般佳麗。除那人殊妙，將影兒現，把氣兒吹。　須憶半溪朧月，漸恨入重簾，香清玉臂。冥濛空翠，如語烟霧裏，更有何人起。惜他止是人無寐。算今夕共誰相對。有調羹，居士風流，道書數卷而已。」

此詞實爲河東君而作，詩當指此也。寅恪案，牧齋賦有美詩引士龍此詞，以贊揚河東君。於此可知錢何兩人關係之密切，并足見牧齋門下士中，士龍與孫子長（孫氏事蹟及與牧齋之關係，可參有學集壹玖孫子長詩序，同書貳叁孫子長徵君六十壽序及牧齋尺牘中與孫子長札第貳通并王漁洋思舊集叁「孫永祚」條等。）與顧云美等同屬左袒河東君一派，而與錢遵王輩居於反對地位者也。茲不暇考士龍本末，唯就此點論證之。

牧齋所撰吾炙集「東海何雲士龍」條云：

士龍嶺表歸來，相見已隔生矣。婦（寅恪案，此「婦」字指河東君。）見余喜，賀曰，公門下今日纔得此一人。余曰，如得習鑿齒，才半人耳。婦問何故？余笑曰，彼半人即我身是也。

初學集伍伍何仲容墓誌銘略云：

仲容諱德潤，爲嘗熟甲族。父諱錞。〔仲容〕娶秦氏，生子五人，述禹述稷述契述臯雲。雲吾徒也。

同治修蘇州府志壹佰常熟縣何雲傳略云：

何雲字士龍。祖錞字言山。（寅恪案，光緒修常昭合志稿叁叁何錞傳云：「何錞字子端。」與此異。下文又云：「子雲，字士龍。」略去德潤一代，與牧齋所作何仲容墓誌銘不合。殊誤。）雲能古文詞，尤熟唐史。凡唐人詩有關時事者，歷歷指出如目覩。錢謙益延致家塾。崇禎丁丑謙益被訐下獄，雲慷慨誓死，草索相從。後從瞿式耜至閩粵。流離十五年，復歸故園。

初學集壹壹桑林詩集序云：

丁丑春盡赴急徵。稼軒竝列刊章。士龍相從草索。渡淮而北，赤地千里。身雖罪人，不忘吁嗟閔雨之思，遂名其詩曰桑林集。

同書同卷「一歎示士龍」云：

一歎依然竟隕霜。烏頭馬角事茫茫。及門弟子同關索，薄海僧徒共炷香。百口累人藏複壁，千金爲客掩壺漿。昭陵許哭無多淚，（自注：「唐制有寃者，許哭昭陵。」）要倩馮班慟一場。（自注：「里中小馮生善哭。」寅恪案，小馮生之兄舒，亦與牧齋關係密切。可參虞山妖亂志。觀牧齋此詩，知馮氏兄弟及士龍，皆牧齋患難交也。又可參馮班鈍吟雜録壹「家戒」上所云：「何雲有文，錢牧翁重之。」之語。）

同書壹貳霖雨詩集「送何士龍南歸兼簡盧紫房一百十韻」略云：

伊余退廢士，杜門事耕桑。十年守環堵，一朝瑣鋃鐺。天威赫震電，門户破蒼黃。詔紙疾若飛，官吏仆欲僵。有母殯四載，西風吹畫荒。有兒生九齡，讀書未盈箱。賓客鳥獸散，親族憂以痒。或有彊近者，懼累遺禍殃。目笑復手笑，堅坐看戲場。或有狰獰者，黠鼠而貪狼。毀室謀取子，壞垣隳我宗。揶揄反皮面，謡諑騰誹謗。唯有負傭流，弛擔語盡傷。唯有龐眉叟，戟手呼彼蒼。市人爲罷市，僧院各炷香。我心鄙兒女，刺刺問束裝。暮持襆被出，詰朝抵金閶。門生與朋舊，蠭涌來四方。執手語切切，流襟淚浪浪。惜我傔從弱，念我道路長。或云權倖門，刺客如飛蝗。穴頸不見血，探頭入奚囊。或云盤飧内，鴆堇寘稻粱。匕箸一不慎，墳裂屠肺腸。誰與警昏夜，誰與衛露霜。誰與扶跛蹇，誰與分劻勷。何生奮袖起，雲也行所當。闔門置新婦，問寢辭高堂。典衣買書劍，首路何慨慷。何生夜草疏，奮欲排帝閶。黯淡蚊撲紙，傾欹蚓成行。殘燈焰明滅，房心吐寒芒。祖宗牖惚恍，天心鑒明明。眉山摘牙牌，分宜放鈐岡。執彼三屍蟲，打殺銅駝傍。孤臣獲更生，朝市喜相慶。孟冬家書來，念母心不遑。有憂食三歎，矧乃惰與翔。星言卷衣被，别我歸故鄉。我欲縶子駒，顧視心悵悵。子行急師難，子歸慰母望。丹青或可渝，此義永不爽。

寅恪案，牧齋爲張漢儒所訐，被逮北行，下刑部獄，踰年始得釋歸。其本末備見史乘及他載記，以非本文範圍主旨所在，故不詳述。惟節録牧齋自述之詩，亦足知當日被逮時之情況，並門生故舊關係之一斑也。所最可注意者，不在士龍之維護牧齋，而在河東君之賞譽士龍。吾炙集中錢柳問答之言，即是其證。晉書捌貳習鑿齒傳（參高僧傳伍釋道安傳。）云：

後以脚疾，遂廢於里巷。及襄陽陷於苻堅，堅素聞其名，與道安俱輿而致焉。既見，與語，大悦之。賜遺甚厚。又以其蹇疾，與諸鎮書：「昔晉氏平吴，利在二陸。今破漢南，獲士裁一人有半耳。」俄以疾歸襄陽。尋而襄鄧反正，朝廷欲徵鑿齒，使典國史。會卒，不果。

然則牧齋之意，謂清兵取江南，己身降附，北遷授職，俄引疾歸籍，稍蒙禮遇。（清史列傳柒玖貳臣傳錢謙益傳云：「〔順治三年〕六月以疾乞假。得旨，馳驛回籍。令巡撫按視其疾痊具奏。」）可比彦威在前秦陷沒襄陽後，爲苻堅所輿致。俄以疾返里，尋而襄鄧反正，晉廷欲使之典國史。蓋牧齋猶希望明室復興，己身可長史局也。寓意甚微妙。河東君平日於晉書殊爲精熟，觀其作品，例證頗多。此點牧齋固亦宿知，所以舉習氏爲説者，乃料定河東君必能達其微旨。儻是與常人而作此語，豈非對牛彈琴耶？

蕭伯玉士瑋題牧齋初學集，顧云美作河東君傳，俱以李易安趙德甫比錢柳。今讀吾炙集此條所記，益證蕭顧之言非虛譽矣。蘇州府志何雲傳云：「錢謙益延致家塾。」士龍何時在牧齋家授讀，未能考知。以意揣之，當在黄陶菴之前。牧齋送士龍南歸詩，自述其崇禎十年丁丑春被逮時事云：「有兒生九齡，讀書未盈箱。」蓋孫愛生於崇禎二年己巳九月。（見初學集玖崇禎詩集伍「反東坡洗兒詩己巳九月九日」詩。）至崇禎十年春間，適爲九歲。士龍之在錢氏家塾，或即此時，亦未可知。虞山妖亂志中云：

有朱鑣者，老儒也。教授於尚書家塾。

漢儒訐牧齋所言江南六大害中第陸欵「士習之害」，亦載朱鑣之名，與馮舒並列。竊疑朱氏之在牧齋家塾，或更先於士龍。豈孫愛之發蒙師耶？俟考。

又有可注意者，即牧齋門下士中，凡最與瞿稼軒有關者，俱爲同情河東君之人。第叁章論河東君傳作者顧苓本末時，已略述云美與稼軒之關係。今觀士龍之作踈影詞及吾炙集所載河東君之語，皆可證明此點。由此推之，稼軒在牧齋門下，亦與何顧兩氏同屬「柳派」，而與錢遵王之爲「陳派」，即牧齋夫人陳氏之派者，迥不相同也。俟下文論絳雲樓事時再及之。茲不多贅。

松圓詩第叁句用史記柒玖范睢傳。第肆句用晉書捌拾王羲之傳附徽之傳及玖肆戴逵傳並世説新語任誕類「王子猷居山陰」條。第伍句用李太白「送友人」五律。（見全唐詩第叁函李白壹柒。）第陸句用樂府詩集肆壹卓文君白頭吟。皆習見之典，不待詳引。所可注意者，即第柒第捌兩句，「老懷不爲生離苦，雙淚無端只自流」之語。半野堂此夕之讌，有兩作用。一爲送別將去之孟陽。一爲歡迎新到之河東君。牧齋此時與孟陽之關係，爲「悲莫悲兮生別離」。與河東君之關係，爲「樂莫樂兮新相知」。斯固孟陽所深切體會者，但明言不爲己身生離之苦，則老淚雙流，自必因他人新知之樂所致，可以決定無疑。又此詩第壹第貳兩句，乃問答之詞。第壹句「珠簾」，用李太白「怨詞」，「美人捲珠簾」之典。（見全唐詩第叁函李白貳肆。）蓋河東君夙有「美人」之稱也。（見第貳章所論。）「莫愁」用玉谿生「馬嵬」二首之二「不及盧家有莫愁」之典。（見李義山詩集上。）河東君與莫愁身分適合，固不待言。此句之意，謂河東君今屬於誰家乎？第貳句乃答辭，意謂河東君今在半野堂之我聞室，其地「彈絲吹竹」，接近藏書之樓，即以錢家爲盧家也。牧齋雖藏書甚富，但此時尚未建絳雲樓，故此樓自不能指絳雲樓。依江南氣候潮濕多雨之通例推之，書籍之藏儲，宜在樓閣。頗疑牧齋此時家中之榮木樓，不僅爲陶菴授讀孫愛之處，亦是牧齋藏書之所。若果推測不誤，則崇禎十三年庚辰十二月二日文酒之讌，笙歌笑語，通夕不休。陶菴或因此諠譁擾其眠睡，心情既煩惱厭惡，復拘守禮法，不便出樓參與盛會。其不願和詩，勢所必然也。苦哉！苦哉！故綜合第壹第貳兩句之旨意言之，實與第柒第捌兩句相關，蓋義山「不及盧家有莫愁」句，「有」字之義，當作「保有」及「享有」解。今此「莫愁」已是「年年河水向東流」，爲牧齋所有矣。安得不「雙淚無端只自流」乎？

復次，有學集叁夏五集「西湖雜感」二十首之八云：

西泠雲樹六橋東。月姊曾聞下碧空。楊柳長條人綽約，桃花得氣句玲瓏。（自注：「桃花得氣美人中，西泠佳句，爲孟陽所吟賞。」）筆牀研匣芳華裏，翠袖香車麗日中。今日一燈方丈室，（寅恪案，「一燈」二字，錢曾注本同。）散花長侍净名翁。

寅恪案，此詩爲牧齋於順治七年庚寅在杭州追憶河東君西湖舊遊而作者。末句「一燈」二字，今據牧齋手寫稿本，知原作「一來」。（見有正書局影印江左三大家詩畫合璧。）「一燈」自極可通，改「一來」爲「一燈」，是否出於牧齋本身，抑或後人所爲，俱不得知。但「一來」實用佛典，此詩第柒第捌兩句皆用維摩詰經事。故「一來」二字，殊爲適合。河東君行踪飄忽，往往「一來」即去，而更「不還」。其於臥子孟陽皆莫不然。松圓之作「絙雲」詩，欲其「絙定不行」。牧齋此詩結語頗表得意，或者後來又覺詞過明顯，遂自改易耶？牧齋作此詩時，松圓卒已八年，「散花」之天女依舊「長侍净名」，斯殆亦松圓地下所不及料者歟？

又前論有學集「吴巽之持孟陽畫扇索題」詩節，引耦耕堂存稿文下「題歸舟漫興册」有「庚辰臘月望，海虞半野堂訂遊黃山」之語，可知孟陽至早亦於崇禎十三年十二月十五日始離去牧齋家。夫半野堂送別之宴，在十二月二日，距離孟陽行期，有十餘日之久，時間未免太長。

然則此讌明是專爲歡迎河東君入居我聞室而設者，所謂送別孟陽，不過「順水人情」耳。且此夕之讌，實同於合巹花燭之筵席，牧齋蓋藉以暗示孟陽，若謂自此夕以後，河東君專屬我有，松圓詩老亦可以行矣。孟陽自必心知其意，所以有「何處珠簾擁莫愁。笛牀歌席近書樓」及「老懷不爲生離苦，老淚無端只自流」等句也。傷哉！

徐爾從爲此夕酒座局外中立之人，其本末未能詳考。茲僅就所見甚少之材料推論之，亦可知徐氏在牧齋門下，究屬何派，即「柳派」，抑或「陳派」也。

初學集伍陸「陝西按察使徐公墓誌銘」（參光緒修常昭合志稿貳伍徐待聘傳。）略云：

公諱待聘，廷珍字也。晚年與余游最密。有子四人，錫祚錫胤錫雲錫全。錫祚錫胤皆與余交好。

馮默菴虞山妖亂志中述錢裔肅召歸其祖岱之出妾連璧事，有關涉爾從一節。其文略云：

又有徐錫胤者，素亦客於尚書門。恨錢斗獨擅裔肅，已不得交關。遂出揭攻裔肅。

有學集叁壹「族孫嗣美合葬墓誌銘」略云：

嗣美名裔肅。妻蔣氏。子四人，長召次名，次即曾，次魯。

王應奎柳南隨筆貳云：

徐錫允字爾從。廉憲待聘之子。文虹其自號也。家畜優童，親自按樂句指授。演劇之妙，遂冠一邑。詩人程孟陽爲作徐君按曲歌，所謂「九齡十齡解音律。本事家門俱第一」蓋紀實也。（寅恪案，此兩句見耦耕堂存稿詩中「贈徐君按曲圖歌」，又可參同書上「和牧齋觀劇」四首及同書中「戲和徐爾從遣散歌兒二首同牧齋次韻」并初學集拾崇禎詩集陸「〔崇禎五年〕仲夏觀劇歡讌浹月，戲題長句，呈同席許宫允諸公」及同書壹陸丙舍詩集「次韻徐二爾從散遣歌兒之作」二首。）時同邑瞿稼軒先生以給諫家居，爲園於東皋，水石臺榭之勝，亦擅絶一時。邑人有「徐家戲子，瞿家園」之語，目爲虞山二絶云。

寅恪案，何士龍有疏影詞，當即後來追和牧齋此夜之詩「今夕梅魂」句之意者。爾從此夕之讌，既身在座中，復次牧翁韻贈河東君，則其立場觀點，與何顧相同，其屬於「柳派」，不待多論。又據默菴之言，知爾從曾揭攻錢裔肅。錢曾爲裔肅之子，則爾從爲嗣美遵王父子之仇人怨家，其與「陳派」之遵王相敵對，乃自然之理也。夫牧齋朋好甚多，何以此夕與讌作詩，除孟陽外，僅見爾從一人？頗疑當日事出倉卒，不易邀集多友。爾從與孟陽交誼甚篤摯，又精通音律。此夕文讌河東君應有彈絲吹竹，度曲按歌之舉。錢程特招之與會，亦情勢所當然也。至黄陶菴此時適館於牧齋家，轉不與是夕之讌及不見其有關之詩者，實由陶菴本人對於此事所持之見解所致。蓋崇禎十三年庚辰十二月二日陶菴正居牧齋常熟城内宅中之榮木樓，授孫愛讀。依昔日家塾慣例，年終固須放館歸家，但多在除夕以前不久之時，始能離館。嘉定常熟道途甚近，陶菴爲人嚴肅，恐不於臘月之初，即已還家度歲。然則陶菴此夕當仍在牧齋家。孟陽既同寓一處，牧齋設讌聲稱爲孟陽餞別，程黄舊交，豈有不被邀請陪座之理。據今日所見資料，似陶菴並未與此離筵者，豈牧齋習知陶菴平日性格迥異於爾從，河東君之放誕風流，此夕之讌，更必有所表見。錢之不邀黄，非僅畏憚其方正，實亦便利主客兩方，不得已之決策。牧齋當日之苦心，亦可窺見矣。

爾從詩第壹句「舞燕驚鴻見欲愁」，謂河東君此夕放誕風流之活潑舉動，殊有逾越當日閨閣常軌者。第肆句「咳吐千鍾倒玉舟」謂河東君於此夕座上之豪飲。故此兩句，極有寫實價值。第柒第捌兩句「佳人那得兼才子，藝苑蓬山第一流」，河東君真足當之無愧，未可目爲尋常詶應諛讚之言。綜觀爾從之作，雖不甚工，然頗切合。牧齋之選録此詩，或職是之故歟？

此夕見神見鬼之老嫗，乃黄陶菴以外，局外而又局外之人。以情理推測，必非奔走執役於此夕之讌會者。其人立於設筵之堂外，遥遥望見主翁賓客之形影，雖未必得聞河東君熏鑪之香氣，然老主人朱門酒肉之臭味，亦可令之作嘔也。據有學集肆陸「題李肇國史補」云：

絳雲一炬之後，老媪于頽垣之中，拾殘書數帖，此本亦其一也。

則此拾得絳雲樓半野堂焚毁後殘書之老媪，疑即與窺探半野堂文讌之老嫗同是一人。蓋此老婦所居之處，當在半野堂絳雲樓之近旁，故可被人利用偵察半野堂之情況。後來堂樓俱毁於火，遂亦時時週行巡視，撥寒灰，尋斷簡於其地歟？至此老嫗之立場觀點，則非可視爲中立者，因此人既號爲老嫗，當是牧齋夫人陳氏，或寵妾王氏之舊人，其在堂外窺看，殆由受命而來偵探，故其所言，必出於當日「陳派」之嗾使。寅恪所以有此推測者，因牧齋遺事趙水部雜志四則之四謂牧齋孫桂哥生之夕，夢見陳夫人所供養之赤脚尼解空至其家。（詳見第伍章所引。）據此可知陳夫人平日與妖尼來往，殊違背其姑顧氏之家教矣。（見初學集柒肆「請誥命事略」。）然則此嫗所謂紅袍烏帽之三神，殆指錢氏之祖先而言。初學集柒肆「亡兒壽耇壙志」略云：

其母微也，余妻與王氏更母之。丙寅之三月緹騎四出，警報日數至。家人環守號泣，兒忽告余曰，爹勿恐，爹勿恐。明年即朝皇帝矣。遂爲執笏叩頭呼萬歲狀。又曰，爹所朝非今皇帝，乃新皇帝也。新皇帝好，新皇帝大好。言之再四。余愕問何以知之？兒曰，影堂中諸公公冠服列坐樓下，教我爲爹言如是。僮應索綯坐檻上，我叱起之。詢之僮應，果然。嗚呼，異哉！是年七八月稍解嚴。明年兒死。凡四月，而先帝登遐。新天子神聖，逆奄殛死，慨然下明詔，卹録死廢諸臣。兒之云若執左券，而兒不得見也。嗚呼！兒之言其有神者告之，如古所謂熒惑散爲童謡者耶？其真吾祖吾父馮而儀之，而錫以兆語耶？兒能見亡人，又與謦欬相接，豈其死徵耶？兒死於天啓丁卯五月十六日，其葬也，以新天子改元崇禎之三月清明日，在夏皐祖塋之旁，其父謙益爲書石，而納諸壙。

寅恪案，牧齋作志，本借小兒妄語，以抒其悲感。文情並茂，自是能手。今詳繹志文，牧齋實不免迷信之誚。此點可參初學集拾崇禎詩集陸「仙壇唱和詩十首」，同書肆叁「泐法師靈異記」，（寅恪案，此事亦涉及金聖嘆，頗饒興趣。可參王應奎柳南隨筆叁「金人瑞條。」）同書捌陸「石刻楞嚴經緣起」及有學集貳柒「河南府孟津縣關聖帝君廟靈感記」等。關於是時江南士大夫名流迷信之風氣，限於本文範圍，不欲多論。但當日錢氏一家見神見鬼之空氣，亦可推見也。

據明史陸柒輿服志文武官冠服條云：

一品至四品緋袍。

故著紅袍之三神，當指牧齋之曾祖，祖及父。但檢初學集柒肆譜牒壹，牧齋於崇禎元年九月爲祖父順時父世揚請誥命，撰二人事略，而不及其曾祖體仁。蓋是時牧齋任職二品之禮部侍郎，依例止可封贈二代也。（見明史柒貳職官志。）又檢初學集柒伍代其父所作「故叔父山東按察司副使春池府君行狀」（原注：「代先大夫。」）云：

府君之先曰我王父，贈奉政大夫刑部河南清吏司郎中府君諱體仁。

則知牧齋之曾祖體仁止贈五品官，（亦見明史柒貳職官志。）依例著藍袍而非緋袍。（亦見明史陸柒輿服志文武官冠服條。）是三神之中，應爲二紅袍一藍袍。老嫗所言，不合事實，頗有可疑。鄙意舊時出身履歷，例書曾祖，祖及父三代名字資格。今日世俗習慣猶以「祖宗三代」爲言。錢氏家中造謡之老嫗，不同於治史考據之專家，牽混概括，目牧齋三代祖宗皆著紅袍，自是極可能之事。論者不必於此過泥，而以爲與明代之朝章國典不合。由是言之，錢氏祀奉祖宗之建築物内所懸之喜神，（見錢大昕竹汀先生日記鈔壹「讀宋伯仁梅花喜神譜」條及阮元四庫未收書目提要壹「梅花喜神譜」條。）亦俱紅袍烏帽衣冠之狀。此可與壽者「影堂中諸公公冠服列坐樓下，教我爲爹言如是」之語，互相印證也。又劉本沛虞書云：

顧太僕書屋甚華美。内有三層樓一座，是太僕赴粤時所建，未經人住。居民每夜見有五神人，金幞紅袍，巍峨其上。犯者禍立至。丁卯予僦居五年，讀書其上，絶無影響。

寅恪案，劉氏書自識略謂：「弘光乙酉七月十三日清兵南下。茅檐悶坐，無以自遣，偶追聞見，漫筆之書。八月二十四日逋髯劉某識。」可知劉氏僦居顧太僕書屋之丁卯年，乃指天啓七年丁卯而言。下距崇禎十三年庚辰河東君過訪半野堂之歲，僅十三年。時代甚近，顧宅怪異之事復在虞山發生。然則劉氏所記與牧齋家老嫗所言，可謂時同地同。據此更可以推見明末常熟社會迷信狀況之一斑矣。當時牧齋家中「反柳派」欲利用牧齋前此迷信之心理散播謠言，假託祖宗顯靈，以警戒牧齋不可納此禍水，免致敗家。依情勢言，此主謀者，當即牧齋夫人陳氏及寵妾王氏。此二人之地位，最與河東君不能相容，且又爲撫養壽耇之人，更宜出此詭計。其所以不促使最近於崇禎十三年冬至祭祀祖宗之孫愛作第貳壽耇，以見神見鬼之言，面告牧齋者，其故當因此時孫愛年已十二歲，非如壽耇之幼稚，易於指揮，且其生母朱氏與王氏復有利害之衝突，不立於同一之戰線也。牧齋前此受壽耇預言之影響，此時又聞老嫗之傳説，遂不加訶責禁止，然亦未能解其所言之用意，因姑妄聽之，存而不究。至其垂死之年，作詩追記半野堂文讌之事，有「看場神鬼坐人頭」之句，藉以詆詈其政敵。「神」指温體仁周延儒等顯要。「鬼」指陳汝謙張漢儒諸浪人。此類神鬼皆常坐於人之頭上者也。假使牧齋心中聯係老嫗壽耇兩人所言，則必不用此類辭句。否則豈非呵罵自身之祖宗耶？牧齋一生思想靈活，此點爲「陳派」所深知。其促使老嫗傳播妄言，蓋預料牧齋必能追憶壽耇之語，認爲「諸公公」顯靈欲令立即斥去「城南之柳」（此借用谷子敬呂洞賓三度城南柳雜劇之名，以劇中柳樹精爲楊氏子，而河東君初訪半野堂時，亦作男子裝故也。）實爲家門之福，但牧齋此時因沉溺於新相知之樂，如醉如癡，遂一反其平日心理常態，竟不能將此兩事，前後聯合爲一觀念，斯爲「陳派」失敗之主因也。黄梨洲乃同情於河東君者，由於未悉此中原委，轉謂是後來焚燒絳雲樓之火神。殊不知火神固可具紅袍烏帽之形狀，但何必現此三位一體之作用耶？錢黄二人通才博學，爲世宗仰，竟皆受紿於妬婦老嫗。迄今思之，甚爲可笑。然則當河東君初訪半野堂之時，牧齋家中黨派競争激烈，鈎心鬬角，無所不用其極。内容實况，今雖不能詳知，即據紅袍烏帽三神之傳説，亦可推見一斑。故不避煩瑣之嫌，特辨述之如此。

東山詶和集壹牧翁「迎春日偕河東君泛舟東郊作」（寅恪案，迎春日之問題，可參前論牧齋「冬至日感述示孫愛」詩節。）云：

罨畫山城畫舫開。春人春日探春來。簾前宿暈猶眠柳，鏡裏新妝欲笑梅。花信早隨簪髩發，歲華徐逐蕩舟回。緑尊紅燭殘年事，傳語東風莫漫催。

河東「次韻」云：

珠簾從此不須開。又是蘭閨夢景來。畫舫欲移先傍柳，遊衫纔拂已驚梅。東郊金彈行相逐，南陌瓊輈度幾回。最是新詩如玉琯，春風舞袖一時催。（寅恪案，此首初學集未載。）

河東「春日我聞室作，呈牧翁」（寅恪案，鄭氏近世中西史日表，崇禎十三年庚辰正月十三日立春，十二月廿四日又立春。河東君詩題之「春日」，乃指自十二月立春至除夕間之節候也。）云：

裁紅暈碧淚漫漫。南國春來正薄寒。此去柳花如夢裏，向來煙月是愁端。畫堂消息何人曉，翠帳容顏獨自看。珍重君家蘭桂室，東風取次一憑闌。

牧翁「河東春日詩有夢裏愁端之句，憐其作憔悴之語，聊廣其意。」云：

芳顏淑景思漫漫。南國何人更倚闌。已借鉛華催曙色，更裁紅碧助春盤。早梅半面留殘臘，新柳全身耐曉寒。從此風光長九十，莫將花月等閒看。

寅恪案，錢柳二人同在一處時，詶和往復，一日之間，一人所作，往往不止一首。如上録四詩，皆屬於迎春日者。但初學集未載河東君次韻牧齋此日同遊東郊之作。又東山詶和集壹牧齋「新正日偕河東君過拂水山莊，梅花半開，春條乍放，喜而有作」後附河東君次韻詩，初學集亦未載。二人不在一處時，詩筒來往，互相詶和，亦有僅載一方之作品者，如東山詶和集貳牧齋「西溪永興寺看緑蕚梅有懷」及「二月十二春分日横山晚歸作」，初學集皆未載河東君和作。或疑初學集爲牧齋一人專集，與東山詶和集之爲諸人詶和詩之選集，兩者性質不同，主賓輕重互異，因有著録多少之分別。是説雖亦近理，然鄙意恐不止此。

蓋河東君爲人負氣好勝，其與當時名士拈題鬭韻，往往超越諸人之上。杜少陵「語不驚人死不休」，（見杜工部集壹壹「江上值水如海勢，聊短述」七律。）正同此義。今觀初學集中所存與牧齋唱和之作，頗多别有意境，非復牧齋所能企及。至其未載者，則屬不能與牧齋競勝之作品。由是而言，初學集之未全載河東君諸詩，實出河東君本人有所去取之故。斯固負氣好勝，而又聰明絶世之人，如河東君者，所應有之舉措也。兹因比較東山詶和集與初學集兩本繁簡異同，略附鄙見如此，以俟通人之教正。

牧齋迎春日泛舟一首，既切合景物情事，更才藻豔發，洵爲佳作。河東君和章，雖亦不惡，然較牧翁原作，終有遜色。宜其删去，不存於初學集，以免相形見絀也。牧齋詩第叁第肆句，實寫河東君前夕豪飲，次晨早妝之態。形容巧妙，如見其人。至若孟陽緪雲詩第肆首，亦描寫河東君早妝之作。雖與牧齋此兩句之意旨相同，但錢詩造語精鍊，非程詩所可及。不過松圓欲遠追周昉，畫出河東君此際情態，則其所畫，或更較牧齋之詩能傳神，亦未可知也。

河東君「春日我聞室作，呈牧翁」一詩，前於第壹章第叁章及本章已多述及。今更申論之。其關涉古典者，不必徵釋，惟就今典言之。河東君此詩與臥子「夢中新柳」詩，同用一韻，殊非偶然。蓋因當日我聞室之新境，遂憶昔時鴛鴦樓之舊情，感懷身世，所以有「淚漫漫」

之語。讀此詩者，能通此旨，則以下諸句皆可迎刃而解矣。「此去柳花如夢裏」指陳臥子滿庭芳詞「無過是，怨花傷柳，一樣怕黄昏」之語而言，即謂與軼符之關係。「向來烟月是愁端」指宋讓木秋塘曲「十二銀屏坐玉人，常將煙月號平津」之句而言，即謂與周文岸之關係。「向來」既如是，「此去」從可知。所言之事，所懷之感，乃牧齋所深知者，故云：「河東春日詩有夢裏愁端之句，憐其作憔悴之語。」遂不得不和韻賦詩，「聊廣其意」。否則此二句自表面觀之，亦未見其語之甚憔悴而可憐也。「畫堂消息何人曉」，指牧齋初次答其過訪半野堂詩「但似王昌消息好」之句及永遇樂詞「白玉堂前，鴛鴦六六，誰與王昌説」之語。然其下接以「翠帳容顔獨自看」之句，即借用玉谿生「代（盧家堂内）應」詩「誰與王昌報消息，盡知三十六鴛鴦」之意。據朱鶴齡李義山詩集箋注上引道源注，謂三十六鴛鴦，純舉雌言之。（寅恪案，馮孟亭不以此説爲然。見玉谿生詩詳注叁。）牧齋詩詞之意，亦同此解。河東君當亦不異。然則此一聯，兩句連讀，意謂己身之苦情，牧齋未必能盡悉，而懷疑其是否果爲真知己也。「珍重君家蘭桂室」感牧齋相待之厚意，而抱未必能久居之感，若作如是解，則「君家」二字之用意所在，始有著落。「東風取次一憑闌」，即用臥子夢中所作「大抵風流人倚欄」之句，並念臥子醒後補成「太覺多情身不定」之句，而自傷臥子當時所言，豈竟爲今日身世之預讖耶？夫河東君此詩雖止五十六字，其詞藻之佳，結構之密，讀者所盡見，不待贅論。至情感之豐富，思想之微婉，則不獨爲東山訓和集中之上乘，即明末文士之詩，亦罕有其比。故特標出之，未知當世評泊韻語之耑家，究以鄙説爲何如也。

抑更有可論者，河東君此詩題，既特標「我聞室」三字，殊有深意。夫河東君脱離周文岸家後，至賦此詩之時，流轉吴越，將及十年。其間與諸文士相往還，其寓居之所，今可考知者，在松江，則爲徐武静之生生菴中南樓，或李舒章之横雲山别墅。在嘉定，則爲張魯生之薖園，或李長蘅家之檀園。在杭州，則爲汪然明之横山書屋，或謝象三之燕子莊。在嘉興，則爲吴來之之勺園。在蘇州，或曾與卞玉京同寓臨頓里之拙政園。凡此諸處，皆屬别墅性質。蓋就河東君當時之社會身分及諸名士家庭情況兩方面言之，自應暫寓於别墅，使能避免嫌疑，便利行動。但崇禎庚辰冬日至虞山訪牧齋，不寓拂水山莊，而徑由舟次直遷牧齋城内家中新建之我聞室，一破其前此與諸文士往來之慣例。由是推之，其具有決心歸牧齋無疑。遺囑中「我來汝家二十五年」之語，可以證知。然牧齋家中既有陳夫人及諸妾，又有其他如錢遵王輩，皆爲己身之反對派，儻牧齋意志動摇，則既遷入我聞室，已成騎虎之勢。若終又舍牧齋他去，豈不貽笑諸女伴，而快宋轅文謝象三報復之心理耶？故「珍重君家蘭桂室」之句與「裁紅暈碧淚漫漫」之句互相關涉，誠韓退之所謂「刳肝以爲紙，瀝血以書詞」者。吾人今日猶不忍卒讀也。

牧齋既深知河東君「夢裏」「愁端」兩句所指之事實及心理，因和韻以寬慰之詞旨，實在其後四句。「早梅半面留殘臘，新柳全身耐曉寒。」「新柳」乃指臥子「補成夢中新柳詩」之「新柳」，自不待言。「全身耐曉寒」，必非泛語。第叁章論臥子蝶戀花「春曉」詞「故脱餘綿，忍耐寒時節」句，已略及河東君個人耐寒之特性。顧苓「河東君傳」云：「爲人短小，結束俏利。」白牛道者題此傳云：「冬月御單袷衣，雙頰作朝霞色，即之，體温然。疑其善玄素也。」皆與耐寒之特性有關。蓋河東君爲人短小，若衣著太多，則嫌臃腫，不得成俏利之狀。既衣著單薄，則體熱自易放散，遂使旁人有「即之温然」之異感。此耐寒習慣，亦非堅忍性特强之人不易辦。或者河東君當時已如中國舊日之乞丐，歐洲維也納之婦女，略服砒劑，既可禦寒，復可令面頰紅潤。斯乃極謬妄之假説，姑記於此，以俟當世醫藥考古學人之善美容術者教正。兹有一事可論者，吾國舊時婦女化妝美容之術，似分外用内服兩種。屬於外用者，如脂粉及香熏之類，不必多舉，屬於内服者，如河東君有服砒之可能及薛寶釵服冷香丸，（見石頭記第柒及第捌兩回。）即是其例。前引臥子爲河東君而作之「長相思」詩云：「别時餘香在君袖。香若有情尚依舊。但令君心識故人，（寅恪案，此句用後漢書列傳肆肆楊震傳，「故人知君，君不知故人」之語，甚爲巧妙，足見臥子文才之一斑。）綺窗何必長相守。」然則河東君之香乃熱香，薛寶釵之香乃冷香，冷香猶令寶玉移情，熱香更使臥子消魂矣。

又溫睿臨南疆逸史下逸士門張白牛傳略云：

張白牛失其名，字存壬，錢塘諸生。鼎革後，棄諸生服，避居留下，賣卜自給，足迹不入城。破屋二間，敗几缺足，穴壁倚之以讀書。貌蒼古，亂髯，聲如洪鐘。日吟詩，經史之外，釋道三藏皆誦。冬衣一敝苧衫，服砒霜。問之，則聊以禦寒。

寅恪案，白牛道者，或即是張白牛，尚俟詳考。但張氏冬日服砒霜以禦寒，似可證知明季吳越間頗流行服砒禦寒之術。且張氏之號，與題河東君傳之白牛道者，實相符合，甚可注意也。牧齋「新柳全身耐曉寒」句之意，尚不止摹寫河東君身體耐寒之狀，實亦兼稱譽其遭遇困難，堅忍不撓之精神。蓋具有兩重旨意也。臥子補成夢中新柳詩載於陳李唱和集，爲崇禎六年癸酉早春所作。此詩後一題爲「梅花」七律二首，當亦是爲河東君而作。又陳忠裕全集壹伍屬玉堂集載臥子於崇禎七年甲戌歲暮所作「早梅」一首云：

垂垂不動早春間。盡日青冥發滿山。昨歲相思題朔漠，（自注：「去年在幽州也。」）此時留恨在江關。干戈繞地多愁眼，草木當風且破顔。念爾凌寒難獨立，莫辭冰雪更追攀。

寅恪案，臥子自注云，「去年在幽州也。」蓋臥子崇禎六年癸酉歲暮在北京，候次年會試。此時頗多綺句，皆懷念河東君之作，第叁章已論及之。此詩之前爲「臘日暖甚，過舒章園亭，觀諸豔作，并談游冶」二首。此詩後爲「乙亥元日」。然則臥子「早梅」一律，當作於崇禎七年十二月立春之後，除夕之前。正與牧齋崇禎十三年庚辰冬作此詩之時節相應合。臥子詩云：「念爾凌寒難獨立，莫辭冰雪更追攀。」牧齋早梅之句及耐寒之語，疑俱與之有關。臥子陳李唱和集及屬玉堂集久已刊布，諒牧齋當日必早見及。故用其「新柳」「早梅」兩詩，以爲今典。不僅寫景寫物，亦兼言情言事。此非高才，不能爲之。即有高才，而不知實事者，復不能爲之也。幸得高才，知實事而能賦詠之矣，然數百年之後，大九州之間，真能通解其旨意者，更復有幾人哉？更復有幾人哉？「從此風光長九十，莫將花月等閒看。」謂立春至立夏共九十日，皆爲陽春，不可等閒放過。湯玉茗云：「如花美眷，似水流年。」牧齋於此非獨取以慰人，並用以自警矣。

抑更有可論者，崇禎十三年庚辰之冬，河東君年二十三，牧齋年五十九，臥子年三十三。依當日社會一般觀念，河東君或尚可稱盛年，然已稍有美人遲暮之感。臥子正在壯歲，牧齋則垂垂老矣。庚辰後五年爲順治二年乙酉，明南都傾覆，河東君年二十八，牧齋年六十四。河東君雖願與牧齋同死，而牧齋謝不能。庚辰後六年爲順治三年丙戌，臥子殉國死，年三十九。河東君年二十九。庚辰後八年爲順治五年戊子，牧齋年六十七，河東君年三十一。牧齋以黃毓祺案當死，而河東君救之，使不死。庚辰後二十四年爲康熙三年甲辰，牧齋年八十三，河東君年四十七，兩人先後同死。由是言之，河東君適牧齋，可死於河東君年二十九，或三十一之時。然俱未得死，河東君若適臥子，則年二十九時，當與臥子俱死，或亦如救牧齋之例，能使臥子不死。但此爲不可知者也。嗚呼！因緣之離合，年命之修短，錯綜變化，匪可前料。屬得屬失，甚不易言。河東君之才學智俠既已卓越於當時，自可流傳於後世，至於修短離合，其得失之間，蓋亦末而無足論矣。因恐世俗斤斤於此，故取三人之關於此點者，綜合排比之，以供參究。寅恪昔撰王觀堂先生挽詩云：「但就賢愚判死生，未應修短論優劣。」意旨可與論河東君事相證發也。

東山訓和集壹牧翁「除夕山莊探梅，口占報河東君」云：

數日西山踏早梅。東風昨夜斬新開。停車未許傾杯酒，走馬先須報鏡臺。冷蕋正宜簾閣笑，繁花還仗剪刀催。衫襠攜得寒香在，飄瞥從君嗅一回。

牧翁「庚辰除夜偕河東君守歲我聞室中」云：

除夜無如此夜良。合尊促席餞流光。深深簾幙殘年火，小小房櫳滿院香。雪色霏微侵白髮，燭花依約戀紅妝。知君守歲多佳思，欲進椒花頌幾行。

河東「除夕次韻」云：

合尊餞歲羡辰良。綺席羅帷罨曙光。小院圍鑪如白晝，兩人隱几自焚香。縈窗急雪催殘漏，照室華燈促豔妝。明日珠簾侵曉卷，鴛鴦羅列已成行。

牧翁「辛巳元日雪後與河東君訂春游之約」（寅恪案，初學集此題止作「辛巳元日」。）云：

新年轉自惜年芳。茗椀薰鑪殢曲房。雪裏白頭看鬢髮，風前翠袖見容光。官梅一樹催人老，宮柳三眠引我狂。西磧藍輿南浦櫂，春來只爲兩人忙。

河東「元日次韻」云：

蘼蕪新葉報芬芳。彩鳳和鸞戲紫房。已覺綺窗迴淑氣，還憑青鏡綰流光。參差旅鬢從花妬，錯莫春風爲柳狂。料理香車并畫檝，翻驚度燕信他忙。

牧翁「新正二日偕河東君過拂水山莊，梅花半開，春條乍放，喜而有作」云：

東風吹水碧於苔。柳靨梅魂取次迴。爲有香車今日到，儘教玉笛一時催。萬條綽約和腰瘦，數朵芳華約鬢來。最是春人愛春節，詠花攀樹故徘徊。

河東「次韻」（寅恪案，初學集未載此首。）云：

山莊水色變輕苔。並騎親看萬樹迴。容鬢差池梅欲笑，韶光約略柳先催。絲長偏待春風惜，香暗真疑夜月來。又是度江花寂寂，酒旗歌板首頻回。

寅恪案，初學集壹貳「山莊八景詩」八首之七「梅圃谿堂」序云：「秋水閣之後，老梅數十株，古幹虬繆，香雪浮動。今築堂以臨之。」又有學集肆柒「書梅花百詠後」云：「墓田丙舍，老梅數十株。」可見拂水山莊梅花之盛。牧齋於崇禎十三年除夕特先往拂水山莊探梅，其實乃爲二日後，即崇禎十四年正月初二日偕河東君同游之準備工作。自是屬於接待新人之範圍，但亦疑有與舊人如寵妾王氏之流有關之陳設等類，不欲使河東君見之「不順眼」，早爲除去。或更有他故，爲河東君所不願者，非預先措置不可，如拂水山莊本爲錢氏丙舍，新正之月，豈有至先塋所在，而不拜謁之理。牧齋之拜謁先塋，若河東君置身其間，頗爲尷尬。不拜則爲失禮，同拜則有已適錢氏之嫌。故牧齋所以先二日獨至拂水之主要目的，必爲己身可先拜墓，則偕河東君再往時，可以不拜，以免其進退維谷之困難。（可參有學集詩注玖紅豆集「〈順治十五年戊戌〉孟冬十六日偕河東君夫人自芙蓉莊泛舟拂水，瞻拜先塋，將有事修葺，感歎有贈，效坡公上巳之作，詞無倫次」七古。）蓋河東君當時與牧齋之關係究將如何，其心中猶豫未決。玩味所賦「春日我聞室作」一詩中，「珍重君家蘭桂室」之句，則此際尚不欲竟作錢家之莫愁，亦可推知，否則區區探知梅花消息，遣一僮應如索綯者，即可勝任，不必躬親察勘也。又牧齋辛巳元日詩題，初學集删去「與河東君訂春遊之約」九字，則與「新正二日偕河東君過拂水山莊」，即前一日所「訂春遊之約」，失去聯係。推測牧齋所以删去訂約之語，未必以題語冗長之故，頗疑河東君初不欲往，後經牧齋從臾，勉强成行，若著「春游之約」一語，則過於明顯。似此心理之分析，或不免墮入論詩家野狐禪之譏。推測不當，亦可借此使今之讀詩者，一探曹洞中之理窟，未可謂爲失計也。然昔人詩題之煩簡，殊有用意。縱令牧齋拂水山莊探梅詩：「停車未許傾杯酒，走馬先須報鏡臺。」下句自是此行之主旨。上句謂到山莊不敢多留，即歸報訊，所以表示其催勸河東君往遊之意，殊可憐，又可笑也。「衫襠攜得寒香在，飄瞥從君嗅一回。」亦寫當時之實況。蓋牧齋此行必摘梅以示河東君，藉是力勸其一往也。此首未載河東君和作，當非原有和章，而後删去者。豈因無詶答之必要，遂置之未和耶？

牧齋「庚辰除夜偕河東君守歲我聞室中」一詩，首句「除夜無如此夜良」，初讀之，似覺不過尋常泛語。詳考之，則知爲實事真情。牧齋與松圓晚年往還尤密，在賦此詩前數年除夕，皆與孟陽守歲唱和。如「己卯除夕偕孟陽守歲」（見初學集壹伍丙舍詩集上。）「戊寅除夕偕孟陽守歲」（見初學集壹肆試拈詩集。）等及列朝詩集丁壹叁上所選孟陽詩「己卯除夕和牧齋韻」，「戊寅除夜拂水山莊和牧齋韻二首」等，可爲例證。至丁丑除夕牧齋在北京刑部獄中，其「歲暮懷孟陽」詩之後一題，爲「除夜示楊郎之易」詩，則是遥隔千里，共同守歲之作。列朝詩集所選孟陽詩中，其「昭慶慈受僧舍，得牧齋歲暮見懷詩次韻」一首，雖作成之時日較後，亦是等於與牧齋丁丑除夕唱和也。然則前此數年之除夜，牧齋相與共同守歲者，亦是「白個頭髮，烏個肉」之老翁。今此除夜，則一變爲與「烏個頭髮，白個肉」之少婦共同守歲。牧齋取以相比，宜有「除夜無如此夜良」之語矣。「小小房櫳滿院香」句，可與「寒夕文讌」詩，「緑窗還似木蘭舟」句參較。我聞室非寛敞之建築物，益可證明也。

河東君次韻牧齋庚辰除夜守歲詩，辭旨俱佳。「明日珠簾侵曉卷，鴛鴦羅列已成行」之句，乃暗指牧齋答河東君半野堂初贈詩「但似王昌消息好，履箱擎了便相從」之語。其用「已」字，殊非偶然。較之牧齋原詩「知君守歲多佳思，欲進椒花頌幾行」，不過以節物典故，依例頌揚作結者，實有上下牀之別。錢柳兩詩并列，牧齋於此應有愧色矣。

牧齋辛巳元日詩第貳句「茗椀薰鑪殢曲房」，乃因孟陽次韻河東君半野堂詩「詩酒已無驅使分，熏爐茗盌得相從」之語而發。「曲房」指我聞室言。孟陽自謂其於河東君，詩酒固已無分，鑪盌尚可相從。豈意窮冬冒寒別去錢柳，獨歸新安。除夕臥病，相與守歲者，惟一空門之炤師，寒灰暗影，兩禿相對。詩酒鑪盌，俱成落空。真可憫，復可嗤也已。據列朝詩集丁壹叁所選孟陽「題畫雪景，送炤師歸黄山喝石居」詩，題下自注云：「去年除夕師以余疾出山。兹感舊作歌。」此題前第叁題爲「和牧翁宿方給諫舊館，有懷孟陽」，第肆題爲「辛巳三月廿四日〔與老錢〕同宿新店，次韻」，俱爲崇禎十四年辛巳作品，自無疑義。若題畫雪景詩及其前第壹第貳兩題，並屬辛巳年之作品，則題雪景詩題下自注中之「去年除夕」，乃指崇禎十三年庚辰除夕，亦可以推定也。噫！當牧齋守歲之際，即松圓臥病之時。我聞室中綠窗紅燭，薰鑪茗盌，賦詩賭酒，可謂極天上人間之樂事。牧齋襲用孟陽「薰鑪茗盌」之語以自鳴得意。不知長翰山中，松圓閣内之老友，（初學集壹玖東山詩集貳「訪孟陽長翰山居，題壁代簡。」云：「長翰山中書數卷，松圓閣外樹千章。」）何以堪此耶？其不因病而死，殊爲幸事。牧齋選取孟陽此詩，見其題下自注之語，或亦不能無動於中歟？

河東君元日次韻詩「參差旅鬢從花妬，錯莫春風爲柳狂」一聯，下句乃答牧齋原作「宮柳三眠引我狂」之語。「春風」乃指牧齋。此時牧齋真爲河東君發狂矣。上句之「旅鬢」乃指己身而言。其用「旅」字，除有古典外，恐尚含來此作客，不久即去之意。「花」指牧齋家中寵妾王氏之流而言。牧齋辛巳元日詩，其題中明言與河東君訂定往遊拂水山莊之約，河東君詩：「料理香車并畫檝，翻鶯度燕信他忙。」乃謂因錢柳之偕遊拂水山莊，舟輿之忙碌預備。錢氏家中議論紛紜也。前謂拂水山莊爲錢氏之丙舍，牧齋與河東君此行殊有婦人廟見之禮，或朱可久詩「洞房昨夜停紅燭，待曉堂前拜舅姑」（見全唐詩第捌函朱慶餘貳「近試上張籍水部」。）之嫌疑。河東君詩意謂己身此來作客，不久即歸去，雖牧齋之顛狂，王氏之妬嫉，亦任之而已。

牧齋「新正二日偕河東君過拂水山莊」詩結語：「最是春人愛春節，詠花攀樹故徘徊。」乃特爲寫出河東君之作此游，出於自願之意，藉以掩蓋其極力勸促，勉强成行之痕跡也。河東君次韻牧齋偕遊拂水山莊詩：「又是度江花寂寂，酒旗歌板首頻回。」上句度江寂寂之花，自是指己身而言。以河東君之風流高格調，固足當度江名士之目而無愧也。下句回首酒旗歌板，則微露東坡詩「舞衫歌扇舊因緣」（見東坡後集肆「朝雲詩」。）之意矣。詞旨俱不惡。初學集未載河東君此詩者，當因既題曰次韻，而末句「回」字，與原作之「徊」字不同。衹可謂之和韻，不得題作次韻，豈以名實不符之故，遂删去未載耶？

東山詶和集壹牧齋「上元夜同河東君泊舟虎丘西溪，小飲沈璧甫齋中」云：

西丘小築省喧闐。微雪疏簾鑪火前。玉女共依方丈室，金牀仍見雨花天。寒輕人面如春淺，曲轉簫聲並月圓。明日吴城傳好事，千門誰不避芳妍。

河東「次韻」云：

絃管聲停笑語闐。清尊促坐小闌前。（寅恪案，初學集「坐」作「席」。）已疑月避張燈夜，更似花輸舞雪天。玉蕋禁春如我瘦，銀釭當夕爲君圓。新詩穠豔催桃李，行雨流風莫妬妍。

牧齋「次韻示河東君」云：

三市從他車馬闐。焚枯笑語紙窗前。晚妝素袖張燈候，薄病輕寒禁酒天。梅蕋放春何處好，燭花如月向人圓。新詩恰似初楊柳，邀勒東風與鬬妍。

沈璜璧甫「辛巳元夕牧翁偕我聞居士載酒攜燈，過我荒齋。牧翁席上詩成，依韻奉和」（寅恪案，神州國光社影印長洲蔣杲賜書樓所藏柳如是山水册。其末幀題云：「□□詞長先生爲余作西泠採菊長卷。予臨古八幀以報之。我聞居士柳如是。」杲事蹟見同治修蘇州府志捌捌。若此册果爲真蹟者，疑是河東君於崇禎十一年秋間游西湖時所作。可參前論戊寅草「秋盡晚眺」第壹首「爲有秋容在畫角」句。今所見崇禎十一年陳臥子所刻戊寅草，崇禎十二年汪然明所刻湖上草及十四年所刻尺牘，皆題「柳隱如是」。河東君既以「如是」爲字，自可取佛典「如是我聞」之成語，以「我聞居士」爲別號也。）云：

乍停歌舞息喧闐。移泊橋西蓬户前。弱柳弄風殘雪地，老梅破萼早春天。酒邊花倚燈爭豔，簾外雲開月正圓。夜半詩成多藻思，幽庭芳草倍鮮妍。

蘇先子後和詩云：

春城簫鼓競闐闐。別樣風光短燭前。殘雪樓臺行樂地，薄寒衣袂放燈天。銀花火樹如人豔，璧月珠星此夜圓。一曲霓裳君莫羡，新詩誰並玉臺妍。

寅恪案，河東君於崇禎十三年十一月乘舟至常熟訪牧齋於半野堂。十二月二日遷入牧齋家中之我聞室。除夕相與守歲。次年正月二日與牧齋同游拂水山莊。元夕偕牧齋乘舟載酒攜燈至蘇州，過沈璧甫齋中讌集賦詩。然則河東君自到常熟至過蘇州，其間大約將及兩月。自崇禎十四年正月二日至上元，其間將及半月。在此將及半月之時間，錢柳兩人俱未見唱和之作。與前一時間，即自初訪半野堂至同游拂水山莊之時間，吟詠往復，載於集中可以考見者，其情況大不相同，是何故耶？河東君清羸多病，前論其與汪然明尺牘，已略及此點。觀尺牘第壹壹，壹叁，壹肆，壹捌，貳伍，貳捌，貳玖等通，皆可爲例證。此七通尺牘之時間，乃自崇禎十二年秋至十三年秋者。其距離十四年元夕，不過數月至一年餘耳。河東君於十三年庚辰仲冬至常熟，其病當或尚未全愈，殆有不得已勉强而爲此行之苦衷。經過月餘之詶應勞瘁，兼以豪飲之故，極有舊病復發之可能。但此猶僅就其身體方面而言，至若其精神方面，更有遲疑不決，思想鬬争之痛苦。前論其不願往拂水山莊春遊事，可以窺見。由此言之，東山詶和集及初學集中，崇禎十四年正月二日錢柳偕遊拂水後，歷時頗久，直至元夕，始有同過蘇州之詩者，其故當由於河東君自偕遊錢氏丙舍所在地之後，感觸甚深，因而發病所致歟？又據牧齋元夕次韻詩「薄病輕寒禁酒天」及有美詩「薄病如中酒」等句推之，則知河東君之離常熟，亦是扶病而行者。今日思之，抑可傷矣。清代曹雪芹糅合王實甫「多愁多病身」及

「傾國傾城貌」，形容張崔兩方之辭，成爲一理想中之林黛玉。殊不知雍乾百年之前，吴越一隅之地，實有將此理想而具體化之河東君。真如湯玉茗所寫柳春卿夢中之美人，杜麗娘夢中之書生。後來果成爲南安道院之小姐，廣州學宫之秀才。居然中國老聃所謂「虚者實之」者，可與希臘柏拉圖意識形態之學説，互相證發，豈不異哉！

虎丘沈璧甫齋中賦詩諸人，除錢柳外，沈璜本末前已略述。列朝詩集丁壹叁下沈山人璜小傳略謂其「與王德操林若撫先後稱詩。居虎丘之西」，并載其「移家虎丘」七絶二首，但未選録辛巳元夕次韻牧齋七律，殆以此詩無關沈氏生平出處，故爾未選。其實沈詩「弱柳弄風殘雪地，老梅破萼早春天」一聯，上句指河東君，下句指牧齋，景物人事融會兼寫，亦可稱佳妙也。

沈氏齋中賦詩之人，蘇先子後本末未能詳考。據劉本沛虞書云：

蘇先字子後。善畫美人，且善詩。

及郟掄逵虞山畫志貳（參光緒修常昭合志稿貳叁蘇先傳及魚翼海虞畫苑「蘇先」條。）云：

蘇先字子後，號墨莊。少時作新柳詩，錢宗伯愛之。工畫仕女，爲時推重。子後爲程孟陽寫仙游圖，題云：「撇開塵俗上青霄。絳績仙人拍手招。踏破洞天三十六，月明鶴背一枝簫。」才横氣豪，即詩可見。

寅恪案，墨莊此時何以適在璧甫齋中，未知其故。蘇氏少時，既以「新柳」詩見賞於牧齋，當爲受之鄉里後輩。其所賦新柳詩，今未得見。以情事言，此時河東君亦是「新柳」。子後既工畫仕女，若爲璧甫齋中此夕文讌寫照，則於河東君過訪半野堂圖之外，天壤間别傳一重公案，豈非佳話耶？墨莊此詩「殘雪樓臺行樂地，薄寒衣袂放燈天」一聯頗可誦。牧齋稱賞其新柳詩，自不偶然也。

又單學傅海虞詩話壹亦載子後本末，并選其詩。兹附録有關拂水山莊梅花詩一首，以供參證。「庭中手植梅，著花甚繁，作短歌」云：

去年梅開花尚少。今年花開多益好。花開歲歲春長在，種花之人花下老。君不見拂水山莊三十樹。照野拂衣如白霧。又不見臥雪亭前雪一叢。千花萬朵摇春風。花正開時主人出。地北天南看不及。幽禽空對語關關，夜雨徒沾香裛裛。見花忽憶倚花立。索笑不休相對泣。百歲看花能幾回，人生何苦長汲汲。

牧齋「上元夜飲璧甫齋中」詩，殊不及河東君次韻之作。惟「寒輕人面如春淺，曲轉簫聲並月圓」一聯頗佳。其次韻示河東君一首，則勝其前作。蓋不甘退避，竭盡平生技倆，與「新柳」一較高下。其結語「新詩恰似初楊柳，邀勒東風與鬬妍」即是挑戰應戰之意。「晚妝素袖張燈候，薄病輕寒禁酒天」一聯，寫河東君此夕情態，曲盡其妙。蘇子後雖善丹青，令其此夕作畫，恐亦未必如牧齋詩句之真能傳神如是也。

河東君次韻牧齋詩，全首辭旨皆佳。「玉蕋禁春如我瘦，銀缸當夕爲君圓。」一聯尤妙。河東君此聯下句乃答牧齋「曲轉簫聲並月圓」句，指己身唱曲而言，故應以「爲君圓」之語。牧齋「燭花如月向人圓」之句，又答河東君「爲君圓」之意，乃指兩人而言。鈎心鬬角，各顯所長。但河東君之作，終勝於牧齋。讀者苟取兩人之詩并觀，則知鄙説非重女輕男，阿私所好也。河東君此聯上句「玉蘂禁春如我瘦」，亦非泛語。初學集肆伍「玉蘂軒記」云：

河東君評花，最愛山礬。以爲梅花苦寒，蘭花傷豔。山礬清而不寒，香而不豔，有淑姬静女之風。蠟梅茉莉皆不中作侍婢。予深賞其言。今年得兩株於廢圃老牆之下，剃奥草，除瓦礫，披而出之，皆百歲物也。老幹擢挐，樛枝扶疎，如衣從風，如袖拂地，又如梏拳乍脱，相扶而立，相視而笑。君顧而樂之，爲屋三楹，啓北牖以承之，而請名於予。予名之曰玉蘂，而爲記曰，瑒花之更名山礬，始於黄魯直。以瑒花爲唐昌之玉蘂者，段謙叔曾端伯洪景盧也。其辨證而以爲非者，周子充也。夫瑒花之即玉蘂耶？非耶？誠無可援據。以唐人之詩觀之，則劉夢得之雪蘂瓊絲，王仲初之瓏鬆玉刻，非此花誠不足以當之。有其實而欲奪其名乎？物珍於希，忽於近。在江南，則爲山礬，爲米囊，野人牧豎夷爲樵蘇。在長安，則爲玉蘂，神女爲之下九天，停飈輪，攀折而後去，固其所也。以爲玉蘂不生凡地，惟唐昌及集賢翰林有之，則陋。又以爲玉蘂之種，江南惟招隱有之。

然則子充非重玉蘂也，重李文饒之玉蘂耳。玉樹青葱，長卿之賦也。瓊樹碧月，江總之辭也。子充又何以云乎？抑將訪其種於宫中，窮其根於天上乎？吾故斷取玉蘂，以牓斯軒。春時花放，攀枝弄雪，游詠其中，當互爲詩以記之。訂山礬之名爲玉蘂，而無復比瑒更礬之譏也，則自予與君始。崇禎十五年十二月二十九日牧翁記。

寅恪案，牧齋此記乃借駁周必大玉蘂辨證，以爲河東君出自寒微之辨護。並以針對當日錢氏家中正統派，即陳夫人錢遵王一派之議論而發者。至於其所言之當否，則今日可不必拘於北歐植物學者之系統範圍，斤斤於名實同異之考辨，轉自爲地下之牧齋所笑也。牧齋作記之時，即崇禎壬午除夕。（是年十二月小盡。）初學集貳拾東山詩集叁「壬午除夕」詩云：「閒房病婦能憂國，却對辛盤歎羽書。」可知牧齋作記之時，河東君猶在病中，更宜作此等語，藉爲精神上之安慰。此記之作，在河東君賦「辛巳元夕」詩後將及兩年。然其花事之品題，乃關係平生雅好者，當早與牧齋言及之，而牧齋亦能熟記之。故此聯下句之以「玉蘂」自比，實非泛語。憶在光緒時，文道羲廷式丈曾賦浣溪沙詞（見雲起軒詞。）云：「少可英雄偏説劍，自矜顔色故評花。」正可移其語以目三百年前之河東君也。

又馮已蒼舒虞山妖亂志中云：

〔錢牧齋瞿稼軒二公因張漢儒告訐，將被逮北行。〕有素與交者曰馮舒，亦抵郡（指蘇州。）送之。因請讀所謂款單者。錢謂曰，吾且與子言兩事。一云，我占翁源德花園一所，價值千金。一云，我受翁源德二千金，翻殺姊案，反坐顧象泰。子以爲何如？蓋所謂花園者，僅錢宅後廢地，廣袤不數丈，久置瓦礫者。當倪元珙翻獄時，錢大不平，既而祁院（指祁彪佳。）更坐源德，錢與有力焉。推此二端，餘皆可知也。

談遷棗林雜俎和集叢贅「錢謙益」條云：

〔曹化淳〕盡發烏程怒牧齋事，而下漢儒履謙並武舉王番立枷死。番屋本陶氏，復歸錢氏，納價又折之，恨極，訴京師。

寅恪案，牧齋玉蘂軒記之廢圃，或即已蒼虞山妖亂志之「花園」。若所揣測者不誤，則玉蘂軒記中「如梏拳乍脱，相扶而立，相視而笑。君顧而樂之」等語，實暗示得此花之地，曾與張漢儒告訐案有連。牧齋作文善於聯係，觀此記時地花人四者，互相牽涉，尤可證其才思之精妙。又談孺木所記，亦涉及牧齋兼併豪奪鄰近屋地之事，且在張漢儒告訐案之範圍。但此案發生在河東君過訪半野堂以前，故本文不須多論，惟録馮談兩書所記，而特闡明玉蘂與河東君之關係，藉見李太白所謂「名花傾國兩相歡」之一例云爾。

又初學集肆伍「留仙館記」略云：

得周氏之廢圃於北郭，古木蒙石，鬱倉薈蔚。其西偏有陋室焉，爲之易腐柱傾，加以塗塈，樹緑沈几，山翠濕牖，煙霞澄鮮，雲物靚深，過者咸歎賞以爲靈區別館也。樹之眉曰留仙之館。客視而歎曰，虞山故仙山也。子將隱矣，有意於登真度世，名其館爲留仙，不亦可乎？予曰，不然。予之名館者，慈谿馮氏爾賡號留仙者也。予取友於天下多矣。晚而得留仙昆弟。留仙之於我，古所謂王貢嵇吕，無以尚也。予既老於一丘，而留仙爲天子之勞臣，枝柱於津門渝水之間，遡而思，思而不得見，眉之館焉，所以識也。客曰，是矣，則胡不書其姓，繫其官，而以別號名館，使人疑於望仙迎仙之屬歟？予笑曰，子必以洪厓赤松，飡六氣而飲沆瀣者，而後爲仙歟？吾之所謂仙者，有異焉。以真誥考之，忠臣孝子歷數百年猶在金房玉室之間，迄於今不死也。以留仙之館，比於望仙迎仙，何不可哉？客曰，善哉！請書之以爲記，俟其他日功成身退，爲五湖三峯之游宴，坐於斯館，相與從飲舒嘯，而以斯文示之。崇禎壬午小歲日記。

寅恪案，此記末署「崇禎壬午小歲日」即十二月九日，與玉蘂軒記同爲一月内之作品。玉蘂軒所在，或非翁氏花園，而與留仙館同在周氏廢圃之内。果爾，則兩建築物相距至近。玉蘂之名既因河東君而得，留仙之名亦應由與河東君有關之人而來。今時地兩者，既互有勾牽，轉謂留仙館之得名，緣於遠在津門，手握兵符之馮元颺，甚不近情理。鄙意留仙館之得名，實由與河東君有關之女性。「留仙」之典，本於伶玄趙飛燕外傳。「仙」之定義，乃指妖豔之女性。説詳拙著元白詩箋證稿第肆章所附之讀鶯鶯傳。考崇禎十五年春河東君臥病蘇州，惠香伴送之返常熟牧齋家。牧齋苦留惠香不得。此事見本章前後所論述。據是言之，留仙館之得名，實由惠香，而非爾賡。蓋牧齋平日爲文，於時地人三者之密切聯係，尤所注意。其託稱指爾賡者，不過未便顯言，故作狡獪耳。然則馮氏竟成李樹代桃僵，豈不寃哉！牧齋當時爲文，必料爾賡不以遊戲之舉爲嫌，故敢出此。兩人交誼篤摯，於斯益信。噫！牧齋此年春間賦詩苦留惠香，歲暮又作記命此館名，竟欲以兩金屋分貯兩阿嬌，深情奢望，誠可憐可笑矣。

東山詶和集壹河東「鴛湖舟中送牧翁之新安」（寅恪案，此首東山詶和集列於有美詩之前。初學集則附於有美詩之後。）云：

夢裏招招畫舫催。鴛湖鴛翼若爲開。此時對月虛琴水，何處看雲過釣臺。惜別已同鶯久駐，銜書應有燕重來。（寅恪案，初學集「書」作「知」，較佳。蓋避免開元天寶遺事下「傳書鷰」條，任宗郭紹蘭之嫌也。）祗憐不得因風去，飄拂征衫比落梅。

寅恪案，袁瑛我聞室賸稿此題「牧翁」作「聚沙老人」，應是河東君此詩最初原題如是，後來牧齋編東山詶和集及初學集時，始改爲「牧翁」。牧齋此別號當起於天啓七年八月倡議醵資續成蕭應宮所建塔之際。初學集捌壹「募建表勝寶恩聚奎寶塔疏」末題「聚沙居士」，蓋取義於法華經「方便品」：「乃至童子戲，聚沙爲佛塔」之典。又牧翁作此疏時，亦必獺祭及於徐孝穆文集伍「東陽雙林寺傅大士碑」所云：

> 常以聚沙畫地，皆因圖果。芥子菴羅，無疑褊陋，乃起九層磚塔。

之語。初學集捌壹復載「書西溪濟舟長老册子」一文，末題「辛巳仲春聚沙居士書於蔣邨之舟次」。其年月地域與河東君賦此詩之時間空間密相銜接。河東君此詩題所以改「聚沙居士」爲「聚沙老人」者，初視之，不過言牧齋六十之年，正可尊稱爲「老人」。若詳繹之，則知「聚沙」本童子之戲，牧齋當崇禎庚辰辛巳冬春之間，共河東君聚會之時，其顛狂游戲，與兒童幾無少異。殆左氏春秋所謂「猶有童心」者。河東君特取此童老相反之兩義，合爲一辭，可稱雅謔。然則河東君之放誕風流，淹通典籍，於此更得一例證矣。至若牧齋所以倡議續建此塔之意，疏文所言，皆爲表面語。實則心賞翁靜和之才藝，而深悲其遭遇，欲藉此爲建一紀念碑耳。關於牧齋與翁孺安事，非此文所能旁及，倡議成塔始末，可參馮舒虞山妖亂志上，茲亦不詳及。河東君與牧齋同舟過蘇州至嘉興，然後分袂。牧齋往杭州，轉遊黃山。河東君則自鴛湖返櫂松江。顧苓河東君傳云：「既度歲，與爲西湖之遊。」殊不知錢柳在常熟時，雖曾有偕游西湖之約，觀河東君與汪然明尺牘第叁拾通云：

> 弟方躭遊蠟屐，或至閣梅梁雪，彥會可懷。不爾，則春懷伊邇，薄遊在斯，當偕某翁，

便過通德，一景道風也。

可以證知。然此同遊之約，迄未實踐。云美誤以錢柳二人偕至西湖，其實二人僅同舟至鴛湖，即離去也。牧齋「有美詩」乃河東君別去後，答其送遊新安之作。故結語云：「迎汝雙安槳，愁予獨扣舷。從今吴榜夢，昔昔在君邊。」初學集附河東君送行詩，第伍句「惜別已同鶯久駐」，謂自崇禎十三年十一月間初訪半野堂，至十四年正月末別牧齋於鴛湖，已歷三月之時間，不可言非久。第陸句「銜知應有燕重來」，謂感激牧齋之知遇，自當重來相會。綜合此聯，其所以寬慰牧齋之意，可謂周密深摯，善於措辭者矣。第柒第捌兩句云：「祇憐不得因風去，飄拂征衫比落梅。」「飄拂」二字適爲形容已身行踪之妙語。用「落梅」二字，則亦於無意間，不覺流露其身世飄零之感矣。

牧齋「有美詩一百韻」，不獨爲東山詶和集中壓卷之作，即初學有學兩集中，亦罕見此希有之鉅製。可知其爲牧齋平生慘淡經營，稱心快意之作品。後來朱竹垞「風懷詩」固所不逮，求之明代以前此類之詩，論其排比鋪張，波瀾壯闊，而又能體物寫情，曲盡微妙者，恐舍元微之「夢遊春」，白樂天「和夢遊春」兩詩外，復難得此絶妙好詞也。

此詩取材博奧，非儉腹小生，翻檢類書，尋求故實者，所能盡解，自不待言。所最難通者，即此詩作者本人及爲此詩而作之人，兩方複雜針對之心理，并崇禎十三年仲冬至次年孟春三數月間，兩人行事曲折之經過，推尋冥想於三百年史籍殘毁之後，謂可悉得其真相，不少差誤，則燭武壯不如人，師丹老而健忘，誠哉！僕病未能也。

牧齋不僅賦此詩以贈河東君，當亦爲河東君解釋其詩中微旨所在。河東君自能心賞意會，不忘於懷。觀初學集貳拾「〔崇禎十四年辛未〕中秋日攜内出游，次冬日泛舟韻二首」之後，附河東君依韻和作二首之二「夫君本自期安槳，賤妾寧辭學泛舟」一聯，其上句自注：「有美詩云，迎汝雙安槳。」即是其例證。

前論錢遵王注牧齋詩，獨於「有美詩」違反其原來之通則，疑其本出於陸敕先之手，故有美詩諸注，乃是陸氏之原本，而遵王或略有增補者，但詳繹此詩全篇之注，至篇末重要之處，反獨較少。豈敕先亦未注完此詩，遵王取以入其書中，遂致一篇之注，前後詳略有異耶？夫牧齋本人之外，最能通此詩之意者，爲河東君。然皆不可向其求解矣。敕先乃同情於河東君者，東山詶和集貳載其和牧齋迎河東君四詩。第叁首一章，可以爲證。其結語云：「桃李從今莫教發，杏媒新有柳如花。」乃用李義山詩集上「柳下暗記」五絶「更將黄映白，擬作杏花媒」句意。語頗新頴，特附録於此。可惜陸氏當崇禎十三四年時，與牧齋關係之親密，似尚不及何士龍。故注釋有美詩，亦未必能盡通其意，周知其事。至若遵王，則本與河東君立於反對之地位者，無論牧齋之用事有所未詳，不能引證，用意則縱有所知，亦以懷有偏見，不肯爲之闡明也。今日釋證有美詩，除遵王舊注已及而不誤者，不復多贅外，其有譌舛，或義有未盡，則就管窺所得，略爲補出。所注意之處，則在錢柳二人當日之行踪所至及用意所在。搜取材料，反復推尋，鈎沈索隱，發見真相。然究竟能否達到釋證此詩目的十分之一二，則殊不敢自信，深願當世博識通人，有以垂教之也。

牧齋以「有美」二字，爲此詩題之意，乃取詩經鄭風「野有蔓草」篇，「有美一人」，「邂逅相遇，適我願兮」及「與子皆臧」之義，兼暗寓河東君之名字。第貳章已論及之，兹不復贅。稍成問題者，即此詩題有「晦日鴛湖舟中作」之語，蓋錢柳二人於崇禎十四年元夕同舟至蘇州，縱行程難免濡滯，亦不至需半月之時間，始達鴛湖。欲推其所以如此之故，自難得知，然此行牧齋本是取道西湖，往遊黄山。河東君則原擬遄返松江佘山故居養痾。兩人自可同過蘇州後，分袂獨往。今不如此，乃過虎丘後，同至鴛湖，始各買棹別行。其眷戀不舍，惜別多情之意，可以推見。於是河東君「送牧翁之新安」詩，「惜別已同鶯久駐」之句，遂更得一旁證新解矣。兹因解釋便利之故，略據此詩辭意，分析段節，依次論之於下。

東山詶和集壹牧翁「有美一百韻，晦日鴛湖舟中作」云：

有美生南國，芳名異代傳。（初學集作「清芬翰墨傳」。）河東論氏族，天上問星躔。漢殿三眠貴，吴宫萬縷連。星榆長歷落，月桂並蹁躚。鬱鬱崑山畔，青青谷水堧。託根來浄域，移植自芳年。

寅恪案，昔年論元微之與雙文及韋成之婚姻問題，引昌黎集貳肆「監察御史元君妻京兆韋氏夫人墓誌銘」云：「詩歌碩人。爰敘宗親。女子之事，有以榮身。」遂推論吾國舊日社會婚姻，與門第之關係。兹不詳及。（見拙著元白詩箋證稿第肆章附「讀鶯鶯傳」。）夫河東君以曠代難逢之奇女子，得適牧齋，受其寵遇，同於嫡配。然卒爲錢氏宗人如遵王之流，逼迫自殺。其主因實由出身寒賤一端，有以致之。今存河東君傳中，其作成時間之較早者有二篇，即沈虬及顧苓兩氏之文。沈傳載河東君本姓楊，爲禾中人。顧傳則僅云：「河東君柳氏也。」并不述其籍貫。蓋云美深會其師之微意，於河東君之真實姓氏及原來籍貫有所隱諱，不欲明白言之也。牧齋此詩故作狡獪，竟認河東君爲真姓柳者，排比鋪張，詳徵柳家故實，乃所謂姑妄言之者。若讀者不姑妄聽之，則真天下之笨伯，必爲牧齋河東君及顧云美等通人所竊笑矣。河東君本嘉興人，牧齋詩中僅舉崑山谷水，屬於松江地域者而言，自是不欲顯著其本來籍貫之義。故云美作傳，解悟此意，亦只從適雲間孝廉爲妾説起，而不述及以前事蹟。

今檢汪然明所刻柳如是尺牘，署其作者爲「雲間柳隱如是」。又陳臥子所刻戊寅草，其作者雖署爲「柳隱如是」，而不著其籍貫。但其中「白燕庵作」七律，題下注云：「乃我郡袁海叟之故址。墓在其側。」及「五日雨中」七律「下杜昔爲走馬地，阿童今作鬥雞游。」句下自注云：「時我郡龍舟久不作矣。」并戊寅草陳臥子序云：

迨至我地，人不踰數家，而作者或取要眇。柳子遂一起青瑣之中，不謀而與我輩之詩竟深有合者，是豈非難哉？是豈非難哉？（寅恪案，臥子謂河東君出於青瑣之中。檢世説新語惑溺篇「韓壽美姿容」條：「〔賈〕充每聚會，賈女於青瑣中看見壽，悦之。」晉書肆拾賈充傳附謐傳亦同。臥子殆諱河東君出於青樓，遂取此事，改「樓」爲「瑣」耶？又王狀元集注分類東坡詩肆婦女類「趙成伯家有麗人，僕忝鄉人，不肯開樽，徒吟春雪美句，次韻一笑」云：「知道文君隔青瑣，梁王賦客肯言才。」臥子平生鄙薄宋詩，未必肯用蘇句，但檢陳忠裕全集壹叁平露堂集「秋居雜詩」十首之七「遨遊犬子倦，賓從客兒嬌」句下自注云：「舒章招予遊橫雲，予病不往。」似以司馬長卿自命，而以卓文君目河東君，則與東坡之詩實相符會。今日讀之，不覺令人失笑也。）

然則河東君本人固自命爲松江人，而臥子亦以松江人目之也。第叁章論河東君與宋轅文之關係時，涉及松江知府方岳貢欲驅逐河東君事。鄙意以爲驅逐流妓出境，乃昔日地方名宦所常行者。豈河東君因臥子之助力，遂得冒託松江籍貫，免被驅逐。自是之後，竟可以松江人自居耶？若果如此，牧齋之詩亦可謂真中有假，假中有真矣。（寅恪昔歲旅居昆明，偶因購得常熟白泖港舊日錢氏山莊之紅豆一粒，遂發願釋證錢柳因緣詩。前於第壹章已述之。所可怪者，購得此豆之同時，有客持其新得湘鄉襲侯曾劼剛紀澤手札一紙相示，其書乃致當日某知縣者。内容略謂，頃有名流數人來言，縣中有驅逐流妓之令，欲託代爲緩頰云云。札尾不署姓名，但鈐有兩章，一爲「曾印紀澤」，一爲「劼剛」。今屬筆至此，忽憶及之，以情事頗相類似，故附記於此，以博讀者一笑。）「有美生南國」之「南國」，固用文選貳玖曹子建雜詩六首之四「南國有佳人」句。李善注云：「楚辭（橘頌）受命不遷，生南國兮。南國謂江南也。」自與河東君生吴越之地，意義相合。但牧齋恐更有取於才調集叁韋莊「憶昔」詩「南國佳人號莫愁」之句，蓋亦與河東君答牧翁「冬日泛舟」贈詩「莫爲盧家怨銀漢，年年河水向東流」之語意符會也。至「南國」之語，復與王摩詰「紅豆生南國」詩有關。（見全唐詩第貳函王維肆「紅豆」五絶。）牧齋後來與河東君同居芙蓉莊即碧梧紅豆莊。今賦有美詩以「有美生南國」之語爲篇首起句，竟成他日之預讖矣！

「有美詩」又云：

生小爲嬌女，容華及麗娟。詩哦應口答，書讀等身便。緗帙攻文選，綈囊貫史編。摛詞徵綺合，記事見珠聯。八代觀升降，三唐辨泝沿。盡窺羽陵蠹，旁及諸皐儇。花草矜芟擷，蟲魚喜注箋。部居分甲乙，讎政雜丹鉛。餘曲迴風後，新妝落月前。蘭膏燈燭繼，翠羽筆牀懸。博士甎廚簏，兒童愧刻鐫。瑶光朝孕碧，玉氣夜生玄。隴水應連類，唐山可及肩。織縑詩自好，擣素賦尤賢。錦上文回復，盤中字蜿蜒。清文嘗滿篋，（初學集「文」作「詞」。寅恪案，徐孝穆玉臺新詠自序云：「清文滿篋，非惟芍藥之花。新製連篇，寧止蒲萄之樹。」牧齋自用此典。其後來所以改「文」作「詞」者，殆爲避免此聯之前「錦上文回復」句中「文」字重複之故耶？）新製每連篇。芍藥翻風豔，芙蓉出水鮮。頌椒良不忝，詠樹亦何慚。

寅恪案，河東君所以不同於尋常閨閣略通文史者之特點，實在善記憶多誦讀。就吾人今日從其作品中可以斷定者，至少於文選及後漢書晉書等皆頗能運用。故牧齋「緗帙攻文選，綈囊貫史編」一聯，乃實録，非虚諛。至「博士慚厨簏」者，南齊書叁玖陸澄傳（參南史肆捌陸澄傳。）略云：

陸澄字彦淵，吴郡吴人也。起家太學博士。〔建元〕四年復爲祕書監，領國子博士。永明元年轉度支尚書，尋領國子博士。〔王〕儉自以博聞多識，讀書過澄。集學士何憲等盛自商略。澄待儉語畢，然後談所遺漏數百千條，皆儉所未覩。儉乃歎服。儉在尚書省，出巾箱几案，雜服飾，令學士隸事，事多者與之。人人各得一兩物。澄後來，更出諸人所不知事，復各數條，并奪物將去。當世稱爲碩學。王儉戲之曰，陸公書厨也。

「兒童愧刻鐫」者，楊子法言「吾子篇」云：

或問吾子少而好賦？曰，然。童子彫蟲篆刻。俄而曰，壯夫不爲也。

斯爲遵王注本所未及，故略爲補出之。又「書讀等身便」句，自是用宋史貳陸伍賈黄中傳，不待備録。觀前引錢肇鼇質直談耳所載河東君「年稚明慧，主人常抱置膝上，（寅恪案，「主人」指周道登。）教以文藝」之語，則知讀書等身之典，尤爲適切，非泛用也。

「花草矜芟擷，蟲魚喜注箋」一聯，下句當是取昌黎集陸「讀皇甫湜公安園池詩，書其後」五古，「爾雅注蟲魚」之語，與上句爲對文，未必别有實指。上句「花草」一辭，殆聯綴花間集草堂詩餘兩書之名，以目詩餘，如陳耀文花草粹編之例，謂河東君精於詞曲。「織縑詩自好，擣素賦尤賢」一聯，上句自指玉臺新詠壹古詩八首之一「上山採蘼蕪」篇，不過謂河東君能詩之意，非於「故人」「新人」之義有所軒輊，不可誤會。若下句則指班婕妤「擣素賦」。班賦見古文苑叁，藝文類聚捌伍及歷代賦彙玖捌等。綜合兩聯言之，即稱譽河東君擅長於詩賦詞曲也。

抑更有可言者，「容華及麗娟」句，遵王注本已引漢武帝别國洞冥記肆「帝所幸宮人名麗娟」條之古典爲釋，固甚正確。但頗疑牧齋於此句尚有今典。前第貳章推測河東君原來之名，或是「雲娟」二字。當日名媛往往喜用「雲」字爲稱。蓋自附於蘇東坡之朝雲。如徐佛稱「雲翺」，楊慧林稱「雲友」，皆其例證。且河東君與徐氏關係尤爲密切，其取「雲」字爲行第之稱，亦於事理適合。況河東君夙有「美人」之稱，則與「麗」字之義，又相符也。然歟？否歟？姑識此疑，以俟更考。或謂「容華及麗娟」之「容華」，亦與「麗娟」同爲專名。唐詩紀事捌「楊氏女」條云：

盈川〔炯〕姪女曰容華，有「新妝」詩。

此詩收入全唐詩第壹壹函，字句間有不同。頗疑此詩「妝似臨池出，人疑向月來。自憐終不見，欲去復裴回」之語，「向月」即牧齋詩「向月衣方空」句所從出，「新妝詩」作者，既是楊姓。「自憐終不見」之「憐」字，又與河東君「影憐」之名，取義於玉谿生詩「碧城」三首之二「對影聞聲已可憐」句者相同，然則牧齋實以「容華及麗娟」之句，暗寓河東君之姓名也。斯説殊巧，未知確否？俟考。

「有美詩」又云：

文賦傳鄉國，詞章述祖先。采蘋新藻麗，種柳舊風煙。字脚元和樣，文心樂曲駢。千番雲母紙，小幅浣花牋。吟詠朱樓遍，封題赤牘端。

寅恪案，牧齋既故作狡獪，認河東君真爲柳姓，遂列舉柳家故實以誇譽之。「採蘋新藻麗，種柳舊風煙」一聯，上句用樂府詩集貳陸柳惲「江南曲」云：「汀洲採白蘋。日落江南春。洞庭有歸客，瀟湘逢故人。」及全唐詩第陸函柳宗元叁「酬曹侍御過象縣見寄」詩云：「春風無限瀟湘意，欲採蘋花不自由。」下句用全唐詩第陸函柳宗元叁「種柳戲題」詩云：「柳州柳刺史，種柳柳江邊。談笑爲故事，推移成昔年。」綜合言之，即謂河東君今日之新篇，源出於舊日之家學。讀之令人失笑。文章遊戲，固無不可也。「字脚元和樣，文心樂曲駢」一聯，上句用全唐詩第陸函劉禹錫壹貳「酬柳柳州家雞之贈」詩云：「柳家新樣元和脚，且盡薑芽斂手徒。」據前引列朝詩集丁壹叁上程松圓「再贈河東君」詩「抉石錐沙書更雄」句，原注云：「柳楷法瘦勁。」則牧齋此句亦有今典。下句或是用柳三變詩餘號「樂章集」之意，謂河東君之詞，亦承家學，然此釋未敢自信也。「吟詠朱樓遍，封題赤牘遄」一聯，上句自是寫實，不待釋證。下句指河東君尺牘言。據前引其致汪然明尺牘第叁壹通云：「應答小言，已分嗤棄，何悟見賞通人，使之成帙。非先生意深，應不及此。特有遠投，更須數本，得飛槳見貽爲感。」則此句亦紀實也。凡此柳家故實，除「字脚元和樣」一句，遵王注本皆無所徵釋。豈真不知所從出，抑故意不引及耶？

「有美詩」又云：

流風殊放誕，被教異嬋娟。度曲窮分刌，當歌妙折旋。吹簫嬴女得，協律李家專。畫奪丹青妙，琴知斷續絃。纖腰宜蹴鞠，弱骨稱鞦韆。天爲投壺笑，人從争博癲。修眉紆遠翠，薄鬢妥鳴蟬。向月衣方空，當風帶旋穿。行塵旹寂寂，屐齒自姍姍。舞袖嫌纓拂，弓鞋笑足纏。盈盈還妬影，的的會移妍。

寅恪案，「流風殊放誕，被教異嬋娟」一聯，謂河東君所受之教育及其行動，頗有異於士大夫家閨秀者，故以下諸句列舉其技巧能事也。西京雜記貳略云：「〔卓〕文君眉色如望遠山。爲人放誕風流。」此即「流風殊放誕」及「修眉紆遠翠」等句之出處。亦即牧齋答河東君半野堂初贈詩所謂「文君放誕想流風。臉際眉間訝許同」者也。「畫奪丹青妙」句，錢注已徵古典，不待復贅。茲但擇引今典中時代較早及附録河東君題詩者數事，以證明之。

汪砢玉珊瑚網名畫題跋壹捌黄媛介畫跋語（參四庫全書總目提要貳貳子部藝術類貳。）略云：

松陵盛澤有楊影憐，能詩善畫。余見其所作山水竹石，淡墨淋漓，不減元吉子固。書法亦佳。今歸錢牧齋學士矣。癸未夏四月廿五日夗上老鰥識。（寅恪案，湯漱玉德媛輯玉臺畫史肆引此條，改「牧齋」爲「蓉江」，蓋避清代禁忌也。）

湯漱玉德媛輯玉臺畫史肆引此條，後附借閒漫士之言曰：

柳所畫「月隄煙柳」，爲紅豆山莊八景之一。舊藏孫古雲均所。郭頻伽麐有詩。

寅恪案，「月隄煙柳」乃拂水山莊八景中第陸景。紅豆山莊即碧梧紅豆莊，亦即芙蓉莊。其地在常熟小東門外三十里之白茆，與拂水山莊絶無關涉，湯書蓋誤。（可參王應奎柳南隨筆伍芙蓉莊條及金鶴沖錢牧齋先生年譜「丙申年移居白茆」條。）今檢初學集壹貳霖雨集中載有山莊八景詩，乃牧齋崇禎十年丁丑被逮在北京時，遥憶故山之作，距河東君之訪半野堂尚早三年。然「月隄煙柳」一題，居然似爲河東君來歸之預兆而賦者。其詩亦風致豔發，豈河東君見而愛之，遂特擇此景作畫耶？兹録此題詩并序於下，以資談助。

「月隄煙柳」序云：

墓之前有隄回抱，折如肉環，彎如弓月。士女絡繹嬉游，如燈枝之走馬。花柳蒙茸蔽虧，如張帷幕。人呼爲小蘇堤。

詩云：

月堤人竝大堤游。墜粉飄香不斷頭。最是桃花能爛熳，可憐楊柳正風流。歌鶯隊隊勾何滿，舞鴈雙雙趁莫愁。簾閣瑣窗應倦倚，紅闌橋外月如鉤。

寅恪案，此詩「桃花」「楊柳」一聯，河東君之繪出，實同於爲己身寫照，所謂詩中有畫，而畫中有人矣。

郟掄逵虞山畫志肆「柳隱」條云：

昔游揚州，見白描花草小册，惟梅竹上有題。詠竹云，不肯開花不趁妍。蕭蕭影落硯池邊。一枝片葉休輕看，曾住名山傲七賢。詠梅云，色也淒涼影也孤。墨痕淺暈一枝枯。千秋知己何人在，還賺師雄入夢無。落筆超脱奇警，錢宗伯固應退避。（寅恪案，此兩詩之真僞，尚待考實。）

又「天爲投壺笑」者，舊題東方朔神異經「東荒經」略云：

東荒山有大石室，東王公居焉。恒與一玉女投壺，每投千二百矯。（「矯」一作「梟」。）矯出而脱誤不接者，天爲之笑。

「向月衣方空，當風帶旋穿」一聯，考上句之出典乃後漢書叁章帝紀建初二年夏四月癸巳「詔齊相省冰紈，方空縠，吹綸絮」條，章懷注云：

釋名曰：縠紗也。方空者，紗薄如空也。或曰，空，孔也。即今之方目紗也。

據牧齋詩意，當不采或説，以「方空」爲實物，而取「如空」之義，與下句「旋穿」爲對文，皆虚辭也。「弓鞋笑足纏」句，前已詳論，今不復贅。但牧齋賦詩形容河東君之美，必不可缺少此句，否則將如蒲留仙所謂「蓮船盈尺」，豈不令當日讀者認作大慈大悲救苦救難之觀世音菩薩繪相耶？

「有美詩」又云：

妙麗傾城國，塵埃落市廛。真堪陳甲帳，還擬畫甘泉。楊柳嗟扳折，蘼蕪惜棄捐。西家殊婉約，北里正諠闐。豪貴争除道，兒童學墜鞭。迎車千錦帳，輸面一金錢。（初學集此句下自注：「勾踐獻西施於吴王夫差，幸之。每入市，人願見者，先輸金錢一文。見孫奭孟子疏。」寅恪案，東山詶和集無牧齋此注。推其所以後來加入之故，當是有人問及此句出處，遂補注之耳。王應奎柳南隨筆伍「顧仲恭大韶深於經學」條云：「吾聞吴祭酒梅村嘗問宗伯曰，有何異書可讀？曰，十三經注疏耳。」可供參證。）百兩門闌咽，三刀夢寐邅。蘇堤渾倒踏，黟水欲平填。皎潔火中玉，芬芳泥裏蓮。閉門如入道，沈醉欲逃禪。未許千金買，何當一笑嫣。釘心從作惡，唾面可除痏。蜂蝶行隨遶，金珠却載還。勒名雕琬琰，换骨飲珉璠。枉自求蒲葦，徒勞卜筳篿。

寅恪案，前論河東君尺牘第伍通，已述及此詩「蘇隄渾倒踏，黟水欲平填」一聯，兹不更釋。牧齋於此節敍河東君之被離棄及其淪落北里兩端。「蘼蕪惜棄捐」一句，或疑可兼指與周念西及陳臥子兩人之關係而言。鄙意恐不如是，蓋牧齋此詩止從河東君移居松江以後説起，而不追泝其在徐佛及周道登家事。又全節唯用「蘼蕪」一句，將離棄之事，輕輕帶過，不多作語，皆是牧齋故意隱諱之筆也。春秋之義爲尊者諱，爲賢者諱，爲親者諱。河東君之於牧齋，固可謂「親」，亦可謂「賢」，但不可謂「尊」。聚沙老人賦有美詩，或者易「尊」爲「美」歟？「百兩門闌咽，三刀夢寐邅」一聯，錢注俱無釋。意者，上句出詩經召南「鵲巢」篇。下句用雲谿友議下「豔陽詞」條及晉書肆貳王濬傳。人所習知，故可從略。但「三刀」一語，近時始得確詁，茲不避繁瑣之譏，迻録元詩王傳於下，稍加詮釋，自知必爲通人所笑也。

雲谿友議下「豔陽詞」條略云：

> 安人元相國（稹）聞西蜀樂籍有薛濤者，能篇詠，饒詞辯。以詩寄曰，錦江滑膩蛾眉秀，化出文君及薛濤。言語巧偷鸚鵡舌，文章分得鳳凰毛。紛紛詞客皆停筆，箇箇君侯欲夢刀。別後相思隔烟水，菖蒲花發五雲高。

晉書肆貳王濬傳云：

> 濬夜夢三刀於臥屋梁上，須臾又益一刀。濬驚覺，意甚惡之。主簿李毅再拜賀曰，三刀爲州字。又益一者，明府其臨益州乎？及賊張弘殺益州刺史皇甫晏，果遷濬爲益州刺史。

寅恪案，微之詩「箇箇君侯欲夢刀」句，其意謂人皆欲至西蜀一見洪度，如王士治之得爲益州刺史，此固易解。遵王之不加注釋，當亦由是。然寅恪少讀晉書，於「三刀」之義頗不能通。後見唐人寫本，往往書「州」字作「刕」形，殆由「州」「刀」二字，古代音義俱近之故。（「州」即「島」也。）唐人書「州」作「刕」，必承襲六朝之舊，用此意以釋王濬之夢，李毅之言，少時讀史之疑滯，於是始豁然通解矣。「未許千金買，何當一笑嫣」一聯，出鮑明遠「白紵歌」六首之六「千金顧笑買芳年」（見樂府詩集伍伍。）及李太白「白紵辭」三首之二「美人一笑千黃金」等，（見全唐詩第叁函李白叁。）河東君夙有「美人」之號，古典今典，同時並用，殊爲巧切。更可取牧齋作此詩後二十二年，即康熙二年癸卯所賦「追憶庚辰冬半野堂文讌舊事」詩「買回世上千金笑，送盡平生百歲憂」（見有學集壹叁「病榻消寒雜詠」）。錢曾注本「平生」作「生年」。是。）兩句參較，則知此老於垂死之時，猶以能戰勝宋陳李謝諸人，奪得河東君自豪也。「勒名雕琬琰，換骨飲珉瓀」一聯，錢遵王注雖引舊籍，然牧翁必尚有所實指。頗疑「勒名雕琬琰」之句，即前第叁章論河東君與李存我之關係節，引王勝時柳枝詞「雙鬟捧出問郎來」之語，與此相涉。蓋存我既以玉篆雕「問郎」贈別河東君，似亦可別鐫「影娘」或「雲娘」之河東君名字自隨，藉作互換信物。若果如是，則與琬琰二名分別雕斲於苕華二玉之故典，更爲適切矣。至「換骨飲珉瓀」一句，錢注析「換骨」與「飲珉瓀」爲兩典而合用之，固自可通。但牧齋詩意，當不僅限於古典。河東君雖以善飲著稱，此句疑更有實指。今未能詳知，姑識於此，以俟續考。

「有美詩」又云：

軒車聞至止，雜珮意茫然。錯莫翻如許，追陪果有焉。初疑度河駕，復似泛湖船。榜枻歌心說，中流笑語婘。江淵風颯沓，雒浦水潺湲。疏影新詞麗，忘憂別館偏。華筵開玳瑁，綺席豔神僊。銀燭光三五，金尊價十千。蠟花催兔育，鼉鼓促烏遷。法曲煩聲奏，哀箏促柱宣。步摇窺宋玉，倏脱贈羊權。點筆餘香粉，繙書雜翠鈿。緑窗和月掩，紅燭帶花搴。菡萏歡初合，臯蘇痗已蠲。

寅恪案，此節歷叙河東君初訪半野堂，泛舟湖上，入居我聞室及寒夕文讌等事。「軒車聞至止，雜珮意茫然」一聯，合用毛詩鄭風「女曰雞鳴」篇「雜佩以贈之」并韓詩周南「漢廣」篇「漢有游女」，薛君章句及列仙傳上江妃二女傳，解佩贈鄭交甫事。謂河東君初贈詩，亦即河東君「次韻牧翁冬日泛舟詩」所謂，「漢珮敢同神女贈」。「意茫然」者，謂受寵若驚，不知所措。此語固是當日實情也。「錯莫翻如許，追陪果有焉」一聯，恰能寫出河東君初至半野堂時，牧齋喜出望外，忙亂逢迎之景象。至於「追陪」則不僅限「吴郡陸機爲地主」之牧齋，如松圓詩老，亦有「熏鑪茗盌得相從」之語，（見前引偈菴次韻牧翁答河東君初贈詩。）然則河東君翩然至止，驅使此兩老翁追陪奔走，亦太可憐矣。「初疑度河駕，復似泛湖船。榜栧歌心説，中流笑語嬈。江淵風颯沓，雒浦水潺湲」六句，指東山詶和集壹「冬日同如是泛舟有贈」及「迎春日偕河東君泛舟東郊作」，先後兩次泛舟賦詩之事。前已論釋，兹不多及。自「疎影新詞麗」至「臯蘇痗已蠲」，共九聯，叙述崇禎十三年十二月二日我聞室落成，迎河東君入居并是夕爲松圓餞别，即半野堂文讌事。此際乃牧齋平生最快心得意至死不忘之時也。「疎影新詞麗」句，前論牧齋寒夕文讌詩，已詳釋之矣。「忘憂别館偏」遵王注引西京雜記肆

「梁孝王遊於忘憂之館，集諸遊士，各使爲賦，枚乘爲柳賦」之典，甚是。牧齋目我聞室爲忘憂館，河東君之寓姓，又與枚乘所賦之柳相同，可謂適切。「緑窗和月掩，紅燭帶花搴。」即前録寒夕文讌詩「紅燭恍如花月夜，緑窗還似木蘭舟」一聯之義。皆描寫當時我聞室之情況者。「華筵開玳瑁，綺席豔神僊」及「法曲煩聲奏，哀箏促柱宣」兩聯，實出於杜工部集壹伍「秋日夔府詠懷一百韻」之「哀箏傷老大，華屋豔神仙。南内開元曲，常時弟子傳。法歌聲變轉，滿座涕潺湲」等句，蓋牧齋平生自許學杜，其作百韻五言排律，必取杜公此詩以爲模楷，且供撏撦之資，何況復同用一韻，同爲百韻耶？黄宗羲南雷文定後集壹「姜山啓彭山詩稿序」（可參同書前集陸「韋庵魯先生墓誌銘」）論當日古文，亦謂牧齋「所得在排比舖章，而不能入情」等語。）云：

虞山求少陵於排比之際，皆其形似，可謂之不善學唐者矣。

夫梨洲與牧齋交誼篤摯，固無疑義。唯於錢氏之詩文往往多不滿之語。其持論之是非，及其所以致此之故，兹暫不辨述，俟後言之。但世之學唐詩者，若能熟誦子美並樂天微之之詩，融會諸家，心知其意，則當不蹈襲元遺山論詩之偏見，如太冲之所言者也。「金尊價十千」句，遵王引史記伍捌梁孝王世家，「孝王有罍樽直千金」以釋之，固可通。但鄙意李太白「行路難」三首之一（見全唐詩第叁函李白壹。）云：「金樽清酒斗十千。」乃以「十千」爲酒價，較史記梁孝王世家之以千金爲罍樽價者，更爲切合。然則牧齋當用謫仙詩也。「步搖闕宋玉，條脱贈羊權」一聯，下句出於真誥，自不待論。上句則文選壹玖宋玉「登徒子好色賦」，雖有「闕臣」之語，然不見「步搖」之辭。豈牧齋取步搖與條脱爲對文耶？又據唐詩紀事伍肆「温庭筠」條（參全唐詩話肆。）云：

宣宗嘗賦詩，上句有金步搖，未能對。遣求進士對之。庭筠乃以玉條脱續也。宣宗賞焉。

或者牧齋即取義於此事，用以屬對耶？俟考。「點筆餘香粉，翻書雜翠鈿」一聯，初視之，皆通常形容之辭，但下句「翻書雜翠鈿」一語，乃河東君平日習慣。觀前引初學集貳拾東山集叁河東君依韻和牧齋「中秋日出游」詩二首之一「風床書亂覓搔頭」句，則知亦是寫實也。「菡萏歡初合，皐蘇痗已蠲」一聯，上句指前引「寒夕文讌，是日我聞室落成，迎河東君居之」詩，「詩裏芙蓉亦並頭」句下牧齋自注「河東君新賦並頭蓮詩」之本事也。下句「皐蘇痗已蠲」，錢注已引玉臺新詠徐陵自序之文，「庶得代彼皐蘇，微蠲愁疾。」甚是。不過「愁」字乃平聲，故牧齋易以詩經衛風「伯兮」篇「願言思伯，使我心痗」之「痗」字，以協聲律耳。此點自不待多論。

抑更有可言者，牧齋作有美詩，其取材於徐序者甚多，除去其典故關涉宮闈者之大多數外，（牧齋唯采用漢武帝李夫人等少數故事。又徐序「争博齊姬，心賞窮於六箸」之語，注家引晉書叄壹胡貴嬪傳爲釋，似確。蓋胡貴嬪雖非齊人，孝穆或借用枚乘七發「齊姬奉後」之「齊姬」以爲泛稱。若果如是，則牧齋亦采此宮闈之典矣。俟考。）其他幾無不采用。茲不須盡數舉出，唯擇録其較可注意之辭句，以爲例證。讀者若對勘錢詩徐序，則自能詳知，而信鄙説之不謬也。如錢之「生小爲嬌女」，即徐之「生小學歌」。錢之「餘曲迴風後，新妝落月前」，即徐之「青牛帳裏，餘曲未終。朱鳥窗前，新妝已竟」。錢之「蘭膏燈燭繼，翠羽筆床懸」，即徐之「燃脂暝寫」（寅恪案，此乃牧齋借男作女。）及「翡翠筆牀，無時離手」。錢之「清文嘗滿篋，（「文」字後改作「詞」字。）新製每連篇。芍藥翻風豔，芙蓉出水鮮」，即徐之「清文滿篋，非惟芍藥之花。新製連篇，甯止蒲萄之樹」。錢之「文賦傳鄉國」，即徐之「妙解文章，尤工詩賦」。錢之「千番雲母紙，小幅浣花箋」，即徐之「五色花箋，河北膠東之紙」。（寅恪案，此乃牧齋舉後概前。）錢之「流風殊放誕，被教異嬋娟。度曲窮分刌，當歌妙折旋。吹簫嬴女得，協律李家專」，即徐之「婉約風流，異西施之被教。弟兄協律，生小學歌」及「得吹簫於秦女」并「奏新聲於度曲」。錢之「天爲投壺笑，人從争博癲」，即徐之「雖復投壺玉女，爲歡盡於百驍。争博齊姬，心賞窮於六箸」。錢之「薄鬢妥鳴蟬」，即徐之「妝鳴蟬之薄鬢」。錢之「妙麗傾城國，塵埃落市廛。真堪陳甲帳，還擬畫甘泉」，即徐之「得横陳於甲帳」，「雖非圖畫，入甘泉而不分」及「真可謂傾國傾城」。錢之「東家殊婉約」，即徐之「婉約風流」。據宋釋惠洪冷齋夜話壹云：

山谷云，詩意無窮，而人之才有限。以有限之才，追無窮之意，雖淵明少陵不得工也。然不易其意，而造其語，謂之換骨法。窺入其意，而形容之，謂之奪胎法。

然則牧齋之賦有美詩，實取杜子美之詩爲模楷，用徐孝穆之文供材料。融會貫通，靈活運用，殆兼采涪翁所謂「换骨」「奪胎」兩法者。寅恪昔年箋證白樂天新樂府，詳論「七德舞」篇與貞觀政要之關係。今箋釋牧齋此詩，復舉杜詩徐文爲説，猶同前意。蓋欲通解古人之詩什，而不作模糊影響之辭旨，必非如是不可也。

「有美詩」又云：

凝明嗔亦好，溶漾坐堪憐。薄病如中酒，輕寒未折綿。清愁長約略，微笑與遷延。

寅恪案，此六句乃牧齋描寫當年與河東君蜜月同居時之生活。語言妙絶天下，世人深賞之，殊非無故也。（見陳維崧撰冒褒注婦人集「人目河東君風流放誕，是永豐坊底物」。條并參徐釚編本事詩柒「錢謙益」條「茸城詩」題下注。又徐氏附按語云：「河東君名柳是，字如是，又號河東君。松江人。工詩善畫，輕財好俠，有烈丈夫風。」寅恪案，電發此數語殊可爲河東君適當之評價。至目河東君爲松江人，亦是河東君自稱松江籍之一旁證也。）「凝明嗔亦好，溶漾坐堪憐。」一聯，實與玉臺新詠伍沈約「六憶詩」及戊寅草中河東君擬作之第壹第貳兩組

「六憶詩」有關。上句「凝明嗔亦好」即用休文「憶坐時」詩「嗔時更可憐」之句。下句乃出河東君擬休文作第壹組「六憶詩」中第貳首「憶坐時，溶漾自然生」之句。故此一聯，皆形容坐時之姿態。吾人今日雖亦誦讀玉臺新詠，然儻使不得見河東君戊寅草，則不能盡知牧齋此聯之出處及造語之佳妙矣。「薄病如中酒，輕寒未折綿」一聯。上句前於上元夜餞柳二人同過虎丘賦詩節已詳論之。下句亦於第叁章論陳臥子蝶戀花「春曉」詞詳言之，故皆不須復贅。「清愁長約略，微笑與遷延」一聯，摹繪河東君多愁少樂之情態，前録河東君「春日我聞室作，呈牧翁」及牧齋「河東君春日詩有夢裏愁端之句，憐其作憔悴之語，聊廣其意」兩詩，可以窺見。綜合此四句及「妙麗傾城國」句觀之，則牧齋亦是從王實甫「多愁多病身，傾國傾城貌」之語，（見西廂記「鬧齋」雁兒落。）奪胎換骨而來者耶？凡此諸句，頗易通解，唯「凝明嗔亦好，溶漾坐堪憐」一聯，頗費考量，姑以意揣之，殆謂河東君嗔怒時，目睛定注，如雪之凝明。静坐時，眼波動蕩，如水之溶漾。實動静咸宜，無不美好之意歟？此解當否，殊不敢自信矣。

「有美詩」又云：

茗火閒房活，鑪香小院全。日高慵未起，月出皎難眠。授色偏含睇，藏鬮互握拳。屏圍燈焰直，坐促笑聲圓。朔氣除簾箔，流光度毾㲪。相將行樂地，共趁討春天。

寅恪案，此節牧齋敍其崇禎十三年歲暮至十四年歲初，與河東君在我聞室中，除舊歲，迎新年之一段生活。「茗火閒房活，鑪香小院全。」一聯，可與前録牧齋「庚辰除夜守歲」詩「深深簾幙殘年火，小小房櫳滿院香」及河東君「除夕次韻」詩「小院圍鑪如白晝，兩人隱几自焚香」相參證。上句「茗火閒房活」之「茗火活」乃用東坡後集柒「汲江煎茶」詩「活水還須活火烹」之句，即出趙璘因話録貳商部「李司徒汧公鎮宣武」條所載李約「茶須緩火炙，活火煎」之語也。（可參辛文房唐才子傳陸李約傳。）下句「鑪香小院全」即錢柳兩人守歲詩所詠者，可知皆是當時實況也。「授色偏含睇，藏鬮互握拳。」上句用漢書伍柒上司馬相如傳「上林賦」：「色授魂予。」（參文選捌。）下句其最初典故無待詳引，但牧齋實亦兼用李義山詩集下「擬意」詩「漢后共藏鬮」之句。檢國光社影印東澗寫校李商隱詩集下此詩「鬮」字無別作。涵芬樓影印明嘉靖本亦同。朱鶴齡李義山詩集箋注本下，此字作「鬮」，下注：「一作鈎。」全唐詩第捌函李商隱叁與朱本同。馮浩玉谿生詩詳注叁作「鈎」，下注：「一作鬮。」然則牧齋認爲當作「鬮」字，故賦有美詩，亦用「鬮」字也。「屏圍燈焰直，坐促笑聲圓。朔氣除簾箔，流光度毾㲪」兩聯，亦皆寫庚辰除夕守歲事。如取前録錢柳二人除夕詩中錢之「合尊促席餞流光」，「深深簾幙殘年火」及柳之「照室華燈促豔妝」，「明日珠簾侵曉卷」等句觀之，即可證也。「相將行樂地，共趁討春天」一聯乃指辛巳元日事。觀前録牧齋詩題云：「辛巳元日雪後與河東君訂春遊之約」及錢柳兩詩可知也。

「有美詩」又云：

> 未索梅花笑，徒聞火樹燃。半塘春漠漠，西寺草芊芊。南浦魂何黯，東山約已堅。自應隨李白，敢擬伴伶玄。密意容挑卓，微詞託感甄。楊枝今婉孌，桃葉昔因緣。

寅恪案，此六聯乃敍本欲與河東君同作杭州之遊而未實現，遂先過蘇州，同至嘉興，然後河東君別去也。「未索梅花笑，徒聞火樹燃。」上句即河東君與汪然明尺牘第叁拾通所云：「弟方躭遊蠟屐，或至閣梅梁雪，彥會可懷。」蓋河東君作此書時，爲崇禎十三年歲杪正在牧齋家中。錢柳二人原有同遊西湖觀梅之約也。下句指上元夜與河東君同舟泊虎丘西溪，小飲沈璜齋中事。觀「徒聞」二字，則河東君不踐觀梅西湖之約，僅作虎丘觀燈之遊，牧齋惆悵失望之情，溢於言表矣。「火樹」之典，遵王注引西京雜記壹「積草池中有珊瑚樹」條，固是，而尚未盡。必合全唐詩第貳函蘇味道「正月十五夜」詩「火樹銀花合」之句釋之，其意方備。但多數類書如佩文韻府陸陸七遇韻，引此詩，作者爲沈佺期，未知孰是，俟考。「半塘春漠漠，西寺草芊芊」一聯，乃敍泊舟虎丘西溪經過停留之地。上句「半塘」可參同治修蘇州府志捌水門「半塘橋」，同書叁伍古蹟門「半塘寺」及同書肆貳寺觀門肆「半塘壽聖教寺」等記載。下句「西寺」，據同治修蘇州府志柒山門「虎邱山」條所云：

吴地志：山本晉司徒王珣與弟司空珉之别墅，山下因有短簿祠，捨爲東西二寺，後合爲一佛殿。

可證知也。「南浦魂何黯，東山約已堅」一聯，謂河東君將離之時，訂後來重會之約也。「自應隨李白，敢擬伴伶玄」一聯，上句乃牧齋借用太白「贈汪倫」：（見全唐詩第叁函李白壹。）「李白乘舟將欲行。忽聞岸上踏歌聲。桃花潭水深千尺，不及汪倫送我情」詩，以比河東君送己身往游新安，同舟至嘉興。更惜其未肯竟隨之同行也。下句自用「飛燕外傳」自序，不待徵引。但牧齋實亦兼用東坡後集肆「朝雲詩」：「不似楊枝别樂天。恰如通德伴伶玄。」之語。蓋下文有「楊枝今婉孌」之句，而「伴」字又從蘇詩來也。李璧王荆公詩注貳柒「張侍郎示東府新居詩，因而和酬」二首之一「功謝蕭規慙漢第，恩從隗始詫燕臺。」句，引西清詩話略云：

荆公笑曰，子善問也。韓退之鬬雞聯句「感恩從隗始」。若無據，豈當對「功」字也。（前第壹章已詳引。）

前釋「火樹」注，以爲遵王注雖引西京雜記，而意義未盡，故必合蘇味道詩以補足之。兹釋「伶玄」句，亦必取東坡詩參證，始能圓滿。何況牧齋詩中「伴」字從東坡朝雲詩來，恰如半山詩中「恩」字從昌黎鬬雞聯句來耶？凡考釋文句，雖須引最初材料，然亦有非取第貳第叁手材料合證不可者。觀此例可知。前第壹章論錢柳詩中相互之關係，已詳言之。讀者可並取參會之也。

抑更有可論者，前言牧齋之賦有美詩，多取材於玉臺新詠。其主因爲孝穆之書，乃關於六朝以前女性文學之要籍，此理甚明，不待多述。又以河東君之社會身份，不得不取與其相類之材料以補足之，斯亦情事所必然者。就此詩使用之故實言之，玉臺新詠之外，出於宋代某氏侍兒小名録補遺者，頗復不少。如「容華及麗娟」，「吹簫嬴女得」，「舞袖嫌纓拂」，「敢儗伴伶玄」等句，皆是其例。至於作者思想詞句之構成，與材料先後次序之關係，可參拙著元白詩箋證稿新樂府章七德舞篇所論，兹不詳及。

「有美詩」又云：

> 灞岸偏縈別，章臺易惹顛。娉婷臨廣陌，婀娜點晴川。眉憮誰堪畫，腰纖孰與擩。藏鴉休菴藹，拂馬莫纏綿。絮怕粘泥重，花憂放雪蔫。芳塵和藥減，春病共愁煎。目逆歸巢燕，心傷叫樹鵑。惜衣鶯睍睆，護粉蝶翩翾。

寅恪案，此八聯乃敍河東君思歸惜別多愁多病之情況。所用辭語典故，大部分皆與柳有關，而尤與李義山詠柳之詩有關也。兹不必逐句分證，唯舉出李詩語句，讀者自能得之。據此可知牧齋賦有美詩，除玉臺新詠，杜工部詩外，玉谿生一集亦爲其取材最重要之來源也。如

「灞岸已攀行客手」，（李義山詩集下「柳」。）「章臺從掩映」，（同集上「贈柳」。）「更作章臺走馬聲」，（同集上「柳」。）「娉婷小苑中。婀娜曲池東」，（同集上「垂柳」。）「眉細從他斂，腰輕莫自斜」，（同集上「謔柳」。）「莫損愁眉與細腰」，（同集上「離亭賦得折楊柳」二首之一。）「長時須拂馬，密處小藏鴉」，（同集上「謔柳」。）「忍放花如雪」，（同集上「贈柳」。）「不爲清陰減路塵」，（同集中「關門柳」。）「絮飛藏皓蝶，帶弱露黃鸝」，（同集上「柳」。）凡此諸例，皆足爲證，可不一一標出矣。又「腰纖孰與擩」之「擩」字，即同於「撋」字。考工記鮑人：「進而握之，欲其柔而滑也。」注云：「謂親手煩撋之。」毛詩周南「葛覃」篇「薄汙我私」箋云：「煩撋之用功深。」釋文云：「撋，諸詮之音而專反。」阮孝緒字略云：「煩撋猶挼莏也。」董解元西廂記諸宮調中呂調千秋節云：「百般撋就十分閃。」然則牧齋蓋糅合聖文俗曲，而成此語者。黃宗羲思舊録「錢謙益」條（梨洲遺著彙刊本。）云：「用六經之語，而不能窮經。」太沖所指摘東澗文章之病，其是非茲姑不論。但有美詩此句，則用詩禮之語，而窮極于西廂。其亦可以杜塞梨洲之口耶？一笑！

「有美詩」又云：

攜手期弦望，沈吟念陌阡。暫游非契闊，小別正流連。即席留詩苦，當杯出涕泫。茸城車轣轆，鴛浦櫂夤緣。去水迴香篆，歸帆激矢弦。寄憂分悄悄，贈淚裛漣漣。迎汝雙安槳，愁予獨扣舷。從今吴榜夢，昔昔在君邊。

寅恪案，此節牧齋敍河東君送其至鴛湖，返棹歸松江，臨别時贈詩送遊黄山。俟河東君行後，乃賦千言長句，以答河東君之厚意，并致其相思之情感，及重會之希望也。此節典故皆所習見，不待徵釋。唯「吴榜」一辭，自出楚辭九章「涉江」：「齊吴榜以擊汏」之語。但牧齋實亦兼取王逸注「自傷去朝堂之上，而入湖澤之中也。」之意。用此作結，其微旨可以窺見。前引黄梨洲「姜山啓彭山詩稿序」謂「虞山求少陵於排比之際，皆其形似，可謂不善學唐」。（參南雷文案柒「前翰林院庶吉士韋菴魯先生墓誌銘」。）讀者若觀此綺懷之千言排律，篇終辭意如此，可謂深得浣花律髓者，然則太沖之言，殊非公允之論矣。

牧齋自崇禎十四年正月晦日，即正月廿九日鴛湖舟中賦有美詩後至杭州留滯約二十餘日之久，始往遊齊雲山，遊程約達一月之時間，最後訪程孟陽於長翰山居不遇，乃取道富春，於三月廿四日過嚴子陵釣臺。直至六月七日，始有「迎河東君於雲間，喜而有述」之詩。據此牧齋離隔河東君約經四月之久，始復會合也。此前一半之時間牧齋所賦諸詩皆載於初學集及東山詶和集。但此後一半之時間，則所作之詩未見著録。以常理論之，按諸牧齋平日情事，如此寂寂，殊爲不合。就前一期中牧齋所甚有關係之人，及在杭州時之地主汪然明言之，牧齋詩中絶不見汪氏踪跡。考春星堂詩集肆閩遊詩紀第壹題爲「暮春辭家閩遊，途中寄示兒輩貞士繼昌」。然則然明之離杭赴閩訪林天素，在崇禎十四年三月。此年二三月間，牧齋實在杭州，且寓居汪氏別墅。牧齋此時所作詩中，未見汪氏踪跡者，或因然明此際適不在杭州，或因汪氏雖亦能篇什，但非牧齋唱詶之詩友，汪氏雖在杭州有所賦詠，牧齋亦不採録及之。故此前一時期中無汪氏踪跡，尚可理解。至若後一時期既達兩月之久，而牧齋不著一詩，當必有故，今日未易推知。檢陳忠裕全集壹肆三子詩稿有「孟夏一日禾城遇錢宗伯，夜談時事」五言律二首。按臥子自撰年譜上崇禎十四年辛巳條云：

是歲浙西大旱，漕事迫。嘉之崇德，湖之德清素頑梗，屬年饑，益不辦。大中丞奉旨譴責。令予專督崇德，而自督德清。予疏剔月餘，遂與他邑相後先矣。

然則牧齋於辛巳三月廿四日過釣臺經杭州，於四月朔日即在嘉興遇見臥子。自三月廿四日至四月初一日，其間時日甚短，故知牧齋此次由黄山返家，行色匆匆，與前之往遊新安，從容留滯者，絕不相同。蓋牧齋因河東君之不願同遊，獨自歸松江，恐有變化，於是籌畫經營不遺餘力，終於經兩月之時間，遂大功告成矣。臥子此時不知是否得知河東君過訪半野堂之消息。但牧齋於此際遇見臥子，其心中感想若何，雖未能悉。然錢陳皆一時能詩之人，臥子既有篇什，牧齋不容缺而不報。今初學集中此時之詩，獨不見臥子踪跡者，當是牧齋不欲臥子之名著録於此際，轉致有所不便耶？臥子此題二首之一有句云，「山川留謝傅」，殊不知河東君訪半野堂初贈詩有「東山葱嶺莫辭從」句。陳柳兩詩語意，不謀而合，可笑也。

又檢陳忠裕全集壹捌湘真閣稿「贈錢牧齋少宗伯」五言排律云：

明主終收璧，宵人失要津。南冠榮衮繡，北郭偃松筠。艱險思良佐，孤危得大臣。東山雲壑裏，早晚下蒲輪。

此詩作成之時日未能確定。但既有「南冠」「北郭」一聯，則至早不能在牧齋因張漢儒誣訐被逮至北京入獄經年，得釋歸里以前，即崇禎十一年冬季以前。據臥子自撰年譜上崇禎十二年己卯條云：「季秋禫除。」十三年庚辰條略云：「三月北發。六月就選人，得紹興司李。七月南還。八月奉太安人攜家渡錢塘。」則此詩有作於崇禎十二年，或十三年之可能。更考初學集壹柒移居詩集崇禎十三年庚辰八月所作永遇樂詞「十六夜見月」云：「天公試手，浴堂金殿，瞥見清明時節。」句下自注云：「時中朝新有大奸距脱之信。」據明史壹壹拾宰輔年表崇禎十三年六月薛國觀致仕。國觀乃温體仁黨，夙與東林爲敵，（參明史貳伍叁薛國觀傳并詳牧齋永遇樂詞錢曾注。）牧齋所謂大奸，當指韓城而言。臥子詩「宵人失要津」，或即兼指温薛輩。蓋温薛皆去，牧齋可以起用矣。又牧齋永遇樂詞尚有「十七夜」一首云：「生公石上，周遭雲樹，遮掩一分殘闕。」似牧齋此時亦遊寓蘇州。但初學集肆叁保硯齋記略云：

保硯齋者，戈子莊樂奉其先人文甫所藏唐式端研，以詒其子棠，而以名其齋也。戈子攜其子過余山中，薰沐肅拜而請爲之記。崇禎庚辰中秋記。

則崇禎十三年中秋日牧齋猶在常熟。是否十七日即至蘇州，尚難確知。假定其實至蘇州者，臥子贈詩自應同在吴苑矣。更檢杜于皇濬變雅堂詩集壹載「奉贈錢牧齋先生」五古一首，不知何時所作。唯詩中有句云：

何期虎丘月，一沃龍門雨。

此首前一題「半塘」云：

虎丘連半塘。五里共風光。此時素秋節，遠勝三春陽。西風埽不盡，滿路桂花香。

故知茶村於中秋前後在虎丘遇見牧齋，或即是崇禎十三年秋季與臥子賦贈牧齋詩同時同地。蓋杜氏與幾社名士本具氣類之雅，（見變雅堂集伍「送朱裔三之任松江序」及杜登春「社事本末」。）殊有同時同地賦詩以贈黨社魁首之可能也。俟考。總而言之，錢陳兩人交誼如此篤摯，當日牧齋應有詩書以答臥子厚意。後來刻初學集删去不録，亦與删去酬答臥子禾城贈詩同一事例，似因避去柳陳關係之嫌所致。此點若非出自牧齋，則必由於瞿稼軒之主張。瞿氏於此未免拘泥春秋「爲尊者諱，爲親者諱」之旨。（見春秋公羊傳閔公元年。）遂爲師母諱耶？復檢杜登春社事本末略云：

是時烏程（指温體仁。）去位，楊〔嗣昌〕，薛〔國觀〕相繼秉國鈞。西銘（指張溥。）中夜不安，唯恐朝端尚以黨魁目之也。計非起復宜興，（指周延儒。）終是孤立之局。乃與錢蒙叟〔謙益〕，項水心〔煜〕，徐勿齋〔汧〕，馬素修〔世奇〕諸先生謀於虎邱石佛寺。遣幹僕王成貽七札入選君吴來之先生昌時邸中。時吴手操朝柄，呼吸通帝座，而輦轂番子密布，内外線索難通，王成以七札熟讀，一字一割，雜敗絮中，至吴帳中，爲簑衣裱法，得達羣要。此辛巳二月間事。於是宜興以四月起，（寅恪案，明史壹壹拾宰輔年表崇禎十四年辛巳欄載：「延儒二月召，九月入。」同書叁佰捌姦臣傳周延儒傳云：「〔崇禎〕十四年二月詔起延儒。九月至京，復爲首輔。」杜氏「四月」之語，誤。）而西銘即以四月暴病云殂。

寅恪案，牧齋與張項徐馬謀於虎丘石佛寺，杜氏雖未確言何時，以當日情勢推之，或即在崇禎十三年中秋前後，亦即臥子茶村賦詩贈牧齋之時也。俟考。

至於錢陳兩人論詩之宗旨，雖非所欲詳論，然亦可略引牧齋之言，以見一斑。有學集肆柒「題徐季白卷後」略云：

余之評詩，與當世牴牾者，莫甚于二李及弇州。二李且置勿論，弇州則吾先世之契家也。余髮覆額時，讀前後四部稿皆能成誦，闇記其行墨。今所謂晚年定論者，皆舉揚其集中追悔少作與其欲改正巵言，勿悞後人之語，以戒當世之耳論目食，刻舟膠柱者。初非敢鑿空杜撰，欺誣先哲也。雲間之才子如臥子舒章，余故愛其才情，美其聲律，惟其淵源流別，各有從來，余亦嘗面規之，而二子亦不以爲耳瑱。采詩之役，未及甲申以後，豈有意刊落料揀哉？如雲間之詩，自國初海叟諸公以迄陳李，可謂極盛矣。

據此可知牧齋雖與臥子舒章論詩宗旨不同，然亦能賞其才藻，不甚訶詆。臥子舒章二人亦甚推重牧齋。觀臥子此次在嘉興贈牧齋之詩，及陳忠裕全集壹捌湘真閣集「贈錢牧齋少宗伯」五言排律。又臥子安雅堂稿壹捌壬午冬「上少宗伯牧齋先生書」并臥子自撰年譜上崇禎十年丁丑條述牧齋稼軒由蘇被逮至京事。其略云：

> 予與錢〔謙益〕瞿〔式耜〕素稱知己。錢瞿〔被逮〕至西郊，朝士未有與通者。予欲往見，僕夫曰，較事者耳目多，請微服往。予曰，親者無失其爲親，無傷也。冠蓋策馬而去，周旋竟日乃還。其後獄益急，予頗爲奔奏，聞於時貴。

等可爲例證。至於舒章，則有一事關涉錢柳，疑問殊多，頗堪玩味。舒章蓼齋集叁伍「與臥子書」第貳通略云：

> 昔諸葛元遜述陸伯言語，以爲方今人物彫盡，宜相輔車，共爲珍惜。不欲使將進之徒，意不歡笑。弟反復此言，未嘗不歎其至也。但以邇來君子之失，每不尚同，自託山藪，良非易事。故弟欲少加澄論，使不至於披猖。是以對某某而思公叔之義，見某某而懷仲

舉之節。談議之間，微有感慨，非好爲不全之意，見峯岠於同人也。某某才意本是通穎，而嫋情嫫母，遂致紛紛。謗議之來，不在於虞山，而在於武水。弟欲大明其不然，而諸君亦無深求者，更無所用解嘲之語耳。春令之作，始於轅文。此是少年之事，而弟忽與之連類，猶之壯夫作優俳耳。

寅恪案，前第叁章論春令問題中已略引及舒章此書。據臥子年譜推測舒章作此書時當在崇禎十年臥子將由京南旋之際。書中所謂「虞山」乃指牧齋，自不待言。「武水」疑指海鹽姚叔祥士粦。可參初學集壹柒移居詩集「姚叔祥過明發堂共論近代詞人，戲作絶句十六首」。據舒章之語，則對於牧齋殊無惡意，可以推見。所可注意者，舒章所謂「才意通穎」之某某，究屬誰指？其所「嫋情」之「嫫母」又是何人？據李書此節下文即接以春令問題，似此兩事實有關聯，即與河東君有關也。前第叁章引錢肇鼇質直談耳謂河東君「在雲間，則宋轅文李存我陳臥子三先生交最密」。錢氏之語必有根據，但關於李待問一節，材料甚爲缺乏，或者此函中「才意通穎」之「某某」，即指「問郎」而言耶？以舒章作書之年月推之，謂所指乃存我在此時間與河東君之關係，似亦頗有可能。若所推測者不謬，則舒章以「嫫母」目河東君，未免唐突西子，而與牧齋有美詩「輸面一金錢」之句，用西施之典故，以譬河東君之美者，實相違反矣。一笑！

牧齋此次之遊西湖及黄山，不獨與河東君本有觀梅湖上之約，疑亦與程松圓有類似預期之事。據前引河東君與汪然明尺牘第叁拾通云：

弟方躭遊蠟屐，或至閣梅粱雪，彦會可懷。不爾，則春懷伊邇，薄遊在斯，當偕某翁便過通德，一景道風也。

考此札之作，當在崇禎十三年庚辰冬季。此時松圓亦同在牧齋家中。頗疑牧齋因松圓此際正心情痛苦，進退維谷，將離虞山歸新安之時。特作此往遊西湖及黄山之預約，以免獨與新相知偕行，而不與耦耕舊侶同遊之嫌，所以聊慰平生老友之微意，未必遲至崇禎十四年辛巳春間，始遣人持書遠至新安，作此預約也。但檢初學集肆陸「遊黄山記序」略云：

辛巳春余與程孟陽訂黄山之游，約以梅花時，相尋于武林之西溪。踰月而不至。余遂有事于白嶽，黄山之興少闌矣。壬午孟陬虞山老民錢謙益序。

及有學集壹捌「耦耕堂詩序」略云：

崇禎癸未十二月吾友孟陽卒于新安之長翰山。又十二年，歲在甲午，余所輯列朝詩集始出。〔初〕辛巳春，約游黄山，首塗差池，歸舟值孟陽於桐江。篝燈夜談，質明分手，遂泫然爲長别矣。

黄山記作於崇禎十五年正月，耦耕堂序作年雖不詳，亦在孟陽既卒十二年以後，皆牧齋事後追憶之筆。兩序文意，若作預約孟陽於辛巳春爲黄山之遊，而非於辛巳春始作此約，則與當日事理相合。然繹兩序文之辭語，似於辛巳春始作此約者，恐是牧齋事後追憶，因致筆誤耳。或者牧齋當崇禎十三四年冬春之間，新知初遇，舊友將離，情感衝突，心理失常之際，作游黄山記時，正值河東君患病甚劇。作耦耕堂詩序時，撫今追昔，不勝感慨。此等時間，精神恍惚，記憶差錯，遂有如是之記載耶？至若游黄山記之一云：「二月初五日發商山，初七日抵湯院。」證以初學集壹玖「東山詩集貳」下注：「起辛巳三月，盡一月」之語，則此記「二月」之「二」字，乃是「三」字之譌，固不待辨也。

復次，孟陽與牧齋之關係，其詳可於兩人之集中見之，兹不備論。但其同時人如前第叁章引朱鶴齡愚庵小集「與吴梅村書」，載宋轅文深鄙松圓，稱爲牧齋之「書傭」。後來文士如朱竹垞論松圓詩，亦深致不滿。兹略録朱氏之言，以見三百年來評論松圓詩者之一例。

明詩綜陸伍所選程嘉燧詩，附詩話云：

孟陽格調卑卑，才庸氣弱。近體多於古風，七律多於五律。如此伎倆，令三家邨夫子誦百翻兔園册，即優爲之，奚必讀書破萬卷乎？牧齋尚書深懲何李王李流派，乃於明三百年中特尊之爲詩老。六朝人語云：「欲持荷作柱，荷弱不勝梁。欲持荷作鏡，荷暗本無光。」得無類是與？姑就其集中稍成章者，録得八首。

夫松圓之詩固非高品，自不待言。但其别裁明代之僞體，實爲有功。古今文學領域至廣，創作家與批評家各有所長，不必合一。松圓可視爲文學批評家，不必爲文學創作者。竹垞所言，固非平情通識之論也。

松圓與牧齋兩人平生論詩之旨極相契合一點，兹姑不論。唯就崇禎十三四年冬春之間，兩人之交誼言之，則殊覺可笑可憐。松圓本欲徇例往牧齋家度歲，忽遇見河東君亦在虞山，遂狼狽歸里。牧齋又約其於西湖賞梅。松圓因恐河東君亦隨往，故意負約不至杭州，俟牧齋獨遊新安，訪孟陽於長翰山居。孟陽又復避去，蓋未知河東君是否同來之故。及牧齋留題於山居别去之後，松圓返家，始悉河東君未隨來遊，於是追及牧齋於桐江，留此最後之一别。噫！年逾七十垂死之老翁，跋涉奔馳，藏頭露尾，有如幼稚之兒童爲捉迷藏之戲者，豈不可笑可憐哉？牧齋固深知孟陽之苦趣，於孟陽卒後，其詩文中涉及孟陽者，則往往追惜於桐江之死别，情感溢於言表。由今觀之，牧齋内心之痛苦，抑又可推見矣。

牧齋此次，即崇禎十四年二月之大部分時間，滯留杭州。其踪跡皆於初學集壹捌東山詩集壹，寓杭州諸詩中，推尋得之。檢此集此卷所載諸詩，自「有美詩」後至「餘杭道中望天目山」，只就牧齋本人所作，而河東君和章不計外，共得九題。取東山詶和集貳所載牧齋之詩參較，則初學集所載多東山詶和集五題。蓋此五題之所詠，皆與河東君無關故也。但此五題雖與河東君無關，然皆牧齋崇禎十四年二月留滯杭州所作。在此時間，牧齋既因河東君之未肯同來，程松圓復不願踐約，失望之餘，無可奈何之際，只得聊與當時當地諸人，作不甚快心滿意之酬酢。實與此時此地所賦有關河東君諸詩，出於真摯情感者，區以別矣。此類酬應之作，原與本文主旨無涉，自可不論。唯其中亦略有間接關係，故僅就其題中之地或人稍述之，以備讀者作比較推尋之資料云爾。

初學集壹捌東山詩集壹「棲水訪卓去病」云：

（詩略。）

寅恪案，有學集叁貳「卓去病先生墓誌銘」略云：

去病姓卓氏，名爾康。杭之塘西里人。

又光緒修唐棲志貳山水門「官塘運河」條云：

下塘在縣之東北，洩上塘之水，受錢湖之流，歷五林唐棲，會於崇德，北達漕河，故曰新開運河。

據此知牧齋於崇禎十四年正月晦日，即廿九日，在鴛湖舟中賦有美詩後，當不易原來與河東君同乘之舟，直達杭州。初次所訪之友人，即「杭之塘西里人」卓去病。後此九年，即順治七年，牧齋訪馬進寶於婺州，途經杭州，東歸常熟，有學集叁庚寅夏五集「西湖雜感」序云：「是月晦日記於塘栖道中。」亦由此水道者。蓋吴越往來所必經也。

「夜集胡休復庶嘗故第」云：

惟餘寡婦持門户，更倩窮交作主賓。

寅恪案，此兩句下，牧齋自注云：「休復無子，去病代爲主人。」又初學集捌壹載「爲卓去病募飯疏」一文，列於「書西溪濟舟長老册子」及「追薦亡友綏安謝耳伯疏」後。故知此三文當爲崇禎十四年二月留滯杭州同時所作也。休復名允嘉，仁和人。事蹟見光緒修杭州府志壹肆肆文苑傳壹。

「西溪鄭庵爲濟舟長老題壁」云：

頻炷香燈頻掃地，不拈佛法不談詩。落梅風裏經聲遠，修竹陰中梵響遲。

寅恪案，初學集捌壹「書西溪濟舟長老册子」略云：

獻歲拏舟游武林，泊蔣邨，策杖看梅，偏歷西溪法華，憩鄭家庵。濟舟長老具湯餅相勞。觀其舉止樸拙，語言篤摯，宛然雲棲老人家風也。口占一詩贈之，有「頻炷香燈頻掃地，不拈佛法不談詩」之句，不獨傾倒於師，實爲眼底禪和子痛下一鉗錘耳。師以此地爲雲棲下院，經營數載，未潰於成，乞余一言爲唱導。辛巳仲春聚沙居士書於蔣邨之舟次。

光緒修杭州府志叁伍寺觀貳「古法華寺」條云：

在西溪之東，法華山下。明隆萬間，雲棲袾宏以雲間鄭昭服所捨園宅爲常住，址在龍歸徑北，約八畝有奇。初號雲棲別室，俗名鄭菴。崇禎〔六年〕癸酉秋郡守龐承寵給額稱古法華寺。

此條下附吴應賓（吴氏事蹟見明詩綜伍伍及明詩紀事庚壹伍等。）「古法華寺記」云：

古杭法華山有雲棲别院者，乃雲間青蓮居士鄭昭服所施建也。居士歸依蓮大師，法名廣瞻，雅發大願，將昔所置樓房宅舍山場園林若干，施與彌天之釋，爲布地之金。大師命僧濟舟等居焉。青蓮棄世，其子文學食貧，而此永爲法華道場。衆請郡守龐公承寵捐金給額，改爲古法華寺，濟舟乞余言以紀其事。

前論牧齋崇禎庚辰冬至日示孫愛詩，已引此「書濟舟册子」之文上一節，痛斥嘉禾門人所寄乞敍之某禪師開堂語録，兹不重録。濟舟雖爲能守「雲棲老人家風」之弟子，且能求當世文人爲之賦詩作記，似亦一風雅道人，但據牧齋此文下一節所描繪，則殊非具有學識，貫通梵典之高僧。今忽爲之賦詩，並作文唱導募化，未免前後自相衝突，遂故爲抑揚之辭，藉資掩飾，用心亦良苦矣。噫！牧齋當此時此地，河東君未同來，程松圓不踐約，孤遊無俚，難以消遣之中，不得已而與此老邁專事念佛之僧徒往來酬酢。其羈旅寂寞之情況，今日猶能想見。所詠之詩，亦不過藉以解嘲之語言，其非此卷諸詩中之上品，無足怪也。

「西溪湖水看梅，贈吴仁和」云：

（詩略。）

寅恪案，吴仁和者，當時仁和縣知縣吴坦公培昌也。光緒修杭州府志壹佰貳職官肆仁和縣知縣云：

吴培昌。華亭人。進士。〔崇禎〕十一年任。

胡士瑾。貴池人。進士。〔崇禎〕十五年任。

又陳忠裕全集壹陸湘真閣集「寄仁和令吴坦公」七律，題下附考證可互參。臥子寄坦公詩，有句云：

常嚴劍佩迎朝貴，更飭廚傳給隱淪。

可謂適切坦公當日忙於送往迎來之情況。若牧齋者，以達官而兼名士，正處於朝貴隱淪之間，宜乎有劍佩之迎，廚傳之給也。

「橫山題江道闇蝶庵」云：

疏丘架壑置柴關。冢筆巢書斷往還。盡攬煙巒歸几上，不教雲物到人間。蕭疎屋宇松頭石，峭蒨風期竹外山。莫殢蝶庵成蝶夢，似君龍臥未應閒。

寅恪案，江道闇本末未詳，俟更考。但檢馬元調横山遊記（下引各節可參光緒修杭州府志叁拾古蹟貳「横山草堂」條及所附江元祚「横山草堂記」。）卷首崇禎十年夏五月自序略云：

武林余所舊遊，未聞有横山焉者。今年春偶來湖上，一日夢文陸子歷敘此中讀書談道之士，爲余所未見者六七人。余因請六七人室廬安在？夢文謂諸子近耳，獨江道闇邦玉在黄山深處。然言黄山，不言横山。（寅恪案，江元祚文云「黄山舊名横山，土音呼横爲黄，遂相傳爲黄山」等語，可供參證。）

同書「樓西小瀑」條云：

返乎竹浪〔居〕，而道闇適自城中歸蝶菴。亟來晤。相見恨晚。抗言往昔，談諧間發，極爾清歡，夜分乃歇。

同書「白龍潭」條云：

〔四月〕廿八日早起即問白龍潭，邦玉謂草深竹密，宜俟露晞。乃先走蝶菴，訪道闇。蝶菴者，道闇藏修精舍，徑在緑香亭外。沿溪得小山口，緑陰沉沉，編荆即是。秀竹千竿，掩映山閣。歷磴連呼，衡門始豁。升堂坐定，寂如夜中，仰看屋梁，大字凡四，「讀書談道」。心胸若披，樂哉斯人，飲水當飽。

同書卷末載崇禎十年丁丑小寒日勾甬萬泰跋略云：

自邦玉氏誅茅結廬，一時名流多樂與之游，而人始知有横山。會同人江子道闇挈妻子讀書其中，因得偕陸子文虎〔彪〕策杖從之。

可知江道闇爲杭州名士無疑，而馬氏遊記關於蝶菴之敍述，尤可與錢詩相印證也。至馬萬二氏所言之邦玉，或即作「横山草堂記」之江元祚。但牧齋此次遊横山之詩什，不及邦玉之名與其園林之勝，殊不可解。今亦未悉其本末，並與道闇之關係，當再詳檢。

光緒修杭州府志叁叁名勝門「西溪探梅」條云：

由松木場入古蕩溪，溪流淺狹，不容巨舟。自古蕩而西至于留下，並稱西溪。曲水周環，羣山四繞。名園古刹，前後踵接，又多蘆汀沙溆，重重隔斷，略彴通行，有輿馬不能至者。其地宜稻宜蔬宜竹，而獨盛于梅花。蓋居民以爲業，種梅處不事雜植，且勤加修護，本極大而有致。又多臨水，早春時沿溪泛舟而入，瀰漫如香雪海。

沈德潛等輯西湖志纂壹叁「西溪勝蹟」云：

西溪溪流深曲，受餘杭南湖之浸，横山環之，凡三十六里。

牧齋留滯杭州時間幾達一月之久，其踪跡似未越出西溪横山之區域。號爲賞花，實則懷人。於無可奈何之際，當亦尋訪名勝，愁對隱淪。凡此諸人諸地，並不能驚破其羅浮酣夢也。

錢氏此次之游杭州，共得詩九首。直接及間接有關於梅花者，凡六首。其中二首，一爲當地寺僧，一爲當地官吏而作，可不計外，餘四首實皆爲河東君而賦也。觀梅之舉，本約河東君同行，河東君既不偕游，於是牧齋獨對梅花，遠懷美人，即景生情，故此四首詠梅之作，悉是河東君之寫真矣。

東山詶和集貳牧翁「西溪永興寺看緑蕚梅有懷」（寅恪案，初學集壹捌此題下多「梅二株蟉虬可愛，是馮祭酒手植」十三字。）云：

略彴緣溪一徑斜。寒梅偏占老僧家。共憐祭酒風流在，未惜看花道路賒。繞樹繁英團小閣，迴舟玉雪漾晴沙。道人未醒羅浮夢，正憶新粧蕚緑華。

河東「次韻永興看梅見懷之作」云：

鄉愁春思兩欹斜。那得看梅不憶家。折贈可憐疏影好，低迴應惜薄寒賒。穿簾小朵亭亭雪，漾月流光細細沙。欲向此中爲閣道，與君坐卧領芳華。

寅恪案，西湖志纂壹叁西溪勝蹟門「永興寺」條引西湖梵隱志（參光緒修杭州府志叁伍寺觀貳「永興寺」條。）云：

明萬曆初馮夢禎太史延僧真麟新之。手植緑蕚梅二本，題其堂曰二雪。

然則杭州之梅花，以西溪永興寺馮具區所植之緑蕚梅爲最有名。牧齋此次游杭州看梅，歷時頗久，而多在西溪者，即由於此。何况汪然明别墅亦在此間。賞今日梅花之盛放，憶昔時美人之舊游，對景生情，更足增其詩興也。夫古來賦詠梅花之篇什甚多，其以梅花比美人者，亦復不少。牧齋博學能詩，凡所吟咏，用事皆適切不泛，辭意往往雙關。讀者若不察及此端，則於欣賞其詩幽美之處，尚有所不足也。上録七律所用故實，初視之亦頗平常，不過龍城録趙師雄羅浮夢事并蘇子瞻和楊公濟梅花詩（見東坡集壹捌「次韻楊公濟奉議梅花十首」及「再和楊公濟梅花十絶」。）及高季迪「梅花詩」（見高啓青丘集壹伍「梅花」七律九首之一。）等出處耳。但細繹之，則龍城録中云：

趙師雄於松林間，見一女人，淡粧素服。（寅恪案，今所見龍城録，諸本皆作「女人」，惟佩文齋增補陰氏韻府羣玉拾灰韻，「梅」下引龍城録「女人」作「美人」。疑陰氏所見本作「美人」也。）

及高詩「月明林下美人來」之句，皆以昔時「美人」兩字之古典，確指今日河東君之專名。其精當不移有如此者。又前論牧齋「冬日同如是泛舟」詩「莫爲朱顔歎白頭」句，引顧公燮消夏閑記等書，足徵河東君皮膚之白。永興寺馮開之所植之雙梅，乃緑萼梅，故署其堂曰二雪。凡梅之白花者，其萼色緑。范成大范村梅譜「緑萼梅」條（見涵芬樓本説郛柒拾並參博古齋影印百川學海本。）云：

緑萼梅。凡梅花跗蒂皆絳紫色，惟此純緑。枝梗亦青，特爲清高。好事者比之九疑仙人萼緑華。京師艮嶽有萼緑華堂，其下專植此本。人間亦不多有，爲時所貴重。

故牧齋取此眼前相對之白梅，以比遠隔他鄉美人之顔色，已甚適切。復借永興寺之緑萼梅，以譬真誥中神女之萼緑華，（見真誥壹運象篇第壹萼緑華詩。）即河東君，尤爲詞旨關聯，今古貫通。牧齋此詩「道人未醒羅浮夢，正憶新粧萼緑華」兩句，可謂言語妙絶天下矣。抑更有可論者，「新粧」二字亦有深意，李太白詩（見全唐詩第叁函李白肆「清平調詞」三首之二。）云：

借問漢宫誰得似，可憐飛燕倚新粧。

據顧云美河東君傳云：

君爲人短小，結束俏麗。

則河東君可比趙飛燕，而與肥碩之楊玉環迥異。寅恪初讀牧齋此詩，未解「新粧」二字之用意，一夕默誦太白詩，始恍然大悟，故標出之，以告讀者。

河東君和作初學集不載。或是以所作未能競勝牧齋原詩之故。其詩結語云：「欲向此中爲閣道，與君坐卧領芳華。」當出王摩詰詩「閣道迴看上苑花」之句。（見全唐詩第貳函王維肆「奉和聖製從蓬萊向興慶閣道中留春雨中春望之作應制」七律。）蓋牧齋原作與右丞之作同韻，豈河東君因和牧齋之故，憶及王詩，遂有「閣道」之語耶？

東山詶和集貳牧翁「二月九日再過永興看梅，梅花爛發，髣髴有懷。適仲芳以畫册索題，遂作短歌，書於紙尾」（寅恪案，初學集壹捌東山詩集壹「仲芳」上有「吾家」二字。）云：

> 西溪梅花千萬樹。低亞凝香塞行路。永興兩樹最綽約，素豔孤榮自相顧。飄黄拂緑傍香樓。春寒日暮含清愁。依然翠袖修林裏，遥憶美人溪水頭。徙倚沈吟正愁絶。見君畫册思飄瞥。開懷落落生雲山，觸眼紛紛綴香雪。羨君畫高神亦閒。趣在蒼茫近遠間。仲圭殘墨潑武水，子久粉本留虞山。我將梅花比君畫。月地雲階吐光怪。乞君揮灑墨汁餘，向我蕭閒草堂掛。草堂深柳净無塵。淡墨疏窗會賞真。還將玉雪横斜意，舉似凌風卻月人。

寅恪案，仲芳者，錢棻之字。光緒修嘉善縣志貳貳（參光緒修嘉興府志伍伍錢棻傳。）略云：

> 錢棻字仲芳。崇禎十五年經魁。構園曰蕭林，種梅百本。晚歲鍵户謝客，著書大滌山，賦詩作畫。年七十八卒。

牧齋此詩以花比人，辭語精妙，自不待言。而「遥憶美人溪水頭」，乃一篇之主旨也。至其結語云：「乞君揮灑墨汁餘，向我蕭閒草堂掛。草堂深柳净無塵。淡墨疏窗會賞真。還將玉雪橫斜意，舉似凌風却月人。」其欲貯河東君於金屋之意，情見乎辭矣。牧齋此詩後，未載河東君和章。蓋河東君此時已不作長句古詩。其所以如此之故，今未敢妄測。然必不可以朱竹垞之論程松圓者論河東君，則可斷言也。（見明詩綜陸伍程嘉燧條。）

更有可論者，光緒修常昭合志稿肆肆藝文「閨秀遺箸」云：

　　河東君詩文集十二卷。梅花集句三卷。柳隱。錢受之副室。

河東君文集十二卷未見，不知内容如何。但據從胡文楷君處鈔得之三卷本梅花集句題云：

　　我聞室梅花集句。河東柳是如是氏集。

今檢列朝詩集閏伍集句詩類載童琥小傳云：

　　琥字廷瑞，蘭谿人。有艸窗梅花集句三卷，凡三百有十首。

牧齋選廷瑞梅花集句詩共六首。取三卷之鈔本校之，則牧齋所選者，悉在其中，惟有數字不同耳。由此言之，可證所謂河東君集本，實廷瑞所集。至何以誤爲出自河東君，則殊難考知。但檢初學集壹叁試拈詩集有「戲書梅花集句詩」七絕一首。題下自注云：

　　本朝沈行童琥集，各三百餘首。

牧齋此詩作於崇禎十一年，可證牧齋在河東君未訪半野堂前，家中早已藏有廷瑞集句。河東君既歸牧齋之後，曾手鈔其本，或題署書名，或加鈐圖記。後人不察，遂誤認爲河東君所集耶？方志紀載錯誤，因恐輾轉傳譌，特附訂正之於此。

東山詶和集貳牧翁「横山汪氏書樓」云：

（詩見前論河東君尺牘第壹通所引。今不重録。）

寅恪案，前論河東君尺牘第壹通，謂河東君於崇禎十二年遊杭時，曾借居汪氏别墅，即此詩之「横山汪氏書樓」也。牧齋此次遊杭州，本約河東君同行，疑其且欲同寓汪氏别墅。不意河東君未能同遊，故牧齋於此深有感觸。其用「琴臺」之典，以司馬相如自比，並以卓文君比河東君，實取杜工部集壹壹「琴臺」五律所云：

茂陵多病後，尚愛卓文君。酒肆人間世，琴臺日暮雲。野花留寶靨，蔓草見羅裙。歸鳳求皇意，寥寥不復聞。

之意。又以「雲」爲河東君之名，并用子美詩「片雲何意傍琴臺」之句。（見杜工部集壹壹「野老」七律。）糅合江文通雜體詩「休上人」詩「日暮碧雲合，佳人殊未來」辭意，（見文選叁壹。）構成此詩七八兩句，甚爲精巧。錢遵王止注「碧雲」之出處，殊不賅備。蓋未能瞭解牧齋文思之微妙。牧齋前於崇禎十三年冬答河東君過訪半野堂初贈詩有「文君放誕想流風」之句，亦即賦此詩時之意也。東山詶和集貳牧翁「二月十二春分日横山晚歸作」（寅恪案，鄭氏近世中西史日表，崇禎十四年辛巳二月十日春分。與牧齋詩題不合。）云：

杏園村店酒旗新。度竹穿林踏好春。南浦舟中曾計日，西溪樓下又經旬。殘梅糝雪飄香粉，新柳含風瀁麴塵。最是花朝并春半，與君遙夜共芳辰。

河東「次韻」云：

年光詩思競鮮新。忽漫韶華逗晚春。止爲花開停十日，已憐腰緩足三旬。枝枝媚柳含香粉，面面夭桃拂軟塵。回首東皇飛轡促，安歌吾欲撰良辰。

寅恪案，此題除前於河東君尺牘第壹通所論者外，尚有可言者，即錢詩「南浦舟中曾記日，西溪樓下又經旬」與柳詩「止爲花開停十日，已憐腰緩足三旬」兩聯互相印證是也。牧齋送河東君由虞山返茸城，於崇禎十四年元夕抵虎丘。河東君又送牧齋自蘇州至鴛湖，然後別去，獨返松江。計其由虞山出發之時，至是年花朝，蓋已一月矣。受之此次游杭州，賞梅花，當即寄寓汪然明横山別墅。自抵杭州至賦此詩時，已閱旬日。江文通「別賦」云：「送君南浦，傷如之何！」（見文選壹陸并此句李善注引楚辭九歌「河伯」曰：「子交手兮東行，送美人兮南浦。」寅恪案，王逸楚辭注云：「子謂河伯也。言屈原與河伯別。子宜東行，還於九河之居，我亦欲歸也。」又文選「別賦」五臣注張銑曰：「送君送夫也。南浦，送別之處。」皆可與錢柳詩互證通用。）故錢詩此聯上句，即柳詩此聯下句。又「腰緩」之句，自是出文選貳玖古詩十九首之一「相去日已遠，衣帶日已緩。」（并可參李善注引古樂府歌曰：「離家日趨遠，衣帶日趨緩。」）不過古詩乃女思男之辭，河東君借用其語句，以指牧齋，非古詩作者本旨也。若就宋人詩餘言之，牧齋當如柳耆卿之「衣帶漸寬終不悔。爲伊消得人憔悴」，（見樂章集蝶戀花。）而河東君當如史邦卿之「諱道相思，偷理綃裙，自驚腰衩」，（見梅溪詞三姝媚。）始爲合理。否則，牧齋豈不成爲單相思？一笑！其後來刻初學集，删去河東君和作，殆由柳詩微有語病之故耶？至柳詩七八兩句，出楚辭九歌東皇太一「吉日兮辰良。穆將愉兮上皇。」及「疏緩節兮安歌。」自是人所習知，不待多論。

又初學集肆陸「遊黄山記」序云：

辛巳春余與孟陽訂黄山之游，約以梅花時，相尋于武林之西溪，踰月不至。余遂有事于白嶽，黄山之興少闌矣。徐維翰書來勸駕，讀之兩腋欲舉，遂挾吴去塵以行。吴長孺爲戒車馬，庀糗脯，子含去非羣從相向慫恿，而皆不能從也。

寅恪案，牧齋此次本擬偕河東君同行，又期程松圓於杭州，與美人詩老共作湖山之游，洵可稱賞心樂事。豈意河東君中途返回松江，而松圓又遲行後期，於是不得已挾吴去塵爲伴，以游黄山。去塵者，列朝詩集丁壹伍吴布衣拭小傳（參明詩綜柒壹吴拭小傳及光緒修常昭合志稿肆拾游寓吴拭傳。又春星堂集壹不繫園集亦載吴氏詩。）略云：

拭字去塵，居新安之上山。宗族多富人，去塵獨好讀書鼓琴，遊名山水。倣易水法製墨，遇通人文士，倒囊相贈，富家翁厚價購之，輒大笑曰，勿以孔方兄辱吾客卿也。（寅恪檢徐康前塵夢影録上「虞山錢牧齋有蒙叟墨」條載牧齋門生歙人吴聞禮聞詩兄弟，爲牧齋製「爲天下式」及「秋水閣」墨事。可供參考。）坐此益大困。耳聾頭眩，爲悍婦所逐，落魄遊吴門。遇亂，死虞山舟中。毛子晉爲收葬之。

然則牧齋此行雖無羅浮之新豔，猶有隃糜之古香。陶詩云，「慰情聊勝無」，牧齋於此亦可憐矣。牧齋所選去塵詩，不及竹垞所選者之佳。吴氏既能詩，又生長黄山，此次伴牧齋同遊，當有篇什，何以牧齋遊黄山諸詩，既不附録吴作，詩題中亦未道及其名字，頗覺可怪。豈此時牧齋心中，專注河東君一人，其餘皆不顧及，亦如其「書西溪濟舟長老册子」所言者耶？（見初學集捌壹。）竹垞所選去塵詩中有「無題和斗生」二首，詩頗佳，其中所言，未敢妄測，但兩首起句皆有「雲」字，頗可玩味，特附録之，以俟好事者之參究。詩云：

海外雲生碧浪陰。赬鱗蒼鴈總浮沉。寥寥天漢雙星小，寂寂黎花一院深。貞玉有光還易見，明珠無定杳難尋。輕鸞欲繡愁無力，除是靈芸七孔鍼。

巫山遠在暮雲中。愁隔春燈一點紅。莫道金刀難翦水，須知紈扇也驚風。化爲蝴蜨飛纔竝，除是鴛鴦睡不同。最是游絲無賴甚，又牽春去過牆東。

東山詶和集貳牧翁「陌上花樂府，東坡記吴越王妃事也。臨安道中感而和之。和其詞而反其意，以有寄焉」云：

陌上花開正掩扉。茸城草緑雉媒肥。狂夫不合堂堂去，小婦翻歌緩緩歸。

陌上花開燕子飛。柳條初撲麴塵衣。請看石鏡明明在，忍撇妝臺緩緩歸。

陌上花開音信稀。暗將紅淚裹春衣。花開容易紛紛落，春暖休教緩緩歸。

河東「奉和陌上花三首」云：

陌上花開照板扉。鴛湖水漲緑波肥。班騅雪後遲遲去，油壁風前緩緩歸。

陌上花開一片飛。還留片片點郎衣。雲山好處亭亭去，風月佳時緩緩歸。

陌上花開花信稀。楝花風暖颺羅衣。殘花和夢垂垂謝，弱柳如人緩緩歸。

寅恪案，前論牧齋所作「吴巽之持孟陽畫扇索題」詩節，曾引耦耕堂存稿文下「題歸舟漫興册」云：

庚辰臘月望，海虞半野堂訂遊黄山。正月〔十〕六日牧翁已泊舟半塘矣。又停舟西溪，相遲半月，乃先發。余三月一日始入舟，望日至湖上，將陸行從，而忽傳歸耗，遂溯江逆之，猶冀一遇也。

牧齋之由杭州出發，往游黄山，雖難確定爲何日，但綜合孟陽「又停舟西溪，相遲半月」之語及牧齋「二月十二春分日横山晚歸作」七律後，既接以和東坡「陌上花」之題兩點推之，則知牧齋由杭州啓程，必在二月下半月。其餘杭道中和陌上花詩，亦當在此時所作也。孟陽於崇禎十四年庚辰十二月望日定游黄山之約後，匆匆歸新安。據河東君與汪然明尺牘第叁拾通「閣梅梁雪」之語，知牧齋之遊杭州，實欲乘遊黄山之便，中途在杭州看梅。此事松圓別虞山時必已早悉，何以遲至三月一日梅花謝後，始入舟往杭。然則松圓遲遲其行，撲空赴約，如捉迷藏，其故意避免與河東君相見，絶無疑義。意者，孟陽於二月半後始探知河東君僅送牧齋至鴛湖，即返松江，遂敢於三月一日入舟至杭州會晤牧齋，其後期之原因，實在於此，殊可笑矣。又牧齋此詩序中所謂「和其詞而反其意」者，東坡集伍「陌上花三首」序云：

父老云，吴越王妃每歲春必歸臨安。王以書遺妃曰，陌上花開，可緩緩歸矣。

蓋吴越王妃每歲必歸其臨安之家，故王有「陌上花開，可緩緩歸」之語。今牧齋以守其家法之故，正值花開之時，令河東君歸其茸城之家，然深致悔恨，遂有「狂夫不合堂堂去，小婦翻歌緩緩歸」，「請看石鏡明明在，忍撇妝臺緩緩歸」及「花開容易紛紛落，春暖休教緩緩歸」等句。藉以寄其欲河東君來與同遊之思，即所謂「用其詞，而反其意」者。河東君和詩「陌上花開一片飛，還留片片點郎衣」即其鴛湖舟中「送牧翁之新安」詩所謂「祇憐不得因風去，飄拂征衫比落梅」之意也。後來河東君於順治七年庚寅和牧齋「人日示内」詩，（見有學集貳秋槐支集。）其第貳首結語云：

香燈繡閣春常好，不唱卿家緩緩吟。

猶涉及牧齋臨安道中此詩。當庚寅人日河東君賦詩之時，牧齋既得免於黃毓祺案之牽累，所生女嬰復在身側，頗有承平家庭樂趣，所以舉出陌上花之典，藉慰牧齋，且用王安豐婦之語，以「卿家」爲言。（見世説新語惑溺類「王安豐婦常卿安豐」條。）三百年前閨中戲謔之情況，尚歷歷如覩。牧齋於順治十三年丙申賦「茸城惜別」詩，（見有學集柒高會堂詩集。）敍述其與河東君之因緣，其中亦云：

陌上催歸曲，雲間贈婦篇。（寅恪案，「雲間贈婦篇」指文選貳肆陸士衡「爲顧彥先贈婦二首」及貳伍陸士龍「爲顧彥先贈婦二首」并玉臺新詠叁陸機「爲顧彥先贈婦二首」及陸雲「爲顧彥先贈婦往返四首」而言。機雲兄弟皆雲間人，且其詩皆夫婦贈答之作，與東山詶和集之爲錢柳贈答之作者，甚相類似，於此可證牧齋用典之精切也。）

據此可見錢柳二人終始不忘此「陌上花」之曲有若是者也。東山詶和集貳牧翁「響雪閣」詩，前論河東君尺牘第捌通時，已引其全文，并詳釋之，今不更詮述。至此詩後未載河東君和作者，恐是河東君本不喜遊山，昔年作商山之遊，實非得已，故亦不欲於茲有所賦詠也。

東山詶和集貳牧翁「禊後五日浴黃山下湯池，留題四絕句，遙寄河東君」云：

香溪禊後試温湯。寒食東風谷水陽。卻憶春衫新浴後，竊黄淺絳道家裝。
山比驪山湯比香。承恩並浴少鴛鴦。阿瞞果是風流主，妃子應居第一湯。（寅恪案，初學集壹玖東山詩集貳此句下自注云：「南部新書。御湯西北角則妃子湯，餘湯邐迤相屬而下。」）
沐浴頻看稱意身。刈蘭贈藥想芳春。憑將一掬香泉水，噀向茸城洗玉人。（寅恪案，初學集「噀」作「噴」。）
齊心同體正相因。祓濯何曾是兩人。料得盈盈羅襪步，也應抖擻拂香塵。

河東「奉和黄山湯池留題遥寄之作」云：

素女千年供奉湯。拍浮渾似踏春陽。可憐蘭澤都無分，宋玉何繇賦薄裝。
浴罷湯泉粉汗香。還看被底浴鴛鴦。黟山可似驪山好，白玉蓮花解捧湯。
睡眼朦朧試浴身。芳華竟體欲生春。憐君遥噀香溪水，蘭氣梅魂暗着人。
旌心白水是前因。覰浴何曾許别人。煎得蘭湯三百斛，與君攜手祓征塵。

寅恪案，牧齋此題及河東君和章，乃關於錢柳因緣之重要作品。蓋河東君不肯與牧齋同遊杭州及黄山，獨自遥歸松江。牧齋心中當亦知其猶豫顧慮之情。故鴛湖别後，屢寄詩篇。不僅致己身懷念之思，實兼藉以探河東君之意也。河東君和詩第肆首有「旌心白水是前因。覰浴何曾許別人」之句，乃對牧齋表示決心之語。想牧齋接誦此詩，必大感動。閱二十年，至順治十六年己亥，牧齋因鄭延平失敗，欲隨之入海，賦詩留別河東君，有「白水旌心視此陂」之句，（見投筆集「後秋興之三」及有學集拾紅豆二集「後秋興八首」。）其不忘情於河東君此詩者如此。若僅以用左傳之典，步杜詩之韻目之者，猶未達一間。苟明乎此義，則東山訓和集此題之後，即接以「六月七日迎河東君於雲間」之詩，便不覺其突兀無因矣。

牧齋詩第壹首：「却憶春衫新浴後，竊黃淺絳道家裝。」錢遵王注此詩，引薛能「蜀黃葵」詩「記得玉人春病後，道家裝束厭禳時」。（寅恪案，才調集壹「後」作「校」。全唐詩第玖函薛能肆此詩題「蜀黃葵」作「黃蜀葵」。詩中「春」作「初」，「後」作「起」，一作「較」。）雖能知其出處，似尚未發明牧齋文心之妙。蓋河東君肌膚潔白，本合於蜀先主甘后「玉人」之條件。前論錢柳「冬日泛舟」詩，引顧公燮消夏閑記等書，已詳言之。即牧齋此題第叁首「嘆向茸城洗玉人」句，亦是實指，並非泛用典故。又河東君於崇禎十四年辛巳春初患病，牧齋賦此詩，在是年三月初八日。薛詩「春病後」或「春病校」之語，尤爲適切河東君此時情況也。河東君和詩「可憐蘭澤都無分，宋玉何繇賦薄裝」兩句，自用文選壹玖宋玉「神女賦」中「侻薄裝，沐蘭澤」之語，實寓詩衛風「伯兮」篇「自伯之東。首如飛蓬。豈無膏沐，誰適爲容」之意。情思纏綿，想牧齋讀此，必爲之魂銷心醉也。

此題第貳首錢柳二人之作，皆用華清池故事。全唐詩第玖函鄭嵎「津陽門」詩「暖山度臘東風微。宮娃賜浴長湯池。刻成玉蓮噴香液，漱迴煙浪深逶迤」注云：

宮内除供奉兩湯池，内外更有湯十六所。長湯每賜諸嬪御，其修廣與諸湯不侔。甃以文瑶寶石，中間有玉蓮捧湯泉，噴以成池。

全唐文陸壹貳陳鴻「華清湯池記」云：

玄宗幸華清宫。新廣湯池，制作宏麗。安禄山於范陽以白玉石爲魚龍鳧雁，仍以石梁及石蓮花以獻。雕鐫巧妙，殆非人工。上大悦，命陳於湯中，仍以石梁亘湯上，而蓮花纔出水際。

據此河東君「白玉蓮花解捧湯」之「白玉」，實兼取陳氏記中之語。其所用典故，蓋有軼出牧齋詩句之外者矣。

此題第叁首牧齋詩下半兩句，若依初學集作「噴」，則與鄭嵎詩注相合。雖較「噀」字爲妥。但「噀」字出於葛洪神仙傳伍「欒巴傳」中「賜百官酒，又不飲，而向西南噀之」及同書玖「成仙公傳」中「先生忽以杯酒向東南噀之」等，實與「遥」字有關。（檢太平廣記叁拾神仙門叁拾「張果」條云：「果常乘一白驢，日行數萬里。休則重疊之。其厚如紙，置於巾箱中，乘則以水噀之，還成驢矣。」雖非遥噀，然亦屬神仙道術，故附記於此，以供參證。）黄山下之湯池與松江之横雲山離隔甚遠，遥噀香泉，正是神通道術，儻改爲「噴」字，似不甚適切。至河東君詩「憐君遥噀香溪水」，自是兼采神仙傳並劉孝標「送橘啟」（見馮應榴蘇文忠公詩合注貳貳「食甘」詩注所引。）而不局於「津陽門」詩注也。

抑更有可論者，東坡集壹叁「食甘」詩：「清泉蔌蔌先流齒，香霧霏霏欲噀人。」河東君詩「憐君遥噀香溪水」句，其下即接以「梅魂」之語，當與東坡詩有關。蓋東坡此詩前一題「〔元豐〕六年正月二十日復出東門，仍用前韻。」其結語云：「長與東風約今日，暗香先返玉梅魂。」前論河東君金明池「詠寒柳」詞及牧齋「我聞室落成」詩，已詳及之，兹不更贅。所可注意者，牧齋以「梅魂」自比，故河東君和牧齋詩，亦以「梅魂」目之，其心許之意，尤爲明顯。又據此可推知河東君當是時必常披覽蘇集，於東坡之詩，有所取材，實已突破何李派之範圍矣。

此題第肆首牧齋詩「羅襪」「香塵」之語，出於曹子建洛神賦：「凌波微步，羅襪生塵。」（見文選壹玖。）自不待言。所可笑者，前引汪然明「無題」云：「老奴愧我非温嶠，美女疑君是洛神。」汪氏作詩時在崇禎十一年秋，雖與牧齋同以「洛神」目河東君，然不敢自命爲温太真。閲三年，至崇禎十四年春，牧齋作此詩，亦以洛神目河東君，竟敢以老奴自許，而下其玉鏡臺矣。河東君和詩「與君攜手祓征塵」之句，不獨與「祓濯」香湯有關，且「攜手」之語正是暗指前引牧齋初學集壹柒永遇樂「十六夜有感，再次前韻」詞「何日裏，竝肩攜手，雙雙拜月」之結語而言。於是錢柳兩人文字相思之公案，得此遂告一結束矣。初學集壹玖東山詩集貳「三月廿四日過釣臺有感」（自注：「是日聞陽羨再召。」）云：

嚴瀨曈曈旭日餘。桐江瀧盡掛帆初。老夫自有漁灣在，不用先生買菜書。

寅恪案，牧齋於崇禎十四年辛巳三月初八日浴湯池，寄詩河東君後，閲三月至六月七日，遂有茸城舟中合歡詩之作。此三月中實爲平生最快心滿意之時。忽聞周玉繩再入相之命，胸中不覺發生一希望與失望交戰之情感。詩題所謂「有感」，殆即此種感觸也。第叁章論楊陳兩人「五日」詩，引及牧齋「病榻消寒雜詠」中關涉周氏之詩，以見其垂死之時，猶追恨不已之事例。斯乃由失望所致，與賦此詩時之情感，尚有所不同。但牧齋此際姑醒黄扉之殘夢，專采紅豆之相思，亦情事所不得不然者矣。此詩末句即用皇甫謐高士傳下嚴光傳下「買菜乎？求益也」之語，意謂不欲藉周氏之力以求起用。然此不過牧齋欺人之辭耳。詳見後論黄梨洲南雷文定後集貳「顧玉書墓誌銘」，兹暫不述。若初學集捌拾有「復陽羨相公書」及「寄長安諸公書」。（此題下自注：「癸未四月。」）其寄長安諸公書中云：「令得管領山林，優遊齒髮。」並同書貳拾下東山詩集肆「〔癸未〕元日雜題長句八首」其六云：「廟廊題目片言中，准擬山林著此翁。」句下自注云：「陽羨公語所知曰，虞山正堪領袖山林」等，僅可視作失望之後，怨懟矯飾之言，不得認爲棄仇復好，甘心恬退之意。至初學集貳拾下東山詩集肆最後一題「甲申元日」詩中「倖子魂銷槃水前」及「衰殘敢負蒼生望，自理東山舊管絃」等句，則更是快意恩仇之語，「東山管絃」一辭，亦涉及河東君，并以結束「東山」名集之意也。又有學集壹秋槐詩集載「金壇逢水榭故妓，感歎而作。凡四絶句」。其第叁首云：「身輕渾欲出鶤籠。」此題下即接以「鶤籠曲四首，示水榭舊賓客」此兩題共八絶句，皆爲詆笑玉繩之作。其時君亡國破，猶不忘區區之舊隙。怨毒之於人，有若是者，誠可畏哉！錢周兩人之是非本末，於此姑不置論，唯略舉牧齋平生胸中恩怨及苦樂，形諸文字，間接關涉兒女私情者如此，聊見明末士大夫風習之一斑也。

牧齋於崇禎十四年三月初八日浴黄山下湯池，寄詩河東君，得其心許之和章。但詩筒往返，頗需時日。牧齋是否由黄山還家，中途經過杭州時，得誦河東君所和之詩，以無確證，不必多論。若一檢有美詩如「東山約已堅」之語，則知河東君固與牧齋已有宿約，惟尚未決定何時履行耳。牧齋本欲及早完成此事，過釣臺時，復得玉繩再召入相之訊，更宜如前所言，火急遄返虞山，籌備合巹之大禮矣。據陳氏二十史朔閏表崇禎十四年三月小盡，并三子合稿伍臥子所作「孟夏一日遇錢牧齋宗伯于禾城」五律二首（陳忠裕全集壹肆三子詩稿此詩題多「夜談時事」四字。）則知牧齋自釣臺至禾城，至多不過歷時五日，以當時水道交通言之，其歸程之迅速，與平日遊賞湖山，隨處停留者，大不相同。牧齋返虞山家中，當在四月上旬。計至六月七日，約爲二月之時間。此二月之時間，當即顧云美河東君傳所云，「宗伯使客搆之乃出」者。推測河東君所以顧慮遲疑之故，當爲嫡庶之分。此問題一在社會禮節，若稍通融，可逃糾察。一在國家法律，不容含混，致違制度。其實兩者之間，互有關係。檢明史貳陸伍倪元璐傳云：

〔崇禎〕八年遷國子祭酒。元璐雅負時望，位漸通顯，帝意嚮之，深爲〔温〕體仁所忌。一日帝手書其名下閣，令以履歷進，體仁益恐。會誠意伯劉孔昭謀掌戎政，體仁餌孔昭，使攻元璐，言其妻陳尚存，而妾王冒繼配復封，敗禮亂法。詔下吏部核奏。其同里尚書姜逢元，侍郎王業浩，劉宗周及其從兄御史元珙，咸言陳氏以過被出，繼娶王，非妾。體仁意沮。會部議行撫按勘奏，即擬旨云：「登科録二氏並列，罪跡顯然，何待行勘。」遂落職閒住。（寅恪案，黄宗羲思舊録「倪云璐」條云：「〔先生〕又請毁〔三朝〕要典，以爲魏氏之私書。孫之獬抱要典而哭于朝，不能奪也。未幾而許重熙之五陵注略出，其中有礙于誠意伯劉孔昭之祖父。時先生爲司成，孔昭囑毁其板，先生不聽。孔昭遂以出婦詰先生去位。」可供參考。）

談遷棗林雜俎仁集逸典「阮大鋮」條云：

〔福王朝，大鋮〕日同〔馬〕士英及撫寧侯誠意伯狎飲。後常熟錢侍郎謙益附焉。錢寵姬柳如是，故倡也。大鋮請見，遺玉帶曰：「爲若覓恩封。」（寅恪案，計六奇明季北略貳肆「五朝大事總論」中謂阮贈柳者爲珠冠，而非玉帶。所贈之物雖異，而覓封之旨則同也。詳見第伍章所引。）自是諸公互見其室，恬不爲恥。

同書同集「王氏奪封」條云：

尚書上虞倪元璐玉汝少娶餘姚陳氏，失懽。既登第，嬖妾王氏篡封命。同邑丁庶子進，以故隙嗾誠意伯劉孔昭訐其事，可坐總京營也。倪適除祭酒，奏辨，陳氏失母意，遣歸外氏，命娶王，宜封。而陳所生女字王司馬業浩子貽栻，司馬揭引海瑞前妻許氏潘氏弗封，封繼妻王氏爲例。幸上不問。倪自免歸。陳氏實同母夫人居，非遣歸者。甲申末，陳氏訴於朝。時孔昭在事，奪王氏，改封。白璧微瑕，君子惜之。

倪會鼎撰倪文正公年譜叁「崇禎九年夏四月勳臣劉孔昭疏訐府君，罷歸」條略云：

烏程銜府君侵議，每思所以中之。顧言路無可喻意。會誠意伯劉孔昭覬戎政，遂以啗之。出袖中彈文，使越職訐奏府君冒封誥。下吏部議覆。於是同里朝士尚書姜公逢元，侍郎王公業浩，劉公宗周等，及從父御史公（指倪元珙。）揭辨分合之故。府君亦上章自理。烏程意沮。及吏部覆，行撫按覆奏。烏程慮勘報之得實也，即擬旨，登科録二氏並載，朦溷顯然，何待行勘。於是部議冠帶閒住。烏程票革職。上從部議，而封典如故。（寅恪案，倪會鼎所編其父年譜，辭語含混，自是爲其父諱。若會鼎爲王氏所生，則兼爲其母諱也。年譜中「封典如故」一語，甚可注意。蓋鴻寶雖因此案冠帶閒住，而王氏封典如故，及劉孔昭南都當權時，王氏之封誥始被奪，而改封陳氏。會鼎不著其事，可謂得春秋之旨矣。）

夫玉汝與牧齋俱爲烏程所深惡，幸温氏早死於崇禎十一戊寅年，已不及聞知牧齋與河東君結褵之事，否則當嗾使劉孔昭或張漢儒之流，告訐牧齋，科以「敗禮亂法」之罪。且崇禎十四年六月牧齋嫡妻陳夫人尚安居牧齋家中，未嘗被出，（可參葛萬里錢牧齋先生年譜順治十五年戊戌條「夫人陳氏卒」之記載。）則與談氏所言玉汝嫡妻陳氏之情事略同，而非如玉汝己身及其鄉里親朋所稱陳王關係之比。儻牧齋果以「敗理亂法」被處分，則其罪應加倪氏一等。錢柳結褵之時，牧齋固以玉汝爲前車之鑑，不敢觸犯國家法制，然亦因其崇禎二年己巳閣訟終結，坐杖論贖，黜職歸里，即嫡妻陳夫人之封誥，當被追奪。（可參初學集伍崇禎詩集壹「喜復官誥，贈内。戲效樂天作」，「聞新命未下，再贈」兩題及同書柒肆「請誥命事略」妻陳氏條。）本不能效法倪氏，爲河東君請封。唯有在社會禮節方面，鋪張揚厲，聊慰河東君之奢望而已。（寅恪案，談遷棗林雜俎和集叢贅「都諫娶娼」條云：「雲間許都諫譽卿娶王脩微。常熟錢侍郎謙益娶柳如是。並落籍章臺，禮同正嫡。先進家範，未之或聞。」可供參證。）後來錢柳共赴南京翊戴弘光。雖時移事變，似有爲河東君請封之可能，但是時劉孔昭炙手可熱，竟能推翻倪王之舊案，錢柳自必有所警惕，遂不得不待「還期共覆金山譜，桴鼓親提慰我思」（見投筆集上「後秋興之三」第肆首。）之實現也。又圓海代河東君「覓恩封」之言，若真成事實者，想此小朝廷之大司馬，或以錢謙益妻柳氏能如韓世忠妻梁氏之知兵爲説耶？一笑！復觀投筆集上後秋興之三「八月初十日小舟夜渡，惜别而作」之五，有「衣朱曳綺留都女，羞殺當年翟茀班」之句，（寅恪案，一隅草堂鈔本有學集拾「朱」作「珠」，恐非。）則牧齋詩旨，以爲河東君當時雖未受封誥，實遠勝於其他在南都之諸命婦。其所以温慰河東君之微意，抑又可推見矣。

又板橋雜記中麗品門云：

> 龔〔芝麓鼎孳〕竟以顧〔眉生媚〕爲亞妻。元配童氏明兩封孺人。龔入仕本朝，歷官大宗伯。童夫人高尚居合肥，不肯隨宦京師。且曰，我經兩受明封，以後本朝恩典，讓顧太太可也。顧遂專寵受封。嗚呼！童夫人賢節過鬚眉男子多矣。

談遷北游録紀聞上「馮銓」條云：

> 癸巳涿州次妾□氏没，銘旌題誥封一品夫人。喪歸，大内遺賻。時元配尚在，豈受封先

朝，竟以次妾膺新典乎？

據此更可證建州入關之初，漢族降臣，自可以妾爲妻，不若其在明代受法律之制裁。但牧齋仕清時，亦未嘗爲河東君請封。此蓋出於河東君之意與龔芝麓夫人童氏同一心理。澹心之書，其範圍限於金陵樂籍，固不能述及河東君。（余氏書附録羣芳萎道旁者三則，其中二則，雖俱不屬金陵範圍，但河東君本末，其性質與此迥異。）否則亦應於此點與童夫人並舉，稱揚其賢節也。至馮振鸞人品卑下，尤不及芝麓。其所爲更無論矣。

關於社會禮節問題，兹擇録舊籍記載此事者兩條於下。

蘼蕪紀聞上引沈虬「河東君傳」云：

辛巳六月虞山於茸城舟中與如是結褵。學士冠帶皤髮，合巹花燭，儀禮備具。賦催妝詩，前後八首。雲間搢紳譁然攻討，以爲褻朝廷之名器，傷士大夫之體統，幾不免老拳，滿船載瓦礫而歸，虞山怡然自得也。稱爲繼室，號河東君。

虞陽説苑本牧齋遺事云：

辛巳初夏牧齋以柳才色無雙，小星不足以相辱，乃行結褵禮於芙蓉舫中。簫鼓遏雲，蘭麝襲岸。齊牢合巹，九十其儀。於是琴川紳士沸焉騰議。至有輕薄子擲磚彩鷁，投礫香車者。牧翁吮毫濡墨，笑對鏡臺，賦催妝詩自若。稱之曰河東君，家人稱之曰柳夫人。

寅恪案，沈氏乃親見河東君之人，其言「雲間搢紳，譁然攻討」與牧齋遺事所言「琴川紳士沸焉騰議」者，「雲間」「琴川」地名各異。夫錢柳本在茸城結褵，似以沈氏所言爲合。其實錢柳同舟由松江抵常熟，則牧齋遺事所言，亦自可通。總之，揮拳投礫，或言之過甚。至牧齋以匹嫡之禮待河東君，殊違反當時社會風習，招來多數士大夫之不滿，乃必致之情勢。此點牧齋豈有不知之理，但舍是不能求得河東君之同意。在他人如宋轅文陳臥子輩，早已不敢冒天下之大不韙而爲之，今牧齋則悍然不顧，作此破例之事。蓋其平日之心理及行動，本有異於宋陳之徒。當日閹黨倣水滸所撰之東林點將録指爲「天巧星浪子」者，（參見澄海高氏玉笥山樓藏稿本。）固由於此。名流推爲「廣大風流教主」者，亦由於此。故河東君與宋陳之關係，所以大異於其與牧齋之關係，實在嫡庶分別之問題。觀茸城結褵之記載，可以推知矣。

牧齋自述此事之詩，前論宋讓木「秋塘曲」及錢柳「陌上花」詩時，各引其兩句。又論宋轅文上牧齋書時，已考定牧齋在松江所作高會堂諸詩之年月。此詩即高會堂諸詩之一也。此自述詩爲千字五言排律。歷敍家國今昔之變遷，排比鋪張，哀感頑豔，乃牧齋集中佳作之一。其中使用元代故實，以比儗建州。吾人今日觀之，雖不足爲異。但就當時一般文士學問程度言之，則牧齋之淹通博雅，蓋有雲間幾社諸子所不能企及者矣。兹唯録此詩中關於茸城結褵一節，其他部分俟後録而論之。

有學集柒高會堂詩集「茸城惜別，思昔悼今，呈雲間諸游好，兼訂霞老看梅之約。共一千字」云：

十六年來事，茸城舊話傳。千金徵窈窕，百兩艷神仙。谷水爲珠浦，崑山是玉田。仙桃方照灼，人柳正蹁躚。月姊行媒妁，天孫下聘錢。珠衣身綽約，鈿盒語纏綿。命許迦陵共，星占柳宿專。香分忉利市，花合夜摩天。陌上催歸曲，雲間贈婦篇。銀河青瑣外，朱鳥緑窗前。秀水香車度，横塘錦纜牽。

東山詶和集以訪半野堂初贈詩起，以迎河東君於雲間詩，即「合歡詩」及「催妝詞」止。首尾始終，悲歡離合，悉備於兩卷之中，誠三百年間文字因緣之一奇作。牧齋詩最後兩題關於古典者，遵王之注略具，故不多贅。茲僅就關於今典者，即在此兩題以前，錢柳諸詩辭旨有牽涉者，稍引述之，如第壹章之所論列者也。

東山詶和集貳牧翁「六月七日迎河東君於雲間，喜而有述四首」（初學集貳拾東山詩集叁此題作「合歡詩四首，六月七日茸城舟中作」。）其一云：

鴛湖畫舸思悠悠。谷水香車浣别愁。舊事碑應銜闕口，新歡鏡欲上刀頭。此時七夕移弦望，他日雙星笑女牛。榜栧歌闌仍秉燭，始知今夜是同舟。

寅恪案，此詩七八兩句，可與前引牧齋「冬日同如是泛舟有贈」詩「五湖已許辦扁舟」及

「次日叠前韻再贈」詩「可憐今日與同舟」等句參證。東坡詩云：「他年欲識吴姬面，秉燭三更對此花。」（見東坡集壹捌「再和楊公濟梅花十絶」。）牧齋此夕正是「對花」之時。而「他日雙星笑女牛」，則反用玉谿詩「當時七夕笑牽牛」（見李義山詩集上「馬嵬」二首之一。）之指天寶十載七月七日爲過去時間者，以指崇禎十四年七月七日爲未來時間也。

其二云：

五茸媒雉即鴛鴦。樺燭金鑪一水香。自有青天如碧海，更教銀漢作紅牆。當風弱柳臨妝鏡，罨水新荷照畫堂。從此雙棲惟海燕，再無消息報王昌。

寅恪案，三四兩句遵王已引其古典。至其今典，則第叁句可與牧齋永遇樂「十六夜有感，再次前韻」詞「嫦娥孤另」，而第肆句可與此詞「銀漢紅牆」及河東君次韻答牧翁冬日泛舟詩「莫爲盧家怨銀漢」等參證。第伍句可與牧齋冬日泛舟詩「每臨青鏡憎紅粉」及河東答詩「春前柳欲窺青眼」等參證。第柒句可與牧齋永遇樂詞「單棲海燕」，而第捌句可與此詞「誰與王昌説」及牧齋答河東君初贈詩「但似王昌消息好」，并河東君春日我聞室作「畫堂消息何人曉」等相參證也。

其三云：

忘憂别館是儂家。烏榜牙檣路不賒。柳色濃於九華殿，鶯聲嬌傍七香車。朱顔的的明朝日，錦障重重暗晚霞。十丈芙蓉俱並蒂，爲君開作合昏花。

寅恪案，第柒句可與牧齋寒夕文讌詩「詩裏芙蓉亦並頭」及句下自注「河東君新賦並頭蓮詩」之語參證。前論文讌詩，已詳考之，不必多贅。但有可笑者，韓退之詩「太華山頭玉井蓮。開花十丈藕如船」，（見全唐詩第伍函韓愈叁「古意」。）牧齋「十丈」之出處，應與昌黎詩有關。蒲松齡爲清初人，當亦薰習於錢柳時代之風尚。其所作聊齋誌異，深鄙婦人之大足，往往用「蓮船盈尺」之辭以形容之。河東君平生最自負其纖足，前已述及。牧齋此句無乃唐突「輪面一金錢」之西施耶？一笑！

其四云：

朱鳥光連河漢深。鵲橋先爲架秋陰。銀缸照壁還雙影，絳蠟交花總一心。地久天長頻致語，鸞歌鳳舞並知音。人間若問章臺事，鈿合分明抵萬金。

寅恪案，第叁句可與河東君上元夜次韻牧翁詩「銀缸當夕爲君圓」參證。第肆句可與牧齋庚辰除夜守歲詩「燭花依約戀紅妝」及上元夜示河東君詩「燭花如月向人圓」等參證。第陸句可與牧齋寒夕文讌詩「鶴引遥空鳳下樓」參證。又有可注意者，據程偈菴再贈河東君詩「彈絲吹竹吟偏好」及牧齋後來崇禎十五年壬午仲春十日自和合歡詩（見初學集貳拾東山詩集叁。）第肆首「流水解翻筵上曲」，「歌罷穿花度好音」，并顧云美河東君傳云：「越舞吴歌，族舉遞奏。香籢玉臺，更迭唱和。」可證河東君能詩詞外，復擅歌舞。故牧齋此茸城合歡詩第肆首第陸句「鸞歌鳳舞並知音」之句，實兼歌舞詩詞兩事言之。合此雙絶，其在當時，應推獨步也。

東山詶和集貳牧翁「催妝詞四首」云：

> 養鶴坡前烏鵲過。雲間天上不争多。較他織女還僥倖，（初學集貳拾上東山詩集叁「僥」作「傒」。）月筴生時早渡河。
>
> 鵲駕鸞車報早秋。盈盈一水有誰留。妝成莫待雙蛾畫，新月新眉總似鉤。
>
> 鶉火舒光照畫屏。銀河倒轉渡青冥。從今不用看牛女，朱鳥窗前候柳星。
>
> 寶架牙籤壓畫輪。筆牀硯匣動隨身。玉臺自有催妝句，花燭筵前與細論。

寅恪案，此題第壹首第貳句牧齋易「人間天上」爲「雲間天上」者，以鶴坡在華亭之故，遵王注中已引其出處矣。第肆首第貳句可與牧齋有美詩「翠羽筆牀懸」參證。

總而言之，「合歡」「催妝」兩題既與前此諸詩有密切關係，則其所用材料，重復因襲，自難避免，故不必更多援引。讀者取錢柳在此時期以前作品參繹之，當於文心辭旨貫通印證之妙，有所悟發也。

顧云美「河東君傳」云：「宗伯賦前七夕詩，屬諸詞人和之。」今所見東山詶和集載録和前七夕詩，即合歡詩者，凡十五人，共詩二十五首。和催妝詞者，凡三人，共詩十首。前論列朝詩集所選沈德符詩中，亦有和合歡詩之什，未附於諸人和詩之内，當是後來補作，未及刊入者。其他十八人之和詩，或尚不止三十五首之數，疑牧齋編刊東山訓和集時，有所評定去取也。茲以原書俱在，不煩詳論。唯擇録和作中詩句之饒有興趣者，略言之。至林雲鳳之詩及其事蹟，前已詳及，故不再贅。

和前七夕詩，即合歡詩，第壹首中，徐波詩「早梅時節釀酸愁」之句頗妙。滂喜齋叢書收入徐元歎先生殘稾一種，未見徐氏和牧齋此題諸詩。不知是否爲葉茗生廷琯所删去，抑或葉氏所見元歎詩殘稾中本無此題諸詩也。「酸愁」之「酸」字，元歎之意何指，未敢妄測。若非指錢柳，則在女性方面，當指牧齋嫡妻陳夫人及其他姬侍。在男性方面，則松圓詩老最爲適合，至陳臥子謝象三輩，恐非所指也。

和前七夕詩第貳首中徐波詩云：

> 雙棲休比晝鴛鴦。真有隨身藻荇香。移植柔條承宴寢，捧持飛絮入宮牆。抱衾無復輪當夕，舞袖虛教列滿堂。從此凡間歸路杳，行雲不再到金昌。

寅恪案，元歎此詩並非佳作，但詩所言頗可玩味。第叁章論臥子「吴閶口號」十首時，謂河東君實先居蘇州，後徙松江。今觀徐氏「行雲不再到金昌」句，似可證實此點。蓋元歎本蘇州人，年輩亦較早。當河東君居蘇州時，徐氏直接見之，或間接聞之，大有可能也。和前七夕詩第叁首中，元歎詩七八兩句云：「坐擁羣真嘗説法，楊枝在手代拈花。」意謂釋迦牟尼雖嘗廣集徒衆，演説妙法，但終拈花微笑，傳心於迦葉一人。此用禪宗典故爲譬喻，以牧齋比能仁，以河東君比飲光，以錢氏諸門人，即「羣真」，比佛諸弟子。蓋牧齋當時號召其門生和合歡詩及催妝詞，元歎因作此語以爲戲耳。陸貽典和詩云：「桃李從今不教發，杏媒新有柳如花。」「杏媒」用玉谿生「柳下暗記」詩語。（見李義山詩集上。）其意亦與元歎同也。馮班詩下半云：「行雲入暮方爲雨，皎日凌晨莫上霞。若把千年當一夜，碧桃明早合開花。」辭旨殊不莊雅，未免唐突師母矣。

和前七夕詩第肆首中，顧凝遠詩云：「一笑故應無處買，等閒評泊説千金。」語意亦頗平常，並非佳作。但取第叁章引質直談耳所記蠢人徐某以三十金求見河東君事，與青霞此詩並觀，殊令人發笑。何雲詩「結念芙蕖緣並蒂」句，非泛用典故，乃實指河東君所賦並蒂芙蓉詩而言，前已詳論之矣。馮班詩「紅蕖直下方連藕，絳蠟纔燒便見心」一聯甚工切，其語意雖涉諧謔，但錢柳皆具雅量，讀之亦當不以爲忤也。

和催妝詞諸詩皆不及和前七夕詩諸篇。蓋題目範圍較狹，遣辭用意亦較不易，即牧齋自作此題之詩，亦不及其合歡詩也。茲唯録許經詩「更將補衮彌天線，問取針神薛夜來」兩句於此，不僅以其語意與謝安石東山絲竹之典有關，亦因其甚切「閨閣心懸海宇棋」（見投筆集上「後秋興之三」及有學集紅豆詩貳集。）之河東君爲人。牧齋之「補袞彌天」向河東君請教，自所當然也。

綜觀和詩諸人，其年輩較長者，在當時大都近於山林隱逸，或名位不甚顯著之流。其他大多數悉是牧齋之門生或晚輩。至若和合歡詩第貳首之陳在茲玉齊，據柳南隨筆壹「陳在之學詩于馮定遠」條，則其人乃馮班之門人，即牧齋之小門生也。由此言之，牧齋當日以匹嫡之禮與河東君結褵，爲當時搢紳輿論所不容。牧齋門人中最顯著者，莫若瞿稼軒式耜。瞿氏與牧齋爲患難之交，又爲同情河東君之人。今不見其和詩，當由有所避忌之故。但如程松圓，則以嫌疑慚悔，不願和詩，前已詳論，茲不再及。唯有一事最可注意者，即合歡詩及催妝詞兩題，皆無河東君和章是也。此點不獨今日及當時讀東山詶和集者，同懷此疑問，恐在牧齋亦出其意料之外。觀其催妝詞第肆首云：「玉臺自有催妝句，花燭筵前與細論。」可見牧齋亦以爲河東君必有和章也。今河東君竟無一詩相和者，其故究應如何解釋耶？或謂前已言及河東君平生賦詩，持杜工部「語不驚人死不休」之準繩，苟不能競勝於人，則不輕作。觀戊寅草早歲諸詩，多涉生硬晦澀，蓋欲藉此自標新異，而不覺陷入神釋堂詩話所指之疵病也。但崇禎八年秋晚脫離幾社根據地之松江，九年重遊非何李派勢力範圍之嘉定，與程孟陽李茂初輩往返更密，或復得見牧齋讀杜詩寄盧小箋及二箋，詩學漸進，始知不能仍挾前此故技，以壓服一般文士。故十二年湖上草以後所賦篇什，作風亦變。何況今所與爲對手之兩題原作者，即「千行墨妙破冥濛」之牧齋乎？其所以不和者，蓋藉以藏拙也。鄙意此説亦有部分理由，然尚未能完全窺見河東君當時之心境。河東君之決定舍去臥子，更與牧齋結褵，其間思想情感痛苦嬗蜕之痕跡，表現於篇什者，前已言之，兹可不論。所可論者，即不和合歡詩催妝詞之問題。蓋若作歡娱之語，則有負於故友。若發悲苦之音，又無禮於新知。以前後一人之身，而和此啼笑兩難之什，吮毫濡墨，實有不知從何説起之感。如僅以不和爲藏拙，則於其用心之苦，處境之艱，似猶有未能盡悉者矣。由此言之，河東君之不和兩題，其故儻在斯歟？儻在斯歟？

第叁期

自崇禎十四年辛巳夏河東君與牧齋結褵於茸城起，至崇禎十六年癸未冬絳雲樓落成時止，將近三年。此期間之歲月，雖不可謂之甚短，但其間僅有兩大事可紀。一爲河東君之患病。一爲絳雲樓之建造。河東君之患病約歷二年，則又佔此期之時間五分之四也。兹請依次言之，并附述錢柳兩人談兵論政之志事。

錢柳結褵後三年間，雖曾一度出遊，然爲時不久。其餘皆屬在虞山家居之歲月也。牧齋於有學集柒高會堂詩集「茸城惜別」詩中嘗自述之。前論錢柳結褵事，已引此詩一節，兹更續引其所述關於此三年者於下。其詩云：

畫樓丹嶂埒，書閣絳雲編。小院優曇秘，閒庭玉蘂鮮。新粧花四照，昔夢柳三眠。筝迸茶山屋，魚跳蟹舍椽。餘霞三泖塔，落日九峰烟。

寅恪案，牧齋所述乃總論此三年者。今更就其作品及其他材料中，有關此時期之事蹟論述之，略見當時柳錢兩人婚後生活之一斑云爾。

初學集貳拾上東山詩集叁「燕譽堂秋夕」云：

雨過軒窗浴罷時。水天閒話少人知。憑闌密意星娥曉，出幌新粧月姊窺。鬬草空堦蛩自語，採花團扇蝶相隨。夜來一曲君應記，颯颯秋風起桂枝。（自注：「非君起夜來。柳惲詩也。」）

寅恪案，初學集此題之前，催妝詞之後，僅有一詩。其題爲「田國戚奉詔進香岱嶽，渡南海謁普陀還朝，索詩爲贈」。世俗相傳觀音誕辰爲六月。田國戚之渡南海謁普陀，當在此際。其還朝向牧齋索詩，亦應在七月。牧齋詩題所謂「秋夕」之「秋」，即指初秋而言。牧齋此詩當與李義山詩集中「楚宮」二首（第壹首爲七絕，第貳首爲七律。）有關。（才調集陸選第貳首七律，題作「水天閒話舊事」。）蓋「水天閒話少人知」及「出幌新粧月姊窺」等辭，固出玉谿詩第貳首，而義山第壹首「朝雲暮雨長相接，猶自君王恨見稀」兩句之意，實爲牧齋詩旨所在。雖賦詩時間距茸城結褵之日，似逾一月。然詩中無牢騷感慨之語，故可視爲蜜月中快心得意之作。至牧齋此詩七八兩句及其自注，則第叁章論河東君夢江南詞第叁首「端有夜來風」句，已詳言之，自可不贅。但河東君之詞，乃爲臥子而作者，在牧齋方面言之，河東君此時甚不應記及文暢詩也。一笑！

初學集貳拾上東山詩集叁「秋夕燕譽堂話舊事有感」云：

> 東虜游魂三十年。老夫雙鬢更皤然。追思貰酒論兵日，恰是涼風細雨前。埋没英雄芳草地，耗磨歲序夕陽天。洞房清夜秋燈裏，共簡莊周說劒篇。

寅恪案，此詩於第壹章拙詩序中，已引其一部分，并略加考證。牧齋此詩首二句「東虜遊魂三十年。老夫雙鬢更皤然」之語，據瞿九思萬曆武功録壹壹「奴兒哈赤列傳」略云：

> 奴兒哈赤故王台部也。（參同書同卷王台列傳。）後叛走建州，帶甲數千人，雄東邊，遂爲都指揮。始王台時，畏德，不敢與西北諸酋合。久之，卜寨那林起，常窺隙，略我人畜。給諫張希皐上書，以爲奴兒哈赤旁近北虜怳忽大，聲勢相倚。恐卜寨那林孛羅一旦不可知，（參同書同卷卜寨那林孛羅列傳。）東連西結，悉甲而至邊，何以爲備。是歲萬曆〔十六年〕戊子也。

則自萬曆十六年戊子至天啓元年辛酉，牧齋作浙江鄉試程録中序文及策文第伍問時，爲三十三年。若不如此解釋，則燕譽堂話舊事詩，賦於崇禎十四年辛巳秋，上距萬曆十六年戊子，爲五十三年，與情事不合矣。檢此詩後即爲「中秋日攜内出游」之題，故知其作成，約在中元以後，中秋以前，「恰是涼風細雨」時候也。牧齋争宰相不得，獲罪罷歸。其政敵多以天啓元年浙江鄉試之錢千秋關節一案爲藉口。此案非本文範圍，不須考述。但就牧齋詩旨論之，當雖以國事爲言，實則詩中所謂「莊周説劍篇」，即指其天啓元年浙江鄉試程録中談兵諸篇。當牧齋天啓元年秋主試浙江，作此談兵諸篇時，其涼風細雨之景物，亦與崇禎十四年秋夕在燕譽堂共河東君話及舊事，并簡舊文時相似也。牧齋於此年三月聞陽羨再召之訊，已知不易再起東山。疇昔之雄心壯志，無復表現之機會，唯有獨對閨閣中之梁紅玉，發抒其感憤之意耳。然則此詩雖以「東虜游魂」爲言，實是悲歎個人身世之作也。

又有學集肆捌「題費所中山中詠古詩」云：

近以學者摛詞掞藻，春華滿眼。所中獨好談握奇八陣兵農有用之學。山中詠古，上下千載得二十四人，可以觀其志矣。余少壯而好論兵，抵掌白山黑水間。老歸空門，都如幻夢。然每笑洪覺範論禪，輒唱言杜牧論兵，如珠走盤。知此老胸中，尚有事在。所中才志鬱盤，方當不介而馳，三周華不注，何怪其言之娓娓也。昔人有言，治世讀中庸，亂世讀陰符。又云，治世讀陰符，亂世讀中庸。此兩言者，東西易向，顧所中爲筮而決之。寅恪案，牧齋此文作於南都傾覆後，仍從事於復楚報韓活動之時。但文中「余少壯而好論兵，抵掌白山黑水間」之語，則指天啓元年浙江鄉試程録中談兵諸篇而言，故迻録於此，以供讀此詩者之參證。

初學集貳拾上東山詩集叁「中秋日攜内出游，次冬日泛舟韻二首」云：

緑浪紅闌不殢愁。參差高柳蔽城樓。鶯花無恙三春侶，蝦菜居然萬里舟。炤水蜻蜓依鬢影，窺簾蛺蝶上釵頭。相看可似嫦娥好，白月分明浸碧流。

輕橈蕩漾緩清愁。恰似明粧上翠樓。桂子香飄垂柳岸，芰荷風度採蓮舟。招邀璧月成三影，搊當金尊坐兩頭。便合與君長泛宅，洞房蘭室在中流。

河東君依韻奉和二首云：

秋水春衫憺暮愁。船窗笑語近紅樓。多情落日依蘭櫂，無藉輕雲傍綵舟。月幌歌闌尋麈尾，風床書亂覓搔頭。五湖煙水長如此，願逐鴟夷汎急流。

素瑟清尊迥不愁。柂樓雲物似粧樓。夫君本自期安槳，（自注：「有美詩云，迎汝雙安槳。」）賤妾寧辭學泛舟。燭下烏龍看拂枕，風前鸚鵡喚梳頭。可憐明月將三五，度曲吹簫向碧流。

寅恪案，錢柳唱和所以次此「冬日泛舟」舊韻者，不僅人同地同，而兩方此時心情愉暢，亦與崇禎十三年冬日正復相同也。河東君自茸城與牧齋結褵後，其所賦詩篇，今得見者，以此二律爲首次。如第壹首「月幌歌闌尋麈尾，風床書亂覓搔頭」及第貳首「燭下烏龍看拂枕，風前鸚鵡喚梳頭」等，皆其婚後閨中生活之寫實。第壹首一聯神釋堂詩話深賞其佳妙，前已引及。第貳首一聯，則可與才調集伍元稹「夢遊春」詩「鸚鵡飢亂鳴，獝狌睡猶怒」之句相參證。（可參拙著元白詩箋證稿第叁章論此詩條。）至第貳首第貳聯及自注，似足表現河東君之雅量，幾與今日王寶川戲劇大登殿中代戰公主相等，殊有異於其平日所爲，頗覺奇特。或者此不過偶然一時心情愉暢之所致，未必爲陳夫人地，而以桃葉桃根自居也。

又張山來潮所輯虞初新志伍有徐仲光芳「柳夫人小傳」無甚史料價值，但其中述錢柳婚後互相唱和一節，則頗能寫出當時實況，故附録於此。其文云：

> 柳既歸宗伯，相得歡甚。題花詠柳，殆無虛日。每宗伯句就，遣鬟矜示柳。擊鉢之頃，蠻箋已至，風追電躡，未嘗肯地步讓。或柳句先就，亦走鬟報賜。宗伯畢力盡氣，經營慘淡，思壓其上。比出相視，亦正得匹敵也。宗伯氣骨蒼峻，虬松百尺，柳未能到。柳幽豔秀發，如芙蓉秋水，自然娟媚，宗伯公時亦遜之。於時旗鼓各建，閨閣之間，隱若敵國云。

河東君自賦中秋日詩後，其事蹟在崇禎十四年冬季之可考者，爲偕牧齋出遊京口一事。前論牧齋爲漢書事與李孟芳書時，已略及此問題，兹更詳考之於下。

初學集貳拾上東山詩集叁「小至日京口舟中」云：

> 病色依然鏡裏霜。眉間旋喜發新黄。偶逢客酒澆長至，且撥寒鑪泥孟光。撫髻一燈還共炤，飛蓬兩鬢爲誰傷。陽春欲復愁將盡，弱線分明驗短長。

附河東君和詩云：

> 首比飛蓬鬢有霜。香奩累月廢丹黄。却憐鏡裏叢殘影，還對尊前燈燭光。錯引舊愁停語笑，探支新喜壓悲傷。微生恰似添絲線，邀勒君恩竝許長。

寅恪案，牧齋詩結語云：「陽春欲復愁將盡，弱線分明驗短長。」蓋所以温慰河東君之愁病，情辭甚真摯。河東君報以「微生恰似添絲線，邀勒君恩竝許長」之句，并非酬答之例語，而是由衷之實言。

考河東君本是體弱多病之人。檢陳忠裕全集壹伍陳李唱和集載有臥子於崇禎六年癸酉秋季所賦二律。其題序云：

> 秋夕沈雨，偕燕又讓木集楊姬館中。是夜姬自言愁病殊甚。

及耦耕堂存稿詩中載有孟陽於崇禎九年丙子夏季所賦「六月鴛湖飲朱子暇夜歸，與雲娃惜別」七律。其第肆第伍二句云：

愁似横波遠不知。病起尚憐妝黛淺。

並觀河東君與汪然明尺牘第壹壹通云：

二扇草上，病中不工，書不述懷，臨風悵結。

第壹叁通云：

齊雲勝遊，兼之逸侣，崎嶇之思，形之有日。奈近羸薪憂，褰涉爲憚。

第壹肆通云：

昨以小疢，有虚雅尋。

第壹捌通云：

不意元旦嘔血，遂爾岑岑至今，寒熱日數十次。醫者亦云，較舊沈重。恐瀕死者無幾，只增傷悼耳。

第貳伍通云：

伏枕荒謬，殊無銓次。

第貳柒通云：

餘扼腕之事，病極不能多述也。

第貳捌通云：

不意甫入山後，纏綿夙疾，委頓至今。近聞先生已歸，幸即垂示。山中最爲麗矚，除藥鐺禪榻之外，即松風桂渚。若覯良規，便爲情景俱勝。讀孔璋之檄，未可知也。伏枕草草，不悉。

第貳玖通云：

弟抱疴禾城，已纏月紀。及歸山閣，幾至彌留。

又據前引牧齋次韻崇禎十四年辛巳上元夜小飲沈璧甫齋中示河東君詩云，「薄病輕寒禁酒天」及有美詩云，「薄病如中酒」。可以證知河東君於崇禎六年及九年曾患病，至於十二，十三，十四等年之内，幾無時不病，真可謂合「傾國傾城」與「多愁多病」爲一人。儻非得適牧齋，則終將不救矣。

初學集貳拾上東山詩集叁「冬至後京江舟中感懷八首」其一云：

懵騰心口自相攻。失笑禁啼夢囈中。白首老人徒種菜，紅顔小婦尚飄蓬。床頭歲敍占枯樹，鏡裏天涯問朔風。睡起船窻頻徙倚，强瞪雙眼數來鴻。

寅恪案，此詩第壹聯爲主旨所在。上句用三國志蜀志貳先主傳裴注引胡沖吴歷「吾豈種菜者乎」之語。蓋牧齋此時頗欲安内攘外，以知兵自許。河東君亦同有志於是。然皆無用武之地也。

其二云：

世事那堪祝網羅。流年無復感蹉跎。繙書懶看窮愁志，度曲誰傳暇豫歌。背索偶逢聊復爾，侏儒相笑不争多。晤言好繼東門什，深柳書堂在磵阿。

寅恪案，此詩第柒句出詩陳風：「東門之池，可以漚菅，彼美淑姬，可與晤言。」第捌句用劉昚虚「深柳讀書堂」之語。（見全唐詩第肆函劉昚虚「闕題」五律。）此兩句皆指河東君而言。「柳」爲河東君之寓姓，頗切。然毛詩「東門之池」小序云：「刺時也。疾其君之淫昏，而思賢女以配君子也。」若以此解，則河東君爲賢女，崇禎帝爲昏君。不僅抑揚過甚，且小序所謂「君子」乃目國君。牧齋用典絶不至儗人不於其人。其不取毛序迂遠之説，自無疑義也。

其三云：

蹙蹙羣烏啄野田。遼遼一鴈唳江天。風光頗稱將殘歲，身世還如未泊船。懶養丹砂回髩髮，閒憑青鏡記流年。百金那得封侯藥，悔讀蒙莊説劒篇。

寅恪案，此詩「悔讀蒙莊説劍篇」與前引「燕譽堂秋夕話舊」詩之「共檢莊周説劒篇」有關。前詩自指牧齋「天啓元年浙江鄉試程録」而言。此詩雖非即指此録，但其中有談兵之部分，故可借爲比儗。頗疑錢柳此次出遊京口，實與天啓元年浙江鄉試程録有關也。餘見後論。

其四云：

屈指先朝侍從臣。西清東觀似前身。何當試手三千牘，已作平頭六十人。櫪下可能求駿骨，爨餘誰與惜勞薪。閑披仙籍翻成笑，碧落猶誇侍帝晨。

寅恪案，此詩第柒句之「仙籍」，依通常用典之例及此詩全部辭旨推之，應指登科記或縉紳録類似之書而言。但牧齋在京口舟中恐無因得見此種書録。鄙意錢柳之遊京口，其動機實由共檢天啓元年浙江鄉試程録之談兵部分，有所感諱，遂取此録自隨，同就天水南渡韓梁用兵遺蹟，與平日所言兵事之文相證發。今觀初學集玖拾所載此録序文，即有牧齋所任翰林院編修之官銜。其全書之首，當更有此類職名。此詩「屈指先朝侍從臣。西清東觀似前身」兩句之意，當亦指此。初學集首載程松圓序云：「辛酉先生浙闈反命，相會于京師。時方在史局，分撰神廟實録，兼典制誥。」可取與相證也。

其五云：

人情物論總相關。何似西陵松柏間。敢倚前期論白首，斷將末契結朱顔。緣情詞賦推團扇，慢世風懷託遠山。戀別燭花渾未灺，宵來紅淚正爛斑。

寅恪案，此詩專述河東君崇禎十三年庚辰冬過訪牧齋於虞山半野堂，及次年辛巳春別去，獨返雲間，一段因緣。前引牧齋病榻消寒雜詠中「追憶庚辰半野堂文讌舊事」詩，與此詩之旨略同。「慢世風懷託遠山」句，其出處遵王注已言之，即牧齋答河東君初贈詩「文君放誕想流風。臉際眉間訝許同」之意。至「人情物論總相關。何似西陵松柏間」句，則指河東君初贈詩，「江左風流物論雄」之語而言。蓋牧齋素以謝安自比，崇禎元年會推閣臣，不僅未能如願，轉因此獲罪罷歸，實爲其平生最大恨事。河東君初贈詩道破此點，焉得不「斷將末契結朱顏」乎？

其六云：

項城師潰哭無衣。聞道松山尚被圍。原野蕭條郵騎少，廟堂鎮静羽書稀。擁兵大將朱提在，免胄文臣白骨歸。却喜京江波浪偃，蒜山北畔看斜暉。

寅恪案，「項城師潰哭無衣」句，第壹章論錢遵王注牧齋詩時，已言及之。據浙江通志壹肆拾選舉志舉人表天啓元年辛酉科所取諸人姓名及初學集貳拾下東山詩集肆「三良詩」，知汪氏爲牧齋門人，故聞其死難，尤悼惜之也。「聞道松山尚被圍」事，則遵王以避清室忌諱之故，未著一字。檢明史貳肆莊烈帝紀略云：「崇禎十四年七月壬寅洪承疇援錦州，駐師松山。十五年二月戊午大清兵克松山。洪承疇降。」牧齋賦此詩在十四年十一月，正是松山被圍時也。

其七云：

柁樓尊酒指吴關。畫角聲飄江北還。月下旌旗看鐵甕，風前桴鼓憶金山。餘香墜粉英雄氣，剩水殘雲俛仰間。（寅恪案，初學集肆肆「韓蘄王墓碑記」引此句，「殘雲」作「殘山」，似較佳。）他日靈巖訪碑版，麒麟高冢共躋扳。

寅恪案，此詩乃錢柳此次出遊京口之主旨。前論第肆首謂兩人既以韓梁自比，欲就南宋古戰場，實地調查，以爲他日時局變化之預備。後此將二十年牧齋賦「後秋興之三」云：「還期共覆金山譜，桴鼓親提慰我思。」（見投筆集上及有學集拾紅豆貳集。）猶念念不忘此遊也。此詩結語云：「他日靈巖訪碑版，麒麟高冢共躋扳。」意謂當訪弔梁韓之墓。觀京江感懷詩後第貳題爲「半塘雪中戲成，次東坡韻。」半塘在蘇州，見前論有美詩「半塘春漠漠」句所述。由鎮江返常熟當經蘇州，韓梁墓在靈巖，錢柳雖過蘇，而未至其地者，必因河東君素憚登陟。前論「與汪然明」尺牘第壹叁通及戊寅草「初秋」八首之三「人似許玄登望怯」句，已詳言之。河東君平日既是如此，況今在病中耶？至初學集肆肆「韓蘄王墓碑記」云：

> 辛巳長至日余與河東君泊舟京江，指顧金焦二山，想見兀朮窮蹙打話，蘄王夫人佩金鳳瓶傳酒縱飲，桴鼓之聲，殷殷江流，潰沸中遂賦詩云，餘香墜粉英雄氣，剩水殘山俛仰間。相與感槩歎息久之。甲申二月觀梅鄧尉，還過靈巖山下，埽積葉，剔蒼蘚，肅拜酹酒而去。因摭採楊國遺事，記其本末如此。

則崇禎十七年甲申二月牧齋實曾遊靈巖。不知此次河東君亦與同行否？考是時河東君久病已全愈，躋扳高冢，當不甚困難。錢柳兩人同遊，殊可能也。

又上海文物保管委員會藏「顧云美自書詩稿」有「道中寄錢牧齋先生」七律云：

> 賭棊墅外雲方紫，煨芋爐邊火正紅。身是長城能障北，時遭飛語久居東。千秋著述歐陽子，一字權衡富鄭公。莫説當年南渡事，夫人親自鼓軍中。

寅恪案，此詩前一題爲「寒食過莒州」，後第壹題爲「聞警南還，沂水道中即事」。第貳題爲「廣陵別萬次謙」，題下自注云：「傳聞翠華將南。」第肆首爲「送幼洪赴召」，（寅恪案，牧齋外集拾「吴君二洪五十序」云：「吴門吴給諫幼洪與其兄二洪奉母家居。」云美爲蘇州府長洲縣人。錢序所稱「吴門吴給諫幼洪」，則是云美同里。故顧詩之幼洪，當即錢序之吴幼洪也。）詩中有「六月驅車指帝京」及「鍾山紫氣尋常事，會有英賢佐聖明」，并自注云：「幼洪師馬素脩先生，死北都之難」等語。故據詩題排列先後及詩中所言時事推之，知寄牧齋詩爲崇禎十七年甲申春間所作。此詩堆砌宰相之典故，以比擬牧齋，殊覺無謂，但認牧齋可爲宰相一點，則非僅弟子箇人之私言，實是社會當時之輿論。觀前引陳臥子「上牧齋先生書」即可證知，無取廣徵也。兹更有應注意者，即此詩結語，亦言及韓梁金山故事。頗疑云美非獨先已得見牧齋「京口舟中感懷」詩，且聞知其師與師母平日慷慨談兵之志略。就詩而言，云美此篇并非佳作，但以旨意論之，則可稱張老之善頌善禱。云美藉此得以彌補東山詶和集未收其和章之缺憾歟？

其八云：

陽氣看從至下迴。錯憂蚊響又成雷。烏鳶攫肉真堪笑，魑魅争光亦可哀。雲物暖應生黍律，風心老不動葭灰。香車玉笛經年約，爲報西山早放梅。

寅恪案，此詩七八兩句云：「香車玉笛經年約，爲報西山早放梅。」牧齋所以作此結語者，因崇禎十四年十一月賦此詩時，河東君正在病中，雖將赴蘇州養疴，自不能往遊靈巖，甚願次年春季可乘親自至蘇州迎其返常熟之便，共觀梅鄧尉。「早放」之語，亦寓希望河東君患病早愈之願，與第伍章論高會堂集，約許譽卿彩生至拂水山莊詩中「西山」之意不同。並暗用東坡詩「長與東風約今日，暗香先返玉梅魂」之典。蘇詩與河東君金明池「詠寒柳」詞有關，牧齋用以牽涉河東君，而自居爲「梅魂」也。詳見論河東君「寒柳」詞及論牧齋我聞室落成詩等節，兹不多及。

又初學集貳拾下東山詩集叁「〔崇禎十六年癸未〕元日雜題長句」八首之七結語云：「鄧尉梅花侵夜發，香車明日向西山。」是時河東君病漸痊，但尚未全愈，牧齋賦此二句，亦不過聊寄同遊之希望，非河東君真能往遊也。

抑更有可論者，舊題婁東梅村野史鹿樵紀聞上「馬阮始末」略云：

阮大鋮字圓海，桐城人。〔寅恪案，大鋮字集之，圓海乃其號。懷寧人，非桐城籍。但小腆紀傳陸貳姦臣傳阮大鋮傳云：「天啓元年擢户科給事中，遷吏科，以憂歸，居桐城。

御史左光斗讜直有聲，大鋮以同里故，倚以自重。」蓋因其居處，認爲著籍桐城也。列朝詩集丁壹叁「阮邵武自華」小傳云：「懷寧人。」附其孫阮尚書大鋮傳云：「字集之。」牧齋與阮氏關係密切，故所記皆正確。假定鹿樵紀聞此節真出梅村之手者，然吴阮關係疏遠，梅村所記，亦不及牧齋之翔實也。）天啓初，由行人擢給事中。尋召爲太常少卿。居數月，復乞歸。崇禎元年起陞光禄寺。〔魏〕大中子學濂上疏稱大鋮實殺其父。始坐陰行贊導，削奪配贖。欽定逆案，列名其中。大鋮聲氣既廣，雖罷廢，門庭勢燄，依然燻灼。久之，流寇偪皖，避居白門。時馬士英亦在白門。大鋮素好延攬，及見四方多事，益談兵招納游俠，冀以邊才起用。

又明史叁佰捌馬士英傳附阮大鋮傳云：

崇禎元年〔大鋮〕起光禄卿。御史毛羽健劾其黨邪，罷去。明年定逆案，請贖徒爲民，終莊烈帝世，廢斥十七年。鬱鬱不得志。流寇逼皖，大鋮避居南京，頗招納遊俠，爲談兵説劍，覬以邊才召。

蓋明之季年内憂外患，岌岌不可終日。當時中朝急求安攘之人才，是以士大夫之獲罪罷廢者，欲乘機起復，往往「招納遊俠，談兵説劍」。斯乃事勢所使然，殊不足異。牧齋此際固與圓海爲不同之黨派，但其欲利用機會，以圖進取，則無不同。河東君與牧齋之關係，所以能如此者，不僅由於「彈絲吹竹吟偏好」之故，實因復能「共檢莊周説劍篇」所致。前者當日名媛如徐阿佛王纖郎輩，亦頗擅長。至後者則恐舍河東君外，不易别求他人。然則牧齋心中認其與河東君之因緣，兼有謝太傅東山絲竹及韓蘄王金山桴鼓之兩美者，實非無故也。玆先略論述牧齋談兵説劍以求進用之心理並舉動。後復就牧齋作品中，關涉河東君雖在病中，猶不忘天下安危之辭句，以證釋之。今日讀者或可藉以窺見錢柳婚後二三年間生活之一方面歟？

陳臥子先生安雅堂稿壹肆「上少宗伯牧齋先生」（原注：「壬午冬。」）略云：

方今泰道始升，見龍貞翰，自當亟資肅乂，寅亮天業。既已東郊反風，岳牧交薦，而上需密雲之畜，下有盤桓之心。使天下傾耳側足以望太平者，目望羊而心朝飢，誰之故也。屬聞□躪漁陽，爲謀叵測。徵兵海内，驛騷萬里，此志士奮袂戮力共獎之日，而賢士大夫尚從容矩步，心懷好爵。何異鄉飲焚屋之下，爭餅摧輪之側？旁人爲之戰栗矣。閣下雄才峻望，薄海具瞻，嘆深微管，舍我其誰？天下通人處子，懷奇抱道之士，下至一才一藝之流，風馳雲會，莫不望閣下之出處，以爲濯鱗振翼。天子一旦命閣下處端揆，秉大政，恐非一手足之烈也。閣下延攬幽遐，秉心無競，求人才於閣下之門，如探玉於山，搜珠於澤，不患其寡也。特難於當時所急耳。當時所急，莫甚於將帥之才。子龍聞君之有相，猶天之有北斗也。故爲相者，宜有温良藹吉之士以揚治化，又宜有果敢雄武之才，以備不虞。閣下開東閣而待賢人，則子龍雖不肖，或可附於温良藹吉之列，以備九九之數。至於果敢雄武之流，世不可謂無其人，不知閣下之所知者幾輩也？

寅恪案，臥子與牧齋在文場情場，雖皆立於敵對地位，然觀此書，其推重牧齋一至於此，取較宋轅文之貽書辱罵，器局狹隘者，殊有霄壤之別。或可與李問郎之雅量，參預牧齋南都綺席者，約略相似也。（見第叁章引王澐虞山竹枝詞「雙鬟捧出問郎來」句并注。）又觀臥子此書，得以推知當日士大夫一般輿論，多期望牧齋之復起任宰相。及爲相後，更有最急之新猷。此點爲當日之公言，而非臥子一人之私議也。書中既作「□躪漁陽，爲謀叵測」之語，則臥子之意，亦以爲牧齋實有攘外之才，苟具此才，即可起用。此阮圓海所以「覬以邊才召」也。故牧齋崇禎十四年，十五年，十六年諸詩文關涉論邊事及求將帥兩點者，頗爲不少。今特標出之於下，以資參證。

初學集貳拾上東山詩集叁「寄榆林杜韜武總戎」云：

莫厭將壇求解脱，清涼居士即瞿曇。

寅恪案，清涼居士即韓世忠。錢遵王注已引其出處。杜韜武者，杜文煥之字。事蹟見明史貳叁玖杜桐傳附文煥傳，並可參有學集壹陸「杜弢武全集序」，同書貳貳「杜大將軍七十壽序」及吴偉業梅村家藏稿叁「送杜公弢武歸浦口」詩等。牧齋此詩列於「小至日京口舟中」及

「冬至後京江舟中感懷」兩題之間。此際牧齋與河東君同訪韓梁古戰場，其用「清涼居士」之典，自無足異。所可注意者，牧齋甚思以文字與當時有將帥才及實握兵符者相聯絡。初尚限於武人之能文者，如杜氏，即是一例。後遂推及持有實權之軍人，如鄭芝龍之流，而不問是否能欣賞其詩文矣。

初學集貳拾上東山詩集叁「題將相談兵圖，爲范司馬蔡將軍作」云：

> 畫師畫師汝何頗。再皃一人胡不可。猿公石公非所希，天津老人或是我。

寅恪案，范司馬即范景文。明史貳陸伍范景文傳略云：

> 〔崇禎〕十年冬（寅恪案，坊印本及百衲本「十」均作「七」。王頌蔚明史考證攟逸亦未論及。茲據同書貳陸肆呂維祺傳及談遷國榷叁部院表下南京兵部尚書欄「丁丑吳橋范景文」條等改正。）起南京右都御史，未幾就拜兵部尚書，參贊機務。十一年冬京師戒嚴，遣兵入衛。楊嗣昌奪情輔政，廷臣力争，多被降謫。景文倡同列合詞論救。帝不悦。詰首謀，則自引罪。且以衆論僉同爲言。帝益怒，削籍爲民。十五年秋用薦召拜刑部尚書。未上，改工部。

牧齋「題將相談兵圖」詩後一題爲「效歐陽詹翫月詩」首句云，「崇禎壬午八月望」。可知題將相談兵圖一詩乃夢章罷南京兵部尚書以後，起爲北京刑部尚書，改工部，不久以前所作，故仍稱其爲司馬也。「蔡將軍」牧齋未著其名。檢范文忠公文集伍載「與蔡」一書，亦未著其名。但書中有「今登鎮特借秉麾，海上共干城矣」之語，知其人爲登州總兵，豈即此蔡將軍耶？俟考。「天津老人」之出典，錢遵王注已引其出處，牧齋表面上雖故作謙遜之辭，以裴度目范，而以「天津老人」自命，實則暗寓己身能爲晉公。可謂高自標置矣。晉公「中書即事」詩云：「灰心緣忍事，霜鬢爲論兵。」（見唐詩紀事叁叁裴度條及全唐詩第伍函裴度。）牧齋此際雖欲建樹平定淮蔡之功業，然有志不成，空興「白首老翁徒種菜」之歎，頗可憐也。又錢曾注本有學集捌長干塔光集「雞人」七律（涵芬樓影印有學集本此詩自注有所删改，故用遵王注本。）云：

雞人唱曉未曾停。倉卒衣冠散聚螢。執熱漢臣方借箸，畏炎□騎已揚舲。（自注：「己酉五月一日召對。講官奏曰，馬畏熱，必不渡江。余面叱之而退。」）刺閨痛惜飛章罷，（自注：「余力請援揚，上深然之。已而抗疏請自出督兵，蒙温旨慰留而罷。」）講殿空煩側坐聽。腸斷覆杯池畔水，年年流恨繞新亭。

寅恪案，牧齋於啓禎之世，以將帥之才自命，當時亦頗以此推之。弘光固是孱主，但其不允牧齋督兵援揚，猶可稱有知人之明。假若果如所請者，則河東君自當作葛嫩，而牧齋未必能爲孫三也。一笑！

至於夢章之以此圖徵題，足知其好談兵，喜標榜。檢吴偉業綏寇紀略伍「黑水擒」條云：

〔范〕景文下士喜奇計，坐客多譚兵，顧臨事無所用。

亦可窺見明末士大夫一般風氣。阮圓海錢牧齋范夢章三人者，其人品本末雖各異，獨平日喜談兵，而臨事無所用，則同爲一丘之貉耳。

初學集貳拾上東山詩集叁「寄劉大將軍」七律略云：

泰山石礪千行劒，清濟流環萬壘營。篋中亦有陰符在，悔挾陳編作老生。

寅恪案，劉大將軍當爲劉澤清，因明史貳柒叁高傑傳附劉澤清傳略云：

劉澤清曹縣人。崇禎十三年八月降右都督，鎮守山東，防海。澤清以生長山東，久鎮東省非宜，請辭任。澤清頗涉文藝，好吟詠。嘗召客飲酒唱和。

與牧齋詩中「泰山」「清濟」一聯，俱是山東地望者相合。又檢初學集叁壹「劉大將軍詩集序」略云：

曹南劉大將軍憙爲歌詩。幕中之士傳寫其詩，鏤版以行於世，而請余序之。崇禎壬午七月序。

此序所言之籍貫及稱謂皆與詩合。更以明史澤清本傳「澤清頗涉文藝，好吟詠，嘗召客飲酒唱和」等語證之，則此劉大將軍應是劉澤清無疑。「寄劉大將軍」詩前一題爲「效歐陽詹翫月」詩。觀詩後所附跋語，知爲崇禎十五年壬午八月十五至十七日間之作。後一題爲「駕鵝行」，乃聞此年九月下旬潛山戰勝所賦。故牧齋作劉氏詩序，尚在寄劉氏詩之前。時間距離頗短，頻爲詩文，諛辭虛語，盈牋叠紙，何其不憚煩如此？詩末結語，牧齋欲以知兵起用之旨，溢於言表。其籠絡武人之苦心，尤可窺見矣。

初學集貳拾上東山詩集叁「駕鵝行。聞潛山戰勝而作」云：

督師堂堂馬伏波。（自注：「督師貴陽馬公。」）花馬劉親斫陣多。（自注：「劉帥廷佐。」）三年笛裏無梅落，萬國霜前有鴈過。捷書到門才一瞥。老夫喜失兩足蹩。驚呼病婦笑欲噎。鑪頭松醪酒新熱。

同書貳拾下東山詩集「中秋日得鳳督馬公書來報勦寇師期，喜而有作」云：

鶡冠將軍來打門，尺書遠自中都至。書來剋日報師期。正是高秋誓旅時。先驅虎旅清江漢，（自注：「左帥還兵扼九江。」）厚集元戎出壽蘄。（自注：「馬公督花馬諸軍自壽州出蘄黄。」）伏波威靈天所付，花馬軍聲鬼神怖。郢中石馬頻流汗，漢上浮橋敢偷渡。（自注：「獻賊作浮橋渡漢江。聞大兵至，一夜撤去。」）

同書捌拾「答鳳督馬瑤草書」略云：

頃者虎旅先驅，元戎後繼，賊遂撤浮橋，歛餘衆，待王師之至，爲鼠伏兔脱之計，則固已氣盡魄奪矣。吾謂今日之計，當委秦蜀之兵以制闖，使不得南，而我專力於獻。九江之師扼於前，蘄黃之師擣於後。勿急近功，勿貪小勝。蹴之使自救，擾之使自潰。此萬全之策，必勝之道也。腐儒衰晚，不能荷戈執殳，效帳下一卒之用。憂時念亂，輪囷結轖，耿耿然挂一馬瑶草于胸臆中，垂二十年矣。今幸而弋獲之，雖欲不傾倒輸寫，其可得乎？秋風蕭條，行間勞苦，惟爲社稷努力强飯自愛。

寅恪案，上列兩詩一書，其作成時間，大約「駕鵝行」賦於崇禎十四年冬季，因明史貳肆莊烈帝本紀云：

（崇禎十五年）九月辛卯鳳陽總兵黄得功劉良佐大敗張獻忠於潛山。

據鄭氏近世中西史日表，「辛卯」爲廿四日。牧齋居家得聞知此事，必在十月後矣。「中秋日得鳳督馬公書」一詩，乃崇禎十六年癸未中秋所作。此據詩題可以決定者。至「荅馬瑶草書」雖未著年月，然詳繹書中辭旨，大抵與「中秋日得馬公書」詩，殊相類似。書中復有「傾倒輸寫」之語，所謂「輸寫」，當即指所賦之詩而言。書末「秋風蕭條」一語，亦與詩題之節候相應。今綜合詩及書兩者參互證之，疑是同時所作。蓋詩則專爲「傾倒輸寫」，書則兼爲金正希誤殺黔兵解說，（事見明史壹柒柒金聲傳。黔兵紀律之惡劣可參計六奇明季南略柒「馬士英奔浙」條。）因此等解説之辭，不可雜入詩中也。檢葉廷琯選録徐元歎先生殘稾所附馬士英序，末署「天啓元年辛酉五月端陽前三日」。據此牧齋即使不在北京，或他處遇見瑶草，至少亦可從素所交好之徐氏作品中，得見馬氏此序。馬文頗佳，牧齋必能欣賞。故書中「掛一馬瑶草于胸臆中，垂二十年矣」之語，非盡虚詼也。「駕鵝行」中，「花馬劉親斫陣多」之「花馬劉」依牧齋自注，乃指劉廷佐言。但計六奇明季南略叁「劉良佐」條略云：

> 劉良佐字明輔，大同左衛人。崇禎十四年曾破賊袁時中數萬衆，歷官至總戎，素乘花馬，故世號花馬劉云。

是「花馬劉」之爲劉良佐，絕無可疑。牧齋何以稱之爲「劉廷佐」，豈由偶爾筆誤，抑或劉氏之名前後改易，俟考。夫牧齋此時欲以知兵起用，聯絡持有兵權之主帥如馬瑶草者，固不足怪。但其特致殷勤於瑶草部將之劉明輔，則恐別有用心。檢上引計氏書「劉良佐」條後有附注云：

> 先君子云，昔劉良佐未顯時，居督撫朱大典部下，忽爲所知，加以殊恩。屢以軍功薦拔，遂至總戎，亦一遇也。

是劉良佐與朱大典有關。明史貳柒陸朱大典傳略云：

> 崇禎五年四月李九成孔有德圍萊州。山東巡撫徐從治中礟死，擢大典右僉都御史代之。詔駐青州，調度兵食。七月登萊巡撫謝璉復陷於賊，總督劉宇烈被逮，乃罷總督及登萊巡撫，不設專任。大典督主客兵數萬及關外勁旅四千八百餘人合勦之，賊大敗，圍始解。

賊竄歸登州。〔副將靳〕國臣等築長圍守之，攻圍既久，賊糧絶，恃水城可走，不降。六年二月中旬有德先遁，官軍遂入〔登州〕大城，攻水城未下，遊擊劉良佐獻轟城策。城崩，官軍入，賊盡平。八年二月賊陷鳳陽，詔大典總督漕運，兼巡撫廬鳳淮揚四郡，移鎮鳳陽。〔十四年〕六月命大典總督江北及河南湖廣軍務，仍鎮鳳陽，專辦流賊。賊帥袁時中衆數萬，横潁亳間。大典率總兵劉良佐等擊破之。

南沙三餘氏南明野史上云：

廣昌伯劉良佐字明宇。故東撫朱大典之舊將，後督淮揚，再隸麾下，從護祖陵。禦革左眼，再收永城。號花馬劉者也。

據此劉良佐實爲朱大典在山東平定登萊一役，卓著戰功之驍將。後來大典移駐鳳陽，良佐之兵乃其主力。牧齋歌頌瑶草戰功，專及明輔，事理所當然。鄙意尚有可注意者，即明史朱大典傳中「罷總督及登萊巡撫，不設專任」一事。蓋此點極與牧齋有關。前引牧齋「送程九屏領兵入衛二首」。時有郎官欲上書請余開府東海，任搗勦之事，故次首及之」一題，及詩中「東征倘用樓船策」句，及「元日雜題長句」八首之四，詩中自注云：「沈中翰上疏請余開府登萊，以肆水師。」并有學集叁貳「卓去病先生墓誌銘」載，崇禎末，中書沈廷揚特疏請牧齋開府東海，任援勦事。明史捌陸河渠志海運門及同書貳柒柒沈廷揚傳所載季明本末較詳，而沈氏受命駐登州，領寧遠餉務一點，尤與其請任牧齋爲登萊巡撫事有關。又鮚埼亭集外編肆「明沈公神道碑銘」述五梅海運之功甚詳，而不及其請任牧齋爲登萊巡撫事。并其上書時任中書之職名亦不書，蓋欲避免沈氏與牧齋之關係。但文中云：

大兵之下松山也，繞出洪承疇軍後，圍之急，十三鎮援兵俱不得前，城中餉絶，道已斷。思陵召公議之，公請行。自天津口出，經山海關左，達鴨緑江，半月抵松山，軍中皆呼萬歲。公還，松山竟以援絶而破。時論以爲初被圍時，若分十三鎮之半，從公循海而東，前後夾援，或有濟，而惜乎莫有見及之者。

據此可見季明海運之策，與請任牧齋巡撫登萊兩事，實有相互關係。謝山雖惡牧齋，欲諱其事，亦有不可得者。（嘉定縣志壹玖文學門沈宏之傳云：「族弟崇明廷揚入中書，建海運策，疏出宏之手。丙戌廷揚死節，宏之殯之虎邱，志而銘之。」可供參考。）初學集貳拾上東山詩集叁「〔崇禎十四年〕冬至後京江舟中感懷」八首之六「聞道松山尚被圍」句，可證牧齋賦此詩前後，甚欲一試其平生談兵説劍之抱負，覬覦登萊巡撫之專任。故於登州一役立有戰功之劉良佐，尤所屬望。不知明輔亦如鶴洲之能以武人而能詩，可欣賞此江左才人之篇什，更通解其欲任登萊巡撫之微旨歟？至「駕鵝行」中「驚呼病婦笑欲噎」之句，牧齋於此忽涉及河東君，亦非無因，殆由瑶草早已得聞錢柳因緣之佳話。東山詶和集刊成於崇禎十五年春間，集中所收諸詞人和章，爲徐元歎詩最多。（并可參初學集叄貳「徐元歎詩序」。）以平日徐馬文字關係推之，瑶草當已先得見東山詶和集也。牧齋特作此句，所以表示河東君實非尋常女子，乃一「閨閣心懸海宇棋」之人，可與楊國夫人等視齊觀，并暗寓以韓蘄王自待之意。未識瑶草讀之以爲何如耶？

抑更有可論者，綏寇紀略伍云：

淮撫朱大典以護陵故，多宿兵，亦屢有挫衂。獨其將劉良佐驍果善戰。

可知當日江淮區域鳳陽主帥擁兵最多。其部將如「花馬劉」輩，復以善戰著稱。吴氏之書雖指朱延之而言，但瑶草乃後來繼任朱氏之人。部下驍將，多仍其舊。南明野史所言，即其明證。故牧齋之作，殊非偶然。至北京陷落，弘光南都之局，悉爲馬氏操持，蓋由其掌握兵權所致。牧齋亦終以與馬阮鈎聯，毁其晚節，固非一朝一夕之故，觀此二詩一書，即可證知矣。

初學集貳拾下東山詩集肆「閩人陳遯鴻節過訪。别去二十年矣」七律略云：

亂後情懷聽夜雨，别來踪跡看殘棋。憑君卷却梁溪集，共對簷花盡一巵。（自注：「鴻節以李忠定公梁溪集相贈。」）

又「留鴻節」七律略云：

突兀相看執手時。依然舊雨憶前期。客中何物留君住，憑仗江梅玉雪枝。

同書同卷「鄭大將軍生日」七律云：

戟門瑞靄接青冥。海氣瞥雲擁將星。荷鼓光芒朝北斗，握奇壁壘鎮南溟。扶桑曉日懸弧矢，析木長風送柝鈴。蕩寇滅奴須及早，佇看銅柱勒新銘。

同書叁貳「陳鴻節詩集敍」（寅恪案，同治修福建通志貳壹叁文苑傳有陳遁傳。但其文全采自初學集，別無他材料也。）略云：

陳遯字鴻節，閩之矦官人也。貸富人金爲遠游。抵陪京。過桃葉渡，遇曲中諸姬，揄長袂，倪薄裝，酒闌促坐，目眙手握，以爲果媚己也。命酒極宴，流連宿昔，橐中裝盡矣。還寄食於僧院。故人黎博士贈百金，遣游錫山。途中遇何人，夜發篋盜其金亡去，益大困。臥病於江上李生家。亡友何季穆賞其詩，載歸虞山。（寅恪案，「李生」即李奕茂，字爾承。事蹟可參牧齋外集貳伍「書李爾承詩後」。何允泓字季穆。常熟人。事蹟可參初學集叁歸田詩集上「哭何季穆」詩及同書伍伍「何季穆墓誌銘」並吴偉業梅村家藏藁貳柒「何季穆文集序」等。）偕過余山中，賦詩飲酒相樂也。自後不復相聞，亦未知其存否。今年忽訪余於虎丘，握手道故，喜劇而涕。問其年，長余二歲耳。出其詩，則卷帙日益富。曹能始爲采入十二代詩選中矣。鴻節將行，余爲略次其生平與出游之槩，以敍其詩，且以爲別。屬其歸也，以質諸能始。癸未中春十四日敍。

同書捌柒「請調用閫帥議」略云：

爲今之計，拯溺救焚，權宜急切，惟有調用閫帥一著。愚以謂當世諸公，宜亟以江南急危情形，飛章入告，伏乞皇上立勑鄭帥，移鎮東南，專理禦寇事宜。其將領士卒，一應安家衣甲器械船隻行糧月糧，一炤鄭帥弟鴻逵赴登事例。新登撫赴登也，屬鄭帥造船於瓜洲。鄭慨然曰，此王事也，萬里不敢辭，况京江咫尺乎？已而語其弟鴻逵，奴警更急，我當親督師渡江。其慷慨赴義，急病讓（攘）夷如此。東南之要害不止一隅，既奉命移鎮，則東南皆信地也。皖急可借以援皖，鳳急可借以援鳳。淮急可借以援淮。譬之弈棋，下一子於邊角，而全局皆可以炤應，則下子之勝著也。天下事已如弈棋之殘局矣。誠有意收拾，則滿盤全局著子之當下者尚多，而恐當局者措手之未易也。姑先以救急一著言之。衰晚罪廢，不當出位哆口輕談天下事。警急旁午，吴中一日數驚。頃見南省臺傳議曰，上護陵寢，下顧身家。聽斯言也，如寱睡中聞人聒耳大呼，不覺流汗驚寤，推襆被而起，庸敢進一得之愚，以備左右之采擇。癸未三月朔日。

寅恪案，此鄭大將軍即鄭成功之父鄭芝龍。觀議中「鄭帥弟鴻逵」及「語其弟鴻逵」等句，是其確證。牧齋平生酬應之作甚多，未必悉數編入集中。以此等文字多不足道故也。至於壽芝龍一詩，所以特編入集中，疑別有理由，蓋欲藉是表見其知兵謀國之志事耳。「請調用閫帥議」末署「癸未三月朔日」。「鄭大將軍生日」前一題爲「馮二丈猶龍（寅恪案，馮夢龍字猶龍，蘇州府長洲縣人。）七十壽詩」其結語云：「鶯花春日爲君長。」馮氏壽詩前即有關陳氏二律。其「留鴻節」詩有「江梅玉雪」，表面敍述景物之語，并取牧齋所作陳氏詩集序，末署「癸未中春十四日」一端，綜合推證，可知上列三詩一文，皆崇禎十六年癸未二三月間在蘇州所作。時日銜接，地點相同，互有關係者也。「請調用閩帥議」以弈棋爲譬云：「今天下事已如弈棋之殘局矣。」可與「鴻節過訪」詩「別來踪跡看殘棋」之句互證。陳遯既是閩人，突兀過訪，牧齋爲之賦兩詩并爲之作詩集序，時間復與作壽鄭芝龍詩及請調用閩帥議相接近，當不偶然。牧齋此年仲春忽至虎丘，恐非僅因觀梅之雅興，疑其別有所爲。今以資料缺乏，甚難考知。或者一由於欲藉鴻節爲媒介以籠絡鄭芝龍兄弟。二由於往晤李邦華於廣陵，共謀王室。若此揣測不誤，則牧齋虎丘之遊寓，乃其取道蘇州渡江至揚州之中途小住也。第貳事俟後論之，茲暫不多及。

又檢黃漳浦（道周）集，其中亦有關涉此時李邦華諸人欲藉鄭芝龍兵力以安內攘外之文字，詳見後引，茲亦暫不論之。

復次，金氏錢牧齋年譜崇禎十一年戊寅條，據日本宮崎來城鄭成功年譜載：「鄭森執贄先生之門，先生字之曰大木。時年十五。」殊爲疏舛。鄙意許浩基鄭延平年譜「崇禎十七年甲申公廿一歲。五月福王立于南京。芝龍遣兵入衛」條云：

臺灣鄭氏始末：福王立于南京，以明年爲弘光元年。封芝龍南安伯，鎮福建。鴻逵靖虜伯，充總兵官，守鎮江。芝豹彩並充水師副將。芝龍遣兵衛南京。

又「事錢謙益爲師」條云：

東南紀事：福王時入國子監，師禮錢謙益。行朝録：聞錢謙益之名，執贄爲弟子。謙益字之曰大木。（寅恪案，賜姓本末云：「初名森。弘光時入南京太學，聞錢謙益名，執贄爲弟子。謙益字之曰大木。」亦同。）

較合於事實。蓋弘光立於南都，鄭氏遣兵入衛。此時成功執贄於牧齋之門，極爲可能。行朝録爲黄宗羲所著，梨洲與牧齋關係密切，其言自是可信。至成功見牧齋時，年已二十一，尚未有字，殊不近情理。豈成功原有他字，而牧齋别易以「大木」之新字。或「大木」本爲成功之字，傳者誤以爲牧齋所取，如河東君之字「如是」，實在遇見牧齋之前，牧齋遺事亦以「如是」之字，乃牧齋所取者，同一謬誤耶？俟考。總而言之，牧齋在明北都傾覆以前，與芝龍實有聯繫。至於鄭成功，其發生關係，則在南都弘光繼立之後。南都既陷，牧齋與河東君志圖光復，與海外往來之踪跡，頗可推尋，俟第伍章述之，兹不論及。

牧齋於崇禎季年，聯絡當時握有兵權者之事實，略如上述。其急求起用，與知交往還，并恐政敵周延儒妨阻，表面僞作謙遜之辭，以退爲進，蹟象之見於詩文者，殊爲不少。但本文專論述錢柳關係，此點非主旨所在，不宜多述。噫！當牧齋世路紛擾經營之日，即河東君病榻呻吟痛苦之時，雖兩人之心境不必盡同，而錦瑟年華，則同一虚度。今日追思，殊令人惋惜。然此三數年間，乃錢柳新婚後生活之一片段，故亦不可不稍涉及之也。

初學集貳拾下東山詩集叁「元日雜題長句八首」其一略云：

北闕千官咸拜手，東除上宰獨颺言。（自注：「上待元輔以師臣之禮。」）朝罷開顔定相賀，年年虜退有殊恩。

寅恪案，牧齋賦長句八首，此首乃開宗明義第壹章，辭旨專詆陽羨。故知此首乃此題八首全部主旨所在也。檢明史叁佰捌奸臣傳周延儒傳云：

帝尊禮延儒特重。嘗於歲首日，東向揖之曰，朕以天下聽先生。因徧及諸閣臣。

可與此詩印證。又檢同書同傳云：

〔崇禎〕十六年四月大清兵略山東，還至近畿。帝憂甚。大學士吴甡方奉命辦流寇。延儒不得已自請視師。帝大喜。降手敕，獎以召虎裴度。賜章服白金文綺上駟。給金帛賞軍。延儒駐通州，不敢戰。惟與幕下客飲酒娱樂，而日騰章奏捷。帝輒賜璽書褒勵。偵大清兵去，乃言敵退，請下兵部議將吏功罪。既歸朝，繳敕諭，帝即令藏貯，以識勳勞。論功加太師，廕子中書舍人。賜銀幣蟒服。延儒辭太師，許之。

亦可與此詩相印證。但玉繩因清兵之退而特受寵賜，其事實在崇禎十六年四月丁卯，即廿八日，清兵引退之後。（參明史貳肆莊烈帝本紀。）牧齋當不能預知。豈牧齋後聞玉繩事敗，補作此首？抑或原有此首，特改用「年年」二字以後概前耶？俟考。

其三略云：

空傳陶侃登壇約，誰奉田疇間道書。（自注：「淮撫史公唱義勤王，馳書相約。」）投筆儒生騰羽檄，（自注：「無錫顧杲秀才傳號忠檄。」）輟耕野老奮耰鋤。

寅恪案，明史貳肆莊烈帝本紀略云：

崇禎十五年十一月壬申（初六日）大清兵分道入塞，京師戒嚴。詔舉堪督師大將者。戊寅（十二日）徵諸鎮入援。十七年二月丁亥（廿八日）詔天下勤王。三月甲午（初六日）徵諸鎮兵入援。乙巳（十七日）賊犯京師，京營兵潰。丙午（十八日）日晡，外城陷。是夕皇后周氏崩。丁未（十九日）昧爽，內城陷，帝崩於萬壽山。

同書貳柒肆史可法傳略云：

〔崇禎〕十二年夏丁外艱去。服闋，起戶部右侍郎兼右僉都御史，代朱大典總督漕運，巡撫鳳陽淮安揚州。拜南京兵部尚書，參贊機務。十七年四月朔聞賊犯闕，誓師勤王。渡江抵浦口，聞北都已陷。（寅恪案，小腆紀傳拾史可法傳略云：「（崇禎）十六年迺拜南京兵部尚書，參贊機務。十七年夏四月朔聞賊犯闕，乃與户部尚書高弘圖等誓告天地，馳檄勤王。渡江抵浦口，聞北京已陷。」可并參閱。）

史忠正公（可法）集貳「與雲間諸紳書」略云：

天禍家國，逆闖横行。用虔聖憂，垂二十載。近者鴟張北向，犯闕無疑。法也聞之，五内震裂。夫西平許國，即懷内刃之思。太真忘軀，遂灑登舟之涕。法雖迂疏淺陋，未敢遠附古人，而國難方殷，何敢或後。頃者誓師秣馬，而坐乏軍需。點金無術，徬徨中夜，泣下沾衣。伏見諸台臺勵捐糜之素志，負報國之孤忠。毁家佐（紓？）難，亦大義所不辭。儻邀慷慨之懷，爰下芻茭之賜，則社稷幸甚！天下幸甚！

侯忠節公（峒曾）集捌「與同邑士大夫書」（自注：「崇禎甲申。」）云：

徐大司寇（石麒）傳史大司馬（可法）公啓，遍達吴郡。郡中及虞山諸老皆傳訖矣。今以屬某，某不敢隱，亦不敢遲。蓋誼同元首，勢迫然眉，當效子文之毁家，寧惟卜式之輸半。某不揣蝨負，敢竭區區。凡我同仇，各隨願力，乞填注樞啓左方，以便報覆。

同書同卷「答史大司馬書」（自注：「崇禎甲申。」）略云：

地坼天崩，骨驚腸裂。端午聞變，慟哭辭家，孤舟半程，四鼓被刦。乃餘生逢難之日，正義檄下頒之辰。伏枕誦之，長號欲絶。一息尚存，矢奉明命，激發義勇，泣勸委輸，共紓率土之忱，以雪敷天之憤。前者從徐大司寇拜明公勤王之書，輒悉索敝賦以行，遂入盗手。然猶將毁家紓難，以爲衆先。（寅恪案，此書可參舊鈔牧齋遺事後所載錢謙益答龔雲起書并龔氏上牧齋原書。）

同書叁侯元瀞撰其父年譜下崇禎十七年甲申條略云：

三月中江南始聞李賊犯闕。未幾，北來消息甚惡。府君終不忍信。至端午日聞變既真，乃始發聲長慟，即夕辭家將赴南都，共圖宗社大計。先是史忠清公（寅恪案，小腆紀傳拾史可法傳云：「隆武時，贈可法太師，謚忠靖。我朝賜專謚曰忠正。」侯譜稱可法謚爲「忠清」，疑是「忠靖」之誤也。）爲南大司馬，草勤王檄，遺尺一於府君，約以助義。府君出其書檄徧告鄉里，且爲約辭，讀者感動。

蓋道鄰在牧齋賦此詩以前，早有勤王之預備及舉動。後因奉旨中道折回。觀史氏遺集中崇禎十二年丁外艱以前，淮撫任内諸家書，可以證知，茲不備引。頗疑崇禎十五年十一月清兵入塞，徵諸鎮入援，道鄰唱義勤王，馳書約南中士大夫，牧齋遂於次年元旦感賦此詩。所以知者，十六年七月道鄰始爲南京兵部尚書，（見國榷卷首之三部院表上南京兵部尚書欄。）故牧齋稱之爲淮撫，而不稱之爲大司馬也。至史氏與雲間諸紳書，不知何年所作。或即是侯氏「與同邑士大夫書」所言之「公啓」，亦未可知。總之必作於未確悉北京陷落以前。侯氏與同邑士大夫書，亦當作於未確悉北京陷落之時，答史大司馬書則在確悉北京陷落以後所作耳。此皆詳玩書中辭旨推得之結論。明史史可法本傳所言道鄰之勤王，乃其最後一次，與牧齋此詩無涉。恐讀者淆混，因稍多引資料辨之如此。

又今檢道鄰遺文，不見約牧齋勤王之書，或因傳寫散佚，或因被忌删去，殊難決言。但寅恪則疑史氏未必有專函約牧齋。牧齋自注中史公之書，恐不過與侯氏書中所言之「公啓」性質相類。此類公啓牧齋當亦分得一紙，遂侈言專爲彼而發，以自高其身價。若所推測不誤，則牧齋此時欲乘機以知兵起用之心事，情見乎詞，亦大可笑矣。

顧杲者，黄梨洲思舊録「顧杲」條云：

顧杲字子方。涇陽先生之孫。南都防亂揭，子方爲首。阮大鋮得志，以徐署丞疏，逮子方及余。時鄒虎臣爲掌院，與子方有姻連，故遲其駕帖。福王出走，遂已。後死難。

查繼佐國壽録貳「諸生顧杲傳」云：

顧杲字子方，南直無錫諸生也。工書法，多爲詩古文，與吴門楊廷樞同社。逆監魏忠賢時，周順昌坐罪見收，杲爲檄攻魏，致激衆，五人死義閶門。崇禎中，又爲號忠揭，指國事逗留。觸時忌不悔。

明詩綜柒陸「顧杲」條，附静志居詩話云：

崇禎戊寅南國諸生百四十人，具防亂公揭，請逐閹黨阮大鋮，子方實居其首。有云：「杲等讀聖人之書，明討賊之義。事出公論，言與憤俱，但知爲國除姦，不惜以身賈禍。」大鋮飲恨刺骨，而東林復社之讎，在必報矣。

寅恪案，子方乃東林黨魁顧憲成之孫，其作攻魏檄，防亂揭及號忠檄等，尤足見其爲人之激烈好名，斯固明季書生本色，不足異也。

又冒襄輯同人集肆載范景文「與冒辟疆書」三通。其第壹通略云：

不佞待罪留都，膺兹重寄，適當南北交訌，殫心竭慮，無能特效一籌，惟是側席求賢，日冀匡時抱略之君子共爲商榷，以濟時艱。昨承枉重（踵？），正爲止生倡義勤王，與漁仲即商遺（遣？）發。明晨報謁，以訂久要，惟門下傾吐抱膝之籌，俾不佞藉力高賢，救兹孔棘，真海内之光也。

寅恪案，質公之書當作於崇禎十年至十二年四月范氏任南京兵部尚書時，（見國榷卷首之三部院表上南京兵部尚書欄。）或即辟疆於崇禎十二年初夏至金陵應鄉試之際耶？（見影梅庵憶語「己卯夏，應試白門」之語。）「漁仲」即劉履丁之字，俟後論之。「止生」即茅元儀之字。初學集壹柒移居詩集「茅止生挽詞」十首之五云：

一番下吏一勤王。抵死終然足不僵。落得奴酋也乾笑，中華有此白癡郎。

質公書中所言，可與牧齋挽茅氏詩相證。此詩作於崇禎十三年庚辰，雖在道鄰馳書約牧齋勤王之前，然亦可知江左南都諸書生名士如茅元儀顧杲輩，皆先後有「勤王」之議也。故特附記於此，以見當時風氣之一斑耳。

其四云：

東略舟師島嶼紆。中朝可許握兵符。樓船搗穴真奇事，擊楫中流亦壯夫。弓渡綠江驅濊貊，鞭投黑水駕天吳。劇憐韋相無才思，省壁愁看厓海圖。（自注：「沈中翰上疏請余開府登萊，以肄水師。疏甫入而奴至，事亦中格。」）

寅恪案，沈廷揚上疏請任牧齋爲登萊巡撫，以水師攻清事，前已詳引，茲不復述。至此詩結語所用韋執誼事，已見錢遵王注中，亦可不贅。但有可笑者，牧齋遺事略云：

乙酉五月之變，柳夫人勸牧翁曰，是宜取義全大節，以副盛名。牧翁有難色。後牧齋偕柳游拂水山莊，見石澗流泉澄潔可愛。牧齋欲濯足其中，而不勝前卻。柳笑曰，此溝渠水，豈秦淮河耶？牧翁有恧容。

此條所記明南都傾覆，牧齋不從河東君之勸，以死殉國，俟後詳言之，茲暫不論。惟牧齋怯於濯足拂水流泉，爲河東君所笑一節，若非世人僞造以嘲牧齋者，則錢公與韋相同是一丘之貉，又何必斤斤較量才思之有無哉？夫河東君憚於登山，前已詳述，而牧齋怯於涉水，更復如此。真可謂難夫難婦矣。一笑！

其五略云：

老熊當道踞津門。一旅師如萬騎屯。矢貫猰貐成死狗，檻收牛鹿比孤豚。（自注：「吴中流聞大馮君鎮天津，殪酋子，禽一牛鹿。喜而志之。」）

寅恪案，有學集貳捌「明都察院右僉都御史，巡撫天津，慈谿馮公墓誌銘」略云：

公名元颺，字爾賡。以兵部尚書元飈爲其弟。海内稱兩馮君。初涖津門，厲兵振旅，犄角諸鎮，斬馘獻兵過當。上大喜，賜金幣，廕一子錦衣。

南雷文定前集伍「巡撫天津右僉都御史留仙馮公神道碑銘」（原注：「甲午。」）略云：

陞天津兵備道，未幾巡撫天津，兼理糧餉，都察院右僉都御史。〔崇禎〕十五年冬大兵復大入。公與諸鎮犄角之。已又合宣大總督孫晉，督師范志元，山東巡撫王永吉之師，從密雲趨牆于嶺，邀其惰歸。論功賜銀幣，廕一子錦衣衛。公諱元颺，字言仲，別號留仙。（可參初學集伍「留仙館記」。）

明史貳伍柒馮元飈傳附元颺傳云：

〔崇禎〕十四年遷天津兵備副使。十月擢右僉都御史，代李繼貞巡撫天津，兼督遼餉。明年敍軍功，廕一子錦衣衛。

寅恪案，牧齋此詩及自注所述崇禎十五年冬爾賡任津撫時，殪禽清酋一事，可與上引材料印證。但錢文「斬馘獻兵過當」之「獻」字，涵芬樓影印有學集所附校勘記未有校改。此時天津并無張獻忠之兵，「獻」字自不可通。疑是牧齋本作「虜兵」，後來避諱，以字形相近，遂改「虜」爲「獻」耳。至黄文之作「論功」及明史之作「敍軍功」，皆含混言之，亦所以避清諱也。

其六略云：

廟廊題目片言中。准擬山林著此翁。（自注：「陽羨公語所知曰，虞山正堪領袖山林耳。」）千樹梅花書萬卷，君看松下有清風。

寅恪案，前論「過弔臺有感」七絶已及此詩。斯蓋牧齋怨懟玉繩之不援引己身入相，遂作此矯飾恬退之語耳。檢牧齋尺牘上「答周彝仲」書（寅恪案，周彝仲事蹟未詳。徐闇公釣璜堂集壹貳有「挽周彝仲」七律，其首句云：「昔到苕溪訪翠微。」然則彝仲與湖州有關也。又談孺木棗林雜俎和集叢贅「虞山後輩」條云：「常熟楊子常彝初以太倉張采張溥謁錢牧齋，時同社薄其文。已采登第，溥又出宜興周相國，牧齋反因之通相國。」又顧公燮消夏閑記選存

「文社之厄」條關於應社節，杜登春社事本末「婁東又有楊〔彝〕顧〔麟士〕之學」節，同治修蘇州府志壹佰常熟縣楊彝傳及陳田明詩紀事辛籤貳貳「楊彝」條等，皆可供參考，而顧書尤爲簡要。茲以子常亦是虞山藉以通宜興之人，故附記於此。）云：

兵垣回，得手教，知元老記存之深，知己推挽之切，而聖意堅不可回，至於三四駁阻。其難其慎，則不肖生平本末與晚節末路，終不可拔拭録用，主上固已知之深，見之確，而持之不遺餘力矣。聖意即天意也，天可違乎？萬一知己不諒天心，朝夕力請之元老，元老過聽，而力請于聖上，以聖上之聰明天縱，始而厭，久而疑，以區區一人之進退，而開明良枘鑿之端，則我之營進者，終成畫餅，而所損於世道者，不可言矣。又或主上虛己之過，强而從元老之言，以衰殘病廢之身，附贅班行，點綴冷局。靣目可憎，語言無味。此時引身求去，進不能有補於時艱，退不能自全其晚節。人何以處我，而我何以自處，不當深長計之乎？爲不肖今日之計，斷斷乎當一意求退，不當復爲仕進之局。爲知己之深者，代爲不肖之計，惟有仰體聖心，俯察微尚，從長商榷，俾得優游田里，管領山林，則餘生没齒，受惠無窮矣。

寅恪案，此札可與初學集捌拾崇禎十六年癸未四月「復陽羨相公書」及「寄長安諸公書」參證。此兩書俟後論「謝輦下知己及二三及門」詩時，更述之，茲暫不多引。此札辭旨雖與兩書類似，但是否同一時間所作，尚有問題。「復陽羨相公書」中「恭聞督師北伐，汎掃胡塵」等語，即指明史貳肆莊烈帝紀「（崇禎十六年）四月丁卯周延儒自請督師，許之」之事。（寅恪案，「丁卯」即初四日。可參明史叁佰捌奸臣傳周延儒傳。）「寄長安諸公書」題下自注「癸未四月」，故此兩書當是牧齋於崇禎十六年四月在揚州會晤李邦華時，交其轉致者。至此札未載年月，不能確定爲何時所作。但據「寄長安諸公書」中「頃者，一二門墻舊士，爲元老之葭莩桃李者，相率貽書，連章累牘，盛道其殷勤推挽，鄭重汲引，而天聽彌高，轉圜有待」等語，豈即指周彝仲寄牧齋之札而言耶？儻此假設不誤，則此答周彝仲之札，尚在兩書之前所作也。俟考。細繹此札，其最可注意者爲「又或主上虛己之過，强而從元老之言，以衰殘病廢之身，附贅班行，點綴冷局」等語。蓋牧齋當時甚願玉繩援己入相，而玉繩竟不爲之盡力。繼聞崇禎帝之逾分奬飾，極有入相之可能。今忽得此札，傳玉繩之言，謂雖曾盡心殫力，而思陵之意終不可回。牧齋據此乃知玉繩深忌己身之入相，僅欲處以幫閒冷局，聊藉是勉應君上之旁求，並少順羣臣之推薦。遂不覺發怒，與玉繩絶交，而認之爲死敵也。其經過之原委，請略述之。

南雷文定後集貳「顧玉書墓誌銘」略云：

> 乙丑（康熙廿四年）余汎吴舫，遂主周氏。（寅恪案，「周氏」指周順昌子茂蘭。）於其座

上見顧宗俊者，爲玉書之子，流落可念，且以其父墓誌銘爲請。玉書名麟生，世爲常熟人。父大章陝西副使，謚裕愍。宜興者，裕愍之門人。其再相也，玉書入其幕中。起廢蠲逋清獄薄賦四事，玉書頗與聞之。虞山故與宜興涿鹿善，宜興心欲起涿鹿，（指馮銓。）而衆論不同，姑徐之以觀其變。虞山遂致書宜興云，閣下含弘光大，致精識微。具司馬公之誠一，寇萊公之剛斷，而濟之以王文正之安和，韓魏公之宏博。目今起廢爲朝政第一。至如涿鹿，餘不具論，當年守涿之功，屹然爲畿内保障。豈可一旦抹摋，尚浮沈啓事乎？往見子丑之際，持局者過於矜愎，流爲攲側，一往不返，激成橫流。此正今日之前車也。玉書見而訝其翻逆案也，年少氣盛，不顧利害，以其書洩之於外，舉朝大譁。虞山聞而恨之，後十年玉書有家難，虞山不能忘情，幾置之死，因徙居吴門。家世膏粱，驟承貧薄，玉書不以芥意。壻趙延史周旦齡〔等〕，皆諸生。旦齡即周忠介公之孫也。

寅恪案，玉書所見牧齋致玉繩書，當是牧齋於崇禎十四年九月玉繩再相至北京以後，及得周彝仲書以前所作。其欲玉繩薦起馮振鷺，乃陰爲己身再起之預備。蓋牧齋與振鷺在當時雖爲對立之黨派，然若思陵能統一并用，則馮氏得起，己身亦可同進矣。兹姑不論其此時之用心如何，但其以易經坤彖「含弘光大」之義爲説，實亦牧齋於明末南都時所持之政見也。頗疑朱由崧之「一年天子小朝廷」（見有學集捌長干塔光詩集「一年」七律。）其以「弘光」爲年號者，固出於此，而擬此「弘光」之號，即采自牧齋之意。殆欲以含弘光大，統一並用，標榜當時政策之故歟？關於牧齋致玉繩此書，尚有可注意者二事。一爲牧齋稱譽玉繩，連舉北宋宰相司馬光寇準王旦韓琦四人以相比儗，足見牧齋用典適切，非儉腹者可及。然亦由其熟玩東都事略之故。牧齋於王偁之書，曾有一段因緣，觀初學集捌伍「書東都事略後」及有學集肆陸「跋東都事略」并同書叁壹「族孫嗣美合葬墓誌銘」等可知也。二爲前論「有美詩」謂黃梨洲雖與牧齋交誼篤摯，然時有譏刺之語，殊不可解。意者太沖於閹黨有殺父之仇，其見解絶異於牧齋之「含弘光大」。牧齋殁後廿一年，梨洲游蘇州，目覩舊朝黨家之淪落，乃知實由受之追恨玉書洩其密書所致，因遂於疇昔夙好之人，不惜爲不滿之辭耶？

至玉繩之再相，頗由東林推動之故。此事今不能詳述，亦不必詳述。但舊籍中有關於周延儒再相，侯恂與有力焉一節，茲録於下。其正確之性質，尚待考實。唯以其與後論侯恂方域父子及左良玉事牽涉，故並附及之，以備參究。

文秉烈皇小識柒崇禎十年辛巳條云：

> 召予告大學士周延儒于家。先是閣臣雖内外兼用，鮮有當聖意者。衆推宜興頗有機巧，或能仰副，而聖意亦及之。于是庶吉士張溥，禮部員外郎吴昌時爲之經營，涿州馮銓，河南侯恂，桐城阮大鋮（寅恪案，「桐城」當作「懷寧」。此誤。）等分任一股，每股銀萬

金，共費六萬兩，始得再召。

寅恪案，張天如吴來之爲策劃玉繩再相之主要人物，各出一股，不待多論。馮振鷺侯若谷阮集之三人各分任一股，合張吴二股計之，共爲五股。六股之數尚少一股，文氏獨缺分任此股之主名，當有所諱。牧齋於此頗有嫌疑。然今考牧齋此時正爲河東君之事，籌措經營，精疲力竭，若黄扉金屋同時並舉，揆之虞山平日經濟狀況，恐未必有此能力也。俟考。

又梨洲所言顧氏家難事，今難考知。但牧齋尺牘中「與王兆吉」札五首之一，（可參同書同卷「與〔錢〕湘靈」札中「仲恭非死於其弟，乃死於其兄」等語。）有涉及此事之語，或與太沖所言有關。其文云：

> 仲恭家事，自分寒灰枯木，不爲比輩所齒録，不敢漫置一喙。年丈偉望碩德，鄉評倚重，忍不出片言，斷其曲直乎？景之丈爲顧氏懿親，得其立議，即玉書亦必信服，他可知也。爲亡友又復饒舌，當不惜知己一笑耳。

寅恪案，王兆吉者，常熟王嘉定長子夢鼎之字，而夢鼒之兄也。王氏父子兄弟事蹟見初學集伍柒「王府君墓誌銘」及光緒修常昭合志稿貳伍王夢鼒傳等。景之者，常熟趙士春字。士春爲明末常熟著稱之人，事蹟見明史貳貳玖趙用賢傳附士春傳及常昭合志稿貳伍趙士春傳等。仲恭者，常熟顧大韶之字，即玉書之叔也。

初學集柒貳「顧仲恭傳」云：

> 顧大韶字仲恭，嘗熟人也。父雲程，神廟時爲南京太嘗寺卿。仲恭與其兄大章字伯欽，孿生子也，連袂出游，人不能辨其少長，有張伯皆仲皆之目。伯欽舉進士，奉使休沐，顏面膚腴，衣冠騎從甚都。仲恭老於書生，頭蓬不櫛，衣垢不澣，口不擇言，交不擇人，潦倒折拉，悠悠忽忽，每引鏡自詫曰，顧仲恭乃如許！

頗疑梨洲所云「家難」，即牧齋所謂「家事」。豈大章一房與大韶一房親族競争之事，亦如後來牧齋死後所謂「錢氏家難」者耶？詳繹牧齋札語，其意實袒大韶一房。所云「自分寒灰枯木，不爲此輩所齒録」，可見牧齋憤怒之甚。「此輩」當指與大韶一房爲敵之親支，即玉書一房。「爲亡友又復饒舌」之「亡友」，即指仲恭而言。蓋玉書一房，不聽從牧齋之意，牧齋遂欲借王趙兩人之力以壓迫之也。牧齋與仲恭交誼本極篤摯，觀其崇禎十七年甲申以前所作之仲恭傳，於伯欽仲恭兄弟之間，似已有所軒輊。玉書之怨牧齋，恐非一朝一夕之故，其由來久矣。又牧齋札中稱景之爲顧氏「懿親」，趙士春與顧麟生兩人親戚之關係，今不易知。梨洲所撰「顧玉書墓誌銘」，載其諸壻中有「趙延史」之名。牧齋於崇禎十四年辛巳十二月作景之妻黄氏墓誌銘，載黄氏所生二男中有「延先」之名。（見初學集伍玖「翰林院編修趙君室黄孺人墓誌銘」。）延史延先名不盡同，未必是一人。然俱以「延」字命名，豈兄弟行輩耶？更俟詳考。

玉繩既不能如牧齋之所求，牧齋忽得聞徐石麒傳述思陵奬飾之語，取而與周彝仲書中所言者相參較，亦明瞭陽羨之用心。於是失望怨懟之辭，形諸詩文者，連篇累牘，刺刺不休矣。初學集貳拾下東山詩集肆「嘉禾司寇再承召對，下詢幽仄，恭傳天語，流聞吴中。恭賦今體十四韻，以識榮感」（寅恪案，「嘉禾司寇」指徐石麒。見明史貳柒伍本傳。傳載石麒字寶摩，嘉興人。光緒修嘉興府志伍「徐石麒傳」同。錢肅潤南忠紀「太宰徐公」條云：「徐石麒號虞求。」明季南略玖「徐石麒主盟」條云：「字寶摩，號虞求。浙江嘉善人。」光緒重刻乾隆修浙江通志壹陸叁「徐石麒傳」云：「號虞求，嘉興人。」又陳忠裕全集貳玖「虞求徐公行狀」云：「公性純孝，以父心虞公不及禄養，因自號虞求，以志永思。」尤可資考證。）云：

夕烽纏斗極，昃食動嚴宸。帝賚旁求急，天章召對勤。睿容紆便殿，清問及遺民。當宁吁嗟數，班行省記真。虛名勞物色，樸學媿天人。（自注：「上曰，錢某博通今古，學冠天人。咨嗟詢問者再。」）四達聰明主，三緘密勿臣。東除宜拱默，北嚮共逡巡。日月誠難蔽，雲雷本自屯。孤生心自幸，幽仄意空頻。漫欲占連茹，何關歎積薪。丹心懸魏闕，白首謝平津。感遇無終古，酬恩有百身。堯年多甲子，禹甸少風塵。歌罷臨青鏡，蕭然整角巾。

寅恪案，此詩列於「癸未四月吉水公總憲詣闕」詩之後。又據明史壹壹貳七卿年表貳崇禎十六年癸未刑部尚書欄載：「石麒正月削職。」初視之，似牧齋得聞虞求召對之語，在崇禎十六年正月或四月以後。細繹之，此詩「夕烽纏斗極，昃食動嚴宸。帝賚旁求急，天章召對勤」，即指上引明史貳肆莊烈帝本紀崇禎十五年十一月壬申（初六日）清兵分道入塞，京師戒嚴，詔舉堪督師大將之事。此時距十六年癸未元日，幾達兩月之久。想當日徐氏召對之後，即秘密速報牧齋。觀初學集貳拾上東山詩集叁「壬午除夕」七律略云：

蓬華依然又歲除。如聞幽仄問樵漁。耗磨時序心仍在，管領山林計未疏。

可爲牧齋在崇禎十五年歲除之際，已得虞求密報，即玉繩排阻信息之確證。故牧齋得以據之洞燭玉繩之奸詐。由是可以推知其答周彝仲札亦在得聞徐氏密報之後矣。其所以列此詩於十六年四月之後者，恐因不便洩露徐氏早有密報之事。是年四月錢徐兩人或又會於揚州，流傳轉述，事後賦詩，庶可避免嫌疑。且藉以見徐氏所爲，有合於孔光不言温室樹之義歟？

此題後第叁題復爲「輓西蜀尹西有長庚」二首。其第壹首「萬言書上黄扉寢」句下自注云：「西有爲余上書蜀相，不蒙省答。」「蜀相」當指王應熊而言。明史貳伍叁王應熊傳略云：

王應熊字非熊。巴縣人。〔崇禎〕六年特旨擢禮部尚書兼東閣大學士。八年乞休去。延儒再相，患言者攻己，獨念應熊剛很，可藉以制之，力言於帝。十五年冬遣行人召應熊。

明年六月，應熊未至，延儒已罷歸。延儒被逮，不即赴，俟應熊至，始尾之行。一日帝顧中官曰，延儒何久不至？對曰，需王應熊先入耳。帝益疑之。九月應熊至，宿朝房。請入對，不許。請歸田，許之。乃慙沮而返。

寅恪案，非熊本玉繩黨，即使再任，當亦未能起用牧齋。可知牧齋在當時實負宰相之望，爲朝野所推，故延儒尤忌之也。因并附記之，以供參考。

抑更有可論者，初學集柒玖卷末附瞿稼軒跋語云：

先生平生持論，一味主於和平，絶無敧帆側柁之意。特忌者不知，必欲以伐異黨同之見，盡力排擠，使之沈埋挫抑，槁項山林而後快。假使先生得乘時遘會，吐氣伸眉，以虚公坦蕩之懷，履平康正直之道，與天下掃荆棘，而還太和。雍熙之績，豈不立奏。而無如天心未欲治平，人事轉相撓阻。歲月云邁，白首空山，徒令其垂老門生，閉户誦讀，共抱園桃之歎。此式耜於編纂之餘，而竊不勝世道之感也。因并述之，以綴於後。崇禎癸未八月門人瞿式耜謹跋。

寅恪案，初學集爲稼軒承牧齋之命編纂校刻者。今初學集目録之後，載稼軒後序，末署「崇禎癸未九月朔日」。此外别有跋語，即上所節録者也。此跋語附於柒玖卷之末。下一卷首載「上陽羨相公書」及「寄長安諸公書」。據是可以推知牧齋當時實有意特列兩書於次卷之首，所以見其在崇禎朝出處本末，與陽羨始合終離之關鍵。瞿氏跋語所言，牧齋平生持論「無欹帆側柁之意」，即「含弘光大」之義。忌者必欲使之「槁項山林」，即「領袖山林」之旨。故稼軒之跋，與牧齋之詩，可以互相證發也。此「癸未元日雜題長句」第陸首第柒句「千樹梅花書萬卷」，亦是牧齋自道其當時之實况。賦此詩時，絳雲樓雖未落成，但牧齋之家所藏書籍，早已甚富。兹不須廣引，即取前論東都事略時，言及之「錢嗣美墓誌銘」中「余家居訪求遺書，殘編落簡，捐衣食無所恤」之語，可證知也。至「千樹梅花」乃指拂水山莊之梅而言。前論東山詶和集壹「新正二日偕河東君過拂水山莊，梅花半開，春條乍放，喜而有作」詩時，已詳言之，兹可不贅。唯牧齋舉此以謝絶玉繩，亦更有其故。初學集壹伍丙舍詩集上「陽羨相公枉駕山居，即事賦呈四首」其一云：

閣老行春至，山翁上冢回。衮衣争聚看，棋局漫相陪。樂飲傾村釀，和羹折野梅。緣堤桃李樹，一一爲公開。

其二云：

黑頭方壯盛，緑野正優游。月滿孫弘閣，風輕傅説舟。鴟夷看後乘，戎馬問前籌。側席煩明主，東山自可求。

其三云：

堤柳眠風翠，樓花笑日紅。穠華欺冷節，妖豔仗天工。舟楫浮春水，車茵愛晚風。蹔時憂國淚，莫灑畫橋東。

其四云：

若問東山事，將無畏簡書。白衣悲命駕，紅袖泣登車。甲第功誰奏，歌鐘賞尚虛。安危有公在，一笑偃蓬廬。

寅恪案，此題前第壹題爲「清明河陽山上冢」，第貳題爲「寒食偕孟陽璧甫山行，飯破山寺」。此題第叁首復有「穠華欺冷節」之句，可知崇禎十二年己卯清明寒食後不久之時，玉繩曾到拂水山莊，訪問牧齋也。玉繩既親見拂水山莊園林之勝境，則其「虞山正堪領袖山林」之語，尤爲適切。才調集伍元微之「劉阮妻」二首之二云：「千樹桃花萬年藥，不知何事憶人間。」然則牧齋此時已擁有萼綠華之河東君，又何必不忘情於人間買菜求益之書哉！第陸首「君看松下有清風」句，即王摩詰「詶張少府詩」（見王右丞集柒。）云：

晚年惟好靜，萬事不關心。自顧無長策，空知反舊林。松風吹解帶，山月照彈琴。君問窮通理，漁歌入浦深。

蓋右丞此詩，正可道出牧齋答復玉繩所欲言也。

其七略云：

潘岳已從槐柳列，石生寧在馬蹄間。鄧尉梅花侵夜發，香車明日向西山。

寅恪案，「潘岳已從槐柳列」句，牧齋實兼采晉書伍伍潘岳傳，安仁諂附賈謐事，與李百藥書貳貳盧文偉傳所載，兩者合用，構成此句。且因「石生寧在馬蹄間」句，同是晉人故實，（除錢遵王注所引者外，并可參世説新語政事類「山公以器重朝望」條，劉注引虞預晉書。）遂聯想及之耳。遵王注引北齊書盧文偉傳云：

盧詢祖好臧否人物。嘗語人曰，我昨東方未明，過和氏門外，已見二陸兩源森然與槐柳齊列。蓋謂彦師仁惠與文宗那延也。

以釋之，自是不誤。惟北齊書本作「兩源」，而此注作「兩潘」，殊爲可笑。恐是由於偶爾筆誤，抑或版本目録專家疏於乙部校讎之學所致耶？俟考。「鄧尉梅花侵夜發，香車明日向西山。」一聯，前於論「京口舟中感懷」詩時已及之。鄧尉山在蘇州府治之西南，故稱之爲「西山」。但此不過希望河東君病愈出遊之意。其實此時河東君正在病中，非真能往遊蘇州也。又此詩七八兩句之意，實暗用晉書柒玖謝安傳中「安雖放情丘壑，然每遊賞，必以妓女從」及「征西大將軍桓温請爲司馬。將發新亭，朝士咸送。中丞高崧戲之曰，卿屢違朝旨，高臥東山。諸人每相與言，安石不出，將如蒼生何？」等語。牧齋詩之「西山」，即謝安傳之「東山」也。但牧齋賦此詩時，正怨望朝旨之不至，則與謝安石大相違異耳。一笑！

復次，董小宛與冒辟疆之因緣，爲世人所習知樂道者，但與本文無涉，自不應旁及。唯其中有關崇禎十五年冬河東君偕牧齋至蘇州一事，則不可不略辨之。以明瞭河東君當日患病之情狀也。冒襄輯同人集叁載張明弼所撰「冒姬董小宛傳」云：

（虞山錢牧齋先生）維時不惟一代龍門，實風流教主也。素期許辟疆甚遠，而又愛姬之俊識。聞之，特至半塘，令柳姬與姬爲伴，親爲規畫，債家意滿。時又有大帥以千金爲姬與辟疆壽，而劉大行復佐之。公三日遂得了一切，集遠近與姬餞別于虎疁。買舟，以手書并盈尺之券，送姬至如皋。又移書與門生張祠部爲之落籍。

冒辟疆影梅庵憶語略云：

亡妾董氏，原名白，字小宛，復字青蓮。籍秦淮，徙吴門。（崇禎十五年壬午）陽月過潤州，時閩中劉大行自都門來，與陳大將軍及同盟劉刺史飲舟中，適奴子自姬處來，云姬歸不脱去時衣，此時尚方空在體，謂余不速往圖之，彼甘凍死。劉大行指余曰，辟疆夙稱風義，固如是負一女子耶？余云，黄衫押衙，非君平仙客所能自爲。刺史舉杯奮袂曰，若以千金恣我出入，即於今日往。陳大將軍立貸數百金，大行以葠數觔助之。（寅恪案，同人集肆所録陳梁則梁與冒辟疆書，其中一札有「纔漁仲來，刻下試精神，作收棄兒文，兼試漁仲之參。」等語，可與此參證。）詎謂刺史至吴門，不善調停，衆譁決裂，逸去吴江。余復還里，不及訊。姬孤身維谷，難以收拾。虞山宗伯聞之，親至半塘，納姬舟中。上至薦紳，下及市井，纖悉大小，三日爲之區畫立盡，索券盈尺。樓船張宴，與姬餞於虎疁，旋買舟送至吾皐。至月之望，薄暮侍家君飲于拙存堂，忽傳姬抵河干。接宗伯書，娓娓灑灑，始悉其狀。且即馳書貴門生張祠部立爲落籍。吴門後有細瑣，則周儀部終之，（寅恪案，同人集陸影梅菴悼亡題詠周吴昉士章「悼董宛君」七律八首之三末句云：「早知愁思應難掃，悔卻當年月下媒。」頗疑周儀部即指此人。俟考。）而南中則李總憲舊爲禮垣者與力焉。越十月，願始畢。然往返葛藤，則萬斛心血所灌注而成也。

周亮工輯尺牘新鈔伍錢謙益「與冒辟疆書」云：

雙成得脱塵網，仍是青鳥窗前物也。漁仲放手作古押衙，僕何敢貪天功。他時湯餅筵前，幸不以生客見拒，何如？嘉貺種種，敢不拜命。花露海錯，錯列優曇閣中。焚香酌酒，亦歲晚一段清福也。

綜合上列材料觀之，牧齋實於崇禎十五年冬季往游蘇州。但河東君并未偕往。據前引「壬午除夕」詩，其結語云「閒房病婦能憂國，却對辛盤歎羽書」之語，則是年冬季河東君尚在常熟家居病中，可以推知。且辟疆亦未言河東君偕往，尤足爲牧齋獨至半塘之旁證。亮工殆以河東君與小宛既爲同類，而柳錢並是風流好事之人，遂加以想像，造作兩人同至半塘，以完成董冒因緣之佳話耶？餘詳後論河東君適牧齋後患病條。至牧齋此次之至蘇州，當別有原因，非專爲雙成脱籍事也。前引莊烈帝本紀「〔崇禎十五年十一月〕壬申清兵入塞，京師戒嚴。詔舉堪督師大將者。戊寅徵諸鎮入援。」之事。牧齋此時於諸鎮勤王入衛者，頗致殷勤，如前論其與史道鄰之關係，即是一例。檢初學集「壬午除夕」前一題爲「送程九屏領兵入衛二首」。時有郎官欲上書請余開府東海，任擣勦之事，故次首及之」詩，前已論及。兹更推繹此題二首排列之先後，疑其爲崇禎十五年冬季在蘇州所作。蓋程氏乃響應詔書北上勤王入衛者，牧齋特爲賦詩送行，恐亦欲其爲己身盡力之故。然則牧齋是年冬季之至蘇州，其主旨實在求以知兵起用。奔走經營，乃至如此。「一代龍門，風流教主」，固非虚譽。但若察其内容，轉覺可笑可憐矣。

復次，董冒因緣關涉之人頗多，兹僅就前已述及之劉漁仲言之，其人與黄石齋最爲密切。其事蹟兹不必詳述，姑擇録所見有關材料於下。

屈大均皇明四朝成仁録柒嘉興起義諸臣傳劉履丁傳云：

> 劉履丁字漁仲，漳州人。大學士黄道周高弟。聰明絶人，字畫篆刻皆極其妙。博物好古，詩深□，自成一家。崇禎間以貢爲鬱林州知州。見天下方亂，致書友人曰：「孔賊犯天

津，一月而弑兩藩。吾輩不知死所矣。」因研究諸家兵法。至是與徐石麒等起義。敵至，爲讎所刺，並殺其子以降。（寅恪案，談遷棗林雜俎仁集「屠象美」條謂：「閩人劉履丁以善陳洪範，通北兵。懼泄，夜走胥山沈氏墓，追獲之。」與屈氏所言迥異。特記於此，以俟考定。）

初學集伍叁「漳浦劉府君合葬墓誌銘」略云：

漳浦劉履丁以諸生應辟召，擢鬱林州知州。將歸葬其父母，而謁銘于舊史氏，曰，履丁之先世，自光固徙莆田。元末有尉漳浦者，而家焉。先母黄氏，其父郡守公，理學鉅儒，與從伯父國徵介徵同鄉舉。丁聞之石齋黄夫子，惟夫子之言，質而不華，可以信于後，願有述也。余曰，子之夫子吾執友也。古之爲文者，必有所徵。余之知履丁，以其師。知履丁之父母，以其子。可謂有徵矣。

寅恪案，光緒修漳州府志壹捌選舉叁薦辟門云：

劉履丁崇禎十一年辟鬱林知州。

程松圓耦耕堂存稿詩下載「口占送劉漁仲之鬱林任」七絶云：

蒹葭楊柳送雙旌。五嶺宜人獨桂城。今日逢迎滿天地，不須君到自題名。

此詩爲松圓於崇禎十一年在杭州所作，可與上引諸材料互證。餘詳後論黄石齋「與鄭芝龍」

第貳書。其他如牧齋石齋著述并冒辟疆同人集所録范質公陳則梁張公亮諸人書札中，皆有關涉劉氏之文字，今不備及。但有一事略可注意者，即漁仲與人參之關係。蓋吾國古代本草中之人參，當爲今之黨參，即前述王介甫不肯服用之紫團參。後起外來之東北參甚爲世所珍重，遂專攘昔時人參之舊稱，而以上黨郡之名屬之土貨。

又談孺木棗林雜俎中榮植類「人參」條（可參阮葵生茶餘客話貳拾「人薓」條并梁章鉅浪跡叢談捌「人參」「高麗參」及「參價」條等。）云：

> 遼陽東二百餘里，山深林密，不見天日，産人參，採者以夏五月入，裹三日糧，搜之最難，或徑迷斃人。萬曆中遼東李都督如松嘗餽某侍郎一本，重十六斤，形似小兒。海鹽姚叔祥記。

同書和集叢贅類「荐侑」條云：

> 崇禎末士大夫苞苴輒千百金，苦於齎重，專用黄金美珠人參異幣，時都門嚴邏，而徑竇愈廣。

劉輿父五石瓠「相公開三市」條云：

> 董心葵賷金賷珠賷人參於京師，各張一鋪，人人知之。周宜興安得不敗。

同書「人參榼」條云：

> 周宜興之再出也，從淮舟行，槩不與人宴會，送席者亦卻弗受。有一州郡官以人參爲肴，

設於小榼，賂左右，俾呈相公一見之，宜興偶收參而麾其榼。于是沿途弁紳，密偵其例，遂有以參二斤爲一器者，自是舟中之參積若山阜矣。

可知人參在明季非僅限於藥物之性質，亦可視爲貨幣之代用品矣。漁仲於明季由北京至南方，挾此後起外來之奇貨以當多金，豈爲行俠救貧耶？抑或求利自濟耶？寅恪非中醫，且無王夫人「賣油的娘子水梳頭」之感嘆，（見紅樓夢第柒柒回。）故於人參之功效，不敢妄置一辭。但就此區區藥物，其名實之移轉，價格之升降言，亦可以通知古今世變矣。至若有學集壹叁東澗詩集下「病榻消寒雜詠」四十六首中有「（康熙二年癸卯十一月）小盡日靈嵓長老送參」詩，（寅恪案，「靈嵓長老」指熊開元。見小腆紀年壹貳等。）則遺民逸老眷戀不忘故國故交，同情分衛之舉，舉漁仲之好事行俠者，更應區別論之也。

抑更有可附論者，前引同人集肆陳則梁「與冒辟疆書」，其中涉及劉漁仲之人參事，復檢余懷板橋雜記下軼事門云：

歲丙子（崇禎九年）金沙張公亮（明弼），呂霖生（兆龍），鹽官陳則梁（梁），漳浦劉漁仲（履丁），雉皋冒辟疆（襄），盟於眉樓，則梁作盟文甚奇。末云牲盟不如臂盟，臂盟不如心盟。（寅恪案，此條可參同人集伍「五子同盟詩」。）

同書同卷云：

陳則梁人奇，文奇，舉體皆奇。嘗致書眉樓，勸其早脱風塵，速尋道伴，言詞切至。眉樓遂擇主而事。誠以驚弓之鳥，遽爲透網之鱗也。掃眉才子，慧業文人，時節因緣，不得不爲延津之合矣。

寅恪案，冒陳張劉吕諸人爲同盟死友，劉爲冒出賣人參，以成情耦。（可參板橋雜記後跋引吴園次綺「弔董少君詩序」云：「當時才子，競着黄衫。合世清流，爲牽紅繡。」并加解釋云：「時錢虞山作于節度，劉漁仲爲古押衙。」）并分贈陳以尋盟好。然則人參之功用有如是者，亦李時珍所不及知，而王安石真可謂「拗相公」矣。横波接受則梁之忠告，遂嫁芝麓。不但藉此得脱浙江傖父之困辱，（見板橋雜記中「顧媚」條。）又可免陳畹芬卞雲裝等之遭遇。則梁可謂眉樓之俠客，而兼功臣矣。至方望溪所記黄石齋與顧横波之逸事一則（見方望溪先生全集玖「石齋黄公逸事」。）頗疑其或與劉履丁間接有關。未能詳考，姑記於此。

其八云：

春日春人比若耶。偏將春病卸鉛華。（自注：「山礬二株，河東君所扳賞，訂其名爲玉蕋。余爲之記。」）曉鏡十眉傳蜀女，晚簾雙燕入盧家。（寅恪案，此句遵王無注，偶檢全唐詩第肆函劉方平「新春」五律云，「雙燕入盧家」及「更浣越溪紗」。牧齋詩辭旨當出此。）江南尚喜無征艦，院落燒燈聽鼓撾。緑㯫舊譜藭芽字，綺閣新評玉蘂花。

寅恪案，此首爲此題最後一首，乃專爲河東君而作者，即白樂天新樂府大序所謂「卒章顯其志」之旨也。故特全録之。首兩句言河東君此時正在病中。三四兩句乃言河東君之藝術賞玩。前論東山詶和集壹河東君次韻牧齋「上元夜小飲沈璧甫齋中」詩「玉蕋禁春如我瘦」句，引牧齋「玉鯊軒記」。此記末署：「崇禎十五年十二月二十九日牧翁記。」是年十二月大盡，則距次年元日賦此詩時，僅隔一日。故知此句乃寫當時實況。不知玉鯊軒有無題額，儻有之，當爲河東君所書。此第叁句所以著「柳家新樣元和脚」之旨也。五六兩句，自是以文君莫愁比河東君，固甚適切。至七八兩句，乃言此時江南尚可苟延旦夕。最能寫出當日士大夫偷安之一般心理。由今思之，甚可慨嘆也。

初學集貳拾下東山詩集肆「癸未四月吉水公總憲詣闕，詒書輦下知己及二三及門，謝絶中朝寢閣啓事，慨然書懷，因成長句四首」云：

（詩見下。）

寅恪案，兹請先論此詩題，然後分别再論此四律。前於述「〔癸未〕元日雜題長句」八首之六及關於陳鴻節詩，已略言牧齋於崇禎十六年四月至揚州會晤李邦華事。有學集叁肆「明都察院左都御史贈特進光禄大夫柱國太保吏部尚書謚忠文李公神道碑」略云：

吉水李公諱邦華，字孟闇，懋明其别號也。先帝（指思宗。）御極，起工部右侍郎，改兵部，協理京營戎政，進本部尚書。在事一年，用中旨罷歸。〔崇禎十二年〕己卯特簡起南京兵部尚書，參贊機務。踰年丁父憂。〔十五年〕壬午服除，起南京都察院右都御史，未幾拜北掌院左都御史。抵湖口，得後命。便宜發餉遏寧南侯左良玉潰兵。上聞之，大喜。益專意委信公。〔十七年〕甲申三月十八日賊破外城，移宿吉安館文信公祠下。詰朝內城陷，持束帛繫信公坐楣，投繯而絕。三月十九日辰時也。四月公之喪至自北京。十一月二十四日葬仁壽鄉鰲山釣魚臺之諭塋。公既葬，〔孫〕長世泣而言曰，隧道之碑銘有與吾祖游，而載史筆者誰乎？謀於諸父，渡江來請者至再。〔十六年〕癸未北上，要語廣陵僧舍，艱危執手，潸然流涕。囑曰，左寧南名將也。東南有警，兄當與共事，我有成言于彼矣。篋中出寧南牘授余曰，所以識也。入都，復郵書曰，天下事不可爲矣。東南根本地，兄當努力。寧南必不負我，勿失此人也。偷生假年，移日視息。生我知我，辜負良友，傷心尅骨，有餘痛焉。徬徨執筆，老淚漬紙，而不忍終辭者，以爲比及未死，放隻字于青簡，庶可以有辭于枯竹朽骨也。（又檢牧齋尺牘上有「與李懋明」札一通。繹其內容，知爲崇禎十二年四月李邦華起爲南京兵部尚書時所作。附記於此，以供參考。）

牧齋此文作於何年，雖未能確定，但文中有「長世渡江來請」，及「偷生假年，移日視息」等語，則當是明南都傾覆，牧齋隨例北行，至次歲，即順治三年丙戌秋間南還家居以後所作。

其述左良玉與李邦華及己身之關係一節，蓋欲藉是以湔洗其與馬阮交結之事實，並表明其中立不倚之政見耶?牧齋頗認此次與懋明之會晤，爲其一生志業所關。故於垂死之時賦詩，猶憶及此事。有學集壹叁東澗詩集下「病榻消寒雜詠」四十六首之十八云：

忠軀義感國恩賒。板蕩憑將赤手遮。星散諸侯屯渤海，飈迴子弟走長沙。神愁玉璽歸新室，天哭銅人别漢家。（原注：「一云，共和六載仍周室，章武三年亦漢家。」）遲暮自憐長塌翼，垂楊古道數昏鴉。（自注：「記癸未歲與羣公謀王室事。」）

自注云「羣公」，則懋明之外，尚有他人。侯忠節公（峒曾）年譜崇禎十五年壬午條云：

九月改浙江嘉湖道備兵參政。

十六年癸未條略云：

正月之官嘉興。夏五月吏部上計，舉府君大廉卓。而府君是時亦既病矣。天方大旱，府君步而禱焉。未幾瘡痏發於足跗，委頓者兩月餘。又一日方視案牘，忽嘔血數十口，累日乃止。投牒請於當事者三，終不許。府君方臥病時，徐太宰（石麒），以司寇事被放歸里，陶陶永夕，差以爲快。九月詔使逮問周宜興（延儒）。

寅恪案，虞求雖於崇禎十六年正月削職。其歸至嘉興之月日，今不易考。但據侯譜，知其十六年五月以後，九月以前，必已返家。由是言之，虞求十六年正月削職後，由京南歸，於四月中途過揚州時，與牧齋會晤，頗有可能。若果如是，則虞求亦是與牧齋共謀王室羣公中之一人也。

又此事亦間接涉及侯恂方域父子。茲略論之於下。侯方域壯悔堂文集叁「爲司徒公與寧南侯書」（寅恪案，「司徒公」乃朝宗稱其父恂之官號。「寧南侯」則指左良玉而言也。）云：

> 鄉土喪亂，已無寧宇。闔門百口，將寄白下。喘息未蘇，風鶴頻警。相傳謂將軍駐節江州，且揚帆而前。老夫以爲不然，即陪京卿大夫亦共信之，而無如市井倉皇，訛以滋訛，幾於三人成虎。夫江州三楚要害，麾下汛防之衝也。鄖襄不戒，賊勢鴟張，時有未利，或需左次以驕之。儲威夙飽，殫圖收復，在將軍必有確畫。過此一步，便非分壤。冒嫌涉疑，義何居焉？若云部曲就糧，非出本願，則尤不可。朝廷所以重將軍者，以能節制經緯，危不異於安也。荆土千里，自可具食，豈謂小饑，動至同諸軍士倉皇耶？甚則無識之人，料麾下自率前驅，伴送室帑。匈奴未滅，何以家爲？生平審處，豈後嫖姚？或者以垂白在堂，此自綱紀，奉移内郡。何必雙旌，聿來相宅？況陪京高皇帝弓劍所藏，禁地肅清。將軍疆埸師武，未取進止，詎宜展覲？語云，流言止于智者。若將軍今日之事，其爲流言，又不待智者而決之矣。惟是老夫與將軍義則故人，情實一家。每聞將軍奏凱獻捷，報效朝廷，則喜動顔色，傾耳而聽，引席而前，惟恐其言之盡也。或功高而

不見諒，道路之口發爲無稽，則輒掩耳而走，避席而去，蹙乎其不願聞也。頃者浪語最堪駭異，雖知其妄，必以相告。將軍十年建豎，中外倚賴，所當矜重，以副人望。

此書後附楊廷樞跋語云：

癸未侯子居金陵，寧南侯兵抵江州，旦夕且至。熊司馬知其爲司徒公舊部，請侯子往説之。侯子固陳不可，乃即署中爲書以付司馬，馳致之寧南。後一夜侯子晤友人云，議者且唱内應之説。遂以書抵議者而行。侯子禍雖不始此，然自此深矣。寧南旋得書而止。余嘗見其回司徒公稟帖，卑謹一如平時，乃知寧南感恩，原不欲負朝廷者，駕馭失宜，以致不終，深可歎也。偶過侯子舟中，觀此書，感而識之。乙酉三月楊廷樞記。

同書伍「寧南侯傳」略云：

朝廷以司徒公代丁啓睿督師，良玉大喜。未幾有媒孽之者，司徒公遂得罪，以吕大器代。良玉慍曰，朝廷若早用司徒公，良玉敢不盡死。今又罪司徒公，而以吕公代，是疑我，而欲圖之也。自此意益離。遂往來江楚，爲自豎計。盡取諸鹽船之在江者，而掠其財。賊帥惠登相等皆附之，軍益强。又嘗稱軍饑，欲道南京就食，移兵九江。兵部尚書熊明遇大恐，請於司徒公，以書諭之而止。朝廷不得已，更欲爲調和計，封良玉爲寧南侯，而以子夢庚爲總兵官。良玉卒不爲用。

同書叁「癸未去金陵日與阮光禄書」（寅恪案，「阮光禄」指阮大鋮。）云：

僕竊聞君子處己，不欲自恕，而苛責他人以非其道。今執事之於僕，乃有不然者，願爲執事陳之。執事僕之父行也，神宗之末，與大人同朝，相得甚歡。其後乃有欲終事執事，而不能者。執事當自追憶其故，不必僕言之也。大人削官歸，僕時方少，每侍，未嘗不念執事之才，而嗟惜者彌日。及僕稍長，知讀書，求友金陵。將戒途，而大人送之曰，金陵有御史成公勇者，雖於我爲後進，常心重之。汝至，當以爲師。又有老友方公孔炤，汝當持刺拜於床下。語不及執事。及至金陵，則成公已得罪去，僅見方公，而其子以智者，僕之夙交也，以此晨夕過從。執事與方公同爲父行，理當謁，然而不敢者，執事當自追憶其故，不必僕言之也。今執事乃責僕與方公厚，而與執事薄。噫！亦過矣。忽一日有王將軍過僕甚恭，每一至，必邀僕爲詩歌，既得之，必喜而爲僕貰酒奏伎，招遊舫，攜山屐，殷殷積旬不倦，僕初不解，既而疑，以問將軍。將軍乃屏人以告僕曰，是皆阮光禄所願納交於君者也。光禄方爲諸君所詬，願更以道之君之友陳君定生吴君次尾，庶稍湔乎？僕斂容謝之曰，光禄身爲貴卿，又不少佳賓客足自娱，安用此二三書生爲哉？僕道之兩君，必重爲兩君所絶。若僕獨私從光禄遊，又竊恐無益光禄。辱相款八日，意良厚，然不得不絶矣。凡此皆僕平心稱量，自以爲未甚太過，而執事顧含怒不已，僕誠無所逃罪矣。昨夜方寢，而楊令君文驄叩門過僕曰，左將軍兵且來，都人洶洶。阮光禄颺言於清議堂云，子與有舊，且應之於内。子盍行乎？僕乃知執事不獨見怒，而且恨之，欲置之族滅而後快也。僕與左誠有舊，亦已奉熊尚書之教，馳書止之。其心事尚不可知。若其犯順，則賊也。僕誠應之於内，亦賊也。士君子稍知禮義，何至甘心作賊？萬一有焉，此必日暮途窮，倒行而逆施，若昔日乾兒義孫之徒，計無復之，容出於此，而僕豈其人耶？何執事文織之深也！僕今已遭亂無家，扁舟短棹，措此身甚易。獨惜執事忮機一動，長伏草莽則已，萬一復得志，必至殺盡天下士，以酧其宿所不快，則是使天下士終不復至執事之門，而後世操簡書以議執事者，不能如僕之詞微而義婉也。

同書陸「壯悔堂記」略云：

余向爲堂，讀書其中，名之曰雜庸。或曰，昔司馬相如賣酒成都市，身自滌器，與庸保雜作。子何爲其然？余曰，以余目之所寓，皆庸也。子亦庸也。余不能不舉足出此堂，又不能使此堂卒無如子者，安往而不與庸雜，又豈必酒壚耶？嗚呼！君子之自處也謙，而其接物也恭，所以蓄德也。況余少遭黨禁，又歷戎馬間，而乃傲睨若是。然則坎壈而幾殺其身，夫豈爲不幸哉？忽一日念及，憮然久之，乃知余平生之可悔者多矣，不獨名此堂也。急別搆一室居之，名曰壯悔。古者三十爲壯，余是時已三十五矣。

同書首載年譜略云：

崇禎十六年癸未公二十六歲。司徒公解任，避兵揚州。左良玉軍襄陽，以糧盡，移駐九江，欲趨南京。南本兵乞公爲司徒書，馳諭止之。阮大鋮以蜚語中公。公避於宜興。有與光禄書。以不即救汴，逮司徒公繫獄。

順治八年辛卯公三十四歲。奉司徒公居南園。當事欲案治公，以及於司徒公者。有司趨應省試，方解。

順治九年壬辰公三十五歲。司徒公居南園。治壯悔堂，作文記之。訪陳定生於宜興。

國榷玖捌略云：

壬午崇禎十五年閏十一月總督保定侯恂免。

同書玖玖略云：

癸未崇禎十六年二月庚辰平賊將軍左良玉避賊東下，沿江縱掠。土寇叛兵俱冒左兵攻剽，南都大震。壬午左良玉泊池州清溪口，副總兵王允成稱以二千人勤王，縱掠青陽南陵繁昌。沿江騷動，薄于蕪湖，競傳其兵叛。南京兵部尚書熊明遇知良玉爲尚書侯恂舊部。恂次子方域適在金陵，代爲尚書書〔致良玉〕。良玉得書，稟答卑謹，一如平昔。七月議處鄭三俊，逮張國維侯恂，以秉樞不職，棄開封不守也。

徐鼒小腆紀傳陸肆逆臣壹左良玉傳略云：

釋侯恂於獄，以兵部侍郎代丁啓睿督師。恂未至軍，而良玉已潰於朱仙鎮矣。開封陷。帝怒，罷恂官，而不能罪良玉也。〔十五年〕十二月二十四日〔良玉〕抵武昌，至正月中啓行，艨艟蔽江而下。當是時，降將叛卒假左軍號，恣剽掠。蘄州守將王允成爲亂首。破建德，掠池陽。去蕪湖四十里，泊舟三山荻港，漕艘鹽舶盡奪以載兵，聲言將寄帑南京。士民一夕數徙，商旅不行。南兵部尚書熊明遇不知所計。適都御史在家被召，道出湖口，聞變，乃倚舟草檄告良玉曰，貴鎮宜即日嚴戢兵丁，疏通江路，捩舵回船，刻期還鎮。缺餉事情，侯本部院到皖設法措處。勿過安慶一步，以實流言。良玉得檄心折。邦華飛書告安慶巡撫，發九江庫銀十五萬，補六月糧。軍心大定，南都解嚴。邦華具威儀入其營。良玉紅袜首，韡袴，握刀插矢，俯立船頭。邦華辭。乃用師弟子禮見。臨别，誓以餘生效頂踵。

寅恪案，侯恂與左良玉其關係密切，遠勝於李邦華。當崇禎十六年正月中良玉擁兵東下，南都士大夫皆欲止之。朝宗適在金陵，南京兵部尚書熊明遇使方域爲其父作書與良玉，亦情勢所必致，殊不足異。後來良玉之衆屯駐九江而不至南京者，實懋明籌撥銀十五萬兩之力。侯氏之書，豈能一動崑山之心乎？朝宗自言得楊龍友傳述阮集之謂已欲爲左氏內應之語，因促其出走避禍。年譜載崇禎十六年「司徒公解任避兵揚州」及「公訪陳定生於宜興」等語，假定崇禎十六年正月至四月侯恂果已在揚州，則方域何以不至揚州，而至宜興。考明史貳柒叁左良玉傳云：

〔崇禎十五年〕九月開封以河決而亡。帝怒恂，罷其官。

參以朝宗代其父致崑山書所謂「鄉土喪亂，已無寧宇。闔門百口，將寄白下」及「相傳謂將軍駐節江州，且揚帆而前」等語，則朝宗作書之時，若谷尚未至南京。但朝宗避禍出走之日，即使若谷未至揚州，何以不留揚州以待其父，而逕至宜興定生家耶？如若谷於崇禎十六年春間及夏初果在揚州，似亦應列入與牧齋共謀王室羣公之中。今載籍未詳，不敢決言也。細繹朝宗之文，頗疑非其當日之原稿，致有疏誤。據邵青門述朝宗刻其文集事（見錢儀吉碑傳集壹叁陸邵長蘅撰侯方域傳及清史列傳柒拾文苑傳侯方域傳。）云：

末年游吳下，將刻集，集中文末脫稾者，一夕補綴立就，人益奇之。

今觀壯悔堂集載朝宗代其父致崑山書題作「爲司徒公與寧南侯書」。考明實錄懷宗實錄壹柒云：

崇禎十七年三月癸巳封遼東總兵官左都督吳三桂平西伯，平賊將軍總兵左都督左良玉寧南伯，薊鎮總兵左都督唐通定西伯，鳳廬總兵左都督黄得功靖南伯，各給勅印。

明史貳肆莊烈帝本紀云：

崇禎十七年三月癸巳封總兵官吴三桂左良玉唐通黄得功俱爲伯。

同書貳叁左良玉傳略云：

崇禎十七年正月（寅恪案，「正月」當爲「三月」之誤。王氏明史考證攟逸未之及。）詔封良玉爲寧南伯。福王立，晉良玉爲侯。

故朝宗作此書時，良玉尚未封伯更何侯之有？此亦足爲此書乃朝宗後來所補綴之一證，并足徵邵氏之言爲可信也。兹有可附論者二事。一爲朝宗作壯悔堂記時，其年三十五歲，即順治九年壬辰。前一年朝宗欲保全其父，勉應鄉試，僅中副榜，實出於不得已。「壯悔堂」之命名，蓋取義於此。後來竟有人賦「兩朝應舉侯公子，地下何顔見李香」之句以譏之。殊不知建州入關，未中鄉試，年方少壯之士子，苟不應科舉，又不逃於方外，則爲抗拒新政權之表示，必難免於罪戾也。至「庸雜堂」之命名，朝宗所言亦非其最初真意。殆本以司馬長卿自儗，而以李香君之流比卓文君也。二爲自桃花扇傳奇盛行以來，楊龍友遂爲世人所鄙視。今據朝宗自述之文，則爲阮圓海遊説者，乃王將軍。傳阮氏誣搆之言，促其出走避禍者，爲楊龍友。戲劇流行，是非顛倒，亟應加以糾正也。寅恪近有聽演桃花扇戲劇七律一首，附録於此。

聽演桂劇改編桃花扇劇中香君沈江而死，與孔氏原本異，亦與京劇改本不同也。興亡舊事又重陳。北里南朝恨未申。桂苑舊傳天上曲，桃花新寫扇頭春。是非誰定千秋史，哀樂終傷百歲身。鐵鎖長江東注水，年年流淚送香塵。

若黄石齋者，則是時已被赦復官，自京乞假歸里。（見明史貳肆莊烈帝本紀「崇禎十五年八月乙丑釋黄道周於戍所復其官」條，同書貳伍伍黄道周傳及莊起儔編漳浦黄先生年譜崇禎十五十六年條，并黄漳浦集肆貳「壬午八月荷殳入楚，病臥西林，適逢環命，以清修力學見褒，攬筆潸然，聊悉寤言」二十有八章及同書肆叁「郡中結夏有作」二章。）亦在遠道預謀之列。又若曾化龍熊明遇諸人，當復參預其事。至曾化龍則初學集壹陸丙舍詩集有「送曾霖寰使君左遷還里」二首，當是崇禎十三年春間霖寰去江南按察使時所作。於此足徵牧齋本與曾氏交好。檢同治重刊乾隆修泉州府志肆肆曾化龍傳略云：

曾化龍字大雲，號霖寰，晉江人。〔官〕江南副使，備兵常鎮。尋擢其省按察使。還江西。丁外艱歸。

未言其有何左遷之事，與牧齋詩不合。但據談遷國榷玖柒略云：

辛巳崇禎十四年四月乙卯通政司使徐石麒，以前鎮江知府印司奇訐奏推官雷起劍及前巡撫應天張國維，兵道曾化龍事，久不結，命即勘。

可見霖寰實有被訐之案，不知何故久懸未決。虞求與霖寰有氣類之好，故請速勘也。方志所據材料不盡翔實，特標出之如此。餘可參後引泉州府志曾氏傳所論熊明遇與牧齋共謀王室事并詳後論黃石齋與張鯢淵書，茲俱不先及。又劉宗周亦當時清望，與牧齋俱爲溫體仁之政敵，是有爲揚州共謀王室羣公中一人之可能，但蕺山於崇禎十五年以吏部左侍郎奉詔至北京，是年五月二十日始達揚，（見明史貳貳伍劉宗周傳及姚名達撰劉宗周年譜等。）時日過晚，恐不可能。姑附記之，更俟詳考。由是言之，牧齋所謂「羣公」，雖難一一考知，然其出語必非虛構，可以無疑也。黃漳浦集壹陸「與鄭將軍書」第壹通云：

方今□（奴？）寇漸合，輦轂洊驚，四方援兵度不能四五萬，皆逡巡西道，思度河北，出紫荊，潛詣都下，無敢泝清德從景滄直上者。朝廷思間道之奇，以霖寰翁節制登萊，與大將軍共濟。呼餘皇，出旅順，擣瀋陽，此搏熊取子之智，用之必效。然懸師萬里，遠襲人國，載馬上車，踔泥出岸，豈得如三國時謀氿沓渚之事乎？以僕料敵，用師不過强萬，四□（奴？）持重，（寅恪案，牧齋投筆上「金陵秋興次草堂韻」八首之五「死虜千秋悔入關」句下自注云：「僞四王子遺言戒勿入關。東人至今傳之。」蓋明人往往以

「四王子」稱清太宗皇太極。其實皇太極乃太祖努爾哈齊第八子。見清史稿貳太宗本紀壹。）不敢遠出。其牽制寧遠，守遼瀋者，必不盡撤而西。唯諸台吉跳蕩，及巢孔二三叛將，知我虛實者，相率鼓拊，攘取餌耳。誠得南兵萬餘，與兗濟之師，犄角直出，挫其前鋭，則真保香阿（東隅？）之策也。

其第貳通云：

適劉舍親有南郡書至，稱南中之望麾下，猶楚人之望葉公也。黎總戎六月南來，述在鎮情形，已大不測。計天下男子，赤心青膽，一意奉朝廷者，獨麾下耳。而又以盛名厚力，讋服一世，俯視左良玉輩，猶腐鼠枯蟬，直以苕帚汎除之，不煩遺鏃也。李大司馬方今偉人，所號召豪傑立應，擬與南郡諸紳，擊牛釃酒，以俟麾下。麾下但呼帳中健兒一二千人，坐鎮京口，遣青雀小艇，飛入馬當，云大將軍督水師朝夕西上，彼輩望風隕角耳。天下事勢，固有力省而功倍者，如樓船出登萊，節長力緩，雖有三千，不當五百之用。今得一千渡彭蠡，可當十萬之師，且令塞上斬□□取通侯，（寅恪案，此句所諱闕之二字，疑是「賊奴」。蓋用世説新語尤悔類「王大將軍起事」條及晉書陸玖周顗傳「今年殺諸賊奴，取金印如斗大」之語，與下文「取金印如斗」之句相應也。）如登高山，猶煩拾級。若從江中揚航，取左師猶掇之也。且又以是取金印如斗，不煩勞師燕然之外，而使不肖無拉脅折脛之苦，雖削藍爲犨勁弓，改筆鋒爲鋭剡，猶當爲之，况負英傑之名，受朝宁隆眷，爲天下之所利賴者乎？月初聞有三十餘艘弄兵潢池，藉檣櫓之靈，已朝夕潰散。此沙蟲區區，直以麾下諸篙即制之，不煩神力。至如爲天下救蒼生，護京陵，取叛帥頭作歡杯，非大將軍親行不可。僕亦桑梓也，寧不爲桑梓根本慮？顧神京之患，有急於桑梓者，當舍大圖細，不獨爲副雲雷之望，直取矦封，壓服天下，爲吾鄉盛事而已也。黎總戎以李司馬書必爲麾下面陳情勢，惟麾下悉心圖之。臨楮神注。

同書同卷「與張鯢淵書」略云：

登萊天末，爲鵝爲鸛，水澤所嬉，王正尚未渡江，誠得一疏，留爲江淮陁塞之用，免至紛飛，爲精衛之填木石。曾霖翁心手可資，亦遠鎮登萊，誰當泝長河以開青兖之路者？清源蕃徒藉藉，嘯聚南安不軌。聞已漸入仙遊。凡此蛇虺，衹得賢守令銷萌於先，整頓於後，可次第爬梳之耳。頃晤黎總戎延慶者，云出老祖臺門下，持李茂翁書，（寅恪案，「茂翁」即懋明。）云欲藉祖臺力，勸鄭將軍自疏入援。此不過欲借高敖曹名字嚇小兒耳。威鱗豈敢離淵，以僕度左師奔敗之餘，爲諸闖所輕，必不能遂取安慶，亦不敢揚帆東下。南都名賢所聚，熊壇老諸公提挈於内，劉良佐諸將匡襄於外，借漕捐資，尚支歲月，吹篪假嘯，或改鴞音，神烈精靈，鼓吹風鶴，豈可令鼻眼異常，睹京華之動静乎？黎兄欲

> 僕作書，亦已達一函去。去臘有勸自疏入援書，已先茂翁獻其婞拙。今茂翁又云爾，乃知措大不異人意。三吴重地，留都關係甚鉅。茂老未到任，想未知諸賢擘畫。又不知鄭糸岳得尚駐脚不？四海蜩螗，密勿淵深，興言輟餐，唯有隕涕。

綜合上引三書觀之，其稱李邦華爲大司馬，又謂「三吴重地，留都關係甚鉅。茂老未到任，想未知諸賢擘畫」。今檢明史貳陸伍李邦華傳略云：

> 崇禎元年四月起工部右侍郎總督河道。尋改兵部，協理戎政。十二年四月起南京兵部尚書，以父憂去。十五年冬起故官，掌南京都察院事。俄代劉宗周爲左都御史。都城被兵，即日請督東南援兵入衛，力疾上道。明年三月抵九江，左良玉潰兵數十萬，聲言餉乏，欲寄帑於南京。艨艟蔽江東下。留都士民一夕數徙，文武大吏相顧愕眙。邦華乃停舟草檄告良玉，責以大義。用便宜發九江庫銀十五萬餉之。一軍遂安。

又明史壹壹貳七卿年表貳，左都御史欄：「崇禎十五年壬午劉宗周八月任，十二月削職。李邦華十二月任。」則知石齋作書時尚未知李懋明代劉蕺山任左都御史之職，故仍以南京兵部尚書之故官稱之。否則當如牧齋於崇禎十六年四月賦詩稱懋明爲總憲公也。（詩見後引。）石齋與飛黄書第貳通云：「適劉舍親有南都書至。」此劉姓之人，當即前述董冒因緣有關之漳浦劉漁仲履丁也。石齋與漁仲情誼篤摯，今黄漳浦集中詩文涉及漁仲者不少。其爲師弟關係，如前引初學集伍叁「漳浦劉府君合葬墓誌銘」及四朝成仁録柒「劉履丁傳」，可以證明。其有親戚關係，則黄漳浦集壹柒「與劉漁公」書云：「抑將婣婭之好，不及友朋。」亦足爲證。但究屬何種親戚關係，殊不易知。據黄漳浦集肆貳「劉漁仲使至攜家有寄」十二章。其二云：

不得補官去，爲誰嫁娶來。柴扉睽故里，荔薜費新栽。世道團風葉，鄉心濕雨灰。因無分宅法，空寄隴頭梅。

其十云：

作客躭江表，全身愛首丘。所思非一轍，此道遠難謀。填海疑通路，移山未度舟。秦淮佳麗處，不耐老登樓。

其十二云：

如此將歸好，江干吾有家。一船供寶眷，半榻上烟霞。遣女迎新婦，呼兒接舅爺。山中分烏掌，白鹿爲推車。

頗疑崇禎十五年冬季漁仲由江南遣使攜家至閩，石齋因而寄詩。其致飛黄書所謂「劉舍親有南都書至」者，即指此時此事而言。繹「遣女迎新婦，呼兒接舅爺」一聯之意，石齋殆謂遣其女迎其嫂，呼其兒接其外舅耶？若果如是，則漁仲之女嫁石齋之子，石齋與漁仲爲兒女親家也。俟考。牧齋「請調用閩帥議」中，頗以福建方面之不同意爲慮，石齋乃閩中縉紳之魁首，觀其書中以神京大桑梓細爲言，鯢淵又爲當日守土之長吏，石齋致書告以本省苟得賢守令，即可臻治安之效，不必特煩鄭芝龍之兵鎮壓。由是言之，錢李黄諸公實用三方敦促，以期鄭氏出兵保衛南都江左也。兹有可注意者，一爲李邦華與鄭芝龍之關係。邦華於崇禎元年以兵部侍郎協理戎政。計六奇明季北略壹壹「鄭芝龍擊劉香老」條云：

初，芝龍爲海盜。天啓七年犯閩中銅山中左等處。崇禎元年五月招之。九月芝龍降于巡撫熊文燦，授以游擊。

當崇禎元年招降芝龍者，雖爲福建巡撫熊文燦，但邦華爲京師兵部主持人之一，福建地方奏授芝龍以游擊，邦華應亦預聞其事。夫兵部爲統轄全國軍事之機構。此機構之主持人對於全國之武職，實有上官屬吏之關係。故鄭氏乃李氏之舊屬，若李氏撝謙，不以官事行之，則可借用科舉制度座主門生之禮相對待。前述懋明與崑山「以師弟子禮見」，卽是其例。由此言之，懋明遺書飛黄，實非偶然也。或更有其他原因，俟考。一爲牧齋與石齋之關係。錢黄兩人本爲舊好，常通音問，自不待言。檢初學集貳拾上東山詩集叁「駕鵝行」之後，「送程九屏領兵入衛」之前，有「黄長公七十壽歌。石齋詹事之兄」（寅恪案，石齋長兄名士珍。見黄漳浦集貳伍「贈考青原公墓碑」。）一題，末云：

七十長筵列孫子。弟勸兄酬數千里。共祝皇恩無盡期，漳海西連五溪水。

故疑牧齋此詩爲石齋於崇禎十五年冬復官之後，尚未歸里之時所作。牧齋之賦此詩，或是出於石齋之請，而交劉漁仲轉致者。蓋漁仲是時實在蘇州，與牧齋會晤。前論冒董因緣時，已及之矣。據此可知牧齋此際正與石齋音問密切，當有共謀王室之文字，今未得見，殊可惜也。一爲牧齋與登萊巡撫之關係。牧齋之欲任登府，前已詳論。沈季明雖曾疏請任牧齋以此職，用舟師攻滿洲。但牧齋手無寸鐵，何能辦是。其欲藉助於鄭氏水師之力，事理甚明。石齋與鄭將軍書第壹通云：「朝廷思間道之奇，以霖寰翁節制登萊，與大將軍共濟。呼餘皇，出旅順，搗瀋陽，此搏熊取子之智，用之必效。」又與張鯢淵書云：「曾霖翁心手可資，亦遠鎮登萊，誰當泝長河以開青兗之路者。」此「霖寰翁」及「曾霖翁」即曾化龍。檢同治重刊乾隆修泉州府志肆肆略云：

> 曾化龍字大雲，號霖寰，晉江人。萬曆戊午己未聯捷進士，授臨川知縣。直指謝文錦以治行第一薦。時權璫用事，密囑化龍往謁，即授銓諫。笑置之，外補寧國府同知，遷南户部員外，改兵部。丁内艱，起補北兵部車駕司郎中，督學粤東。竣事，攝海道。平劉香之亂，上功第一。移廣西參議，士民勒石紀績。擢江南副使，備兵常鎮。尋擢其省按察使。有曾鐵面之稱。丁外艱歸，以宿望，即家起僉都御史，巡撫登萊。時地方殘破，奉旨蠲徵三年，而兵頻呼庚癸。化龍練兵措餉，請蠲請恤，疏凡三十二上，備載撫登疏草中。會闖賊變作，膠密土寇蠭起，遂破高密。化龍亟移鎮膠州。膠圍解，而高密城復。

以疾歸。抵家，病日劇。庚寅六月朔卒。年六十三。所著有作求堂集。

國榷玖肆略云：

乙亥崇禎八年四月丁亥總督兩廣熊文燦奏福建游擊鄭芝龍合廣兵擊劉香于田尾遠洋。香勢蹙，自焚溺。

明季北略壹壹「鄭芝龍擊劉香老」條略云：

崇禎六年海盜劉香老犯長樂。甲戌四月，又寇海豊。乙亥四月芝龍合粤兵擊劉香老于四尾遠洋。（寅恪案「四」字疑當依國榷作「田」。俟考。）香勢蹙，自焚溺死。

寅恪案，大雲與芝龍同里，熊文燦督粤，令其攝海道，領粤兵共鄭飛黄之閩兵合擊劉香，平香之役，粤省上狀，霖寰功居第一。後來之巡撫登萊，亦是同其前任之曾櫻俱與鄭氏兄弟關係密切之故，（可參後論牧齋賀孫朝讓得子詩條。）當日明廷如此措施，自有理由，而牧齋之不得任登萊巡撫，乃勢所必然者也。至仲含與鄭氏之關係，可參明史貳柒陸曾櫻傳。其文略云：

曾櫻字仲含，峽江人。崇禎元年以右參政分守漳南。母憂歸。服闋，起故官，分守興泉二郡。進按察使，分巡福寧。先是，紅夷寇興泉，櫻請巡撫鄒維璉用副總兵鄭芝龍爲軍鋒，果奏捷。及劉香寇廣東，總督熊文燦欲得芝龍爲援，維璉等以香與芝龍有舊，疑不遣。櫻以百口保芝龍，遂討滅香。芝龍感櫻甚。十年冬，帝信東廠言，以櫻行賄欲擢官，命械赴京。御史葉初春嘗爲櫻屬吏，知其廉，於他疏微白之。有詔詰問，因具言櫻賢，然不知賄所從至。詔至閩，巡撫沈猶龍，巡按張肯堂閱廠檄有奸人黃四臣名，芝龍前白曰，四臣我所遣。我感櫻恩，恐遷去，令從都下訊之，四臣乃妄言，致有此事。猶龍肯堂以入告，力白櫻冤。芝龍亦具疏請罪。削芝龍都督銜，而令櫻以故官巡視海道。尋以衡永多寇，改櫻湖廣按察使，分守湖南。櫻乃調芝龍勦賊，賊多降，一方遂安。遷山東右布政使，分守東萊。十四年春擢右副都御史，代徐人龍巡撫其地。明年遷南京工部右侍郎，乞假歸。

據此可知仲含霖寰之成事及牧齋之企圖。但鄭氏與二曾真正交誼密切，與牧齋之僅以文字酬應者，大有不同。假使牧齋果得任登萊巡撫，恐亦不得如二曾之能指揮鄭氏之水軍也。一爲南都與全局之關係。蓋當時長江以北受困於李張及建州，已成糜爛之勢。江左士大夫頗欲保全南方，以留都南京爲中心，聚兵力藉圖偏安之局。觀石齋「與鄭將軍書」第貳通云：「李大司馬方今偉人，所號召豪傑立應，擬與南都諸紳擊牛釃酒，以俟麾下。」及「與張鯢淵書」云：「南都名賢所聚，熊壇老諸公提挈於內，劉良佐諸將匡襄於外。借漕捐資，尚支歲月。」等語，是其明證。熊壇老即熊明遇。明史貳伍柒熊明遇傳略云：

熊明遇字良孺，進賢人。崇禎元年起兵部右侍郎。明年進左，遷南京刑部尚書。四年召拜兵部尚書。五年以故官致仕。久之，用薦起南京兵部尚書。

并參以上論侯方域代其父恂作書致左良玉，阻其擁兵至南京事，所引諸史料，足見崇禎十六年春間至初夏，熊氏亦在南京遥爲牧齋共謀王室羣公之一人也。一爲關於左良玉之爲人，石齋致鄭飛黄書中所論，與牧齋撰李邦華神道碑中所言，頗不相同。蓋石齋深知良玉之爲人不可信賴，故欲借鄭氏軍力以防制之也。夫左氏固不可信賴，鄭氏亦略相似。石齋當日或亦有所感覺，但此時所以取鄭而舍左者，其關鍵實在左氏軍糈不能自籌，動以索餉要挾官吏，殘害人民。前述其擁兵東下，欲寄帑南京之事，可爲一例，不必多論。至若鄭氏所統之兵，軍餉既能自給，故紀律亦較嚴肅。此點尤爲當時所罕見，非他軍所可企及也。

明季北略壹壹「鄭芝龍擊劉香老」條略云：

初，芝龍爲海盜。崇禎元年五月招之。九月芝龍降于巡撫熊文燦，授以遊擊。十三年八月加芝龍總兵。芝龍既俘劉香，海氛頗息。因以海利交通朝貴，寖以大顯。

芝龍幼習海，知海情。凡海盜皆故盟，或出門下。自就撫後，海船不得鄭氏令旗，不能往來。每一船例入三千金。歲入年萬計。芝龍以此富敵國。自築城於安平海梢，直通臥内，可泊船徑達海。其守城兵自給餉，不取于官。旗幟鮮明，戈甲堅利。凡賊遁入海者，檄付芝龍，取之如寄。

同書同卷鄭芝龍小傳略云：

海盜有十寨，寨各有主。飛黄之主有疾，疾且殆，九主爲之宰牲瘵祭。飛黄乃泣求其主：「明日祭後必會飲，乞衆力爲我放一洋，獲之有無多寡，皆我之命。煩緩頰懇之。」盡主如其言，衆各欣然。劫四艘，貨物皆自暹邏來者，每艘約二十餘萬。九主重信義，盡畀飛黄。飛黄之富逾十寨矣。海中以富爲尊，其主亦就殂，飛黄遂爲十主中之一。時則通家耗，輦金還家。置蘇杭細軟，兩京大内寶玩，興販琉球朝鮮真臘占城三佛齊等國，兼掠犯東粤潮惠廣肇福游汀閩台紹等處。此天啓初年事也。劉香既没，餘皆跪拜投降，海上從此太平。往來各國皆飛黄旗號，滄海大洋如内地矣。撫按又爲報功，因陞漳潮兩府副總兵。後至崇禎末年百計營求，欲得福閩全省正總兵，齎銀十萬至京師，大小司馬手長膽怯，不敢也。至十七年三月，此銀爲流賊所得。

小腆紀年壹叁「順治三年十一月丁巳明鄭芝龍降於我大清」條略云：

王師進逼安平鎮，芝龍軍容烜赫，砲聲震天地。〔將降於貝勒〕，其子成功諫曰，閩粤之地，不比北方，得任意馳驅。若憑險設伏，收人心以固其本。興販各港，以足其餉。選將練兵，號召不難矣。芝龍拂袖起。成功出告〔其叔〕鴻逵，逵壯之，入語芝龍曰，兄尚帶甲數十萬，舳艫塞海，糧餉充足。輔其君以號召天下，豪傑自當響應，何委身於人？

據上引史料觀之，鄭氏父子之興起，非僅由武力，而經濟方面，即當時中國與外洋通商貿易之關係有以致之。明南都傾覆，延平一系猶能繼續朱氏之殘餘，幾達四十年之久，絕非偶然。自飛黄大木父子之後，閩海東南之地，至今三百餘年，雖累經人事之遷易，然實以一隅繫全國之輕重。治史之君子，溯源追始，究世變之所由，不可不於此點注意及之也。兹不避枝蔓之嫌，稍詳論述之，以俟通人之教正。

至石齋致張鯢淵書所謂黎總戎延慶者，當是芝龍部下之將領。張鯢淵者，當日福建巡撫張肯堂之號。見黄宗羲思舊録「張肯堂」條。其事蹟詳見明史貳柒陸張肯堂傳。唯明史傳書字不書號。今同治修福建通志壹貳玖張肯堂傳，載其字鯢淵，實則鯢淵乃其號，非其字也。熊明遇明史本傳及明詩綜伍玖熊氏小傳，皆言其字子良。光緒修江西通志壹叁捌及小腆紀傳伍柒遺臣貳熊氏傳，則謂其字良孺，微有不同。但陳忠裕全集壹捌白雲草「贈熊壇石大司馬」五言排律，附考證，引明史熊明遇本傳以實之。又談遷北游録紀聞類上「熊明遇」條云：「進賢故大司馬熊壇石隱山中。」故知石齋所謂「壇老」，即明遇。明史諸傳例僅書字，而不書號，實則名與字尚有相互關係，可以推尋。至於別號，則與其名之關係頗難揣測。如此節中所論黄李張熊諸人，苟僅就明史證之，殊不能得其聯係。此亦讀史者不可不知也。

牧齋「癸未四月吉水公總憲詣闕」詩題中，所謂「輦下知己」者，當指鄭三俊范景文馮元飈龔鼎孳等而言。此題第肆首自注云：「上命精擇大帥，冢宰建德公以衰晚姓名列上。」可以爲證。明史貳伍肆鄭三俊傳云：「鄭三俊字用章，池州建德人。」故稱「建德公」。同書壹壹貳七卿年表吏部尚書欄載，崇禎十五年壬午「鄭三俊八月任。」十六年癸未「三俊五月免。」故云：「冢宰。」范質公與牧齋之關係，見前論「題將相談兵圖，爲范司馬蔡將軍作。」詩。明史壹壹貳七卿年表工部尚書欄載，崇禎十五年壬午「范景文十月任。」十六年癸未景文仍任原職。十七年甲申二月入閣，三月殉難。至牧齋與馮元颺元飈兄弟關係尤密。見前論「〔癸未〕元日雜題長句」八首之五。及有學集貳捌「慈谿馮公墓誌銘」所述牧齋因張漢儒告訐被逮北行，時爾賡任蘇松兵備參議，特加營護事。明史貳伍柒馮元飈傳略云：

〔崇禎〕十五年六月召拜兵部右侍郎，轉左。元飈多智數，尚權譎。與兄元颺竝好結納，一時翕然稱二馮。然故與馮銓通普誼，初在言路，詆周延儒。及爲侍郎，延儒方再相，元飈因與善。延儒欲以振饑爲銓功，復其冠帶。憚衆議，元飈令引吴甡入閣助之。既而甡背延儒議。能開元欲盡發延儒罪，元飈沮止之。開元以是獲重譴。兵部尚書陳新甲棄市，元飈署部事。一日帝召諸大臣遊西苑，賜宴明德殿，因論兵事良久。帝曰，大司馬缺久，無踰卿者。元飈以多病辭，乃用張國維。十六年五月國維下獄，遂以元飈爲尚書。至八月，以病劇乞休，帝慰留之。請益堅，乃允其去。將歸，薦李邦華史可法自代。帝不用。用兵科都給事中張縉彥，都城遂不守。

及同書七卿年表兵部尚書欄載：

十六年癸未（張）國維五月免。馮元飈五月任，十一月告病。張縉彦十月任。（寅恪案，談遷國榷部院表下兵部尚書欄，「崇禎癸未慈谿馮元飈五月任，十月罷。□□張縉彦十月任」。與明史略異。豈元飈久病，十月尚虛留原闕，縉彦代任職務，至十一月元飈始正式開去原闕，而縉彦遂真除本兵耶？俟考。）

可知牧齋與馮銓周延儒諸人之複雜關係，爾弢實有牽涉。牧齋所指「輦下知己」，爾弢應爲其中一人，自無疑義也。又龔鼎孳定山堂集載其門人孝感嚴正矩所撰「大宗伯龔端毅公傳」略云：

莅蘄七載，撫按交章累薦，舉卓異，行取陛見。上注視嘉悦，拜兵科給事中。居兵垣十閲月，知無不言，言無不盡，而於人才士氣，尤爲諄諄致意云。於司寇徐公石麒之去國，特疏請留，極論言官章公正宸惠公世揚，憲臣劉公宗周，金公光宸等皆當賜環。因及錢公謙益，楊公廷麟，忤璫同難之方公震孺，俱不宜終老巖穴。

寅恪案，芝麓時任兵科給事中，請起用自命知兵之牧齋，則不僅能盡本身之職責，亦可稱牧齋知己之一矣。至作芝麓傳之嚴正矩，其人與顧横波三十九歲生日，金陵市隱園中林堂盛會有關。板橋雜記中麗品門「顧媚」條紀其事略云：

歲丁酉（順治十四年）尚書挈（横波）夫人重遊金陵，寓市隱園中林堂。（寅恪案，園在南京武定橋油坊巷。見嘉慶修江寧府志玖古蹟門，并可參吴應箕留都見聞録上園亭門關於市隱園條。）值夫人生辰，（寅恪案，横波生辰爲十一月三日。此年三十九歲。詳孟森心史叢刊二集「横波夫人考」。）張燈開宴，請召賓客數十百輩，命老梨園郭長春等演劇，酒客丁繼之張燕筑及二王郎（原注：「中翰王式之，水部王桓之。」）串王母瑶池宴。夫人垂珠簾召舊日同居南曲呼姊妹行者與燕。李六（大？）娘十娘王節娘皆在焉。（寅恪案，三人事蹟見余書中麗品門及同卷「珠市名妓附見」。并同書下軼事門。）時尚書門人楚嚴某，赴浙監司任，逗遛居樽下，褰簾長跪，捧巵稱賤子上壽，坐者皆離席伏。夫人欣然爲罄三爵，尚書意甚得也。余與吴園次鄧孝威作長歌紀其事。嗣後還京師，以病死。尚書有白門柳傳奇行於世。（可參定山堂詩集附詩餘壹。）

寅恪案，澹心所言芝麓門人赴浙江監司任之「楚嚴某」，今檢嚴氏所作芝麓傳云：

〔崇禎九年〕丙子分校楚闈，總裁爲婁東吴駿公〔偉業〕宋九青〔玫〕，兩先生稱文壇名宿，與公氣誼甚合，藻鑑相同，所拔皆奇儁，得士周壽明等七人，中甲科者五，不肖矩與焉。

及光緒修孝感縣志壹肆嚴正矩傳略云：

嚴正矩字方公，號絜庵。癸未成進士，未仕。國初授嘉禾司理。以賢能陞杭州守，代攝學政。尋簡飭兵備温處。

故澹心所指，即絜庵無疑。茲以余氏所述涉及善持君事，頗饒趣味，因附記於此。

依上引諸資料，最可注意者，牧齋此詩作於崇禎十六年四月，其時正欲以知兵起用，故目當日管領銓曹并此時前後主持戎政之人，皆爲知己，斯又勢所必然。今日思之，甚爲可笑。至牧齋京華舊友，可稱知己者，恐尚不止此數人，仍當詳檢史籍也。詩題中「一二三及門」者，當指張國維等。檢商務重印本浙江通志壹肆拾選舉門舉人表載：「天啓元年辛酉科。張國維。東陽人。壬戌會魁。」及明史壹壹貳七卿年表兵部尚書欄載，崇禎十五年壬午「張國維九月任」。十六年癸未「國維五月免」。故牧齋所指「一二三及門」，玉笥必是其中最重要之人。若熊汝霖，則浙江通志舉人表載：「天啓元年辛酉科。熊汝霖。餘姚人。辛未進士。」是雨殷之爲牧齋門人，固不待言。明史貳柒陸，浙江通志壹陸叁，乾隆修紹興府志伍陸，光緒修餘姚縣志貳叁，温睿臨南疆繹史貳貳及小腆紀傳肆拾熊汝霖傳并黃宗羲南雷文定前集玖「移史館熊公雨殷行狀」等，所載雨殷歷官年月，皆頗籠統。惟國榷玖玖崇禎十六年癸未二月壬申（初八日）載：

> 户科右給事中熊汝霖謫福建按察司照磨。

官職時間最爲明確。牧齋賦詩在是年四月，當已知雨殷謫閩之事，故詩題所指「一二三及門」

中，熊氏似不能在内。至夏燮明通鑑捌玖崇禎十六年四月辛卯「大清兵北歸」條載：

謫給事中熊汝霖爲福建按察使照磨。

則不過因記述之便利，始終其事言之耳。未必别有依據。蓋熊氏既奉嚴旨謫外，恐不能在都遷延過久也。

更檢浙江通志舉人表載：「天啓元年辛酉科。王道焜。杭州人。」明史柒陸朱大典傳附王道焜傳，浙江通志壹陸叁及光緒修杭州府志壹叁拾王道焜傳等所載年月，殊爲含混，惟南疆繹史壹柒王道焜傳（參小腆紀傳肆玖王道焜傳。）略云：

王道焜字少平，仁和人。天啓辛酉舉於鄉。莊烈帝破格求材，盡徵天下廉能吏，臨軒親試，不次用。撫按以道焜名上，銓曹謂郡丞例不與選，授兵部職方主事。道焜不平，抗疏言〔之〕。尋得温旨，許候考。會都城陷，微服南歸。

據此則少平似有爲牧齋所謂「二三及門」中一人之可能。然王氏之入京，究在十六年四月以前，或以後，未能考知，故不敢確定也。其餘牧齋浙闈所取之士，此時在北京者，或尚有他人，更俟詳考。

以上論詩題已竟，兹續論此四律於下。其一略云：

青鏡霜毛歎白紛。東華塵土懶知聞。絶交莫笑嵇康懶，即是先生誓墓文。

寅恪案，此首乃謝絶中朝寢閣啓事之總述。「絶交莫笑嵇康懶，即是先生誓墓文。」乃指初學集捌拾「寄長安諸公書」。此書題下署，「癸未四月」。可知牧齋當時手交此書與懋明帶至北京者。揆之牧齋此時熱中之心理，言不由衷，竟至是耶？

其二略云：

三眠柳解支憔悴，九錫花能破寂寥。信是子公多氣力，帝城無夢莫相招。

寅恪案，關於此首所用典故，錢遵王注中已詳者，不須多贅。惟有可注意者，即「三眠柳」「九錫花」兩句，此聯實指河東君而言。遵王雖引陶穀清異録中羅虬九錫文以釋下句，但於上句則不著一語。因「柳」字太明顯，故避去不注耳。第柒第捌兩句，自是用漢書陸陸陳萬年傳附子咸傳中所云：

王音輔政，信用陳湯。咸數賂遺湯，予書曰，即蒙子公力，得入帝城，死不恨。（顏師古注曰，子公湯之字。）

遵王注已言之矣。但牧齋杜工部集箋注壹伍「秋興」八首之四「聞道長安似弈棋」一律箋云：

曰平居有所思，殆欲以滄江遺老，奮袖屈指，覆定百年舉棋之局，非徒悲傷晼晚，如昔人願得入帝城而已。

檢牧翁讀杜寄廬小箋及讀杜二箋，俱無此語。據季振宜「錢蒙叟杜工部集箋注序」云：

一日〔遵王〕指杜詩數帙，泣謂予曰，此我牧翁箋注杜詩也。年四五十，即隨筆記録，極年八十，書始成。

夫牧齋之讀杜詩，年四五十即隨筆記録，則崇禎七年九月以前，讀杜箋中，既未用漢書陳咸之成語。可知季氏所刻蒙叟箋注中所用陳咸之言，乃牧齋於崇禎七年秋後加入者。初學集捌拾「〔崇禎十六年癸未〕復陽羨相公書」云：

兩年頻奉翰教，裁候闕然，屏廢日久。生平恥爲陳子康。願蒙子公力，得入帝城。此閣下之所知也。

據此，豈加入之時，即崇禎十六年癸未作此書及賦「吉水公總憲詣闕」詩之際耶？若此揣測不誤，未免以退爲進。明言不欲「入帝城」，而實甚願「蒙子公力」也。措辭固甚妙，用心則殊可笑矣。

其三略云：

仕路揶揄誠有鬼，相門洒掃豈無人。雲皴北嶺山如黛，月浸西湖水似銀。東閣故人金谷友，肯將心跡信沈淪。

寅恪案，此首之旨與第貳首相同，皆言不欲入帝城之意。所不同之點，前者之辭，以保有

「文憔悴」「破寂寥」之河東君爲言，而後者則以管領「北嶺」「西湖」之拂水山莊爲説耳。劉本沛虞書「虞山」條云：「虞山即吴之烏目山也。在縣治西北一里。」及「尚湖」條云：「尚湖即今西湖。在縣治西南四里。」又光緒修常昭合志稿叁水道門「尚湖」條云：

> 尚湖在常熟縣西南四里，長十五里，廣九里，亦曰西湖。盧鎮琴川志：舊經曰，上湖昔人以虞山横列於北，亦稱照山湖，而相沿多稱尚湖。

牧齋之拂水山莊實據虞山尚湖之勝境。周玉繩亦嘗親至其地。前論「〔癸未〕元日雜題長句」八首之六時，已言及之。此癸未元日詩第陸首第貳句自注云：「陽羨公語所知曰，虞山正堪領袖山林耳。」牧翁於周氏此語，深惡痛恨，至死不忘，屬筆遺辭，多及此意。「東閣故人金谷友」句，實用兩出處，而指一類之人。遵王引西京雜記貳「公孫弘起家徒步，爲丞相」條以釋「東閣故人」之語，甚是。但於「金谷友」則闕而不注。檢晉書伍伍潘岳傳略云：

> 岳性輕躁，趨世利，與石崇等諂事賈謐。每候其出，與崇輒望塵而拜。〔孫〕秀誣岳及石崇歐陽建謀奉淮南王允，齊王冏爲亂，誅之。初被收，倶不相知。石崇已送在市，岳後至，崇謂之曰，安仁，卿亦復爾耶？岳曰，可謂白首同所歸。岳金谷詩云，投分寄石友，白首同所歸。乃成其讖。（寅恪案，晉書叁叁石苞傳附子崇傳云：「崇有別館在河陽之

金谷。」）

可與前引牧齋癸未元日詩八首之七「潘岳已從槐柳列」及此首「相門洒掃豈無人」句相參證，皆謂周玉繩幕客顧玉書麟生及謀主吴來之昌時輩。關於顧氏洩漏牧齋請玉繩起用馮銓事，前已述及，但玉書非甚有名之文士，至若吴來之，則是當日詞人，其本末頗與安仁類似。牧齋作詩之際，周吴俱尚未敗，乃以「白首同所歸」爲言，可謂預言竟中者矣。

其四云：

虚堂長日對空枰。擇帥流聞及外兵。（自注：「上命精擇大帥，冢宰建德公以衰晚姓名列上。」）玉帳更番饒節鉞，金甌斷送幾書生。驪山舊匣埋荒草，譙國新書廢短檠。多謝羣公慎推舉，莫令人笑李元平。

寅恪案，此首乃牧齋自謂己身知兵，堪任大帥，而崇禎帝棄置不用，轉用周玉繩，所以致其怨望之意，故此首實爲此題之全部主旨也。詩中典故遵王已注釋者，可不復述。兹唯就詩中旨意，略證釋之。

明史貳肆莊烈帝本紀略云：

崇禎十五年十一月壬申大清兵分道入塞，京師戒嚴，命勳臣分守九門。詔舉堪督師大將者。閏〔十一〕月癸卯下詔罪己，求直言。壬寅大清兵南下畿南，郡邑多不守。十二月大清兵趨曹濮，山東州縣相繼下。十六年夏四月丁卯周延儒自請督師。許之。

同書貳柒陸熊汝霖傳云：

〔莊烈帝〕嘗召對，〔汝霖〕言，將不任戰，敵南北往返，謹隨其後，如廝隸之於貴官，負弩前驅，望塵莫及，何名爲將？何名爲督師？帝深然之。已言有司察舉者，不得濫舉邊才。監司察處者，不得遽躐巡撫。庶封疆重任，不爲匪人借途。

檢夏燮明通鑑捌玖崇禎十六年夏四月辛卯大清兵北歸條，述雨殷召對之語，於周延儒自請督師之後，特加「因言」二字，蓋謂熊氏所稱「何名爲將？何名爲督師？」之語，乃指玉繩而發，頗合當日情勢。然則雨殷所奏，疑即陰爲排周起錢之地。牧齋賦詩之前，或亦遠道與謀，未可知也。

又「金甌斷送幾書生」句之「幾書生」，自是指温體仁周延儒言。長卿以翰林起家，玉繩以狀頭出身，俱躋位首輔，其爲「書生」，固不待言。但牧齋詩中之「書生」，實偏重玉繩，蓋用吴均續齊諧記所述陽羨許彦於綏安山行，遇一書生，求寄鵝籠中之事。遵王有學集詩注壹「鵝籠曲」四首之一，已詳引之矣。其餘他詩，如此詩前一題「金陵客座逢水榭故姬感嘆而作」四首，每首皆有「鵝籠」二字。及同書壹叁「病榻消寒雜詠」四十六首之十三自注云：「壬午五日鵝籠公有龍舟御席之寵。」等，亦用此典。推其所以累用此典者，實有原因。蓋牧齋深惡玉繩，故於明人所通稱之「陽羨」二字，亦避而不用，特取「鵝籠」二字以目之。怨毒之於人，可畏也已。「驪山」「譙國」一聯之典故，遵王注已解釋，不須重論。牧齋以「知兵」自許，此聯之旨即前論初學集貳拾上東山詩集叁「秋夕燕譽堂話舊事有感」七律，「洞房清夜秋燈裏，共簡莊周説劍篇」之意也。「多謝羣公慎推舉，莫令人笑李元平」二句，表面觀之，雖似自謙之語，實則以李元平指周延儒，讀者幸勿誤解也。

綜合言之，牧齋所謂此次與羣公共謀王室之事，乃鈎結在朝在野之徒黨，排周延儒，而自以知兵爲借口，欲取而代之之陰謀。牧齋應有自知之明，揣其本人，於李元平所差無幾，故欲聯絡當日領兵諸將帥爲之效用，尤注意鄭芝龍之實力。此點雖極可笑，但亦是彼時之情勢所致，讀者不可因輕笑牧齋之故，而忽視此明季史事中重要之關鍵也。前言當「白首老人」世路馳驅之日，正「紅顔小婦」病榻呻吟之時。（初學集貳拾上東山詩集叁「冬至後京江舟中感懷」八首之一云：「白首老人徒種菜，紅顔小婦尚飄蓬。」）河東君適牧齋後，不久即患病。其病始於崇禎十四年辛巳秋冬之際，至十六年癸未秋冬之間方告痊愈，凡越三甲子之時日，經過情事之可考見於牧齋詩文中者，依次迻寫，而論釋之於下。但上已引者，僅列題目及有關數語。又上雖未引，因其題目有關，則止録題目。讀者可取原集參之也。

初學集貳拾上東山詩集叁「小至日京口舟中」云：

病色依然鏡裏霜。眉間旋喜發新黃。

河東君和詩云：

首比飛蓬鬢有霜。香奩累月廢丹黃。

寅恪案，「小至」爲冬至前一日，（鄭氏近世中西史日表載，崇禎十四年辛巳十一月十九日冬至。雖未必與當時所用之曆切合，然所差亦不甚大也。）檢初學集貳拾上東山詩集叁有「〔辛巳〕中秋日攜内出游，次冬日泛舟韻」二首，并附河東君和作。兩人詩中未見河東君患病痕跡，則自小至日上溯至中秋日，共越三月，而中秋時，尚未發病，故依河東君「累月」之語推之，知其病開始於九十月間也。牧齋詩「病色依然鏡裏霜」之句，乃面有病容，呈霜白色之意。至河東君「首比飛蓬鬢有霜」句，則早與潘安仁二毛之嘆。但此時其年僅二十四，縱有白髮，當亦甚少，蓋自形其憔悴之態耳。且順治十三年丙申河東君年三十九時，牧齋賦茸城惜别詩，有「徐娘髮未宣」句，（見錢曾有學集詩注柒。餘詳下論。）豈有年四十髮尚未斑白，而年二十四，鬢反有霜乎？此爲詩人誇辭趁韻之言明矣。牧齋「發新黃」之語，用花間集伍張泌浣溪沙詞十首之四「依約殘眉理舊黄」句。故河東君和詩以「廢丹黃」答之。此處「丹黃」二字，乃指婦女裝飾用品，非指文士校點用品。因恐讀者誤會，故並及之。

抑更有可論者，前言牧齋不多作詞，今觀牧齋「發新黃」之語，既出花間集，有學集叁夏五集「留題湖舫」七律二首之二「杜鵑春恨夕陽知」句亦用秦少游淮海詞踏莎行「郴州旅舍」詞「杜鵑聲裏斜陽暮」之語，（可參上論。）則知牧齋於詩餘一道，未嘗不研治，其爲博學通才，益可證明矣。

又靳榮藩吳詩集覽肆上「永和宮」詞「巫陽莫救倉舒恨，金鎖彫殘玉筋紅。」其釋「玉筋」固當，但其解「金鎖彫殘」，則無著落。頗疑梅村「金鎖彫殘」四字，即從張泌「依約殘眉理舊黃」句而來。蓋謂雙眉愁鎖，不加描畫也。梅村易「黃」爲「金」，與「玉」相配，尤爲工切。斯爲一時之臆説，未必能得駿公真意。姑記於此，以俟更考。

茲復有一事附論於此。偶檢近日影印歸莊手寫詩稿辛巳稿中載「感事寄二受翁」二首之二「病聞妙道加餐穩，鄉入温柔娱老宜」句下自注云：

> 婁東受老方臥病，虞山受老初納河東君。

明史貳捌捌張溥傳略云：

> 張溥字天如，太倉人。與同里張采共學齊名。號婁東二張。采字受先。知臨川，移疾歸。

故玄恭所謂「二受翁」，一即太倉張受先，一即常熟錢受之也。至恒軒賦此題之時日，亦有可考者，此題前「日食」七古一首，其詩云：

十月朔日晝如晦，青天無雲欲見沫。仰望中天知日食，日食之餘如月朏。

眉端有批語云：

丙子秋七月朔，日食，丁丑正朔食，是年十二月朔又食，并今爲四。（寅恪案，談遷國榷玖伍載，崇禎九年丙子七月癸卯朔，日食。十年丁丑正月辛丑朔，日食。同年十二月乙未朔，日食。十四年辛巳十月癸卯朔，丙午日食。與歸氏批語除十四年十月「癸卯」作「丙午」外，其餘全同。明史貳叁莊烈帝紀崇禎九年秋七月不書日食，十年春正月辛丑朔日有食之，同年十二月不書日食。同書貳肆同紀十四年十月癸卯朔，日有食之。夏燮明通鑑莊烈帝紀所書日食，及陳鶴明紀中其孫克家所補崇禎元年以後之記載，皆與明史同。夫明史莊烈帝紀本多遺漏，其闕書日食，原不足異。夏陳之書，依據明史，亦可不論。所可怪者，孺木與玄恭同爲崇禎時人，獨於崇禎十四年十月癸卯朔之日食，書作「丙午」，竟相差三日之久，殊不合理。故談氏之書，雖稱詳確，然讀者亦不可不慎也。）

玄恭此題後第貳題爲「十月四日復就醫婁東，夜雨宿舟中」。依是推計，可知「寄二受翁」詩乃作於崇禎十四年十月初一日至初四日之間也。今據恒軒作詩時日，附録於此，以備參證。又恒軒手稿此題第壹首眉端有「存前首」三字。第貳首眉端有朱筆「丿」之刪去符號。然則恒軒本意不欲存第貳首者，豈以此首涉及河東君之故耶？復檢恒軒此稿辛巳年所作「虎丘即事」詩「拍肩思斷袖，遊目更褰裳」一聯旁有朱筆批云：「此等不雅，且不韻。」頗似師長語氣。更取國光社影印東澗手校李商隱詩中牧齋筆跡對勘，頗有類似之處。或疑「寄二受翁」詩第貳首眉端朱筆符號，即出之牧齋之手。夫牧齋保有盧家莫愁，乃黄梨洲所謂「牧老生平極得意事」。（見范鍇華笑庼雜筆壹「黄梨洲批錢詩殘本茸城惜别詩」條。）故此端不僅不應隱諱，且更宜藉他人詩詞，作擴大之宣傳，安有使其門生删去此首之理。據是推論，此删去之符號，果東澗所加者，實因玄恭詩語，亦嫌「不雅不韻」所致，非由涉及河東君也。

初學集貳拾上東山詩集叁「寄榆林杜韜武總戎」云：

（詩略。結語前已論。）

同書同卷「冬至後京江舟中感懷」八首（寅恪案，此題第柒首前已迻録。第捌首結語亦徵引論及。兹更録第伍首，與此題後諸詩，迄於崇禎十四年「辛巳除夕」共五題，綜合論之於下。所以如是分併者，蓋欲發河東君適牧齋後，曾一度留蘇養痾未發之覆也。）

其五云：

人情物論總相關。何似西陵松柏間。敢倚前期論白首，斷將末契結朱顔。緣情詞賦推團扇，慢世風懷託遠山。戀别燭花渾未灺，宵來紅淚正斕斑。

「賀泉州孫太守得子四絶句」云：

（詩略。）

「半塘雪中戲成，次東坡韻」其一云：

千林晃耀失藏鴉。縈席迴簾擁鈿車。匝地楊枝聯玉樹，漫天柳絮攪琪花。薰鑪昵枕梁王賦，韉燭裁書學士家。却笑詞人多白戰，腰間十韻手頻叉。

其二云：

方壁玄珪密又纖。霜娥月姊鬬清嚴。從教鏡裏看增粉，不分空中擬撒鹽。鋪作瑶臺粧色界，結成玉筋照冰簷。高山歲晚偏頭白，只許青松露一尖。

「次韻戈三莊樂六十自壽詩，兼簡李大孟芳。二君與余皆壬午」詩云：

（詩略。）

「辛巳除夕」云：

風吹漏滴共蕭然。晝盡寒灰擁被眠。昵枕熏香如昨日，小窻宿火又新年。愁心爆竹難將去，永夕缸花只自圓。悽斷鰥魚渾不寐，夢魂那得到君邊。

寅恪案，前論牧齋「冬日嘉興舟中戲示惠香」詩謂惠香與蘇禾兩地有關。又論河東君與汪然明尺牘第貳伍通時，亦言及河東君曾在嘉興養病事。今細繹錢柳兩人「小至日京口舟中」之詩，牧齋「冬至後京江舟中感懷」詩第伍首及「半塘雪中戲成，次東坡韻」詩并「次韻戈三莊樂六十自壽」詩及「辛巳除夕」詩等，始恍然知河東君此次患病出遊京口，因病轉劇，遂留居蘇州養病，而牧齋獨自歸常熟度歲也。

「京江舟中感懷」第伍首，其爲河東君而作，固不待言。初讀之，見第柒第捌兩句，乃用杜牧之詩「蠟燭有心還惜別，替人垂淚到天明。」（見全唐詩第捌函杜牧肆「贈別」二首之二。）及晏叔原詞「紅燭自憐無好計。夜寒空替人垂淚」（見晏幾道小山詞蝶戀花。）之典。「夜寒」二字與冬至後氣候切合，深服此老使事之精當，但不解何以此時忽有離別之感。後取「半塘雪中戲成，次東坡韻」詩及「辛巳除夕」詩并次年壬午春間，與惠香有關諸詩，參合證之，方悟牧齋「京江舟中感懷」詩第伍首，實因河東君不隨同歸家度歲，獨留蘇養痾，牧齋遂賦此首惜別也。此首全部皆佳妙，讀者自能得知。茲所欲指出者，即「人情物論總相關，何似西陵松柏間」兩句。此言當時輿論共推己身應作宰相，如河東君半野堂初贈詩所謂「江左風流物論雄」之意。但仍不及西陵松柏下之同心人也。「敢倚前期論白首，斷將末契結朱顏」一聯，上句用潘安仁金谷詩「投分寄石友，白首同所歸」之典。（見晉書伍伍潘岳傳。）下句用陸士衡歎逝賦「託末契於後生，余將老而爲客」之典。（見文選壹陸。）牧齋之意以爲己身長於河東君三十六歲，自當先死，不敢有「白首同歸」之望，但欲以死後未竟之志業，託之於河東君也。豈料後來牧齋爲黃毓祺之案所牽累，河東君雖欲從死，然竟俱得生，而不能從死。（見有學集壹秋槐詩集「和東坡西臺詩韻六首」序。）迨牧齋逝後三十四日，河東君卒自殺相殉。（見錢孺貽「河東君殉家難事實」。）然則牧齋詩語，亦終成預讖矣。奇哉！悲哉！

「賀泉州孫太守得子」詩在「冬至京江舟中感懷」詩後，「半塘雪中戲成」詩前。依排列次序言，似當作於牧齋此遊未歸常熟以前，但「半塘雪詩」乃牧齋極意經營之作，欲與東坡半山競勝者，恐非一時所能完就，更須加以修改。豈此和蘇兩律之寫定，實在歸常熟，得聞孫氏生子以後，遂致如此排列耶？俟考。孫太守即常熟孫林之子朝讓。牧齋與孫氏父子兄弟爲鄉里交好。初學集伍陸「誥封中大夫廣東按察司按察使孫君墓誌銘」略云：

孫氏世居中州，勝國時，千一公官平江路録事司主事，遂家常熟。府君諱林，字子喬，與其弟諱森，字子桑，羈貫成童，爽朗玉立。子桑與君之伯子恭甫，相繼舉於鄉。又十年，少子光甫亦舉進士。君既辱與先人游，而余與子桑同舉，交在紀羣之間。恭甫既第，光甫始見知於余。君之喪，光甫自泉來奔。君卒於崇禎十年四月，享年七十有四。娶陳氏，贈淑人。子三人，朝肅廣東布政司右布政。朝諧國子生。朝讓福建泉州府知府。今余離告訐之禍，幽於請室，而光甫之乞銘也哀。故不辭而爲之銘。

及光緒修常昭合志稿貳伍孫朝肅傳附弟朝讓傳略云：

朝讓字光甫，一號木芝。登崇禎四年進士，歷官刑部郎，出知泉州府。内艱服闋，再補泉州。升建南兵巡副使。旋晉按察使，轉江西布政使，不赴。年方逾艾，林居終老。年九十而終。

故知牧齋賦賀孫太守得子詩，乃在光甫再任泉州知府之時。常昭合志稿謂「内艱服闋，再補泉州」。但據初學集孫林墓誌銘，子喬卒於崇禎十年四月，光甫請銘在牧齋以張漢儒告訐被逮至北京，即崇禎十年閏四月廿五日入獄，次年五月廿五日出獄之間。（參金鶴沖錢牧齋先生年譜。）可證光甫第壹次實因丁父憂解任。常昭合志稿傳文中之「内艱」，恐是「外艱」之誤也。寅恪初視牧齋此賀得子詩，以爲尋常詶應之作，但揆以牧齋此際公私交迫，忙碌至極之情況，豈肯費如許時間及心思，作此通常詶應之舉。故疑其別有作用。檢有學集伍絳雲餘燼集下，即錢曾注本敬他老人集上，「伏波弄璋歌」六首及牧齋外集壹原删詩「越吟憔悴」中「伏波弄璋歌」二首（原注：「即敬他老人集中删餘。」）始知牧齋當時甚欲利用馬進寶之兵力，以復明室，故不憚煩爲此諂語。孫氏父子兄弟本是牧齋同里舊交，固與馬氏不同。然中年得子，亦爲常事，何乃遠道寄賀，諛詞累牘，一至如是耶？意者此際牧齋頗思借資鄭芝龍鴻逵兄弟水軍，以達其樓船征東之策。前論沈廷揚上書請任牧齋爲登萊巡撫事及牧齋「調用閩帥議」時，已言及之。考談孺木國榷玖柒載：「崇禎十四年辛巳二月辛酉曾櫻爲副都御史，巡撫登萊。」同書玖捌載：「崇禎十五年壬午十月丁巳曾櫻爲南京工部右侍郎。」明史貳柒陸曾櫻傳云：「明年（崇禎十五年）遷南京工部右侍郎。」及吴廷燮明督撫年表陸「明季增置巡撫」欄載：

巡撫登萊地方贊理軍務

〔崇禎〕十四年。徐人龍。

山東志：「代徐人龍。」

曾櫻。明史本傳：「遷山東右布政使，分守登萊。十四年春擢右副都御史，巡撫其地。」

十五年。曾櫻。萬曆丙辰進士題名：「曾櫻。江西峽江民籍。」

曾化龍。〔彭孫貽〕山中聞見録〔陸〕：「十五年十一月以曾化龍巡撫登萊。」

十六年。曾化龍。山東志：「晉江進士。代曾櫻。」萬曆己未進士題名：「曾化龍。福建晉江軍籍。」

故牧齋於崇禎十四年末賦詩賀孫朝讓得子之時，恐已揣知仲含未必能甚久其位，己身儻能繼任，則鄭氏兄弟之兵力，必須争取。孫氏與鄭氏兄弟之關係如何，今難詳考。但既爲泉州知府，則應有借以交通之可能。豈知受之所覬覦之官，乃爲與鄭氏兄弟同里之曾霖寰所得。霖寰與鄭氏關係自較牧齋直接。牧齋於此亦可謂不自量者歟？由是言之，牧齋平生賦詩，其中頗多爲己身政治服務之作，讀者不察其隱秘，往往以集中濫雜詶應之作相譏誚，亦未免過於膚淺，轉爲牧齋所笑矣。

關於「半塘雪詩」頗有可論者，檢牧齋外集伍「薛行屋詩序」略云：

> 介甫謂子瞻雪詩有少陵氣象。形神俱肖少陵復生者，在宋惟子瞻。

牧齋此序本爲敷衍薛所蘊而作。酬應之文，殊不足道。但牧齋賦詩，宗尚少陵，於杜詩著有專書。此文引介甫謂子瞻雪詩有少陵氣象之語，可見受之於子瞻雪詩尤所用心。牧齋雪詩之工妙，固不敢謂勝於介甫，然必不遜於子由，可以斷言也。至牧齋詩中諸問題，兹不能詳論。唯有可注意者，即牧齋與河東君出遊京口，歸途至蘇州，何以有此戲作雪詩一題。細繹詩後第貳題爲「辛巳除夕」七律，其結語云：「悽斷鰥魚渾不寐，夢魂那得到君邊。」并參以「雪詩」第壹首第貳句「縈席迴簾擁鈿車」及第壹聯「匝地楊枝聯玉樹，漫天柳絮攪琪花」之指河東君等句。然後豁然通解牧齋半塘雪詩，實與惠香有關。因惠香寓蘇州，（此點可參前引牧齋永遇樂詞「十七夜」：「隔船窗，暗笑低顰，一縷歌喉如髮」及「生公石上，周遭雲樹，遮掩一分殘闕」。並初學集貳拾上東山詩集叁「效歐陽詹翫月詩」：「誰家翫月無歌版，若箇中秋不舉觴。虎山橋浸水精域，生公石上琉璃場。酒旗正臨天駟動，歌扇恰倚月魄涼」等句。）河東君或又曾在其嘉興之寓所養痾。此寓所恐即是吴來之昌時鴛湖別業，所謂勺園者。見前論牧齋「冬日嘉興舟中戲示惠香」詩。此次京江之游病勢已劇，似可依前例留居惠香蘇寓療疾也。是時惠香究寓蘇州何處？是否在半塘，抑或在他處？今未能確悉。假使牧齋適在半塘途中遇雪，因而乘興賦詩，則殊不成問題。若不然者，則河東君留蘇州養痾之寓所，必與半塘有關。但惠香斯際是否寓半塘，又無以考知。此點尚須詳檢。

兹復有一事可以注意者，即顧公燮消夏閑記選存「拙政園」條（參嘉慶一統志柒捌蘇州府貳津梁門「臨頓橋」條及吴詩集覽柒上「詠拙政園山茶花」并引。又阮葵生茶餘客話捌「拙政園」條及吴槎客騫尖陽叢筆壹「徐夫人燦」條，所記頗詳，足資考證。至張霞房紅蘭逸乘「咫述」類「拙政園在齊門内迎春坊」條云：「吴三桂婿王長安别業也。吴敗，爲海鹽陳相國之遴得。」則所述名園之易主，先後顛倒，殊爲舛誤也。）云：

海寧相陳之遴薦吴梅村祭酒至京，蓋將虚左以待。比至，海寧已敗，盡室遷謫塞外。梅村作拙政園山茶歌，感慨惋惜，蓋有不能明言之隱。拙政園在婁齊二門之間，地名北街。嘉靖中御史王獻臣因大宏寺遺址營别墅，以自託于潘岳拙者之爲政也。文衡山圖記以誌其勝。後其子以樗蒲一擲，償里中徐氏。國初海寧得之，復加修葺，烜赫一時。中有寶珠山茶三四株，交枝連理，鉅麗鮮妍。海寧貶謫，而此園籍没入官。順治末年爲駐防將軍寓居。康熙初又爲吴三桂壻王永寧所有，益復崇高雕鏤，備極華侈。滇黔作逆，永寧懼而先死，其園入官。内有斑竹廳一座，即三桂女起居處也。康熙十七年改爲蘇松道署，道臺祖道立葺而新之，缺裁，散爲民居，有王皐聞顧璧斗兩富室分售焉。其後總戎嚴公偉亦居於此。今屬蔣氏，西首易葉程二氏矣。

及同治修蘇州府志肆陸第宅園林門長洲縣「拙政園」條，「康熙十八年改蘇常新署」句下原注云：

徐乾學記云，始虞山錢宗伯謙益嘗構曲房其中，以娱所嬖河東君，而海寧相公繼之，門施行馬。海寧得禍，入官。（吴槎客騫尖陽叢筆壹「拙政園」條略云：「柳蘼蕪亦嘗寓此，曲房乃其所構。陳其年詩云，堆來馬糞齊妝閣。其荒涼又可想見矣。」可供參證。）

寅恪案，健菴生於崇禎四年，與錢柳爲同時人，所言當非虚構。但牧齋於順治四五兩年，因黄毓祺案，曾居拙政園，見第伍章所論。頗疑原一所言，乃指崇禎時事，與後來黄案無關。若所推測者不誤，則當是指十四年末，十五年初而言。蓋河東君自崇禎十四年六月適牧齋後，迄於明南都傾覆，唯此短時間曾居吴苑養疴也。姑記於此，更俟詳考。或謂十四年末，十五年初，河東君居蘇州養疴之地，乃是張異度世偉之泌園，即舊時陳惟寅之淥水園。蓋異度及其子綏子奕，皆與牧齋交誼甚篤，故河東君可因牧齋之故，暫借其地養疴。但此説尚未發現證據，姑録之，以俟詳考。（可參初學集伍肆「張異度墓誌銘」及有學集伍「假我堂文讌詩」等。）

又梅村家藏藁叁詩前集叁「圓圓曲」云：

> 家本姑蘇浣花里。圓圓小字嬌羅綺。夢向夫差苑裏遊，宮娥擁入君王起。前身合是採蓮人，門前一片横塘水。

自是以西施比畹芬，與此曲下文：

> 君不見館娃初起鴛鴦宿。越女如花看不足。香逕塵生烏自啼，屧廊人去苔空緑。

及「爲君别唱吴宮曲」等語，皆用同一典故。「浣花里」者，辛文房唐才子傳陸「薛濤傳」云：

> 濤字洪度，成都樂妓也。性辨惠，調翰墨。居浣花里，種菖蒲滿門。傍即東北走長安道也。

可知梅村所用乃薛濤故事。靳榮藩吴詩集覽柒上引宋人劉詵「題羅稚川小景」詩：「江村頗類浣花里」以釋此句。殊不知劉詩此句下接以「人品兼似陶淵明」之語。足徵劉詩之「浣花里」實指杜少陵，始可與陶淵明并舉。梅村賦詩，豈得取杜陶以比畹芬，致貽儗人不於其倫之譏耶？蓋靳氏漫檢佩文韻府作注，並未深究駿公用意之所在也。至於「横塘」與越來溪有關，而越來溪與越王勾踐及西施間接有關。（見嘉慶一統志柒柒蘇州府壹山川門「横塘」及

「越來溪」等條。）故又與「館娃宫」「響屧廊」「吴宫」等語互相聯係，不待詳論。由是言之，頗疑梅村意中「浣花里」即指「臨頓里」。葉聖野贈姜如斯詩云：「酒壚尋卞賽，花底出陳圓。」（見下引。）或者當崇禎中河東君早與卞雲裝陳畹芬等居於臨頓里，迨崇禎十四年復在雲裝處，即拙政園養痾歟？牧齋賦詩往往以河東君比西施。此點恐由河東君早在崇禎十四年以前即與畹芬雲裝同寓臨頓里之故。若所推測不誤，則一代名姝，此短時間内，羣集於此里，洵可稱嘉話。惜尚難詳確證明，甚願當世及後來之通人有以賜教。寅恪追憶舊朝光緒己亥之歲旅居南昌，隨先君夜訪書肆，購得尚存牧齋序文之梅村集。是後遂習誦圓圓曲，已歷六十餘載之久，猶未敢自信能通解其旨趣。可知讀書之難若此。際今以廢疾之頹齡，既如仲公之健忘，而欲效務觀之老學，日暮途遠，將何所成，可傷也已。

又鄙意河東君所以留蘇養痾，不偕牧齋歸家度歲，當更有其他理由。考後漢書列傳捌叁梁鴻傳略云：

> 梁鴻字伯鸞，扶風平陵人也。疾且困，告主人曰，昔延陵季子葬子於嬴博之間，不歸鄉里。慎勿令我子持喪歸去。及卒，〔高〕伯通等爲求葬地於吴要離冢傍。咸曰，要離烈士，而伯鸞清高，可令相近。

河東君者，以美人而兼烈女，企慕宋代之梁紅玉，觀其扶病出游京口，訪弔安國夫人之古戰場一事，可以證知。韓梁墓在蘇州靈巖山，河東君當時自料其必死，死而葬於蘇州，即陸放翁「死當穿冢伴要離」及「死有要離與卜鄰」之意也。（見劍南詩稿柒「月下醉題」及貳柒「書歎」。）

復次，白氏長慶集壹貳「真娘墓」（自注：「墓在虎丘寺。」）云：

真娘墓，虎丘道。不識真娘鏡中面，唯見真娘墓頭草。霜摧桃李風折蓮。真娘死時猶少年。脂膚荑手不牢固，世間尤物難留連。難留連，易銷歇。塞北花，江南雪。

吳地記云：

虎丘山有貞娘墓，吳國之佳麗也。行客才子，多題詩墓上。

范鍇華笑廎雜筆本顧云美「河東君傳」末署：

甲辰七月七日書於真孃墓下。

據此，云美之意殆拘執地方名勝古蹟，以爲河東君願死葬蘇州之故，僅由於欲與唐之貞娘相比並，則猶未盡窺見河東君平生壯志之所在也。尤有可注意者，即顧公燮消夏閑記選存「柳如是」條云：

甲辰七月七日東海徐賓爲葬於貞娘墓下。（寅恪案，徐賓事蹟見松江府志伍陸徐晃傳附長子賓傳及張應昌國朝詩鐸卷首名氏爵里著作目。）

夫河東君葬於常熟牧齋墓西數十步秋水閣之後，（詳見金鶴沖錢牧齋先生年譜康熙三年甲辰條後附載。）至今猶在，不解公燮何以有此語？豈徐賓曾有此議，未成事實，公燮遂誤認爲真事耶？若徐氏果有此議者，則其意亦與云美相似矣。

抑更有可論者，即關於半塘雪詩兩首之内容是也。牧齋爲文賦詩，韓杜之外，兼崇歐蘇。半塘雪詩一題，既是和蘇，自必與東坡詩集有密切關係。牧齋平生雖習讀蘇詩，然拈題詠物，仍當以分類之本爲便。寅恪昔年箋證白香山新樂府，以爲七德舞一篇，乃用吴兢貞觀政要爲骨幹。其理由已詳證釋之矣。東坡之詩，今古流傳，板本甚多，牧齋富有藏書，所見舊本，自必不少。檢錢遵王述古堂書目貳詩集類載「東坡集王梅溪注二十卷」。（參瞿鳳起君編虞山錢遵王藏書目録彙編柒集部詩集類。）天禄琳瑯書目陸元版集部載：

增刊校正王狀元集注分類東坡先生詩，宋蘇軾著，王十朋集注，劉會孟批點，二十五卷。元祠九思藏本，明項元汴，本朝季振宜俱經收藏。

近年涵芬樓影印之宋務本堂刊本，即同此分類之本。但天禄琳瑯本，既經季滄葦收藏，季氏之書，與遵王牧齋直接間接相涉，則牧齋賦半塘雪詩，曾取用此本，頗有可能。絳雲樓書目中未載此書，牧齋殆以其爲坊賈編撰，殊有脱誤，棄不收録耶？牧齋固是博聞强記之人，但賦半塘雪詩時，究以分類之本較爲省力。吾國類書之多，與此甚有關係。兹以軼出范圍，可置不論。此題兩首，雖同爲詠雪之詩，然細繹之，其主旨所在，實有分別。前首指河東君與己身之關係，後首指周延儒與己身之關係。兹請依次略論之。

「半塘雪詩」前首第貳句「縈席迴簾擁鈿車」出謝惠連「雪賦」，「末縈盈於帷席」。又「縈」字與後引「次韻晏殊壬午元日雪詩」第伍句「試粧破曉縈香粉」之「縈」字有關。「鈿車」又與後引再次晏韻詩第貳句「油壁車應想玉珂」之「油壁車」及後引「獻歲書懷」第壹首第壹句「香車簾閣思葱龍」之「香車」相涉。第壹聯「匝地楊枝聯玉樹，漫天柳絮攪琪花」。「楊柳」爲河東君之姓，下句可參集注分類東坡先生詩柒「雨雪」類「癸丑春分後雪」詩「却作漫天柳絮飛」及有學集拾紅豆詩貳集「後秋興」八首之二「漫天離恨攪楊花」，其指河東君而言，辭語明顯，實此首之主旨也。第貳聯「薰鑪泥枕梁王賦，龔燭裁書學士家。」上句錢遵王注已引文選壹叁謝惠連「雪賦」：「願低帷以昵枕，念解佩而褫紳。」可不贅釋。下句似用宋祁修唐書事。魏泰東軒筆録壹壹云：

嘉祐中禁林諸公，皆入兩府。是時包孝肅公拯爲三司使，宋景公祁守益州。二公風力名次，最著人望，而不見用。京師諺語曰，撥隊爲參政，成羣作副樞。虧他包省主，悶殺宋尚書。明年包亦爲樞密副使，而宋以翰林學士承旨召。景文道長安，以詩寄梁丞相，略曰，梁王賦罷相如至，宣室釐殘賈誼歸。蓋謂差除兩府，足方被召也。

同書壹伍云：

宋子京博學能文章，天資藴藉，好游宴，以矜持自喜。晚年知成都府，帶唐書於本任刊修，每宴罷盥漱畢，開寢門，垂簾，燃二椽燭，媵婢夾侍，和墨伸紙，遠近觀者，皆知尚書修唐書矣。望之如神仙焉。

蓋牧齋平生自負修史之才，又曾分撰神宗實録，並著有太祖實録辨證五卷（詳見初學集首程嘉燧序及同書壹佰壹至壹佰伍「太祖實録辨證」并葛萬里編牧齋先生年譜天啓元年辛酉條。金鶴沖錢牧齋先生年譜天啓元年辛酉條及五年乙丑條等。）其以宋景文修唐書爲比，頗爲適合。又宋詩「梁王賦罷相如至」亦於牧齋有所啓發。所以有此推測者，一因上句用謝惠連「雪賦」，「低帷昵枕」之典。此賦首有：

歲將暮，時既昏，寒風積，愁雲繁。梁王不悦，遊於兔園。迺置旨酒，命賓友，召鄒生，延枚叟，相如末至，居客之右。俄而微霰零，密雪下，王迺歌北風於衛詩，詠南山於周雅，授簡於司馬大夫曰，抽子秘思，騁子妍辭，侔色揣稱，爲寡人賦之。

二因魏氏引景文詩有「梁王賦罷相如至」之句，與雪事間接相關。三因牧齋此首七八兩句用歐陽永叔詠雪故事，而歐宋同是學士，又同爲修唐書之人。（除宋史歐宋兩人本傳外，可參涵芬樓百衲本新唐書壹高祖紀及柒陸后妃傳等所署歐宋官銜。）四因宋子京在當時負宰相之望，而未入兩府，與牧齋身世遭遇相類。五因景文修唐書時垂簾燃燭，媵婢夾侍，河東君亦文亦史，爲共同修書最適當之女學士。初學集卷首載蕭士瑋讀牧翁集七則之五云：

錢牧老語余言，每詩文成，舉以示柳夫人，當得意處，夫人輒凝睇注視，賞詠終日。其于寸心得失之際，銖兩不失毫髮。余嘗以李易安同趙德甫每飯罷，坐歸來堂，烹茶指堆積書史，言某事在某書某卷，第幾葉第幾行，以中否勝負，爲飲茶先後。中則舉杯大笑，或至茶覆懷中，不得飲而起。每思閨閣之内，安得有此快友，而夫人文心慧目，尠有識鑒似此，易安猶當讓出一頭地。惟朝雲謂子瞻一肚皮不合時宜，此語真爲知己。然則公與柳夫人，故當相視而笑也。

可以爲證。虞山受老（此歸恒軒恭上其師之尊號。今從之，蓋所以見即在當日，老而不死之老，已不勝其多矣。）拈筆時據此五因，遂不覺連想揉合構成此聯下句「燃燭裁書學士家」之辭歟？

或謂集注分類東坡先生詩肆婦女類「趙成伯家有麗人，僕忝鄉人，不肯開樽，徒吟春雪美句，次韻一笑」詩：「試問高吟三十韻，何如低唱兩三盃」句下自注云：

世言檢死秀才，衣帶上有雪詩三十韻。又云，陶穀學士買得党太尉家妓，（寅恪案，党太尉即党進，事蹟見宋史貳陸拾本傳。）遇雪，陶取雪水烹團茶，謂妓曰，党家應不識此。

妓曰，彼傖人，安有此？但能於紅綃煖帳中，淺斟低唱，吃羊羔兒酒。陶嘿然慙其言。

據此，則牧齋所謂學士，指陶穀，或即東坡。但寅恪以陶蘇典故中，俱無「燃燭裁書」之事，此說未必有當也。

第柒句「却笑詞人多白戰」出六一居士外集「雪」七古題下自注：

時在潁州作。玉月梨梅練絮白舞鵝鶴銀等字，皆請勿用。

並集注分類東坡先生詩柒雨雪類「聚星堂雪」序云：

元祐六年十一月一日禱雨張龍公，得小雪，與客會飲聚星堂。忽憶歐陽文忠公作守時，雪中約客賦詩，禁躰物語，於艱難中，特出奇麗。爾來四十餘年，莫有繼者。僕以老門生繼公後，雖不足追配先生，而賓客之美，殆不減當時。公之二子，又適在郡，故輒舉前令，各賦一篇。

其詩云：

（上略。）當時號令君聽取，白戰不許持寸鐵。

及同書同卷「江上值雪，效歐陽體限不以鹽玉鶴鷺絮蝶飛舞之類爲比，仍不使皓白潔素等字，次子由韻」云：

（詩略。）

第捌句「腰間十韻手頻叉」，「十韻」之出處，恐是指六一居士集壹叁「對雪十韻」詩，至「腰間」一語，或即用上引東坡詩「試問高吟三十韻」句自注中「世言檢死秀才，衣帶上有雪詩三十韻」之典也。俟考。

「半塘雪詩」後首第壹句「方璧玄珪密又纖」當出文選壹叁謝惠連「雪賦」，「既因方而爲珪，亦遇圓而成璧」。但牧齋詩語殊難通解。豈由尚書禹貢有「禹錫玄圭，告厥成功」。及此首第柒句「高山歲晚偏頭白」，用劉禹錫詩「雪裹高山頭白早」語，因而牽混，誤「圓」爲「玄」。并仿文選壹陸江文通「別賦」，「心折骨驚」之例，造成此句耶？揆以牧齋平日記憶力之强，似不應健忘如此，頗疑此首第壹聯「從教鏡裹看增粉，不分空中擬撒鹽」。表面用閨閣典故及東坡「癸丑春分後雪」詩「不分東君專節物」句。（見集注分類東坡先生詩柒雨雪類。）實際指己身與周延儒之關係。故下句暗用尚書僞古文「説命」下「若作和羹，爾惟鹽梅」之語。意謂從教玉繩作相，而己身不分入閣也。當賦詩之時，心情激動，遂致成此難解之句歟？此首第柒句及第捌句「只許青松露一尖」，用論語子罕篇「歲寒然後知松柏之後彫」語。蓋以己身與陽羨相對照，意旨亦明顯矣。

關於戈莊樂事蹟，可參初學集肆叁「保硯齋記」及同書捌貳「莊樂居士命工采畫阿彌陀佛偈」等，并前論牧齋致李孟芳札，欲絶賣漢書與毛子晉事及光緒修常昭合志稿叁貳畫家門云：

戈汕字莊樂。畫法鉤染細密，雖巨幅長卷，石紋松針，了了可辨。嘗造蝶几，長短方圓，惟意所裁。疊則無多，張則滿室。自二三客至數十，皆可用。亦善吟。

并郟蘭坡掄逵虞山畫志貳云：

戈汕字莊樂，能詩，善篆籀。

等條。總之，戈氏此時當留居常熟，故牧齋賦詩亦在崇禎十四年冬季，出遊歸家度歲之時也。又「辛巳除夕」詩，前已據其七八兩句，謂牧齋别河東君於蘇州，獨還家度歲。此詩第壹聯「昵枕薰香如昨夜，小窗宿火又新年」，乃追憶庚辰除夜偕河東君守歲我聞室中之事。上句指「辛巳元日」詩「茗椀薰鑪殢曲房」之句。第貳聯：「愁心爆竹難將去，永夕缸花只自圓。」下句指「（辛巳）上元夜泊舟虎丘西溪，小飲沈璧甫齋中。」柳詩「銀缸當夕爲君圓」，錢詩「燭花如月向人圓」，至此詩第貳句「畫盡寒灰擁被眠」，亦指辛巳上元夜錢詩「微雪疎簾鑪火前」句。總而言之，「辛巳除夕」詩爲今昔對比之作。景物不殊，人事頓異。牧齋拈筆時，其離合悲歡之感，可以想見矣。

茲迻録初學集貳拾上東山詩集叁崇禎十五年壬午元日至清明牧齋所作詩於下。蓋以釋證牧齋此時期内由常熟至蘇州迎河東君返家，并略述與惠香一段故事也。

「壬午元日雨雪，讀晏元獻公壬午歲元日雪詩，次韻」云：

九天凍雨合銀河。一夜飛霙炤玉珂。颺絮柳催幡勝早，薄花梅入剪刀多。寒威盡掃黃巾壘，殺氣平填黑水波。漫憶屯邊饒鐵甲，西園鐘鼓意如何。

「次前韻」云：

玉塵侵夜斷星河。油壁車應想玉珂。歷亂梅魂辭樹早，迷離柳眼著花多。試粧破曉縈香粉，恨別先春罩緑波。一曲幽蘭正相儷，薰罏明燭奈君何。

「獻歲書懷」二首。其一云：

香車簾閣思葱蘢。旋喜新年樂事同。蘭葉俏將迴淑氣，柳條剛欲泛春風。封題酒甕拈重碧，囑累花幡護小紅。幾樹官梅禁冷蘂，待君佳句發芳叢。

其二云：

香殘漏永夢依稀。網户疏窻待汝歸。四壁圖書誰料理，滿庭蘭蕙欲芳菲。梅花曲裏催游騎，楊柳風前試夾衣。傳語雕籠好鸚鵡，莫隨啁哳羨羣飛。

寅恪案，上列四詩，第壹首指周延儒，其餘三首則爲河東君而作。牧齋此時憎鵝籠公，而愛河東君。其在明南都未傾覆以前，雖不必以老歸空門爲煙幕彈，然早已博通内典，於釋氏寃親平等之説，必所習聞。寅恪嘗怪玉谿生徘徊牛李兩黨之間，賦詠柳枝燕臺諸句。但檢其集中又有「世界微塵裏，吾寧愛與憎」之語，(見李義山詩集下「北青蘿」。)可見能知而不能行者，匪獨牧齋一人，此古今所同慨也。

前論牧齋半塘雪詩，前首指河東君與己身之關係，後首指周延儒與己身之關係。次韻晏同叔壬午元日雪詩指鵝籠公，次前韻詩，則爲河東君而作。由是言之，此兩首即補充半塘雪詩之所未備者，壬午元日詩七八兩句：「漫憶屯邊饒鐵甲，西園鐘鼓意如何。」錢遵王注已引魏泰東軒筆録以釋之，自可不贅。第貳句「一夜飛霙炤玉珂」之「玉珂」，用岑嘉州「和祠部王員外雪後早朝即事」詩「色借玉珂迷曉騎，光添銀燭晃朝衣」之典。(見全唐詩第叁函岑參肆。)乃指京師百官早朝而言，玉繩時爲首輔，應居班首。與「次前韻」第貳句「油壁車應想玉珂」之「玉珂」，用李娃傳「自平康東門入，將訪友於西南，至鳴珂曲」之典，乃指如汧國夫人身分之河東君言，且暗以墜鞭之人自許。故「玉珂」二字，雖兩詩同用，然所指之人各殊。牧齋賦詩精切，於此可證。第貳聯上句「黄巾」指李張，下句「黑水」指建州，蓋謂玉繩無安内攘外之才，今居首輔之位，亦即「病榻消寒雜詠」第壹叁首「都將柱地擎天事，付與搔頭拭舌人」之意也。

關於「次前韻」詩，專爲思念河東君而作，自不待言。故錢遵王注本全無詮解，亦不足怪。兹略釋之。其實皆淺近易知之典，作此蛇足，當不免爲通人所笑也。唯有可注意者，即牧齋雖博涉羣籍，而此詩則多取材文選，豈以河東君夙與幾社名流往還，熟精選理，遂不欲示弱耶？第壹聯上句之「梅魂」，指己身，見前論河東君「寒柳」詞及論牧齋「我聞室落成，迎河東君居之。」詩等節。「辭樹早」即去國早之意。下句「柳眼」指河東君，見前引河東君次韻答牧齋「冬日泛舟」詩。「著花多」即「閲人多」之意。綜合言之，自傷中年罷斥，并傷河東君亦適人稍晚，雖同淪落，幸得遇合，悲喜之懷，可於十四字中窺見矣。第貳聯「試粧破曉縈香粉，恨別先春罩緑波。」上句用玉谿生「對雪」七律二首之二「忍寒應欲試梅妝」，（見李義山詩集上。）「忍寒」頗合河東君性格。又義山此首結語云：「關河凍合東西路，腸斷斑騅送陸郎。」尤與錢柳當日情事相合。此聯上句又用秦仲明詩「惹砌任他香粉妒，縈叢自學小梅嬌。」（見全唐詩第拾函秦韜玉「春雪」七律。）「縈」字復出謝氏「雪賦」，且秦氏之題爲「春雪」，亦頗適當。又「香」字或與惠香有關。下句用文選壹陸江文通「別賦」：「春草碧色，春水渌波。送君南浦，傷如之何。」「先春」者，牧齋於崇禎十四年歲暮別河東君於蘇州，而十五年立春又在正月初五日也。（見鄭氏近世中西史日表。）第柒第捌兩句「一曲幽蘭正相儷，薰鑪明燭奈君何」用謝氏「雪賦」，「楚謡以幽蘭儷曲」及「燎薰鑪兮炳明燭」。「奈君何」者，離別相思之意。「君」則「河東君」之「君」，非第二人稱之泛指也。

關於「獻歲書懷」一題，其爲河東君而作，亦不待言。第壹首除第陸句「囑累花幡護小紅」，用杜少陵「秋野」五首之三「稀疎小紅翠，駐屐近微香」之「香」字，（見杜工部集壹肆。）或指惠香。其餘皆不難解，無煩釋證也。第貳首第叁句「四壁圖書誰料理」，自是非牧齋藏書之富，而河東君又爲能讀其藏書之人，不足以當此語。前引顧云美「河東君傳」略云：

爲築絳雲樓于半野堂之後，房櫳窈窕，綺疏青瑣，旁龕古金石文字，宋刻書數萬卷。君於是乎儉梳靚妝，湘簾棐几，煮沈水，鬥旗槍，寫青山，臨墨妙，考異訂譌，間以調謔，略如李易安在趙德甫家故事。

及蕭伯玉「讀牧翁集」七則之五，可以證知也。第柒捌兩句「傳語雕籠好鸚鵡，莫隨啁哳羨羣飛」，則爲紀當日之事實。玆略考論之於下。

冒辟疆影梅菴憶語壹云：

辛巳早春，余省覲去衡嶽，由浙路往，過半塘訊姬，（寅恪案，「姬」指董小宛。）則仍滯黄山。許忠節公赴粤任，（寅恪案，「許忠節公」指如臯許直字若魯，明南都謚忠節者，事蹟見明史貳陸陸及查繼佐國壽録壹本傳并明詩綜柒貳小傳等。「赴粤任」者，蓋指其赴廣東惠來縣知縣任也。）與余聯舟行。偶一日赴飲歸，謂余曰，此中有陳姬某，（寅恪案，「陳姬某」指陳圓圓。）擅梨園之勝，不可不見。余佐忠節治舟，數往返始得之。其人淡而韻，盈盈冉冉，衣椒繭時背，顧湘裙，真如孤鸞之在烟霧。是日燕，弋腔紅梅以燕俗之劇，咿呀啁哳之調，乃出之陳姬身口，如雲出岫，如珠在盤，令人欲仙欲死。漏下四鼓，風雨忽作，必欲駕小舟去。余牽衣訂再晤。答云，光福梅花如冷雲萬頃。子能越旦偕我游否？則有半月淹也。余迫省覲，告以不敢遲留。故復云，南嶽歸棹，當遲子于虎疁叢桂間，蓋計其期八月返也。余别去，恰以觀濤日奉母回。至西湖，因家君調已破之襄陽，心緒如焚。便訊陳姬，則已爲竇霍豪家掠去。聞之慘然。及抵閶門，水澁舟膠，去滸關十五里，皆充斥不可行。偶晤一友，語次有佳人難再得之歎。友云，子誤矣。前以勢劫去者，贋某也。某之匿處，去此甚邇，與子偕往。至果得見，又如芳蘭之在幽閣也。相視而笑曰，子至矣，子非雨夜舟中訂芳約者耶？曩感子殷勤，以淩遽不獲訂再晤。今幾入虎口得脱，重晤子，真天幸也。我居甚僻，復長齋，茗椀爐香，留子傾倒于明月桂影之下，且有所商。余以老母在舟，緣江楚多梗，率健兒百餘護行，皆住河干，瞿瞿欲返。甫黄昏而炮械震耳，擊砲聲如在余舟旁。亟星馳回，則中貴爭持河道，與我兵鬥，解之始去。自此余不復登岸。越旦，則姬淡粧至，求謁吾母太恭人。見後，仍堅訂過其家。乃是晚舟仍中梗，乘月一往相見。卒然曰，余此身脱樊籠，欲擇人事之。終身可托者，無出君右，適見太恭人，如覆春雲，如飲甘露，真得所天。子毋辭。余笑曰，天下無此易易事。且嚴親在兵火，我歸，當棄妻子以殉。兩過子，皆路梗中無聊閒步耳。子言突至，余甚訝。即果爾，亦塞耳堅謝，無徒悞子。復宛轉云，君倘不終棄，誓待君堂上晝錦旋。余笑云，若爾，當與子約。驚喜申囑，語絮絮不悉記。即席作八絶句付之。歸歷秋冬，犇馳萬狀。至壬午仲春，都門政府，言路諸公，恤勞人之勞，憐獨子之苦，馳量移之耗，先報。余時正在昆陵，聞音如石去心，因便過吴門慰陳姬。蓋殘冬屢趣余，皆未及答。至則十日前復爲竇霍門下客以勢逼去。先吴門有婎之者，集千人譁劫之。勢家復爲大言挾詐，又不惜數千金爲賄。地方恐貽伊戚，劫出復納入。余至，悵惘無極！然以急嚴親患難，負一女子無憾也。

陳維崧婦人集云：

姑蘇女子圓圓（冒褒注：「字畹芬。」）戻家女子也。色藝擅一時。如皋冒先生常言婦人以姿致爲主，色次之。碌碌雙鬟，難其選也。蕙心紈質，澹秀天然，生平所覯，則獨有圓圓耳。崇禎末年戚畹武安侯劫置别室中，侯武人也，圓圓若有不自得者。（寅恪案，「武安侯」指田弘遇。蓋漢武帝舅田蚡封武安侯。見史記壹佰柒，漢書伍貳田蚡傳。此借用古典也。）

張潮虞初新志壹壹陸次雲「圓圓傳」云：

圓圓陳姓，玉峰歌妓也。聲甲天下之聲，色甲天下之色。崇禎癸未歲，總兵吴三桂慕其名，齎千金往聘之，已先爲田畹所得，時圓圓以不得事吴怏怏也。而吴更甚。田畹者，懷宗妃之父也。年耄矣。圓圓度流水高山之曲以歌，畹每擊節，不知其悼知音之希也。

鈕琇觚賸燕觚「圓圓傳」云：

明崇禎末，流氛日熾，秦豫之間關城失守，燕都震動，而大江以南，阻於天塹，民物晏如，方極聲色之娱，吴門尤甚。有名妓陳圓圓者，容辭閑雅，額秀頤豐，有林下風致。年十八，隸籍梨園。每一登場，花明雪豔，獨出冠時，觀者魂斷。維時田妃擅寵，兩宫不協，烽火羽書，相望於道。宸居爲之憔悴。外戚周嘉定伯（奎）以營葬歸蘇，（參明史叁佰周奎傳。）將求色藝兼絶之女，由母后進之，以紓宵旰憂，且分西宫之寵。（寅恪案，「西宫」指田妃。）因出重貲購圓圓，載之以北，納於椒庭。一日侍后側，上見之，問所從來。后對左右供御，鮮同里順意者。兹女吴人，且嫻崑伎，令侍櫛盥耳。上制於田妃，復念國事，不甚顧。遂命遣還。故圓圓仍入周邸。

吴詩集覽柒上「圓圓曲」後附馬孝升之言曰：

嘉定伯已將圓圓進。未及召見，旋因出永巷宫人，貴妃遂竄名籍中，出付妃父田弘遇家，而吴（三桂）于田席上見之也。

寅恪案，冒襄於崇禎十五年壬午二月在常州得其父起宗量移之耗，始赴蘇州，慰答陳圓圓。

及抵吴門，則圓圓已於十日前爲外戚門下客以勢逼去。又辟疆於前一年，即崇禎十四年辛巳八月十五日在杭州得聞外戚豪家掠去贋鼎之陳圓圓。此兩點甚可注意，蓋取牧齋「獻歲書懷」二首之二，第柒捌兩句「傳語雕籠好鸚鵡，莫隨啁唽羨羣飛」。及初學集貳拾上東山詩集叁列於「催粧詞」四首後，「燕譽堂秋夕」七律前之「田國戚奉詔進香岱嶽。渡南海，謁普陀。還朝，索詩爲贈」一首，參合時日地域人事三者考之，始知其間實有未發之覆也。牧齋贈田弘遇詩云：

戚臣銜命報禖祥。玉節金函出尚方。天子竹宫親望拜，貴妃椒室自焚香。鯨波偃作慈雲色，蝗氣銷爲瑞日光。岱嶽山呼那得竝，海潮音裏祝吾皇。

國榷玖捌云：

壬午崇禎十五年七月己巳朔癸未皇貴妃田氏薨，輟朝三日。（寅恪案，癸未爲十五日，但王譽昌崇禎宫詞「粉瘦朱愁卧綺櫳」一首吴理注云：「七月十六日妃囑託外家兄弟，而殁。」差誤一日，恐因吴理依據妃薨後，次日發表之文告所致耶？）妃父田弘遇，嘗任千總，妻吴氏，倡也。養妃爲女，能書，最機警。居承乾宫。丁丑旱，上齋宿武英殿半月，俄欲還宫，妃遣人辭曰，政妾誕日，不宜還也。（參崇禎宫詞下「桑林終日望雲霓」一首注。）庚辰辛巳間，太監曹化淳買江南歌姬數人，甚得嬖，累月不見妃。妃疏諫，上曰，數月不見卿，學問大進。歌舞一事，祖宗朝皆有之，非自朕始也。（寅恪案，孺木此節所記，可參影梅庵憶語中所述崇禎十四年中秋在杭州得聞假陳圓圓被劫北行事及觚賸「圓圓傳」載周后對崇禎帝之謂圓圓吴人，且嫻昆伎節。并崇禎宫詞「宵旰殷憂且暫開」一首注等。）及薨，上悼恤有加。

牧齋贈田弘遇詩，乃敷衍詶應之作，在初學集中，實居下品，可不録存。但吾人今日轉藉此詩，得以判決當時一重公案，亦殊不惡。依「禖祥」及「貴妃」之語，知弘遇此行雖稱進香岱嶽，然實兼爲其女田貴妃往普陀禮拜觀音，祈求子息繁衍，并禱疾病痊愈。世傳普陀爲觀音居處，由來已久，玆不必深考。檢圖書集成曆象彙編歲功典伍肆夏季部彙考江南志「吴縣」條：「六月十九日爲觀音成道，進香支硎。」故弘遇於崇禎十四年六月十九日進香完畢後，由普陀還京復命。其向牧齋索詩之時，當在七月間，因此詩列於六月七日，即錢柳茸城結褵詩之後，已過七夕不久所賦之「燕譽堂秋夕詩」之前故也。今此可笑可厭之詩，其作成時間，既可約略推定，則發生一疑問，即牧齋是時熱中進取，交結戚畹，似無足怪。但弘遇爲武人，應不解牧齋文章之佳妙，何以忽向之求詩，殆藉此風雅之舉，因便與牧齋有所商詢。

列朝詩集閏肆楊宛小傳云：

楊宛字宛叔，金陵名妓也。能詩有麗句，善草書。歸茗上茅止生。止生重其才，以殊禮遇之。宛多外遇，心叛止生。止生以豪傑自命，知之而弗禁也。（寅恪案，此點與牧齋之待河東君者相同。豈牧齋亦自命爲豪傑耶？一笑！又止生之目宛叔爲「内子」，與牧齋亦相同。見下引朱竹垞所記。）止生歿，國戚田弘遇奉詔進香普陀，還京，道白門，謀取宛而纂其貲。宛欲背茅氏他適，以爲國戚可假道也。盡橐裝奔焉。戚以老婢子畜之，俾教其幼女。戚死，復謀奔劉東平。（寅恪案，「劉東平」指劉澤清。）將行，而城陷。乃爲丐婦裝，間行還金陵，盜殺之於野。宛與草衣道人爲女兄弟，道人屢規切之，宛不能從。道人皎潔如青蓮花，亭亭出塵，而宛叔終墮落淤泥，爲人所姍笑，不亦傷乎？（寅恪案，此條下所選宛叔詩有「即事二首寄修微」一題。同書同卷所選草衣道人王微詩有「近秋懷宛叔」，「冬夜懷宛叔」，「懷宛叔」，「過宛叔夢閣」，「夢宛叔」等題，可證牧齋「宛與道人爲女兄弟，道人屢規切之。」之語爲不虛矣。）

明詩綜玖捌楊宛小傳下附〔静志居〕詩話略云：

〔茅〕止生得宛叔，深賞其詩，序必稱内子。既以讁荷戈，則自詡有詩人以爲戍婦。兼有句云，家傳傲骨爲迂叟，帝賚詞人作細君。可云愛惜之至。其行楷特工，能於瘦硬中逞姿媚，洵逸品也。

列朝詩集閏肆「草衣道人王微」小傳略云：

微字修微，廣陵人。七歲失父，流落北里。長而才情殊衆，扁舟載書往來吴會間。所與游，皆勝流名士。已而忽有警悟，皈心禪悦。布袍竹杖，游歷江楚。歸而造生壙於武林，自號草衣道人，有終焉之志。偶過吴門爲俗子所嬲，乃歸於華亭潁川君。（寅恪案，「潁川君」指許譽卿。）潁川在諫垣，當政亂國危之日，多所建白，抗節罷免，修微有助焉。亂後，相依兵刃間，間關播遷，誓死相殉。居三載而卒。潁川君哭之慟。君子曰，修微青蓮亭亭，自拔淤泥，崐岡白璧，不罹劫火，斯可謂全歸，幸也。修微樾館詩數卷，自爲敍曰，生非丈夫，不能掃除天下，猶事一室，參誦之餘，一言一詠，或散懷花雨，或箋志山水，喟然而興，寄意而止，妄謂世間春之在草，秋之在葉，點綴生成，無非詩也。詩如是可言乎？不可言乎？

明詩綜玖捌王微小傳云：

微字修微，揚州妓。皈心禪悦，自號草衣道人。初歸歸安茅元儀，晚歸華亭許譽卿，皆不終。

張岱石匱書後集戚畹世家門「田弘遇」條云：

田弘遇廣陵人，毅宗田貴妃兄也。（寅恪案，張氏作「兄」而不作「父」，恐是傳聞之誤。）封都督。妃有寵，弘遇竊弄威權，京城側目。南海進香，攜帶千人，東南騷動。聞有殊色，不論娼妓，必百計致之。遣禮下聘，必以蟒玉珠冠，餤以姬侍。入門三四日，即貶入媵婢，鞭笞交下。進香復命，歌兒舞女數百人禮幣方物載滿數百餘艘。路中凡遇貨船客載，鹵掠一空。地方有司不敢詰問。崇禎十五年田妃死，寵遇稍衰。又以弱妹送入宫闈，以備行幸。甲申國變，不知所終。

棗林雜俎和集叢贅「田弘遇」條云：

弘遇挾勢黷横，朝貴造請，權出嘉定周氏上。辛巳來江南，過金陵，收子女珍異亡算。故太學吴興茅元儀妾楊宛，本吴娼也。善琴書。弘遇至茅氏，求出見，即脅以歸。壬午道臨清，幾陷敵，潛免。八月貴妃薨，稍斂戢。明年奏進其少女，年十四，有殊色。從楊宛學琴，曲不再授。先帝納之，數日不朝。

王士禛池北偶談壹壹「張文峙」條（參金匱山房本有學集叁貳「明士張君文峙墓誌銘」。）云：

張可仕字文寺，更字文峙，字紫淀。楚人，家金陵。能詩，與歸安茅元儀善。茅死，有姬楊宛，以才色稱。戚畹田弘遇欲得之，以千金壽文寺，求喻意。文寺絶弗與通。

據此田弘遇實於崇禎十四年辛巳秋間，由普陀進香復命過南京時，取楊宛叔以歸。弘遇之待宛叔，可與張陶菴所記相印證也。揆以錢茅交誼之篤摯，牧齋必不至如鄺況之賣交，而爲張紫淀之所不爲者。但受之當時號稱風流教主，尤在與河東君發生關係之後，韻事佳話，流傳遠近，弘遇固非文士，若無專家顧問，則無以品題才藝之名姝。牧齋之被田弘遇訪問，或即在此際。蓋此際宫中周后袁妃皆與田妃競寵。田以解音樂，工書畫，容色之外，加以藝能，非周袁所可及。此點姑不廣引，即觀吴駿公永和宫詞（見梅村家藏藁叁）云：

雅步纖腰初召入。鈿合金釵定情日。豐容盛鬋固無雙，蹴踘彈棊復第一。上林花鳥寫生綃。禁本鍾王點素毫。楊柳風微春試馬，梧桐露冷暮吹簫。

及王譽昌著吴理注崇禎宫詞有關田妃諸條，可以證知。惟是時田妃已久病，其父自應求一色藝兼備之替人，以永久維持其家族之恩寵。弘遇當時或者詢求牧齋以江左名姝中孰爲最合條件者。恐田先舉宛叔詢錢，非由牧齋之推薦也。

又據冒辟疆於崇禎十四年中秋日在杭州得聞假陳圓圓被劫一事言之，則田弘遇此次名爲往南海普陀進香，實則在江南採進佳麗，亦可稱天寶中之花鳥使。更由是推論，田弘遇本人於崇禎十四年自身在江南訪求佳麗外，次年亦可遣其門客代任此事。田弘遇既有此種舉動，周后之父周奎，亦應有類似行爲。鈕玉樵所記謂崇禎十五年春陳畹芬之被劫，出於周奎，與陳其年陸次雲所言田弘遇十五年春使人奪取圓圓北行者，有所不同。馬孝升作調停之説，謂周氏先奪畹芬，後又歸田氏，月所實於田邸遇見畹芬也。（寅恪昔年嘗見三桂叛清時招誘湖南清將手札，署名下鈐一章，其文爲「月所」二字。初視之，頗不能解，後始悟「所」字本義爲「伐木聲」。見説文解字斤部。舊説謂月中斫桂者爲吴剛。見酉陽雜俎天咫類。故三桂之稱「月所」與其姓名相關應。吴氏之以「月所」爲稱，不知始於何時。若早有之，則可謂後來殺明永曆帝即桂王之預兆。若桂王被害以後，更用此章，是以「斫桂」自許，狠毒無恥，莫以復加，當亦洪亨九之所不爲者也。清史稿肆捌拾吴三桂傳云：「字長伯。」「月所」之稱，世所罕知，因附記於此，以供參考。）其説自亦可通。鄙意此重公案，個性之真實，即崇禎十五年春在蘇州劫陳圓圓者，爲周奎抑或田弘遇之門客，雖難考定。然通性之真實，即當日外戚於崇禎十四五年間，俱在江南訪求佳麗，强奪豪取，而吴會之名姝罹此浩劫者，應不止宛叔畹芬一二人而已。然則牧齋「傳語雕籠好鸚鵡，莫隨啁哳羡羣飛」之語，蓋有不勝感幸之意存於其間。今日讀此詩之人，能通解其旨者，恐不多矣。

復檢龔鼎孳定山堂詩集叁「金閶行爲辟疆賦」云：

共請故人陳夙昔。十年前作金閶客。朱顔錦瑟正當樓，妙舞清歌恒接席。是時江左猶清平。吴趨美人争知名。珊瑚爲鞭紫騮馬，嫣然一笑逢傾城。虎邱明月鴛鴦槳。經歲烟波獨來往。荼香深夕玉纖纖，隋珠已入秦簫掌。竇霍驕奢勢絶倫。雕籠翡翠可憐身。至今響屧廊前水，猶怨苧蘿溪上春。

芝麓之詩又有「憶君四十是明朝」句，是此篇乃順治七年庚寅所作。（參影梅庵憶語「客春三月欲長去鹽官」條所述。「客春三月」指順治七年三月也。）上溯十年之前，即崇禎十四年辛巳，正是楊宛叔及假陳畹芬爲外戚豪家劫載北行之歲。次年春真陳沅又被戚畹門客掠奪赴京。故龔芝麓及張陶菴所述崇禎十四五年間外戚侯家在江左訪取佳麗事，可與牧齋「獻歲書懷」詩相證，而龔詩「賨霍驕奢勢絶倫，雕籠翡翠可憐身」乃錢詩「傳語雕籠好鸚鵡，莫隨啁哳羨羣飛」之注脚也。

寅恪偶發見關於楊宛叔最有趣之資料，即楊龍友文驄洵美堂詩集肆「楊宛叔四十壽」七律一首。兹參合其他材料略論之，以備一重公案。其詩云：

瑶島神仙謫碧空。奇才屈作女英雄。文成五采争媧石，筆擅千秋奪衛風。曾把兵符生敵愾，嘗持桴鼓佐軍戎。蛾眉劍俠非閒氣，閒氣生成付令公。

寅恪案，此詩列於「壽眉公老師八十初度」七律前第肆題。據前引眉公子夢蓮所撰其父年譜，眉公八十爲崇禎十年丁丑。是宛叔在眉公八十生日以前，其年約爲四十。

列朝詩集丁壹叁下「茅待詔元儀」小傳云：

止生好譚兵，通知古今用兵方略及九邊阨塞要害。口陳手畫，歷歷如指掌。東事急，慕古人毁家紓難，慨然欲以有爲。高陽公督師，以書生辟幕僚，與策兵事，皆得要領。嘗出塞相視紅螺山，七日不火食，從者皆無人色，止生自如也。高陽謝事，止生亦罷歸。先帝即位，經進武備志，且上言東西夷情，閩粤疆事及兵食富强大計。先帝命待詔翰林。尋又以人言罷。己巳之役，高陽再出視師，半夜一紙催出東便門，僅隨二十四騎，止生腰刀匹馬以從。四城既復，牒授副總兵，治舟師，略東江。旋以兵譁下獄，戍漳浦。東事益急，再請募死士勤王，權臣惡之，勒還不許。蚤夜呼憤，縱酒而卒。

夫宛叔之奔田國戚，在崇禎十四年辛巳，據龍友「壽宛叔四十」詩題，可知是時年過四十，宜乎田氏「以老婢子畜之」。孫承宗以大學士資格出鎮山海，經略薊遼，第壹次在天啓二年壬戌至五年乙丑。第貳次在崇禎二年己巳至四年辛未。（見明史貳伍拾孫承宗傳，列朝詩集丁壹「少師孫文正公承宗」小傳及初學集肆柒上下兩卷「孫公行狀」。）止生之得罪遣戍漳浦，在孫氏第貳次經略薊遼之後，眉公八十生日之前。斯時間之約略可以推定者。龍友詩末二句，蓋以宛叔比紅拂，李靖比止生。或更疑以孫高陽比楊素，然宛叔非出自孫家，比擬不倫，或說未諦也。（見太平廣記壹玖叁虬髯客傳。又可參新唐書宰相表上貞觀二年戊子欄所載：「庚午刑部尚書李靖檢校中書令。」及同書陸柒李靖傳并隋書壹捌楊素傳。）

又初學集壹柒「茅止生挽詞」七絶十首。其四云：

千貔貅擁一書生。小袖雲藍結隊行。鞍馬少休歌舞歇，西玄青鳥恰相迎。（自注：「君有西玄青鳥記，記其妾陶楚生登真降乩之事。」）

其八云：

明月西園客散時。錢刀意氣總堪悲。白頭寂寞文君在，淚濕芙蓉製誄詞。（自注：「鍾山楊宛叔製石民誄詞，甚工。」）

寅恪案，前一首「雲藍」二字，遵王無釋。檢薩天錫都剌雁門集壹「洞房曲」云：

峭寒暗襲雲藍綺。鮫帳愔愔夜如水。

牧齋殆用此典。「西玄」之本事見遵王注，兹不備引。牧齋此詩可證止生崇禎二年出塞時，宛叔實曾隨從也。後一首第貳句遵王無釋。實出樂府詩集肆壹「白頭吟本辭」：「男兒重意氣，何用錢刀爲」之語。第叁句據西京雜記叁所云：

相如將聘茂陵人女爲妾，卓文君作白頭吟以自絶，相如乃止。

牧齋詩「白頭」二字，自是指「白頭吟」而言。蓋止生卒於崇禎十三年庚辰，宛叔是時雖爲年過四十之半老徐娘，但其髮當尚未蒼白。恐後人誤會牧齋詩旨，故特辨之。又有學集柒高會堂詩集「茸城惜别兼與霞老訂看梅之約」詩「許掾來何暮，徐孃髮未宣。」一聯，遵王注云：

陸德明易説卦釋文，寡髮如字，本又作宣，黑白雜爲宣髮。

考此詩作於順治十三年丙申。（見高會堂詩集牧齋自序。）是歲河東君年三十九，與宛叔製石民誄詞時，年歲約略相當，河東君髮既未宣，則宛叔之髮亦應如是，且古今明姝無不善於修飾，即使宣髮，亦可染刷。此乃牧齋挽止生詩「白頭文君」句，實指「白頭吟」言之旁證也。第肆句遵王注雖已引西京雜記，但只釋「誄詞」，而不及「芙蓉」。檢西京雜記貳，此條復有「〔文君〕臉際常若芙蓉」之語，故牧齋詩「淚濕芙蓉」一辭，巧妙工切，遵王似未能知也。

又顧云美「河東君傳」云：

崇禎庚辰冬扁舟訪宗伯，幅巾弓鞋，著男子服，口便給，神情瀟洒，有林下風。宗伯大喜，謂天下風流佳麗，獨王修微楊宛叔與君鼎足而三，何可使許霞城茅止生專國士名姝之目。

寅恪案，世說新語品藻類云：

諸葛瑾弟亮及從弟誕，並有盛名，各在一國。于時以爲蜀得其龍，吴得其虎，魏得其狗。

然則當明之季年，江左風流佳麗，柳如是王修微楊宛叔三人，錢受之得其龍，許霞城得其虎，茅止生得其狗。王楊終離去許茅，而柳卒隨錢以死。牧齋於此，殊足自豪，亦可使當日及後世爲河東君作傳者，不必如列朝詩集之曲筆爲王楊諱也。

抑更有可附論者，有學集壹叁東澗詩集下「病榻消寒雜詠」四十六首之三十七及三十八云：

夜靜鐘殘換夕灰。冬缸秋帳替君哀。漢宮玉釜香猶在，吴殿金釵葬幾迴。舊曲風凄邀笛步，新愁月冷拂雲堆。夢魂約略歸巫峽，不奈琵琶馬上催。（自注：「和老杜生長明妃一首。」）

秦淮池館御溝通。長養妖嬈香界中。十指琴心傳漏月，千行珮響從翔風。柳矜青眼舒隋苑，桃惜紅顔墜漢宮。垂老師師度湘水，縷衣檀板未爲窮。（自注：「和劉平山師師垂老絶句。」）

寅恪案，此兩首列於「追憶庚辰冬半野堂文讌舊事」及「爲河東君入道而作」諸詩後。和杜一首爲董白作，和劉一首爲陳沅作。牧齋所以如此排列者，不獨因小宛畹芬與河東君同爲一時名姝，物以類聚，既賦有關河東君三詩之後，遂聯想并及董陳，亦由己身能如盧家之終始保有莫愁，老病垂死之時，聊藉此自慰，且以河東君得免崐岡劫火爲深幸也。至畹芬本末，梅村之圓圓曲實已詳備。其他吴詩所未言及之事，如小説月報第陸卷第壹壹號況夔笙周頤「陳圓圓事蹟」所載等，恐多出世人傅會，不必悉爲實録也。小宛之非董鄂妃，自不待言。（詳見小説月報第陸卷第玖號及第拾號孟心史森「董小宛考」及明元清系通紀清初三大疑案「世祖出家事考實」。）當時所以有此傳説者，恐因「順治十七年八月壬寅（十九日）皇貴妃董鄂氏薨，輟朝五日。甲辰（廿一日）追封董鄂妃爲皇后。」及「是歲停秋讞，從后志也」

等事，（見清史稿伍世祖紀及同書貳貳拾后妃傳孝獻皇后棟鄂氏傳等。）舉國震驚，遂以譌傳譌所致也。至董鄂妃之問題，亦明末清初遼東漢族滿化史中一重公案，茲限於本文範圍，故不具論。又梅村家藏稿貳拾詩後集「題冒辟疆名姬董白小像」八首之八云：

江城細雨碧桃邨。寒食東風杜宇魂。欲弔薛濤憐夢斷，墓門深更阻侯門。

此絕後半十四字，深可玩味。蓋「侯門」一辭，出雲溪友議上「襄陽傑」條，崔郊詩「侯門一入深如海，從此蕭郎是路人」。然則小宛雖非董鄂妃，但亦是被北兵劫去。冒氏之稱其病死，乃諱飾之言歟？此事數十年來考辨紛紜，於此不必多論，但就影梅庵憶語略云：

〔順治七年〕三月之杪，久客臥雨，懷家正劇，晚霽龔〔孝升〕奉常，〔杜〕于皇，〔吴〕園次過慰，留飲。因限韻各作詩四首，不知何故，詩中咸有商音。三鼓別去，余甫着枕，便夢還家，舉室皆見，獨不見姬。急詢荆人，不答。復徧覓之，但見荆人背余下淚。余夢中大呼曰，豈死耶？一慟而醒。姬每春必抱病，余深疑慮。旋歸，則姬固無恙。因閒述此相告，姬曰，甚異，前于是夜夢數人强余去，匿之幸脱。其人狺狺不休也。詎知夢真而詩讖咸來相告哉！

可知辟疆亦暗示小宛非真死，實被劫去也。觀牧齋「吴殿金釵葬幾迴」之語，其意亦謂冒氏所記述順治八年正月初二日小宛之死，（見影梅菴憶語及文藝月刊第陸卷第壹期聖旦編董小宛繫年要録等。）乃其假死。清廷所發表順治十七年八月十九日董鄂妃之死，即小宛之死。故云「葬幾迴」。否則錢詩辭旨不可通矣。

又辟疆影梅庵之名，不識始於何時？其命名之由，亦不易知。（拜鴛樓本影梅庵憶語略云：「余家及園亭，凡有隙地皆植梅。春來蚤夜出入，皆爛漫香雪中。姬于含蕊時，先相枝之横斜，與几上軍持相受。或隔歲便芟翦得宜，至花放，恰採入供。使冷韻幽香恒霏微于曲房斗室。」又云：「姬最愛月，每以身隨升沈爲去住。」同書附録葉南雪衍蘭「董君小傳」云：「性愛梅月，妝閣徧植寒香，月夜憑欄，恒至曉不寐。」等條，可供參考。）惟姜白石疎影詞云：

昭君不慣胡沙遠，但暗憶江南江北。想佩環月下歸來，化作此花幽獨。

適與牧齋「和杜老生長明妃」一首不期冥會，亦奇矣哉！

復次，前第叁章論河東君與宋轅文之關係節，引錢肇鼇質直談耳述河東君爲松江知府所驅，請轅文商決一事。其文云：

案置古琴一張，倭刀一口，問轅文曰，爲今之計，奈何？轅文徐應之曰，姑避其鋒。如是大怒曰，他人爲此言，無足怪。君不應爾。我與君自此絶矣。持刀斫琴，七絃俱斷。轅文駭愕出。

據鈍夫所記及辟疆自述，則畹芬小宛與辟疆之關係，亦同河東君之於轅文。轅文負河東君，辟疆復負陳董。轅文爲人自不足道，辟疆恐亦難逃畏首畏尾之誚。但陳董柳三人皆爲一時名姝，陳董被劫，柳則獨免。人事環境，前後固不相似，而河東君特具剛烈性格，大異當時遭際艱危之諸風塵弱質，如陳董者，實有以致之。吾人今日讀牧齋垂死時所賦關涉柳陳董之詩，并取冒錢宋對待愛情之態度以相比較，則此六人，其高下勇怯，可以瞭然矣。

復次，痛史第貳拾種附録「紀錢牧齋遺事」云：

> 先年郡紳某黄門，嘗納其同年亡友妾。雖本校書，終傷友誼。紳稱清流，竟無議之者，亦士大夫之恥也。

寅恪案，「某黄門」疑指許譽卿。「其同年亡友」疑指申紹芳。板橋雜記中云：

> 〔下〕玉京有妹曰敏，頎而白如玉肪，風情綽約，人見之，如立水晶屏也。亦善畫蘭鼓琴，對客爲鼓一再行，即推琴斂手，面發赬。乞畫蘭，亦止寫篠竹枝蘭草二三朵，不似玉京之縱横枝葉，淋漓墨瀋也。然一以多見長，一以少爲貴，各極其妙，識者並珍之。攜來吴門，一時争豔，户外屨恒滿。乃心厭市囂，歸申進士維久。維久宰相孫，性豪舉，好賓客，詩文名海内，海内賢豪多與之遊。得敏，益自喜爲閨中良友。亡何，維久病且殁，家中替。後嫁一貴官潁川氏，三年病死。

檢明史貳壹捌申時行傳末云：

孫紹芳，進士，户部左侍郎。

同書貳伍捌許譽卿傳略云：

許譽卿字公實，華亭人。萬曆四十四年〔丙辰〕進士，授金華推官。天啓三年徵拜吏科給事中。趙南星高攀龍被逐，譽卿偕同列論救，遂鐫秩歸。莊烈帝即位，起兵科給事中。薛國觀訐譽卿及同官沈惟炳東林主盟，結黨亂政，譽卿上疏自白，即日引去。〔崇禎〕七年起故官，歷工科都給事中。譽卿以資深，當擢京卿，〔謝〕陞希〔温〕體仁意，出之南京。先是福建布政使申紹芳，欲得登萊巡撫，譽卿曾言之陞，陞遂疏攻譽卿，謂其營求北缺，不欲南遷，爲把持朝政地，并及囑紹芳事。體仁從中主之，譽卿遂削籍，紹芳逮問，遣戍。

小腆紀傳伍陸申紹芳傳云：

申紹芳字維烈，長洲人。萬曆〔四十四年〕丙辰進士，由應天府教授陞部郎。出爲山東按察副使。累官户部右侍郎。弘光時，起原官。僧大悲之獄，詞連紹芳及錢謙益，二人疏辨，獲免。

然則霞城與維烈同爲萬曆丙辰進士，公實歷任諸科給事中，號爲清流，且與紹芳交好。上引列朝詩集王微小傳中，牧齋目霞城爲「潁川君」，故綜合痛史板橋雜記列朝詩集小腆紀傳推之，痛史所指「某黄門」，殊有爲許譽卿之可能。因恐世人讀痛史者，以「某黄門」爲陳子龍，故辨之於此，以俟通人之教正。

初學集貳拾上「留惠香」云：

舞衣歌扇且相隨。（餘句見前引。下三首類此。）

「代惠香答」云：

桃花自趁東流水。（寅恪案，倪璠注庾子山集肆「詠畫屏風」二十四首之九「流水桃花色，春洲杜若香。」牧齋句出此。）

「代惠香別」云：

春水桃花没定期。（寅恪案，倪注庾集伍「對酒歌」：「春水望桃花，春洲籍芳杜。」牧齋句出此。）

「別惠香」云：

花信風來判去期。

「仲春十日自和合歡詩四首」其一云：

緑波南浦事悠悠。天上人間盡斷愁。却扇風光生帳底，迴燈花月在床頭。平翻銀海填河漢，別築珠宫館女牛。試與鴟夷相比竝，五湖今日是歸舟。

其二云：

綺窻春柳覆鴛鴦。萬線千絲總一香。應有光芒垂禁苑，定無攀折到垣牆。宫鶯啼處爲金屋，海燕棲來即玉堂。最是風流歌舞地，石城山色接吴昌。

其三云：

數峯江上是郎家。翰苑蓬山路豈賒。立馬何人論共載，驂鸞有女喜同車。飯抄雲母層層雪，筆架珊瑚段段霞。宿世散花天女是，可知天又遣司花。

其四云：

畫屏屈戍綺窻深。蘭氣茶香重幄陰。流水解翻筵上曲，遠山偏識賦家心。詩成刻燭論佳句，歌罷穿花度好音。休擲丹砂成狡獪，春宵容易比黄金。

「春游二首」其一云：

踏青車馬過清明。薄靄新煙逗午晴。日射夭桃含色重，風和弱柳著衣輕。春禽欲傍釵頭語，芳草如當屐齒生。每向東山看障子，不知身在此中行。

其二云：

韶光是處著芳叢。轣轆香車輾鏡中。拂水礀如圍繡帶，石城山作畫屏風。柳因鶯淺低迷綠，花爲春深歷亂紅。璧月半輪無那好，碧桃樹下小房櫳。

寅恪案，以上六題共十首，其作成時間，當不盡依先後排列。鄙意「代惠香別」及「別惠香」兩題，實作於「春游二首」之後，因其與「留惠香」及「代惠香答」兩題，俱爲有關一人之詩，且同用一韻，以便利之故，遂併合四首爲一組耳。所以有此揣測者，據「別惠香」詩之「花信風來判去期」及「春游」二首之二之「踏青車馬過清明」等句，證以程大昌演繁露「花信風」條云：「三月花開時風名花信風。」及鄭氏近世中西史日表崇禎十五年清明爲三月六日。（鄭表或有差誤，但所差亦不過一二日也。）則知惠香之離常熟返蘇州，實在十五年三月初六日以後，而「代惠香別」及「別惠香」兩題，轉列於「仲春十日自和合歡詩」以前，其非盡依作成時間先後排列，可以無疑也。

綜合言之，此六題十首之詩，乃述己身於崇禎十五年初親往蘇州迎接河東君同返常熟。惠香亦伴柳錢至牧齋家，淹留浹月後，始獨歸蘇州之一重公案也。

關於惠香一組諸詩，前已有所論證，兹不須多述。但於此特可注意者，即「舞衣歌扇且相隨」之句，蓋指惠香此次隨伴河東君同來常熟也。

關於「仲春十日自和合歡詩四首」作成之時間及地點，略有可言者，即前二首作於初發蘇州舟中，後二首成於抵常熟家内也。東山詶和集沈璧甫序云：「壬午元夕通訊虞山，詶和之詩已成集矣。」末署「崇禎十五年二月望日吳門寓叟沈璜璧甫謹序」。可證崇禎十五年正月十五日以前，牧齋尚在常熟。此年二月十日自和合歡詩第壹首末句有「五湖今日是歸舟」之語，則牧齋發蘇州在二月十日。若其至蘇迎河東君，在正月下半月者，是留滯吳門，未免過久。故假定牧齋往蘇親迎河東君還家，實在二月朔以後，初十日以前，雖不中，亦不遠矣。

第壹首一二兩句：「緑波南浦事悠悠。天上人間盡斷愁。」用江文通「別賦」：「春草碧色，春水緑波，送君南浦，傷如之何。」意謂崇禎十四年冬間別河東君於蘇州，獨自返常熟，今則親至蘇迎之同歸，離而復合，其喜悦之情，可以想見也。第貳聯「平翻銀海填河漢，別築珠宮館女牛」，上句意謂今與河東君同返常熟，如天上阻隔牛女之河漢已填平，無復盈盈脈脈相望相思之苦矣。下句出處見劉本沛虞書所載「石城在縣北五里，闔廬所置美人離宮也」及「扈城在縣北五里，石城東。吳王遊樂石城，又建離宮以扈蹕，故名」。河東君固是「美人」，我聞室恐不足以當「離宮」，此所以更有絳雲樓之建築耶？第貳首一二兩句「綺窗春柳覆鴛鴦。萬綫千絲總一香」，不甚易解。檢全唐詩第壹函太宗皇帝「詠桃」詩（原注：「一作董思恭詩。」）云：

禁苑春暉麗，花蹊綺樹妝。綴條深淺色，點露參差光。向日分千笑，迎風共一香。如何仙嶺側，獨秀隱遥芳。

前論惠香名字中，當有一「桃」字，其籍貫恐是嘉興。若此兩點俱不誤，則牧齋此兩句乃兼指惠香而言歟？第壹聯：「應有光芒垂禁苑，定無攀折到垣牆。」上句出太平廣記壹玖捌「白居易」條引雲溪友議（參孟棨本事詩事感類「白尚書姬人樊素善歌，妓人小蠻善舞」條。）其文云：

唐白居易有妓樊素善歌，小蠻善舞。嘗爲詩曰，櫻桃樊素口，楊柳小蠻腰。年既高邁，而小蠻方豐豔，因爲楊柳詞以託意曰，一樹春風萬萬枝。嫩於金色軟於絲。永豐坊裏東南角，盡日無人屬阿誰。及宣宗朝，國樂唱是詞，上問誰詞？永豐在何處？左右具以對之，遂因東使命取永豐柳兩枝，植於禁中。白感上知其名，且好尚風雅，又爲詩一章。其末句云，定知此後天文裏，柳宿光中添兩星。

前引史料知崇禎十三四五年間，内侍曹化淳，外戚田弘遇周奎等，皆有在江南訪求歌姬名伎之舉，河東君當時之聲譽，亦與陳董不殊。十四年冬至十五年春，養痾蘇州，外人寧有不聞之理。故其情勢，汲汲可危。牧齋「應有」及「禁苑」之辭，非虚言也。至關於范攄以樊素小蠻爲二人，非是。但於此不必考辨。所可笑者，當牧齋賦詩用此典時，其心意中豈以「柳宿光中」之兩星，一爲河東君，一爲惠香耶？下句意謂今已與河東君同返常熟家中，必無畹芬被劫之事。噫！牧齋此次至蘇迎河東君還家，得免於難。斯爲十年前河東君在松江時，所祈求於宋轅文而不可得之事。當崇禎十五年二月十日少伯五湖歸舟之際，河東君心中，宜有不勝其感念者矣。此詩七八兩句「最是風流歌舞地，石城山色接吴昌」，意謂迎河東君由蘇州至常熟也。牧齋用「石城」「吴昌」之典，以西施比河東君，不僅此詩，即如有美詩之「輸面一金錢」，「〔癸未〕元日雜題長句」八首之八「春日春人比若耶」及「禾髯遺餉醉李，戲作二絶句」之一「語兒亭畔芳菲種，西子曾將療捧心」等句，皆是例證。當時未發明攝影術，又無油畫之像，故今日不敢妄有所評泊，鄙意河東君雖有美人之號，其美之程度，恐尚不及顧横波，然在牧齋觀之，殆所謂「情人眼裏出西施」者耶？

第叁首第壹句「數峯江上是郎家」用錢考功「省試湘靈鼓瑟」詩「曲終人不見，江上數峯青」之句。（見全唐詩第肆函錢起叁及雲谿友議中「賢君鑒」條。）牧齋喜用錢氏故實，以示數典不忘祖之意。此點河東君似亦習知，觀其依韻和牧齋「〔庚寅〕人日示内」二首之二，結語云「香燈繡閣春常好，不唱卿家緩緩吟」，可證也。（見有學集貳秋槐詩支集。）第貳句「翰苑蓬山路豈賒」辭涉誇大，然牧齋實足當之，故亦不必苛責。第柒第捌兩句「宿世散花天女是，可知天又遣司花。」意謂河東君本是「霑花丈室何曾染」之天女，（見前引牧齋答河東君訪半野堂初贈詩。）今則爲「皇鳥高飛與鳳期」，（見上引牧齋「代惠香答」詩。）管領羣芳之司花，如李易安在趙德甫家故事。而非後來作「當家老姥」之比。（見牧齋尺牘上「與王貽上」四通之一。）讀者幸勿誤會。由是推論，此詩之作成當在二月十二日，即花朝日，還家時也。

第肆首第壹句「畫屏屈戌綺寏深」用梁簡文帝「織成屏風金屈戌」及玉谿生「鎖香金屈戌」。（見全梁詩壹梁簡文帝壹「烏棲曲」四首之四及李義山詩中「魏侯第東北樓堂郢叔言別，聊用書所見成篇。」）蓋與次句「茶香」之「香」有關，殆兼指惠香而言。第柒第捌兩句「休擲丹砂成狡獪，春宵容易比黃金」，用神仙傳麻姑過蔡經家故事。自是謂惠香，不可移指河東君。麻姑之過蔡經家，乃暫過，且由王方平之邀請。「春宵」「千金」之語，意在惠香。牧齋賦此詩時之心理頗可笑也。

又關於麻姑之物語，亦略有可論者。太平廣記柒神仙柒引葛洪神仙傳王遠傳（參今本神仙傳貳王遠傳。）云：

麻姑欲見蔡經母及婦等，時經弟婦新產數日，姑見知之。曰，噫！且止勿前！即求少許米來。得米，擲之墮地，謂以米祛其穢也。視其米，皆成丹砂。遠笑曰，姑故年少也。吾老矣，不喜復作如此狡獪變化也。

同書陸拾引神仙傳麻姑傳（參今本神仙傳柒麻姑傳。）云：

姑欲見蔡經母及婦姪，時弟婦新產數十日，麻姑望見乃知之。曰，噫！且止勿前。即求少許米，得米便撒之擲地。視其米，皆成真珠矣。方平笑曰，姑故年少，吾老矣，了不喜復作此狡獪變化也。

夫擲米袪穢爲道家禁咒之術，至今猶有之。米墮地變真珠，以真珠形色相似之故。至於變丹砂，則形似而色不似。頗疑王遠傳之作成，實先於麻姑傳，麻姑傳乃後人所修正者。殊不知真珠在道家其作用遠不及丹砂。丹砂可變黄金，於道術之傳播關係甚大也。此點兹不必多論，唯錢詩所以用丹砂而不用真珠者，蓋因丹砂可鍊黄金，牧齋當時欲以東坡「春宵一刻值千金」之句，（見東坡續集貳「春夜」七絶。）挑逗惠香，故寧取王遠傳，而不用麻姑傳歟？儻此揣測不誤，則讀受老之詩，而得其真解者，復有幾人哉？關於「春游二首」之時間地點人事三者，頗有可論者。其時間據第壹首第壹句「踏青車馬過清明」及第貳首第柒句「璧月半輪無那好」之語。（鄭氏近世中西史日表崇禎十五年三月初六日清明。）則知牧齋此次春游當在三月初十日左右也。其地點據第貳首「拂水碉如圍繡帶，石城山作畫屏風」一聯，則所遊之處，必是牧齋之拂水山莊別墅。檢初學集壹貳崇禎十年丁丑在北京獄中所作「新阡八景詩」之「石城開幛」并「山莊八景」中之「春流觀瀑」「月堤烟柳」「酒樓花信」三題，（見初學集壹貳霖雨詩集。）頗可與「春游」二詩相證，故節録於下。

「石城開幛」詩并序云：

拂水巖之西，厓石削成，雉堞樓櫓，形狀備具，所謂石城也。列屏列幛，尊嚴聳起，阡之主山也。故曰石城開嶂。

（詩略。）

「春流觀瀑」詩并序云：

山泉縣流自三沓石下垂，奔注山莊，滙爲巨磵。今旋折爲阡之界水，遇風捍勒，逆激而上，則所謂拂水也。

（詩略。）

「月堤煙柳」詩并序（此題詩并序前於論「有美詩」時已全引。兹以便於證釋，故重録之。）云：

墓之前有堤回抱，折如肉環，彎如弓月。士女絡繹嬉游，如燈枝之走馬。花柳蒙茸蔽虧，如張幃幕，人呼爲小蘇堤。

月堤人竝大堤游。墜粉飄香不斷頭。最是桃花能爛熳，可憐楊柳正風流。歌鶯隊隊勾何滿，舞鴈雙雙趁莫愁。簾閣瑣窗應倦倚，紅闌橋外月如鈎。

「酒樓花信」詩并序云：

酒樓直山莊之東，平田逶迤，晴湖蕩漾，北牖直拂水巖，寸人豆馬，參錯山椒。紅粧翠袖，移動簾額。月堤酒樓，此吾山莊之勝，與衆共之者也。

花厭（入）高樓酒泛（上）巵。登樓共賦豔陽詩。人間容易催花信，天上分明掛酒旗。

中酒心情寒食候，看花伴侶好春時。穠桃正倚新楊柳，横笛朱欄莫放吹。

寅恪案，「春游」第貳首「拂水磵如圍繡帶，石城山作畫屏風」，乃「石城開幛」及「春流觀瀑」二題之縮寫。亦牧齋自詡其山莊之奇景，傳播於親知者。無怪周玉繩既游覽此勝境，遂有「虞山正堪管領山林耳」之「題目」。（見初學集貳拾下「元日雜題長句」八首之六，詩及自注。）牧齋轉因此怨懟陽羨，可謂狐埋狐搰矣。「春游」第壹首「日射夭桃含色重，風和弱柳著衣輕」一聯，初視之，亦是春游應有景物之描寫。細思之，「桃」恐是指惠香，「柳」則指河東君。河東君雖在病中，然素有不畏寒之特性，此際清明已過，氣候轉暖，自可衣著輕薄也。前論「有美詩」，「畫奪丹青妙」句，引湯漱玉玉臺畫史，述河東君畫「月堤烟柳」事，謂牧齋此「月堤烟柳」詩「最是桃花能爛熳，可憐楊柳正風流」乃河東君來歸之預兆，並疑河東君愛此聯，因繪作圖。兹更引申推論之，即桃花楊柳一聯，復是此次惠香伴河東君返常熟并偕牧齋春游之預兆。

又「月堤烟柳」詩「紅闌橋外月如鈎」句，與「春游」詩第貳首「璧月半輪無那好」句，亦可互相印證。蓋符合「春游」詩第壹首「踏青車馬過清明」句之所言崇禎十五年三月初六日，即清明後不久，天上月輪形狀也。「酒樓花信」詩「登樓共賦豔陽詩」句中共賦詩之人自與河東君有關。惠香是否能詩，亦難確言。但今未見河東君詩中有涉及酒樓花信之篇什，尚待詳考。至「中酒心情寒食後，看花伴侣好春時」一聯，上句與「春游」第壹首「踏青車馬過清明」句所指之時間正合。下句復是同詩「日射夭桃含色重，風和弱柳著衣輕」一聯之注脚。然則「看花伴侣」「共賦豔陽詩」之人可以推知矣。故「酒樓花信」一首，亦與「月堤烟柳」一首，俱有後來修改之痕迹也。

自崇禎十五年壬午三月惠香離常熟返蘇州後，河東君在牧齋家中，繼續卧病，至十六年癸未暮春始漸次痊復，是年中秋已愈大半，至初冬乃霍然病起矣。兹就牧齋詩中關涉此時期河東君之疾病者，迻寫於後，前已述者，則僅著其題目並最有關之詩句。其前所未及之篇什，則全録之，略加證釋，以供論文者之參究。至若詳悉稽考，則寅恪非治帶下醫學史之專家，故不敢多所妄言也。

初學集貳拾上東山詩集叁「効歐陽詹翫月詩」云：

崇禎壬午八月望，我生六十一中秋。（中略。）倦婢鼾睡高，病婦頻呻欷。（中略。）病婦夢回笑空床，笑我白癡中風狂。（下略。）

「駕鵝行。聞潛山戰勝而作」云：

老夫喜失兩足蹩。驚呼病婦笑欲噎。罏頭松醪酒新熱。

「〔崇禎十五年〕壬午除夕」云：

閒房病婦能憂國，却對辛盤歎羽書。

同書貳拾下東山詩集「〔崇禎十六年癸未〕元日雜題長句八首」其八云：

春日春人比若耶。偏將春病卸鉛華。

「禾髯遺餉醉李，内人開函知爲徐園李也。戲答二絶句」其一云：

醉李根如仙李深。青房玉葉漫追尋。語兒亭畔芳菲種，西子曾將療捧心。

其二云：

不待傾筐寫盎盆。開籠一顆識徐園。新詩錯比來禽帖，贏得粧臺一笑論。

寅恪案，「禾髯」者，即初學集捌伍「記清明上河圖卷」文中之「嘉禾譚梁生」及此「醉李二絶句」前一題「蟲詩十二章讀嘉禾譚梁生雕蟲賦而作」詩序中「禾髯進士譚埽」。又此「蟲詩」序末署「癸未三月十六日」。牧齋此二絶句後一題爲「癸未四月吉水公總憲詣闕，慨然書懷」詩，可知譚梁生以其所著雕蟲賦請教於牧齋，或同時以徐園李相餉也。至關於徐園李事，兹略引載記，考釋之於下。

李日華紫桃軒雜綴叁云：

今李脯佳者推嘉慶，吾郡不聞擅是。豈古昔地氣不同耶？（寅恪案，本草綱目貳玖果部

「李」條，引韋述兩京記云：「東都嘉慶坊有美李，人稱爲嘉慶子。久之，稱謂既熟，不復知其所自矣。」可供參考。）余少時得嘗徐園李實，甘脆異常，而核止半菽，無仁。園丁用石壓其根使旁出而分植之。一樹結實止三十餘枚。視之稍不謹，即摇落成空株矣。以故實甚貴，非豪侈而極意於味者，未始得嘗也。

嘉興府志壹伍古蹟門貳「徐長者園」條云：

園在嘉興。長者宋人，學道術，年八十。治圃栽花，老於此。

同書叁叁果類「檇李」條云：

俗名潘園李，大如羌桃。至熟猶青，核最細，味極佳。春秋越敗吴於檇李，在石門桐鄉之間，遺種至今不絶。（烏青文獻。）

曹溶静惕堂詩集肆叁「檇李」十首。其一云：

浄相僧坊起盛名。徐園舊價頓教輕。嘗新一借潛夫齒，嚼出金鐘玉磬聲。

其三云：

滮水蟠根奕葉長。筵前冰齒得仙漿。上林嘉種休相借，驗取夷光玉甲香。

其四云：

膚如熟柰能加脆，液較楊梅特去酸。江北江南無別品，傾城傾國借人看。

其十云：

微物何堪鼎鼐陳。公家宣索薦時新。年來無復街頭賣，愁殺文園病渴人。

朱彝尊曝書亭集玖「鴛鴦湖櫂歌一百首」其十八云：

徐園青李核何纖。未比僧廬味更甜。聽説西施曾一掐，至今顆顆爪痕添。（原注：「徐園李核小如豆，絲懸其中，僧廬謂浄相寺，産槜李，每顆有西施爪痕。」）

李時珍本草綱目貳玖果部「李」條集解略云：

時珍曰，早則麥李御李，四月熟。遲則晚李，冬季十月十一月熟。又有季春李，冬花春實也。

同書同條「核仁」略云：

令人好顔色。（吴普。）治面鼾黑子。（蘇頌。）

同書同條附方引崔元亮海上方云：

女人面鼾，用李核仁去皮細研，以雞子白和如稀餳，塗之。至旦，以漿水洗去，後塗胡粉。不過五六日，效。忌見風。

同書同條附録「徐李」云：

别録有名未用。曰，生太山之陰，樹如李而小。其實青色，無核。熟則采食之，輕身益氣延年。時珍曰，此即無核李也。唐崔奉國家有之，乃異種也。謬言龍耳血墮地所生。

吴其濬植物名實圖考叁貳果類「李」條云：

別録下品。種類極多。别録有名未用。有徐李，李時珍以爲即無核李云。

然則譚氏於崇禎十六年癸未所餉牧齋之徐園李，殆是李東璧所言季春熟，或四月熟之品種。牧齋既以西施比河東君。夫西施之病，在心痛，不在面黚。故吴普蘇頌崔元亮諸家稱列李實核仁之功效，自不必用於「烏個頭髮，白個肉」之河東君，轉可移治「白個頭髮，烏個肉。」或與王介甫同病之牧齋。由是言之，河東君應食李肉，牧齋應食李仁。但據舊籍，多誇詡其無仁，豈梁生之厚贈，專爲此際之捧心美人，而没口居士（見金鶴沖錢牧齋先生年譜總述。）却無福消受耶？

初學集捌貳「造大悲觀世音像贊」云：

女弟子河東柳氏，名如是。以多病故，發願捨財造大悲觀世音菩薩一軀，長三尺六寸，四十餘臂，相好莊嚴，具慈愍性。奉安於我聞室中。崇禎癸未中秋大悲弟子謙益焚香合掌，跪唱贊曰：有善女人，青蓮淤泥，示一切空。疾病蓋纏，非鬼非食，壯而相攻。歸命大士，造大悲像，瞻禮慈容。我觀斯像，黄金塗飾，旃檀斵礱。猶如我身，四大和合，假借彌縫。云胡大悲，紺目遍炤，地獄天宫。毋陁羅臂，屈信爬搔，億劫撈籠。而我一身，兩目兩臂，兀如裸蟲。生老病死，八苦交煎，呼天告窮。以是因緣，發大誓願，悲淚漬胸。因愛生病，因病懺悔，展轉鉤通。是愛是病，是大悲智，顯調伏功。我聞之室，香華布地，寶炬晝紅。樓閣涌現，千手千眼，鑑影重重。疾苦蠲除，是無是有，如楊柳風。稽首説贊，共發誓願，木魚鼓鐘。劫劫生生，親近供養，大慈鏡中。

寅恪案，牧齋此文殊饒風趣，但頗欠嚴肅。足見其平生雖博涉内典，然實與真實信仰無關。初時不過用爲文章之藻飾品，後來則藉作政治活動之烟幕彈耳。文中嵌用河東君姓氏名號，若「楊」，若「柳」，若「愛」，若「影」，若「如」，若「是」等字甚多，亦可謂遊戲之作品。今據此文，得知崇禎十六年癸未中秋前後，河東君之病已大半痊愈。故牧齋有此閒情，爲河東君寫此種文字。又可證知河東君自崇禎十四年夏由松江正式來歸錢氏後，至十六年冬絳雲樓未建成前，其所居之處，似不在我聞室。蓋寢息之室，不應用作供奉此長三尺六寸之大士像。否則，乃褻黷神明之舉，柳錢二人皆不出此也。但是時河東君所居之室，亦必距離供奉之處極近，藉便尚未完全康復之病體，得以朝夕來往禮拜。顧云美稱河東君「爲人短小，結束俏利」。由是推想，當其虔誠祈禱，伏地和南之際，對兹高大莊嚴之像，正可互相反映，而與前此之現天女身，散花於浄名居士之丈室者，其心理，其動作，其對象，大不同矣。

復次，錢曾讀書敏求記叁攝生類（參章鈺補輯本叁之下子攝生。）云：

端必瓦成就同生要一卷，因得囉菩提手印道要一卷，大手印無字要一卷。此爲庚申帝演蝶兒法。張光弼輦下曲：「守内番僧日念吘。（寅恪案，「吘」當作「吽」，非作「吘」。蓋藏語音如是，中土傳寫譌誤。昔亦未知，後習藏語，始得此字之正確形讀也。）御廚酒肉按時供。組鈴扇鼓諸天樂，知在龍宮第幾重。」描寫掖庭秘戲，與是書所云長緩提稱吘字，以之爲大手印要，殆可互相證明。凡偈頌文句，悉揣摩天竺古先生之話言，閲之不禁失笑來。其紙是搗麻所成，光潤炫目。裝潢乃元朝内府名手匠，今無有能之者，亦一奇物也。（寅恪案，此可參權衡庚申外史「癸巳至正十三年脱脱奏用哈麻爲宣政院使」條。）

寅恪案，遵王所藏此種由天竺房中方術轉譯之書，當是從牧齋處得來。所附注語，應出牧齋之手，遵王未必若是淹博也。牧齋平生佛教著述中，有楞嚴經蒙鈔之鉅製。楞嚴爲密宗經典，其咒心實是真梵文，唯前後諸品皆此土好事者，採摭舊譯，增飾而成。前於論「朝雲詩」第肆首「天魔似欲窺禪悦，亂散諸華丈室中」句時，已言及之。故牧齋雖著此書，原與其密宗之信仰無關。但牧齋好蓄異書，兼通元代故實，既藏有演揲兒法多種，其與河東君作「洞房清夜秋燈裏，共簡莊周説劍篇」之事，亦非絶不可能。（見第壹章引「秋夕燕譽堂話舊事有感」詩。）果爾，則牧齋「因愛生病」之語，殆有言外之意。此贊爲游戲之文，尤可證明矣。

又受之本身在崇禎十三年冬以前已多内寵，往往爲人詬病，載記流傳，頗復不少，可信與否，殊不必徵引，亦不必考辨。但間有涉及河東君者，亦姑附録一二條，而闕略其過於猥褻之字句，聊備談助云爾。唯此等俱出自仇人怨家，文章愛憎者之口，故不敢認爲真實也。王澐輞川詩鈔肆「虞山柳枝詞」十四首之十一云：

阿難毁體便龍鍾。大幻婆毗嚮地逢。何事陽秋書法異，覽揆猶自繼神宗。（自注：「錢注楞嚴經，不書當代年號甲子，稱大元曰蒙古，自紀生於神宗顯皇帝某年云。嘗學容成術，自傷其體，遂不能御女。其稱摩登，蓋指姬云。」）

阮葵生茶餘客話（參陳琰藝苑叢話玖「錢求媚藥與柳周旋」條。）云：

聞錢虞山既娶河東君之後，年力已衰。門下士有獻房中術以媚之者，試之有驗。錢驕語河東君曰，少不如人，老當益□。答曰，□□□□，□□□□。聞者嗤之。近李玉洲重華論詩，不喜錢派。有問者，輒曰，□□□□，□□□□。吾即以柳語評其詩可矣。衆皆胡盧失笑。

寅恪案，楞嚴經文筆佳妙，古今詞人皆甚喜之。牧齋爲此經作疏，固不足怪。王氏之説，未免牽强。至若吾山所記，則房幃戲謔之語，惟有天知神知，錢知柳知，（參王先謙後漢書集解列傳肆肆楊震傳。寅恪所以不從袁宏後漢紀作「地知」者，蓋因牧齋「追憶庚辰冬半野堂文讌」詩有「看場神鬼坐人頭」之句，用「神」字更較切合也。至通鑑肆玖漢安帝永初四年紀此事，則雜糅范書袁紀成文。通鑑用袁紀「地」字之故，「天知地知」之語，遂世俗流行矣。）非阮葵生李重華輩所能知也。一笑！

初學集貳拾下東山詩集肆「燈下看內人插瓶花，戲題四絶句。」云：

　　水仙秋菊並幽姿。插向磁缾三兩枝。低亞小牕燈影畔，玉人病起薄寒時。

　　淺淡疎花向背深。插來重折自沈吟。劇憐素手端相處，人與花枝兩不禁。

　　懶將没骨貌花叢。渲染繇來惜太工。會得遠山濃淡思，數枝落墨膽缾中。

　　幾朵寒花意自閑。一枝叢雜已爛斑。憑君欲訪缾花譜，只在疎燈素壁間。

寅恪案，牧齋四詩雅而切，殆可謂趙德甫爲易安居士寫「簾捲西風，人比黄花瘦」圖。此時河東君病起，牧齋心情快適，得以推知矣。考河東君適牧齋後，發病於崇禎十四年初冬，延至十六年初冬，始告痊癒，凡歷三年之歲月。故牧齋「絳雲樓上梁」詩八首之四「三年一笑有前期。病起渾如乍嫁時」句下自注云：「泛舟詩云，安得三年成一笑。君病起恰三年矣。」及「癸未除夕」詩：「三年病起掃愁眉，恰似如臯一笑時。」（兩詩全文俱見下引。）其間輕重轉變之歷程，今日自不能悉知。要而言之，河東君之病有二。一爲心病，一爲身病。其心病則有如往來蔡經家麻姑之惠香療治之矣。其醫診身病如遊「貴婦人」之邯鄲扁鵲，果爲誰耶？

檢孫原湘天真閣集貳叁「紅豆莊玉杯歌」并序云：

江静蘿明經（曾祁），予乙卯同年也。自言高祖處士某，工俞柎之術，陳確菴先生集中有傳。處士曾爲河東君療疾，宗伯以玉杯爲贈，上鐫紅豆山莊欵識，屬子孫世寶之。後爲佗氏所得。静蘿蹤蹟贖還。今夏值君六十壽辰，出以觴客，屬余作歌紀之。

芙蓉花裏開瑶席。象鼻筩深徧觴客。客辭酒酣力不勝。别出佳器容三升。捧出當筵光照徹。酒似丹砂杯似雪。滿堂醉眼一時醒。得寶知從我聞室。絳雲天姥臥玉牀。神仙肘後懸神方。刀圭妙藥駐年少，尚書捧杯向仙笑。水精不落鴛鴦杯。一錢不值付劫灰。此杯珍重如山壘。仙人玉山爲你頽。何年羽化雲雷渺。楚弓楚得何其巧。千金不易此一壺，祖宗口澤兒孫寶。斟君酒，爲君歌。頌君玉顔常爾酡。安能眼如魚目聽鳴珂。杯中日月長復長。門前紅豆花開香。

及楊鍾羲雪橋詩話餘集壹云：

常熟江湛源精醫術，曾療河東君疾。虞山宗伯以玉杯一爲先生壽。子孫世守之。後失去垂三十年。嘉慶間裔孫曾祁復得之，徵詩紀事。翁文端〔心存〕爲賦紅豆山莊玉盃歌云，鯉魚風起芙蓉裏。欲落不落相思子。碧玉盃調九轉丹，返魂香暈霞文紫。山莊紅豆花開香。尚書風流壽正長。鵂鶹夜啼瑶姬病，骨出飛龍臥象牀。此時儻絶尚書席。異日存孤仗誰力。判將三（？）寶謝神醫，衹爲佳人難再得。仙人鴻術生春風。骨青髓緑顔桃紅。一服刀圭能駐景，秘方鈔得自龍宫。尚書捧杯听然笑。當筵願比瓊瑶報。洞見胸中癥瘕來，盃脣湛湛蘭英照。絳雲轉瞋劫飛灰。不及玲瓏玉一盃。二百餘年明月影，曾經羽化卻歸來。盃中春色長不老。紅豆山莊滿秋草。

寅恪案，今陳瑚遺文中未見江静蘿所稱其工醫先人之傳。但確菴著述留存頗少，此傳或已散佚矣。翁邃菴詩亦殊不惡，以其與孫子瀟詩爲同詠一物之作品，故並録之。

復檢光緒修常昭合志稿叁貳醫家類江德章傳云：

江德章字湛源。其先自浙來虞，德章善醫，以術行何市。病者或不與值，雖診視數十次無吝色。市多盗，獨相戒勿入江先生宅。文虎其元孫也。

同書叁拾文學類江文虎傳略云：

江文虎字思駿，號頤堂，何市人。父朝，字儕岳，好施與負氣。子曾祁，字静蘿。副貢生，亦工文章。

然則醫治河東君病之人，其一確是江德章。湛源後裔既有「紅豆莊玉杯」爲物證，自可信也。至玉杯之器乃明代士大夫家多有。牧齋家藏玉杯，見於舊籍者亦不少，兹略録之，以供研究當日社會風俗者之參考。

虞陽説苑甲編張漢儒疏稿云：

一惡。錢謙益乘閹黨崔呈秀心愛顧大章家羊脂白玉漢杯，著名一捧雪，價值千金。謙益謀取到手，又造金壺一把一齊餽送，求免追贓提問。通邑誹笑證。

寅恪案，白玉杯自可稱「一捧雪」，如傳奇戲劇中所述者。（參黄文暘曲海總目提要壹玖李元玉撰「一捧雪」條。）漢儒蓋以世俗所豔稱之寶物，聳動權貴，藉誣牧齋，其不可信，固不待論也。

董潮東臯雜鈔叁（參牧齋遺事「順治二年乙酉豫王兵渡江南」條。）略云：

柳南隨筆載〔順治二年〕乙酉五月，豫王兵渡江，大學士王鐸禮部尚書錢謙益等以南京迎降。王引兵入城，諸臣咸致禮幣，有至萬金者，錢獨致禮甚薄，蓋表己之廉潔也。其所具柬，前細書太子太保禮部尚書兼翰林院學士臣錢謙益百叩首謹啓上貢計開，蟠龍玉杯一進。宋製玉杯一進〔等〕。右啓上貢。又署順治二年五月二十六日太子太保禮部尚書兼翰林學士臣錢謙益。郡人張滉與豫王記室諸暨曾王佐善，因得見王鐸以下送禮帖子，而紀之以歸。

寅恪案，依上所述，既有人證，自當可信。但謂牧齋借此薄禮，以表己之廉節，則殊不然。

蓋牧齋除精槧書籍外，實無其他珍品，而古籍又非多鐸所能欣賞故也。

復次，前論惠香有爲卞玉京之可能時，曾引吴梅村「過玉京道人墓」詩傳，其中有「過浙江，歸東中一諸侯。不得意。乞身下髮，依良醫保御氏於吴中。保御者，侯之宗人。築別宫，資給之良厚」等語。良醫保御氏即鄭欽諭。梅村家藏藁伍拾「保御鄭三山墓表」略云：

鄭之先，始於司空公，爲宋天聖間名臣。建炎南渡，武顯大夫有扈蹕功，賜田松陵。子孫習外家李氏帶下醫，遂以術著。君堂構於程朱之學，和緩之技，咸有師承，相傳五百餘載，爲士族，爲名家。君自少攻詩書，鏃言行。其於醫也，發揮精微，行之以誠心惻怛，名乃益起。千里之内，鉅公貴游，輜軿接跡，書幣交錯於庭，君造請問遺無虚日。中廚日具十人之饌，高人勝流，明燈接席，評騭詩文書畫爲笑樂。君諱欽諭，三山其字，晚自號初曉道人。

可知鄭三山以名醫而兼名士，河東君以名姝而兼名士，牧齋則又是當日之鉅公勝流，吴江常熟同隸蘇州府，既在「千里之内」，其間自有往來。檢錢牧齋先生尺牘貳「致瞿稼軒」第玖通云：

劇甚佳，不可不看。三山託相邀甚切，今日亦當一赴，以慰其意也。詩稿附去，即發下爲妙。

及第拾通云：

詢知貴恙已霍然。未及面晤，爲愧。犬子亦向安矣。

據「詩稿附去，即發下爲妙」之語，知爲崇禎十六年癸未冬稼軒爲牧齋刊印初學集時事。又據「詢知貴恙已霍然」及「犬子亦向安矣」等語，又足證此邀牧齋觀劇之「三山」，即當日良醫吴江鄭欽諭無疑。鄭氏何時來常熟，未能考悉。但崇禎十六年癸未冬間確在常熟。既爲稼軒及孫愛診病，而不言及河東君者，蓋此際河東君病已痊愈，無煩鄭氏診視之故。然則河東君之病，豈是此五百載家傳帶下醫之初曉道人所主治，而受玉杯報酬之江湛源不過爲會診者歟？又玉京道人詩傳謂雲裝依三山於吴中，三山築別館厚資給之。梅村詩話又言順治八年辛卯春玉京訪梅村於婁東，共載横塘。此雖俱是明南都傾覆後之事。但可推知三山家亦在蘇州。河東君於崇禎十四年冬留居蘇州療疾，至十五年春惠香伴送返常熟。此重公案，豈與五百載家傳之帶下醫有關耶？均俟詳考。

兹述河東君自崇禎十四年初冬閲時三年之病已訖，尚有入道一事，可附論於此，以求教當世讀錢詩之君子。

顧云美「河東君傳」略云：

〔康熙二年〕癸卯秋下髮入道。宗伯賦詩云，（詩見下引。）明年五月二十四日，宗伯薨。

寅恪案，云美所記河東君入道在癸卯之秋，殊與牧齋原詩辭旨不合。今迻録原詩，略加釋證，非僅正顧氏之誤，并見即與牧齋關係密切及對河東君極表同情之人，如云美者，其所紀述，尚有疏舛，何況他人耶？甚矣哉！考史讀書之難也。

有學集壹肆「病榻消寒雜詠四十六首」有三詩爲河東君而作，即第叁肆首題作「追憶庚辰冬半野堂文讌舊事」，第叁伍及叁陸兩首，題作「二首爲河東君入道而作」。其第叁肆首前已論釋，不須更贅。第叁伍及叁陸兩首，牧齋所以排列於第叁肆首之後者，非僅因此兩首俱屬追述河東君之入道，實在崇禎十三年庚辰冬後一年，即十四年初冬臥病起，至十六年癸未初冬病愈止。凡歷三年之時間故也。詩云：

一翦金刀繡佛前。裹將紅淚洒諸天。三條裁製蓮花服，數畝誅鋤穲稏田。朝日妝鉛眉正嫵，高樓點粉額猶鮮。（顧苓河東君傳引此詩「粉」作「黛」。）横陳嚼蠟君能曉，已過三冬枯木禪。

鸚鵡疎窗晝正長。又教雙燕語雕梁。雨交澧浦何曾濕，風認巫山别有香。斫却銀輪蟾寂寞，搗殘玉杵兔淒涼。（寅恪案，此二句錢遵王注本作「初着染衣身體澁，乍抛稠髮頂門涼。」顧云美河東君傳所引亦同。恐是初稿如此。今諸本互異者，豈因語太質直，河東君見之不喜，牧齋遂加以修改耶？）縈烟飛絮三眠柳，颺盡春來未斷腸。（寅恪案，遵王本

「斷」字下注「短」字，疑出牧齋之手，如上引山莊八景「酒樓花信」詩之例，非遵王後加也。）

寅恪案，第叁伍首結句「三冬枯木禪」之語，遵王已引「五燈會元」俗漢菴主「枯木倚寒巖，三冬無煖氣」之言爲釋，甚是。但僅爲古典，尚未盡牧齋詩句之今典。蓋河東君起病於崇禎十四年初冬，至十六年初冬病起，共歷三冬故也。至俗漢菴主「三冬」二字之意，乃通常世俗寒冬之謂。若以漢書列傳叁伍東方朔傳王先謙補注及楊樹達窺管等專家所言衡量之，則大可不必矣。前引河東君和牧齋「小至日京口舟中」詩「首比飛蓬鬢有霜」句，可證河東君臥病之時，牧齋既無元微之「自愛殘糚曉鏡中，環釵慢篸緑絲叢」及「閑讀道書慵未起，水晶簾下看梳頭」之樂，（見才調集伍「離思」六首之一及二。）故不如「一剪金刀繡佛前」及「乍抛稠髮頂門涼」，借口入道較爲得計。卞玉京歸東中一諸侯，不得意，進其婢柔柔奉之，乞身下髮。（見前引梅村家藏藁拾「過錦樹林玉京道人墓」詩傳及梅村詩話「女道士卞玉京」條。）與河東君此時病中之事，頗相類似。至「又教雙燕語雕梁」句及「雨交澧浦何曾濕，風認巫山別有香」一聯，則「雙燕」句用前釋「癸未元日雜題長句」八首之八「晚簾雙燕入盧家」句，所引劉方平詩「雙燕入盧家」之語。「澧浦」句遵王已引山海經中山經「洞庭之山，帝之二女居之」爲釋，俱是兩女共嫁一夫之古典。「何曾濕」乃牧齋表明心跡，自謂與惠香實無關係之意。讀之令人失笑。「別有香」句，標出惠香之名字，更與玉京進柔柔之事，尤爲相近。此等舉措，固爲當日名姝應付夫主之一公式也。

關於絳雲樓事，前於第貳章論河東君原名中必有一「雲」字。本章論牧齋賣兩漢書於謝三賓，并論女性之惠香，其名中必有一「桃」字及河東君妹楊絳子事等節，已略言之。此點可參拙著元白詩箋證稿附論乙「白樂天之思想行爲與佛道教關係」一文中謂韓退之有二妾，一曰絳桃，一曰柳枝。然則絳雲樓之命名，不僅專指河東君而言，更兼寓惠香之名。若所揣測不誤，是牧齋野心極大，自比昌黎，欲儲兩阿嬌於一金屋，亦甚可笑矣。牧齋所作絳雲樓詩八首，除自注外，更有遵王注釋。且詩中所用典故，多出陶宏景真誥，讀者苟取隱居之書參證之，自能得其出處。故此等皆不須詳引。茲僅就其特有趣之古典及當日之今典，略爲疏通證明而已，實不須亦不必多論也。

初學集貳拾下東山詩集肆「絳雲樓上梁，以詩代文八首」其一云：

> 負戴相將結隱初。高榆深柳愜吾廬。道人舊醒邯鄲夢，居士新營履道居。百尺樓中偕臥起，三重閣上理琴書。與君無復論榮觀，燕處超然意有餘。

寅恪案，此詩第壹聯上句，自是用沈既濟枕中記，（見文苑英華捌叁叁記叁柒寓言，并參太平廣記捌貳引陳翰異聞集「呂翁」條及湯顯祖「邯鄲記」。）人所習知。下句遵王引白樂天池上篇序爲釋，亦無待論。當牧齋賦此詩時，政敵之鵝籠公既死，帝城之陳子公頗多。謀求起用，不遺餘力。盧生枕中之夢方酣，言不由衷，甚爲可笑。但其「永興寺看緑萼梅」詩有「道人未醒羅浮夢，正憶新妝萼緑華」之語，鄙意儻取「道人未醒羅浮夢」，以易「道人舊醒邯鄲夢」，則更切合當日情事。如此集句，錢柳二人地下有知，應亦欣然贊許歟？

又牧齋平生以宰相自許，崇禎元年閣訟問題，人所習知，可不必論。兹略取其在崇禎以前涉及盧生之夢者數條，以資談助。

牧齋外集貳伍「南北記事題詞」云：

〔萬曆三十八年庚戌〕余初登第，謁見冢宰立山孫公，（寅恪案，「立山孫公」指孫丕揚。但尚未知其有「立山」之稱。檢趙南星味檗齋文集壹壹「明吏部尚書贈太子太保孫清簡公〔鑨〕墓誌銘」云：「公字文中，號立峯。」亦曾爲吏部尚書。豈牧齋混淆兩孫之號，而「山」字又爲「峯」字之誤寫耶？俟考。）公謬以余爲可教，執手訓迪，以古名宰相相期許。

列朝詩集丁壹壹「申少師時行」小傳略云：

余爲書生，好談國政。登朝後，以詞林後輩謁少師于里第。少師語次，從容謂曰，閣臣委任重，責望深，每事措手不易。公他日當事，應自知之，方謂老夫之言不謬也。

初學集捌肆「書鄒忠介公賀府君墓碑後」（寅恪案，光緒修丹陽縣志壹玖賀學仁傳云：「賀學仁字知忍。」）略云：

> 應山楊忠烈（漣）令常熟。官滿，不能賃車馬。公質貸爲治裝。楊公被急徵，語所親曰，江左更安得一賀知忍乎？（天啓元年）辛酉冬，余報命北上，公病亟矣，執手榻前，氣息支綴，諄諄念主幼時危，國論參錯，而以枝柱屬余。

牧齋於萬曆三十八年二十九歲，天啓元年四十歲，崇禎十六年絳雲樓建築時六十二歲。由是言之，「舊醒邯鄲夢」之「舊」字，固甚確切，但「醒」字，則全爲虛語也。

復次，有學集叁壹「何君實（珩枝）墓誌銘」略云：

> 余年二十偕兄（指君實。）讀書破山寺，山門頹敝，護世四王架壞梁木爲坐。余拉兄度磵穿嶺，一日數過其前。兄夢四王語曰，公等幸勿頻出，出則我等促數起立，殊僕僕也。傭書人郭生婦病，禱城隍神，神憑而語曰，乞錢相公一幅名刺來，我貰汝。郭生叩頭乞哀，余笑而斥之。兄曰，安知不然？代余書名刺，俾焚廟中。婦立起。余枚卜罷居，兄從容爲余道之，且相慰曰，未止此也。嗚呼！兄歿而天崩地坼，兄作夢時垂六十年，而余固已老而僊矣。如兄之所云，豈所謂癡人前說夢耶？喪亂殘生，天眼護佑，創殘痛定，追尋前夢，未嘗不身毛俱豎，申旦屏營，誠不敢忘天神之假靈於兄以牖我也。

有學集秋槐別集「丙申春就醫秦淮，寓丁家水閣浹兩月。臨行作絶句三十首，留別留題，不復論次」其第拾首云：

夢我迢迢黄閣居。真成鼠穴夢乘車。宵來我夢師中樂，細柳營繙貝葉書。（自注：「茂之書來，元旦夢余登拜。」）

寅恪案，牧齋言何君感夢時己身年二十，距銘墓時垂六十年。由是言之，則牧齋作此文時，年已七十餘矣。丁家河房絶句作於順治十三年丙申，牧齋年七十五。考順治十六年己亥牧齋年七十八，是歲鄭成功率師入長江。於此前數年間，牧齋頗爲奔走活動，故何君實墓誌所述之預兆，雖覺可笑，然亦寓將任明室中興宰輔之意。至記林茂之所夢詩，亦因牧齋屢向那子陳述己身之願望，林氏遂受其暗示，而有此夢。然則此詩此文皆緣牧齋宰輔迷之所致，未可僅以稽神説鬼談夢目之。又此文及詩均作於建築絳雲樓後數十餘年，但邯鄲之夢未醒，羅浮之夢仍酣，亦可見此老功名之念，兒女之情，至死不衰也。

關於絳雲樓建築及焚毁之時日，并其所在之處等問題，兹略考辨於後，以免讀者之誤會。

絳雲樓書目附曹溶題詞云：

虞山宗伯生神廟盛時。早歲科名，交游滿天下。盡得劉子威（鳳），錢功父（允治），楊五川（儀），趙汝師（用賢）四家書，更不惜重貲購古本，書賈奔赴捆載無虚日。用是所積充牣，幾埒内府。視葉文莊〔盛〕，吴文定〔寬〕及西亭王孫〔朱謀㙔〕，或過之。中年構拂水山房，鑿壁爲架庋其中。凡四方從游之士，不遠千里，行縢脩贄，乞其文刻繫牲之石，爲先世光榮者，絡繹門外。自王弇州〔世貞〕，李大泌〔維楨〕以還，此事殆希見也。宗伯文價既高，多與清流往來，好延引後進，大爲壬人嫉，一躓不復起。晚歲浮沈南國，操委蛇術，容其身。所薦某某，大異平居所持論，物望爲之頓減。入北未久，稱疾告歸。居紅豆山莊，出所藏書，重加繕治，區分類聚，栖絳雲樓上，大櫝七十有三。顧之自喜曰，我晚而貧，書則云富矣。甫十餘日，其幼女中夜與乳媪嬉樓上，剪燭灺落紙堆中，遂燧。宗伯樓下驚起，焰已漲天，不及救，倉皇出走。俄頃樓與書俱盡。余聞駭甚，特過唁之。謂予曰，古書不存矣。尚有割成明臣誌傳數百本，俱厚四寸餘，在樓外。我昔年志在國史，聚此。今已灰冷，子便可取去。予心豔之，長者前未敢議值，則應曰，諾諾。别宗伯，急訪葉聖野，（寅恪案，同治修蘇州府志捌捌葉襄傳云：「葉襄字聖野。」并可參有學集壹柒「宋玉叔安雅堂集序」及同書壹玖「葉聖野詩序」。）託其轉請。聖野以稍遲，越旬日，已爲松陵潘氏〔檉章〕購去。歎息而已。今年從友人得其書目，手鈔一過，見不列明人集，偏於瑣碎雜説，收録無遺。方知云厚四寸者，即割文集爲之，非虚語也。予以後進事宗伯，而宗伯絶款曲。〔順治三年〕丙戌同居長安，

〔四年〕丁亥，〔五年〕戊子同僦居吴苑。時時過余，每及一書，能言舊刻若何，新板若何，中間差别幾何。驗之，纖悉不爽。蓋於書無不讀，去他人徒好書，束高閣者，遠甚。然大偏性，未爲愛古人者，有二端。一所收必宋元板，不取近人所刻及抄本。雖蘇子美〔舜欽〕、葉石林〔夢得〕，三沈〔遘、遼、括〕集等，以非舊刻，不入目録中。一好自矜嗇，傲他氏以所不及。片紙不肯借出，儘存單行之本，燼後不復見於人間。余深以爲戒。

寅恪案，「絳雲樓上梁」詩後一題爲「癸未除夕」，前隔一題爲「燈下看内人插瓶花」。其第壹首云，「水仙秋菊並幽姿」，則絳雲樓之建造在崇禎十六年冬季，可以無疑。

有學集壹柒「賴古堂文選序」云：

〔順治六年〕己丑之春，余釋南囚歸里，盡發本朝藏書，裒輯史乘，得數百帙，選次古文得六十餘帙，州次部居，遺蒐闕補，忘食廢寢，窮歲月而告成。〔七年〕庚寅孟冬，不戒于火，爲新宫三日之哭，知天之不假我以斯文也。

鐵琴銅劍樓藏書目録捌史部壹正史類略云：

宋史四百九十六卷。（明刊本。）

是本舊爲邑中錢氏藏書，卷首記云：「歲庚寅四月朔日閲始。」其第一百七十九卷後，記云：

「十月初二夜半野堂火。時方雷電交作，大雨傾盆，後〔絳雲〕樓，前〔半野〕堂，片刻煨燼，乃異災也。」絳雲一炬，藏書無遺，此書方校閲，故幸而獲留也。

又葉昌熾藏書紀事詩肆「錢謙益受之」條云：

〔查慎行〕人海記：「錢蒙叟撰明史二百五十卷，辛卯九月晦甫畢。越後月，絳雲樓火作，見朱人無數，出入煙燄中，隻字不存。」昌熾案，絳雲樓災，在庚寅。查云辛卯，誤也。

海虞瞿氏所藏宋史，有牧齋題字云：「庚寅十月初二夜，半野堂火，片刻灰燼。」據此，則絳雲樓下，即半野堂所在矣。（寅恪案，半野堂在絳雲樓之前。葉氏之語，頗令人誤會。）

據此，絳雲樓焚毁，在順治七年庚寅十月初二夜，實無疑義。然則倦圃所謂「甫十餘日，遂燬」。乃牧齋自誇其家益貧，而書益富之言後，甫十餘日耳。若不如是解釋，絳雲樓自建成至被災，共歷七載，曹氏豈有不知之理乎？

又黄宗義思舊録「錢謙益」條云：

余數至常熟。初在拂水山莊，繼在半野堂，絳雲樓下。後公與其子孫貽同居，（寅恪案，牧齋子孫愛，字孺貽。思舊録稱「孫貽」者，共有數處。梨洲殆有所牽混歟？）余即住於其家。拂水時，公言韓歐乃文章之六經也。見其架上八家之文，以作法分類，如直序，如議論，如單序一事，如提綱，而列目亦不過十餘門。絳雲樓藏書，余所欲見者無不有。公約余爲老年讀書伴侶。任我太夫人菽水，無使分心。一夜，余將睡，公提燈至榻前，袖七金贈余曰，此内人（自注：「即柳夫人。」）意也。蓋恐余之不來耳。是年十月絳雲樓燬，是余之無讀書緣也。

可知半野堂及絳雲樓，皆在牧齋常熟城中住宅之内。詳見金鶴沖錢牧齋先生年譜所附絳雲樓圖并説明，無待贅辨。但倦圃題詞於絳雲樓所在之地，頗與拂水山房（莊）及紅豆山莊牽混不明，易致誤會，故讀秋岳之文者，不可不注意也。他如鄭方坤國朝名家詩鈔小傳中「東澗詩鈔」小傳云：

築室拂水之隈，建絳雲樓其上。

所言之誤，自不待言。又若蘼蕪紀聞引俞蛟齊東妄言及何蛟「柳如是傳」，俱混牧齋城内住宅與白泖港紅豆山莊爲一地，雖非指絳雲樓而言，但亦同此誤。其餘後人弔古懷賢之篇什，諸多疏舛，則更無論矣。至絳雲樓建築形式如何，頗不易知。金氏牧齋年譜，雖繪有兩層之絳雲樓圖，然不知何所依據。夫牧齋取真誥絳雲之典以爲樓名，其用梁書伍壹及南史柒陸陶弘景傳所云：

更築三層樓，弘景處其上，弟子居其中，賓客至其下。

以成「三重閣上理琴書」之句，自無足異。（遵王注已引南史陶傳之文爲釋。）但此乃古典，未必是今典，故亦難認爲絳雲樓實有三層也。揆以通常建築形式，此樓既兼備藏貯圖書及家庭居住，并接待賓客等用，則絶非狹小之構造，可以推知。

牧齋遺事云：

牧齋於虞山北麓，搆樓五楹，匾曰絳雲，取真誥絳雲仙姥下降，仙好樓居，以況柳，以媚柳也。牙籤萬軸，充牣其中。下置繡幃瓊榻，相與日夕晤對。錢集中所云，争先石鼎聯名句，薄暮銀燈算劫棋。（寅恪案，應作「争先石鼎搜聯句，薄怒銀燈算劫碁」。「薄怒」之誤爲「薄暮」，蓋涉「銀燈」而譌也。）蓋紀實也。牧齋披吟之好，晚而益篤。圖史校讎，惟河東君是職，臨文或有探討，柳輒上樓翻閲。雖縹緗盈棟，而某書某卷，隨手抽拈，百不失一。或用事微訛，旋爲辨正。牧翁悦其慧解，益加憐重。

觚賸叁吴觚下「河東君」條云：

柳歸虞山宗伯，自爲絳雲仙姥下降，仙好樓居，乃枕峰依堞於半野堂後，搆樓五楹，窮丹碧之麗，扁曰絳雲。大江以南，藏書之家，無富於錢。至是益購善本，加以汲古雕鎸，輿致其上，牙籤寶軸，參差充牣。其下黼幃瓊寢，與柳日夕相對。所云，争先石鼎搜聯句，薄怒銀燈算劫碁。蓋紀實也。宗伯吟披之好，晚齡益篤，圖史較讐，惟柳是問。每於畫眉餘暇，臨文有所討論，柳輒上樓翻閱，雖縹緗浮棟，而某書某卷，拈示尖纖，百不失一。或用事微有舛訛，隨亦辨正。宗伯悦其慧解，益加憐重。

寅恪案，牧齋遺事言「下置繡幃瓊榻，相與日夕晤對」。觚賸言「其下黼幃瓊寢，與柳日夕相對」。則錢柳之住室實在絳雲樓下。可與曹秋岳「宗伯樓下驚起」之語相印證。鄙意書籍之貯藏，在常熟近海潮濕地域，自以樓上爲宜。樓下縱有披閱之本，但大多數當必置於樓上無疑。牧齋「三重閣上理琴書」之句，「三重」之「三」，或不必拘泥，然「閣上」一辭，應可信也。至接待男性賓客之室，必在樓下，而不在「五楹」之内，疑是絳雲樓下之廂房也。觀絳雲樓未焚以前，牧齋作品中如牧齋外集貳伍「跋偈庵詩册」末署：「庚寅正月書于沁雪石下。」及「題爲黄子羽書詩册」末署：「庚寅二月二十五日蒙叟錢謙益書於絳雲樓左廂之沁雪石下。」並黄梨洲思舊録「錢謙益」條（參南雷文案貳「天一閣藏書記」。）所云：「余數至常熟，初在拂水山莊，繼在半野堂，絳雲樓下。後公與其子孫貽（愛）同居，余即住於其家。」則知絳雲樓下，別有廂房，供留宿賓客之用。至沁雪石者，原爲元代趙松雪孟頫舊物。上引有學集貳秋槐詩支集附河東君「洗罷新松看沁雪」句及此詩後，牧齋答陳開仲詩「沁雪摩挲新拜石」句，（可參有學集壹捌「徐存永尺木集序」：「坐絳雲樓下，摩挲沁雪石。」等語。）即與此有關。此石本末見錢曾注牧齋「沁雪」句云：

沈石田圖琴川錢氏沁雪石詩序：「吴興趙文敏鷗波亭前有二石。一曰沁雪。一曰垂雲。垂雲流落雲間，已不可考。沁雪在海虞縣治中。錢允言氏購得之。白石翁爲作圖，系之以詩。石上勒沁雪二字，是松雪翁八分書。」

徐復祚花當閣叢談（一作石郈老委談。）肆「沁雪石」條（可參虞陽説苑乙編虞山雜記「垂雲沁雪二石」條。）云：

沁雪石原趙松雪家故物也。松雪寶二石，一名垂雲，今在松江某大家。沁雪質純黑，遇雨潤，則白色隱起如雪，故名。不知何時乃入吾常熟縣治後堂。（虞山雜記作「沁雪者，石質黑，而額上一方，雪着即消。今在環秀。」）會縣尹某愛女病，命女巫治之。錢昌時掌邑賦，默囑巫，令稱石爲祟。尹命牽出之，於是爲錢氏物。

又談遷棗林雜俎義集名勝「沁雪石」條云：

趙子昂鷗波亭前有石二，曰沁雪，曰垂雲。垂雲流落雲間，已不可考。沁雪石在常熟縣署中，有鐫字。或云，沁雪子昂妾也。（寅恪案，若果如或説，則牧齋之求得此石，疑與河東君有關也。）錢侍御岱乘邑侯女疾，嗾巫言石爲祟，出之，得歸錢氏，在徐上舍處。

柳南隨筆肆「沁雪石」條云：

沁雪石趙松雪鷗波亭前物也。後入吾邑縣治中，邑人錢昌以計出之。既而歸於錢，置之絳雲樓前。不久樓火，石亦燼。

前引湯漱玉玉臺畫史叁所載黄媛介畫扇署欵云：「甲申夏日書于東山閣。」此「東山閣」之名，是否皆令借以指絳雲樓總體而言，藉免「齊牢攜絳雲」之「齊牢」嫌疑。若作如是解釋，則皆令住室，即是樓下之廂房。抑或「閣」字乃指樓上，蓋皆令實住於樓上，與樓下錢柳之寢室間隔稍遠也。

靳榮藩吴詩集覽壹貳上「題鴛湖閨詠」四首。其二云：

休言金屋貯神仙。獨掩羅裙淚泫然。粟里縱無歸隱計，鹿門猶有賣文錢。女兒浦口堪同住，新婦磯頭擬種田。夫婿長楊須執戟，不知世有杜樊川。

其三云：

絳雲樓閣敞空虚。女伴相依共索居。學士每傳青鳥使，蕭娘同步紫鸞車。新詞折柳還應就，舊事焚魚總不如。記向馬融譚漢史，江南淪落老尚書。

第叁首末附評語云：

離隱之目，本自新樣。「粟里縱無歸隱計」，若砭其「隱」字，正是剔清「離」字也。故此首云，「女伴相依共索居」。「索居」上有「相依」字，「共」字，亦奇。（寅恪於前第貳章已引此題第貳首兩句，并靳氏評語。兹爲解釋便利，故重録之。）

寅恪案，前於第貳章論梅村此題第貳首末句「不知世有杜樊川」乃謂錢牧齋，非指張天如。今更合此題第貳第叁兩首並讀之，駿公詩意尤爲明顯。第叁首「女伴相依共索居」句，亦是皆令暫居絳雲樓時之實況，蓋雖與女伴相依，而皆「索居」也。

又有學集貳秋槐詩支集河東君依韻奉和牧齋「人日示内」二首之二，中有「洗罷新松看沁雪」之句，此題之後爲「贈黄若芷大家四絶句」云：

節比青陵孝白華。齋心况復事毘耶。丹鉛點染從遊戲，只似諸天偶雨花。

旃檀雲氣湧香臺。蓮漏初殘貝葉開。丈室掃除容寶座，散花天女故應來。

暈碧圖黄謝物華。香燈禪板道人家。中庭只有寒梅樹，邀得仙人萼緑華。

鷗波亭向絳雲開。沁雪虚庭絶點埃。墨竹數枝香一縷，小窗留待仲姬來。（寅恪案，河東君此首之意，自是以管仲姬比媛介。但揆之牧齋所以求得沁雪石置於絳雲樓前者，蓋以己身比松雪，而以河東君比仲姬也。牧齋前此爲築絳雲樓之故，不得已而賣趙松雪舊藏之兩漢書於謝象三，致使其不能享有對美人讀寶書之天福，遂無可奈何對美人玩奇石，聊用彌補舊日之遺憾歟？由是言之，此沁雪石者，在牧齋意中，本與河東君有關。在河東君詩中，則又借之以指媛介。然則此石亦是與惠香之名相同，可以概括合此條件之女性，不必限於某一人也。）

據錢遵王注本，此題下有一「附」字，與上一題「依韻奉和二首」下有一「附」字者，體例正同，可證此四絶句，亦是河東君作品，非牧齋所賦也。黄若芷者，未審爲何人，但既稱之爲「大家」，則必是女教師，而非尋常婦人可知。第肆首全部皆以趙孟頫夫人管道昇爲比，然則合此等條件之河東君女友，恐舍黄媛介外，別無他人。又「若芷」兩字，皆與「香」字有關。前論牧齋於崇禎九年丙子，已有惠香閣之名，惟此金屋，蓋所以留待將來之阿嬌，而此阿嬌不必爲一確定之人，任何女性，苟有當牧齋之意者，即目之爲惠香，亦無不可。若依此解釋，論惠香之名時，曾引庾子山詩「流水桃花色，春洲杜若香」等句，今觀「若芷」之稱，更與杜牧之「春日言懷，寄虢州李常侍十韻」詩，「風畦芷若香」句（見全唐詩第捌函杜牧貳。）字字切合。是若芷固一惠香也。或謂贈若芷詩第壹首第壹句「節比青陵」之語，似與媛介身世未合，殊有可疑。但皆令於亂離之中，不被污染，縱遭嫌忌，亦能始終與其夫楊世功相守，當可借青陵臺相比擬，不必過於拘泥。惟「天女散花」及「蕚緑華」之典，稍有語病，與王漁洋以秋娘比黄皆令，正復相似。此皆令之兄所以不喜其妹與河東君往來之故歟？復次，李漁笠翁十種曲中有「憐香伴」一種。曲海總目提要貳壹謂此曲「憑空結撰，無所本」。鄙意十種曲中如「意中緣」之類，即指當時之事。「憐香伴」恐非全無所本。或者「憐」乃楊影憐之「憐」，「香」乃惠香或黄若芷之「香」。「伴」乃「女伴相依共索居」之「伴」。「憐香伴」曲中，崔雲箋之「雲」，與「阿雲」之「雲」有關。崔曹二女立誓並嫁范生，及雲箋托病願退居，讓曹語花爲正室，與惠香在牧齋家中護視河東君之病事及牧齋贈惠香詩「並蒂雙棲宿有期」句，亦頗相類。至雲箋語花賦詩定交，其題爲「美人香」則「美人」本河東君別號，而「香」則是「惠香」之「香」也。由此言之，「憐香伴」與「意中緣」，俱有所本，不過「憐香伴」隱諱特甚，撰曲海提要者，遂不能知其所指之實在人物耳。寅恪讀梅村「題鴛湖閨詠」戲用彩筆體爲賦一律，附録於此，以博通人之一粲。斯固心中尚存黑白之盲瞽應有事也。詩云：

載筆風塵未飽温。何妨招隱入朱門。紅巾翠袖誰揩淚，碧海青天共斷魂。炊劍乾坤珍白璧，擔簦身世怕黄昏。憐香伴侶非耶是，留付他時細討論。

抑更有可論者，有學集貳拾「贈黄皆令序」（此文前已引其一部分，茲爲便利起見，故全録之。）云：

絳雲樓新成，吾家河東邀皆令至止。硯匣筆牀，清琴柔翰。挹西山之翠微，坐東山之畫障。丹鉛粉繪，篇什流傳。中吴閨闥，侈爲盛事。南宗伯署中，閑園數畝，老梅盤拏，柰子花如雪屋。烽烟旁午，訣别倉皇。皆令擬河梁之作，河東抒雲雨之章。（寅恪案，梅村家藏蕘伍捌梅村詩話「黄媛介」條略云：「媛介後客於牧齋柳夫人絳雲樓中。樓燬於火，牧齋亦牢落，嘗爲媛介詩序，有今昔之感。媛介和余詩〔四首之四，末兩句〕曰，憶昔金閨曾比調，莫愁城外小江干。」可與牧齋此文參閲也。又「雲雨之章」之「雲」當作「零」。檢文選貳拾孫子荆「征西官屬送於陟陽候作詩一首」云：「晨風飄歧路，零雨被秋草。」及宋書陸柒謝靈運傳略云：「史臣曰，子荆零雨之章，正長朔風之句。」牧齋之語，蓋出於此。淺人不曉，習聞高唐賦「雲雨」之辭，因而抄寫譌誤，遂致比儗不倫，殊可笑也。）分手前期，蹔游小别，迄今數年矣。今年冬，余遊湖上，皆令僑寓秦樓，見其新詩，骨格老蒼，音節頓挫。雲山一角，落筆清遠，皆視昔有加，而其窮亦日甚。湖上之人，有目無覩，蠅鳴之詩，鴉塗之字，互相題拂，於皆令莫或過而問焉。衣帔綻裂，兒女啼號，積雪拒門，炊烟冷突。古人賦士不遇，女亦有焉。吁！其悲矣！滄海横流，劫灰蕩埽，留署古梅老柰，亦猶夫上林之盧橘，寢園之櫻桃，斬刈爲樵薪矣。絳雲圖書萬軸，一夕煨燼，與西清東觀，琅函玉軸俱往矣！紅袖告行，紫臺一去，過清風而留題，望江南而祖别。少陵墮曲江之淚，遺山續小孃之歌，世非無才女子，珠沉玉碎，踐戎馬而换牛羊，視皆令何如？皆令雖窮，清詞麗句，點染殘山剩水間，固未爲不幸也。河東湖上詩：「最是西泠寒食路，桃花得氣美人中。」皆令苦相吟賞。今日西湖，追憶此語，豈非窮塵往劫？河東患難洗心，懺除月露，香燈禪版，净侶蕭然。皆令盍歸隱乎？當屬賦詩招之。

吴應箕留都見聞録上園亭門云：

> 六部各有園，皆爲之不及百年。禮户二部俱在洪武門之左。禮部有敞亭可憇，户部有高樓可眺。亦引水爲池，恨疏鑿不得法耳。余親見園中竹樹時爲堂官斫取。又衆以傳舍視之，不久廢圮矣。

寅恪案，牧齋此序未能考定何時所作。但河東君贈黄若芷詩，附於「庚寅人日」詩後，庚寅十月二日絳雲樓焚燬，牧齋此文中已言及之。又序中有「香燈禪版」之語，與河東君贈黄若芷詩「香燈禪版道人家」之句，可相印證。然則序中之「今年冬，余遊湖上」乃指順治七年庚寅之冬季歟？若果所揣測者不誤，河東君贈黄若芷詩，亦即序中「當屬〔河東〕賦詩以招之」之詩耶？至牧齋序文之佳妙，讀者自能知之，不待多論也。吴次尾所記南京禮部園一條，與牧齋任職弘光朝之時間相距極近，故附録之，以資參證。兹尚有關涉絳雲樓者數事，附論述之於下。

牧齋尺牘中「致瞿稼軒」十四首。其二云：

> 癸未詩一卷，乞付文華刻入。文部缺者，即日補上也。墨似未必真，如真則不如新墨多

矣。賤内辱太親母寵招，理應趨赴，何敢自外。第恐太費華筵耳。容伸謝不一。

其六云：

小樓卜築，重荷玉趾，但以輶褻爲愧耳。看菊自當如約。

其十一云：

内人性頗沾灒，再三商榷，以爲必待小樓成後，奉屈太母，然後可以赴召。其意確不可回，似亦一念恪慎，非有他意，只得聽之也。更俟面謝，不盡。

其十二云：

和韻四首，風致婉麗。以巴人之唱，而辱陽春之和，吾滋愧矣。拙集已料理三卷，乞付文華，即當續補，以湊十卷之數，舊作似難再投也。

其十三略云：

華堂曲宴，大費郇廚，附謝不盡。泉酒領到，謝謝。

寅恪案，上所擇録牧齋尺牘五通，皆爲崇禎十六年癸未冬間建築絳雲樓及刊刻初學集時之作品。「太親母」者，稼軒之夫人，孫愛妻之祖母也。前論顧云美本末時，引牧齋「先太淑人述」，已言及之矣。牧齋書中所言之墨及酒，疑俱稼軒贈與河東君者。蓋牧齋不善書（見牧齋有學集補「題丁菡生藏余尺牘小册」。）而河東君善書。牧齋不善飲，而河東君善飲。（見前論

「採花釀酒歌」節。）稼軒之於牧齋，以老門生而兼太親翁之資格，又爲深能欣賞河東君之人，豈有不知「寶劍遺壯士，紅粉贈佳人」之諺語，轉以寶劍贈非壯士之牧齋耶？據此等瑣事，更可證知稼軒在牧齋家庭中，乃河東君之黨，而非陳夫人之黨矣。至稼軒和韻四首，今檢瞿忠宣公集，未見有適合此時間和牧齋四首之詩者，甚難確指其爲何題。或者即和絳雲樓上梁詩八首中之四首，與毛子晉所和詩，俱是同時之作品也。毛子晉野外詩載「登錢夫子絳雲樓和韻八首」。前第壹題爲「題垂虹橋亭」中有「秋風垂釣圖」。前第貳首爲「仲木來居池上寄之」。中有句云：「記取湖濱乙酉年」。其後第貳題爲「丙戌春分病起」。初據此推計，似子晉和絳雲樓詩作於順治二年乙酉秋季以後，三年丙戌春分以前。此時明南都已傾覆，牧齋隨例北遷，尚未還家。然子晉和絳雲樓詩，不見有國亡家散，人去樓空之感，則此和詩疑是絳雲樓初成時所作，後來因有忌諱，遂加修改，故排列次序亦不依初稿作成之先後耶？俟考。子晉詩不甚佳妙，故不録於此，讀者取毛集參之可也。

又有學集肆肆有「愚樓對」一篇，牧齋借施氏之愚樓，以誇其絳雲樓，文字詼奇，可稱佳作。兹節録於後，聊備絳雲樓全部公案中之一事云爾。

其文略云：

愚山子治臨江之公廨，撤故亭爲愚樓。山陰徐伯調記其事於石。（寅恪案，「愚山子」即施閏章。事蹟見清史稿肆捌玖文苑壹本傳等。徐伯調即徐緘。事蹟見浙江通志壹捌拾文苑叁本傳等。）余讀而美其文，傳示坐客。客有啐於旁者曰，子之謍絳雲也，可謂夸矣。烏目再成，雀離交加。真檐翠微，鬬宲丹霞。叢屋架棟，四部五車。如鳸竊脂，如雀啄花。剖葦負版，殫瘁厥家。祝融作難，焚如突如。緑字焦爛，丹書掀飛。珠塵玉膏，狼籍路衢。主人耄矣，誅茅燼餘。踕鼻枳足，驕虿之廬。過者竊笑，咸欲削絳雲之扁，而謚之以愚。言已假寐囈語，有夫絳衣大冠，執而數之曰，余絳雲之守神也。用誓告汝，昔者金鏡委光，珠囊不收。經典漫漶，俗學嘲啁。主人奮肰，鈎河雒，披墳丘，穿地藏，羅天球。整齊經史，津涉姒周。寶書玉牒，旁摭曲蒐。神工百王，聖德千秋。浴堂沈沈，宣室悠悠。插牙籤其如織，執丹書以告修。枝柱乎星紀之虚，巋然此樓也。雲漢黯霮，墨穴晦冥。有光激射，上直帝廷。上帝曰，咨宿戒六丁，霞車日轂，載而上征。東澗老人與客同夢，蹶然而起。燈明風肅，神告在耳。幸斯文之未喪，知皇覽之不可以忽遺也。命筆書愚樓對，以復于愚山子。

「絳雲樓上梁」詩第貳首云：

麗譙如帶抱簷楹。置嶺標峯畫不成。窣堵波呈雙馬角，招真治近一牛鳴。琴繁山應春絃響，月白香飄夜誦聲。還似玉真清切地，雲窻風户伴君行。

寅恪案，此首寫絳雲樓上所能望見之景物及樓中絃誦之聲也。其他如「招真治」等，已詳遵王注，無取多論。

第叁首云：

曾樓新樹絳雲題。（自注：「紫微夫人詩云，乘飈儔衾寢，齊牢攜絳雲。故以絳雲名樓。」）禁扁何殊降紫泥。初日東南長自炤，浮雲西北任相齊。花深網户流鶯睡，風穩雕梁乳燕棲。一曲洞簫吹引鳳，人間唱斷午時鷄。

第肆首云：

三年一笑有前期。病起渾如乍嫁時。（自注：「泛舟詩云，安得三年成一笑。君病起，恰三年矣。」）風月重窺新柳眼，海山未老舊花枝。争先石鼎搜聯句，薄怒銀燈算劫碁。見説秦樓夫婦好，乘龍騎鳳也參差。

寅恪案，此兩首最佳，而遵王無所解釋，蓋皆是河東君本事，特有意不作一字，殊可恨可笑也。第叁首第壹句標出命名之由，據第貳句之意，書絳雲樓扁之人，疑即是河東君。否則牧齋不致作此諛辭。前引翁瓶廬之言，謂河東君之書奇氣滿紙，想此樓扁亦復如是也。第叁句用陌上桑之典，以河東君比羅敷，亦暗寓「美人」之號。第肆句不僅自發牢騷，且用河東君「望斷浮雲西北樓」句之今典。第柒句不僅用蕭史之古典，亦兼用牧齋「鶴引遥空鳳下樓」句之今典。第肆首第叁句用河東君「春前柳欲窺青眼」句及牧齋「曲中楊柳齊舒眼」句之今典。皆見前論東山詶和集有關諸詩，兹不復贅。

第伍首云：

絳雲樓閣牓齊牢。知有真妃降玉霄。匏爵因緣看墨會，（自注：「紫清真妃示楊君，有匏爵分味，墨會定名之語。」）苕華名字記靈簫。（自注：「真妃名鬱嬪，字靈簫。並見真誥。」）珠林有鳥皆同命，碧樹無花不後凋。攜手雙臺攬人世，（自注：「攜手雙臺，亦真誥語。」）巫陽雲氣自昏朝。

第陸首云：

燕寢凝香坐翠微。辰樓修曲啓神扉。逍遥我欲爲天老，恬淡君應似月妃。霞熠牙箱雙玉檢，風吹綸絮五銖衣。夕陽樓外歸心處，縣鼓西山觀落暉。（寅恪案，「觀」下牧齋自注一「去」字。蓋内典止觀之義。遵王注引觀經，甚是。」）

寅恪案，此兩首多用真誥典故，牧齋自注及遵王注，皆已詳述。惟第伍首第伍句「同命」之語，竟成詩讖，可哀也已。

第柒首云：

寶架牙籤傍綺疏。仙人信是好樓居。風飄花露頻開卷，月熠香嬰對較書。拂紙丹鉛雲母細，篝燈簾幙水精虛。昭容千載書樓在，結綺齊雲總不如。

寅恪案，第肆句乃是寫實，而非泛語也。詳見第伍章論列朝詩集節所引牧齋遺事「柳夫人生一女」條。茲暫不涉及。但今天壤間不知是否實有河東君所校之書籍，尚待訪問。據神州國光社影印東澗寫校李商隱詩集三卷。其中除牧齋外，別有一人校寫之手跡。取國光社影印柳如是山水畫册河東君題字相比較，頗有類似之處。但以無確切不疑之河東君手跡可爲標準，故未敢斷定東澗寫校李集中，別一人之手筆，出於河東君也。第柒句之典見計有功唐詩紀事叁「上官昭容」條（參全唐詩第陸函呂温貳。）其文云：

正（貞）元十四年崔仁亮於東都買得研神記一卷，有昭容列名書縫處。呂温感歎，因賦上官昭容書樓歌云，漢家婕好唐昭容。工詩能賦千載同。自言才藝是天真。不服丈夫勝婦人。歌闌舞罷閑無事。縱恣優游弄文字。玉樓寶架中天居。緘奇秘異萬卷餘。水精編帙緑鈿軸，雲母擣紙黃金書。風飄花露清旭時。綺窻高掛紅綃帷。香囊盛煙繡結絡，翠羽拂案青琉璃。吟披嘯卷紛無已，皎皎淵機破研理。詞縈綵翰紫鸞迴，思耿寥天碧雲起。碧雲起，心悠哉。境深轉苦坐自催。金梯珠履聲一斷，瑶堦日夜生青苔。青苔秘仙關。曾比羣玉山。神仙杳何許，遺逸滿人間。君不見洛陽南市賣書肆。有人買得研神記。紙上香多蠹不成。昭容題處猶分明。令人惆悵難爲情。

牧齋之用此典，蓋有取於和叔「自言才藝是天真。不服丈夫勝婦人」之語，以其與河東君性格甚爲切合故也。又河東君於崇禎十二三年遊杭州時，曾寄寓汪然明横山别墅，（見河東君致汪然明尺牘第壹，第壹捌及第壹玖等通。）後來牧齋於崇禎十四年春遊黄山過杭州時，亦寓汪氏横山别墅。今東山訓和集及初學集載有「横山汪氏書樓」七律一首，前已論釋，不須更贅。惟可注意者，即「書樓」二字，恐是牧齋因河東君曾寄寓其處，遂特加此二字，以媲美於上官婉兒，非然明别墅原有書樓之目也。俟考。餘可參第貳章所引牧齋「觀美人手跡，戲題絶句七首」第陸首自注及有學集肆柒「明媛詩緯題詞」等。

第捌首云：

駕月標霞面面新。玉簫吹徹鳳樓春。緑窻雲重浮香母，翠钀風微守谷神。西第總成過眼夢，東山猶少畫眉人。憑闌共指塵中笑，差跌何當更一塵。

寅恪案，第叁聯上句之「西第」，以梁冀比周延儒。（見後漢書列傳伍拾上馬融傳及同書列傳貳肆梁統傳附梁冀傳。）蓋此時玉繩已死矣。下句之「畫眉人」，乃謂被畫眉之人，以張敞夫人比河東君。牧齋心目中固無陳夫人，豈不知此語未免唐突謝安石之劉夫人耶？

陳寅恪

文集之七

柳如是別傳

下

第五章　復明運動　附錢氏家難

此章所欲論證者，較前諸章尤爲困難。蓋關於河東君之行事，自以牧齋之著作爲主要資料，但牧齋詩文於此期内，多所避忌，故往往缺略，不易稽考。牧齋外集貳伍「題爲黄子羽書詩册」（寅恪案，黄子羽名翼聖，太倉人。事蹟見有學集叁柒蓮蕊居士傳。）云：

余自甲申後，發誓不作詩文。間有應酧，都不削藁。戊子之秋，囚繫白門，身爲俘虜。閩人林叟茂之僂行相勞苦，執手慰存，繼以涕泣。感嘆之餘，互有贈答。林叟爲收拾殘棄，楷書成册，題之曰秋槐小稿。蓋取王右丞落葉空宫之句也。

斯則牧齋詭託之辭，非其實情也。至若同時諸人之記載，以門户恩怨之故，所言亦未可盡據以定是非。今就能見及之資料，互相參校，求一最可能之真實，然殊不敢自信也。兹先迻録顧云美河東君傳關於此期者於下：

乙酉五月之變，君勸宗伯死，宗伯謝不能。君奮身欲沈池水中，持之不得入。（寅恪案，塔影園集壹河東君傳「沈」作「投」。）其奮身池上也，長洲明經沈明掄館宗伯寓中見之，而勸宗伯死，則宗伯以語兵科都給事中寶豐王之晉，之晉語余者也。（寅恪案，塔影園集「之晉」上有「給事」二字，似無此二字更佳。）是秋宗伯北行，君留白下，宗伯尋謝病歸。丁亥三月捕宗伯亟，君絜一囊，從刀頭劍鋩中，牧圉饘橐惟謹。事解，宗伯和蘇子瞻御史臺寄妻韻，賦詩以美之。（寅恪案，塔影園集「捕宗伯亟」作「宗伯有急徵」，「和」作「次」，「妻」作「子由」。）至云「從行赴難有賢妻」。時封夫人陳氏尚無恙也。（寅恪案，錢曾注本有學集壹秋槐詩集「和東坡西臺詩韻」六首之一及牧齋遺事本「從行」皆作「從行」。但涵芬樓本作「徒行」，塔影園集本作「徒步」。俱非。）宗伯選列朝詩，君爲勘定閨秀一集。庚寅冬絳雲樓不戒於火，延及半野堂，向之圖書玩好略盡矣。宗伯失職，眷懷故舊，山川間阻，君則知子之來之，雜佩以贈之，知子之順之，雜佩以問之。有雞鳴之風焉。（寅恪案，「閨秀」應作「香奩」。塔影園集「問之」作「報之」。誤。）久之，不自得。生一女，既昏。癸卯秋下髮入道。（寅恪案，塔影園集無「生一女，既昏。癸卯秋」等八字。）宗伯賦詩云：「一剪金刀繡佛前。裹將紅淚灑諸天。三條裁製蓮花服，數畝誅鋤穲稏田。朝日裝鉛眉正嫵，高樓點黛額猶鮮。（寅恪案，錢曾注有學集壹肆及涵芬樓本有學集壹叁東澗詩集下「病榻消寒雜詠詩」「黛」作「粉」。是。）橫陳嚼蠟君能曉，已過三冬枯木禪。鸚鵡紗窗晝語長。（寅恪案，錢曾注本及涵芬樓本有學集并塔影園集及牧齋遺事本，「紗」均作「疏」。較佳。）又教雙燕話雕粱。（寅恪案，錢曾注本有學集「話」亦作「話」，涵芬樓本及牧齋遺事本作「語」。恐非。）雨交澧浦何曾溼，風認巫山別有香。初著染衣身體澀，乍拋稠髮頂門涼。（寅恪案，此二句各本均同，惟涵芬樓本異。餘詳前論。）縈煙飛絮三眠柳，颺盡春來未斷腸。」（寅恪案，塔影園集此句下有「時癸卯秋也」五字。）明年五月二十四日（寅恪案，塔影園集無「二十四日」等字。）宗伯薨，族子錢曾等爲君求金，（寅恪案，塔影園集「子」作「孫」。其實遵王乃牧齋之族曾孫也。牧齋遺事作「族人」亦通。「爲君求金」牧齋遺事同。塔影園集作「求金于君」。是。）于六月二十八日自經死。（寅恪案，塔影園集無「于」字。牧齋遺事「于」作「以」，可通。「八」作「七」誤。）宗伯子曰孫愛及壻趙管爲君訟寃，邑中士大夫謀爲君治喪葬。（寅恪案，近影得瀋陽市博物館所收羅振玉舊藏河東君過訪半野堂小影並云美河東君傳此句「謀」作「課」，蓋誤。）宗伯門人顧苓曰，嗚呼！今而後宗伯語王黃門之言，爲信而有徵也。宗伯諱謙益，字受之。學者偁牧齋先生。晚年自號東澗遺老。甲辰七月七日書於真孃墓下。（寅恪案，塔影園集「趙管」作「趙某」，「黃門」作「給事」，「甲辰七月七日」作「甲申閏六月七日」。「申」自是「辰」字之誤。「七月七日」或取陳鴻長恨歌傳意，「閏六月七日」則取牧齋前七夕合歡詩意，皆可通也。「真孃」塔影園集作「貞娘」。至顧公燮消夏閑記摘抄下「柳如是」條，有「甲辰七月七日東海徐賓爲葬於貞娘墓下」等語，見前論河東君崇禎十四年冬留蘇州養疴條，茲不贅。）

又虞陽説苑甲編牧齋遺事附載顧云美河東君傳。其文與華笑廎本及塔影園本頗有異同，且傳後附注云「顧云美河東君傳墨跡，文字與此略異」，前已述及，差異之處或是云美原稿，蓋此傳乃顧氏極意經營之作，必累加修改。故今日流傳之本未能一致，亦事理所當然。茲因參考便利，並節録此段文字特異者於後，讀者可取相參校也。其文云：

乙酉五月之變，君勸宗伯死，奮身自沈水中，侍兒持之不得入。（中略。）是秋宗伯北行，尋謝病歸。丁亥三月捕宗伯甚急，時君病，力疾挈一囊，從刀鋌箭簇中，饘橐牧圉，晝夜不舍。事解歸，三十設帨，宗伯和坡公御史臺寄妻韻以美之，至云：「從行赴難有賢妻。」時封夫人陳氏尚無恙也。宗伯撰集列朝詩，君爲勘定閨秀一册。戊子夏宗伯復繫白門，判年始歸。庚寅冬絳雲不戒於火，延及半野堂，圖書玩好，盡爲煨燼。宗伯隱居芙蓉莊，抑鬱無聊，日懷故舊，山川間阻。君則知子之來之，雜佩以贈之。知子之順之，雜佩以問之。久之，不自得，生一女，既婚。癸卯秋下髮入道。（中略。）明年五月廿四日宗伯薨，族人錢曾等爲君求金，要挾蜂湧，以六月廿七日自經死。長子孫愛與所生女暨宗伯門下嚴熊爲君訟冤，邑之士大夫王夢鼎陳式等爲君治喪葬。靈巖儲和尚聞之曰，善哉！愧宗伯矣。（寅恪案，嚴熊事蹟見光緒修常昭合志稿貳陸嚴惇傳附父熊傳。王夢鼎事蹟見同書貳伍王夢鼒傳附兄夢鼎傳。陳式事蹟見程嗣立水南先生遺集伍陳式傳。靈巖儲和尚即理洪儲。事蹟見小腆紀傳伍玖方外門南嶽和尚退翁傳。）嗚呼！宗伯諱謙益，字受之，學者稱牧齋先生，亦稱虞山先生云。吴郡顧苓撰。

云美此傳於弘光元年乙酉之前，即崇禎十七年甲申一歲間有關牧齋事，皆從闕如，固文章體例使然。但今日考河東君本末者，其主要事蹟則不應概從删削也。兹約略論述之於下。

初學集貳拾東山詩集末附「甲申元日」七律云：

又記崇禎十七年。千官萬國共朝天。偷兒假息潢池裏，倖子魂銷槃水前。天策紛紛憂帝醉（自注云：「賊入長安。」）台堦兩兩見星聯。衰殘敢負蒼生望，自理東山舊管絃。

寅恪案，初學集本迄於崇禎十六年癸未。既刻成之後，附補此詩於後者，其理由殆有三端。一因此集最後之壹捌，壹玖，及貳拾上下共四卷，爲東山詩集，遂以七八兩句結束之。前已論及。二因第肆句第陸句謂政敵周玉繩已死，代其位者，舍我其誰？謝安石東山再起，正是此時。特賦此詩，所以表見意旨所在也。三因集名東山，實取義於河東君半野堂初贈詩「東山葱嶺莫辭從」之句。顧云美塔影園集壹東澗遺老錢公别傳云：

崇禎庚辰辛巳間，延儒再召，疑忌未消，公乃寄情聲伎，稍以自汙。近陳平之婦人，開馬融之絳帳。趙德甫校讎金石，不離易安之堂，蘇子瞻不合時宜，獨出朝雲之口。夫河東君嘗爲崇禎初年宰相周道登之妾，以讒譖被逐，幾至殺身，乃其一生憾事。牧齋爲當時之蘇子瞻，不合時宜，未躋相位。雖世人習知，然河東君知之獨稔。況又曾自稱楊朝，字朝雲，尤與東坡妾錢塘王朝雲之故事相符合。由是言之，牧齋賦此一詩於初學集東山詩集之末，蓋所以慰塞河東君平生欲作裴柔之「興慶首行千命婦」之願望，（見才調集伍及元氏長慶集貳貳「初除浙東，妻有沮色，因以四韻曉之」七律。）且藉以一快細君胸中恩讐之微意也。

又檢顧公燮消夏閑記選存「錢牧齋」條略云：

乙酉王師南下，錢率先投降。滿擬入掌綸扉，不意授爲禮侍。尋謝病歸，諸生郊迎，譏之曰，老大人許久未晤，到底不覺老。（原注：「覺」與「閣」同音。）錢默然。一日謂諸生曰，老夫之領，學前朝，取其寬。袖依時樣，取其便。或笑曰，可謂兩朝領袖矣。

寅恪案，牧齋在明朝不得躋相位，降清復不得爲「閣老」，雖稱「兩朝領袖」，終取笑於人，可哀也已。寬領狹袖之語，甚得其實。他記載或有誤倒領袖之寬狹者，如牧齋遺事「牧齋遊虎丘，衣一小領大袖之服」條之類。蓋由記者距離明末清初已遠，懵於兩朝衣服形式所致耳。顧公燮所記吴音「覺」與「閣」同讀，殊有風趣。可參第肆章論「烏個頭髮，白個肉」節。顧書所記錢柳兩事，俱保存原語，誠是有價值之史料也。

牧齋於崇禎十七年甲申元日，雖附補一詩於初學集之末，以微見其東山再起之可能性。但此後諸詩概從删削，故幾無痕迹可尋。檢有學集柒高會堂詩集「贈雲間顧觀生秀才」（寅恪案，錢曾注本此題「間」誤作「開」，「秀」字下脱「才」字。）詩并序云：

崇禎甲申皖督貴陽公（寅恪案，錢注本此序「貴陽」均作「桂陽」。）抗疏經畫東南，請身任大江已北援剿軍務，南參贊史公專理陪京兼制上游。特命余開府江浙，控扼海道。三方鼎立，連結策應，畫疆分界，（寅恪案，錢注本「界」作「間」。）綽有成算。拜疏及國門，而三月十九之難作矣。（寅恪案，錢注本「十九」下有「日」字。）顧秀才觀生實在貴陽幕下，與謀削藁。余游雲間，許玠孚爲余言，始知之。請與相見。扁舟將發，明燈相對，撫今追昔，慨然有作。讀予詩者，當憫予孤生皓首，亦曾闌入局中，備殘棋之一着，而貴陽賓主苦心籌國，楸枰已往。局勢宛然，亦將爲之俯仰太息，無令泯没于斯世也。丙申陽月八日漏下三鼓，書于白龍潭之舟中。

東南建置畫封疆。幕府推君借箸長。鈴索空教傳鐵鎖，泥丸誰與奠金湯。旌麾寂寞盈頭雪，書記蕭閒寸管霜。此夕明燈撫空局，朔風殘漏兩茫茫。

朱緒曾編金陵詩徵肆壹「顧在觀」條云：

在觀字觀生，華亭人。居金陵。晚號東籬子。

此條下注云：

觀生爲楊文驄所引，入馬士英幕。嘗言阮大鋮不可用。士英不從。大鋮欲起鉤黨之獄，觀生復使士英子鑾泣諫，賴以稍止。南都亡，歸守二頃，復以逋賦，遂棄産遁。居金陵衡陽寺以終。

寅恪案，今取牧齋此詩并序就涵芬樓有學集本與錢遵王注本相校，注本雖有譌脱，然「貴陽」二字，三處皆作「桂陽」，必非傳寫偶誤所致。蓋「桂陽」實指馬士英。牧齋殆因「桂」「貴」古通，遂改「貴陽」作「桂陽」，以諱飾其與瑶草之關係耶？觀有學集叁柒「蓮蕊居士傳」中「乙酉之亂，桂陽相挾掖廷南奔」及「桂陽亦嘆賞」等語，可爲旁證。遵王在當日，自知其師之微意，故仍用「桂陽」，而不改作「貴陽」。金鶴沖撰錢牧齋先生年譜，於崇禎十七年甲申條，亦作「桂陽」，固沿用遵王注本原文，但未加説明，恐尚不了解牧齋當日之苦心也。又顧云美東澗遺老錢公别傳云：

嗚鏑銅馬，騷動中外，江南士民爲桑土計者，欲叩閽援豫楚例，請以公備禦東南。上亦於甲申三月十一日賜環召公，而遇十九日之變。

寅恪案，錢曾有學集詩注肆絳雲餘燼集「哭稼軒留守相公詩一百十韻，用一千一百字」五言排律「甘陵録牒寢，元祐黨碑鐫」一聯，牧齋自注云：

余與君以甲申三月初十日同日賜環，邸報遂失傳。

即云美傳語之所本。但云美作「十一日」與牧齋自注相差一日。檢國榷壹佰崇禎十七年甲申三月〔十一日〕己亥有：

復罪廢諸臣冠帶。

之記載。云美「賜環」之語，與此有關。寅恪初未解牧齋自注，何以與顧談不合之故。後又檢明實録懷宗實録壹柒載：「三月己丑朔。」明史貳肆莊烈帝本紀載：「三月庚寅朔。」亦相差一日，始知牧齋自注，乃依明實録所根據之材料計算也。餘可參夏燮明通鑑玖拾「崇禎十七年三月庚寅」條下考異。至云美不著瑶草疏薦本末，豈欲爲其師諱，而避免吕步舒之嫌疑耶？鄙意云美宅心忠厚，固極可嘉，殊不知牧齋此次之起廢，由於瑶草之推薦，實爲牧齋一生前後打成兩橛之關鍵所在。若諱言此點，則於當日之情事，不可通解矣。檢明史叁佰捌奸臣傳馬士英傳略云：

馬士英貴陽人，萬曆四十四年與懷寧阮大鋮同中會試。又三年成進士授南京户部主事。〔崇禎〕五年擢右僉都御史，巡撫宣府。坐遣戍，流寓南京。時大鋮名掛逆案，失職久廢，以避流賊至，與士英相結甚歡。大鋮機敏猾賊，有才藻。頗招納遊俠，爲談兵説劍，覬以邊才召。無錫顧杲，吴縣楊廷樞，蕪湖沈士柱，餘姚黄宗羲，鄞縣萬泰等皆復社中名士，方聚講南京，惡大鋮甚，作留都防亂揭逐之。大鋮懼，乃閉門謝客，獨與士英深相結。周延儒内召，大鋮輦金錢，要之維揚，求湔濯。延儒曰，吾此行謬爲東林所推，子名在逆案，可乎？大鋮沈吟久之。曰，瑶草何如？瑶草士英别字也。延儒許之。十五年六月鳳陽總督高斗光以失五城逮治。禮部侍郎王錫袞薦士英才，延儒從中主之，遂起兵部右侍郎兼右僉都御史，總督廬鳳等處軍務。

據此瑶草之起廢，由於圓海，而牧齋之起廢又由於瑶草。瑶草既難不與圓海發生關係，牧齋自更不能直接與瑶草，間接與圓海斷絶聯係。世情人事，如鐵鎖連環，密相銜接，惟有恬淡勇敢之人，始能衝破解脱，未可以是希望於熱中怯懦之牧齋也。苟明乎此，則牧齋既已是袁紹弦上之箭，豈能不作黄祖腹中之語乎？於是遂有云美「東澗遺老錢公别傳」所謂「前此異同，藩棘一旦破除，非得已也」之語。噫！

小腆紀年附考捌順治元年甲申十月條（可參國榷壹佰貳崇禎十七年八月丙子貢生朱統鑕誣奏姜曰廣，夏完淳續幸存録「南都大略」中「錢謙益請用楊維垣」條及南沙三餘氏南明野史上「錢謙益心豔揆席」條等。）

丁巳（初三日）明錢謙益疏頌馬士英功，雪逆案寃。謙益以定策異議自危，遂諂附馬阮以自解。士英欲起用蔡奕琛楊維垣，恐物論不容，以謙益人望也，屬薦之。謙益乃阿士英指，疏列四事，曰嚴内治，定廟算，振紀綱，惜人才。其請定廟算也，有云：「先臣孫承宗言，以文統武，極是弊端。臣觀三十年來，文臣出鎮專征，鮮不覆敗。其綽有成算，克奏膚功者，承宗之後，馬士英一人耳。先帝以楚事付左良玉，而舊疆恢復，以閩事付鄭芝龍，而嶺海無虞，此專任武將之明效也。」其請惜人才也，「一曰資幹濟。今天下非才乏也，分門户，競愛憎，修恩怨，即其胸中了然，如喑者之不能言，魘者之不能寐，有物以限之也。今人才當摧殘剥落之秋，以真心愛惜，以公心搜訪，庶可共濟時艱。臣所知者，有英穎特達如蔡奕琛，馮元飂及某某者，謀國任事，急病攘夷之選也。有老成典型如唐世濟，范鳳翼，鄒之麟及某某者，端委廟堂，疏穢鎮浮之選也。有公望著聞者，詞臣余煌，道臣陳洪謐之流也。有淪落可惜者，科臣陶宗道，楊兆升及某某之流也。二曰雪寃滯。欽定逆案諸臣，未免軒輊有心，上下在手。陛下既以贊導無據，拔阮大鋮而用之矣。若虞廷陛，楊維垣，虞大復，吴孔嘉，周昌晉，乞下部詳察録用，許其自新，亦涣羣破黨之一端也」。又云：「蔡奕琛曾以復社抗疏攻臣，臣心知其誤，固已釋然置之矣。天下多事，將伯助予。中流遇風，吴越相濟。果有嫌隙，固當先國家之急而後私仇，况臣本無仇於奕琛乎？臣親見門户諸臣，植黨營私，斷送社稷，斷送君父，何忍復師其故智。且他日獨不思見先帝於九原乎？逆案之賈繼春，阮大鋮者，皆慷慨魁壘男子也。」

疏數千言，煩猥不盡録。大旨在頌馬士英功，雪逆案諸臣冤，而奕琛見中有「魁壘男子」語，則不喜，颺言於朝曰：「我自宜録用，何藉某之薦牘誚我？」聞者笑之。臣鼒曰，特書何？罪謙益之無恥也。謙益謬附東林，以爲名高，既以患得患失之心，爲倒行逆施之舉，勢利薰心，廉恥道喪，蓋自漢唐以來，文人之晚節莫蓋，無如謙益之甚者。純廟斥毁其書，謂不足齒於人類。蓋以爲有文無行者戒哉！

國榷壹佰叁崇禎十七年十月戊午（初四日）記「南京協理詹事府禮部尚書錢謙益上言」條云：

謙益覬相位，日逢馬阮意游宴，聞者鄙之。

同書壹佰肆弘光元年正月辛丑條云：

南京吏部左侍郎蔡奕琛兼東閣大學士，直文淵閣。枚卜時，錢謙益阮大鋮李沾等，各有奥援，而奕琛以誠意侯劉孔昭薦得之。大鋮築堡江上，聞之馳還，怒馬士英，無及。

寅恪案，彝舟所引牧齋上疏原文較孺木爲詳，因全録之。至其痛詆牧齋之言，固是事實。但亦因清高宗欲毁滅牧齋文字，不使流傳，徐氏著書時禁網已稍疏，然以特録錢氏原疏之故，仍不得不作自解之語，庶免違旨之嫌也。細繹牧齋此疏，措辭巧妙，内容固極可鄙。若就文章論，則殊令人欣賞不置。吾人今日讀史，應注意其所言馬士英左良玉鄭芝龍一節，蓋此三人乃當時之實力派。牧齋自崇禎晚年至清順治末歲，約二十餘年，前後欲依賴利用此三人以作政治活動，雖終無所成，然亦可藉是窺見明清間政治軍事關鍵之所在矣。孺木謂「謙益覬相位，日逢馬阮意游宴」。此數語最能道出牧齋及河東君心事。但河東君僅得爲汧國夫人之李娃而終不得作河東郡君之裴淑，其故雖如東澗遺老別傳所言「東林以國本爲終始，而公與東林爲終始」。然尚未窮溯其淵源，遂亦未盡通其本末也。史惇慟餘雜記「東林緣起」條云：

東林之局，始於神廟寵鄭貴妃，有母愛子抱之意，而一二賢者，杯蛇弓影，形諸章奏，乃神廟不加嚴譴，望風者遂疑真有其事而競起，欲因以爲名高，且欲結知東宫，以爲厚利。

寅恪案，少時讀史見所述東林本末頗多，大抵與顧史兩氏之言無甚差異。故僅擇録一二條，聊見梗概而已，不遑亦不必廣徵也。近歲偶檢明史，始悟昔人所論，只從光宗與福王競争皇位，即所謂「國本」開始，殊不足説明後來南都政局之演變，似有更上一層樓之必要，兹節録明史最有關之材料於下。

明史壹壹肆后妃傳孝定李太后傳略云：

孝定李太后神宗生母也。漷縣人。侍穆宗於裕邸。隆慶元年三月封貴妃。〔神宗〕即位，上尊號曰慈聖皇太后。舊制天子立，尊皇后爲皇太后。若有生母稱太后者，則加徽號以別之。是時太監馮保欲媚貴妃，因以並尊風大學士張居正下廷臣議。尊皇后〔陳氏〕曰仁聖皇太后，（寅恪案，陳氏乃穆宗爲裕王時之繼妃，隆慶元年册爲皇后。實神宗之嫡母也。）貴妃曰慈聖皇太后，始無別矣。仁聖居慈慶宫，慈聖居慈寧宫。居正請太后視帝起居，乃徙居乾清宫。太后教帝頗嚴。帝事太后惟謹，而諸内臣奉太后旨者，往往挾持太過。帝嘗在西城曲宴，被酒，令内侍歌新聲，辭不能，取劍擊之。左右勸解，乃戲割其髮。翼日太后聞，傳語居正具疏切諫，令爲帝草罪己御札，又召帝長跪數其過。帝涕泣請改乃已。〔萬曆〕六年帝大婚，太后將返慈寧宫，敕居正曰，吾不能視皇帝朝夕，先生親受先帝付託，其朝夕納誨，終先帝憑几之誼。四十二年二月崩。后性嚴明，萬曆初政，委任張居正，綜覈名實，幾於富强，后之力居多。光宗之未册立也，給事中姜應麟等疏請，被謫。太后聞之，弗善。一日帝入侍，太后問故。帝曰，彼都人子也。太后大怒曰，爾亦都人子。帝惶恐伏地不敢起。蓋内廷呼宫人曰都人，太后亦由宫人進，故云。光宗由是得立。羣臣請福王之藩，行有日矣，鄭貴妃欲遲之明年，以祝太后誕爲解。太后曰，吾潞王亦可來上壽乎？貴妃乃不敢留福王。

同書同卷孝靖王太后傳云：

孝靖王太后光宗生母也。初爲慈寧宫宫人。年長矣，帝過慈寧，私幸之，有身。故事宫中承寵，必有賞賚，文書房内侍記年月及所賜以爲驗。時帝諱之，故左右無言者。一日侍慈聖宴，語及之，帝不應。慈聖命取内起居注示帝，且好語曰，吾老矣，猶未有孫，果男者，宗社福也。母以子貴，寧分差等耶？〔萬曆〕十年四月封恭妃。八月光宗生，是爲皇長子。既而鄭貴妃生皇三子，進封皇貴妃，而恭妃不進封。二十九年册立皇長子爲皇太子，仍不封如故。三十四年元孫生，加慈聖徽號，始進封皇貴妃。四十年病革，光宗請旨得往省，宫門猶閉，抉鑰而入。妃目眚，手光宗衣而泣曰，兒長大如此，我死何恨？遂薨。

同書壹貳拾諸王傳潞簡王翊鏐傳略云：

潞簡王翊鏐，穆宗第四子。隆慶二年生，生四歲而封。萬曆十七年之藩衛輝。初翊鏐以帝母弟居京邸，王店王莊徧畿内。比之藩，悉以還官，遂以内臣司之。皇店皇莊自此益侈。翊鏐居藩，多請贍田食鹽，無不應者。其後福藩遂緣爲故事。景王〔載圳〕就藩時，賜予槩裁省，楚地曠，多閒田。詔悉予之。景藩除，潞得景故籍田，多至四萬頃，部臣無以難。至福王常洵之國，版籍更定，民力益絀，尺寸皆奪之民間，海内騷然。論者推原事始，頗以翊鏐爲口實云。翊鏐好文。四十二年薨。四十六年常淓嗣。後賊躪中州，常淓流寓於杭，順治二年六月降於我大清。

同書同卷福恭王常洵傳略云：

福恭王常洵神宗第三子。初，王皇后無子，王妃生長子，是爲光宗。常洵次之，母鄭貴妃最幸，帝久不立太子，中外疑貴妃謀立己子，交章言其事，竄謫相踵，而言者不止，帝深厭苦之。〔萬曆〕二十九年始立光宗爲太子，而封常洵福王。至四十二年始令就藩。〔崇禎〕十六年秋七月由崧襲封。明年三月京師失守，由崧與潞王常淓，俱避賊至淮安。四月鳳陽總督馬士英等迎由崧入南京。庚寅稱監國。壬寅自立於南京，僞號弘光。由崧性闇弱，湛於酒色聲伎，委任士英及士英黨阮大鋮。二人日以鬻官爵，報私憾爲事。未幾有王之明者，詐稱莊烈帝太子，下之獄。又有婦童氏，自稱由崧妃，亦下獄。於是中外譁然。明年三月寧南侯左良玉舉兵武昌，以救太子，誅士英爲名，順流東下。阮大鋮黄得功等帥師禦之，而我大清兵以是年五月己丑渡江。辛卯夜由崧走太平，蓋趨得功軍也。癸巳由崧至蕪湖。丙申大兵至南京城北。文武官出降。丙午執由崧至南京。九月甲寅以歸京師。

寅恪案，光宗生母王太后，乃其祖母，即神宗生母李太后之宫人。李太后亦是宫人出身。光宗生母與福王常洵生母，雖俱非正嫡，但常洵之生母，其出身遠勝於光宗之生母。光宗所以得立爲太子，純由其祖母李太后之壓力使然。李太后享年頗長，故光宗遂能維持其太子之地位，而不爲福王所替代。潞王翊鏐亦李太后所生，與光宗血親最近。由是言之，東林者，李太后之黨也。嗣潞王常淓之親祖母即李太后。此東林所以必需擁戴之以與福王由崧相抵抗。斯歷史背景，恩怨系統，必致之情事也。至若常淓之爲人，或優於由崧。然生於深宮之中，長於婦人之手，其賢不肖，外人甚難察知。就昔時繼承權論，自當以親疏爲標準。由崧之血統，與熹宗思宗共出於神宗。常淓之血統與熹宗思宗共出於穆宗。故兩者相較，常淓之皇帝繼承權，較由崧疏遠一級。據是言之，馬阮之擁立由崧，實爲合法。東林諸賢往往有認王之明爲真太子慈烺者，殆亦知常淓之繼承權不及由崧之合法歟？至認童氏爲真福王繼妃者，蓋欲藉此轉證弘光爲假福王，似亦同一用心也。（參舊題婁東梅村野史鹿樵紀聞上「兩太子」條及「兩疑案」條所載：「野史氏曰，余聞大悲初稱崇禎帝，又稱齊王，繼復稱神宗子，因宮闈有隙，寄育民間，長而爲僧。其言詭誕不足信，然知其決非妖僧也。童氏之爲繼妃，爲司寢，爲淮上私奔，亦未可定。然知其決非周王婦，與福王全無瓜葛也。餘姚黃宗羲，桐城錢秉鐙，皆以福王爲李伴讀，非朱氏子也，而童氏乃真妃。故當時譏刺詩有：隆準幾曾生大耳，可哀猶自唱無愁。白門半載迷朱李，青史千年紀馬牛。說者又謂東林復社之事，深憾馬阮，故造此謗，似矣。然觀童氏之哭求一見，而不可得，後之人猶不能無疑焉。」）昔年嘗見王船山之書，痛詆曹子建，以爲陳思王之詩文，皆其門客所代作，殊不解何以發此怪論。後來細思之，朱明一代，宗藩固多賢者，其著述亦甚豐富，儻詳悉檢察稽考，其中當有非宗藩本人自撰，而倩門客書傭代爲者。薑齋指桑罵槐，殆由於此耶？然則常潸果優於由崧與否，猶待證實。東林愛憎之口，未必盡可信據。有學集捌長干塔光集「一年」七律云：

一年天子小朝廷。遺恨虚傳覆典刑。豈有庭花歌後閣，也無杯酒勸長星。吹脣沸地狐羣力，勢面呼風蜮鬼靈。（寅恪案，「蜮」錢曾注本作「羯」，是。）奸佞不隨京雒盡，尚流餘毒螫丹青。

牧齋此詩所言，固是偏袒弘光之辭，但亦應取與東林黨人之記載，以由崧爲天下之惡皆歸焉者，參互比較，求一平允之論也。華笑廎雜筆壹「黄梨洲先生批錢詩殘本」條，「一年詩」批云：

金陵一年，久將滅没，存此作詩史可也。

然則，梨洲以牧齋此律爲詩史，則其意亦不盡以弘光爲非，可以窺見矣。又關於阮大鋮王鐸二人，就鄙見所及，略述數語。圓海人品，史有定評，不待多論。往歲讀詠懷堂集，頗喜之，以爲可與嚴惟中之鈐山，王修微之樾館兩集，同是有明一代詩什之佼佼者，至所著諸劇本中，燕子箋春燈謎二曲，尤推佳作。（寅恪案，張岱石匱書後集肆捌阮大鋮傳，引羅萬象奏言：

「大鋮實未知兵，恐燕子箋春燈謎未見枕上之陰符而袖中之黃石也。」亦足證當日阮氏兩劇本盛行，故萬象據以爲言。又夏燮明通鑑附編壹附記壹下大清世祖章皇帝順治元年十二月辛巳條云：「阮大鋮以烏絲闌寫己所作燕子箋雜劇進之。歲將暮，兵報迭至。王一日在宫，愀然不樂。中官韓贊周請其故。王曰，梨園殊少佳者。贊周泣曰，奴以陛下或思皇考先帝，乃作此想耶？時宫中楹句有：萬事不如杯在手，一年幾見月當頭？旁注：東閣大學士王鐸奉敕書云。」亦可旁證圓海之戲劇，覺斯之書法俱爲當時之絶藝也。）其痛陳錯認之意，情辭可憫。此固文人文過飾非之伎倆，但東林少年似亦持之太急，杜絶其悔改自新之路，竟以「防亂」爲言，遂釀成讐怨報復之舉動，國事大局，益不可收拾矣。夫天啓亂政，應以朱由校魏忠賢爲魁首，集之不過趨勢羣小中之一人。揆以分別主附，輕重定罪之律，阮氏之罪，當從末減。黃梨洲乃明清之際博雅通儒之巨擘，然囿於傳統之教訓，不敢作怨懟司馬氏之王偉元，而斤斤計較，集矢於圓海，斯殆時代限人之一例歟？（寅恪檢明季稗史本夏完淳續幸存録「南都雜志」中「阮圓海之意」條云：「圓海原有小人之才，且阿璫亦無實指，持論太苛，釀成奇禍，不可謂非君子之過。阮之阿璫，原爲枉案。十七年田野，斤斤以十七年合算一疏，爲楊左之通王安，呈秀之通忠賢，同爲通内。遂犯君子之忌。若目以阿璫，烏能免其反擊乎？」存古之論，頗爲公允。至「十七年合算一疏」之「十」字應删去，蓋寫刻者涉上文「十七年田野」

之語而衍也。）後來永曆延平傾覆亡逝，太沖撰「明夷待訪録」，自命爲殷箕子，雖不同於嵇延祖，但以清聖祖比周武王，豈不愧對「關中大儒」之李二曲耶？惜哉！

王覺斯者，明末清初之大藝術家。牧齋爲王氏作墓誌銘盛稱其書法，而有關政治諸事，多從省略，不僅爲之諱，亦以王氏之所長，實在於此故也。（見有學集叁拾「故宮保大學士孟津王公墓誌銘」。）當崇禎十七年三月北京岌岌不可終日之時，錢王二人同時起用，思宗之意似欲使之治國治軍以振危亡之局，誠可歎可笑也。清史稿肆世祖本紀云：

> （順治二年五月）丙申多鐸師至南京，故明福王朱由崧及大學士馬士英遁走太平。忻城伯趙之龍，大學士王鐸，禮部尚書錢謙益等三十一人以城迎降。

夫此文官班首王錢二人，俱是當時藝術文學大家。太平之世，固爲潤色鴻業之高才，但危亡之時，則舍迎降敵師外，恐別無見長之處。崇禎十七年三月二人之起用，可謂任非其材。弘光元年五月二人之迎降，則得其所矣。茲有一事可注意者，即二人在明季俱負盛名，覺斯果位躋宰輔，牧齋終未列揆席，蓋亦有特殊理由。國榷壹佰壹崇禎十七年五月條云：

> 癸巳南京詹事兼翰林院侍讀學士姜曰廣，前禮部尚書兼翰林院學士王鐸並爲禮部尚書兼東閣大學士，直文淵閣。時同推前禮部右侍郎陳子壯，少詹事黄道周，右庶子徐汧，而監國故與鐸有舊。

同書同卷崇禎十七年十月乙卯朔條云：

王庸王無黨世授南京錦衣衛指揮僉事。俱大學士王鐸子。以舟渡慈鑾也。

據此覺斯之得爲宰相，由於與由崧有舊。牧齋之不得爲宰相，由於與東林即主立潞王常淓者有關。大悲之獄，牧齋亦被牽連，（見鹿樵紀聞上福王條下，國榷壹佰叁崇禎十七年甲申十二月丙寅條，小腆紀年附考捌順治元年甲申十二月己巳「明下狂僧大悲於鎮撫司」條及同書玖順治二年乙酉二月癸未「明僧大悲伏誅」條並夏完淳續幸存録「南都大略」中「妖僧大悲」條等。）故知李太后光宗之黨與鄭貴妃福王之黨，其分野恩怨始終不變。牧齋之未躋宰輔乃佛教「中陰身錯投母胎」，如西游記小説之豬八戒，即是其例。聾騃道人（見金氏錢牧齋先生年譜首。）往往以老歸空門自許，儻亦通解此妙諦耶？

第叁章引玉臺畫史載黄媛介畫扇題有「甲申夏日寫於東山閣」之語，因論皆令作畫之際似在崇禎十七年首夏，河東君將偕牧齋自常熟往南京翊戴弘光之時。兹更據國榷壹佰壹崇禎十七年四月條略云：

甲申（廿七日）史可法迎〔福王〕于邵伯鎮。

丙戌（廿九日）福王至燕子磯。

丁亥（卅日）福王次龍江關。

五月條略云：

庚寅（初三日）福王監國。

壬寅（十五日）監國福王即皇帝位於武英殿。

六月條云：

壬戌（初六日）錢謙益爲南京禮部尚書，兼翰林院侍讀學士，協理詹事府。

同書卷首之三部院上南京禮部尚書欄載：

甲申崑山顧錫疇□□□□進士，五月任，署吏部。

弘光實録鈔壹崇禎十七年甲申條略云：

〔五月〕乙卯召陳子壯爲禮部尚書。

〔六月〕辛酉起錢謙益協理詹事府事，禮部尚書。

〔六月〕丙子禮部尚書顧錫疇上言，刻期進取。

同書貳崇禎十七年甲申條云：

〔九月〕甲辰起黄道周爲禮部尚書，兼侍讀學士，協理詹事府事。

同書叁弘光元年乙酉條云：

〔二月〕己巳禮部尚書顧錫疇致仕，以錢謙益代之。

明史貳伍伍黃道周傳略云：

福王監國，用道周吏部左侍郎。道周不欲出，馬士英諷之曰，人望在公，公不起，欲從史可法擁立潞王耶？乃不得已趨朝。拜禮部尚書，協理詹事府事，而朝政日非，大臣相繼去國，識者知其將亡矣。明年三月遣祭告禹陵。甫竣事，南都亡。

綜合推計之，則錢柳二人同由常熟赴南京之時間，當在甲申七月廿五日福王催其速赴南京任以後。（見下引臥子「薦舉人才疏」批語。）其所以赴任之理由，或與黃道周被迫之情勢相同，亦未可知。考當時原任禮部尚書爲顧錫疇，顧氏署吏部，至弘光元年乙酉二月致仕，牧齋乃補其原任實缺。所以不以石齋補顧氏原缺者，因漳浦求去之志已堅，藉故出都，馬阮輩知之甚審，遂不以黃而以錢代顧。至牧齋是否在此以前，獨往南京，然後還家坐待新命，尚俟詳檢。據明季稗史初編壹肆夏允彝幸存録云：「錢謙益雖家居，往來江上，亦意在潞藩。」然則牧齋似曾至金陵，謀立潞王也。餘見下所論。關於錢柳同往南京事，舊籍有涉及此時之記載，茲擇引數條，略辨之於下。

鹿樵紀聞上（參趙祖銘國朝文獻邁古録貳拾。）略云：

先是錢謙益入都，其妾柳如是戎服控馬，插裝雉尾，作昭君出塞狀。服妖也。

明季稗史初編壹陸夏完淳續幸存録「南都雜志」條（參南明野史上「起錢謙益陳子壯，轉黃道周，各禮部尚書」條等。）云：

錢謙益家妓爲妻者柳隱，冠插雉羽，戎服騎入國門，如明妃出塞狀。（寅恪案，昭君出塞之裝束，可參一九五七年戲劇報第拾期封面尚小雲漢明妃圖。）

牧齋遺事云：

弘光僭立，牧翁應召，柳夫人從之。道出丹陽，同車攜手，或令柳策蹇驢，而己隨其後。私語柳曰：「此一幅昭君出塞圖也。」邑中遂傳錢令柳扮昭君妝，炫煌道路。吁！衆口固可畏也。

然則，錢柳自常熟至南京，道出丹陽時，得意忘形，偶一作此遊戲，亦有可能，遂致衆口謁傳，仇人怨家，藉爲詆誚之資。遺事之言，最爲近情。其他如吴夏諸書所記，殊不足信也。噫！當揚州危急之時，牧齋自請督師，河東君應可隨行。然弘光不許牧齋作韓世忠，（見錢曾有學集詩注捌長干塔光集「雞人」七律「刺閨痛惜飛章罷」句下自注云：「余力請援揚，上深然之。已而抗疏請自出督兵，蒙温旨慰留而罷。」）故河東君雖願作梁紅玉而不能。迨南都傾覆之後，牧齋隨例北遷，河東君亦可偕行，但終留江南。故河東君雖可作漢明妃而不願。其未能作梁紅玉，誠是遺憾。但不願爲王昭君，殊堪欽服也。又檢林時對荷牐叢談叁「鼎甲不足貴」條云：

吴偉業辛未會元榜眼，薄有才名，詩詞佳甚。然與人言，如夢語囈語，多不可了。余久知其謎心。鼎革後，投入土撫國寶幕，執贄爲門生，受其題薦，復入詞林。未有子，多攜姬妾以往。滿人詗知，以拜謁爲名，直造内室，恣意宣淫，受辱不堪，告假而歸。又以錢糧奏銷一案，褫職，慚憤而死。所謂身名交敗，非耶？

寅恪案，林氏之語過偏，未可盡信，然藉此亦得窺見當建州入關之初，北京漢族士大夫受其凌辱之情況。河東君之獨留南中，固由於心懷復楚報韓之志業，但其人聰明絶世，似亦懸知藴翁所述梅村困窘之狀歟？

自崇禎十七年五月十五日至次年，即弘光元年五月十五日，此「一年天子小朝廷」之歲月，實河東君一生最榮顯之時間也。牧齋投筆集上後秋興之三「八月初十日小舟夜渡，惜别而作」八首之二「幾曾銀浦（「浦」似應作「漢」。）共仙槎」句，蓋惜河東君得意之時間甚短也。關於此時間涉及河東君者亦有數事，兹略述之於下。

計六奇明季北略貳肆五朝大事總論中，門户大略「韓錢王鄒才既相伯仲」條（參南明野史上「起錢謙益陳子壯轉黄道周各禮部尚書」條等。）云：

錢〔謙益〕聲色自娱，末路失節，既投阮大鋮而以其妾柳氏出爲奉酒。阮贈以珠冠一頂，價值千金。錢令柳姬謝阮，且命移席近阮。其醜狀令人欲嘔。嗟乎！相鼠有體，錢胡獨不之聞？

寅恪案，前引談孺木之言謂「謙益覬相位，日逢馬阮意游宴，聞者鄙之」。牧齋與馬阮游宴，自是當然之事。頗疑錢阮二人游宴尤密，蓋兩人皆是當日文學天才，氣類相近故也。牧齋既與圓海游宴，河東君自多參預，此亦情勢所必至。圓海乃當日編曲名手，世所推服。鹿樵紀聞上「馬阮始末」條云：

諸公故聞其有春燈謎燕子箋諸劇本，問能自度曲否？即起執板，頓足而唱，諸公多北人，不省吴音，則改唱弋陽腔，諸公於是點頭稱善曰，阮君真才子。

據此集之不僅能製曲，且能度曲。河東君之能度曲，自不待言，前多論及，不必復贅。觀戊寅草中諸詞，頗有似曲者，如「西河柳」之類，即是例證。然則牧齋招宴圓海筵上，柳阮二人，必極彈絲吹竹之樂。但歌唱音樂牧齋乃門外漢，白香山新樂府杏爲梁篇云：「心是主人身是客」一語，真可作南都禮部尚書官署中招宴阮氏之綺席寫照矣。圓海珠冠之贈，實爲表達賞音知己之意，於情於禮，殊應如此，然牧齋此際，則不免有向隅之歎也。

夫牧齋雖不善編劇度曲。然最擅長詩什。其與圓海游宴所賦篇章應亦不少。河東君想亦間有酬和阮氏之作。前引牧齋「題爲黄子羽書詩册」云：「余自甲申後，發誓不作詩文。間有應酬，都不削藁。」所謂「文」者，即甲申十月丁巳日所上「嚴内治，定廟算，振紀綱，惜人才。」四事疏之類。所謂「詩」者，即與圓海等所賦篇章之類。「間有應酬」一語，其「應酬」，固是事實，而「間有」則恐不確耳。牧齋之删棄此時作品，雖可掩飾其醜行，但河東君之詩篇流傳於天壤間者，轉因是更減少一部分，殊可惜也。

在此時間内錢柳二人除與馬阮游玩外，尚有招宴當日名士，即河東君舊交一事，最堪注意。第叁章論河東君與李待問之關係節，已引王澐虞山柳枝詞第陸首及自注并其他有關李氏事蹟諸條。讀者可取參閲，兹不重述。但存我在明南都時爲中書舍人。前所引史料，雖已言及之，至其何時始離去南都，則未能確知。檢張岱石匱書後集叁肆江南死義列傳李待問傳云：

> 李待問南直華亭人。崇禎癸未進士。甲申北變，以歸里不及難。弘光登極，待問之南都，授中書舍人。南都繼陷，逃至松江。

是存我之離南都，乃在弘光元年五月十五日前後也。王勝時所述牧齋招宴存我，河東君遣婢送還玉篆一事，究在何時，尚待考證。又檢宋尚木含真堂集陸有「元宵同陳實庵太史集錢宗伯齋，張燈陳樂，觀魚龍之戲」云：

> 疎鐘箭漏思冥冥。盡醉芳筵日暮情。葭谷漸回春乍暖，金吾不禁月偏明。星橋匝樹連銀漢，鵝管吹笙跨玉京。莫道上林誇角觝，大官俱得戲長鯨。

寅恪案，陳實庵太史者，陳忠裕公全集壹柒湘真閣集「訓陳實菴翰林」七律附考證據紹興府志疑實菴即陳美發。今檢乾隆修紹興府志叁壹選舉志貳進士欄明崇禎元年戊辰科劉若宰榜云：

陳美發。左贊善，上虞人。

考證所言，當即出此。又檢光緒修上虞縣志玖陳堌傳云：

子美發，字木生。幼奇穎，善屬文。天啓丁卯（七年）舉人，戊辰（崇禎元年）進士，授翰林院庶吉士。辛未（四年）陞檢討，分校禮闈，稱得士，晉東宮日講官。丁外艱，特恩賜祭，服闋赴都，轉翰林諭德。時會推閣臣，廷議以非祖制，事寢。奉勅封藩。歸里，卒，年三十九。（康熙志）美發與族父達生，族弟元暎，時稱陳氏三鳳。

但美發是否號實菴，未見明文，且傳文所記甚簡略，或有所忌諱，尚須詳考。若果是實菴者，則與尚木爲天啓丁卯科舉人同年也。（參光緒修華亭縣志壹貳選舉上舉人表。）或疑尚木詩題所謂「陳實菴太史」，乃陳于鼎。其名號「鼎」與「實」有相關之意。其官職與太史又相符合，且陳臥子兵垣奏議上「薦舉人才疏」有「庶吉士陳于鼎，英姿壯志」之語。故此説殊有可能。由是觀之，臥子詩題下莊師洛之考證，未必確切。于鼎事蹟見小腆紀傳陸叁本傳。其人即下引林時對荷牐叢談叁所謂「小王八」者，是也。尚木詩題中僅言弘光元年元夕與實庵同集牧齋中，然此夕既是張燈陳樂，觀魚龍之戲，如是盛會，所招之客，絕不止陳宋二人。

讓木不過舉實庵以概其餘。或者實庵亦有同賦此題之詩，遂語及之耳。讓木此時與存我同爲中書舍人（見下論。）又同爲松江籍，更俱是河東君舊友。揆以物以類聚之義，牧齋此夕頗有招宴存我之可能。問郎玉篆之送還，恐即在此夕。蓋預宴者既甚多，依當日禮俗之限制，河東君若以女主人身分，親出陪客，且持此紀念品面交問郎，在河東君方面，雖可不介意，在牧齋方面，則難免有所顧忌，故遣雙鬟代送耶？俟考。

第叁章論河東君居松江時最密切之友人爲宋轅文，李存我，陳臥子。當錢柳南都得意之際，轅文在何許，尚無確證。據陳忠裕公全集貳陸「三子詩選序」略云：

> 三子者何？李子雯宋子徵輿及不佞子龍也。今天子起淮甸，都金陵，東南底定。予入備侍從，請急還里。宋子閒居，則梓三人之詩爲一集，大率皆庚辰以後之作也。

并雲間三子新詩合稿陸轅文「野哭」題下自注云：「五月初一日始聞三月十九事，越數日，始得南都新詔，臣民哭臨，服除而作。」及同書捌「聞吳大將軍率關寧兵以東西二虜大破李賊志喜二律」等，（參國榷壹佰壹崇禎十七年甲申四月丁丑「吳三桂大破賊于關內」條。）可略見轅文此時蹤跡，而其詳則不得而知。（今峭帆樓叢書重校刻雲間三子新詩合稿王培孫植善序，誤以宋徵璧所撰陳子龍平露堂集序中「乙丙之際」爲順治二年乙酉，三年丙戌。其實宋序之「乙丙」乃指崇禎八年乙亥，九年丙子也。特附正之於此。）但河東君早與轅文絕交，假使此時在南都，亦必與錢柳不相往來無疑也。存我此際供職南都，河東君既已送還問郎玉篆，則昔日一段因緣，亦於此了結。至於臥子則爲河東君始終眷戀不忘之人，前述崇禎十七年甲申夏日黄媛介畫扇，河東君題有臥子滿庭芳詞即是其證。故寅恪戲作一絶，中有「一念十年拋未得」之語，實能道出河東君之心事也。今所欲論者，即臥子在南都之時間，是否亦曾與李存我宋讓木陳實庵輩同被牧齋招宴等問題。兹擇録臥子自撰年譜，兵垣奏議，焚餘草及讓木含真堂集并參以國榷等，綜合考釋之於下。

陳忠裕全集年譜中崇禎十七年甲申條略云：

> 弘光帝監國南都，予補原官〔兵科給事中〕，隨奉命巡視京營。予以國家傾覆之後，義不敢申前請〔辭兵科給事中〕。而又決江左事尚可爲，決計赴召。予遂以六月望後入都，而是時貴陽（指馬士英。）入輔，祥符（指史可法。）出鎮，國事稍變矣。貴陽一至，即薦懷寧（指阮大鋮。）當大用，衆情大譁，攻者四起。貴陽先君同籍也。遇予亦厚。其人儻蕩不羈，久歷封疆，於門户之學，非素所深研也。當困厄時，與懷寧爲狎邪之交，相歡如父子，浸潤其言，且曰，苟富貴，無相忘。及貴陽柄用，而懷寧挾其權智以御之，且責前盟。見攻之者多，則曰，彼黨人者，不殺我兩人不止。又造作蜚語以爲主上之立，非諸君子意，故力攻擁戴定策之人，以孤人主之勢。

蓋懷寧挾貴陽以爲援，而貴陽挾主上以自解。予因正告貴陽曰，懷寧之奸，海内莫不聞，而公之功亦天下所共推也。公於人無豪髮之隙，奈何代人犯天下之怒乎？且公之冒不韙而保任者，以生平之言不可負也。公以素交而薦之，衆以公義而持之，使公既信友又不害法，則衆之益公者大矣。而公何怒爲？今國家有累卵之危，束手坐視，而争此一人，異日責有所歸矣。貴陽曰，逆案本不可翻也。止以懷寧一人才不可廢耳。予曰，公既不能負懷寧，而獨用之，則懷寧又何辭以拒同科之數百人而獨登膴仕乎？一小人用，衆小人進。必然之勢。一踰短垣，雖公亦無如之何矣。且公爲宰輔，苟能真心以求天下之才，何患無人？如懷寧者，何足數哉！

予私念時事必不可爲，而祖父俱在淺土，甚懼。請急歸營窀穸之事，蒙恩允放。予在言路，不過五十日，章無慮三十餘上，多觸時之言。時人見嫉如仇。及予歸，而政益異。木瓜盈路，小人成羣，海内無智愚，皆知顛覆不遠矣。

同書同卷弘光元年乙酉條云：

時羣小愈張，諸君子多被彈射。予爲此輩深忌，而未有以中。私念大母年益高多病，再出必重禍以爲親憂，陳情侍養，得遂宿志焉。

陳臥子先生兵垣奏議上「薦舉人才疏」略云：

已補者如錢謙益黄道周徐汧吴偉業楊廷麟等，皆一時人望，宜速令赴闕。庶吉士陳于鼎英姿壯志見累門閥。既以不阿鄉袁，浮沈至今，困衡之士，荏苒足惜。當量才録用也。（寅恪案，林時對荷牐叢談叁「東林依草附木之徒」條云：「江南有老亡八小亡八之謡，老謂謙益孌柳影，小則陳于鼎溺韻珠云。」繭庵之書語多偏激，未可盡信，但所記江南之謡，或是實録。噫！臥子爲人中之龍，此時薦舉二龜，豈神州陸沈之先兆乎？由今思之，可嘆亦可笑也。）

此文後附批語略云：

崇禎十七年七月二十五日奉旨：人才宜乘時徵用，説得是。錢謙益等速催來京到任。

同書下「請假葬親疏」批語云：

崇禎十七年八月十一日奉旨：陳子龍准給假三個月，即來供職，不得遲延。該部知道。

國榷壹佰貳崇禎十七年八月癸酉（十八日）「南京兵科給事中陳子龍言中興之主莫不身先士卒」條云：

子龍尋省葬。

同書壹佰肆弘光元年二月丙寅（十三日）條云：

許兵科給事中陳子龍終養。

同書壹佰貳崇禎十七年六月壬戌（初六日）條云：

錢謙益爲南京禮部尚書兼翰林院侍讀學士。

寅恪案，卧子以崇禎十七年甲申六月望後至南都，八月十八日准假還里葬親。其在南都之時間不過五十日。牧齋是否在崇禎十七年七月廿五日以前曾一度獨至南都預謀立君之事，今難確考。但牧齋於是年六月初六日已補授禮部尚書，至七月廿五日尚未至都就職。姗姗來遲，頗覺可怪。據國榷壹佰貳崇禎十七年八月廿一日丙子「宗貢生朱統鑍又誣奏姜曰廣陳必謙等」條略云：

丙子宗貢生朱統鑍又誣奏姜曰廣及陳必謙等。初陳必謙北轉，邑人錢謙益求復官未遂。今入京首詆之，結歡馬士英，同諸勳貴，專言定策，意逐高弘圖姜曰廣代之，而謙益先入金陵，亦謀迎潞王，又心昧之矣。

夏彝仲幸存録云：

錢謙益雖家居，往來江上，亦意在潞藩。（此條上已引。）

談遷棗林雜俎仁集逸典類「異議」條云：

錢謙益侍郎觸暑步至膠東（指高弘圖）第中，汗渴解衣，連沃豆湯三四甌。問所立，膠東曰，福藩。色不懌，即告别。膠東留之曰，天子毋容抗也。錢悟，仍坐定。遽令僕市烏帽，謂：我雖削籍，嘗經赦矣。候駕江關，諸臣指異之。監國初，復官。八月入朝，陰附貴陽，（指馬士英）日同朱撫寧〔國弼〕，劉誠意〔孔昭〕，趙忻城〔之龍〕，張冢宰捷，阮司馬大鋮，聯疏訐異議者。膠東解相印，欲卜居虞山，謙益恐忤貴陽，卻之，且不祖送。

可爲牧齋在福王即位以前已先入南京之一旁證。然則牧齋先至南京預謀擁立潞王之後，始還常熟，坐待機會耶？兹姑不深究其遲滯不前之故，惟有一事可以決言者，即河東君之至南都，當與牧齋同行赴任。計其抵都之日，至早亦必在七月下旬之末，距臥子准假還家之時，僅十餘日。陳錢交誼素篤，觀臥子自撰年譜崇禎十年丁丑條略云：

會吴中奸民張漢儒訐奏錢牧齋瞿稼軒以媚政府。有旨逮治。予與錢瞿素稱知己。錢瞿至西郊，朝士未有與通者，予欲往見，僕夫曰，較事者耳目多，請微服往。予曰，親者無失其爲親，無傷也。冠蓋策馬而去，周旋竟日乃還。其後獄急，予頗爲奔奏。（寅恪案，蓼齋集肆貳有「上牧齋年伯於獄中」五古一首，然則不獨臥子即舒章亦與牧齋交誼甚篤也。）

及陳忠裕全集壹壹湘真閣稾「東皐草堂歌」序云：

東皐草堂者，給諫瞿稼軒先生别墅也。丙子冬奸民奉權貴意，訐錢少宗伯及先生下獄。

賴上明聖，越數月而事得大白。我友吴駿公太史作東皋草堂歌以記之。時予方廬居，駿公以前歌見寄，因爲屬和。辭雖不工，而悲喜之情均矣。

然則錢陳兩人之舊日關係，既如臥子所自述，牧齋之赴南都就禮部尚書任，復經臥子之催促，故錢陳此次兩人同在金陵，雖爲時甚短，揆以常情，必無不相見之理。儻臥子造訪牧齋，或牧齋招宴臥子，不知河東君是否采取如對待李存我之方式，以對待臥子，抑或如元微之鶯鶯傳所載，鶯鶯適人後，張生求與相見，終不爲出，賦詩謝絶。今日俱無從得悉。若河東君採取雙文對待張生之方式，以對待臥子者，則雙文詩「棄置今何道，當時且自親。還將舊時意，憐取眼前人」之「眼前人」，即臥子崇禎十四年辛巳所納之沈氏。但不知此宜男之良家女，（見臥子年譜後附王澐撰三世苦節傳。）能及崇禎六年癸酉秋間白龍潭舟中，八年乙亥春間生生庵南樓中舊時「眼前人」百分之幾耶？噫！吾人今日追思崔張楊陳悲歡離合之往事，益信社會制度與個人情感之衝突，誠如盧梭王國維之所言者矣。寅恪曾寄答朱少濱叟師轍絶句五首，不僅爲楊玉環李三郎陳端生范菼道，兼可爲河東君陳臥子道。兹附録之於下，以博讀者一笑。

甲午春朱叟自杭州寄示觀新排長生殿傳奇詩，因亦賦答絶句五首。

近戲撰「論再生緣」一文，故詩語牽連及之也。

洪死楊生共一辰。美人才士各傷神。白頭聽曲東華史，（叟自號「東華舊史」。）唱到興亡便掩巾。

淪落多時忽值錢。霓裳新譜聖湖邊。文章聲價關天意，搔首呼天欲問天。（用再生緣語。）

豔魄詩魂若可招。曲江波接浙江潮。玉環已遠端生近，瞑寫南詞破寂寥。

一抹紅牆隔死生。百年悲恨總難平。我今負得盲翁鼓，説盡人間未了情。

豐干饒舌笑從君。不似遵朱頌聖文。願比麻姑長指爪，儻能搔著杜司勳。

又檢陳忠裕全集壹柒七律補遺「乙酉上元滿城無燈」云：

江皐夜色徧烽屯。鼓吹聲銷萬户春。幕府但聞嚴戍火，冶城不動踏歌塵。九枝瓊樹沈珠箔，半榻香風散錦茵。獨有淒涼霜塞月，偏乘畫角照杯頻。

寅恪案，前論宋尚木弘光乙酉元夕集牧齋齋中「張燈陳樂觀魚龍之戲」詩，謂此夕盛會或有李待問在座之可能。尚木存我臥子三人同爲河東君雲間舊友，而陳李與河東君之交誼，時間尤爲長久，儻讀者取尚木臥子兩人同時異地所賦之詩以相對照，則是夕南宗伯署中（參前引有學集貳拾贈黃皆令序。）與松江城内普照寺西之宅内（見王澐雲間第宅志「陳工部所聞給諫子龍宅」條。）一熱一冷之情景大有脂硯齋主（寅恪案，脂硯齋之别號疑用徐孝穆玉臺新詠序「然脂暝寫」之典，不知當世紅專名家以爲然否？）評紅樓夢「壽怡紅羣芳開夜宴」回中，「芳官嚷熱」一節之感慨。（見脂硯齋重評石頭記庚辰四閲評過本陸叁回。）唯脂硯齋主則人同時異，而潁川明逸（見王澐續臥子年譜順治二年乙酉八月條後附案語。）則時同人異，微有區别而已。至續幸存録於阮大鋮有恕辭，論者或據以爲幾社與復社不同之點在此。今觀臥子自撰年譜「崇禎十七年甲申」條，涉及馬士英之語，則知幾社領袖如陳氏者，其對阮氏之態度，實無異復社。或説之未當，不待詳辨矣。

抑更有可論者，宋徵璧含真堂集陸「予以病請假，戲摘幽蘭緘寄大樽」云：

> 采采緘題寄所思。水晶簾幙弄芳姿。朱絃乍奏幽蘭曲，郢客長吟白雪詞。君子名香心自賞，美人皋佩意何遲。巖阿寂寂堪招隱，不信東風有别離。

寅恪案，此詩之作成當在弘光元年二月丙寅即十三日，准臥子終養後不久之時間。蓋尚木得知此訊，故賦詩寄臥子。觀七八兩句及蘭花開放季節可以證明。其緘封蘭花，與崇禎六年癸酉寒日兩人同在北京待會試時，臥子臥病因緘封臘梅花一朵以表慰問之意者，正復相似。（見陳忠裕公全集陳李唱和集「寒日臥邸中讓木忽緘臘梅花一朵相示」五古及本文第叁章所論。）不過前時爲臥子臥病旅邸，此時則爲尚木以病請假，略爲不同。宋氏往往緘封花朵，寄慰友人，何其喜作此兒女子之戲，豈當日習俗如是耶？俟考。以常情論，臥子必有答宋氏之篇什。今檢陳氏詩集未發見有類是之作。唯陳忠裕公集貳拾詩餘中有念奴嬌「春雪詠蘭」一闋，雖未能確定其何時所賦，但必是與尚木寄詩時相距不久之作，故疑是因宋氏之詩有所感會而成。此闋甚佳，因迻録之於下。其詞云：

問天何意，到春深，千里龍山飛雪。解珮淩波人不見，漫説蕋珠宮闕。楚殿烟微，湘潭月冷，料得都攀折。嫣然幽谷，只愁又聽啼鴂。　當日九畹光風，數莖清露，纖手分花葉。曾在多情懷袖裏，一縷同心千結。玉腕香銷，雲鬟霧掩，空贈金跳脱。洛濱江上，尋芳再望佳節。

又含真堂集陸有「柬大樽」七律云：

時同侍從武英，陳曰，所謂君隨丞相後，吾住日華東。予答曰，不若婉孌崑山陰。

何期束髮便相親，百尺樓邊美卜隣。十載浮沈隨木石，一時憔悴識君臣。東風苦雨愁啼鴂，南浦扁舟問采蓴。知有崑陰堪婉孌，可容觴詠倦遊人。

寅恪案，此詩作成當在弘光元年春暮或即詶答臥子念奴嬌「春雪詠蘭」詞亦未可知。蓋兩人詩詞中其語意可以互相證發也。檢陳忠裕全集貳陸宋尚木詩稿序云：

予與尚木同里閈稱無間，相倡酬者，幾二十年。自予治獄東土，而尚木往來舊都，蓋四五祀不數見也。今上定鼎金陵，而兩人皆以侍從朝夕立殿上，退則各入省治事。諸公相過從報問，忽忽日在桑榆間矣。予既廢筆墨，而尚木亦未見所謂吟詠者。及予請急東歸，明年尚木以奉使過里門，則出新詩數卷見示。

及嘉慶修松江府志伍陸宋徵璧傳云：

宋徵璧字尚木，華亭人，懋澄子。初在幾社中名存楠。崇禎十六年進士，授中書，充翰林院經筵展書官，奉差督催蘇松四府柴薪銀兩，未復命，以國變歸里。

頗疑尚木將往蘇松四府督催柴薪銀兩時，先以此詩柬大樽，故第陸句有「南浦扁舟問采蓴」之語。「南浦」指松江而言。第捌句「可容觴詠倦遊人」之「倦遊」，出史記壹壹柒司馬相如傳「長卿故倦遊」。裴駰集解引郭璞曰「厭游宦也。」漢書伍柒司馬相如傳王先謙補注曰：「倦游謂游宦病免而歸耳。言其曾爲官也。」葵園即襲用景純之解，而不著其名。尚木以長卿自比，謂將因奉使歸里也。宋氏賦詩之時，當在弘光元年暮春。其至松江，以所作詩稿示臥子，屬爲之序，未及復命，而南都傾覆矣。尚木此詩所言，可與臥子所作「宋尚木詩稿序」所述兩人同在南都供職時事相印證。故尚木詩題序所言，即崇禎十七年甲申六月望後至八月十一日間陳宋兩人之情況，讀者不可誤會，以爲尚木賦此詩時之事也。尚木詩題序中引臥子之語，出杜工部集拾「奉答岑參補闕見贈」五律第壹聯。蓋是時尚木任中書舍人，臥子任兵科給事中，正與杜岑當日情事符合。詳見諸家杜詩注，不須贅述。尚木答語出文選貳肆陸士衡「贈從兄車騎」五古，其詩云：

孤獸思故藪，離鳥悲舊林。翩翩遊宦子，辛苦誰爲心。髣髴谷水陽，婉孌崑山陰。營魄懷兹土，精爽若飛沈。寤寐靡安豫，願言思所欽。感彼歸塗艱，使我怨慕深。安得忘歸草，言樹背與衿。斯言豈虚作，思鳥有悲音。

尚木詩語意全從士衡此篇得來，故不避鈔胥之嫌，特迻録之，并以見幾社名士之熟精選理及玩習盛唐詩什之一斑也。

當南都錢柳得意之際，河東君男性舊友如李存我宋尚木二人確有相與往來之事蹟，陳臥子是否亦有一見之機緣，尚待研考。其他男性故交，更不易詳知矣。至女性朋輩，則據前引牧齋「贈黄皆令序」中「南宗伯署中閑園數畝，老梅盤拏，柰子花如雪屋。烽烟旁午，訣别倉皇」等語，知皆令自弘光元年正月至五月，必在南都留宿禮部尚書署中，爲河東君之女伴兼作牧齋之清客。或者錢柳崇禎十七年甲申秋季，就南宗伯任時，皆令即已隨行。若不然者，皆令倣傚程孟陽至常熟伴牧齋度歲之成例，亦至南都伴河東君度歲。今以缺乏資料，無從詳考。但有可注意之一事，即皆令留居錢柳家中，河東君璧還門郎玉篆之際，能否從青瑣中窺見是夕筵上存我及牧齋并諸座客之面部表情如何耳。一笑！

明南都傾覆，牧齋迎降清兵，隨例北遷。關於錢氏此時之記載頗多，有可信者，有不可信者。但其事既絶不涉及河東君，非本文主旨所在，若一一詳加考辨，則不免喧賓奪主。故皆從省略。上引顧苓河東君傳云：

乙酉五月之變，君勸宗伯死，宗伯謝不能。君奮身欲沈池水中，持之不得入。其奮身池上也，長洲明經沈明掄館宗伯寓中見之，而勸宗伯死，則宗伯以語兵科都給事中寶豐王之晉，之晉語余者也。是秋宗伯北行，君留白下。宗伯尋謝病歸。

同治修蘇州府志捌捌沈明掄傳云：

沈明掄字伯敍。精春秋，得安成聞喜之傳，與同里徐汧李模鄭敷教友善，從游甚衆。崇禎癸酉以恩貢中順天副榜。乙酉亂後，授徒自給。三一餘乍卒。

重刻雍正修河南通志伍貳選舉貳明天啓五年乙丑科余煌榜載：

王之晉，寶豐人，給事中。

寅恪案，云美特記南都傾覆時河東君欲自沈，并勸宗伯死一事，備列人證，所以明其非阿私虛構，有類司馬温公撰涑水紀聞之體，故吾人今日可以信其爲實録也。復次，顧公燮消夏閑記選存「柳如是」條云：

宗伯暮年不得意，恨曰，要死，要死。君叱曰，公不死於乙酉，而死於今日，不已晚乎？柳君亦女中丈夫也哉！

虞陽説苑本牧齋遺事云：

乙酉五月之變，柳夫人勸牧翁曰，是宜取義全大節，以副盛名。牧齋有難色。柳奮身欲沈池中，（原注：瞿本有「牧翁」二字。一本「牧翁」下有「抱」字。）持之不得入。是時長洲沈明掄館於尚書家，親見其事，歸説如此。後牧齋偕柳游拂水山莊，見石澗流泉，澄潔可愛，牧齋欲濯足其中，而不勝前卻，柳笑（原注：一本有「而戲語」三字。）曰，此溝渠水，豈秦淮河耶？牧翁有恧容。

寅恪案，消夏閑記及牧齋遺事所記，與河東君及牧齋之性格，一詼諧勇敢，一遲疑怯懦，頗相符合。且秦淮河復在南都，雖略異顧氏所述，頗亦可信。至若蘼蕪紀聞引掃軌閑談云：

乙酉王師東下，南都旋亡。柳如是勸宗伯死，宗伯佯應之。於是載酒尚湖，徧語親知，謂將效屈子沈淵之高節。及日暮，旁皇凝睇西山風景，探手水中曰，冷極奈何！遂不死。

則尚湖西山皆在常熟，當南都傾覆時，錢柳二人皆在白下，時間地域，實相衝突。此妄人耳食之談，不待詳辨。

關於牧齋北行，河東君獨留白下，此時間發生之事故，殊有可言者，兹擇録資料略論之於下。牧齋投筆集遵王箋注上後秋興之三「八月初十日小舟夜渡惜别而作」八首之五云：

水擊風摶山外山。前期語盡一杯間。五更噩夢飛金鏡，千疊愁心鎖玉關。人以蒼蠅汙白璧，天將市虎試朱顔。衣朱曳綺留都女，（寅恪案，有學集拾紅豆二集「衣朱」作「衣珠」非是。蓋傳寫者誤以此詩第陸句有「朱」字，故改作「珠」。不知昔人作今體詩不嫌重字。觀錢柳諸作，即可證知也。）羞殺當年翟茀班。

寅恪案，牧齋此首乃總述其南都傾覆隨例北遷，河東君獨留白下時所發生之變故，并爲之洗滌，且加以温慰也。遵王注牧齋此題第壹首第捌句「樂府偏能賦藁砧」引吴兢樂府古題要解下云：

藁砧今何在，藁砧砆也。問夫何處也。山上復有山，重山爲出字，言夫不在也。何當大刀頭，刀頭有環，問夫何時還也。破鏡飛上天，言月半當還也。

其實牧齋喜用此典，不限於第壹首，即此首第壹句「山外山」，第叁句「飛金鏡」皆同一出處也。第貳句「前期」遵王注云：「謝玄暉别范安成詩，生平少年日，分手易前期。」檢謝朓集中無此詩，此詩乃沈約之作，（見漢魏百三名家集沈隱侯集及丁福保全梁詩沈約詩。）遵王偶誤記，以沈爲謝耳。休文此詩全部語意與牧齋此句有關，遵王僅引兩句，未能盡牧齋之所欲言。如牧齋之「語盡一杯」即休文之「勿言一樽」，非引沈氏全詩，則不得其解。兹迻録之於下，以見注詩之難也。沈約「别范安成」詩云：

生平少年日，分手易前期。及爾同衰暮，非復别離時。勿言一樽酒，明日難重持。夢中不識路，何以慰相思。

牧齋詩第叁句，即古樂府「破鏡飛上天」之典并寓樂昌公主破鏡待重圓之意。遵王注引李白答高山人詩「太微廓金鏡，端拱清遐裔」爲釋。「金鏡」用字雖同，所指則非也。第肆句合用東坡集壹柒「書王定國所藏煙江疊嶂圖王晉卿畫」七古「江上愁心千疊山，浮空積翠如雲煙」句及全唐詩第叁函李白伍子夜吴歌中「秋歌」云：

長安一片月，萬户擣衣聲。秋風吹不盡，總是玉關情。何日平胡虜，良人罷遠征。

蓋當錢柳分别，正值秋季，（見顧苓河東君傳「是秋宗伯北行」之語。又有學集壹秋槐集第壹題「詠同心蘭四絶句」其四云：「花發秋心賽合歡。秋蘭心好勝春蘭。花前倒掛紅鸚鵡，恰比西方共命看。」此題乃牧齋乙酉秋間北行時别河東君於南京時之作，可爲旁證也。）「玉關」即李之「玉關情」，且與李之「平胡虜」有關。遵王注太泛，非好學深思心知其意者也。第貳聯言河東君本無「昵好於南中」之事，即離騷「衆女嫉余之蛾眉兮，謡諑謂余以善淫」，并王逸注及洪興祖補注之意。河東君精通楚辭文選，又曾在周道登家爲念西羣妾所譖，幾至殺身。今觀牧齋詩句，寬廣温慰之情，深切如此，其受感動應非常人之比，抑更可知也。第柒句「留都女」指河東君。第捌句「翟茀班」指王覺斯輩之眷屬。謂當日諸降臣之妻皆隨夫北行，河東君獨不肯偕牧齋至燕都。即此一端，足以愧殺諸命婦矣。

至於孫愛告殺河東君有關之鄭某或陳某事如徐樹丕識小録肆「再記錢事」條云：

柳姬者與鄭生姦，其子殺之。錢與子書云「柳非鄭不活，殺鄭是殺柳也。父非柳不活，殺柳是殺父也。汝此舉是殺父耳」云云。真正犬豕猶然視息于天地間。再被□□，再以賄免，其家亦幾破矣。己丑春自白門歸，遂攜柳復歸拂水焉，且許以畜面首少年爲樂，蓋「柳非鄭不活」一語，已明許之矣。

王澐輞川詩鈔肆虞山柳枝詞十四首之十三云：

芙蓉莊上柳如緜。秋水盈盈隱畫船。夜静禿鶖啼露冷。文鴛常逐野鷗眠。

荷牐叢談叁「東林中依草附木之徒」條云：

當謙益往北，柳氏與人通姦，子憤之，鳴官究懲。及歸，怒駡其子，不容相見。謂國破君亡，士大夫尚不能全節，乃以不能守身責一女子耶？此言可謂平而恕矣。

牧齋遺事柳姬小傳（此傳上文於第叁章論河東君嘉定之遊節已引。）云：

閒有遠騁，以娛其志，旋殪諸狴犴不惜也。至北兵南下，民於金陵歸款，姬蹀躞其間，聆觱篥之雄風，沐貔貅之壯烈。其於意氣，多所發抒云。不再閏而民以緣事北行，姬昵好於南中，子孝廉公恧甚，謀瘞諸獄。民歸而姬不自諱，喪以喪夫之禮。民爲之服浣牏濡沫，重以厥子爲弗克負荷矣。民雖里居，平日顧金錢，招權利，大爲姬歡。微吟響答，不啻咽三台之瑞露，咀九畹之靈芝，公諸殺青，以揚厲其事，而姬亦與益豪，情益蕩，揮霍飆忽，泉湧雲流。面首之樂，獲所願焉。

李清三垣筆記中云：

若錢宗伯謙益所納妓柳隱，則一狎邪耳。聞謙益從上降北，隱留南都，與一私夫亂。謙益子鳴其私夫於官，杖殺之。謙益怒，屏其子不見。語人曰，當此之時，士大夫尚不能堅節義，况一婦人乎？聞者莫不掩口而笑。

虞陽説苑乙編虞山趙某撰居亭雜記（參牧齋遺事附趙水部雜記四則之四。）云：

錢受之謙益生一孫。生之夕，夢赤脚尼解空至其家。解空乃謙益妻陳氏平日所供養者。孫生八歲，甚聰慧。忽感時疫，云有許多無頭無足人在此。又歷歷言人姓名。又云，不是我所作之孽。謙益云，皆我之事也。於中一件爲伊父孫愛南京所殺柳氏姦夫陳姓者，餘事秘不得聞。其孫七日死。果報之不誣如是。

寅恪案，前論河東君嘉定之遊節，引柳姬小傳謂河東君輕鄙錢氏宗族姻戚。故告殺鄭某或陳某，雖用孫愛之名義，然主持其事者當是陳夫人黨遵王之流。至若孫愛，性本怯懦，又爲瞿稼軒孫婿，其平日與河東君感情不惡，後來河東君與其女遺囑有：「我死之後，汝事兄嫂如事父母。」之語可證。牧齋痛罵孫愛，亦明知其子不過爲傀儡，罵傀儡，即所以罵陳夫人黨也。牧齋罵孫愛之原書，今不可見。依活埋庵道人所引，則深合希臘之邏輯。蒙叟精於内典，必通佛教因明之學，但於此不立聖言量，尤堪欽服。依明州野史蘭翁所述，則一掃南宋以來貞節僅限於婦女一方面之謬説。自劉宋山陰公主後，無此合情合理之論。林氏乃極詆牧齋之人，然獨許蒙叟此言爲平恕，亦可見錢氏之論，實犂然有當於人心也。

關於牧齋順治三年丙戌自燕京南還，有無名子虎邱石上題詩，涉及陳臥子及河東君一事。兹先迻録原詩并莊師洛考證，復略取其他資料參校，存此一重公案，留待後賢抉擇。譾陋如寅恪，固未敢多所妄言也。

陳忠裕全集壹柒七律補遺「題虎邱石上」（談遷棗林雜俎和集叢贅「嘲錢牧齋」條云：「或題虎邱生公石上寄贈大宗伯錢牧齋盛京榮歸之作。」共載詩兩首。前一首見下，後一首云：「錢公出處好胸襟。山斗才名天下聞。國破從新朝北闕，官高依舊老東林。」寅恪案，此首或非七絶，而是七律之上半，其下半爲傳者所遺忘耶？俟考。）云：

入洛紛紛興太濃。（談書「興太」作「意正」。董含蓴鄉贅筆壹「詩諷」條及鈕琇觚賸壹吴觚上「虎邱題詩」條，「紛紛」俱作「紛紜」。）蓴鱸此日又相逢。（諸本皆同。）黑頭早已羞江總，（鈕書同。「早已」談書作「已自」，董書作「已是」。）青史何曾用蔡邕。（談書董書俱同。鈕書「幸」作「尚」。）今歸應愧賣盧龍。（「歸」董書同，談書鈕書俱作「來」。陳集「愧」下注云：「一作悔。」談書董書鈕書俱作「悔」。）最憐攀折章臺柳，（董書同。鈕書「最」作「可」，「攀」作「折」，「折」作「盡」。談書「章臺」作「庭邊」。）憔悴西風問阿儂。（「憔悴西」談書作「撩亂春」，董書作「撩亂秋」，鈕書作「日暮東」。「問」談書董書俱同，鈕書作「怨」。）

陳集此詩後附考證云：

〔董含〕蓴鄉贅筆（壹詩諷條），海虞錢蒙叟爲一代文人，然其大節或多可議，本朝罷官歸，有無名氏題詩虎邱以誚之云云。錢見之，不懌者數日。（寅恪案，董含三岡識略壹「詩諷」條内容全同。其實二者乃一書而異名耳。）

又附案語云：

此詩徐雲將（世禎）鈕玉樵（琇）俱云是黄門作，但細玩詩意，語涉輕薄，絶不類黄門手筆。姑存之，以俟博雅審定。

寅恪案，此詩融會古典今典，辭語工切，意旨深長，殊非通常文士所能爲。兹先證釋其辭語，然後考辨其作者。但辭語之關於古典者，僅標其出處，不復詳引原文。關於今典者，則略徵舊籍涉及詩中所指者，以證實之。此詩既綰紐柳錢陳三人之離合，而此三人，乃本文之中心人物。故依前論釋臥子滿庭芳詞之例，校勘諸本文字異同，附注句下，以便抉擇。若讀者譏爲過於煩瑣，亦不敢逃罪也。

虎丘詩第壹句，其古典出文選貳陸，陸士衡赴洛詩二首及赴洛道中作二首並晉書伍肆陸機傳及玖貳張翰傳等。今典則明南都傾覆，弘光朝士如王覺斯錢牧齋之流，皆隨例北遷。「興太濃」三字，指他人或可，加之牧齋，恐未必切當。觀牧齋後來留燕京甚短，即託病南歸，可以推知也。

虎丘詩第貳句，其古典亦出晉書張翰傳，世所習知。今典則清史列傳柒玖，貳臣傳錢謙益傳云：

> 順治二年五月豫親王多鐸定江南，謙益迎降，尋至京候用。三年正月命以禮部侍郎管秘書院事，充修明史副總裁。六月以疾乞假，得旨，馳驛回籍，令巡撫視其疾痊具奏。（可參民國二十六年五月廿九日中央時事周報第陸卷第貳拾期黃秋岳濬花隨人聖盦摭憶論太后下嫁條。寅恪案，清初入關，只認崇禎爲正統，而以福王爲偏藩，故漢人官銜皆以崇禎時爲標準。黃氏所引證雖多，似未達此點。）

及東華録貳云：

> 順治三年六月甲辰秘書院學士錢謙益乞回籍養病，許之，仍賜馳驛。

牧齋此次南歸，清廷頗加優禮，既令巡撫視其疾痊具奏，則還家時必經蘇州見當日之巡撫。此時江寧巡撫爲土國寶。牧齋留滯吴門，或偶游虎丘，亦極可能。檢牧齋外集壹載「贈土開府誕日」七律三首，詩頗不佳，或是門客代作。其第壹首第陸句「愛日催開雪後梅」。第貳首第柒句「爲報懸弧春正永」。可知國寶生日在春初。第叁首第壹句「兩年節鉞惠吾吴」。據清史稿貳佰柒疆臣年表伍各省巡撫江寧欄云：

順治二年乙酉。土國寶七月乙卯巡撫江寧。

三年丙戌。土國寶。

四年丁亥。土國寶二月丁酉降。三月己未周伯達巡撫江寧。劉今尹署。

五年戊子。周伯達閏四月甲寅卒。五月壬午土國寶巡撫江寧。

六年己丑。土國寶。

七年庚寅。土國寶。

八年辛卯。土國寶十月丙辰罷，十二月丁巳自縊。丁卯周國佐巡撫江寧。

乾隆修江南通志貳佰伍職官志文職門云：

張文衡。通省按察使司。開平衛人。廩生。順治四年任。

土國寶。通省按察使司。大同人。順治四年任。

夏一鶚。通省按察使司。正藍旗人。生員。順治五年任。

牧齋詩既作於春初，其「兩年」之語，若從順治二年算起，則有兩可能。一爲自二年七月至三年春初。二爲自二年七月至四年春初。前者之時期，應是牧齋尚留北京寄贈此詩。後者之時期，即牧齋乞病還家不久所作。或牧齋過蘇時贈詩預祝生日，亦有可能。觀此詩題，既曰「贈」，又曰「誕日」，豈此詩具有贄見及上壽之兩用歟？無論如何，牧齋此際必與士氏相往來，可以推知也。

虎丘詩第叁句，其古典出杜工部集拾「晚行口號」詩「遠媿梁江總，還家尚黑頭」，并陳書貳柒及南史叁陸江總傳。今典則略須考釋，蓋牧齋由北京還家，除應會試丁父憂不計外，前後共有四次。第壹次在天啓五年乙丑，以忤閹黨還家，時年四十四。第貳次在崇禎二年己巳，以閣訟終結歸里，時年四十八。第叁次在崇禎十一年戊寅，因張漢儒誣告案昭雪，被釋放還，時年五十七。（寅恪案，潘景鄭君輯絳雲樓題跋引張大鏞自怡悦齋書畫録所載「祝枝山書格古論卷」一則。其文有「歲戊寅，漫游廣陵」及「時三月既望，漏下二刻，剪燭爲之記」等語。殊不知牧齋此時尚在北京刑部獄中，何能具分身法，忽游揚州耶？其爲僞撰，不待詳辨也。）第肆次在順治三年丙戌，降清北遷後，乞病回籍，時年六十五。即虎丘題詩之歲也。（可參葛萬里金鶴沖所撰牧齋兩年譜。）由是言之，虎丘詩此句所指，若釋爲第壹次或第貳次，則牧齋年未及五十，「黑頭」句欠妥。若釋爲第叁次或第肆次，則「早已」二字亦不切。殆此詩作者，未詳知牧齋四次還家之年齡所致耶?儻從董氏書所載，作「已是」，固無語病，但以詩論，似不及作「早已」較有意趣，斯亦不必拘泥過甚也。

虎丘詩第肆句，其古典出後漢書列傳伍拾下蔡邕傳。伯喈博學好辭章，正定六經文字，爲一代儒宗，以忤閹宦，謫戍亡命。後爲董卓識拔，以傷痛卓死之故，爲王允收付廷尉治罪。請免死，續成漢史，終不見許，死於獄中。此與牧齋之「學貫天人」，爲「當代文章伯」，早年已成太祖實録辨證五卷，以見惡於魏忠賢黨罷官，後由馬士英之推薦起用。前後情事，約略相似，殊非泛用典故也。其今典則國榷壹佰肆載：「弘光元年乙酉二月壬申南京禮部尚書錢謙益求退居修國史，即家開局。不許。」（可參李清三垣筆記下「錢宗伯謙益博覽羣書」條及上引曹溶「絳雲樓書目題辭」等。）及清史列傳柒玖，貳臣傳錢謙益傳載：「順治三年正月命以禮部侍郎管秘書院事，充修明史副總裁。」此爲牧齋於明末清初兩次欲修史，而未能成就之事實也。關於牧齋有志修史之材料頗多，如有學集壹肆「啓禎野乘序」引黄石齋臨死之言，「虞山尚在，國史猶未死也」。（可參同書肆柒題程穆倩卷：「漳海畢命日，猶語所知，虞山不死，國史未死也」之語。）可見牧齋自負之一斑，其他不煩廣徵。

虎丘詩第伍句，其古典出新唐書壹肆拾裴遵傳附樞傳。其今典則牧齋爲明末清流，但幸免於上所論首三次之禍也。

虎丘詩第陸句，其古典出三國志魏志壹壹田疇傳。其今典則指此次牧齋南還過蘇州之事也。鄙意此句鈕書「歸」作「來」，疑較近真。蓋前引東山訓和集河東君「我聞室呈牧翁」詩有「此去柳花如夢裏，向來烟月是愁端」一聯。河東君爲幾社女社員，其早歲賦詩，多受松江派之影響。此虎丘詩是否出自大樽，雖待考實，然觀其辭句，如「昔去」「今來」一聯，必爲雲間幾社流輩之作品，似無可疑也。

虎丘詩第柒第捌兩句，其古典俱出太平廣記肆捌伍許堯佐柳氏傳及孟棨本事詩情感類「韓翊（翃）少負才名」條。其文云：

〔韓翃〕以良金置練囊中寄之，題詩曰，章臺柳，章臺柳，往日依依今在否。縱使長條似舊垂，亦應攀折他人手。柳復書，答詩曰，楊柳枝，芳菲節。可恨年年贈離别。一葉隨風忽報秋，縱使君來豈堪折。

第柒句用君平詩，第捌句用柳氏詩。但鈕書作「日暮東風怨阿儂」，則竟認其出處爲杜牧之「金谷園」詩（見全唐詩第捌函杜牧陸。）此詩云：

繁華事散逐香塵。流水無情草自春。日暮東風怨啼鳥，落花猶似墮樓人。

不獨此時牧齋無季倫被收之禍，河東君無緑珠墮樓之事，且樊川詩中「春」及「東風」更與

「題虎丘石上」詩之季節不合。况虎丘詩第貳句用張翰傳,「翰因見秋風起,乃思吴中菰菜蓴羹鱸魚膾」之語,又相違反耶?七八兩句之今典,即前述牧齋隨例北遷,河東君獨留南都時,其仇人怨家,以孫愛名義鳴其私夫鄭某或陳某於官,而杖殺之之事。此事當時必已徧傳。故林藹庵謂江南有老王八之謡。作虎丘詩者因得舉以相嘲也。解釋虎丘詩之辭語既竟,請略考其作者。王昶莊師洛編輯陳忠裕公全集,於此詩作者爲何人,不敢决定。蓋以其「語涉輕薄,絶不類黄門手筆」之故,似頗有理。兹就牧齋及卧子兩人之行踪,即順治三年丙戌秋間兩人是否俱在蘇州一點推之,然後可以解釋王莊兩氏之疑問。前據清史列傳牧齋傳及東華録順治三年六月甲辰條,知牧齋順治三年由北京返常熟,必經過蘇州,稍有滯留。又綜合錢曾有學集詩注壹秋槐集「丙戌七夕有懷」云:

閣道垣牆摠罷休。天街無路限旄頭。(寅恪案,康熙甲辰本「限旄頭」作「接清秋」,康熙乙丑本作「望樓頭」,俱非牧齋原文。蓋此詩第壹第貳兩句,實用史記天官書,遵王已詳注之矣。)生憎銀漢偏如舊,(寅恪案,「銀漢」甲辰乙丑兩本,俱作「銀漏」,是。若作「銀漢」,則與下句「天河」二字,語意重複,不可通。蓋「銀漏」二字,出王勃乾元殿頌「銀漏與三辰合運」之典,見蔣清翊王子安集注壹肆。牧齋詩意謂己身此時尚留北京朝參也。)横放天河隔女牛。(寅恪案,范鍇華笑廎雜筆壹黄梨洲先生批錢詩殘本條云：「牧翁丙戌七夕有懷，意中不過懷柳氏，而首二句寄意甚遠。」今推梨洲之意，所以深賞此詩者，蓋太沖夙精天算之學，而此詩首二句用星宿之典，以指南都傾覆，建州入關之事，甚爲切合之故。黄錢二人關係密切，所言自較金鶴沖附會之説，爲可信也。詳見金氏錢牧齋先生年譜丙戌隆武二年條。）

及此題後，即接以「丙戌初秋燕市別惠〔世揚〕房〔可壯〕二老」（甲辰乙丑兩本，無「丙戌初秋」四字。）七律兩詩推之，可知牧齋於順治三年夏，以病乞歸，其離北京之時間，至早亦在是年七月初旬以後。到達蘇州時，當在八月間。若少有滯留，則九月間尚在吴門。此牧齋踪跡之可考見者也。據陳忠裕公全集王勝時補撰年譜下，順治三年丙戌條，附録中載，王澐宋轅文選唐五言古詩跋略云：「丙戌秋師遊虎丘，遇吴門朱雲子論詩。師歸〔富林〕語予。」（寅恪案，雲子名隗，長洲人。事蹟見同治修蘇州府志捌捌本傳。東山詶和集貳選録其次韻牧齋前七夕詩四首，頗爲不少。鄙意諸詩不甚佳，故第肆章未論述之。）此卧子踪跡之可考見者也。然則錢陳二人，確有於順治三年丙戌秋間同在蘇州之事，而卧子又於此時曾遊虎丘，故「題虎丘石上」詩，其作者之爲卧子，實有可能。復玩詩中辭語，乃屬於幾社一派。幾社高才如李舒章，是時正在北京。宋轅文方干進新朝，其非李宋所作，不待多論。由是言之，虎丘詩縱非卧子本身所作，恐亦是王勝時輩所爲，而經卧子修改，遂成如此之佳什歟？（寅恪案，王澐輞川詩鈔陸「虞山柳枝詞」十四首之九云：「夢到華胥異昔時。覺來猶幸夕陽遲。虎邱石上無名氏，便是虞山有道碑。」自注云：「丙戌錢罷官南歸，有無名氏題詩虎邱石上，載詩話中。」可供參證。）鄙陋之見，未敢自信。今日博識君子當有勝解更出王莊之上者，尚希有以賜教也。

又顧云美東澗遺老錢公別傳略云：

〔弘光元年〕五月初十辛卯夜，上出狩。北軍挾之去。（寅恪案，「之」字指牧齋。）以前資浮沈數月，自免歸。送公歸者，起兵山東，被獲，因得公手書，并逮公。鋃鐺三匝，至北乃解歸。

寅恪案，送牧齋歸者之姓名，顧氏未明言。近鄧之誠先生清詩紀事初編叁「錢謙益」條云：

〔順治〕三年正月授秘書院學士兼禮部侍郎。明史副總裁。六月以疾歸。是時法令嚴，朝官無敢謁假者，謙益竟馳驛回籍。歸遂牽連淄川謝陞案，鋃鐺北上。傳言行賄三十萬金，得幸免。賄雖無徵，後來謙益與人書，屢言匱乏，貧富先後頓異，未爲無因矣。

今檢清史列傳柒玖謝陞傳（參清史稿貳肆肆金之俊傳附謝陞傳。）云：

〔順治〕二年正月陞以疾劇，乞假。命太醫診視。二月卒。

據此，謝陞病逝時，牧齋尚在南京，任弘光帝之禮部尚書。順治三年牧齋歸家後被逮北行，非由謝陛所牽累明矣。

又檢國朝耆獻類徵初編肆陸叁載田雯撰謝陛墓誌銘略云：

公姓謝氏，諱陛，字紫宸，號丹楓。系出江西贛縣。明洪武間，十世祖官小旗戍籍德州右衛。甲申李自成陷京師，置賊黨，防禦使閻杰，州牧吴徵文來德，公流涕曰，主亡天下亂，讎可復也。與州人李嗣晟謀誅之。李云，當告諸薦紳先生。公曰，薦紳先生難言之，彼慮事熟，匃萬全也。狐疑敗矣。公仗劍往，衆踊其後，遇盧御史世漼云，于思曷維其來？公弗顧。徵文坐聽事堂，遥望于思，走踰半垣，拔角脱距，遂磔裂之。併執杰誅焉。衆目眩良久，欲散歸。公曰，賊踞京師，散將安往？遂帥衆而北，所在收兵，與江表連和，殺賊雪恥。會世祖章皇帝入關，乃上所收印綬。當國者欲官之，不受，歸。公自此隱矣。知州某，徵文甥也。誅徵文時，匿僧舍免。後成進士，來知州事，思得公而甘心焉。誣以私藏兵器。卒無以害。公優游里閈垂十年，與年七十以上者十人，結爲稀社。

小腆紀傳肆陸義師壹凌駉傳（參小腆紀年附考伍順治元年四月「明貢生馬元騄，生員謝陛。」及「明兵部職方司主事凌駉」等條。）略云：

凌駉字龍翰，歙縣人。崇禎癸未進士。以主事贊畫督師李建泰軍。建泰降賊，駉復臨清濟寧。傳檄山東，遠近響應。於是土寨來歸者甚衆，與德州謝陛遥相應。

又附馬元騄謝陛傳略云：

馬元騄，德州貢生。謝陛，諸生也。奉〔宗室〕帥鈙權稱濟王，移告遠近，殺僞官。兗青登萊諸州皆堅壁自守。陛即南中謁傳以爲故相謝陞者也。

道光修濟南府志伍貳人物捌盧世漼傳略云：

盧世漼字德水。天啓乙丑進士，授户部主事。乞侍養歸，服闋，補禮部改御史。移疾趣歸。甲申之變，世漼與其鄉人擒斬僞牧，倡義討賊。大清兵下山左，以原官徵，病不行。

碑傳集壹叁陸田雯撰盧先生世漼傳略云：

盧世漼字德水，一字紫房。晚稱南村病叟。淶水人。明初徙德州左衛。〔天啓五年乙丑〕登進士第，除户部主事。未幾省母歸，復强起，補禮部，改監察御史。竟移疾去。甲申已後，每揠衣循髮，歌注無聊。掃除墓地，有沈淵荷鍤之意。本朝拜原官，徵詣京師，以病廢辭。癸巳卒於家，年六十六。

牧齋初學集壹佰陸讀杜小箋上略云：

今年夏，（寅恪案，「今年」指崇禎六年癸酉。）德州盧户部德水，刻杜詩胥鈔，屬陳司業無盟寄予，俾爲其敍。

同書壹壹桑林詩集（原注：「起崇禎十年丁丑三月，盡閏四月。」）小序略云：

丁丑春盡，赴急徵。渡淮而北。

同書同卷復載有「將抵德州遣問盧德水」，「德水送芍藥」，「東壁樓懷德水」，「次韻酬德水見贈」等題，並附盧世㴶「上牧齋先生」詩。

寅恪案，徐鼒謂淩駉「傳檄山東。與德州謝陛遥相應」。又謂「陛即南中謁傳以爲故相謝陞」。可知鄧之誠先生謂牧齋「牽連淄川謝陞案」之「謝陞」，乃謝陛之誤。德州府志謂「世㴶與其鄉人擒斬僞牧，倡義討賊」之「鄉人」，當即指謝陛馬元騄等，蓋與謝陛墓誌銘所言同爲一事。惟田雯撰盧先生世㴶傳（見碑傳集壹叁陸文學上之上。）恐有所避諱，不明言之耳。復據上引資料，謝陛盧世㴶二人又皆不受清廷之官職者，自與抗清復明之運動有關也。又牧齋於崇禎十年丁丑因張漢儒之訐控，被逮北上，道經山東，與盧德水頻繁賦詩唱和。以没口居士與南村病叟如是交誼，則其於順治三年丙戌辭官南下，再經山東，亦應有酬和之篇什及來往之書札。由此推之，牧齋於順治三年丙戌七夕後，自北京歸家，被逮北行，必爲謝陛盧世㴶等之牽累，更無疑義。謝氏既被誣以私藏兵器，但不久事白，則牧齋之得免禍，亦事理所當然，而顧云美所謂「送公歸者」，乃指盧氏，抑又可知矣。

吾國文學作品中，往往有三生之説。錢柳之因緣，其合於三生之説，自無待論。但鄙意錢柳之因緣，更别有三死之説焉。所謂三死者，第一死爲明南都傾覆，河東君勸牧齋死，而牧齋不能死。第二死爲牧齋遭黄毓祺案，幾瀕於死，而河東君使之脱死。第三死爲牧齋既病死，而河東君不久即從之而死是也。此三死中，第一死前已論述之，玆僅言第二死。寅恪草此稿有兩困難問題。一爲惠香公案，第肆章曾考辨之矣。一爲黄毓祺之獄，即所謂第二死。今稍詳述此案發生年月之問題，并略陳牧齋所以得脱第二死之假設，以俟讀者之教正。

顧苓河東君傳云：

丁亥三月捕宗伯亟，君挈一囊，從刀頭劍鋩中，牧圉饘橐惟謹。事解，宗伯和蘇子瞻御史臺寄妻韻，賦詩美之，至云，從行赴難有賢妻。時封夫人陳氏尚無恙也。（此節前已引。）

寅恪案，牧齋爲黄毓祺案所牽涉，被逮至金陵。其年月問題，依云美此傳之記載，與牧齋所自言者符合。實則顧氏即據牧齋原詩之序，非别有獨立不同之資料。故此傳此節，亦可視爲牧齋本人自述之複寫，其價值不大也。今就所見官私兩方資料，初不易定其是非，辨其真僞。後詳檢此案文件，終獲得一最有力之證據，始恍然知清代官書未必盡可信賴。但因述及此案諸書中，頗多與官書相合，故亦擇録數條，以便與牧齋己身及其友朋并他人之記載互相參校也。

清世祖章皇帝實録捌叁略云：

順治五年戊子夏四月丙寅朔。辛卯鳳陽巡撫陳之龍奏：自金逆〔聲桓〕之叛，沿海一帶，與舟山之寇，止隔一水，故密差中軍各將稽察姦細，擒到僞總督黄毓祺并家人袁五，搜獲銅鑄僞關防一顆，反詩一本，供出江北窩黨薛繼周等，江南王覺生錢謙益許念元等，見在密咨拏緝。疏入，得旨：黄毓祺著正法，其江北窩賊薛繼周等，江南逆賊王覺生錢謙益許念元等，著馬國柱嚴飭該管官訪拏。袁五著一併究擬。

蔣良騏撰東華録陸云：

〔順治五年四月〕鳳陽巡撫陳之龍疏奏擒僞總督黄毓祺並家人袁五，搜獲銅印一顆，反詩一本。供出江北窩黨薛繼周等，江南王覺生錢謙益許見元等。現在密咨拿緝。得旨，黄毓祺著即正法，其薛繼周王覺生等着嚴飭該管地方官訪拿。袁五一并究擬具奏。

清史列傳柒玖貳臣傳乙陳之龍傳云：

〔順治〕五年奏擒奸人黄毓祺於通州法寶寺。獲僞印及悖逆詩詞。原任禮部侍郎錢謙益，曾留毓祺宿，且許助資招兵。詔馬國柱嚴鞫。毓祺死於獄。謙益辨明得釋。時江西鎮將金聲桓叛，攻陷無爲州巢縣等處。巡撫潘朝選劾之龍不能禦寇，縱兵淫掠。得旨降二級調用。

同書捌拾逆臣傳金聲桓傳略云：

〔順治〕五年正月聲桓與〔王得仁〕合謀，糾衆據南昌叛。詭云明唐王未死，分牒授職，書隆武四年。遣人四出約期舉兵。廣東提督李成棟叛應之。

同書同卷李成棟傳略云：

〔順治〕五年正月江西叛鎮金聲桓遺書招成棟。成棟遂擁衆反，納款由榔，迎之入廣東。於是廣東郡邑皆從叛。

清御批歷代通鑑輯覽壹壹玖附明桂王二略云：

順治五年春正月總兵金聲桓叛，以江西附於桂王由榔。

是月二十五日閉城門，部勒全營，圍〔巡按御史董〕學成官署，殺之。并及副使成大業。執巡撫章于天於江中，迎故明在籍大學士姜曰廣入城，以資號召。遣人奉表由榔。由榔封聲桓昌國公，得仁新喻侯。得仁統兵陷九江，揚言將窺江寧。

同書同卷略云：

〔順治五年〕夏四月提督李成棟叛，以廣東附于桂王由榔。

是月十一日黎明成棟令其兵集教場，聲言索餉，欲爲變。成棟請〔總督佟〕養甲出城撫輯。養甲至，衆兵呼噪，劫之以叛。遂傳檄各屬，遣使附于由榔。

清史稿肆世祖本紀壹略云：

順治五年二月二日甲戌金聲桓王得仁以南昌叛。

清史列傳柒玖貳臣傳乙錢謙益傳云：

〔順治〕五年四月鳳陽巡撫陳之龍擒江陰黃毓祺於通州法寶寺，搜出僞總督印及悖逆詩詞，以謙益曾留黃毓祺宿其家，且許助資招兵入奏。（寅恪案，小腆紀傳肆陸黃毓祺傳云：「〔毓祺〕將起義，遣江陰徐摩致書錢謙益，提銀五千，用巡撫印鈐之。謙益知其事必敗，卻之，持空函返。摩之友人徽州江純一，謂摩返必挾重貲，發之可得厚利，詣營告變」等語，可供參考。）詔總督馬國柱逮訊。謙益至江寧訴辯，前此供職內院，邀沐恩榮，圖報不遑，况年已七十，奄奄餘息，動履藉人扶掖，豈有他念。哀籲問官乞開脱。會首告謙益從逆之盛名儒逃匿不赴質，毓祺病死獄中，乃以謙益與毓祺素不相識定讞。馬國柱因疏言：「謙益以內院大臣歸老山林，子姪三人新列科目，必不喪心負恩。」於是得釋歸。（寅恪案，王元鍾編國朝虞陽科名録壹進士門順治四年丁亥科略云：「錢祖壽二甲第五名。字福先，號三峯。時俊孫。唐朝鼎二甲第十四名。字禹九，號黍谷。本姓錢。錢裔僖三甲第九十四名。字嗣希，時俊子。」同書貳舉人門順治三年丙戌科略云：「錢裔僖見進士。錢召西翰，庠名祖彭。裔肅子。錢孫愛孺貽，改名上安。謙益子。」國柱所謂「子姪三人」子自是孫愛。姪則當指裔僖祖壽。其實裔僖乃姪孫，祖壽祖彭乃姪曾孫。唐朝鼎即與迫死河東君案有關之「族貴」錢朝鼎，此時尚未復姓，更應不列於此也。又清史列傳玖黄梧傳載梧條列勦滅鄭氏五策，其四曰：「鋤五商，以絶接濟。成功於山海兩路各設五大商，爲之行財射利。梧在海上素所熟識，近且潛住郡城，爲其子弟營謀鄉舉邑庠，爲護身之符。其實陰通禁貨，漏泄虚實，貽害莫大。應奏請敕下督撫嚴提正罪，庶内究清而接濟之根可拔矣。」黄氏所言之情況，雖時間較晚，但亦可供參證。）

同書同卷土國寶傳略云：

〔順治〕二年隨豫親王多鐸定江寧。王令同侍郎李率泰招撫蘇州松江諸郡，遂奏授江寧巡撫。〔以〕擅殺〔蘇州諸生王伯時及文震孟之子文乘〕下所司察議，坐降調。四年八月命以布政銜管江南按察司事。五年五月仍授江寧巡撫。八年十月巡按御史秦世禎疏劾國寶〔貪贓〕。疏上，命革國寶等職，下總督馬國柱同世禎訊鞫。國寶將就逮，畏罪自經死。鞫證皆實，追贓入官。

清史稿肆世祖本紀壹略云：

順治四年七月戊午改馬國柱爲江南江西河南總督。

同書壹貳貳職官志叁外官門略云：

順治元年置江南巡撫，駐蘇州，轄江寧蘇州松江常州鎮江五府。十八年江南分省，更名蘇州巡撫。

順治十八年江南分省右布政使徙蘇州，左仍駐江寧。

順治三年增置江寧按察使一人。康熙八年江蘇按察使徙蘇州。（原注：「江寧隸此。」）

同書貳佰叁疆臣年表壹順治四年丁亥江南江西河南欄云：

馬國柱七月戊午總督江南江西河南。

同書同表順治四年丁亥宣大山西欄云：

馬國柱七月戊午調。（寅恪案，葉紹袁啓禎記聞録柒芸窗雜録云：「舊巡撫土公左遷按察使。〔丁亥〕十二月中已履任。江寧洪内院亦奉旨回京。代之者馬公名國柱。洪係明朝甲科，馬固一白丁也。」可供參考。）申朝紀總督宣大山西。

同書同表順治十一年甲午江南江西欄云：

馬國柱九月丁未休。十月馬鳴佩總督江南江西。

黄宗羲海外慟哭記監國魯三年戊子閏三月（即順治五年戊子四月。）江西虜帥金聲桓反正條（可參梨洲行朝録肆「魯王監國」及同書伍「永曆紀年」有關各條。）云：

金聲桓者，故楚帥左良玉之部將也。良玉死，良玉之子夢庚降虜。虜俾聲桓仍統其軍。大學士黄道周督鄭鴻逵鄭彩二軍出杉關。聲桓故曾役於道周，乃陽爲送欵，而使別將張天祿襲之。道周被執，由是得鎮江西。上取閩，虜調各省之兵，復陷其地。聲桓之力居多。虜撫以聲桓降將，故輕之。從之取賄不得。聲桓私居嘗改舊服，於是虜撫上變，言聲桓謀反。聲桓使人竄之中途，得其書，乃置酒召虜撫，以書示之。虜撫失色，遂斬之。奉永曆帝正朔，受爵豫國公。江西郡縣皆定。當是時南都震動，以爲聲桓旦夕且下。虜官豫擬降附，而虜之守贛州者不從聲桓。聲桓欲攻之，守贛州者曰，吾不動以待汝。汝得南都，則吾以贛下。乃爲聲桓之謀者，以寧庶人（宸濠）之敗，急於順流，故使新建（伯王陽明）得制其後。今門庭之寇未除，而勤遠略，是追庶人之僨車者也。聲桓遂急攻贛。贛守愈堅，各省之援虜大集，圍聲桓困之。數月食盡。部曲斬聲桓，降於虜。

查繼佐魯春秋監國紀略云：

（永曆二年）戊子（監國三年）監國蹕鷺門。北總鎮金聲桓回向，爲明守南昌。北總鎮李成棟回向，爲明守廣東。

聲桓與養子王得功北反自稱輔明將軍，桂王封豫國公。封成棟惠國公。

（永曆三年）己丑（監國四年）春正月監國由鷺門詣沙埕。

南昌敗。豫國公金聲桓，建武侯王得仁，大學士尚書姜曰廣死之。諸郡縣咸不守。

金豫國回向，曰廣欲捷取九江，扼安慶，窺南都。聲桓不聽。至是敗，間投井死。

惠國成楝以桂命提東粤師應聲桓，協攻贛。適聲桓解贛圍兩日矣。勢單，敗走信豐，溺水死。

祝芸堂純嘏編孤忠後録略云：

順治四年丁亥黄毓祺起兵海上，謀復常州。

正月毓祺糾合師徒，自舟山進發。常熟錢謙益命其妻豔妓柳如是至海上犒師，適颶風大作，海艘多飄没。毓祺溺於海，賴勇士石政負之，始得登岸。約常郡五縣同日起兵恢復事既不就，而志不少衰。逃名潛竄。至淮，索居僧舍。一日僧應薛從周家禮懺，周聞知祺，延而館之。祺有部曲張純一張士儁二人，向所親信。二人從武弁戰名儒（寅恪案，清史列傳貳臣傳錢謙益傳之「盛名儒」，疑即此人。）轉輸實無所措，謀於名儒，將以祺爲奇貨。名儒故與薛有隙，得此爲一網打盡計。於是首者首，捕者捕，禍起倉卒矣。（寅恪案，續甬上詩捌拾謝三賓小傳云：「牧齋以黄介祉事上變，而反遭囚縶。」柴德賡君已辨其非。甚是。見輔仁學誌第壹貳卷第壹第貳合期「鮚埼亭集謝三賓考」。）

順治五年戊子下黄毓祺於海陵獄。

是年春執毓祺見廉使夏一鶚。四月下海陵獄。一鶚爲常州府時，治徐趨之獄，嘗垂涎於祺而欲未遂。後心豔武進楊廷鑑之富，欲借此爲株連，祺不應，索筆供云：「身猶舊國孤臣，彼實新朝佐命（寅恪案「彼」指錢牧齋）。各爲一事，馬牛其風。」一鶚大怒，酷肆拷掠，詰以若欲何爲？曰，求一死耳。七日遂囚於廣陵獄。

六年己丑黄毓祺死於金陵獄。

三月移金陵獄。將刑，門人告之期。祺作絶命詩，被衲衣，趺坐而逝。

錢肅潤輯南忠記「貢士黄公」條云：

黄毓祺字介子，江陰人。倡義城守。城破，決圍出。潛匿村落間。俟滿兵稍去，復行召募。于丙戌冬十一月集兵，期一夕襲取江陰武進無錫三城，不克。毓祺往揚州，設絳帳于諸富商家。戊子被執于泰州，置犴狴，詠歌不輟。人共欽之。己丑三月十八日，忽見范蠡曹參吴漢李世勣四人召之去，含笑而逝。有絶命詞云：「人聞忠孝本尋常。牆壁爲心鐵石腸。擬向虚空擎日月，曾于夢幻歷冰霜。簷頭百里青音吼，獅子千尋白乳長。示幻不妨爲厲鬼，雲期風馬晝飛揚。」毓祺死，親知無有見者。賴常熟門人鄧大臨起西爲之斸金埋葬于獄中。旨下，命戮其尸。

寅恪案，綜合清代官書之記載，牧齋因黄毓祺案被逮至南京，應在順治五年戊子四月。（寅恪案，此年明曆三月大，閏三月小，四月大，五月小。清曆三月大，四月小，閏四月大，五月小。故清曆四月即明曆閏三月。見陳氏二十史朔閏表及鄭氏近世中西史日表。）決無疑義。此點與牧齋本身之紀載謂在順治四年丁亥三月者，顯相衝突。玆先一檢清代官書所記是否合理。依陳之龍疏謂自金聲桓叛清後，遣將稽查沿海一帶，遂擒獲黄毓祺。然則黄之被擒，在金之叛清以後。牧齋之被逮，又在黄被擒之後。今清代官書記金氏之叛，至早在順治五年戊子正月。清廷命馬國柱嚴飭該管官訪拏黄氏黨羽，遂逮牧齋至南京。清代官書復載馬國柱於順治四年丁亥七月由宣大山西總督調任江南江西河南總督，故黄案發生，必在馬氏調任之後，方有可能。牧齋自述其被逮，在順治四年丁亥三月。此際馬氏尚未到新任所，清廷諭旨豈得有「該管」之語。足證清代官書所記事實，其年月銜接脗合，無可非議也。又明自南都傾覆後，其藉以抗清之根據地有二。一爲西南腹地奥區，一爲東南濱海邊隅。金聲桓叛清，聲言將取南都。李成棟復以廣東歸明，當時江浙閩粤，大陸島嶼，皆受影響。觀上引黄梨洲之海外慟哭記及行朝録并查東山之魯春秋等，可見一斑。故黄查兩氏所述年月，實可間接證明清代官書紀載之合理。至祝芸堂之書，乃專述黄介子事蹟者，其所載年月皆與清代官書符會。惟言牧齋命河東君至海上犒黄毓祺師一事，未知有何依據。俟考。錢礎日特記黄半城之死日，（毓祺此號見趙曦明江上孤忠録注。）較他書爲詳。且祝趙兩氏皆黄氏鄉人，其書記述清兵殘暴明士忠節之事，故應與餘姚海寧之著述視同一例也。

夫清代官書年月之記載，無可非議，已如上述。似應視爲定論。但鄙意實録之編纂，累經改易，編者綜合資料，排比先後，表面觀之，雖如天衣之無縫。然未必實與當時事件發生之次序一一脗合。昔年檢編明清内閣大庫檔案殘本，曾見實録原稿，往往多所增删變换，遂知實録之年月先後，亦間有問題。兹見羅振玉史料叢刊初編「洪文襄公〔承疇順治四年丁亥七月初十日〕呈報吴勝兆叛案揭帖」内引蘇松常鎮四府提督吴勝兆狀招云：

順治四年三月内有戴之俊前向勝兆嚇稱蘇州拿了錢謙益，説他謀反。隨後就有十二個人來拿提督。你今官已没了，拿到京裏，有甚好處？我今替你開個後門，莫如通了海外，教他一面進兵，這裏收拾人馬，萬一有人來拿，你已有準備。勝兆又不合回稱我今力單，怎麽出海？戴之俊回云，有一原任兵科陳子龍，他與海賊黄斌卿極厚，央他寫書一封，内大意云，勝兆在敝府做官極好。今有事相通，難形紙筆，可將勝兆先封爲伯，後俟功成，再加陞賞。其餘不便盡言。來將盡吐其詳等語。

亨九此揭乃當時原文，最有價值。足證牧齋實於順治四年丁亥三月晦日在常熟被逮。清代編輯世祖實録，何以不用洪氏原文，而移置此案於次年？豈因馬國柱順治四年三月，尚未到南京任所之故耶？抑或未曾見及洪氏奏揭原文所致耶？今雖未能斷定其錯誤之由，然就牧齋在常熟被逮之年月一點論之，自應依牧齋己身之記載，而不當據清代實録也。

關於牧齋本身及其友人之記載，則牧齋因黄毓祺案被逮，謂在順治四年丁亥三月。明清之曆，固有不同。但以干支記年，如「丁亥」「戊子」兩者，必不致差誤。牧齋於此案發生之年月，其集中詩文屢言之，不須廣徵。兹僅擇數端於下。至其所以能免死之故，則暫不涉及也。

有學集壹秋槐詩集「和東坡西臺詩韻六首」序云：

丁亥三月晦日晨興禮佛，忽被急徵。銀鐺拖曳，命在漏刻。河東夫人沉痾卧蓐，蹶然而起，冒死從行。誓上書代死，否則從死。慷慨首塗，無剌剌可憐之語。余亦賴以自壯焉。獄急時，次東坡御史臺寄妻詩，以當決别。獄中遏紙筆，臨風闇誦，飲泣而已。生還之後，尋繹遺忘，尚存六章。值君三十設帨之辰，長筵初啓，引滿放歌，以博如皋之一笑，并以傳眎同聲，求屬和焉。

同書壹叁東澗詩集下「病榻消寒雜詠」四十六首之十六云：

縲絏重圍四浹旬。僕僮併命付灰塵。三人纏索同三木，六足鈎牽有六身。伏鼠盤頭遺宿溺，饑蠅攢口嘬餘津。頻年風雨雞鳴候，循省顛毛荷鬼神。（自注：「記丁亥羈囚事。」）

同書貳伍「梁母吴太夫人壽序」略云：

梁母吴太夫人者，太子太保吏部尚書少保真定梁公〔乾吉夢龍〕之子婦，今備兵使者慎可〔維樞〕之母，而少宰〔葵石清遠〕司馬〔玉立清標〕之祖母從祖母也。丁亥之歲，余坐飲章急徵，婦河東氏匍匐從行。獄急，寄孥于梁氏。太夫人命慎可卜雕陵莊以居。

愼可杜夫人酒脯秬敉，勞問繹絡。太夫人戒車出饗，先期使姆致命，請以姑姊妹之禮見。賓三辭，不得命。翼日太夫人盛服將事，正席執爵再拜，杜夫人以下皆拜。賓答拜踐席。杜夫人以下以次拜太夫人，介婦以降復以次拜，乃就位。凡進食進餚，太夫人親饋，賓執食，興辭，然後坐。沃洗卒觶禮如初。太夫人八十高矣，自初筵逮執燭，强力無怠容。少宰諸夫人踧踖相杜夫人執事，無儳言，無偕立，貫魚舒雁，肅拜而後退。余聞婦言，奉手拱立，惜未得身爲煇胞，于是乎觀禮焉。又十年丁酉太夫人壽九十，設帨之辰，鋪几筵，考鐘鼓，庭實玉帛儀物，當應古太饗。然其獻酬酳酢，三終百拜，禮成樂備于往者之賓筵，固可概見也。

謝象三三賓一笑堂集叁「丁亥冬被誣在獄，時錢座師亦自刑部囘，以四詩寄示，率爾和之」四首云：

陰風颯颯雨淒淒。誰道天高聽果低。漁獵難堪官似虎，桁楊易縛肋如鷄。已無收骨文山子，尚有崩城杞子妻。所仗平生忠信在，任教巧舌易東西。

犴狴城深白日淒。肯從獄吏放頭低。任渠市上言成虎，已付鬵中命若雞。辨謗雖存張子舌，賂官難鬻老萊妻。不知孤寡今何在，定是分飛東與西。

歲行盡矣氣方淒。衰齒無多日已低。嘹嚦夢中聞過雁，悲涼舊事聽荒雞。囹圄不入慚蕭傳，縲絏無辜愧冶妻。久矣吾生欠一死，不須題墓作征西。

貪夫威福過霜淒。素可爲蒼高作低。已苦籠人如縛虎，仍聞席卷不留雞。網羅並及傷兄弟，顛沛無端累妾妻。知有上天無待訴，種松也有向東西。

寅恪案，牧齋自謂因黄案被逮在丁亥歲。若疑其年老健忘，則和東坡詩第肆首自注云：「余與二僕共梏拲者四十日。」序言：「生還之後，值君三十懸帨之辰。」蓋牧齋逮至南京下獄，歷四十日，然後出獄，尚被管制，即所謂「頌繫」，亦即謝象三所謂「自刑部回」者，是也。考河東君與牧齋於茸城結褵，時年二十四，此年爲崇禎十四年辛巳。故順治四年丁亥適爲三十歲。又梁維樞母壽序中有「丁亥之歲，余坐飲章急徵。又十年丁酉，太夫人壽九十」之語。至其垂死時賦「病榻消寒雜詠」，更有「記丁亥羈囚事」一首，與「追憶庚辰冬半野堂文讌舊事」一首，乃一生最苦最樂之兩事，始終不能忘懷者。查伊璜魯春秋監國元年丙戌二月載：「晉謝三賓東閣大學士。」象三降清後，被逮下獄，當與此事有關。然得一宰相之虚銜，聊勝其老座師屢次干求而不得者多矣。據其詩題，可證牧齋實以丁亥歲下南京獄。象三於崇禎十五年壬午，年五十，牧齋爲作壽序。（見初學集叁陸。）則丁亥歲，年五十五，而牧齋年六十六。老座師縱因老而健忘，老門生少於其師十一歲，必不應誤記也。象三之詩，雖遠不逮牧齋，但以曾有争娶河東君之事，故和「妻」字韻句，頗可令人發笑，因全録四首原文，以資談助。

又顧云美「東澗遺老錢公别傳」云：

戊子五（三？）月爲人牽引，有江寧之逮。頌繫踰年，復解。

考牧齋自云以丁亥三月晦，被急徵至南京下獄，歷四十日始出獄，仍被管制。至己丑春，始得釋還常熟。故云美之誤，自不待言。此點與其所撰河東君傳云：「庚辰冬，扁舟過訪，同爲西湖之游」及「癸卯秋，下髪入道」同爲誤載。豈因師事牧齋稍晚，於其師之經歷，未甚詳確所致耶？至其所撰河東君傳云：「丁亥三月捕宗伯亟。」則顯與東澗遺老錢公别傳衝突。當是所撰河東君傳乃依據牧齋和東坡詩序，遂有此語，而不悟其錢柳兩傳自相抵觸。甚矣！著書記事之難如此。

總而言之，今既得洪承疇之原揭，可以斷定清代所撰官書，終不如牧齋本身及其友人記述之爲信史。由是推論，清初此數年間之記載，恐尚有問題，但以本文範圍之限制，不能一一詳究也。

關於牧齋所以得免死於黄毓祺案一事，今日頗難確考。但必有人向當時清廷顯貴如洪承疇馬國柱或其他滿漢將帥等爲之解説，則無疑義。據上引牧齋所作梁維樞母壽序，言其被逮至南京時，河東君寄寓慎可之家。由是言之，慎可乃救免牧齋之一人，可以推知也。

檢梅村家藏藁肆貳「僉憲梁公西韓先生墓誌銘」略云：

真定少宰梁公諱清遠，排纘其尊人僉憲西韓先生行事來告。按狀，公諱維樞，字慎可，別號西韓生，真定人。其先徙自蔚州，七世至太宰貞敏公（指夢龍。）始大。貞敏第四子封中書，澹明公諱志，以元配吴夫人生公。皇清定鼎，即〔工部主事〕舊官録用。奔澹明公喪歸，而孝養吴夫人者八年。用疏薦復出，補營繕郎。〔順治十三年丙申五月己未〕乾清宫告成，得文綺名馬之賜。陞山東按察司僉事，整飭武德兵備。會入賀，遂乞養。後五年而卒於家，享年七十有四。公生於〔萬曆十年〕丁亥八月之二十九日。卒於〔康熙元年〕壬寅十月之六日。元配王氏，繼王氏，再繼杜氏。少宰貴，於典得加恩二母，元配王，贈恭人，而杜貤封亦如之。有六子，長少宰也。又先業在雕橋莊，有古柏四十圍。趙忠毅〔南星〕嘗過而憩焉。歲月不居，身名晼晚，每摩挲其下，彷徨歎息不能去。余投老荒江六年，衰病坎壈，倍於疇昔。公家英嗣皆以公故辱知余。余得棲遲閭里，苟視先人之飯含者，夫猶公賜也。

則慎可丁父憂，雖未能確定爲何時，但至遲亦必在順治四年七月馬國柱任江南江西河南總督以前。慎可殆以賓僚資格，參預洪氏或馬氏軍府。考梁洪俱爲萬曆四十三年乙卯舉人，有鄉試同年之誼。（見光緒修畿輔通志叁玖及同治修福建通志壹伍陸選舉表舉人欄等。）在舊日科舉制度下之社會風習，兩人之間縱無其他原因，即此一端，慎可亦能與亨九發生關係，遂可隨之南下，爲入幕之客，寄寓江寧。至其彫陵莊，當由梁氏真定先業之雕橋莊得名。（可參趙南星味檗齋文集捌「雕橋莊記」略云：「吾郡梁太宰〔夢龍〕有雕橋莊，在郡西十五里。梁公往矣，公孫慎可讀書其中，自號西韓生。」等語及吴詩集覽陸上「雕橋莊歌」序并注。）蓋慎可僑居金陵，因取莊子山木篇「雕陵」之語，合用古典今典，以名其南京之寓廬也。慎可離南京北返之年月，今頗不易知。但必在順治六年己丑冬季以後。（可參下論。）

檢牧齋尺牘中致□□□云：

往年寄孥雕陵，荷賢喬梓道誼之愛，家人婦子仰賴鴻慈。雲樹風煙，每紆雁素。惟尊太翁老世兄郵筒不絶，翰墨相商，時詢鯉庭，遥瞻鸞掖，寸心繾綣，未嘗不往來函丈也。不肖某，草木殘年，菰蘆朽質，業已擬棄世事，歸向空門，而宿業未亡，虚名爲祟，謡諑間發，指畫無端。所賴台翁暨司馬公愛惜孤蹤，保全善類，庶令箕風罷煽，畢口削芒。此則元氣所關，海内瞻仰。不肖潦倒桑梓，無能報稱，惟有向繡佛齋前，長明燈下，稽首齋心，祝延介福而已。犬子計偕，耑叩鈐閣。黄口童稚，深望如天之覆。其爲銘勒，何可名言。臨楮不勝馳企。

寅恪案，此札乃致梁清遠者，「司馬公」指清標言。考清標自順治十三年丙申四月至康熙五年丙午九月任兵部尚書。孫愛中式順治三年丙戌鄉試。牧齋此函即付孫愛赴北京應會試時，面交清遠者。孫愛應會試當不止一次，但此次必不在順治十三年四月清標任兵部尚書以後，康熙元年壬寅十月維樞逝世以前。此六年間清廷共舉行會試三次。依牧齋「謠詠間發」之語，則疑是順治十六年己亥秋牧齋預聞鄭成功舟師入長江之役以後，亦即孫愛赴北京應十八年春闈時也。然則牧齋作此札時，距黃毓祺案已逾十年，尚欲梁氏父子兄弟始終維護保全，如前此之所爲。今日吾人殊不易知鄭氏失敗，牧齋所以能免於牽累之故。或者梁氏兄弟仍有間接協助之力耶？

寅恪復檢牧齋尺牘上致鎮臺（化鳳）書三首之一云：

> 内子念尊夫人厚愛，寢食不忘。此中郵筒不乏，即容嵩候萬福。

此札言慎可家事頗詳，自是致維樞者。編輯誤列，不待詳辨。至牧齋與梁化鳳之關係，俟後論之，兹暫不涉及。

又第叁章引錢肇鼇質直談耳，謂河東君在周道登家爲羣妾所譖，幾至殺身，賴周母之力得免於死。觀牧齋「梁母吴太夫人壽序」可證河東君與慎可母之關係，與應付周旋念西母者，正復相同。河東君善博老婦人之歡心一至於此。噫！天下之「老祖宗」固不少，而「鳳丫頭」豈能多得者哉？牧齋之免禍，非偶然也。

前論牧齋所以得脱黄毓祺案牽累之故，疑與梁維樞有關。惜今尚未發見確證，故難決言。檢趙宗建舊山樓書目，載有：

柳如是家信稿（原注：「十六通。自寫。」）一本。

牧齋甲申年日記一本。

又乙酉年日記一本。

又記豫王下江南事跡一本。

又被累下獄時與柳如是信底稿（原注：「内有詩草底稿。」）一本。

等數種。若非僞託，而又尚存天壤間者，則實爲最佳史料。唯未曾親睹，不能判其然否，殊深悵恨也。但有一點可以斷定者，即牧齋之脱禍，由於人情，而不由於金錢。今所見載記，如葉紹袁啓禎記聞録柒附芸窗雜録記順治四年丁亥事略云：

海虞錢牧齋名謙益，中萬曆庚戌探花，官至少宗伯，歷泰昌天啓崇禎弘光五朝矣。乙酉歲北兵入南都，率先歸附，代爲招撫江南，自謂清朝大功臣也。然臣節有虧，人自心鄙之。雖召至燕京，任爲内院，未幾即令馳驛歸，蓋外之也。四月朔忽緹騎至蘇猝逮云。錢牧齋有妾柳氏，寵嬖非常。人意其或以顔貌，或以技能擅長耳。乃丁亥牧老被逮，柳氏即束裝挈重賄北上，先入燕京，行賂於權要，曲爲斡旋。然後錢老徐到，竟得釋放，生還里門。始知此婦人有才智，故緩急有賴，庶幾女流之俠，又不當以閨閫細謹律之矣。

及計六奇明季南略玖「黄毓祺起兵行塘」條附記云：

〔黄毓祺〕將起義，遣徐摩往常熟錢謙益處提銀五千，用巡撫印。摩又與徽州江某善。江嗜賭而貪利，素與大清兵往還。知毓祺事，謂摩返必挾重貲，發之可得厚利。及至常熟，錢謙益心知事不密，必敗，遂却之。摩持空函還，江某詣營告變，遂執毓祺及薛生一門，（寅恪案，「薛生」指薛繼周之第四子。）解於南京部院，悉殺之。錢謙益以答書左袒得免。然已用賄三十萬矣。

之類，皆未明當日事實所致。葉氏之書，大抵依時日先後排列，但「錢牧齋有妾柳氏」條，乃聞牧齋脱禍以後，因補記於「海虞錢牧齋名謙益」條相近處，蓋以同述一事故也。所可注意者，其記牧齋被逮至蘇，在丁亥四月朔，與洪亨九原揭所引吴勝兆供詞及牧齋自記丁亥三月晦日在家忽被急徵者相合。常熟距蘇州甚近，葉氏於四月朔聞訊，遂筆録之耳。天寥與牧齋之關係，迥非謝象三之比，然其記牧齋被逮事，亦在順治四年丁亥，殊有參考之價值。至於所言河東君挈重賄北上，先入燕京，牧齋徐到一節，乃得之輾轉傳聞，可不置辯。葉氏言「重賄」，計氏言「用賄三十萬」，皆未悉牧齋當日經濟情况者之揣測。兹略徵載記，以證牧齋此時實不能付出如此鉅大數量之金錢，而河東君之能利用人情，足使牧齋脱禍，其才智尤不可及也。關於牧齋經濟情況之記載，雖頗不少，但一人一家之貧富，亦有改變，故與黃毓祺案發生之時間相距前後久遠者，可不徵引。前論河東君患病，經江德璋治愈，牧齋以玉杯贈江爲謝，因述及順治二年乙酉清兵破明南都，牧齋奉獻豫親王多鐸之禮物獨薄一事，據此得知牧齋當時經濟情況實非豐裕。蓋值斯求合苟免之際，若家有財貨，而不獻納，非獨己身不應出此，亦恐他人未必能容許也。南都迎降之年，下距黃毓祺案發生之歲，時間甚近，故牧齋必無重資厚賄以脱禍之理。今存牧齋尺牘，其中訴窮告貸之書札不少，大抵距黃案時間頗遠，以非切當之資料，不多引。唯與毛子晉四十六首，其第叁玖通云：

> 獄事牽連，實爲家兄所困。頃曾專信相聞，而反倩筆於下走者，老顛倔强，恥以殘生爲乞丐耳。未審亦能悉此意否也。歸期不遠，嘉平初，定可握手。仲冬四日。

檢有學集壹柒「賴古堂文選序」云：「己丑之春予釋南囚歸里。」可證牧齋於順治六年己丑春間，被釋歸常熟。此札末署「仲冬四日」，即順治五年戊子十一月初四日。「嘉平初，定可握手」者，謂戊子年十二月初，可還家與子晉相見。牧齋作此札，尚在黃案未了結之時。然則葉計兩氏所言之非信史，更可見矣。

又葉計兩氏所以有此記載，蓋據當時不明牧齋經濟情況者之傳説。牧齋雖不以富名，但家藏珍本書籍，平時服用，亦非甚儉薄，然則其何術以致此耶？

明末蘇松常鎮之士大夫，多置田産，以供其生活之費用。清室因鄭成功舟師入長江之役，江南士大夫多響應者，發起奏銷案以資鎮壓。觀孟心史森明清史論著集刊下「奏銷案」一文，可概見也。復檢牧齋尺牘中與□□□云：

雙白來，得手教，諄諄如面談。更辱垂念，家門骨肉道義，情見乎詞。可勝感佩。近日一二梟獍蜚語計窮，謂寒家户田欠幾萬金，將有不測之禍。又託言出自縣令之言，簧鼓遠近。試一問之，户有許多田，田有許多糧。若欲欠盈萬之額，須先還我踰萬之田而後可。小人嚼舌，不顧事理，一至於此。此言必有聞於左右者，亦付之一笑可也。海晏河清，杜門高枕，却苦脚氣纏綿，步履艱澀。此天公妬其安閒，以小疾相折抵也。

寅恪案，此札雖不知致誰者，但據「家門骨肉」之語，知其人爲牧齋同族。「雙白」者，指王廷璧，見明詩綜捌拾上等。牧齋之免於奏銷案之牽累，當别有其他原因，然其田産無論有無，縱或有之，亦微不足道，觀此札可以證知。牧齋既不依田産收入爲生，則其家計所賴，唯有賣文一途。河東君殉家難事實「孝女揭」略云：

我母柳氏，係本朝秘書院學士我父牧齋公之側室。吾父歸田之後，賣文爲活。煢煢女子，蓄積幾何。

此雖指牧齋於順治三年丙戌秋由北京還常熟以後事，但黄案之發生，即在此年之後。此數年間，牧齋遭際困頓，自不能置田産。由是言之，牧齋丙戌後之家計，亦與其前此者無異，皆恃賣文維持。趙管妻之語，固指丙戌以後，實可兼概丙戌以前也。今所見資料，足資證明此點者殊多，不須廣引。考牧齋爲王弇州後文壇最負盛名之人，（見黄梨洲思舊録「錢謙益」條。）李北海「干謁走其門，碑版照四裔」，（見杜工部集柒「八哀詩」之五及舊唐書壹玖拾中文苑傳李邕傳。）韓昌黎諛墓之金，（見新唐書柒陸韓愈傳附劉乂傳。）其故事可舉以相比也。復檢牧齋尺牘中「與王兆吉」五通，其第伍通云：

> 生平有二債，一文債，一錢債。錢尚有一二老蒼頭理直，至文債，則一生自作之孽也。承委南軒世祠記，因一冬文字宿逋未清，俟逼除時，當不復云祝相公不在家也。一笑！

同書同卷「與遵王」三十通，其第伍通云：

> 歲行盡矣，有兩窮爲苦。手窮欠錢債多，腹窮欠文債多。手窮尚可延挨，東塗西抹。腹窮不可撑補，爲之奈何？甫老壽文，前與其使者以望日爲期，正是祝相公又不在家時候也。一笑！

牧齋所謂「蒼頭」，當即指錢斗輩而言，俟後論述，暫不之及。兹以兩札所言，頗饒妙趣，並足以實寫其生活狀况，故附録之。東坡集壹叁「次韻孔毅父久旱已而甚雨」三首之一云：「我生無田食破硯，爾來硯枯磨不出。」受之之語，殆從蘇句得來歟？

關於牧齋與介子是否如馬國柱所謂「素不相識」之問題，茲檢牧齋尺牘中「與木陳和尚」（寅恪案，木陳即道忞。）二通，其第貳通云：

密雲尊者塔銘，十五年前已諾江上黄介子之請矣。重以尊命，何敢固辭。第以此等文字，關係人天眼目，豈可取次命筆。年來粗涉教乘，近代語録都未省記。須以三冬歲餘，細加簡點，然後可下筆具稿。謹與曉上座面訂，以明年浴佛日爲期，爾時或得圍繞猊座，覿面商榷，庶可於法門稍道一線，亦可以慰吾亡友於寂光中也。

其第壹通略云：

喪亂殘生，學殖荒落，恭承嘉命，令補造密雲老人塔銘，以償十五年舊逋，每一下筆，輒爲戰掉。次後著語，頗爲老人施十重步障。竊自謂心平如地，口平如水，任彼百舌瀾翻，千喙剥啄，亦可以譬諸一吷，付之一笑。

及有學集叁陸「天童密雲禪師悟公塔銘」略云：

崇禎十四年辛巳上以天步未夷，物多疵厲，命國戚田弘遇，捧御香祈福補陀大士還賫紫衣賜天童悟和尚。弘遇齋祓將事，請悟和尚陞座説法，祝延聖壽。還朝具奏，上大嘉悦，俞其請，詔所司議修成祖文皇帝所建南京大報恩事。命悟爲住持，領其事。弘遇啣命敦趣，以老病固辭。踰年而示寂。又二年甲申，國有大故，龍馭上賓。越十有五年戊戌，（即順治十五年。）嗣法弟子道忞，具行狀年譜，申請謙益，俾爲塔土之銘。師諱圓悟，號密雲。嘉靖戊寅歲，生常州宜興，姓蔣氏。示微疾，趺坐頻申而逝，崇禎十五年壬午七月七日也。世壽七十七，僧夏四十四，明年癸未，弟子建塔天童，迎全身窆幼智菴之右隴。師鬚度弟子三百餘人。王臣國士參請皈依者，又不勝數，偕忞公二通輩結集語録書問，標揭眼目者，江陰黄毓祺介子也。師既歿，介子裁書介天童上座某屬余爲塔銘。遭世變，不果作，而介子殉義以死。又十年矣，余爲此文，鄭重載筆，平心直書，誓不敢黨枯仇朽，欺誣法門，用以副忞公之請，且慰介子于九原也。

則牧齋與介子爲舊友，此三文乃是鐵證。馬國柱奏謂錢黄素不相識，公牘文字自來多非事實，即此可見。牧齋作密雲塔銘時，在鄭延平將率舟師入長江之前夕。豈牧齋預料國姓此舉可以成功，遂亦反其往日畏葸之態度，而昌言不諱其與介子之關係耶？又圓悟塔銘涉及田弘遇補陀進香事，頗饒興趣，讀者可取前述江南名姝被劫及避禍事參閲也。

抑更有可論者，黄梨洲南雷文定後集貳「鄧起西墓誌銘」略云：

君名大臨，字起西，别號丹邱，常熟人。起西幼孤，稍長即能力學，從遊於江陰黄介子毓祺。歲乙酉江陰城守不下，介子與其門人起兵竹塘應之。起西募兵於崇明。事敗，介子亡命淮南，以官印印所往來書，爲人告變，捕入金陵獄。起西職納槖饘。獄急，介子以其所著小遊仙詩圜中草授起西，坐脱而去。當事戮其尸。起西號泣守喪鋒刃之中，贖其首聯之於頸，棺殮送歸。有漢楊匡之風。起西師死之後，遍走江湖，欲得奇才劍客而友之，卒無所遇，遂侘傺而死。聞者傷之。甲辰余至虞山，起西以精舍館我。款對數人，張雪崖顧石賓皆其道侶也。隨訪熊魚山於烏目，訪李膚公於赤岸，皆起西導之。（寅恪案，可參梨洲思舊録李孫之及熊開元條。）比余返棹，起西送至城西楊忠烈祠下，涕零如雨。余舟中遥望，不可爲懷。然不意其從此不再見也。

夫起西爲常熟人，又是牧齋舊友黄介子之高弟。牧齋垂死時，梨洲至虞山視牧齋疾，即寓起西家。（見後引梨洲思舊録錢謙益條。）則起西自與牧齋不能無關涉，可以推知。首告之盛名儒逃不赴質，恐是河東君間接所指使。殆取崇禎時告訐牧齋之張漢儒故事以恐嚇之也。至介子之能在獄中從容自盡，疑亦與河東君之策略有關，因藉此可以死無對證，免致牽累牧齋。其以介子病死爲言者，則可不追究監守之獄吏耳。黄案得如此了結，河東君之才智絶倫，誠足令人驚服。所可注意者，牧齋不付五千金與徐摩，遂因此脱禍。鄙意牧齋當時實亦同情於介子之舉動，但其不付款者，蓋由家素不豐，無以籌辦鉅額也。故就此點觀之，亦可證知牧齋經濟之情況矣。

關於牧齋獄中寄河東君詩，第叁章論臥子長相思七古，已引王應奎柳南隨筆涉及牧齋此詩序

「弟」與「妻」之問題，可不復贅。惟牧齋此詩，雖有遵王之注，然亦未能盡窺其師之微旨。故重録此詩序，并六首全文，分别箋釋之。其他典故，讀者自當更取遵王原注并觀也。

有學集壹秋槐詩「和東坡西臺詩韻六首」其序云：

丁亥三月晦日，晨興禮佛，忽被急徵。鋃鐺拖曳，命在漏刻。河東夫人沉疴卧蓐，蹶然而起，冒死從行，誓上書代死，否則從死。慷慨首塗，無剌剌可憐之語。余亦賴以自壯焉。獄急時，次東坡御史臺寄妻詩，以當訣别。獄中遏紙筆，臨風闇誦，飲泣而已。生還之後，尋繹遺忘，尚存六章，值君三十設帨之辰，長筵初啓，引滿放歌，以博如臯之一笑。并以傳眎同聲，求屬和焉。

寅恪案，婁東無名氏研堂見聞雜録云：「牧齋就逮時〔柳夫人〕能戎裝變服，挾一騎護之。」某氏所記河東君事，多雜采他書，實無價值。其言河東君戎裝挾一騎護牧齋，則絶無根據，不過牽混河東君作「昭君出塞裝」之傳説而來耳。此事前已辨之矣。至「無剌剌可憐之語」，乃用韓退之「送殷侑員外使回鶻序」中：

今人適數百里，出門惘惘，有離别可憐之色。持被入直三省，丁寧顧婢子語，剌剌不能休。

之文。（見五百家注韓昌黎先生文集貳壹。）遵王注中未及，特標出之，以便讀者，并足見牧齋之文，無一字無來處也。又「余亦賴以自壯焉」之語，與第壹首詩「慟哭臨江無壯子」句，亦有相互關係。餘見下論。

抑有可附論者，即關於河東君生年月日之問題。當牧齋順治四年丁亥賦此六詩時，河東君應如牧齋之言，確爲三十歲。此點並據康熙三年甲辰河東君示其女趙管妻遺囑所言「我來汝家二十五年」。（參第肆章論寒夕文讌詩節。）及顧苓河東君傳所載「定情之夕，在辛巳六月七日，君年二十四矣」等資料，推計符合。或謂牧齋於丁亥三月晦日在常熟被急徵，至南京下獄，歷四十日出獄，即牧齋此題序所謂「生還」。若依此計算，其出獄當在五月間。然則河東君之生辰應在五月矣。鄙意牧齋所謂「生還之後，值君三十設帨之辰」，其時限雖不能距五月太遠，但亦難決其必在五月，是以或說亦未諦也。至牧齋序文所以引「賈大夫」之爛熟典故者，（詳見第肆章論牧齋庚辰冬日同如是泛舟再贈詩「争得三年才一笑」句所引。）固藉此明著其對河東君救護之恩情，更別具不便告人之深旨。蓋明南都傾覆，在乙酉五月。自乙酉五月至丁亥五月，亦可視爲三年。在此三年間，河東君「不言不笑」，所以表示其不忘故國舊都之哀痛。遵王注已引左氏傳以釋此古典，然恐未必通曉其師微意所在。故不可據牧齋之飾辭，以定河東君之生辰實在五月也。唯有可笑者，第肆章論牧齋「〔庚辰〕冬日同如是泛舟有贈」詩，引江熙掃軌閒談，謂牧齋「黑而髯，貌似鍾馗」。可知牧齋有賈大夫之惡。至牧齋之才，在河東君心目中，除「鄴下逸才，江左罕儷」之陳臥子外，「南宮主人」尚有可取之處。（見河東君與汪然明尺牘第貳伍通及第叁拾通。）宜其能博如皋之一笑也。

牧齋和東坡詩第壹首云：

> 朔氣陰森夏亦淒。穹廬四蓋覺天低。青春望斷催歸鳥，黑獄聲沈報曉雞。慟哭臨江無壯子，徒行赴難有賢妻。重圍不禁還鄉夢，却過淮東又浙西。

寅恪案，第壹句「朔氣」蓋謂建州本在北方。「夏亦淒」者，言其殘酷也。韓退之「贈劉師服」詩云：「夏半陰氣始，淅然雲景秋。蟬聲入客耳，驚起不可留。」（見五百家注昌黎先生集伍。）牧齋以丁亥三月晦日在常熟被急徵，至南京下獄時，當在四月初旬。歷四十日出獄，已在五月。五月爲仲夏，與韓詩「夏半」之語適切。或云牧齋下獄在夏季，似與韓詩「雲景秋」之「秋」不合。鄙意駱賓王「在獄詠蟬」詩「西陸蟬聲唱」句，（見全唐詩第貳函駱賓王叁。）雖是秋季所作，但詩題有「獄中」之語，牧齋遂因韓詩「蟬聲入客耳」句聯想及之。觀牧齋此詩第肆句「聲沈」之語，與駱氏此詩「風多響易沈」句相應合，可以證知。不必拘執韓駱詩中「雲景秋」及「西陸」之辭爲疑也。第貳句遵王注本作「穹廬」，並引史記匈奴傳以釋之。甚是。蓋牧齋用「穹廬」之辭，以指建州爲胡虜。其作「穹蒼」者，乃後來所諱改也。第叁句遵王注引韓退之「遊城南」詩中「贈同遊」五絶釋之。亦是。但五百家注昌黎先生詩集玖此詩注略云：

> 洪云，催歸子規也。補注，〔黃䍃?：〕復齋漫録，予嘗讀顧渚山茶記云，顧渚山中有鳥如

鸜鵒而色蒼，每至正月作聲曰，春起也。三四月云，春去也。採茶人呼爲喚春鳥。（參太平廣記肆陸叁引顧渚山記「報春鳥」條。）

牧齋丁亥四月正在金陵獄中，故以青春望斷「不如歸去」爲言，其意更出韓詩外矣。第肆句言建州之統治中國，如雙王之主宰泥犂，即所謂「暗無天日」者。關於第貳聯之解釋，甚有問題。柳南隨筆壹（參東臯雜鈔叁及牧齋遺事「牧翁仕本朝」條。）云：

某宗伯于丁亥歲以事被急徵，河東夫人實從。公子孫愛年少，莫展一籌，瑟縮而已。翁於金陵獄中和東坡御史臺寄弟詩，有「慟哭臨江無孝子，徒行赴難有賢妻」之句，蓋紀實也。孫愛見此詩，恐爲人口實，百計託翁所知，請改孝子二字。今本刻「壯子」，實係更定云。

寅恪案，東溆所記，謂此聯上句之「壯子」，本作「孝子」。以孫愛之無能，初視之，亦頗近理。細繹之，則殊不然。蓋牧齋詩本爲和東坡獄中之作。故其所用辭語典故，亦必與東坡有關。考「壯」字通義爲「長大」，專義則爲小戴記曲禮「三十曰壯」。檢東坡後集壹叁「到昌化軍謝表」云：「子孫慟哭於江邊，已爲死別。」表中「子孫」之「子」，指東坡長子邁。「子孫」之「孫」，指邁之子簞符及幼子過之子籥。邁生於嘉祐四年己亥，至紹聖四年丁丑，東坡謫瓊州時，年三十九。故邁兼通義及專義之「壯」。東坡留邁及諸孫等於惠州，獨與幼子過渡海至瓊州。過生於熙寧五年壬子，至紹聖四年丁丑，年二十六。既非長子，年又未三十，不得爲「壯」也。（詳見王文誥蘇文忠公詩編注集成總案壹嘉祐四年己亥。同書捌熙寧五年壬子。同書肆拾紹聖三年丙子及四年丁丑等條。）又檢東坡集貳玖「黄州上文潞公書」（參葉夢得避暑録話肆「蘇子瞻元豐間赴詔獄，與其長子邁俱行」條。）云：

軾始就逮赴獄，有一子稍長，徒步相隨。其餘守舍皆婦女幼稚。

東坡元豐二年己未就逮時，邁年二十一，雖爲長子，但非「三十曰壯」之「壯子」。初學集柒肆「先太淑人述」云：

謙益狂愚悻直，再觸網羅，葦笥之籍，同文之獄，流傳洶懼，一日數驚。太淑人强引義命自安。然其撫心飲淚，惟恐壯子受刑僇，固未忍以告人也。

牧齋所謂「再觸網羅」者，指天啓五年乙丑年四十四及崇禎元年戊辰年四十七，兩次之事。（詳見葛萬里及金鶴沖所撰牧齋年譜。）文中「壯子」之「壯」，乃兼通義及專義。蓋牧齋「三世單傳」，其時又年過三十故也。當順治四年丁亥牧齋被急徵時，孫愛年十九，既未過三十，又非居長之子，（見初學集玖崇禎詩集伍「反東坡洗兒詩。己巳九月九日」及同書柒肆「亡兒壽耇壙志」。）自不得以蘇邁爲比。由是言之，第貳聯上句全用東坡及其長子伯達之典故，絶無可疑。至第貳聯下句，則用全唐詩第貳函崔顥「贈王威古」五古「報國行赴難，古來皆共然」，及東坡上文潞公書「徒步隨行」。并箋注陶淵明集捌「與子儼等疏」中「余嘗感孺仲賢妻之言」等典故。綜合上下兩句言之，牧齋實自傷己身不僅不能如東坡有長壯之子徒步隨行，江邊痛哭。唯恃孺仲賢妻之河東君，與共患難耳。（參有學集貳秋槐詩支集「己丑元日試筆」二首之二「孺仲賢妻涕淚餘」句。）夫孫愛固爲「生兒不象賢」之劉禪，（見全唐詩第陸函劉禹錫肆「蜀先主廟」。）但絶非忤逆不孝之子。淺人未曉牧齋之作此詩，貫穿融合東坡全集而成，妄造物語，可鄙可笑也。或謂此聯上句牧齋最初之稿，原不如此。漢書叁拾藝文志歌詩類載：「臨江王節士歌詩四篇。」（參同書伍叁景十三王傳臨江閔王榮傳。）分類補注李太白詩肆「臨江王節士歌」云：

> 洞庭白波木葉稀。燕鴻始入吴雲飛。吴雲飛，吴雲寒，燕鴻苦。風號沙宿瀟湘浦。節士悲秋淚如雨。白日當天心照之，可以事明主。壯士憤，雄風生。安得倚天劍，跨海斬長鯨。

牧齋殆取此意，「壯子」本作「壯士」。後來以辭旨過顯，觸犯忌諱，遂改用東坡故實，易「壯士」爲「壯子」歟？或説似亦有理，姑附録之，以備一解。第柒捌兩句，與東坡原詩自注：「獄中聞湖杭民爲余作解厄齋經月，所以有此句也」有關，可不待論。但牧齋「淮東」二字，暗指明鳳陽祖陵而言。明史肆拾地理志「鳳陽府。鳳陽縣。」下注略云：「北濱淮。西南有皇陵。」又宋有淮東路，元有淮東道。故牧齋用「淮東」之辭，以示不忘明室祖宗之意。「浙西」二字，自是襲用蘇詩「浙江西」之成語，然亦暗指此時尚爲明守之浙江沿海島嶼，如舟山羣島等。此等島嶼，固在浙江之東，若就殘明爲主之觀點言，則浙江省乃在其西。張名振之封爵以「定西」爲號者，疑即取義於此。牧齋詭辭以寓意，表面和蘇韻，使人不覺其微旨所在。總之此兩句謂不獨思家而已，更懷念故國也。或謂牧齋己身曾任浙江鄉試主考，合古典今典爲一辭，甚爲巧妙。牧齋寄示謝象三此題，亦以謝氏乃其典試浙江時所取士之故。此或説似亦可通。并録之，以備別解。

第貳首云：

陰宫窟室晝含淒。風色蕭騷白日低。天上底須論玉兔，人間何物是金雞。肝腸迸裂題襟友，血淚模糊織錦妻。却指恒雲望家室，滹沱河北太行西。

寅恪案，第壹句及第貳句亦俱謂建州統治之黑暗。牧齋第壹首已及此意，今又重申言之者，所以抒其深恨。第壹句「窟室」遵王注引史記吴太伯世家爲釋，字面固合，恐猶未盡。鄙意牧齋殆用漢書伍肆蘇建傳附武傳：「單于愈欲降之，迺幽武置大窖中」之意，實欲以子卿自比。第叁句遵王注引李孝逸事爲釋，似可通。但寅恪則疑牧齋之意謂「月有陰晴圓缺」，（可參第叁章論臥子長相思詩節述及東坡「丙辰中秋作，兼懷子由」詞。）明室今雖暫衰，終有復興之望。與第肆章所引黃皆令「謝别柳河東夫人」眼兒媚詞「月兒殘了又重明。後會豈如今」同一微旨也。第伍句「題襟友」當指梁維樞。據前引有關慎可資料，則牧齋自可以此目之也。第柒捌兩句謂河東君寄居慎可南京之彫陵莊。考北魏之恒州，唐改雲州，北周移雲州於常山乃滹沱河北，太行山西，梁氏著籍之真定，亦即彫橋莊所在之地。真定固在滹沱河之北。「太行西」謂真定彫橋莊之西方爲太行山。牧齋作此倒裝句法者，所以步蘇詩「西」字之原韻。讀者不必拘泥地望之不合也。又疑「恒雲」二字，雖是地名，恐與程松圓所賦「緪雲詩」之「緪雲」有連。蓋「恒」「緪」同韻，兩音相近，或有雙關之意。若果如此，豈牧齋於獄中困苦之時，猶故作狡獪耶？一笑！

第叁首云：

> 紂絶陰天鬼亦凄。波吒聲沸柝鈴低。不聞西市曾牽犬，浪説東城再鬬雞。並命何當同一石友，呼囚誰與報章妻。可憐長夜歸俄頃，坐待悠悠白日西。

寅恪案，此首全篇意旨謂己身不久當死也。第壹貳兩句，亦指當日囚禁之苦，比於地獄。其用真誥闡幽微篇及酉陽雜俎前集貳「玉格」門「六天」條，「紂絶陰宮」之辭，恐非偶然。蓋暗寓建州之酷虐，與桀紂同也。第叁句自是用史記捌柒李斯傳。豈欲與第肆句用陳鴻祖「東城老父傳」及東坡原詩「城東不鬬少年雞」句，「東城」及「城東」之「東」爲對文，遂於李斯傳「胥斬咸陽市」之「市」上，加一「西」字，并著一「不」字，以反李斯「顧謂其中子曰，吾欲與若復牽黄犬，出上蔡東門，逐狡兔，豈可得耶？」之原語，以免與史記之文衝突歟？遵王注雖引太史公書，然略去「東門」之「東」字，殆亦覺其師此句頗有疑問耶？俟考。但據徐松唐兩京城坊考肆「獨柳」條云：

刑人之所。按西市刑人，唐初即然。貞觀二十年斬張亮程公穎于西市。（寅恪案，此條見舊唐書玖肆張亮傳及資治通鑑玖捌唐紀太宗紀貞觀二十年二月己丑條。）舊〔唐〕書〔拾〕肅宗紀〔同書壹陸玖〕王涯傳又言子城西南隅獨柳樹。蓋西市在宫城之西南。子城謂宫城。（寅恪案，此條可參資治通鑑貳貳拾唐紀肅宗紀至德二載十二月條所云：「壬申斬達奚珣等十八人於城西獨柳樹下。」及胡注引劉昫之語曰：「獨柳樹在長安子城西南隅。」又「獨柳」并可參舊唐書壹伍憲宗紀下元和十二年十一月條及同書壹肆伍吴少陽傳附吴元濟傳。）

可知牧齋「西市」一語，並非無出處也。第伍句遵王注引晉書伍伍潘岳傳爲釋，自是不誤。「石友」之義，可參文選貳拾潘安仁「金谷集作」詩，「投分寄石友」及同書貳叁阮嗣宗「詠懷」十七首之二，「如何金石交」等句李善注。鄙意安仁原詩「石友」之「石」，兼有「金石」之「石」及「石崇」之「石」兩意。若就「石崇」之「石」言，則「石」爲專有名詞。故錢詩第陸句「章妻」之「章」，亦是專有名詞。當牧齋就逮之際，河東君誓欲「從死」，即「並命」之意。噫！河東君此時雖未「並命」，然後來果以身殉。此句亦可謂與安仁季倫金谷之篇同爲詩讖者矣。又考河東君只生一女，即趙微仲管之妻。作此詩時，猶未出生，牧齋不過因東坡原詩「身後牛衣愧老妻」之句，并感河東君尚無子女，遂聯想及之。但河東君本末，既與「章妻」不同，牧齋又非「素剛」之人，趙管妻恐未能承繼其母特性，如仲卿女之比。然則此典故雖似適切，後來情事演變，終與仲卿及其家屬之結局有異，斯殆牧齋在獄中賦詩時，所不能預料者也。第柒捌兩句用文選壹陸江文通「恨賦」，「及夫中散下獄，神氣激揚。」及「鬱青霞之奇意，入修夜之不暘」之意。蓋以嵇康自比。但叔夜之「青霞奇意」，牧齋或可有之，至「神氣激揚」，則應屬於河東君，牧齋必不如是。唯此題第伍首第貳句「骨消皮削首頻低」及第陸首第貳句「神魂刺促語言低」等語，乃牧齋當時自作之真實寫照耳。

第肆首云：

> 三人貫索語酸淒。主犯災星僕運低。溲溺關通真並命，影形絆縶似連雞。夢回虎穴頻呼母，話到牛衣更念妻。尚説故山花信好，紅闌橋在畫樓西。（自注：「余與二僕共梏拲者四十日。」）

寅恪案，第柒捌兩句指拂水山莊八景之「月堤煙柳」及「酒樓花信」二景而言。可參初學集壹柒移居詩集「九日宴集含暉閣醉歌」一首，「登高望遠不出户，連山小閣臨莽蒼」及「白雲女牆作山帶，紅闌橋水含湖光」等句。并前論牧齋「春游」二首中所引「月堤煙柳」詩：「紅闌橋外月如鈎。」及「酒樓花信」詩：「横笛朱欄莫放吹。」等有關資料，兹不贅釋。

第伍首云：

六月霜凝信憯凄。骨消皮削首頻低。雲林永繞離羅雉，砧几相憐待割雞。墮落劫塵悲宿業，皈依法喜媿山妻。西方西市原同觀，懸鼓分明落日西。

寅恪案，前第肆首第柒捌兩句，乃謂拂水山莊。此首第柒捌兩句，則指絳雲樓也。牧齋「絳雲樓上梁」詩八首之六，第柒捌兩句云：「夕陽樓外歸心處，縣鼓西山觀落暉。」（「觀」字下自注：「去」）可證。至第柒句「西市」一辭，可參第叁首第叁句「不聞西市曾牽犬」之解釋，可不贅論。又「〔黄毓祺〕將刑，門人告之期。祺作絶命詩，被衲衣，趺坐而逝」。（見前引孤忠後録。）真所謂西方西市等量齊觀者。牧齋此句應是預爲介子詠。至己身之怯懦，則非其倫也。

第陸首云：

梏拲扶將獄氣凄。神魂刺促語言低。心長尚似拖腸鼠，髮短渾如秃幘雞。後事從他攜手客，殘骸付與畫眉妻。可憐三十年來夢，長白山東遼水西。

寅恪案，第叁句遵王引搜神記爲釋，乃僅釋古典。其今典則「髮短」一辭，謂己身已薙髮降清也。史惇慟餘雜記「錢牧齋」條（可參談孺木遷北游録紀聞下「辮法」條。）云：

清朝入北都，孫之獬上疏云，臣妻放脚獨先。事已可揶揄。豫王下江南，下令剃頭，衆皆洶洶。錢牧齋忽曰，頭皮癢甚。遽起。人猶謂其篦頭也。須臾，則髡辮而入矣。

又有學集肆玖「題邵得魯迷塗集」（參牧齋尺牘「與常熟鄉紳書」所云「諸公以剃髮責我，以臣服誚我，僕俯仰慚愧，更復何言」等語。）云：

邵得魯以不早薙髮，械繫僇辱，瀕死者數矣。其詩清和婉麗，怨而不怒，可以觀，可以興矣。得魯家世皈依雲棲，精研内典，今且以佛法相商。優婆離爲佛薙髮，作五百童子薙頭師，從佛出家，得阿羅漢果。孫陀羅難陀不肯薙髮，握拳語薙者，汝何敢持刀臨閻浮王頂？阿難抱持，强爲薙髮，亦得阿羅漢果。得魯即不剃髮，未便如阿難陀（寅恪案，「阿」字疑衍。）取次作轉輪聖王。何以護惜數莖髮，如此鄭重？彼狺狺剃髮，刀鋸相加，安知非多生善知識？順則爲優波離之于五百釋子，逆則如阿難之于難陀，而咨歎（寅恪案，此「歎」字疑當作「嗟」。）慨歎，迄于今似未能釋然者耶？我輩多生流浪，如演若達多晨朝引鏡，失頭狂走。頭之不知，髮于何有？畢竟此數莖髮，剃與未剃，此二相俱不可得。當知演若昔日失頭，頭未曾失。得魯今日薙髮，髮未曾剃。晨朝引鏡時，試思吾言，當爲啞然一笑也。

夫辮髮及薙髮之事，乃關涉古今中外政治文化交通史之問題，茲不欲多論，唯附録史惇所記牧齋「薙髮」條及牧齋自作薙髮解嘲文於此，以資談助。其他清初此類載記頗多，不遑徵引也。夫牧齋既迫於多鐸之兵威而降清，自不能不薙髮，但必不敢如孫之獬之例，迫使河東君放脚，致辜負良工濮仲謙之苦心巧手也。呵呵！第伍句「攜手客」指梁慎可等。毛詩邶風：「北風其涼。雨雪其雱。惠而好我，攜手同行。」小序云：「北風刺虐也。」牧齋蓋取經語，以著建州北族酷虐之意也。第柒捌兩句之解釋即牧齋於崇禎十四年辛巳所賦「秋夕燕譽堂話舊事有感」詩「東虜游魂三十年」句之意。已詳第壹章及第肆章所論，可不復贅。

綜觀此六詩中第貳首七八兩句，關涉梁慎可，第陸首七八兩句關涉後金，辭語較第壹首七八兩句，尤爲明顯，自不宜廣爲傳播。前引謝象三和牧齋獄中詩題，僅言「以四詩寄示」，則牧齋詩序之「傳晞同聲，求屬和」之詩，實保留兩首。豈即今有學集此題之第貳第陸兩首歟？至江左三大家詩鈔顧有孝趙澐所選牧齋詩鈔下，亦選此題六首中之貳叁伍陸共四首。恐顧趙所選，未必與牧齋當日「傳晞同聲，求屬和」者，相同也。俟考。

前引有學集壹柒「賴古堂文選序」云：「己丑之春余釋南囚歸里。」故可依牧齋自言之時間，以推定有學集貳秋槐支集「勾曲逆旅戲爲相士題扇」七律以前，多是在南京所作。其中固亦有時間可疑，排列錯亂者，今日殊難一一考定。但「勾曲逆旅」詩第壹句「赤日紅塵道路窮」之語，當非早春氣節。前引南忠記謂黃毓祺於己丑三月十八日死於南京獄中。蓋此年三月介子既死，案已終結，牧齋遂得被釋還家矣。至牧齋在南京出獄以後，頌繫之時，究寓何處，則未能確知。檢牧齋外集貳伍「題曹能始壽林茂之六十序」末署：「戊子秋盡，錢謙益撰于秦淮頌繫之所。」牧齋所以特著「秦淮」二字者，當是指南京之河房而言。牧齋當時所居之河房，非余懷板橋雜記上雅游門「秦淮燈船之盛」條所述同類之河房，乃吳應箕留都見聞錄下「河房」門所述「近水關有丁郎中河房」條之河房，亦即有學集壹秋槐詩集「題丁家河房亭子」題下自注「在青溪笛步之間」者。此類河房爲南京較佳之館舍。牧齋以頌繫之身，尚得如此優待，當由丁繼之梁慎可等之友誼所致，亦可謂不幸中之大幸。今以意揣之，牧齋於丁亥四月初被逮至南京下獄，河東君即寄寓梁慎可之雕陵莊，及五月中牧齋出獄，尚被看管，自不便居於雕陵莊，故改寓青溪笛步間之丁家河房，（并可參有學集陸秋槐詩別集「丙申春就醫秦淮，寓丁家水閣」詩等。）俾與河東君同寓，而河東君三十生辰之慶祝，恐即在此處。復檢龔芝麓鼎孳定山堂詩集貳拾「和錢牧齋先生韻，爲丁繼之題秦淮水閣」云：

開元白髮鏡中新。朱雀花寒夢後春。粧閣自題偕隱處，踏歌曾作太平人。烏啼楊柳仍芳樹，鷗閱風波有定身。驃騎武安門第改，一簾烟月未全貧。

似可爲錢柳二人同寓丁家河房之一旁證。至趙管妻出生地，固難確定，但疑不在秦淮之河房，而在蘇州之拙政園。檢有學集秋槐詩集「次韻林茂之戊子中秋白門寓舍待月之作」云：

空堦荇藻影沉浮。管領清光兩白頭。條戒山河原一點，平分時序也中秋。風前偏照千家淚，笛裏横吹萬國愁。無那金閶今夜月，雲鬟香霧更悠悠。

寅恪案，第貳句「兩白頭」之語，指己身及茂之，而末兩句用杜工部集玖「望月」詩，指河東君此夕獨在蘇州。由是言之，趙管妻生於拙政園之可能性甚大也。又檢元氏長慶集抄本牧齋跋語云：

亂後，余在燕都，于城南廢殿得元集殘本，向所闕誤，一一完好。暇日援筆改正，豁然如翳之去目，霍然如疥之失體。微之之集殘闕四百餘年，而一旦復元。寶玉大弓其猶有歸魯之徵乎？著雍困敦之歲，皋月廿七日，東吴蒙叟識於臨頓之寓舍。（寅恪案，此文末數語，暗寓明室復興之意。牧齋此際有此感想，自無足怪也。）

並曹溶絳雲樓書目題詞云：

余以後進事宗伯，而宗伯絶款曲。丙戌同客長安，丁亥戊子同僦居吴苑，時時過予。

及倦叟再識略云：

昔予遊長安，宗伯閒日必來。丁亥予挈家寓閶門，宗伯先在拙政園。可知牧齋於順治四五兩年，因黄案牽累，來往於南京蘇州之間，其在蘇州，寓拙政園。拙政園主人爲陳之遴。其時彦升尚未得罪，雖官北京，固可謂韓君平所謂「吴郡陸機爲地主」之「地主」。又林時對荷牐叢談叁「鼎甲不足貴」條略云：

吴偉業鼎革後，投入土國寶幕，執贄爲門生，受其題薦，復入詞林。

梅村既與國寶有連，吴陳二人復是兒女親家。牧齋以罪人而得寓拙政園，恐與駿公不能無關。至牧齋所以至蘇州之故，殆因黄案亦在江蘇巡撫職權範圍之内，而土國寶此時正任蘇撫也。（見上論牧齋贈土國寶詩所引清史稿疆臣年表江蘇巡撫欄。）或謂清代江蘇按察使駐蘇州，牧齋以就審訊之故至蘇。則不知江蘇按察使移駐蘇州，乃雍正八年以後之事。順治四五年江蘇按察使仍駐江寧。（見清史稿壹貳貳職官志叁等。）故或説未諦。又牧齋稱拙政園爲「臨頓里之寓舍」者，乃綜合古典今典，殊非偶然。嘉慶一統志柒捌蘇州府貳津梁門云：

臨頓橋在長洲縣治東北。吴地記：有步鷺石碑，見存臨頓橋。續圖經：臨頓，吴時館名。陸龜蒙嘗居其旁。

及全唐詩第玖函皮日休伍「臨頓（原注：里名。）爲吴中偏勝之地，陸魯望居之，不出郛郭，曠若郊墅。余每相訪，欵然惜去，因成五言十首，奉題屋壁」云：

（詩略。）

同書同函陸龜蒙伍「問吴宫辭」并序云：

甫里之鄉曰吴宫，在長洲苑東南五十里，非夫差所幸之别館耶？披圖籍，不見其説。詢故老，不得其地。其名存，其跡滅。悵然興懷古之思，作問吴宫辭云。

彼吴之宫兮，江之郝涯。複道盤兮，當高且斜。波摇疏兮，霧濛箔，菡萏國兮，鴛鴦家。鸞之簫兮，蛟之瑟。駢筠參差兮，界絲密。謡曲房兮，上初日。月落星稀兮，歌酣未畢。越山叢叢兮，越溪疾。美人雄劍兮，相先後出。火姑蘇兮，沼長洲。此宫之麗人兮，留乎不留。霜氛重兮，孤榜曉，遠樹扶蘇兮，愁煙悄眇。欲摭愁煙兮，問故基，又恐愁煙兮，推白鳥。

龔明之中吴紀聞貳「五柳堂」條云：

五柳堂者，胡公通直（稷言）所作也。其宅乃陸魯望舊址，所謂臨頓里者是也。

同書叁「甫里」條云：

甫里在長洲縣東南五十里，乃江湖散人陸龜蒙字魯望躬耕之地。

蓋河東君本有「美人」之稱，牧齋作詩往往以西施相比。如前引「有美」詩，「輪面一金錢」，「元日雜題長句」八首之八，「春日春人比若耶」等，皆是其例。臨頓既是吴時館名，如「館娃宫」之類，亦當與西施有關。陸魯望辭中「美人」「曲房」之語，適與前論半塘雪詩引徐健庵之記相合。此錢柳一重公案，頗爲名園生色，唯世之論拙政園掌故者，多未之及，遂標出之以供談助云爾。

牧齋因黄案牽累，於順治三四年曾寓蘇州，但檢有學集此時期内諸詩，尚未發見確爲寓蘇時之作，唯其中有一題關涉河東君及其女趙管妻者，此題頗有寄居拙政園時所賦之可能，故特録之并略加箋釋於下。

有學集貳秋槐詩支集「己丑元日試筆二首」。其一云：

> 春王正月史仍書。上日依然芳草初。白髮南冠聊復爾，青陽左个竟何如。三杯竹葉朝歌後，一枕槐根午夢餘。傳語白門楊柳色，桃花春水是吾廬。

寅恪案，第壹句謂此年爲監國魯四年正月辛酉朔，永曆三年正月庚申朔，（見黄宗羲行朝録及金鶴沖牧齋年譜。）明室之正朔猶存也。第肆句謂究不知永曆帝之小朝廷是何情况也。第柒句謂己身今在蘇州，故「傳語白門」。觀此題下一題爲「次韻答盛集陶新春見懷之作」有「金陵見説饒新詠，佳麗常懷小謝篇」之句，可證也。又陳田明詩紀事辛籤叁壹所録盛集陶斯唐「懷林茂之」詩有「舊栽柳色曾無恙」句。及楊子勤鍾羲雪橋詩話壹「黄俞邰〔虞稷〕贈林茂之詩」條引那子「新柳篇」有「漸許藏烏向白門，白門紫塞那堪比」等句。然則牧齋「白門楊柳色」之語，即指茂之而言耶？第捌句謂己身此時所居之地，可比於避秦之桃花源及玄真子「桃花流水」之浮家泛宅也。

其二云：

頻煩襆被卷殘書。顧影頽然又歲初。自笑羈囚牢户熟，人憐留滯賈胡如。淵明弱女咿嚘候，孺仲賢妻涕淚餘。爲問烏衣新燕子，啣泥何日到寒廬。

寅恪案，此首前四句疑可與前引牧齋尺牘與毛子晉四十六首之三十九所言：「獄事牽連，實爲家兄所困，羈棲半載，采詩之役，所得不貲。歸期不遠，嘉平初，定可握手。仲冬四日。」等語相參證。蓋牧齋本以爲順治五年戊子十二月能被釋還常熟度歲。豈意獄事仍未終結，至六年己丑元旦，猶在蘇州也。第伍句指趙管妻。河東君殉家難事實康熙三年甲辰七月「孝女揭」云：「母歸我父九載，方生氏。」及康熙三年甲辰六月廿八日「柳夫人遺囑」云：「我來汝家二十五年，從不曾受人之氣。」蓋河東君及其女皆以河東君之適牧齋，實在崇禎十三年庚辰十二月一日，我聞室落成與牧齋同居時算起。牧齋垂死猶念念不忘半野堂寒夕文讌者，即由此夕乃其「洞房花燭夜」之故。然則趙管妻出生乃在順治五年戊子。（寅恪案，蘼蕪紀聞上載盛湖雜録「柳如是絶命書」條，案語云：「小姐柳出，以順治戊子生。辛丑贅壻趙管，年僅十四，遇變之年爲甲辰，纔十七歲。故書中有年紀幼小之語。」可供參證。）至在何月何日，則不可考。但己丑元旦，正是「咿嚘」之候也。第陸句指河東君，自不待言。牧齋此一年皆用淵明典故，亦可與前一首末句暗寓桃花源記之意相參也。第柒句疑指梁慎可。梁氏乃明之舊家，清之「新燕」也。第捌句謂慎可何日可將己身被釋還家之好音來告也。

又關於趙管妻事，牧齋詩文集中言及雖不甚多，但檢有學集貳秋槐支集載牧齋「庚寅人日示内二首」及河東君「依韻奉和」二首皆涉此女。庚寅歲首，與牧齋因黃案得釋還家之時間，相距至近。故附録錢柳兩人之詩於論黃案節中，并略加箋釋。牧齋詩之典故，有遵王注，讀者自可參閱。河東君詩其第貳首下半，前雖已徵引，但未綜合闡述，茲并録全文，以便觀覽。

牧齋詩其一云：

　　夢華樂事滿春城。今日淒涼故國情。花熠舊枝空帖燕，柳燔新火不藏鶯。銀幡頭上銜愁陣，柏葉尊前放酒兵。憑仗閨中刀尺好，剪裁春色報先庚。

其二云：

　　靈辰不共劫灰沉。人日人情泥故林。黃口弄音嬌語澀，緑窗停梵佛香深。圖花却喜同心蒂，學鳥應師共命禽。夢向南枝每西笑，與君行坐數沉吟。

寅恪案，牧齋此兩詩南枝越鳥之思，東京夢華之感，溢於言表，不獨其用典措辭之佳妙也。詩題「示内」二字，殊非偶然，蓋河東君於牧齋爲同夢之侶，同情之人，故能深知其意。觀河東君和章，可以證知。元氏長慶集壹貳樂天東南行詩一百韻序云：

通之人莫知言詩者，唯妻淑在旁知狀。

夫河東郡君裴淑能詩，（裴氏封河東郡君，見白氏文集陸壹「唐故武昌軍節度使元公墓誌銘」。）且能通微之之意。然其所能通者，與河東君柳是之於牧齋，殊有天淵之別。又河東君兩詩後，即附以其「贈黃若芷大家四絶句」黃若芷即黃媛介。前論絳雲樓上梁詩已言及之。皆令有「答謝柳河東夫人」眼兒媚詞云：「月兒殘了又重明。後會豈如今。」前亦已徵引。皆令賦此詞，與河東君和牧齋詩，兩者時間相距甚近。然則牧齋賦詩之微意，不獨河東君知之，即河東君之密友如皆令者亦知之。當日錢柳之思想行動，於此亦可窺見矣。

河東君和詩其二云：

春風習習轉江城。人日于人倍有情。帖勝似能欺舞燕，妝花真欲坐流鶯。銀旛因戴忻多福，金剪儂收喜罷兵。新月半輪燈乍穗，爲君酹酒祝長庚。

寅恪案，此首第貳聯上句，與牧齋詩第貳首第叁句俱指趙管妻而言。王應奎柳南續筆叁「太湖漁户」條云：

漁户以船爲家，古所稱浮家泛宅者是也。而吾友吴友篁著太湖漁風載：漁家日住湖中，自無不肌粗面黑，間有生女瑩白者，名曰白囡，以誌其異。漁人户口册中兩見之。

明實録神宗實録貳佰柒（寅恪案，此次科場案明實録記載甚詳，不能盡録。惟摘其與本文主旨最有關者。其餘述及此案之載籍頗不少，可參沈德符萬曆野獲編壹陸科場門「舉人再覆試」條。陳建皇明從信録叁陸萬曆十七年己丑文肅奏章及雜記等條。國榷柒伍萬曆十七年己丑正月二月及同書柒陸萬曆二十年壬辰五月有關各條。明通鑑陸玖萬曆十七年己丑二月有關各條。陳田明詩紀事庚籤拾黄洪憲小傳及「上疏後，長安友人相訊感賦」詩并光緒修嘉興府志伍貳秀水縣黄洪憲傳等。）萬曆十七年己丑正月條略云：

〔庚午〕（廿二日）禮部主客司郎中高桂言，萬曆十六年順天鄉試蒙旨以右庶子黄洪憲等往。其中式舉人第四名鄭國望，藁止五篇。第十一名李鴻，股中有一囡字。詢之吴人，土音以生女爲囡。孟義書經結尾文義難通。第二十三名屠大壯，大率不通。他若二十一名茅一桂，二十二名潘之惺，二十八名任家相，三十二名李鼎，七十名張敏塘，（萬曆野獲編及國榷「敏」俱作「毓」。）即字句之疵，不必過求，然亦嘖有煩言。且硃卷遺匿，辯驗無自，不知本房作何評隲，主考曾否商訂。主事〔于〕孔兼業已批送該科，科臣竟無言以摘發之。職業云何？方今會試之期，多士雲集，若不大加懲創，何以新觀聽？伏乞勅下九卿會同科道官，將順天府取中試卷，逐一簡閲，要見原卷見在多少？有無情弊，據寔上請，以候處分。其有跡涉可疑及文理紕繆者，通行議處，明著爲例，以嚴將來之防。自故相之子先後並進，一時大臣之子，遂無有見信于天下者。今輔臣王錫爵之子，素號多才。豈其不能致身青雲之上？而人之疑信相半，亦乞並將榜首王衡與茅一桂等，一同覆試，庶大臣之心迹益明矣。得旨，草藁不全，事在外簾。硃卷混失，事在場後。字句訛疵，或一時造次。有無弊端，該部科一并查明來説，不必覆試。自後科場照舊規嚴加防範，毋滋紛紛議論，有傷國體。

〔辛未〕（廿三日）大學士申時行王錫爵以高桂論科場事，詞連錫爵子衡，時行壻李鴻。各上疏自明，且求放歸。上俱慰留之。

〔癸酉〕（廿五日）大學士申時行等言，兩京各省解到試卷，發部科看詳。今禮科部司官不糾摘南京各省，而獨摘順天不通，摘三場，而止摘字句，殆有深意，必待會官覆試，而後有無真僞，耳目難掩。上命禮部會同都察院及科道官當堂覆試，看閲具奏。錦衣衛還差官與高桂一同巡視。

同書貳佰捌萬曆十七年己丑二月條略云：

〔戊寅〕（初一日）禮部會同都察院及科道等官覆試舉人王衡等。試畢閲卷，〔于〕慎行次序分二等。王衡等七人平通，屠大壯一人亦通。疏入，得旨，文理俱通，都准會試。次日慎行同禮科上疏言，諸生覆試，無甚相懸，中式未必有弊，字句雖有疵訛，然瑕瑜不掩。得旨，高桂輕率論奏，奪兩月俸。（國榷「兩」作「五」。）

丙申（十九日）禮部儀制司主事于孔兼言，臣奉本部禮委磨勘順天中式硃墨卷内李鴻卷，首篇有不典之字，屠大壯卷，三場多難解之辭，即時呈本堂復批，送禮科聽其覆閱。

同書貳肆捌萬曆二十年壬辰五月條略云：

辛未（十二日）禮部題參舉人王兆河等七名，到部已齊，請于朝堂覆試，以服人心。從之。

丁亥（廿八日）禮部衙門侍郎韓世能等，同原參官工部主事周如綸，御史綦才于午門覆試被參倖中式舉人王兆河等六名（寅恪案，六名者，據萬曆野獲編，知除屠大壯不赴試外，有鄭國望李鴻張敏塘并山西舉人王兆河，江西舉人陳以德，山東舉人楊爾陶，共爲六人也。其所以覆試王陳楊三人者，蓋由上引申時行奏謂「不摘南京各省，而獨摘順天」之語。）公同彌封詳品。文理平通四卷，文理亦通二卷，進呈裁奪。上命將卷傳與九卿科道翰林院各掌印官詳關（閱？）奏聞。内被參舉人屠大壯奏，聞母喪，乞回守制。禮部覆，請同衆覆試。大壯逕行，臨期不到。上謂大壯違旨規避，革退爲民。仍行巡撫按御史查勘丁憂有無，具奏。

柳南隨筆叁云：

> 明萬曆戊子順天舉人李鴻卷中有一囡字，爲吏部郎中高桂所參。鴻係申相國時行婿，吴人呼爲快活李大郎。及以文中用囡字被論，又稱爲李阿囡。囡者，吴人呼女之辭。然李所用囡字，實囮字之誤耳。

囡字之入文者，恐尚不止此，更待詳檢。河東君賦詩，用「儂」字以對「囡」字，同爲吴語，甚是工巧。可與顧逋翁用閩語「囝」字賦詩，先後比美。（見全唐詩第肆函顧况壹「囝一章」。）但其密友離隱才女「苦相吟賞」之餘，是否念及其家八股名手葵陽翁，（寅恪案，姜紹書無聲詩史伍云：「黄媛介字皆令。嘉禾黄葵陽先生族女也。」葵陽即黄洪憲之號。）竟因門生長洲閣老之快婿快活李大郎八股中有一「囡」字，遭受無妄之災耶？至曲海提要陸「還魂記」條「黄洪憲爲（萬曆十六年）戊子北闈主試官，取中七人，被劾。」節載：

> 又有屠大壯者，有富名。文字中有一「囡」字。

其以李鴻爲屠大壯，證之明實録及柳南隨筆，其誤顯然。惟「文理亦通」之屠大壯，自不能稱爲才子。但因母喪不赴萬曆壬辰之覆試，亦可稱爲孝子。終以平息衆議，以免牽涉宰輔之故，而被革黜，竟成贖罪之羔羊，殊可憐也。李鴻之籍貫，據同治修蘇州府志陸拾選舉貳進士萬曆二十三年乙未欄載：

> 長洲。李鴻。有傳。

同書陸壹選舉叁舉人萬曆十六年戊子欄「長洲」載：

李鴻。順天中式。崑山人。見進士。

同書捌柒人物壹肆李鴻傳云：

李鴻字宗儀。萬曆乙未進士。授上饒知縣。

則長洲崑山，縣名雖有不同，然皆屬蘇州府，同是吳語區域。其用此「不典之字」，爲掇科射策之文，原無足怪。惟作此大膽之舉動，乃在河東君賦詩前六十餘年，真可謂先知先覺者。又此科試題尚未考知。宗儀試卷用此「囡」字，經于孔兼磨勘，照舊通過。可見亦非極不妥適。由是推測，李氏文中所以用此「囡」字之故，疑其試題爲論語季氏篇，「夫人自稱曰小童」。果爾，則八股笑話史中復添一重公案矣。更有可注意者，此「黃口」「白囡」之趙管妻，竟能承繼其母之「白個肉」，而不遺傳其父之「烏個肉」，可謂大幸。（詳見第肆章論牧齋「冬日同如是泛舟有贈」詩，引顧公燮消夏閑記選存「柳如是」條。）夫此一「囡」字，雖與河東君趙管妻及黃皆令直接間接有關，自不得不稍詳引資料，以供論證。但刺刺不休，盈篇累牘，至於此極，讀者當以爲怪。鄙意吾國政治史中，黨派之争，其表面往往止牽涉一二細碎之末節，若究其內容，則目標別有所在。汝默「殆有深意」之語，殊堪玩味。（湯顯祖玉茗堂集壹陸「論輔臣科臣疏」。明通鑑陸玖萬曆十七年己丑十二月己丑「諭諸臣遇事毋得忿争求勝」條云：「時廷臣以科場事與王錫爵相攻訐。饒仲既罷，攻者益不已，並侵首輔申時行，而時行錫爵之黨復反攻之，乃有是諭。」并明史貳叁拾饒仲及湯顯祖傳等，皆可供參證。）職是之故，不避繁瑣之譏，廣爲徵引，以見一例。庶幾讀史者不因專就表面之記載，而評決事實之真相也。河東君和詩中，此「銀旛囡戴忻多福，金剪儂收喜罷兵」一聯，下句即詶答牧齋詩第壹首七八兩句之意，而以收金剪洗兵馬爲言。雖似與牧齋原句之意有異，然實能寫出當日東南海隅干戈暫息，稍復昇平氣象之情況也。第柒句「新月半輪」之語，謂永曆新朝之半壁江山。有學集捌長干塔光集「燕子磯歸舟作」七律「金波明月如新樣」句，可取以相證也。第捌句之「長庚」者，毛詩小雅大東：「西有長庚。」傳曰：「日既入謂明星爲長庚。庚，續也。」正義曰：「庚，續。釋古文。日既入之後，有明星。言其長能續日之明，故謂明星爲長庚也。」河東君之意，以永曆爲正統，南都傾覆之後，惟西南一隅，尚可繼續明祚也。

河東君和詩其二云：

佛日初輝人日沉。綵旛清曉供珠林。地於劫外風光近，人在花前笑語深。洗罷新松看沁雪，行殘舊藥寫來禽。香燈繡閣春常好，不唱君家緩緩吟。

寅恪案，此詩首句乃承接第壹首末句「長庚」之語而來。雖用文選陸左太沖魏都賦「彼桑榆之末光，踰長庚之初暉」，但河東君實反左賦之原意，以「佛日」指永曆，「人日」指建州。

謂永曆既起，建州將亡也。第貳句承接首句「佛日」之「佛」而來。牧齋之供佛，見於其詩文者甚多，無待徵引。河東君之供佛，如初學集捌貳「造大悲觀音像贊」及投筆集上後秋興之三「八月初十日小舟夜渡，惜別而作」，第壹首「青燈梵唄六時心」之句等，則是其例證也。河東君此詩第壹聯寫出當時地方苟安，家庭樂趣。其不作愁苦之辭，而爲歡愉之語者，蓋錢柳兩人賦詩之時，就桂王之小朝廷而論，金聲桓何騰蛟李成棟等雖已敗亡，然其最親密之瞿稼軒式耜正在桂林平樂，身膺重寄。由稼軒薦任東閣大學士，而又深賞河東君之文汝止安之，不久將赴梧州行在。牧齋所薦，號稱「虎皮」之劉客生湘客，亦在肇慶。（見黃宗羲行朝録伍永曆紀年並小腆紀年壹柒順治七年二月丁亥條及小腆紀傳叁貳劉湘客金堡傳。并可參金鶴沖錢牧齋先生年譜永曆三年己丑條引瞿式耜留守文集所附牧齋寄稼軒書。）其他如與牧齋同郡同調，而真能「老歸空門」之金道隱堡及兩世論交之姚以式瑞等，俱寄託於永曆之政權。（見有學集肆絳雲餘燼集「寄懷嶺外四君」詩，同書貳陸「華首空隱和尚塔銘」及有學集補「復澹歸釋公」書。并澹歸今釋偏行堂集捌「列朝詩傳序」，同書叁肆「詶錢牧齋宗伯壬辰見寄原韻」及「又贈牧齋」兩詩。）故以爲明室尚有中興之希望。牧齋詩第貳首末兩句「夢向南枝每西笑，與君行坐數沈吟。」即此際錢柳之心理也。河東君此詩下半四句，前已釋證，讀者苟取與今所論上半四句，貫通全篇細繹之，則其意旨益可了然。至評詩者僅摘此首第貳聯，賞其工妙，（見第肆章引神釋堂詩話。）所見固不謬，但猶非能深知河東君者也。

抑更有可論者，牧齋在黃案期間之詩文，自多删棄，即間有存留者，亦僅與當日政局，表面上大抵無關諸人相往還之作品。如梁慎可爲黃案中救脱牧齋者之一，但牧齋在此案未了結時，不敢顯著其名字，即其例證。寅恪細繹有學集及牧齋尺牘等，於此一點，頗似能得其一二痕跡，遂鈎沈索隱，參互推證，或可發此數百年未發之覆歟？兹請略述之於下。

有學集詩注壹秋槐詩集「顧與治五十初度」（寅恪案，四部叢刊本此詩列於集補。又顧氏事蹟可參陳伯雨作霖金陵通傳壹伍顧璘傳附夢游傳及陳田明詩紀事辛籤貳捌顧夢游條。）云：

松下清齋五十時。（寅恪案，趙殿成箋注王右丞集拾「積雨輞川莊作」七律云：「松下清齋摘露葵。」與治曾祖英玉著有寒松齋存稿，見明詩綜叁伍顧瑮條。故牧齋此句今古典合用也。）道心畏路凛相持。全身惟有長貧好，避俗差於小病宜。靈谷梅花成昔笑，蔣山雲物起相思。開尊信宿嘉平臘，雒頌傳家德靖詩。（自注：「與治曾祖英玉公與其兄東橋先生並有集行世。」）

有學集陸秋槐別集「丙申春就醫秦淮，寓丁家水閣浹兩月，臨行作絶句三十首，留別留題，不復論次」其第捌首云：

多少詩人墮劫灰。佺期今免冶長災。阿師狡獪還堪笑，翻攪沙場作講臺。（自注：「從顧與治問祖心千山語録。」）

初學集陸陸「宋比玉墓表」（參牧齋尺牘補遺「與顧與治」自注：「時與治爲宋比玉乞墓表。」）略云：

金陵顧與治來告我曰，夢游與莆田宋比玉交，夫子之所知也。比玉歿十餘年矣，夢游將入閩訪其墓，酹而哭焉。比玉無子，墓未有刻文，敢以請於夫子。虞山錢謙益爲之表。

崇禎十五年三月。

初學集捌陸「題顧與治偶存稿」云：

今天下文士入閩，無不謁曹能始。謁能始，則無不登其詩于十二代之選。人挾一編，以相誇視，如千佛名經，獨與治有異焉。能始題其詩曰偶存，所以別與治也。

有學集肆玖「顧與治遺稿題辭」略云：

金陵亂後，與治與剩和尚生死周旋，白刃交頸，人鬼呼吸，無變色，無悔詞。予以此心重與治。片言定交，輕死重氣，雖古俠士無以過也。風塵澒洞，士生其時，蒙頭過身而已。孤生黨軍持，而抗服匿。（寅恪案，牧齋以「軍持」比函可，「服匿」比本是漢族，而爲清室所用者，如張大猷張天禄天福等。牧齋作品中往往以「軍持」「服匿」爲對文。如投筆集下後秋興之十「辛丑二月初四日夜宴述古堂，酒罷而作」，第肆首「草外流人歡服匿，御前和尚泣軍遲」。遵王箋注上句引南齊書叁玖陸澄傳爲釋，實則其最初出典乃漢書伍肆蘇建傳附武傳，更與漢族之爲滿用者尤切合。下句遵王引翻譯名義集爲釋，是。牧齋詩中之「軍遲」即「軍持」也。）讀與治詩，九原尤有生氣。存與治詩，所以存與治也。

施愚山閏章學餘文集壹柒顧與治傳云：

僧祖心憤世佯狂，與夢游爲方外交，至則主其家。禍發連繫，刃交於頸，夢游詞色不變，卒免於難。

清史列傳柒捌貳臣傳甲洪承疇傳云：

洪承疇（寅恪案，清史稿貳肆叁洪承疇傳云：「字亨九。」同治修福建通志貳貳捌南安縣洪承疇云：「字彥演。」）福建南安人。明萬曆四十四年進士。〔順治四年〕十月巴山等以察獲遊僧函可金臘等五人，攜有謀叛蹤跡，牒承疇鞫訊。承疇疏言，函可乃故明尚書韓日纘之子，出家多年。乙酉春自廣東來江寧，印刷藏經。值大兵平江南，久住未回。今以廣東路通，向臣請牌回里。臣因韓日纘是臣會試房師，（寅恪案，光緒修惠州府志叁貳人物門韓日纘傳略云：「〔萬曆〕四十四年丙辰充會試同考。〔天啓二年〕壬戌復充會試同考。」洪氏爲丙辰進士，故云。）遂給印牌。及城門盤驗，經笥中有福王答阮大鋮書稿，字失避忌。又有變紀一書，干預時事。其不行焚毁，自取愆尤，與隨從之僧徒金朧等四人無涉。臣與函可世誼，應避嫌，不敢定擬。謹將書帖牌文封送内院。得旨，下部議。以承疇徇情，私給印牌，應革職。上以承疇奉使江南，勞績可嘉。宥之。

博羅剩人可禪師千山詩集首載顧夢游序云：

神宗末載，黨禍已成。博羅韓文恪公思以力挽頹波，毅然中立。簡在先帝，旦晚作輔。天禍宗社，哲人云亡。有丈夫子四，宗騋宗騤宗騄宗驪。騋最才，弱年名聞海内。公殂，太夫人在堂，閨玉掌珠，種種完好。以參空隱老人得悟，世緣立斬，與髮同斷，年二十有九耳。歲乙酉，以請藏經來金陵。值國再變，親見諸死事臣，紀爲私史，城邏發焉，傅律殊死，奉旨宥送盛京焚脩。今弘法天山所羣奉爲祖心大師者也。當大師就縛對簿，備慘拷，訊所與游，忍死不語。囚于滿人，厥婦張敬共頂禮之。既去，追之還。進曰，師無罪。此去必生。然竊有請也，師出萬死，幾不一生，不擇于字，其禍至此。師生，無論好字醜字，毋更着筆。師爲悚生。

又廬山棲賢函昰撰「千山剩人可和尚塔銘」略云：

師名函可，字祖心。别號剩人。惠州博羅人，本姓韓，父若海公，諱日纘，明萬曆丁未進士，歷官禮部尚書，謚文恪。母車氏，誥封淑人。師生而聰穎，少食餼邑庠，嘗侍文恪公官兩都，聲名傾動一時。海内名人以不獲交韓長公駷爲恥。甲申之變，悲慟形辭色。傳江南復立新主，頃以請藏，附官人舟入金陵。會清兵渡江，聞某遇難，某自裁，皆有挽。過情傷時，人多危之，師爲之自若。（寅恪案，千山詩集補遺有「哭繩海先生」「廣陵感賦」「聞黄石齋至」等題，即所謂「過情傷時」之作。張伯駷爲萬曆丙辰進士，黄道周爲天啓壬戌進士，皆函可通家也。）卒以歸日行李出城，忤守者意，執送軍中。當事疑有徒黨，拷掠至數百，但曰，某一人自爲。夾木再折，無二語，乃發營候鞫。項鐵至三繞，兩足重傷，走二十里如平時。江寧緇白環覩，咸知師道者無他，争爲之含涕，而不敢發一語。後械送京師，途次幾欲脱去，感大士甘露灌口，乃安忍如常。至京，下刑部獄。越月得旨，發瀋陽。師自起禍至發遣，中間兩年，惟同參法緯暨諸徒五人外，無一近傍。然内外安置極細，如獄中一飲啗，一衣屨，隨意而至，如天中人。師當時所能自爲者，順縁耳。庸詎知已有人屬某緇，屬某素，甲事若此，乙事若彼。開士密行，不令人知何擇時地。然師所以獲是報者，豈非平生好義，暗中銖鏤不爽。諸如道在人天，且當作别論也。

及郝浴撰「奉天遼陽千山剩人可禪師塔銘」（參九龍真逸〔陳伯陶〕勝朝粤東遺民録肆「函可」條。）略云：

〔華首道獨〕引入曹溪，禮祖下髮。師是年二十有九，時崇禎十二年六月十九日也。甲申年三十有四，值世變再作，於戊子四月二十八日入瀋，奉旨焚脩慈恩寺，時已順治五年矣。〔後〕師知悟門已開，且就化，目衆歎曰，釋兒識西來意乎？追念吾在家時，曾刺臂書經以報父。及出家，而慈母背，反立解條衣，披麻泣血，以葬之。是豈愚敢先後互左而行怪？顧創巨痛深，皆不知其然而然也。是西來意也。丙戌歲本以友故出嶺，將掛錫靈谷。不自意方外臣少識忌諱，遂坐文字，有瀋陽之役。是亦不知其然而然也。是西來意也。重示偈曰，發來一個剩人，死去一具臭骨。不費常住柴薪，又省行人挖窟。移向渾河波裏赤骨律。祇待水流石出。言訖坐逝。報齡四十九，僧臘二十。翼晨道顔如生。浴拊其背哭之，雙目忽張，淚介於面。嗚呼！師固博羅韓尚書文恪公之長子也。文恪公立朝二十年，德業聲施在天下，門下多名儒鉅人。故師得把臂論交。雖已聞法，而慈猛忠孝，恒加於貴人一等。甲申乙酉間，僑於金陵顧子之樓，友慟國恤，黯然形諸歌吟，不悟遂以爲禍。然事干士大夫名教之重，江左舊史聞人往往執簡大書，藏在名山。是殆獅象中之期牙雷管，而袈裟下有屈巷夔龍也。當其遭誣在理，萬楚交下，絶而復甦者數，口齒噼然，無一語不根於道。血淋没趾，屹立如山，觀者皆驚顧咋指，歎爲有道。師始以逮入京，絶粒七日，時有一美丈夫手甘露瓶倒注其口，及蘧，神采益陽陽。方知大士

□留爲十二年撥種生芽也。

寅恪案，前已考定牧齋因黄案被逮至南京，實在順治四年丁亥四月。此時清廷委任江寧之最高長官乃洪亨九。錢洪兩人於明季是否相識，今不得知，但牧齋與顧與治爲舊交，弘光元年乙酉祖心由廣東至南都，斯際牧齋正任禮部尚書。受之爲當代詞宗，尤博綜内典。祖心既與顧氏親密，寄居其寓樓，則錢韓兩人極有往還之可能。巴山等舉發函可案，在順治四年丁亥十月。牧齋於四年四月被逮至南京入獄，歷四十日出獄。其出獄之時間，當在五月。然則牧齋殆可經由顧韓之關係，向洪氏解脱其反清之罪。馬國柱不過承繼亨九之原議，而完成未盡之手續耳。檢有學集壹秋槐詩集「禪關策進詩，有示」云：

> 漫天畫地鬼門同。禪板蒲團在此中。遍體銀鐺能説法，當頭白刃解談空。朝衣東市三生定，懸鼓西方一路通。大小肇師君會否，莫將醒眼夢春風。

或謂此詩在遵王注本中列於「顧與治五十初度」詩前第貳題。相距甚近，疑是爲函可而作。但依郝浴所記，函可於順治五年戊子四月二十八日入瀋，「禪關策進」詩列於「歲晚過茂之，見架上殘帙有感，再次申字韻」後第叁題。壽與治詩，前第貳題。歲晚詩既有「先祖豈知王氏臘，胡兒不解漢家春」，（寅恪案，鄭氏近世中西史日表順治五年戊子十二月廿二日立春。）壽顧詩復有「開尊信宿嘉平臘」等句，則禪關策進詩亦當是順治五年戊子歲暮所賦，其非爲函可而作可知。若不爲剩和尚而作，則疑是爲黄介子而賦也。前引孤忠後録載介子以順治六年己丑三月，由廣陵獄移金陵獄。若其所記時間稍有先後，則介子之移金陵獄，可能在順治五年戊子歲暮。牧齋於其抵金陵時，即作此詩以相慰勉耶？俟考。又有學集壹秋槐詩集有「廣陵舟中觀程端伯畫册，戲爲作歌」七古一首，（寅恪案，端伯名正揆。事蹟見光緒修孝感縣志壹肆人物志及歷代畫史彙傳叁叁程正揆傳。）此詩前一題即「次韻林茂之戊子中秋白門寓舍待月之作」，故廣陵舟中詩，當是順治五年戊子秋間所賦。牧齋之至揚州，疑是就地與黄介子質證，蓋是時介子尚在廣陵獄中也。

復次，據郝浴所記，函可示寂前，有「丙戌歲本以友故出嶺，將掛錫靈谷。不自意方外臣少識忌諱，遂坐文字，有瀋陽之役」等語，顯與清史列傳洪承疇傳謂函可「乙酉春自廣東來江寧印刷藏經，值大兵平江南，久住未回」之言相衝突。詳檢千山詩集捌至玖之間，有補遺一卷，乃黄華寺主所藏函可丙丁間寓金陵所作之七律共三十一首。其中將返嶺南前留别金陵諸友之詩頗多。如「次韻答邢孟貞（昉）并以道别」云，「高樓春盡恨難删」。「留别顧與治（夢游）」云，「一春花落鳥空愁」。「留别余澹心（懷）二首次韻」其一云，「春風猶滯秣陵關」及「三年不見雲中信」。（寅恪案，千山詩集玖七律體中連載，「甲申歲除寓南安」，「乙酉元旦」「秋㬅八首乙酉寓金陵作」，「乙酉除夕二首」，「丙戌元旦顧家樓」，「丙戌歲除巵亭同

〔鄒〕衣白〔之麟〕，〔王〕雙白〔廷璧〕，〔鄒〕方魯〔喆〕諸子」，「丁亥元旦昧庵試筆」等題。此句「三年」之語，乃指甲申乙酉丙戌三歲而言，蓋「留別余澹心」詩，賦於丙戌春暮也。）「留別白門諸公」云，「三山花落催行棹」及「鶯啼無限夕陽多」。「次鄭元白韻」云，「春殘惟聽白門笳」等，所言皆是暮春景物。（寅恪檢邢孟貞昉石臼後集肆丁亥所作「送祖心歸羅浮」七律，有「此日東風黯別顔」句，亦可參證。又沈歸愚德潛國朝詩別裁叁貳載函可詩「丁亥春將歸羅浮，留別黄仙裳」五律云，「春盡雨聲裏，揚帆趁曉晴。路經三笑寺，歸向五羊城。末世石交重，餘生瓦鉢輕。悲涼無限意，江月爲誰明」。尤足證祖心於丁亥暮春有將返粤之事。）依洪承疇傳謂巴山等牒送函可交亨九鞫訊，在順治四年丁亥十月。由是推之，此次祖心之離南京，當在是年季秋，與暮春留別之詩不合。又黄華寺主所藏剩人補遺詩最後一題爲「繫中生日二首」。檢千山詩集函可自作生日之詩不少。如卷陸「生日四首」，其一云，「且自歡兹會，明冬不可知」。卷玖「生日」云，「當年墜地即嚴冬」及卷壹柒「臘八」七絶前第貳題「丁酉生日」二首之二云，「每因生日知年近，又得浮生一歲添」。可知其生日乃在十二月初，亦與洪承疇傳謂函可於十月被牒送者相合，而與暮春告別之詩不合。但「繫中生日」詩前有「次余澹心韻二首」，其二云，「摩騰翻譯渾多故，身外纍纍貝葉函」，（寅恪案，此兩句與洪承疇傳謂函可「來金陵印刷藏經」，「及城門盤驗，經笥中有福王答阮大鋮書稿」之記載相符。）其二云，「雁去休教虛隻字，（寅恪案，全唐詩第壹函宋之問貳「題大庾嶺北驛」云：「陽月南飛雁，傳聞至此回。」故剩人此句，即取其意。）猿歸應已共層崖」。又有「次林茂之韻二首」其一云，「籬邊猶憶隔年花」。（寅恪案，此句用陶淵明「飲酒」二十首之四「採菊東籬下」，並杜子美「秋興」詩「叢菊兩開他日淚，孤舟一繫故園心」之典故。蓋取不仕劉宋，隱居遯世之高人及避羯胡亂，且未還家之詞客，以比茂之。又剩人丙戌春暮返廣東後，是歲再來南京，其時間或即在季秋，故與杜詩「兩開」之語適合。所以有此推測者，因千山詩集玖有在南京所賦「丙戌歲除」之詩，則丙戌冬季以前，函可已由粵重來江寧矣。）其二云，「莫言我去知心少，但過牆東有好朋」等句，（寅恪案，後漢書列傳柒叁逸民傳逢萌傳云，「避世牆東王君公」。剩人此句，殆指盛集陶。見下論牧齋「次韻答皖城盛集陶見贈二首」。）皆是秋季惜別之語。（寅恪又檢石臼後集壹丁亥所作「再送祖心歸嶺南」五古，有「十月又逢梅」句，亦可參證。）然則，此二題四詩，乃函可於丁亥返粵告別之作也。頗疑函可實曾於順治三年丙戌春暮由南京返廣東，同年又重遊南京。其臨終所言「丙戌本以友故出嶺，將掛錫靈谷」，即指此次而言。所謂「友」，恐是指亨九。靈谷寺在明太祖孝陵近旁，其欲居此寺，亦寓惓懷故國之思。亨九奏摺諱言剩人回粵後，又重來金陵之事，必有隱衷。豈函可於丙戌一年之中，去而復返，實暗中爲當時粵桂反清運動奔走遊説耶？清史列傳柒捌貳臣傳甲洪承疇傳云：

〔順治〕四年四月駐防江寧巴山張大猷奏，柘林遊擊陳際可擒賊謝堯文，獲明魯王封承疇國公及其總兵王（黄）斌卿致承疇與巡撫土國寶書，有伏爲内應，殺巴張二將，則江南不足定語。上獎巴山等嚴察亂萌，而諭慰承疇國寶曰，朕益知賊計真同兒戲。因卿等皆我朝得力大臣，故反間以圖陰陷。朕豈墮此小人之計耶？

可知當時反清復明之勢力皆欲争取亨九。巴山等拷問函可，即欲得知洪氏是否與此運動有關。洪氏避嫌，不定函可之讞，清廷亦深知其中微妙之處。所以諭慰洪氏，輕罪函可者，蓋仍須藉洪氏以招降其他漢人士大夫如瞿稼軒輩。瞿洪皆中式萬曆丙辰進士，爲同年生，而函可乃適當之聯係人也。然則當日承疇處境之艱危，清廷手腕之巧妙，於此亦可窺見一斑矣。牧齋所以得免於死，其原因固多，恐亦與引誘稼軒一點有關歟？前引可和尚两塔銘，皆述函可繫獄及械送北京途中，得蒙神力護持之事。所言殊詭異，蓋暗示亨九輩陰爲保全，故賴以脱死。觀勝朝粤東遺民録肆「函可傳」陳伯陶案語引張鐵橋年譜，記後來洪承疇囑嶺東施起元照拂韓日纘諸子事。（寅恪案，同治修福建通志貳貳陸福清縣施起元傳略云：「施起元字君貞，一字虹㵎。順治己丑進士。從平藩南征入粤。七年授廣東右參議，分守嶺東道。八年攝學政，按試惠屬，所拔悉當。旋以憂去。」可與陳氏所引參證。）足知亨九於剩人關係之密切也。又函昰謂可師「甲申之變，悲慟形辭色。傳江南復立新主，頊以請藏，附官人舟入金陵」。夫乙酉春間，南都雖尚未傾覆，然長江當已戒嚴。函可之附官人舟至金陵，自不足怪。但函是所以特著此語者，或因南都當局馬士英阮大鋮皆中式萬曆丙辰會試，可師乃其通家世好，此行乃與馬阮有關耶？觀其經笥中有福王答阮大鋮書稿一事，亦可爲旁證也。或謂千山詩集壹貳「寄陳公路若」有引，略云：

丙寅秋予侍先子南都署中，木樨盛開，月峯伯率一時詞人賦詩其下。予雖學語未成，竊喜得一一遍誦。及薙髮來南，與茂之相見，已不勝今昔之歎。今投荒又八年矣，赤公至，述長安護法，首舉陳公，爲吾鄉人，即木樨花下賦詩人也。

檢國榷卷首之三部院上南京禮部尚書欄載：

〔天啓六年〕丙寅蕭山來宗道□□甲辰進士。二月任。

〔天啓七年〕丁卯博羅韓日纘□□丁未進士。三月任。

是丙寅歲任南京禮部尚書者，爲來宗道，而非韓日纘。函可既誤記「丁卯」爲「丙寅」，則其臨終時神志昏亂，亦可誤記「乙酉」爲「丙戌」也。鄙意此説固可通，但檢光緒修惠州府志叁貳人物門韓日纘傳略云：

韓日纘字緒仲，號若海，博羅人。〔天啓四年〕甲子，即家陞右春坊右庶子。未行，陞禮部右侍郎兼侍讀學士，協理詹事府事，充兩朝實録副總裁。次年（五年乙丑）陞南京禮部尚書，疏辭弗克。崇禎〔五年〕壬申改禮部尚書。

此傳既述緒仲一生事蹟頗詳，方志之文，疑源出函可所作家傳。（寅恪案，此點可參顧夢游千山詩集序引祖心寄夢游書中「近家書從福州來，流涕被面，先子傳十年不報，今以真〔乘〕兄坐索，家間事或得附見。此願既酬，胷中更無別事矣」等語。勝朝粤東遺民録肆函昰傳謂其父母妻妹子媳俱爲僧尼，歷主福州長慶等寺。觀祖心福州家書之語，豈韓氏尚有遺族依函昰寄居福州耶？俟考。）今據志文，則丙寅之秋，函可實可侍其父於南京禮部尚書署中。故詩引所言，並非誤記。由是推之，其臨終所言「丙戌出嶺」之「丙戌」，亦非「乙酉」之誤記也。惟談書與方志何以不同，尚難確言。姑記於此，以俟更考。至南都禮部署中植有木樨，則前引牧齋「贈黄皆令序」及吴應箕留都見聞録俱未之及。兹論黄毓祺案，遂附録剩人詩引，亦可供談助也。

吾國舊日社會關係，大抵爲家族姻戚鄉里師弟及科舉之座主門生同年等。牧齋卒能脱免於黄案之牽累，自不能離此數端，而於科舉一端，即或表面無涉，實則間接亦有關也。兹請參互推論之，雖未必切中肯要，然亦不至甚相遠也。

前論牧齋熱中干進，自詡知兵。在明北都未傾覆以前，已甚關心福建一省，及至明南都傾覆以後，則潛作復明之活動，而閩海東南一隅，爲鄭延平根據地，尤所注意，亦必然之勢也。

夫牧齋當日所欲交結之閩人，本應爲握有兵權之將領，如第肆章論「調閩帥議」，即是例證。牧齋固負一時重望，而其勢力所及，究不能多出江浙士大夫黨社範圍之外，更與閩海之武人隔閡。職是之故，必先利用一二福建士大夫之領袖，以作橋樑。苟明乎此，則牧齋所以特推重曹能始踰越分量，殊不足怪也。明史貳捌捌曹學佺傳略云：

曹學佺字能始，侯官人。弱冠舉萬曆二十三年進士，授户部主事，中察典，調南京添注，大理寺正。居冗散七年，肆力於學，累遷南京户部郎中，四川右參政按察使。又中察典議調。天啓二年起廣西右參議。初梃擊獄興，劉廷元輩主瘋顛，學佺著野史紀略，直書事本末。至六年秋，學佺遷陝西副使，未行，而廷元附魏忠賢大幸，乃劾學佺私撰野史，淆亂國章。遂削籍，燬所鏤板。崇禎初，起廣西副使，力辭不就。家居二十年，著書所居石倉園中，爲石倉十二代詩選，盛行於世。兩京繼覆，唐王立於閩中，起授太常卿，尋遷禮部右侍郎兼侍講學士，進尚書，加太子太保。及事敗，走入山中，投繯而死，年七十有四。詩文甚富，總名石倉集。萬曆中，閩中文風頗盛，自學佺倡之。晚年更以殉節著云。

南疆逸史壹柒曹學佺傳略云：

學佺好學有文名，博綜今古，自以宿學巨儒不得官京朝，歷外數十年，仕又偃蹇，因以

> 著書自娱。閩中立國，起爲太常寺卿，上言今幅員褊小，税額無幾，宜專供守戰之用，而遣鄭鴻逵疾抵關度防守，毋久逗留。諸逃兵肆掠，責令其收歸營伍。及朝見，上指謂諸臣曰，此海内宿儒也。我在藩邸，聞其名久矣。時倉卒建號，一切典禮，皆學佺裁定。尋陞禮部右侍郎，署翰林院事。時勅纂修威宗實録，國史總裁。設蘭館以處之。丙戌四月上在延津。朝議欲以奇兵浮海，直指金陵，而艱於聚餉，學佺傾家以萬金濟之。

寅恪案，關於曹能始之資料頗多，不須廣引，即觀明史及南疆逸史本傳，已足知能始爲當日閩中士大夫之領袖。至其與鄭氏之關係及傾家助餉，欲成「奇兵浮海，直指金陵」之舉，則皆南明興亡關鍵之所在，殊可注意也。

初學集首載「牧齋先生初學集序」略云：

> 歲癸未冬海虞瞿稼軒刻其師牧齋先生初學集一百卷既成。冬月長至後，新安布衣友人程嘉燧述于松圓山居。

又「錢受之先生集序」云：

> 時崇禎甲申中秋節，友弟曹學佺能始識。

牧齋刻集既成之後，幾歷一年之久，復請能始補作一序。其推重曹氏如此，可爲例證。又檢初學集拾崇禎詩集陸「曹能始爲先夫人立傳，寄謝」云：

（詩略。）

同書壹陸丙舍詩集「得曹能始見懷詩，次韻却寄二首」云：

（詩略。）

有學集貳叁「張子石六十序」云：

子石遊閩，余寓書曹能始，請爲先太夫人傳。子石攝齊升堂，肅拜而後奉書。能始深歎之，以爲得古人弟子事師之禮。

夫牧齋平生於同時輩流之文章，少所許可，獨乞曹氏爲母作傳。此舉更足爲其尊崇石倉之一例證也。但牧齋外集貳伍「題曹能始壽林茂之六十序」云：

余與能始宦途不相值，晚年郵筒促數，相與託末契焉。然予竟未識能始爲何如人也。今年來白下，重逢茂之，劇談能始生平，想見其眉目嚬笑，顯顯然如在吾目中，竊自幸始識能始也。頃復見能始所製壽序，則不獨茂之之生平歷歷可指，而兩人之眉目嚬笑，又皆宛然在尺幅中。天下有真朋友，真性情，乃有真文字，世人安得而知之。余往刻初學集，能始爲作序。能始不多見予詩文，而想象爲之，雖繆相推與，其辭藐藐云爾。讀此文，益自恨交能始之晚也。雖然能始爲全人以去，三年之後，其藏血已化碧，而予也楚囚越吟，連蹇不即死，予之眉目嚬笑，臨流攬鏡，往往自憎自嘆，趣欲引而去之，而猶悵怏能始知予之淺也。不亦愚而可笑哉！戊子秋盡，虞山錢謙益撰于秦淮頌繫之所。

列朝詩集丁壹肆「曹南宮學佺小傳」略云：

能始具勝情，愛名山水，卜築匡山之下，將攜家往居，不果。家有石倉園，水木佳勝，賓友翕集，聲伎雜進，享詩酒談讌之樂，近世所罕有也。著述頗富，如海內名勝志、十二代詩選，皆盛行於世。爲詩以清麗爲宗，程孟陽苦愛其送梅子庚「明月自佳色，秋鐘多遠聲」之句。其後所至，各有集。自謂以年而異，其佳境要不出於此。而入蜀以後，判年爲一集者，才力漸放，應酬日煩，率易冗長，都無持擇，並其少年面目，取次失之。少陵有言「晚節漸於詩律細」，有旨哉，其言之也。

據此足見牧齋亦深知能始之詩文無甚可取。其請爲母作傳，并序初學集者，不過利用之以供政治之活動耳。又有學集肆柒「題徐孝白詩卷」云：

雲間之才子如臥子舒章，余故愛其才情，美其聲律。惟其淵源流別，各有從來。余亦嘗面規之，而二子亦不以爲耳瑱。采詩之役，未及甲申以後，豈有意刊落料揀哉？

牧齋尺牘中「與毛子晉」四十六首之四十五云：

蘊生詩自佳，非午溪輩之比。須少待時日，與陳臥子諸公死節者並傳，已有人先爲料理矣。其他則一切以金城湯池禦之。此間聒噪者不少，置之不答而已。

考能始亦於順治三年丙戌，即崇禎十七年甲申之後死難，列朝詩集何以選録其詩？蓋牧齋心意中實不願論列陳李之詩，以免招致不快，姑作諸種託辭以相搪塞而已。能始小傳不書其死難之年月，殆欲藉此蒙混讀者之耳目耶？至其他如閏集肆王微鄭如英等，亦皆卒於崇禎甲申以後，更可證牧齋編列朝詩集，其去取實不能嚴格遵守史家限斷之例也。

牧齋吾炙集所選侯官許有介米友堂詩題詞云：

丁酉陽月余在南京，爲牛腰詩卷所困，得許生詩，霍然目開，每逢佳處，爬搔不已，因序徐存永詩，（見有學集壹捌「徐存永尺木集序」。）牽連及之，遂題其詩曰，壇坫分茅異，詩篇束筍同。周容東越絶，許友八閩風。世亂才難盡，吾衰論自公。水亭頻翦燭，撫卷意何窮。周容者，字茂山，明州人。嘗爲余言許友者也。既而聞之君子，或過余言，又題曰，數篇重咀嚼，不愧老夫知。本自傾蘇涣，（自注：「老杜云，老夫傾倒于蘇至矣。」）何嫌説項斯。解嘲應有作，欲殺豈無詞。周處臺前月，長懸卞令祠。余時寓清溪水閣，介周臺卞祠之間，故落句云爾。（寅恪案，牧齋此兩詩並見有學集詩注捌長干塔光集「題許有介詩集」及「再讀許友詩。」）

同書有介詩後又附評語云：

此人詩開口便妙，落筆便妙。有率易處，有粗淺處，有入俗處，病痛不少，然不妨其爲妙也。或曰，詩具如許病痛，何以不妨其妙？答曰，他好處是胎骨中帶來，不好處是薰習中染來。若種種病痛，果爾從胎骨中來，便是焦芽敗種，終無用處矣。顧與治深以予言爲然。

又云：

余於采詩之候，撰吾炙集一編，蓋唐人篋中之例，非敢以示人也。長干少年疑余有雌黄，戲題其後云，杜陵矜重數篇詩。吾炙新編不汝欺。但恐旁人輕著眼，鍼師門有賣鍼兒。（寅恪案，此詩亦見有學集詩注捌「金陵雜題絶句二十五首」之十五。）聞者一笑而解。

寅恪案，牧齋此集所選同時人詩，唯有介之作多至一百七首，亦知必招致譏怪，故賦詩解嘲，自比少陵，并借用天竺西來教義，牽强紐合兩種對立之説以文飾之。但似此高自標置及與金聖嘆一類之八股批評家言論，殊不足令人心服。綜觀牧齋平生論詩論文之著述，大别可分二類。第壹類爲從文學觀點出發，如抨擊何李，稱譽松圓等。第貳類爲從政治作用出發，如前論推崇曹能始踰越分量及選録許有介詩，篇章繁多等。第壹類乃吾人今日所能理解，不煩贅述。第貳類則不得不稍詳言之，藉以説明今所得見牧齋黄案期間詩文中所涉及諸人之政治社會關係也。至牧齋選許有介詩，在順治十四年丁酉冬季遊金陵時。此際牧齋正奔走復明運動，爲鄭延平帥師入長江取南都之預備。兹論黄案，姑不涉及，俟後詳述。

牧齋外集貳伍「題爲黄子羽書詩册」云：

戊子之秋囚繫白門，身爲俘虜，閩人林叟茂之僂行相勞苦，執手慰存，繼以涕泣。感嘆之餘，互有贈答。林叟爲收拾殘棄，楷書成册，題之曰秋槐小稿。蓋取王右丞葉落空宫之句也。己丑冬，子羽持孟陽詩帙見示，并以素册索書近詩，簡得林叟所書小册，拂拭蛛網，録今體詩二十餘首，并以近詩繫之。

寅恪案，今有學集卷壹秋槐詩集起乙酉年盡戊子年。卷貳秋槐詩支集起己丑年盡庚寅年四月。牧齋黄案期間所作之詩，即在此兩卷内，而兩卷内之詩，關涉林古度者特多，當由部分源出林氏所收拾之「秋槐小稿」，自無可疑。鄙意林氏當時所收拾牧齋之詩，恐尚有出於有學集第壹第貳兩卷所載之外。蓋就此兩卷詩中有關諸人觀之，大抵表面上皆無政治關係者，當由牧齋不欲顯著救脱其罪諸人之姓名，而此諸人亦不願牧齋此際作品涉及己身故也。但即就此等表面超然處於政局之外者，詳究之，實有直接與間接聯係，如林古度乃其一例。關於林氏之材料頗多，其中以王士禛感舊集壹林古度條，陳文述秣陵集陸「乳山訪林古度故居」條及陳作霖金陵通傳貳肆林古度傳尤詳。兹僅録秣陵集於下。其文略云：

古度字茂之，號那子。閩之福清人，孝廉章子。章字初文。負大志，嘗獻書闕下，不報。歸而卜居金陵華林園側，具亭榭池館之美。古度與兄君遷，皆好爲詩。與曹學佺友善。

少賦撾鼓行，爲東海屠隆所知，遂有名。詩多清綺婉縟之致，有鮑謝遺軌。與學佺相類。萬曆己酉壬子間，楚人鍾惺譚元春先後遊金陵，古度與泝大江，過雲夢，憩竟陵者累月，其詩乃一變爲楚風。甲申後，徙真珠橋南陋巷掘門，蓬蒿蒙翳，彈琴賦詩弗輟也。王士禎司理揚州，每集名士，泛舟紅橋。古度年八十五，士禎親爲撰杖。卒年九十。歿三年，周亮工葬之鍾山之麓。或云，後居乳山，有江東父老小印。（寅恪案，朱緒曾金陵詩徵肆拾「林古度」條云：「自卜生壙于乳山，年八十七卒。」）

有學集詩注壹秋槐詩集「歲晚過茂之，見架上殘帙有感，再次申字韻」云：

地闊天高失所親。淒然問影尚爲人。呼囚獄底奇餘物，點鬼場中顧賃身。先祖豈知王氏臘，胡兒不解漢家春。可憐野史亭前叟，掇拾殘叢話甲申。

列朝詩集丁拾林舉人章小傳略云：

章字初文，福清人。初文二子君遷（寅恪案，君遷名楙。）古度皆能詩。古度與余好，居金陵市中，家徒四壁，架上多謝皐羽鄭所南殘書，婆娑撫玩，流涕漬濕，亦初文之遺意也。

同書丁壹貳鍾提學惺附譚解元元春小傳略云：

元春字友夏，竟陵人。舉于鄉，爲第一人。再上公車，歿於旅店。與鍾伯敬〔惺〕共定詩歸，世所稱鍾譚者也。伯敬爲余（萬曆三十八年庚戌）同年進士，又介友夏以交于余，皆相好也。吴中少俊多訾謷鍾譚，余深爲護惜，虚心評隲，往復良久，不得已而昌言擊排。

元春詩後又附識語云：

吴越楚閩，沿習成風，如生人戴假面，如白晝作鬼語，而閩人有蔡復一字敬夫者，（寅恪案，復一事蹟詳見明史貳肆玖及福建通志貳佰之伍本傳。）宦遊楚中，召友夏致門下，盡棄所學而學焉。

寅恪案，牧齋排擊鍾譚盡嬉笑怒駡之能事，讀者可披閱列朝詩集原文，於此不詳引，以省枝蔓。所可注意者，詈伯敬之辭，略寬於友夏，殆由錢鍾兩人有會試齊年之誼。舊日科舉制度與社會之關係，即此可見一斑。牧齋譏蔡敬夫，實譏林那子，所謂指桑駡槐，未識茂之讀之，何以爲情也。夫牧齋文學觀點，既與古度差異，又與之親密一至於此，甚覺可怪。更檢吾炙集所列諸人及有學集中牧齋晚歲相與往來之文士，亦多由那子介紹，其故何在？必有待發之覆也。兹略推論之於下。

今先論黄案期間錢林之關係，至鄭延平率舟師攻南都前數年之事，則暫不述及。順治四年丁亥主辦黄案最高之清吏爲洪亨九。洪氏與函可之交誼，前已詳言之。牧齋固可藉顧與治經祖心以通亨九，然細繹上引千山詩集「寄陳公路若」詩序之辭旨，知天啓六年秋桂花開時，那子年已四十七，（此據有學集貳秋槐詩支集牧齋順治己丑所賦「林那子七十初度」五律推得之。）自得與諸詞人預會賦詩，而祖心年僅十六，（此據上引郝浴撰函可塔銘「師是年二十有九，時崇禎十二年（己卯）六月十九日也」之語推得之。）故自謙云：「予雖學語未成，竊喜得一一遍誦。」又是歲顧與治年二十八，（此據上引牧齋戊子冬所賦「顧與治五十初度」推得之。）應可預此詩會，但祖心詩序云：「及薙髮來南，與茂之相見，已不勝今昔之歎。」無一語道及與治，可證天啓六年丙寅秋韓顧尚未相識。上引牧齋「顧與治遺稿題詞」有「片言定交」之語，頗疑祖心與與治之締交，實始於弘光元年乙酉自廣州來南京之時，非若茂之之與韓氏一門，至少有兩世之舊交。然則牧齋即不經與治，藉祖心以通亨九，亦可經茂之，藉剩人以通洪氏也。

邢孟貞昉石臼後集壹「讀祖心再變紀漫述五十韻」云：

所恨喪亂朝，不少共驢輩。城頭豎降旗，城下迎王旆。白頭宗伯老，作事彌狡獪。捧獻出英皇，箋記稱再拜。（寅恪案，楊鍾羲雪橋詩話壹「邢孟貞」條，引「白頭」下四句云：「蓋指牧齋。」）皇天生此物，其肉安足嘬。養士三百年，豈料成狼狽。

寅恪案，牧齋遺事附趙水部雜志四則之三云：

弘光選后屢不中，特旨至浙東揀選三女子，祁彪佳族也。其父爲諸生。弘光避位，其女與父尚在金陵。禮部尚書錢謙益送所選女於豫王。女之父登謙益之門，一時人無不詫異焉。

可與祖心所記參證。或疑剩和尚既載牧齋此事，則似不以牧齋爲然者，牧齋遭黃案牽累，未必肯爲之盡力。鄙意函可撰再變記效法南董，自必直書，無所諱忌。但牧齋實與黃介子有連，志在復明，剩人與林茂之爲舊交，與顧與治爲密友。牧齋若經兩人之疏通勸說，藉黃案以贖前罪，函可亦可能向洪亨九爲之解救也。茂之自其父移居金陵以來，至黃案期間，已歷數十年之久。故陳作霖認其爲上元人。（見金陵通傳貳肆林古度傳：「先世籍福清。父章發憤爭獄事，繫南都三年始出。遂居金陵，爲上元人」等語。）但那子家本福清籍，（見同治修福建通志壹伍陸選舉門舉人表「萬曆元年癸酉蘇濬榜，福清縣林春元，後改名章」之記載及同書貳壹叁文苑傳林章傳「萬曆癸酉年十七，舉於鄉」等語。）與當日閩省士大夫領袖曹能始關係尤密，依舊日社會之習慣，自可如金陵詩徵之例，列於寓賢。（見朱緒曾編金陵詩徵叁玖寓賢伍林章小傳及同書肆拾寓賢陸林古度小傳。）洪亨九若論鄉里之誼，固得相與周旋。蓋茂之值明清興亡之際，表面無抗清顯著之形跡，不致甚爲巴山等之所注意。觀牧齋於黃案期間作品，絕不避忌林氏之名字，亦可推知其人在清廷官吏心目中之態度也。牧齋此期間關於茂之之詩甚多，除前引「次韻林茂之中秋白門寓舍之作」外，尚有可論證之篇什不少。其仿玉川子之作一首，足見錢林友誼篤摯，如第肆章論留仙館記及馮元飈之比。但有學集貳秋槐詩支集「戲爲天公惱林古度歌」原詩過長，僅録詩後跋語，聊資談助云爾。其文云：

此詩得之於江上丈人，云是東方曼倩來訪李青蓮於采石，大醉後放筆而作，青蓮激賞而傳之也。或云青蓮自爲之。未知然否？

前論祖心「次林茂之韻二首」第壹首「莫言我去知心少，但過牆東有好朋」之「好朋」，當即指盛集陶斯唐。盛氏事蹟今未能詳知。僅金陵詩徵肆拾寓賢陸盛斯唐條，較金陵通傳明詩紀事稍備，故録之於下。其文云：

斯唐字集陶。桐城籍，居金陵。

集陶爲進士世翼孫。居金陵十廟西門，毁垣敗屋，蓬蒿滿徑，與林古度相唱和。晚以目眚，屏居不干一人。

牧齋於黄案期間詩什，頗有關涉盛氏者，兹不詳引，惟擇録數首，略加箋釋，以見一斑。有學集壹秋槐詩集「盛集陶次他字韻，重和五首」其第叁首云：

秋衾銅輦夢頻過。四壁陰蟲聒謂何。北徙鵬憂風力少，南飛鵲恨月明多。杞妻崩雉真憐汝，莒婦量城莫甚它。却笑玉衡無定準，天街仍自限星河。

寅恪案，此首雖和盛集陶，而實爲河東君而作者。第壹第貳兩句，謂明南都破後，己身降清，不久歸里，但東林黨社舊人，仍衆口呰謷，攻擊不已，意欲何爲耶？遵王引李賀「還自會稽歌」：「臺城應教人，秋衾夢銅輦。」（見全唐詩第陸函李賀壹。）以釋第壹句，固不誤。然尚有未盡。長吉詩此兩句原出謝希逸「七夕夜詠牛女應制」詩：「輟機起春暮，停箱動秋衿。」（見丁福保輯全宋詩貳謝莊條。）長吉詩所謂「臺城應教人」乃指其詩序中之庾肩吾。（見南史伍拾庾肩吾傳及王琦李長吉歌詩貳「還自會稽歌」此兩句注。）牧齋以庾氏曾爲侯景將宋子仙所執，後乃被釋，遂取相比。第貳句遵王無釋。鄙意以爲「四壁」用歐陽永叔秋聲賦「但聞四壁蟲聲唧唧」之語。（見歐陽文忠公集壹伍。）「陰蟲」當出顔延平「夏夜呈從兄散騎，車長沙」詩「陰蟲先秋聞」句。（見文選貳陸。）此皆表面字句之典故，猶未足窺牧齋之深意。牧齋此詩既爲河東君而作，因特有取於希逸之句，亦可與此詩末二句相照應也。又牧齋隨例北遷，河東君在南中有奸夫鄭某一重公案，即牧齋所謂「人以蒼蠅污白璧」者，（見投筆集上後秋興之三「八月初十日小舟夜渡，惜別而作。」）蓋言己身不信河東君真有其事也。綜合此詩首兩句之意，謂兩人有如牛女之情意，永無變易。但陰險小人，造作蜚語，若「大王八」及「折盡章臺柳」之類，聒噪不休，甚無謂也。抑更有可論者，元裕之「洛陽」七律云：「已爲操琴感衰涕，更須同輦夢秋衾。」（見施國祁元遺山詩集箋注玖。）牧齋以南京比洛陽，即下引「次韻答盛集陶新春見懷之作」詩：「澗瀍洛下今何地，鄠杜城南舊有天」之義。然則牧齋賦詩與王半山「恩從隗始詫燕臺」句之意同矣。可詳第壹章所論，茲不復贅。牧齋和盛詩第壹聯謂己身因南都破後，隨例北遷，不久又南歸也。第貳聯謂河東君因己身被逮，而願代死，或從死，始終心懷復明之志也。第柒捌兩句謂當此賦詩之際，河東君寄寓蘇州拙政園，與己身隔絶，不能遇見。前論「次韻林茂之戊子中秋白門寓舍待月之作」詩「無那金閶今夜月，雲鬟香霧更悠悠」之句，可取與互證。又前論順治三年丙戌牧齋之行蹤節，引有學集壹秋槐詩集「丙戌有懷」詩「横放天河隔女牛」句，亦可取以參較也。

有學集壹秋槐詩集「次韻答皖城盛集陶見贈二首。盛與林茂之隣居，皆有目疾，故次首戲之」云：

枯樹婆娑隕涕攀。祇餘蕭瑟傍江關。文章已入滄桑録，詩卷寧留天地間。汗史血書讎故簡，煙騷魂哭怨空山。終然商頌歸玄鳥，麥秀殘歌詎忍删。

有瞽隣牆步屧親。摩挲攬鏡笑看人。青盲恰比瞳曚日，（寅恪案，遵王注本作「瞳曚目」。）象罔聊爲示現身。並戴小冠希子夏，長懸内傳配師春。徐州好士今無有，書尺何當代爾申。

寅恪案，牧齋答盛氏詩，第壹首末二句，初讀之，未能通解，後檢今釋徧行堂集捌「列朝詩傳序」，乃知此爲牧齋自述其編選列朝詩集之宗旨。澹歸之文，可取與此二句相證發。豈丹霞從蕭孟昉伯升處，得知牧齋著述之微意耶？俟考。金堡之文略云：

列朝詩集傳虞山未竟之書，然而不欲竟。其不欲竟，蓋有所待也。傳有胡山人白叔死於庚寅冬。則此書之成，兩都閩粤盡矣。北之死義，僅載范吴橋，餘豈無詩。乃至東林北寺之禍，所與同名黨人一一不載。虞山未忍視一綫滇南爲厓門殘局，以此書留未竟之案，待諸後起者，其志固足悲也。孟昉有雋才，於古今人著述，一覽即識其大義。其力可以爲虞山竟此書，而不爲竟，亦所以存虞山有待之志，俾後起者得而論之。嗚呼！虞山一身之心跡，可以聽諸天下而無言矣。

牧齋答盛氏詩第貳首末二句遵王注引梁書江淹傳。其解釋古典固當。但「代爾申」之「爾」字，若指牧齋，則應是集陶之語。細繹之，與上文旨意似不甚通貫。檢有學集貳秋槐支集「次韻盛集陶新春見懷之作」云：

暈碧裁紅記往年。春盤春日事茫然。澗瀍雒下今何地，鄠杜城南舊有天。夢裏士師多訟獄，醉中國土少崩騫。金陵見説饒新咏，佳麗長懷小謝篇。

此詩第伍句「夢裏士師多訟獄」，雖用列子周穆王篇之古典，然恐不僅指己身爲黄案所牽連，或兼謂集陶與訟獄有關。今日載記所述盛氏事蹟，甚爲簡略，故無從詳知集陶在此時間，是否亦有被人累及之事也。

有學集壹秋槐詩集「丙戌初秋燕市别惠房二老」（「丙戌初秋」四字據遵王注本增。）云：

（詩略。）

同書同卷「丁亥夏爲清河公題海客釣鰲圖」四首（寅恪案，「爲清河公」四字據遵王注本增。注本僅有三首，無第肆首。殆因此首語太明顯，故遵王删去也。）云：

海客垂綸入淼茫。新添水檻攬扶桑。崆峒仗與羲和杳，安得乘槎漾水旁。

貝闕珠宫不可尋。六鰲風浪正陰森。桑田滄海尋常事，罷釣何須歎陸沉。（寅恪案，遵王注本此首作：「貝闕珠宫不可窺。六鰲風浪正參差。釣竿莫拂珊瑚樹，珍重鮫人雨泣時。」當爲後來避諱所改。）

陰火初銷黑浪遲。投竿錯餌自逶迤。探他海底珠如月，恰是驪龍晝睡時。

老馬爲駒氣似虹。行年八十未稱翁。勞山拂水雙垂釣，東海人稱兩太公。

同書同卷「别惠老兩絶句」（寅恪案，遵王注本闕此題。）云：

（詩略。）

同書同卷「和東坡西臺詩韵」六首云：

（詩略。）

清史列傳柒玖貳臣傳乙房可壯傳略云：

房可壯山東益都人。明萬曆三十五年進士。〔崇禎元年〕十一月會推閣臣，次列禮部侍郎錢謙益。尚書温體仁訐謙益主浙江鄉試時關節受賄，諸臣黨比推舉。莊烈帝召謙益及給事中章允儒等廷訊。可壯坐黨比降秩。順治元年六月招撫侍郎王鰲永至山東，可壯率鄉人殺流賊所置僞益都令，奉表投誠。鰲永疏請召用。三年二月授大理寺卿。六月疏言，舊制大理寺掌覆核刑部諸司問斷當者定案入奏，請再讞。近見刑部鞫囚，有徑行請旨處決者，未足以昭慎重，宜仍歸大理覆核會奏，並請敕法司早定律令，以臻協中之治。從之。十一月擢刑部右侍郎。五年轉左。

李棪君東林黨籍考引康熙修益都縣志捌云：

房可壯字陽初，號海客。

清史列傳柒捌貳臣傳王鼇永傳略云：

王鼇永山東臨淄人。明天啓五年進士，累官鄖陽巡撫。崇禎時，張獻忠犯興安，鼇永防江陵，大學士楊嗣昌督師好自用，每失機宜。鼇永嘗規之，不聽，遂奏罷鼇永。後嗣昌敗，授鼇永户部右侍郎。李自成陷京師，鼇永被拷索輸銀乃釋。本朝順治元年五月投誠，六月睿親王令以户部侍郎兼工部侍郎銜，招撫山東河南。鼇永至德州，同都統覺羅巴哈納石廷柱等，擊走自成餘黨，尋赴濟南，遣官分路招撫。尋命方大猷爲山東巡撫，巴哈納等移師征陝西。鼇永同大猷及登萊巡撫陳錦等綏輯山東郡縣，剿餘賊。八月疏報濟南東昌泰安兗州青州諸屬邑俱歸順。鼇永赴青州。有趙應元者，自成裨將也。敗竄長清縣，窺青州兵少，十月率衆僞降，既入城，遂肆掠，蜂集鼇永官廨，縛之。鼇永罵賊不屈，遂遇害。

寅恪案，「爲清河公題海客釣鼇圖」一題，「清河」爲房氏郡望，「海客」爲可壯之號，「鼇」爲王鼇永之名，甚爲工巧。但此圖不知作於何時，若作於順治元年，海客初降清時，方可如此解釋，否則「鼇」字止可作海中之大龜解，指一般降清之大漢奸言。此圖之名及牧齋所題四詩，殊有深意。尤可注意者，乃第肆首「勞山拂水雙垂釣，東海人稱兩太公」之結語。「拂水」在江蘇常熟縣，乃牧齋自指，「勞山」在山東即墨縣東南六十里海濱，用以指房氏，蓋謂兩人同爲暫時降清，終圖復明。海客在東北，牧齋在東南，分別「投竿錯餌」以引誘降服建州諸漢人，以反清歸明也。觀順治三年房氏任大理寺卿時，上疏主張恢復前明大理寺覆核刑部案件之舊例，其意蓋欲稍稍提高漢人之職責，略改滿人獨霸政權之局勢。其不得已而降清之微旨，藉此可以推見矣。

至牧齋此題涵芬樓本有學集列於「別惠房二老」及「別惠老兩絶句」之間。雖集中「別惠老兩絶句」後，即接以丁亥年所作「和東坡西臺詩韵」一題，但此時期牧齋所存之詩甚少，故「題海客釣鼇圖」詩，或賦於牧齋隨例北遷，將南還之時也。若謂牧齋於順治三年丙戌秋間别房氏後，至次年，即順治四年丁亥夏，在南京乃題此詩。則「釣鼇圖」無論由牧齋攜之南歸，或由房氏託便轉致，牧齋取此黄案迫急之際，忽作此閑適之事，必非偶然。頗疑牧齋之意，以爲房氏此際在北京任刑部右侍郎，可藉其力以脱黄案之牽累也。後來牧齋之得釋還家，是否與房氏有關，今無可考。但檢龔芝麓定山堂集叁順治十年癸巳五月任刑部右侍郎時所上「遵諭陳言疏」云：

一司審之規宜定也。十四司官滿漢并設，原期同心商酌，共砥公平，庶獄無遁情，官無曠職。近見大小獄情回堂時，多止有清字，而無漢字。在滿洲同堂諸臣，虚公共濟，事事與臣等參詳，然倉卒片言，是非立判，本末或未及深晰，底案又無從備查。至於重大事情，又多從清字翻出漢字。當其訊鞫之頃，漢司官未必留心，迨稿案已成，罪名已定，雖欲旁贊一語，輒苦後時。是何滿司官之獨勞，而漢司官之獨逸也。請自今以後，一切獄訟，必先從滿漢司官公同質訊，各注明切口詞，呈堂覆審。發落既定，或擬罪，或釋放，臣等即將審過情節，明注於口詞之内，付司存案，以便日後稽查。其有事關重大，間從清字翻出者，必仍引律敍招，臣等覆加看語，然後具題。事以斟酌而無訛，牘亦精詳而可守。

夫順治十年癸巳，在順治四年丁亥之後六年，龔氏又與房氏同是刑部右侍郎。其時滿人之跋扈，漢人之無權，尚如芝麓所言。何況當房氏任職之際耶？然則房氏在順治四年夏間，以漢族降臣之資格，伴食刑部，自顧不暇，何能救人？牧齋於此，可謂不識時務矣。斯亦清初滿漢關係實況之記載，頗有裨益於考史，故特詳録之。讀者或不以枝蔓爲嫌也。

有學集壹秋槐詩集「贈濮老仲謙」云：

（詩見前引，茲從略。）

寅恪案，第叁章論陳臥子蝶戀花「春曉」詞，引劉鑾五石瓠「濮仲謙江千里」條云：「或見其爲柳夫人如是製弓鞋底版二雙。」牧齋此詩雖作於順治五年戊子，但濮老弓鞋底版之製，則疑在前一年丁亥河東君三十懸帨之辰。或者即受牧齋之意旨爲之，蓋藉以祝賀河東君生日也。如此壽禮，頗嫌猥褻，若非河東君之放誕風流，又得牧齋之同意者，濮老必不敢冒昧爲之。噫！即就此點觀之，牧齋之於河東君感恩之深，用情之足，一至於斯。後來河東君之殺身相殉，豈足異哉！

有學集貳秋槐支集「次韻何寤明見贈」（遵王注本題下有自注云：「寤明與孟陽交，故詩及之。」）云：

（詩略。）

有學集貳拾「新安方氏伯仲詩序」云：

戊子歲，余羈囚金陵，乳山道士林茂之僂行相慰問，桐皖間遺民盛集陶何寤明，亦時過從。相與循故宫，踏落葉，悲歌相和，既而相泣，忘其身之爲楚囚也。

寅恪案，前謂今有學集所載黄案期間牧齋相與唱和諸人，大抵表面與政治無關者，如牧齋序中標出林盛何等，即是其例證。實則救免牧齋之重要人物，如函可梁維樞外，尚有佟國器。佟氏與牧齋得脱黄案之牽累，較之梁氏，尤不易得明顯之記述。兹請就所見資料，間接推證，或非全憑臆度也。有學集貳秋槐支集「馮研祥金夢蜚不遠千里，自武林唁我白門，喜而有作」云：

（詩略。）

同書同卷「疊前韵送别研祥夢蜚」三首之三云：

少别千年近隔旬。勞人亭畔盡勞人。（遵王注本作「勞勞亭」，是。）誰家窟室能逃世，何處巢車可望塵。問字總歸沙數劫，相看已屬意生身。（此兩句注本作「自顧但餘驚破膽，相看莫是意生身。」）童初近有登真約，爲我從容扣侍晨。

寅恪案，馮研祥爲馮開之之孫。其與牧齋之關係，前已論述，可不復贅。金夢蜚則尚待稽考。

要之，此二人不遠千里，自武林至白門慰問牧齋，似是舊交密友可能之舉動。但鄙意以爲二人之由杭州至南京，恐非僅出本身之情意，實亦奉命而來也。若果奉命而來者，則疑是奉佟國器之命。又「叠前韵」第叁首柒捌兩句，當指國器及其繼配錦州錢氏而言。兹徵引國器及其妻錢氏并國器父卜年，與其他直接或間接有關資料，綜合論述，藉見牧齋之得脱於黄案之牽累，殊非偶然也。

真誥壹貳稽神樞第貳略云：

張姜子西州人張濟妹也。李惠姑齊人夏侯玄婦也。施淑女山陽人施績女也。鄭天生鄧芝母也。此數女子昔世有仁行令聞，並得在洞中。洞中有易遷館含真臺，皆宫名也。含真臺是女人已得道者，隸太玄東宫。此二宫蓋女子之宫也。又有童初蕭閑堂二宫，以處男子之學也。

全唐詩第玖函陸龜蒙捌「上元日道室焚修寄襲美」云：

三清今日聚靈官。玉刺齊抽謁廣寒。執蓋冒花香寂歷，侍晨交佩響闌珊。（自注：「執蓋侍晨仙之貴侶矣。」）將排鳳節分階易，欲校龍書下筆難。唯有世塵中小兆，夜來心拜七星壇。

（寅恪案，以上二條，遵王注已略引。兹爲解釋便利之故，特更詳録之。）

牧齋外集壹貳「佟夫人錢太君五十壽序」略云：

錢夫人者，大中丞遼海匯白佟公之嘉耦也。今年五十初度，五月初九日爲設帨之辰，年家子弟陶生某黄生某輩，相與謀舉觴稱壽，以祝嘏之詞來請。余于中丞公爲世交，爲末契。于夫人爲宗老爲伯兄，當酌兕觥爲諸子先。其何敢辭授簡。余惟夫人發祥石鏡，毓秀錦城。中丞得以敭歷中外，砥節首公，釋然無内顧之憂，夫人相之也。已而謀深籌海，績著保釐，以奉揚德意之故，誤被急徵，震雹不寧，疾雷交作。夫人有籲天泣血之誠，有引繩束髮之節，閨門肅穆，道路嘆嗟，而中丞徼如天之賜，涣汗載頒，寵命洊至。天若以此曲成中丞一門之懿德，而巧用其埏埴者，何其奇也。吾讀墉城仙録，西晉時有諶母者，潛修至道，遇孝道明王，授以真訣，而諶母以授吴許二君，爲浄明忠孝之宗。故知神仙忠孝，非有二道，而真誥所記易遷含真，女子之有仁孝令聞，隸太玄宫中者，由此其選也。夫人之相中丞，淑慎其身，夷險不二，豈非有合于神仙孝道之法，爲羣真之所默喛者歟？世之鉅公賢媛，享令名，保完福者，皆夙有靈骨，從仙籍中謫降。雖然，世之稱神仙上壽者，無如吾家彭祖，屈原稱其斟雉羹以享帝堯，受壽八百，入流沙以去。夫人出于彭城，亦籛後人也。爲夫人壽者，宜有取于此矣。然彭祖一意養生，杖晚而唾遠，老猶自悔其不壽。不若丹陽孝道之傳爲有徵也。若吾家故事，載在譜牒，夫人數典而知之久矣。又何待乎余言。

錢牧齋尺牘上「答佟思遠」云：

山中草木，幸脱餘生。晚歲桑榆，已爲長物。燭武抱無能之恨，師丹招多忘之譏。隨例稱觴，撫心自愧。深荷老姊丈惠顧殷勤，翰章重叠，遂令長筵生色，兒女忭舞。當賤誕之日，佳貺賁臨，故知吉人記存，即是慈光加被，可以招邀餘慶，敵退災星矣。拜嘉之餘，惟有銘勒。賢閫賢甥，并此馳謝。臨楮不勝馳企之至。

清史列傳柒捌貳臣傳甲洪承疇傳云：

〔順治四年〕承疇以江南湖海諸寇俱削平。又聞其父已卒於閩，請解任守制。乃調宣大總督馬國柱爲江南江西河南總督。命承疇俟假滿，仍回内院任事。五年四月至京。

羅振玉輯史料叢刊初編「洪文襄公呈報吴勝兆叛案揭帖」首署：

守制洪承疇謹揭。

末署：

順治肆年柒月初拾日。

清史稿貳佰叁疆臣年表壹總督欄載：

順治四年丁亥馬國柱七月戊午（十九日）總督江南江西河南。

牧齋外集壹越吟憔悴「壽佟中丞」八首之七（江左三大家詩鈔牧齋詩鈔下此題作「贈佟中丞匯白」。題下注云：「時繇閩虔移旌江浙，啓行之候，正值初度。」）云：

魚鑰金壺莫漫催。齊眉親送紫霞杯。合歡樹倚三眠柳，燭夜光傾四照梅。戴勝杖從金母授，羽衣曲自月妃來。當筵介壽多詩筆，授簡逡巡避玉臺。

牧齋尺牘中「與毛子晉」四十六首。其三十三云：

司理之册，乃欲求佟處（虔）撫賀文也。今佟已移鎮於浙，此事已無干矣。

施閏章學餘文集壹柒「黄氏皆令小傳」云：

〔皆令〕南歸過江寧，值佟夫人賢而文，留養痾於僻園，半歲卒。

國朝金陵詩徵肆壹佟國器小傳云：

國器字匯白，襄平籍，居金陵。順治二年授浙江嘉湖道，再遷福建巡撫，終江西南贛巡撫。有芰亭詩，燕行草，楚吟諸集。（原注：「魏惟度云，中丞築僻園在古長干。山水花木甲白下。子孫入籍焉。」）

同書同卷載佟國器「和宋荔裳遊僻園詩韻」（寅恪案，宋琬原詩見安雅堂未刻稿叁「佟匯白中丞僻園四首」。并可參同書貳「佟中丞匯白僻園觀姚伯右畫梅歌」。）云：

郊居塵自遠，蒼翠障河干。石老連雲臥，（楊鍾羲雪橋詩話貳録此詩「老」作「磊」。）

香酣促酒乾。（「酣促」楊書作「甜帶」。）孤松堪結侶，五柳欲辭官。（「欲」楊書作「倩」。）欵户君偏獨，（「欵户」楊書作「重竹」。）斜陽興未闌。（「斜陽」楊書作「忘歸」。）

雪橋詩話貳「佟匯白中丞國器」條略云：

去官後卜築鍾山之陰，小閣幽篁，酒客常滿。和宋荔裳游余僻園韻云，（詩見上。）佟儼若（世思）有「僻園歌」。又有「僻園呈匯白伯父」（詩）。

有學集叁叁「佟母封孺人贈淑人陳氏墓誌銘」略云：

淑人姓陳氏，父諱其志，母湯氏。故山東按察司僉事登萊監軍佟府君諱卜年之妻，今御史中丞國器之母也。佟與陳皆遼陽上族。府君擢上第，宰京邑，册府錫命，天書煌煌，閨閫榮焉。天啓初，府君受命東略，監軍登萊。鈎黨牽連，蜚語逮繫，淑人奉二尊人暨諸姑子姪，扶攜顛頓，徙家于鄂。乙丑九月府君奉矯詔自裁，太公哀慟死客舍，淑人泣血裹事，奉太夫人渡漢還黄陂。又三年仍還江夏。秦寇躪楚，太夫人歿而渴葬。中丞補弟子員，奉淑人卜居金陵。崇禎甲申避兵，還甬東。中丞受新命，以兵憲治嘉興。淑人版輿就養。丙戌九月十九日卒于官舍，年五十有八。淑人既殁，中丞扶柩歸金陵，卜葬于〔鍾〕山之陽。子一人，即中丞公國器，女適李寧遠曾孫延祖，（寅恪案，「李寧遠」

指李成梁。蓋成梁封寧遠伯也。見明史貳叁捌本傳。）以死事贈同卿。中丞妻贈淑人蕭氏，繼室封淑人錢氏。孫三人世韓世南世傑。

乾隆修浙江通志壹貳壹職官壹壹分巡嘉湖道欄載：

佟國器。順治二年任。

朱延慶。遼東右衛人。順治四年任。

同書同卷提刑按察使欄載：

王璠。江南山陽人。進士。順治三年任。

佟國器。順治六年任。

熊維傑。遼東鐵嶺人。順治八年任。

清史稿貳佰叁疆臣年表浙閩總督欄載：

順治二年乙酉張存仁十一月壬子總督浙江福建。由浙江總督遷。

順治三年丙戌張存仁。

順治四年丁亥張存仁十二月壬申病免。陳錦總督浙閩。

順治五年戊子陳錦。

清史列傳柒捌貳臣傳張存仁傳（參鮚埼亭外編叁拾「明大學士熊公行狀跋」。）略云：

張存仁遼陽人。明寧遠副將，守大凌河。本朝天聰五年隨總兵祖大壽等來降。順治元年隨豫親王多鐸征河南江南。二年六月大軍下浙江，存仁隨至杭州，遂管浙江總督事。十一月授浙江福建總督。三年端重親王博洛統師進征，明魯王遁，〔方〕國安〔馬〕士英就擒，伏誅。浙閩漸以底定。四年疏請解任。存仁莅浙後，屢以疾乞休，至是得旨俞允。五年二月因代者未至，遣將收復連城順昌將樂三縣。六年起授直隸山東河南總督。

張維屏國朝詩人徵略二編叁「佟國器」條引大清一統志云：

順治二年授嘉湖道，偕張國興擒馬士英。

牧齋外集柒「佟懷冬古意新聲序」（參同書同卷「佟懷冬擬古樂府序」及「佟懷冬詩選序」并有學集貳秋槐支集庚寅夏牧齋所作「閩中徐存永陳開仲亂後過訪，各有詩見贈，次韻奉答四首」及「夏日讌新樂小侯於燕譽堂。林若撫徐存永陳開仲諸同人並集二首」。）略云：

古意新聲之什，創於陽羨俞羨長。佟中丞懷冬見而悦之，爲之嗣聲屬和。又益之以出塞宮詞閨情詠懷之屬，凡六十章。閩士徐存永陳開仲携以入吴，予方有事採詩，深嘉其旨意，爲之序而傳焉。始存永開仲之以詩請也，秉燭命觴，相顧欣賞。昧旦而求之，余與二子卹然若有失也。浹旬吟咀，听然有得，始拈出風之一字，而二子遠矣。遇懷冬，輒舉似之。懷冬笑而不應。禪門有言，莫把金針度。此風之一字，懷冬之金針也。余顧嘵嘵然，逢人而扣其譜，不已愚乎？

同治修福建通志壹肆拾宦績門佟國器傳云：

佟國器奉天遼東拔貢。順治八年任左布政使。（寅恪案，葛萬里牧齋先生年譜順治八年辛卯條云：「自記九月避喧卻賀，扁舟詣白下懷東寓。」可供參考。）十年擢巡撫。

清史稿貳佰柒疆臣年表伍巡撫欄載：

順治十年癸巳張學聖二月甲子罷。四月丙午佟國器巡撫福建。

順治十一年甲午佟國器。

順治十二年乙未佟國器三月庚子調。宜永貴巡撫福建。

清史列傳肆佟養正（真）傳（參同書同卷恩格圖及張大猷傳。）略云：

佟養正遼東人。其先爲滿洲，世居佟佳，以地爲氏。祖達爾哈齊以貿易寓居開原，繼遷撫順，遂家焉。天命初，佟養正有從弟養性，輸誠太祖高皇帝，於是大軍征明，克撫順，佟養正遂挈家并族屬來歸，隸漢軍。六年奉命駐守朝鮮界之鎮江城。時城守中軍陳良策潛通明將毛文龍，詐令諜者稱兵至，各堡皆呼譟，城中大驚，良策乘亂據城叛。佟養正被執，不屈死之。長子佟豐年，（寅恪案，國榷捌肆天啓元年八月丙子「遼東巡撫王化貞，參將毛文龍之捷」條，「豐年」作「松年」。）并從者六十人，俱被害。詔以次子佟圖賴襲世職。佟圖賴初名佟盛年，後改今名。崇德七年始分漢軍爲八旗，佟圖賴隸鑲黃旗，授正藍旗都統。順治二年五月軍次江南，敗明舟師於揚子江，先後攻揚州及嘉興諸府，皆下之。十三年八月引疾乞休。命加太子太保，以原官致仕。十五年卒於家，年五十有三。康熙十六年聖祖仁皇帝以孝康皇太后推恩所生，特贈佟圖賴一等公爵，令其子佟國綱承襲，並令改隸滿洲。

同書同卷佟養性傳略云：

佟養性遼東人。先世爲滿洲，居佟佳，以地爲氏。因業商，遷撫順。天命初，見太祖高皇帝功德日盛，傾心輸欵，爲明所覺，置之獄，潛出來歸。賜尚宗室女，號曰西屋裏額駙。天聰五年正月太宗文皇帝命督造紅衣礮。初軍營未備火器，至是礮成，鐫曰天佑助威大將軍，征行則載以從。養性掌焉。時漢軍未分旗，敕養性總理，官民俱受節制。額駙李永芳及明副將石廷柱鮑承先等先後來降者，與佟氏族人，皆爲所屬。上以漢官漸多，慮養性無以服衆志，特諭養性曰，凡漢人事務，付爾總理，各官分別賢否以聞。爾亦當殫厥忠忱，簡善絀惡，恤兵撫民，竭力供職，勿私庇親戚故舊，陵轢疏遠仇讎，致負朕委任之意。又諭諸漢官曰，爾衆官如能恪遵約束，非敬謹養性，是重國體，而欽法令也。

十一月祖大壽以大凌河城降。上命城中所得槍礮鉛藥，悉付養性。六年正月上幸演武場閱兵，養性率所轄漢軍試礮，擐甲列陣，上嘉其軍容整肅。養性卒於官，詔以其子普漢襲爵。普漢卒，弟六十襲。崇德七年隸漢軍正藍旗。

清史稿貳佰貳拾后妃傳略云：

元妃佟佳氏，歸太祖最早。子二，褚英代善。女一，下嫁何和禮。（可參孟森明元清系通紀清初三大疑案考實第貳種「世祖出家事考實」。）

孝康章皇后佟佳氏，少保固山額真佟圖賴女。后初入宫，爲世祖妃。〔順治〕十一年三月戊申聖祖生。聖祖即位，尊爲皇太后。〔康熙〕二年二月庚戌崩，年二十四。后家佟氏，本漢軍。上（指聖祖。）命改佟佳氏，入滿洲。后族擡旗自此始。子一，聖祖。

孝懿仁皇后佟佳氏，一等公佟國維女，孝康章皇后姪女也。康熙十六年爲貴妃。二十年進皇貴妃。二十八年七月病篤，册爲皇后，翼日甲辰崩。（可參孟森清初三大疑案考實第叁種「世宗入承大統考實」。）

清朝通志貳氏族略貳「滿洲八旗姓佟佳氏」條略云：

佟佳氏散處瑪察雅爾呼加哈哈達佟佳等地方。佟養正鑲黄旗人。世居佟佳地方。國初率族衆來歸。其子佟圖賴係孝康章皇后之父，追封一等公。佟養性，佟養正之弟，國初來歸，太祖高皇帝以孫女降焉。

梅村家藏藁肆捌「佟母劉淑人墓誌銘」略云：

子江南右方伯諱彭年，方從政於吴。偉業聞之，自古興王之代，必先世禄之家。在我朝，佟爲貴族。

錢牧齋尺牘下「復佟方伯」略云：

江南半壁，仰賴旬宣。治某樗櫟散材，菰蘆長物，通家世誼，牽附高門。懷東匯白一元三公，氣叶椒蘭，誼深金石。

乾隆修江南通志壹佰陸職官志江蘇布政使欄載：

佟彭年。正藍旗人。舉人。康熙二年任。

慕天顔。静寧人。進士。康熙九年任。

有學集壹陸「佟氏幽憤録序」云：

佟氏幽憤録者，故登萊僉事觀瀾佟公當絶命時，自著憂憤先生傳。其子今閩撫思遠，并出其對簿之揭與檻車之詩，集録以上史館者也。東事之殷也，江夏公（指熊廷弼。）任封疆重寄，一時監司將吏，皆梔言蠟貌，不稱委任。江夏按遼時，佟公爲諸生，與同舍楊生崑仁，籌邊料敵，畫灰聚米，慨然有掃犂之志。江夏深知之，以是故，嘵咷呼援以助我，而公自以世受國恩，諳知遼事，盱衡抵掌，樂爲之用。當是時，撫清（指撫順清河。）雖熸，遼瀋無恙。以全盛之遼，撼新造之□。以老熊當道之威，布長蛇分應之局。鷸蚌未判，風鶴相疑，傳箭每一日數驚，□廬或一夕再徙。公將用遼民守遼土，倚遼人辦遼事，赦脅從，招携貳，施鈎餌，廣間諜。肅昚之矢再來，龍虎之封如故。經營告成，豈不鑿鑿乎其有成算哉！天未悔禍，國有煩言，奸細之獄，羅鉗於前，叛族之誅，瓜蔓于後。公既以獄吏牘書，喻冤畢命。馴至於一誤再誤，決河燎原，遼事終不可爲矣。嗚呼！批根黨局，假手奄宦，借公以螫江夏，又因江夏以剪公，此能人要路所爲合圍掩羣，惟恐或失者也。殺公以錮佟氏之族，錮佟以絶東人之望。于是乎穹廬服匿之中望窮，□□□□□□之屬目斷。刀環翕侯中行説之徒，相率矯尾厲角，僇力同心，以致死于華夏。堅脅從之心膽，廣内訌之羽翼，失招撫之大機，破恢復之全局，蓋自羣小之殺公始。此則操刀推刃者，瞢瞢不自覺，而世之君子，亦未必知其所以然也。國家當白山作難，人主旰食，中外震驚。惟是秉國成，參廟算者，用是以快恩仇，恣剸決，岐口沓舌，張羅設械，巧於剪外人之所忌，而精於弭敵國之所短，畫廟社于一牆，委人主爲孤注。河東之司命，遥寄于柄臣之門。關外之師期，尅定于獄吏之手。如公之死，不死于丹書，不死於西市，而死於髣髴錯莫，誕漫不可知之口語。迄於今，藏血久碧，墓艸再陳，山川陵谷，俯仰遷改，而卒未知坐公死者爲何法，責公死者爲何人。天不可問，人不可作，有鬼神構鬬其間，而公與國家並受其害，可勝痛哉？

盛昱八旗文經伍拾柒世思「先高曾祖三世行略」略云：

先高祖諱週，字儒齋，世居撫順，以撫順邊烽時警，望遼陽有白雲冉冉於其上，遂家焉。自北燕時，遠祖諱萬諱壽者，俱以文字顯。累傳至明洪武間，始祖諱達禮，以邊功加秩指揮同知，世其爵。五傳而生季甫公諱櫝。季甫公生心一公諱愻，是爲儒齋公父。公生而穎異，讀書明性，理家資巨萬。謹恪自居，教子弟以正。事無巨細，必取法古人。公生曾祖諱養義，字直菴，念時勢多艱，身家爲重。教曾祖以恪謹居躬。曾祖心父之心，凛凛恐墜，數十年如一日。已而家難起，以撫順族人諱養性者，於明萬曆間獲罪，罪應族。於是通族之人，潛者潛，逃者逃，易姓者易姓，更名者更名。先高祖耿介性成，語人曰，族中有此，皆我伯叔之咎，正宜延頸待誅。潛逃何爲，易姓名何爲。遂爲有司所執。先曾祖相從於車塵馬迹中，徒步奔走，械鎖琅璫。春氣苦寒，淚凝冰合。先高祖歸命於法，始終無難色。先曾祖躃踴號泣，念先高祖以垂老之年，罹奇禍，呼天搶地，以爪入肉，血出不知。時曾叔祖諱養歲，叔祖諱純年同以事去。煢煢異地，父子祖孫無完卵。向以家素豐饒，爲捕按者魚肉奇貨之，家遂破。先是，先大父諱方年字長公，爲范公諱楠壻。范公即本朝師相文肅公〔文程〕父也。百計周旋，匿之館室。先大父自分不欲生，每思自首，以從祖父。文肅公屢慰之曰，非不欲爾死也，其如宗祀何？久之，人漸悉，徙之沈香林。（原注：「寺名。」）不可。東寄西遷，心勞力竭。又懼有司下除根之令，欲使姑易姓，先大父曰，我祖父叔弟皆因不忍易姓，而有此禍。我豈忍悖祖父叔弟之志，易姓以偷生乎？文肅公彊之至再，而後可。先高祖入關後，分禁永平諸邑獄。旋復因邑有水災，城爲水没。若祖，若孫，若父，若子，若兄，若弟，不相顧。先高祖暨叔曾祖，叔祖，俱以水死。先是高祖莊坐大呼曰，伏朝廷之法，而不死於法，生猶不生也。時先曾祖身在水中，與怒濤争上下，流之門側，聞先高祖之言如此，隨自臆度曰，是死終不明。得浮木，負之出。投邑令。令曰，爾父死，並以爾死上聞。盍去之。先曾祖告以前故，因厲聲曰，我何敢悖君父耶？遂觸階死。令曰，孝子也。鄉人過其邑，聞其言與事，而歸告之。特於歸骨之地未詳。嗚呼！痛哉！先大父既留，尚未婚。文肅公彊之完娶，先大父抵死不可。久之，乃成禮。三韓一帶盡入我清版章。族之人潛者出矣，逃者返矣，易姓更名者，連袂而歸矣。先大父相依文肅公，雖曰無家可歸，族人亦無許先大父歸者，蓋因先大父爲人方嚴侃直，落落難合，兼以家業飄零，竊恐歸宗爲累也。時既爲我清編氓，從戎大師，冀立功疆埸，且欲覓先高曾遺骨歸葬。無如彼蒼不憫，壯志未酬，戰歿於灤州。高祖母梁，繼高祖母金楊，曾祖母李，祖母沈，患難之際，俱以病卒。

宣統修山東通志肆玖歷代職官表捌布按分司諸道欄載：

天啓朝。佟卜年。遼陽進士。

明史貳肆壹王紀傳（參國榷捌伍天啓二年七月甲辰「刑部尚書王紀削籍，以久稽佟卜年案也」條。）略云：

王紀字惟理，芮城人。萬曆十七年進士。天啓二年代黃克纘爲刑部尚書。初李維翰熊廷弼王化貞下吏，紀皆置之重辟，而與都御史大理卿上廷弼化貞爰書，微露兩人有可矜狀，而言不測特恩非法官所敢輕議。有千總杜茂者，齎登萊巡撫陶郎先千金，行募兵。金盡，而兵未募，不敢歸，返薊州僧舍，爲邏者所獲，詞連佟卜年。卜年遼陽人，舉進士，歷知南皮河間。遷夔州同知，未行，經略廷弼薦爲登萊監軍僉事。邏者搒掠，茂言嘗客於卜年河間署中三月，與言謀叛。因挾其二僕，往通李永芳。行邊〔兵部〕尚書張鶴鳴以聞。鶴鳴故與廷弼有隙，欲藉卜年以甚其罪。朝士皆知卜年寃，莫敢言及。鎮撫既成獄，移刑部。紀疑之，以問諸曹郎。員外郎顧大章曰，茂既與二僕往來三千里，乃考訊垂斃，終不知二僕姓名，其誣服何疑？卜年雖非間諜，然實佟養真族子，流三千里可也。紀議從之，邏者又獲奸細劉一巘，忠賢疑劉一燝昆弟，欲立誅一巘及卜年，因一巘以株連一燝。紀皆執不可。〔沈〕漼遂劾紀護廷弼等獄，爲二大罪。帝責紀陳狀，遂斥爲民。以侍郎楊東明署部事，坐卜年流二千里。獄三上三却，給事中成明樞張鵬雲沈惟炳，卜年同年生也。爲發憤摭他事，連劾東明。卜年獲長繫瘐死，而東明遂引疾去。紀既斥，大學士葉向高何宗彦史繼偕論救，皆不聽。後閹黨羅織善類，紀先卒，乃免。

清史列傳柒捌貳臣傳甲李永芳傳略云：

李永芳遼東鐵嶺人。明萬曆四十一年官遊擊，守撫順所。本朝天命三年，是爲明萬曆四十六年。太祖興師征明，以書諭永芳。永芳奉諭知大兵至，遂乘騎出降。上命毀撫順城，編降民千户，遷之興京。仍如明制，設大小官屬，授永芳副總兵，轄降衆。以上第七子貝勒阿巴泰女妻之。

明史貳伍玖熊廷弼傳略云：

熊廷弼字飛百，江夏人。萬曆二十五年舉鄉試第一，明年成進士。〔天啓元年〕駐山海關，經略遼東軍務。廷弼因白監軍道臣高出胡嘉棟，督餉郎中傅國無罪，請復官任事。議用遼人。故贊畫主事劉國縉爲登萊招練副使，夔州同知佟卜年爲登萊監軍僉事。故臨洮推官洪敷教爲職方主事，軍前贊畫，用收拾遼人心。並報允。先是，四方援遼之師，

〔王〕化貞悉改爲平遼。遼人多不悦。廷弼言遼人未叛，乞改爲平東，或征東，以慰其心。自是化貞與廷弼有隙，而經撫不和之議起矣。化貞爲人騃而愎，素不習兵，輕視大敵，好謾語。務爲大言罔中朝，尚書〔張〕鶴鳴深信之，所請無不允，以故廷弼不得行其志。廷弼請用卜年，鶴鳴上駁議。御史蘇琰則言廷弼宜駐廣寧，不當遠駐山海。因言登萊水師無所用。廷弼怒，抗疏力詆三人。帝皆無所問。而帝於講筵，忽問卜年係叛族，何擢僉事？國縉數經論列，何起用？嘉棟立功贖罪，何在天津？廷弼知左右譖之，抗疏辨，語頗憤激。是時廷弼主守，謂遼人不可用，西部不可恃，〔李〕永芳不可信，廣寧多間諜，可虞。化貞一切反之，絶口不言守，謂我一渡河，河東人必内應，且騰書中朝，言仲秋之月，可高枕而聽捷音。孫杰劾〔劉〕一燝以用出嘉棟卜年爲罪，而言廷弼不宜駐關内。當時中外舉知經（指熊廷弼。）撫（指王化貞。）不和，必誤疆事。章日上，而鶴齡篤信化貞，遂欲去廷弼。二年正月員外郎徐大化希指劾廷弼不去必壞遼事。并下部。鶴鳴乃集廷臣大議。議撤廷弼者數人，餘多請分任責成。鶴鳴獨言化貞一去，毛文龍必不用命。遼人爲兵者必潰，西部必解體。宜賜化貞尚方劍，專委以廣寧，而撤廷弼他用。議上，帝不從。

清史列傳柒玖貳臣傳乙沈維炳傳略云：

沈維炳湖廣孝感人。明萬曆四十四年進士。初任香河知縣，入爲刑科給事中。〔天啓〕二年遼東經略熊廷弼，巡撫王化貞，以廣寧失陷逮勘。登萊道佟卜年爲廷弼所薦，有計其謀叛者，大學士沈㴶，兵部尚書張鶴鳴，欲藉以重廷弼罪。維炳疏言，㴶因言官列其私跡，借廷弼爲抵彈謝過之具。廷弼承失地之罪足矣，豈必加以他辭。鶴鳴左袒化貞，角勝廷弼，致經撫兩敗，獨鶴鳴超然事外。今復欲加罪廷弼，有背公論。（寅恪案，光緒修孝感縣志壹肆人物志沈惟炳傳略云：「沈惟炳字斗仲，號炎洲。諸黨人又借經略熊廷弼，欲株連楚人，惟炳再疏切言之。」可供參證。）

寅恪案，佟國器於順治二年授浙江嘉湖道，當是從其叔佟圖賴軍破嘉興後，因得任此職。順治三年丙戌九月其母陳氏歿於官舍，歸葬金陵，揆以墨經從戎之古義及清初旗人喪服之制，并證以當時洪亨九丁父憂守制之事例，大約順治三年冬，或四年初，即可扶柩至白門。此時懷冬正可爲牧齋向南京當局解說。明南都傾覆未久之際，漢族南人苟延殘喘，已是幸事，自不能爲牧齋關説。其得爲牧齋盡力者，應爲北人，如梁慎可輩，而最有力者，則是匯白一流人物。蓋滿人武將與江南士大夫，絶無關涉。惟有遼東漢軍，如懷冬者，在明爲叛族，而在清則爲新貴，實是向金陵當局救脱牧齋最適宜之人。况國器之父卜年與洪亨九同爲萬曆四十四年丙辰進士，兩人本有通家之誼，尤便於進説乎？牧齋借真誥「童真」之語，以指佟姓。

「凡佟姓即童姓。建州以佟爲公姓，所以其南有佟家江。」（見孟森明元清系通紀正編壹永樂四年「十一月乙丑木楞古野人頭目佟鎖魯阿等四十人來朝」條案語。）可謂巧合。「侍晨」用陸魯望詩自注「仙之貴侶」。即前引受之撰國器妻錢氏壽序所謂「錢夫人者，大中丞遼海佟公之嘉耦也」。亦殊工切。或疑浙江通志職官表載佟氏順治六年始任浙江按察使，則似不能遣馮金二人於五年初由杭州至江寧。鄙意思遠葬母後，即隨張存仁軍駐杭州。張氏前雖以病乞休，但因代者陳錦未至，五年二月尚留杭州。則國器亦當於五年春隨張存仁在杭州。故不必拘執方志之文，遂以鄙説爲不合事實。又匯白遣馮金二人往金陵慰問牧齋，正如其後來在官閩時，遣徐陳至常熟求牧齋作詩序之事相類。牧齋强拉「籛後人」之誼，認國器爲妹丈，固極可笑。然佟夫人實亦非未受漢族文化之「滿洲太太」。觀其留黄媛介於僻園一事，雖與錢柳有關，但亦由本人真能欣賞皆令之文藝所致也。依佟儼若所記，當日在明人範圍之内，佟氏一族遭遇慘酷，可以想見。儼若一房幸與范文程有關，僅存遺種。卜年死後，其家遷居湖北，諒亦藉熊飛百之楚黨庇蔭，得以苟免。故牧齋陳氏墓誌銘等文所言其家之流離困厄，殊非虚語。夫遼東之地，自古以來，爲夷漢雜居區域，佟氏最初本爲夷族，後漸受漢化。家族既衆，其中自有受漢化深淺之分別。佟卜年一家能由科舉出身，必是漢化甚深之支派。佟養性養真等爲明邊將，當是偏於武勇，受漢化不深之房派。明萬曆天啓間，清人欲招致遼東諸族，以增大其勢力，故特尊寵佟氏。不僅因其爲撫順之豪族，且利用其本爲明邊將，能通曉西洋火器之故。然則當日明清東北一隅之競争，不僅争土地，并亦争民衆。熊飛百欲藉深受漢化之佟觀瀾，以挽回已失之遼東人心。清高祖太宗欲藉佟養性兄弟，更招降其他未歸附之漢族。由是言之，佟氏一族，乃明清兩敵國争取之對象。牧齋「佟氏憂憤録序」所言，似涉誇大，若按諸當日情勢，亦是實録也。寅恪嘗論北朝胡漢之分，在文化而不在種族。論江東少數民族，標舉聖人「有教無類」之義。論唐代帝系雖源出北朝文化高門之趙郡李氏，但李虎李淵之先世，則爲趙郡李氏中，偏於武勇，文化不深之一支。論唐代河北藩鎮，實是一胡化集團，所以長安政府始終不能收復。今論明清之際佟養性及卜年事，亦猶斯意。至「佟佳」之稱，其地名實由佟家而來，清代官書顛倒本末，孟心史已於明元清系通紀前編「毛憐衛設在永樂三年」條，正編貳宣德元年「十二月乙丑賜建州左等衛歸附官軍鎮撫佟教化等，鈔綵等物」條及正編肆正統五年九月己未「冬古河即棟鄂河」等條，已詳述之，不待更贅。噫！三百五十年間，明清國祚俱斬，遼海之事變愈奇。長安棋局未終，樵者之斧柯早爛矣。

關於列朝詩集，凡涉及河東君者，皆備述之。其涉及牧齋者，則就修史復明兩端之資料稍詳言之。至於詩學諸主張，雖是牧齋著書要旨之一，但此點與河東君無甚關涉，故不能多所旁及，僅擇録一二資料，聊見梗概，庶免喧賓奪主之嫌。容希白庚君著有「論列朝詩集與明詩綜」一文，（見嶺南學報第壹壹卷第壹期。）甚爲詳審。然容君之文與拙作之範圍及主旨不同，今唯轉載其文中所引與本文有關者數條，其餘讀者可取并參之也。

牧齋遺事云：

柳夫人生一女，嫁無錫趙編修玉森之子。柳以愛女故，招壻至虞，同居於紅豆村。後柳殁，其壻攜柳小照至錫。趙之姻戚咸得式瞻焉。其容瘦小，而意態幽嫻，丰神秀媚，幀幅間幾栩栩欲活。坐一榻，一手倚几，一手執編。牙籤縹軸，浮積几榻。自跋數語於幅端，知寫照時，適牧翁選列朝詩，其中閨秀一集，（寅恪案，「閨秀」二字，應作「香奩」。）柳爲勘定，故即景爲圖也。

寅恪案，河東君此小照不知尚存天壤間否？其自跋數語，遺事亦不備載其原文，殊爲可惜。今檢列朝詩集閏集陸外夷朝鮮門「許妹氏」條（參明詩綜陸伍下「許景樊」條。）云：

許景樊字蘭雪，朝鮮人。其兄篈筠皆狀元。八歲作廣寒殿玉樓上梁文，才名出二兄之右。適進士金成立，不見答於其夫。金殉國難，許遂爲女道士。金陵朱狀元（之蕃）奉使東國，得其集以歸，遂盛傳於中夏。柳如是曰，許妹氏詩，散華落藻，膾炙人口。然吾觀其游仙曲「不過邀取小茅君，便是人間一萬年」，曹唐之詞也。楊柳枝詞「不解迎人解送人」，裴説之詞也。宮詞「地衣簾額一時新」，全用王建之句。「當時曾笑他人到，豈識今朝自入來」，直鈔王涯之語。「絳羅袱裹建溪茶，侍女封緘結綵花。斜押紫泥書勑字，內官分賜五侯家」，則撮合王仲初「黃金合裏盛紅雪」與王岐公「內庫新函進御茶」兩詩，而錯直出之。「間回翠首依簾立，閒對君王説隴西」，則又偷用仲初「數對君王憶隴山」之語也。次孫內翰北里韻「新粧滿面頻看鏡，殘夢關心懶下樓」，則元人張光弼「無題」警句也。吴子魚〔明濟〕朝鮮詩選云：「游仙曲三百首，余得其手書八十一首。」今所傳者，多沿襲唐人舊句。而本朝馬浩瀾游仙詞，見西湖志餘者，亦竄入其中。凡塞上楊柳枝竹枝等舊題皆然。豈中華篇什，流傳雞林，彼中以爲琅函秘册，非人世所經見，遂欲掩而有之耶？此邦文士，搜奇獵異，徒見出於外夷女子，驚喜讚歎，不復覈其從來。桐城方夫人採輯詩史，評徐媛之詩，以「好名無學」四字，遍誚吴中之士女，於許妹之詩，亦復漫無簡括，不知其何説也。承夫子之命，讎校香奩諸什，偶有管窺，輒加槧記，今所撰録，亦據朝鮮詩選，存其什之二三。其中字句竄竊，觸類而求之，固未可悉數也。觀者詳之而已。

寅恪案，牧齋遺事所言，河東君勘定列朝詩集閨秀一集事，可與相證。至王澐輞川詩鈔陸「虞山柳枝詞」十四首之十云：

河梁録别久成塵。特倩香奩品藻新。雲漢在天光奕奕，列朝新見舊詞臣。

及自注云：

錢選列朝詩，首及御製，下注臣謙益曰云云。歷詆諸作者，託爲姬評。

則甚不公允。蓋牧齋編列朝詩集，河東君未必悉參預其事。但香奩一集，揆以錢柳兩人之關係及河東君個人興趣所在，諸端言之，乃謂河東君之評語，出於牧齋所假託，殊不近情理也。又勝時詩末兩句，即指列朝詩集乾集之上「太祖高皇帝」條所云：

臣謙益所撰集，謹恭録内府所藏弆御製文集，冠諸篇首，以著昭代人文化成之始。

等之類。夫牧齋著書，借此以見其不忘故國舊君之微旨。勝時自命明之遺逸，應恕其前此失節之愆，而嘉其後來贖罪之意，始可稱爲平心之論，今則挾其師與河東君因緣不善終之私怨，而又偏袒於張孺人，遂妄肆譏彈，過矣！又牧齋尺牘中「與毛子晉」四十六通，其第壹柒通云：

乾集閲過附去。本朝詩無此集，不成模樣。彼中禁忌殊亦闊疎，不妨即付剞劂，少待而出之也。

其第壹捌通云：

諸樣本昨已送上，想在記室矣。頃又附去閏集五册，乙集三卷。閏集頗費蒐訪，早刻之，可以供一時談資也。

寅恪案，此兩札容君文中已引，今可取作勝時詩之注脚也。

關於牧齋者，請先論述其修史復明兩端，然後旁及詆議列朝詩集之諸説，更贅述牧齋與朱長孺注杜詩之公案，但此等不涉及本文主旨，自不必詳盡也。

牧齋歷朝詩集自序（據東莞容氏藏本。）云：

毛子子晉刻歷朝詩集成，余撫之忾然而歎。毛子問曰，夫子何歎？予曰，有歎乎，予之歎，蓋歎孟陽也。曰，夫子何歎乎孟陽也？曰，録詩何始乎？自孟陽讀中州集始也。孟陽之言曰，元氏之集詩也，以詩繫人，以人繫傳，中州之詩，亦金源之史也。吾將做而爲之。吾以採詩，子以庀史，不亦可乎？山居多暇，譔次國朝詩集幾三十家。未幾罷去，此天啓初年事也。越二十餘年，而丁開寶之難，海宇板蕩，載籍放失。瀕死訟繫，復有事於斯集。托始於丙戌，徹簡於己丑。乃以其間論次昭代之文章，蒐討朝家之史乘，州次部居，發凡起例，頭白汗青，庶幾有日。庚寅陽月，融風爲災，插架盈箱，蕩爲煨燼。此集先付殺青，幸免於秦火漢灰之餘。於乎！悕矣！追惟始事，宛如積劫。奇文共賞，疑義相析，哲人其萎，流風迢然。惜孟陽之草創斯集，而不能丹鉛甲乙，奮筆以潰於成也。翟泉鵝出，天津鵑啼，海録谷音，咎徵先告。恨余之不前死，從孟陽於九京，而猥以殘魂餘氣，應野史亭之遺懺也。哭泣之不可，歎於何有？故曰，予之歎，歎孟陽也。

曰，元氏之集，自甲迄癸，今止於丁者何居？曰，癸，歸也。於卦爲歸藏。時爲冬令，月在癸曰極。丁，丁壯成實也。歲曰彊圉。萬物盛於丙，成於丁，茂於戊。於時爲朱明，四十强盛之時也。金鏡未墜，珠囊重理，鴻朗莊嚴，富有日新。天地之心，聲文之運也。然則，何以言集，而不言選？曰，備典故，採風謡，汰冗長，訪幽仄，鋪陳皇明，發揮才調，愚竊有志焉。討論風雅，别裁僞體，有孟陽之緒言在，非吾所敢任也。請以俟世之作者。孟陽名嘉燧，新安程氏，僑居嘉定。其詩録丁集。余虞山蒙叟錢謙益也。集之告成，在玄黓執徐之歲，而序作於玄月十有三日。

寅恪案，此序作於順治九年壬辰九月十三日。有學集壹捌耦耕堂詩序云：

崇禎癸未十二月，吾友孟陽，卒于新安之長翰山。又十二年，歲在甲午，余所輯列朝詩集始出。

可知列朝詩集諸集雖陸續刻成，但至順治十一年甲午，（參有學集壹柒「季滄葦詩序」。）其書始全部流行於世。牧齋自序云，「託始於丙戌」者，實因其平生志在修撰有明一代之國史，此點前已言及，兹不贅述。牧齋於丙戌由北京南還後，已知此志必不能遂，因繼續前此與孟陽商討有明一代之詩，仿元遺山中州集之例，借詩以存史。其時孟陽已前卒，故一身兼採詩庀史之兩事，乃迫於情勢，非得已也。（可參初學集捌叁「題中州集鈔」。）且自序中如「國朝」

「昭代」「開寶之難」及「皇明」等辭，皆與其故國之思，復明之志有關。容君文中多已言及之。唯牧齋不稱「天寶之難」而言「開寶之難」者，蓋天寶指崇禎十七年清兵入關取北京。在此以前即清室併吞遼左，亦即第壹章所引「讌譽堂話舊」詩，「東虜游魂三十年」之意也。「海録」「谷音」者，「谷音」指杜本「谷音」而言。其書今已收入涵芬樓四部叢刊中，世所習知。「海録」指龔開「桑海遺録」而言，見吴萊淵穎集壹貳「桑海遺録序」，其書寅恪未得見也。牧齋於序中詳言其編列朝詩集，雖倣中州集，然不依中州集迄於癸之例，而止於丁，實寓期望明室中興之意。（可參有學集壹柒「江田陳氏家集序」。）前論牧齋「次韵盛集陶」詩已擇録金堡徧行堂集捌「列朝詩傳序」之文爲釋，兹再迻録其他一節以證之。文云：

> 覆瓿犂眉分爲二集，即以青田分爲二人。其於佐命之勳，名與而實不與，以爲其跡，非其心耳。心至，而跡不至，則其言長。跡至，而心不至，則其言短。觀於言之長短，而見其心之所存。故曰，古之大人志士，義心苦調，有非旂常竹帛可以測其淺深者，斯亦千秋之篤論也。析青田爲二人，一以爲元之遺民，一以爲明之功臣。則凡爲功臣者，皆不害爲遺民。虞山其爲今之後死者寬假歟？爲今之後死者興起歟？吾不得而知，而特知其意不在詩。於是蕭子孟昉取其傳，而舍其詩。詩者，訟之聚也。虞山之論，以北地爲兵氣，以竟陵爲鬼趣，詩道變，而國運衰，其獄詞甚厲。夫國運隨乎政本，王李鍾譚非

當軸者，既不受獄，獄無所歸。虞山平生游好，皆取其雄俊激發，留意用世，思得當，而扼於無所試，一傳之中，三致意焉。即如王逢戴良之於元，陳基張憲之於淮，王翰之於閩，表章不遺餘力。其終也惻愴於朝鮮鄭夢周之寃，辨核嚴正，將使屬國陪臣九京吐氣，是皆敗亡之餘，而未嘗移獄於其詩。則虞山之意，果不在於詩也。或謂虞山不能堅黨人之壁壘，而爲詩人建鼓旗，若欲爭勝負於聲律者。人固不易知，書亦豈易讀耶？

寅恪案，道隱論牧齋編列朝詩集，其主旨在修史，並暗寓復明之意，而論詩乃屬次要者。就寅恪所見諸家評列朝詩集之言，唯澹歸最能得其款要。蕭孟昉所抄當與今傳世之錢陸燦本相同，皆不加刪削，悉存牧齋之舊文者。偶檢牧齋尺牘中「與陸勑先」九通之七云：

承示婁東顧君論文書序，深訝其胸次繁富，識見超越。又復記存衰朽，不惜告之話言，賜以箴砭。其用意良厚，惜乎僕已灰心空門，撥棄文字，向所撰述，流布人間者，不特味同嚼蠟，抑且賤比土梗，不復能扳附當世俊賢，相與拈弄翰墨，而上下其議論也。列朝詩人小傳得加刪削，幸甚。然古之神仙，但有點鐵成金者。若欲點糞溲爲金銀，雖鍾呂不能，吾恐其勞而無功也。聊及之，以發足下一笑耳。日來從事華嚴疏鈔，謝客之禁甚厲，雖足下相過，亦不能數數延見。輙書此以道意，不悉。

可知牧齋甚重視其列朝詩集小傳，而不以顧氏之删節爲然。（寅恪檢閲周容春酒堂詩話，知鄮山手録列朝詩傳，亦稍加删節。特附記於此。）蓋其書之主旨在修史，此點可與道隱之説互相印證也。

至列朝詩集論詩之語雖多，玆以非本文之範圍并主旨所在，故概從省略。讀者可取原書觀之，不須贅引。惟擇録牧齋之文一二於下，以其言及陳子龍李雯黄淳耀，而此三人與河東君直接間接皆相關涉，饒有興趣也。

有學集肆柒「題徐季白詩卷後」云：

余少不能詩，老而不復論詩，喪亂之後，蒐采遺忘，都爲一集。間有評論，舉所聞于先生長者之緒言，略爲標目，以就正于君子。不自意頗得當于法眼，雜然歎賞，稱爲藝苑之金鎞。而一二詾厲者，又將吹毛刻膚，以爲大僇。老歸空門，深知一切皆幻，付之盧胡而已。偶遊雲間，徐子季白持行卷來謁，再拜而乞言，猶以余爲足與言者也。余竊心愧之。余之評詩，與當世牴牾者，莫甚于二李及弇州。二李且置勿論，弇州則吾先世之契家也。余髮覆額時，讀前後四部稿，皆能成誦，闇記其行墨。今所謂晚年定論者，皆舉揚其集中追悔少作與其欲改正卮言，勿悮後人之語，以戒當世之耳論目食，刻舟膠柱者，初非敢鑿空杜譔，欺誣先哲也。雲間之才子如臥子舒章，余故愛其才情，美其聲律。惟其淵源流别，各有從來，余亦嘗面規之，而二子亦不以爲耳瑱。采詩之役，未及甲申以後，豈有意刊落料揀哉？嗟夫天地之降才與吾人之靈心妙智，生生不窮，新新相續。有三百篇，則必有楚騷，有漢魏建安，則必有六朝，有景隆開元，則必有中晚及宋元，而世皆遵守嚴羽卿劉辰翁高廷禮之瞽説，限隔時代，支離格律，如癡蠅穴紙，不見世界，斯則良可憐愍者。如雲間之詩，自國初海叟諸公，以迄陳李，可謂極盛矣。後來才俊比肩接踵，莫不異曲同工，光前絶後。季白則其超乘絶出者也。生才不盡，來者難誣，必欲以一人一家之見，評泊古今，牛羊之眼，但別方隅，豈不可笑哉？余絶口論詩久矣，以季白虚心請益，偶有棖觸，聊發其狂言，亦欲因季白以鐏于雲間之後賢也。

牧齋尺牘中「與毛子晉」四十六通之四十五云：

蘊生詩自佳，非午溪輩之比。（寅恪案，「午溪」指元陳鎰而言。鎰有午溪集。可參四庫提要壹陸柒。此集爲孔暘編選，劉基校正。牧齋蓋以孔暘目子晉，而自比於劉基也。）須少待時日，與陳臥子諸公死節者並傳，已有人先爲料理矣。其他則一切以金城湯池禦之。此間聒噪者不少，置之不答而已。

又關於列朝詩集小傳，復有正錢録一書，不得不略述之於下。

錢陸燦「彙刻列朝詩集小傳序」略云：

〔康熙〕八年冬，汪鈍菴〔琬〕招余與計甫草〔東〕黃俞邰〔虞稷〕倪闇公〔燦〕夜飲，論詩於户部公署。（寅恪案，「户部公署」指江陵西新關署。蓋是時堯峰正榷此關税務也。見清史列傳柒拾文苑傳汪琬傳。）出其集中有與粱侍御（日緝）論吴氏正錢録書。（此書見堯峰文鈔叁貳。）錢則心知其爲牧齋公，未知吴氏何人也。比余去金陵，館常州董侍御易農（文驥）家。易農爲余言，吴氏名殳，字修齡，工於詩，深於禪，其雅遊也。（寅恪案，吴氏一名喬。其事蹟及著述，諸書所載，頗亦不少，但光緒續修崑新兩縣合志叁肆人物遊寓門吴殳傳，似較詳備。讀者可取參閲也。）遂就求其是録觀之，大抵吴氏之論文，專主歐蘇，故譏彈詩集傳，不遺餘力，亦不知吴君蓋有爲言之。一時走筆，代賓戲客難，駁正若干條。駁正者，駁其正也。（寅恪案，陸燦駁正之文共六條，兹不備引。讀者苟取湘靈全文觀之，則知修齡所正牧齋之言，皆吹毛求疵者也。）當是時，余猶未識吴君也。十七年始與君會於東海尚書相國之家。（寅恪案，「尚書」指徐乾學，「相國」指徐元文。）易農適亦以事至，置酒相歡也。君慨然曰，曩殳以詩文謁牧齋公於虞山，不見答。不平之鳴，抨擊過當，亦竊不意公等議其後矣。易農曰，無庸。是書具在，竊虞學者之擇焉而不精，存吴氏之正，則讀書家之心眼日細。又虞學者之語焉而不詳，存錢氏之駁，則著作家之風氣日上。一時以爲篤論。

雲間蔡練江澄雞窗叢話云：

鈍翁太史好排斥前輩，而於虞山尤甚。一日其密友吴江計孝廉東謂之曰，我昔登泰山頂，欲遺矢，若下山有四十里之遥，不可忍，遂於巖畔溺焉，而泰山不加穢也。汪知其刺己，跳躍謾駡，幾至攘臂。

吴喬圍爐詩話陸論陳臥子明詩選，推崇牧齋甚至。如：

獻吉高聲大氣，于鱗絢爛鏗鏘，遇湊手題，則能作殼硬浮華之語以震眩無識。題不湊手，便如優人扮生旦，而身披綺紗袍子，口唱大江東去。爲牧齋所鄙笑，由其但學盛唐皮毛，全不知詩故也。

嘉定以震川故，文章有唐叔達諸公。常熟以牧齋故，士人學問都有根本，鄉先達之關係，顧不重哉？

弘、嘉詩文爲錢牧齋艾千子所抨擊，醜態畢露矣。以彼家門徑，易知易行，便於應酬，而又冒班馬盛唐之名，所以屢仆屢起。

全唐詩何可勝計，于鱗抽取幾篇，以爲唐詩盡於此矣。何異太倉之粟，陳陳相因，而盜擇（攫？）升斗，以爲盡王家之蓄積哉？唐人之詩工，所失雖多，所收自好。臥子選明詩，亦每人一二篇。非獨學于鱗，乃是惟取高聲大氣，重緑濃紅，似乎二李者也。明人之詩不工，所取皆陳濁膚殼無味之物。若牧齋列朝詩早出，此選或不發刻耳。

于鱗倣漢人樂府爲牧齋所攻者，直是笑具。（寅恪案，此條可參春酒堂詩話，論李于鱗改古詩「枕郎左邊，隨郎轉側。」之「左」爲「右」條。）等條，皆是其例。（并可參同書叁論高棅唐詩品彙引牧齋之説條。）修齡之正錢録，乃正牧齋列朝詩傳中，其文不合於歐曾者。若論詩之旨，則全與牧齋相同。特標出此點，以免世人言正錢録者之誤會。復次，牧齋之編列朝詩集，其主旨在修史，論詩乃屬次要者。據上所引資料已足證明。兹并附述牧齋與朱長孺鶴齡注杜詩一重公案於此，以其亦與史事相關也。

新唐書貳佰壹文藝上杜審言傳附甫傳贊曰：

> 甫又善陳時事，律切精深，至千言不少衰，世號詩史。

牧齋箋注杜工部集首載諸家詩話引古今詩話一事云：

> 章聖（指宋真宗。）問侍臣，唐時酒每斗價幾何？丁晉公（指丁謂。）奏曰，唐時酒每斗三百文。舉杜詩以證。章聖大喜曰，杜甫詩自可爲一代之史也。

可知牧齋之注杜，尤注意詩史一點，在此之前，能以杜詩與唐史互相參證，如牧齋所爲之詳盡者，尚未之見也。至其與朱長孺之争論，以資料過煩，又非本文之主旨，故不必備述。僅録牧齋尺牘中「與遵王」三十通之二十三於下，以見一斑。（可參牧齋尺牘上「與朱長孺」三通之二。）文云：

> 杜箋聞已開板，殊非吾不欲流傳之意，正欲病起面商行止。長孺來云，松陵本已付梓矣。繆相引重，必欲糠粃前列，此尤大非吾意。再三苦辭，而堅不可回，只得聽之。僕所以不欲居其首者，其説甚長。往時以箋本付長孺，見其苦心搜援，少規正意，欲其將箋本稍稍補葺，勿令爲未成之書可耳。不謂其學問繁富，心思周折，成書之後，絶非吾本來面目。又欲勸其少少裁正，如昨所標舉云云。而今本已付剞劂，如不可待，則亦付之無可奈何而已。晚年學道，深知一切皆空，呼牛呼馬，豈憚作石林替身。以此但任其兩行，不復更措一詞。若箋本已刻，須更加功治定。既已賣身佛奴，繙閲疏鈔，又欲參會宗鏡。二六時中，無晷刻偷閑。世間文字，近時看得更如嚼蠟矣。杜注之佳否，亦殊不足道也。或待深秋初冬此刻竣事，再作一序，申明所以不敢注杜與不欲流傳之故，庶可以有辭於藝林也。昨石公云，義山注改竄後，又有紕繆許多。彼能爲義山功臣，獨不肯移少分於少陵乎？治定之役，令分任之何如？熱毒欲死，揮汗作字，閲過毁之。

足見牧齋初意本以所注杜詩尚未全備，欲令長孺續補成之。後見長孺之書，始知其反客爲主，以己身之著作，爲已陳之芻狗，故痛恨不置，乃使遵王別刊所著，與朱書并行。前於第叁章論宋轅文上牧齋書，曾詳引朱長孺致梅村書，朱氏此札作於牧翁身後，雖力排轅文之謬説，持論甚正，但亦陰爲己身辯護前此注杜詩，襲用牧齋舊作之故也。今梅村家藏藁中，未見關涉長孺此書之文，不知是否駿公置之不答，抑或後來因涉及牧齋，遂被删削耶？考乾隆三十四年後，清廷禁燬牧齋著述，梅村集雖撤去牧齋之序，可以流通。頗疑其詩文中仍有删去與牧齋有關之篇什不少。如今梅村家藏藁内，未見有挽錢悼柳之作，殊不近事理。或因清高宗早歲所撰樂善堂全集，曾賦題吴梅村集詩，贊賞備至，儻梅村集内復發現關涉稱譽牧齋之作，則此獨裁者將無地自容。豈當日諸臣及吴氏後人，遂於家藏稿中，删削此類篇什，藉以保全帝王之顔面歟？久蓄此疑，未敢自信，特附於此，以俟更考。

復次，朱長孺愚菴小集拾「與李太史□□論杜注書」略云：

杜注刻成，蒙先生惠以大序，重比球琳，子美非知道者，此語似唐突子美。然子美自言之矣，文章一小技，於道未爲尊。此語正可與子美相視莫逆於千載之上也。杜詩注錯出無倫，未有爲之剪截而整齊之者，所以識者不能無深憾也。近人多知其非，新注林立，盡以爲子美之真面目在是矣。然好異者失真，繁稱者寡要，如「聊飛燕將書」乃西京初復，史思明以河北諸州來降，故用聊城射書事。今引安禄山降哥舒翰，令以書招諸將，諸將復書責之。此於收京何涉也。「豆子雨已熟」，本佛書，譬如春月下諸豆子，得暖氣色尋便出土。僞蘇注以豆子爲目睛，既可笑矣。今却云贊公來秦州，已見豆熟。夫「楊枝」用佛經，「豆子」亦必用佛書。若云已見豆熟，乃陸士衡所譏挈瓶屢空者，子美必不然也。「曠原延冥搜」原出穆天子傳，今安益云原崑崙東北脚名，此出何典乎？「何人爲覓鄭瓜州」瓜州見張禮遊城南記。今云鄭審大曆中爲袁州刺史，審刺袁州，安知不在子美没後乎？地理山川古蹟，須考原始及新舊唐書元和郡縣志，不得已乃引寰宇記長安志以及近代書耳。「春風回首仲宣樓」應據盛弘之荆州記甚明。今乃引方輿勝覽高季興事。季興五代人也。季興之仲宣樓豈即當陽縣仲宣作賦之城樓乎？以上特略舉其槩。他若黄河十月冰，三車肯載書，危沙折花當諸解皆鑿而無取。雖其説假託鉅公以行，然塗鴉續貂，貽誤後學，此不可以無正也。

寅恪案，長孺此札有數問題。一爲朱氏杜工部詩輯注付印之時間。二爲此札是否擬作。三爲李太史究爲何人。兹分别略論之。

一牧齋尺牘中「與遵王」札共爲三十通。其第貳壹通至第叁拾通皆關於注杜之事，前已略引。其中屢有言及錢朱二注開版事。但不知何故，於康熙三年甲辰牧齋逝世之前，兩書俱未曾全部付梓。今據上海復旦大學圖書館藏本朱鶴齡杜工部詩輯注觀之，卷首補鈔錢謙益序，後附牧齋手札云：

杜注付梓，甚佳。但自愧糠粃在前耳。此中刻未必成，即成，不妨兩行也。草復。

其後又有朱鶴齡附記云：

愚素好讀杜，得蔡夢弼草堂本點校之，會粹羣書，參伍衆説，名爲輯注。乙未（順治十二年）館先生家塾，出以就正。先生見而許可，遂檢所箋吴若本及九家注，命之合鈔，益廣搜羅，詳加考覈，朝夕質疑，寸牋指授，丹鉛點定，手澤如新。卒業請序，篋藏而已。壬寅（康熙元年）復館先生家，更録呈求益。先生謂所見頗有不同，不若兩行其書。時虞山方刻杜箋，愚亦欲以輯注問世。書既分行，仍用草堂原本，節采箋語，間存異説。謀之同志，咸謂無傷。是冬館歸，將刻樣呈覽，先生手復云云。見者咸歎先生之曲成後學，始終無異如此。今先生往矣。函丈從容，遂成千古，能無西州之痛。松陵朱鶴齡書。

季振宜錢注杜詩序略云：

丙午（康熙五年）冬予渡江訪虞山劍門諸勝，得識遵三。一日指杜詩數帙，泣謂余曰，此我牧翁箋注杜詩也。凡箋注中未及記録，特標之曰，具出某書某書。往往非人間所有，獨遵王有之。遵王棄日留夜，必探其窟穴，擒之而出，以補箋注之所未具。丁未（康熙六年）夏，予延遵王渡江，商量雕刻。遵王又矻矻數月，而後託梓人以傳焉。康熙六年仲夏泰興季振宜序。

寅恪案，錢注杜詩全部刻成於康熙六年，朱注杜詩則未知於何時全部刻成。鶴齡附記作於牧齋去世之後，但未署年月。其愚菴小集柒「杜詩輯注序」（此序復旦大學藏本朱注杜詩未載。）

亦未言刊行之時間也。

後檢亭林佚文輯補「與人札」云：

十年間別，夢想爲勞。老仁兄閉户著書，窮探今古，以視弟之久客邊塞，歌兕虎而畏風波者，敻若霄凡之隔矣。正在懷思，而次耕北來，傳有惠札，途中失之。僅得所注杜集一卷。讀其書，即不待尺素之殷勤，而已如見其人也。吾輩所恃，在自家本領足以垂之後代，不必傍人籬落，亦不屑與人争名。弟三十年來，並無一字流傳坊間，比乃刻日知録二本，雖未敢必其垂後，而近二百年來，未有此書，則確乎可信也。道遠未得寄呈。

偶考杜詩十餘條，咐便先寄太原。旅次炙凍書次，奉候起居，不莊不備。

亭林此札所寄與之人，頗似長孺。（可參清史列傳陸捌及康熙刻潘檉章松陵文獻拾朱鶴齡傳。）除札中「閉户著書」之言及有關注杜事與鶴齡傳相符合外，愚庵小集叁載「送潘次耕北遊」七古末二句云：

鹿城顧子（自注：「寧人。」）久作客，爲我傳訊今何如。

更與札中「次耕北來，傳有惠札，途中失之」等語適切。據徐嘉輯顧亭林先生詩箋注卷首所附顧亭林先生詩譜略云：

〔康熙〕八年己酉。潘節士之弟耒遠受學二首。（寅恪案，此詩見亭林詩集肆。）

又引吴映奎顧亭林年譜云：

冬抵平原，潘次耕來受學。

可知次耕北遊之時間爲康熙八年，其時朱氏杜注僅有一卷。足證其全部刻成，必在康熙六年季氏刻牧齋杜詩箋注之後也。

復檢愚菴小集拾「寄徐太史健菴論經學書」略云：

愚先出〔尚書〕埤傳是正于高明長者，〔汪〕鈍翁先生見之，急捐橐佽鐫，爲諸公倡。今已就其半矣。草澤陳人從未敢緘牘京華，特以今日文章道義之望，咸歸重於先生。又昔年忝辱交遊之末，故敢郵寄所梓，上塵乙覽。倘中有可采，望賜以序言，導其先路，庶幾剞劂之役可潰於成。

同書補遺壹「徐健菴太史過訪」五古略云：

亭林余畏友，卓犖儒林奮。三張才並雄，景陽名早晟。酷似舅家風，吾黨推淵鏡。愍余空橐垂，兼金助雕鋟。

由此觀之，長孺之書必非一次刻成，助其雕鋟者，亦必非一人所能爲力。但徐氏雖佽鐫長孺之書，而不言及杜注，必與之無涉也。

二復旦大學藏本朱注杜詩未載李太史序，若非因避忌刪去，則本無其序，長孺之文不過假設此題，借以駁牧齋之箋注耳。其札中所舉之注文如「聊飛燕將書」見錢注拾「收京」詩三首之一「燕將書」注。「豆子雨已熟」見錢注叁「別贊上人」詩「豆子」注。「人生五馬貴」見錢注拾「送賈閣老出汝州」詩「五馬」注。諸條即是例證，可不備引。至書中所云：「其説假託鉅公以行，然塗鵶續貂，貽誤後學，此不可以無正也。」牧齋與長孺因注杜而發生之糾紛，雖與遵王頗有關涉，（見牧齋尺牘中「與遵王」札及牧齋杜詩箋注自序等。）錢注本附刻前，又如季氏所言「遵王棄日留夜，必探其窟穴，擒之而出，以補箋注之所未具」。但其所補，當爲牧齋所標出，未及記録者，非出諸遵王也。（可參下引有學集叁玖「復吴江潘力田書」：「聊用小籤標記，簡別泰甚，長孺大愠，疑吹求貶剥，出及門諸人之手」等語。）長孺不便駁斥牧齋，故作此指桑駡槐之舉。斯豈長孺所謂「怨而不忍直致其怨，則其辭不得不詭譎曼衍」者哉？（見愚菴小集補遺貳「西崑發微序」。）

又牧齋杜詩箋注自序云：

> 族孫遵王謀諸同人曰，草堂箋注元本具在。若玄元皇帝廟，洗兵馬入朝，諸將諸箋，鑿開鴻蒙，手洗日月。當大書特書，昭揭萬世。而今珠沉玉錮，晦昧於行墨之中。惜也。考舊注以正年譜，倣蘇注以立詩譜。地里姓氏，訂譌斥僞，皆吾夫子獨力創始，而今不復知出於誰手。慎也。

牧齋藉遵王之言以詆斥長孺，今讀者取錢朱兩注自見。今觀朱氏輯注中或全部不著「錢箋」。如朱注伍「洗兵馬」即是其例。細繹牧齋所作之長箋，皆借李唐時事，以暗指明代時事，并極其用心抒寫己身在明末政治蜺變中所處之環境。實爲古典今典同用之妙文。長孺以其與少陵原作無甚關係，概從删削，殊失牧齋箋注之微旨。或偶著「錢箋」，但增損其内容。如朱注壹叁秋興八首中有僅録錢注「箋曰」之一部分，而棄其「又曰」之文，遂將箋注割裂竄易，宜其招致牧齋之不滿。又或用其意而改其詞，如取朱注壹「冬日洛城北謁玄元皇帝廟」之「錢箋」與錢注玖此題所箋之原文比較，則知愚菴所改，即牧齋託爲遵王之言「吾夫子獨力創始，而今不復知出於誰手。傎也！」等語所指者，此點尤爲牧齋所痛恨也。

三若朱注杜詩卷首原有李序，則長孺此札何以諱太史之名而不書，其中必有待發之覆。頗疑「李太史」乃李天生因篤。據雪橋詩話貳云：

> 李天生嘗以四十韻長律贈曹秋岳。秋岳歎爲風雅以來僅有斯製。初入都，南人易之。一日讌集，語杜詩應口誦。或謂偶熟，復詰其他，即舉全部，且曰吾於諸經史類然，願諸君叩之。一座咋舌。

天生既熟精杜詩，其爲長孺作杜注序，自有可能也。今雖未發見長孺直接與天生有關之詩文，但兩人之間錯互間接之材料頗復不少，如清史列傳陸陸李因篤傳略云：

李因篤字天生。陝西富平人。明諸生。康熙間詔舉博學鴻儒，因篤夙負重名，公卿交薦，母勸之行，試列一等，授翰林院檢討。未逾月，以母老乞養，疏曰，比者内閣學士項景襄李天馥大理寺少卿張雲翼等旁采虚聲，聯塵薦牘。陝西巡撫促臣赴京。臣自念臣母年逾七十，屬歲多病，困頓牀褥，轉側需人。臣止一弟因材，從幼過繼。臣年四十有九，並無兒女，跬步難離。屢具呈辭，疊奉部駁。痛思臣母垂暮之年，不幸身嬰殘疾，臣若貪承恩詔，背母遠行，必致倚門倚閭，夙病增劇。況衰齡七十，久困扶牀，輦路三千，難通齧指。一旦禱北辰而已遠，回西景以無期。萬一有爲人子所不忍言者，則風木之悲何及，缾罍之恥奚償。臣永爲名教罪人。不惟始進已乖，無顔以對皇上，而循陔負咎，躁進貽譏，則於薦臣，亦爲有靦面目。皇上至仁至孝，遠邁前朝，而甘違老親，致傷風化。有臣如此，安所用之？查見行事例，凡在京官員，家無次丁，聽其終養，臣身爲獨子，與例正符，伏祈特沛恩慈，許臣歸養。母殁仍不出。因篤性伉直，然尚氣節，急人之急。顧炎武在山左，被誣陷，因篤走三千里，爲脱其難。（寅恪案，此事可參亭林詩集肆「子德李子聞余在難，特走燕中告急諸友人復馳至濟南省視，於其行也，作詩贈之」五言排律及蔣山傭殘稿貳「與人書」第貳通「富平李天生因篤者，三千里赴友人之急，疾呼輦上，協計槖饘，馳至濟南，不見官長一人而去」

等語。）嘗著詩説，炎武稱之曰，毛鄭有嗣音矣。與毛奇齡論古韻不合，奇齡强辨，炎武是因篤而非奇齡。

亭林文集叁「與李湘北〔天馥〕書」（并見蔣山傭殘稿貳題作「與李湘北學士書」）云：

關中布衣李君因篤，頃承大疏薦揚，既徵好士之忱，尤羨拔尤之鑒。但此君母老且病，獨子無依，一奉鶴書，相看哽咽。雖趨朝之義已迫於戴星，而問寢之私倍懸於愛日，况年逾七十，久困扶牀。路隔三千，難通嚙指。一旦禱北辰而不驗，迴西景以無期，則缾罍之恥奚償，風木之悲何及。昔者令伯奏其愚誠，晉朝聽許。元直指其方寸，漢主遣行。求賢雖有國之經，教孝實人倫之本。是用遡風即路，瀝血叩閽，伏惟執事宏錫類之仁，憫向隅之泣，俯賜吹噓，仰徼俞允，俾得歸供菽水，入侍刀圭。則自此一日之斑衣，即終身之結草矣。

蔣山傭殘稿貳「與梁大司農書」（〔顧〕衍生注：「諱清標，字玉立。」）云：

謹啓，關中布衣李君因篤，昔年嘗以片言爲介，上謁庭墀，得蒙一顧之知，遂預明揚之數。在於流俗，豈非至榮！然而此君母老且病。（衍生注：「下〔與〕與李學士書同。」）

同書叁「答李子德〔因篤〕」第貳通云：

老弟宜將令伯陳情表並注中事實録出一通，攜之笥中。在己不待書紳，示人可以開牆面也。以不預考爲上上，至囑至囑！此番入都，不妨拜客，即爲母陳情，則望門稽首，亦不爲屈。雖逢門便拜，豈有周顒种放之嫌乎？梁公（原注：「清標。」）有心人，若不得見，可上書深切懇之。（寅恪案，前論牧齋之脱禍，與梁氏有關。此亦一旁證也。）外又託韓元少〔菼〕于館中諸公前贊成，亦可一拜。旁人佞諛之言，塞耳勿聽。凡見人，但述危苦之情，勿露矜張之色，則向後聲名，高於徵書萬萬也。又「同年」二字，切不可説，説於布衣生監之前猶可，説于兩榜之前，此恨將不可解。此種風氣相傳百餘年矣，亦當知之。至都數日後，速發一字於提塘慰我。

徐嘉顧亭林先生詩箋注壹陸「寄次耕，時被薦在燕中。」五古略云：

關西有二士，立志粗可稱。雖赴翹車招，猶知畏友朋。或有金馬客，問余可同登。爲言顧彦先，唯辦刀與繩。（寅恪案，「關西有二士」，指李天生因篤及王山史弘撰。見徐嘉注。所引亭林文集叁「與李星來〔源〕」第貳通「關中三友，山史辭病不獲而行，天生母病，涕泣言别。〔李〕中孚〔顒〕至以死自誓而後免。視老夫爲天際之冥鴻矣。」等語。）

愚菴小集伍「垂虹亭過徐太史公肅舟中」云：

（詩略。）

同書補遺壹「送潘次耕應舉入都」二首云：

（詩略。）

有學集叁玖「復吳江潘力田書」（可參松陵文獻卷首潘檉章傳。）云：

杜詩新解不欲署名，曾與長孺再三往復。日來繙閱華嚴，漏刻不遑，都無閒心理此長語。頃承翰教，拳拳付囑，似有意爲疏通證明之者。不直，則道不見，請訟言而無誅可乎？僕之箋杜詩，發端于盧德水。程孟陽諸老云，何不遂舉其全？遂有小箋之役。大意耑爲刊削有宋諸人僞注繆解，煩仍舂駮之文，冀少存杜陵面目。偶有詮釋，但據目前文史，提綱撮要，寧略無煩，寧疎無漏。深知注杜之難，不敢以削藁自任，置之篋衍，聊代萫蕞而已。長孺授書江邨，知其篤志注杜，積有歲年，便元本相付曰，幸爲我遂成之。略爲發凡起例，擿抉向來沿襲俗學之誤。別去數年，來告成事，且請爲序。妄意昔年講授大指，尚未遼遠，欣然命筆，極言注詩之難與所以不敢注杜之本意，其微指具在也。既而以成書見示，見其引事釋文，楦釀雜出，間資嗢噱，令人噴飯。聊用小籤標記，簡別泰甚，長孺大愠，疑吹求貶剥，出及門諸人之手，亦不能不心折而去。亡何，又以定本來，謂已經次第芟改，同里諸公商榷詳定，醵金授梓，灼然可以懸諸國門矣。乘間竊窺其藁，向所指紕繆者，約略抹去，其削而未盡者，瘡瘢疻蓋，尚落落卷帙間。杜詩非易注之書，注杜非聊爾之事，固不妨慎之又慎，精之又精。終不應草次裨販，冀幸舉世兩目盡眏，而以爲予雄也。諸公既共訂此事，必將探珠搜玉，盡美極玄，爲少陵重開生面，鄙人所期望者，如是足矣，又何容支離攘臂于其間乎？來教謂愚賤姓氏，挂名簡端，不惟長孺不忘淵源，亦諸公推轂盛意。詞壇文府，或推或挽，鵲巢鳩居，實有厚幸。僕所以不願厠名者，捫心撫己，引分自安，不欲抑没矜慎注杜之初意，非敢倔强執抝，甘自外于衆君子也。來教申言前序九鼎已冠首簡。斯言也，殆慮僕憖有後言，而執爲要質者。若是，老夫亦有詞矣。未見成書，先事奬許，失人失言，自當二罪並案。及其見聞違互，編摩龐雜，雖復兩耳聳聹，亦自有眼有口，安能糊心敉目，護前遮過，而喑不吐一字耶？荒村暇日，覆視舊箋，改正錯誤，凡數十條。推廣略例，臚陳近代注杜得失，又二十條。别作一敍，發明本末，里中已殺青繕寫，僕以恥于抗行，止之。今以前序爲息壤，而借以監謗，則此序正可作懺悔文，又何能終錮之勿出乎？僕生平痴腸熱血，勇于爲人。于長孺之注杜，鄭重披剥，期期不可者，良欲以古義相勗勉，冀其自致不朽耳。老耄昏忘，有言不信，不得已而求免厠名，少欲自列，而諸公咸不以爲然，居然以岐舌相規，以口血相責。匹夫不可奪志，有閔嘿竊嘆而已。少年時觀劉子駿與揚子雲書從取方書入籙，貢之縣官，而子雲答書曰，君不欲脅之以威，凌之以武，則縊死以從命。私心竊怪其過當。由今言之，古人矜重著作，不受要迫，可謂子雲老不曉事哉？餘生殘劫，道心不堅，稍有棖觸，習氣迸發。兄爲我忘年知己，想見老人癡頑，茹物欲吐之狀。傳示茂倫兄，（寅恪案，「茂倫」爲吴江顧有孝之字。盧綋所刻江左三大家詩鈔中之牧齋詩鈔，即有孝與吴江趙澐同輯者。）當閧堂一咲也。

寅恪案，依上引資料，可知長孺與亭林及徐潘二氏兄弟殊有關係，而諸人與天生尤爲密切。長孺本與曹秋岳交好，（可參愚菴小集補遺壹「獻曹秋岳侍郎三十韻」詩并曹秋岳溶静惕堂詩集叁陸「朱長孺以尚書埤傳見貽，因傷右吉」詩。及同書同卷「李天生以修明史授簡討不拜請養歸秦寄懷四首」。）若不因曹氏，亦可由諸人間接請天生作序。至其所以不著「李太史」之名者，疑長孺不欲子德牽入注杜之糾紛也。牧齋「復吴江潘力田書」乃其平生所作文中妙品之一。蓋錢朱注杜公案，錯綜複雜，牧齋敍述此事，首尾曲折，明白曉暢，世之考論此問題者，苟取而細繹之，則知錢朱兩人及常熟吴江兩地文人之派别異同，可不須寅恪於此饒舌矣。故不避繁瑣之譏，詳盡録之，通人君子或不以爲可厭可笑也。總而言之，上列三問題，皆爲假設，實無確證，姑備一説於此云爾。

復有可附論者，觚賸壹吴觚上「力田遺詩」條云：

潘檉章著述甚富，悉於被繫時遺亡，間有留之故人家者，因其罹法甚酷，輒廢匿之。如杜詩博議一書，引據考證，糾訛闢舛，可謂少陵功臣。朱長孺箋詩，多所採取，竟諱而不著其姓氏矣。

寅恪案，長孺襲用力田之語，而不著其名，不知所指何條。但長孺康熙間刻杜詩輯注時，牧齋尚非清廷之罪人，故其注中引用牧齋之語，可不避忌。至若檉章，則先以預於莊氏史案，爲清廷所殺害，其引潘說，而不著其名，蓋有所不得已。玉樵之説未免太苛而適合當時之情事也。

又亭林餘集「與潘次耕札」五通。其第叁通云：

都中書至，言次耕奉母遠行，不知所往。中孚即作書相慶。緜山之谷弗獲介推，汶上之疆，堪容閔子，知必有以處此也。

蔣山傭殘稿叁「與次耕」云：

曲周接取中之報，頗爲惜之。吾弟今日迎養都門，既必不可，菽水之供，誰能代之？宜託一親人照管，無使有尸饔之歎。不記在太原時，相與讀寅旭書中語乎？（寅恪案，王錫闡字寅旭。江蘇吴江人。事蹟見清史列傳陸捌本傳。）又既在京邸，當尋一的信與嫂姪相聞。即延津在繫，亦須自往一看。此皆吾輩情事，亦清議所關，不可闕略也。（寅恪案，「嫂姪」二字可參亭林文集伍「山陽王君墓誌銘」：「余友潘力田死於杭，係累其妻子以北。」等語。）

寅恪案，亭林之不欲次耕得中博學鴻辭科，觀此二札可知。但何以天生之舉鴻博，亭林雖託友人代請清廷許其歸家養母，並不如其對次耕之痛惜者，蓋天生與次耕之情事有所不同。晉書捌捌王裒傳略云：

王裒字偉元。元城陽營人也。父儀，高亮雅直。爲文帝司馬。東關之役，帝問於衆曰，近日之事，誰任其咎？儀對曰，責在元帥。帝怒曰，司馬欲委罪於孤邪？遂引出斬之。裒少立操尚，行已以禮。痛父非命，未嘗西向而坐，示不臣朝廷也。於是隱居教授，三徵七辟皆不就。

然則潘耒之兄檉章，以莊氏史案，爲清廷殺害。亭林之意次耕亦應如偉元之三徵七辟皆不就也。

茲有一事，出於牧齋當日與長孺爭論注杜時意料之外者，即牧齋不爲南潯莊氏史案所牽累事也。牧齋與潘力田檉章吴赤溟炎之撰述明史記極有關係。觀牧齋著作中有關此類材料亦不少，今擇録一二於下。

牧齋外集捌修史小引云：

謙益白，蓋往昔濫塵史局，竊有意昭代編年之事。事多牴牾勿就。中遭廢棄，日夕鍵户，薈蕞所輯事略，頗可觀覽。天不悔禍，絳雲一炬，靡有子遺。居恒忽忽，念海内甚大，何無一人可屬此事者。近得松陵吴子赤溟潘子力田，奮然有明史記之役，所謂本紀書表世家列傳，一倣龍門，取材甚富，論斷甚嚴。史家三長，二子蓋不多讓。數過余，索燼餘及訊往時見聞。余老矣，耳聵目眊，無以佐二子，然私心幸二子旦夕成書，得一寓目。又懼二子以速成自愉快，與市肆所列諸書無大異也。乃二子不要名，不嗜利，不慕勢，不附黨。自矢必成，而不求速。曰，終身以之。然則此事舍二子，其又誰屬？余因思海内藏書諸家，及與余講世好者，不能一一記憶。要之，此書成，自關千秋不朽計。使各出所撰著及家藏本，授之二子，二子必不肯攘善且忘大德也。敢代二子布告同人，毋以我老髦而憖遺我，幸甚！幸甚！

有學集叁捌「與吴江潘力田書」略云：

春時枉顧，深慰契闊。老人衰病，頭腦冬烘，不遑攀留信宿，扣擊緒論，别後思之，重以爲悔。伏讀國史考异，援據周詳，辨析詳密，不偏主一家，不偏執一見。三復深惟知史事之必有成，且成而必可信可傳也。一官史局，半世編摩，頭白汗青，迄無所就，不圖老眼見此盛事。牆角殘書，或尚可資長編者，當悉索以備蒐采。西洋朝貢典録，乞仍簡還，偶欲一考西洋故事耳。赤溟同志不復裁書，希道鄙意。

同書叁玖「復吴江潘力田書」（此札關於注杜事者，前已詳引，可參閲。）略云：

手教盈紙，詳論實録辨證，此鄙人未成之書，亦國史未了之案。考異刊正，實獲我心，何自有操戈入室之嫌？唱此論者，似非通人。吹萬自已，不必又費分疏也。東事記略東征信史也。人間無别本，幸慎重之。俞本紀録作絳雲灰燼。諸侯陸續寄上，不能多奉。

有學集補「答吴江吴赤溟書」（近承潘景鄭君寄示牧齋「吴江吴母燕喜詩」七律一首，雖是尋常詶應之什，無甚關係。但其中有「野史亭前視膳餘」句，亦可推知牧齋此書與此詩同爲一時所作，並足見兩人交誼之密切也。）略云：

三十餘年留心史事，於古人之記事記言，發凡起例者，或可少窺其涯略。倘得布席函丈，明燈促席，相與討論揚榷，下上其議論，安知無一言半辭可以訂史乘之疑誤，補掌故之缺略者。言及於此，胸臆奕奕然，牙頰癢癢然，又惟恐會晤之不早，申寫之不盡也。門下能無囅然一笑乎？所徵書籍可考者，僅十之一二，殘編蠹翰，間出於焦爛之餘，他日當悉索以佐網羅，不敢愛也。老病迂誕，放言裁復，并傳示力田兄共一捧腹。

亭林文集伍「書吴（赤溟炎）潘（力田檉章）事」略云：

莊名廷鑨，目雙盲，不甚通曉古今，以史遷有左丘失明，乃著國語之説，奮欲著書。其居鄰故閣輔朱公國楨家，朱公嘗取國事及公卿誌狀疏草命胥鈔録，凡數十帙，未成書而卒。廷鑨得之，則招致賓客，日夜編輯爲明書，書冗雜不足道也。廷鑨死，無子，家貲可萬金。其父允城遂梓行之。慕吴潘盛名，引以爲重，列諸參閲姓名中。書凡百餘帙，頗有忌諱語，本前人詆斥之辭未經刪削者。莊氏既巨富，浙人得其書，往往持而恐嚇之，得所欲以去。歸安令吴之榮告諸大吏，大吏右莊氏，不直之榮。之榮入京師，摘忌諱語密奏之，四大臣大怒，遣官至杭，執莊生之父及其兄廷鉞及弟姪等，并列名於書者十八人，皆論死。其刻書鬻書，并知府推官之不發覺者，亦坐之。發廷鑨之墓，焚其骨，籍没其家産。所殺七十餘人，而吴潘二子與其難。方莊生作書時，屬客延予一至其家，予薄其人不學，竟去，以是不列名，獲免於難。二子所著書若干卷，未脱藁，又假予所蓄書千餘卷盡亡。予不忍二子之好學篤行而不傳於後也，故書之。且其人實史才，非莊生者流也。

寅恪案，當日風習，文士著作，其首多列顯著名人「鑑定」「參閲」字樣，藉作宣傳，并引爲自重。如江左三大家詩鈔中之牧齋詩鈔，卷目下所載參訂姓氏，上卷爲談允謙等，中卷爲季振宜等，下卷爲張養重等，即是其例。揆以牧齋此時之聲望及與力田赤溟之交誼，莊氏明書刻行，當共潘吴列名參閲無疑。然莊書竟不載錢氏之名，必因長孺注杜，牧齋堅不肯挂名簡端，至舉揚子雲故事爲比，辭旨激烈，潘吴遂不敢藉此老之名字，以爲莊氏標榜也。噫！當鄭延平率舟師入長江，牧齋實預其事。鄭師退後，雖得苟免，然不久清世祖殂逝，幼主新立，東南人心震動，故清廷於江浙區域，特加鎮壓。莊氏史案之主要原因，實在於此。今日觀之，牧齋與長孺雖爭無謂之閒氣，非老皈空門者之所應爲，終亦由此得免於莊案之牽累。否則河東君又有如在黄毓祺案時，代死從死之請矣。天下事前後因果，往往有出於意料之外者，錢朱注杜公案，斯其一證耶？論牧齋編輯列朝詩集尤重修史事，因並附及之。

論列朝詩集既竟，請略述錢柳復明之活動。今就所存材料觀之，關於牧齋者不少，若多加考述，則非本文之主旨，故擇其關於河東君者詳言之，其他牧齋活動之主要者，亦稍稍涉及，聊見兩人同心同志之梗概也。

河東君在崇禎甲申以前之作品，如陳臥子汪然明及牧齋等所鐫刻者，已傳播一時，故聲名藉甚。至弘光南都小朝廷時，河東君此期應有作品，但以關涉馬阮之故，疑爲牧齋所删削不存。南都既傾覆，牧齋被黄毓祺案之牽累，賴河東君助力得以脱免，遂於順治四年丁亥河東君三十生日時，特和東坡西臺寄弟詩，徧示親友，廣事宣傳。是後雖於有學集中，間附有其篇什，如和牧齋庚寅人日及贈黄若芷大家等詩外，别無所見。此固由牧齋逝世，河東君即以身殉，趙管夫婦及孫愛等不能收拾遺稿所致，但亦因河東君志在復明，意存韜晦，與前此之情况迴異故也。

牧齋尺牘上與王貽上四通其一云：

亂後撰述，不復編次，緣手散去，存者什一。荆婦近作當家老姥，米鹽瑣細枕籍，烟熏掌薄，十指如錐，不復料理研削矣。却拜尊命，慚惶無地。

其三略云：

八十老叟，餘年幾何？既已束身空門，歸心勝諦，何暇復沉湎筆墨，與文人才子争目睫之短長哉？秋柳新篇爲傳誦者攫去，伏生已老，豈能分兔園一席，分韻忘憂？白家老媪，刺促爨下，吟紅詠絮，邈若隔生。無以仰副高情，思之殊惘惘也。

王士禎感舊集壹「錢謙益」條，盧見曾補傳引古夫于亭雜録云：

余初以詩贄于虞山錢先生，時年二十有八。

清史列傳玖王士禎傳略云：

王士禎山東新城人。順治十五年進士。十六年授揚州府推官。聖祖仁皇帝康熙三年總督郎廷佐巡撫張尚賢疏薦其品端才敏，奉職最勤。總河朱之錫亦以委盤河庫，綜覈精詳，協助隄工，剔除蠹弊，疏薦。下部敍録，内陞禮部主事。〔康熙〕五十年五月卒於家，年七十有八。

寅恪案，漁洋初以詩贄於牧齋，乃在順治十八年。故牧齋書有「八十老叟」之語。此時距鄭延平率師入長江失敗後不久，牧齋實參預大木此舉。白門秋柳一題，錢柳俱涉嫌疑，自不欲和韻，否則「秋柳」原詩即使爲人攫去，亦可重抄傳寄。其答漁洋之言，不過推託之辭耳。至河東君是否真如牧齋所謂「當家老姥，十指如錐。吟紅詠絮，邈若隔生」，亦殊有疑問。蓋此時固不免多少爲家務所干擾，但以當日士大夫之生活狀況言，絶不致無揮毫作字之餘暇，然則所謂「白家老媪刺促爨下」，仍是婉言辭謝，藉以免却外間之招摇而已。嗚呼！當河東君賦金明池詠寒柳詞時，謝象三目之爲「白氏女郎」。當王貽上請其和秋柳詩時，牧齋目之爲「白氏老媪」。二十餘年間，人事之變遷如此。牧齋詩云：「楊柳風流烟草在，杜鵑春恨夕陽知。」（見有學集叁夏五詩集「留題湖舫」二首之二。第肆章已引。）漁洋山人雖非舊朝遺老，然亦生於明季。錢柳不肯和秋柳詩之微意，或能有所感悟歟？

夫明南都傾覆，牧齋隨例北遷，據有學集拾紅豆詩二集「後秋興八首。八月初十日小舟夜渡，惜别而作。」其五云：「水擊風摶山外山。前期語盡一杯間。」（並見遵王注本投筆集。）當時牧齋迫於不得已而往北京，但河東君獨留南中，僅逾一歲，即順治三年秋，牧齋遂返故里。可知錢柳臨别時必有預約。兩人以後復明之志願，即決定於離筵之際矣。丁亥春黄毓祺之案，牧齋實預其事，距前此白門分手時，亦不過一年有半也。

黄毓祺案牧齋雖得苟免，然復明之志仍不因此而挫折。今就牧齋作品中所能窺見者，即遊説馬進寶反清一事。（寅恪案，馬氏於順治十四年九月清廷詔改其名爲「逢知」。見清史列傳捌拾馬逢知傳。）關於牧齋本身之活動，兹可不詳引。但涉及河東君者，則備論述之，以明本文賓主輕重之旨也。

今檢瞿忠宣公集伍「留守封事」類「奏爲天意扶明可必，人心思漢方殷，謹據各路蠟書，具述情形，仰慰聖懷。更祈迅示方略，早成中興偉業事」略云：

臣子壬午舉人元錫，因臣孫于去臘離家，未知其到粵消息，遣家僮胡科探視。于〔永曆三年己丑〕七月十五日自家起程，今月十六日抵臣桂林公署，齎帶臣同邑舊禮臣錢謙益寄臣手書一通，累數百言，絶不道及寒温家常字句，惟有忠驅義感溢于楮墨之間。蓋謙益身在〔虜〕中，未嘗須臾不念本朝，而規畫形勢，瞭如指掌，綽有成算。據言：「難得而易失者時也。計定而集事者局也。人之當局，如奕碁然。楸枰小技，可以喻大。在今日有全著，有要著，有急著。善弈者，視勢之所急而善救之。今之急著，即要著也。今之要著，即全著也。（寅恪案，顧苓塔影園集壹「東澗遺老錢公别傳」云：「以隱語作楸枰三局，寄廣西留守太保瞿公。」今有學集中，固多觀棋之作，可稱隱語，然與此書之明顯陳述者，絶不相類。投筆集後秋興之六第肆首云：「腐儒未諳楸枰譜，三局深慙厪帝思。」及後秋興之十二第叁首云：「廿年薪膽心猶在，三局楸枰算已違。」牧齋詩語即指此致稼軒書言。豈云美雖間接獲知其事，而未親見原書，遂致有此誤會耶？至其列此事於黄案之前，其時間先後之訛舛，更不待辨矣。）夫天下要害必争之地不過數四，中原根本自在江南。長淮汴京，莫非都會，則宜移楚南諸勳重兵，全力以恢荆襄。上扼漢沔，下撼武昌。大江以南，在吾指顧之間。江南既定，財賦漸充，根本已固，然後移荆汴之鋒，掃清河朔。其次所謂要著者，兩粵東有庾關之固，北有洞庭之險。道通滇黔，壤鄰巴蜀。方今吴三桂休兵漢中，三川各郡數年來非熊（指王應熊。）在彼，聯絡布置，聲勢大振。宜以重兵徑由遵義入川。三川既定，上可以控扼關隴，下可以掇拾荆襄。倘以芻言爲迂而無當，今惟急著是問。夫弈碁至于急著，則苟可以救敗者，無所不用。邇者燕京特遣恭順致順懷順三〔逆？〕進取兩粵。（寅恪案，清史列傳柒捌尚可喜傳略云：「崇德元年四月封智順王。順治三年八月同恭順王孔有德，懷順王耿仲明征湖南。」牧齋書中「智順」作「致順」，乃音近筆誤。原闕一字，今以意補爲「逆」字。蓋此三人者，在清爲順，在明爲逆也。）因懷順至吉安忽然縊死，故三路之師未即渡洞庭，過庾嶺。然其勢終不可遏，其期諒不甚遠。豈非兩粵最急時乎？至彼中現在楚南之勁〔敵〕，惟辰常馬蛟麟爲最。傳聞此舉將以蛟麟爲先鋒。幸蛟麟久有反正之心，與江浙〔虜？〕提鎮張天禄田雄馬進寶卜從善輩，皆平昔關通密約，各懷觀望。此真爲楚則楚勝，而爲漢則漢勝也。蛟麟倘果翻然樂爲我用，則王師亟先北下洞庭。但得一入長江，將處處必多響集。我得以完固根本，養精蓄鋭，恢楚恢江，剋復京闕。若謙益視息餘生，奄奄垂斃，惟忍死盼望鑾輿拜見孝陵之後，槃水加劒，席藁自裁。」等語。臣反覆披閲，雖謙益遠隔萬里，而彼身爲異域之臣，猶知眷戀本朝，早夜籌維，思一得以圖報効，豈非上蒼悔禍，默牖其衷，亦以見天下人心未盡澌滅，真祖宗三百年恩養之報。臣敢不據實奏聞，伏祈皇上留意詳閲，特賜鑒裁。臣繕疏方畢，適原任川湖督臣萬年策自平溪衛取路黎靖來至桂林。具述虜鎮馬回子駐兵常德，實有反正之心。回子即名蛟麟者也。以情事度之，錢謙益楸枰三局揣摩之語，確相脗合，似非無據。豈非楚南撥雲見日之時，而中興之一大機會耶？

永曆三年九月□□日具奏。

據此牧齋致稼軒書作於順治六年己丑之秋。其中已言及馬進寶。故次年庚寅即有往金華遊説馬氏之事。更可注意者，即説馬之舉，實與黄梨洲有關。黄宗羲思舊録「錢謙益」條（此條第肆章已引，兹爲便利論述，故重録之。）云：

一夜余將睡，公提燈至榻前，袖七金贈余曰，此内人（自注：「即柳夫人。」）意也。蓋恐余之不來耳。是年（指順治七年庚寅。）十月絳雲樓燬，是余之無讀書緣也。

鮚埼亭集壹壹「梨洲先生神道碑文」略云：

公既自桑海中來，杜門匿景，東遷西徙，靡有寧居。又有上變於大帥者，以公爲首，而公猶挾帛書，欲招婺中鎮將以南援。

黄炳垕編黄梨洲先生年譜中「順治七年庚寅」條云：

三月，公至常熟，館錢氏絳雲樓下，因得盡繙其書籍。

寅恪案，太沖三月至常熟，牧齋五月往金華。然則受之此次遊説馬進寶，實梨洲所促成無疑。觀河東君特殷勤款待黄氏如此，則河東君之參預勸馬反清之政治活動，尤可證明也。

又金氏牧齋年譜「〔順治八年〕辛卯」條云：

爲黄晦木〔宗炎〕作書紹介見馬進寶于金華。（原注：「尺牘」）

金氏未言出於尺牘何通，但檢牧齋尺牘中「致□□□」略云：

餘姚黄晦木奉訪，裁數行附候，計已達鈴閣矣。友人陳崑良赴温處萬道尊之約，取道金華，慨慕龍門，願一投分。介恃道誼之雅，輒爲紹介。晦木知必荷眄睞，先爲遥謝。

寅恪案，此札乃致馬進寶者。細玩其語氣，介紹晦木與介紹崑良，時間相距至近，且足知兩人俱是初次介紹。今檢浙江通志壹貳壹職官表分巡温處道欄云：

陳聖治。遼東錦州人。順治十年任。
萬代尚。遼東鐵嶺人。順治十四年任。
孟泰。遼東遼陽人。貢士。順治十六年任。

及清史列傳捌拾馬逢知傳略云：

〔順治〕三年從端親王博洛南征，克金華，即令鎮守。六年命加都督僉事，授金華總兵，管轄金衢嚴處四府。七年九月奏言臣家口九十餘人，從征時即領家丁三十名星赴浙東，此外俱在旗下，距金華四千餘里，關山迢遞，不無內顧之憂。懇准搬取。下部知之。十三年遷蘇松常鎮提督。

并有學集柒高會堂詩集有：

丙申重九海上作。

一題及「高會堂酒闌雜咏序」末署：

〔順治十三年〕丙申陽月十有一日書於青浦舟中。

故綜合推計牧齋之介紹晦木見馬進寶於金華，實在順治十三年丙申秋季以前，馬氏尚未離金華赴松江之時。至浙江通志列萬代尚之任溫處台道，始於順治十四年者，不過因排次便利，只書年而不書月。否則，絕無元旦上任，除夕解職之理也。

又徐孚遠釣璜堂存稿壹貳「懷陳崑良」（原注：「時聞瞿稼軒之變。」）云：

嗟君萬里赴行都。桂嶺雲深入望迂。豈意張公雙劍去，却令伍子一簫孤。粤西駐輦當通塞，湖北揚旌定有無。分手三年鴻雁斷，如余今日正窮途。

可見陳氏同是當時參預復明運動之人。牧齋介紹之於馬進寶，必非尋常干進以求衣食者之比。惜光緒修常昭合志稿叁壹義行門陳璧傳僅云：

陳璧字崑良。崇禎末嘗三上書論事。不報。歸隱。

寥寥數語，殊爲簡略。今讀閣公此詩，則陳氏平生志事，更可證知矣。

兹僅録牧齋作品中，庚寅夏往返金華，遊説馬進寶之作品，并略加釋證於下。有學集叁庚寅夏五集序云：

歲庚寅之五月，訪伏波將軍於婺州。以初一日渡羅刹江，自睦之婺，憩於杭。往返將匝月，漫興口占，得七言長句三十餘首，題之曰夏五集。春秋書夏五，傳疑也。疑之而曰夏五，不成乎其爲月也。不成乎其爲月，則亦不成乎其爲詩。繫詩於夏五，所以成乎其爲疑也。易曰，或之者，疑之也。作詩者，其有憂患乎？

寅恪案，此夏五集可稱爲第壹次遊説馬進寶反清復明之專集。河東君參預此活動，尤爲顯著。讀者應特加注意也。

「早發七里灘」云：

欲哭西臺還未忍，喚空朱噣響雲端。（遵王注本此句下有牧齋自注云：「謝皐羽西臺慟哭記即釣臺也。其招魂之詞曰：化爲朱鳥兮，有噣焉食。」）

寅恪案，「未忍」者，即未忍視明室今已亡之意。前論牧齋次韵答盛集陶見贈詩「終然商頌歸玄鳥，麥秀殘歌詎忍刪」句及牧齋編列朝詩集，終於丁集事，俱詳言之，兹不更贅。涵芬樓本「忍」作「得」，殊失牧齋本旨，故從遵王注本作「忍」。

「五日釣臺舟中」云：

緯繣江山氣未開。扁舟天地獨沿洄。空哀故鬼投湘水，誰伴新魂哭釣臺。五日纏絲仍漢縷，三年灼艾有秦灰。吴昌此際癡兒女，競渡讙呶盡室迴。

寅恪案，此詩第柒第捌兩句頗不易解。以恒情論，牧齋獨往金華，河東君及其女應在常熟家中，殊與「吴昌」之語不合。豈河東君及其女雖不同牧齋至金華，但僅送之至蘇州，留居於拙政園耶？俟考。檢劉繼莊獻廷廣陽雜記叁「涵齋又言海澄公黄梧既據海澄以降，即條陳平海五策」條，其第貳策云：

鄭氏有五大商在京師蘇杭山東等處，經營財貨，以濟其用。當察出收拿。

清史列傳玖黄梧傳云：

順治十三年七月梧斬僞總兵華棟等，率衆以海澄縣投誠。

延平王户官楊英從征實録「永曆十一年丁酉五月」條云：

藩行令對居守户官鄭宫傅察算，裕國庫張恢，利民庫林義等稽算東西二洋船本利息，并仁義禮智信，金木水火土各行出入銀兩。

明清史料丁編叁「五大商曾定老等私通鄭成功殘揭帖」云：

（上缺。）萬兩，前往蘇杭二州置買綾紬湖絲洋貨，將貨盡交僞國姓訖。一，順治十二年五月初三四等日，曾定老就僞國姓管庫伍宇舍手内領出銀五萬兩，商販日本，隨經算還訖。又十一月十一二等日，又就伍宇舍處領出銀十萬兩，每兩每月供利一分三釐。十三年四月内將銀及湖絲緞匹等貨搬運下海，折還母利銀六萬兩，仍留四萬兩付定老等作本接濟。

牧齋賦此詩時，鄭氏之五大商尚未被清廷察出收拿。河東君之送牧齋至蘇，或與此有關。夫鄭氏之興起，雖由海盜，但其後即改爲經營中國南洋日本間之物産貿易。蘇杭爲絲織品出産地，鄭氏之設有行店，自是當然之事。况河東君以貴婦人之資格，以購買物品爲名，與綢緞店肆往來，暗作通海之舉，可免爲外人所覺察也。此説未敢自信，姑記於此，以俟更考。

「五日泊睦州」云：

客子那禁節物催。孤篷欲發轉徘徊。晨裝警罷誰驅去，暮角飄殘自悔來。千里江山殊故國，一抔天地在西臺。遥憐弱女香閨裏，解潑蒲觴祝我迴。

寅恪案，第肆句蓋與第柒第捌兩句相關，謂不與家人同作金華之行也。或疑「自悔來」之語，乃此行不成功之意。但據前引馬逢知傳，順治七年庚寅九月，進寶奏請搬取在旗下之家口，可知進寶實已受牧齋遊説之影響。然則牧齋此次婺州之行，亦不可謂無所成就矣。

「桐廬道中」云：

涉江無事但尋花。（自注：「蘭溪載花盈舟，越人笑之。」）

寅恪案，此句并自注可參下引「東歸漫興」六首之五。牧齋此行明是有事，而曰「無事」，與尺二書中「一宿無話」之「無話」，遣辭用意正復相同，可發一笑也。

「留題湖舫」（自注：「舫名不繫園。」）二首之二云：

湖上堤邊艤櫂時。菱花鏡裏去遲遲。分將小艇迎桃葉，偏采新歌譜竹枝。（江左三大家詩畫合卷芝麓所寫「新」作「長」。）楊柳風流烟草在，杜鵑春恨夕陽知。憑闌莫漫多回首，水色山光自古悲。

寅恪案，此題二首，第肆章已全引。第貳首第貳聯亦特加論釋。茲復迻録第貳首全文，藉見牧齋此時之情感。今江左三大家詩畫合卷，除牧齋「西湖雜感」二十首及梅村所繪圖外，並有芝麓所書此詩，末署：

癸卯三月十又二日芝麓弟龔鼎孶拜題。

據此，孝升題字乃在牧齋卒前一年。若非贋作，則龔氏深賞牧齋此詩，可以想見也。

「西湖雜感」序（此題序及詩皆依江左三大家詩畫合卷牧齋自寫本。其他諸本間有不同，而意義亦佳者，并附注於下，以供參考。）云：

浪迹山東，繫舟湖上。漏天半雨，夏月如秋。登登版築，地斷吴根。攘攘烟塵，天分越角。岳于雙表，緑字猶存。南北兩峰，青霞如削。想湖山之繁華，數都會之佳麗。舊夢依然，新吾安在。況復彼都人士，痛絶黍禾。今此下民，甘忘桑椹。侮食相矜，左言若性。何以謂之，嘻其甚矣。昔者南渡行都，憖遺南士。（「士」涵芬樓本及注本作「市」。）西湖隱跡，返抗西山。（涵芬樓本及注本「返」作「追」。）嗟地是而人非，忍憑今而弔古。叢殘長句，凄絶短章，酒闌燈灺，隔江唱越女之歌。風急雨淋，度峽落巴人之淚。敬告同人，勿遺下體，敢附采風，聊資剪燭云爾。庚寅夏五憩湖舫凡六日，得詩二十首。（諸本此句下有「是月晦日，記於塘棲道中」十字。）特倩梅村祭酒作圖以爲緣起，今并録之。

寅恪案，此序中「侮食相矜，左言若性」之句，出文選肆陸王元長「三月三日曲水詩序」。遵王已引，不待更釋。牧齋用此典以罵當日降清之老漢奸輩，雖己身亦不免在其中，然尚肯明白言之，是天良猶存，殊可哀矣。檢四庫全書總目提要壹柒叁別集類朱鶴齡愚庵小集條云：

〔鶴齡〕與錢謙益爲同郡，初亦以其詞場宿老，頗與倡酬。既而見其首鼠兩端，居心反覆，薄其爲人，遂與之絶。所作元裕之集後一篇，稱裕之舉金進士，歷官左司員外郎，及金亡不仕，隱居秀容，詩文無一語指斥者。裕之於元，既足踐其土，口茹其毛，即無反詈之理。非獨免咎，亦誼當然。乃今之訕辭詆語，曾不少避，若欲掩其失身之事，以誑國人者，非徒誖也，其愚亦甚云云。其言蓋指謙益輩而發，尤可謂能知大義者矣。

寅恪案，牧齋之降清，乃其一生汚點。但亦由其素性怯懦，迫於事勢所使然。若謂其必須始終心悅誠服，則甚不近情理。夫牧齋所踐之土，乃禹貢九州相承之土，所茹之毛，非女真八部所種之毛。館臣阿媚世主之言，抑何可笑。回憶五六十年前，清廷公文，往往有「食毛踐土，具有天良」之語。今讀提要，又不勝桑海之感也。

「西湖雜感」二十首。其二云：

瀲灩西湖水一方。吴根越角兩茫茫。孤山鶴去花如雪，葛嶺鵑啼月似霜。油壁輕車來北里，梨園小部奏西廂。而今縱與空王法，（「與」諸本作「會」。）知是前塵也斷腸。

寅恪案，此首可與第肆章引河東君湖上草西泠十首之一「小苑有香皆冉冉，新花無夢不濛濛。金鞭油壁朝來見，玉佩靈衣夜半逢」兩聯相證發。柳賦詩在崇禎十二年己卯，錢賦詩在順治七年庚寅。相去十二載，湖山一隅，人事變遷，已復如此，真可令人腸斷也。

其八云：

西泠雲樹六橋東。月姊曾聞下碧空。楊柳長條人綽約，桃花得氣句玲瓏。（諸本此句下自注云：「桃花得氣美人中。西泠佳句。爲孟陽所吟賞。」）筆牀研匣芳華裏，翠袖香車麗日中。今日一來方丈室，（「一來」諸本作「一燈」。）散花長侍淨名翁。

寅恪案，此首爲河東君而作，自不待言。第柒句牧齋自寫本作「一來」，不作「一燈」，蓋用佛典四向之一以指河東君。牧齋於崇禎十三年庚辰冬答河東君半野堂初贈詩云：「霑花丈室何曾染。」竟在十年之前作此預言矣。

其十六云：

建業餘杭古帝丘。六朝南渡盡風流。白公妓可如安石，蘇小墳應並莫愁。戎馬南來皆故國，江山北望總神州。行都宮闕荒烟裏，禾黍叢殘似石頭。（諸本此句下有自注云：「有人問建業。云吴宫晉殿亦是宋行都矣。感此而賦。」）

寅恪案，此首自傷其弘光元年五月迎降清兵之事。夫南宋都臨安，猶可保存半壁江山，豈意明福王竟不能作宋高宗耶？「吴宫晉殿」乃指明南都宮闕而言，不過詭稱前代之名爲隱語耳。

其十七云：

珠衣寶髻燕湖濱。翟茀貂蟬一樣新。南國元戎皆使相，上廳行首作夫人。紅燈玉殿催旌節，畫鼓金山壓戰塵。粉黛至今驚毳帳，可知豪傑不謀身。（諸本此句下有自注云：「見周公謹羅大經諸書，亦南渡西湖盛事。」）

寅恪案，此首以梁紅玉比河東君，甚爲恰當。牧齋賦詩，以梁比柳者甚多。此首作於遊説馬進寶反清之際，其期望河東君者，更與他作泛指者不同。可惜河東君固能爲梁紅玉，而牧齋則不足比韓世忠。此乃人間之悲劇也。

「東歸漫興」六首其一云：

經旬悔別絳雲樓。衣帶真成日緩憂。入夢數驚嬌女大，看囊長替老妻愁。碧香茗葉青磁碗，紅爛楊梅白定甌。此福天公知吝與，緑章陳乞莫悠悠。

寅恪案，此首可與第肆章所引東山訓和集貳牧翁「二月十二春分日横山晚歸作」及河東君次韻詩參照。錢柳兩詩作於崇禎十四年辛巳。牧齋此詩則爲順治七年庚寅所賦，就牧齋方面言之，則地是人是，而時世則非。故賦此首時，與當日只限於私人情感者，更復不同矣。

其三云：

棨戟森嚴禮數寬。轅門風静鼓聲寒。據鞍老將三遺矢，分閫元戎一彈丸。戲海魚龍呈變怪，登山烟火報平安。腐儒篋有英雄傳，細雨孤舟永夜看。

寅恪案，牧齋外集拾馬總戎四十序略云：

今伏波猶古伏波也。予讀史好觀馬文淵行事。

故牧齋所作關於馬進寶之詩文，皆用馬援之典。此首亦是其一。玩此詩之辭旨，蓋懷疑進寶是否果能從己之遊説，以叛清復明。華笑廎雜筆壹「黄梨洲先生批錢詩殘本」條，「東歸漫興」批云：

牧齋意欲有所爲，故往訪伏波，及觀其所爲，而廢然返櫂。

可供參證也。

其四云：

林木池魚灰燼寒。鴛湖恨水去漫漫。西華葛帔仍梁代，（自注：「南史，任昉子西華，流離不能自振，冬月着葛帔練裙。」）東市朝衣尚漢官。白鶴端歸無石表，（「石表」遵王注本作「表柱」。）金雞旋放少綸竿。舊棋解覆惟王粲，東閣西園一罫看。（自注：「過南湖，望勺園，悼延陵君而作。其子貧薄，故有任西華之歎。」寅恪案，來之有子名祖錫，字佩遠。徐闇公釣璜堂存稿壹叁「吴佩遠郊居」七律首句云：「雅游季子已家貧。」張玄箸煌言張蒼水集第貳篇奇零草「送吴佩遠職方南訪行在，兼會師鄖陽」四首之四結語云：「憑君馳蠟表，蚤晚聽鐃歌。」祖錫本末詳見徐俟齋枋居易堂集壹肆「吴子墓誌銘」及

「吴子元配徐碩人墓誌銘」並蒼水集所附王慈撰張忠烈公詩文題中人物考略及陳乃乾陳洙撰徐闇公先生年譜順治三年丙戌條。牧齋此詩自注所指來之子，即是佩遠也。）

寅恪案，此首與下一題「感歎勺園再作」，同是爲吴昌時而賦，俟於下題論之。

其五云：

水跡雲蹤少滯留。拖烟抹雨一歸舟。雖無桃葉迎雙槳。（自注：「婦囑買婢不得。」）恰有蘭花載兩頭。古錦褁將唐百衲，（自注：「買得張老頌琴，蓋唐斲也。」）行宫拾得宋羅睺。（自注：「宋景靈宫以七夕設摩羅睺。今市上猶鬻之。」）孺人稚子相勞苦，一握歡聲萬事休。

寅恪案，此首第壹聯可與前引「桐廬道中」詩「涉江無事且尋花」句并注參讀。河東君囑牧齋買婢，而牧齋不能完成使命。揆以當日情勢，江浙地域亂離之後，豈有買婢不得之理，蓋舊時婢妾之界畫，本不甚分明。牧齋於此嫌疑之際，最知謹慎。第肆章引河東君依韻和牧齋「中秋日攜内出遊」二首之二「夫君本自期安槳」句，自注云：「有美詩云：迎汝雙安槳。」今牧齋詩既用王獻之故事，然則買婢不得，非不得也，乃不敢也。買琴乃爲河東君，買摩羅睺乃爲趙管妻。牧齋此等舉動，真不愧賢夫慈父矣。

其六云：

不因落薄滯江干。那得歸來盡室歡。巷口家人呼解帶，牆頭鄰姥問加飡。候門栗里天將晚，秉燭羌村夜向闌。簷鵲噪乾燈穗結，笑憑兒女話團圞。

寅恪案，此首寫小別歸來，家人團聚之情事，殊爲佳妙。牧齋性本怯懦，此行乃梨洲及河東君所促成。惴惴而往，施施而歸，故慶幸之情，溢於言表也。檢清史列傳捌拾馬逢知傳略云：

〔順治七年〕十一月土賊何兆隆嘯聚山林，外聯海賊，爲進寶擒獲，隨於賊營得僞疏稿，謂進寶與兆隆通往來，疏請明魯王頒給敕印。又得僞示，稱進寶已從魯王。進寶以遭謗無因，白之督臣陳錦，以明心跡。錦疏奏聞。得旨，設詐離間，狡賊常情。馬進寶安心供職，不必驚懼。

據此馬氏爲人，反覆叵測，可以推知。何兆隆一案，與牧齋金華之行，時間相距至近，兩者或有關係，亦未可知。然則牧齋此行，實是冒險，河東君送之至蘇，殆欲壯其膽，而堅其志歟？

「感歎勺園再作」云：

曲池高館望中賒。燈火迎門笑語譁。今舊人情都論雨，暮朝天意總如霞。（寅恪案，此聯下句遵王注引范石湖「占雨」詩「朝霞不出門，暮霞行千里」爲釋，甚是。但牧齋意則以「朝霞」比建州，以「暮霞」比永曆，亦即左太沖魏都賦「彼桑榆之末光，踰長庚之初暉」之旨，謂天意將復明也。至上句遵王已引杜工部集壹玖「秋述」一文「舊雨來，今雨不來」爲釋，固昔人所習知。唯今日遊北京中山公園來今雨軒者，恐未必盡知耳。一笑。）園荒金谷花無主，巷改烏衣燕少家。惆悵夷門老賓客，停舟應不是天涯。

寅恪案，牧齋此行過嘉興，感嘆勺園，一再賦詩，兼寓朝政得失，民族興亡之感，不待贅論。其實牧齋之微旨，尚不止此，蓋勺園者，即河東君於崇禎十三年春由杭至禾養痾之地。是年冬牧齋至嘉興遇惠香（當即卞玉京。）河東君之訪半野堂，亦預定於此時。職是之由，勺園一地，乃錢柳因緣得以成就之樞紐。牧齋不憚一再賦詩，殊非偶然。今梅村集中關於勺園之詩，「鴛湖曲」一首，最爲世所傳誦。讀者謂其追傷舊朝亡友而已，但不知其中實隱藏與卞玉京之關係。其微旨可從原詩辭句中揣知之也。特記於此，以告世之讀駿公詩者。

「婺歸，以酒炙餉韓兄古洲口占爲侑」云：

好事何人問子雲。一甘逸少與誰分。酒甜差可稱歡伯，炙美真堪遺細君。大嚼底須回白首，淺斟猶憶醉紅裙（自注：「兄高年好談風懷舊事。」）晴窗飯罷摩雙眼，硬紙黃庭向夕曛。（自注：「兄家藏楊許黃庭楷書，日橅數紙。」）

寅恪案，有學集貳肆「韓古洲太守八十壽序」云：

歲在旃蒙協洽雷州太守古洲韓兄春秋八十。余曰，是吾年家長兄也。是吾吳之佳公子，良二千石，國之老成人也。是閎覽博物之君子，海内收藏賞鑒專門名家也。

嘉慶修雷州府志玖職官表明知府欄載：

韓逢禧。長洲人。官生。天啓元年任。

李之華。

丁緯。

范得志。七年任。

容庚君藏蘭雪齋刻定武蘭亭帖附韓氏跋云：

余先宗伯（寅恪案，逢禧父世能，曾任禮部侍郎。事蹟見明史貳壹陸黄鳳翔傳附世能傳，明詩綜伍壹韓世能條及同治修蘇州府志捌柒長洲縣韓世能傳等。）於萬曆甲戌曾得韓侂胄所藏定武蘭亭，時余尚未生。及余既長，篤好法書，遂蒙見賜。臨玩最久，寢食與俱。崇禎庚午又購得榮芑所藏本，二卷皆嚴氏物。榮芑本有項子京印識。今閱此本，與余所藏榮芑舊本同一手搨出，紙墨奇古，神采勃發。卷内有朱文公手題，前後亦有項子京印識，可見項氏藏物之富如此。〔天啓四年〕甲子解組歸田，心厭煩囂，復得覩此，合余藏二卷，同校於半山草廬。三卷同是定武真刻，六百餘年神物，今得竝來同聚一室，大是奇緣，眼福良厚矣。喜書其後。半山老人韓逢禧。（下鈐有「朝延氏」印。）

又容君藏鍾繇薦季直表帖附秋囿老民跋云：

韓跋各看款題誌皆俗手揭去。黑紙白字名曰黑老虎，非降龍伏虎，不能得也。

及翁同龢題詩二首，其二云：

滿口娑婆不識佛，天台山鳥勸君歸。何如一切都捐棄，黑老虎來爲解圍。（自注：「韓逢禧嘗學佛，再髡而再髮。入天台遇樵者，訶之曰，滿口娑婆哄度日云云。册有韓印，戲及之。黑老虎乃前跋中語也。」）

又容君藏安素軒石刻中唐人書七寶轉輪聖王經附韓氏跋云：

此爲唐相鍾紹京手蹟。書法悉宗右軍樂毅論，時兼有歐虞褚體，正見其集大成也。紙爲硬黄，爛漫七千餘言，神采燁然，真世之罕物。相傳鮮于困學公珍藏此卷於室中，夜有神光燭人者，非此其何物耶？長洲韓逢禧識。

唐蕉庵翰題「唯自勉齋長物志」中書畫名蹟類云：

南海吴學士榮光所刻藏宋玉石本定武蘭亭，後有明崇正間韓太守逢禧跋云，明成國公朱簟庵舊物，與盧鴻草堂圖永興廟堂真跡九件，同時售於項氏天籟閣。此卷項氏藏印纍纍，凡蘭亭所用之印，卷中無不有。其爲一時所押可知。傳之有緒，足爲吾齋中書跡甲觀。

韓氏事蹟雖未能詳知，但依上所引資料，亦可得其涯略。牧齋此詩自表面觀之，辭旨與游説馬進寶之事無涉。又非汪氏遊舫與湖山盛衰家國興亡有關者之比，似甚奇特。細思之，夏五一集乃赴婺説馬之專集，牧齋由金華還，即以酒炙餉韓，侑以此詩。若説馬之事與韓氏無關，則牧齋不應插入此題。頗疑古洲既多藏彝器字畫，牧齋或取其一二與馬伏波有關之假古董，以爲謁見進寶之贄。及其歸也，自應以酒炙相餉。又韓氏好談風懷舊事，牧齋此次經過蘇州嘉興，韓氏必與之談及昔年柳下在臨頓里勺園之豔蹟，故牧齋詩語戲及之。翁叔平謂古洲「再髡再髮」，足見韓氏亦是欲「老皈空門」，而不能實行者，其人正與牧齋相類。有學集「病榻消寒雜詠」云：「蒲團歷歷前塵事，好夢何曾逐水流。」不僅自詠，亦可兼詠韓氏也。

「書夏五集後示河東君」云：

> 帽簷欹側漉囊新。乞食吹簫笑此身。南國今年仍甲子，西臺昔日亦庚寅。（自注：「皐羽西臺慟哭，亦庚寅歲也。」）聞雞伴侶知誰是，畫虎英雄恐未真。詩卷叢殘芒角在，緑牕剪燭與君論。

寅恪案，此首爲夏五集全集之結論。第貳句寓復明之意。第叁句謂永曆正朔猶存。第伍句目河東君爲同心同志之人。第陸句用後漢書列傳壹肆馬援傳，援誡兄子嚴敦書中「畫虎不成反類狗者也」之語，牧齋蓋疑馬進寶之不可恃也。總而言之，牧齋此次金華之行，河東君爲暗中之主持人，細繹此詩辭旨，更無疑義矣。

牧齋庚寅夏五集後一年所賦之詩，最佳最長者應推哭瞿式耜五言排律一題。本文以範圍限制之故，不能全引，惟擇其中有關諸句，並牧齋自注，略論述之於下。

有學集詩注肆「哭稼軒留守相公詩一百十韻用一千一百字」略云：

（自注：「已下敘聞訃爲位之事。」）傷心寢門外，爲位佛燈前。一慟營魂逝，三號涕泗漣。脩門歸漢漢，故國望姍姍。庚寅徵覽揆，辛卯應災躔。（自注：「君生于庚寅，甲子一周而終，故引庚寅以降之詞。其聞訃辛卯夏也，故引朔日辛卯之詩。皆假借使之也。」）劒去梧宫冷，刀投桂水煎。（自注：「已下敘其戊辰後歸田燕遊之事。」）拊心看迸裂，彈指省轟闐。攀附龍門迥，追陪鶴蓋連。園林歸緑水，屋宇帶紅泉。一飯常留客，千金不問田。以忙消塊壘，及暇領芳妍。日落邀賓從，舟移沸管絃。丹青搜白石，杖履撰松圓。（自注：「君好藏白石翁畫。于程又有師資之敬。」）

寅恪案，關於錢瞿之交誼及當日明清興亡諸端，玆不具論。所可注意者，即河東君於崇禎十三年庚辰冬初訪牧齋於半野堂。次年即崇禎十四年辛巳夏錢柳結褵於茸城舟中兩大事。牧齋此詩中「舟移沸管絃」句，或間接有關涉，尚難確定。若就稼軒方面言之，則東山訓和集中不載瞿氏篇什。此或因稼軒雖曾賦詩，但未被牧齋收録所致。今日瞿氏作品遺佚頗多，殊不易決言，揆以稼軒與牧齋及河東君之關係，如第肆章論述絳雲樓落成詩所引牧齋尺牘例之，稼軒似非如黄陶菴之不以河東君爲然者，何故於錢柳因緣之韻事，絶無一語道及，甚不可解。姑記此疑，以俟更考。

又此年牧齋所賦詩當亦不少。今所存者，排列先後恐有錯亂。詩題有關諸人，可考見者殊不多，故只擇數題列之於下。

「寄懷嶺外四君」四首。其一「金道隱使君」（自注：「金投曹溪爲僧。」）云：

（詩略。）

其二「劉客生詹端」云：

（詩略。）

其三「姚以式侍御」云：

（詩略。）

其四「詠東皋新竹寄留守孫翰簡」云：

笋根苞粉尚離離。裂石穿雲嶺外知。祖幹雪霜催老節，孫篁烟靄護新枝。紫泥汗簡連編綴，青社分符奕葉垂。昨夜春雷喧北户，老夫欣賦籜龍詩。

寅恪案，前論牧齋「庚寅人日示内」詩及河東君和詩，已略及金劉姚三人。惟瞿翰簡未及。

故特録此詩全文。「翰簡」者，指稼軒孫昌文而言。永曆特任昌文爲翰林院檢討，稼軒兩疏懇辭，原文見瞿忠宣公集陸，兹不具引。鄙意此時牧齋與永曆政權暗中聯絡。其寄此四詩，必有往來之便郵無疑也。

「贈盧子繇」云：

雲物關河報歲更。寒梅逼坐見平生。眉間白髮垂垂下，巾上青天故故明。老去閒門聊種菜，朋來參語似班荆。楞嚴第十應參遍，已悟東方雞後鳴。

寅恪案，杭大宗世駿道古堂集貳玖「名醫盧之頤傳」略云：

之頤字子繇，生明熹宗時，號晉公，又自稱蘆中人。父復，字不遠，精於醫理。舊史曰，陳曾蘙傳論之頤云，歲丙戌監國者在山陰，之頤杖策往謁，大爲親信，授職方郎。事敗，跳身歸里閒，與舊相識者往來。門庭雜沓，踪跡不測。性又簡傲，雖以醫術起家，輕忽同黨，好自矜貴，出入乘軒車，盛傔從，廣座中伸眉抵掌，論議無所忌。識者謂必中奇禍。頃之，兩目皆盲，既既成廢人，不出户庭，而曩所交遊皆斷絶，詫歎一室，竟以憤懣卒。此殆天之所以保全之也。

可見牧齋此時相與往來之人，其訓贈詩章見於有學集者，大抵爲年少尚未有盛名，而志在復明之人。如晉公即是一例。其他諸人，皆可以此類推之也。

「七十答人見壽」（涵芬樓本題下有「辛卯」二字。）云：

七十餘生底自嗟。有何鱗爪向人誇。驚聞窸窣牀頭蟻，羞見彭亨道上蛙。著眼空花多似絮，撑腸大字少於瓜。三生悔不投胎處，罣飯僧家賣餅家。

寅恪案，葛萬里牧齋先生年譜順治八年辛卯條（參有學集陸秋槐別集「乙未小至日宿白塔寺與介立師兄夜話辛卯秋憩友蒼石門院，扣問八識規矩，屈指又五年矣，感而有作二首。」）云：

春遊武林。夏有哭稼軒長篇。自記：九月避喧卻賀，扁舟詣白下懷東（自注：「佟中丞。」）寓。朱雀桁市囂聒耳，乃出城，棲止長干大報恩寺，與二三禪侶優游浹月，論三宗而理八識云云。

牧齋此年秋避壽卻賀，往金陵寓佟國器家。據上引福建通志此年佟氏任福建左布政使。至牧齋之詣金陵，懷東是否在家，尚難確知。即使在家，爲時亦必不久。似此情況，牧齋與外人往還，較爲便利。然終嫌其囂聒，乃遷居大報恩寺。頗疑此中尚有待發之覆。蓋當日志懷復明諸人，往往託跡方外，若此輩謁牧齋於懷東寓所者過多，則不免惹起外間驚怪，轉不如竟棲止於佛寺，更爲妥慎。其言與禪侶研討内典，恐不過掩飾之辭。後來牧齋再往金陵，亦嘗棲止於報恩寺，仍是爲順治十六年己亥鄭延平大舉攻取南都之準備也。又檢許穀人浩基編鄭延平年譜「永曆七年癸巳三月張名振張煌言請師入長江」條，附按語云：

浩基按，名振與煌言凡三入長江，而未知初入長江爲何年？又不知題詩祭陵爲何年？各書紀載紛歧，莫知所據。魯春秋東南紀事俱作壬辰。海東逸史作癸巳。小腆紀年作癸巳初入長江，而甲午題詩祭陵。臺灣外紀海上見聞録亦作癸巳，而未言祭陵事。南疆繹史明季南略則俱作甲午。尤有不可解者，全氏撰蒼水碑云，癸巳冬入吴淞，明年軍于吴淞，會名振之師入長江，遥祭孝陵。甲午再入長江。蓋癸巳之明年即甲午也。既書明年，下復繫甲午，誤甚。謝山猶恍惚其詞，後人更難推測矣。

假定張名振張煌言此次率師入長江至京口之年，果爲壬辰者，則其前一年辛卯秋牧齋避壽至金陵，似與之有關。而此年秋間牧齋所賦「京口觀棋六絶句」其六云：

金山戰罷鼓桴停。傳酒争誇金鳳瓶。此日江山紆白髮，一枰殘局兩函經。

尤可注意矣。夫牧齋不在家作生日，避往金陵，其故河東君必知之。然則牧齋此次復明之活動，河東君亦曾參預其事，可無疑也。

今檢有學集順治九年壬辰十年癸巳兩年間皆無詩什。金氏牧齋先生年譜癸巳條云：

季春游武林，復往金華。先生伏波弄璋歌有「百萬婺民齊合掌，浴兒仍用五銖錢」等句。按此蓋勸伏波復漢也。（原注：「壬辰癸巳奔走國事，無詩。武林觀棋及伏波弄璋歌，當是癸巳所作，并入敬他老人集者。又按，〔李〕定國退師，先生仍事聯絡，其志彌苦已。」）寅恪案，金氏因此兩年不見牧齋之詩，因以意取順治十一年甲午所作「伏波弄璋歌」爲癸巳年所賦，實非有確據。但牧齋於此兩年間有學集中未録存其詩，亦必有待發之覆。據塔影園集壹「東澗遺老錢公别傳」云：

安西將軍李定國以永曆六年七月克復桂林，承制以蠟書命公及前兵部主事嚴栻聯絡東南。公乃日夜結客，運籌部勒，而定國師還。於是一意學佛，殫心教典，凡十年而卒。

有學集叁柒嚴宜人文氏哀辭序云：

宜人姓文氏，東閣大學士謚文肅震孟之長女。嫁兵部主事嚴栻，少保謚文靖諱訥之孫也。文肅忠果正直，耿然如秋霜夏日，愛其女，以爲類己。文肅參大政，百日而罷歸里，踰年而卒。宜人從夫官信陽，哭其父過時而毁，忽忽如不欲生。越九年而卒，崇禎甲申之十一月也。年四十有六。日月有時，卜葬於虞山祖塋之側，哀子熊，屬其舅氏秉撰述行狀來請爲誌，伏地哭不能起。余爲感而泣下。往文肅輟講筵歸，改葬陸夫人。以丘嫂之誼，謁余爲銘。今老居此世，忍復執筆而銘其女乎？宫隣金虎，感倚伏于前。左帶沸唇，悼横流于後。絃么徽急，塤歎壑盈，俯仰三世，于余心有戚戚焉。彈毫綴思，百端交集，聊爲哀辭一通，以寫余懷。

常昭合志稿貳伍人物門嚴栻傳（參郟掄逵虞山畫志貳嚴栻條）略云：

嚴栻字子張，號髻珠，澤子。少穎悟，工書畫篆刻，兼善騎射。登進士（寅恪案，本志貳拾選舉表進士欄載：「嚴栻。崇禎〔七年〕甲戌科進士。」舉人欄載：「嚴栻。崇禎〔三年〕庚午科舉人。」）知信陽州。丁艱服闋，起爲兵部主事，未赴。順治初，大吏交薦，自以衰廢固辭。卒年七十有九。

夫顧云美所記，自非虛構，可不待言。然今尚未發現他種材料可以證實顧氏之説者。檢明史貳柒玖堵允（胤）錫傳略云：

時〔桂〕王在武岡，加胤錫東閣大學士，封光化伯，賜劍，便宜從事。胤錫疏請，得給空敕鑄印頒賜秦中舉兵者。時頗議其專。

則李定國承制，以蠟書命錢嚴聯絡東南，亦是可能。蓋胤錫當日地位權勢遠不及定國，尚能作如是舉動，何况李氏復取桂林，孔有德自殺，聲威正盛之時乎？沈佳存信編（據朱希祖君明季史料題跋「鈔本存信編跋」所引。）云：

永曆六年〔壬辰〕冬謙益迎姚志卓朱全古祀神於其家。（寅恪案，有學集肆絳雲餘燼集上有「朱五兄藏名酒肆，自號陶然。余爲更之曰逃禪，戲作四小詩」一題及同書肆貳「戲作朱逃禪小影贊」有「朝扶鸞，夕降乩」之語。未知朱逃禪是否即朱全古？附記於此，以俟更考。）定入黔請命之舉。七年（癸巳）七月，姚志卓入貴筑行營，上疏安隆，召見慰勞賜宴，遣志卓東還，招集義兵海上。冢宰范鑛以朱全古萬里赴義，題授儀制司主事。八年七月遣内臣至廈門，册封漳國公鄭成功爲延平王。九年三月簡封朱全古兼兵科給事中，視師海上。先是甲午秋文安之密與全古曰，劉（文秀）李（定國）之交必合，衆志皆與孫（可望）離，但未知事機得失如何也。我當以冬還蜀，君可以春還（吴），吴楚上下流觀察形勢，各靖其志。是年春，海上有警，行營吏部尚書范鑛請遣使宣諭姚志卓，遂命全古。全古還吴，轉渡江，由海門至前山洲。志卓已卒。全古宣勅拜奠。丁酉入楚報命。十三年六月延平王鄭成功率師圍南京。

南疆逸史叁陸姚志卓傳云：

乙未冬入海攻崇明，殁於陣。浙東封仁武伯。

假定沈氏之言可信，姚志卓朱全古曾於壬辰年親至牧齋家，則錢柳復明之舉動，若是活躍，其詩篇後來以避忌諱删棄，殊不足怪。投筆集小舟惜别云：

北斗垣牆闇赤暉。誰占朱鳥一星微。破除服珥裝羅漢，（自注：「姚神武有先裝五百羅漢之議，内子盡槖以資之，始成一軍。」）減損虀鹽餉佽飛。娘子繡旗營壘倒，（自注：「張定西謂阮姑娘，吾當派汝捉刀侍柳夫人。阮喜而受命。舟山之役，中流矢而殞。惜哉！」）將軍鐵矟鼓音違。（自注：「乙未八月神武血戰死崇明城下。」）鬚眉男子皆臣子，秦越何人視瘠肥。（自注：夷陵文〔安之〕相國來書云云。）

據牧齋所言，河東君捐資以助姚軍，應在甲午及乙未兩年間事，而牧齋以姚氏戰死於順治十二年乙未，與南疆逸史同，唯秋冬季節稍異。是志卓之死在九十月間，故傳聞微有參差耳。至諸本列姚氏之死於前一年，鄙意牧齋爲親預此舉之人，此詩又涉及河東君，其所記之年，必非誤記。觀前論黄毓祺案牧齋被逮之年，可以推知也。至阮姑娘者，當實是女性。汪光復明季續聞略云：

己丑秋晉阮進太子少傅。進姪浚英義將軍。阮美阮騂阮驥俱左都督。

又云：

甲午春正六日，再入京口，至觀音門儀真一帶，擒斬參將阮姑娘。

阮姑娘究爲何人，尚待考證。但其爲阮進之女或姪女，似無可疑。若非然者，張名振絶不致派一男子侍柳夫人，豈不成爲河東君之面首，而牧齋亦不應以定西此語相誇也。金氏牧齋年譜丙申條以牧齋秋興詩自注中之阮姑娘爲阮駿，而以甲午年死於京口之阮姑娘別爲一人，誤矣。又牧齋「娘子繡旗營壘倒」句，自是指阮姑娘。遵王注引唐平陽公主事爲釋，此世人習知之古典，尚不足了解當日之今典也。檢鈞璜堂存稿貳拾「北伐命偏裨皆攜室行，因歌之」云：

浪激風帆高入雲。相看一半石榴裙。簫聲宛轉鼓聲起，江左人稱娘子軍。長江鐵鎖一時開。旌旆飛揚羯鼓催。既喜將軍揮羽入，更看素女舞霓來。揮戈築壘雨花臺。左狎夫人右酒杯。笑指金陵佳麗地，只愁難帶荔枝來。

徐闇公先生年譜弘光元年（自注：順治二年。）乙酉條云：

冬在閩娶戴氏。

年譜後附録黃仲友定文東井文鈔「書鮚埼亭集徐闇公傳後」云：

戴氏者，從亡總兵戴某女也。與闇公善，謂闇公文弱，風濤戎馬，難以自全，而其女有文武才，以妻闇公。戴戎裝握刀上陣，艱危奔走，卒賴其力以免。闇公卒於潮，戴上書州守，乞負骨歸葬，許之。乃與其仲子永貞扶櫬歸松江，與闇公前妻姚，同志相守以死。至今松江人傳其戎服遺像。

寅恪案，闇公之詩似譏當日復明舟師偏裨攜帶眷屬，致妨軍事之進行者。但復據黃氏所記闇公後室戴夫人事，則知當時海上復明諸軍，實有能戎裝握刀上陣之女性，故牧齋詩自注中之阮姑娘乃女子，而非阮駿之託名，更得一旁證矣。又牧齋詩自注引文氏書語，此書疑是永曆九年即順治十二年乙未由朱全古轉致者。姚氏封號，似以温書作「仁武」者爲是。若「神武」，則恐因吴音相近致訛也。至金氏牧齋年譜謂「定國退師，先生仍事聯絡，其志彌苦已」，所言甚是。顧氏所謂「定國師還，於是一意學佛，殫心教典，凡十年而卒」，則殊與事實不符。云美非不知牧齋在定國師還以後之復明活動，但不欲顯言之，恐招致不便耳。

順治十一年甲午牧齋集中有二作品與馬進寶有關，亦即與復明之活動有關也。牧齋外集拾「馬總戎四十壽序」略云：

大元戎馬公專征秉鉞，開府婺州者七載餘，而春秋方四十。四月十有三日，爲懸弧之辰。予以衰老辱知于公，禮之以函丈，申之以盟好，其能不敍次一言，以效封人之祝。

寅恪案，清史列傳貳和碩端重親王博洛傳云：

〔順治三年〕六月圍金華，七月克之。

及同書捌拾馬逢知傳云：

〔順治〕三年從端重親王博洛南征，克金華，即令鎮守。

故牧齋謂馬氏「開府婺州者，七載餘」，應指自順治三年七月至十一年四月而言也。有學集伍絳雲餘燼集下「伏波弄璋歌」六首，其五云：

龍旗交曳矢頻懸。綉褓金盆笑脅駢。百福千祥銘漢字，浴兒仍用五銖錢。

其六云：

充閭佳氣溢長筵。孔釋分明抱送年。授記不須尋寶誌，老夫摩頂是彭籛。

寅恪案，依「摸頂」句，可知馬進寶生子，牧齋親往金華致賀。其時間當在甲午秋間，觀此歌前第陸題爲「甲午春觀吴園次懷人詩卷」及同書壹柒「季滄葦詩序」云「甲午中秋余過蘭江」句可證。又此歌前第貳題爲「武陵觀棋六絶句」，其第壹首有「初桐清露又前期」句，其第陸首有「太白芒寒秋氣澄」句，是牧齋此次往金華，秋間經過杭州之一旁證也。牧齋「五銖錢」句，復明之意甚顯，遵王不敢注一字。檢後漢書列傳壹肆馬援傳云：

初援在隴西，上書言，宜如舊鑄五銖錢。事下三府，三府奏以爲未可許，事遂寢。及援還，從公府求得前奏難十餘條，乃隨牒解釋，更具表言，帝從之。

則牧齋之詩，不僅表示復明之微旨，實亦採用馬文淵故事也。但馬氏雖「愛結納名流」，實不通文墨，牧齋之深意，彼自不能了解也。（參阮葵生茶餘客話捌「馬進寶」條。）復次，有學集詩注伍順治十一年甲午，十二年乙未，兩年所賦之詩，與蘇州有關者甚多。如「甲午十月二十夜宿假我堂，夢謁吴相伍君，延坐前席，享以魚羹，感而有述」「〔葉〕聖野〔襄〕攜伎夜飲緑水園，戲題四絶句」「冬夜假我堂文宴詩，有序」「歸自吴門，〔袁〕重其復來徵詩。小至日止宿劇談，喜而有作」「甲午仲冬六日吴門舟中，飲罷放歌，爲朱生維章六十稱壽」「虎邱舟中戲爲張五穉昭題扇，得絶句八首。穉昭少年未娶，不肯席帽北遊，故詩及之」「乙未秋日許更生扶侍太公邀侯月鷺翁于止路安卿登高莫釐峰口占二首」（寅恪案，此題可參牧齋外集柒「翁季霖詩序」。）「游東山雨花臺，次許起文韻」「路易公安卿置酒包山官舍即席有作二首」等題，可爲例證。夫牧齋家居常熟，蘇州乃省會所在，其往來經過，原不足怪。但牧齋此兩年間復明之活動正在暗中進行，其頻繁往來於常熟蘇州，終不能使人無疑。前引廣陽雜記謂鄭成功設有商店於蘇州。在順治十三年七月黄梧降清以前，尚未被清廷覺察。牧齋之屢遊蘇州，或與通海之舉動有關。若更取與路安卿有關之兩題四律證之，益爲明顯矣。茲録「路易公（寅恪案，涵芬樓本亦作「易公」疑「易」乃「長」字之誤。）安卿置酒包山官舍，即席有作。二首」於下。

其一云：

緑酒紅燈簇紙屏。臨觴三嘆話晨星。刊章一老餘頭白，抗疏千秋託汗青。龍起蒼梧懷羽翼，鶴歸華表佇儀型。撐腸磈磥須申寫，放筯捫胸拉汝聽。

「懷羽翼」下，遵王注云：

唐王以違禁越奏，錮鳳陽高牆。崇禎癸未路公總漕蒞任，謁鳳陽祖陵。愴然念天潢子孫，賙以銀米。國變後，文貞護之出。至南中。乙酉□□□□鄭鴻逵奉唐王入閩，七月即□□于福州。下詔求公。曰，振飛于□有舊恩，今攜家蘇之洞庭山，有能爲□致之者，官五品，賞千金。公偕次子澤濃，間行入闗。十一月詣□□，拜太子太保，吏部尚書，兼兵部尚書，文淵閣大學士。澤濃改名太平，官職方司員外郎。丙戌三月□□延平，公居守建寧。八月仙霞闗陷，□蒼皇西□，□公視師安闗，公趨赴延平，與□□相失，航海走廣州。廣州復陷，依國姓于廈門。戊子六月□□□端州，手□召公。公力疾赴命，道卒于順德。□贈左柱國特進光禄大夫太傅，謚文貞。蔭一子中書舍人。

其二云：

霜髩飄蕭念舊恩。郎君東閣重相存。饑來美饌忘偏勸，亂去清歌記旅魂。故國湖山禾黍日，秋風賓客孟嘗門。燈前戰壘分吴越，范蠡船頭好共論。

小腆紀傳貳肆路振飛傳略云：

路振飛字見白，曲周人。天啓乙丑進士，除涇陽知縣。崇禎初，徵授御史。尋出按福建。海賊劉香者，數勾紅夷入犯，懸千金激勵將士，於是鄭芝龍等破之。八年巡按蘇松。常熟奸民張漢儒訐鄉官錢謙益瞿式耜貪狀，〔温〕體仁主之，坐振飛以失糾，擬旨令自陳，乃白謙益式耜無罪，而語刺體仁。體仁益恚，激帝怒，謫河南按察司檢校。

寅恪案，牧齋詩題中之「路長公」即指見白長子澤溥而言。徐嘉顧亭林先生詩箋注伍「贈路舍人澤溥」云：

> 東山峙太湖，昔日軍所次。奉母居其中，以待天下事。

則澤溥之久居太湖東山，不歸曲周故里之心事，爲亭林一語道破矣。見白以祖護錢瞿謫官，牧齋賦詩，感念舊情，溢於言表，自是應爾。但此時牧齋之與路氏兄弟往來，恐不僅懷舊之意，實兼有政治活動。蓋路氏父子與鄭芝龍鴻逵成功兄弟父子關係密切，牧齋尺牘上「與侯月鷺」四通，其第貳通略云：

> 客秋至今，一往況味，如魔如病，口不能言。手教津津，一筆描盡。河上之歌，同病相憐，非箇中人，那能委悉如此。桑榆之收，良有厚望。拊髀嘆息，知有同心。太夫人不朽之託，已承尊命，敢復固辭？（寅恪案，今涵芬樓有學集補載「侯母田太夫人墓誌銘」，殊多删削，蓋有所避忌也。）期以長夏了此功課，并路文貞神道碑次第具藁。安卿昆仲煩爲致聲。

其第肆通（寅恪案，此通與牧齋外集貳貳與路（自注：「名澤溥」）書文字全同。）略云：

> 文貞公墓隧之碑，伏承尊委，不辭固陋，謹草勒輒簡呈上。切念時世改遷，物情人事，未免多所觸忤。不肖老矣，頭童齒豁，一無建樹，惟此三寸柔翰，忝竊載筆，不用此表揚忠正，指斥奸回，定公案於一時，徵信史於後世，依違首鼠，模稜兩端，無論非所以

報稱知己，取信汗青，其如此中耿耿者何哉？謹用古人陽秋之法，據事直書。等札，可供參證。諸書記載路氏父子事甚多，以遵王注關涉振飛事較詳，故附録之。（歸莊集柒路中書家傳及同書捌路文貞公行狀兩文亦皆詳實，可供參證。）惟不悉錢曾所據爲何種資料，若謂出於牧齋所撰路文貞公神道碑，則恐未當。蓋見白三子長澤溥，字安卿，號蘇生又作甦生。次澤淳，字聞符。少澤濃，字吾徵，唐王賜名太平，牧齋似不應誤以澤濃爲次子也。數百年來記載路氏兄弟諸書，殊多混淆舛譌。此點可詳閔爾昌碑傳集補叁伍歸莊撰「路中書〔澤淳〕家傳」中所附閔氏自撰「書顧亭林廣師後」一文，并李桓耆獻類徵叁捌壹金德嘉代某撰「路澤濃墓誌銘」等，兹不贅辨。又金氏牧齋年譜己亥條云：「冬爲路文貞公神道碑。」未知金氏何所依據。但牧齋致侯性尺牘第貳通「客秋」之語，當指順治十六年己亥秋間鄭延平攻南京失敗之事。然則路碑之作成，應在順治十七年庚子也。俟考。復次，有學集詩注陸「贈侯商邱若孩四首」其一云：

殘燈顧影見蹉跎。十五年來小劫過。曾捧赤符迴日月，遂刑白馬誓山河。閒門菜圃英雄少，朝日瓜疇賓客多。挂壁龍淵慙繡澀，爲君斫地一哀歌。

其二云：

三十登壇鼓角喧。短衣結束署監門。吹簫伍員求新侶，對酒曹公念舊恩。五嶺蒙茸餘剩髮，九疑綿亘誤招魂。與君贏得頭顱在，話到驚心手共捫。

其三云：

蒼梧雲氣尚蕭森。八桂風霜散羽林。射石草中猶虎伏，戛金壁外有龍吟。夢迴芒角生河鼓，醉後旌旗拂井參。莫向夷門尋舊隱，要離千載亦同心。

其四云：

橘社傳書近卜隣。龍宫破陣樂章新。蒼梧野外三衣衲，廣柳車中七尺身。世事但堪圖鬼魅，人間衹解楦麒麟。相逢未辨中山酒，且買黄柑醉凍春。

寅恪案，華笑庼雜筆壹「黄梨洲先生批錢詩殘本」條，「贈侯商丘四首」批云：

侯性字若孩，商丘人。在廣西時，有翼戴功，封祥符侯。兩粤既破，遁跡吴之洞庭山。

小腆紀傳叁陸侯性傳云：

侯性不知何處人。永曆時，以總兵銜駐劄古泥關。丁亥上幸武岡，性往來迎駕。自三宫服御，至宫人衣被，皆辦。上喜，口授商邱伯。

月鷺既爲商邱人，又經永曆口授商邱伯，故牧齋遂以此目之。（孔尚任桃花扇考據引錢牧齋有學集「贈侯商邱」一題，蓋誤認侯商邱爲侯朝宗也。）最可注意者，第肆首第壹句用太平廣記肆壹玖引廣異集柳毅傳書故事。頗疑若孩之卜居吴中太湖之洞庭山，殆有傳達永曆使命，接納徒衆，恢復明室之企圖。然則牧齋其以錢塘君比鄭延平，而期望終有「雷霆一發」之日耶？此說未敢自信，尚待詳考。尤可注意者，即牧齋於順治十一年甲午卜築白茆港之芙蓉莊，并於十三年丙申遂遷居其地一事。葛氏牧齋年譜順治十一年甲午條云：

是年卜築芙蓉莊，亦名紅豆莊。

及「順治十三年丙申」條云：

是歲移居紅豆村。

金氏牧齋年譜「（順治十三年）丙申」條云：

移居白茆之芙蓉莊，即碧梧紅豆莊也。在常熟小東門外三十里。先生外家顧氏別業也。（寅恪案，柳南隨筆伍云：「芙蓉莊在吾邑小東門外，去縣治三十里，白茆顧氏別業也。某尚書爲憲副臺卿公（玉柱）外孫，故其地後歸尚書。莊有紅豆樹，又名紅豆莊。」可供參考。）白茆爲長江口岸之巨鎮，先生與同邑鄧起西，崑山陳蔚村（原注云：「常主毛子晉。」）歸玄恭及松江嘉定等諸遺民往還，探刺海上消息，故隱迹於此。一以避人耳目，一以與東人往還較便利也。（寅恪案，嘉慶一統志柒捌關隘門云：「白茆港巡司在昭文縣東北九十里。宋置寨。明初改置巡司。」並龔立本松窗快筆拾「白茆」條皆可證明金氏之說。）

夫牧齋於此時忽別購紅豆莊於白茆港，必非出於偶然。金氏所言甚合當日事理。所不可知者，牧齋此際何以得此巨款經營新居？豈與蘇州鄭氏所設之商店有關耶？俟考。

兹有可注意者，即假我堂文讌，究在何年之問題是也。有學集詩注伍「冬夜假我堂文宴詩」序云：

嗟夫！地老天荒，吾其衰矣。山崩鐘應，國有人焉。於是渌水名園，明燈宵集，金閶諸彦，秉燭夜談，相與惻愴窮塵，留連永夕。珠囊金鏡，攬衰謝於斯文。紅藥朱櫻，感昇平之故事。杜陵箋注，刊削豕魚。晉室陽秋，鎸除島索。三爵既醉，四座勿諠。良夜漸闌，佳詠繼作。悲涼甲帳，似拜通天。霑灑銅盤，如臨渭水。言之不足，慨當以慷。夜烏咽而不啼，荒雞喔其相舞。美哉吴詠，諸君既斐然成章。和以楚聲，賤子亦慨然而賦。無以老耄而舍我，他人有心。悉索敝賦以致師，則吾豈敢。歲在甲午陽月二十有八日。客爲吴江朱鶴齡長孺，崑山歸莊玄恭，嘉定侯玄泓研德，長洲金俊明孝章，葉襄聖野，徐晟禎起，陳島鶴客，堂之主人張奕綏子。拈韻徵詩者，袁駿重其。（寅恪案，重其事蹟可參趙尊三經達編歸玄恭先生年譜永曆三年即順治六年己丑「十一月袁重其駿來訪」條所引資料。）余則虞山錢謙益也。

朱長孺鶴齡愚菴小稿玖「假我堂文讌記」（寅恪案，庚辰仲春燕京大學圖書館校印本愚菴小集玖此文僅有牧齋詩二首之二，且第柒句爲「文章忝竊誠何補」，與有學集伍及小稿不同。）云：

張氏假我堂，待詔異度公之故居也。地偪胥關，園多勝賞。丁酉冬日，牧齋先生僑寓其中。山陰朱朗詣選二十子詩以張吴越，先生見而歎焉。維時孤館風淒，嚴城柝靜。悵雲巒之非故，悲草木之變衰，乃命袁重其招邀同好，會讌斯堂。步趾而來者，金子孝章，葉子聖野，歸子玄恭，侯子硯德，徐子禎起，陳子鶴客，并余爲七人。孝章談冶城布衣，（自注：「顧子與治。」）禎起述渭陽舊事，（自注：「姚子文初。」）玄恭徵東林本末，余叩古文源流。聖野約種橘包山，硯德期垂綸練水。辨難蠭起，俳諧間發。紅牙按板，紫桂燃膏。穀豆薦而色飛，酒車騰而香冽。（燕京本「冽」作「烈」。）先生久斷飲，是夕驩甚，舉爵無算。顧命而言曰，昔吴中讌會（燕京本「讌」作「彦」。），莫盛於祝希哲文徵仲唐子畏王履吉諸公。風流文采，照耀一時。今諸君子其庶幾乎？可無賦詩以紀厥盛。飲罷，重其拈韵，先生首唱（其一）云：「奇服高冠競起余。論文説劍漏將除。雄風正喜鷹搏兔，雌霓應憐獺祭魚。故壘三分荒澤國，前潮半夜打姑胥。古時北郭多才子，結隱相將帶月鋤。」（其二）云：「歲晚顛毛共惜余。明燈促席坐前除。風塵極目無金虎，（燕京本「塵」作「烟」。）霜露關心有玉魚。草殺緑蕪悲故國，花殘紅燭感靈胥。

退耕自昔能求士，慚愧荒郊自荷鋤。」翼日，余七人各次和一首，先生再疊前韵一首。次日（燕京本「次日」作「翼日」。下同。）余七人又各次和一首，先生又每人贈詩一首。次日余七人又各次和一首。（自注：「詩多不録。」）先生之詩如幽燕老將，介馬衝堅。吾輩乃以羸師應戰，（燕京本「應」作「誘」。）有不轍亂旗靡者哉？先生顧不厭以隋珠博燕石，每奏一章輒色喜，復製序弁其端。都人詫爲美談，好事之徒，傳之剞劂。迄今未及一紀，而朗詣聖野鶴客硯德皆赴召修文，先生亦上乘箕尾矣。南皮才彦，半化烟雲。臨頓唱酬，空存竹樹。後之君子登斯堂者，當必喟然有感於嘉會之難再也。悲夫！

寅恪案，假我堂即在張士偉淥水園中，異度與牧齋之交誼詳見初學集伍肆張異度墓誌銘。今繹錢朱兩人所言，明是一事，而牧齋以爲在順治十一年「甲午陽月二十有八日」，長孺以爲在順治十四年「丁酉冬日」，兩者相差三年。鄙意有學集第伍卷諸詩排列先後頗相銜接，似無譌舛。或者長孺追記前事，偶誤「甲午」爲「丁酉」歟？俟考。至長孺記中「余叩古文源流」一語，恐非偶然。蓋有學集詩注伍「和朱長孺」七律自注云：「長孺方箋注杜詩。」與序中「杜陵箋注，刊削豕魚」之語符合。長孺不道及注杜事，殆有所諱，可謂欲蓋愈彰者矣。一笑！

復有可附論者，牧齋順治十一年至蘇州，陰爲復明活動，表面則共諸文士遊宴，徵歌選色，斯不過一種烟幕彈耳。今詳檢此時之作品中，亦有非政治性質者，如有學集詩注伍敬他老人集下「題柳枝春鳥圖」云：

> 婀娜黃金縷，春風上苑西。靈禽能嘯侶，（寅恪案，涵芬樓本「嘯」作「笑」。非。）先揀一枝棲。

此圖不知何人所繪，細玩後兩句之辭旨，殆與惠香公案相關涉。「靈禽」指河東君先歸己身，然後可嘯召女伴，如下玉京黃皆令輩。假定所揣測不誤，此圖豈是河東君所繪耶？姑附妄說於此，以資談助。

葛氏牧齋年譜順治十二年乙未條云：

> 冬有寶應淮陰諸詩，時三韓蔡魁吾爲總漕。又自記小至日宿白塔寺，與介立師兄夜話。
> 長干度歲，偕介丘道人同榻，有詩。

寅恪案，蔡魁吾名士英，事蹟附見清史稿貳陸貳其次子蔡毓榮傳及錢儀吉纂碑傳集陸壹蔡士英傳。今檢有學集詩注陸有「寶應舟次寄李素臣年姪」「題黃甫及舫閣」「寄淮上閻再彭眷西草堂」「竹谿草堂歌爲寶應李子素臣作」等題，并有學集貳陸乙未嘉平月所撰之「竹谿草堂記」皆與牧齋順治十二年乙未冬間訪蔡氏於淮甸有關之作。更檢牧齋尺牘致蔡魁吾四通之二略云：

自老公祖旌節還朝，不肖弟瞻企德輝，雲泥迥絶。頃者恭聞榮命，再蒞長淮。歲聿云暮，未能即叩堂階，謹裁里言，具粗幣，附敝相知黄甫及便郵，奉候萬福。

初視之，似與牧齋此次訪蔡有關。但檢清史稿貳佰叁疆臣年表壹總漕欄載：

順治十二年乙未蔡士英總督漕運。

順治十三年丙申蔡士英。

順治十四年丁酉蔡士英八月戊戌召。九月辛丑亢得時總督漕運，巡撫鳳陽。

順治十五年戊戌亢得時。

順治十六年己亥亢得時七月庚辰溺死。八月癸巳蔡士英總督漕運，巡撫鳳陽。

順治十七年庚子蔡士英。

順治十八年辛丑蔡士英病免。

則牧齋此札乃順治十六年己亥八月以後蔡氏重任漕督時所作，與此次訪蔡無關。因札中涉及黄甫及，恐讀者誤會，附辨之於此。總之，牧齋此行必與復明運動相涉，觀寄李素臣詩「冠劍丁年唐進士」，寄閻再彭詩「西向依風笑，南枝擇木謀」等句，可知李閻皆心懷復明之人。至題黄甫及舫閣「且試燈前一局棋」，復與前引牧齋寄瞿稼軒書中所謂「棋枰三局」之意符合。由此推之，牧齋以老耄之年，奔走道途，遠遊淮甸，其非尋常干謁詶應之舉動，抑又可知。惟錢蔡二人之關係及何人爲之介紹，今不易考。檢閲爾昌碑傳集補伍玖列女壹載徐世昌撰盧龍蔡琬傳（參清史稿伍佰捌列女傳「高其倬妻蔡（琬）傳及楊鍾羲雪橋詩話叁「高文良」條。）云：

蔡琬者，字季玉。綏遠將軍盧龍蔡毓榮之女，高文良其倬之繼妻也。初吴三桂寵姬有八面觀音者，與圓圓同稱國色。吴亡，歸毓榮，（寅恪案，此點可參奕賡撰佳夢軒叢著之一東華録綴言叁「吴三桂先世」條。）生琬，明豔嫺雅，淹貫羣書。其倬章疏移檄，多出其手裁，號爲閨中良友。（參沈歸愚德潛國朝詩别裁叁壹蔡琬條。）其倬撫蘇州，與總督（趙芸書宏恩）不合，卓然孤立，屢爲所傾陷，嘗詠白燕詩得「有色何曾相假借」之句，琬應聲代對之曰，「不羣仍恐太分明」。蓋規之也。琬素工詩，著有蘊真軒小草。沈德潛别裁集稱其擲地有聲。張裕犖序則謂其事姑相夫訓子皆至賢孝，身處崇高，跬步守法，友愛任恤，有古丈夫風焉。君子曰，琬之母一吴家姬耳，而生女賢明若此，可謂出淤泥不染者矣。詩曰，委委佗佗，如山如河。氏有之焉。）

蔡季玉琬蘊真軒詩鈔上「滇南爲先大夫舊莅之地。四十年後，余隨夫子督滇，目擊勝概猶存，而大人之墓有宿草矣。撫今憶昔，凄然有感，因得八長句，用誌追思之痛」。其第伍首「九峰寺」云：

蘿壁松門一徑深。題名猶記舊鋪金。苔生塵鼎疎烟歇，經蝕僧廚古木森。赤手屠鯨千載事，白頭歸佛一生心。征南部曲皆星散，剩有孤僧守故林。

沈確士選此詩，評云：

綏遠將軍平吴逆後，隨獲譴咎，歸空門以終。（又楊子勤先生亦引毓榮猶子蔡若璞珽守素堂集「重經香界寺」詩，以證「白頭歸佛」之句。）

寅恪案，今檢蘊真軒詩鈔，惟此滇南八律最佳，其餘諸詩皆未能及。蓋具真感情也。假定季玉母實爲吴月所之寵姬者，則與陳畹芬同是一流人物。仁菴之獲譴，與此點有關，（可參清史列傳柒及清史稿貳陸貳蔡毓榮傳。）故季玉於滇南感舊諸詩，言之猶有隱痛焉。夫八面觀音與畹芬俱在昆明平西王邸第，畹芬又曾與河東君同居蘇州之臨頓里。時越數十年，地隔數千里，可云似同而實異也。然八面觀音獨能生此季玉，通文藝，工政事，頗與河東君相彷佛。仁菴白頭歸佛，復與牧齋之老歸空門相類似。殆所謂異中有同，同中有異者耶？吾人今日讀舊時載記見錢柳之婿趙管既不如高章之，管妻復更不及蔡季玉，則不暇爲蔡仁菴及八面觀音羨，而深爲錢柳之不幸悲也。綜合上引材料，足知蔡氏一門，雖源出明代遼東降將，然漢化甚高。牧齋與魁吾之往來頗密，實有理由。故錢蔡之關係，與錢佟（國器）之關係，約略相似，而與錢馬（進寶）之關係大不同也。

復次，牧齋順治十二年乙未冬間訪蔡魁吾於淮甸，其詩什所涉及諸人之中，唯李素臣與黃甫及，須略論之於下。

有學集陸「寶應舟次寄李素臣年姪」云：

冠劍丁年唐進士。

同書壹捌「李黼臣甲申詩序」云：

〔黼臣〕以書生少年，當天崩地坼之時，自以受國恩，抱物恥，不勝枕戈躍馬之思。其志氣固已憤盈噴薄，不可遏抑矣。

同書貳陸「竹谿草堂記」略云：

李子薄游燕趙，憑弔陵市，毀車束馬，結隱挫名。覽斯山也，陵阜延亘，草木蒙籠，部婁隱蔽，豈其上有許由冢乎？臨斯湖也，朝而浴日焉，夕而浴月焉，咸池丹淵，猶在吾池沼乎？乙未嘉平月記。

漁洋感舊集肆李藻先條云：

藻先字黻臣，江南寶應縣順治丁酉舉人，右通政茂英之子。有甲申詩，湖外吟，南遊草。

後附案語云：

是科江南場屋弊發，按驗得白者，藻先及陸其賢沈旋三人而已。龔芝麓贈詩云，名成多難後，心白至尊前。（寅恪案，孝升此詩見定山堂詩集壹叁「送李素臣孝廉歸寶應」四首之一。）

道光修寶應縣志壹陸李茂英傳略云：

李茂英字君秀，萬曆三十九年進士。（寅恪案，「九」爲「八」字之誤。蓋萬曆三十九年無會試故也。又牧齋乃萬曆三十八年庚戌進士，其詩題稱李素臣爲「年姪」，更可證知牧齋與君秀爲同年矣。）子藻先，字素臣，順治（十四年）丁酉舉於鄉。科場難起，按驗得白者三人，藻先其一也。

寅恪案，李藻先爲明室故家。依上引資料，則其人亦是有志復明者。但後來變節，恐亦與侯朝宗同類，皆不得已而爲之者耶？（可參第肆章引壯悔堂文集所附侯洵撰年譜順治八年辛卯條及所論。）至素臣是否與蔡魁吾有關，尚待詳考。有學集詩注貳秋槐支集「己丑歲暮讌集連宵，於時豪客遠來，樂府駢集，縱飲失日，追懽忘老，即事感懷，慨然有作，凡四首」云：

風雪填門噪晚鴉。傖傖書劍到天涯。何當錯比楊雄宅，恰似相逢劇孟家。夜半壯心迴起舞，酒闌清淚落悲笳。流年遒盡那堪餞，卻喜飛騰莫景斜。

送客留髠促席初。履交袖拂樂方舒。酒旗星上天猶醉，燭炬風欹歲旋除。霜隔簾衣春盎盎，月停歌板夜徐徐。觥船莫惜頻頻勸，已是參横斗轉餘。

風光如夢夜如年。如此懽娱但可憐。曼衍魚龍徒瞥爾，醉鄉日月故依然。漏移驚鶴翻歌吹，霜壓啼烏殺管絃。曲宴未終星漢改，與君堅坐看桑田。

扶風豪士罄追歡。楚舞吴歈趁歲闌。銀箭鼓傳人惝怳，金盤歌促淚汍瀾。杯銜落日參旗動，炬散晨星劫火殘。明發昌門相憶處，兩床絲竹夜漫漫。

美人雜坐酒盈觴。雪虐風饕避畫堂。卒歲世猶存八蜡，當場我自看三王。蘭膏作樹昏如晝，竹葉生花醒亦狂。大笑吴歈愁失日，漫漫長夜復何妨。

同書同卷「蜡日大醉，席上戲示三王生，三生樂府渠帥，吴門白門人也」詩云：

寅恪案，牧齋於順治六年己丑春得免於黄案之牽累，被釋還家。是年冬，忽有此盛會，甚可注意。初讀此兩題，亦不知「豪客」及「扶風豪士」所指爲何人，又不解吴門白門樂府渠帥之三王生，何以忽於此際駢集牧齋之家，作此慰勞之舉。後檢有學集貳叁「黄甫及六十壽序」及同書貳陸「舫閣記」。并杜于皇變雅堂詩集貳「書黄甫及册子，因贈。」七古，龔芝麓定山堂集陸「贈黄甫及，和〔陳〕百史册中韻。」五律等，始豁然通悟錢文及杜龔詩，即牧齋此兩題之注脚。又檢計用賓六奇明季南略肆所載「黄澍笏擊馬士英背」條及「黄澍辯疏」條附記等。取與上列諸詩文參較，更得推知牧齋己丑歲暮及蜡日詩之本事矣。

兹録諸材料於下，並稍加銓釋，或可藉是勘破此重公案歟？牧齋記略云：

黄子甫及謝監軍事，退居淮安。于其廳事之左，架構爲小樓，顔之曰舫閣，而請余爲記。淮爲南北孔道，使車游屐，過訪黄子者，未嘗不攝衣登閣，履齒相躡，皆相與撫麈拂几，飲酒賦詩，如高齋砥室，流連而不忍去。嘗試穴窗啓櫺，旋而觀之，淮陰垂釣之水，漂母之祠，跨下之橋，遺跡歷然，欄檻之下，可指而數也。又遥而矚之，長淮奔流，泗水迴復，芒碭雲起之地，鍾離龍飛之鄉，山河雲物，前迎後却，枌榆禾黍，極目騁望，未嘗不可歌而可泣也。黄子坐斯閣也，伊吾谷蠡，鳴横劍之壯心，得無有獵獵飛動者乎？宿昔之籌邊説劍，骨騰肉飛，精悍之色，猶在眉宇間。固將如浮雲，如昔夢，釋然而無所有矣。客有笑于旁者曰，昔者韓淮陰貧行乞食，俛首爲市人所姍笑。及其葬母，則曰，度其傍可置萬家。今黄子架閣如鷄窠鵲巢耳，以酒炙噉過客，使載筆而書之，如楚之岳陽黄鶴。又抉摘歐陽公之文，以爲口實。淮陰人好大言，多夸詡，自秦漢以來，其習氣猶未艾乎？黄子笑曰，夫子之言，則高矣！美矣！客之揶揄，亦可供過客一解頤也。請書之以爲記。

牧齋序云：

余嘗謂海内多故，非纖兒腐儒可倚辦。得一二雄駿奇特非常之人，則一割可了。兵興以來，求之彌切，而落落不可見。既而思之，召雲者龍，命律者吕。今吾以媮懦遲緩，蚩蚩橫目之民，而訪求天下雄駿奇特非常之人，翳雉媒而求龍友，其可幾乎？己丑之冬逼除閉户，黄君甫及自金陵過訪，寒風打門，雪片如掌。俄爲余張燈開宴，吴下名倡狡童有三王生，取次畢集。清歌妙舞，移日卜夜，酒酣耳熱，銜盃愾歎。余擊壺誦扶風豪士歌，賦四詩以紀事。余自此眼中有一人矣。甫及自金陵歸淮安，余再過其居，疏窗砥室，左棋右書，庭竹數竿，自汲水灌洗，有楚楚可憐之色。名刺謁門，賓從填塞，軒車之使，彈鋏之客，游閒淪落之徒，奔趨望走，如有期會。甫及通行爲之亭舍，典衣裘，數券齒，傾身僇力，皇皇如也。太史公稱鄭當時置驛馬，請謝賓客，夜以繼日，其慕長者，如恐不稱。甫及庶幾似之。客或謂余是何足以名甫及？甫及以身許國，持符節監軍事，磨盾草檄，傳籤束伍，所至弭盜賊，振要害，風雷雨雹攫拿發作於指掌之中。一旦束身謝事，角巾歸里，削鋩逃影，竄跡氈裘毳衣中，眉睫栩栩然不可辨識，是何足以名甫及哉？余觀驪山老姥，三元甲子，陰符秘文，知天地翻覆，木生火剋之候，士之乘殺機而出者，往往翕忽閃現，使人不得見其首尾。陸放翁紀靖康城下之役，姚平仲乘青驢走數千里，隱於青城山。而南渡後，如張惟孝龍可趙九齡之流，所舉不就，安知其不遁跡仙去，如其不去，則毁車殺馬，棄甲折箭，出入市朝，相隨鬬雞走狗間，人固不得而物色之也。

季咸有言，子之先生不齊，吾無得而相之。余何以相甫及哉？明年二月，甫及六十初度之辰也。江淮之間，俊人豪士從甫及游者，相與烹羊擊鮮，合樂置酒。于時風物駘蕩，草淺弓柔，長淮湯湯，芒碭千里，覽淮陰釣游之跡，詠聖予魚腹之篇，殆必有踟躕迎却，相顧而不舍然者。于是相與謀曰，知甫及者，莫如虞山蒙叟，盍請一言，申寫英雄遲暮之意，爲甫及侑一觴乎？余自顧常人也，何足以張甫及者？授簡閣筆，茫然自失者久之。衆君子聞而笑曰，吾輩舉常人也則已，果以爲非常人也，則何以斂眉合喙，而乞言於叟？叟之善自譽也，亦侈矣哉！有酒如淮，請遥舉大白以浮叟，而後更起爲甫及壽。笑語卒獲而罷。

于皇詩云：

杜陵寂寞將欲死。劉郎贈我淮南子。淮南爲人卓且真。磊落不染半點塵。讀書一目數行下，説劍凛凛如有神。雲霄不垂韓信釣，徐泗正與黄公鄰。橋邊墮履臭味合，臺上落帽風致親。如此之人恨不相逢早。吴宫未埋幽逕草。京都繁華未銷歇。健兒身手各未老。於今萬事皆雨散。才士相看惟有嘆。雖然才士變化烏得知。學仙學佛猶爾爲。

芝麓詩四首之一云：

疇昔金門地，盈庭誶婦姑。子雲猶戟陛，東觀已鉗奴。（自注：「黄子宦燕邸時，予正得罪繫司敗獄。」）江海孤蓬合，兵戈萬事殊。浮蹤耽勝晚，經亂鬱爲儒。

用賓「黃澍笏擊馬士英背」條云：

黃澍字仲霖，徽州人。丙子舉浙闈，丁丑登進士，授河南開封推官，以固守功，擢御史，巡按湖廣，監左良玉軍。甲申弘光立。六月二十日丙子澍同承天守備太監何志孔入朝，求召對。既入見，澍面糾馬士英權奸悮國，淚隨語下，上大感動。

又「黃澍辯疏」條後附記云：

乙酉大兵下徽州，閩相黃道周拒于徽州之高堰橋。自晨至暮，斬獲頗多。澍以本部邑人，習知橋下水深淺不齊，密引大清騎三十，由淺渚渡，突出閩兵後，驟見駭甚，遂潰。徽人無不唾罵澍者。後官于閩，謀擣鄭成功家屬，以致邊患，遂罷。

依以上諸材料及通常名與字號之關係，可以推知黃甫及即黃仲霖澍。甫及之稱，殆黃澍後來所自改也。又芝麓詩自注：「黃子宦燕邸時，予正得罪繫司敗獄。」據定山堂詩餘菩薩蠻「〔崇禎十六年癸未〕初冬以言事繫獄」及萬年歡「〔崇禎十七年甲申〕春初繫釋」二題，足知芝麓以劾時宰下獄之時，正仲霖在京任御史之日也。牧齋序之「持符節監軍事」即用賓文中之「監左良玉軍」。錢序云：「一旦束身謝事，角巾歸里，削鉐逃影，竄跡氊裘毳衣中，眉睫栩栩然不可辨識。」疑即計氏附記中所言乙酉年澍密引清騎，由淺渚渡水，擊潰黃道周之師於徽州高堰橋之事。此等材料，更可證明黄甫及即黄澍也。

于皇詩謂甫及：「雲霄不垂韓信釣，徐泗正與黄公鄰。橋邊墮履臭味合，臺上落帽風致親。」似黄氏在明南都傾覆後，復入滿人或降清漢人之幕。錢詩云：「夜半壯心迴起舞，酒闌清淚落悲笳。」及「曲宴未終星漢改，與君堅坐看桑田。」并記中所云：「黄子坐斯閣也，伊吾谷蠡，嗚横劍之壯心，得無有獵獵飛動者乎？宿昔之籌邊説劍，骨騰肉飛，精悍之色，猶在眉宇間。」則甫及雖混跡滿人或降清漢人幕中，似仍懷復明之志。又牧齋序文中言甫及於「己丑之冬，自金陵過訪。俄爲余張燈開宴，吴下名娼狡童有三王生，取次畢集。清歌妙舞，移日卜夜」。是甫及之後面，必有强大勢力爲之支拄，使能作此盛會。且此盛會除慰勞牧齋外，必别有企圖也。兹再略引史料，試論之於下。

清史列傳柒捌貳臣傳甲張天禄傳略云：

張天禄陝西榆林人。明末與弟天福以義養從軍，積功至總兵官。福王時，大學士史可法督師，爲瓜州前鋒，駐瓜州。本朝順治二年五月豫親王多鐸下江南，福王就擒，天禄及天福率所部三千人隨忻城伯趙之龍迎降。豫親王令以原官隨征，後隸漢軍正黄旗。時明僉都御史金聲家居休寧，受唐王聿鍵右都御史兼兵部侍郎，糾鄉勇十餘萬據徽州。貝勒博洛遣都統葉臣往剿，天禄從。十月偕總兵卜從善李仲興劉澤泳等由旌德縣進，連破十餘寨。至績溪縣，生擒聲及中軍吴國禎等，諭降不從，斬於軍。徽州平。十二月明唐王大學士黄道周率兵犯徽州。天禄擊斬其將程嗣聖等十餘人，擒總兵李莞先等。三年正月大敗道周兵於婺源，擒黄道周，諭降不從，斬之。二月加都督同知，授徽寧池太總兵官。五月賜一品冠服。四年四月授江南提督。五年三月敍投誠功，授三等輕車都尉。八年五月晉三等子爵。九年十月海賊圍漳州，天禄奉命赴閩援剿。抵延平，會都統金礪已解漳州圍，天禄留駐延平，剿各山賊。十一年明魯王定西侯張名振由浙江犯崇明，天禄馳還松江，調將出洋撲剿。正月奪稗沙老營，追至高家嘴。名振遁入浙，尋乘潮突犯吴淞深淘港，傷兵焚船。天禄坐是降三級，戴罪剿賊。十二年總督馬明佩以深淘港告警時，多失礮械及舟師三百餘，天禄匿不報，疏劾之。而閩浙總督佟泰亦奏自洋逃回兵稱，天禄與名振通書詔。並下刑部訊，通書無據，以隱匿罪革提督，降子爵爲三等輕車都尉。十六年卒。

小腆紀年附考壹壹順治二年乙酉九月「我大清兵克績溪，明右都御史右侍郎金聲等死之」條略云：

聲起兵後，拜表閩中，王命中書童赤心，授聲右都御史，兵部右侍郎，總督南直軍務。遂拔旌德寧國諸縣。王師攻績溪，江天一登陴守禦，間出迎戰，殺傷相當。降將張天禄以少騎牽制天一於績溪，間道從新嶺入，守嶺者先潰。是月二十日，徽故御史黄澍詐稱援兵，聲見其著故衣冠，而髮未薙也。信之。城遂破。聲被擒。

同書同卷「我大清兵克徽州，明推官温璜死之」條略云：

璜既聞金聲敗，方嚴兵登陴，而黄澍已獻城矣。

同書同卷十二月壬寅（二十四日）「明督師黄道周敗績於婺源，遂被執」條略云：

秋九月道周至廣信府，聞徽州破。婺源令某者，亦門人也，僞致降書，道周信之，決計深入。十二月進兵至童家坊。遂前次明堂里，僅三百人，馬十匹，糧三日。壬寅天微曙，我提督張天禄（原注：「考曰，天禄本史閣部將。」）率兵猝至，道周揮賴繼謹等督師鏖戰，參將高萬榮請引兵登山，憑高可恃。正移師間，騎兵從間道突出，（可參上引計氏明季南略「黄澍辯疏」條附記。）箭如雨，從者俱散。道周曰，吾死此矣！遂被執。

據此，則甫及自順治二年乙酉降於張天禄，又助其殺害金聲温璜黄道周等，疑必常依傍張氏。仲霖既懷歸明之意，而張氏於順治四年四月任江南提督後，既如上引瞿忠宣公集伍「留守封事」所云：

彼中現在楚南之勁〔敵〕，惟辰常馬蛟麟爲最，傳聞此舉（寅恪案，「此舉」指清兵將進取兩粤事。詳見上引。）將以蛟麟爲先鋒。幸蛟麟久有反正之心，與江浙〔虜〕提鎮張天禄田雄馬進寶卜從善輩，皆平昔關通密約，各懷觀望。此真爲楚則楚勝，而爲漢則漢勝也。則天禄爲當日降將中「關通密約，各懷觀望」之一，可知其本爲明總兵官，又曾在史可法部下，自亦具有反清之志者。此點於其後來被劾與張名振通書詔事，雖云無據，仍足證明其非真能忠於建州也。由是言之，己丑歲暮張天禄令黄澍至牧齋家，作此聯絡，乃必然之舉動。蓋斯爲明末清初降於建州諸漢人，每懷反覆之常態也。

兹有一問題，即此次牧齋家中之讌集，張天禄是否與黄澍同來？牧齋詩文引用李太白「扶風豪士歌」（見全唐詩第叁函李白陸。）之「扶風豪士」以比儗己丑歲暮遠來其家之「豪客」。此「豪客」究爲何人？或謂後魏曾置扶風郡於安徽境，（見魏書壹佰陸中地形志載：「霍州扶風郡治烏溪城。」）與甫及之著籍安徽有關，故牧齋取以指黄氏。此説亦可通。但張天禄爲陝西人，自較仲霖更爲適切於「扶風豪士」之稱號。故不能不疑張氏亦曾與黄氏同來，不久即離去也。未敢決言，姑附記於此，以俟更考。至牧齋己丑歲暮詩題，所以不欲明著張氏及黄氏之姓名，必因當時尚有避忌，與後來作甫及壽序及舫閣記時，情勢大異，自可著仲霖之姓及别字。此可取與牧齋順治十四年作梁慎可母壽序，不諱言河東君曾寄居彫陵莊之事，相參證也。

又談遷棗林雜俎仁集逸典類「黄澍」條云：

歙人黄澍年少輕侮，作葉子格，品第宗婦之貌，見忤于族，走杭州，通籍郡庠。丙子舉於鄉，明年成進士，授開封推官。壬午禦流寇，開渠轉粟，河水秋溢，因灌汴城，禍自渠始。又搜民間藏粟并金錢奪之，汴人切齒。内召，先帝面問開渠者誰也？委之流寇。利口迅舌，人莫能難。以御史按楚，未及瓜，遽入朝，意覬開府，借馬士英爲市。蓋平賊將軍左良玉嗛馬氏，故大言清君側之惡。輒示人良玉手書，挾重鎮劫之。其廷攻也，一言一涕，甚傾宸聽。士英伏階下媿死。澍退，捐九萬金助餉，自云世橐。高相國（弘圖）問予，彼卓鄭也哉？予曰，否，否。彼補杭郡諸生，父爲人筦質庫，小才貪詐，不足信也。澍還按楚，士英陰遣人購良玉，而澍孤矣。尋免其官，畏禍匿良玉所，女歸其子。按臣通婚本鎮，向未之有也。明年左氏稱兵犯闕，蕩覆我公室，雖士英之罪擢髮難數，而誰生厲階，至今爲梗？哀哉！

寅恪案，依上引材料及孺木此條所載，黄氏人品如此卑劣，爲當時所鄙棄。牧齋之不著其名，此亦是别一原因也。

復次，牧齋以姚平仲比甫及。平仲事蹟見宋史叁叁伍种師道傳及庶齋老學叢談中卷上「姚將軍靖康初以戰敗亡命」條等，并陸放翁劍南詩稿柒「寄題青城山上清宫」詩。陸詩及序云：

姚將軍靖康初，以戰敗亡命。建炎中，下詔求之不可得。後五十年，乃從吕洞賓劉高尚往來名山，有見之者。予感其事，作詩寄題青城山上清宮壁間。將軍儻見之乎？

造物困豪傑，意將使有爲。功名未足言，或作出世資。姚公勇冠軍，百戰起西陲。天方覆中原，殆非一木支。脱身五十年，世人識公誰。但驚山澤間，有此熊豹姿。我亦志方外，白頭未逢師。年來幸廢放，儻遂與世辭。從公遊五嶽，稽首餐靈芝。金骨換緑髓，欻然松杪飛。

寅恪案，牧齋之意，豈謂與黃氏共謀復明，若事敗，則可與之同遊五嶽，如放翁欲從平仲之比耶？綜觀上所引述，可知牧齋自順治六年己丑冬至順治十二年乙未冬賦「題黃甫及舫閣」詩時，（見有學集陸秋槐别集。）與仲霖之關係迄未中斷。

牧齋詩云：

文練縈窻香篆遲。舫齋恰似艤舟時。垂簾每讀淮陰傳，卷幔長懷漂母祠。落木雲旗開楚甸，夕陽日珥抱鍾離。鄂君繡被歌誰和，且試燈前一局棋。

此詩之典故及辭旨與「舫閣記」頗多類似，應爲同時所作。第伍句「夕陽日珥抱鍾離」及第捌句「且試燈前一局棋」尤可注意。蓋牧齋此次訪蔡魁吾並與李素臣黃甫及等作此聯絡，乃一局棋中之數著，未可分別視之也。

復次，康熙修徽州府志玖選舉志上科第門明崇禎九年丙子鄉試欄（可參結隣集陸「黃澍」條下注「仲霖次公劬菴浙江錢塘籍，江南休寧人」等語。）載：

黃澍字次公，休寧龍灣人，錢塘籍，（崇禎十年）丁丑進士。爲文有奇氣，落筆千言，出入秦漢，不假思索。歷御史，入國朝，至福建副使。

可取與上引明季南略肆「黃澍辯疏」條附記所言「後官于閩，謀搗鄭成功家屬，以致邊患，遂罷」等語相參證。

牧齋此次遊淮訪蔡，竟至歸途留滯，在金陵度歲，可見其負有重大使命。觀有學集詩注陸「長干送松影上人楚遊，兼柬楚中郭尹諸公二首」。時嘉平二十四年。（寅恪案，「年」應作「日」。）其一云：

吴頭楚尾一軍持。斷取陶輪右手移。四鉢尚擎殷粟米，七條還整漢威儀。毗藍風急禪枝定，替戾聲殘咒力悲。取次莊嚴華藏界，護龍河上落花時。

其二云：

孤篷微霰浪花堆。眉雪茸茸抖擻來。跨海金鈴依振錫，緣江木柹襯浮柸。九疑旭日扶頭見，三户沉灰按指開。喚起吕仙横笛過，岳陽梅柳蚤時催。

「乙未除夕寄内」云：

頳尾勞勞浪播遷。長干禪榻伴僧眠。魚龍故國猶今夕，雞犬新豐又一年。瓦注臘醅邨舍酒，柴門松火佛前錢。團圞兒女應流涕，老大家翁若箇邊。

「長干偕介邱道人守歲」云：

明燈度歲守招提。去殿宫雲入夢低。怖鴿有枝依佛影，驚烏無樹傍禪棲。塔光雪色恒河象，天醒霜空午夜雞。頭白黄門熏寶級，香爐曾捧玉皇西。

寅恪案，松影遊楚，當與前引沈佳存信編文安之告朱全古「吴楚上下流觀察形勢」之語有關。否則值此歲暮，似無急急首途之理。介邱乃髡殘之字，即明畫家石谿也。小腆紀傳伍玖髡殘傳略云：

髡殘字介邱，號石溪，武陵劉氏子。至白門，遇一僧言已得雲棲大師爲薙度，因請大師遺像，拜爲師。返楚，居桃源某庵，久之，忽有所悟，心地豁然。再往白門，謁浪杖人，一見皈依。所交遊皆前朝遺逸，顧炎武其一也。

至「與介邱守歲」詩末二句，初未能確定其辭意所在，後檢有學集詩注捌長干塔光集「丁酉仲冬十有七日長至禮佛大報恩寺，偕石溪諸道人燃燈繞塔，乙夜放光應願懽喜，敬賦二十韻記事」詩，有「科頭老衲驚呼急，秃袖中官指顧詳」兩句，則「黄門」當作宦者解。足見與石溪諸道人同在大報恩寺者，亦有中官。疑大報恩寺曾有皇帝親臨降香之事，此皇帝或即福王，亦未可知。此類宦者，殆爲先朝所遺留者耶？遵王注以「黄門」爲給事中，似認介邱曾任桂王之給事中，恐非。蓋今無載記可以證明也。諸居寺中之明室遺民，雖託跡方外，仍不斷爲恢復之活動。牧齋與此類遺民親密如是，必有待發之覆。其除夕寄河東君詩，隱藏此次報國忘家之旨。當時河東君亦必參預斯事，而諒其不能還家度歲，與兒女團圞之苦心也。

夫牧齋於順治十二年乙未既在金陵度歲，十三年丙申及十四年丁酉又連歲來往虞山金陵之間，則其與金陵之密切關係，必非僅限於遊覽名勝，尋訪朋舊而已。牧齋尺牘上「與吴梅村」三通之三「論社」略云：

頃與閣下在郡城晤言，未幾遽分鷁首，竊有未盡之衷，不及面陳。比因沈生祖孝雪樵，魏生耕雪竇，顧生萬庶其三子，欲謁門下之便，敢以其私所憂者，獻於左右。三子者，李翺曾鞏之亞，今世士流，罕有其儔，而朴厚謹直，好義遠大，可與深言。

寅恪案，牧齋於此三人，可謂極口讚譽。沈顧兩氏，兹姑不論。唯魏耕者，實與牧齋之頻繁往來金陵有關，請略述之於下。

鮚埼亭集捌「雪竇山人墳版文」（可參楊大瓢〔賓〕雜文殘稿「祁奕喜李兼汝合傳」及「魏雪竇傳」等。楊氏所記，雖較詳備，但不言及白衣致書延平，請率舟師攻取南都之計劃，故兹從略。）略云：

雪竇山人魏耕者，原名璧，字楚白。甲申後改名，又别名甦，慈谿人也。世胄，顧少失業，學爲衣工于苕上，然能讀書。有富家奇其才，客之，尋以贅壻居焉，因成諸生，國亡，棄去。先生所交皆當世賢豪義俠，志圖大事。與於苕上起兵之役，事敗，亡命走江湖，妻子滿獄弗恤也。久之，事解，乃與歸安錢纘曾居苕谿。閉户爲詩，酷嗜李供奉。見長洲陳三島尤心契之。東歸，遊會稽，有張近道者，好黄老管商之術，以王覇自命。見詩人則唾之曰，雕蟲之徒也。而其里人朱士稚與先生論詩，極傾倒。近道見之，亦輒痛駡不置。然三人者，交相得。因此并交纘曾三島，稱莫逆。先生又因此與祁忠敏〔彪佳〕公子理孫班孫兄弟善，得盡讀淡生堂藏書，詩日益工。久之，先生又遣死士致書延平〔鄭成功〕，謂海道甚易，南風三日可直抵京口。己亥延平如其言，幾下金陵，已而退軍。先生復遮道留張尚書〔煌言〕，請入焦湖，以圖再舉。不克。是役也，江南半壁震動。既而聞其謀出於先生。於是邏者益急。纘曾心兼金賄吏，得稍解。癸卯有孔孟文者，從延平軍來，有所求於纘曾，不饜，并怨先生，以其蠟書首之。先生方館於祁氏，邏者猝至，被執至錢塘，與纘曾俱不屈以死。妻子盡没，班孫亦以是遣戍。初，諸子之破産結客也，士稚首以是傾家，近道救之，得出獄，而近道竟以此渡江遇盗而死。己亥之役，三島亦以憂憤而死，真所謂白首同歸者矣。先生之居於苕上，爲晉時二沈高士故山，故有息賢堂，因名其集曰息賢堂集。

同書外編肆肆「奉萬西郭問白衣息賢堂集書」略云：

按白衣原名璧，字曰楚白。後改名耕，別字白衣。又改名更，稱雪竇山人。白衣少負異才，性軼蕩，傲然自得，不就尺幅。山陰祁忠敏公器之，爲徧注名諸社中。既丁國難，麻鞵草屨，落魄江湖，徧走諸義旅中。當是時，江南已隸版圖，所有游魂餘燼，出没山寨海槎之間，而白衣爲之聲息。複壁飛書，空坑仗策，荼毒備至，顧白衣氣益厲。癸卯以海上降卒至，語連白衣。白衣遁至山陰，入梅里祁氏園。時忠敏子班孫謀募死士爲衛，間道浮海，卒爲蹤跡所得。縛到軍門，抗詞不屈，死於會城菜市。

寅恪案，魏氏爲順治十六年己亥鄭延平率舟師攻南京之主謀者，今檢牧齋著述中，除上引「與吴梅村」尺牘外尚有有學集詩注伍敬他老人集順治十一年冬在蘇州所賦「贈陳鶴客兼懷朱朗詣」一首云：

雀喧鳩鬧笑通津。横木爲門學隱淪。名許詩家齊下拜，姓同孺子亦長貧。風前剪燭尊無酒，雪後班荆道少人。却憶西陵有羈客，荒雞何處警霜晨。

據全謝山所撰魏氏壙版文，陳三島朱士稚與魏氏關係密切，則牧齋此詩題中雖不涉及魏氏，要是間接亦與魏氏有聯繫之一旁證。前言牧齋此數年間屢至蘇州，絶非僅限於文酒清遊，實有政治活動。觀其假我堂文讌互與詶和之人，皆屬年輩較晚，陰謀復明者，如歸玄恭徐禎起等，可以推知。（可參小腆紀傳伍捌徐晟及歸莊傳等。）當時魏氏或亦曾參與此會，但以鄭延平攻南京失敗之後，清廷追究主謀，魏氏坐死，同黨亦被牽累，後來編有學集者，殆因白衣之名過於顯著，遂删去牧齋與其唱和之作耶？俟考。

順治十二年乙未冬牧齋赴淮甸訪蔡魁吾後，不逕還常熟度歲，而留滯金陵，至次年丙申約在三月間，始歸虞山。其何以久留金陵之理由，必有不可告人之隱情。檢有學集詩注陸此年春間之詩有「就醫秦淮，寓丁家水閣絶句三十首」。大抵爲與當日南京暗中作政治活動者，相往還詶唱之篇什。其言就醫秦淮，不過掩飾之辭，自不待辨。兹擇録有關諸首，并略加詮釋於下。

「丙申春就醫秦淮，寓丁家水閣浹兩月。臨行作絶句三十首，留别留題，不復論次」其一云：

數莖短髮倚東風。一曲秦淮曉鏡中。春水方生吾速去，真令江表笑曹公。

其二云：

秦淮城下即淮陰。流水悠悠知我心。可似王孫輕一飯，它時報母只千金。

其三云：

舞榭歌臺羅綺叢。都無人跡有春風。踏青無限傷心事，併入南朝落照中。

寅恪案，以上三首，乃此三十首之總序。三國志肆柒吳書貳孫權傳云：

〔建安〕十八年正月曹公攻濡須，權與相拒月餘，曹公望權軍，嘆其齊肅，乃退。

裴注引吳歷略云：

權爲牋與曹公曰，春水方生，公宜速去。曹公語諸將曰，孫權不欺孤。乃徹軍還。（寅恪案，遵王注已節引。）

據鄭氏近世中西史日表，順治十三年丙申三月十日爲清明。第叁首遵王注「踏青」引李綽歲時記云：

上巳賜宴曲江，都人于江頭禊飲，踐踏青草，曰踏青。

然則牧齋在南京度歲後，留滯至三月初旬始還家。此可與詩題「浹兩月」之語相印證。更疑牧齋在弘光元年上巳時節，曾預賜宴之列。今存是年之官書，闕載此事。或又曾偕河東君并馬阮輩作踏青之遊，因有學集關於此時期之作品，皆已删除，故亦無從考見。果爾，則此首乃述其個人之具體事實，而非泛泛傷春之感也。第貳首前二句謂其至淮甸訪蔡魁吾及久留金陵作復明活動之事，與後二句出史記玖貳淮陰侯傳及漢書叁肆韓信傳，實能揉合今典古典，足見其文心之妙。後二句又謂他時果能恢復明室，則所以詶報今日之地主，當遠勝王孫之於漂母。據此可知丁繼之與牧齋關係之密切。觀此歲之前十年，即順治四年丁亥，牧齋受黃案牽累，出獄後，即與河東君遷於丁氏河房。（見前所考論。）此歲之後五年，即順治十八年辛丑，於「干戈滿地舟艦斷，五百里如關塞長。闔閭城上晝吹角，閟宮清廟圍棋槍。腥風愁雲暗天地，飛雁不敢過迴塘。況聞戍守連下邑，塒雞籬犬皆驚惶」之情況中，丁氏特至常熟賀牧齋八十生日兩事，（見有學集詩注壹壹紅豆三集「丁老行。送丁繼之還金陵，兼簡林古度。」）尤可證知。鄙意牧齋所以於丙申春初由大報恩寺移寓丁氏水閣者，以此水閣位於青溪笛步之間，地址適中，與諸有志復明之文士往來，較大報恩寺爲便利。由是言之，丁氏水閣在此際實爲準備接應鄭延平攻取南都計劃之活動中心，而繼之於此活動中，亦居重要地位，可不待言也。

其四云：

苑外楊花待暮潮。隔溪桃葉限紅橋。夕陽凝望春如水，丁字簾前是六朝。

其五云：

夢到秦淮舊酒樓。白猿紅樹蘸清流。關心好夢誰圓得，解道新封是拜侯。

寅恪案，以上二首皆爲河東君而作。第肆首前二句謂河東君此時在常熟與己身不能相見。「暮潮」有二意。一即用李君虞江南詞：「嫁得瞿塘賈，朝朝悞妾期。早知潮有信，嫁與弄潮兒。」（見全唐詩第伍函李益貳。）言己身不久歸去，不致如負心之李十郎也。二即明室將復興，如暮潮之有信。與第陸首之後兩句，同一微旨也。第伍首之作夢人乃河東君。此首兼用王少伯「青樓曲」二首之二：「馳道楊花滿御溝。紅妝縵綰上青樓。金章紫綬千餘騎，夫婿朝回新拜侯。」及「閨怨」詩：「閨中少婦不曾愁。春日凝妝上翠樓。忽見陌頭楊柳色，悔教夫婿覓封侯。」（俱見全唐詩第貳函王昌齡肆。）用其「拜侯」之旨，而反其「悔教覓封侯」之意，正所以見河東君志在復明，非尋常婦女拘牽離情別緒者可比也。

又綜合第叁首及第肆首觀之，與李義山詩「刻意傷春復傷別，人間惟有杜司勳」者何異？（見李義山詩集上「杜司勳」七絶。）第貳章論黄媛介事，引吳梅村詩「不知世有杜樊川」之句，然則牧齋之刻意傷春傷别一至於此，不僅其名字與樊川相同，其心事亦與司勳相合矣。

其六云：

東風狼藉不歸軒。新月盈盈自照門。（自注：「夢中得二句。」）浩蕩白鷗能萬里，春來還没舊潮痕。

其七云：

後夜繙經燭穗低。首楞第十重開題。數聲喔喔江天曉，紅藥堦前舊養雞。

寅恪案，以上兩詩皆牧齋自述其此時在金陵之旅況心情。第陸首第壹句用李太白「東風春草緑，江上候歸軒。」之句，（見全唐詩第叁函李白壹柒「送趙判官赴黔府中丞叔幕」。）蓋謂河東君望其歸家之意，并用韓退之「狂風簸枯榆，狼藉九衢内」之句，（見全唐詩第伍函韓愈柒「感春」三首之二。）「九衢」指南都。其易「狂風」爲「東風」者，即前引初學集貳拾上東山詩集叁「秋夕燕譽堂話舊事有感」詩「東虜游魂三十年」之「東虜」也。第貳句「新月」指「桂王」，即作此詩之次年，順治十四年丁酉所賦「燕子磯歸舟作」七律「金波明月如新樣，鐵鎖長江是舊流」之旨。第叁第肆兩句，即「鐵鎖長江是舊流」之義。觀「萬里」之語，其企望鄭延平之成功及己身自許之心情，可以想見矣。第柒首前兩句謂其此時第貳次草楞嚴蒙鈔已至最後一卷。考牧齋之作此疏，起於順治八年辛卯，成於十八年辛丑，首尾凡五削草。其著書之勤，老而不倦，即觀此詩及牧齋尺牘中「與含光師」諸札，可以推知。後二句固是寫實，但亦暗寓復明之志。末句用文選叁拾謝玄暉「直中書省」詩「紅藥當階翻」句，不忘故國故君之意也。

其八云：

> 多少詩人墮劫灰。佺期今免冶長災。阿師狡獪還堪笑，翻攪沙場作講臺。（自注：「從顧與治問祖心千山語録。」）

寅恪案，關於顧夢游及祖心事，前已備論，今不贅述。顧韓二人固皆有志復明者也。

其九云：

牛刀小邑亦長編。朱墨紛披意悯然。要使世間知甲子，攤書先署丙申年。（自注：「乳山道士修志溧水。」）

其十云：

（詩略。）

寅恪案，以上二首皆關涉林古度者，林氏事蹟前已詳述，今不重論。第拾首詩於第肆章論絳雲樓上梁詩第壹首時，已全引，故從略。唯可注意者，那子居金陵最久，交游甚廣，牧齋此際與有志復明之人相往來，凡此諸人，大抵亦爲乳山道士之友朋也。

其十一云：

虛玄自古誤乾坤。薄罰聊司洞府門。未省吴剛點何易，月中長守桂花根。（自注：「薛更生敍易解云：王輔嗣解易未當，罰作洞府守門童子。」）

其十二云：

天上羲圖講貫殊。洞門猶抱韋編趨。沉沉紫府真人座，曾授希夷一畫無。（自注：「更生云，吾注易成，將以末後句，問洞府真人也。」）

寅恪案，以上二首俱爲薛正平而作。有學集叁壹「薛更生墓誌銘」略云：

君諱正平，字更生，華亭人也。晚以字行，字那谷，號旻老夫。少爲儒，長爲俠，老歸釋氏。死石頭城下，葬于方山之陽，年八十有三。子二人，長逢，次暉。君懷奇氣，糞溲章句小儒，每自方阿衡太師。崇禎末，主上神聖憂勤，將相非人，國勢日蹙。君早夜呼憤，草萬言書上之，冀得旦夕召見平臺，清問從何處下手，庶幾國恥可振，而天步可重整也。取道北海，經牢山，聞國變，慟哭欲投海死，同行者力挽之歸。歎曰，吾今日真薛更生矣。更名，所以志也。故宫舊京，麥秀雉雊，登臺城，瞻孝陵，望拜悲歌，彷徨野哭。又以其間觀星□象，占風角，訪求山澤椎埋屠狗之夫。人咸目笑君八十老翁，兩脚半陷黄土，不知波波劫劫何爲也？平生好著書，横豎鈎貫，學唐之覃季子。（寅恪案，「唐之覃季子」事蹟，見柳宗元河東先生集壹壹「覃季子墓銘」。）金剛周易陰符老莊，下及程朱孫吳，各有纂述。作孝經通箋，發揮先皇帝表章至意，取陶靖節五孝傳附焉。謂靖節在晉宋間，不忘留侯五世相韓之義，古今通孝，不外于此。激而存之，以有立也。其用意深痛如此。病聵滋甚，畫字通語。勗伊法師城南開講，輒側耳占上座。躄躠二十里，憑老蒼頭肩以行，如邛邛負蟨然。道未半，饑疲足瘃，則又更相扶也。丁酉臘月八日，長干熏塔，薄暮冒雨追余，持薛公自傳，拜而屬銘。十九日送余東還，入清涼，憩普德，累日而後返，持經削牘如平時。廿四日晨起，呼逢誦道德指歸序。問曰，孔子稱老子猶龍，是許老子，未許老子？逢未答。曰，我方思熟睡，汝姑去。丙夜呼燈起坐，稱佛號者三，顧逢曰，今日睡足如意。轉身倚逢面，撼之，逝矣。長干僧醵錢庀葬具，皆曰，脩行人臨行洒然，得如薛老足矣。銘曰：君之亡也，介丘道人評之曰，貧則身輕，老而心輕。放脚長往，生死亦輕。達哉斯言，取以刻銘。

述薛氏事蹟者，牧齋之文較備，故稍詳引之。據錢氏所言，則更生志在復明，尤爲接應鄭延平攻取南都，有助力之人。且與長干諸僧交誼切摯，與牧齋之共方外有志復明者相往來之情事，更相適合也。至此兩首所用典故，遵王注多已解釋，不須更贅。唯第壹壹首第叁句「未省吴剛點何易」之「點」字，疑是「黜」字之譌。據酉陽雜俎前集壹「天咫」門云：

舊言月中有桂，有蟾蜍，故異書言，月桂高五百丈，下有一人常斫之，樹創隨合。人姓吴名剛，西河人。學仙有過，謫令伐樹。

則吴剛學仙有過，謫令伐樹，與廣異記所述王輔嗣以未能精通易義，被罰守門者，（見太平廣記叁玖「神仙」門叁玖「麻陽村人」條。遵王注已節引。）正復相同。但牧齋詩意，更别有所在，「月中常守桂花根」句之「月中桂花根」，即暗指明桂王由榔而言，與投筆集上「後秋興之五」第捌首「丹桂月舒新結子，蒼梧雲護舊封枝。」之句，可以互相印證也。

其十三云：

　　攲斜席帽五陵稀。六代江山一布衣。望斷玉衣無哭所，巾箱自摺蹇驢歸。（自注：「重讀紀贛叟詩。」）

寅恪案，紀贛叟映鍾事蹟，諸書頗多記載，兹不備引。有學集肆柒「題紀伯紫詩」略云：

　　海内才人志士，坎壈失職，悲劫灰而歎陵谷者，往往有之。至若沈雄魁壘，感激用壯，哀而能思，愍而不懟，則未有如伯紫者也。涕灑文山，悲歌正氣，非西臺痛哭之遺恨乎？吟望閲江，徘徊玉樹，非水雲送别之餘思乎？芒鞵之間奔靈武，大冠之驚見漢儀，如談因夢，如觀前塵。一以爲曼倩之射覆，一以爲君山之推緯，怵乎？憂乎？杜陵之一飯不忘，渭南之家祭必告，殆無以加於此矣。余方鋃鐺逮繫，纍然楚囚，誦伯紫之詩，如孟嘗君聽雍門之琴，不覺其欷歔太息流涕，而不能止也。雖然，願伯紫少閟之，如其流傳歌詠，廣賁焦殺之音，感人而動物，則將如師曠援琴而鼓最悲之音，風雨至而廊瓦飛，平公恐懼，伏於廊屋之間，而晉國有大旱赤地之凶，可不慎乎？可不懼乎？

蓋牧齋初讀伯紫詩，在黄案未了時，至順治十三年丙申春間，贛叟復以詩示牧齋，故云「重讀」。第叁句用杜工部集拾「行次昭陵」詩。「玉衣」之典，見杜詩蒙叟注。又定山堂文集陸有「紀伯紫金陵故宮詩跋」一篇，其文多所删削，頗難詳知其内容。但觀「鍾山一老，徘徊吟眺，麥秀之感，苞桑之惕，凛乎有餘恫焉」等語，疑與牧齋此詩所指者有關。俟考。伯紫在黄案以前，疑已有「芒鞵間奔靈武，大冠驚見漢儀」之事，及順治六年己丑至十三年丙申之間，仍作復明之舉，卒至失望歸返金陵，欲以終老歟？又陳田明詩紀事辛籤壹貳「紀映鍾」條所選伯紫詩，中有「兵至」，自注云：「閩中舊作。」及「同戈驛」，自注云：「太宗起兵處。」兩詩皆可供參證也。

其十四云：

鍾山倒影浸南溪。静夜欣看紫翠齊。小婦粧成無箇事，爲憐明月坐花西。（自注：「寒鐵道人余懷居面南溪，鍾山峯影下垂，杜詩半陂已南純浸山是也。」）

其十五云：

河岳英靈運未徂。千金一字見吾徒。莫將摶黍人間飯，博换君家照夜珠。（自注：「澹心方有採詩之役。」）

寅恪案，以上二首俱爲曼持老人而作。老人所著板橋雜記，三百年來，人所習讀。其事蹟亦多有記載，故不贅引。惟録涉及復明運動者一二條，以見牧齋此際與澹心往來，不僅限於文酒風流好事之舉也。板橋雜記中麗品門略云：

余生萬曆末年。及入范大司馬〔景文〕蓮花幕中爲平安書記者，乃在崇禎庚辛以後。

然則余氏既曾入質公之幕，則其人原是明末有匡世之志者，未可以尋常文士目之也。又明詩紀事辛籤壹肆「余懷」條，所選澹心詩，中有「送别剩上人還羅浮」云：

萬里孤雲反故關。一帆春草渡江灣。幾年浪迹干戈裏，何處藏身瓢笠間。愁聽笳聲吹白日，苦留詩卷伴青山。羅浮此去非吾土，須把蓬茅手自删。

前論千山於順治三年丙戌曾兩次返粤，此詩乃關於春間之一次者，余韓關係如此，澹心之爲復明運動中之一人，自不待論。此詩末二句復明之辭旨，尤爲明顯矣。至牧齋詩自注所注「採詩之役」一語，即指板橋雜記中選録牧齋及諸人此時前後所賦之詩，如上卷雅游門選有學集捌長干塔光集「金陵雜題絶句」二十五首之五首，及中卷後附「珠市名妓」門「寇湄」條，録牧齋本題，即「丙申春留題水閣三十絶句」之末一首是也。

其十六云：

麥秀漸漸哭早春。五言麗句琢清新。詩家軒翥今誰是，至竟離騷屬楚人。（自注：「杜于皇近詩多五言今體。」）

其十七云：

著論峥嶸準過秦。龍川之後有斯人。滁和自昔興龍地，何處巢居望戰塵。（自注：「于皇弟蒼略挾所著史論，游滁和間」。）

寅恪案，以上二首爲杜氏兄弟而作。第壹陸首謂于皇乃有志復明之詩人。今茶村詩文集俱在，例證極多，不須備引，即就變雅堂詩集貳「贈剩公」及同書叁「孔雀菴初度，又申置酒，與治剩公過談」言之，足知于皇與祖心夢游志節相同，可取與牧齋此首互證。故此時錢杜往來唱詶，必非止尋常文酒之交際。第肆章論牧齋崇禎十三年庚辰秋季曾遊蘇州節，已引于皇贈牧齋五古一首。復檢變雅堂詩集柒「丁叟河房，用錢虞山韻」即和有學集壹「題丁家河房亭子」者，（此詩前已引。）然則錢杜本爲舊相識，又是患難之交，其詩什唱詶，實不開始於此年甚明。但小腆紀傳補遺肆杜濬傳云：

求詩者踵至，多謝絶。錢謙益嘗造訪，至閉門不與通。（寅恪案，變雅堂文集附録壹引李元度先正事略亦同。）

其違反事實，可不須辨。蓋自乾隆時，牧齋爲清帝所深惡，世人欲爲茶村湔洗，殊不知證據確鑿，不能妄改也。更有可笑者，黄秋岳濬花隨人聖盦摭憶云：

相傳牧齋宴客，杜茶村居上坐，伶人爨演垓下之戰，牧齋索詩，茶村援筆立書曰，年少當筵意氣新。楚歌楚舞不勝情。八千子弟封侯去，只有虞兮不負心。牧齋爲之憮然。

今檢變雅堂詩集玖「龔宗伯座中贈優人扮虞姬絶句」云：

年少當場秋思深。座中楚客最知音。八千子弟封侯去，惟有虞兮不負心。

據清史稿壹捌陸部院大臣年表貳上禮部漢尚書欄載：

康熙八年己酉五月乙未，龔鼎孳禮部尚書。

康熙十二年癸丑，龔鼎孳九月戊辰乞休。

故于皇此詩題中之「宗伯」乃龔鼎孳非錢謙益。世人習知牧齋稱「宗伯」，而不知芝麓亦曾任禮部尚書，可稱「宗伯」，遂至混淆也。至于皇此詩，究是何年所作，尚待詳考。因龔氏之爲禮部尚書，雖在康熙八年五月以後，但如板橋雜記中麗品門「顧媚」條云：

歲丁酉〔合肥龔〕尚書挈〔顧〕夫人重遊金陵。

據清史稿壹捌伍部院大臣年表壹下都察院承政漢左都御史欄載：

順治十一年甲午五月丙午，龔鼎孳左都御史。

順治十二年乙未，龔鼎孳十一月戊子降。

同書壹捌陸大臣年表貳上刑部漢尚書欄載：

康熙三年甲辰，十一月癸丑龔鼎孳刑部尚書。

康熙五年丙午，龔鼎孳九月丙申遷。

同書同卷同表兵部漢尚書欄載：

康熙五年丙午九月丙申，龔鼎孳兵部尚書。

然則順治十四年丁酉，龔顧同在金陵時，芝麓尚未任尚書之職，而澹心竟以尚書稱之者，足證板橋雜記乃後來追記之文也。惟于皇賦此詩時，是否在康熙八年五月以後，其詩題中之「龔宗伯」乃是芝麓現職，抑或與板橋雜記同爲追述之辭，未敢遽決。至黄書所引杜氏之詩，必非原作，蓋茶村當日賦詩，固不依平水韻，然亦不致近體詩廿八字内，真庚侵三部同用也。

復次，蘼蕪紀聞上引馮見龍紳志略云：

龔鼎孳娶顧媚，錢謙益娶柳如是，皆名妓也。龔以兵科給事中降闖賊，受僞直指使。每謂人曰，我原欲死，奈小妾不肯何？小妾者，即顧媚也。

夫芝麓既不能死，轉委過於眉生以自解，其人品猶不及牧齋。于皇於芝麓座上賦詩，絶不能以虞姬比眉生，更不便藉此誚芝麓。黄氏之説，殊失考矣。

又蘼蕪紀聞上引鈕琇臨野堂集云：

牧齋與合肥龔芝麓，俱前朝遺老。遇國變，芝麓將死之，顧夫人力阻而止。牧齋則河東君勸之死，而不死。城國可傾，佳人難得，蓋情深則義不能勝也。二公可謂深於情矣。及牧齋殁，河東君死之。嗚呼！河東君其情深而義至者哉！

鈕氏謂眉生勸芝麓不死，河東君勸牧齋死，兩人適相反。假定鈕氏所記爲事實者，則于皇亦不便於芝麓座中賦詩以譏誚之。鄙意于皇蓋以「虞姬」自比，「八千子弟」乃目其他楚人，如嚴正矩輩耳。妄陋之見，未敢自信，謹以質諸論世知人之君子。第壹柒首注謂「蒼略挾所著史論，游滁和間。」牧齋此時適自淮甸訪蔡士英，歸途中久住金陵，即使蒼略與蔡氏無關，但牧齋必有取於紹凱文中論兵復明之旨也。

檢有學集捌「金陵雜題絶句」二十五首之十一云：

水榭新詩替戒香。横陳嚼蠟見清涼。五陵年少多情思，錯比横刀浪子腸。（自注：「杜蒼略和詩有祗斷横刀浪子腸之句。」寅恪案，杜氏原詩見下引。）

及同書叁捌「答杜蒼略論文書」，「再答蒼略書」并同書肆玖「題杜蒼略自評詩文」等，可見紹凱與牧齋之關係矣。

其十八云：

掩户經旬春蚤齊。盈箱傍架自編題。卞家墳上澆花了，閑聽東城説鬬雞。（自注：「胡静夫好閉關。」）

寅恪案，此首爲胡澂而作。吾炙集「舊京胡澂静夫」條選胡詩三題。其第叁題「虞山檜歌。上大宗伯牧齋夫子」七古云：

（上略。）七年遥隔杜鵑夢，二月重逢楊柳絲。花霧霏微舊陵闕，白頭喬木兩含悲。

同集「侯官許友有介」條云：

又題〔有介詩〕曰，數篇重咀嚼，不愧老夫知。本自傾蘇涣，何嫌説項斯。解嘲應有作，欲殺豈無詞。周處臺前月，長懸卞令祠。余時寓清溪水閣，介周臺卞祠之間，故落句云爾。

又有學集貳貳「贈别胡静夫序」略云：

往余游金陵，胡子静夫方奮筆爲歌詩，介〔林〕茂之以見予。予語茂之，是夫也，情若有餘于文，而言若不足于志，其學必大非聊爾人也。爲序其行卷，期待良厚。别七年，再晤静夫，其詩卓然名家，爲時賢眉目，余言有徵矣。静夫屏居青溪，杜門汲古，不汲汲于聲名，翛然退然，循牆顧影。其爲詩，情益深，志益足，䆮爾自娱，望古遥集。視斯世喧豗呰謷，非有意屏之，道有所不謀，神有所不予也。静夫屬余序其近詩，且不敢自是，乞一言以相長。余聞之古之學者，莫先於不自是。不自是，莫先于多讀書。多讀書，深窮理，嚴氏之緒言也。請以長子。趣與静夫言别，聊書此以附贈處之義。少陵之詩曰，青眼高歌望吾子，眼中之人吾老矣。吾之有望于静夫者遠矣。

胡詩錢文中「七年」之語，若自順治十三年丙申算起，則爲康熙元年壬寅。此時在鄭延平攻南京失敗之後不久，南京至常熟之間，清廷防禦甚嚴，旅行匪易，觀前引牧齋「丁老行」可證。静夫之至常熟訪牧齋，疑是報告金陵此際之情況。牧齋序文末段，表面上雖是論文評詩之例語，恐亦暗寓清室舊主既殂，幼帝新立，明室中興之希望尚在也。錢序中「静夫屏居清溪，杜門汲古」與題許有介詩所謂「余時寓清溪水閣，介周臺卞祠之間」等，皆可與第壹捌首自注參證。大約胡氏所居，亦與丁家水閣相近也。

又朱緒曾編國朝金陵詩徵壹「胡其毅」條云：

> 其毅字致果。一名澂，字静夫，上元人曰從之子。有静拙齋詩選，微吟集。

寅恪未得見胡氏詩集，但即就朱氏所選二十題中如「詠古，爲顧與治徵君賦」及「林徵君歸隱乳山歌」兩題觀之，已足證胡氏與顧與治林茂之同流，皆有志復明之人也。

其十九云：

> 青谿孫子美瑜環。也是朱衣抱送還。盛世公卿猶在眼，方頤四乳坐如山。（自注：「倪燦闇公，文僖文毅之諸孫，相見每述祖德。」）

寅恪案，此首爲倪燦而作。其事蹟見清史列傳柒拾文苑傳倪燦傳等，茲不備引。倪氏爲明室喬木故家，與朱竹垞彝尊同類。闇公早年或亦有志復明，殆後見鄭延平失敗，永曆帝被殺，因而改節耶？俟考。

其二十云：

一矢花磚没羽新。諸天墖廟正嶙峋。長干昨夜金光誦，手捧香鑪拜相輪。（自注：「康孝廉小范偶談清江公守贛故事。」）

寅恪案，此首爲康范生及楊廷麟而作。廷麟江西清江人，故云「清江公」。梅村家藏藁伍捌附詩話（參有學集拾牧齋己亥所作「贈同行康孝廉」七律及同書陸「爲康小范題李長蘅畫」詩，并明詩紀事辛籤貳拾「康范生」條所載「嘉定寓舍感賦」詩。）略云：

楊廷麟字伯祥，别字機部，臨江〔府清江縣〕人。機部後守贛州，從城上投濠死。楊機部殉節後，云已無子。康小范孝廉來吴門，攜機部在贛州詩十餘首，并言其子尚在。小范與機部同事，兵敗，被縛下獄，瀕死而免。吴門葉聖野贈之詩曰，盧諶流落劉公死，回首章門一惘然。亦俠士也。

明史貳柒捌楊廷麟傳（參小腆紀傳貳伍楊廷麟傳。）略云：

楊廷麟字伯祥，清江人。順治二年南都破，江西諸郡惟贛州存。唐王手書加廷麟吏部右侍郎。九月大兵屯泰和，副將徐必達戰敗，廷麟〔劉〕同升乘虛復吉安臨江，加兵部尚書兼東閣大學士，賜劍，便宜從事。十月大兵攻吉安，必達赴水死。會廣東援兵至，大兵退屯峽江，已而萬元吉至贛。十二月同升卒。三年廷麟招峒蠻張安等四營，降之，號龍武新軍。廷麟聞王將由汀州赴贛，將往迎王，而以元吉代守吉安。無何，吉安復失。

元吉退保贛州。四月大兵逼城下，廷麟遣使調廣西狼兵，而身往雩都趣新軍張安來救。五月望，安戰梅林，再敗，退保雩都。廷麟乃散其兵，以六月入贛，與元吉憑城守。未幾，援兵至，圍暫解，已復合。八月水師戰敗，援師悉潰。及汀州告變，贛圍已半年，守陴皆懈。十月四日大兵登城，廷麟督戰，久之，力不支，走西城投水死。

據上引材料，知牧齋此首乃用昌黎先生文集壹叁「張中丞傳後敍」，以張巡守睢陽比楊廷麟守贛，以南霽雲比康范生，以霽雲所射之佛寺浮圖比上報恩寺塔。又韓文云：

城陷，賊以刃脅降巡，巡不屈，即牽去，將斬之，又降雲，雲未應，巡呼雲曰，南八，男兒死耳！不可爲不義屈。雲笑曰，欲將以有爲也。公有言，雲敢不死！即不屈。

梅村謂「小范與機部同事，兵敗，被縛下獄，瀕死而免」。然則小范之不死，亦即南八之所謂「欲將以有爲」之意。其在金陵與牧齋所商談者，必關涉復明之舉動，亦即準備接應鄭延平攻取南都之事，抑又可知矣。

其二十一云：

江草宮花洒淚新。忍將紫淀謚遺民。舊京車馬無今雨，桑海茫茫兩角巾。（自注：「張二嚴季筏爲其兄文峙請誌」。）

寅恪案，此首爲張氏兄弟而作。張文峙事蹟第肆章論楊宛節已略引。金陵通傳貳拾張如蘭傳附子可度傳云：

可度字二巖。既自登奉母歸，亦隱居不出，號劂筏老人。

有學集補「明士張君文峙墓誌銘」略云：

張君名可仕，字文峙。以字行，改字紫淀。書文峙，從其初也。歲在甲午四月初八日卒，年六十有四。文峙卒，四方之士會哭，議銘其旌，胥曰，古之遺民也。或有言曰，遺民之名，宋元二史無徵，名氏翳然，聲景彷彿。新安著録，代沉人飛，東都西臺之君子，收魂畢命，在此録也。（寅恪案，「新安著録」指明休寧程敏政所撰宋遺民録。見四庫總目提要史部傳記類存目叁并可參有學集肆玖「書廣宋遺民録後」。）躔暈珥，舍奔彴，木門有向，著雍猶視。推文峙之志，其忍媿杞肄湘纍，（寅恪案，「肄」疑是「婦」字之譌，俟覓善本校之。）遺身後名，汙竹素而塵桑海乎？必也正名，易之曰明士其可。比葬，則又曰，嗚呼！齊有二客，魯有兩生，明有士焉誰居？文峙士矣，請徵所以士文峙者。於是文峙之弟二嚴，立紫淀先生傳，而謁銘於余。余泫然流涕曰，士哉文峙！明士哉文峙！余舊史官也，其忍辭？

牧齋此首第貳句，謂不當以遺民目文峙，即前論其編列朝詩集，止於丁集之旨，茲不備述。至其文中「躔暈珥，舍奔彴，木門有向，著雍猶視。推文峙之志，其忍媿杞肄湘纍，遺身後名，污竹素而塵桑海乎？」等語，則須略加詮釋。檢隋書壹玖天文志上云：

馬遷天官書及班氏所載，妖星暈珥，雲氣虹蜺，存其大綱，未能備舉。自後史官更無紀録。春秋傳曰，公既視朔，遂登觀臺，凡分至啓閉必書雲物。神道司存，安可誣也。

爾雅釋天略云：

大歲在戊曰著雍。大歲在子曰困敦。奔星爲彴約。

邢昺疏云：

奔星爲彴約者，奔星即流星。

左傳僖公五年載：

春王正月辛亥朔，日南至，公既視朔，遂登觀臺以望，而書，禮也。凡分至啓閉，必書雲物，爲備故也。

同書襄公廿七年載：

〔子鮮〕遂出奔晉，公使止之，不可。及河，又使止之。止使者而盟於河，託於木門，不鄉衛國而坐。木門大夫勸之仕，不可。曰，仕而廢其事，罪也。從之，昭吾所以出也。將誰愬乎？吾不可以立於人之朝矣。終身不仕。

金氏牧齋年譜順治五年戊子條云：

歲晚過林茂之有感云：「先祖豈知王氏臘，胡兒不解漢家春。」按當時海上有二朔，皆與北曆不同也。又：「三秦驅鐵先諸夏，九廟櫻桃及仲春。」又：「秦城北斗迴新臘，庾嶺南枝放早春。」按是年姜瓖奉永曆年號，傳檄秦晉。王永强據榆林，方窺西安，而江西湖南等地亦歸明也。故先生有喜而作云。

同書順治六年己丑條云：

元日試筆「春王正月史仍書」云云。按行朝録，此爲監國魯四年正月辛酉朔。永曆三年正月庚申朔也。

並三國志伍柒吴書壹貳陸績傳裴注引姚信集云：

士之有誄，魯人志其勇。杞婦見書，齊人哀其哭。

依據上引資料，可以約略推測牧齋之意旨，蓋謂建州雖已入關渡江，而永曆之正朔尚存。戊子年秦晉且曾一度奉其年號。文峙雖在清人統治下之南都，仍傾向桂王，故明社猶未屋，不可以杞婦湘纍比之也。總之，牧齋學問固極淵博，但此文亦故作僻奥之句法，藉以愚弄當日漢奸文士之心目耳。然則牧齋作此題之第貳壹首時，以爲明室尚未盡亡，仍有中興之希望。張氏兄弟亦同此意旨也。

其二十二云：

龍子千金不治貧。處方先許別君臣。懸蛇欲療蒼生病，何限刳腸半腐人。（自注：「余就醫于陳古公。」）

寅恪案，此首爲陳元素而作。題中「就醫秦淮」之語，與此首自注：「余就醫于陳古公。」可相印證。詩中皆用醫家華敷孫思邈之典故，自是應題之作。但第貳句暗示陳氏乃不承認建州之統治權者。牧齋之稱就醫于陳古公，不過表面掩飾之辭。其實恐亦與之暗中商議接應鄭延平之事也。

寅恪初不知陳古公爲何人，後檢有學集壹捌「陳古公詩集序」略云：

陳子古公自評其詩曰，意窮諸所無，句空諸所有。聞者河漢其言，余獨取而證明之，以爲今之稱詩，可與談彈斥淘汰之旨，必古公也。古公之詩，梯空躡玄，霞思天想，無鹽梅芍藥之味，而有空青金碧之氣，世之人莫能名也。李鄴侯居衡山，聞殘師中宵梵唱，先悽惋而後喜説，知其爲謫墮之人。吾今而後乃知古公矣夫。

及黄宗羲思舊録「陳元素」條云：

陳元素字古白。余時作詩，頗喜李長吉。古白一見即切戒之，亦云益友。

取牧齋序所言古公論詩之旨，與梨洲之語相參較，可知「古公」即「古白」之別稱。又檢定山堂集肆拾「牧齋先生及同學諸子枉送燕子磯。月下集飲，口號四首」（此題可參有學集詩注捌「金陵雜題絶句」二十五首之九自注：「丁酉秋日與龔孝升言別金陵。」）及同書貳拾「陳古公追送淮干，和答」云：

爾自白衣伴上相，天容丹爠補蒼生。

芝麓此七律「白衣上相」之語，乃用李鄴侯故事。（見新唐書壹叁玖李泌傳及資治通鑑貳壹捌唐紀肅宗紀至德元載七月「上欲以泌爲右相」條。）其作此七律時，似已見牧齋之序者。龔氏此次北行，在順治十四年冬間，然則牧齋之序當作於芝麓答古公詩之前，頗疑牧齋此第貳貳首與此序爲同時作品，若不然，兩者作成時間，亦相距不甚遠也。俟考。

至陳氏之事蹟，則鄒流綺漪啓禎野乘壹集壹肆「陳隱君傳」略云：

公名元素，字古白。南直長洲人也。生平多客遊，撫公亦虚館延聘，簡勅無所干。問字屨恒滿户外。公内行純備，不僅以文章重一時。後偶客蕪湖，竟死。學者稱貞文先生。論曰，余不識陳先生。吾友徐禎起亟稱其慎取與，重然諾。蓋孝弟廉讓人也。夫世之稱吴人者，不過謂風流蘊藉已耳，如先生者，可多得哉？

鄒氏稱元素爲「隱君」，牧齋與芝麓皆以「著白」之「山人」李鄴侯泌爲比，尤可證「古公」即「古白」，似無可疑也。

其二十三云：

五行祥異總無端。九百虞初亦飽看。清曉家人報奇事，小兒指椀索朝飡。（自注：「閩人黄帥先博學奇窮，戲之，亦紀實也。」）

寅恪案，此首爲黄師正而作。明詩紀事辛籤壹陸「黄澂之」條，選帥先「小桃源山居詩」五首，其小傳云：

澂之初名師正，字帥先。改名後，字静宜，又字波民。建陽人。

此條下注引陳庚焕惕園初稿云：

王貽上嘗傳澂之小桃源山居一詩。（見王漁洋感舊集壹陸及明詩紀事所選之第壹首。）小桃源爲武夷最勝處，詳其詩語，澂之蓋嘗以黄冠歸故鄉，其後出游大江南北。

又引全閩詩儁云：

静宜爲史公可法幕府上客，才如王景略，節如謝臯羽，詩筆妍麗，不類其人。

有學集捌長干塔光集「讀建陽黄帥先小桃源記，戲題短歌」（吾炙集選「小桃源山居詩」四首，較明詩紀事所選少第壹首。）云：

未爲武夷遊，先得桃源記。小桃源在幔亭旁，别館便房列仙治。黄生卜築才十年，七日小刦彌烽烟。山神氀毼請迴駕，洞口仍封小有天。揭來奔竄冶城左。手指詩記揶揄我。選勝搜奇在尺幅，食指蠕動頤欲朵。彭籛之後武夷君。我是婆留最小孫。包茅欲胙乾魚祭，臥榻那容鼻鼾存。老夫不似劉子驥。仙源但仗漁人指。憑將此記作券書，設版焦瑕自今始。君不見三千鐵弩曾射潮，漢東彈丸亦如此。

據此，黃氏之爲反抗建州者，固不待論。其出游大江南北，在冶城與牧齋初次相聚，牧齋即作此七絕第貳叁首，其後更賦七古長篇贈之。故波民於復明活動有所策劃，自無可疑也。

其二十四云：

寒窗簷掛一條冰。灰陷罏香對病僧。話到無言清不寐，暗風山鬼剔殘燈。（自注：「乙未除夕，丙申元旦元夜，皆投宿長干，與介邱師兄同榻。」）

寅恪案，此首爲介邱而作。關於介邱之事，除前已論者外，尚有有學集捌「示藏社介丘道人，兼識乩神降語」及「臘月八日長干熏塔，同介道人孫魯山薛更生黃信力盛伯含衆居士」二題。其第壹題「並舟分月人皆見，兩鏡交光汝莫疑」一聯，第貳題「臘改嘉平繞塔來」句，皆與復明之意有關，可注意也。

其二十五云：

風掩籬門壁落穿。道人風味故依然。莫拈瓠子冬瓜印，印却俱胝一指禪。（自注：「曾波臣之子薙髮住永興寺。」）

寅恪案，牧齋此首爲曾氏父子而作。明畫録壹人物門略云：

曾鯨字波臣。閩晉江人。工寫照，落筆得其神理。萬曆間名重一時。子沂，善山水，流落白門。後于牛首永興寺爲僧，釋號懶雲。

但大慧語録載：

天台智者大師讀法華經至是真精進，是名真法，供養如來，悟得法華三昧，見靈山一會，儼然未散，山僧常愛老杲和尚，每提唱及此，未嘗不歡喜踊躍，以手摇曳曰，真箇有恁麽事，亦是表法。你每冬瓜瓠子，那裏得知？

可與牧齋自注相參證。此詩第叁肆兩句，遵王已引大慧語録及五燈會元等爲釋，兹不必詳贅。

等語，牧齋之意，以爲明社實未曾屋，其以明室爲真亡者，乃冬瓜瓠子頭腦之人也。

又有可注意者，宋史叁柒肆張九成傳略云：

張九成字子韶。其先開封人，徙居錢塘。游京師，從楊時學，權貴託人致幣，曰，肯從吾游，當薦之館閣。九成笑曰，王良尚羞與嬖奚乘，吾可爲貴游客耶？紹興二年，上將策進士，詔考官直言者，置高等。九成對策，擢寘首選。金人議和，九成謂趙鼎曰，金實厭兵，而張虚聲以撼中國。因言十事，彼誠能從吾所言，則與之和，使權在朝廷。鼎既罷，秦檜誘之曰，且成檜此事。九成曰，九成胡爲異議？特不可輕易以苟安耳。檜曰，立朝須優游委曲。九成曰，未有枉己而能直人。上問以和議。九成曰，敵情多詐，不可不察。因在經筵，言西漢災異事，檜甚惡之，謫邵州。先是徑山僧宗杲善談禪理，從游者衆，九成時往來其間。檜恐其議己，令司諫詹大方論其與宗杲謗訕朝政，謫居南安軍。

咸淳臨安志柒拾僧門宗杲傳略云：

〔宗杲〕字曇晦，本姓奚。丞相張浚命主徑山法席，學徒一千七百人，來者猶未已。敞千僧閣以居之，號臨濟中興。張九成與爲方外交，秦檜疑其議己，言者論其誹謗朝政，動搖軍情。九成唱之，宗杲和之。紹興十一年五月詔毁僧牒，編置衡州。二十年移海州。四方衲子忘軀命往從之。二十五年特恩許自便。明年復僧伽梨，奉朝旨住阿育山。逾年復居山。三十一年求解院事。得旨，退居明月堂。隆興改元，八月示寂。宗杲雖林下人，而義篤君親，談及時事，憂形於色，或至垂涕。時名公鉅卿如李邴汪藻吕本中曾開李光汪應辰趙令衿張孝祥陳之茂，皆委己咨叩，而張浚雅相推重。宗杲有正法眼藏三卷，又有武庫若干卷。其徒纂法語前後三十卷，浚爲序。淳熙初，詔隨大藏流行。

新續高僧傳四集壹貳「南宋臨安徑山寺沙門釋宗杲傳」云：

〔紹興〕十一年五月秦檜以杲爲張九成黨，毁其衣牒，竄衡州。二十六年十月詔移梅陽。不久，復其形服，放還。

然則宗杲爲宋時反對女真之人。此際參與復明運動者，如懶雲等，亦與之同一宗旨，可以推知。牧齋詩之用宗杲語録，殊非偶然也。

其二十六云：

荒菴梅老試花艱。酹酒英雄去不還。月落山僧潛掣淚，暗香枝掛返魂幡。（自注：「城南廢寺老梅三株，傳是國初孫炎手植。」）

寅恪案，此首固爲廢寺老梅而作，實暗寓孫炎事，（見明史貳捌玖孫炎傳。）意謂建康城雖暫爲建州所佔有，而終將歸明也。末句遵王引東坡「岐亭道上見梅花」詩，返魂香入嶺頭梅。甚合牧齋微旨，蓋謂桂王必當恢復明室也。

其二十七云：

子夜烏啼曲半訛。隔江人唱後庭多。籬邊兀坐村夫子，端誦尚書五子歌。（自注：「歌者與塾師比隣，戲書其壁。」）

寅恪案，此首疑爲龔芝麓之塾師而作。有學集詩注捌長干塔光集「龔孝升求贈塾師戲題二絶句」云：

都都平丈教兒郎。論語開章笑閧堂。何似東村趙學究，只將半部佐君王。

魯壁書傳字不譌。兔園程課近如何。旅獒費誓權停閣，先誦虞箴五子歌。

以牧齋贈孝升塾師兩詩之第貳首所用之辭旨與此第貳柒首相符同推之，此塾師當是一人。詩中全用尚書故實，想此塾師正以書經課蒙童也。所可注意者，旅獒費誓皆書經篇名。旅獒爲交外，費誓爲平内。牧齋以建州本爲明室舊封之酋長，故以費誓比之也。又左傳襄公四年引虞人之箴曰：

芒芒禹迹，畫爲九州，經啓九道。民有寢廟，獸有茂草。各有攸處，德用不擾。在帝夷羿，冒於原獸，忘其國恤，而思其麀牡。武不可重，用不恢於夏家。獸臣司原，敢告僕夫。

及蔡沈書經集傳夏書「五子之歌」序云：

太康尸位，以逸豫滅厥德，黎民咸貳。乃盤遊無度，畋于有洛之表，十旬弗反。有窮后羿，因民弗忍，距于河。厥弟五人，御其母以從，徯於洛之汭。五子咸怨，述大禹之戒以作歌。

由是言之，牧齋之意，蓋謂清世祖荒於游畋，躭於歌樂，即遵王引白氏文集肆伍「與元九書」中「聞五子洛汭之歌，則知夏政荒矣」之旨。今檢梅村年譜肆順治十三年丙申條云：

春，上駐蹕南苑閲武，行蒐禮，召廷臣恭視，賜宴行宫。先生賦五七言律詩，五七言絶句，每體一首應制。聖駕幸南海子，遇雪大獵，先生恭紀七律一首。

更參以第叁章論清世祖詢梅村秣陵春傳奇參訂者宜園主人事及第肆章論董小宛未死事，則知牧齋之詩，皆是當時史實。若清政果衰，則明室復興可望。其寓意之深，用心之苦，不可以游戲文章等閒視之也。

其二十八云：

> 粉繪楊亭與盛丹。黄經古篆逼商盤。史癡畫筍徐霖筆，弘德風流尚未闌。

寅恪案，此首爲楊亭盛丹而作。牧齋之意，以爲楊盛之藝術，可追弘治正德承平之盛，與史忠徐霖媲美，斯亦明室仍可復興之微意。金陵通傳壹肆高阜傳云：

> 時江寧以畫隱者楊亭，字元章，居東園。家貧品峻，以丹青自娱。晚無子，與瞽妻對坐荒池草閣，雖晨炊數絶，嘯詠自若，不妄干人。

彭藴燦歷代畫史彙傳叁壹云：

> 黄經清如皋人，字維之，一字濟叔，别字山松，工詩詞，善書法及篆刻，尤善畫山水。（原注：「圖繪寶鑑續纂，櫟園畫録，桐陰論畫，（清畫録，國朝畫識等）。」）

盛丹事蹟見金陵通傳壹肆盛鸞傳附宗人胤昌傳所載。第叁章論河東君愛酒節已引。據此可知元章伯含維之皆隱逸之流，不仕建州者。至史忠徐霖之事蹟，遵王注已詳述，并可參金陵通傳壹肆二人本傳，不須贅引。惟徐霖之故實與武宗幸南都有關，牧齋之詩旨與前引其致瞿稼軒書所謂「若謙益視息餘生，奄奄垂斃，惟忍死盼望鑾輿拜見孝陵之後，槃水加劍，席藁自裁」等語及投筆集下後秋興之九「種柳十圍同望幸」句，皆希望桂王之得至南京也。

其二十九云：

旭日城南法鼓鳴。難陀傾聽笑瞢騰。有人割取乖龍耳，上座先醫薛更生。（自注：「旭伊法師演妙華於普德，余頗爲卷荷葉所困，而薛老特甚。」）

寅恪案，此首可參第壹壹及壹貳兩首論薛更生事。不過前二首以薛更生爲主，而此首以旭伊爲主，更生爲賓耳。

其三十云：

寇家姊妹總芳菲。十八年來花信違。今日秦淮恐相值，防他紅淚一霑衣。

寅恪案，此首爲寇白門姊妹而作。板橋雜記中附「珠市名妓門」載：

寇湄字白門。錢牧齋詩云〔云〕，（寅恪案，牧齋詩即此題第叁拾首，故從略。）則寇家多佳麗，白門其一也。白門娟娟靜美，跌宕風流，善畫蘭，粗知拈韻。能吟詩，然滑易不能竟學。十八九時，爲保國公購之，貯以金屋，如李掌武之謝秋娘也。甲申三月，京師陷，保國生降，家口没入官。白門以千金予保國贖身，匹馬短衣，從一婢而歸。歸爲女俠，築園亭，結賓客，日與文人騷客相往還。酒酣耳熱，或歌或哭，亦自歎美人之遲暮，嗟紅豆之飄零也。既從揚州某孝廉，不得志，復還金陵。老矣，猶日與諸少年伍。臥病時，召所歡韓生來，綢繆泣，欲留之同寢。韓生以他故辭，執手不忍別。至夜，聞韓生在婢房笑語，奮身起唤婢，自箠數十，咄咄罵韓生負心禽獸行，欲嚙其肉。病甚劇，醫藥罔效，遂死。蒙叟雜題有云：「叢殘紅粉念君恩。女俠誰知寇白門。黄土蓋棺心未死，香丸一縷是芳魂。」（寅恪案，此詩見有學集詩注捌長干塔光集「金陵雜題絶句」二十五首之十。）

可取與此首相證發也。

綜觀此三十首詩，可以知牧齋此次留滯金陵，與有志復明諸人相往還，當爲接應鄭延平攻取南都之預備。據金陵通傳貳陸「郭維翰傳」略云：

郭維翰字均衛，一字石溪，上元人。父秀厓，諸生。考授典史。明亡，以隱終。國朝順治中，鄭成功犯江寧，滿帥疑有内應，欲屠城。維翰力言於知府周某轉白總督而止。（寅恪案，嘉慶重刊康熙修江寧府志壹陸職官表知府欄，無周姓者。豈此「周某」非實缺正授，抑或記載有誤耶？俟考。）軍士乘亂掠婦女，維翰又以爲言，乃放還。方是時，江上紛然，六合知縣遁去，百姓洶洶欲亂，縣人佘量字德輔，獨棹小舟，冒風穿營而渡，泣叩總督，給榜安民，一縣賴以無恐。

尤可證明鄙説之非妄也。

有學集柒爲高會堂詩集。其中絶大部分乃游説馬進寶響應鄭成功率舟師攻取南都有關之作。清史列傳捌拾逆臣傳馬逢知傳略云：

馬逢知原名進寶，山西隰州人。順治三年從端重親王博洛南征，克金華，即令鎮守。六年命加都督僉事，授金華總兵，管轄金衢嚴處四府。十三年遷蘇松常鎮提督。

寅恪案，馬進寶之由金華總兵遷蘇松常鎮提督，在順治十三年丙申何月，雖不能確知，但以牧齋至松江時日推之，當是距離九月不遠。有學集詩注柒高會堂詩集有「丙申重九海上作」一題，似馬氏必於九月以前已抵新任。又同卷「高會堂酒闌雜詠」序末云：

歲在丙申陽月十有一日蒙叟錢謙益書於青浦舟中。

則牧齋留滯松江，實逾一月之久。其間策劃布置，甚費時日，可以想見也。牧齋「高會堂酒闌雜詠」序云：

是行也，假館於武静之高會堂，遂以名其詩。

第叁章引王澐雲間第宅志云：

河南〔徐〕陟曾孫文學致遠宅，有師儉堂。申文定時行書。西有生生菴别墅，陟子太守琳放生處。

頗疑牧齋所謂高會堂，即徐武静之師儉堂，乃其平日家屬所居者，與生生菴别墅，自非一地。崇禎八年春間，河東君與陳臥子同居於生生菴，順治十三年丙申秋冬間，牧齋又寄寓武静之師儉堂。第叁章曾引宋轅文致牧齋書，其痛加詆毁，蓋由宋氏之情敵陳錢兩人，先後皆居於武静宅内。書中妬忌憤怒之語，今日觀之，殊覺可笑也。至此集涉及之人頗不少，皆與復明運動有關者。兹不能詳論，唯擇其最饒興趣數題録之，并略加考釋於下。

有學集詩注柒高會堂詩集「高會堂酒闌雜詠」序云：

不到雲間，十有六載矣。水天閒話，久落人間。花月新聞，已成故事。漸臺織女，機石依然。丈室維摩，衣花不染。點難陀之額粉，尚指高樓。被慶喜之肩衣，猶看汲井。頃者，菰蘆故國，兵火殘生。衰晚重游，人民非昔。朱門賜第，舊燕不飛。白屋人家，新烏誰止。兒童生長於别後，競指鬚眉。門巷改换於兵前，每差步屧。常中逵而徙倚，或當饗而欷歔。若乃帥府華筵，便房曲宴。金釭銀燭，午夜之砥室生光。檀板紅牙，十月之桃花欲笑。横飛拇陣，倒捲白波。忽發狂言，驚迴紅粉。歌間敕勒，祇足增悲。天似穹廬，何妨醉倒。又若西京宿好，耳語慨慷。北里新知，目成婉孌。酒闌燈灺，月落烏啼。雜夢囈以興謡，蘸杯盤而染翰。口如銜轡，常思吐吞。胸似碓舂，難明上下。語同讔謎，詞比俳優。傳云，惟食忘憂。又曰，溺人必笑。我之懷矣，誰則知之？是行也，假館於武靜之高會堂，遂以名其詩。亦欲使此邦同人，摳衣傾蓋者，相與繼響，傳爲美談云爾。歲在丙申陽月十有一日，蒙叟錢謙益書於青浦舟中。

寅恪案，牧齋此序，其所用典故，遵王注解釋頗詳，讀者可取參閱，茲不復贅。惟典故外之微旨，則略表出之，以供參證。此序可分爲五段：

第壹段自「不到雲間」至「猶看汲井」。意謂於崇禎十四年六月，與河東君在茸城結褵，共歷十六年，風流韻事，遠近傳播，今已早成陳跡。河東君茸城舊居之處，如徐武靜之別墅生生菴等，依然猶在。但已身與河東君，近歲以來，非如前者之放浪風流，而轉爲假藉學道，陰圖復明之人，與維摩詰經中諸菩薩衣花不染相同，不似諸大弟子花著不墮。若取與牧齋答河東君半野堂初贈詩「霑花丈室何曾染」句相比較，足知此十七年間，錢柳已由言情之兒女，改爲復國之英雄矣。前論順治七年庚寅牧齋經河東君黃太沖之慫恿，赴金華遊説馬進寶反清。其事頗涉危險，牧齋以得還家爲幸。今則馬氏遷督松江，此地爲長江入海之扼要重鎮，尤與牧齋頻年活動，以響應鄭延平率舟師攻取南京有關，自不能不有此行。但馬氏爲人狡猾反覆，河東君當亦有所聞知，中心惴惴，望其早得還家。據「點粉」「汲井」之語，則牧齋所以留滯松江逾一月之久，實出於不得已，蓋其間頗有周折，不能及早言旋也。所可笑者，「點難陀之額粉，尚指高樓」二句，既目河東君爲難陀之妻孫陀利，則此「高樓」，殆指庚寅冬焚燬之絳雲樓耶？果爾，則「尚指」之「尚」，更有著落矣。

第貳段自「頃者」至「欷歔」。意謂此次之重至松江，大有丁令威化鶴歸來之感。「舊燕」指明室舊人，「新烏」指清廷新貴。本卷最後一題「丙申至日爲人題華堂新燕圖」云：

主人簷前海燕乳。差池上下銜泥語。依約呢喃喚主人，主人開顔笑相許。主人一去秋復春。燕子去作他家賓。新巢非復舊庭院，舊燕喧呼新主人。新燕頻更主人面。主人新舊不相見。多謝華堂新主人，珍重雕梁舊時燕。

此詩中之「新燕」「舊燕」，即指漢人滿人而言，可與序文互相參證。此「題華堂新燕圖」前一題爲「長至前三日吳門送龔孝升大憲頒詔嶺南兼簡曹秋岳右轄四首」。據清史列傳柒玖貳臣傳龔鼎孳傳云：

上以鼎孳自擢任左都御史，每於法司章奏，倡生議論，事涉滿漢，意爲輕重。敕令回奏。鼎孳具疏引罪，詞復支飾。下部議，應革職。詔改降八級調用。尋以在法司時，讞盜事，後先異議。又曾薦舉納賄伏法之巡按顧仁，再降三級。十三年四月補上林苑蕃育署署丞。（寅恪案，可參吳詩集覽陸上「送舊總憲龔孝升以上林苑監出使廣東」詩，并附嚴沆「送龔芝麓使粵東」詩。）

然則「新燕」「舊燕」即清帝諭旨所謂「事涉滿漢」之「滿漢」。頗疑此詩題中「爲人題華堂新燕圖」之「人」，乃龔孝升也。俟考。

第叁段自「若乃」至「醉倒」。意謂當日在松江筵讌之盛況。「帥府華筵」指馬進寶之特别招待。「便房曲宴」指陸子玄許譽卿等之置酒邀飲。「紅粉」「桃花」俱指彩生。「敕勒」指北方之歌曲。「穹廬」指建州之統治中國也。第肆段自「又若」至「知之」。意謂筵席間與座客隱語戲言，商討復明之活動，終覺畏懼不安，辭不盡意也。「西京宿好」指許霞城輩。「北里新知」亦指彩生也。

第伍段自「是行」至「云爾」。則説明高會堂集命名之故。并暗指此行實徐武静爲主動人。或者武静當日曾參加馬進寶之幕府耶？俟考。

「雲間諸君子肆筵合樂，饗余於武静之高會堂。飲罷蒼茫，欣感交集，輒賦長句二首」其一云：

授几賓筵大饗同。秋堂文讌轉光風。豈應江左龍門客，偏記開元鶴髮翁。酒面尚依袍草緑，燭心長傍劍花紅。他年屈指衣裳會，牛耳居然屬海東。

其二云：

重來華表似前生。夢裏華胥又玉京。鶴唳秋風新谷水，雉媒春草昔茸城。尊開南斗參旗動，席俯東溟海氣更。當饗可應三嘆息，歌鍾二八想升平。

寅恪案，此題爲高會堂集之第壹題，自是牧齋初到雲間，松江諸人爲牧齋接風洗塵之舉。主人甚衆，客則只牧齋一人。即俗所謂「羅漢請觀音，主人數不清」者也。故第壹首第壹聯上句之「江左龍門客」乃雲間諸人推崇牧齋之辭。錢氏爲明末東林黨渠魁，實與東漢李元禮無異。河東君「半野堂初贈」詩云「今日沾沾誠御李」。甚合牧齋當日身分，并搔著其癢處也。下句「開元鶴髮翁」乃牧齋自比，固不待論。綜合上下兩句言之，意謂此時江左第一流人物，尚有他人，何竟推我一人爲上客耶？乃其自謙之語也。第柒第捌兩句意指徐武静。「海東」指徐氏郡望爲東海也。第貳首第貳聯謂時勢將變，鄭延平不久當率舟師入長江也。第柒句用左傳昭公二十八年「梗陽人有獄」條云：

> 退朝，〔閻没女寬〕待於庭。饋入，〔魏子〕召之。比置，三歎。既食，使坐。魏子曰，吾聞諸伯叔，諺曰，唯食忘憂。吾子置食之間，三歎，何也？同辭而對曰，或賜二小人酒，不夕食。饋之始至，恐其不足，是以歎。中置，自咎曰，豈將軍食之，而有不足？是以再歎。及饋之畢，願以小人之腹，爲君子之心，屬厭而已。獻子辭梗陽人。

頗疑高會堂此次之筵讌，其主人中亦有馬進寶。故「將軍」即指馬氏。否則此時雲間諸人，皆與「將軍」之稱不合也。第捌句遵王注已引左傳襄公十一年晉侯以歌鐘女樂之半，賜魏絳事以釋之，甚是。然則綜合七八兩句言之，更足徵此次之盛會，馬進寶必曾參預，若不然者，詩語便無著落矣。

「雲間董得仲投贈三十二韻，依次奉答」云：

（詩略。）

寅恪案，此詩前述國事，後言家事，末寓復明之意。以辭繁不録，讀者可自取讀之。嘉慶修松江府志伍陸董黄傳云：

董黄字律始，號得仲，華亭人，隱居不仕，著白谷山人集。陳維崧序其集云，託泉石以終身，殉煙霞而不返。可得其彷彿焉。

足知得仲亦有志復明之人也。

「丙申重九海上作四首」其三云：

去歲登高莫釐頂，杖藜落落覽吴洲。洞庭雁過猶前旅，橘社龍歸又一秋。颶母風欺天四角，鮫人淚盡海東頭。年年風雨懷重九，晴昊翻令日暮愁。

其四云：

故園今日也登高。萸熟茶香望我勞。嬌女指端裝菊枕，稚孫頭上搭花糕。（寅恪案，「搭花糕」事，見謝肇淛五雜俎上貳天部貳。）含珠夜月生陰火，擁劍霜風長巨螯。歸與山妻翻海賦，秋燈一穗掩蓬蒿。

寅恪案，第叁首前四句指同書伍「乙未秋日許更生扶侍太公邀侯月鷺翁于止路安卿登高莫釐峰頂口占二首」之第貳首末兩句「夕陽橘社龍歸處，笑指紅雲接海東」而言。「紅雲」「海東」謂鄭延平也。第肆首之第壹第貳兩句謂河東君在常熟，而己身則在松江，即王摩詰「獨在異鄉爲異客，每逢佳節倍思親」之意。（見全唐詩第貳函王維肆「九月九日憶山東兄弟」。）第叁句「嬌女」指趙微仲妻。（寅恪案，趙管字微仲。見有學集壹貳東澗詩集上「壬寅三月十六日即事」詩題。考河東君壻所以名管字微仲之故，實取義於論語憲問篇「微管仲，吾其被髮左衽矣」之語。河東君復明之微旨，於此益可證明矣。）「稚孫」指其長孫佛日。（寅恪案，有學集玖紅豆初集「桂殤四十五首」序云：「桂殤，哭長孫也。孫名佛日，字重光，小名桂哥。生辛卯孟陬月，殤以戊戌中秋日。」前論河東君和牧齋庚寅人日示内詩二首之二「佛日初暉人日沈」句，以「佛日」指永曆。牧齋其次年正月喜得長孫，以「佛日」命名，實取義於河東君之句。字以「重光」，乃用樂府詩集肆拾陸機「日重光行」之典。即明室復興之意。小名「桂哥」，亦暗寓桂王之「桂」。由此觀之，則錢柳復明之意，昭然若揭矣。）牧齋家屬雖不少，但其所關心者，止此三人，據是可以推知。第肆句用木玄虛海賦，暗指鄭延平。蓋河東君亦參預接鄭反清之謀。第伍句用左太沖吴都賦。此兩句皆與第柒句相應。又二賦俱出文選，非博聞强記，深通選學如河東君者，不足以當之也。

茲有最饒興趣之三題，皆關涉松江妓彩生者，故不依此集先後次序，合併録之，略試考釋，以俟通人之教正。

「陸子玄置酒墓田丙舍，妓彩生持扇索詩，醉後戲題八首」其一云：

霜林雲盡月華稠。鴈過烏栖暮欲愁。最是主人能慰客，緑尊紅袖總宜秋。

其二云：

金波未許定眉彎。銀燭膏明對遠山。玉女壺頭差一笑，（涵芬樓本「玉女壺」作「阿耨池」。）依然執手似人間。

其三云：

缸花欲笑漏初聞。（涵芬樓本「漏初聞」作「酒顔醺」。）白足禪僧也畏君。上座嵬峩許給事，緇衣偏喜醉紅裙。

其四云：

殘粧池畔映餘霞。漏月歌聲起暮鴉。枯木寒林都解語，海棠十月夜催花。

其五云：

口脂眉黛並氤氲。酒戒今宵破四分。莫笑老夫風景裂，看他未醉已醺醺。

其六云：

銀漢紅牆限玉橋。月中田地總傷凋。秋燈依約霓裳影，留與銀輪伴寂寥。

其七云：

老眼看花不耐春。裁紅綴緑若爲真。他時引鏡臨秋水，霜後芙蓉憶美人。

其八云：

交加履舄韈塵飛。蘭澤傳香惹道衣。北斗横斜人欲别，花西落月送君歸。

「霞城丈置酒同魯山彩生夜集醉後作」云：

滄江秋老夜何其。促席行杯但愬遲。喪亂天涯紅粉在，友朋心事白頭知。朔風悽緊吹歌扇，參井微茫拂酒旗。今夕且謀千日醉，西園明月與君期。

「霞老累夕置酒，彩生先别，口占十絶句，紀事兼訂西山看梅之約」其一云：

酒煖杯香笑語頻。軍城笳鼓促霜晨。紅顔白髮偏相稱，都是昆明劫後人。

其二云：

兵前吴女解傷悲。霜咽琵琶戍鼓催。促坐不須歌出塞，白龍潭是拂雲堆。

其三云：

促别蕭蕭班馬聲。酒波方溢燭花生。當筵大有留歡曲，何苦淒凉唱渭城。

其四云：

酒杯苦語正淒迷。（涵芬樓本「杯」作「悲」。）刺促渾如烏夜棲。欲别有人頻顧燭，憑將一笑與分攜。

其五云：

會太匆匆别又新。相看無淚可霑巾。緑尊紅燭渾如昨，（涵芬樓本「緑」作「金」。）但覺燈前少一人。（自注：「河東評云，唐人詩，但覺尊前笑不成。又云，遍插茱萸少一人。」）

其六云：

漢宫遺事剪燈論。共指青衫認淚痕。今夕驚沙滿蓬鬢，始知永巷是君恩。（自注：「魯山贈詩，傷昔年放逐，有千金不賣長門賦之句。」寅恪案，涵芬樓本此自注作「魯山贈詩有千金不買長門賦，傷先朝遺事也」。遵王本「賣」應作「買」。）

其七云：

漁莊谷水竝垂竿。烽火頻年隔馬鞍。從此音書憑錦字，小牋雲母報平安。

其八云：

緇衣居士（自注：「謂霞老。」）白衣僧。（自注：「自謂。」）世眼相看總不譍。斷送暮年多好事。（涵芬樓本此句作「消受暮年無個事」。）半衾煖玉一龕燈。

其九云：

國西營畔暫傳杯。笑口懵騰噤半開。數（自注：「上聲」。）日西山梅萬樹，漫山玉雪遲君來。

其十云：

江村老屋月如銀。繞磵寒梅破早春。（涵芬樓本「破」作「綻」。）夢斷羅浮聽剥啄，扣門須拉縞衣人。

寅恪案，許霞城事蹟見明史貳伍捌，嘉慶修松江府志伍伍及小腆紀傳伍陸本傳，李清三垣筆記中「許光禄譽卿所納名妓王微有遠鑒」條并投筆集上後秋興之四其第伍首「石龜懷海感崑山。二老因依板蕩間」句下自注：「懷雲間許給事也。陸機詩，石龜尚懷海，我寧忘故鄉。蓋不忘宗國之詞」等。孫魯山事蹟見馬其昶桐城耆舊傳伍其文略云：

孫公諱晉，字明卿，號魯山。始祖福一自揚州遷居桐城。〔左忠毅光斗〕以兄子妻之。天啓五年成進士，授南樂令，調滑縣，報最，擢工科給事中。以疏劾大學士温體仁任所私人典試事，亂祖制。被謫。體仁敗，復起爲給諫。累遷大理寺卿，特疏出劉公宗周金公光宸於獄，薦史公可法於吏部。總兵黄得功被逮，疏請釋之，得出鎮鳳陽。其後江左一隅，竟賴史黄二公之力。時賢路閼塞，公在朝嶽嶽，諸君子咸倚賴之，推桐城左公後一人也。尋以兵部侍郎出督宣大。越二年以疾乞歸，凡節餉十餘萬，封識如初，即日單車歸金陵。亡何，京師陷。馬士英擁立福藩，出史公可法於外。逆黨亦攀附驟用，興大獄，目公爲黨魁。乃倉皇奉母，避讐仙居。筮得遯之咸，因自號餘菴，又曰遯翁。國朝舉舊臣，强起之，不可。築室龍眠山，率子弟讀書其中。年六十八卒。

并可參有學集捌長干塔光集「臘月八日長干薰塔同介道人孫魯山薛更生黄舜力盛伯含衆居士」一題。關於陸子玄，則須略加考釋。列朝詩集丁集叁陸永新粲小傳云：

粲字子餘，一字浚明。長洲人。

後附其弟陸秀才采小傳略云：

采字子玄，給事中子餘之弟。年四十而卒。

寅恪以爲牧齋詩題中之子玄，必非陸采，其理由有二。一陸采既是長洲人，其墓田丙舍似不應在松江也。二前論列朝詩集雖非一時刊成，大約在順治十一年甲午已流布廣遠。今未發現附見陸采一條爲後來補刻之證據。故牧齋順治十三年丙申冬，既能與采遊宴，則采於是時尚生存，小傳中自不能書「年四十而卒」。若此子玄非陸采者，則應是别一松江人。檢説夢壹「君子之澤」條云：

陸文定公（原注：「名樹聲，字興吉，號平泉。嘉靖辛丑會元，大宗伯。」）名德碩望，膾炙人口。生劬思。（原注：「名彦章，字伯達。萬曆己丑進士，官少司寇。」）劬思生公美。（原注：「名景元。存問謝恩，特蔭未仕。」）公美生子玄。（原注：「名慶曾。」）僅四世。而子玄雖登順治丁酉賢書，以此賈禍，爲異域之人。

陳忠裕全集年譜上崇禎八年乙亥條附録李雯會業序云：

今年春闈公臥子讀書南園，余與勒卣文孫輩，或間日一至，或連日羈留。

同書壹伍幾社稾「同遊陸文定公墓舍」題下附考證引松江府志云：

文定公陸樹聲墓在北城濠之北。萬曆三十三年賜葬。

同書壹陸平露堂集「八月大風雨中遊泖塔，連夕同遊者宋子建尚木陸子玄張子慧」題下考證引江南通志云：

陸慶曾字子玄。

同書同卷「送陸文孫省試金陵，時當七夕」題下附考證引復社姓氏録云：

金山衛陸慶曾字文孫。

董閬石含蓴鄉贅筆上「徙巢」條云：

陸文定公孫慶曾，素負才名。居丙舍，頗擅園亭之勝，以序貢入都中式。事發，遣戍遼左。先是，陸氏墓木悉枯，棲鳥數日内皆徙巢他往。

婁東無名氏研堂見聞雜記「科場之事」條云：

陸慶曾子玄，雲間名士平泉公之後。家世貴顯，兄弟鼎盛。年五十餘矣，以貢走京師。慕名者皆欲羅致門下，授以關節，遂獲售。亦幽囹圄，拷掠無完膚。一時人士，相爲惋惜嗟嘆。

王勝時雲間第宅志末一條略云：

北門外，陸文定公樹聲賜墓，左有盧目墓田丙舍，堂中以朱文公耕雲釣月四字爲額。公孫景元常居焉。

信天翁丁酉北闈大獄記略（寅恪案，關於慶曾事蹟，可參孟森明清史論著集刊下科場案「順天闈」條。）略云：

歲丁酉，大比貢士於鄉，舊典也。權要賄賂，相習成風。二十五關節中，首爲陸慶曾。係二十年名宿，且曾藥愈（房師李）振鄴。借中式以酬醫，而非入賄者，亦即逮入，不少恕。

然則此名慶曾之陸子玄，即牧齋詩題之「陸子玄」，並與舒章會業序中之「文孫」及臥子「送陸文孫省試金陵」詩之「陸文孫」，同是一人無疑也。據臥子「遊陸文定公墓舍」詩及闇石勝時所記，可知陸子玄之墓田丙舍，與牧齋之拂水山莊性質頗相類，故能邀宴友朋，招致名姝也。又牧齋此次至松江，本爲復明活動。其往還唱訓之人，多與此事有關。故子玄亦必是志在復明之人。但何以於次年即應鄉試？表面觀之，似頗相矛盾。前論李素臣事，謂其與侯朝宗之應舉，皆出於不得已。子玄之家世及聲望約略與侯李相等，故疑其應丁酉科鄉試，實出於不得已，蓋建州入關之初，凡世家子弟著聲庠序之人，若不應鄉舉，即爲反清之一種表示，累及家族，或致身命之危險。否則陸氏雖在明南都傾覆以後，其舊傳田產，猶未盡失，自可生活，不必汲汲干進也。關於此點，足見清初士人處境之不易。後世未解當日情勢，往往作過酷之批評，殊非公允之論也。至彩生之事蹟，則不易考知。牧齋高會堂詩序有「北里新知，目成婉孌」之語，可見牧齋前此并未與之相識。又觀上列第叁題第伍首，牧齋自注特載河東君評語，可見河東君與彩生深具同情，絶無妬嫉之意。取與順治九年牧齋第壹次至金華遊説馬進寶時，竟不敢買婢者大異。足證彩生亦是有志復明之人。又此題第玖首第叁句之「西山」，指虞山，蓋拂水巖在虞山南崖，而虞山在常熟縣西北，故牧齋可稱之爲「西山」。（見劉本沛虞書「虞山」及「拂水巖」條。）與第肆章所論「（辛巳）冬至後京江舟中感懷」八首之八及「（癸未）元日雜題長句」八首之七兩詩中之「西山」指蘇州之鄧尉者不同。拂水山莊梅花之盛，屢見於牧齋之詩文。可參第肆章論東山訓和集「除夕山莊探梅」詩等。第拾首第貳句「繞磵」之「磵」，即虞山之桃源磵。（見虞書「桃源磵」條。）第叁肆兩句自是用東坡「十一月二十六日松風亭下梅花盛開」詩中「海南仙雲嬌墮砌，月下縞衣來扣門」之語。（見馮應榴蘇文忠公詩合注叁捌。）竊牧齋之意欲霞城偕彩生同至其家，與河東君相見，絶無尹邢不能覿面之畏懼。則此二女性，俱屬有志復明之人，復可以推知矣。有學集壹貳東澗集上，康熙元年壬寅春間所賦「茸城弔許霞城」七律，第貳聯云：「看花無伴垂雙白，壓酒何人殢小紅。」上句謂己身，下句謂彩生。可取與上列第叁題相參證也。嗚呼！建州入關，明之忠臣烈士，殺身殉國者多矣。甚至北里名媛，南曲才娃，亦有心懸海外之雲，（指延平王。）目斷月中之樹，（指永曆帝。）預聞復楚亡秦之事者。然終無救於明室之覆滅，豈天意之難迴，抑人謀之不臧耶？君子曰，非天也，人也！

關於上列三題中許譽卿孫晉陸慶曾及彩生諸人之事蹟，約略考證既竟，兹再就三題中諸詩，擇其可注意者，稍詮釋之於下。

第壹題第肆首「漏月歌聲起暮鴉」句之「漏月」，遵王注有「琹女名漏月」之語，但未言出於何書。檢孫星衍平津館叢書中之燕丹子，源出永樂大典本，淵如復校以他書，故稱善本，獨未載「漏月」之名。復檢有學集詩注壹肆東澗集下「病榻消寒雜詠」四十六首之三十七「和劉屏山〔汴京紀事〕師師垂老絶句」中「十指琴心傳漏月」句，「漏月」下遵王注引楊慎禪林鈎玄云：

漏月事見燕丹子，漏月傳意于秦王，果脱荆軻之手。相如寄聲于卓氏，終獲文君之身。

皆絲桐傳意也。秦王爲荆軻所持，王曰，乞聽琴聲而死。琴女名漏月，彈音曰，羅縠單衣，可掣而絕。三尺屏風，可超而越。鹿盧之劍，可負而拔。王如其言，遂斬荆軻。始知牧齋所賦，遵王所注，殆皆出禪林鈎玄。鄙意楊用修爲人，才高學博，有明一代罕有其比。然往往僞造古書，如雜事秘辛，即是一例。故其所引燕丹子漏月之名，果否出於古本，尚是一問題也。此首「海棠十月夜催花」句，謝肇淛五雜俎上貳云：

十月謂之陽月，先儒以爲純陰之月，嫌於無陽，故曰陽月，此臆說也。天地之氣，有純陽，必有純陰，豈能諱之？而使有如女國諱其無男，而改名男國，庸有益乎？大凡天地之氣，陽極生陰，陰極生陽。當純陰純陽用事之日，而陰陽之潛伏者，已駸駸萌蘖矣。故四月有亢龍之戒，而十月有陽月之稱。即天地之氣，四月多寒，而十月多煖，有桃李生華者，俗謂之小陽春，則陽月之義，斷可見矣。

紅樓夢第玖肆回「宴海棠賈母賞花妖」節云：

大家說笑了一回，講究這花（指海棠。）開得古怪。賈母道：「這花兒應在三月裏開的，如今雖是十一月，因節氣遲，還算十月，應着小陽春的天氣，因爲和暖，開花也是有的。」

太平廣記貳佰伍樂門「玄宗」條云：

〔玄宗〕嘗遇二月初詰旦，巾櫛方畢，時宿雨始晴，景色明麗，小殿内亭，柳杏將吐，覩而歎曰，對此景物，豈可不與他判斷之乎？左右相目，將命備酒，獨高力士遣取羯鼓。上旋命之，臨軒縱擊一曲，曲名春光好，上自製也。神思自得，及顧柳杏，皆已發拆，指而笑謂嬪嬙內官曰，此一事，不喚我作天公可乎？皆呼萬歲！

丁傳靖輯宋人軼事彙編壹貳引春渚紀聞云：

東坡在黄日，每有燕集，醉墨淋漓，不惜與人。至於營妓供侍，扇題帶畫，亦時有之。有李琪者，（原注：清波雜志作李琦。庚溪詩話作李宜。）少而慧，頗知書，時亦每顧之，終未嘗獲公賜。至公移汝，將祖行，酒酣，琪奉觴再拜，取領巾乞書。公熟視久之，令其磨研。墨濃，取筆大書云，東坡七載黄州住，何事無言及李琪。即擲筆袖手，與客談笑。坐客相謂，語似凡易。又不終篇，何也？至將撤具，琪復拜請，坡大笑曰，幾忘出場。繼書云，恰似西川杜工部，海棠雖好不留詩。一座擊節。

綜合上引材料，推測牧齋此詩意旨，殆與前論「戲贈塾師」詩有相似之處。清世祖徵歌選色，搜取江南名姝，以供其耳目之娱，第肆章論董小宛事已言及之。此輩女性，即牧齋詩所謂漏月之流。牧齋此詩列於「丙申重九海上作」之後，「徐武静生日」之前。（寅恪案，陳乃乾陳洙編徐闇公先生年譜萬曆四十二年甲寅條云：「九月二十日，弟致遠生。」）可證乃九月中旬所賦。海棠於小陽春之十月，本可重開。今賦詩在九月，故用李三郎羯鼓催花之典。海棠用東坡贈李琪詩語，亦指彩生。意謂惜彩生不能與董白之流被選入宮，否則可藉以復仇如苧蘿村女之所爲，而與漏月之暗示秦王拔劍斬荊軻者，大異其趣。頗疑牧齋此詩之意，即當時最後與彩生所談之語。是耶？非耶？姑妄言之，以俟更考。

第壹題第陸首「銀漢紅牆限玉橋。月中田地總傷凋」二句，意謂松江與桂王統治之西南區域隔離頗遠，且迫蹙一隅，土地民衆皆不及江南之富庶。「秋燈依約霓裳影，留與銀輪伴寂寥」二句，意謂今夕吾輩之文宴，實聚商反清復明之事，聊可告慰於永曆帝也。

第貳題第壹聯：「喪亂天涯紅粉在，友朋心事白頭知。」可與上引「茸城弔許霞城」詩「看花無伴垂雙白，壓酒何人殢小紅」相參證。第伍句「朔風悽緊吹歌扇」，亦暗寓彩生不甘受清人壓迫之意。觀此，知牧齋推崇彩生甚至，而彩生之爲人，又可想見矣。

第叁題第壹首「紅顏白髮偏相殢，都是昆明劫後人」二句，蓋牧齋之意，以彩生與霞城同具復明之志，故能親密如此，非尋常兒女之私情可比也。第貳首「兵前吴女解傷悲，霜咽琵琶戍鼓催」二句意謂清廷駐重兵於松江以防海。「吴女」指彩生也。「促坐不須歌出塞，白龍潭是拂雲堆」二句，謂當時置酒於白龍潭上，而白龍潭所在之松江，已歸清室統治，與塞外之拂雲堆無異。己身與霞城輩之身世，亦與王昭君相似。其感慨沉痛，實有甚於白樂天琵琶引「同是天涯淪落人」句，（見白氏文集壹貳。）及東坡「定惠院海棠」詩「天涯淪落俱可念」者矣。（見馮氏蘇文忠公詩合注貳拾並可參容齋五筆柒「琵琶行海棠詩」條。）全唐詩第捌函杜牧肆「題木蘭廟」詩云：

彎弓征戰作男兒。夢裏曾經與畫眉。幾度思歸還把酒，拂雲堆上祝明妃。

今彩生身世類於明妃，而心事實同於木蘭。牧齋下筆時，必憶及小杜此詩無疑也。

第肆首「欲別有人頻顧燭，憑將一笑與分攜」亦用全唐詩第捌函杜牧肆「贈別」二首之二（才調集肆題作「題贈」。）云：

多情卻似總無情。惟覺尊前笑不成。蠟燭有心還惜別，替人垂淚到天明。

而微反其意。以其出處過於明顯，故河東君不依第伍首之例，標出之耳。

第陸首「漢宮遺事剪燈論。共指青衫認淚痕」二句，亦用白香山琵琶行之語，以指於崇禎時，兩人共忤溫體仁，曾被黜謫事。但當時雖被革退，尚在明室統治之中國，猶勝於今日神州陸沉，胡塵滿鬢。孫魯山是否不效陳皇后以千金買長門賦，藉求漢武帝之復幸，未敢決言。至牧齋被黜還家後，屢思進取，終至交結馬阮，身敗名裂，前已詳論，茲不復贅。今讀此詩，不覺令人失笑也。

第捌首「斷送暮年多好事，半衾煖玉一龕燈」二句，牧齋老歸空門，又與河東君偕隱白茆港之紅豆山莊，自是切合。至霞城雖「國變後，祝髮爲僧」，（見小腆紀傳伍陸許譽卿傳。）但若未貯彩生於金屋，則「半衾煖玉」一語，恐尚不甚適當也。

牧齋順治十三年丙申秋冬間之遊松江，乃主於徐武静家。前言武静實爲此次復明活動之中心人物。故牧齋贈武静生日詩乃高會堂集中重要篇什。兹以其詩過長，節略於下，並略加釋證。但詩中原注云「有本事，詳在自注中」之語，今諸本此「自注」皆已删去，無從考知，甚爲可惜。姑以意妄加揣測，未知當否？博雅通人，幸有以教正之也。

有學集詩注柒高會堂詩集「徐武静生日置酒高會堂賦贈八百字」云：

豐芑根滋大，澧蘭葉愈芳。長離仍夭矯，二遠竝翱翔。視草徵家集，探花嗣國香。（自注：「已上記徐氏閥閲之盛，次述板蕩淒涼。」）時危人草草，運往淚浪浪。喪亂嗟桑梓，分攜泣杕堂。午橋虚緑野，甲第裂倉琅。毳帳圍廛里，穹廬埒堵牆。上楹殘網户，遥集儼堂皇。藻井欹中霤，交疏斷兩廂。駱駞銜燕寢，雕鷟撲迴廊。緑水供牛飲，青槐繫馬枊。金扉雕綺繡，玉軸剔裝潢。篳篥吹重閣，胡笳亂洞房。重來履道里，旋憶善和坊。滅没如前夢，低迴對夕陽。老夫殊毷氉，吾子賸飛揚。（自注：「已下敘武静生日置酒。」）奕葉違東閣，誅茅背北邙。賜書傳鼓篋，遺笏貯牙牀。著作推徐幹，交游説鄭莊。駕從千里命，諾許片言償。故國魚龍冷，高天鴻鴈涼。撫心惟馬角，策足共羊腸。（自注：「上四語兼懷闇公。」）四十年華盛，三千風力强。開筵千日酒，初度九秋霜。上客題鷃鵲，佳兒蠟鳳凰。寒花宜晚節，淡月似初暘。且共謀今夕，相將抗樂方。鐃歌喧枉渚，鼓吹溢餘皇。（自注：「于時有受降之役。」）積氣噓陽燄，衝風決土囊。紛紛争角觝，往往捉迷藏。身世雙樊籠，乾坤百戲場。拔河羣作隊，蹀埼巧相當。（自注：「蹀埼抛磚戲也。」）粤祝刀頭沸，倀童撞末忙。倒投應共笑，殞絶又何妨。丸劍紛跳躍，虺蛇莽陸梁。雉媒聲呃喔，鷄距羽飄颺。蚊翼飛軍檄，龜毛算土疆。蟻酣床下鬭，鼠怯穴中僵。左角封京觀，南柯缺斧斨。西垣餘落日，東牖湛清觴。鶉首天還醉，旄頭角尚芒。楚弓亡自得，鄭璧假何常。頌德牛腰重，横經馬肆詳。（原注：「有本事，詳在自注中。」）酒兵天井動，飲器月氐良。噩夢難料理，前塵費忖量。糟床營壁壘，茗椀揀旗槍。乍可歌鸜鵒，寧辭典驌驦。持籌徵緑醑，約法聽紅粧。笑口燈花爛，灰心燭淚行。有言多謬誤，無處愬顛狂。授色流眉睩，傳杯嚙口肪。漏殘河黯淡，舞罷斗低昂。班馬宵喧攊，隣雞曉奮吭。莫嫌相枕籍，旭日漸煌煌。

寅恪案，此時牧齋及武静之任務，可於永曆與徐孚遠張元暢兩敕文中見之，兹全録兩敕文於下。

徐闇公先生年譜永曆六年即順治九年壬辰條「永曆自黔遣官賫敕諭先生偕張肯堂等進取」下附敕曰：

皇帝敕諭贊理直浙恢剿軍務兼理糧餉都察院左僉都御史徐孚遠。朕以涼德御宇，崎嶇險阻，六載於兹。每念貞臣志士，抗節遐陬，茹荼海表，不禁寢食爲廢。兹以黔方地控上游，爰於今春二月，暫蹕安龍，用資調度。賴秦王（指孫可望。）朝宗，力任尊攘，分道出師，數月之間，川楚西粤相次底定。事會既有可爲，策應自不宜緩。爾孚遠貞心獨立，忠節性成，履重險而不回，處疾風而愈勁。前晉爾都察院右僉都御史，贊理恢勦軍務，久有成命。頃覽督輔臣肯堂及爾來奏，知爾與樞司臣徐致遠等潛聯内地，不避艱危，用間伐謀，頗有成緒。朕心嘉尚。用敕國姓成功提師北上，進規直浙。爾其與督輔肯堂，鼓勵諸師，承時進取。或聯合山海義旅，張我犄角。或招徠慕義僞帥，間其心腹，務期蕩平羶穢，密奏收京，俾朕旋軫舊都，展謁陵廟。惟時爾庸若宋臣范仲淹，以天下爲己任。故其文章氣節彪炳一時，至今尚之，爾其勉旃，慰朕至望。欽哉！特敕。永字一萬一千十三號。

又附有陳洙按語云：

直浙即江南浙江，蓋江南爲明之直隸省，是時肯堂已先一年殉國舟山，桂王尚未之知，故敕中又及督輔肯堂字樣。

同書永曆八年即順治十一年甲午條「永曆遣官齎敕諭先生及張元暢。」下附敕曰：

皇帝敕諭僉憲臣徐孚遠，樞司臣張元暢，朕蹕安龍垂及三載，每念我二三忠義，戮力遠疆，艱危備歷，不禁寢食爲廢。爾僉憲臣孚遠履貞抗節，歷久不渝。近復深入虜窟，多方聯絡，苦心大力，鑒在朕心。爾樞司臣張元暢，不憚險遠，間關入覲，去春啣命東歸，百罹並涉，卒能宣德達情，克將使命。用是特部議予孚遠贊理直浙恢剿軍務，兼理糧餉關防。予元暢直浙督師軍前監軍理餉關防，俾爾疏通遠近，以便奏報。方今胡氛漸靖，朕業分遣藩勳諸師，先定楚粵，建瓴東下。漳國勳臣成功亦遣侯臣張名振等統帥舟師，揚帆北上。爾務遥檄三吴忠義，俾乘時響應，共奮同仇。仍一面與勳臣成功商酌機宜，先靖五羊，會師楚粵。俟稍有成績，爾等即星馳陛見，以需簡任，尚其勉旃，慰朕屬望。欽哉！特敕。

據上引永曆六年即順治九年敕文「招徠慕義僞帥，間其心腹」之語，復檢清史列傳捌拾馬逢知傳云：

〔順治七年〕十一月土賊何兆隆嘯聚山林，外聯海賊，爲進寶擒獲。隨於賊營得僞疏稿，謂進寶與兆隆通往來，疏請明魯王頒給敕印。又得僞示，稱進寶已從魯王。進寶以遭謗無因，白之督臣陳錦，以明心跡。錦疏奏聞。得旨：設詐離間，狡賊常情。馬進寶安心供職，不必驚懼。

此事雖在前二年，且頒敕印者爲魯王，而非桂王，然情狀實相類似，可以互證。故招徠慕義僞帥之責，如牧齋聲望年輩及曾迎降清兵者，最足勝任。況牧齋復經瞿稼軒之薦舉從事此種工作乎？又據此敕文「爾與樞司臣徐致遠等潛聯内地，不避艱危，用間伐謀，頗有成緒」等語，則知武静早已遊説僞帥反清復明，稍有成緒矣。其稱之爲「樞司臣」者，正如顧亭林，魯王曾授以兵部司務事，後唐王復以職方郎召之例。（見清史稿肆捌柒儒林傳貳顧炎武傳。）但顧亭林詩箋注前附清國史館舊傳，改「魯王」及「唐王」爲「福王」，蓋有所避忌也。此種低級官銜，大抵加諸年輩資格較淺之人，武静亭林即其證也。

又關於顧亭林受南明諸主官秩事，更牽及汪琬與歸莊争論「布衣」問題，如堯峰文鈔叁叁「與歸元恭書」第貳通云：

> 人主尚不能監謗，足下區區一布衣，豈能盡箝士大夫之口哉？

同書同卷「與周漢紹書」略云：

> 僕再託致元恭手札，力辨改竄震川集非是。彼概置不答，而輒讕詞詬詈。又聞指摘最後札中「布衣」二字，謂僕簡傲而輕彼。於是訴諸同人，播諸京師士大夫之口，則元恭亦甚陋矣。僕不審元恭所訴何詞，士大夫何故一口附和也。由僕言之，布衣之稱，不爲不尊，不爲不重，不爲不褒且譽也。僕原書具在，上文借引人主，下文用布衣比擬，正與

莊荀文義略同。以此繆相推奉，使元恭或跼蹐忸怩而不敢當，斯則宜矣。而顧謂簡傲，彼雖甚陋，豈奔走干謁之暇，全未寓目諸書乎？記有之，學然後知不足，彼之所以怠然詬詈至於再四，而莫止者，夫孰非不學之故與？竊願元恭少留意於學也。抑僕又妄加揣摩，得毋元恭間從宦游，亦既授有官秩，而僕忽忘之耶？則僕生稍晚，自世祖章皇帝以來，即從事本朝，爲郎官爲小吏於京師。是故祇知本朝官秩而已，若元恭所歷，實不能知也。以此罪僕簡傲，又奚逭焉？元恭交游甚廣，其聲燄氣埶，皆足殺僕，不得不自白於足下，幸足下代爲雪之。

歸莊集伍「再答汪苕文」略云：

二月八日布衣歸某頓首苕文民部先生執事。自正月二十一日，連得二書。甚怪！執事第二書，謂僕斥之爲戅，爲杜撰，爲取笑。且謂僕以區區一布衣，欲箝士大夫之口，而咆哮觝觸。戅字，僕書初未嘗有，而横誣之。若杜撰，取笑，則誠不能諱。昔王文恪公〔鏊〕罷相歸里門，〔陸〕貞山先生〔粲〕尚爲諸生，相與質難文義，宛如平交。文恪心折於陸，每注簡端云，得之子餘。前輩之忘勢，而虚懷若此，今執事不過一郎官耳，遂輕僕爲區區一布衣，稍有辨難，便以爲咆哮觝觸。人之度量相越，乃至於此。執事每言作文無他妙訣，惟有翻案。夫翻案者，如人在可否之間，事涉是非之介，不妨任人發論。

然昔人尚有以好奇害理爲戒，今執事乃故寬肆意删改之罪，而鍛鍊苦心訂正之人，此不得謂之翻案，乃是拂人之性耳。僕前書氣和而辭遜，執事顧謂其咆哮觝觸，今則誠不能無觝觸矣。蓋欲執事知區區布衣，亦有不可犯者，毋遂目中無人，而概凌轢之也。

夫玄恭與亭林同時起兵抗清，魯王既授亭林以官職，則玄恭亦必有類似之敕命。（可參小腆紀傳伍叁儒林壹顧炎武傳及同書伍捌歸莊傳。）鈍翁應知恒軒曾受明之虚銜，故挾此以要脅恫嚇。其用心狠毒，玄恭發怒，即由於此。至與周漢紹書，自「抑僕又妄加揣摩，」至「實不能知也」一段，漢奸口吻，咄咄逼人，顔甲千重，可謂不知世間有羞恥事矣。特標出之，以告讀恒軒堯峰之集者。

又永曆六年敕「用敕國姓成功提師北上，進規直浙」及永曆八年敕「漳國勳臣成功亦遣侯臣張名振等統帥舟師，揚帆北上，爾務遥檄三吴忠義，俾乘時響應，共奮同仇」等語，足證牧齋諸人之謀接應延平，亦實奉永曆之命而爲之，非復明諸人之私自舉動也。永曆六年敕「務期蕩平羶穢，密奏收京，俾朕旋軫舊都，展謁陵廟」等語，足證牧齋之頻繁往來南京，甚至除夕不還家渡歲，河東君亦能原諒之者，蓋牧齋奉有特别使命之故也。抑更有可笑者，永曆六年敕爲「特敕。永字一萬一千十三號」。以區區之小朝廷，其官書之繁多如此。唯見空文，難睹實効，焉得不終歸覆滅哉？

復次，牧齋詩中有略須釋證者「長離仍夭矯，二遠竝翺翔」一聯，指徐氏兄弟三人。「長離」謂闇公仲弟聖期。徐闇公先生年譜萬曆二十九年辛丑條云：

　　四月弟聖期鳳彩生。

同書永曆十一年即順治十四年丁酉條云：

　　七月先生弟鳳彩卒。

牧齋稱鳳彩爲「長離」者，蓋漢書伍柒下司馬相如傳「大人賦」云：

　　前長離而後矞皇。（原注：「師古曰，長離靈鳥也。」）

及舊題伊世珍撰瑯嬛記云：

　　南方有比翼鳥，（寅恪案，佩文韻府「八霽」所引，「鳥」作「鳳」。）飛止飲啄，不相分離。雄曰野君，雌曰觀諱。摠名曰長離。言長相離着也。此鳥能通宿命，死而復生，必在一處。

牧齋賦此詩在順治十三年丙申九月，是時聖期尚健在。但鈞璜堂存稿徐闇公先生年譜附録王澐「東海先生傳」略云：

　　東海先生姓徐氏，名孚遠，字闇公，華亭人。父太學公爾遂，生三子，長即先生，仲鳳彩，少致遠。先生出亡時，湖海風濤，家門岌岌不自保，仲弟遂以憂卒。少弟爲世所指名，幾濱於危。奔走急難，傾身下士，由是家門得全，家益中落，勞瘁失志，亦以憂卒。

然則聖期與武静兄弟二人，謹慎豪俠，各有不同。（可參鈞璜堂存稿拾「武静弟」及同書壹壹「聞聖期二弟没，賦哀」六首之二及五等詩。）武静當日壽筵，牧齋及其他賓客，皆反清復明好事之人，以意揣之，聖期未必與此輩往還。其弟生日時，或竟不預坐，亦未可知。唯牧齋壽武静詩，歷敍徐氏家門之盛，兼懷闇公，自不能不言及聖期耳。

牧齋詩自「喪亂嗟桑梓」至「低迴對夕陽」一段，指徐氏第宅爲清兵佔據毁壞之淒涼狀況。雲間地宅志所記徐階徐陟兄弟及其子孫之屋舍甚多，恐牧齋詩中所述乃指徐階賜第即王氏書中略云：

> 南門内新橋河西。仙鶴館西徐文貞公階賜第，有章賜世經二堂，門有額曰，三賜存問。

是也。其他徐氏第宅，或以較爲狹小，不足供駐兵之用，遂幸得保存，如武静之高會堂，即是其一。尊鄉贅筆上「議裁提督」條云：

> 吾松郡制吴淞總兵一員駐防，其餘沿海如金山衛川沙等處，各設參戎。形勢聯絡，海濱有警，一呼俱應，最爲得策。自國朝慮海氛飄忽，專設提督，坐鎮府城。去海百餘里，分防諸弁往來請命，緩急不能即赴，賊往往乘隙揚帆突入，屢遭劫掠，逮遣兵而已無及矣。况提鎮銜尊勢重，坐享榮華，糜兵耗餉，有害無益，兼之兵民雜處，尤屬不安，百

姓房屋，半成營伍。洪内院承疇議撤提督，以總兵駐吴淞。科臣亦有籌及此者，何時得復舊制，使郡中士庶復覩昇平之象耶？

足知當日提督駐在松江府城，其部下侵佔及毁壞民間房屋之情形。故閬石所記，亦可視爲牧齋詩此段之注脚也。牧齋詩：「重來履道里，旋憶善和坊。」上句指武静之高會堂。下句指文貞賜第。「履道里」用白香山典故，固不待言。「善和坊」出柳子厚「與許孟容書」。牧齋意謂高會堂幸存，而賜第被佔也。里坊兩字可以通用，况上句既用「里」字，下句不當重複。且「坊」字爲此詩之韻脚，不能更用他字。遵王注「善和坊」，并列雲谿友議及柳文兩出處，而不加擇别，蓋范書作「善和坊」，柳文作「善和里」之故。殊不知范書所言乃是揚州之倡肆。豈可以目宰相之賜第耶？讀遵王注至此，真可令人噴飯也。「鐃歌喧枉渚，鼓吹溢餘皇」一聯，下注云：「于時有受降之役。」清史稿伍世祖本紀二略云：

〔順治十三年丙申七月〕戊申（初二日。）官軍敗明桂王將龍韜於廣西，斬之。庚戌（初四日。）鄭成功將黄梧等以海澄來降。八月壬辰（十七日。）封黄梧爲海澄公。

然則此聯上句指龍韜之敗死，下句指黄梧之降清。牧齋所謂「于時有受降之役」，即指海澄氏而言。黄氏之降，關係明清之興亡者甚大，故牧齋自注特標出之。清廷發表兩事在七月及八月。牧齋得聞知，當在八九月，距賦此詩時甚近也。或更謂清史稿伍世祖本紀貳載：

〔順治十三年丙申正月〕己亥（廿日。）鄭成功將犯台州，副將馬信以城叛，降於賊。

牧齋所謂受降之役，即指此事。蓋以鄭延平受馬信之降也。但牧齋自注既不詳言，故未敢決定，姑備一説，以俟續考。牧齋詩「蚊翼飛軍檄，黿毛算土疆」一聯，上句遵王注引東方朔神異經「南方蚊翼下有小蜚蟲焉」等語以釋之，是。牧齋之意，不過謂此時南方尚用兵也。下句遵王注引任昉述異記「夏桀時，大黿生毛，而兔生角，是兵角將興之兆」以爲釋，自亦可通。但鄙意牧齋「黿毛」之語，蓋出佛典，如楞嚴經之類。其義謂虚無不足道。推牧齋詩旨，蓋謂南明此時疆土雖有損失，亦無害於中興之大計也。「頌德牛腰重，横經馬肆詳」一聯，下原注云：「有本事，詳在自注中。」夫歌功頌德之舉，乃當日漢奸文人所習爲者，淵明詩之所慨歎，亦建州入關之初，漢族士子依附武將聊以存活之常事，殊不足怪。但牧齋此聯必有具體事實，非泛指一般情況。其自注今不可見，甚難確言也。「持籌徵緑酺，約法聽紅粧」一聯，下句之「紅粧」，當有彩生在内。末兩句「莫嫌相枕籍，旭日漸煌煌」，蓋謂此時預會諸人，雖潦倒不得志，但明室漸有中興之望，聊可自慰。牧齋斯語，不獨可爲此詩之結語，亦高會堂集諸詩之主旨也。

有學集詩注柒「雲間諸君子再饗余於子玄之平原北臯（見遵王「陸機山」注。）子建斐然有作，次韻和答四首」云：

松江蟹舍接魚灣。箬笠拏舟信宿還。愛客共尋張翰酒，開筵先酹陸機山。吹簫聲斷更籌急，舞袖風迴么鼓閒。沉醉尚餘心欲擣，江城悲角隱嚴關。

其二云：

徵歌選勝夢華年。裝點清平覺汝賢。燈下戲車開地脉，（自注：「優人演始皇築長城事。」）尊前酒户占天田。吴姬却愬從軍苦，禪客偏拈贈妓篇。看盡秋容存老圃，莫辭醉倒菊花前。

其三云：

秋漏沉沉夜壑移。餘杭新酒熟多時。笙歌氣暖燈花早，宴語風和燭淚遲。上客紫髯依白髮，佳人翠袖倚朱絲。（自注：「魯山公次余坐，彩生接席。」）頻年笑口真難得，黄色朝來定上眉。

其四云：

幾樹芙蓉伴柳條。平川對酒碧天高。湘江曲調傳清瑟，（涵芬樓本「曲調」作「一曲」。）漢代詞人謚洞簫。（寅恪案，「謚」疑是「詠」字之譌。）自有風懷銷磊塊，定無籌策到漁樵。停杯且話千年事，（涵芬樓本「且」作「莫」。）黄竹誰傳送酒謡。（自注：「席中宋子建作致語，有云，借箸風清，效伏波之聚米。非道人本色，五六略爲申辨，恐作千古笑端耳。」）

寅恪案，前論「雲間諸君子饗余於高會堂」詩，謂牧齋初至松江，雲間諸友爲之洗塵，故合宴之於高會堂。今此詩題「再饗余於子玄平原北皐」，則當是共爲餞行之舉也。子建者，宋存標之字。光緒修華亭縣志壹陸人物門云：

宋存標字子建，號秋士，堯武孫，明崇禎十五年副貢。子思玉，字楚鴻。思宏，字漢鷺。思璟，字唐鶚。

在「再饗」詩前，牧齋有「次韻答宋子建」及「次韻答子建長君楚鴻」兩題，不過詶應之作，故不備録。此題則雲間諸人以其來松遊説馬進寶反清，略告一段落，將歸常熟，公餞席間，子建賦詩并作致語，賀其成就，故牧齋次韻和答，寓有深意。與前此兩題，僅爲尋常詶應之作者，大不相同也。第壹首七八兩句，言當日清廷駐重兵於長江入海要地之松江，以防鄭成功。毛詩壹貳小雅小弁云：

踧踧周道，鞫爲茂草。我心憂傷，惄焉如擣。

傳云：

周道，周室之通道。（可參錢飲光澄之田間詩學此篇引陳式語。）

蓋長江爲通南都之大道，與其次年所作「鐵鎖長江是舊流」句，（見有學集詩注捌「燕子磯歸舟作。」）同一辭旨也。第貳首第貳聯，下句指上引「彩生持扇索詩戲題八首」等同類之篇什。「禪客」牧齋自稱也。上句自指彩生。其愬從軍苦者，必非泛説。觀題彩生扇八首之八「北斗横斜人欲别，花西落月送君歸」句，及「霞老累夕置酒，彩生先别」一題，知彩生往往不待席終，即先别去，似有拘束所致。豈彩生乃當日營妓耶？俟考。

偶檢徐電發釚本事詩拾載毛馳黄先舒「贈王采生詩四首」并序云：

蓋聞柴桑高韻，非無西軒之曲。（見涵芬樓影宋刊本箋注陶淵明集陸閑情賦。）楚士貞心，亦有東鄰之賦。（見文選壹玖宋玉登徒子好色賦。）雖託興于豔歌，實權輿于大雅者也。同郡范子，天情高逸，風調霽朗，埋照濁世，混跡囂塵。莫愁湖畔，屢變新聲。阮籍壚頭，何疑沉醉。爾乃偶然命屐，瞥爾逢僊。地多松栢，上賓邀除徑之歡。門掩枇杷，才子乃掃門（眉）之客。其人也，産自鶴沙，僑居鳳麓。收束近禁中之態，散朗饒林下之風。若乃妙能促柱，雅工垂手。丹唇乍啓，毫髮崩雲。響屧初來，氍毹如水。感此傾城之好，遂叶同聲之歌。白門柳下，夜夜藏烏。油壁車邊，朝朝騎馬。是以紅牋十丈，寫幽豔以難窮。白紵千絲，縈繁愁而欲斷。茂矣美矣，婉兮孌兮。南方故多佳人，而西陵洵稱良會者也。于是傳諸好事，遞撰新篇，既美一緒之聯文，且驚諸體之競爽。昔者囉嗊曲高，鏡湖開色。善和筆妙，雪嶺更題，總標美于青樓，均流音于斑管。以兹方昔，將無過之。僕憂病無方，風流殆盡。聊宣短敍，并製韻文。悔其少作，敢借口於揚雲。

輒冠羣賢，終汗顔于李白云爾。

昨日非今日，新年是舊年。迷人春半草，相望隔江煙。

鴨臥香爐煖，蜂憎繡幕垂。何當寒食雨，著意濕花枝。

吴綃吹夢薄，楚簟壓嬌多。宿髻鬔鬆處，教誰喚奈何。

柳汁匀晨黛，桃脂助晚妝。誰憐薄命妾，不負有心郎。

寅恪案，「同郡范子」者，疑是范驤。清史列傳柒拾文苑傳柴紹炳傳附毛先舒傳略云：

毛先舒字稚黄，（浙江）仁和人。初以父命爲諸生，改名騤。父歿，棄諸生，不求聞達。少奇慧，十八歲著白榆堂詩，陳臥子見而奇賞之，因師子龍。復著有歊景樓詩，子龍爲之序。又從劉宗周講學。

民國修海寧州志稿貳玖文苑門范驤傳略云：

范驤字文白，號默庵。書法㑥鍾王。環堵蕭然，著述不輟。俄以史禍被逮，已而得釋，志氣如常。令下郡國輯修邑乘，驤考獻徵文，書將成而卒，年六十八。

吴修昭代名人尺牘小傳柒范驤傳云：

范驤字文白，號默庵，海寧人，諸生。工書，有默庵集。

文白事蹟第叁章論「採花釀酒歌」已略及之外，今更稍詳述之。文白既與牧齋交好，又曾爲南潯莊氏史案所牽累，卒以與陸圻查伊璜同自首之故，得免於禍。（見痛史第肆種莊氏史案附陸鑽任莘行撰「老父雲遊始末」。）當日列名莊氏史書諸人，大抵皆江浙文士不歸心建州者。觀陸查志行，亦可以推知范氏之旨趣矣。稚黃師事陳子龍，又從劉宗周講學，則其人當亦反清之流，與文白同氣類者。由是言之，毛范之粉飾推譽彩生，殆有政治關係，不僅以其能歌善舞也。「鶴沙」即上海縣之鶴沙鎮。上海爲松江府屬縣之一，薩都剌吴姬曲云：「郎居柳浦頭，妾住鶴沙尾。好風吹花來，同泛春江水。」（見顧嗣立元詩選初集戊集所選薩天錫鴈門集。）稚黃「産自鶴沙」之語，即用此古典，亦是當日之今典。復與牧齋詩「吴姬却怨從軍苦」之吴姬相合。「鳳麓」者，指鳳凰山麓而言，即謂松江府城。蓋松江有鳳凰山。第叁章論陳臥子「癸酉長安除夕」詩「曾隨俠少鳳城阿」節，已詳引證，兹不復贅。毛氏又言「傳諸好事，遞撰新篇，既美一緒之聯文，且驚諸體之競爽」。則贈彩生詩必有專刊傳播，如東山訓和集之類。此乃明末清初社會之風氣也。「囉嗊曲高，鏡湖開色」者，范攄雲谿友議下「豔陽詞」條略云：

> 安人元相國應制科之選，歷天禄畿尉，則聞西蜀樂籍有薛濤者，能篇詠，饒詞辯，常悄悒於懷抱也。及爲監察，求使劍門，以御史推鞫，難得見焉。〔後〕廉問淛東，别濤已逾十載。方擬馳使往蜀取濤，乃有排優周季南，季崇及妻劉採春，自淮甸而來，善弄陸參

軍，歌聲徹雲，篇韻雖不及濤，容華莫之比也。元公似忘薛濤，而贈採春詩曰，新粧巧樣畫雙蛾。幔裹恒州透額羅。正面偷輪光滑笏，緩行輕踏皺文靴。言詞雅措風流足，舉止低迴秀媚多。更有惱人腸斷處，選詞能唱望夫歌。望夫歌者，即羅嗊之曲也。（原注：「金陵有羅嗊樓，即陳後主所建。」）採春所唱一百二十首，皆當代才子所作。其詞五六七言，皆可和矣。詞云：昨日勝今日，今年老去年。黄河清有日，白髮黑無緣。（寅恪案，其詞共七首，只録其第伍首，餘皆從略。）採春一唱是曲，閨婦行人莫不漣泣。且以藁砧尚在，不可奪焉。

故稚黄詩四首之一，即倣採春所唱七首之五。頗疑毛氏此首之第壹第貳兩句之意，暗寓明社已屋，清人入關，雖標順治之年號，實仍存永曆之紀年也。况雲谿友議有「劉採春」之名，毛氏更可借用「採」字，以指「彩生」，鏡湖在越州，元微之爲浙東觀察使，鏡湖在其治所，毛氏序因云「鏡湖開色」也。

又「善和筆妙，雪嶺更題」者，雲谿友議中「辭雍氏」條略云：

崔涯者，吴楚之狂生也，與張祜齊名。每題一詩於倡肆，無不誦之於衢路。譽之，則車馬繼來，毀之，則盃盤失錯。嘲李端端〔曰〕，黄昏不語不知行。鼻似烟窗耳似鐺。獨把象牙梳插鬢，崑崙山上月初生。端端得此詩，憂心如病。〔鹽鐵〕使院飲迴，遥見二子躡展而行，乃道傍再拜競灼曰，端端祇候〔張〕三郎〔崔〕六郎，（見岑仲勉先生唐人行第録。）伏望哀之。又重贈一絶句粉飾之，於是大賈居豪，競臻其户。或戲之曰，李家娘子，纔出墨池，便登雪嶺。何期一日，黑白不均？紅樓以爲倡樂，無不畏其嘲謔也。祜涯久在維揚，天下晏清，篇詞縱逸，貴達欽憚，呼吸風生，暢此時之意也。贈詩云，覓得黄騮被繡鞍。善和坊裏取端端。揚州近日渾成差，一朵能行白牡丹。

毛氏用典頗妙，但王家娘子，絶非本出墨池，自不待稚黄輩爲之引登雪嶺也。一笑！

牧齋和答子建詩第叁首第貳聯上句「上客紫髯依白髮」即自注「魯山公次余坐」之意。蓋用三國志吴書貳孫權傳「權乘駿馬，越津橋得去」句下裴注引獻帝春秋曰：

張遼問降人，向有紫髯將軍，長上短下，便馬善射是誰？降人答曰，是孫會稽。遼及樂進相遇，言不早知之，急追自得。舉軍歎恨。

「上客紫髯」指魯山，「白髮」牧齋自謂也。下句「佳人翠袖」指彩生，「朱絲」即朱絃，謂所彈之樂器也。由是觀之，此次雲間諸子餞別牧齋，推魯山爲主要陪賓，倩彩生專事招待，又使子建特作致語，國士名姝齊集一堂，可稱盛會。頗疑此舉非僅出於武静輩之私人交誼，實亦因永曆帝欲藉鄭延平兵力以取南都，而牧齋爲執行此政策之一人有以致之歟？

牧齋詩第肆首第壹聯上句「湘江曲調傳清瑟」，用錢起故事，遵王注已釋，乃牧齋自謂。下句

「漢代詞人謚（？）洞簫」用徐陵玉臺新詠序：

> 東儲甲觀，流詠止于洞簫。孌彼諸姬，聊同棄日。猗與彤管，麗以香奩。

王褒作洞簫賦，（可參漢書陸肆下王褒傳及文選壹柒王子淵洞簫賦并徐孝穆全集肆玉臺新詠序吴顯令兆宜箋注。）「王」爲彩生之姓，故此句指彩生而言。牧齋以己身與彩生並舉，其推重彩生至於此極，必有深意，非偶然也。第貳聯上句「自有風懷銷磊塊」，即謂與彩生等文讌而已，非有其他作用。下句「定無籌策到漁樵」及自注，乃掩飾其此行專爲遊説馬進寶反清之事，所謂欲蓋彌彰者也。又雲間杜讓水登春尺五樓詩集貳「武静先生席上贈錢牧翁宗伯」云：

> 孺子賓留老伏虔。叩鐘輒應腹便便。南朝事業悲歌裏，北固衣冠悵望前。帳内如花真俠客，囊中有券自蠻天。酒酣緒論堪傾耳，莫使迂儒縮舌還。

寅恪案，讓水此詩第貳聯，上句指河東君，第肆章已引。下句「券」字即「丹書鐵券」之「券」借作「詔」字，疑指牧齋實受有永曆密旨。第柒捌兩句，則指武静席上牧齋與諸人共談復明之事也。故牧齋此次至松江之企圖，得讓水此詩，益可證明矣。牧齋詩第柒第捌兩句，用穆天子傳伍所云：

> 日中大寒，北風雨雪，有凍人。天子作詩三章，以哀民曰，我徂黄竹，□員閟寒，帝收

九行。嗟我公侯，百辟冢卿。皇我萬民，旦夕勿忘。我徂黄竹，□員閟寒，帝收九行。嗟我公侯，百辟冢卿。皇我萬民，旦夕勿窮。有皎者鴼，翩翩其飛。嗟我公侯，□勿則遷。居樂甚寡，不如遷土，禮樂其民。天子曰，余一人則滛，不皇萬民。□登乃宿於黄竹。

牧齋以桂王遷播西南，比之周穆王西巡。黄竹詩中「帝收九行。皇我萬民」，乃恢復神州以慰遺民想望故國故君之意。「有皎者鴼」，借「鴼」以指鷺門，即廈門。（見小腆紀年附考壹叁順治三年十一月丙寅「明鄭彩奉監國魯王次中左所，尋改次長垣」條所云：「中左所亦名鷺門即廈門也。」并可參鈞璜堂存稿伍「鷺山」詩「鷺門之山如劍戟」句。）「居樂甚寡，不如遷土」，謂鄭成功局處海隅，不如率師以取南都也。穆天子往往有獻酒之語，如卷叁命懷諸飦獻酒之類，但未見有「送酒」之辭。豈牧齋欲以此次在松江遊説馬進寶反清之情况遣人往告永曆帝及延平王耶？牧齋詩旨隱晦，頗難通解，姑備一説，殊未敢自信也。

「茸城惜别思昔悼今，呈雲間諸游好，兼與霞老訂看梅之約。共一千字」云：

（上略。）許掾來何暮，徐孃髮未宣。華顛猶躑躅，粉面亦迍邅。月引歸帆去，風將别袂褰。無言循鶴髮，有淚託鵾絃。身世緇塵化，心期皓首玄，魂由天筮予，命荷鬼生全。此日憂痟首，何時笑拍肩。臨行心痒痒，苦語淚濺濺。去矣思蝦菜，歸歟老粥饘。可知淪往劫，還許問初禪。燕寢清齋並，明燈繡佛燃。早梅千樹發，索笑一枝嫣。有美其人玉，相攜女手卷。衡寒羅袖薄，照夜縞衣妍。領鶴巡荒圃，尋花上釣船。白頭香冉冉，素手月娟娟。搔首頻支策，長歌欲扣舷，莫令漁父櫂，蘆雪獨夤緣。

寅恪案，范鍇華笑廎雜筆壹「黄梨洲先生批錢詩殘本茸城惜别詩」條云：

柳姬定情，爲牧老生平極得意事。纏綿吟咏，屢見於詩。

太沖此語，殊爲確評。牧齋平生所賦長篇五言排律如「有美詩」，「哭稼軒留守相公」及此詩等，皆極意經營之作，而此篇中以蒙古比建州，所用典故如「詐馬」「只孫」「怯薛」等，豈儉腹之妄庸鉅子自稱不讀唐以後書者所能辨。第肆章已引此詩「十六年來事」至「落月九峰烟」一節，兹不重列，僅録此詩末段，並略加詮論，以其與河東君有關故也。「許掾來何暮，徐娘髮未宣」一聯，上句以許詢比霞城。（見世説新語中「賞譽」下「許掾嘗詣簡文」及「支道林問孫興公，君何如許掾」等條。）下句以徐娘昭佩比河東君。當牧齋賦此詩時，河東君年已三十九，髮尚全黑，自是事實。但南史壹貳后妃下梁元帝徐妃傳云：

帝左右暨季江有姿容，又與淫通。季江每歎曰，栢直狗雖老猶能獵，蕭溧陽馬雖老猶駿，徐娘雖老，猶尚多情。

此則斷章取義，不可以辭害意也。「華顛猶躑躅，粉面亦迍邅」一聯，上句牧齋自謂，下句指河東君。牧齋作此詩末段邀霞城赴虞山拂水山莊看梅。恐是邀其與河東君面商復明計劃。霞城若至牧齋家，河東君自是女主人，應盡招待之責。且此段與首段皆關涉河東君，措意遣辭，如常山之蛇，首尾相應，洵爲佳作也。

復次，關於王彩生之資料，今所得尚不充足。姑先戲附一詩，以結他生之後緣云爾。

戲題有學集高會堂詩後

竹外横斜三兩枝。分明不是暮春期。未知輕薄芳姿意，得會衰殘野老思。萬里西風吹節換，夕陽東市索琴遲。可憐詩序難成讖，十月桃花欲笑時。

順治十三年丙申秋冬間，牧齋往松江遊説馬進寶反清告一段落。次年復往金陵，蓋欲陰結有志復明之人，以爲應接鄭延平攻取南都之預備。其流連文酒，詠懷風月，不過一種烟幕彈耳。此年之詩，前已多引證，兹擇録有學集詩注捌長干塔光集中順治十四年丁酉所作諸詩最有關復明運動及饒有興趣者詮論之於下。

「櫂歌十首爲豫章劉遠公題扁舟江上圖」其一云：

家世休論舊相韓。煙波千里一漁竿。扁舟莫放過徐泗，恐有人從圯上看。（自注：「遠公故相文端公之孫，尚寶西佩〔斯瑋〕之子。」寅恪案，并可參同書同卷「金陵雜題絶句」二十五首之二十二自注及華笑廎雜筆壹黄梨洲先生此題批語。）

其三云：

吴江煙艇楚江潮。瀨上蘆中恨未消。重過子胥行乞地，秋風無伴自吹簫。

寅恪案，遠公爲劉一燝之孫。明史貳肆拾劉一燝傳略云：

劉一燝字季晦，南昌人。光宗即位，擢禮部尚書兼東閣大學士。〔魏〕忠賢大熾，矯旨責一燝誤用〔熊〕廷弼，削官。追奪誥命，勒令養馬。崇禎改元，詔復官，遣官存問。八年卒。福王時，追謚文端。

季晦在福王時追謚文端，殆由牧齋之力。蓋此時牧齋任禮部尚書故也。遠公之至南京，不知有何企圖，據牧齋詩旨，以張良伍員報韓復楚相期許，則遠公之志在復明，爲牧齋所特加接納者之一，又可推知矣。

「顧與治書房留余小像自題四絶句」其二云：

崚嶒瘦頰隱燈看。況復撑衣骨相寒。指示傍人渾不識，爲他還著漢衣冠。

寅恪案，第二句有李廣不封侯之歎，即己身在明清兩代，終未能作宰相之意。末二句則謂己身已降順清室，爲世所笑駡，不知其在弘光以前，固爲黨社清流之魁首。感慨悔恨之意，溢於言表矣。

其二云：

蒼顔白髮是何人。試問陶家形影神。攬鏡端詳聊自喜，莫應此老會分身。

寅恪案，末二句自謂身雖降清，心思復明，殊有分身之妙術也。

其三云：

數卷函書倚浄瓶。匡牀兀坐白衣僧。驪山老母休相問，此是西天貝葉經。

寅恪案，牧齋表面雖屢稱老歸空門，實際後來曾有隨護鄭延平之舉動。今故作反面之語，以遜辭自解，藉之掩飾也。

其四云：

褪粉蛛絲網角巾。每煩櫻拂拭煤塵。凌煙褒鄂知無分，留與書帷伴古人。

寅恪案，網巾乃明室所創，前此未有，故可以爲朱明室之標幟，周吉甫暉續金陵瑣事「萬髮皆齊」條云：

太祖一夕微行至神樂觀，見一道士結網巾。問曰，此何物耶？對曰，此網巾也，用以裹之頭上，萬髮皆齊矣。次日，有旨召神樂觀結網巾道士，命爲道官，仍取其網巾，遂爲定式。

小腆紀傳伍貳畫網巾先生傳（寅恪案，徐氏所記出戴名世撰「畫網巾先生傳」。見戴南山先生全集柒。）略云：

畫網巾先生者，不知何許人。（寅恪案，小腆紀傳叁玖劉中藻傳云：「中藻子思沛，時羈浦城獄中，聞父死，曰，父死節，子可不繼先志乎！亦死。或曰，思沛即畫網巾先生也。」小腆紀年附考壹陸順治六年四月「我大清兵克福安，明魯兵部尚書東閣大學士劉中藻死之」條，亦載此事，但附考曰：「福建續志、福寧府志俱云思沛即世所稱畫網巾先生，而福安縣志謂思沛羈浦中獄中，聞中藻死，曰，父死節，子可不繼先志乎！亦死。浦城縣志亦云然。按畫網巾先生死泰寧之杉津，自另是一人。」茲附録於此，以供參考。）服明衣冠，從二僕，匿迹光澤山寺中。守將吴鎮掩捕之，送邵武，鎮將池鳳鳴訊之，不答。鳳鳴偉其貌，爲去其網巾，戒軍中謹事之。先生既失網巾，盥櫛畢謂二僕曰，衣冠歷代舊制，網巾則我太祖高皇帝創爲之，即死，可忘明制乎？取筆墨來，爲我畫網巾額上。畫已，乃加冠。二僕亦交相畫也。每晨起以爲常。軍中譁之，呼曰畫網巾云。（王之綱斬之，」挺然受刃於泰寧之杉津。泰人聚觀之，所畫網巾，猶斑斑在額上也。

小腆紀年附考壹柒順治七年庚寅十二月丙申（十七日）「明督師大學士臨桂伯瞿式耜，江廣總督兵部尚書張同敞猶在桂林諭降不屈，死之」條云：

〔張〕同敞手出白網巾於懷，曰，服此以見先帝。

錢曾牧齋投筆集箋注上「後秋興之二」第陸首「胡兵翻爲倒戈愁」句，牧齋自注云：

營卒從諸酋長，皆袖網巾氈帽，未及倒戈而還。

等，可以爲證。牧齋此詩前二句，亦同此旨。末二句自謂不能將兵如唐之段志玄尉遲敬德，只能讀書作文。此本是真實語，但其在弘光時，自請督師以禦清兵，則恐是河東君之慫慂勸勉，遂有是請耳。

「題畫」云：

撼撼秋聲卷白波。青山斷處暮雲多。沉沙折戟無消息，臥看千帆掠檻過。

寅恪案，遵王注本此詩列於「燕子磯歸舟作」後一題，「歸舟」詩有「薄寒筋力怯登樓」及「風物正於秋老盡，蘆花楓葉省人愁」等句。涵芬樓本列於「燕子磯舟中作」前一題，「舟中」詩亦有「輕寒小病一孤舟」句。并參以此詩第壹句「撼撼秋聲」之語，足證牧齋賦此「題畫」七絕，必在九月。全唐詩第捌函杜牧肆「赤壁」詩云：

折戟沉沙鐵未銷。自將磨洗認前朝。東風不與周郎便，銅雀春深鎖二喬。

前論魏白衣致書鄭延平謂「海道甚易，南風三日可直抵京口」。牧齋待至九月，以氣候風向之改變，知鄭氏無乘南風來攻南都之可能，遂不覺感樊川詩旨，而賦此「題畫」七絕也。

「有人拈聶大年燈花詞戲和二首」其一云：

蕩子朝朝信，寒燈夜夜花。也知虛報喜，爭忍剔雙葩。

其二云：

燈花燭夜多。寂寞怨青娥。一樣銀缸裏，無花又若何。

寅恪案，此爲憶河東君之作，不過藉和聶壽卿詩爲題耳。

「橋山」云：

萬歲橋山奠永寧。守祧日月鎮常經。青龍閣道蟠空曲，玄武鈎陳衛杳冥。墜地號弓依寢廟，上陵帶劍仰神靈。金輿石馬依然在。蹴踏何人夙夜聽。

寅恪案，此首爲明太祖孝陵而作。末二句則希望鄭延平率師來攻取南都也。

「雞人」云：

雞人唱曉未曾停。倉卒衣冠散聚螢。執熱漢臣方借箸，畏炎胡騎已揚舲。（自注：「乙酉五月初一日召對，講官奏曰，馬畏熱，必不渡江。余面叱之而退。」）刺閨痛惜飛章罷，（自注：「余力請援揚，上深然之。已而抗疏請自出督兵。蒙温旨慰留而罷。」）講殿空煩側坐聽。腸斷覆杯池畔水，年年流恨繞新亭。

俘虜而北行也。

寅恪案，此首爲牧齋自述弘光元年乙酉時事，頗有史料價值。末二句蓋傷福王及己身等之爲

「蕉園」云：

蕉園焚稿總凋零。况復中州野史亭。温室話言移漢樹，長編月朔改唐蓂。謏聞人自謌三豕，曲筆天應下六丁。東觀西清何處所，不知汗簡爲誰青。

寅恪案，此首乃深惡當日記載弘光時事野史之誣妄，復自傷己身無地可託以寫此一段痛史也。噫！牧齋在弘光以前本爲清流魁首，自依附馬阮，迎降清兵以後，身敗名裂，即使著書，能道當日真相，亦不足取信於人。方之蔡邕，尤爲可歎也。又同書同卷「金陵雜題絶句」二十五首之十三云：

人傑陽秋家汗青。天戈鬼斧付沉冥。赤龍重焰蕉園火，燒却元家野史亭。

此絶句亦自惜絳雲樓被焚，其所輯之明史稿本全部不存，與蕉園七律，可以互證，故附録之於蕉園詩後。

「小至夜月食紀事」（自注：「十一月十有六日。」）云：

蟾蜍蝕月報黄昏。冬至陽生且莫論。飛上何曾爲玉鏡，落來那得比金盆。朦朧自繞飛烏羽，昏黑誰招顧兔魂。晝盡鑪灰不成寐，（涵芬樓本「不成」作「人不」。）一星宿火養

微温。

寅恪案，此首必有所指，今難確定，不敢多所附會。但檢小腆紀年附考壹玖「（順治十四年丁酉四月）明朱成功部將施舉與我大清兵戰於定海關，敗績死之」條云：

時成功謀大舉入長江，令舉招撫松門一帶漁船爲鄉導。舉至定海關，遭風入港，遇水師，力戰而死。

然則鄭延平本擬於此年夏大舉入長江，不幸遭風失敗。牧齋當早知延平有是舉，故往金陵以待之，迄至小至日，以氣候之關係，知已無率舟師北來之希望，因有七八兩句之感歎歟？俟考。

「至日作家書題二絶句」云：

至日裁書報孟光。封題凍筆蘸冰霜。栴檀燈下如相念，但讀楞嚴莫斷腸。

松火柴門紅豆莊。稚孫嬌女共扶牀。金陵無物堪將寄，分與長干寶塔光。

寅恪案，此兩首文情俱妙，不待多論。唯據第貳首第貳句，知稚孫即桂哥，亦與趙微仲妻隨同河東君居於白茆港之紅豆莊，而不隨其父孫愛留寓城中宅内。然則牧齋聚集其所最愛之人於一處也。（可參前論「丙申重九海上作」四首之四。）第貳首末二句可參下一題「丁酉仲冬十有七日長至禮佛大報恩寺」。在牧齋之意，寶塔放光，即明室中興之祥瑞，將來河東君亦當分此光寵，以其實有暗中擘劃之功故也。

「和普照寺純水僧房壁間詩韻，邀無可幼光二道人同作」云：

古殿灰沉朔吹濃。江梅寂歷對金容。寒侵牛目冰間雪，老作龍鱗燒後松。夜永一燈朝露寢，更殘獨鬼哭霜鐘。可憐漫壁橫斜字，賸有三年碧血封。

寅恪案，無可即方以智，幼光即錢澄之（見小腆紀傳貳肆方以智傳及同書伍伍錢秉鐙傳并吾炙集「皖僧幼光」條。）方錢二人皆明室遺臣託跡方外者，此時俱在金陵，頗疑與鄭延平率舟師攻南都之計劃不能無關。牧齋共此二人作政治活動，自是意中事也。純水僧房壁間詩之作者，究爲何人，未敢決言，但細繹牧齋詩辭旨，則此作者，當是明室重臣而死國難者，豈瞿稼軒黃石齋一輩人耶？俟考。

「水亭撥悶二首」其一云：

不信言愁始欲愁。破牕風雪面淮流。往歌來哭悲鸜鵒，莫雨朝雲樂爽鳩。攬鏡每循宵茁髮。（涵芬樓本「宵茁」下自注云：「先作朝薙。」）擁衾常護夜飛頭。黃衫紅袖今餘幾，誰上城西舊酒樓。

其二云：

瑣闈夕拜不知舔。熱鐵飛身一旦休。豈有閉唇能遁舌，更無穴頸可生頭。市曹新鬼争顱額，長夜寃魂怨髑髏。狼藉革膠供一笑，君王不替偃師愁。

寅恪案，此二首辭旨奇詭，甚難通解。遵王注雖於字面略有詮釋，亦不言其用意所在。但牧齋賦詩必有本事，兹姑妄加推測，以備一説，仍待博識君子之教正。鄙意此二詩皆爲河東君而作。第壹首謂河東君之能救己身免於黄毓祺案之牽累。第貳首謂己身於明南都傾覆後隨例北遷期間，河東君受姦通之誣謗，特爲之辨明也。第壹首第柒句「黄衫紅袖」一辭，應解作紅袖中之黄衫。有學集詩注捌「金陵雜題絶句」二十五首之十「女俠誰知寇白門」及「黄土蓋棺心未死」二句，（全詩前已引。）蓋謂白門已死，今所存之女俠，唯河東君一人足以當之。即與上引杜讓水「帳内如花真俠客」句，同一辭旨。第捌句兼用漢書玖貳遊俠傳萬章傳：「萬章字子夏，長安人也。長安熾盛，街閭各有豪俠。章在城西新市，號曰城西萬子夏。」並太平廣記肆捌伍許堯佐柳氏傳「會淄青諸將合樂酒樓」及「柳氏志防閑而不克」等語。此兩出處遵王注均未引及。第貳首第壹句遵王雖用後漢書百官志引衛宏漢舊儀曰，「黄門郎屬黄門令，日暮入對青瑣門拜，名曰夕郎」以爲釋。鄙意牧齋既未曾任給事中，則遵王所解無著落。疑牧齋意謂弘光出走，乃詔王覺斯及己身留京迎降，唐代詔書其開端必有「門下」二字，即王摩詰所謂「夕奉天書拜瑣闈」之「天書」。（見全唐詩第貳函王維肆「酬郭給事」。）弘光詔殊不知其來由也。第貳句遵王注云：

首楞嚴經：歷思則能爲飛熱鐵，從空雨下。五燈會元：世尊説大集經，有不赴者，四天門王飛熱鐵輪，追之令集。

甚是。蓋謂清兵突至南都，逼迫己身等執以北行也。第柒第捌兩句遵王注引列子湯問篇，周穆王怒偃師所造倡者以目招王之左右侍妾，遂欲殺偃師，偃師乃破散唱者以示王，皆革膠等假物所造之物語。牧齋意謂河東君受姦通之誣謗，實無其事，即投筆集上後秋興之三「小舟惜别」詩「人以蒼蠅污白璧」句之旨也。

「投宿崇明寺僧院有感二首」其一云：

秋卷風塵在眼前。莽蒼迴首重潸然。（涵芬樓本「莽蒼」作「蒼茫」。）居停席帽曾孫在，驛路氈車左擔便。日薄冰山圍大地，霜清木介矗諸天。禪牀投宿如殘夢，半壁寒燈耿夜眠。

其二云：

禾黍陪京夕照邊。驅車霑灑孝陵煙。周郊昔嘆爲犧地，薊子今論鑄狄年。綸邑一成人易老，華陽十賚誥虚傳。顛毛種種心千折，祇愽僧牕一宿眠。

寅恪案，此二首疑是因崇禎十七年秋間，偕河東君同赴南都，就禮部尚書之任，途中曾投宿於崇明寺，遂追感前事而作也。前論錢柳二人同赴南都在七八月間，故第壹首一二兩句謂景物不殊，而時勢頓改，殊不堪令人回首。第貳聯上句，謂南都傾覆，苟得生還者甚少。如己身及河東君，即遵王注引酉陽雜俎云：

王天運伐勃律還，忽風四起，雪花如翼，風吹小海水成冰柱，四萬人一時凍死，唯蕃漢各一人得還。

之蕃漢二人也。下句謂此次歲暮獨自還家，重經崇明寺，兵戈徧及西南，與前次過此時尚能苟且偷安者大異。第貳首一二兩句謂此次在金陵謁拜孝陵，在南都傾覆之後，不勝興亡之恨也。第壹聯上句遵王注已引左傳昭公二十二年「王子朝賓起有寵於景王」條以釋之，但僅著詩句之出處，而未言牧齋用意所在。今以意揣之，牧齋蓋謂馬阮之起用己身爲禮部尚書，不過以其文采照耀一世之故，深愧不能如犧雞之自斷其尾，以免受禍害也。下句遵王無釋，檢王先謙後漢書柒貳下方術傳薊子訓傳云：

時有百歲翁，自説童兒時，見子訓賣藥於會稽市，顔色不異於今。後人復於長安東霸城見之，與一老翁共摩挲銅人，相謂曰，適見鑄此，已近五百歲矣。

牧齋意謂回首當日與河東君同赴南都，就宗伯任時，已同隔世，殊有薊子訓在秦時目睹鑄此銅人之感也。第貳聯上下兩句，遵王引史記及松陵集爲釋，甚是。牧齋意謂雖有復明之志，但已衰老，無能爲力，虛受永曆帝之令其聯絡東南僞帥遺民，以謀中興之使命也。

「金陵雜題絶句二十五首繼乙未（丙申？）春留題之作」云：

（詩見下引。）

寅恪案，此題「乙未」二字當是「丙申」之譌。諸本皆同，恐爲牧齋偶爾筆誤也。此題廿五首，板橋雜記已採第壹第貳第肆第伍第柒第拾第壹貳等七題。皆是風懷之作，此固與余氏書體例符合。其涉及政治者，澹心自不敢遂録，但亦有風懷之作曼翁未選者，則因事涉嫌疑，須爲牧齋隱諱也。玆先擇録此類三首論釋之，後再略述其他諸詩。至板橋雜記所選之八首，皆不重録，以余氏書所選牧齋之詩爲世人習讀，且多能通解故也。

第叁首云：

> 釧動花飛戒未除。隔生猶護舊袈裟。青溪東畔如花女，枉贈親身半臂紗。

第捌首云：

> 臨岐紅淚濺征衣。不信平時交語稀。看取當風雙蛺蝶，未曾相逐便分飛。（自注：「已上雜記舊遊。」）

第壹壹首（此詩前已引，因解釋便利之故，特重録之。）云：

> 水榭新詩贊戒香。橫陳嚼蠟見清涼。五陵年少多情思，錯比橫刀浪子腸。（自注：「杜蒼

略和詩有祇斷横刀浪子腸之句。」）

寅恪案，此三首皆與前論「秦淮水亭逢舊校書賦贈」詩有關。前引杜蒼略和詩及此題第壹壹首自注，可以推知。假定此秦淮舊校書女道士浄華與前所論果爲卞玉京者，則惠香公案中，此三首詩亦是有關之重要作品也。

第陸首云：

抖擻征衫趁馬蹄。臨行漬酒雨花西。于今墓草南枝句，長伴昭陵石馬嘶。（自注：「乙酉北上，吊方希直先生墓詩云，孤臣一樣南枝恨，墓草千年對孝陵。」）

寅恪案，牧齋詩集順治二年乙酉所作者，删汰殊甚。留此注中十四字，亦可視作摘句圖也。「希直」爲方孝孺字。夫牧齋迎降清兵，被執北行，與正學事大異。「一樣南枝恨」之語，乃一别解。然姚逃虚謂成祖曰，「若殺孝孺，天下讀書種子絶矣」。（見明史壹肆壹方孝孺傳。）牧齋在明清之際，確是「讀書種子」。此則不可以方錢人格高下論也。又牧齋自注中「乙酉北上」四字，涵芬樓本作「乙酉計偕北上」。遵王注本作「己酉北上」。兩書之文，皆有增改。考牧齋爲萬曆三十八年庚戌探花，己酉計偕北上，吊方希直詩，若作於此年，則牧齋當時僅以舉人北上應會試之資格，且此時明室表面上尚可稱盛世，「孤臣」之語，殊無着落。且通常由虞山北上之路，亦不經金陵。此兩本之譌，自是諱飾之辭。若作「乙酉北上」，則牧齋於南都傾覆，隨例北遷，如投筆集後秋興之十二「壬寅三月二十三日以後大臨無時，啜泣而作」。其第肆首後四句云：「忍看末運三辰促，苦恨孤臣一死遲。惆悵杜鵑非越鳥，南枝無復舊君思。」之例，則甚符合。故特爲改正。又考五臣本文選貳玖古詩十九首之一「胡馬依北風，越鳥巢南枝」二句，注云：

善曰，韓詩外傳曰，詩云，代馬依北風，飛鳥棲故巢，皆不忘本之謂也。翰曰，胡馬出於北，越鳥來於南，依望北風，巢宿南枝，皆思舊國。

牧齋之詩，即用此典。至有關成祖生母問題，近人多所考證，雖難確定，但成祖之母或是高麗籍。元代習俗，如朝鮮實録及葉子奇世傑草木子雜制篇等所載者，蒙古宫廷貴族多以高麗女爲媵侍。碽妃豈元代諸王之後宫耶？若廣陽雜記及蒙古源流等書所載，則又輾轉傳譌，不足道也。又據李清三垣筆記附誌二條之一云：

予閲南太常寺誌載懿文皇太子及秦晉二王均李妃生。成祖則碽妃生。訝之。時錢宗伯有博物稱，亦不能決。後以弘光元旦謁孝陵，予與謙益曰，此事與實録玉牒左，何徵？但本誌所載，東側列妃嬪二十餘，而西側止碽妃，然否？曷不啓寢殿驗之？及入視，果然。乃知李碽之言有以也。

談遷國榷壹貳建文四年條略云：

成祖文皇帝御諱棣。太祖高皇帝第四子也。母碽妃。玉牒云，高皇后第四子。蓋史臣因帝自稱嫡，沿之耳。今南京太常寺志，載孝陵祔享，碽妃穆位第一，可據也。

談遷棗林雜俎義集彤管門「孝慈高皇后無子」條略云：

孝陵享殿太祖高皇帝高皇后南向。左淑妃李氏次皇□妃□氏〔等〕俱東列。碽妃生成祖文皇帝，獨西列。見南京太常寺志。孝陵閹人俱云，孝慈高皇后無子，具如志中。而王弇州先生最博核，其別集同姓諸王表，〔與〕吾學編諸書俱同，抑未考南太常〔寺〕志耶？享殿配位，出自宸斷，相傳必有確據，故志之不少諱，而微與玉牒牴牾，誠不知其解。

然則牧齋久蓄此疑，不但取太常志文獻爲左證，并親與李清目睹之實物相證明，然後決定。可知牧齋作史，乃是信史，而非如宋轅文所謂「穢史」也。（見第叁章論朱鶴齡與吴梅村書。）

第壹柒首云：

盧前王後莫相疑。日下雲間豈浪垂。江左文章流輩在，何曾道有蔡克兒。

第壹捌首云：

帝車南指豈人謀。河岳英靈氣未休。昭代可應無大樹，汝曹何苦作蚍蜉。（自注：「以上六首，雜論文史。」）

寅恪案，此兩首皆牧齋因當日有非議其文章者，感憤而作。夫牧齋爲一世文雄，自有定評，亦不必多所論辯，所可注意者，第壹柒首末句「蔡克兒」之「克」字，實應作「克」字。牧齋沿世説新語輕詆篇「王丞相輕蔡公」條之誤。且「克」字爲平聲，「克」字爲仄聲。牧齋自是用「克」字方協聲調。實由未檢晉書陸伍王導傳及柒柒蔡謨傳所致。寅恪綜覽河東君之詩文，其關涉晉代典故者，多用晉書，而不用世説新語，恐河東君讀此詩時，不免竊笑也。

第貳叁首云：

被髮何人夜叫天。亡羊臧穀更堪憐。長髯銜口填黄土，肯施維摩結浄緣。

寅恪案，此詩疑爲牧齋過金陵陳名夏子掖臣故居而作。清史列傳柒玖貳臣傳陳名夏傳（參同書肆譚泰傳，同書伍寧完我傳，同書柒捌張煊傳。）略云：

陳名夏江南溧陽人。明崇禎十六年進士，官翰林修撰，兼户兵二科都給事中。福王時，以名夏曾降附流賊李自成，定入從賊案。本朝順治二年七月名夏抵大名投誠，以保定巡撫王文奎疏薦，復原官。旋擢吏部左侍郎，兼翰林院侍讀學士。三年丁父憂，命在官任事，私居持服，並敕部議贈卹。復陳情請終制。賜銀五百兩，暫假歸葬，仍給俸贍在京家屬。明年還朝。五年初設六部尚書各一，即授名夏吏部尚書。尋加太子太保。八年授弘文院大學士，晉少保，兼太子太保。九年以黨附吏部尚書公譚泰，議罪。解院任，給俸如故。發正黃旗下，與閒散人隨朝。初睿親王多爾袞專擅威福，尚書公譚泰剛愎攬權，名夏既掌銓衡，徇私植黨，揣摩執政意指，越格濫用匪人，以迎合固寵。及多爾袞事敗，御史張煊劾奏名夏結黨行私，銓選不公諸劣蹟。下諸王部臣鞫議。會上方巡狩，譚泰獨袒名夏，定議，諸款皆赦前事，且多不實。煊坐誣論死。至是，譚泰以罪伏誅。命親王大臣復按張煊所劾名夏罪狀。名夏厲聲强辨。及詰問詞窮，涕淚交頤，自訴投誠有功，冀貸死。諭曰，此輾轉矯詐之小人也。罪實難逭。但朕有前旨，凡譚泰干連，概赦免。若復執名夏而罪之，是不信前旨也。因宥之，且諭令潔己奉公，勿以貪黷相尚。冀其自新，以副倚任。十年復補祕書院大學士。時吏部尚書員缺，侍郎孫承澤請令名夏兼攝。上以侍郎推舉大學士，有乖大體。責令回奏。復諭名夏曰，爾可無疑懼。越翼日，仍命署吏部尚書。上嘗幸內院，閱會典及經史奏疏，必與諸臣講求治理，兼訓諸臣，以滿漢一體，六部大臣不宜互結黨與。誡諭名夏，益諄切焉。會有旨，令集議刑部，論任珍家居怨望，指奸謀陷諸罪應死狀。名夏及大學士陳之遴，尚書金之俊等二十八人，與刑部九卿科道等兩議。得旨責問，名夏更巧飾欺蒙。論死。復詔從寬典，改削官銜二級，罰俸一年，仍供原職。十一年大學士寧完我列款劾奏名夏曰，名夏屢蒙皇上赦宥擢用，宜洗心易行，效忠我朝。不意蠱惑紳士，包藏禍心以倡亂。嘗謂臣曰，要天下太平，只依我兩事。臣問何事？名夏推帽摩其首云，留髮，復衣冠，天下即太平。臣思爲治之要，惟法度嚴明，則民心悦服。名夏必欲寬衣博帶，其情叵測。臣與逐事辯論，不止千萬言，灼見隱微。名夏禮臣雖恭，而惡臣甚深。此同官所共見共聞者也。今將結黨奸宄事蹟言之，名夏子掖臣居鄉暴惡，士民怨恨，欲移居避之。江寧有入官園宅在城，各官集貲三千兩代爲納價，遂家焉。掖臣横行城中，説人情，納賄賂。各官敢怒而不敢言。人人懼其威勢。名夏明知故縱，科道官豈無一人聞之？不以一疏入告，其黨衆可見矣。臣等職掌票擬，一字輕重，關係公私，臣慮字有錯誤，公立一簿注姓，以防推諉，行之已久。一日，名夏不俟臣等到齊，自將公簿注姓，塗抹一百一十四字。爲同官所阻，方止。竊思公簿何得私抹，不知作弊又在何件。本年二月上命内大臣傳出科道官結黨諭旨。臣書稿底，交付内值。及票紅發下，名夏抹去「擠異排孤」一語，改去「明季埋没局中，因而受禍」。今方馳觀域外，豈容成奸」四句，作兩句泛語。其糾黨奸宄之情形，恐皇上看破，故欲以隻手障天也。請敕下大臣確審具奏，法斷施行。則奸黨除，而治安可致矣。遂下廷臣會勘，名夏辯諸款皆虚，惟留髮復衣冠，所言屬實。完我復與大學士劉正宗共證名夏攬權市恩欺罔罪。讞成，論斬。上以名夏久任近密，改處絞。子掖臣，逮治杖戍。

清史稿貳伍壹陳名夏傳云：

陳名夏字百史。江南溧陽人。明崇禎進士，官修撰，兼户兵二科都給事中。降李自成，福王時，入從賊案。順治二年詣大名降。以保定巡撫王文奎薦，復原官。入謁睿親王，請正大位。王曰，本朝自有家法，非爾所知也。

左傳哀公十五年云：

衛孔圉取大子蒯聵之姊，生悝。孔氏之豎渾良夫，長而美。孔文子卒，通於内。大子在戚，孔姬使之焉。大子與之言曰，苟使我入獲國，服冕乘軒，三死無與。與之盟。爲請於伯姬。

又哀公十七年略云：

十七年春，衛侯爲虎幄於藉圃。成。求令名者，而與之始食焉。大子請使良夫，良夫乘衷甸，兩牡，紫衣狐裘。至，袒裘，不釋劍而食。大子使牽以退，數之以三罪而殺之。衛侯夢於北宫，見人登昆吾之觀，被髮北面而譟曰，登此昆吾之虚。緜緜生之瓜。余爲渾良夫。叫天無辜。（杜注云：「本盟當免三死，而并數一時之事爲三罪，殺之，故自謂無辜。」）

牧齋詩第壹句以渾良夫比百史，蓋以其數次論死，雖暫得寬逭，終以自承曾言「留髮復衣冠」事處絞。夫百史辯寧完我所詰各欵皆虚，獨於最無物證，可以脱免之有關復明制度之一欵，則認爲真實。是其志在復明，欲以此心告諸天下後世，殊可哀矣。牧齋詩第貳句謂己身與百史雖皆志在復明，而終無成。所自信者，百史不如己身之能老歸空門耳。

第貳肆首云：

長干墖繞萬枝燈。白玉毫光涌玉繩。鈴鐸分明傳好語，道人誰是佛圖澄。

寅恪案，此詩末二句遵王無注。檢慧皎高僧傳初集拾晉鄴中竺佛圖澄傳（可參晉書玖伍佛圖澄傳。）云：

光初十一年〔劉〕曜自率兵攻洛陽，〔石〕勒欲自往拒曜，内外僚佐無不必諫。勒以訪澄。澄曰，相輪鈴音云：「秀支替戾岡。僕谷劬秃當。」此羯語也。「秀支」軍也。「替戾岡」出也。「僕谷」劉曜胡位也。「劬秃當」捉也。此言軍出捉得曜也。時徐光聞澄此旨，苦勸勒行。勒乃留長子石弘共澄以鎮襄國，自率中軍步騎，直詣洛城。兩陣纔交，曜軍大潰，曜馬没水中，石堪生擒之送勒。澄時以物塗掌觀之，見有大衆。衆中縛一人，朱絲約其肘，因以告弘，當爾之時，正生擒曜也。

牧齋詩用此典之意，言清軍主帥出戰必敗也。

第貳伍首云：

採藥虛無弱水東。飈輪仍傍第三峰。玉晨他日論班位，應次高辛展上公。（自注：「過句曲，望三峰作。」）

寅恪案，此首爲歸家途中過句容所賦。末二句意謂此次在南都作復明活動，他日成功，當受封賞也。

有學集詩注玖紅豆集中有關牧齋復明活動，而最饒興趣者，莫如「六安黄夫人鄧氏」七律一首。詩云：

鐃歌鼓吹競芳辰。娘子軍前喜氣新。（涵芬樓本作「魚軒象服照青春。鼓吹喧闐壁壘新。」但後附校勘記同注本。）繡幰昔聞梁刺史，錦車今見漢夫人。（涵芬樓本「見」作「比」。）鬚眉男子元無幾，（涵芬樓本「元」作「原」。）巾幗英雄自有真。（涵芬樓本「巾幗」作「粉黛」。）還待麻姑擲麟脯，共臨東海看揚塵。（涵芬樓本「共臨」作「笑看」，「看」作「再」。）

寅恪案，就今所見關於黄夫人鄧氏或梅氏及黄鼎之資料，迻録於下，恐仍未備，尚求當世君子教正。總之，牧齋詩末二句之旨，復明活動之意，溢於言表矣。

劉繼莊獻廷廣陽雜記壹（劉氏與牧齋有交誼，見楊大瓢先生雜文稿「劉繼莊傳」。）云：

霍山黄鼎字玉耳。霍山諸生也。鼎革時起義，後降洪（承疇）經略，授以總兵，使居江南。其妻獨不降，擁衆數萬，盤居山中，與官兵抗，屢爲其敗。總督馬國柱謂鼎，獨不能招汝妻使降乎？鼎曰，不能也。然其子在此，使往，或有濟乎？國柱遂使其子招之。鼎妻曰，大廈將傾，非一木所能支，然志士不屈其志。吾必得總督來盧一面，約吾解衆，喻令薙髮。然吾仍居山中以遂吾志，不能若吾夫調居他處也。其子覆命，國柱自來廬州，鼎妻率衆出見，貫甲鐵兜鍪，凛凛如偉丈夫。如總戎見制臺禮。遂降，終不出山。黄鼎居江南久，後屢與鄭氏通，郎總督時，事敗，服毒死。

痛史第柒種弘光實録鈔壹「（崇禎十七年癸未六月）乙亥湖廣巡按御史黄澍召對，劾馬士英於上前」條黄澍疏士英十可斬。其二云：

市棍黄鼎委署麻城，以有司之官，娶鄉宦梅之煥之女。士英利其奸邪，互相表裏。黄鼎私鑄闖賊果毅將軍銀印，託言奪自賊手，飛報先帝。士英蒙厚賞，黄鼎加副將。麻城士民有「假印不去，真官不來」之謡。是謂欺君，可斬。

王葆心蘄黄四十八砦紀事貳附「皖砦篇」略云：

（順治）三年秋（明荆王朱）常𣲖舊部李時嘉等復掠太湖，總兵黄鼎平之。是年冬揚州人明瑞昌王軍師趙正據宿松洿池間，稱明帥，屢挫大兵。安徽巡撫李棲鳳遣兵備道夏繼虞、總兵卜從善黄鼎冷允登，副將梁大用等合兵勦之。又霍山總兵黄鼎妻梅氏者，故麻城甘肅巡撫之焕女。鼎字玉耳，霍山諸生。始崇禎十六年五月鳳陽總督馬士英遣鼎入麻城諸砦説周文江反正，即委鼎署麻城知縣。聞之焕女英勇而有志節，饒父風。娶之。順治初，鼎即納欵於洪承疇，授以總兵，使居南直。梅氏獨抗節不降，擁衆數萬，踞英霍及廬鳳山中，與總督馬國柱所部兵抗，所部屢敗。（寅恪案，下文同上引廣陽雜記壹「霍山黄鼎」條。兹不重録。）

「皖砦篇」附案語云：

此事見劉繼莊廣陽雜記。近日如夕陽紅淚録等書，均載之。迹梅夫人壯烈之行，其夫應爲愧死，故易書鼎妻爲梅氏以予之。蓋左忠貞侯良玉沈阿翠遊擊將軍雲英後之一人也。諸書載此，均惜夫人不知誰氏。爰據弘光實録鈔中黄澍劾馬士英十可斬疏所稱鼎娶麻城鄉宦梅之焕女之語，證夫人爲長公女。長公爲明季邊帥偉人，尤吾鄉錚錚奇男子，宜夫人英壯有父風。其始終不屈，惓惓不忘宗國，志節皭然，與其夫始附權奸，終狡逞，求作降虜，仍不能免，誠所謂薰蕕不同器者矣。惟霍山黄氏，今猶儒舊家風，夫人遺事必猶有傳者，當再訪摭之。

牧齋初學集柒叁「梅長公傳」略云：

公諱之焕，字長公，一字彬父，黄之麻城人。萬曆癸卯舉於鄉。甲辰舉進士。選翰林院庶吉士。天啓三年擢都察院僉都御史，巡撫南贛。丁母憂歸里。今上即位召還，以原官巡撫甘肅。烏程用閣訟攘相位，公在鎮，攕手駡詈，數飛書中朝，別白是非。烏程深銜之，思中以危法。己巳冬，奴兵薄都城，公奉入援詔，即日啓行。甘鎮去都門七千里，師次邠州，奉詔還鎮。已又趣入援，紆迴往還，又數千里。師行半年始至。本兵希烏程指，劾公逗留，欲用嘉靖中楊守謙例殺公。上心知公材，憐其枉，部議力持之，乃命解官歸里。久之，烏程當國，豪宗惡子嗾邑子上書告公。烏程從中下其事，中朝明知其滿讕忌公才能，借以柅公。公自是不復起矣。公聽勘久之，敍甘鎮前後功，加級，廕一子。忌公者盈朝，卒不果用。辛巳八月十三日發病卒。享年六十七。

顧苓金陵野鈔云：

〔弘光元年甲申四月〕加六安州總兵官黄鼎太子太保。先是，賊狄應奎率衆數千，自固始欲投興平伯高杰降。杰遇害，走六安，殺賊將僞權將軍路應樗，挈其印降鼎。鼎報聞，授應奎副總兵，賫銀幣。

清史列傳柒玖張縉彦傳云：

豫親王多鐸統師定河南江南，縉彦乃遁匿六安州商麻山中。三年二月招撫江南大學士洪承疇檄總兵黄鼎入山招之，縉彦赴江寧納款，賫繳總督印及解散各寨士民册。

王氏據弘光實録鈔稱黄鼎妻爲梅之焕女，牧齋詩題則稱爲「鄧氏」，頗難決定。鄙意牧齋或者如其列朝詩集閏肆「女郎羽素蘭小傳」稱翁孺安爲「羽氏」者相類，蓋「鄧尉」以梅花著稱，（可參嘉慶修一統志柒柒蘇州府「鄧尉山」條所云：「漢鄧尉隱此，故名。山多梅，花時如雪，香聞數里。」及漢書叁伍荆燕吳傳。）文人故作狡獪，遂以「梅」爲「鄧」耶？俟考。復據顧氏所言，鼎於南都未傾覆前，曾任六安州總兵官，故牧齋可稱之爲「六安黄夫人」也。又梅長公於閣訟時忤温體仁。體仁復助其豪宗惡子嗾邑子告訐，欲加以重罪。其始末實同於牧齋與烏程之關係。由是言之，錢梅之交誼并非偶然。推其所以諱改黄夫人之姓者，豈因黄夫人曾參加復明活動，恐長公家屬爲所牽累歟？關於黄夫人事，據沈寐叟曾植文集稿本「投筆集跋」云：

黄夫人見廣陽雜記。余別有考。

子培先生曾官安徽，其作此考，自是可能。今詢其家，遺稿中並無是篇，或已佚失耶？

牧齋投筆集之命名，自是取班定遠投筆從戎之義。此集第壹叠「金陵秋興八首己亥七月初一日作」（可參有學集詩注壹叁東澗集中「秋日雜詩」末一首「旁行側理紙，堆積秋興編。發興己亥秋，未卜斷手年」等句。）其以「金陵」二字標題，恐非偶然。又第柒首第貳句有「秋宵蠟炬井梧中」之語，用杜甫廣德二年在嚴武幕中所作「宿府」之典。（見仇兆鰲杜詩詳注壹肆及卷首所附杜工部年譜「廣德二年甲辰」及「永泰元年乙巳」條。）然則牧齋此際亦列名鄭延平幕府中耶？但仍缺乏有力之證據，姑記之，以俟更考。第叁叠「小舟夜渡，惜別而作」八首，殆因此時延平之舟師雖敗於金陵，然白茆港尚有鄭氏將領所率之船舶，牧齋欲附之隨行，後因鄭氏白茆港之舟師，亦爲清兵所擊毀，故牧齋隨行之志終不能遂，唯留此八首於通行本有學集中，以見其微旨，但以避忌諱，字句經改易甚多，殊不足爲據。此疊八首，不獨限於個人兒女離別之私情，亦關民族興亡之大計。吾人至今讀之，猶有餘慟焉。（參梅村家藏藁貳伍「梁宮保壯猷紀」所云：「〔八月八〕日中丞蔣公〔國柱〕亦至，迺以十三日於七丫出海。白茆港有賊伏艦百餘，見之來邀，沙葦中斜出如箭。我長年捩柁向賊中流呼曰，鬬來。〔梁〕公〔化鳳〕與蔣公聞相持而近，知其遇賊。別部且戰且前，已爲我師舉礮碎其四舟，殺五百人。」及清史列傳伍蔣國柱傳略云：「〔順治十六年〕八月疏言自江寧大捷之後，料賊必犯崇明，急令鎮臣旋師，未渡，而賊艅大至。臣親至七丫口相度形勢，海面遼闊，距崇邑二十餘里，遥見施翹河等處賊艅密布，即發各營兵船，出口拒賊於白茆。」并金鶴沖牧齋先生年譜順治十六年己亥條所論。）投筆集諸詩摹擬少陵，入其堂奥，自不待言。且此集牧齋諸詩中頗多軍國之關鍵，爲其所身預者，與少陵之詩僅爲得諸遠道傳聞及追憶故國平居者有異。故就此點而論，投筆一集實爲明清之詩史，較杜陵尤勝一籌，乃三百年來之絕大著作也。

此集有遵王注本別行於世，但不能通解者尚多。（可參有學集詩注卷首序文所云「余年來篝燈校讎，釐正魚豕。間有傷時者，軼其三四首，至秋興十三和詩，直可追蹤少陵，而傷時滋甚，亦并軼之，蓋其慎也」等語。）王應奎海虞詩苑肆録錢曾「寒食行」并序云：

寒食夜忽夢牧翁執手諈諉，歡如平昔，覺而作此，以寫余哀。

（自注：「夢中以詩箋疑句相詢，公所引書，皆非余所知者，蓋絳雲秘笈，久爲六丁下取，歸之天上矣。」）（上略。）更端布席纔函丈，絮語雄談仍抵掌。空留疑義落人間，獨持異本歸天上。（中略。）寂歷閒房黯淡燈，前塵分別總無憑。斜行小字叢殘紙。箋注蟲魚愧詩史。未及侯芭爲起墳，不負公門庶在此。（自注：「乙卯一月八日藁葬公于山莊，故發侯芭之嘆。」）

可見遵王當日注牧齋詩之難矣。寅恪今亦不能悉論，僅就其最有關係，且最饒興趣者，詮釋之於下。此集傳本字句多有不同，唯擇其善者從之，不復詳加注明。

第壹疊遵王注除第壹首外，皆加刪汰。即第壹首亦僅注古典字面，而不注今典實指。例如「龍虎軍」止引程大昌雍録，「羽林」止引漢書宣帝紀爲釋，鄙意唐之「龍武新軍」及漢之「羽林孤兒」，謂鄭延平之舟師，本出於唐王之衛軍。如黄太沖宗羲「賜姓始末」所云：

隆武帝即位，（成功）年纔二十一。入朝。上奇之，賜今姓名，俾統禁旅，以駙馬體統行事。封忠孝伯。

即其證也。第伍首第貳聯：「箕尾廓清還斗極，鶉頭送喜動天顏。」「箕尾」指北京所在之幽州。（史記貳柒天官書云：「尾箕幽州。」即杜詩「收京」之意也。見仇氏杜詩詳注伍「收京」三首之三。）「鶉頭」即「鶉首」，指湖北通明之軍隊，即張蒼水集所附舊題全謝山祖望撰張忠烈公年譜順治十八年辛丑條所謂「鄖東郝〔永忠〕李〔來亨〕之兵」，及注中所謂「十三家之軍」者。（可參倪璠庾子山集貳哀江南賦「以鶉首而賜秦，天何爲而此醉」之注。及張蒼水集第貳編奇零草「送吳佩遠職方南訪行在，兼會師鄖陽」詩及同書所附趙撝叔之謙撰張忠烈公年譜。并本文論牧齋「長干送松影上人楚遊，兼柬楚中郭尹諸公」詩。）第叁首「長沙子弟肯相違」句之「長沙子弟」，疑牽涉庾信哀江南賦「用無賴之子弟」一語而成。當指湖南復明之軍隊，如小腆紀傳叁叁所載之洪濬鼇，即是例證。其傳略云：

洪濬鼇字六生，晉江人。崇禎間拔貢生。謁隆武帝於閩，授衡州通判。督師何騰蛟奇之，請改知道州。閩亡。李赤心等十三鎮以所部奉使稱臣於粵，出道州，〔濬鼇偕郝永忠〕見永曆帝，擢右僉都御史，監諸鎮軍，駐湖南。何騰蛟死，孫可望入滇，朝問阻絶，乃與十三鎮退入西山，據楚之夷陵歸州巴東均州，蜀之巫山涪州等七州縣，屯田固守。久之，得安龍駐蹕信，間道上書言，十三鎮公忠無二，今扼險據衝，窺晉楚蜀有釁，隨時而動。議者多其功，詔加濬鼇兵部右侍郎，總督粵滇黔晉楚豫軍務。緬甸既覆，濬鼇猶偕諸鎮崛强湖湘間。康熙三年王師定巴東。〔滄鼇〕遂被執。諭降，不從。臨刑之日，神色不變，投屍巫峰三峽中。

牧齋此詩之意，謂湖南北諸軍，若見南都收復，必翕然景從。惜當日詳情，今不易考知耳。第貳叠「八月初二日聞警而作」一題之主旨，謂延平舟師雖敗於金陵，仍應固守京口，不當便揚帆出海也。其意與張蒼水集第肆編北征録所云：

初意石頭師即偶挫，未必遽登舟。即登舟，亦未必遽揚帆。即揚帆，必退守鎮江。

又云：

余遣一僧賫帛書，由間道訪延平行營。書云，兵家勝負何常。今日所恃者民心耳。况上游諸郡邑俱爲我守。若能益百艘相助，天下事尚可圖也。倘遽舍之而去，如百萬生靈何。詎意延平不但舍石頭去，且舍鐵甕城行矣。

等語冥合。故牧齋詩第叁首云：

龍河漢幟散沈暉。萬歲樓邊候火微。卷地樓船横海去，射天鳴鏑夾江飛。揮戈不分旄頭在，返旆其如馬首違。嚙指奔逃看鞅鞨，重收魂魄飽甘肥。

第肆首云：

由來國手算全棋。數子抛殘未足悲。小挫我當嚴警候，驟驕彼是滅亡時。中心莫爲斜飛動，堅壁休論後起遲。換步移形須着眼，棋于誤後轉堪思。（寅恪案，此首可參前論牧齋與稼軒書。）

第伍首云：

兩戒關河萬里山。京江天塹屹中間。金陵要奠南朝鼎，鐵甕須争北顧關。應以縷丸臨峻坂，肯將傳舍抵孱顔。荷鋤野老雙含淚，愁見横江虎旅班。（原注：「長江天塹，爲南北限，虜不能飛渡。」）

第陸首云：

吴儂看鏡約梳頭。野老壺漿潔早秋。小隊誰教投刃去，胡兵翻爲倒戈愁。（自注：「營卒從諸酋者，皆袖網巾氈帽。未及倒戈而還。」）争言殘羯同江鼠，（自注：「萬曆末年有北鼠渡江之異。近皆啣尾而北。」）忍見遺黎逐海鷗。京口偏師初破竹，蕩船木柹下蘇州。

又此疊第捌首末二句云：

最喜伏波能振旅，封侯印佩許雙垂。（自注：「是役惟伏波殿後，全軍而反。」）

寅恪案，「伏波」指馬信。梅村家藏藁貳伍「梁宫保壯猷紀」云：

僞提督五者，前營黄某，後營翁某，而左營馬信，則我叛將也。（寅恪案，李天根爝火録貳伍順治十二年乙未條云：「十一月辛巳朔清鎮守台州副將馬信叛，降於張名振。」可供參證。）右營萬里，中營甘輝。唯馬信統水軍於江，餘皆連營西注。

可與牧齋自注相參證。

第叁叠「八月初十日小舟夜渡，惜別而作」乃專爲河東君而作。雖前已多論及，然此文主旨實在河東君一生志事，故不避重複，仍全録之，且前所論此叠諸詩，尚有未加詮釋者，亦可藉此補論之也。

此叠第壹首云：

負戴相攜守故林。繙經問織意蕭森。疏疏竹葉晴牕雨，落落梧桐小院陰。白露園林中夜淚，青燈梵唄六時心。憐君應是齊梁女，樂府偏能賦藁碪。

第貳首云：

丹黄狼藉鬢絲斜。廿載間關歷歲華。取次鐵圍同血（一作「穴」。）道，幾曾銀浦共仙槎。（寅恪案，「浦」疑當作「漢」。）吹殘別鶴三聲角，迸散棲烏半夜笳。錯記（一作「憶」。）窮秋是春盡，漫天離恨攪楊花。

第叁首云：

北斗垣牆闇赤暉。誰占朱鳥一星微。破除服珥裝羅漢，（自注：「姚神武有先裝五百羅漢之議，内子盡橐以資之，始成一軍。」）減損虀鹽餉佽飛。娘子繡旗營壘倒，（自注：「張定西（名振）謂阮姑娘，吾當派汝捉刀侍柳夫人。阮喜而受命。舟山之役，中流矢而殞。惜哉！」）將軍鐵矟鼓音違。（自注：「乙未八月神武血戰死崇明城下。」）鬚眉男子皆臣子，秦越何人視瘠肥。（自注：「夷陵文相國來書云云。」寅恪案，「文相國」指文安之。事蹟見明史貳柒玖及小腆紀傳叁拾本傳等。）

第肆首云：

閨閣心縣海宇棋。每於方罫繫歡悲。乍傳南國長驅日，正是西牕對局時。漏點稀憂兵勢老，燈花落笑子聲遲。還期共覆金山譜，桴鼓親提慰我思。

第伍首云：

水擊風摶山外山。前期語盡一杯間。五更噩夢飛金鏡，千疊愁心鎖玉關。人以蒼蠅汙白璧，天將市虎試朱顔。衣朱曳綺留都女，羞殺當年翟茀班。

第陸首云：

歸心共折大刀頭。别淚闌干誓九秋。皮骨久判猶貰死，（原注：「丁亥歲有和東坡西臺韻詩。」）容顔減盡但餘愁。摩天肯悔雙黄鵠，貼水翻輸兩白鷗。更有閒情攪腸肚，爲余輪指算神（一作「并」。）州。

第柒首云：

此行期奏濟河功。架海梯山抵掌中。自許揮戈迴晚日，相將把酒賀春風。牆頭梅蕊疏牕白，甕面葡萄玉盞紅。一割忍忘歸隱約，少陽原是釣魚翁。

第捌首云：

臨分執手語逶迤。白水旌心視此陂。一别正思紅豆子，雙棲終向碧梧枝。盤周四角言難罄，局定中心誓不移。趣覲兩宫應慰勞，紗燈影裏淚先垂。

寅恪案，此叠第貳首末二句之「錯憶」或「錯記」兩字皆可通。但鄙意恐「記」字原是「認」字之譌。若如此改，文氣更通貫。「楊」即「柳」，乃河東君之本姓。「離恨攪楊花」五字殊妙。第叁首見前論姚志倬事，並可參沈寐叟投筆集跋，可不多贅。第陸首「摩天肯悔雙黄鵠，貼水翻輸兩白鷗」一聯。上句「雙黄鵠」除遵王注引杜詩外，疑牧齋更用漢書捌肆翟方進傳附義傳載童謡：

反乎覆。陂當復。誰云者，兩黄鵠。

之語，暗指明朝當復興也。下句與第捌叠第陸首「鳶飛跕水羨眠鷗」句，同用後漢書列傳壹肆馬援傳。蓋謂當此龍拏虎掣，争賭乾坤之時，己身與河東君尚難如鷗鳥之安穩也。此詩末句「并州」或「神州」雖俱可通，鄙意以作「并州」者爲佳。晉書陸貳劉琨傳略云：

劉琨字越石，中山魏昌人。永嘉元年爲并州刺史。時東瀛公騰自晉陽鎮鄴，并土饑荒，百姓隨騰南下，餘户不滿二萬，寇賊縱横，道路斷塞。琨募得千餘人，轉鬭至晉陽。愍帝即位，拜大將軍，都督并州諸軍事。西都不守，元帝稱制江左，琨乃令長史温嶠勸進。於是河朔征鎮夷夏一百八十人連名上表。（可參世説新語上言語篇「劉琨雖隔閡寇戎，志存本朝」條。）

蓋以張蒼水比劉越石也。當鄭延平敗於金陵城下，蒼水尚經略安徽一帶。考張蒼水集肆「北征録」略云：

延平大軍圍石頭城者已半月。初不聞發一鏃射城中，而鎮守潤江督師，亦未嘗出兵取旁邑。如句容丹陽實南畿咽喉地，尚未扼塞，故蘇常援虜得長驅入石頭。無何石頭師挫，時余在寧國受新都降。報至，遽反蕪城。已七月廿九日矣。

可以爲證。第柒首末二句「一割」及「少陽」，遵王注已引後漢書列傳叁柒班超傳及分類補注李太白詩壹壹「贈潘侍御論少陽」詩爲釋。但鄙意牧齋「少陽」二字，更兼用李太白詩壹貳「贈錢徵君少陽」五律并注（可參全唐詩第叁函李白壹壹。）所云：

秉燭唯須飲，投竿也未遲。如逢渭水（一作川。）獵，猶可帝王師。（原注：「齊賢曰，少陽年八十餘，故方之太公。」）

等語。綜合兩句觀之，牧齋意謂此行雖勉效鉛刀之一割，未忘偕隱之約，并暗寓終可爲明之宰輔也。第捌首言此時雖暫別，後必歸於桂王也。「碧梧枝」不獨用杜詩「鳳凰棲老碧梧枝」之原義，亦暗指永曆帝父常瀛，崇禎十六年衡州陷，走廣西梧州，及順治二年薨於蒼梧，并順治三年丁魁楚瞿式耜等迎永曆帝於梧等事。（見明史壹貳拾桂端王常瀛傳及小腆紀傳永曆帝紀上等。）即第伍叠第捌首「丹桂月舒新結子，蒼梧雲護舊封枝」之意。「兩宮」者，指桂王生母馬太后及永曆后王氏也。（見小腆紀傳后妃傳永曆馬太后傳及王皇后傳等。）

復次，葉調生廷琯吹網録肆「陳夫人年譜」條略云：

> 瞿忠宣公之孫昌文，嘗爲其母撰年譜一帙。蓋其尊人伯升（原注：「吴曉鉦釗森曰，復社姓氏録作伯聲。」）欲紓家難，勉爲韜晦順時，而鼎革之際，家門多故，實賴陳夫人内外措持。故私撰此譜，以表母德，而紀世變。其中頗多忠宣軼事。十餘年前從常熟許伯緘文廷誥處見其摘鈔本。緘翁云，原本爲海虞某氏所藏，極爲秘密。惜爾時未向緘翁借録。近從許氏後人問之，則并摘鈔本不可得見矣。譜中所載，略憶一二事。一爲錢宗伯與瞿氏聯姻，實出宗伯之母顧夫人意。云瞿某爲汝事去官，須聯之以敦世好。（見前引初學集柒肆「先太淑人述」。）後行聘時，柳姬欲瞿回禮與正室陳夫人同，而瞿僅等之孺貽

生母。柳因蓄怒，至乙酉後，宗伯已納欵，忠宣方在桂林拒命，柳遂唆錢請離婚。其餘逸事尚多，惜不甚記矣。

寅恪案，錢瞿聯姻事，第肆章引顧太夫人語已論及。牧齋以兩人輩分懸殊，故託母命爲解。其實稼軒亦同意者也。同章末論絳雲樓落成，引牧齋與稼軒書，亦足見稼軒深重河東君之爲人。至當日禮法，嫡庶分別之關係，復於第肆章茸城結褵節詳論之，今不贅述。若乙酉明南都陷落，河東君勸牧齋殉國，顧云美河東君傳中特舉沈明掄爲人證，自屬可信。豈有反勸牧齋與稼軒離婚之事。且乙酉後數年，錢瞿之關係，雖遠隔嶺海，仍往來甚密，備見錢瞿集中。河東君與其女趙微仲妻遺囑，有「我死之後，汝事兄嫂，如事父母」之語，（見河東君殉家難事實。）孫愛復「德而哀之，爲用匹禮，與尚書公並殯某所」。（見蘼蕪紀聞引徐芳「柳夫人傳」。）凡此諸端皆足證河東君無唆使牧齋令其子與稼軒女離婚之事。鄙意昌文之作其母陳夫人年譜，殆欲表示瞿錢兩家雖爲姻戚，實不共謀之微旨，藉以脱免清室法網之嚴酷耶？附記於此，以俟更考。

第肆叠「中秋夜江村無月而作」八首，皆牧齋往松江後，追憶而作也。金鶴沖錢牧齋先生年譜云：

（順治十六年己亥八月）初四日國姓遣蔡政往見馬進寶，而先生亦於初十日後往松江晤蔡馬。十一日後國姓攻崇明城，而馬遣中軍官同蔡政至崇明，勸其退師，以待奏請，再議撫事。此時先生或偕蔡政往崇明，亦未可知。

寅恪案，金鶴沖謂牧齋曾往松江晤馬進寶，其説可信。但謂牧齋亦往崇明，則無實據。此疊第貳首「浩蕩張騫漢（一作「海」。）上槎」句，自出杜氏「奉使虚隨八月槎」之語，可用「海」字，但第叁疊第貳首「幾曾銀浦共仙（一作「雲」。）槎」句，則當用博物志及荆楚歲時記之典，各不相同也。此疊第叁首末兩句并自注云：

衹應老似張丞相，捫摸殘骸笑瓠肥。（自注：「余身素瘦削，今年腰圍忽肥。客有張丞相之謔。」）

本文第叁章論釋牧齋膚黑而身非肥壯。今忽以張丞相自比者，蓋用史記玖陸張丞相傳。（遵王注已引，不重録。）牧齋語似諧謔，實則以宰相自命也。此疊第捌首末二句「莫道去家猶未遠，朝來衣帶已垂垂。」第肆章論東山訓和集貳河東君次韻牧齋「二月十二日春分横山晚歸作」詩中「已憐腰緩足三旬」，已詳釋論，讀者可取參閲，不多贅也。第伍疊「中秋十九日暫回村莊而作」八首。觀第壹首「石城又報重圍合，少爲愁腸緩急碪。」二句似牧齋得聞張蒼水重圍金陵，而有是作，其實皆非真況，然其意亦可哀矣。

第陸疊「九月初二日泛舟吴門而作」八首。牧齋忽於此時至吴門，必有所爲。但不能詳知其内容。鄙意其第叁首「躍馬揮戈竟何意，相逢應笑食言肥」，及第捌首「要勒浯溪須老手，腰間硯削爲君垂」等句，豈馬逢知此際亦在蘇州耶？俟考。

第玖叠「庚子十月望日」八首，第捌首末二句云：「種柳合圍同望幸，殘條禿鬢總交垂。」遵王引元遺山「爲鄧人作」詩爲釋，其實第壹手材料乃晉書玖捌桓温傳及庾子山集壹枯樹賦等。此爲常用之典，不必贅論。唯「望幸」二字出元氏長慶集貳肆連昌宫詞「老翁此意深望幸」之語。自指己身與河東君。但鄙意「殘條」之「殘」，與「長」字，吴音同讀，因而致譌。若以「殘條」指河東君，則與虎丘石上詩無異。故「殘」字應作「長」，否則「禿鬢」雖與己身切當，而「殘條」未免唐突河東君也。

第拾叠「辛丑二月初四日夜宴述古堂，酒罷而作」與有學集壹壹紅豆三集「辛丑二月四日宿述古堂，張燈夜飲，酒罷而作」題目正同。

檢清史稿伍世祖本紀貳略云：

（順治）十八年春正月壬子，上不豫。丁巳崩於養心殿。

及痛史第貳種哭廟紀略云：

（順治十八年）二月初一日，章皇上賓哀詔至姑蘇。

可知此兩題共十二首，乃牧齋聞清世祖崩逝之訊，心中喜悦之情，可想而知。故寓遵王宅，張燈夜飲，以表其歡悦之意。但檢牧齋尺牘中「與遵王」三十通之十六云：

> 明日有事於邑中，便欲過述古，了宿昔之約，但四海遏密，哀痛之餘，食不下咽，只以器食共飯，勿費内廚，所深囑也。

此札當作於順治十八年辛丑二月初三日，即述古堂夜宴前一日。牧齋所言，乃故作掩飾之語，與其内心適相反也。觀投筆集及有學集之題及詩，可以證明矣。但金氏牧齋年譜以此札列於康熙元年壬寅條，謂「正月五日先生自拂水山莊與遵王書云〔云〕」。又謂「按永曆帝爲北兵所得，今已逾月，先生蓋知之矣」。金氏所以如此斷定者，乃因有學集壹貳東澗集上第貳題爲「一月五日山莊作」，第叁題爲「六日述古堂文讌作」之故。檢小腆紀年貳拾順治十八年辛丑條云：

> 〔十二月〕戊申（初三日）緬酋執明桂王以獻於王師。

同書同卷康熙元年壬寅條云：

> 三月丙戌（十三日）吴三桂以明桂王由榔還雲南。
>
> 四月戊午（十五日）明桂王由榔殂於雲南。

投筆集下後秋興第壹貳疊題爲「壬寅三月二十三日以後大臨無時，啜泣而作」。第壹叁疊題爲「自壬寅七月至癸卯五月，訛言繁興，鼠憂泣血，感慟而作，猶冀其言之或誣也」。且第壹貳疊後一題爲壬寅三月二十九日所作「吟罷自題長句撥悶」二首之二末兩句爲「賦罷無衣方卒哭，百篇號踊未云多」。足證牧齋於康熙元年三月以後，方獲知永曆帝被執及崩逝之事。金氏以札中之「四海遏密」及詩題「大臨無時」混淆胡漢，恐不可信。又第玖疊詩八首，關涉董鄂妃姊妹者甚多，兹不詳引，讀者可參張孟劬采田編次列朝后妃傳稿并注。

第壹壹疊題云：「辛丑歲逼除作。時自紅豆江村徙居半野堂絳雲餘燼處。」檢張蒼水集第壹編順治十八年辛丑「上延平王書」云：

> 殿下東都之役，豈誠謂外島足以創業開基。不過欲安插文武將吏家室，使無内顧之憂。庶得專意恢勦。但自古未有以輜重眷屬，置之外夷，而後經營中原者，所以識者危之。或者謂女真亦起於沙漠。我何不可起于島嶼？不知女真原生長窮荒，入中土如適樂郊，悦以犯難，人忘其死。若以中國師徒，委之波濤漂渺之中，拘之風土狉獉之地，真乃入于幽谷。其間感離恨別，思歸苦窮，種種情懷，皆足以墮士氣而損軍威，况欲其用命于矢石，改業於耰鋤，何可得也！故當興師之始，兵情將意，先多疑畏。兹歷暑徂寒，彈丸之城攻圍未下，是無他，人和乖而地利失宜也。語云，與衆同欲者罔不興，與衆異欲者罔不敗。誠哉是言也。今虜酋短折，孤雛新立，所云主少國疑者，此其時矣。滿黨分權，離畔疊告。所云將驕兵懦者，又其時矣。且災異非常，征科繁急。所云天怒人怨者，

又其時矣。兼之虜勢已居强弩之末，畏澥如虎，不得已而遷徙沿海，爲堅壁清野之計。致萬姓棄田園，焚廬舍，宵啼路處，蠢蠢思動，望王師何異飢渴。我若稍爲激發，此並起亡秦之候也。惜乎殿下東征，各汛守兵，力綿難恃。然且東避西移，不從僞令，則民情亦大可見矣。殿下誠能因將士之思歸，乘士民之思亂，迴旗北指，百萬雄師可得，百什名城可下矣。又何必與紅夷較雌雄于海外哉？況大明之倚重殿下者，以殿下之能雪恥復仇也。區區臺灣，何預于神州赤縣？而暴師半載，使壯士塗肝腦于火輪，宿將碎肢體于沙磧，生既非智，死亦非忠，亦大可惜矣。況普天之下，止思明一塊乾净土，四澥所屬望，萬代所瞻仰者，何啻桐江一絲，繫漢九鼎？故虜之虎視，匪朝伊夕，而今守禦單弱，兼聞紅夷搆虜乞師，萬一乘虚窺伺，勝敗未可知也。夫思明者，根柢也。臺灣者，枝葉也。無思明，是無根柢矣，安能有枝葉乎？此時進退失據，噬臍何及？古人云，寧進一寸死，毋退一尺生。使殿下奄有臺灣，亦不免爲退步，孰若早返思明，別圖所以進步哉？昔年長江之役，雖敗猶榮，已足流芳百世。若捲土重來，豈直汾陽臨淮不足專美，即錢鏐竇融，亦不足並駕矣。倘尋徐福之行蹤，思盧敖之故跡，縱偷安一時，必貽譏千古。即觀史載陳宜中張世傑兩人褒貶，可爲明鑑。九仞一簣，殿下寧不自愛乎？夫虬髯一劇，祇是傳奇濫説，豈真有扶餘足王乎？若箕子之居朝鮮，又非可以語於今日也。

寅恪案，鄭氏之取臺灣，乃失當日復明運動諸遺民之心，而壯清廷及漢奸之氣者，不獨蒼水如此，即徐闇公輩亦如此。牧齋以爲延平既以臺灣爲根據地，則更無恢復中原之希望，所以辛丑逼除，遂自白茆港移居城内舊宅也。然河東君仍留居芙蓉莊，直至牧齋將死前始入城者，殆以爲明室復興尚有希望，海上交通猶有可能。較之牧齋之心灰意冷，大有區別。錢柳二人之性格不同，即此一端，足以窺見矣。

第壹叁叠後附「癸卯中夏六日重題長句二首」其第壹首有「逢人每道君休矣，顧影還呼汝謂何」一聯，意謂時人盡知牧齋以爲明室復興，實已絶望，而河東君尚不如是之頹唐。「影」即「影憐」之謂。斯乃投筆一集之總結，愈覺可哀也。

關於鄭延平之將克復南都，而又失敗之問題，頗甚複雜，兹略引舊記以證明之。

魏默深源聖武記捌「國初江南靖海記」（可參小腆紀年附考壹玖「〔順治十六年七月〕壬午二十三日明朱成功敗績於江寧，崇明伯甘煇等死之，成功退入於海，瓜洲鎮江皆復歸於我大清」條。）略云：

〔順治〕十四年明桂王遣使自雲南航海進封成功延平郡王，招討大將軍。成功分所部爲七十二鎮，設六官理事假永明號，便宜封拜。聞王師三路攻永曆於雲貴，乃大舉内犯江南，以圖牽制。十六年六月由崇明入江，時蘇松提督駐松江，江甯提督駐福山，分守要害，圌山及譚家洲皆設大礮，金焦二山皆鐵鎖横江。煌言屢卻不前，令人泅水斷鐵索，遂乘風潮，以十七舟徑進，沿江木城俱潰，破瓜洲，獲提督管效忠圍鎮江，五路疊壘而陣。周麾傳礮，聲沸江水。攻北固山，士卒皆下馬死戰，官兵退入城，成功軍逐之而入，遂陷鎮江，屬邑皆下。部將甘輝請取揚州，斷山東之師。據京口，斷兩浙之漕，嚴扼咽喉，號召各郡，南畿可不戰自困。成功不聽。七月直薄金陵，謁孝陵，而煌言别領所部由蕪湖進取徽甯諸路。時江甯重兵移征雲貴，大半西上，城内守備空虛。松江提督馬進寶（原注：「改名逢知。」）不赴援，陰通於寇，擁兵觀望。成功移檄遠近。（寅恪案，張蒼水集第壹編載己亥代延平王作「海師恢復鎮江一路檄」可供參考。）太平甯國池州徽州廣德無爲和州等四府三州二十四縣，望風納欵。維揚常蘇旦夕待變。東南大震，軍報阻絶。世祖幸南苑集六師議親征。兩江總督郎廷佐佯使人通欵，以緩其攻。成功信之，按兵儀鳳門外，依山爲營，連亘數里。巡撫蔣國柱，崇明總兵梁化鳳皆赴援。化鳳登高望敵，見敵營不整，樵蘇四出，軍士浮後湖而嬉，乃率勁騎五百，夜出神策門，先擣白土山，破其一營，以作士氣。次日，大出師由儀鳳鐘阜二門以三路攻其前，而騎兵繞出山後夾攻。成功令甘輝守營，而自出江上調舟師。諸營見山上麾蓋不動，不敢退。又未奉號令，不暇相救，遂大潰。甘輝被執死。化鳳復遣兵燒海艘五百餘，成功遂以餘艦揚帆出海，攻崇明不下。冬十月還島。而煌言遇我征貴州凱旋兵浮江下，亦戰敗走徽甯山中，出錢塘入海。

延平王户官楊英從征實録「永曆十三年己亥」條略云：

〔五月〕十九日移泊吴淞港口，差監紀劉澄密書通報僞提督馬進寶合兵征討，以前有反正之意，至是未決，欲進圍京都時舉行，故密遣通之。未報。

〔七月〕十一日伏□□塘報一名，稱南京總督管効忠自鎮江敗回□（日？），將防城器椇料理，并差往蘇松等處討援兵，并帶急燕都奏請救援。稱松江提督馬進寶陰約歸，現在攻圍南都，危如纍卵，乞發大兵南□（下）救援撲滅，免致燎原滔天云云。藩得報，喜曰，似此南都必降矣。重賞之。

是日藩札鳳儀門。密書與馬提督知防。

十七日各提督統領進見。甘輝前曰，大師久屯城下，師老無功，恐援虜日至，多費一番功夫。請速攻拔，别圖進取。藩諭之曰，自古攻城掠邑，殺傷必多，所以未即攻者，欲待援虜齊集，必樸（撲）一戰，邀而殺之。管効忠必知我手段，不降亦走矣。况屬邑節次歸附，孤城絶援，不降何待。且銃炮未便。又松江馬提督□約未至，以故援（緩）攻。諸將暫磨勵以待，各備攻椇，候一二日，令到即行。諸將回營〔十八日〕遣監督高綿祖，禮部都事蔡政前往蘇州松江。往見僞撫院馬提督，約日起兵打都城，并令常鎮道馮監軍撥大官座二隻，多設儀仗帳，戴（載）高蔡二使前往蘇松會師。

二十一日再遣禮都事蔡政往松江見馬進寶，并安插陳忠靖□（宣）毅前鎮陳澤等護眷舡，授以機□。先時祖等見進寶，以家眷在燕都未決，回報。至是再遣諭之曰，見馬提督，先以婉言開陳，須不剛不柔，務極得體，要之先事□（爲）妙。若至攻破南都日方會□爲晚也。

二十二午虜就鳳儀門擡炮與前鋒鎮對擊。

二十三〔日〕藩見大勢已潰，遂抽下□（船）。

二十八日派程班師，駕出長江。

〔八月〕初四日師泊吴淞港，遣禮都事蔡政往見馬進寶。進京議和事機宜，俱授蔡政知之，亦無書往來。

初八日舟師至崇明港。

初十日傳令登岸札營攻崇明縣城。

十一日辰時開炮至午時西北角城崩下數尺，河溝填滿，藩親督催促登城，守將梁華（化）鳳死敵不退。

藩見城堅難攻，傳令班回。是日晚適馬提督差中軍官同都事蔡政至營，言馬提督□（因？）聞大師攻圍崇明，特遣中軍前來説和。稱欲奏請講和，仍又加兵襲破城邑，教我將何題奏，貴差將何面君？不如捨去崇明，暫回海島，候旨成否之間，再作良圖，亦未爲晚。藩諭之曰，爾酋等大張示諭，謂我水陸全軍覆没，國姓亦没陣中，清朝無角逐英雄之患。吾故打開崇明，安頓兵眷，再進長驅，爾主其亦知之否？我今攙（纔）施數銃，其城已倒及半，明日安炮再攻，立如平地。既爾主來説，姑且緩攻，留與爾主好題請説話也。令人同看營中兵器船隻整備。嘆曰，京都覆没，豈有是耶？

藩令搬營在船。

十二日遣蔡政同馬提督中軍再回吴淞，往京議和。

十二月藩駕註（駐）思明州。蔡政自京回，京報和議不成。逮繫馬進寶入京。

清史列傳伍郎廷佐傳（參碑傳集陸貳引盛京通志郎廷佐傳。）云：

是年（順治十六年己亥）二月廷佐因巡閲江海，密陳海防機宜，言海賊鄭成功擁衆屯聚海島，將侵犯江南，而江省各汛兵數無多，且水師舟楫未備，請調發鄰省勁兵防禦。疏下部議，以鄰省亦需兵防守，寢其事。五月海賊陷鎮江，襲據瓜州，遂犯江寧。時城中守禦單弱，會副都統噶楚哈等從貴州凱旋，率兵沿江而下，廷佐與駐防總管喀喀穆邀入城，共議擊賊。

同書同卷梁化鳳傳（可參梅村家藏藁貳伍「梁宮保壯猷紀。」）略云：

梁化鳳陝西長安人。順治三年武進士。十二年陞浙江寧波副將。海寇張名振犯崇明之平洋沙，總督馬國柱委化鳳署蘇松總兵事，至則遣都司談忠出戰，名振復高橋，化鳳親馳援剿擊，敗其衆。（寅恪案，清史稿貳佰叁疆臣年表壹江南江西總督欄順治十一年甲午載：「馬國柱九月丁未休。十月馬鳴佩總督江南江西。」順治十三年丙申載：「馬鳴佩閏五月己酉病免。」表面觀之，似「馬國柱」爲「馬鳴佩」之誤。但清史稿伍世祖本紀貳略云：「順治十一年四月壬申官軍擊故明將張名振於崇明，敗之。」清史列傳伍馬國柱傳云：「十一年正月海賊張名振屢犯崇明。」然則梁化鳳傳之「十二年」應作「十一年」無疑也。）十六年七月成功以大艦陷鎮江瓜州，直犯江寧，南北中梗。化鳳率所部三千人，疾抵江寧。賊大敗奔北。江南遂通。成功敗，遁入海。化鳳遣將防崇明，賊果薄城下，適化鳳兵自江寧回，聲勢相應，括民舟出白茆港，絶流迅擊，賊復大敗。

清史列傳捌拾馬逢知傳略云：

（順治）十三年遷蘇松常鎮提督。十六年海寇鄭成功犯江寧，連陷州縣，梁化鳳擊退之。九月部臣劾逢知失陷城池，當鎮江失守，擁兵不救，賊遁，又不追剿，應革世職，并現任官，撤取回旗。得旨，馬逢知免革職，着解任。先是户科給事中孫光祀密糾逢知當賊犯江寧時，竟不赴援，及賊攻崇明，爲官兵所敗，反代其請降，巧行緩兵之計。鎮海大將軍劉之源，江南總督郎廷佐，蘇松巡按馬騰陞先後疏報僞兵部黄徵明乃數年會緝未獲之海逆，今經緝獲解京。其姪黄安自海中遣諜陳謹賫緣行賄，計脱徵明，竝貽書逢知，傳遞關節。禮科給事中成肇毅亦疏陳逢知通海情形昭著。請即逮治，竝令撫按嚴究黨羽。十七年六月命廷臣會鞫，以逢知交通海賊，擬並誅其子。八月上以未得逢知叛逆實事，命刑部侍郎尼滿往江南，同之源廷佐確審，尋合疏陳奏逢知於我軍在沙埔港獲海賊柳卯，即聲言卯係投誠，賞銀給食，託言令往招撫，縱之使還。又海賊鄭成功曾遣僞官劉澄説逢知改衣冠領兵往降。逢知雖聲言欲殺劉澄，反餽以銀兩。又遣人以扇遺成功，並示以投誠之本。又私留奉旨發回之蔡正，不即斥逐，竝將蔡正之髮薙短，以便潛往。且遣人護送出境。是逢知當日從賊情事雖未顯著，然當賊犯江南時，託言招撫，而陰相比附，不誅賊黨，而交通書信，兼以潛謀往來，已爲確據。疏入，仍命議政王貝勒大臣核議。尋論罪如律，逢知伏誅。

梅村家藏藁貳伍「梁宫保壯猷紀」云：

江寧告急之使，馬皆有汗。同時大將之擁兵者，按甲猶豫，據分地爲解。

小腆紀年附考壹玖「順治十六年五月癸酉（十三日）明延平王朱成功，兵部左侍郎張煌言，復會師大舉北上以援滇」條云：

> 成功欲順風取瓜州，煌言曰，崇明爲江海門户，有懸洲可守，先定之以爲老營，脱有疏虞，進退可據。馮澄世亦言取之便。成功曰，崇明城小而堅，取之必淹日月。今先取瓜州，破其門户，截其糧道，腹心潰，則支體隨之，崇明可不攻而破也。乃遣監紀劉澄，密通我江南提督馬進寶，而請煌言以所部兵爲前軍鄉導。己卯（十九日）經江陰，舟楫蔽江而上。

據上引資料，知成功之不能取江寧，其關鍵實在馬逢知兩方觀望，馬氏之意以爲延平若成功，聲威功績必遠出其上。若不成功，己身亦可邀得清廷之寬免。此乃從來漢奸騎牆之故技。實不知建州入關，其利用漢人，甚爲巧妙。若可利用之處已畢，則斬殺以立威也。

又黄秋岳濬花隨人聖盦摭憶略云：

> 繆小山（荃孫）雲自在堪筆記所述康熙時諸漢臣相訐相軋事至詳，而未言所本。後乃知小山所本，爲李榕村（光地）日記。榕村日記無刊行者，清史館有抄本，繆所録中，有一段極饒意義者，爲李光地與施琅語，縱談及海上順治十六年攻南京事。李（「李」當作「予」。下同。）云，當時若海寇不圍城池，揚帆直上，天下岌岌乎殆哉！施笑曰，直前，

是矣。請問君何往？從何處而前？予無以應。移時又促之，云，從何處往前？李曰，或從江淮，或趨山東，奈何？施曰，此便大壞。何〔以〕言之，直前，縱一路無阻，即抵京師，本朝兵勢尚强，決一死鬥。兵家用所長，不用所短。海寇之陸戰，其所短者，計所有不過萬人。能以不習陸戰之萬人，而敵精於陸戰之數十萬人乎？不過一霎時，便可無噍類矣。李爽然自失，曰，然則奈何？施曰，不顧南京，直取荆襄，以其聲威，揚帆直過，決無與敵者。彼閉城不出，吾置之不論。彼若通欵，與一空劄，覊縻之。遇小船則燬之，遇大船則帶之。有領兵降者，以我兵分配彼兵，散與各將而用之。得了荆襄，呼召滇粤三逆藩，與之連結，摇動江以南，以撓官軍，則禍甚於今日矣。施所見如此，真是梟雄。

寅恪案，馬進寶是時正在觀望。若延平克南京，則反清。若不能，則佐清。延平既不能克南京，必急撤退。不然者，將被封鎖於長江口内，全軍覆没矣。施琅之論，未必切合當日情勢及了解延平心理也。至清史補編捌「鄭成功載記」記載此役，其史料真僞夾雜，文體不倫，未可依據，故不引用。

復檢清史稿貳陸柒黄梧傳（可參清史列傳黄梧傳。）略云：

黄梧字君宣，福建平和人。初爲鄭成功總兵，守海澄。順治十三年梧斬成功將華棟等，以海澄降。大將軍鄭親王世子濟度以聞，封海澄公。十四年總督李率泰疏請益梧兵合四千人，駐漳州。梧牒李率泰薦委署都督施琅智勇忠誠，熟諳沿海事狀，假以事權，必能剪除海孽。又言成功全藉内地接濟木植絲綿油麻釘鐵柴米。土宄陰爲轉輸，齎糧養寇。請嚴禁。并條列滅賊五策，復請速誅成功父芝龍。率泰先後上聞，琅得擢用，芝龍亦誅。尋命嚴海禁，絶接濟，移兵分駐海濱，阻成功兵登岸，增戰艦，習水戰，皆梧議也。

小腆紀年附考貳拾順治十八年十二月「明延平王朱成功取臺灣。」條略云：

成功以臺灣平，謂諸將曰：「此膏腴之土，可寓兵於農。」既聞遷界令下，成功嘆曰：「使吾徇諸將意，不自斷東征，得一塊土，英雄無用武之地矣。沿海幅員上下數萬里，田廬邱墓無主，寡婦孤兒望哭天末，惟吾之故。以今當移我殘民，開闢東土，養精畜鋭，閉境息兵，待天下之清未晩也。」乃招漳泉惠潮流民，以闢汙萊。制法律，定職官，興學校，起池館，待故明宗室遺老之來歸者。臺灣之人是以大和。

然則延平急於速戰速決之計既不能行，内地接濟復被斷絶，則不得不別取波濤遠隔，土地膏腴之臺灣以爲根據地。且叛將黄梧擁兵海澄，若遲延過久，則頗有引清兵攻廈門之可能。觀黄梧傳「〔順治〕十四年總督李率泰疏請益梧兵合四千人，駐漳州」，并小腆紀年附考貳拾「〔順治十七年〕五月甲子（初十日）我大清兵攻廈門，明延平王朱成功禦卻之」，及同書同卷

「我大清康熙二年癸卯冬十月王師取金門廈門」條，即是其證。故延平帥舟師速退，亦用兵謹慎之道。其主旨雖與張蒼水輩別有不同，未可盡非也。

寅恪論述牧齋參預鄭延平攻取南都之計劃，又欲由白茆港逃遁出海，而不能實行之事既竟，讀者必懷一疑問，即牧齋何以終能脱免清廷之殺害。痛史第伍種研堂見聞雜記云：

海氛既退，凡在戎行諸臣，以失律敗者，各遣緹騎捕之，以鋃鐺鏁去，如縛羊豕，而間連染於列邑搢紳，舉室俘囚，游魂旦暮。

又云：

己亥海師至京口，金壇諸搢紳有陰爲款者，事既定，同袍相訐發，遂羅織紳衿數十人。撫臣請於朝，亦同發勘臣就訊，既抵，五毒備至，後駢斬，妻子發上陽。

據此可知當日縉紳因己亥之役受牽累者殊不少。牧齋何以終能脱免一點，實難有確切之解答。但後檢諸書，似有痕迹可尋，惜尚是推測之辭，不敢視爲定論。俟他日更發現有關史料再詳述之。

清史列傳柒玖梁清標傳略云：

梁清標直隸正定人。明崇禎十六年進士，官庶吉士。順治元年投誠，仍原官。尋授編修，累遷侍講學士。十三年四月遷兵部尚書。十六年海賊鄭成功由鎮江犯江寧，給事中楊雍建疏言（寅恪案，楊氏事蹟可參同書陸本傳。）海氛告警，宵旰焦勞，樞臣職掌軍機，於地形之要害，防兵之多寡，剿撫之得失，戰守之緩急，不發一謀，不建一策，僅隨事具覆，依樣葫蘆，不曰今應再行申飭，則曰臣部難以懸擬。既不能盡心經畫，決策於機先，又不能返躬引咎，規效於事後，請天語嚴飭，以儆尸素。詔兵部回奏。時尚書伊圖，奉使雲南。清標同侍郎額赫里劉達李棠馥疏辯。得旨，此回奏，巧言飾辯，殊不合理，著再回奏。於是自引咎下吏部察議，三侍郎皆降二級，清標降三級，各留任。十七年二月京察自陳。諭曰，梁清標凡事委卸，不肯擔任勞怨，本當議處，姑從寬免。其痛自警省，竭力振作。五月上以歲旱，令部院諸臣條奏時務，清標與李棠馥疏言，奸民揑造通賊謀叛，蠹設貪官，借端取貨，生事邀功，著確指其人。於是復奏，藉通賊謀叛名，魚肉平民，則有桐城知縣葉貴祖，常熟知縣周敏等。爲給事中汪之洙，巡按何元化所劾。（寅恪案，江南通志壹佰陸職官志巡撫監察御史欄載：「何可化直隸人進士順治十七年任。」清進士題名碑載：「何可化順治三年第三甲直隸大寧都都水衛。」「何元化」當爲何可化之譌。）其未經劾奏者，不知凡幾。故請旨飭禁，懲前以毖後。疏下部知之。

同書玖施琅傳略云：

〔康熙〕二十年七月内閣學士李光地奏，鄭錦已死，子克塽幼，部下爭權，征之必克，因薦琅素習海上情形。上遂授琅福建水師提督加太子太保。諭之曰，海寇一日不靖，則民生一日不寧。爾當相機進取，以副委任。二十一年七月彗星見，詔臣工指陳時務。户部尚書梁清標（寅恪案，梁清標康熙十一年調户部尚書。）謂天下太平，凡事不宜開端，當以安静爲主。上因命暫停征剿臺灣。

乾隆修江南通志壹佰柒職官志常熟知縣欄載：

周敏。武康人。拔貢。順治十五年任。

張燮。大興人。拔貢。順治十七年任。

寅恪案，前論黄毓祺案，已詳及真定梁氏與牧齋之密切關係。今觀清史列傳所言，清標身任兵部尚書，其對己亥戰役之態度如此冷淡，雖云滿尚書伊圖奉使雲南，當日漢人無權，（可參前引龔芝麓疏。）不敢特有主張，但其不爲清廷盡心經畫，以防禦鄭氏，與二十餘年後之反對進攻臺灣。疑是同一心理。至傳中所指常熟知縣周敏，藉通賊謀叛，魚肉平民之事，恐是乘機爲牧齋輩解脱於鄭延平失敗之後，清廷大肆搜捕之時也。

又牧齋尺牘下「致周縣尊」云：

治某抱病江鄉，朝夕從漁夫樵叟，歌詠德音，雖復屏跡索居，未嘗不神馳鈴閣也。頃者□□□狂悖無狀，老父母以覆載洪恩，付之不較，第此人欺主枉上，罪在不赦。若不重治，并及其共事者，何以懲創奸宄，使魑魅寒心？又口稱有兩宦書帖，其中不無假冒。

某鄉居不知城邑之事，若有不得已相聞，必有手書印記。并祈老父母留心查覈，勿爲黎丘之鬼所眩。此尤所禱祀而求者也。

又「致□□□」略云：

恒雲握别，遂踰星紀。塵泥迥絶，寒暄邈然。相知北來，備道盛雅。注存無已，煦育有加。竊念益草木殘生，桑榆暮齒，灰心世故，息念空門，固未嘗争名争利，攘臂於市朝，亦未嘗有黨有仇，廁跡於壇坫，有何怨府，犯彼兇鋒？所賴金石格言，巖廊竑論，片語解呶，單詞止沸。此則養國家之元氣，作善類之長城，四海具瞻，千秋作則者也。

頗疑牧齋所謂「周縣尊」即周敏。而信中所言「兩宦書帖」其中之一當爲告訐牧齋之物證。至「致□□□」一札，因信中有「恒雲」二字故認爲即致梁清標者。「犯彼兇鋒」之「彼」當指周敏。「金石格言，巖廊竑論」似指清標順治十七年五月所上之疏。若所揣測者不誤，則此等材料，或可作爲牧齋之免禍與梁清標有關之旁證。

復次，當日在朝有梁清標主持兵部，凡在外疆臣武將皆不得不爲牧齋迴護。周敏之不能久任常熟知縣，其理由或在此也。又牧齋集中頗多與郎廷佐梁化鳳等相關之文字，兹節録涉及己亥之役者於下。牧齋外集玖「奉賀郎制府序」略云：

每念節鎮之地，襟江帶海，潢池弄兵，海島竊發。單車小艇，巡行水陸，宵征露宿，涉鯨波而衝颶浪，所至搜討軍實，申明斥堠，布置要害。衝波跋浪之士，靡不骨騰肉飛。裹粮求敵，德威宣布，軍聲烜赫。于是海人蛋户，連艘投誠。鯨鯢猰㺄，聞風遠遁。萑苻解散，菰蘆宴如，則公之成勞也。

同書同卷「梁提督累廕八世序」略云：

自古國家保定疆圉，乂安寰宇，必有精忠一德，熊羆不二心之臣，爲之宣猷僇力，經營告成。其在今日，則大宫保梁公是也。公以鞭霆掣電之風略，拔山貫日之忠勇，奮跡武威，守禦山右。旋調崇川，總領水師。未幾海氛大作，蹂躪瓜步，摇撼南服。公出奇奮擊，雷劈電奔，斧螗鋒蜎，江水爲赤。已而復窺崇川，公隨飛援追勦，海波始靖，而東南獲有安壤。余江邨老民，藉公廣廈萬間之庇，安枕菰蘆，高眠晚食，方自愧無以報公，而又念舊待罪太史氏，勒燕然之銘，香旆常之續，皆舊史所有事也。于諸君之請，遂不辭而爲之序，亦使後世之史館，尚論武略者，于斯文有考焉。

同書貳肆「海宴亭頌序」略云：

今都督長安梁公，山西出將，冀北空羣。惟此東南，惠徽節鉞。頃者海波蕩潏，江表震驚，艦塞長江，風乘萬里。惟公奮其老謀，遏彼亂略。遂使鮐文之老，安井舊于熏風。

劍負之童，息戈鋋于麗日。既庇鴻庥于上將，應銘偉伐于通都。地卜虎邱，亭名海宴。萬古千秋，擁勝槩于長洲之苑。黄童白叟，騰頌聲于闔闠之城。益也托庇遺民，欣逢盛舉。磨盾草檄，良有愧于壯夫。勒石考文，敢自後于野史。

此外牧齋尚有爲梁化鳳之父孟玉所作之「誥封都督梁公墓誌銘」（見牧齋外集壹陸。）等及與郎梁諸人之書札（見牧齋尺牘。）兹不暇多引。要之，牧齋此類文字，雖爲諂媚之辭，但使江南屬吏見之，亦可以爲護身符也。

錢氏家難

關於牧齋八十生日，除前論「丁老行」，謂丁繼之於干戈擾攘之際，特來虞山祝壽，殊爲難得外。牧齋尚有紅豆詩十首，皆關涉其己身及河東君并永曆帝者，故與頗饒興趣之牧齋辭壽札及歸玄恭壽序各一篇，録之於下。至錢曾「紅豆和詩」十首并其他涉及牧齋八十生日之文字尚多，不能盡録，讀者可自參閲也。

有學集詩注壹壹紅豆三集「紅豆樹二十年復花，九月賤降時，結子一顆，河東君遣童探枝得之。老夫欲不誇爲己瑞，其可得乎？重賦十絶句，示遵王，（寅恪案，此題前第陸題爲「遵王賦胎仙閣看紅豆花詩，吟嘆之餘，走筆屬和」八首。故云「重賦」。其詩後附有錢曾「紅豆樹二十年不花，今年夏五，忽放數枝。牧翁先生折供胎仙閣，邀予同賞，飲以仙酒，酒酣，命賦詩，援筆作斷句八首」一題。）更乞同人和之」云：

院落秋風正颯然。一枝紅豆報鮮妍。夏梨弱棗尋常果，此物真堪薦壽筵。

春深紅豆數花開。結子經秋只一枚。王母仙桃餘七顆，争教曼倩不偷來。

二十年來綻一枝。人間都道子生遲。可應滄海揚塵日，還記仙家下種時。

秋來一顆寄相思。葉落深宮正此時。舞輟歌移人既醉，停觴自唱右丞詞。

朱噣啣來赤日光。苞從鶉火度離方。寢園應並朱櫻獻，玉座休悲道路長。

千葩萬蘂葉風凋。一捻猩紅點樹梢。應是天家濃雨露，萬年枝上不曾銷。

齊閣燃燈佛日開。丹霞絳雪壓枝催。便將紅豆興雲供，坐看南荒地脈迴。

炎徼黃圖自討論。日南花果重南金。書生窮眼疑盧橘，不信相如賦上林。

旭日平臨七寶闌。一枝的皪殷流丹。上林重記虞淵簿，莫作南方草木看。

紅藥闌干覆草萊。金盤火齊抱枝開。故應五百年前樹，曾裹儂家錦繡來。

有學集叁玖「與族弟君鴻論求免慶壽詩文書」略云：

夫有頌必有罵，有祝必有咒，此相待而成也。有因頌而招罵，因祝而招咒，此相因而假也。今吾撫前鞭後，重自循省，求其可頌者而無有也。少竊虛譽，長塵華貫，榮進敗名，艱危苟免。無一事可及生人，無一言可書册府。瀕死不死，偷生得生。絳縣之吏不記其年，杏壇之杖久懸其脛。此天地間之不祥人，雄虺之所慭遺，鵂鶹之所接席者也。子如不忍於罵我也，則如勿頌。子如不忍於咒我也，則如勿祝。以不罵爲頌，頌莫禕焉。以無咒爲祝，祝莫長也。

牧齋尺牘中「與君鴻」云：

村居荒僻，繙經禮佛，居然退院老僧。與吾弟經年不相聞問，不謂吾弟記憶有此長物也。日月逾邁，忽復八旬，勑斷親友，勿以一字詩文枉賀。大抵賀壽詩文，只有兩字盡之。一曰罵，二曰咒。本無可賀而賀，此罵也。老人靠天翁隨便過活，而祝之曰長年，曰不死，此咒也。業已遍謝四方，豈可自老弟破例耶？若盛意，則心銘之矣。來詩佳甚，漫題數語，勿怪佛頭抛糞也。詩箋已領，不煩再加繕寫也。謝謝！（寅恪案，此札與前札，辭壽之旨雖同，而詳略有異。頗疑此札乃復其族弟之私函，前札則屬於致親朋之公啓。故此札乃前札之藍本也。）

歸莊集叁「某先生八十壽序」略云：

先生之文云，絳縣之老，自忘其年。杏壇之杖，久懸其脛。據所用論語之事，先生蓋自駡爲賊矣。吾以爲賊之名不必諱。李英公嘗自言少爲無賴賊，稍長爲難當賊，爲佳賊，後卒爲大將，佐太宗平定天下，畫像凌煙閣。且史臣之辭，不論國之正僭，人之賢否，與我敵，即爲賊。是故曹魏之朝，以諸葛亮爲賊。拓跋之臣，以檀道濟爲賊。入主出奴，無一定謂。然則賊之名何足諱，吾惟恐先生之不能爲賊也。先生自駡爲賊，吾不辨先生之非賊，又惟恐先生之非賊，此豈非以駡爲頌乎？先生近著有太公事考一篇，（寅恪案，有學集肆伍「書史記齊太公世家後」末云：「今秋脚病，蹣跚顧影，明年八十，恥隨世俗舉觴稱壽，聊書此以發一笑，而并以自勵焉。」玄恭所言，即指此文。）舉史傳所稱而參互之，知其八十而從文王，垂百歲而封營丘。先生之寓意可知。莊既以先生之自戲者戲先生，亦以先生之自期者期先生而已，他更無容置一辭也。先生如以莊之言果詛也，果駡也，跪之階下而責數之，罰飲墨汁一斗，亦惟命。如以爲似詛而實祝，似駡而實頌也，進之堂前，賜之卮酒，亦惟命。以先生拒人之爲壽文也，故雖以文爲獻，而不用尋常壽序之辭云。

寅恪案，河東君於牧齋生日，特令童探枝得紅豆一顆以爲壽，蓋寓紅豆相思之意，殊非尋常壽禮可比。河東君之聰明能得牧齋之歡心，於此可見一端矣。又陳琰藝苑叢話玖「錢牧齋字受之」條云：

柳於後園劃地成壽字形，以菜子播其間，旁栽以麥。暮春時候，錢登樓一望，爲之狂喜，幾墜而顛。

此雖是暮春時事，與牧齋生日無關。但河東君之巧思以求悦於牧齋，亦一旁證也。遂并附記於此。兹更擇録後來諸家關於芙蓉莊，即紅豆莊之詩文三則於下，藉見河東君以紅豆爲牧齋壽一舉及牧齋紅豆詩之流播久遠，殊非偶然也。

柳南隨筆伍「芙蓉莊」條云：

芙蓉莊在吾邑小東門外，去縣治三十里，顧氏别業也。某尚書爲憲副臺卿公外孫，故其地後歸尚書。莊有紅豆樹，又名紅豆莊。樹大合抱，數十年一花，其色白。結實如皂莢，子赤如櫻桃。順治辛丑，是花盛開，邑中名士咸賦詩紀事。至康熙癸酉再花，結實數斗，村人競取之。時莊已久毁，惟樹存野田中耳。今樹亦半枯，每歲發一枝，訖無定向。聞之土人，所向之處，稻輒歉收，亦可怪也。唐詩紅豆生南國。又云紅豆啄餘鸚鵡粒。未知即此種否，俟再考之。

顧備九鎮虞東文録捌「芙蓉莊紅豆樹歌」云：

田園就蕪三徑荒。秋風破我芙蓉莊。莊中紅豆久枯絶，村人猶記花時節。花時至今七十年。我生已晚空流傳。一宵纖芽發故處。孫枝勃窣兩三樹。此樹移來自海南。曲江（自

注：「族祖諱耿光。」）手植世澤覃。錢家尚書我自出。庚信曾居宋玉宅。紅豆花開及壽時。尚書誇誕賦新詩。我嘗讀詩感胸臆。鳩占中間僅一息。今得神明復舊觀。古根不蝕精神完。（下略。）

孫子瀟原湘天真閣集壹玖「芙蓉莊看紅豆花詩」序云：

吾鄉芙蓉莊紅豆樹，自順治辛丑花開後，至今百六十又四年矣。乾隆時樹已枯，鄉人將伐爲薪，發根而蛇見，遂不敢伐。閲數年復榮，今又幢幢如蓋矣。今年忽發花滿樹，玉蘂檀心，中挺一莖，獨如丹砂，莖之本轉緑，即豆莢也。辛烈類丁香，清露晨流，香徹數里，見日則合矣。王生巨川邀余往觀，爲乞一枝而歸。葉亦可把玩，瓏瓏不齊。王生言，至秋冬時，丹黄如楓也。道光四年五月記。

復次，紅豆雖生南國，其開花之距離與氣候有關。寅恪昔年教學桂林良豐廣西大學，宿舍適在紅豆樹下。其開花之距離爲七年，而所結之實，較第壹章所言摘諸常熟紅豆莊者略小。今此虞山白茆港錢氏故園中之紅豆猶存舊篋，雖不足爲植物分類學之標本，亦可視爲文學上之珍品也。

寅恪論述牧齋八十生日事既竟，請附論牧齋晚年臥病時一段饒有興趣之記載於下。

恬裕齋瞿氏藏牧齋楷書蘇眉山書金剛經跋横幅墨蹟，其文後半節云：

病榻婆娑，繙經禪退，杜門謝客已久。奈文魔詩債不肯捨我，友生故舊四方請告者繹絡何！今且休矣，執筆如握石，看書如障綃，窮年老朽，如幻泡然，未知能圓滿此願否？後人克繼我志者，悉爲潢池完好，以此跋爲左券云。

海印弟子八十一翁蒙叟錢謙益拜書

又後跋云：

老眼糢糊不耐看。繙經盡日坐蒲團。東君已漏春消息，猶覺攤書十指寒。

立春日早誦金剛經一卷，適河東君以棗湯餉余，坐談鎮日。檢趙文敏金汁書蠅頭小楷楞嚴經示余。余兩眼如蒙霧，一字見不，（寅恪案，「見不」當作「不見」。）腕中如有鬼，字多舛謬，詫筋力之衰也。口占一絶，并誌跋後。甲辰立春日蒙叟題。

寅恪案，依鄭氏近世中西日曆表，康熙三年甲辰立春爲正月初八日。若有差誤，亦不超過兩三日。考牧齋卒於甲辰五月廿四日，其作此絶句時，已距死期不遠。河東君本居白茆港之紅豆莊，正月初八日其在常熟城内錢氏舊宅者，或因與牧齋共度除夕，或由牧齋病勢已劇，留住侍疾，不再返白茆港，皆未能確定。但據此兩跋及詩句，可以推知牧齋垂死時猶困於「文魔詩債」有如是者，殊爲可嘆。又觀其與河東君情感篤摯，至死不變，恐牧齋逝世後，若無遵王等之壓迫，河東君亦有身殉之可能也。

關於錢柳之死及錢氏家難本末，本章首已詳引顧苓河東君傳，今不重録。虞陽説苑甲編有「河東君殉家難事實」一書，所載韓世琦安世鼎等（韓氏見乾隆修江南通志壹佰伍職官志江蘇巡撫欄。安氏見同書壹佰陸職官志蘇松常兵備道欄。）當時公文頗備，不能盡録，但擇其最有關者，稍加解釋。兹除河東君遺囑并其女及婿之兩揭外，略附述當日爲河東君伸寃諸人之文字，亦足見公道正義之所在也。至同時人及後來吟詠錢柳之詩殊多，以其無甚關涉，除黄梨洲龔芝麓等數首外，其餘概從省略。

黄太沖思舊録「錢謙益」條云：

甲辰余至，值公病革。一見即云以喪葬事相託。余未之答，公言顧鹽臺求文三篇，潤筆千金。亦嘗使人代草，不合我意，固知非兄不可。余欲稍遲，公不可。即導余入書室，反鎖於外。三文，一顧雲華封翁墓誌，一雲華詩序，一莊子注序。余急欲出外，二鼓而畢。公使人將余草謄作大字，枕上視之，叩首而謝。余將行，公特招余枕邊云，惟兄知吾意，殁後文字，不託他人。尋呼孫貽（寅恪案，牧齋子孫愛，字孺貽。梨洲混爲「孫貽」。）與聞斯言。其後孫貽别求於龔孝升，使余得免於是非，幸也。

柳南續筆叁「賣文」條略云：

東澗先生晚年貧甚，專以賣文爲活。甲辰夏臥病，自知不起，而喪葬事未有所出，頗以爲身後慮。適鹺使顧某求文三篇，潤筆千金。先生喜甚，急倩予外曾祖陳公金如代爲之，然文成而先生不善也。會餘姚黄太沖來訪，先生即以三文屬之。越數日而先生逝矣。（寅恪案，牧齋尺牘中載「與陳金如」札十九通。其中頗多託代撰文之辭。又光緒修常昭合志稿叁壹陳燦傳附式傳云：「陳式字金如。副貢生。行己謹敕，文筆温麗」等語，皆可供參證。）

江左三大家詩鈔叁卷末載盧紘跋云：

吴江顧君茂倫趙君山子有三大家詩鈔之輯。刻既成，乃以弁言來命。憶紘于虞山，相遇最晚。壬寅歲以駐節海虞，始得近趨函丈。初見懽若生平，勤勤慰勉。不二年，且奄逝矣。易簀之前二日，貽手書，以後事見囑，是不可謂不知己也。康熙七年歲次戊申春季楚蘄受業盧紘頓首譔。

民國修湖北通志壹伍貳盧紘傳略云：

盧紘字元度，一字澹巖。蘄州人。順治乙丑進士。屢遷蘇松參議，長蘆鹽運使。嘗修蘄州志，錢謙益甚稱之。著有四照堂文集三十五卷，樂府二卷。

牧齋尺牘壹「致盧澹巖」四首。其一略云：

老公祖以遷固雄文，發軔蘄志。謹承台命，聊援禿管，以弁簡端。承分清俸，本不敢承。

久病纏綿，資生參朮，藉手嘉惠，以償藥券。

其二略云：

頃蒙翰教，謹於尊府君志中添入合葬一段，以文體冗長，但撮略序次，不能如梅村志文之詳贍也。腆貺鄭重，不敢重違台意，敢再拜登受。（寅恪案，有學集補「盧府君家傳」及「盧氏二烈婦傳」並牧齋外集捌「四照堂文集序」等，皆牧齋爲盧氏一門所作之文也。）

其三云：

昨者推士民之意，勒碑頌德，恨拙筆無文，不足以發揚萬一，殊自愧也。（寅恪案，頌德碑乃歌功頌德之文。牧齋作此碑文必有潤筆。此潤筆之資，雖非澹巖直接付出，但必鄉人受盧氏之指示而爲者，其數目當亦不少。然則此亦澹巖間接之厚貺也。）

其四云：

重荷翰貺，禮當叩謝。辱委蘄志序，須數日内力疾載筆。（寅恪案，據其内容，此札應列第壹通之前。）

寅恪案，牧齋賣文爲活之事，前已於第伍章黄毓祺案節論及之。今觀梨洲東淑澹巖關於牧齋垂死時之記載，益可知其家無餘資，貧病交迫之實況矣。至若牧齋致盧澹巖札，尤足見其晚年之窮困，非賣文不能維持生計及支付醫藥之費。總之，此雖爲牧齋家庭經濟問題，但亦河東君致死主因，故不憚煩瑣爲之饒舌也。

「柳夫人遺囑」云：

汝父死後，先是某某並無起頭，竟來面前大罵。某某還道我有銀，差遵王來逼迫。遵王某某皆是汝父極親切之人，竟是如此詐我。錢天章犯罪，是我勸汝父一力救出，今反先串張國賢，騙去官銀官契，獻與某某。當時原云，諸事消釋。誰知又逼汝兄之田，獻與某某。賴我銀子，反開虛賬來逼我命，無一人念及汝父者。家人盡皆捉去，汝年紀幼小，不知我之苦處。手無三兩，立索三千金，逼得汝與官人進退無門，可痛可恨也。我想汝兄妹二人，必然性命不保。我來汝家二十五年，從不曾受人之氣，今竟當面凌辱。我不得不死，但我死之後，汝事兄嫂，如事父母。我之冤仇，汝當同哥哥出頭露面，拜求汝父相知。我恕陰司，汝父決不輕放一人。垂絶書示小姐。

威逼姓名，未敢原稿直書，姑闕之。

「孝女揭」云：

揭爲婪贓殺命，奇陷屠門，勢抗縣憲，威脅大吏。母泣冤沈，女號公碟事。竊父母與舅姑一也。不能爲孝婦者，竊願爲孝女。生事與死事一也。不得報恩於生前者，竊願報仇於死後。如今日活殺吾母柳氏一案，操戈而殺母者，獸族謙光與獸姪孫曾也。主謀而令其殺者誰，呼其名，無不疾首痛心，稱其爵，無不胆戰股慄，敍其惡，無不髮豎眥裂。在今血控，不敢顯觸其兇鋒，嗣後登聞，誓必直陳其惡款。止就二獸之罪案，涕泣而歷陳之。我母柳氏，係本朝祕書院學士我父牧齋公之側室，本朝唐令兄孺飴之庶母也。母歸我父九載，方生氏。母命不辰，止有一女。我父不忍嫁氏，因贅翰林院趙月潭公之第三子爲婿。依依膝下者，四歷寒暑。每以不得侍奉舅姑爲疚。不料父年八十有三，染病益篤。氏助兄嫂日侍湯藥，身不克代，乃於五月二十有四日，一旦考終。嗚呼痛哉！方思與兄共守苫塊，以盡半子之誼，以終哀戚之期，而後託吾母於嫡兄，從吾夫以歸養。豈期族難陡作，貴賤交熾。昔之受厚恩於吾父者，今日忽挺戈而入室。昔之求拯救於吾父者，今日忽背噬而甘心。昔之呼高上於堂下，執弟子於門牆者，今日忽揭竿樹幟，耽耽而逐逐，如錢謙光錢曾，其手倡斬喪者也。謙光係行劣徒夫，不齒姻族，曾則爲銷奏之黜衿也。（寅恪案，奏銷事可參孟心史森明清史論著集刊上「奏銷案」一文。）於分爲曾姪孫，於誼爲受業門人。其飲斯食斯，舉書學字，得以名列膠庠，家稱封殖者，伊誰之力，而一旦背義滅倫至此。噫！異矣！其挾命而酷炙，則曰某。其狐假而虎逼，則曰某。其附會而婪烹，則曰某。始焉逼我杯皿，以九爵進未已也。少焉扞釘膏腴六百畝矣。

少焉俘獲僮僕十數輩矣。痛毀之餘，不敢爰及干戈，而惡等反視爲弱肉，益肆鴟張。復於六月二十八日，大聲疾呼曰，我奉族貴命，立索柳氏銀三千兩。有則生，無則死。毋短毫釐，毋遲瞬息，毋代貲飾。忽而登幕，忽而入室，忽而漸臥，直逼吾母無地自容，登樓吮血，囑付煌煌。嗟乎！以吾父歸田之後，賣文爲活，煢煢女子，蓄積幾何，而有此現帑三千，以供狼獸之婪逼哉？族梟權僕密佈環糾，擦拳磨掌，穢身肆詈。斯時吾母即不死，不可得也。即不速死，亦不可得也。因遂披麻就縊，解經投繯。威逼之聲未絕於閫外，而呼吸之氣已絕於閨中。嗚呼痛哉！比之斧鑕爲尤甚，較之鼎鑊爲尤慘者也。五內崩裂，痛聲徹外，惡始抱頭竄鼠，棄帽微行，追之不及，奔告捕衙門驗縊解經，隨告本縣驗傷暫殮。復控糧道，仰係審解。兄隨刊布血情，近陳都邑，遠達京師。巨惡情虛慮播，哀浼戚紳，吐贓服罪，盡收梓刻。至今揭板原贓，現貯居間，豈其陽爲求息，陰肆把持？赫赫當權，誰能抗令？雖有執法之神明，莫制負隅之魑魅。僅將獸光薄杖，獸曾薄擬。嗟乎！以立逼立斃之人命，與六百兩六百畝之真贓，而止以薄懲定案，豈所以上報王章，下慰冤魂哉？兄因一控鹽憲，再控撫憲，俱批蘇常道親審招牌。惡復賁謀賄縣，任意抗違。賄差楊安，不解不審。視憲詞爲兒戲，賤母命爲草菅，棺骸慘暴，案獄浮沉，五罪五刑，有此不論不議之律乎？惡慮命確贓真，到底難逃重辟，乃遂幻造流言，鑿空飛駕，始焉殺吾母一人之命也，今且殺吾父兄闔門之命及其子孫也。狼謀叵測，一至是哉！在兄孺飴賦性柔孱，或迫於權重。在夫趙管，弱齡緦壻，或阻於嚴親。而氏也仰事惟母，母也俯育惟氏，母既不惜一死以報父，氏亦何惜一死以報母。從此身命俱損，舅姑莫養，行即觸階哭憲，旋復擊鼓叩閽，誓不與殺母之賊共戴一天。嗟乎！帷車袖劍，有白日報父之趙娥，抉目掩皮，有道旁殉弟之聶姊。事狀罄竹難書，止就六月廿六日至廿八日。謂區區女子遂無尺寸之刃哉？敢揭之以告通國，伏乞當道滿漢大人，各郡縉紳先生鼎持公道，斧磔元凶，慰死救生，合門幸甚！康熙三年七月嫡女錢氏謹揭。

「公婿趙管揭」云：

謹陳逼死實跡事，痛岳父於五月二十四日去世，驀遭凶惡錢曾錢謙光等搆釁謀害，恣意擇之，逼寫田房，扼穽僮僕，凌虐岳母絶命時，三日夜内事言之。岳母柳氏有糴米納官銀兩，向貯倉廳張國賢收管。錢曾錢謙光探知，廿六日擒國賢妻并男張義至半野堂，官刑私拷，招稱倉廳上有白銀六百兩。錢曾即遣家人陸奎先索去銀杯九只，此廿六日午後也。黄昏後，復令陸奎押張義到倉廳取前銀。義將蒲包裹木匣，付陸奎手持去。曾又突至孝幕中，岳母以曾爲受恩岳父之人，伏地哀泣。曾猶談笑自若。其時恐嚇之語，不可盡述。廿七日曾遣奎來傳言。其話比前尤甚。是日逼去家財及葉茂陳茂周和。僮僕輩盡皆股慄散去。黄昏時，曾復喚徐瑞來傳述云，要我主持，須先將香鑪古玩價高者送我。頃廿八日謙光先來向管云，汝與岳母説云，速速料理貴人，否則禍即到矣。言畢竟出。頃之曾來，直入孝幕，坐靈牀前，大呼曰，止隔明日一日矣。各貴諸奴俱已齊集，即來吵鬧，不得開喪。復至書房内，大張聲勢。管懼其威燄，不敢置可否。坐逼良久，曾方出門，而謙光又踵至矣。云，汝家事大壞，遵王現在坊橋上，須請遵王來，方可商量。適曾亦令奎來。謙光隨令請至。二人一唱一和，皆云我奉族貴令，必要銀三千兩，如少一釐，不下事。命管傳言。岳母驚駭不能答。二人復傳内王進福妻出去，所言皆人所不能出之口者。復命一催促幾次。許之田房。謙光云，芙蓉莊已差十六人發四舟去搬矣。誰要汝田？管復力懇一時無措。二人云，三千兩原有幾分分的，斷少不得。隨分付要吃葷點心。吃過，復唤王進福妻傳話，大聲叱咤，今日必等回報，然後去得。岳母云，稍静片刻，容我開賬。攜筆紙登樓。二人在外大叱管云，初一日先要打汝夫妻出門。還不速速催促。被逼不過，只得入户，見樓緊閉，踢開時，岳母已縊死矣。管急趨出，二人棄帽逃竄。趕至坊橋，二人拼命逃奔，躲匿族貴家中，不能追獲。此實情實事也。乘喪威逼，固非一人，投繯之時，惟此二賊。悉載岳母遺囑中。另録刊布。先此略述一二，以俟伸雪云。

寅恪案，河東君遺囑前已節引，以其與趙管夫婦兩揭，同爲錢氏家難主要文件，故全録三文，并略加以論述。遺囑中所謂「某某」，即錢朝鼎。由遺囑後其女所附「威逼姓名未敢原稿直書，姑闕之」。及其揭中所云：「主謀而令其殺者誰？呼其名，無不疾首痛心。稱其爵，無不膽戰股慄。敍其惡，無不髮豎眥裂。在今血控，不敢顯觸其兇鋒。嗣後登聞，誓必直陳其惡款。」等語，可知此人當日在常熟之勢力爲何如矣。

「原任蘇州府常熟縣知縣瞿四達揭」略云：

揭爲貪紳屠族逼命，義切同仇，冒死直陳事。今夏五〔牧翁錢〕夫子亡後匝月，遽有逼死柳夫人之變。及問致死者誰？則貪惡俗紳錢朝鼎也。請陳其實。朝鼎爲浙臬司，婪張安茂厚賂，内有銀杯兩隻，工鐫細文「茂」字於杯脚。天敗落四達之手。先年具揭首告，朝鼎挽腹親，王曰，俞解其事。此大證佐也。爲科臣柯諱聳張諱惟赤交章通劾，故雖躐升副憲，并未到任，旋奉嚴旨。何嘗一日真都憲哉？今猶硃標都察院封條告示，封芙蓉莊房屋。其逼死柳夫人實案一。朝鼎居官狼藉，如湖州司李龔廷歷情極刎頸，若浼錢夫人捨身挽救，得豁重罪，乃反誣以受賂。當夫子疾篤臥牀，即遣狼僕虎坐中堂，朝暮逼索，致含憤氣絶。隨逼柳婿趙生員含淚立虛契，奪田四百畝。其逼死柳夫人實案二。夫子生前分授柳家人張國賢，以知數久，家頗温。夫子亡未及二七，朝鼎遽拿國賢於靈柩前，杖八十，夾兩棍，逼獻銀四百六十兩，米二百石。柳母子痛哭求情，面加斥辱，穢媟不堪。其逼死柳夫人實案三。凡此三案，法應按律治罪，追贓充餉，朝鼎其何辭？乃僅治虎翼之罪，卸禍錢謙光錢曾二人，欲草草了此大獄。夫謙光等行同狗彘，死有餘辜。雖肆諸市朝，豈足令堂堂宫保烈烈幽魂，瞑目地下哉？

光緒修常昭合志稿貳陸耆舊門錢朝鼎傳略云：

錢朝鼎字禹九，號黍谷。順治丁亥進士。授刑部主事，歷員外郎中，升廣東提學道。端士習，正文風，爲天下學政最。轉浙江按察使，誓於神曰，歸橐名一錢，立殛死。超擢副都御史，忌者託詞稽留欽案，露章參之。丁内艱，服闋，補鴻臚卿，遷大理少卿。

寅恪案，瞿四達此揭所言錢朝鼎豪霸惡蹟，即就以解任已久之封條封閉芙蓉莊一事，可爲明證。至牧齋之殞命，亦因朝鼎遣僕登堂，朝暮逼索所致。然則朝鼎不但逼死河東君，亦逼死牧齋矣。朝鼎在鄉何以有如此權勢，恐與四達揭中所云：「朝鼎挽腹親，王曰，俞解其事。」等語有關。「腹親」二字，疑爲「福晉」之別譯。即滿文「王妃」之義。以當日情事言之，漢人必不能與滿洲親王發生關係。疑四達所指之王，乃尚可喜。據道光修廣東通志肆叁職官表叁肆載：

錢朝鼎。順治十年任廣東提學道。

張純熙。順治十三年任廣東提學道。

清史列傳柒捌尚可喜傳略云：

尚可喜遼東人。崇禎初，可喜爲廣鹿島副將。據廣鹿，遣部校盧可用金玉奎赴我朝納款，時天聰七年十二月也。崇德元年封智順王。七年錦州下，賜所俘及降户。可喜奏請以部衆歸隸漢軍。於是隸鑲藍旗。八年隨鄭親王濟爾哈郎征明。順治元年四月隨睿親王多爾衮入山海關，擊敗流賊李自成。六年五月改封平南王，賜金册金印。統將士征廣東。攜家駐守。十三年賜敕記功，歲增藩俸千兩。是時粤地皆隸版圖。〔康熙〕四年諭曰，近聞廣東人民爲王屬下兵丁擾害，失其生理。此皆將領不體王意，或倚爲王親戚，以小民易欺，唯圖利己，恣行不法之故。自今務嚴加約束，以副委任。

可知朝鼎任廣東提學道之時，在可喜「統將士征廣東，攜家駐守」之期間。豈朝鼎爲平南王之親戚，故習於「唯圖利己，恣行不法」耶？俟考。

虞陽説苑乙編後虞書云：

瞿知縣四達比較錢糧，即過銷單，必加夾打，云以懲後。

又云：

瞿知縣殺諸生馮舒於獄。邑中各項錢糧，惟舒獨知其弊。諸生黄啓耀等，合詞上瞿貪狀。瞿以賄飾。疑詞出舒手。故殺之。

今若揆以常昭合志稿所載朝鼎事蹟，則爲能「端士習，正文風」「歸橐不名一錢」及「執法持正」之人。而後虞書則謂瞿四達乃一貪酷之縣官。由是觀之，明清間之史料，是非恩怨，難於判定，此又一例也。

家難事實附各臺讞詞「督糧道盧，爲伐喪殺命等事批」云：

錢謙光以宦門宗裔，甘作無良，乘喪挾威，逼柳氏投繯，命盡頃刻，誠變出意外也。尤可怪者，錢曾素以文受知太史，宜有知己之感，奈何亦爲謙光附和耶？審訊猶曉曉申辨，如詐贓一百廿兩，銀杯九隻。據張國賢供稱，陸奎經收分受，則光等之婪贓殺命，律有明條，該縣徇情玩縱，大乖讞法。但人命重情，必經地方官審究真確，方可轉報。仰常熟縣再將有名人犯各證嚴加訊究，并分贓確數，致死根由，依律定擬入招解道，以憑轉解撫院正法，移明學道革黜。事關重案，該縣務須大破情面，贓罪合律，毋得徇縱，復煩駁結，速速繳。康熙三年又六月十九日。

寅恪案，有學集補「盧府君家傳」云：

〔紘康熙元年〕壬寅奉命督糧蘇松，建節海虞。

可知「督糧道盧」，即上引江左三大家詩鈔跋之作者盧紘，亦即上引「孝女揭」中「復控糧道，仰係審解」之「糧道」。澹巖跋云：「易簀之前二日貽手書，以後事見囑。」可知牧齋早已預料其身死之後，必有家難。（此點可參上引瞿四達揭文：「當夫子疾篤臥牀，（朝鼎）即遣狼僕虎坐中堂，朝暮逼索，致含憤氣絶。」等語及寅恪所論。）故以後事託盧氏。今觀澹巖批語，左袒河東君，而痛責錢謙光錢曾等，可謂不負其師之託，而河東君遺囑（詳見上引。）云：

我之寃仇，汝當同哥哥出頭露面，拜求汝父相知。

據此，澹巖乃河東君垂絶時，心中所認爲牧齋相知之一無疑。斯又可證澹巖跋中「不可謂不知己」之語誠非虚構矣。又各臺讞詞「鹽院顧，爲乘喪抄逼，活殺慘命事批」云：

錢宦棄世，曾幾何日，而族人遽相逼迫，致其庶室投繯殞軀，風俗乖張，莫此爲甚，仰蘇松道嚴究解報。

寅恪案，此「鹽院顧」，當即上引梨洲思舊録中之「顧鹽臺」及柳南續筆中之「鹺使顧某」，亦即求牧齋作三篇文之人。此人既欲藉牧齋之文以自重，其批語亦左袒河東君，殊不足異。但其人與牧齋似無深交，非如澹巖受業於牧齋者之比。故其批詞亦不及澹巖之嚴厲也。

復次，觀上引錢氏家難三文，當日河東君被迫死之情狀，已甚了然。唯其所謂「三千金」或「銀三千兩」者，與虞陽説苑甲編馮默菴舒撰虞山妖亂志中所言錢曾父裔肅有關。默菴之文（可參同編據梧子撰筆夢末兩段所載及河東君殉家難事實顧苓歸莊致錢遵王兩札。）略云：

錢裔肅者，故侍御岱孫，憲副時俊子也。岱罷官歸，家富於財，聲伎冠一邑。裔肅亦中順天乙卯舉人。諸孫中肅貲獨饒。有女伎連璧者，故幸於侍御，生一女矣，而被出。肅悦之，召歸，藏玉芝堂中三年，而家人不得知，與生一子，名祖彭，爲縣庠生，其事始彰。萬曆丁巳，侍御舉鄉飲，將登賓筵，一邑譁然。監生顧大韶出檄文討其居鄉不法事，怨家有欲乘此甘心者，〔錢〕尚書〔謙益〕素不樂侍御，口語亦藉藉。錢〔裔肅〕乃大懼，遽出連璧。已而侍御死，憲副亦歿。諸兄弟皆惎裔肅，有爲飛書告邑令楊鼎熙，言連璧事者，楊以諗尚書。尚書答曰，此帷箔中事，疑信相參。書似出匿名，盍姑藏弆之，當亦盛德事耶？有錢斗者，尚書族子也。素傾險好利。裔肅以尚書相昵，故亦親之。遂交搆其間，須三千金賕尚書。裔肅諾。斗又邀其家人齎銀至家。斗居城北，其鄰有徐錫策者，稱好事。詗得裔肅賂賕事，遂訟言告人。銀未入尚書家，而迹已昭著不可掩。裔肅族人時傑者，又白之於巡按御史。尚書亦唯唯，無所可否。於是其事鼎沸。時傑得賄，幾與尚書等。裔肅始以其事委尚書，出重賄，要萬全。已而尚書不甚爲力，故怨之。裔肅諸弟又日以憲副故妓人納之尚書，裔肅不得已亦獻焉。凡什器之貴重者，錢斗輩指名索取，以爲尚書歡。是時撫吴爲張公國維。尚書辛丑所取士也。以故府縣風靡，無不嚴重尚書者。裔肅所費既不貲，當事者姑以他事褫革，而置奸祖妾不問。邑人自此仄目尚書矣。

然則河東君遺囑所謂「手無三兩，立索三千金。」孝女揭所謂「奉族貴命，立索柳氏銀三千兩。有則生，無則死」，及趙管揭所謂「必要銀三千兩，如少一釐，不下事」等語中之「三千金」，疑即此文裔肅賕尚書之「三千金」。而遵王向微仲索取之「香鑪古玩價高者」，恐即指錢斗向錢裔肅「指名索取，以爲尚書歡」之貴重什器也。如此解釋，是否合理，仍俟更考。又虞陽説苑甲編「過墟志感」一書，雖爲僞託，但其中用語，可與孝女揭相參校者，如稱錢曾爲「獸曾」之類是也。至劉寡婦以其家資全付與其婿錢生者，殆常熟風俗，婦人苟無親生之子，例以家資付其女及婿。此所以錢朝鼎錢曾等由是懷疑河東君以牧齋資財，盡付趙管夫婦，因而逼索特甚，致使「進退無門」，且叱管云，「初一日先要打汝夫妻出門」。故過墟志感雖爲僞託之書，於當時常熟風俗，仍有參考價值也。

復次，遵王與牧齋之關係，除光緒修常昭合志稿叁貳及同治修蘇州府志壹佰本傳外，章式之鈺錢遵王讀書敏求記校證補輯類記所載「錢曾傳」，頗爲詳盡，兹不備引，讀者可自取參閲。唯憶昔年寅恪旅居北京，與王觀堂國維先生同遊廠甸，見書攤上列有章氏此書。先生持之笑謂寅恪曰：「這位先生（指章式之）是用功的，但此書可以不做。」時市人擾攘，未及詳詢，究不知觀堂先生之意何在？特附記於此，以資談助。

又家難事實載嚴武伯熊「負心殺命錢曾公案」文云：

竊聞恩莫深於知己，而錢財爲下。罪莫大於負心，而殺命尤慘。牧齋錢公主海内詩文之柄五十餘年，同里後學硯席侍側者，熊與錢曾均受教益。今公甫逝，骨肉未寒，反顔肆噬，逼打家人徐瑞寫身炙詐銀三十六兩。今月廿八日復誣傳族勢赫奕，同錢天章虎臨喪次，立逼柳夫人慘縊。亘古異變，宇宙奇聞。熊追感師恩，鳴鼓討賊。先此布告，行即上控下訴，少效豫讓吞炭之意。

王漁洋感舊集壹貳「嚴熊」條，盧見曾補傳云：

熊字武伯，江南常熟人。有雪鴻集。

小傳下附宋琬安雅堂集「武伯詩序」（可參陳壽祺郎潛紀聞捌「虞山錢宗伯下世」條。）云：

錢牧齋先生常顧余于湖上，語及當代人物。先生曰，吾虞有嚴生武伯者，縱横跌蕩，其才未易當也。後與武伯定交吴門，先生已撤琴瑟再閏矣。武伯身長八尺，眉宇軒軒，驟見之，或以爲燕趙間俠客壯士也。酒酣以往，爲言先生下世後，其族人某，妄意室中之藏，糾合無賴，囂於先生愛妾之室，所謂河東君者，詬厲萬端，迫令自殺。武伯不勝其憤，鳴鼓草檄，以聲其罪。其人大慚，無所容。聆其言，坐客無不髮上指者。嗚呼！何其壯哉！又一日飲酒，漏三鼓，武伯出先生文一篇示余，相與辨論，往復不中意，武伯鬚髯盡張如蝟毛，欲擲鐵燈檠于地者再，厥明酒醒，相視而笑曰，夜來真大醉也。雖狂者之態固然乎？而其護師門如干城，不以生死易心，良足多也。

龔鼎孳定山堂集肆貳康熙丙午迄庚戌存笥稿「嚴武伯千里命駕，且爲虞山先生義憤，有古人之風，於其歸，占此送之」七絶五首云：

清秋紈扇障西風，紅豆新詞映燭紅。扣策羊曇何限淚，一時沾灑月明中。

死生膠漆義誰陳。挂劍風期白首新。却笑關弓巢卵事，當時原有受恩人。

河東才調擅風流。賭茗拈花是唱詶。一著到頭全不錯，瓣香齊拜絳雲樓。

高平門第冠烏衣。珠玉争看綵筆飛。曾讀隱侯雌霓賦，至今三嘆賞音稀。

君家嚴父似嚴光。一臥谿山歲月長。頭白故交零落盡，幾時重拜德公牀。

寅恪案，牧齋與嚴氏一家四代均有交誼，前已言及。晚歲與武伯尤爲篤摯。觀上列材料并有學集叁柒「嚴宜人文氏哀辭并序」，（此序前已引。）同書肆捌「題嚴武伯詩卷」及「再與嚴子論詩語」等篇，可知武伯之「爲虞山先生義憤」，固非偶然。但武伯之「縱横跌蕩」「眉宇軒軒，如燕趙間俠客壯士」，自是別具風格之人。故其與錢曾輩受恩於牧齋者同，而所以報之者迥異也。

河東君殉家難事實一書中尚有嚴熊「致錢求赤書」一通云：

往年牧翁身後，家難叢集，破巢毀卵，傷心慘目，孺貽世翁長厚素著，飲恨未申，至不能安居，薄遊燕邸。弟客春在北，每見名賢碩彦，罔不憐念之者。豈歸未逾月，仁兄首發大難，出揭噬臍，必欲斬絶牧齋先生之後，意何爲耶？况仁兄此揭不過爲索逋而起，手書歷歷，要挾在前，難免通國耳目。嗚呼！索逋如此，萬一事更有大於索逋者，仁兄又將何以處之乎？

光緒修常昭合志稿貳陸錢裔僖傳附族人上安傳略云：

族人上安，原名孫愛，字孺貽。順時曾孫。性孤介。順治丙戌舉於鄉。父殁，蒙家難，必伸其意而後已。謁選除永城令。始至，人以爲貴公子，不諳吏事。升大理評事，遂歸，閉户不見一人，即子孫罕見之。

同書叁貳錢孫保傳云：

錢孫保字求赤。謙貞子，趙士春婿也。

清史列傳柒玖貳臣傳乙龔鼎孳傳略云：

康熙元年諭部以侍郎補用。明年起都察院左都御史。三年遷刑部尚書。五年轉兵部。八年轉禮部。十二年八月以疾致仕，九月卒。

據上列之材料，可知嚴武伯至北京，乃在康熙五年丙午後，龔氏任職京師之際。而此時牧齋之從侄孫保，曾再發起向孫愛索逋之事。牧齋身後，其家況之悲慘如此，可哀也已！又曹秋岳溶靜惕堂集肆肆「嚴武伯錢遵王至」二首，其二云：

　　浮雲劫火動相妨。紅豆當年倚恨長。容我一瓻鴛水北，往來吹送白蘋香。

豈由於秋岳之調解，後來武伯遵王復言歸於好耶？俟考。據康熙四年正月廿七日總督郎憲牌及同年同月廿九日理刑審語，（俱見河東君殉家難事實。）知此案懸擱「五月有餘」及郎廷佐追問，始草草了事，而所加罪者，惟陸奎楊安等不足道之人及細微之款項，而錢曾等取去之六百金及勒索三千金，逼死河東君一事，則含糊不究。可知其中必有禹九之權勢及遵王之「錢神又能使鬼通天」，（見家難事實歸莊「致錢遵王書」，并可參同書李習之洊「致錢黍谷大憲咸亭御史書」及「貽錢御史第二書」黍谷即朝鼎，事蹟見上引常昭合志稿貳陸，咸亭即延宅，事蹟見同書同卷。）故可以不了了之也。當日清廷地方漢奸豪霸之欺凌平民，即此一端，可想見矣。

復次，河東君縊死之所，實在榮木樓，即舊日黃陶菴授讀孫愛之處。（可參陸翼王輯黃陶菴先生集壹陸和陶詩「和飲酒二十首序」所云：「辛巳杪冬客海虞榮木樓。」及陳樹悳輯黃陶菴年譜崇禎十四年辛巳條所云：「先生三十七歲，館虞山。」等語。）徐芳「柳夫人小傳」等所謂「自取縷帛結項，死尚書側。」則齊東野人之語，不可信也。至若俞蛟夢厂雜著齊東妄言玖

「柳如是傳」等所言昭文縣署之事，其爲妄謬，則更不足道矣。

歸莊集捌「祭錢牧齋先生文」云：

先生通籍五十餘年，而立朝無幾時，信蛾眉之見嫉，亦時會之不逢。抱濟世之略，而纖毫不得展，懷無涯之志，而不能一日快其心胸。某性迂才拙，心壯頭童。先生喜其同志，每商略慷慨，談讌從容。剖腸如雪，吐氣成虹。感時追往，忽復淚下淋浪，髮豎鬔鬆。人窺先生之意，亦悔中道之委蛇，思欲以晚蓋。何天之待先生之酷，竟使之賫志以終。人誰不死，先生既享耄耋矣。嗚呼！我獨悲其遇之窮。先生素不喜道學，故居家多恣意，不滿於輿論，而尤取怨於同宗。小子之初拜夫靈筵也，頗聞將廢匍匐之誼，而有意於興戎。哀孝子之在疚，方喪事之縱縱。雖報施之常，人情所同。顧大不伐喪，春秋之義。虐煢獨者，箕子所恫！聞其人固高明之士，必能怵於名義，而渙然冰釋，逝者亦可自慰於幽宮。虞山崔崔，尚湖渢渢。去先生之恒幹，飆舉於雲中。哀文章之淪喪，孰能繼其高蹤？悲小子之失師，將遂底於惛懵。自先生之遘疾，冬春再掛夫孤篷。入夏而苦賤患，就醫於練水之東。嘗馳問疾之使，報以吉而無凶。方和高詠以自慰，（可參有學集壹貳東澗集上「贈歸玄恭八十二韻，戲效玄恭體」，及同書壹叁東澗詩集下「病榻消寒雜咏四十六首」序。）豈謂遂符兩楹之夢，忽崩千丈之松。嗚呼！手足不及啓，含斂不及視，小子抱痛於無窮。跪陳詞而薦酒，不知涕之何從。尚饗！

南雷詩歷貳「八哀詩」之五「錢宗伯牧齋」云：

四海宗盟五十年。心期末後與誰傳。憑裀引燭燒殘話，囑筆完文抵債錢。（自注：「問疾時事。宗伯臨歿，以三文潤筆抵喪葬之費，皆余代草。」）紅豆俄飄迷月路，美人欲絶指箏絃。（自注：「皆身後事。」）平生知己誰人是，（自注：「應三四句。」）能不爲公一泫然。（自注：「應五六句。」）

定山堂詩集壹肆康熙壬寅迄丙午存笥稿「輓河東夫人」五律二首。其一云：

驚定重揮涕。蘭萎恰此辰。甘爲賫志事，應愧受恩人。石火他生劫，蓮花悟後身。九原相見日，悲喜話綦巾。

其二云：

豈少完人傳，如君論定稀。朱顏原獨立，白首果同歸。絶脰心方見，齊牢寵不非。可憐共命鳥，猶逐絳雲飛。

寅恪案，當時名流與牧齋素有交誼者，除黃龔歸三人外，如吴梅村者，必有追輓錢柳之作，但今不見於吴氏集中。世傳梅村家藏藁，必非最初原稿，乃後來所删削者，由此亦可斷言矣。

錢泳履園叢話貳肆「東澗老人墓」條云：

虞山錢受翁，才名滿天下，而所欠惟一死，遂至駡名千載。乃不及柳夫人削髪投繯，忠於受翁也。嘉慶二十年間，錢塘陳雲伯〔文述〕爲常熟令，訪得柳夫人墓在拂手巖下，爲清理立石，而受翁之塚即在其西偏，竟無人爲之表者。第聞受翁之後已絶，墓亦荒廢。余爲集刻蘇文忠書曰「東澗老人墓」五字碣，立於墓前。觀者莫不笑之。記查初白有詩云：「生不並時憐我晚，死無他恨惜公遲。」（見敬業堂集壹陸「拂水山莊」三首之三。）君子之澤，五世而斬。信哉！

翁同龢瓶廬詩稿捌「東澗老人墓」云：

秋水堂安在，荒涼有墓田。孤墳我如是，（自注：「墓與河東君鄰。」）獨樹古君遷。（自注：「柹一，尚是舊物。」）題碣誰摹宋，（自注：「碑字集坡書。」）居人尚姓錢。争來問遺事，欲説轉淒然。

鄧文如之誠君骨董全編骨董瑣記柒「錢蒙叟墓」條云：

常熟寶巖西三里許，曰劉神濱。再西三里，曰虎濱。兩濱適中曰界河沿，又曰花園濱，錢牧齋墓在焉。有碣題「東澗老人墓」五字，集東坡書，字逕五六寸。嘉慶中族裔所立，本宗久絶矣。河東君墓即在左近。其拂水山莊，今爲海藏寺。距劍門不遠，有古柏一，銀杏二，尚存。

寅恪案，此俱錢柳死後，有關考證之材料，故并録之。草此稿竟，合掌説偈曰：

刺刺不休，沾沾自喜。忽莊忽諧，亦文亦史。述事言情，憫生悲死。繁瑣冗長，見笑君子。失明臏足，尚未聾啞。得成此書，乃天所假。臥榻沉思，然脂瞑寫。痛哭古人，留贈來者。